清儒學案

徐世昌等 編纂
沈芝盈 梁運華 點校

第六册

中華書局

清儒學案卷一百三十一

曉樓學案

乾隆、嘉慶之際，治公羊學者，以顨軒孔氏、申受劉氏爲大師，皆謹守何氏之説，詳義例而略典禮訓詁。曉樓蓋亦好劉氏學者，而溯其源於董子，既爲繁露撰注，又别爲公羊禮疏、禮説問答等書，實爲何、徐功臣。卓人傳其師説，鉤稽貫串，撰義疏一書，遂集公羊之大成矣。述曉樓學案。

淩先生曙

淩曙字曉樓，一字子昇，江都人。國子監生。家貧，十歲就塾讀四子書，未畢，即去鄉作雜傭保，而績學不倦。年二十爲童子師，問所當治業於涇包慎伯，慎伯曰：「治經必守家法，專治一家，以立其基，則諸家可漸通。」乃示以武進張茗柯所輯四子書漢説數十事。先生乃稽典禮，考故訓，爲四書典故覈六卷，歙洪梧甚稱之。既治鄭氏學，得要領，又從吴沈小宛問疑義，益貫穿精審。後聞武進劉申受論何氏公羊春秋而好之。及入都，爲阮文達校輯經郛，盡見魏、晉以來諸家春秋説，深念春秋之義，存於公羊，而公羊之學，傳自董子。董子春秋繁露識禮義之宗，達經權之用，行仁爲本，正名爲先，測陰陽五行之變，明制禮作樂之原，體大思精，推見至隱，可謂善發微言大義者。然旨奧詞賾，未易得其會通，淺嘗之夫，横生訾議，經心聖符不絶如綫。乃博稽旁討，承意儀志，梳其章，櫛其句，爲注十七卷。又病宋、元以來學者空言無補，惟實事求是，庶幾近之，而事之切實，無過於禮，著公羊禮疏十一卷、公羊禮説一卷、公羊問答二卷。家居讀禮，以喪服爲人倫大經，後儒舛議，是非頗謬，作禮論百篇，引申鄭説。阮文達督粵，延先生課諸子。先生至粵，乃與文達商榷删合爲三十九篇爲一卷。又有儀禮禮服通釋六卷，羣書答問二卷，補遺一卷。道光九年卒，年五十有五。參包世臣撰墓表。

春秋公羊禮疏序

序曰：禮有三起，禮理起於太乙，禮事起於遂皇，禮名起於黄帝。迨至唐、虞，命秩宗典三禮，而祭天地宗廟之屬，爰分爲天地人，而三禮之名乃立。降至夏、殷，互有損益，商辛不道，彝倫乖舛，治法淪亡。維時西伯目擊王章禮壞樂崩，故設禮經三百，威儀三千，官禮萌牙，造端於此。亦越武王克商反政，當其所重民食喪祭，文公繼志，經典粲然，禮有五經，吉凶軍賓嘉也。以吉禮敬鬼神，以凶禮哀邦國，以賓禮親賓客，以軍禮討不庭，以嘉禮合昏冠，父作子述，蔑以加矣。東遷而後，九服徒存，一綫未絶，宗邦積弱，盡失侯度。親盡之廟不毁，昭穆之主逆祀，是祠祭不以禮，而吉禮亡矣。亂聖人之制，欲久喪而不能，是喪祭不以禮，而凶禮亡矣。以大夫而會諸侯，以諸侯而召天子，是朝覲不以禮，而賓禮亡矣。作三軍，作丘甲，逾時不蒐而忘武備，是師旅不以禮，而軍禮亡矣。取同姓以爲昏，立妾媵而爲適，是昏姻不以禮，而嘉禮亡矣。觀夫古帝王之經理天下也，得禮治，失禮亂，得失之所關，治亂之所本也，可不慎與？是以淫辟之罪多，昏姻之禮廢也；爭鬭之獄蕃，鄉飲之禮廢也；骨肉之恩薄，喪紀之禮廢也；君臣之位失，朝聘之禮廢也。由是觀之，六經之道同歸，禮樂之用尤急，周禮在魯，何以視爲具文也？然道無終晦，聖不虛生，倉帝失權，水精繼王。孔子以有宋之裔，生衰周之末，自衛反魯，道暗不行，乃退考五代之禮，修六藝之文，因魯史而制春秋焉。睹東門化鳥之書，創西狩獲麟之制，五始提要，三統參微，承百王而號素王，總千聖而爲元聖。經立九月，道光奕世，治國之體備矣，生民之紀在焉。說者謂春秋爲漢帝制法，故其制度文爲，多所採擇。魏、晉而後，沿襲相承，元魏景明時，孫惠蔚因禘祫在昔三王之道，一質一文，若順連環，春秋改周之文，從殷之質，捄溢扶衰，非故相反，亦所遭之變然也。上言，謂「今之取證，唯有王制一簡，公羊一冊」。考此二書，以求厥旨，是以兩漢淵儒，魏、晉碩學，咸據斯文，以爲朝典。原夫公羊，至漢始著竹帛，鄒、夾無傳，嚴、顏最盛，然是非不明，句讀亦失。於是任城何君起而修之，探東國之微言，闡西河之至教，依經立注，厥功偉矣。觀其解詁，言禮亦詳。徐氏之疏，乃詳於例而略於禮，未能如孔、賈之該洽也。今取徐氏之疏而補疏之，義若隱略，則更表明，如有不同，便徵他議，自鄭氏三禮注，晉、宋諸志、通典、唐志，苟有合於何義者，罔不甄綜，凡以疏通證明，而詳其論說云爾。

又

公羊之學，蔽冒久矣，言之失實者，是蕞殘也；議之蹈空者，猶拾瀋也。君子何貴乎譔言？自七十子之後，一卷之書，不勝異説焉，於是奮其私智，創爲流説者有之。師資既無，功力亦薄，世有如仲舒之下帷，邵甫之閉門，知幾藏往，而潛心大業者乎？班固以董生爲儒宗，王嘉以何氏爲學海，後有作者，漢儒弗可及矣。若夫視皮面牆，要眇之論無由而知，雖有日月之光，盲者不能見；雷霆之聲，聾人不能聞。是至明無補於瞍矇，至震無救於聾聹也。欲治公羊而末學膚淺，亦終不能精已。荀卿曰：「春秋之微也。」又曰：「春秋約而不速。」太史公曰：「約其文辭而旨博。」范甯曰：「君子之於春秋，没身而已矣。」由是觀之，口傳耳剽之談，無怪乎億錯之妄也。大抵空言無補，惟實事求是，庶幾近之。而事之切實，無有過於禮者，舊疏嫌其闕略，故撰公羊禮疏十有一卷。正徐氏解禮之失，破諸儒持論之偏，引据經史，疏通而證明之，復撰禮論三十篇，都爲一卷。又有緒論，未著於篇，而不盡涉乎禮者，撰公羊問答二卷。在昔荀爽有公羊問答五卷，荀爽問，魏安平太守徐欽答。今自爲問答，變其例而仍襲其名。其間有與惠定宇先生之九經古義、錢竹汀先生之答問相同者，諸如此類，一概從删，恐不知者以爲似伯尊〔一〕之攘善矣。蓋自隋、唐以後，儒者以爲孤經，幾不厝懷，何氏之學雖盛行於河北，而北方之明公

〔一〕「伯尊」，據韓詩外傳當爲「伯宗」。

羊者，魏梁祚一人而已。漢儒之書遺佚殆盡，猶幸仲舒之繁露十有七卷尚在人間，曩已爲之注釋，固表裏而相資矣。舉凡所著之書，冀成一家之學，不欲揑扯左、穀爲三傳之調人。先儒謂事莫詳於左氏，義莫精於公羊。春秋乃明義之書，非紀事之書也。若云紀事，一良史之才已足，何至游、夏之徒一辭莫贊？將謂春秋非事實不明，孔子不能逆料，丘明爲之作傳，世無左傳，而聖經亦因之而晦乎？似非通論也。春秋固無傳而明者也，孔子假當日之行事，而王法寄焉爾，其事實不足繫有無之數也，故公羊略之。史重事，經重義，未修之春秋，魯史也，既修之春秋，孔經也。古者人君動則左史書之，言則右史書之，春秋是動作之事，左史其職也，此指未修之春秋而言。若已修之春秋，重義而不重事矣。孟子曰：「其事則齊桓、晉文，其文則史。」孔子曰：「其義則丘竊取之矣。」事與義之辨，豈不彰明較著也哉？若舍公羊而求義，是水行而棄舟楫也，陸行而無橇檋也，江河之惡沱不可知，況滄海乎？衆山之岎箷不可知，況東岳乎？然則公羊，其治經之梯航也乎？吾以爲治是經者，由聲音訓詁而明乎制度典章，以求進夫微言大義，猶魯人將有事於泰山，必先有事於頖宫，晉人將有事於河，必先有事於惡池也。僕以闒茸之資，無摩研編削之才，亦無游博持掩之好，唯篤嗜公羊春秋，覃精竭思，力索有年矣。然窮其枝葉，而未及宗原，是知執寸莛以撞鐘，熯一炬而爨鑊，其無益也明甚。不有賢哲，何足以知春秋，管子云「老馬識途」，予雖駑駘，亦既爲之前驅矣。士有志於春秋者，尚或覽焉，不致驚濵洋而悲歧道也乎！

春秋繁露注自序

昔仲尼志在春秋，行在孝經。春秋爲撥亂反正之書，聖德在庶，修素王之文焉。周室既衰，秦并天下，焚書阬儒，先王之道蕩焉泯焉。炎漢肇興，鴻儒蔚起，各執遺經，抱殘守闕。公羊至漢始著竹帛，書紀散，孔不絶，此中蓋有天焉。廣川董生下帷講誦，實治公羊。維時古學未出，左氏不傳春秋，公羊爲全孔經，而仲舒獨得其精義，説春秋之得失頗詳。蓋自西狩獲麟，爲漢制法，知劉季之將興，識仲舒之能亂，受授之義，豈偶然哉？据百國之寶書，乃九月而經立。于是以春秋屬商，商乃傳與公羊高，高傳與其子平，平傳與其子地，地傳與其子敢，敢傳與其子壽。自高至壽，五葉相承，師法不墜。壽乃一傳而爲胡毋生，再傳而爲董仲舒。太史公謂：「漢興五世之間，唯仲舒名明於春秋。」其傳公羊氏也，觀諸藝文所載，著述甚夥，今不概見，所存者唯春秋繁露十有七卷。原書亦皆失次。然就其完善者讀之，識禮義之宗，達經權之用，行仁爲本，正名爲先，測陰陽五行之變，明制禮作樂之原，體大思精，推見至隱，可謂善發微言大義者已。漢武即位，以文學爲公卿，欲議古立明堂城南，以朝諸侯，草巡狩封禪，改曆服色，事未就。及仲舒對册，推明孔氏，抑黜百家，立學校之官，州郡舉茂才孝廉，皆自仲舒發之，然終未盡其用。當武帝時，公卿以下爭於奢侈，僭上亡度，民皆背本趨末。仲舒乃從容説上，切中當世之弊。及仲舒死後，功費愈甚，天下虛耗，武帝乃悔〔一〕征伐之事無益也。劉向謂仲舒有王佐之才，雖伊、吕無以加，筦、晏之屬殆不及也。今其書流傳既久，魚魯雜揉，篇第褫落，致難卒讀。淺嘗之夫，横生訾議，經心聖符，不絶如綫，心竊傷之。遂乃搆求善本，重加釐正。又復采列代之舊聞，集先儒之成説，爲之注釋。及隋、唐以後諸書之引繁露者，莫不攷其異同，校其詳略。書目姓氏，咸臚列于下方。夫聖情幽遠，末學難窺，賴彼先賢，以啟檮昧。事跡既明，義例斯得，輔翼經傳，舍此何從？曙也不敏，耽慕其書，傳習有年，弗忍棄置。至于是書之善，正誼明道，貫通天人，非予膚淺之識所能推見。登堂食胾，願以俟諸好學深思之士。

禮論序

自鄭康成禮注既行，後之治禮者，以鄭氏爲大宗焉。唯王肅好與鄭爭異。晉武爲王肅外孫，故多與王説，以致廟制用王肅之議，而終晉之世，太祖不得正東鄉之位，其失豈淺鮮哉？其時儒者或伸鄭以難王，或據王以攻鄭，然從鄭學者多隨書所謂禮，則同宗於鄭氏也。唐人作禮疏，亦專宗鄭説，然唐代典禮，多違古義。延及宋、元，臆説談經，如敖氏、郝氏，破道甚矣。近儒知崇漢學，然尚不免改鄭君之舊轍，助敖、郝之狂瀾，兹故辨正諸儒之説，而受裁於鄭氏云。

〔一〕「悔」，原作「海」，形近而誤，據春秋繁露注自序改。

儀禮禮服通釋序

徐氏乾學讀禮通考綜覈數千年之言，彙爲一百二十卷，制度典章，燦然大備，使讀者瞭然于沿革之際，其用力可謂勤矣。獨持論稍偏，不能奪選，往往取後世之肊説，而駁先儒之傳注，所短蓋在是矣。今第就其喪期二十九卷，刪爲六卷，仍以禮服爲經，而傳記羣説爲緯，其有合于經傳者存之，並不拘以時代，使治禮之士，庶幾有所依據，而不惑于新奇可喜之議，是則余之所厚望也夫！

羣書答問

問：易疏諸氏、莊氏竝云：「彖，斷也，斷定一卦之義，所以名爲彖也。」其説然乎？否乎？曰：劉瓛、陸德明皆主此説，而不然也。説文：「彖，豕走也，從互從豕省。」玉篇：「彖，豕走悦也。」鄺露赤雅云：「彖耳戢戢，大如掌，行動鼓舞，目常帶笑，有歡悦發揚之意，狀似犀而角小，居草茅而知吉凶，生于兩粤，東曰茅犀，西曰猪神，遇之則吉，罔敢有害。」檀萃楚庭稗珠云：「聖人作易，稱彖象者，取于此二獸也。」此説足以補先儒之缺。据鄺説「彖耳戢戢，大如掌」，又云「西曰猪神」，則此獸具有豕形，故字從豕從互，説文「互，豕之頭，象其鋭而上見也」，説文「彖，豕走」之説，未可据耳。鄺云「行動鼓舞，目常帶笑」，故玉篇云「彖，豕走悦也」。如果是「豕走悦」，則此訓詁當于豕字解之，而注于彖字之下者，謂彖如豕之走而悦，正不指豕也，與鄺説合矣。段大令玉裁説文解字注亦疑説文「豕走」之説，謂玉篇作「豕走悦也」，恐是許書古本如是。愚按：段說是也。謂彖爲斷者，此義從諧聲出也，謂彖爲豕走悦者，此義從象形出也，而象形之說允矣。

問：曾元養曾子，必有酒肉。將徹，不請所與。問有餘，曰亡矣，將以復進也。復進亦何害于義也？曰：文王世子命膳宰曰：「末有原。」注：「末，猶勿也；原，再也」。勿有所再進，爲其失飪臭味惡也。疏食若再進，必熟爛過節，故爲失飪。按孔子聖人也，曾子聖人之徒也，孔子曰「失飪不食」，已尚不食，而況奉其親乎？鄭必知「原」爲「再」者，釋言文周禮「禁原蠶者」，前漢禮樂志「以沛宫爲原廟」，注者皆本雅訓：「原，再也。」

問：宰予晝寢，梁武帝寢讀爲寢室之寢，晝，胡卦反。言其繪畫寢室，其說然否？曰：晝寢，非也。寢室之說是也。檀弓：「夫晝居于内，問其疾可也。」又云：「非致齊也，非疾也，不晝夜居于内。」鄭注：「内，正寢之中。」据此，是宰予晝居于寢，故責之。

問：行露之詩，鄭志張逸問行露「召伯聽訟，察民之意」，化耳，何訟乎？答曰：實訟之辭也。何以知之？曰：列女傳召南申女者，申人之女也，既許嫁于酆，夫家禮不備而欲迎之，遂不肯往。夫家訟之于理，致之于獄，女終以一物不具，一禮不備，守節持義，必死不往。而作詩曰「雖速我訟」云云，其說亦本于外傳，是其据也。而王伯厚詩攷後序云：「蓋魯詩也。」

問：朱子語類問三年之喪而又遇期喪，當服期喪之服以臨其喪，卒事而反初服。或以爲方服重不當改而衣輕，不知如何。朱子答曰：或者之說非是。何以見其非是也？曰：朱子非或者之說是也。

或人以私意測禮制，不知先王之法不爾也。有重服而猶服輕服以臨喪卒事者，骨肉之恩不可没也。凡期功之喪皆然。小功緦麻之喪，不得易大功以上之服耳。故雜記有父之喪，如未没喪，其除父之喪也，服其除服。雖諸父昆弟之喪，如當父母之喪，其除諸父昆弟之喪也，皆服其除喪之服。卒事，反喪服。朱子之非或人者，蓋据此矣。是以傅純曰：「禮先重後輕，則輕服臨之新亡新哀以表新情，亦明親親不可無服。及其還家，復著重者，是輕情輕服已行故也。」此皆非或之所知也。

問：士昏禮「主人以賓升」，儀禮集説敖繼公謂「主人以賓升，謂主人先升而賓從之也」。秦蕙田按：「賓尊于主則先升，聘禮是也；主賓敵，則主先升以導客，故曰以賓升。」曲禮「主人與客讓登，主人先登，客從之」，是也。敖説是，當從敖説否？曰：謂主人以賓升，爲主人先升，非也。賈疏禮之通例，賓主敵者，賓主俱升，若士冠與此文是也。据此，賓主敵而俱升，非主先升。以，猶與也。廣雅：「以，與也。」鄉射禮「各以其耦進」，今文「以」作「與」。論語：「鄙夫可與事君也，與哉！」顔師古匡謬正俗引作「鄙夫可以事君」。李善注東京賦亦引作「鄙夫不可以事君」。史記袁盎傳：「妾主豈可與同坐哉？」漢書作「可以」。與以通用。据此，則知主與賓同升，並非主人先升。若主人先升，賓後升，則當如鄉飲酒禮「主人升，賓升」，又當如鄉射禮「主人升一等，賓升」也。今主人以賓升，而謂之先升，可乎？

問：夏書「修五禮」，馬、鄭不同，當何從？答曰：儒者言書之五禮，莫不以吉凶軍賓嘉當之。其實非也。吉凶之事既不相干，而鼓鐸進退之儀，又不可以空言也。况玉帛之會未終，而可以戎事參之乎？無是禮也。若夫冠昏之嘉禮，更無取焉。是以鄭君破其先師馬季長之説，而以爲公侯伯子男之禮。考鄭君之義，唐、虞唯有三禮，至周乃分爲五禮。難者曰：類于上帝，則吉禮也；百姓如喪考妣，則凶禮也；羣后四朝，則賓禮也；征伐有苗，則軍禮也；嬪于虞，則嘉禮也。安見唐、虞無五禮也？曰：不謂唐、虞無五禮也，以五禮之目，自周乃定耳。非然者，鄭豈不知禮理起于太乙，禮事起于遂皇，禮名起于黄帝乎？儒者治經，當望文生義，于巡守攷黜之時，一年四岳，而云並修此吉凶之禮，不亦闇于情事哉？且后此帝命伯夷典朕三禮，説者以爲天神地示人鬼。使其時有吉凶軍賓嘉之目，而何以秩宗僅典三禮乎？則知三禮之中，其事已具，其名未立。至周大備，此文之彬郁所由歎與？夫書文不具，當以上下經求之。其上文輯五瑞者，馬季長以爲，五瑞，公侯伯子男所執以爲瑞也。堯將禪舜，使羣牧斂之，使舜親往班之。然則五禮之下，即繼以五玉、五器云云，故知此節爲班諸侯之瑞而言也。尚書大傳曰：「諸侯執所受圭以朝于天子，瑞也者，屬也。無過行者，得復其圭以歸其國；有過行者，留其圭；能改過者，復。三年圭不復，少絀以爵；六年圭不復，少絀以地；九年圭不復，而地削。」蓋巡守方岳之下，所以黜陟天下之諸侯，而授玉，其最重也。故書曰「若稽古帝舜，曰重華」，建皇授玉改朔是也。而乃以吉凶之禮云乎哉？

問：白虎通之作，何也？答曰：昔哀帝令劉歆與五經博士講論其義，諸儒博士或不肯置對。漢之經師株守家法，牢不可破，雖以劉歆移書責讓太常，無益也。許慎集五經異義，别黑白以定一尊，而又爲鄭君之所駁正。甚矣，折衷之難也。設非異義散見他書，則諸儒之異同，何由而知乎？然不若白虎通之全書具在也。方諸儒承制會白虎觀講議五經異同，于時成封、桓郁、丁鴻習歐陽尚書，魯恭、魏應習魯詩，李育習公羊春秋，樓望習嚴氏春秋，故書中春秋多引今文，而間及于左、穀。書則今文，而于古文則略備一説；詩則魯、韓並列，而兼收毛故焉。漢初書惟有歐陽，禮后，易楊，春秋公羊而已。至孝宣世，復立大、小夏侯尚書，大、小戴禮，施孟、梁丘易，穀梁春秋。至元帝世，復立京氏易。平帝時，又立左氏春秋、毛詩、逸禮、古文尚書。至章帝會議之時，師説不一，故其書亦不名一家。今書不無殘缺失次，然大端尚在，猶可從而釐正之。蓋雜引諸書，可以證明其説者，十得五六焉。自漢儒之家法既失，雖從横博辨，大有可觀，然互相牴牾，自亂其例者多矣，豈非説經者之一弊乎？

附録

洪桐生序春秋繁露注曰：淩子由明經赴舉京兆，從游阮侍郎之門，佐集經籍，嘗誨之曰：「聖經賢傳，論修齊治平者備矣，大都不外河間獻王一語「實事求是」而已。而事之是非，孰有大於春秋者乎？公羊孤經，久成絶學，以子精力强盛，曷不盡心？先師有言，朝聞道，夕死可矣，況來日未有艾乎！武進劉君申受於學無所不窺，尤精公羊，與之講習，庶幾得其體要矣。」于是所見益廣，所業益進。三載歸，繁露諸篇，皆能通究本末。復肆力於先秦、兩漢諸儒之書，及諸經義疏，凡繁露篇義字句，皆櫛梳而理解之。不但貫徹何、徐，而董氏三年下帷根柢之蘊，正誼明道天人之本原，靡不洞於心而抉於手。蓋江都、廣川之所未行，漢武之所未用者，皆悉數其家珍，覼縷其淵蓄，而後知仲舒以公羊之學爲王佐之才，信不虛也。

先生有甥儀徵優貢生劉文淇，少貧，先生愛其穎悟，不忍棄之逐末，自課之。劉君齒未壯，即以淹通經史，知名江、淮間，而其學實自先生出。包世臣撰墓志。

曉樓弟子

劉先生文淇 別爲孟瞻學案。

阮先生福 別見儀徵學案。

陳先生立

陳立字卓人，又字默齋，句容人。道光甲辰進士，改翰林院庶吉士，散館授刑部主事，洊陞郎中，記名御史，授雲南曲靖府知府。時以道梗，不克之任，流轉東歸。所至賓禮先後受事，皆刑名至重。先生處以詳慎，於喪服變除，宗法淆異，多能折衷，協於禮律。少客揚州，師江都梅蘊生受詩古文辭，師江都淩曉樓、儀徵劉孟瞻，受公羊春秋、許氏説文、鄭氏禮，而於公羊用力尤深。孟瞻嘗謂：「漢儒之學，經唐人作疏，其義益晦。徐彦之疏公羊，空言無當。近人如曲阜孔氏、武進劉氏，謹守何氏之説，詳義例而略典禮訓詁。」先生乃博稽載籍，凡唐以前公羊大義，及有清諸儒説公羊者，左右采獲，擇精語詳，草創三十年，長編甫具。南歸後，乃整齊排比，融會貫通，成公羊義疏七十六卷。初治公羊，因及漢儒說經師法，謂莫備於白虎通，先爲疏證，以條舉舊聞，暢隱抉微爲主，而不事辨駁，成白虎通疏證十二卷。幼受爾雅，因取唐人五經正義中所引犍爲舍人、樊光、劉歆、李巡、孫炎五家，悉甄録之，謂郭注中精言妙諦，大率胎此，附以郭音義及顧、沈、施、謝諸家切釋，成爾雅舊注二卷。又以古韻之學敝蝕已久，而聲音之原起於文字，說文諧聲即韻母也。因推廣歸安姚氏說文聲系之例，刺取許書中諧聲之文，部分而綴敘之，以象形、指事、會意爲母，以諧聲爲子，其子之所諧，又即各綴於子下，其分部則兼取顧、江、戴、孔、王、段、劉諸家，精研而審核之，訂爲二十部，成說文諧聲孳生述三卷。爲文淵雅典碩，不尚空言，大抵考訂服制典禮及聲音訓詁爲多，有句溪雜著六卷。同治八年卒，年六十一。參劉恭冕撰墓志。

白虎通疏證自序

緬惟端門化帛，嬴秦肆破術之謠；祕室談經，漢氏開獻書之路。時則意存罔括，志切蒐羅，下幣詔於公孫，坐安輪於申、傅，河間真本競出民間，東魯佚編間來壁下。然而詩則魯、韓各授，書則今古攸區，禮溯后蒼，慶、戴遞傳其緒，樂原制氏，常山竟絕其傳，向、歆則父子殊歸，毛、孟則師生異讀，原其授受，本別商參，稽厥指歸，殊淆黑白。班氏位參玄武，生值東京，待詔金馬之門，珥筆白虎之觀，臚羣言之同異，衷師說之是非，立學官者十有四家，著藝、略者三十八種，桼經故訓，雜出西州，蝌字佚文，仍遺東觀，雖一尊之定說未伸，而六藝之微言斯在。今欲疏其指受，證厥源由，暢隱扶微，有四難焉。蓋以石渠典佚，天禄圖湮，汝南存異義之名，中郎蝕熹平之舊，董、曹兵燹，劉、石憑陵，南國清談，欽崇玄妙，北郊戎馬，滅絶典墳。重以妄生難義，横裂聖經，高才者蔗肆雌黄，末學者蜿求青紫，而欲溯微文於既汩，尋佚論於久湮，紹彼先民，暢兹墜緒，其難一也。至若緯著百篇，讖傳百首，鑿度、運樞之説，推災、攷燿之文，敍郊北則旁徹禮經，論始際則隱符風、雅，辨殷、周文質而春秋義昭，剖卦象盈虚而彖爻指晰，雜以占侯，未底於醇，徵諸遺經，間合乎契，故皆以讖斷禮，以緯儷經，内學之稱，諒非徒爾。迄乎莊、老横流，康壺自寶，僭僞謬託，贗鼎雜陳，深信者失之愚，矯枉者過其正，遂禁絶於天監，至燔滅於開皇。侯官集遺，塵珠略見，華容著録，片羽僅存，而欲遠索苞符，旁搜星緯，求鄭、宋之絶學，述曹、史之玄經，其難二也。昔班氏之入此觀也，習魯詩者首重魯恭，肄伏書者并崇桓、郁，景伯則專精古義，丁鴻則兼習今經，共述師承，咸資採析。今則淳于之奏，莫考舊聞，臨制之章，無由資溯，師守之源流莫覩，專門之姓氏誰尋？而欲綜七略之遺文，滙百家之異旨，津逮殊迷，淵源何自？其難三也。況其舊入祕書，久同佚典，毛公古義，莫遇司農，楊子玄文，誰爲沛國？是以魯魚互錯，亥豕交差，同酒誥之俄空，若冬官之闕略，雖餘姚校正，略可成書，武進補遺，差堪縷述，然亦終非全璧，祇録羽玲，而欲披精論於殘編，据微旨於墜簡，其難四也。立質賦顓愚，學慚陋俗，恥鄉壁之虚造，守先儒之舊聞，不揣檮昧，爲之疏證，凡十二卷。祇取疏通，無資辨難，仿沖遠作疏之例，依河間述義之條，析其疑滯，通其結轖，集專家之成説，廣如綫之師傳，口傳耳剽，固未究其枝葉，管窺莛擊，或有補於涓埃云爾。

説文諧聲孳生述略例

古韻之學蔽蝕久矣，自鄭庠作古音辨，實開古韻之先，然止析六部，未免於略。崑山顧氏分爲十部，援引該洽，而九經、諸子、騷、漢以下書乃可讀。江徵君又分爲十三部，戴編修則爲十六部，孔儉討别爲十八部，而分陰陽二聲，王觀察更爲二十一部，段大令定爲十七部，劉禮部又爲二十六部，休寧所謂古音之學，以漸加詳者也。然或有意求密，而用意大過。因思聲音之原，起於文字，説文諧聲則韻母也。歸安姚尚書有説文聲系一書，第部次不分，無所取擇，且於會意諧聲，不無歧誤。乙未客京師，假館於廣陵汪氏，因剌許書中諧聲之文，部分而綴敍之，以象形、指事、會意爲母，以諧聲爲子，其子所諧，又即各綴於子下，名曰説文諧聲孳生。述其部次，以廣韻爲質，諸家之或始歌終談，或始之終歌，或始元終緝，皆不敢取，恐鑿也。不立部首，而以一二爲目，其部分以顧氏爲主，而參以江、孔、戴、段諸家。其一部曰東鐘江，二部曰冬，用孔義也；三部曰支佳，四部曰脂微齊皆灰，五部曰之咍尤之半，用段説也；七部曰真臻先，八部曰諄文欣魂痕，九部曰元寒桓删山仙，亦段義也；十部曰蕭幽尤之半，十一部曰宵豪，用江義也；十六曰侯虞之半，用段義也；其轉虞入侯，則用江説；十七曰侵覃凡，十八曰談鹽添咸嚴銜，用孔義也；而去之祭泰夬廢，入之月曷末鎋薛，爲十九部，則戴義也；緝葉帖合盍洽狎業乏獨爲一部，爲二十部，則用孔説；其入之屋燭附十六部，沃覺附十部，則亦用孔説；麥與昔錫之半附三部，職德附五部，則用段説；質術櫛物迄没屑附四部，則用孔説，而去其月曷以下者也。餘如六部爲魚模虞之半，麻之半，十二部爲歌戈麻之半，十三部爲陽庚，十四曰耕青清，十五曰蒸登，與入之藥鐸之半，錫之半，歸十一部，陌昔鐸之半，麥之半，附六部，則皆仍崑山之舊。其説文原闕之音，徐氏雖强爲翻切，要亦多由臆造，則別爲二十一部，循不知闕如之旨也。其有子母異部，如充从育省聲，而在一部；委从禾聲，氏从乁聲，狄迹从亦聲，而在三部；裔从冏聲，而在四部；兑从㕣聲，舌从干聲，而在十九部；醫从殹聲，而在五部；莫从茻聲，奭从皕聲，股从殳聲，而在六部，諸如此例，不可枚舉。蓋或取雙聲，或由轉韻，亦分注於各部下，以免混同。餘如西兼沾誓，兀亦讀夐，矍亦讀穬，仍以本音爲主，而以別音附之，不以異説淆正也。其聲字之誤衍，俗字之妄增，概從決汰，庶以存洨長真面目耳。

爾雅舊注敘

爾雅舊注有五家，犍爲舍人、樊光、劉歆、李巡、孫炎。劉注與李注同，五代史志已不載其目。惟郭注行於世。唐人作五經正義，恒引五家注，以正義本六朝舊疏，時猶及見原書故也。立舞勺之年，從先師淩君曉樓游，見疏中所引雅書舊注，自一音一義以及典章名物，皆徵文攷實，實足與高誘、許慎、先、後鄭諸家相發明。凡郭注中精言妙諦，大率胎此。因一一刺出，弁諸簡端，日積月累，久而彌盈。壬辰丁内艱，苫凷之餘，遂取向所標題者，薈萃成帙，附以郭音義及顧、沈、施、謝諸家切釋，以其去漢、魏未遠，猶是經師傳授之舊也。雖餖飣之譏不免大雅，而吉光片羽實希世之珍也，是爲敘。

雜著

兄弟昭穆議

昭穆之説，先儒聚訟，而於兄弟爲後者，尤多結轖，其要則一以爲兄弟同昭穆，一以爲兄弟異昭穆。至東晉賀循遂創兄弟不相爲後之説，以定東晉廟制。愚以爲殷、周異制，故論有互歧也。春秋家説云：「殷道親親，先立弟；周道尊尊，先立子。」考殷之世次，外丙與仲壬，沃丁與大庚，小甲與雍己、大戊等，皆兄終弟及，至陽甲、般庚、小辛、小乙，皆兄弟四人迭爲君，若兄弟別昭穆，則武丁之祀上不及祖，無是理也。以服制斷之，殷之廟制當兄弟同昭穆。檀弓滕伯文爲孟虎齊衰，其叔父也；爲孟皮齊衰，其叔父也。伯文殷諸侯也，上下既各以其親，不降旁期之服，則上準天子之制，知外丙、沃丁、小甲等崩，仲壬、太庚、雍己等亦衹爲之期矣。本不必純君臣之分，則其不嫌於同昭穆可知。若周制父死子繼，其兄弟相及，本出於一時之變禮。先君無子若孫，不得已而取諸昆弟，更無昆弟若昆弟之子，即嗣以伯叔父諸功緦親亦無不可。諸侯天子以國體爲重，不必顧其私親故也。且始封之君，不臣諸父昆弟，封君之子，不臣諸父，封君之孫，盡臣之。故天子諸侯絶旁期，而族人亦不得以其戚戚君，則凡屬服親皆同臣子。臣之繼君，猶子繼父，則以弟嗣兄，即以子承禰。故文公逆祀，先僖後閔，春秋譏之。傳曰：「何以譏？先禰而後祖也。」不然，閔之於文，叔父也，何祖爲？爲僖既禰之，文不得不祖之。祖禰異分，則昭穆異廟。然則殷人四親，廟以世次爲序，廟則四而主不必衹四。周人四親，廟以世及爲序，一廟一主，親盡則毀，故文公所祀止桓、莊、閔、僖而已。説者以閔、僖同昭穆，隱、桓同昭穆，則文公之祀，上及惠公。若二主共廟，則與廟無二主之制乖；若主别爲廟，則與諸侯五廟之制剌。且生爲君臣，没爲昆弟，亦無是理也。是以春秋書桓宫、僖宫災，桓與隱同昭穆，而桓獨有廟，僖與閔同昭穆，而僖獨有廟，是兄弟異昭穆可知。要之隱、閔可弟兄桓、僖，桓、僖不得兄弟隱、閔。猶春秋母弟稱弟，出之於上，則爲發乎情；母弟不自弟，行之於下，則爲止乎禮義焉。若大夫無子，則不得取諸昆弟。小宗可絶，大宗不可絶，但取諸小宗之子行爲嗣。嬰齊以弟後兄歸父，春秋譏而書之曰：「仲不與其公孫之號也。」包慎言曰：「以嬰齊後歸父，此魯禮之未失。魯人以襄仲弑君之罪當絶，而歸父進退有禮，不欲絶其嗣於魯，故以嬰齊後之。春秋仍書之曰：『仲』一以正昭穆，一以見亂臣之不宜有後耳。」以大夫不世，而又有合族之道，故必以大宗爲本，雖上爲大夫，宗子爲士，而不敢降其宗，故喪服經爲大夫爲宗子制服也，所謂大夫不奪宗也。若由大夫而後諸侯，則不與本宗族親爲宗，所謂諸侯奪宗也，諸侯世故也。此則天子、諸侯與卿大夫、士之殊焉。春秋改周之文，從殷之質，而於世及之制，仍從周禮，所謂損益百王，而爲後世法也。

鄭伯男也説

左傳「昭十三年，鄭伯，男也」。自來解者不明。鄭衆、服〔一〕虔云：「鄭伯爵在男服也。」然周制，

〔一〕「服」，原作「伏」，據左傳注改。

男服距王城千五百里，鄭去京師不容此數，正義說。况與「從公侯之貢」語義無涉。賈逵云：「男當作南，謂南面之君也。」然子産因爭貢而忽言及南面之君，亦無謂。鄭志謂：「男，子男也。」周之舊俗雖爲侯伯，皆食子男之地，亦無据。周語「鄭伯，男也」，王肅兩注皆云：「鄭，伯爵，而連男言之，猶言曰公侯，足句詞也。」亦屬臆見。杜預注則以鄭國在甸服外，爵列伯子男，差爲可從。而孔疏亦未能確疏。攷公羊桓十一年傳云：「春秋伯子男一也，詞無所貶。」王制注：「此地殷，所因夏爵三等之制也。」又云：「春秋改周之文，從殷之質，合伯子男爲一。」疑古皆公一等，侯一等，伯子男一等，故左傳僖九年云：「王曰小童，公侯曰子。」明公與侯皆降等从伯子男之稱矣。其曰子者，亦有二義：一則白虎通引或說曰：「合從子，貴中也。」一則何休注公羊云：「皆從子，夷狄進爵爲子是也。」要之，伯與之男俱爲一等，故僖二十九年左傳云：「卿不會公侯，會伯子男可也。」明公與侯尊，不敢與會；伯子男卑，故可。是亦以三爵爲一等。此云「鄭伯，男也」，言鄭國伯爵猶之男也，舉其至卑者自承，與爭貢之意似合。二傳之說，本無差異，其周禮之五等，孟子之伯一位，蓋古籍散亡，不無所聞異詞耳。

春秋王魯說

孟子之說春秋曰：「春秋，天子之事也，是故孔子曰：『知我者其惟春秋乎？罪我者其惟春秋乎？』」又曰：「其義則某竊取之矣。」趙氏於前注曰：「孔子懼王道遂滅，故作春秋，因魯史記，設素王之法，謂天子之事也。」言孔子以春秋撥亂也。」於後注曰：「其義，史記之義，孔子自謂竊取之以爲素王也。」明乎設之義，竊取之義，可無疑於今文春秋王魯之説矣。隱元年何君注曰：「春秋託新王受命於魯，故因以録即位。」又云：「方陳受命制正月，故假以爲王法。」然則王魯者，託王於魯，非以魯爲王法也。孔子當世衰道微之世，懼王道之熄滅，作春秋以撥亂，上刺王公，下譏卿大夫，而逮士庶人，以匹夫行天子之權，不能無所寄。魯者，父母之國也，有所見，有所聞，有所傳聞，較百二十國寶書爲信，故据以爲本，而以行賞罰，施黜陟。蓋託之空言，不如見諸行事之深切著明，故引史記，而加乎王心也。殷繼夏，周繼殷，春秋繼周，故以隱爲受命王。春秋之隱公，則周之文王也，故儀父慕義則字之，宿男與盟則卒之，滕、薛來朝則褒之。於所傳聞世見治起於衰亂之中，於所聞世見治升平，於所見世著治太平，僅於譏二名，人道浹，王道備，功至於獲麟。故麟於周爲異，於春秋爲瑞。周南之麟趾，召南之騶虞，猶斯道也。故鄭氏詩譜云：「二國之詩，以后妃夫人之德爲首，終以麟趾、騶虞，言后夫人有斯德，興助其君子，皆可以成功，至於獲嘉瑞。」孔仲達申之曰：「時實不致，設以爲法是也。」然則君人者能繼天奉元，養成萬物，行春秋之道，則可以撥亂，則可以反正，則可以獲麟。故麟之瑞於魯，爲春秋之魯言之，非爲衰周之魯言之也。王魯故新周，新周故故宋黜杞，所謂異義非常，可怪之論，此也。所謂知我罪我，此也。若徒以春秋爲魯史記之别名，則一記載佔畢之徒了此矣，何至筆則筆，削則削，而游、夏之徒不能贊一詞哉？善乎劉君申受之言曰：「春秋者，火也，魯與天王諸侯，皆薪蒸之屬，可宣火之明，而無與火之德。」又包君孟開言曰：「凡此十二君者，魯之君乎哉？春秋之君也。方之於周，此二百四十二年，隱公之統緒也。繼世相延而業隆太平，則十二公皆筌蹄也。」繹乎此，而七十子之微言大義昭然若揭，彼杜、范之徒嘵嘵不已，真所謂瞽者不可與言日月之明，聾者不可與聞雷霆之聲也。

禮無二嫡説

白虎通嫁娶篇：「嫡夫人死，更立嫡夫人者，不敢以卑賤承宗廟。」又云：「或曰嫡死不復更立，明嫡無二，妨篡殺也。祭宗廟，攝而已，以禮不聘妾，明不升。」惲氏子居以前一説爲妾之未逮事女君者，後一説爲妾之已逮事女君者。案：班氏兼載二説，自論嫡死當更立嫡否耳，不必有逮事與不逮事義也。攷公羊「隱二年，伯姬歸于紀」。傳：「伯姬者何？內女也。其言歸何？婦人謂嫁歸。」七年，「叔姬歸于紀」。注：「叔姬者，伯姬之媵也，至是乃歸者，待年父母國也。媵賤，書者，後爲嫡，終有賢行。」莊四年，「紀伯姬卒」。十有二年，「紀叔姬歸于酅」。二十有九年，「紀叔姬卒」。注：「國滅，卒者，從夫人行，待之如初。」三十年，「葬紀叔姬」。然則伯姬以隱二年歸紀，其娣叔姬以待年父母國，故至七年乃歸。紀伯姬卒于莊四年，時紀尚未滅，故又立叔姬爲夫人。及紀侯大去，紀季請立五廟，以存先祖後。故于齊襄既歿之後，又復歸於酅，以其能執婦道，故復，兼紀卒葬同於正嫡，此公羊家嫡死得更立嫡之説也。故「宣十六年，郯伯姬來歸」，注：「嫁不書者，爲媵也。來歸書者，後爲嫡也。」亦未有譏文。則白虎通之前一説，即今文家説，故引伯姬、叔姬事爲證，非有所謂妾之不逮事女君也。左氏「隱元年，孟子卒，繼室以聲子」。注：「諸侯始取，則同姓之國以姪娣媵。元妃死，則次妃攝治其事，猶不得繼夫人，故謂之繼室。」杜氏説經雖無家法，然此必是劉、賈、鄭、服相傳之精意。則白虎通所載或曰一説，或是古文春秋説，亦不謂妾之已逮事者也。以禮斷之，則當以左氏家説爲是。通典引鄭駁異義「妾子尊其母」條云：「禮喪服父爲長子三年，以將傳重故也。衆子則爲之周，明無二嫡也。」女君卒，貴妾繼室，攝其事耳，不得復立爲夫人。魯僖得立妾母爲夫人者，乃緣莊公、哀姜有殺子般、閔公之罪，應貶故也。近漢吕后殺戚夫人及庶子趙王，不仁，廢不得配食，文帝更尊其母薄后，非其比耶？又駁「居妾母喪，得與朝會」條云：「喪服緦麻章庶子爲後，爲其母，此義自天子下至大夫士同，不得三年。」魯宣公所以得尊其母敬嬴爲夫人者，以夫人姜氏大歸齊不返故也。然則子立母與君立夫人雖不同，然律以無二嫡之義，則子既不可於嫡母外更立嫡母，君亦不得於嫡妃外更立嫡室。傳曰：「父之所不降，子亦不敢降。」然則子所不敢立，必父所不得立也，明矣。雜記：「主妾之喪，則自祔至於練祥，皆使其子主之，其殯祭不於正室。」疏：「妾既卑賤，得主之者。」崔氏云：「謂女君死，攝女君也。雖攝女君，猶不正室，故殯之不于正室。」雜記又云：「女君死，則妾爲女君之黨服，攝女君，則不爲先女君之黨服。」疏引賀瑒云：「雖是徒從而抑妾，故爲女君黨服，防覬覦也；攝女君，則不爲先女君之黨服，以攝女君差尊，故不爲先女君之黨服。」然則女君在時，妾本從女君服其黨。喪服期章：「公妾以及士妾爲其父母。」鄭注：「禮，妾從女君而服其黨服，是嫌不自服其父母，故以明之。」是妾兼服女君黨之證也。女君死，妾子不服君母之黨，而妾未攝女君，自仍如女君在時服其黨，所以抑妾使降于嫡也。攝女君則較妾差尊，于女君之分爲漸近。若仍服其黨，則是與女君自服其黨無異，故又使之不爲服，亦猶三公近於天子，特屈之北面以避嫌，所以抑妾，使終不得同於正室也。聖人嚴嫡庶之分如此。後世不察斯義，宜漢有許、霍之禍矣。所以必攝女君者，以凡祭必夫婦，親之故也。若大夫士，則嫡死可復立嫡。喪服齊衰三年章所云「繼母如母」是也。以天子諸侯位高，恐其專恣奪嫡，故先防於未然，使雖嫡夫人死，猶不得更立嫡也。虞喜云：「禮雜記攝女君，此攝當謂相代攝，是爲繼室，則妾之後女君也。有後女君，則不爲先女君之黨服，以當服女君之黨故也。」案：虞氏之説，既昧於無二嫡之例，又失乎繼室之義矣。左傳「昭三年，齊侯使晏嬰請繼室于晉」，此繼室謂繼少姜也。然昭三年晉少姜卒時，晉侯使士文伯辭公則曰：「非伉儷也。」梁丙又曰：「今嬖寵之，喪不敢擇位，而數于守嫡。」則繼室之不得同於正室也，又其顯然者也。繼室既不得同於正室，而令羣妾服繼室之黨乎？又案：何氏隱元年注論立子法：「適夫人無子，先二媵子，次嫡姪娣子，次二媵姪娣子。」則立嫡之次，例亦宜然。今紀伯姬卒，即立其娣叔姬，而經無譏文者，或伯姬卒時，二媵已先歿，故其娣得升爲夫人。故宣十六年，郯伯姬來歸，注謂「伯姬以媵升爲嫡」，明媵先於姪娣也。而白虎通又謂「自立其娣，尊大國」，則班氏所據之公羊説，自以娣姪先二媵，與何氏又不同矣。包氏世臣云：「紀伯姬之媵，經無文，或皆附庸小國，其時周禮已不盡行，故立叔姬，以魯爲大國。」其班氏所自昉與？其諸侯一娶九女，何氏意以一夫人、二媵、六姪娣，董子則以一夫人、一世婦、又左右婦、三姬、二良人。何、董之説各有師承，然良人諸目，起於後世，三代未必同也。

書十經文字通正書後

乙未過夏京師，於同郡温君民叔處，假得錢氏坫十經文字通正書，受而讀之。其書取漢、魏傳注及史、漢引經異同，以明古字通叚源委，採録之功，可謂勤矣。然其紕繆處亦多。漢人注經，有讀若、讀爲、當爲諸例。仍其本字，别取他義，讀若、讀如是也；破其字，别其義，而仍取諸同部之音，即異部而通叚，仍相近，則讀爲、讀曰是也；若當作、當爲，則是形聲之誤，不可通叚。本段氏說。錢氏概爲收羅，不分畛域，其誤一也。兩漢經師或由口授，或得壁中，或獻民間，如周禮之故書，士禮之今文古文，書分伏、孔，論語異齊、魯，皆是。其異文譌字，亦不過如今之宋本、毛本、監本之不同耳。其中可通者固多，然傳寫之錯，口語之訛，絶不相涉者亦不少。錢氏廣爲採録，無所棄取，其誤二也。漢人引經有以訓詁代本字，史記之引尚書，兩漢奏疏、傳、注之引諸經，如「克」之作「能」、「以」之作「用」之類，不可枚舉。然如「初、首」可以訓「始」，不得徑通作始也；「林、烝」可以訓「君」，不得徑叚作君也。錢氏渾謂叚借形聲不分，其誤三也。許氏說文多經後人竄定，久非汝南元本，如引「麗乎土」之作「䕻」、「豐其屋」之作「寷」皆是。錢氏承譌沿謬，喧僞亂真，其誤四也。今世所傳漢學，惟三禮、毛詩、公羊、春秋而已。外如馬、鄭之書，京、孟、荀、虞之易，三家之詩，賈、服之左傳，舍人、樊光、李巡、孫炎之爾雅，全書雖已亡佚，而孤文隻義見於他書所徵者，其異文别讀，皆足爲叚借之資。錢氏概從闕如，未經引及，其誤五也。大抵叚借之道，不外二科，同部叚借謂之疊韻，異部叚借謂之雙聲，非此，皆誤字也。但周、秦部分嚴於漢、魏，如東鍾之通冬，支之轉歌，脂之轉真，微之轉文，文之轉蒸，魚元之轉歌，汝南已多破其畛域。然通轉之中，亦自有一定之限，非如後世之强生枝節，妄爲分合，轇轕而不通，如許敬宗、劉平水諸人也。昔人以段、錢并舉，讀說文斠詮一書，已病其疏略。及讀此書，其旁通曲證，不可謂於小學無補，於音韻之學，或有未究，去金壇之學遠甚。謹條其謬誤者，近二百事，故識數語於簡末云。

附録

先生少隨劉孟瞻、梅藴生、劉楚楨、包孟開赴鄉闈，孟瞻、楚楨謂諸經舊疏多踳駁，欲仿江氏、孫氏尚書，邵氏、郝氏爾雅，焦氏孟子，别作義疏，孟瞻任左氏傳，楚楨任論語，而以公羊屬先生。晚年出守滇南，不克履任，橐筆游楚、越，始輯成稿本。句溪雜著論語正義序、雜著自序。

淩曉樓鋭意治公羊學，晚年病風，精力不逮，僅成公羊禮疏。先生繼師志以成書，守疏不破注之例，於何邵公之説，有引申無背畔。其所徵引，凡漢儒治公羊家言者，網羅無遺，清儒自孔、莊、劉以下，悉加甄採。禮制多採師説，篤守鄭氏，於程易疇、金輔之駁正最多，於三世九旨諸説，闡發無餘藴。劉文淇句溪新著序、公羊義疏。

朱拙盦曰：公羊家多非常可怪之論，西漢大師自有所受，要非心知其意，鮮不以爲悖理傷教，故爲此學者稍不謹慎，流弊滋多。惟陳卓人深明家法，亦不過爲穿鑿。無邪堂答問。

曉樓交游

阮先生元　别爲儀徵學案。

包先生世臣 別爲安吴學案。

李先生兆洛 別爲養一學案。

秦先生恩復 別見思適學案。

陳先生逢衡

陳逢衡字履長，號穆堂，江都人。父本禮，字嘉會，號素村，以布衣淹貫羣籍，著有屈辭精義六卷、漢樂府三歌箋注三卷、急就探奇一卷、協律鉤元四卷，名瓠室四種。先生年四歲，入塾讀書，成誦如已讀者。入郡學，名益噪。比長，喜治經，恥爲帖括學，閒爲詩歌，音節高邁。開讀騷樓，招致東南文學之士，户外之屨恒滿。又嘗北游燕、薊，窺邊關而返。黄比部奭延以課子，並董刊漢學堂經解，凡二百餘卷，昕夕校讎，在叢書中，體例獨醇。道光元年舉孝廉方正，力辭不就。著有竹書紀年集證五十卷、逸周書補注二十二卷、穆天子傳注補正六卷、讀騷樓詩初集四卷、二集四卷，又有山海經纂説、博物志考證若干卷。咸豐五年卒，年七十有八。參金長福撰傳。

穆天子傳注補正序

穆天子傳古之起居注也，語直而奥，詞約而簡，揆厥指歸，竝無奇異。粤自汲冢始出，竹簡混淆，古文晦昧，遂使日次顛倒，前後多歧，事蹟乖違，排比失實，方之紀年，殆有甚焉，則晉祕書諸人之過也。厥後注是書者，不於文義考覈，往往叩彼靈怪，指西母爲神人，稱井公有道德，馮夷號帝，罔識河宗，赤烏獻女，昧厥姓氏，諸如此類，有玷大雅，傳之方來，竟同小說。往有檀氏默齋從而疏之，考證者一二，附會者八九。彼蓋遠謫異地，託抒己憤，以此著書，靡不舛矣。衡幼耽古籍，專意持平，履彼蠶叢，穿茲蟻曲，絶無矜奇可愕之事，但有互亂錯簡之疑。洵知此傳實出西京穆滿，猶秉周禮。蓋嘗三復揣摩，循其轍迹，所經大都在西番大昆侖東南，肅州小昆侖四圍而止。原夫蕃戎雜處，是用來王道路，奉觴藉申燕饗。其閒歌詩贈答，則白雲黄竹裕寵光雅正之休。輶軒采風，則鴻鷺木禾著國語方言之實。然且天子親問册府，亦好藏書，左右即事進規，罔非正士。彬彬乎文、武、成、康之風，其未墜乎？至於字畫則鹵莔闟氍可以識蝌蚪之舊，國名則重邕、鵸韓，可以補姓氏之闕。用廣見聞，兼資游覽，所得多矣。衡閉户寡徒，自慚褦襶，略爲詮釋，以遺居諸。較之洪本少有異同，實於郭注多所補正。爰粗録一過，置之几案，俟經塗乙，再爲削稿。

清儒學案卷一百三十二

月亭學案上

粤中自創設學海堂後，其間承事諸人，以月亭爲最久，誘掖多士，著作等身，有經師人師之目。同事諸名宿，亦皆學有本原，風會所趨，氣求聲應，而嶺南之崇尚樸學者，遂相承弗替焉。述月亭學案。

林先生伯桐

林伯桐字桐君，號月亭，番禺人。嘉慶辛酉舉人。好爲考據之學，宗主漢儒，而踐履則服膺朱子，無門户之見。性至孝，在京應禮部試，聞父没於里，以不及奔視，悲痛幾不欲生。居喪悉遵古禮，不飲酒，不入内，蔬食三年。自是不復計偕，一意奉母。教授生徒百餘人，惟以敦内行、勵實學相勸勉。阮文達元督粤時，闢學海堂以課士，及去任，廢山長名目，選通省名宿八人爲學長，同司課事，先生與焉。後鄧制軍廷楨延課其二子，先生以道自重，惟與討論聲韻之學，偶詢及外事，即及嫌不對。道光二十四年，選授德慶州學正，履任三月，遽卒於官，年七十。光緒中入祀鄉賢祠。

先生於諸經無所不通，尤深於毛詩，謂「傳、箋不同者，大抵毛義爲長。凡鄭所表明毛義，讀者可自得之，其別下己意者，須求其所以異。至孔疏多以王肅語爲毛意，又往往混鄭於毛，學者當分別觀之，庶幾不失家法」。因考鄭箋異義，爲毛詩通考三十卷，又綴其碎義瑣辭，著毛詩識小三十卷。其他著述尚有易象釋例十二卷，易象雅訓十二卷，毛詩傳例二卷，三禮注疏考異二十卷，春秋左傳風俗二十卷，禮記語小二卷，説文經字本義二十卷，古音勸學三十卷，史學蠡測三十卷，讀史可興録一卷，兩粤水經注四卷，粤風四卷，日用通考十四卷，性理約言四卷，耕話四卷，安邑規模四卷，修本堂詩文集二十二卷。咸豐中，邑人重修番禺縣志，徵集各稿本，輯其序文，載入藝文略内。會志局失慎，原稿悉燬於火，惟諸書中有自訂凡例者，爲弟子金錫齡抄存一卷，以見梗概。其家有刻本通行於世者，則爲冠昏喪祭儀考十二卷、史記蠡測一卷、供冀小言二卷、古諺箋十一卷、學海堂志一卷、公車見聞録一卷、修本堂稿四卷、月亭詩鈔一卷，總名爲修本堂叢書云。參史傳、鄉賢録。

文集

周禮故書攷

周禮注中具載故書，示治經之瀍也。治經者不爲黨同專己，斯能研精覃思。此經出山巖屋壁，本是古文，自入祕府，世儒莫見，假爲故書。劉歆校理，著於録、略，杜子春能通其讀，鄭衆、賈逵受業傳述，然皆非祕府原本，亦轉寫耳。北海鄭君从東郡張恭祖受周禮，又遇馬季長授以周官傳，據今文作注，注中偁故書，猶言舊本，其別於今書者，語同而字異，非如尚書古文今文家灋攸分者也。攷鄭君以前，杜子春有周禮注，鄭氏興及子衆、衛氏宏、賈氏逵各有周官解詁。鄭君偁鄭少贛及子仲師存古字，亦信多善。今注閒載鄭司農曰「故書作某」，偁杜子春則「讀爲某」、「當爲某」，不言「故書」，以此知鄭君所據本，非衛、非賈，併非杜，殆鄭司農傳述杜子春、鄭大夫之本與？故書字異，當不止此，據其時所見，擇善而從。蓋著述之體，甄綜百家，折衷一是。至於文字通借，訓故遂殊，論甘忌辛，重誣來者，故一字之微，必從其柢，短長互見，證據斯存。如治歲差，必稽上古；如理水道，當知發源。經師蓋闕之旨，即後進繼志之端，若乃末學膚受，一切速成，不在此數。然則故書所存，固經部之重規疊矩矣。故書流別，鄭君詳言，賈申鄭注，閒釋故書，時賢發明，尤爲完善。今可攷見者，故書曾經前人是正，後鄭或從其說改字。後鄭自攷定者，則但存己說於注，不遽改經文也。故書異字見於前者，後或不復及。注中載攷定之說亦然，或注文不備，或轉寫有奪字也。有偁「書」即爲「故書」者，大宗伯注「故書吉或爲告」下，引杜子春云「書爲告禮者」，此言故書別本。又云「書亦多爲吉禮」，此則故書當從之本也。有偁「或作」、「或爲」，即是故書者，天官籩人注鄭司農云「茨字或作餈」，玉府注鄭司農云「夷槃或爲珠槃」，上文已引故書，或之者，皆謂故書別本。有時偁「書亦或爲」者，則取證己說也。有偁「古文」而不言故書者，古人字少，多用叚借，漢漸分別，仍存古文，如春官保章氏注「志，古文識」，考工記玉人注「衡，古文橫」。或偁「古字」，則春官弁師注「繅古字」；或偁「故字」，則夏官圉師注「故字庌爲訝」。「文」、「字」一名，

「古」、「故」同物，此則故書今書皆有古文，字畫偶殊，非傳本大異也。有對「故書」言，不得不偁「今書」者，地官鄉師注「今書多爲屯」，春官小祝注「今書或作名」，此連類而及，非謂古今之分止於此也。有注載故書時形槮槎者，地官載師經文作「桼」，注云「故書桼作漆」，則春官司几筵經注亦當然。而今本經作「漆」，注不引故書，則未知爲注文簡質，抑轉寫偶訛也？有經非今文，而注不引故書，併不言古文者，地官卝人，按説文「卝，故文礦」；夏官質人「邦國基」，按士虞禮注「古文期皆作基」，則「卝」之與「基」，無論今故，皆是古文，而注闕者，或偶有所遺，或別本自異也。有偁「古書」而非指「故書」者，天官大宰注「古書連作聯」，蓋古人所偁「聯貫」，漢人改用「連貫」，故特明之，而非古本今本之謂也。綜此數端，或起例發凡，或互文見意，不加攷證，疑不能明，觀其會通，各有所得。至若衞、賈緒論，廑存許氏説文；它師異文，具著陸氏音義；因聲求義，則段氏漢讀考；正譌砭謬，則阮宫保校勘記。引而申之，更僕難悉矣。唯注家以治經之瀀，餉遺方來，宜通其大旨，餘則略之。它若前有定論，又或不涉故書者，既不敢支離其詞，亦不爲駢拇之論矣。

儀禮名義説

儀禮之名非古也，漢書但偁禮，鄭注周禮引但曰某禮，詩箋引則偁禮記，皆不言「儀」。東晉元帝時，荀崧請立博士，儀禮之名始著。此與周禮，皆周公致太平之書。然周禮言設官分職，用人行政，一王之制，宜著代名。又古偁周官，言官不得不繫以周。此書則自君身及朝廷四方專禮之名，不必言代。

且夏造殷因，損益自古未有知其所由來者，不言周可也。今本即高堂生所傳，本今文也。史記云：「于今獨有士禮，高堂生能言之。」然今十七篇中，如覲、燕、公食、聘、射、少牢，皆非士禮。且禮本於天，非天子不議禮，當自天子下達，不當自士上推。漢志謂禮古經多天子、諸侯、卿大夫之制，雖不能備，猶瘉倉等推士禮而致於天子之説。按后蒼爲曲臺記九篇，漢志譏其不及古經之備，非謂儀禮專用士禮推于天子也，則以十七篇爲士禮，非矣。然則史、漢儒林傳何以皆偁士禮？曰：士，事也，論語「雖執鞭之士」，鹽鐵論「士」作「事」。鄭君以儀禮爲曲禮，故禮器「曲禮三千」注云：「曲，猶事也。其事儀三千，言儀者，見行事，有威儀也。」又曰：「事禮謂今禮也。」則鄭以此爲事禮，事、士一耳，非謂以士禮上推也。至開卷冠、昏二禮，曷爲以士名篇？曰：昏禮首云「昏禮下達」，未有士字。疏引鄭目録「冠禮于五禮屬嘉禮」，「昏禮于五禮屬嘉禮」，皆無士字。士相見篇引目録則有士字，可知士字皆後人加之耳。士相見篇不止士禮，而以士名，何也？曰：禮不下庶人，此士字，猶云搢紳先生，兼卿大夫言，非對大夫以上言。士即仕。禮記曲禮前有「士師」，注「士或爲仕」；周禮「士田」注「士讀爲仕」，皆是也。特牲篇實士禮，不偁士者，士祭用特牲，言特牲則士可知，猶之言少牢，則大夫可知。覲禮篇名不偁侯，鄉禮篇名不偁大夫，一也。諸篇名皆不偁儀，大射篇獨偁儀，疏謂「射禮盛，威儀多」，非也。夫祭、燕、朝、聘威儀孰非多者，何獨射爲然？蓋古但偁大射，周禮注後鄭所引是也，或偁大射禮，先鄭周禮樂師注所引是也，儀字蓋後人加之。既夕、有司兩篇不偁禮者，一爲少牢下篇，一爲士喪禮下篇，古者書用方策，文字既繁，須分爲二，偶舉卷首二字爲名以別之，非有意義也。或曰：張氏淳云：「後人以其書有儀有禮，故合而名之。」其説非與?曰：禮可該儀，儀不離禮。中庸但言禮儀威儀，未嘗以禮與儀並重。後人因周禮之名既立，但偁禮則與周禮無别。今所用禮記之名漸著，又不可偁禮記，以其書記儀獨詳，故以儀禮爲名。説者謂鄭學之徒所加，近是。至同此一書，或以爲曲禮，又以爲事禮，或以爲威儀，又以爲動儀，皆約其大義而言，非即以爲書之定名也，古但名禮而已。

釋儒

儒字从人，謂人而爲儒者也；需聲，則以聲得義。需，須也，待也。儒者席珍待聘，强學待問，懷忠信待舉，力行待取，皆需也，難進之義也。周禮大宰九兩之目五曰儒，注曰：「儒有六藝以教民者。」孔子弟子蓋三千，身通六藝者七十有二人。」是則儒以六藝得名，自周以來昭然矣。故曰儒者區也，言其區别古今。不攷信於六藝，不通知古今，何謂儒哉?雖然唐、虞二代之盛，孰非以儒爲教?但世質人淳，不必别儒之名。儒之名著於周，故荀况謂周公爲大儒也。周制以鄉三物教萬民，而賓興之六德六行六藝，皆儒者事。孔門立教，其本在孝，其重在仁。曰四教，曰雅言，聖訓所著，王制所存也。當時高弟首推顏、曾，顏子問仁，則語以克己復禮。克己者，約身也，約身必以禮。左傳曰：「古也有志克己復禮，仁也。」孔子述古訓以教，而顏子能服膺，故其稱夫子善誘，亦曰「博我以文，約我以禮」。博文則六藝通，約禮而後能復禮也。然視聽言動，非禮勿爲，即需之意與?顏子問爲邦，語以三代禮樂，此博文之大者。爲邦者，仁之見於行事，而其斟酌百王，有損益，有法戒，豈非需乎?曾子能盡孝道，故孔子授以孝經。論語載曾子三省，皆守身之學，即孝經之旨，亦約禮之義。禮記曾子問一篇，發明禮意，是謂博文。大戴禮記曾子十篇，義廣辭微，阮宫保實尊信而表章之，謂「當與論語同」。又謂：「從事孔子之學者，當自曾子始。」言儒術者，有所據依矣。閔子以德行稱，以孝爲本，其辭季氏之召，真難進者。有子言孝弟，與曾子之學如驂之靳，其論百姓之足不足，與君爲體，不屑急切近利，皆需之義也。子謂子夏「爲君子儒，毋爲小人儒」，蓋儒業在六藝，則文而不慚者出焉，華而不實者託焉，發明章句，始於子夏，其於六藝所得多，所見深，然必戒以小人儒者，見儒之不恃空言也。論語言：「君子博學於文，約之以禮，可以弗畔。」中庸言：「君子慥慥，不外庸言之信，庸行之謹，言顧行，行顧言。」然則君子之儒，篤實而已。子貢問君子，答之即言行相顧之意。子路問君子，答之即約禮之旨。論語以君子始終，不知不愠，斯爲君子；不知命，無以爲君子，豈非需之義乎？君子者，儒之實也。但謂之君子，則通乎治野人之稱；謂之儒，則專乎爲學者之名。禮記儒行孔子對哀公言自立者二，言特立者一，言特立獨行者一，而鄭君則云：「儒之言優也，柔也，其與人交接，常能優柔，經傳似異實同。」蓋需待而不自立，則必與世沈浮，曲學阿世，故皋陶曰「柔而立」，又曰「擾而毅」，皆儒行之意也。大戴禮曰：「枉而直之，使自得之；優而柔之，使自求之；揆而度之，使自索之，是以上下相親而不離。」此言學古入官，實儒者優游之用也。墨子有非儒篇，蓋墨氏兼愛則不仁。儒者之道，孝弟爲仁之本。仁亦从人，學所以明人倫；倫亦从人，立人之道與墨氏正相反也。故鄭君曰：「儒能安人，能服人。」或清談廢事，或矜己淩人，豈所以安人服人哉？冉有、季路、宰我、樊遲之倫，或仕私家，往往見責於聖人，而不害爲大賢者，施之則行，即儒者事，功過相除，非鄙儒小拘所得議也。若曾晳、漆雕開不施於事，而聖人許之；原憲、季次空室蓬户，而聖人稱之。其優游也，皆其特立獨行也。彼拘學抱咫尺之義，而枯槁寂寞，固無足言。若取適時會，不自愛重者，又豈知需之義邪？抑又聞：儒，濡也，以先王之道能濡其身也。儒亦借濡，濡，潤也。儒者博文，可以潤身，然濡則易汙，故貴特立。子游治武城以弦歌，聖人深美，此儒之濡。問其得人，對以澹臺滅明，其曰「行不由徑，非公不至室」，儒之需也。説文曰：「儒，術士之稱。」術，道路也，術士，有道之士也，不學則無術矣。學術不明，而以需爲儒，則庸衆駑散，中道而廢者有之；以區爲儒，則窮鄉多異，曲學多論者有之；以柔爲儒，則儒宗而委蛇，希世度務者有之；以濡爲儒，則以詩禮發冢者有之。故又曰：「儒，短也；儒，愚也。」儒者文多質少也，是皆浮慕其名，而不求其實者也。

爾雅足以辨言説

爾雅小學之書，而列於經者，蓋六藝之指歸，百家之鈐鍵，皆在於是。不通雅訓，則於經義往往私心穿鑿，人自爲説；本於雅訓，則同條共貫。即爾雅書中，一字兩訓三訓，亦不相紊。或爾雅所未備，而輔翼之書，要不離乎宗，此雅訓所以重也。毛公詩傳略同爾雅，蓋古訓本然，不可移易。或者見爾雅多同詩傳，遂以爲專釋詩，然試攷漢、魏、六朝説經者，孰能外於雅訓？賈、董書中有經訓者，輒符雅義。史記引尚書，以訓詁字闡繹經文，亦依雅義。其他諸子百家之古者，皆與爾雅疏通證明，則其書不專釋詩，昭然矣。夫言六藝者，折中於孔子，孔子曰：「爾雅以觀於古，足以辨言矣。」蓋小辨破言，小言破義，小義破道，必以近於雅，以通古今之言，而後無小辨之失。揚子雲謂孔子教魯哀公學爾雅，蓋指此也。夫對君之言，猶儞雅訓，况綴學之士，實事求是，舍此何由乎？孔子又曰：「通道必簡。」又曰：「辨言之樂不下席。」然則簡而易從，至近而可樂者，莫如爾雅。按小學之書，有形有義，説文言形者也，爾雅言義者也，二書實相表裏。但説文、爾雅訓詁略同，而字體各異。蓋説文言形宜用本字，爾雅言義或用假借。古時字少音近，則假借用之，用之既久，人人習見，而字之本義反隱。然亦有經典用假借，而爾雅用本字者，非謂爾雅字皆假借，但較之説文，則假借多耳。攷爾雅在漢時嘗列學官，劉子政謂史佚以爾雅教子。王充論衡云：「爾雅者，五經之訓故。」劉勰云：「通乎爾雅，則文義曉然。」是則周、秦、漢京以來，經師碩學，無不通雅訓者也。唐人以爾雅爲小經，士子所必誦習。其後浸微者，浮華日勝，則古義日疏耳。朱子謂「字畫音韻，多不留意，爲甚害事」。可知通儒之學，訓故爲先，將欲辨言，不僅空談，當識文字，則爾雅宜亟講矣。又攷爾雅有犍爲文學舍人注，經疏中多引之，其人蓋當漢武帝時。夫漢文置爾雅博士，不久即廢。漢武時，爾雅不甚顯，犍爲又僻在蜀中，而有能注爾雅者，況當聖朝崇儒右文，經學昌明，而雅訓尚可緩乎？夫通古人之言，而後可求其義。訓故未明，而謂吾能通其大義，果足信乎？故必如孔子之言爾雅，觀古辨言，簡而通于道。道之不明，言之不辨也；言之不辨，雅訓之不爾也。清談空論，皆破義破道者也。

朱子不廢古訓說

讀書當論其世。漢時經立博士，學有師法，東漢經學之傳，尤不雜。然爲其學者，必博觀載籍，證明師承。至硜硜然奉一先生之說，此末流則然，非古古相傳之本意也。其間通人大儒，如先鄭、後鄭、服子慎、盧子幹之倫，雖各有家法，要皆旁搜遠紹，乃卓然爲學術大宗。六朝時，北方經學爲盛，亦不離其本。迨唐時正義書成，各經皆有專主，其餘諸家之學漸微。於是宋劉原父作七經小傳，刱爲新說，王介甫又從而揚其波，古來樸學家法，於是盡變。朱子生於其後，獨能考證古訓，折衷一是，不以空言說經，可謂不從流俗。其大學、中庸章句之名，實本於漢孟喜、京房、費直三家易章句；其論語、孟子集注之名，則本於後漢荀爽易九家集注，晉范甯穀梁集注，皆遠有宗緒。生平撰述既多，往往前後互異。如詩集傳以柏舟爲婦人詩，及注孟子貉稽章，仍以爲衛之仁人。詩集傳以小弁爲宜臼自作，及注孟子高子章，仍以爲宜臼之傅作。皆舍去舊見，改從小序，此固學隨年進。如鄭君先通三家詩，後通毛傳，故禮記引詩注與詩箋互異，即其例也。又有引古而不注出處，引時賢則甚詳者。案毛傳及說文，凡與爾雅同者，未常注明，而許君博訪通人，偶載其說，必詳名姓，此其例也。至若徵引古訓，而時出新意，不盡同古者，此則其時風尚，人人如此，亦其學正大精醇，足以自信之故。攷鄭君箋詩，於毛傳小異；注周禮，於大鄭、先鄭不盡同。蓋學貴心得，各明一義，非苟且沿襲者所得知，亦非駁雜之學所能藉口也。其有攷訂精確，而後人厚誣之者。如學而章集註「朋，同類也」，與古訓「同門曰朋」似異，然易兌卦虞仲翔注「兑，二陽同類爲朋」，是漢時已有此説，而虞注又本於坤文言「西南得朋，乃與類行」。又子見南子章集註「矢，誓也」，實本於爾雅釋言及詩鄘風毛傳，原原本本。此類甚多，而或者恣意掊擊，不足辨也。至其言之精者，如論語北辰，説者紛紜，集註云「北極謂之北辰」，原本雅訓，實爲定論。蓋聖人立言，自當據其本始。後來恒星東移，去極漸遠，非立言之意矣。又如中庸章句「郊祭天，社祭地」，本禮記注，而足以正後來南北郊合祭之失。此皆講求甚精者。至其偶未詳者，如中庸華、嶽本兩山，孟子莊、嶽本兩地，皆未及注。又有小誤者，如子桑伯子不衣冠而處，竝非家語，鄉黨「執圭」，竝非「命圭」之類。要於書之大體無礙，不當索瘢，亦不必阿黨者。他如引用爾雅、説文及羣經古注，各條按籍可攷，不復覼縷矣。夫朱子之書，家絃户誦，童而習之，後來讀書漸多，補其遺，訂其誤，正後學之責，非可以區區捃摭，遂舉其書之正大精醇者，而土苴視之也。若乃束書不觀，貌爲尊朱，而實以便其不學之陋。又或名曰攷古，要不外剽竊瑣碎之譏。甚者或公然叫詬，或潛爲移易，不特於朱子之書未窺其真，其於漢學篤實之意相去遠矣。近時閻百詩四書釋地，江慎修鄉黨圖考，皆於朱子拾遺補闕，然其援古極詳，措詞極慎，斯爲立言之體。我朝經學昌明，超越唐、宋，無論元、明，學者幸逢文獻大備，正可因前人之成功，博觀約取，謹守師法，補苴罅漏，如射之有志，如農之有畔可也。近者王西莊氏曰：「經以明道，而求道者不必空執義理以求之，但當正文字，辨音讀，釋訓詁，通傳注，則義理自見，而道在其中。」此似爲學成者言。又曰「經文艱奥難通，若於古傳注憑己意擇取融貫，猶未免於僭越，但當墨守漢人家法，從一師而不敢他徙」云云，此似爲始學者言。讀朱子書者，人人知此意，則實事求是，尊其所聞，何事齗齗於漢、宋之界限哉？王氏此兩言，於今日爲豐年之玉矣。

月亭交游

李先生黼平

李黼平字貞甫，號繡子，嘉應人。嘉慶乙丑進士，改庶吉士，散館，授江蘇昭文縣知縣。涖事一以寬和慈惠爲宗，不忍用鞭扑。遇獄訟，隨至隨結。公餘即手不釋卷，民間有「李十五書生」之目。以虧挪公款，落職繫獄，數年乃得歸。會粤督阮文達開學海堂，因聘閲課藝。後主東莞寶安書院。課士一本諸經，人咸愛重之。道光十二年卒，年六十三。先生幼穎異，年十四即精通樂譜。及長，治漢學，工考證。所著毛詩紬義二十四卷，於毛傳、鄭箋、陸氏釋文、孔氏正義之詮釋互異者，皆詳加考訂，疏通而證明之，爲文達刻入皇清經解中。他著有易刊誤二卷、文選異義二卷、讀杜韓筆記二卷。其論詩謂「心聲所發，含宫嚼羽，與象箾胥鼓相應」。故所爲詩專講音韻，能得古人不傳之祕。有著花庵集八卷、吴門集八卷、南歸集四卷、續集四卷。參史傳。

張先生杓

張杓字磬泉，原籍浙江山陰，遷廣東，入番禺學。嘉慶戊辰舉人。先生初習詞章，其後精研小學，考證金石文字，復由小學而研究注疏，窮日夜不少息。嘗掌教香山、欖山、南雄、道南書院，每日坐講堂講經史，來學者衆，販夫牧豎過院門者，亦皆駐足而聽。阮文達督粵時，延之課子，督責嚴厲，文達愈敬之，命爲學海堂學長。晚歲選授揭陽縣教諭，以青盲疾請京職，得國子監學正銜。道光二十年，英人犯廣州，上書當道，陳攻守之法，並上平夷四策，粵中將帥雖不盡用其言，然皆敬其人焉。其讀書手記於簡端者甚多，子㦛嘗鈔而集之，藏稿於家。參陳澧撰傳。

文鈔 見學海堂文集。

尚書之訓解

百篇之書，其義皆訓也；二十八篇之書，其篇目無所謂訓也。自東晉古文因書序之目，撰伊訓一篇，立典、謨、訓、誥、誓、命六名。唐孔穎達等作正義，又增征、貢、歌、範四者，合爲十例。至元熊朋來復據陸德明正攝之説，取正義所增者併入六體，以伊訓、高宗之訓兩篇爲正訓，五子之歌、太甲三篇、咸有一德、高宗肜日、旅獒、無逸、周官、吕刑、典寶、明居、徂后、沃丁十四篇爲攝訓，於是訓之名遂爲書之一體。嘗因而考之，典寶、明居、徂后、沃丁四篇，惟沃丁序言訓。然曰訓伊尹事者，訓之言順，謂順承伊尹之事，爲命爲誥，未可知也。典寶、明居則并無訓字，鄭注典寶引伊訓曰：「載孚在亳。」又曰：「征是三朡。」馬注明居曰：「咎單，湯司空。明居者，明居民之灋。」則爲誥爲誓，又未可知也。至徂后與伊訓、肆命連文，序曰：「成湯既没，太甲元年，伊尹作伊訓、肆命、徂后。」鄭注：「肆命者，陳政所當爲也；徂后者，言湯之灋度也。」漢書律曆志引伊訓曰：「維太甲元年十有二月乙丑朔，伊尹祀於先王，誕資有牧方明。」説者謂太甲除喪，朝諸侯于明堂，祀方明，以成湯配伊尹，因偁述成湯之德，以訓太甲。合之鄭君所言，則三篇當同一例。熊氏既以高宗肜日與高宗之訓序連文，而目爲訓，肆命亦與伊訓、徂后連文，顧獨别之爲命，豈其然乎？無逸爲周公陳戒成王，則與咎繇、益、稷之謨同也。呂刑曰：「度作刑以詰四方。」鄭注周禮大司寇職曰：「詰，謹也。」引此經爲證。注布憲職曰：「詰，謹也，使四方謹行之。」伏生大傳曰：「甫刑可以觀誡。」是其義也。則與多方、多士之誥同也。其餘若五子之歌曰：「有窮后羿，左氏襄四年傳魏絳引作夏訓。唐孔氏謂書有歌體，固未善，然曰夏訓，正不知果屬何書？未見即爲五子之歌也。太甲曰：「惟尹躬先見於西邑夏，自周有終，相亦惟終。」咸有一德曰：「惟尹躬暨湯，咸有一德。」禮記緇衣竝引作「尹告」。康成注「尹告，伊尹之誥也」，則又誥之明驗也。熊氏篤信晚出之書，又惑於六體之説，皆别出爲訓，其果可信乎？或曰：如子言，是書無所謂訓體也？曰：然。然則伊訓、高宗之訓果何備乎？曰：訓猶誥耳。説文：「誥，告也。」漢書揚雄傳顔師古集注：「訓，告也。」是其證也。康成注顧命大訓曰：「大訓者，謂禮灋先王德教。」夫曰先王，則統二帝、三王言之，而典、謨亦訓矣。故王肅以大訓爲虞書典、謨，又其證也。然則東晉以前，言書者無六體之説也，故曰百篇之書，其義皆訓也。

春秋之傳解

傳有二義，有訓詁之傳，有載記之傳。訓詁之傳，主於釋經；載記之傳，主於紀事。昔之傳春秋者五家，鄒氏無師，夾氏無書，今所傳惟左、公、穀。公、穀依經立傳，經所不書，更不發義，故康成謂「穀梁善於經」。王接亦曰：「公羊於文爲儉，通經爲長。」此而例之，訓詁之傳，猶或可也。若左氏之書，據太史公十二諸侯年表，則曰左氏春秋，而不言傳，據嚴彭祖引觀周篇之文，則言爲傳，與春秋相表裏，而不言是釋經。據盧氏植、王氏接，則謂囊括古今，成一家之言，不主爲經發據。高氏祐、賀氏循則并目之爲史。是漢、晉諸儒言左氏者，莫不以爲紀事之書，所謂載記之傳是也。故漢世左傳與春秋分行，至杜元凱作集解，始割傳附經，妄生義例，謂傳或先經以紀事，或後經以終義，或依經以辯理，或錯經以合異。一似左氏此書，專爲解駁經義者。獨不思經止哀十六年，而傳則終於二十七年。如依杜説，此十有一年之傳，爲先後何經，依錯何經邪？甚矣！其惑也。後儒不察，乃反依據杜本，妄議左氏之書。唐權德輿謂：「左氏有無經之傳，失其根本。」宋王晳謂：「左氏貪惑異説，於聖人微旨疎略。」明何異孫謂：「左氏疎於義理，理不勝文。」凡此狂言，皆杜氏以傳附經，謂左氏專爲釋經而作，有以啟之也。昔人謂三傳作而春秋微，余亦謂杜注行而左傳隱。

吴先生蘭修

吴蘭修原名詩捷，字荔村，號石華，嘉應人。嘉慶戊辰舉人。官信宜縣訓導，後爲粤秀書院監院。道光六年，與月亭及南海曾勉士諸先生同爲學海堂學長，造就甚衆。精算學，嘗謂：「諸家方程，自二色三色以至多色，皆直行並列，左右互乘所得之數，逐行分注。數理精蘊則用横行分上下二層，互乘所得之數爲第三四層，減餘之數爲第五層。於每條求之，則横行也；於每色求之，則直行也。經緯相承，加減相屬，學者按圖即可得數，方程之善，無以踰此。」又謂：「方程之法，沿誤久矣。梅氏定爲和數、較數、和較兼用、和較交變四類，可謂力闢荆榛。但其圖仍用直行，正負交變，耳目紛繁，學者難之。」因取諸書方程，經梅氏考正者，悉爲著録。復以數理精蘊法算之，以期一目瞭然。作方程考一卷，於學算者頗有裨益。好提倡後進，嘗編刻學海堂二集，以示爲學指歸。兼工詩詞。著有南漢紀五卷、南漢金石志二卷、端溪硯史三卷、荔村吟草、桐華閣詞。參史傳、學海堂志。

文鈔 見學海堂文集。

易之彖解

繫辭曰：「彖者，言乎象者也。」又曰：「彖者，材也。」謹按：材與裁通，裁猶斷也。劉瓛周易義疏曰：「彖，斷也。」與裁義合。蓋統卦象而決斷之，以定其吉凶，故曰知者觀其象辭，則思過半矣。」又曰：「斷辭則備矣。」此裁斷之說也。然則取象於豕，何也？說文曰：「互豕之頭象其銳而上見也。彖从互从豕省，豕走也。」玉篇：「彖，豕走悦也。」按悦當作挩，廣雅「彖，挩也」，是其證。說文手部：「挩，解挩也。」蓋豕剛突而躁疾，故其走決。姤之初六「羸豕孚蹢躅」，宋衷曰：「羸，大索，所以繫豕者。繫之則蹢躅，不能決也。」孟子曰：「如追放豚。」言走挩也。走挩故決，決有斷義，故易斷卦取之，猶蜥蜴善變，而易假之。陸佃說。人希見生象，乃以意想爲象，而易象假之，韓非子解老篇及陸佃說。皆遠取諸物之意也。

尚書之訓解

書有六體，其一曰訓，皆臣子告君之辭也。告君而曰訓，何也？尔疋：「訓，道也。」說文：「訓，說教也。」廣雅曰：「訓，順也。」按訓从言从川，有因勢利導之義，故曰順。書「于帝其訓，是訓是行」，史記微子世家皆作「順」，是訓與順通；書「五品不遜」，後漢書周舉傳作「訓」，是「訓」又與「遜」通也。訓、順、遜皆聲近，故義從同。論語：「巽與之言，能無說乎？」「巽」亦「順」也。馬融曰：「恭遜謹敬之言，聞之無不說者。」即說文說教之義。蓋陳典、謨於君，而以遜順敬謹出之，故不曰誡，而曰訓，此臣子進言之體也。忠告善道，朋友尚然，而況於君父歟？

魏收魏書跋

北齊魏伯起撰魏書一百三十卷，當其初出，物議譁然，所謂穢史者也。於今考之，編景、穆於本紀，附涼、蜀於列傳，桓、劉已下皆曰島夷，典午之朝薄爲僞晉，史通所論，洵不誣已。竊謂天平僭號之初，正孝武入關之日，民猶戴主，臣已稱君，東魏之名，豈得與西魏並哉？雖然東魏之統，齊實受之，魏收仕齊，則必黨齊，黨齊則必尊東魏而黜西魏。處陳壽之時，而鑒崔浩之禍，其情固可諒矣。至於爾朱榮、陽固諸傳，以各史證之，是非之間，不甚相遠，誠以作史之難也。世近則人易爭，任專則衆易毁，況收以輕薄之士，操筆削之權，衆口交謫，有由來已。要之，收固北朝之儁也，史例在魏澹之下，史才實出平繪之上。崇文總目：「初，隋高祖以魏收書褒貶失實，平繪中興事敘次不倫，詔澹别成魏史。澹斷自道武，下迄恭帝，爲十二帝紀，七十八列傳，史論及例目録一篇，合九十二篇。退東魏孝靜帝稱傳，矯正收、繪之失。體裁簡正，帝甚善之。然世以收史爲主，故澹書亡闕，今纔紀一卷存。」此北史列傳，所以悉據是書，而獨傳於後世也夫。

顧氏日知録跋

國初顧亭林、閻百詩、朱竹垞諸公巋然竝起，而亭林其尤也。生平周流西北垂三十年，所至載書自隨，每有所得，輒記之，成日知録三十二卷，餘録四卷，於經義、史學、天象、地輿、典禮、兵制及政事、風俗之得失，靡不綜貫。但引據浩繁，不無舛誤。如辨嶽頂無字碑爲漢武所立，而不知漢書武帝紀注已載碑文，此姜西溟湛園札記所駁也。謂單名以偏旁排行，如衛瓘、衛玠之類，而不知晉書玠乃瓘之孫，此閻百詩潛丘札記所駁也。謂詩除二南七月、正雅、三頌之外，皆不入樂，而不知季札觀樂，列國之風並奏，此全謝山經史問答所駁也。謂隨會不與晉文同時，而不知左傳城濮之役，士會攝右，士會即隨會，此錢辛楣養新録所駁也。謂韋昭注國語，凡「莊」字猶避漢明帝諱作「嚴」，爲意存忠厚，而不知其沿襲舊文，疎於檢點，此趙雲松陔餘叢考所駁也。謂禹貢東池北會於匯，蓋指固城石臼等湖，而不知正義引鄭云「東池者爲南江」，鄭氏讀東池爲句，南江北會於具區，故曰北會於匯，此阮宫保浙江圖考所駁也。皆切中亭林之失。至謂幽、并、營三州在禹貢九州之外，幽則今涿、易以北至塞外地，并在今忻、代以北至塞外地，營則今遼東大甯地。按尔疋釋文引鄭康成曰：「舜以青州越海而分齊爲營州，冀州南北太遠，分衛爲并州，燕以北爲幽州，并舊爲十二州。」元和郡縣志太原府下引王肅曰：「舜爲冀州之地太廣，分置并州。」漢、唐諸家迄無異議。且周禮幽州澤藪曰「貕養」，注「在長廣」，即今登州府萊陽縣地。「其浸菑、時」，注「菑出萊蕪，時出般陽」，即今濟南府淄川縣地。則幽州豈僅涿、易以北乎？并州澤藪曰「昭餘祁」，注「在鄔」，今汾州府介休縣地。則并州非曁忻、代以南乎？又謂：「宣房既築，導河北行，復禹舊蹟，而梁、楚之地，自漢至唐，河不爲害者幾及千年。」按漢書溝洫志自塞宣房後，河復北決於館陶，分爲屯氏河，東北經魏郡、清河、信都、渤海入海。元帝永光五年，河決清河、靈、鳴犢口，而屯氏河絶。成帝建始四年，河決於館陶及東都金隄，泛溢兖、豫，入平原、千乘、濟南，凡灌四郡三十二縣。河平三年，河復決平原，流入濟南、千乘。鴻嘉四年，渤海、信都河水溢，灌縣邑三十一。據此，則百年之間，已經五決，此皆好騁議論，而不顧其背馳者。然而大純小疵，終無害其宏博耳。亭林著作等身，音學五書，尤有裨於聲韻。惟天下郡國利病書，顧無倫次，蓋鈔輯各省府縣圖經文册邸報以備編撰者，惜乎其未及成書也。

曾先生釗

曾釗字敏修，號勉士，南海人。道光乙酉拔貢。篤學好古，讀一書必校勘脱文譌字，每遇祕本，或雇人影寫，或懷餅就鈔，積七八年，得數萬卷。自是覃求經義，文字則考之説文、玉篇，訓詁則稽之爾雅、方言。雖奥晦難通，而因文得義，因義得音，類能以經解經，確有依據。入都時遇武進劉禮部逢禄，逢禄曰：「篤學若勉士，吾道東矣。」乙未秋，程祭酒恩澤典試廣東，耳先生名，欲取作榜首，適先生持服未與試。榜後，祭酒招飲於蒲澗，賦詩云：「我求明珠向南海，離朱喫詬驚愚頑。昆侖第一未即得，羊鬚首捋緣希慳。」蓋謂先生也。後官合浦縣教諭，調欽州學正，以病假歸，咸豐四年卒。著有周易虞氏義箋七卷、周禮注疏小箋四卷、詩説二卷、詩毛鄭異同辨二卷、毛詩經文定本小序一卷、考異一卷、音讀一卷、虞書命羲和章解一卷、春秋國都爵姓考補一卷、論語述解一卷、讀書雜志五卷、面城樓集十卷。其所輯古書，有楊議郎著書一卷、楊孚異物志一卷、劉欣期交州記一卷、王韶之始興記一卷。參史傳。

詩毛鄭異同辨自序

羣經義疏，詩、禮最精，然周禮之學，杜氏及三鄭時有異同，而賈公彦祇疏後鄭，諸家從略，不如詩正義毛、鄭分述之詳矣。毛、鄭異同，大義有四，隨文易説者不與焉，昏期一也，出封加等二也，稷、契之生三也，周公辟居四也。凡此四端，皆毛長於鄭。至於六天之説，毛、鄭故同：昊天上帝，詩有明文；五天即五德之帝，五德布爲五行，助天生物，王者尊事，禮固宜之。周頌我將傳「將，大也」，是毛以我將「我享」爲大享，大享明堂五帝偏，而正義云「毛不信六天之説，與鄭異」，豈不誣耶？孔氏述毛不得其理，大率類此。若夫故訓假借，傳例簡奥，箋所改讀，非盡易傳，正義亦有未達。釗嘗粗綜二學，欲踵孫毓異同評，顧惟譾陋，未敢屬稿。間有穴見，記於别紙，涉獵各家，隨時竄易。凡先我得者，輒得删去。積有日月，丹墨淩亂，懼難識别，會學海堂以此題課士，遂都而録之，爲二卷焉。

虞書命羲和章解自序

「羲和」一章，實曆學之祖。其言「曆象日月星辰」，即後世「恒星七政，各有一天」之説所本也。其言「測中星以定分至」，即後世「歲差」之説所本也。其言「賓餞」，則後世「里差」之説所本也。其言「敬致」，即「定氣」之説所本也。其言「日中永短」，即準「北極高卑，以分晝夜漏刻多寡」之説所本也。顧治經者，或於曆學未詳，而術士又不通經，遂以諸術爲西士創獲耳。近世戴東原氏最精此學，其著書補傳，猶以五星爲唐、虞所未及測，餘子又何論焉，爰不揣固陋，輒爲説而詳證之。至於六職之分，四宅之地，因夷之解，古今紛如者，亦以己意刺取古義爲之注，并爲之疏，非敢謂有當經義，聊抒所見云爾。

文集

釋儒

説文：「儒，柔也。从人，需聲。」按易：「需，須也。」凡人躁則急不能待，柔則從容自持，从需聲，殆以聲載義者也。天下之人心學問，皆以躁壞之，躁於仕則儌倖之心生，躁於學則精細之思鮮，躁於事則和順之氣乖。昔孔子舉十五儒對哀公問儒行，以大讓始，以尊讓終。讓則不躁矣，故曰「君子無所爭」。惟無爭，故能讓，讓故能柔，惟柔而後成爲儒，此儒訓柔之旨也。然則子曰「吾未見剛者」，何也？剛非任氣之謂也，物之至剛者必柔，剛而不能柔則折，此乃狠戾之人，非真能剛者，子所謂慾也。有子曰：「其爲人也孝弟，而好犯上者鮮矣。」又曰：「孝弟也者，其爲仁之本與！」孝經曰：「教民親愛，莫善於孝；教民禮順，莫善於弟。」曾子云：「君子博學而孱守之，微言而篤行之，行必先人，言必後人。」由是觀之，儒者豈貴乎以氣上人哉？繹古聖賢造字儒从需之意，又攷諸經傳垂訓之言，可以識儒之義矣。且需與柔爲雙聲，凡从需之字，其義皆爲柔。臑訓臂羊矢，臂羊矢，肉之柔者也。襦訓短衣，衣之近身而柔者也。繻訓繒，繒，帛之柔者也。至如嬬爲女弱，孺爲幼弱，濡爲水弱，皆有柔義。而説文獨於儒發其詁，蓋明人之欲以儒爲稱者，尤以柔爲重耳。雖然柔亦有辨，色厲而內荏，荏，柔之似也。內文明而外柔順，順柔之德也。子謂子夏曰：「女爲君子儒，無爲小人儒。」儒有君子小人之別，即於柔之真僞分之歟？

日月為易解

說文引祕書云：「日月爲易。」按參同契亦有此文，則許君所云祕書，疑即易緯也。太史公書云「易以道陰陽」，不云陰陽爲易，而必云日月爲易者何？陰陽，乾、坤也，乾、坤大用在坎、離。坎，月也；離，日也，故以日月言之。繫所謂縣象著明，莫大乎日月也。古之言易者，皆宗孟喜，喜以卦氣推易，以一歲象易也。一歲分之爲十二月，此云日月爲易，又以一月象之也。一歲象易，不以名易，而一月象易，則以名易者何？四時之有冬，猶月之有晦也。驗四時以氣，氣無形；測晦朔以日月，日月有形。無形者微，有形者顯，象易從其顯，故不以歲而以月也。月之魄受日以爲光，合朔三日出震，八日見兑，十五日盈乾，陽之息也；十七退巽，二十三日消艮，三十日滅坤，陽之消也。陽息之盈，則日月相望，消之盡，則月死魄。相望者，會於中宮，日東月西，既濟象也；死魄者，會於壬癸，日上月下，未濟象也。易之爲書，不從既濟象，而從未濟象者何？繫曰：「易之興也，其於中古乎？作易者，其有憂患乎？」惟當未濟，憂患思所以易之，故曰易。孟子曰：「天下之生也久矣，一治一亂，既濟而未濟，朔而晦，由治而亂也；未濟而既濟，晦而朔，由亂而治也。」不象朔既濟，而象晦未濟者何？未濟晦象爲六十四卦之終，即爲既濟朔象之始。繫曰：「生生之謂易。」朔，生也；晦，生生也，此易取象晦時日月之義也。繫又曰：「日往則月來，月往則日來，日月相推而明生焉。」古文明从日从月，易不以明爲名，而必以易者何？日月相推，一日之象也。古之易義，一日象一卦，一月然後六十卦周。此以晦時日上月下名易之義也。易二篇，以未濟終，而名易，乃從此象者何？猶春秋終於獲麟也。獲麟而春秋作，未濟而易作，其義一也。

庶姓異姓同姓同異解

左傳：「隱公十一年，滕侯、薛侯來朝，爭長。」曰：「薛，庶姓也。」又曰：「周之宗盟，異姓爲後。」乃長滕侯。」說者據之，謂：「不同姓，非昏姻者，爲庶姓。庶，衆也，統於異姓，猶羣姓云爾。」釗謂其說非也。吳語：「晐姓於王宮。」韋昭解云：「備也，姓庶姓。」曲禮曰：「納女於天子，曰備百姓。」周禮巾車「革路以封四衛」，賈公彥疏云：「四衛，非謂在衛服者，以其諸侯非同姓，與王無親，即是庶姓。」然則庶姓統於異姓之說，實本乎此。然以周制攷之，天子稱同姓謂之伯父叔父，異姓謂之伯舅叔舅。異姓稱舅者，以嘗爲昏姻也。（非必當時爲昏姻，左傳宰孔稱齊桓爲伯舅，齊桓當時未嘗與周爲昏姻也。）如韋、賈之言，庶姓無昏姻之親，將稱爲舅耶？抑不稱爲舅耶？司儀「土揖庶姓，時揖異姓，天揖同姓」，注：「庶姓，無親者也。異姓，昏姻者也。」庶姓與異姓分別甚明。然經傳少稱庶姓者，蓋周制庶姓實統於同姓，於同姓中以有服無服分之，則五世後無親者，別爲庶姓耳。故昔儒謂庶姓猶言氏族，與同姓對言則別，散文通也。若然，薛，任姓，與滕非同姓，滕稱之爲庶姓者，蓋從黃帝賜姓時對姬爲正姓言之也。知然者，禮同祖爲同姓，其適爲正姓，其別子以下則爲庶姓。定元年傳曰：「薛之皇祖奚仲居薛，以爲夏車正。」春秋釋例曰：「薛，任姓，黄帝之苗裔。奚仲封爲薛侯。」晉語司空季子曰：「黄帝之子二十五宗，其得姓者十四人，爲十二姓，姬、酉、祁、己、滕、蒧、任、荀、僖、姞、儇、依是也。」據此，則薛實出黄帝矣。鄭君駁異義曰：「黄帝姓姬。」晉語曰：「唯青陽與倉林氏同於黄帝，故皆爲姬姓。」史記索隱曰：「國語文誤青陽，當爲玄囂，是帝嚳之祖。」祭法曰：「周人禘嚳而郊稷。」據此，則周，姬姓，本自黄帝，故爲正姓。薛、任爲庶姓。滕侯曰「我周之卜正」，特重其詞曰周，明滕出於正姓之周。且薛祖又爲庶姓，庶姓不可先正姓，適庶之義然也。羽父又以爲異姓者，黄帝賜十四人以姓，時二人姓姬爲正，其餘十二姓皆爲庶。其後周公制禮，繫之以姓，從后稷受姓始，於是十二姓之同出黄帝者，原爲庶姓，以周制定之，皆爲異姓，可以通昏姻。故周公、武公皆娶於薛，此異姓昏姻之説也。大傳「庶姓別於上」，別即異也。殷法五世以後通昏姻，故曰別。周法則不通昏姻，其通昏姻者惟異姓。周禮正名曰「庶姓則不可通昏姻」，明矣。若謂非同姓而無昏姻之親爲庶姓，則是庶姓於禮可以通昏姻，將何解於雖百世而昏姻不通之説也？要之，周禮、大傳庶姓從周姬言之，皆同姓；左傳庶姓從黄帝賜姓時言之，於周爲異姓。各有取爾，不必掍同。猶杕杜傳同姓爲同祖，麟趾傳又族爲同祖，蓋曰族，曰姓，各明一義。謂族爲同姓可也，謂庶姓爲異族亦可也，謂庶姓爲不同姓則不可。

亞飯三飯四飯攷

論語微子篇有亞飯、三飯、四飯，説者據白虎通禮樂篇云「平旦食少陽之始，晝食太陽之始，晡食少陰之始，暮食太陰之始」數語，以爲天子四飯，魯僭天子禮，有初飯之證。釗按：其説非也。少牢篇三飯注云：「或言食，或言飯。食，大名。少數曰飯。」疏云：「一口謂之一飯。」玉藻「飯飧者，三飯也」。疏云：「三飯並謂飧，謂三度飧也。」皇侃論語義疏云：「飯謂飧也。」據此，則論語與白虎通不同義矣。攷膳夫職云：「王日一舉，鼎十有二，物皆有俎，以樂侑食。」王制云：「天子食日舉以樂。」尋其文義，言日一舉，則餘食不稱舉可知矣。言舉以樂，其非舉，則不用樂可知矣。膳夫疏引鄭注論語「亞飯三飯四飯」，云「皆舉食之樂」，尤足爲惟舉有樂侑之明證。日三時食，并稍食爲四，而獨朝食稱舉，侑以樂，其餘皆不用樂侑者，以其非盛也。故周禮、禮記特言舉以樂。燕食，膳夫奉膳，贊祭不言以樂侑，明燕食無告飽之文，不以樂也。玉藻云：「日中而餕，奏而食。」注：「餕，食朝之餘也；奏，奏樂也。」又云：「夕深衣祭牢肉。」注：「天子言日中，諸侯言夕；天子言餕，諸侯言祭牢肉，互相挾。」據彼文，則日中及夕食亦有樂。但彼云奏，蓋如沐靧進禨進羞，工乃升歌耳，非侑也。若侑食，樂章每飯不同，包咸注云「亞飯、三飯、四飯，皆樂章名」是也。特牲、少牢尸有三飯九飯十一飯。鄭注有司徹云：「士九飯，大夫十一飯，其餘有十三飯，十五飯。」疏云：「五等諸侯同十三飯，天子十五飯。」魯侯禮以事死如生之禮準之，魯當有十三飯，不備言者，掌樂者未去官，故不及耳。其不言初飯者，或以爲太師領之，或以爲爲魯諱，亦非也。禮器「天子一食，諸侯再，大夫、士三」，注：「一食、再食、三食，謂告飽也。」攷特牲、少牢爲士大夫禮，其尸侑皆自三飯始。三飯告飽，故有三飯，而無再飯。推此而言，魯諸侯禮，有亞飯，無初飯，亞飯蓋因再飯告飽而設。惟天子一食告飽，有初飯。魯非天子，故無初飯也。若然，禮器所陳，尊者少，卑者多。特牲、少牢所記，卑者少，而尊者多。不同者，禮器言飽之始，特牲、少牢則要其終也。少牢注食與飯不同，禮器則謂飯爲食者，對文則異，散文可通，説經大例也。

梁先生漢鵬

梁漢鵬字南溟，番禺人。通算術，初與其友數人講習廛市中，會嘉應吴石華從之學算，而南海曾勉士亦爲延譽，由是知名。道光壬辰，廣東鄉試，闈中策問算學，無能對者。番禺侯君模歎曰：「讀書雖多，而不學算，今爲試官程春海祭酒考倒矣。」乃集同志諸人，共延先生講習之。先生善談算理，雖深奧輒出以俚淺語，能令聽者解頤。削象牙爲數十事，於方圓、斜鋭、體積，分合、移補不假繪圖，而見者瞭然。又好言物性，凡金木百工之事，靡不窮究。尤善製火藥，以所製者發鳥鎗鉛丸，較英吉利火藥所及加遠，西洋人亦驚服焉。所著有算書數十篇，藏於家。參陳灃撰傳。

文鈔 見學海堂文集。

夕桀解

周禮九數始，方田終，句股法已備矣。至漢而復有重差夕桀之名，何也？夫重差所以濟句股之窮也，蓋於高深廣遠，無可比例以求者，則前後立表，退而相望，兩退相差，因而比較，此重差之名所由立。而其用實不離乎句股，故曰以濟句股之窮也。其言夕桀何也？或以爲互棄之譌，不知互棄之法，因其開除不受，不能成算，必累棄互用，以齊其分，故曰互棄。夫累棄互用，則差分、方程諸法皆有之，其不足當九數之一，斷然矣。竊謂夕桀者，義無可訓，以形求之，蓋句股之譌也。句股居九數之末，其法最難，其用最廣，故以是終焉。分言之，則重差句股之用也；合言之，則重差即句股也。凡有數則有象，象不離乎數。萬象起於方員，而員出於方，方出於矩，矩出於句股。故偃矩以望高，覆矩以測深，卧矩以知遠。其有高深廣遠之可比例者，以句股測之；其無高深廣遠之可比例者，以重差測之。測望之法，至此而備；句股之用，至此而極。故曰重差句股，并其法之極備而爲名也。攷陸氏釋文既爲夕桀作音，則魯魚亥豕之訛，已在唐以前矣。

清儒學案卷一百三十三

月亭學案下

月亭從游

侯先生康

侯康原名廷楷，字君模，番禺人。道光乙未舉人。幼孤，好學，喜讀史。家貧無書，母爲稱貸得錢，買十七史讀之。所爲文章，仿南北朝體。阮文達闢學海堂課士，賞其文，由是知名。後乃研精注疏，盡通諸經，著春秋古經説二卷，謂三傳經文頗有不同，以左氏與公、穀互校，則左氏義長者多。因參訂而排比之，疏通證明，有足補毛氏奇齡之春秋簡書刊誤、段氏玉裁之春秋左氏古經所未備者。又以禮與春秋本相表裏，三傳中典制莫備於左氏，而義理莫精於穀梁，惟公羊雜出衆師，較多偏駮，因作穀梁禮證。全書未竟，僅存叢稿五十餘條，其弟度，釐爲二卷。羣經小學亦皆有論説，而於史學致力尤勤。嘗欲仿裴注三國志例，盡注隋以前諸史。謂「注史與修史異，注古史與注近史又異，史例貴嚴，史注宜博。注近史者，羣書大備；注古史者，遺籍罕存，當日爲唾棄之餘，今日皆見聞之助，宜過而存之」。爲後漢書補注續一卷、三國志補注一卷。又以隋以前古書今皆亡佚，致諸家著述湮没不彰，擬補撰後漢、三國、晉、宋、齊、梁、陳、魏、北齊、周十書藝文志而自注之。已成者有補後漢書藝文志四卷、補三國藝文志四卷。凡諸書已見本傳及隋、唐、宋志、釋文敍録者，皆不著所出；其采自他書，或附傳者，則著之。而他書復有可考證者，亦備録焉。道光十七年卒，年四十。參史傳、陳澧撰二侯傳、嶺南遺書伍崇曜跋。

春秋古經説自序

春秋經一而已，自三傳分而經分，并其卷數亦分。漢志載春秋古經十二篇者，左經也，經十一卷者，公、穀經也。原注：説詳四庫提要。今以三傳參校之。左傳「莊三十年夏，次于成」，公、穀作「師次」。以上「三年公次于滑」，「八年師次于郎」例之，無直言次者，則有「師」字是也。「僖九年甲子，晉侯佹諸卒」，公作「甲戌」。以上文「戊辰」推之，則「甲戌」是也。然大要古經爲優，而自漢以來，即有取公、穀亂古經者，如「昭十一年，齊國弱」，賈逵從公作「酌」之類。宋、元諸儒，避實蹈虚，尤好舍古經而用二傳。夫古經傳序相授，非一世矣。「公即位」爲「公即立」，已經後人竄改，古字古言不盡可見，乃并其幸留至今者，亦屏棄弗録，此毛氏春秋簡書刊誤、段氏春秋左氏古經所由述與？三傳異同有不必辨者，「螺」則「螽」之或體，「遬」則「速」之籀文是也。此外，則形聲相近，假借通用之字居多，渝、輸同訓，黎、耒同音，鄟、微本一地，厲、賴實一國，前人論之詳矣。穀梁出較先，其誤尚寡。公羊出最晚，其誤滋甚。口授愈久則愈離，不期然而然者也。毛氏動輒詆爲有意變易，又豈通論哉？今刺取其義意可尋者，疏通證明之。至説文述春秋用左氏，而衣部引「公會齊侯于袳」，品部引「次于喦北」，示部引「石尚來歸祳」，與古經皆不同，蓋又師談互異，今不復盡據爲定云。

穀梁禮證

傳：讓桓，正乎？曰：不正。注：隱長桓幼。

證曰：公羊于立適之外，別有立子以貴之法，蓋以左右媵及適姪娣及左右媵姪娣分貴賤也。左氏義則云：「太子死，有母弟則立之，無則立長，年鈞擇賢，義鈞則卜。」又云：「王后無適，則擇立長，年鈞以德，德鈞以卜。」是除立適之外，概立長，不復問母貴賤矣。隱、桓之母，穀梁無文。據左傳，隱公，聲子子；桓公，仲子子。禮，諸侯不得再娶。仲子雖有手文之瑞，不得爲夫人，則隱、桓俱非適，祇當分長幼，不必分貴賤。此注所云，事與義皆據左氏也。若公羊謂桓母右媵貴，當立，非穀梁義也。

傳：母以子氏仲子者何？惠公之母，孝公之妾也。注：妾不得體君，故以子爲氏。

證曰：宋書臧燾傳載：「晉孝武帝追崇庶祖母宣太后。燾議曰：前漢孝文、孝昭太后並繫子爲號。」又云：「繫子爲偁，兼明母貴之所由。」此則母以子氏之例也。臧燾此議引仲子事用左氏，公羊説以爲桓母，而此數語則穀梁義。故顧氏日知録亦謂「惠公仲子，猶晉簡文帝母鄭氏之偁簡文宣太后」。又惠氏春秋説云：「易象陰繫于陽，春秋母繫于子。」故母以子氏，其名正矣。鼎之爻辭曰「得妾以其子，无咎」，此之謂也。注偁「妾不得體君」，儀禮喪服傳文。

禮，賵人之母則可，賵人之妾則不可，君子以其可辭受之。

證曰：通典載徐邈答徐乾書云：「母以子貴，穀梁亦有其義，故曰賵人之母則可。」徐邈亦注穀梁者，據此文是宰咺歸賵，未嘗失禮，蓋仲子爲孝公妾，則不可賵；爲惠公母，則可賵。穀梁之例，雖妾母不得偁夫人，而君母與衆妾究當有辨。以儀禮喪服篇準之，庶子不爲君，則爲母無服，但練冠麻麻衣縓緣；庶子爲君，則爲其母緦。是禮不同也。故徐邈謂母以子貴，穀梁亦有其義，非如公羊説妾子爲君，母得偁夫人也。庾蔚之云：「公羊母以子貴者，明妾貴賤，若無適子，則妾之子爲先立。」又「子既得立，則母隨子貴。豈謂可得與適同耶」？此解當即徐邈義。

乘馬曰賵。

證曰：禮記少儀：「賵，馬入廟門。」雜記：「上介賵，執圭將命曰：『寡君使〔一〕某賵。』相者入告，反命曰：『孤某須矣。』陳乘黄大路于中庭。」是賵用馬也。賵亦兼用車。何邵公以無車者爲周制，有車者爲春秋制，此是公羊禮例，穀梁當不爾。雜記疏云：「禮記『陳乘黄大路』，則周制有車。穀梁直云『乘馬曰賵』，無車者，文不備也。」至馬必以乘者，楊士勛疏云：「士喪禮賵用兩馬，此用乘馬者，禮，大夫以上皆乘四馬。」按此本公羊注，而五經異義引易孟、京，春秋公羊説，天子駕六；毛

〔一〕「使」，原缺，據雜記補。

詩說，天子至大夫同駕四，士駕二；禮王度記，天子駕六，諸侯與卿同駕四，大夫駕三，士駕二，庶人駕一。是何氏注公羊反不從公羊說，而從毛詩說，豈以義固有未安與？說苑修文篇說賵馬之數云：「天子乘馬六匹，諸侯四匹，大夫三匹，元士二匹，下士一匹。」劉向習穀梁者，則此或穀梁說與？易孟、京，春秋公羊，禮王度記同也。然自何邵公、鄭康成兩大儒皆謂天子乘四馬，後儒多因之。穀梁禮既無顯證，故楊疏亦衹從常解矣。

衣衾曰襚。

證曰：禮記雜記：「襚者執冕服，入，升堂致命曰：『寡君使某襚。』子拜稽顙，委衣于殯東。襚者降，受爵弁服于門內霤。將命，子拜稽顙如初。受皮弁服于中庭，自西階受朝服，自堂受玄端。將命，子拜稽顙皆如初。」據此，是諸侯相襚有冕服、爵弁、皮弁、朝服、玄端五等。而說苑修文篇說襚衣之數云：「天子文繡衣各一襲到地，諸侯覆跗，大夫到踝，士到髀。」視雜記所云殊簡略。以事理推之，襲衣小斂大斂衣皆禮服畢具，不應襚衣獨文繡一襲，雜記似爲近之。至雜記又云：「諸侯相襚以後路與冕服。」襚得有後路者，雜記疏謂「散而言之，車馬亦曰襚」是也。

逆女，親者也。使大夫，非正也。

證曰：公羊亦云：「譏始不親迎。」是二傳義同也。五經異義引禮戴說，「天子親迎」；春秋公羊說，「自天子至庶人皆親迎」；左氏說，「天子至尊無敵，故無親迎之理；諸侯有故，若疾病，則使上大夫迎，上卿臨之」。許君從左氏義，鄭駮則從禮戴及公羊傳說。按齊風著詩刺不親迎，毛傳以三章爲人君禮，然則天子當親迎與否，毛義未知云何。至諸侯不親迎，則毛以爲譏，不得如左氏説「有故」，得「使上大夫」矣。韓奕詩「韓侯迎止，于蹶之里」，亦諸侯親迎之明文。説苑修文篇：「親迎，禮也。其禮奈何？曰：諸侯以屨二兩加琮，大夫庶人以屨二兩加束脩二。曰：『某國寡小君使寡人奉不珍之琮，不珍之屨，禮夫人貞女。』夫人曰：『有幽室數辱之産，未諭于傅母之教，得承執衣裳之事，敢不敬。』拜祝，祝答拜，夫人受琮。取一兩屨以屨女，正笄衣裳而命之曰：『往矣！善事爾舅姑，以順爲宫室，無二爾心，無敢回也。』女拜，乃親引其手授夫于户。夫引手出户，夫行，女從。拜辭父于堂，拜諸母于大門。夫先升輿執轡，女乃升輿轂三轉，然後夫下先行。」按此言諸侯親迎禮最詳，足補昏禮之闕。劉向習穀梁，此或穀梁逸典與？

傳：未畢喪，孤未爵。注：平王之喪在殯。

證曰：白虎通爵號篇：「春秋傳曰：天子三年然後偁王者，謂偁王統事，發號令也。」尚書曰：「高宗諒闇三年。」是也。論語曰：「君薨，百官總己以聽于冢宰三年。」緣孝子之心，則三年不忍當也。故三年除喪，乃即位統事，踐阼爲主，南面朝臣下，偁王以發號令也。惠氏士奇春秋説曰：「天子諒陰，三年不言。王言謂之命，諒陰不言，焉得爵命大夫？」然則未畢喪，統指三年以內。注謂喪在殯者，據此時事言之。實則既葬仍不得謂之畢喪也。左傳云「王未葬」，亦是此義，非謂既葬即可爵大夫也。杜氏因以附會其既葬除喪之説，謬已衆著，故不復論。

歸死者曰賵，歸生者曰賻。

證曰：御覽禮儀部引春秋説題辭曰：「知生則賻，知死則賵。」鄭君注少儀「賵馬入廟門」云：「以其主于死者。」注「賻馬不入廟門」云：「以其主于生人。」小爾雅廣名：「饋死者謂之賵。」皆與此傳同。而荀子大略篇：「賻賵所以佐生也，贈襚所以送死也。」説苑修文篇云：「知生者賻賵，知死者贈襚，贈襚所以送死也，賻賵所以佐生也。」又似賵非歸死者之名。白虎通引弔辭曰：「知生則賻。」其文本既夕記。抱經堂本于「賻」字下增「賵」字，竊未敢從，故不録。攷既夕禮「兄弟賵奠可也」，注：「賵奠于死生兩施。」公羊隱元年注：「知生者賵賻，知死者贈襚。」據徐彦疏及穀梁隱元年疏所引，則贈襚本作賵襚，「賵」訛爲「贈」，正如襄二十九年左傳釋文「賵，一本作贈」。是何亦以賵兼生死，與鄭義合。荀子、説苑專屬之佐生，穀梁專屬之歸死，各明一義，實非有違。但以訓詁求之，春秋説題辭、廣雅、服子慎、何邵公皆訓賵爲覆，當是覆被亡人之意，本左傳疏。屬之死者，偁名尤當矣。

傳：春秋之義，諸侯與正而不與賢也。注：雍曰正，謂嫡長也。

證曰：此與公羊「立適以長不以賢」同義。何氏膏肓云：「不以賢者，人狀難別，嫌有所私，故絶其怨望，防其覬覦。」白虎通云：「曾子問『立適以長不以賢』何言？爲賢不肖不可知也。」尚書曰：「惟帝其難之。」此二傳之義可相通者。至公羊謂「立子以貴不以長」，非穀梁義。穀梁于庶子不分貴賤，則立子亦以長。此注嫡長二字當對文，長謂庶長，嫡子固是正。無嫡而庶長當立，亦是正，此即左氏「王后無適則擇立長，年鈞以德，德鈞以卜」之説。年鈞以德，似與此傳不與賢相反，然唯無適可立，又無長可立，而後出此。則有嫡長者，與正不與賢明矣。何氏膏肓云：「君之所賢，人必從之，焉能使王不立愛也？」鄭君箴之曰：「立適固以長矣，無適而立子固以貴矣，若長鈞、貴鈞，何以別之？年鈞則會羣臣、羣吏、萬民而詢之，有司以序進而問，大衆之口非君所能掩，是王不得立愛之法也。」按此説足申左氏，而仍參用公羊立子以貴之説，則義終窒礙。蓋擇賢之法，必施于長鈞、貴鈞兼者也。左傳第云「年鈞以德」，而文承「王后無適」之下，則皆是庶子，其貴鈞矣。而長鈞貴鈞兼者，必庶子不分貴賤者也。今立子以貴，則是不同母者長鈞而貴必不鈞，同母者貴鈞而長必不鈞，立子以貴不以長，爲異母者言。若同母自仍以長，何注于雙生子亦分先後，其意可知。斷無擇賢一法。此公羊之義有不可强合于左氏者，鄭君欲會通爲一，誠不必也。就二義相衡，公羊較密，但穀梁似同左氏，不同公羊。

禮，庶子爲君，爲其母築宮，使公子主其祭也。

證曰：公羊傳注：「不就惠公廟者，妾母卑，故雖爲夫人，猶特廟而祭之，禮，妾廟子死則廢矣。」按何休謂妾母得爲夫人，此公羊義，非穀梁義也；其謂特廟而祭，則與穀梁同。宋書禮志四載虞龢議孝武昭太后祔廟之禮云：「春秋之義，庶母雖名同崇號，而實異正嫡，是以猶考別宮，而公子主其祀。」晉書簡文宣鄭太后傳、宋書臧燾傳載徐邈、臧燾議宣太后不宜配食元帝，亦引考仲子之宮爲證。乃宋儒陳氏傅良謂：「古者妾祔于妾祖姑，無妾祖姑則易牲而祔于女君。仲子之宮別廟，非禮。」按陳氏所引喪服小記文，泛指妾母，非指庶子爲君者之母，不得相難。且即使指庶子爲君者之母，而子在則立廟以祭，至孫則毁其廟而祔于妾祖姑，本凌曙公羊禮説。于義自可兼通。妾祖姑無廟而得祔之者，雜記上疏引庾蔚之謂「爲壇祭之」是也。

於子祭，於孫止。

證曰：公羊傳注亦有「妾廟子死則廢」之文，是二傳義同也。喪服小記「慈母與妾母不世祭也」，注：「以其非正。」春秋傳曰：「于子祭，于孫止。」漢書韋玄成傳玄成言：「古者制禮，別尊卑貴賤，國君之母，非適不得配食，則薦于寢，身沒而已。」又匡衡告謝毀廟曰：「父之所尊，子不敢不承；父之所異，子不敢同。禮公子不得爲母，信爲後，則於子祭，於孫止。尊祖嚴父子義也。」公子爲後，即此傳之庶子爲君，儀禮喪服傳所謂庶子爲父後者是也。李奇解作「去其所生而爲大宗之後」，非。是皆用穀梁說。

穀梁子曰：舞夏，天子八佾，諸公六佾，諸侯四佾。

證曰：公羊傳與此同，注：「法八風六律四時。」白虎通：「天子八佾，諸侯四佾，所以別尊卑。樂者，陽也，故以陰數，法八風六律四時也。」春秋公羊傳曰：「天子八佾，諸公六佾，諸侯四佾。」詩傳曰：「大夫士琴瑟。御八佾者，何謂也？佾者，列也，以八人爲行列，八八六十四人也。諸公六六爲行，諸侯四四爲行，大夫士北面之臣，非專事子民者也，故但琴瑟而已。」獨斷：「天子八佾，八八六十四人，八者象八風，所以風化天下也；公之樂六佾，象六律也；侯之樂四佾，象四時也。」皆同公、穀義，蓋今文家言。左傳及馬融論語注、蔡邕月令章句俱謂天子八佾，諸侯六，大夫四，士二，則古文家言。御覽卷五百七十四引禮記云：「天子宮懸四面，舞行八佾；諸侯軒懸三面，舞行六佾；大夫判懸二面，舞行四佾；士特懸一面，舞行二佾。」今記無其文，未知出何書。獨斷、月令章句同出中郎，而博采古今文，蓋義可兼通，無容專執也。據白虎通文，則大夫以下無舞佾。

注：八人爲列，又有八列，八八六十四人。

證曰：白虎通、公羊、左傳二注，皆以每佾人數如佾數。穀梁傳未有明文，注但舉八佾之數，不舉六佾四佾，而首以「八人爲列」一語統之，則似謂凡佾皆八人。馬融注論語亦如是。皇、邢二疏仍用何、杜之説，似非馬義。宋書樂志一載太常傅隆説，曰：「杜預注左傳佾舞，云諸侯六六三十六。常以爲非。夫舞者，所以節八音也，八音克諧，然後成樂，故必以八八爲例。自天子至士，隆殺以兩。兩者，減其二列耳。預以爲一列又減二人，至士止餘四人，豈復成樂？服虔注傳，云天子八八，諸侯六八，大夫四八，士二八，其義甚允。又春秋鄭伯納晉悼公女樂二八，晉以一八賜魏絳，此樂以八人爲列之證也。若如議者，唯天子八，則鄭應納晉二六，晉應賜絳一六也。自天子至士，其文物典章尊卑差級莫不以兩，未有諸侯既降二列，又列輒減二人，近降大半。非唯八音不具，于兩義亦乖，杜氏之謬可見矣。」按傅氏此辯極詳明，且可知范注上本服虔，不可易也。孔穎達申杜義，謂「女樂二八，非二佾，鄭人豈以二佾之樂賂晉侯？晉侯豈以一佾之樂賜魏絳？」按王逸楚辭章句云：「二八，二列也，大夫有二列之樂，故晉悼公賜魏絳女樂二八也。」韋昭晉語注云：「八人爲列，備八音也。」則舊解皆以二八爲二佾。王逸引事微誤，而解則不謬。若謂二佾非諸侯禮，不宜賂晉者，則歌鐘二肆，亦是卿大夫之判縣也。

注：不言六佾者，言佾則干在其中，明婦人無外事，獨奏文樂。

證曰：此全用何氏公羊注文。凡舞執干戚者，武舞也；小則執干戈。執羽籥者，文舞也。佾則文武之舞皆有之，故言佾則干舞亦在內，舞以見其獨爲文舞。此釋經不言六佾，而言六羽之義也。若然，祭統言「朱干玉戚以舞大武，八佾以舞大夏」，大武者武舞，大夏者文舞，似八佾專用之文舞者。彼注云「文武之舞皆八佾」，互言之耳。

唐會要卷三十二載韋萬石奏曰：「古六代舞有雲門、大咸、大夏、大韶等，是古之文舞；殷之大濩，周之大武，是古之武舞。儒先相傳，國家以揖讓得天下，則先奏文舞；若以征誅得天下，則先奏武舞。」據此，是大濩者，武舞也，而周禮舞大濩以享先妣，與此注不合。竊疑此注固未當也。韋萬石所引儒先之說，出五經通義，見藝文類聚。又白虎通亦有此說，而文殘闕不完，抱經堂本補足之。其論最精。周家以武得天下，故舞樂重武而輕文。明堂位、祭統皆先言舞大武，後言舞大夏。且舞大武用冕服，舞大夏用皮弁，尤重武輕文之明徵。周先妣姜嫄，感神靈而生后稷，爲王業所由基，自宜用其所重。若仲子，妾母耳，禮可從殺，故獨用其所輕，非以婦人無外事也。如注言，則姜嫄與仲子同是婦人，不應文武異制矣。

經：叔姬歸于紀。注：叔姬，伯姬之娣。至此歸者，待年于父母之國，六年乃歸。媵之爲言，送也，從也，不與嫡俱行，非禮也。

證曰：左氏、公羊注皆同，以爲待年，而不言非禮。白虎通：「姪娣年雖少，猶從適人者，明人君無再娶之義也。還待年于父母之國，未任答君子也。」公羊傳曰：「叔姬歸于紀，明待年也。」是公羊家說，媵得待年，故何注無貶辭。此注譏其非禮，于穀梁無文，恐是范氏禮例耳，非必穀梁義。待年之說，當從白虎通。若然，江有汜箋云：「江水大汜，水小然而並流，似嫡媵宜俱行。」又云：「江水流而渚留，是嫡與己異心，使己獨留不行。」彼以不俱行爲嫡罪者，彼媵年已及期，而嫡妒忌不與偕，故其後也悔。若年幼而待年，固無嫌也。

祊者，鄭伯所受命于天子，而祭泰山之邑也。注：諸侯有大功盛德於王室者，京師有朝宿之邑，泰山有湯沐之邑，所以供祭祀也。魯，周公之後，鄭，宣王母弟，若此有賜邑，其餘則否。許慎曰：「若令諸侯京師之地皆有朝宿之邑，周有千八百國，諸侯盡京師之地不足以容，不合事理。」

證曰：此五經異義所引左氏說，而許君從之者也。異義別引公羊說，「諸侯朝天子，天子之郊皆有朝宿之邑，從泰山之下皆有湯沐之邑。」此許所不從，鄭君無駁意，亦同許。孔氏廣森曰：「王制云：『方伯爲朝天子，皆有湯沐于天子之縣內，視元士。』特云方伯，知羣侯不得有矣。覲禮云：『天子賜舍。』若皆有朝宿邑，何必每朝更致？」按此論足申許說。而公羊注云：「禮，四井爲邑，邑方二里。東方二州，四百二十國，凡爲邑廣四十里，袤四十二里，取足舍止共稿穀而已。」蓋陰破許君之疑。何據泰山下湯沐之邑，故祇云東方二州。若朝宿之邑，共千八百國，亦不過方八十四里有奇。然王制言「視元士」，而元士受地又視附庸，則非方二里之邑明甚。據王制，朝宿之邑，亦名湯沐者。左傳疏云：「向京師主爲朝王，從王巡狩主爲助祭，祭必沐浴，隨事立名，朝宿湯沐，亦互言之耳。」疏又云：「定四年，祝佗言康叔之受分物，云『取于有閻之土，以共王職，取于相土之東都，以會王之東蒐。』」

有閭之土，猶魯之許田也；相土之東都，猶鄭之祊邑也。鄭近京師，無假朝宿，魯近泰山，不須湯沐，各受其一。衛以道路並遠，故兩皆有之。」按此論受邑之制尤詳，因備録焉。衛康叔以懿親而兼懿德，故亦受賜如魯、鄭矣。

誥誓不及五帝。

證曰：僞古文大禹謨有禹誓師事，彼疏云：「穀梁傳誥誓不及五帝，不及者，言于時未有也。」據此文，五帝之世有誓。穀梁傳漢初始作，不見經文，妄言之耳。楊士勛此疏，亦引大禹謨文，而釋之曰：「舜是五帝之末，命禹徂征，是禹之事，故云不及五帝。」按此二疏，皆不知大禹謨之僞，從而爲之辭者也。孔氏并詆穀梁妄言，尤謬。司馬灋天子之義篇：「有虞氏戒于國中，欲民體其命也；夏后氏誓于軍中，欲民先成其慮也；殷誓于軍門之外，欲民先意以待事也；周將交刃而誓之，以致民志也。」于夏、商、周皆言誓，于虞獨言戒，是即誥誓不及五帝之明證。或據墨子兼愛下篇云：「不惟泰誓爲然，雖禹誓即亦猶是也。禹曰：『濟濟有衆，咸聽朕言。非惟小子敢行偁亂，蠢茲有苗，用天之罰，若予既率爾羣。』對諸羣以征有苗。」是僞古文實本墨子。然墨子非紀事之書，容可以後世名偁加之前代，若史宜紀實，不得漫云誓也。班固典引「洋洋乎若德，帝者之上儀，誥誓所不及已」，正用穀梁文。

盟詛不及三王。

證曰：釋此傳者，皆以周禮司盟、覲禮祀方明爲疑。楊疏云：「周公制盟，載之法者，謂方岳及有疑會同始爲之耳，不如春秋之世屢盟，故云不及三王也。」秦氏蕙田云：「古者諸侯盟禮，皆因朝覲天子而後修之，以奬王室，睦鄰好。春秋之世，諸侯不尊天子，而假此禮以行之，故荀卿、穀梁子有盟詛不及三王之論，非古無是禮也。」其説皆極有義。惠氏禮説謂：「秋官之盟，五帝用之，虞禋六宗，周祀方盟，一也。」以六宗爲方明，恐非定論，不敢從。然竊謂二書與穀梁本未嘗相違也。周禮、儀禮皆周公所定，二書雖爲太平制作，而周公已逆知人心不古，必漸有疑貳，因制爲盟詛，以示要約。其時已在文、武後，此正不及三王之明徵，何反以爲難乎？檀弓「周人作會而民始疑」，注：「會，謂盟也。」淮南子氾論訓：「殷人誓，周人盟。」鄭注似本此。疏穀梁傳云「誥誓不及五帝，盟詛不及三王者，五帝三王身行德義，不專用誥誓盟詛，故云不及」，與此不同。蓋亦以周人作盟，則不得云不及三王，因謂其不專用盟詛，以釋不及之義，可謂曲費調停，不知此亦據周公制禮後言之，與文、武無涉也。至水經河水注云：「周武王與八百諸侯咸同此盟，尚書所謂不謀同辭也，故曰孟津，亦曰盟津。」按此説殊附會，孟、盟古多通用，孟猪亦作盟猪，豈又因同盟得名耶？公羊「古者不盟，結言而退」，蓋亦指三王時。

交質子不及二伯。

證曰：尚書大禹謨疏云：「穀梁傳交質不及二伯，左傳平王與鄭交質，二伯之前有質也。」按五帝三王皆天子，則誥誓盟詛不及，當統天下言；二伯僅諸侯，則交質不及，宜獨据其身，不得以周、鄭相難也。荀子大略篇亦有穀梁此三語，二伯作五伯，當謂夏昆吾、商豕彭、大韋、周齊桓、晉文。若據春秋時五伯，則楚莊王伐鄭，潘尫入盟，子良出質，不得云不及矣。

傳：南氏，姓也；季，字也。注：南季，天子之上大夫，氏以爲姓也。

證曰：氏以爲姓，三代以下盡然，春秋時似未聞也。南季當是以姓爲氏，非以氏爲姓。通志氏族略有「以姓爲氏」一條，所引證諸人，在春秋時者，有姚句耳、子鉏商，雖無以必其出自虞舜、殷湯，然要爲持之有故。又漢藝文志儒家類有芊子十八篇，七十子以後人，此以芊姓爲氏也。潛夫論志氏姓篇謂「晉祁奚爲黃帝子十二姓祁姓之後」，此以祁姓爲氏也。鄭君駁異義云：「世本之篇，言姓則在上，言氏則在下。」司馬貞釋之謂：五帝本紀云：「禹姓姒氏，契姓子氏，棄姓姬氏。」夫舉姓而下配以氏字，可知古人姓氏容有合而爲一者。然則「薛氏姓」猶云姓南氏耳，古人名字上皆繫氏不繫姓，南雖本是姓，而其後既爲氏，則不可繫字曰南季矣。或曰：古人氏族謂之庶姓。禮記大傳「其庶姓別于上」，注云：「始祖爲正姓，高祖爲庶姓。」疏云「庶姓，衆姓也」，則氏族之謂也。據此，是氏亦可偁姓。氏姓猶氏族，二字祇同一義，似亦可備一說也。大傳疏又云：「姓與氏散亦得通，故春秋有姜氏、子氏。姜、子皆姓，而云氏，是也。」然則姓可偁氏，氏亦可偁姓。

傳：聘，問也。聘諸侯，非正也。注：周禮天子時聘以結諸侯之好，殷頫以除邦國之慝，間問以諭諸侯之志，歸脤以交諸侯之福，賀慶以贊諸侯之喜，致禬以補諸侯之災。許慎曰：「禮，臣病，君親問之，天子有下聘之義。」傳曰：聘諸侯，非正，寧所未詳。

證曰：此范據五經異義文也。異義公羊說「天子無下聘義」；周禮說「間問以諭諸侯之志」。許慎從周禮說，鄭君無駁，意亦同許。然據此知公羊與穀梁合。而何邵公注「天王使凡伯來聘」云：

「古者諸侯有較德，殊風異行，天子聘問之，當北面偁臣，受之于太廟。」則亦不從公羊說，何注與周禮又微異。蓋周禮以下聘是常典，何注以下聘爲異數。蓋義有未安，雖專家不能墨守也。秦氏蕙田云：「穀梁說于禮無據，范氏證其非，可謂不易之論矣。特以『時聘、殷頫爲天子下聘于諸侯』，則非。蓋周官之間問，即天子下聘之事，對文則大曰聘，小曰問；散文言之，則問即聘也。時聘、殷頫，自是諸侯聘于天子，不容混而一也。」按此條疏剔尤細，第范意當亦以間問爲下聘，非以時聘、殷頫爲下聘，連引禮文，語偶未晰耳。

後人主穀梁之說者，若胡氏安國云：「隱公即位九年于此，而史策不書遣使如周，則是未嘗聘也；亦不書公如京師，則是未嘗朝也。如隱公者，貶爵削地可也。刑則不舉，遣使聘焉，其斯以爲不正乎？」按傳泛言聘諸侯非正，不專斥聘隱，則胡說非也。又萬氏斯大云：「穀梁傳曰聘諸侯非正，其言良是。大行人『間問以諭諸侯之志』，不曰聘，而曰問，尊卑之別也。東遷，王室既卑，害禮傷尊，聘問下同列國，春秋因事書之，以著其衰。」按傳先釋聘爲問，而後言其非正，則非無聘有問可知，萬說亦非也。

天子無事，諸侯相朝，正也。

證曰：諸侯相朝之期，周禮大行人以爲「世相朝」。襄二年左傳亦云「凡諸侯即位，小國朝之，大國聘焉」，與周禮合。然周禮第舉其大者言之，此外仍有五年一朝之法。昭三年左傳：「昔文、襄之霸也，其務不煩諸侯，令諸侯三歲而聘，五歲而朝。」王制注，謂此晉文霸時所制。然魯語曹劌曰：「先王制，諸侯使五年四王一相朝也。」曹劌在晉文前，且偁爲「先王制」，則非始自晉文。又文十五年，曹伯來朝，左傳云：「諸侯五年再相朝，以修王命，古之制也。」鄭君疑是夏、殷禮意。春秋之初，大國有援此禮以徵朝于小國者。及晉文剏霸，以往來太數，因復周禮五年之舊，而子太叔遂專屬之文、襄耳。曹伯朝魯在晉文後，而猶五年再朝者，彼疏謂或從時令，或率舊章是也。至成十二年左傳：「世之治也，諸侯間於天子之事則相朝也。」不言朝期，而第云「間于天子之事」，蓋周公制禮，雖定爲世朝，及五年一朝，而或王事靡盬，則可俟他年，具見古人懷柔至意。此傳云「天子無事，諸侯相朝」，即成十二年左傳之說，其實朝期仍當有定也。但穀梁朝期于傳無徵，故衹據他經傳釋之，當亦不相遠耳。

傳：桓無王，其曰王，何也。謹始也。注：諸侯無專立之道，必受國於王。

證曰：禮記王制：「諸侯世子世國，未賜爵，視天子之元士，以君其國。」詩無衣傳：「諸侯不命于天子，則不成爲君。」白虎通爵號篇：「韓詩内傳曰：『諸侯世子，三年喪畢，上受爵命于天子。』所以名之爲世子何？言欲其世世不絶也。上受爵命于天子何？明爵者天子之所有，臣無自爵之義。」是皆謂諸侯襲位，當受國于王也。

子既死，父不忍偁其名；臣既死，君不忍偁其名。

證曰：五經異義引公羊說，「臣子先死，君父猶名之。孔氏云『鯉也死』，是已死而偁名」。左氏、穀梁說，「既没偁字而不言。桓二年，宋督弑其君與夷及其大夫孔父。先君死，故偁其字」。許同左氏、穀梁説，以爲論語偁「鯉也死」，時實未死，假言死耳。鄭康成亦同左氏、穀梁之義，以論語云「鯉也死」是實死未葬以前也。按玉藻：「士於君所言大夫，没矣則偁諡若字。」此蓋因人君不忍偁名，故士亦以諡若字爲偁。是亦穀梁説之一證也。

傳：孔氏父字諡也。注：孔父有死難之勳，故其君以字爲諡。

證曰：隱八年左傳：「諸侯以字爲諡，因以爲族。」杜注：「從『字』字句絶。」哀十六年左傳疏引鄭康成讀，則從「諡」字句絶。儀禮少牢饋食禮注云：「大夫或因字爲諡。」春秋傳曰：「魯無駭卒，請諡與族。公命之以字爲展氏。」是也。細審傳文及禮注，似展即無駭字。杜預謂「無駭，公子展孫」，未知所本。如其説，則展是名非字，且是王父之名，傳當顯言之。今但云「公命以字爲展氏」，則是無駭字可知。無駭字展，即諡展，因以爲族。不然羽父請諡與族，曷爲但賜族乎？此字諡之一證也。禮記檀弓上：「魯哀公誄孔某曰：『天不遺耆老，莫相予位焉。嗚呼哀哉！尼父。』」注：「尼父，因其字以爲之諡。」哀十六年左傳疏駮鄭注，謂「禮記惟説誄辭，不言作諡」。然誄之訓諡，見于説文。曾子問注引春秋公羊説，「讀誄制諡于南郊」，論衡道虚篇「誄生時所行爲之諡」，是誄必有諡甚明。孔子固以字爲諡者也。唯以字爲諡，故漢平帝元始元年，追諡孔氏曰褒成宣尼公；後魏孝文太和十六年，改諡宣尼曰文聖尼父，皆不敢舍尼爲諡。此字諡之又一證也。孔氏廣森經學卮言云：「古人訓諡字與號同義。殷制，生有名，死則以其字爲號，若湯名履，没號帝乙。文王之父名歷，没號公季。凡商之諸王，以甲乙丙丁偁者，皆其字也。措之廟，立之主，而配帝言之，即其謚。周人始有大名細名之禮，然亦唯天子得司之。若侯國卿大夫既卑，不得請謚于王，其君又未敢自爲論定，則仍殷之舊，以字易名而已。故衆仲曰：『諸侯以字爲謚。』謂諸侯賜其臣謚之禮也。春秋以來，列國踰制，卿大夫亦以行制謚，唯宋大夫孔父字謚；哀公誄先聖，以先聖每自偁殷人，故仍以宋謚孔父之法謚之。嘗攷列國之臣見于左傳者，唯宋卿無謚。世本敍大夫世系，皆云某子某生某子某，獨宋則言某父，悉以字謚者也。足徵宋君雖請謚于周，而于其國中自秉殷禮。」按此説甚刱而確，蓋此正是殷尚質處。然則孔父字謚，亦沿宋國舊章，范氏謂因有死難之勳，恐未必然。傳文「氏」字，當依段氏玉裁説，以爲衍文。

冕而親迎。

證曰：儀禮士昏禮：「主人爵弁纁裳。」注：「主人，壻也，壻爲婦主。爵弁而纁裳，玄冕之次。大夫以上，親迎冕服。冕服迎者，鬼神之。鬼神之者，所以重之親之。」然則冕而親迎，天子諸侯大夫統此矣。但冕服之差等，賈、孔二疏不同。郊特牲：「玄冕齋戒。鬼神，陰陽也，將以爲社稷主，爲先祖後，而可以不致敬乎？」疏云：「士昏以爵弁，是士服之上者，則天子以下皆用上服。以五冕色俱玄，故總偁玄冕也。」哀公問疏亦云：「冕而親迎，天子則衮冕，諸侯以下各用助祭之服，故士昏禮『主人爵弁服』是也。」以此二疏言之，則上公親迎用衮冕，侯伯鷩冕，子男毳冕，孤希冕，卿大夫玄冕，此一説也。賈氏士昏禮疏則謂：「孤卿大夫士爲臣卑，故攝盛服助祭之服。天子諸侯不須攝盛，宜用家祭之服。五等諸侯，玄冕家祭，則親迎不過玄冕，惟天子服衮冕。」即引郊特牲「玄冕齋戒」句爲證，此又一説也。然如賈説，則自五等諸侯與卿大夫皆無別。且賈先言：「有孤之國，孤絺冕；無孤之國，卿絺冕。」後又云：「孤卿雖絺冕助祭，親迎亦用玄冕，臣不得過君故也。」是自相違背。如由前之説，諸侯玄冕親迎，而臣反絺冕，必無其理。由後之説，孤卿既不用助祭之絺冕，又不用家祭之爵弁，元端，而用玄冕，亦殊進退無據。賈徒泥玄冕齋戒一語，致此轇轕。而孔氏已早爲釋之，則謂諸侯以下，皆用助祭服，無可疑矣。若然，天子與上公同衮冕，仍復無別者，此亦窮于禮之不得不然，固勝于公侯卿大夫全然無別者也。下文八年楊疏亦同孔義，而未取賈、孔二疏詳辨是非，故今具釋于此。

經：四年春正月，公狩于郎。注：春而言狩，蓋用冬狩之禮。

證曰：左傳云：「書時，禮也。」杜注：「周之春，夏之冬也，田狩從夏時。」孔氏廣森云：「夏小正十有一月王狩，周禮仲冬以狩田，經書春正月公狩，其實一耳。」逸周書曰：「亦越我周王，致伐于商，改正異械，以垂三統。至于敬授民時，巡狩祭享，猶自夏焉。」據此諸説，是正月本當言狩，而云用冬狩之禮者，蓋范意以穀梁時田皆用周正，不用夏正。時田之例，傳無明文，而略見之于時祭，説詳下八年。此穀梁之不同左氏者。雖其義視左氏爲短，而家法實如是，不可强合也。若公羊注亦譏此狩不時，而謂當用夏之孟冬，又別一義。

四時之田，皆爲宗廟之事也。

證曰：尚書大傳云：「已有三牲，必田狩者，孝子之意，以爲己之所養，不如天地自然之性逸豫肥美。」白虎通云：「王者祭宗廟，親自取禽者何？尊重先祖，必欲自射加功力也。」若然，周禮獨于夏苗冬狩言享礿享烝者，彼是因田而薦，非宗廟正祭，特以時當夏冬，仍蒙礿烝之名耳。若宗廟正祭，則四時皆取之于田，不獨冬夏，即下文「一爲乾豆」是也。

春曰田，夏曰苗，秋曰蒐，冬曰狩。注：田，取獸於田；因爲苗除害，故曰苗；蒐，擇之，舍小取大；狩，圍狩也。冬物畢成，獲則取之，無所擇。

證曰：公羊無夏田。王制云：「天子諸侯無事，則歲三田。」注：「三田者，夏不田，蓋夏時也。」周禮：「春曰蒐，夏曰苗，秋曰獮，冬曰狩。」何氏穀梁廢疾云：「運斗樞曰：『夏不田。』穀梁有夏田，於義爲短。」鄭君釋之曰：「四時皆田，夏、殷之禮。按當作殷、周之禮。詩云：『之子于苗，選徒囂囂。』夏田明矣。孔子雖有聖德，不敢顯然改先王之法以教授于世。若其所欲改，陰書于緯，藏之以傳後王。穀梁四時田者，近孔子故也。公羊正當六國之亡，讖緯見讀，而傳爲三時田。作傳有先後，雖異不足以斷穀梁也。」按公羊善于緯，故中多緯書說，不如穀梁爲時王正禮。左傳、爾雅、太平御覽引韓詩内傳皆四時田，但偁名與穀梁異耳。隱五年左傳疏云：「白虎通義因穀梁之文，爲之生說，曰：『王者諸侯所以田獵何？爲苗除害，上以共宗廟，下以簡集士衆也。春謂之田何？春，歲之本，舉本名而言之也。夏謂之苗何？擇其懷任者也。盧氏文弨校本擇下有「去」字，以本疏下文觀之，作「擇去」者是。秋謂之蒐何？蒐索肥者也。冬謂之狩何？守地而取之也。四時之田，總名爲田何？爲田除害也。』」攷白虎通多公羊家言，而此獨從穀梁，以其義本勝耳。周易解，二月卦，曰「田獲三狐」。巽，七月、八月卦，曰「田獲三品」。屯，十一月、十二月卦，曰「即鹿无虞」。此著三時田也。師、比皆四月卦，曰「田有禽」，曰「王用三驅」，此著苗田也。文王作爻辭，當用殷禮，而夏亦有田，知此制殷、周同矣。田苗蒐狩之名義，宜從白虎通，蓋彼既述穀梁，則所傳者或穀梁師說。而隱五年左傳疏譏之，謂：「苗非懷任之名，何云擇去懷任？秋獸盡皆不瘦，何云蒐索取肥？」不知班固以「擇」訓「苗」，非以「懷任」訓「苗」。「苗」之爲「擇」，猶關雎傳訓「芼」爲「擇」。說苑修文篇：「苗者，毛取之。」何氏公羊注：「苗，毛也。」明當毛物取未懷妊者。彼雖以苗屬春，與穀梁不同，而解「苗」字義則同。至「蒐」之爲「索」，亦是常訓。杜預注左，郭璞注雅，因傳文言「春蒐」，故謂「索取不任」。此傳言「秋蒐」，故謂「蒐索取肥」。皆因時立義，又安見秋獸之必盡肥乎？范注「舍小取大」，與班固略同，惟以苗爲「爲苗除害」，則本杜預、郭璞。若鄭康成、孫炎解苗謂「擇取不孕任者，若治苗去不秀實」，此又別一義。

文鈔 見學海堂文集。

雅詩多言文王少言武王解

漢儒多言文王受命稱王，應劭風俗通始有異議，至宋儒而力闢其非。今以詩大、小雅攷之，知受命稱王之說不誣也。二雅敷陳王業，論時代則武王較近，論功烈則武王尤隆，宜多言武王，少言文王。乃今小雅文王詩九，鹿鳴至杕杜。武王詩僅四；魚麗、南陔、白華、華黍。大雅文王詩八，文王至靈臺。武王詩僅二，下武、文王有聲。則曷以故？蓋周不以武王爲開創之主，而以文王爲開創之主者也。文王實有創制顯庸之事，非武王善則偁親，姑奉以美名者也。文王受命，詩與序皆有明文，然或謂受命爲西伯，或又謂積德累仁，海内歸往，是爲受命作周，則固無以斷其改元偁王也。見于諸緯書者，改元偁王，歷歷可徵矣，詳大雅疏。然猶以爲讖緯不足據也。見于史記三統曆者，在讖緯未興與未盛之前，宜可據矣，然猶恐駁而不純也。見于逸周書、尚書大傳者，幾于純矣，然猶曰非正經也。則請仍以大、小雅證之，使受命偁王之説明，則多言文王，少言武王之故亦明。伐木詩：「陳饋八簋。」傳：「天子八簋。」按天子族食之禮，無文可攷。據公食大夫禮，上大夫八簋。此天子亦八簋者，彼食聘賓用太牢，禮隆；此食族人用肥牡，禮殺。又以秦風權輿詩參之，諸侯食其大夫四簋，彼是常食，若禮食當有六簋，則天子禮食當八簋。今文王已用王制，證一也。天保詩：「禴祠烝嘗。」按夏、殷時祭之名，春礿夏禘，周始改爲春祠夏礿。今既易其名，則在改制之後，證二也。天保詩又云「于公先王」，與史記言文王追尊古公爲太王，公季爲王季合。中庸所言周公追王大王、王季者，謂改葬耳。二代追王，既在文王時，豈有文王不自王，而王其祖父者乎？證三也。文王詩：「殷士膚敏，祼將于京。」傳：「祼，灌鬯也。」周人尚臭，則是時已改殷人尚聲之制，苟未偁王，安得議禮？證四也。文王詩又云：「常服黼冔。」傳：「冔，殷冠也，夏后氏曰收，周曰冕。」箋云：「助祭自服殷之服，明文王以德不以彊。」蓋是時周已改冔爲冕，而仍聽殷士服冔，故詩特咏之。猶有客詩云：「亦白其馬。」苟未偁王，安得易服？證五也。棫樸詩「薪之槱之」，箋以爲祭天。或疑箋與傳異，不可從。然春秋繁露郊祭篇云：「文王受天命而王天下，先郊，乃敢行事，而興師伐崇，其詩曰：『芃芃棫樸，薪之槱之。濟濟辟王，左右趣之。濟濟辟王，左右奉璋。奉璋峩峩，髦士攸宜。』此郊辭也。其下曰：『淠彼涇舟，烝徒檝之。周王于邁，六師及之。』此伐辭也。其下曰：『文王受命，有此武功。既伐于崇，作邑于豐。』以此辭者，見文王受命則郊，郊乃伐崇。」是鄭義本董江都。漢書郊祀志載匡衡奏周文、武郊于豐、鄗，吴大帝譏爲俗儒。虞喜申匡衡義，即以棫樸詩證之。苟未偁王，安得行槱燎之祭？證六也。棫樸詩又云：「周王于邁，六師及之。」傳：「天子六軍。」箋云：「二千五百人爲師。今王興師行者，殷末之制。」攷白虎通亦以六師爲一萬五千人，鄭蓋祖其説。然據鄭志，則仍以六師爲六軍，與傳同。苟未偁王，安得備軍旅之盛？證七也。皇矣詩：「是類是禡。」禮王制：「天子將出征，類乎上帝。」若諸侯則但宜社造禰，不得行類祭，而文王行之，非偁王而何？證八也。旱麓詩：「清酒既載，騂牡既備。」白虎通曰：「言文王之牲用騂，周尚赤也。」按湯伐桀告天，猶用玄牡，仍是夏家之牲，以時未偁王故也；今文王不用殷牲，易白爲赤，非偁王而何？證九也。靈臺詩：「經始靈臺。」白虎通云：「天子所以有靈臺者何？所以攷天人之心，察陰陽之會，揆星辰之證驗，爲萬物獲福無方之元。詩曰：『經始靈臺。』」五經異義公羊説「天子有靈臺，以觀天文；有時臺，以觀四時施化；有囿臺，觀鳥獸魚鼈」。諸侯當有時臺、囿臺，不得觀天文，無靈臺。而今文王有之，豈復侯制乎？證十也。靈臺詩又云：「於樂辟廱。」禮王制：「天子曰辟廱，諸侯曰頖宫。」注于上文「小學、大學」言殷制，則此亦殷制可知。正文正爲殷諸侯，若遵侯制，豈得名辟廱乎？證十一也。文王有聲詩：「築城伊淢，作豐伊匹。」傳：「淢，成溝也；匹，配也。」箋云：「方十里曰成，淢其溝也，廣深各八尺。文王受命，而猶不自足，築豐邑之城，大小適與成偶，大于諸侯，小于天子之制。」按都城之廣狹，周禮典命與匠人殊，鄭注書大傳兩解之。此注則從典命，以命數爲節。上公九里，天子則當十二里，今衹十里，故云大于諸侯，小于天子。以文王之囿參觀，規制正同。毛傳：「囿，天子百里，諸侯四十里。」穀梁注引魯詩傳：「天子囿百里，諸侯三十里。」今文囿方七十里，亦是大于諸侯，小于天子。此文王以紂尚存之故，稍自引避。使非受命偁王，則自有侯國常度，何必損益于二者之間？證十二也。他如武王夢齡之對，偁文王爲君王；公羊釋春秋「王正月」爲文王正月。散見諸經、傳者尚多。或曰紂未滅而周偁王，不幾僭乎？曰：「封建之天下與郡縣之天下異也。古者王畿千里，爲天子國，畿外分封諸侯，爲侯國，天子不得治之。惟天子有道，諸侯咸朝，是謂有天下。若號令不行于天下，則衹可謂之有國，勢與諸侯等。故黍離降爲國風，而周、鄭交質，左傳亦偁爲二國也。王政不綱，生民塗炭，有能行仁政而王者，天下歸之，不以受命爲嫌。非如郡縣之世，天下奉一共主，朝政雖紊，而草澤崛起者，皆難免逆叛之名也。故孟子與齊宣、梁惠言治，皆力勸之行仁政，王天下，若不復知有周天子者，然即文王偁王之説也。且唯文王偁王，武王繼之，復受天命，故可奉辭伐罪。孔檢討廣森曰：「以周王伐殷王，則可；以西伯伐天子則不可。所謂名不正則言不順也。」是故未克殷，先偁王，似逆而實順也。謂不克殷不敢王者，似恭而實僞矣。然則子何以偁其事殷？曰：事殷者，不滅殷也。既不滅殷，則貢獻之節亦或時至，且制度亦每降天子一等，如築城伊減之類，是即服事殷也。蓋嘗論之，王道莫大于改正朔，易服色，城郭都邑之制，祭祀燕饗之隆，盛三雍之上儀，行六軍之天討，而其事皆起于文不起于武，故曰周以文王爲開創之主，皆實有搠制顯庸之事者也。如此則大、小雅多言文王，少言武王也固宜。

鄉飲酒賓主坐位解

鄉飲酒賓主坐位皆正席，無可疑者。故禮記鄉飲酒義云：「賓必南鄉，介必東鄉，主人必居東方。」儀禮鄉飲酒註云：「賓席牖前南面，主人席阼階上西面，介席西階上東面，席衆賓於賓席之西。」此正席之明文也。然禮記鄉飲酒義又云：「坐賓於西北，而坐介於西南，主人坐於東南，而坐僎於東北。」儀禮鄉飲酒云：「主人坐，取爵實之賓之席前，西北面獻賓；賓實爵主人之席前，東南面酢主人；主人實爵介之席前，西南面獻介。」則又似乎側席。方氏慤、陸氏佃主之，後世遂沿爲側坐相向，而不知二者未始相違也。萬氏學禮質疑云：「前章言其方，後章言其鄉，蓋賓南鄉，則是坐北也；而東北、西北皆南鄉，其文不明言西北，則其方定矣。介東鄉，則是坐西也；而西南、西北皆東鄉，其文不明言西南，則其方定矣。推之主人之東南，僎之東北皆然。記文並非以爲側坐，古人坐席未有不正者。」試以他禮證之，鄉射之賓主，猶鄉飲之賓主也。鄉射禮乃席賓南面東上，衆賓之席繼而西，席主人於阼階上西面，大夫若有遵者，席於尊東，則皆正席也。大射之賓主猶鄉飲之賓主也。大射儀小臣設公席於阼階上西鄉，司宫設賓席於户西南面，卿席賓東東上，小卿賓西東上，大夫繼而東上，皆正席也。燕禮之賓主猶鄉飲之賓主也。燕禮司宫筵賓於户西東上，小臣設公席於阼階上西鄉，卿席設於賓左東上，大夫繼賓以西東上，皆正席也。又嘗就升席降席之儀旁證之。凡升降席必有其方，席正鄉，則升降之方亦正；席側鄉，則升降之方亦側。今攷鄉飲酒「賓升席自西方，主人獻賓，賓降席」。注云「降席，席西也」，則賓升席、降席皆正西方，其席之正南鄉可知也。主人介凡升席自北方，降自南方，其席之正東鄉、西鄉可知也。鄉飲禮不言僎升席、降席，以鄉射禮參之，鄉射禮注「大夫升席由東方」，其席亦正南鄉可知也。若然，主西面，介東面，賓僎皆南面。惟東北西北爲異，則是三面耳，而云四面之坐者，賓僎既分東北西北，即可云四面，不必泥於一南鄉、一北鄉也。孔疏云：「主人東南象夏始，賓西北象冬始，僎東北象春始，介西南象秋始。」其説得之。江氏慎修羣經補義及鄉黨圖考謂「本無四面象四時之説，作義者以臆説禮」云云，亦似過拘。江氏又謂「鄉飲酒之席，賓居户牖間，爲室之正中，衆賓席不相連，而在西，介次賓在西階上，主人在阼階上，與介相對。若所謂僎者，或有或無，或來或否，不定。如來觀禮，則俟賓介正禮畢，而後入座於尊東南鄉，與賓夾尊，既不傀正賓之位，亦所以示特而優。僎皆坐，位當如此。作鄉飲酒義者，不得其説，乃云坐賓於西北。夫賓位在正中，自阼階上望之，若在西北耳。通一堂言之，賓何嘗在西北」云云。其言主人介僎坐席皆是，惟言賓位在正中，顯與記文背。夫江氏不信記義，而經又無明文，則請仍以大射、燕禮例之。大射與燕，賓席皆在户西。户者，室户也。三分其堂，室之户牖在堂中，而户又少東，牖又少西，故户牖之間爲正中。今不言户牖之間，而言户西，則偏於西矣。或疑偏於西當言牖西，今祗云户西，户西即牖東，當仍是正中耳。不知古人敍宫室之制，多言户，少言牖，言户西，可知亦在牖西。不然大射與燕之賓皆人臣也，君席阼階上西鄉，而臣儼然南面居中，於禮安乎？惟在西北，則不失其尊而無干位之嫌。以大射、燕禮例鄉飲，知賓亦非居中也。或又曰：「鄉射禮乃席賓南面東上，注不言户牖之間者，此射於序，則注以鄉飲爲位户牖間矣。鄉飲酒注言牖前，當亦謂正中。」然鄭氏以大夫士無左右房，東房西室，則房户之間爲中，户牖之間正是西北。今從萬氏斯同、江氏慎修之義，大夫士亦有東西房，則不得云户牖間矣。或又曰：「賓席已在西，衆賓之席又相繼而西，皆不屬焉。若衆賓多，則西北一隅迫狹，恐不能容。」曰：「大射儀云：『小卿賓西東上，大夫繼而東上，若有東面者則北上。』」謂小卿大夫多南面不能容，則轉而東面北上。大射之小卿大夫如是，即鄉飲之衆賓亦必如是也。或又疑賓席東上是以東爲貴也，今不坐賓於東北，而反以坐僎，恐失尊賓之意。惟賓位居中爲最尊，而僎與衆賓居左右位置適宜矣。然周禮黨正：「飲酒於序，壹命齒於鄉里，再命齒於父族，三命而不齒。」注：「不齒者，席於尊東，所謂遵。」祭義：「壹命齒於鄉里，再命齒於族，三命不齒。」注：「此謂鄉射、飲酒時也，三命列國之卿也，不復齒，席之於賓東。」鄉飲酒禮：「遵席於賓東。」注：「尊之不與鄉人齒也。」天子之國，三命者不齒。於諸侯之國，爵爲大夫則不齒矣。是僎有不齒之敬，故特優之。且來否未可知，故虚左以待。即來，亦俟賓主正禮畢。未來以前，仍無碍賓之尊。如江氏説，僎與衆賓夾賓左右，則是與衆賓齒矣。據此諸義，賓坐西北，記文不誤。僎雖有無來否不定，然禮必當兼數之，即以爲象四時，亦復奚嫌？此江氏駁記文之説而反誤者也。其不以爲側席則定論，此在唐、宋諸儒皆如是解，惟方氏、陸氏始爲異説。學禮質疑謂明會典洪武十六年頒行圖式，與經、注同，二十二年更定，則如方氏説，其亦當時議禮諸臣不學之咎也夫。

爾雅足以辨言説

孔子教魯哀公曰「學不可以小辨」，曰「小辨破言」。又曰：「爾雅以觀於古，足以辨言。」蓋雅者正也，即子所雅言之雅。夫子設科教亦多術，而必要於詩、書、執禮之正言，故曰雅言。邪説淫辭，何代蔑有？而是書綜絶代之離辭，合殊方之異語，一歸於正，故曰爾雅。雅訓即古訓，字義以最古者爲最正。若釋名、廣雅所載，有不盡根據古義者，況其他乎？夫子與子路論爲政之要，亦曰必也正名。鄭康成論語註「名謂書字，古者曰名，今世曰字」。按後魏書世祖始光二年，初造新字，詔書引「名不正則事不成」之語；江式論書表、隋經籍志小學類俱引「必也正名」之語；又六書創自黄帝，故禮言「黄帝正名百物」；隋書文學傳載潘徽作韻纂序亦云「正名百物」，則正名二字，決當依鄭註「名正則言順，名之必可言，言之必可行，君子於其言無所苟而已矣」。此足以辨言之説也。夫子之對哀公與誨子路，無異道也。尹吉甫美仲山甫曰「古訓是式，出納王命」，其最著者也。然即士言之，則學順辨言以遂志長民者，必以此通於政事也。

附録

先生尤好左氏傳，謂「近儒多尊賈、服，而排杜氏集解，然杜固有勝賈、服者，儒者説經當求心之所安，毋徒博好古之名」。欲著書持其平而未就。於穀梁禮證外，又考漢、魏、六朝禮儀，貫串三禮，著書數十篇。陳澧撰二侯傳。

先生爲人孝友惇篤，性兼狂狷，不治家人生産，至不識算子，惟以授徒自給。體羸弱，不離藥物，讀書恒至深夜，頗以此致疾。由優貢登鄉舉，會試歸，即發病，逾年遂卒。同上。

陳蘭甫曰：「余與二侯君情好最密。計自弱冠得交君模，始知治經是吾師也。子琴則同志，曰友者也。君模死，余爲傳，哭其殯而焚之。子琴死，乃爲合傳。同上。

侯先生度

侯度原名廷椿，字子琴，康弟。道光乙未與兄同榜舉人。以大挑知縣，分發廣西，署河池州知州。詰姦除暴，有政聲。咸豐初，助守桂林，禦賊頗著勞勩。五年以病乞歸，甫抵家，遽卒，年五十有七。爲人静樸和厚，經傳洽熟，與兄齊名，時稱爲兩經師，尤長於禮學。嘉興錢給諫儀吉稱其墨守高密，熟讀深思，實有心得。兼通算學。所著書遭亂散失，惟説經數篇，刻入學海堂文集云。參史傳、陳澧撰二侯傳、衔石齋記事續稿。

文鈔 見學海堂文集。

豳風物候較遲解

傳、箋於豳風物候遲於月令者，謂是晚寒所致，頗可疑。如謂雖晚猶寒耶？則惟于耜、納冰兩條，於義可通，其他皆非因寒氣晚退而然也。如謂晚節而氣寒耶？則孫毓謂熱鄉乃晚寒，何以豳地正月始納冰，三月倉庚始鳴，温氣反遲於中國？且九月授衣，九月肅霜，與中國同，則寒來亦非晚矣。如謂晚温亦晚寒耶？則宋嚴粲駁之，謂温晚寒當早也。然則當何以解之？曰：古來紀物候諸書，如夏小正、易通卦驗，不合月令者多矣。桃始華，鷹化爲鳩，月令在仲春，夏小正在正月；豺祭獸，月令在季秋，夏小正在十月；雁北鄉，雉雊，月令在季冬，夏小正在正月，此夏小正之異也。魚上冰，月令在孟春，通卦驗爲仲冬候；倉庚鳴，月令在仲春，通卦驗爲孟春；中氣始雷，月令在仲春，通卦驗爲孟夏候；半夏生，月令在仲夏，通卦驗爲季夏；中氣土潤溽暑，月令在季夏，通卦驗爲仲夏中氣，此通卦驗之異也。又其中有似異而實非異者，如鴻雁來，玄鳥至，蚯蚓出，鶪始鳴，反舌無聲，腐草爲螢，鷹乃祭鳥，爵入大水爲蛤，虎始交，雉雊雞乳，月令皆在前一月，通卦驗皆爲後一月節氣。夫中氣不可移，而節氣則下月可移於上月，故雖異而實非異也。今以此例推之，豳詩假令倉庚鳴於穀雨節，則言二月三月皆可也；叔苴值寒露節，則言八月九月皆可也；納冰值立春節，則言十二月正月皆可也；隕蘀穫稻值立冬節，則言九月十月皆可也。是此五事不必疑也。七月鳴鶪較遲二月，不得援此爲解，然伯勞本以夏至鳴，冬至止，則自五月至十月皆有鳴鵙。月令紀其始，豳風舉其中，此亦如夏小正兩記隕麋角，前記其陽氣始動，後記其陽氣且睹，同出一書，豈得謂寒燠異氣乎？是此一事，亦不必疑也。陳氏啟源曰「季秋入室，季冬修耒耜」，言出令之始耳，踰月而民畢從令，理或然也。今攷漢書食貨志云：「春令民畢出在壄，冬則畢入於邑。其詩曰：『四之日舉止，同我婦子，饁彼南畮。』又曰：『十月蟋蟀，入我牀下，嗟我婦子，聿爲改歲，入此室處。』所以順陰陽，備寇賊，習禮文也。」是則豳風所云，蓋畢出畢入之時也。且以于耜、舉趾言之，農時之早晚，齊民要術有上中下三時，農桑輯要引氾勝之書，言種無期，因地爲時，豳、秦相去數百里，天時未必有早晚之異，地利則或有高下之殊矣。以入室言之，九月收斂未畢，何遽得深藏不出？班固以爲習禮文，尤非。「冬不可瓠葉」，箋云：「農功畢，乃爲酒漿以合朋友，習禮講道藝也。」然則入室，實改歲以後事，而月令爲豫戒民之辭無疑矣。仲冬大閱，乃周公制禮所定，公劉當夏之時，未必與周同制。即云夏小正有十二月王巡狩之文，而天子又未必與諸侯同。攷太平御覽時序部引禮月令云：「十二月之節，天子乃命將帥講武，習射，角力，天子厲飭執弓挾矢以獵，修祭禽之禮。」則大閱固有在季冬者。禮文殘缺，得此一證，亦略見遺制矣。統而論之，傳、箋、疏所舉九事，皆非必晚寒所致，故略爲釋之如此。

水屬不理孫解

考工記匠人職曰：「凡溝逆地防，謂之不行；水屬不理孫，謂之不行。」兩言不行，必非一事，可知鄭注禹鑿龍門，播九河，爲此逆防與不理孫也。按鑿龍門與播九河，兩事各判，鄭意當以鑿龍門爲逆防，播九河爲不理孫。曷言之？漢賈讓云：「大禹治水，山陵當路者毁之，故鑿龍門，析底柱。」水經注云：「昔禹治洪水，山陵當水者鑿之，故破山以通河。」據此，則龍門當水行之路，故禹鑿之使通矣。然當日洪水滔天，懷山襄陵，則山陵亦在巨浸中，龍門、底柱雖高廣，非能隔斷水路，使絶不相通。其所謂當路者，不過當其去路，故至横決，非能當之使不行也。蓋水勢雖汹涌無涯，而實有其所行之路，即如濟水已入于河，宜與河水合一，乃並流十數里，而南截河，又並流數里，而溢爲滎。緣濟水與河水各有所行之路，故能已入復出。由是觀之，則凡水皆有所行之路，即是地之脈理，一爲山陵所阻，必致決溢。吕氏春秋愛類篇云：「昔上古龍門未開，吕梁未發，河水孟門大溢逆流。」此逆流即是逆地防而流，足與此經相證。自其可見者言之，則曰逆流；原其本而言之，則曰逆地防耳。説者乃謂水爲山陵所沮則不行，必周視可施人力處，而迂曲以行之，誤矣。注云「不行」，謂決溢也，則不行非止而不行之謂，謂決溢而横流也。孟子「水逆行」，亦是逆地防而行，非能水逆而上行，亦可相發明。若迂曲以行，水自能之，何待人力？與鄭注引鑿龍門之意不合。況水爲山陵所沮，自不能行，何待作經者諄諄示人乎？至於「理」字，當作條理解。易繫辭傳「俯以察於地理」，疏：「地有山川原隰，各有條理，故稱理。」中庸「文理密察」，注：「理，條理。」皆無異訓。蓋水勢太盛，不分布之使有條理，雖順流而下，亦易於横決。鄭注「九河既道」云：「河水自上至此，流盛而地平無岸，故分爲九，以衰其勢。」顧景范川瀆異同云：「黄河自鞏、洛已出險就平，大伾以北，地勢益廣衍大陸，則又鍾水之區也。乘建瓴之勢，注沮、洳之鄉，奔騰横溢，必不能免。禹因而疏之，順其性之所便，從其地之所近，而九河以名。」是播九河者，爲其太盛，非爲其不順也。然未有不順而可行水者，故此經又言「孫」耳。不然水之就下，夫人而知，豈有造溝而使水行不順者？況禹治水，何一非順而行之，而注獨引播九河爲證乎？蓋水逆地防，如龍門未鑿，水未嘗不行，而有横流之害；水屬不理孫，如九河未播，水亦未嘗不行，而有壅潰之虞，故皆謂之不行。若果然不行，則當云凡溝逆地阞則不行，水屬不理，孫則不行，如函人「凡甲鍛不摯則不堅，已敝則橈」之例，不當云「謂之不行也」。考工記凡云「謂之」者，有二例：其一是名號之稱，如玉人「謂之桓圭，謂之信圭」，鳧氏「兩欒謂之銑，銑間謂之于」之類是也。其一是事物之理，如此經及輪人「謂之轂之善，謂之輪之固」，輈人「謂之無任」，車人「謂之中地」之類是也。繹其文義，皆不可以則字代，蓋逆防與不理孫，非不能行，實不可行。自水言之，當曰則不行；自理言之，則曰謂之不行。此與下文「凡任索約，大汲其版，謂之無任」相似。既云「任索約」，則非無任可知。若自版言之，當云大汲其版，則不任；而云「謂之無任」者，亦以理言，謂有任如無任也。輈人「謂之無任」，義亦相同。故知此句「不行」，是明其理，非指其事。觀注解爲決溢，則非真不行可知矣。或疑經言「造溝」，而注遠引禹功，小大不倫，不知造溝之事，經、傳罕聞，故引禹治水事以證之，舉大以明小也。其實匠人之法，皆神禹之法，蓋立法期于盡善，造溝本以行水，今以治水之法爲之，必無遺憾。此考工一記，所以足補周官之闕也，又何疑於鄭之遠摭乎？

宗法攷序

宗子之義，見於喪服小記及大傳二篇，而鄭注未詳，以致後儒紛論，無所折衷。有謂别子爲妾子者，有謂别子爲專指次適者，有謂别子爲專指始封君之次適者，有謂繼禰爲繼别子之弟者，有謂繼禰爲繼繼别子之弟者。至别子之所自出，則尤無定解，或以爲别子所由來，或以爲别子之先君，或直删其字，或含混其辭，皆未能精審。今取小記及大傳之言宗法者數條，略爲疏解，專宗鄭義，間有發明，使宗子之法，釐然可攷。併取後儒異同之説，條論其得失焉。

宗法補圖序

程氏瑶田宗法小記有大小宗本支相承世次表，已極詳明，惟於别子一世，未見解釋。其意殆從孔疏第二子以下並爲後世始祖之説，而絶無一語及之，亦其欠闕處。又於表中别子之第三世下云：「此爲别子之所自出，而上繼别子之爲吾祖者。所自出者，其身也。」據此文義，是繼别子之所自出爲第四世矣。又云：「别子世適相繼不一人，皆爲别子之所自出者曰宗。其繼别子之所自出者，指此曰大宗之子而言之也。」不指大宗，而指大宗之子，似亦未合。上云繼别繼禰，下云繼高祖，皆指宗子，不應此句獨指宗子之子也。又云：「此人之所出，自其别子。今繼其别子，而爲一族羣弟之所宗。」經云「繼别子之所自出」，而祇云「繼别子」，文不成義。當於别子之第二世云：「此爲别子之適子，即所謂别子之所自出者。自後世適相繼，亦皆爲别子之所自出。」又於第三世云：「此亦爲别子之所自出，而繼其第二世之爲别子之所自出者。自後世適相繼，亦皆爲繼别子之所自出。」記云「宗其繼别子之所自出者」謂此。若曰「其父之所出，自其别子。今繼之，而爲一族羣弟之所宗」，如此則文義了然矣。今并取經文所未明言，而旁見於注疏中者，爰爲補圖之如左。

梁先生廷枏

梁廷枏字章冉，順德人。道光甲午副貢生，官澄海縣訓導。先世好聚圖籍。先生少孤，性穎悟，成童時即盡讀父書，下筆有奇氣。稍長，益肆力於學，阮文達督粵時，深爲器重。嘗讀書訶林，見兩鐵塔題銜，覈與吴任臣十國春秋多不合，乃據正史、通鑑、輿地諸書，旁及説部金石，著南漢書十八卷、南漢書考異十八卷、南漢叢録二卷、南漢文字略四卷，網羅散佚，鈎稽異同，論者謂足與馬令、陸游南唐書並傳。道光中葉，海氛不靖，大吏聘修海防彙覽，乃採集海外舊聞，著粵道貢國説六卷、耶蘇教難入中國説一卷、蘭崙偶説四卷、合衆國説四卷。侯官林文忠則徐自兩湖移節來粵，耳其名，下車拜訪，詢以籌防守戰事宜，先生爲規畫形勢，繪海防圖以進。後歷任粵督者，並聘入幕中，襄辦團練。咸豐元年，保薦内閣中書，加侍讀銜。十一年卒，年六十六。他所著有論語古解十卷、南越五主傳三卷、碑文摘奇一卷、書餘一卷、金石稱例四卷、續一卷、蘭亭考二卷、澄海訓士録四卷、夷氛記聞五卷、東行日記一卷、東坡事類二十二卷、書畫跋四卷、鏡譜八卷、藤花亭文集十四卷、詩集四卷、曲話五卷、江南春詞補傳一卷。參史傳。

論語古解自序

今夏温論語畢，取自漢訖唐三十餘家之説，摘與朱子集註異者，依次排纂，彙得十卷，名曰古解。既卒業，客見而詆之曰：「集註純粹精當，今所引乃與之異，不蛇足與？古將奚益？」廷枏曰：「不然，朱子之撰精義也。」或問：「凡説之行世而不列此者，皆無取已乎？」曰：「漢、魏諸儒正音讀，通訓詁，考制度，辨名物，其功博矣。特所以求聖賢之意，在彼不在此。推斯言，而論諸儒之見，雖非盡大醇無疵，然未嘗不足爲學者廣見聞之一助。況其中又多可與宋儒互相發明，即科舉家亦所不能盡廢。非若孫氏示兒編、鄭氏意原等書之務求新别，去旨益遠者比。且江大和所集十三家中，如衛瓘、繆播、欒肇、郭象、李充、孫綽各有專著而不傳。其散止見於皇氏義疏，顧其書復佚，在南宋集註已無從徵引。國朝竹垞、西河兩先生，羣經博極考據，獨未獲一見皇疏而詳論之。幸際休明，久遠湮没之篇應運復出，自宜合之漢、唐諸説，薈萃成書，存古義之一綫，用彰稽古右文之盛，豈可因有異朱注而概等弁髦乎？」客曰：「誠哉是言！」遂書爲序。

南漢書自序

南漢偏國短祚，值干戈俶擾，少載筆之士，紀纂荒缺。胡賓王興亡録久佚不傳，周克明撰國史未竟。粗具崖略者，宋路振九國志，國朝吴任臣十國春秋而已。吴書惟南唐、吴、越較詳，南漢紀、傳，事蹟既不能悉備，踳駁尤復錯出。近人南漢春秋，又止録吴氏舊文，故千餘年來，勒爲專書，如馬陸之南唐，錢氏之備史，曾未之見。廷枏少寓訶林，拓讀兩鐵塔題銜，核與吴書多不合。是時已思別著成一家言，方爲科舉之學，因循弗果。近此數年，繙閱藏帙，遇事涉南漢者，輒首尾録存巨册。今秋歸自五羊，杜門卻客，取所積薈萃而條理之，釐爲十八卷，考異卷如其數，而義例附焉。大抵根據正史、通鑑、輿地諸書，旁及説部金石，事同則採其古，事異則採其詳，説有不可通則旁推曲引，務求必當，至單詞片語，散存羣籍，苟於史例無害，亦並綴補靡遺，蓋三月内寢食以之矣。廷枏學識弇陋，所交半隔關河，無從商榷。先世籤庋未富，祕籍又鮮新收，欲從久遠殘缺之餘，捃拾網羅，挂漏誠不能保。自茲以往，當以續得更爲補編，使其事實燎然，共知興霸之由與敗亡之故，著千古炯戒，不獨資考證，廣異聞已也。若夫一事而牽涉數人，雖以所主分詳略，而敍次究不得不複，固古史所難免。書之病殆不在此，撰成次其目如左。

金石稱例自序

古人最重稱號之學，爾雅廣疏風俗，通方言，詳矣，盡矣。然非今昔互殊，即南北迥別，著諸文字，返見拘迂。至有壽世母而稱嬸，傳藝林之笑柄者。稱謂之間，習焉不察，博雅君子，將且譏詆於其後。然經史册籍，日資翻閲，尚易參稽。金石則散落，山水荒僻，或古所存而今已亡，或前未見而後始出，拓藏未富，則證據益難，金石稱例之所緣起也。顧金之爲物，有用易燬，皇祖伯考之屬，存在識銘，僅偶一見；不若碑誌之堅好，尚有文義可尋。蓋石多而金少，自來著録家類然矣。春來無事，發閲藏碑，積爲此帙，區分七類，始三代迄五季而止。每條先標大意，證以原文數語，泐者缺之，他書可考者補之，中有互證發明者，附以按語别之，此又例中之例也。

清儒學案卷一百三十四

鑑塘學案

鑑塘耆年篤學，於六經、四書俱有纂述，而研究古史，致力尤深。自開闢以至戰國之末，其間時事及世次年月，皆詳其異同得失，貫串成書。凡考秦、漢以前紀年之作者，其詳博殆無以過之。述鑑塘學案。

林先生春溥

林春溥字立源，號鑑塘，閩縣人。嘉慶壬戌進士，改庶吉士，授編修。歷充順天鄉試會試同考官。以父年八十，陳請歸養，遂家居不出。先後主講鵝湖、鼇峯書院凡十九年。咸豐戊午重宴鹿鳴，至辛酉冬，以明年壬戌科會試重逢，詔加四品卿銜，准予重赴恩榮宴。是歲十二月卒，年八十有七。先生自少至老，丹鉛不少，間有所得，即隨手劄記，其著述貫串經史，一衷至當。嘗以傳春秋者莫善於左氏，自杜預始分經之年與傳相附，讀者便之。顧其中有有經無傳者，乃參之公、穀、國語、史記以補其遺，凡屬異文，分别附注，其每年逸事，不知日月者，亦别録於後，爲春秋經傳比事二十二卷。又以四子書爲六經館轄，魏、晉以後注家皆各抒己見，至朱子作章句集注，實萃漢、唐以來儒先之菁華，故其書行而舊説盡廢；然後儒識力所至，亦往往獨闢見解，突過前人。乃取古今人之所著作，有關於補闕訂訛者，擇精取純，爲四書拾遺五卷。又以自宋以來，編古史者率以皇極經世爲主，金履祥通鑑前編，因經世書而意爲增損，以求合乎經傳，强事繫年，未堪徵信，乃推究竹書紀年，證以他書，上溯黄帝，下接左氏，爲古史紀年十四卷。又本唐僧一行大衍曆，並搜其遺佚，雜見他説者，參稽同異，爲古史考年異同表二卷。又以武王克殷甲子，見於武成、逸書，乃參之傳記，爲武王克殷日紀一卷。又以戰國諸侯史記滅於秦火，史遷掇拾秦記，日月不備，傳聞異詞，乃本通鑑綱目之舊，增而輯之，爲戰國紀年六卷，表一卷。又以竹書紀年雖出後人綴輯，然流傳者遠，乃旁考諸家所引，疏通證明，復取後人之所以致疑者，統爲後案，爲竹書紀年補證四卷。其他所著，尚有開闢傳疑二卷、滅國五十考一卷、孔門師弟年表一卷、孟子時事年表一卷、孔子世家補訂一卷、孟子列傳纂一卷、孟子外書補證一卷、古書拾遺五卷、開卷有得十卷，統名曰竹柏山房叢書。此外别行者，羅源縣志三十卷，宜略識字一卷，識字續編一卷，論世約編七卷、閒居雜録二卷。參史傳、林士傳撰墓誌銘。

春秋經傳比事自序

傳春秋者，左氏尚矣。自杜元凱始分經之年與傳相附，讀者便之。元、明以來，又有分年之事與傳相比者，如郝經之春秋三傳折衷，安熙之春秋左氏綱目，曾震之春秋五傳，始左氏，次公羊、穀梁、胡氏而取止齋陳氏之説附於後。鄭玉之春秋經傳闕疑，陳氏之春秋類編，李廷璣之左傳綱目定註，據朱彝尊經義考，惟李、鄭二書尚存，余惜未見也。今坊刻有吴蘭陔鑒定之春秋左傳，蓋以仁和張岐然春秋五傳爲藍本者，然其經出入三傳，例既不純，編次年月經、傳錯互之處，先後又多失倫，非善本也。余向讀左傳，每苦其繁，思稍節以爲讀本，久而攷其始末，而後知其不可删也。非惟不可删，其有經無傳者，且惜其略也。於是參之公、穀，以廣其義，附以國語、史記，以補其遺。而又懼其雜而複也，慎而取之。其經則專以左氏爲主，而附註其異文，析傳以附經，亦離經以就傳。傳之日月或與經異，則兩不相蒙，移就者註其原次於下。有傳無經者，以圈别之，其每年逸事，不知何月者，附録於後。孔子曰：「屬辭比事，春秋教也。」余既上紀古史，下紀戰國，而於春秋尤不可無述也。故成此編，使三書相爲首尾云。

四書拾遺自序

六經者，衆説之郛，而四子書爲之錧轄。漢人明訓詁，釋名物，簡質謹嚴，確守師法。魏、晉以後，始破專門之習，各抒己見，而同異得失分焉。於是何晏參七家爲集解，孔安國、包咸、周氏、馬融、鄭康成、陳羣、王肅、周生烈。皇侃採十三家爲義疏，衛瓘、繆播、欒肇、郭象、蔡謨、袁宏、江淳、蔡系、李充、孫綽、周懷、范甯、王珉。唐有六家孟子，趙岐、劉熙、鄭康成、綦毋邃、陸善經、張鎰。宋有五臣孟子講義，范祖禹、孔武仲、吴安詩、豐稷、吕希哲。邢昺、孫奭纂爲正義，亦自謂既竭吾才，集諸儒之大成矣。然其微言奥義，尚待引伸，而大學、中庸注疏，不無闕略。新安朱子折衷二程及范、張、二吕、謝、游、楊、侯、尹九家之説，爲章句集註，實萃漢、唐以來儒先之菁華，故其書行而舊説盡廢。然聖賢之言精微廣大，無所不包，繹之有不盡之藏，玩焉有日新之趣，後儒隨其識力所至，獨闢見解，攷訂名物，每有突過前人者。蓋義理無窮，而後説常勝，勢固然也。春溥幼承庭訓，長好涉獵，嘗取漢、唐以來諸家之説，録其可存，下逮近人之所著作，有關於補闕訂訛者，擇精取純，有見輒記，歲月寖久，卷帙斯盈。靡蹈好異之譏，庶幾拾遺之意。若夫依傍門户，勦説雷同，以及時俗之所講習，鄉塾之所鈔綴，無關心得，均無取焉。

古書拾遺自序

自羲皇肇畫，書契代興，典、墳、丘、索之編，金匱、石室之掌，奥矣博矣。易之有三也，書與詩之各三千餘篇也，禮儀三百，威儀三千，史記寶書百二十國，幾於窮年莫殫，累世莫究。於是孔子斷遠取近，去其重，取可施於禮義者，以爲世法。故讚易道以黜八索，述職方以除九丘，書定百篇，詩存三百，春秋筆削萬八千言，蓋此外所遺者多矣。逮遭秦火，典籍銷亡。漢求遺經，伏書祇存二十九篇，孔壁增其十六；古禮五十六篇，后蒼僅傳十七；記二百四篇，戴聖删爲四十九；六官缺其一，笙詩亡其六，「夏五」、「郭公」，傳疑莫補，則其所遺者益多矣。然王充論衡有云「秦雖無道，不焚諸子」，故其零章斷句，尚有存者。漢、晉近古，頗述舊文，唐人纂録，多引古訓。由今觀之，殆如拱璧，廣而採之，萃而編之，亦好古之一助也。孔子曰：「多聞闕疑。」又曰：「多見而識之，知之次也。」兹故無所别擇，過而存之，於緯書則取節焉。惟是見聞尚隘，絓漏或多，日知所亡，且俟續補。

開闢傳疑序論

昔孔子删書自唐、虞而下，述五帝德自黄帝而下，繫易自庖羲而下，至序卦則曰：「有天地然後有萬物，有萬物然後有男女，有男女然後有夫婦，有夫婦然後有父子，有父子然後有君臣，有君臣然後有上下，有上下然後禮義有所錯。」嗚呼！開闢以來，運會之變，盡於此矣。彼其初，玄黄既判，未有人而先有物。及人之生，氤氤氲氲，如春之啟蟄，蟲之應候，不知其爲化生感生，同時並育於覆載之内。由是牝牡相合，以蕃以滋，饑則求食，寒則穴處，其違禽獸夷狄不遠也。無爪牙毛羽以自衛則必資於物，有血氣情欲以相接則必爭，故愚者常待命於智，而弱者常求庇於强，其智而强者，因得合其羣而指揮之。如是者，蓋往往而聚，遂各據其方，各長其世，和相安，怒相并，大小分合，又各就其勝己者而聽命焉。時則有大國小國，而莫統於一，故易之屯曰：「天造草昧，宜建侯而不寧。」是太古未有天子而有諸侯之明徵也。夫世無天子則諸侯尊，豈若後世必統九州制六合而後爲帝皇哉？韓詩外傳曰：「古之封泰山禪梁甫者萬餘人，仲尼觀焉，不能盡識。」管子亦稱「古封太山者七十二家，夷吾所識，自無懷、伏羲以下十有二焉」。識者遂概以帝王受命當之。然則自開闢以至伏羲，其受命者數倍於羲、農之於今日，而乃未改其食草衣皮刻木結繩之舊，其必不然，明矣。春秋命曆敘以爲，自開闢至獲麟三百二十七萬六千歲，蔡邕曆數議引元命苞、乾鑿度皆作二百七十六萬歲，廣雅因之。分爲十紀，曰：九頭、五龍、攝提、廣雅作挺提。

合雒、廣雅作合雄。連逋、廣雅作建通。書疏引作連通。序命、修飛、廣雅作修蜚，書疏引作循飛，路史作循蜚。回提、廣雅作因提。禪通、流訖。廣雅作流記，路史作疏訖。流訖當黄帝以下，而羅氏路史復起盤古初三皇，繼以二靈，中天皇，中地皇。加於九頭之上。敍命以下，則採丹壺書列鉅靈、句彊、譙明、涿光、鉤陣、黄神、狟神、犂靈、大騩、鬼騩、弇兹、泰逢、冉相、蓋盈、大敦、雲陽、巫常、泰壹、空桑、神民、倚帝、次民二十二氏，爲循蜚之紀；皇次四世，即辰放。蜀山、傴傀六世、渾敦七世、東户十七世、皇覃七世、啟統三世、吉夷四世、几渠一世，即几蘧。豨韋四世、大巢二世，亦作有巢。遂皇四世、庸成八世，凡十三氏，爲因提之紀；倉頡一世、柏皇二十世、中央四世、大庭五世、栗陸五世、麗連十一世、軒轅三世、赫胥一世、葛天四世、宗盧五世、祝融二世、昊英九世、有巢七世、朱襄三世、陰康二世、無懷六世以至太昊、炎帝爲禪通之紀；而皇帝以下，通爲疏訖焉。案：黄神、狟神、神皇、即神民。次民、辰放、皇談，即皇覃。見命曆敍；冉相、几蘧、豨韋，見莊子。維時侯即王也，故概以有天下稱焉。若夫譙明、涿光、大騩、空桑、倚帝之山，蓋盈、神民之丘，見山海經；雲陽之虚，見遁甲經；與夫鉅靈、蜀山氏之開蜀，大抵皆窮荒僻壤，偏據一隅者耳。淮南子稱女媧之末，共工氏與祝融戰不勝，非祝融之後襲號有國之明證歟？漢書人表以共工、容成、即庸成。大庭、柏皇、中央、栗陸、驪連、赫胥、尊盧、即宗盧。渾沌、昊英、有巢、朱襄、葛天、陰康、亡懷、東扈即東户。列之宓羲、女媧之後。故三墳敍伏羲之臣，謂上相共工，下相皇桓，即柏皇。朱襄爲飛龍氏，昊英爲潛龍氏，渾沌爲降龍氏，栗陸爲水龍氏，居北；赫胥居南；昆連即驪連。居西；葛天居東；陰康居下；大庭主屋室。斯言信矣，豈得概爲帝王耶？雖然丹壺書列之伏羲之前者，實本莊子。六韜蓋自有說：「民之初生，有姓而無氏。其繼，有氏而無名。氏即國也，故子孫襲而不改。如庸成以下諸氏，其立國蓋先於庖羲，而子孫相傳，慕聖德而佐命，此天下所以統歸於一，而羲、炎所以開皇統之先也。羲、炎以前，天下無統，即何怪乎建國命氏者之各自封禪，而可以後世之事例之哉？」余是以知三墳之非僞作也。溯太始太易而始有天地，分兩儀四象而始成萬物，飛走潛化動植蟲魚之類，必備於天地之間，而生民於是始。此有天地然後有萬物，有萬物然後有男女之說也。三男三女，冬聚夏散，食草木蟲魚鳥獸之實，而男女構精以女生爲姓，始三頭謂之合雄紀。生子三世，此有男女然後有夫婦，有夫婦然後有父子之始也。合雄氏没，子孫相傳，記其壽命，謂之敍命紀。通紀四姓，生子二氏，男女衆多，羣居連逋，從强而行，是謂連逋紀。生子一氏，通紀五姓，是謂五姓紀。天下羣居，以類相親，男女衆多，分爲九頭，各有居方，故號居方氏。其君臣所自始乎？没生子三十二世，强弱相迫，欲生呑害，中有神人，提挺而治，故號提挺氏。提挺氏生子三十五世，通紀七十二姓，故號通姓氏。則循蜚、因提、禪通三紀統於此矣。七十二姓中有巢始君，九頭咸歸，燧人修火之利，天下尊事之，蓋自是大小國始漸定於一。而天皇伏羲，人皇神農，地皇軒轅興焉，非所謂有君臣然後有上下，有上下然後禮義有所錯者耶？故言三皇者，必自伏羲始。張陵二十四治圖云：「伏羲造天地，五龍布山岳。」五龍者，伏羲之臣飛龍氏、潛龍氏、降龍氏、水龍氏、火龍氏也。渾沌爲降龍氏，居五龍之一，亦曰盤古氏，故相傳爲盤古分天地耳。安得渾沌之上復有盤古？羲、炎之上復有三皇耶？命曆序謂「天皇以木王」，帝繫譜謂「地皇以火德王」，即羲、農矣。董子繁露以神農爲九皇，又即人皇，與三墳合。夫天造草昧，微獨無皇也，並無所謂氏，故三墳紀氏自居方始。春秋緯謂天皇、地皇、人皇兄弟九人，分九州長天下，蓋本九頭爲説，故雜書謂三皇號九頭紀。而外紀諸書以爲天皇兄弟十二人，地皇十一人，人皇九人，或即本生子三十二世之説而附會之歟？三墳雖晚出，然於事理爲近；丹壺今不可見，其紀氏亦有足録者，余故次而論之。

又後序

外史氏曰：「學者多稱上古無文字，然周公外史掌三皇、五帝之書，春秋時楚左史倚相猶能讀之。及孔子求書，得黄帝玄孫帝魁書，迄秦穆公。」則三墳已逸，非删也。史遷羅網散失，僅紀黄帝以來。小司馬補紀三皇，粗存名號。惟長源羅氏路史，探索草昧，徵引祕奥，斯已勤矣。顧頗疑三墳，而反據道書悠謬之説，往往易原文以奇字，割裂牽合，自我作古，雖别成一家，文采爛然，非傳信也。余讀柳子厚封建論、貞符解，敍生民之初甚悉，蓋得之想像而説，誠不可易毛漸。三墳真僞固不敢知，然河圖代姓紀實足破命曆敍十紀之誣，而獨得要領者，宜必有所自來矣。故鄭漁仲獨稱之，以爲其文古，其辭質而野，其錯綜有經緯，恐非後人所能爲。且歸藏至晉始出，連山至唐始出，則三墳出於近代，亦不爲異事也。余故據之，而參以路史及類書之所稱引，聊附傳疑之列，使覽者有考焉。黄帝已下，則史已具矣，兹故不著。

古史紀年自序

太史公曰：「余讀諜記，黃帝以來皆有年數。稽其曆譜諜終始五德之傳，古文咸不同，乖異。孔子之弗論次其年月，豈虛哉！」故史記自共和以上皆表世而不表年，蓋其慎也。案漢藝文志春秋家有太古以來年紀二篇，世本十五篇；曆譜家有古來帝王年譜五卷，帝王諸侯世譜二十卷，今皆不傳。傳者惟劉歆三統曆，各紀三代受命年數，而每王之年無聞；張衡曆議嘗譏歆横斷年數，損夏益周，考之表紀，差繆數百。至衡所著編年通載十五卷，當必有以糾其失，而惜乎不傳也。三國時蜀秦宓辨五帝非一族，譙周嘗從諮訪，今則並周之古史考亦亡之。於晉則有皇甫謐之帝王世紀，證諸史傳，多所牽合。其自黃帝迄三代，各王之年僅偶見於類書注家之所徵引，而其書已逸，難以詳考。鄭樵有云：「紀元之書，亡者甚多，不過紀運圖、歷代圖可見其略；編年紀事之書，亡者甚多，不過通曆、帝王曆數圖可見其略，今則無一存者。」然則居今日而欲考古編年之史，舍竹書紀年奚從焉？夫紀年作於周末，出於晉初，郭景純取之以注山經、穆傳，酈道元取之以注水經，小司馬取之以注史記，唐六臣取之以注文選，范蔚宗以入後漢書，僧一行以推大衍曆，司馬温公以定通鑑，其爲歷代名人所寶也如是。而後之議者，毛舉一二，遂並其全書而疑之，余不可以不辨。據杜預左傳後序、晉束晳傳、隋經籍志並云：「紀年起自夏、殷、周，不始黃帝。」然昌意産乾荒，顓頊産伯鯀，后稷放帝朱，郭注山經引之；堯元年丙子，隋律曆志引之；而荀勖、和嶠明云「紀年起自黃帝」，見魏世家注，非與今本同之明證歟？杜又云：「曲沃莊伯之十一年十一月，魯隱公之元年正月也，皆用夏正建寅之月爲歲首。」而今本隱公元年當莊伯之九年，仍用周正。束晳傳謂「紀年夏年多殷」，而今本殷年多夏。又春秋以降，水經注所引皆紀晉、魏之年，而今年皆以周王紀年，種種不合。夫竹書初出，多殘缺散亂，當時選次者荀勖、和嶠、衛恒、束晳，而王庭堅加以辨難，束晳爲之釋難，王接詳其得失，其定之非一人，則傳之非一本。故隋志載紀年有竹書同異一卷，異文疑義，皆宜並存，豈可舉一廢百，執彼疑此耶？惟其卷數晳傳稱十三篇，隋志稱十二卷，唐志稱十四卷，宋志僅云三卷，而今本祇上下二卷，繁簡不倫，宜多脱落。考晉書續咸有汲冢古文釋十卷，意其初必附録各家辨證之語，抑或有採他書而爲之傳者，而今亡矣，故其軼時時見於他説。今世訾竹書者，動舉伊尹自立，太甲殺尹爲口實，不知瞽瞍朝舜，夏禹德衰，横議之習，何所不至。若使後人爲之，方將依經襲古，擬之惟恐不肖，而敢爲是言乎？余嘗反覆是書，而得其不可僞者三焉：夏世改元率在三年之後，其多者或以四年五年，少者或以二年踰年，至商以後，始無不踰年改元者，此類非可臆造，一也。商之諸王各注其名，皆史所不載，二也。書甲子於夏統中絶之年，詳地理於殷邦五遷之際，田剡被弑，史索隱引。梁惠改元，孤立一説於史家之外，而皆與經傳相表裏，三也。至其三代年數，夏四百三十二年，與三統曆世紀合；周自成王元年至共和之初，二百十一年，與魯世家伯禽以下年數合，皆左證確然，無可易者。惟左傳商祀六百，而紀年祇五百八年，似當從三統曆六百二十九年爲近，其各王年數，尚見通志。然亦有可疑者，祖甲享國三十有三年，通志以太甲當之，豈太甲以後皆罔克壽耶？至邵子經世以太甲、祖甲並三十三年，又調停兩可之顯然者，則後人之揣合，終不如古簡之傳疑也。自宋以來，編古史者率以皇極經世爲主，顧經世始堯甲辰，雖本世紀，而其餘年數又不盡同，未知何據？仁山金氏乃因經世而以意增減之，以求合乎經傳，信近疑遠，强事繫年，鑿定甲子，興王新立則比事連書，中葉無徵則曠代絶筆，若是者，其堪傳信乎？余少習舉業，耽情古史，參互攷證，於今有年。竊惟春秋經、傳明備，非後人所得損益。惟前此自共和上溯黄帝，年紀缺如，思有以萃古書之殘闕，集載筆之大成。遂乃推校竹書，爲之綱領，間或移削，必有據依。至原註多引符瑞，恐非本書，或存或略。其他書之確有年者增之，無年者類附之，乖異者旁註而兩存之，引事必從其原，攷年無取乎鑿，其於多聞闕疑之意，或庶幾乎！兹編下接左氏，非爲竹書而作，故以古史名之。左氏以後，則輯戰國時事六卷，别爲一書，後有君子，以覽觀焉。

古史考年異同表自序

上世編年之史，莫古於竹書，然人多疑之，大抵狃於金氏前編之説，匙有究其所自來者。夫金氏主經世，而間增減其年，經世始甲辰，而不盡同世紀，千載下孰爲傳信耶？今世紀亡矣，其偶見諸家所引，多與經違。惟三統曆頗爲近古，而通志各具其年，得以詳攷。然歆或强史傳以就己説，張衡譏焉。唐僧一行用正其失，故大衍曆每據竹書以推古年甲子，蓋近之矣，而惜乎語焉不詳也。若乃其軼，雜見他説，端委靡竟，亦資異聞。兹並表而列之，統以甲子，參稽同異，而爲説於後，使覽者詳焉。不惟好異，庶幾信古云爾。

武王克殷日紀自序

知有所不可强，事有所不可誣，居今日而溯數千載以上，載籍殘缺，乃欲訂古事之源委，擬史官之編年，誣耶？强耶？羅氏路史、金氏前編，均不能無譏焉。故史表斷自共和，紀實也，共和以前，編年尚難，况於紀日？惟武王克殷甲子，見於武成逸書者頗詳，而顛倒雜亂，讀者瞢然。近日曲阜孔君編爲日譜，始正劉歆置閏之非，可謂秩然而得其條理者。顧繫事寥寥，靡洽聞見。輒復參之傳記，附以時事，其日不可考者，則證以地理遠近，情勢先後，不徒爲鑿空揣摩之説。事綜三月，篇逾萬言，名之曰武王克殷日紀。嗚呼！古人往矣，區區寡昧而强作解事，庸知愈乎？然尚幸有所据依，以藉余口，令覽者如置身於仗鉞麾旄之側，亦考古者之一快也。惜不獲起孔君而正之耳。

滅國五十考自序

任氏啟運曰：「滅國五十，在成王時，則殷也、奄也、蒲姑也、熊盈之十有七國也、東夷諸國也、唐也，其餘無考。」豈通武王伐紂時所滅諸國言之歟？按孟子此文承上誅紂伐奄來，自當兼武王時言之。今考之史記、周書、竹書紀年、諸子傳記，俾得鑿鑿可數如左。

戰國紀年自序

余蓋讀史至周、秦之際，未嘗不廢書而歎也。曰：世道升降之大機，由於此矣。王澤一竭而不復，道統一絶而無傳，自封建井田學校諸大政，以及民間禮俗，一切委曲繁重範圍維繫之意，二百餘年而決裂殆盡。後有作者，雖聖君賢相，慨然欲復三代之治，而卒不可得。論者徒罪商鞅之變法，始皇之焚書，而不知其壞之非一人，積之非一日。北宫之問班爵，畢戰之問井地，魯、滕之莫行三年喪，井其廢之久歟？魏中山初築長城，趙武靈始教騎射，豈獨秦之蔑古耶？是故紀人事，明王道，莫大乎春秋；考世變，窮末流，莫甚於戰國。春秋之有經傳，至矣。戰國時方多故，而諸侯史記滅於秦火，史公掇拾秦記於煨燼之餘，僅存什一於千百，日月不備，傳聞異辭，紀傳世家，紛紜繁複，且其軼時時見於他説，而網羅不及者，蓋亦有之矣。間嘗讀而竊病之，於是本涑水通鑑、紫陽綱目之舊，增而輯之，旁徵博引，各以類從，至於百家之雜記，一字之同異，靡不並存，以備考證。或因文以徵事，或比事以知人，蓋成周一代之局，於是乎終，而所以考世變，窮末流者，將必於是乎在。嗟乎！戰國之君，如魏文、武，齊威、宣，秦獻、孝，燕昭，趙武靈，類皆有過人之才，而前有子夏、子思，後有孟子、子順，向使大用其一，皆足以興道致治，則庶乎與三代比隆矣。顧乃一壞於刑名法術之論，再壞於縱横捭闔之流，世卿變而爲説士，屢盟變而爲割地，甚者兵爭不勝，轉而行間，自夏、商之季，陵夷衰微，未有世變若斯之亟也。王澤之不復，良由道統之失傳，孟子曰：「誦其詩，讀其書，不知其人可乎？是以論其世也。」是則此篇之意也夫！

例言

一、通鑑參考羣書，折衷一是，去取裁定，允集大成。紫陽加之以綱，愈臻明備。茲編一以爲主。其此外增入者，或以年附，或以事附，每首必以圈別之，未必注明書名，不分綱目，亦不拘書法，要使並存而不相混。用圈之例，事之確係本年者，圈在頂格；其類附而不能定何年者，圈低一格，即通鑑亦偶有類敍而不知年者，亦用此例。

一、史記、國策、紀年并諸子傳記，旁見錯出，同異雜陳，散之則紛如亂絲，合之則彼此可以互證。茲一一附注於本事之下，使覽者便焉。至如列國之世次，名謚，史記及諸書尤多牴牾，茲統載在年表，亦同異得失之林也。

一、史記、國策凡有年有事可附者，率皆搜羅無遺。紀年雖皆有年可附，而事多與史同，只年數先後各異，此類只用附註，以免雜亂。

一、三卿分晉以前，以仁山前編爲主，但其舉要表題，本自爲卷，後人即用爲綱，多乖體例。如晉反朝於韓、趙、魏，衛屬於韓、趙、魏之類，統辭也，而强記以年。魯穆公之禮子思，魏文侯之敬田子方、段干木，非有實事也，而强筆之史。三卿宴於藍臺，宜從小事不書之例；中山武公初立，豈有生前稱謚之文？其事無確年而强繫者，如田恒、田盤、田白之卒，與夫荀瑶滅夙、繇、新、稚，狗伐狄，吴起守西河，李悝守上地，西門豹爲鄴令之類，今皆易特書爲附録，以從其實。至於兩周之封，同載考王之世，殊非事實，茲悉正之，說具本事之下。

一、諸國僭王，綱目貶而書君，固取民無二王之義。但春秋楚僭王號，經只書子，不聞强立一名以示貶，則不如書其本爵之爲允也。又春秋諸侯例書卒，不必有事始書，而既葬稱謚，新君即位，尚須時日，不得連書，故今新君某立，是爲某公、某王，只旁註於君卒之下。其有事相連及周王新立，則用目書之。

一、綱目本非朱子親筆，其間亦有繁簡失當，紀事不實者，如楚昭陽之破襄陵，齊田單之守即墨，直缺不書；諸國戰伐皆不書地，則失之簡。濁澤之會，曰求爲諸侯，齊康公之卒，曰無子，田氏遂并齊，此近傳體，則失之繁。至如齊田文之嗣位與卒，史無確年，而前書齊號薛公田文爲孟嘗君，後書薛公田文卒。又如書孟子去齊於伐燕之年，俱非事實。今並酌擬具說於其下，不敢盡阿所好云。

一、通鑑滅齊湣王之十年，上增齊威王之十年，以合孟子伐燕之歲，朱子疑無他據。據史記索隱所引紀年田齊世次，尤與孟子合，其說備見年表。然使以紀年之年就史記之文，則於威王時事全然不合。故今仍從通鑑，而附其說於後。至越世家全無年數可攷，而紀年爲詳，今悉從之。

一、表紀世家均無日月，一年之事先後或無明文，通鑑特以意次之。今合參傳記，互相證明，其顯然倒置者，略易一二。

一、世家、年表、紀年之文俱以本國爲主，故稱我，稱來，茲皆直書之。又紀年韓滅鄭後，改稱鄭，今仍書韓昭，畫一也。

一、綱尚體要，其有一二語不得入綱，以爲目又不成文者，即註本綱之下。

一、是編事取其備，而文取其簡，凡問答辨論，無關形勢要害者，概從删節。

一、孟子列傳殊多疎略，今以七篇之文證之，當日時事，則遊歷之先後，去就之梗概，略有可言。覽茲編者，不獨可以讀史記，可以讀國策，而以之讀孟子，又知人論世之一助云。

一、茲編上接左氏，迄於兩周之亡，周史之體也。而列國之局未終，今仍於年表續之，至庚辰而止，使顛末可稽，以盡一編之歸趣。

戰國年表自序

太史公曰：「秦既得意，燒天下詩、書，諸侯史記尤甚。獨有秦記，又不載日月，其文略不具，故世家、年表往往自相牴牾，而並存不殺，蓋傳疑也。」茲表於世次年數名謚異同，載之特備，亦猶史公之意。至其大事略紀一二，餘已具於篇中也。其紀年世系不同，偶因事見者亦附焉。壬子周亡以後，紀事特詳，則所以續茲編之後，凡二百四十有八年。

竹書紀年補證自序

少時家鮮藏書，偶於友人案上見廿一種祕書，乃得讀竹書紀年而好之，從其借鈔，且喜且駭，愛其奇而未以爲信也。詢諸博雅，則皆以爲出自後人綴輯，非原書之舊，故考據家無取焉。於是廢而不講者有年，既乃泛濫百家，浸淫傳註，見夫郭景純、酈道元、司馬貞、臣瓚、王劭、李善諸家，以及十三經正義、太平御覽之所徵引，往往足以正其脱誤，證其異同，補其缺略，而後知此書之流傳者遠，顧後人不以爲意，聽其斷爛不修，而補之證之之不可以已也。然尚以堯元丙子，與世史枘鑿爲疑，乃取邵子皇極經世之説，究所自來，證以皇甫謐之帝王世紀，劉歆之三統曆，鄭樵之通志，而折衷於史記魯世家之年，而後知紀年之有合，而邵子經世之無徵不信，未足爲典據也。明代黄石齋精於數學，其所著貞圖緯，上溯堯年，迄於三代，率出入紀年。近人梁玉繩有史記志疑之作，亦多據竹書，以正史之失。於是信之彌篤，擇其善本，旁考諸家所引，附註其下，然後訛者可訂，缺者可補，異者可參，而又有以見當日流傳之非一本，而後人徒舉其一而疑其餘者，皆刻舟之見也。書雖簡略，而包羅頗廣，其正者與經史相表裏，奇者往往出入於山經、穆傳、周書之間。爰爲疏通證明，標其同異。編終，復取後人之所以致疑者，反覆辨論，統爲後案。庶幾殘編斷簡，不終泯没於是非之口，則謂之大有資於考據也可。後之覽者，安知不與余有同嗜耶！

孔門師弟年表自序

孔子年譜作者衆矣，未有合弟子而一之者，當日轍環所至，師弟相隨，考事徵年，相因互見，非合證不明也。爰本史記表而次之，其姓名不經見論語者，附於後；旁參三傳、家語，附以雜説，善者從之；並採每年時事，足爲證明者，列之上方。一緯一經，引伸觸類，雖明文或缺，而意會可知，於以讀孔氏書，想見其爲人，未必非一助云。

孟子時事年表自序

讀論語者不可不知春秋，讀孟子者不可不知戰國。史傳既略，舛誤尤多，敘歷聘則先齊於梁，紀伐燕則以宣爲湣，通鑑正之而未盡，竹書紀焉而不詳，學者往往惑焉。顧竹書逸文尚見索隱，推齊世次與孟同符，蓋與梁惠改元，均屬可信。由是考時事之遠近，證遊歷之後先，論世知人，思過半矣。

孔子世家補訂自序

後世尊孔子自史遷始，故布衣也，而列之世家，考聖蹟者，舍是無從焉。顧遷所採輯，不外論語、三傳、國語、檀弓、家語、晏子諸書，而以己意牽合之，往往與年表不相應。始遷嘗從孔安國問故，尼山世譜，宜有所受。乃其敘問陳絶糧，與孔注不合；而歸與之歎，伯玉之主，蔡之遷吴，皆前後兩見，是其顛倒訛複，有待後人之釐正者，蓋不少矣。春溥向述孔門師弟年表，正之而未盡，近見聖裔顨軒先生書，其於過蒲去衛二節，移綴删併，文直而事順，實發前人所未發，一若先聖在天之靈，有默啟之者。不揣狂簡，輒取其説而推校之，整其煩亂，定其先後，誤者訂之，略者補之，類附旁注，要於原文無所增損，而吾夫子之生平梗槩，與夫百家之同異得失，皆得以曲證旁通，而考之不謬，庶幾集年譜之大成云爾。

孟子列傳纂自序

孟子事蹟，史傳殊多疏略，以七篇證之，其有年可考者，惟見惠王及伐燕二事耳，然且先梁先齊，或宣或湣，紛紛者迄無定論，況其他乎？北堂書鈔引孟軻傳云：「軻字子輿，勤學不息，師事孔子，遂成天下名儒。」史傳無此文，則唐以前已有爲孟子別傳者，今不可得而見矣。元吴萊嘗本史記，删荀卿、鄒衍以下諸子，爲孟子列傳，吴迂又撰孟子年譜，今皆不傳。明史鶚撰有孟子年表，多取氏譜之説，於七篇不無所違。嗣是季本有孟子事蹟圖譜，譚貞默有孟子編年，閻若璩有孟子生卒年月考，任兆麟有孟子時事略，任啟運有孟子考略，大抵皆主七篇爲説，而望經單測，均無左證，故其説終莫能同也。春溥前輯孟子時事年表，首據竹書，旁參衆説，考時事之遠近，證遊歷之後先，後説論之詳矣。兹乃薈萃百家，編而次之，竊仿史公組織論語之例，取内外篇錯綜其中，與前表相爲表裏，主述舊聞，靡敢妄作，將以質後之君子，俾考校正其失焉。

孟子外書補證自序

古書之亡者多矣，其亡也，後人以不見爲恨；其出也，後人又以晚見爲疑。疑之不已，一唱而百和焉，則其書將終亡矣。孟子外書四篇，趙氏謂其不能洪深，不與内篇相似，疑爲依託，則其存亡宜無足重。而王伯厚困學紀聞，劉昌詩蘆浦筆記，乃眷眷於是。孫弈示兒編云：「昔嘗聞前輩於館閣中親見之，直如斷珪碎璧，不勝寶貴者。」今麻沙附刊，四編具在，馬氏廷鸞序而存之，姚氏士粦得自濟南胡氏震亨，識其緣起。雖以涪翁親受業於朱子之門，亦不敢輕議，誠幸其得見也。溥少讀趙注，未見外書。晚得綿州李氏函海一書，始得見姚本而讀之，乃知趙氏所言爲不誣。然其中實有可採者，因博引傳記爲之旁證，而此外尚有逸文。最後會稽孟君經國以所輯閑道集見示，其外書率同姚本，惟爲正多其九章，則逸文往往在焉。詢所自來，蓋孟氏世傳北宋本也。茲刻一仍姚本之舊，爲正殘闕，則以孟本依次補之，加圈别之，旁證亦同此例，末附孟君答書，以示傳信。至後人指其僞迹，有八驗三證之疑，亦一一爲之辨正於後云。

附録

林士傳曰：先生寡嗜欲而篤性行，當其陳情乞養時，在館職資已深，同朝多婉留之，而先生遽歸不顧，其至性實有過人者。既歸，則課子姪以承先志，而皆底於成，科名踵相接。他若修祖塋，訂支譜，及周卹族之窮者嫠者，其類不勝書，要皆推廣不匱之義者也。墓誌銘。

又曰：先生之學，以守約爲宗，以實事求是爲務，自倫紀之大，以及應事接物，一衷諸道，無所苟。家居日，門生故舊宦閩，來問俗者，必詳告以地方利弊，而語不及私，當路諸巨公益推重之。同上。

又曰：先生得宋學之醇，而兼漢學之博，教人務敦本，重立品，衡文必以法度。在鼇峯最久，匠成者蓋不下數百輩焉。同上。

鑑塘交游

陳先生壽祺

別爲左海學案。

梁先生章鉅

梁章鉅字閎中，號茝林，晚號退庵，長樂人。嘉慶壬戌進士，改庶吉士，散館授禮部主事，入直軍機處，官至江蘇巡撫，以病乞歸。道光二十九年卒，年七十五。先生自言髫齡時即有志著作；既通籍官京師，日與通儒碩士上下其議論；及外宦後，案牘餘閒，別無聲色之好，亦惟甄微闡幽，抱殘守缺是務。故服官中外垂四十年，未嘗一日廢書不觀。凡所撰著，皆足以資考證，備勸懲，於承學之士良多裨益。著有論語集注旁證二十卷、孟子集注旁證十四卷、夏小正經傳通釋四卷、倉頡篇校證三卷、三國志旁證二十四卷、國朝臣工言行記十二卷、春曹題名録六卷、樞垣紀略十六卷、南省公餘録八卷、滄浪亭志四卷、梁祠輯略二卷、退庵隨筆二十二卷、稱謂拾遺十卷、東南嶠外書畫録二十卷、歸田瑣記八卷、文選旁證四十六卷、玉臺新詠讀本十卷、制藝叢話二十四卷、試律叢話十卷、楹聯叢話十二卷、續話四卷、巧對録四卷、長樂詩話八卷、南浦詩話四卷、三管詩話四卷、東南嶠外詩話二十卷、退庵詩存二十四卷、詩續存八卷、滄浪題詠二卷、退庵文存若干卷；所編輯者，爲古格言十二卷、閩文復古編六卷、閩文典制鈔四卷、東南嶠外詩文鈔三十卷、閩詩鈔五十卷、三管詩鈔五十八卷、三山唱和詩十卷、江田梁氏詩存九卷、江漢贈言二卷、東南棠蔭圖詠三卷、吳中唱和集八卷、蒳江別話四卷、北行酬唱集四卷。參自訂年譜、自撰歸田瑣記、退庵隨筆阮元、何淩漢序。

退庵隨筆自序

退庵隨筆者，隨所見之書而筆之，隨所聞之言而筆之，隨所歷之事而筆之，而於庭訓師傳，尤所服膺，藉以檢束身心，講求實用而已。初無成書義例也，日月既積，楮墨遂多，里居多暇，方取而整比之，以類聚，以卷分，則凡可以勸善黜邪，訂訛砭惑者，咸具焉。曩有古格言之刻，以唐、五代前爲斷。茲編則自有宋以迄今，茲時代愈近，其辭愈費，而其旨益暢，其境亦益新。乙夏奉召復出，乃以稿自隨。去歲過關中，遽爲友人付梓。攜至日下，同人皆以爲有用之書，非説部雜家比。爰質之儀徵師，相承爲增删數事，題字卷端。既抵桂林，公餘復有勘補，擴爲十五門二十二卷，重付手民，因紀其緣起如此。

躬行

自管子以晏安與酖毒並論，警人最爲深切，而世多忽其言。惟呂東萊博議中有管仲言晏安論一則，反覆闡明，其義愈著。讀之如聞清夜鐘，不覺汗流浹背也。其言曰：「昔管仲告齊威公曰：『晏安酖毒不可懷也，酖入人之口，裂肝腐腸，死不旋踵；晏安雖敗德，其禍豈遽至是？』意者仲有警世之心，而不免於駭世之病歟？殆非也。使仲果盡言其實，則世將愈駭矣。世之死於酖者，千萬人而一人耳；死於晏安者，天下皆是也。晏安之毒，至慘至酷，無物可譬，仲殆就世之所畏者爲譬也。地之於車，莫仁於羊腸，而莫不仁於康衢。水之於舟，莫仁於瞿塘，而莫不仁於溪澗。蓋戒險則全，玩平則覆。端居之暇，試思使吾志衰氣惰者誰歟？使吾功隳業廢者誰歟？使吾弛備忘患而陷於禍者誰歟？皆晏安之爲也。是晏安者，衆惡之門，以賢入者以愚出，以明入者以昏出，以剛入者以懦出，以潔入者以汙出，殺身滅國，項背相望，豈不甚可畏也？雖然君子之所欲，與人無異也，苟晏安，果可樂，則君子先據之矣。其所以去彼取此者，實見衆人之放肆偷惰，百殃並集，其心戚然不寧，乃憂患之大者耳。君子外雖憂勤，中有逸樂者，自强不息，心廣體胖，無人非，無鬼責。然則善擇晏安者，誰若君子哉？」

王伯厚先生曰：「成湯、周公皆坐以待旦；康王晚朝，宣王晏起，則關雎作諷，姜后請愆。況朝而受業爲士之職？書曰『夙夜浚明有家』；孝經言卿大夫之孝，引詩云『夙夜匪懈』；言士之孝，引詩云『夙興夜寐』；讒鼎之銘曰『昧旦丕顯』；後世猶怠，叔向所以戒也；三晨晏起，一朝科頭，管幼安所以懼也。在家常早起，杜子美所謂質朴古人風者也；雞鳴咸盥櫛問訊謹暄涼，朱子之詔童蒙也；觀起之蚤晏，知家這興廢，吕子之訓門人也；起不待雞鳴，陸務觀示兒之詩也；雞鳴率家人同起，不可早晏無常，葉少藴與子之書也；雞鳴而起，決擇於善利之間而已矣。」按此節載困學紀聞，誠爲警世之鐸。蓋自古聖賢及志士無不早起，則心體清明，人事尚未牽纏，讀書易於領悟，一切皆事半功倍。故相士之道，相宅之法，但觀其早起晏起，而成敗可決矣。

周興嗣之言曰：「知過必改，此四字最結實。必改固難，知過尤難。夫以子夏之賢，有三罪而不自知，必待曾子責之，始投杖而拜；以曾子之賢，又不知不避大杖之過，必待夫子責之而後明。使曾子無夫子，子夏無曾子，直終身不知其非耳。然則知過者鮮矣，能知人之過而忠言之者亦鮮矣，所以貴乎高明直諒之師友，而勇於聽受也。」

黄陶庵淳耀我師録云：「程子嘗見一學者忙迫，問其故，曰：『欲了幾處人事。』曰：『某非不欲周旋人事者，曷嘗似賢急迫？』朱子論主一無適云：『主一只是心專一，不以他念雜之；無適只是不走作，如讀書時只讀書，著衣時只著衣，了此一件，又做一件，身在這裏，心亦在這裏。』此皆先儒直指調心法示人。近周叔夜先生有言：『因事之煩冗，而動躁火也，治之有二：其一自解云，待我逐頭清來。一自解云，事完之後，卻有何事？閒亦何用？此躁之在事前者，治法如此。若在事後者，治法亦有二：其一自解云，人生安能無勞？其一自解云，此勞未必無益，此身不必太惜。』此治躁之骨髓也。推之榮辱禍福，皆可以此心對治之矣。」

朱子嘗言延平先生終日無疾言遽色，常歎何修至此，自分雖終身不能學也。又言：「李先生初間亦是豪邁底人，後來也是琢磨之功。」觀此，則知學之能變化氣質也。

朱子答路德章曰：「向見伯恭説少時性氣粗暴，嫌飲食不如意，便敢打破家私。後因久病，只將一册論語早晚閒看，忽然覺得意思一時平了，遂終身無暴怒。此可爲讀書變化氣質之法。」

近人有輯成語作楹帖者，曰：「無事此靜坐，有福方讀書。」余每喜書之。近乃知讀書有實功，靜坐尚是誑語也。昔朱子答張元德云：「明道教人静坐，只是收斂此心，莫令走作，蓋爲是時諸人相從在學中，無甚外事，故教之如此。今若無事，固是只得静坐，若特地將静坐做一件工夫，卻是釋子坐禪矣。但宜著一敬字，通貫動静，則無可議耳。」語録中又云：「人在世間，未有無事時節，若事至前而自家卻要主静，頑然不應，便是槁木死灰。無事時敬在裏面，有事時敬在事上，有事無事，吾之敬未嘗間斷也。且如應接賓客，敬便在賓客上，賓客去後，敬又在這裏。若厭苦賓客，而爲之心煩，此即是自撓亂，非所謂敬矣。」

李二曲容四書反身録云：「儒字從人從需，言爲人所需也。式其儀範，則道德爲人所需；賴其匡定，則經濟爲人所需。二者宇宙之元氣，生人之命脈，乃所必需而一日不可無者也。然道德不見之經濟，則有體無用，迂闊而遠於事情；經濟不本於道德，則有用無體，苟且而雜。夫功利各居一偏，終非全儒也。」按此解儒字甚有理，致其實，則古人並無此訓。説文：「儒，柔也，術士之稱。從人，需聲。」段懋堂玉裁曰：「儒之言優也，柔也，能安人，能服人。又儒者濡也，以先王之道能濡其身。」此皆古訓，講學家之義已在其中矣。

真西山先生嘗言：「無心而誤則謂之過，有心而爲則謂之惡。不待别爲不善方謂之惡，只知過不改便謂之惡。易曰：『風雷益，君子以見善則遷，有過則改。』天下之至迅疾者，莫如風雷，故聖人以爲遷善改過之象。」

吾鄉何元子楷嘗謂：「易言『頻復厲』，夫舉動不肯諦思，動輒言誤誤事，豈可屢見？慎勿恃改過爲盛德，而漫無絶私勝己之功也。」

劉念臺宗周亦曰：「吾輩習俗既深，平日所爲皆惡也。學者只有去惡可言，改過工夫且用不著。」此皆鞭辟入裏之論。

陳白沙獻章曰：「學者須先理會氣象，氣象好時，百事自當。」此言最可玩味，即變化氣質之謂也。言語動靜，便是理會氣象地頭，變急爲緩，變激烈爲和平，則有大功，亦遠禍之道也，非但氣象好而已。

吕新吾坤曰：「周子謂：『聖可學乎？』曰：『無欲。』愚謂聖人不能無欲，七情中合下有欲字，孔子言『己欲立、欲達』，孟子言『廣土衆民，君子欲之』。天欲不可無，人欲不可有，天欲公也，人欲私也。』周子云『聖無欲』，不如云『聖無私』，此二字即三氏所由分也。」

黄陶庵曰：「趙清獻公言吾晝之所爲，夜必焚香告天，所不可告者，則不敢爲也。陸九韶隱居山中，晝之所爲，夜必書之。元許魯齊亦然。二程遺書載張天祺自約上牀便不得思量事。不思量事，亦須强把這心寄寓在一箇形象。司馬君實言：『吾得術矣，只管念一箇中字。』朱子語録言：『趙叔平平生用功，以一器盛黑豆，一器盛白豆，中置一虚器，才一善念動，則取白豆投其中，惡念動，則取黑豆投其中，至夜倒虚器中觀其黑白，以驗善惡念之多寡。初時黑多白少，久之漸平，又久之則白多黑少。』國朝張文定公邦奇每日晨興拜天，取易、詩、書要語，如『乾元亨利貞』；『勅天之命，惟時惟幾』；『我其夙夜畏天之威，于時保之』云云者，對天默誦數遍。官翰林時，有觀頤録，每夕考過。此諸公所行，疎密不同，皆攝心法也。若能直下見性，便不須如此捉捺。然人日在是非窠臼中，寸陰未轉，尺波已興，故必有神秀之時時拂拭，而後有惠能之本無拂拭也。」又曰：「聖賢千言萬語，説的是我心頭佳話，立的是我身上妙方，不必另竭心思，舉而措之，無往不效。而今把一部四書，當作聖賢遺留下富貴的本子，終日誦讀惓惓，只爲身家，譬如僧道替人念消災禳禍的經懺一般，絶不與己相干，只是賺些經錢食米來養活此身，把聖賢垂世立教之意辜負盡了。仔細思量，能無笑死愧死哉！」

或問四書疑義於李二曲，二曲曰：「吾子是行至此致疑乎？抑徒誇精鬭靡以資講説已耶？夫大學之要在格致誠正修，試切己自勘，物果格乎？知果致乎？果意誠、心正、身修以立本乎？中庸之要在戒慎恐懼，涵養於未發之前，子臣弟友，盡道於日用之際，試切己自勘，果或靜或動兢兢焉，惟獨之是慎乎？果於子臣弟友盡道而無歉乎？論語之要在於時學習，試切己自勘，果明善乎？果復初乎？果視聽言動之復禮乎？果忠信篤敬之交修乎？孟子之要在知言、養氣、求放心，試反己自勘，言果知乎？氣果養乎？心果收乎？五霸者，三王之罪人也，然則吾曹日讀四書，而不惟其言之是踐，雖欲不謂之孔、曾、思、孟之罪人不可也。昔有一士從師千里，師悉出詩、書欲盡講授，甫講一語，其士即稽首請退，浹月弗至。問之，則對曰：『未盡行初句，弗敢至也。』必如此，始可謂實踐，始可謂善讀書哉！」

李二曲又曰：「顏子之不違如愚，正顏子之聰明絶人。蓋本心既空，則受教有地，入道有機。吾人生二千載之下，不獲親炙顏子，玩『如愚』二字，恍若覩其遺像，不覺口耳盡喪，心形俱肅。然後知平日之喋喋論辨，孜孜發明者，特淺夫小慧，道聽塗説。視顏之潛體默會，不言而喻，賢不肖之相去何啻天淵！此不愚正所以爲愚也。」

黄香石培芳虎坊雜識云：「學者當明義利之辨，一部孟子，皆是辨明義利，至桃應問瞽瞍殺人一章，則是義利之辨盡頭處矣。在皋陶知有法而不知有天子之父，但有執之而已矣。在舜知有法而不知有天下，但有竊父而逃而已矣。桃應所問，似甚難人，而孟子義理熟極，只據當下義理斷之，更無難答。落第二念，即依迴周折於其間矣。故自古高世之行，非常之事，其理不離於庸常。學者於當下義理認得真，守得定，更不存一毫利害之見，則天下無難處之事。嘗見陸稼書先生爲縣令時，上官欲令其改文書内一字，先生不肯。一字雖微，但百姓情節不是如此，自不可改。觀此一事，先生義利之辨可知矣。其生平所造，亦可見矣。一字尚不肯改，況肯諂權貴，徇請託，以枉民情乎？若當下怕參官之念起，便無所不至矣。」

許藻園浩曰：「作文以讀書爲主，讀書以立品爲主。貪作文而不多讀書，猶之蒔無根之花，雖得一二日妍麗，其萎可立俟。好讀書而不務立品，譬之敝篋敗簏，亦嘗貯典籍其中，而不能保其不淪於糞壤蕪穢矣。」

有文無行之人，自昔輕之。使人因其人而議其文，恥也；使人因其文而惜其人，益其恥也。或問於梁曜北玉繩曰：「文至不可磨滅，似亦未可一概抹摋？」曜北曰：「不然。君子之文，以不磨滅爲幸；非君子，則以不磨滅爲不幸。使後人一番瀏覽，一番譏嘲，不如磨滅之乾淨矣。」魏叔子有言：「士不立品，文雖貴實賤；士不適用，文雖切實浮。君子雖愛之賞之，不過如鸚鵡之能言，孔翠之羽毛耳。」文人方自恃其文，爲撐天地，光日月，流川峙嶽，而君子乃等之於禽鳥之玩，不亦大可哀耶！

近世名公巨儒喜談禪理，蓋亦如談書畫、談古玩之類，聊以自娱，非真能窺其奥穾也。魏叔子嘗言：「今之學者，必闢禪以崇儒，其實世無真禪，那能害儒？欲正人心者，但當自謹義利之辨，闢禪，非今日之急務也。」

既爲士大夫，則章身各有所宜，華固不必，奇尤不可，惟其稱而已。王伯厚先生嘗曰：「孝經言卿大夫之孝曰：『非先王之法服不敢服，非先王之德行不敢行。』孟子謂曹交曰：『服堯之服，誦堯之言，行堯之行。』聖賢之訓，皆以服在言行之先，蓋服之不衷，則言必不忠信，行必不篤敬。中庸言修身，亦先以齊明盛服，都人士之『狐裘黄黄』，所以出言有章，而行歸於周也。」

吕新吾嘗言：「隱逸之士，只優於貪榮戀勢之人，畢竟在行道濟時者之下。君子重之，所以羞富貴利達之流也。若高自標榜，塵視朝紳，而自謂清流，傲然獨得，則聖世之罪人而已。夫不仕無義，宇宙内皆儒者事，奈之何潔身娱己，棄天下理亂於不聞，而又非笑堯、舜、稷、契之儔哉？使天下而皆我也，且不得有其身，況有此樂乎？」紀文達師亦曰：「使人人盡爲巢、許，則洪水當横流至今，並挂瓢飲犢之地亦不可得矣。」

秀才之名最美，自兩漢即重之，然彼時已有「舉秀才，不知書」之謡。今世俗乃有窮秀才之號，不知始於何時何地？吾友謝退谷金鑾最惡此稱，嘗論之曰：「秀才至不窮者也，爲聖爲賢，爲卿爲相，皆秀才分内之事。即降而下之，進亦可望一官半職，退尚可以學術名於鄉里，何窮之有？然今之秀才，實有窮者。不悦詩、書，不務講求，則其學窮；不飭廉隅，不羞苟得，則其行窮；只一貧字，終日戚戚，則其志窮；百無一能，則其術窮。四者皆備，可謂真窮也已，又何尤焉！」

余嘗受業於外舅鄭蘇年先生，光策。乾隆庚子科，吾鄉名進士也。每聞同人問爲學之方，先生必還叩以所志何事，以爲必志定，而後學者有入手之路，教者有下手之方。迄今四十餘年，同門中人才輩出，而回憶當日情事，某某所言何志，先生因材而施，後來所成就亦各不甚相遠。惟無志可言者，遂竟至無成。思之輒爲汗下。昔朱子有言：「書不記，熟讀可記；義不精，細思可精。只有志不立，直是無著力處。」先賢先師之言，豈欺我哉？

勸學

士大夫不説學，實關繫家國之盛衰。昔人言：「不殖將落，原氏所以先亡；數典忘祖，籍父所以無後。」董昭謂：「當今年少不復以學問爲本，專以交游爲業，曹魏所以不永也。」史洪肇歎：「但事長槍大劍，安用毛錐？乾祐所以失國也。蔡京禁人讀史，以通鑑爲元祐學術，宣和所以速禍也。」學不學之分，顧不重哉！聖人以身教人，不過曰好古，曰好學，曰不如學。其屢稱顏子，亦不過稱其好學。而顏子之好學，不謂其能讀三墳、五典，亦祇稱其不遷怒，不貳過而已。可知聖人之教，莫切於好學，而好學之要，莫重於變化氣質也。

夫子十五志學，便是志到從心不踰矩地步。二程子十四五歲時便鋭然欲學聖人，便是要學到後來二程地步。立志成德，一以貫之，然必下學方能上達，又須步步踏著階梯，得尺則尺，得寸則寸。若朱子言陸子静門徒仰視霄漢，此則後學所當戒矣。

讀書必以細心爲主。蘇子容聞人語故事，必檢出處。蘇文忠每有撰著，雖目前事，率令少章、叔黨諸人檢視而後出。明代人讀書多不細，便大害事。王陽明爲王守溪作傳，最表章他的性説。性説中引孔子語云「心之神明謂之性」，以爲吾止以孔子爲斷。不知原文乃「謂之聖」，非「謂之性」也。記不確，又不去查，落筆便成笑話。明道因濂溪教他尋孔、顔樂處，晚年欲作樂書。朱子曾笑云：「不知樂如何作書？謂樂在心，作不得書耳。」性理中載此語，恐人讀作禮樂之樂，乃於樂字下旁注洛字。書生不看小注，於問樂策往往答云：「明道常欲作書。」是讀爲禮樂之樂矣。常州錢啟莘又錯以旁注洛字爲正文，因費許多心力，著一部洛書，皆畫作龜文，繫之以詞，以竟明道未竟之志，豈非説夢？此殊有關係，非止文義少差而已。

程伊川先生曰：「今農夫祈寒暑雨，深耕易耨，播種五穀，吾得而食之；百工技藝，作爲器物，吾得而用之；介冑之士，披堅執鋭，以守土宇，吾得而安之。無功德及人，而浪度歲月，晏然爲天地間一蠹。惟綴緝聖人遺書爲有補耳。」

李二曲曰：「今人初學之日，便是志轂之日。揣摩帖括，刻意雕繪，疲精竭神，窮年累月，無非爲轂而然。此外無志，故此外無學。」夫惟此外無志，是以修己務實之儒世不多見，以致修己務實之業無人講求，士趨日卑，士風日壞，病正坐此，可勝歎哉！

嘉興王惺齋家訓云：「一日之内，必有當務之業。聚談者，頃刻而可以周乎四海之遠，其端又相引而不窮，非若執業之確有其方。其慆心逸志，爲害於學問之實功者，非淺也。」蘇齋師謂：「今之學者，詳於六合之外，而略於耳目之前。讀惺齋之言，庶幾日奉程、朱之正學，講韓、歐之文字，或如游子之識其家乎？」

荆園小語云：「學問以先入爲主，故立志欲高，如文必秦、漢，字必鍾、王，詩必盛唐之類。骨氣已成，然後順流而下，自能成家。若入手便學近代，欲逆流而上，難矣。」

黄陶庵曰：「朱子誨門人：『聖賢言語，只在仔細看，别無術。』又云：『書只貴熟讀，别無法。』又云：『法在讀了一遍，又思量一遍，思量一遍，又讀一遍。』先儒讀法如此。向見一書，載張安道問蘇明允以子瞻方讀何書？答云：『方温漢書。』安道驚曰：『書要讀第二遍耶？』初以爲安道自務敏捷耳，今思之殊不然。蓋古人讀第一遍時，必須精熟，此書未熟，更不讀他書，不待他日又温也。他日坡公又云：『故書不厭百回讀，熟讀深思子自知。』則豈止讀第二遍耶？」司馬温公嘗言：「學者讀書，少能自卷首讀至卷尾，往往從中或從末，隨意讀起，又多不能終篇。光性最專，猶患如此。從來唯見河涉學士案上唯置一書，讀之自首至尾，正錯較字，以至終篇，未終，誓不他讀。此學者所難。」温公所言，正安道所謂一遍。

讀書要有記性，記性難强，要練記性，須用精熟一部書之法。不拘大書小書，能將這部爛熟，字字解得，道理透明，諸家記俱能辨其是非高下，此一部便是根，可以觸悟他書。如領兵十萬，一樣看待，便不得一兵之力；如交朋友，全無親疏厚薄，便不得一友之助。領兵必有幾百親丁死士，交友必有一二意氣肝膽，便此外皆可得用，何也？我所親者，又有所親，因類相感，無不通徹。只是這部書，卻要實是純粹無疵，有體有用之書方可。倘熟一部没要緊的書，便没用。如領兵卻親待一夥没用的兵，交友卻親待一夥没用的友，如何聯屬得他人？若親待得一班作姦犯科及無賴之徒，則更不可問矣。

張稷若爾岐曰：「歷城葉奕繩嘗言强記之法云：『某性甚鈍，每讀一書，遇意所喜好，即劄録之。録訖，乃朗誦十徧，粘之壁間。每日必三十餘段，少亦六七段，掩卷即就壁間觀所粘録，日三五次，以爲常，務期精熟，一字不遺。粘壁既滿，乃取第一日所粘者收笥中，俟再讀有所録，補粘其處。隨收隨補，歲無曠日，一年之中，約得千段，數年之後，腹笥漸富。每見務爲泛覽者，略得影響而止，稍隔時日，便成枵腹，不如余之約取而實得。』云云。此真可爲困學要法。」

姜西溟宸英曰：「讀書不須務多，但嚴立課程，勿使作輟，則日累月積，所蓄自富。歐陽公言：『孝經、論語、孟子、易、尚書、詩、禮、周禮、春秋左傳，準以中人之資，日讀三百字，不過四年半可畢。稍鈍者，減中人之半，亦九年可畢。』東方朔上書自稱：『十二學書，十五學擊劍。十六學詩、書，誦二十二萬言。十九學孫吴兵法，亦誦二十二萬言。凡臣朔固已誦四十四萬言。』此時朔年二十二，自十六學詩、書，至十八而畢，又自十九學兵法，至二十一而畢，皆作三年課程。三年誦二十二萬言，每年正得七萬三千三百餘言，以一年三百六十日計之，則一日纔得二百零三言耳，蓋中人稍下之課也。夏侯氏作東方先生像讚云：『經目而誦於口，過耳而諳於心，其敏給如此。』今其所自誇，大不過中人稍下之課，可見古人讀書，不苟讀一書，必思得此一書之用，至於終身守之不失，如此雖欲多不得也。」

鄭蘇年師答謝鵬南書云：「來書大意，欲著書成一家言，以傳世耳。愚觀古之聖賢，未嘗即欲著書也。其所學，務先求諸身，既修諸身，即推以濟於世，隨其大小淺深，要必由己以及人。至萬不得已，始獨善其身，思有所傳於後。故孔、孟著書，大抵皆屬晚年，道既不行而後事此。當其初，固皆以行道濟時爲亟亟也。吾子年未及壯，不應即爲遲暮之言。即立意欲著書，亦當先定其志向。古之子書，各倚所見，於世亦不無所益，然非道之大全，且門徑已盡，恐非吾子所能及。即及，亦無由出其範圍，故子書可不學也。然則居今日而言著書，大約祇有數端，經學也，史學也，詩賦古文詞之學也。其中又分兩類，經學史學，有專求義理者，有專主考訂者；詩古文之學，有專摹家數者，有泛溢以博贍見長者。此必須定所趨向，如從事經學，當以何經爲先？此一經何者爲根本？何者爲附益？如何講求以爲折衷？又此一經作者林立，今尚缺何等義類？我當如何研求，以補前人所未及？夫有所從事，則志不紛，將來成就，始有所裨於世。若泛泛然如水中之萍，或抱殘守缺，拾人殘瀋，自以爲獨見，又何緣能垂世而傳遠乎？更以古文言之，唐、宋諸家如歐、蘇、王，皆深於經學，著有成書；曾亦有史學；韓、柳書雖未成，然觀其文中所言，其於經史百家，所用功者可見。且皆夙負經濟，如韓之論淮西事宜及論黄家賊狀，歐公、王荆公之奏疏，蘇之奏疏及策論。此豈可以摹倣剽竊爲之者？即論斷古事及議定典禮，亦皆學識爲之。吾子當推求古人原本之所在，必使措之於辭，實有質幹，非時花候鳥，徒悦耳目，過時則爲飄風，乃爲可貴。抑又聞之，學於師者必諮於友，師尊而難攀，友近而易入，故學古文亦須博覽元、明及近代各家。代近則事跡相通，題目相習，閱之又易入手。蓋能博覽，然後義類詳明，得所牽引，心思亦有所注，至於歸宿，仍在唐家諸大家。此亦如泛巨海者，當先學操舵於舵師；欲獵平原者，當先學健兒之騎射耳。雖然猶有進焉，言，心聲也，令伯陳情之表，武侯出師之詞，膾炙千古，此其人豈沾沾以文爲事哉？忠孝之誠，蓄積於中，故懇款之詞，溢於筆墨，然則修身敦行，自理性情，尤爲大本大源之地。則劉彦和所謂『心生而言立，言立而文明』，自然之道也。否則貌竊唾拾無本之言，必不相稱。古文如是，詩賦可知，所以治經學如是，所以治史學者亦可推矣。」

今人著述，引書必注明某卷，此法最善，可以杜稗販之弊，前人所不及也。余仲林蕭客嘗言：「引書注某卷，向謂始於遼僧行均之龍龕手鑑、宋程大昌演繁露二書，然亦不過二三條如是。後讀江少虞事實類苑，竟體注卷，則在程大昌之前。頃閱道藏，見唐人王懸河三洞珠璣，每卷稱某書某卷，則又在江少虞之前矣。」四庫提要謂李匡乂資暇集引通典多注出某卷，匡乂亦唐人也。顧亭林嘗言：「萬曆以前，八股之文可傳於世者，不過二三百篇，其間卻無一字無來處。偶爲門人講吴化事君數一節，文中有謇諤二字，謇字出離騷，諤字出史記商君傳。謇諤二字，又出陸機辨亡論。今意欲集門牆多士十數人，委之將先正文字注解一二十篇，以示後學讀書作文之式，除事出四書不注外，其五經子史古文句法一一注之，如李善之注文選，方爲合式。」此法亦甚善也。

顧亭林嘗言：「吾於經史雖略能記誦，其實都是零碎工夫，至律曆禮樂之類，整片稽考，便不耐心，此是大病，今悔之而已老矣！」此是真讀書人，方能自知其分量。今之學者，能如此自知者已少，自知而復肯自言之者更少也。

按退庵隨筆凡分十五類，茲於躬行、勸學門中，取其參酌先儒語録，最爲切近明通者，摘舉若干條如左。其論官常家禮及經史子集諸門，以各有專書，即不復甄録焉。

清儒學案卷一百三十五

小宛學案

小宛精研班、范之書，以通兩漢經師家法，故於典章名物具有本源。治春秋專明左氏義，而規杜尤勤。其於禮經考辨喪服諸篇，酌古準今，折衷至當。地理之學，致力亦深。吳中學派，定宇前茅，南園後勁，先生其中權矣。述小宛學案。

沈先生欽韓

沈欽韓字文起，號小宛，吳縣人。嘉慶丁卯舉人。道光三年選授寧國縣訓導，十一年卒，年五十七。先生資敏勤學，家貧，借書於人，計日歸之，輒寫其要。遂淹通經史，旁及諸子百家，而尤長於訓詁地理。嘗謂左氏親承夫子之緒論，其措辭微婉，使人深思，連類而自得之，蓋慎重之至也。公、穀晚出，向壁虚造，其優劣懸絶。杜預乃盡翻家法，以就其邪僻曲戾之説，創長曆以爲牽附移掇之計，造釋例以成網羅文致之私。疏家及後之爲左氏者，動輒惑於其例，於是左氏之學亡。故爲春秋左氏傳補注十二卷，以正杜氏之失，十餘年而後成，别爲考異十卷。又以漢去古未遠，欲掇其意美法備者，裨于政術，而漢書顔氏注淺陋，後漢書章懷注雜集衆手，司馬八志劉氏注頗宏富而少統貫，故爲漢書疏證三十六卷，後漢書疏證三十四卷。以裴氏三國志注專補事跡，而典章名物闕焉，故爲三國志補注十六卷。以地理之學，古書惟酈氏水經注僅存，戴東原推其倒置羨脱，趙東潛爲之刊誤，其書乃漸可讀，然戴氏之短在憑肊，趙氏之蔽在輕信，至如古書之足互證，今志之有可據者，則皆蒐討未逮也，故爲水經注疏證四十卷。又爲韓昌黎集補注、王荆公文集注、詩集李注補、蘇詩查注補正、范石湖集注，皆徵唐、宋典章故實，多得作者之意。兼工詩古文辭，所著有幼學堂文稿八卷，詩稿十七卷。參史傳、包世臣撰行狀、王鎏撰墓志銘、幼學堂文稿。

漢書疏證序

唐經籍志注漢書者二十餘家，惟顔師古注孤行千有餘年，著述家問資考證，聲名駸駸，度越前賢，雖服、鄭諸儒注經無以逮也。愚少讀漢書二十餘年，尋覽其注，初笑其淺陋，繼覺其盜竊，終乃顯然識其紕繆，匙有是處，此漢書疏證之所由作也。淺陋者，如「視讀曰示」、「與讀曰豫」之類，開卷至末，娓娓不休。于五經、論語正文，無不詳述，稍有深奥，悉從闊略，人云亦云，徒勞傳寫，其可譏者一也。盜竊者，所引小學、爾雅、説文之屬，並不著本書，猶可以童幼所習，可從省文。至晉灼、臣瓚集解流布已久，姓氏昭顯，無從揜掩，而齊、梁以來，陸澄、孔文祥、蕭該、姚察、包愷、韋稜等並覃精其學，見于志傳，按彼注本，絶不齒及。唐書本傳云「師古叔父顔遊秦撰漢書決疑十二卷，爲學者所稱，後師古注漢書亦多取其義」，而注中了不及之。此則紹庭家學，猶忍乾没，斷盗前哲，固其宜矣。唐書姚班傳：「班」當是「珽」之訛。「班嘗以其曾祖察所撰漢書訓纂，爲後之注漢書者隱没名氏，將爲己説，班乃撰漢書紹訓四十卷，以發明舊義行于世。」考儒林傳秦景通與弟暐及劉訥言號爲漢書宗匠，但以教授，不聞訓故。作賊之人，顯指師古。證以史記索隱，則姚氏、孔文祥、顔遊秦等姓名固在，與師古今注悉同。又章懷太子注後漢書引前書音義，李善注文選引漢、魏諸賢，間與師古同者，又其浸淫蠶食者也。大抵其注稍有可觀，即是姚氏訓纂。名爲學士，行若偷兒，其可譏者二也。彼注掎齕前人，不遺餘力。究觀其義，則以是爲非，顛倒黑白，前人典訓十不知一，絶知穿鑿，信口杜撰，本不須注，强生疻痏。如廣陵王胥使禱巫山，解爲南郡巫山。嚴延年母畢正臘，解爲臘及正歲，禮畢而去，不知有臘之明日。外戚傳迎皇后于安漢公第，彼以馬宫宫字連讀，解云：「本自莽第，以皇后在是，因呼曰宫。」遊談不根，連篇累牘，既晦史義，貽誤後學，其可譏者三也。按師古本傳：「貞觀中爲祕書少監，多引後進之士爲讎校。師古抑素流，先貴勢，雖富商大賈，亦引進之，物論紛然，稱其納賄。」又禮儀志師古論明堂云：「周公舊章，猶當擇其可否；宣尼彝則，尚或補其闕漏。」周、孔猶不足當其一盼，則鄙穢誕妄，無足道者。自王勃作指瑕以摘顔師古之失，惜其書不傳，謬種流貽後人，猶汲引稗販，豈不以漢書至深至博，觀者已煩亂心目，何暇辨注之是非？宋人有推重之者，或其空疎無忌憚，臭味有相投也。惟劉氏、洪氏與近今學者稍稍指摘，然略舉皮毛，不足仆之。千年以來，未有能大疏通證明，如孔、賈義疏其人也。欽韓以爲此書上繼左傳，下笵諸史，體例完密，十倍司馬氏，制度名物，鉅細畢包。欲有發明，非徧周、秦、兩漢之書，下及二十一家之史，古訓聲類，先儒傳注，金石文字，山川風俗之記，草木蟲魚之疏，雖稗官小説，並足考證，一事不備，則疑義不析。竊不自量，十數年來疏記條貫，甲戌之歲不赴計偕，屏迹窮巷，發篋濡毫，雖盛寒暑不輟。先成後漢書疏證三十四卷，繼成漢書疏證三十六卷，卷率四十葉。歲在丁丑，復當大比，親故責以禄養，乃暫輟業，故地理志猶缺焉。其於紀傳，發明奥義，覼縷方聞，援據典籍，終歸折衷，舊注是者略之，缺者補之，未足者引伸之，前人已有啟發者，耳目所及，間附一二。其百官、古今人表，紹聞六典，甄綜九品，悉有考據。雖曰注釋，實可單行。其十志鑒觀得失，千世一笵，本文有可推究者，詳述之以廣所聞。藝文志則繼王氏而加審焉，尚恨家貧不能購書，俗子儲藏寧供蠹食，則姑闕疑，以俟異日。念其辛勤積久，竊自愛惜，卷帙既繁，無力鈔録，粗明成書之旨，俟好古敏求者質之。

後漢書疏證序

撰録東京事迹者，東觀記而外，有十數家，其異同詳略可參矣。今傳者編年則袁宏後漢紀，紀傳則范氏後漢書及司馬彪八志。袁紀述末事稍詳，中疎略，又間與范書齟齬，其書不爲世所重。范氏則襲華嶠之舊，傳中序事亦麤觕漏奪。蓋嶠本經喪亂不全，范氏非勤學之人，不復蒐羅遺文，其所録者止此，爲可惜也。然二百餘年之中，變故頻仍，國統屢絶，亢龍仰息于閹尹，晨雞出令于房闈，異姓執太阿，賈竪綰銀艾，元老伏歐刀之誅，直士糜鉤黨之禍，凡堅冰之戒，戎夫之聞，可以亡國者，靡不賅備。

終于天怒人怨，沴作妖興，戎裔蹂躪，盜賊縱横，四百之運，羸疥如絲而斬焉。觀其行事，俾人震盪心魂，痛纏瘖寐。范史義存實録，敍致卓犖，較諸謝承等尚矣。其獨傳于千百年，非偶然也。唐章懷太子集宫中學士爲之注，雜出衆手，故粹駁詳略不同。自劉昭注本，文士雖矜宏富，殊無統貫，于地理尤疏謬。余少讀此書，凡有指駁證佐，輒細書疏記。逮甲戌之歲，馬齒四十，益徵求羣書，爲考訂名物，通暢事理。類書中所載諸家事迹，有時代可仞者，亦附入焉，以補正張大安、格希元等之譌缺。其八志則貫串古今，分别事目，粲然可數，頗謂覃思。凡四易稿，成三十有四卷。既聞同郡惠徵君亦補注此書，稿本未刻者，多藏書家，靳不以示。要諸各抒其所得，不能强異，亦不能强同。儻復並行，識者自辨。念歲月之勞，聊復疏其緣起。

三國志補註序

昔郝伯常憾陳壽之統魏閏蜀也，更作續漢書，以蜀上繼洛陽，下開典午，爲得其正。以愚考之，壽承晉武詔，作此書，晉受魏禪，魏受漢禪，壽爲晉史官，安得黜魏而尊蜀哉？其後孫盛、習鑿齒調停其説，以昭烈上繼孝獻，而滅蜀之後，爲開晉之初，是非之公，已見于晉人，不待朱氏發其藴。伯常之書，似可不作。惟是六十年中，將相名臣，智謀勇功之人，相望絡繹，不惟啟王業圖伯功爲能也。雖袁紹、劉表敗喪之徒，其腹心帷幄之士，武力爪牙之佐，亦皆奇偉倜儻，可喜可愕，使人低徊俯仰而歎惜不能已。壽實非才，不能發微闡幽，表彰懿烈，俾英傑非常之材，等于天采凡榮之凋悴，此志士所以增歎，後人所以不能厭心也。就其所敍録者，亦復言不足志，文不足言，覽之闇然，如朽腐之色；誦之嚶然，如隱謎之語，欲幾望沈、范不可得，況可隥乎遷、固之良才哉？嘗取温公通鑑觀之，經温公稍稍删潤，則義明辭達，較其元文相遠什伯，乃歎人不可以無才，而作史者尤不可以無文。非其人，則將相名臣智勇倜儻之人，不啻汩没于糞土中耳。裴松之爲注也，意在補其褫脱斷爛，士之沈落光耀，飲恨終身，如沮授、田豐等，得與郭嘉、荀攸輩吐氣爭衡，不以成敗譏彈，無發秦無人之歎矣。其語言去漢尚近，迄今彌遠，當時習爲固然，而今不可曉者甚夥。郡縣鎮戍之名，僅見於一時，名物訓詁之類，理絶于旁通，此松之所闕而不容不補者也。竊謂唐、宋人無不通究三史，義足相資，故假彼證此，無容註解。自經義取士，史、漢皆束而不觀，窮鄉曲校，何知陳壽？則安可絶智自私，不爲之疏通發明乎？于是爲訓詁八卷，釋地理八卷，藏諸篋衍，以備遺忘。若夫博識通人，固無取乎此爾。嗟夫！郝伯常之使于宋，庶幾有王猛正朔之義焉。天不佑宋，生此巨姦，上熒惑其孱主，下挑禍于强鄰，俾抱孤忠明智之士，曾不得一申其喙，抑閟幽囚，羈迹江介者十六年。迨天怒人怨，厚毒自斃，而投鞭斷流之勢，不可復挽，卒至輿櫬銜璧，士民肝腦塗地，豈非禍人爲禍事者使之哉？伯常當悲憤無聊之時，作此書延漢一綫之統，豈無意于趙氏一綫之祀？嗚呼！可哀也夫。

水經注疏證序

地理之學，自晉裴秀、摯虞擘畫益詳，齊陸澄合山海以來一百六十家爲地理書，梁任昉又增八十四家爲地記，陳顧野王又合爲輿地志，迄今無一存者，其體例部分不可考。獨酈氏之注水經，脈山絡川，巨細悉包；道涂城郭，準望分率，粲若列眉；祕文軼記，隨事詮序，既精且博，而巋然獨存于喪亂之世，然後人亦鮮知愛重之。唐杜君卿、李宏憲掎摭鸁觕，極口詆訕耳，學者遂不復眥省，僅與伽藍記、齊民要術等備元魏一代之書而已。時乃傳寫褫奪，點黗猥雜，益譌滋亂，讀者不能終卷。此朱氏謀㙔所以爲之箋也。其志乎古則勤矣，猶未能循其條貫，整齊修飾，以裨學者。先後泚筆之士，無慮十數家，或毛舉細故，以夸其能；或皮傅大略，以名其學，于此書之轇轕漫漶，固熟視而無何也。乾隆中，戴氏震、趙氏一清殆足名家。戴氏之校，善于推尋本文，知其前後倒置，或羨或脱，確然更定。至專以今書易舊文，漸以胸肊改僻義，如皋城之爲睪城。酈注云：「皋睪字相似，名與字乖耳。」竟改睪爲皋，則酈氏語已贅。又欠水今蒙城芡河，而改芡爲艾，了無可究。又改肥水篇之杜叔寶爲趙叔寶，而實未細考宋書。此類亦夥，詳在本卷。蓋其所短也。趙氏釋之，又爲刊誤，廣徵泛引，不詿不疏。及其目睫之暗，則仞原公水爲原過水，以始興大江爲大庾嶠水，若此巨謬，不可勝數。並詳本卷。且酈氏涉筆偶誤，夫人共知，而趙之狙擊，如深文之吏，以發姦擿伏，取辦螙生于木而還自食其木，孔氏以譏劉光伯者類此。又寰宇記雖係古書，蕪雜已甚，名勝志只出近代，紕繆尤多，而趙氏據彼所引，篤信不疑，皆其蔽也。愚竊謂酈氏所述山水，于今謋焉可指者，猶十得五六，奇聞逸事，他書可稽者，則十得七八，其春秋、戰國、秦、漢郡縣，訖南北幅員，以今考之，且十得八九，此皆讀者所苦爲難，而深願碩學先醒者有以導之。戴氏未暇及此，趙或寥然偶舉，滔滔莽莽，曾無司南。余少讀此書，罔有津涯，長年綜覽羣籍，稍通地理，其山川郡縣，得陵谷變遷之繇，歷代割度之制，證以專門名家之書，同張守節引括地志之例，終取信于本朝一統志。四十卷中，以今之地望，準向之水道，支流入大川，大川又爲支流，古通今塞，昔在今徙，散碎華離，皆可提挈。酈氏博物洽聞，單辭微吐，皆中書掌故，亦略究所出。名曰水經注疏證，庶幾具臧旻之才，佐其口陳手畫；懷少文之志，亦適其卧遊靜觀。顓顓學子，讀是書而擿埴索塗，亦知有般若之眼焉。國初廣陽劉獻廷嘗欲爲此而未聞傳書，以今所作，其旨趣異同不可知也。索居無徒，一二良友道阻且長，不獲相示，姑録而藏之，以俟好事者之求也。

文集

出母嫁母服議

出母之期絶於父也，繼母嫁猶期者，以其從之也。杖期章不爲因母嫁立文。譙周云：「据繼母嫁猶服，以親母可知，故無經也。」舊傳曰：「出妻之子爲父後者，爲出母無服。」子夏曰：「與尊者爲一體，不敢服其私親也。繼母嫁何以期也？貴終也。」注：「嘗爲母子，貴終其恩也。」循傳之説，一則義斷於所生，一則恩終於如母，後儒以爲出母無服，由尊父之命；嫁母，父不命，出與見嫁者異。譙周、吴商、庾蔚之等皆持此論。出母違於父固矣，母而嫁，寧猶有當於厥考心乎？以此而衡其輕重，則真溝猶之儒矣。成洽難傳云：「經爲繼父服者，亦父後者也，爲父後服繼父服，則自服其母，可知爲嫁母服，不爲出母服，其不然矣。」崔凱則云：「出母嫁母之服，皆據庶子不爲父後者。」按檀弓伯魚之母死，期而猶哭。伯魚非庶子，此爲後者爲出母服也。子思之母死于衛，鄭云：「喪之禮如子。」孔氏世系惟子思一身，此爲後者，爲嫁母服也。崔之説又徒佞於傳，而非通制也。嘗試論之，出母嫁母均爲義絶，然出者之情不由於己，嫁者之義所可不爲。古者出妻，不必身犯惡逆淫污也，脱如蒸梨拾棗之事，爲子者不能諍父之失，涕泣請還，使覆載之恩，偏有所闕。又或歸宗之後，夫已宴爾，彼猶靡他，子復有母，母獨無子，然則經制服以伸慈孝之私，傳假辭以弛劬勞之報，豈人情乎？喪服小記同有是語，要依仿乎傳。而出之者，袁準云：「爲父後猶服嫁母，爲嫁母服，獨不可爲出母服乎？」是則然矣。若嫁母之服過厚，非禮也；過薄，非情也。過厚者，石渠議應三年，唐天寶六年，金大定八年，皆詔令子服嫁母三年。設令夫喪未除，子在孩抱，上不顧供養，下不念繼嗣，弃皦日之誓，爲悦己者容，微獨繼母不制服。韋玄成云「王者不爲無義制禮」，宣帝韙之是也。抑使死者無同財之親，凶人怨家甘心弱息挈孤而往，事兼兩濟，則繼父同居，猶報以期，微獨生母得終其恩。射慈云「就繼母之家爲廬」是也。馬融所云「繼母爲父三年喪畢嫁，重成母道，故隨爲之服」。步熊等又謂「繼母如母，無問子之從與否皆服」。夫曰如母，則固異於親母，猶諸爲人後者曰若子，則原非親子也。又繼母畢喪而嫁，此其進退之義當然，於人子何與，而强同於親母乎？惟王肅謂「從乎繼而寄育則爲服，不從則不服」，此解經之勝于鄭者也。或曰：「繼母嫁而不從，與被出之適母、繼母所後之母同，灼然無服矣。如親母嫁而已又爲人後，則服否？」曰：「爲人後而降其父母不杖期，此厭於本宗之誼，制不由於己也。出母嫁母之服，本不係于宗與父，以爲母子無絶理，從己所制，仍爲杖期。」賀循云：「父在爲母，厭尊屈從，期出母，服不減者，以本既降，義無再厭。父不能禁子之不服出母，則宗亦不能禁其服嫁母也。母之名終不可没，則其服終無可減，明矣。」又曰：「今雖無廟制，然爲後之重，亦有同於古者，可比不服申心喪之制乎？」曰：「此唐、宋之教人以僞也。今人有子貢之情者乎？古之杖期有變除，有廬次，十三月而祥，十五月而禫，故雖期喪，以爲重且難。今則居處衣服無異於人，何害於常行之事，欲并没其區區之文哉？果能事事如禮，或有礙而不得申其志，則如劉智釋疑云『雖爲父後，猶爲出母嫁母齊衰訖葬，卒哭除，踰月祭』，可也。」

妻為夫之兄弟服議

喪服記「夫之所爲兄弟服，妻降一等」，其爲服也甚明。子夏於大功章僂然持無服之説，以亢鋸人。鄭氏因之，於此經下不置一辭。賈公彦遂謂「夫之從母之類」，敖繼公又以「祖父母」當之。夫經文曰「兄弟」，而以名類懸絶者比擬，不幾于瞽論哉？尋經上下，於娣姒婦固小功矣，于夫之從父昆弟之妻又緦矣，婦人爲夫家服皆視乎夫而爲之。有如之者，昆弟之子是也；有降之者，舅姑是也。未有無所從，無所降，憑空而爲之小功與緦者。然則于夫之昆弟必大功也，娣姒始爲小功；夫之從父昆弟必小功也，同堂娣姒始爲緦。此禮意相生，不離其本者也。然則大功章何以遺之？曰：經于類推而從略者多矣，有曾祖之齋衰三月，而無高祖，得謂高祖無服乎？有庶孫之婦緦，而無適孫之婦小功，得謂適孫之婦無服乎？彼謂兄弟之妻，嫌疑可畏，欲使生不相聞，死不相哀，則子思於嫂不應爲位哭踊也，無服者不爲位也。大傳、服問皆謂從無服，而有服者，公子之妻爲公子之外兄弟，鄭注以「外祖父母從母」，孔疏復引此降一等之文，謂外兄弟緦，則妻無服。于夫之外兄弟則真路人矣。孰與共在一門之內，同統先人之祀，有相奉養之義，而無緦麻之制，不亦傎哉！竊念禮文散佚，諸儒傳説，丁世衰俗敝，不免以習聞私意竄其間。然攷諸正經，處實不疑，徵諸傳記，牴牾不合。千載下議禮家，自蔣濟、成粲外，猶膠固不化，寧信傳注，而敢蔑經典，斯惑之甚者也。原夫聖人之制禮，因人本有之情而道之，莫可效其愛敬，莫可罄其哀慕，則有事親敬長之禮，吉凶喪祭之儀，所以厭飫人心，而使之鼓舞浹洽者也。後賢之議禮，則逆揣其非意之事，設以不敢不得之科，多方以誤之，使人煩懣憒眩，愧恨之意生，而扞格之蔽深。蓋大亂之極，上烝下報，殺逆奪攘，廉恥破壞，而無所止，惓惓之意，操之不能不蹙也，然厚薄之旨懸矣。嗚呼！此非賢者之過也，因乎世變而不自持者也。合經與傳觀之，於時會之升降盛衰，其亦可覩矣夫！

余既作此議，深恐守文之士以爲背先儒，違傳訓，指而訴病。及見鄞人萬斯同亦有此論，云：「賈氏以從母當之，不得已而强爲之解也。從母之類可稱之爲兄弟乎？既言兄弟，而可索之於兄弟之外乎？」真解頤妙語也。惟言「從上世以來，嫂叔原未嘗制服，至作儀禮之人，見其不可無服，故不直筆之經，而但附著之于記，以見後人之所補，而非先王之所制」云云，此則因經無明文，不免首鼠兩端，徒爲發難者示一隙，不若鄙見之堅確也，特附識之。

父為長子三年辨

喪服傳曰：「父爲長子，何以三年？正體於上，又乃將所傳重也。庶子不得爲長子三年，不繼祖也。」先王制此重服，而人情不以爲咈者，以其宗子之重也。庶子雖自有其小宗，然五世則遷，于上不爲正體，于下不爲傳重，則其長子不得比於宗子，不爲三年也何疑？傳所云「不繼祖」者，非高曾以下之祖，乃指别子爲祖也。大宗之重，上治祖禰，下治子孫，旁治昆弟，其義隆，其統尊，故父之服斬，公義也，爲祖也。漢戴聖、聞人漢云：「爲長子斬者，以其五代爲之嫡。」此固深知禮意也。必云「五代之適」，舉其世數，以異於彼之五世則遷。要諸適適相承，無他道矣。雷次宗云：「父子一體，而長適獨正。自非親正，兼之情體俱盡，豈可凌天地，混尊親也？」雷氏言此，其譏切魏、晉諸儒之意深矣。喪服小記云：「庶子不爲長子斬，不斷祖與禰故也。」不繼禰則益明，其不繼祖，義實相兼，非有兩事。而鄭釋之云：「言不繼祖禰，則長子不必五世。」自後諸儒循鄭「不必五世」之説，謂己身繼祖，統長子四世者，虞喜、賀循、庾蔚之等主之。孔穎達、賈公彦義疏從之。庾氏云：「用恩則禰重，用義則祖重，故必己承二重而爲長子斬。若不繼祖，則不爲長子斬。」此一説也。鄭注喪服傳又云：「爲父後者，然後爲長子三年，言祖不言禰，容祖禰共廟。」鄭以共廟遷就爲父後之説，譙周、劉智等主之。五經然否曰：「庶子身不繼禰，故其長子不爲繼祖。」此又一説也。二義同出於鄭，而近之述者皆主繼禰爲斷，且斷斷曰繼禰而不遂服，是不知有父。嗚呼！謂知有父，而可不明其宗哉？凡正體在乎上者謂下，正猶爲庶，故庶子不祭祖。若循繼禰之説，與人人得爲長子三年者，相去一間耳，此尤害於義者也。我謂喪服之制，聖人合尊親貴貴之義，而準乎厚薄，所不容已，有不得不降，即有不能不加隆。其爲長子三年，豈不以先祖之爵邑，此子承之，先祖之廟祧，此子奉之，溘焉朝露，先緒茫然，喪予之痛，異於常情，緣情起義，視之若君與父之重而無嫌，故宗子死，絶族皆爲之齊衰三月。雖大夫之尊，不敢降禮，固有稱其厚者也。如其貴非世禄，廟非不毁，泛然曰繼祖也，曾不思其祖爲親盡則毁之祖，而欲使其父爲祖屈於子，斬焉衰絰，可乎？如必以小宗之長子宜重，何以四世之宗僅服其本服，不爲之齊衰哉？故得而通之，曰禮有繼禰，小宗子若孫與其支庶奉之，是固有宗之名，宗之實，不必待執長子三年，而始爲兼有名實也。傳云「庶子不得爲長子三年」，非賤庶子于其長子，正以長子不可比于宗子之重耳。夫若是亦可以恍然悟矣。曰庶子爲大宗後，如何？曰：是已上繼乎祖，當傳重於長子，何得如庶子之舊？孔、賈所云體而不正，雖傳重不得三年者，謂所後服爲後之人耳。晉博士杜瑗云：「謂爲人後者，有先之名也，非並存之稱也。其後也，因不可以絶而嗣，豈復有下流之得服哉？」孔、賈之言，不亦贅乎？西京石渠議去古未遠，惜其於此言之不詳，遂爲異論所掩。若敖繼公刺傳記爲誤，創庶子得爲長子三年之説，是固與其論夫宜爲妻齊衰三年，比類而妄者也，何足與之辨！

諸侯之臣為天子辨

按國君服斬者，其臣從服期，爲君之父母長子祖父母是也。諸侯之於天子斬衰，其制雖重，要以義服。臣從君當量減，故有繐衰之章，既葬而除之。期，夫德位并崇，薄海臣妾，當其崩隕，神人胥恫，第以分有貴賤，恩有淺深，故服有隆殺，降爲繐衰，不敢並于君。古者諸侯歲貢士於天子，盥而用賓，一命以上，莫非天子之賜，豈若衰亂之後，爵人刑人，一不關於王朝，而大夫遂忘乎天子哉？然則其服之之義，非徒以接見之私、燕饗之惠而制之，可知也。傳所謂以時接見，於天子備一說爾。賈氏疏之，遂謂大夫不接見天子者無服，士不接見，亦無服。服非通行之服，大夫爲不盡然之大夫，一若禮經之惑人，非傳無以析之者，并非傳者之意矣。蓋春秋時，天王崩，諸侯皆闕臣禮，不廢朝會燕好之事，度其君未必肯執斬衰之喪，則其臣於繐衰之廢也亦久。惟共喪會葬，如叔孫得臣、印段者，不得不服其服以卒事。俗師傳誤，遂誤惟接見者服之爾。藉如賈說，諸侯哭於朝，羣臣陪位，吉凶參錯，又有遠國小侯，其臣全未接見，則斬衰以外，竟無一人將爲至尊如朋友加麻乎？抑儼然朝服以即事也，不亦甚舛繆而無所據歟？吳射慈云：「諸侯大夫出有朝聘之事，會見天子，故言時見，雖未會見，猶服此服。」可謂善通彼我之懷者矣。

弔生不及哀解

既夕禮：「既窆，主人反哭，賓弔者升自西階，曰如之何？主人拜稽顙。未殯之前弔，弔死者也，反而亡焉，則傷之甚也。賓之弔，弔生者也，送賓就次，猶朝夕哭，此朝夕哭，仍在殯宮阼階下。」注云：「啟位，婦人入升堂，丈夫即中庭之位。」疏云：「如士喪禮朝夕哭位也。」喪服：「哭晝夜無時。」疏云：「哭有三無時：始死未殯，哭不絕聲，一無時；既殯已後卒哭，祭已前阼階之下爲朝夕哭，及哀至則哭，二無時；惟既練不朝夕哭，外寢思憶乃哭，亦爲無時之哭。」此條「無時哭」，疏云「在廬中」，誤。然則卒哭祭者，所以節無時之哭，其前皆哀之至也。傳所謂弔生及哀者如此。疏又云：「凡喪服以冠爲受斬衰，裳三升、冠六升，既葬，以其冠爲受衰，裳六升、冠七升。小祥又以其冠爲受衰，裳七升、冠八升。此進退之序也。」所謂「既葬，變麻服葛」者，虞禮：「尸出，丈夫説絰帶於廟門外，婦人説首絰不説帶。」其變麻葛服，只是男易絰帶以葛，婦人易首絰以葛耳。既練服七升之衰，男子除首絰存葛帶，婦人除要麻存葛絰。至大祥祭行，乃焚絰杖，服縞冠素衣耳。三年之喪，天下之達禮，諸侯已上，豈得既葬無哭便除縗哉？杜預欲迎合晉武，使太子薄其母喪，其可誣聖經乎？段暢之議，亦良拙矣。特舉此，俾讀左傳者毋爲所惑焉。

先配而後祖解

按甲辰至甲寅挾日耳，自鄭逆自陳歸四百里而近，往來旬日之内，計造境請命，又須宿留，則奠鴈當楣即授綏曲，顧其百兩以迓，百兩以將者，豈弟絡繹，不爲貳室之館，明矣。左氏故詳其日於入鄭後，著先配後祖之譏，爲解故者迄無折衷。賈逵以禮齊而未配，三月廟見然後配。鄭衆謂配同牢食，先食而後祭祖。康成以祖爲軷循。賈之意惑於「季文子如宋致女」。服虔云：「如宋致女，謂成昏。」穀梁傳謂「以我盡之也」義，然穀梁只謂「逆者微故致女」譏宋之不親逆，魯之代其厚耳。就如徐邈之説，宋公不親迎，故伯姬不順爲夫婦，則三月未成昏。特伯姬一人，不可以概論也。不知賈所謂三月之内，將築别宫而居之，抑衽奥而不説纓也？若謂大夫以上與士異，曾子問正義。經典無文以明之。夫配，匹也，緣其作配，故合卺共牢以親之，妃匹偕老，則祭于室，亦謂之配，不可以一奮同食爲配也。鄭衆之説於是詭矣。

後鄭以爲道祭，全乖左氏，固不必論。若杜預之説，乃似是而非者也。昏禮自下達女氏皆於廟，則父之醮子有不於廟乎？且遣之有不告廟者乎？貴爲國君世子，且爲有禮之莊公，乃不如楚之公子圍乎？且鍼子已在鄭，必灼然于耳目者，乃䟦咨于誣祖耳，胡爲追按前此之過？舉成事後之清議，若先未告廟，左氏豈不能出一語貶絶，而待鍼子之定論也？蓋禮有制幣之奉，春秋有告至之文。假謂忽也世子，以聘禮推之，使者之出，朝服釋幣於禰；其歸，不脱朝服至於禰。彼受命出疆，循必告必面之義，況昏禮之大者乎？然則子忽之失，失在不先告。至將傳宗廟之重于適，而惜跬步之勞于祖，己即安伉儷焉，是爲誣其祖也。鍼子曰「不爲夫婦」，是則孔子未成婦之義也。

大夫宗婦覿解

周禮有内宗外宗，鄭云：「王同姓之女謂之内宗，王諸姑姊妹之女謂之外宗，外宗又得兼母之黨。」雜記「外宗爲君夫人，猶内宗也」。鄭云：「謂姑姊妹之女，舅之女，及從母皆是。」又有同姓大夫之妻，喪大記所謂外命婦者也。又有外親之婦，通得外宗之稱。服問注云：「外宗，君外親之婦也。」經言大夫宗婦覿，謂同姓大夫之妻見小君，非謂大夫與宗婦雙雙執質也。古於夫婦，惟祭祀有共事祖禰之義，得有繼獻致爵之禮，然一於房，一於室，猶嚴乘行匹處之戒。婦之見於舅姑，亦家人禮之近者矣，然舅席於阼，姑席於房外南面，子不並婦而贄，舅姑不同席而饋，禮意曉然可知。彼于夫人，豈得同贄並見，若世俗委巷之昏嫁哉？循傳文，僅言宗婦用幣非禮，無大夫見夫人之文。而杜預曲成其鄙説，謂不言大夫。舉非常之事，孰有過於合耦而見夫人者？御孫譏「男女同贄」，直謂婦人用男子之贄，無致虔之義，有外事之干，用非其器，是男女無别耳。杜自昧御孫之旨，豈可以之誣經、傳哉？穀梁傳謂「無大夫見夫人禮」，然同姓諸侯后與夫人尚得獻享，則同姓大夫亦得奉贄進謁可知。容大夫自以幣覿夫人，但非此經所書耳。穀梁之言，非爲通論。

用致夫人辨

左氏之言，信而有徵，固然。然以禘大廟致夫人爲哀姜，則竊有疑也。何者？僖公本非哀姜所生，彼犯鳥獸之行，被殊死之刑，不以令終，豈堪入廟？且殺之者，桓公也，桓公行伯，實爲義舉，豈可齊殺之，魯夫人之，靦然配食先君？於齊桓之心必不慊，而謹於事齊之僖公，必不出此。就令僖公忘國危之恥，媚淫昏之鬼，則請葬時即已致之，不待八年之久，而憐其餒魂無主也。然則夫人者，成風也。妾不得與祭，尊成風爲將來之配食，故致成風爲此日之内主，成風之正其爲夫人，由此禘也。春秋以其非常而書之。或疑舅歿姑老，傳家事於婦，雖始適夫人，在宗廟之祭，嗣君與其妻爲之，僖公欲尊成風，何須假禘祭而致之乎？曰：喪禮謂主人者，嗣子也；其主婦，則死者之妻也。妻於喪次爲主婦，則祭祀爲主婦可知。喪服曰：「宗子之母在，則不爲宗子之妻服，以薦獻之事，合族之誼，不在其母也。」賈公彦曰：「母年七十已上，宗子之妻與祭，則族人固爲之服。」此亦準量人情，七十之年必篤老，不復堪奉籩豆耳。是成風之助祭，其失惟妾爲夫人之事，明于祭其母得爲之也。公羊以僖公娶楚女，又以齊媵爲夫人，與春秋緯說相表裏，本自無稽。哀二十四年「宗人釁夏」曰：「周公、武公娶于薛，孝惠娶于商，自桓以下娶于齊，明德之胄，貴族之耦，典禮昭然。」魯與楚媾，非異姓，族醜蠻荊，雖橫江、漢之間，尚無係援之慕，必不以其女共承宗廟。又齊與楚臭味差池，猜嫌方搆，楚即嫁女，齊肯以姑姊妹爲媵哉？徵諸事理極易曉，俗儒守一空而不察耳。權氏又以夫人爲文姜，此又不足辨也。

妾母不得為夫人論

服問曰：「君之母非夫人，則羣臣無服，惟近臣及僕驂乘從服，惟君所服，服也。」按不杖期章「爲君之母期」，曰：「非夫人無服，則羣臣不以夫人禮禮之也。」曰：「近臣惟君所服，明君非三年服，君又不敢以夫人禮禮也。何也？傳重于先君也。妾母爲夫人，母不加尊，父屈於齊矣。」鄭注曾子問云「天子練冠以燕居」，蓋庶子王爲其母，此禮之正也。鄭以禮無承重爲妾母服之義，據喪服「庶子爲父後者爲其母緦」而明之也。若緣公羊「母以子貴」之說，則庶子爲父後者，何故降其母緦？若遵爲後厭屈之禮，則社稷宗廟之主，豈不所傳彌重？然則練冠麻衣，附於公子爲其母之例，無可疑也。又不可尊同於適，而猶以妾母服服之也。春秋時，諸侯專恣，禮樂征伐之大者，皆不可復問。緣骨肉之愛，隆其所生，未遽爲誅絕之罪，豈便謂之禮哉？春秋書之，以爲彼既違禮而成之夫人，成之小君。穀梁傳曰：「夫人之，我可以不夫人之乎？夫人卒葬之，我可以不卒葬之乎？」此孔子之意也。定姒之薨，季文子喪之不反哭，不殯廟，不設屬椑，季文子忠於君者也，非弱其君，以禮固如是耳。文子所行，禮之正也。匠慶所爭，俗之變也。鄭服問注云：「時若小君在，則益不可。」皇侃不達大義，遂謂「適小君歿，則得伸，若小君猶在，則其母壓屈」。不知鄭之言此，正爲公羊說云「妾子立爲君，母得稱夫人，故上堂稱妾，屈于適也；下堂稱夫人，尊于國也」。儼然爲適庶並尊之倡，故鄭破之耳。夫死其適母，是死其先君也，可乎哉？自公羊之邪說行，杜預輩傅會以趨世，後代循之，則一太后一太妃矣。以爲不足，則兩宮並尊。又有未慊，乃多行無禮，如周貴妃之於錢皇后焉。大防一墮，人心亦何所不至。嗚呼！其禍則俗儒之長之也。

既獻召悼子及旅召公鉏考

按鄉射禮：「主人獻衆賓後，大夫若有遵者則入門左。主人降，賓降，衆賓皆降，席於尊東。大夫辭加席，主人對，不去加席。」注云：「不去加席者，大夫再重席，正也。」其燕禮：「司宮筵賓於户東西上，無加席。」注云：「燕，私禮，臣屈也，故舉觶後，主人獻卿，卿辭重席。」此之辭重席以辟君，明卿當重席。臧紇以重席待悼子，正其爲卿，適從卿禮也。其席當繼賓席而東，等於冠者之醴，隆于嗣子之舉奠。古者立適之禮，可知其大概矣。按鄉飲酒賓席牖前南面，席衆賓于賓席之西，尊于賓席之東房户間，席與尊皆南面，則設席者酌尊者皆北面矣。士冠禮云：「再醮攝酒。」有司徹云：「司宮攝酒。」注云：「攝猶整也，整酒謂撓之。」此新之之意也。絜之者，所謂執冪者反冪也，其盥洗實爵如賓禮可知。鄉飲酒記云：「凡旅不洗，則舉觶後當獻者皆洗也。」旅者，按鄉飲酒禮主人酬介之後，「司正升相旅，曰：某子受酬」，注云：「介酬衆賓，衆賓又以次序相酬，則旅酬也。」又燕禮卿大夫皆説屨就席，主人乃獻士於西階上，所謂大夫舉旅行酬而後獻士。臧紇以士禮待公鉏，故於其時召之。鄉飲酒記云：「既旅，士不入。」明士入當旅酬，節士非特不席於堂，其尊亦非房户之尊，燕禮所謂「尊士，旅食于門西兩圜壺」是也。與之齒者，齒於子姓兄弟之間，非齒於悼子也。以特牲饋食禮知之，彼設堂下尊之，後兄弟弟子舉觶爲旅酬。此旅而召公鉏，正彼舉觶之時，知其所齒在庭中也。悼子之席在堂上，獻於席前，拜於西階上。若士，若衆賓長，若長兄弟，皆獻於兩階，設薦于庭中，公鉏安得遥與悼子爲齒乎？杜預撥弃經禮，宜其空疎臆測。孔氏於此亦了無疏證。故附禮文爲之考，俾知禮非虚設，傳非空言也。

書陳祥道禮書後

記曰：「無輕議禮。」禮非聖人不能作，非大賢不能述。作之述之，非後世軨材所敢望也。鄭君生乎壞缺伯駁之世，而錯綜貫通經傳之旨，發明賅備，其亦幾于述之者與！嗣後俊髦鵲起，莫不妒其能欲奪其席，卒諸精奥者，不能出乎範圍，而紛然異論，不能自立，終至廢佚，亦足以鑒之矣。具誠慤之性，俯而就之，往往專門名家，爲世稱道。若賀循之喪服，崔靈恩之義宗，聶崇義之禮圖，雖精粗不同，要徒得其支節者也，亦足以明之矣。杜佑之序通典，古今禮居全書之半，然則文質該洽矣。猶曰「通典所纂集，或泛在沿革，或博采異同，將以振端末，備顧問者也。烏禮意之能建乎」？彼誠不欺于中，後人彌服其爲知言耳。宋元祐間，陳祥道進禮書一百五十卷，其部分原本聶氏，其意乃欲成一家言。則曰

「形名度數，必辨其制；道德仁義，必發其藴」。迹其言，殆于無豪易高者邪？是豈易言哉！究觀其書，既不詳沿革之制，異同之論；于經傳大義已明，不俟贅述者，輒喋喋絮煩于傳注，不審其本末，横加訾毁；于義疏并没其指歸，但供嗤點，善則攘諸己，惡則推諸人；譬則蠹生于木，而還自食其木，此亦先儒所無如何。然後有能讀經史傳記者，未可欺也。其于典故，則雜陳而意遣之，若舉子之對策，未能分明，而但求炫目。陳暘之樂書亦然。自昔史志最下者，若魏收、宋濂之于拓跋、蒙古，亦無此體例也。彼其兄弟造作欺妄，居然以禮樂自命。要而論之，所誇形名度數，即古人之唾餘，直屋下架屋耳。所誇道德仁義，則新經之流毒，直帖括腐語耳。其甚謬者，乃謂庶子王得立其所生之廟，虞書禋于六宗，爲一祖二宗，以證七廟，五年禘祭，並祀祖之自出，羣小祀備五齊三酒，此類甚多。至于先儒之言，班、馬之史，未能記誦，數典便差。論其所著，何敢望杜佑之博？尚不如聶氏之墨守注疏，猶有家法。但禮家之卮言衍義，豈可貿然自號爲禮書哉？慨自風會日薄，稍知握管，便欲孤行，有宋升降之故可言也，其著書之人可舉也。劉氏學博辨給，作七經小傳，指前賢過誤，固有當者，然後生偭規裂矩者鄉風矣。王氏新經盛行，而小知小慧中于骨髓，則陳祥道之徒羣起矣。鄭樵、羅泌等跳梁妄作，剽竊于晻昧，震驚于稠人者，比比也。始也詆及傳注，繼則毁加聖經；始也陽奉經以排傳注，繼則割裂經以就私撰。天下紛紛，正坐一二妄庸無恥者爲巨魁耳。余嘗謂宋人好撰述，除通鑑、通考二書外，無一足觀者。王伯厚沾沾掇拾，雖無損于道，而餖飣伎倆，非作手也。若陳祥道之書，何足數哉？余既摘其尤紕繆者數十事，因書于後云。

惠氏左傳補注序

左傳補注十卷，吴徵士惠棟所撰也。欽韓既得而觀之，遂書其後曰：「道有汙隆，則禮爲之變。夫子作春秋，使紀事不失其實，以補禮之窮，維世之具如是而已。左氏作傳，略舉凡例，而詳于言禮。至于升降揖讓，尊俎籩豆之間，曰是儀也，非禮也，非禮也已。若左氏者，其深知文、武、周公致太平之道矣。例不可以概論，禮則是非兩端，萬變不窮。後之學者，舍禮而言春秋，于是以春秋爲刑書，以書法爲司空，城旦之科，紛紜轇轕，蹞步荆棘，大率尾牽皮傅，以自完其例，而聖人經世之法爲其汩没。自俗學衡流委巷之間，回邪之見，向壁虚造，依草附木，其害甚于莊周、墨翟之獨鳴其弔詭也。加何休之徒，攘袂決眥，益張條例，膠詐譎擿，如酷吏之羅織，使觀者瞶眩頓愍而不逞，益引于鬼叢虺坦而不得隙照，毒焰披猖，與漢終始。諸儒之通古學，功于廓清摧陷勤矣，然訾俗學之例，而復創其例，是以新莽之六筦易鞅、斯之牛毛，均諸駁亂而未爲混一也。杜氏創短喪之説于晉帝，故其集解始終傅會，而左氏與禮經相輔，日月昭昭，爲其掩蝕，此又經術之蠹也。崔靈恩、衛冀隆之難，劉光伯之規，作義疏者，雖置三尺喙，何能爲之解？特憾攻者猶未中其心腹之疾爾。考隋、唐經籍志，爲左氏學無慮數十家，今皆不可見。啖、趙鑿空言春秋，至宋儒並竊公羊之故智，以哆口高論，無足道已。顧氏作補正，膚淺不逮所望。惠氏爲此書，自云承家學已四世。吴中治經者，未有過于惠氏也，其書宜可觀。而惠氏篤信穀梁，穀梁固稍痛公羊，然繒子遇防，衛輒距父，類者數十條，正是始師互相窺伺，通演其説，而免郊之牛，乃衣以玄纁，吾不知其何禮也。惠氏信之過矣，又沾沾于聲音文字間，弋獲公羊，持兩歧之見，不足爲專門之學。故其補拾，不過旁采服、劉，未能自立長義，以盡抉杜預之謬。然其讀書之法，諸子百家皆可爲經傳佐證，訓故爾雅，有高誘、楊倞之風，學者抱空文而心源若眢井，觀于此則知所以救貧之方矣。

劉文淇左傳疏考證序

義疏之學，六朝尚矣。百川並流，盡以唐人正義爲壑谷。迄今惟皇氏一家傳自海島，真贋莫辨。其他則姓名僅見，條貫無存。若二劉之于詩、書、左傳，皇、熊之于禮記，所載較多，然撏其菁華，眥其糟粕，弁其弁髦，淪于朽蠹，豈不甚可惋惜哉？初唐之世，碩儒凋盡，詞藝盛行，故瀛洲觴詠，彌覺風流；容臺講論，便成鄙倍。孔沖遠等奉勅撰定五經正義，以昏髦之年，應删述之任，觀其尚江左之浮談，棄河朔之樸學，書、易則屏鄭家，春秋復廢服義，尤專護前非，自阿私好，攻擊鄭、服，不遺餘力。而杜氏之學，顯然窮屈者，不容置喙。于是崔靈恩、衛冀隆、劉光伯等讜言新義，或不挂于齒頰，或顯肆其雌黄，加之坐糜官禀，愧少發明，且吹毛求疵，剜肉爲創，掇其所駁之短以誣彼短，襲其所解之長以矜己長，篇幅之内，割裂顛倒，剽竊搏撏，豈惟范氏襲華嶠之書，實同師古攘漢書之解。至馬嘉運等所糾擿，永徽中所增損，不過因疵謬難掩，稍用文飾，何能有加于貞觀？何嘗有諍于沖遠？乃靦然居其名，爲絶智之學，以眯天下之目，錮學者之聰，豈非儒林中之恨事哉？吾友劉子孟瞻，慨然發憤，暇乃博究經史，撿尋文句，得其脈絡之隔閡，枝葉之苯蓴，前後之不相稱，新故之不能掩，其聰明辨決，若易牙之嘗水，庖丁之解牛，夫乃投隙抵巇，顯豁呈露，未去葛襲之姓名，已詭法盛之撰述。而沈之義略，劉之述義，隱然若古碑之洗剔。至沖遠等竄定之小智，乾没之鄙心，其亦難逃于然犀之照也已。余嘗泛濫于宋人之學，見陳祥道、鄭樵之徒，其攻擊鄭、孔之所駁，其引伸己義，即亦鄭、孔之定論，哆然笑之。此其圖回鈔略之技，即效法唐人。常恨天壤間實事求是之志，甚博且勤，觀此所著，所謂象之一牙，鳳之一毛，足知其非凡品。他日必能發揮先儒之藴，啟牖後生之智，余又樂俟其成書也。

與劉孟瞻書

孟瞻足下，惠書拳拳，雅意勤屬，死灰欲然。不佞少壯時，亦欲希風行竹帛，並角英俊。既伏處家巷，遂爾闊絶；及來窮山，如入蠻左似人者。喜思與足下及慎伯諸君宏度高論，揚搉古今，發揮經史，莊諧雜陳，引觴稱快，何可得乎？近日工夫想益茂密。承云讀通鑑第二過，猶不能記憶，益歎歷甘苦不欺人之學也，但孰復而深思之？總其治亂興亡，賢姦消長之故，究温公平日言，不用而身退，發憤爲此，冀人君感悟之大旨。神宗置此書于睿思殿，朝夕省覽，追思安石之誤，有意用公。與吕誨書。次則參究形勢，戰勝攻取之術，又觀其删潤史文，光景一新，可以通達事理。若遺文軼事，姓名瑣瑣，雖撰述者猶不能枚舉。前輩適夸記聞之敏而已，非通人所尚也。新、舊唐書異同優劣，不佞亦頗多疏記，不暇卒業。大約舊書之長能謹守史館之成書，自開成以溯開元，歷代通才碩學所修撰，文順辭達，有聲有色，本無庸改作。宋子京妄人，乃欲以篾爾小材，破碎鉅製，涂抹青紅，顛倒錦褐，螫喉刺眼，彌形醜拙，遂使詔誥之文無一完備，奏疏之條有綱無目，剌取小説罣一漏萬，此不足論矣。歐陽後入史局，曆志成於劉羲叟，世系表假于呂夏卿，洵有可觀。他則疎謬難數矣。禮志起訖，咨嗟歎息，中取開元儀注，填塞于沿革制度，儒官疏議皆芟落無存。藉非通典、會要、册府元龜議禮部。及舊禮儀志粲然備列，得以稽考，不幾盲聾學者之耳目乎？選舉百官，凌躐倒置。如開元禮、三禮諸科，吏部、兵部，常調、齋郎、冬薦之制俱不敘。侍中、中書令本正三品，爲兩省長官，故以他官參預機務者，謂之同中書門下三品。大曆以後始升爲二品，新志直云二品，則前此制度，不幾紊乎？諫議大夫與給事舍人並正五品上，大曆二年，中書門下侍郎並升正三品，兩省遂無四品官，會昌二年，從牛僧孺等奏，升爲正四品下，新志直云中書門下侍郎正三品，諫議大夫正四品下。又十六衛本無上將軍，舊志于十六衛惟列大將軍，而于後總舉貞元二年九月添設之勑，史家體例之慎也。新志直冠上將軍從二品于大將軍上。新志敘左春坊庶子云：「凡令書下，則與中允司議郎等畫諾。」考六典云「凡令書下于左春坊，則與中允司議郎等覆啟以畫諾」，亦猶門下省覆奏然後畫可也。會要貞觀十九年，詔皇太子，凡處分論事之書，太子並畫諾，左右庶子已下著姓名奉行。則畫諾者皇太子，非庶子等官。玉海亦承新志之誤。食貨志云：「凡授田者，丁歲輸粟二斛，稻三斛，謂之租丁，隨鄉所出，歲輸絹二匹，綾絁二丈，布加五之一，綿三兩，麻三斤，非蠶鄉則輸銀十四兩，謂之調。」按通典、會要、陸宣公奏議、舊唐志並云：「凡授田者，丁歲輸粟二石，謂之租。丁則隨鄉所出，歲輸絹絁綾各二丈，布加五分之一，綿三兩，輸布者麻三斤，謂之調。」通典所言，尤爲明了，云：「絹絁各二丈，布則二丈五尺，輸絹絁者綿三兩，輸布者麻三斤。」此即有蠶之鄉，或絹或絁，每家只取二丈及三兩綿也。新志混而一之，馬端臨疑爲太重。今細尋其意，不過謂無粟者以稻三石當粟二石，無絹絁者以麻布當絹絁。修不顧體例，掉弄筆端，使人不辨耳。其云「非蠶鄉輸銀十四兩」，攷唐制，錢不踰嶺，而南銀不用嶺以北，或蠻傜所出，妄爲附益。其敍鹽課錢法，尤雜亂無次。若無册府等書相證，不能得其頭緒。號爲良史，麤沽如此。緣歐陽少習詩賦，本無學術，中從尹師魯學古文，目短視，性不耐記誦，見聞不及二劉之半，故試手多舛。足下猶以史筆謹嚴推之，未免震秦之餘威也。竊以爲，一代信史，先務明白詳贍，而後求其文章議論，故三長不可缺一。尤不宜付諸文士之手，彼欲借題馳騁，則如歐、宋之弊，反不若拙者之謹守故紙也。舊唐紀雖病其煩，然元和以後，號令文章，粲若星羅，以視新紀，其有無孰輕孰重乎？不佞十餘年來，得失自知，所恨不能曆算，至此輒憒憒，其他事理皆能根究。所著漢書疏證、左傳補注、水經注疏證、昌黎半山二集注、三國志補注、范石湖集注、駁王施查三家蘇詩注，皆攻故記之謬，發新聞之祕，非好與昔人索鬭也，理之所在耳。大著容破一月之功，爲足下贊述。尊舅爲劉逢禄輩所誤，溺于公羊，獨足下餘波不染，誠爲卓犖。稍有異同，不妨相參。

答許凫舟問庶母祖庶母服書

承問嫁朱氏妹生母，足下疑其服輕重，并弟之子爲祖庶母服若何者，敢以禮經言之。按緦三月章「士爲庶母」，傳曰：「何其緦也？以名服也。大夫以上爲庶母無服。」傳言大夫無服者，以士無降，大夫有降不服也。禮無庶人者，以庶人無妾也。有妾則同于士之服，億可知也。唐會要顯慶二年，修禮官長孫無忌等奏：「庶母古禮緦麻，新禮無服，請依典故，爲服緦麻。」制從之。蓋始之無服，援大夫不服之例，自貴以概諸賤也。洎無忌等重定，則統貴賤皆服，無間士與大夫。自此以迄於明，上下無異辭矣。經又有「貴人之子，爲庶母慈己者小功，以無父命，故不得同于慈母，自以私恩隆之」。鄭君云：「父殁則不服，以傳重主祀，不可用私恩廢尊者之祭也。」今則素非慈己，又父已殁，不得援此爲證也。明太祖以孫貴妃之薨，强懿文太子服齊衰期，命吴王橚服慈母斬衰三年，别撰孝慈録頒天下，迄今循之。天子之子比於士禮，又加隆焉，以衽席之寵，令其子服非禮之服，由是適子衆子爲其母皆斬，爲庶母皆期，變古亂常，寧可訓歟？然今制雖服庶母期，律内止稱「父妾不在期親尊長之限」，則亦知其過情之禮，不全同于正服矣。今士庶之家，或從禮，或從律，隨人情之便。足下若以方承歡膝下，則從乎禮而服緦，其孰訾之？至於己子若昆弟子，本無庶祖母之名，何由而制服？庶祖母者，從乎父之生母而言之也，在禮無服。穀梁傳云：「庶子爲母築宫，别廟也，梁代名小廟。於子祭，于孫止。」喪服小記云：「慈母與妾母不世祭也。」祭尚不行，況爲之服乎？庶祖母且無服，況伯叔姑之生母乎？惟開寶禮有爲父所生庶母期，宋史禮志禮官言五服年月，敕曰：「齊衰不杖期爲祖父母。」注云：「父之所生庶母亦同。惟爲祖後者不服。」此則與通典所載庾蔚之謂「所後父若承祖後，則己不得服祖庶母也。父不承重，己得爲祖庶母一周，庶無傳祭，故不三年也」其説同。蓋自宋始著于敕令，近情而不悖于禮，可行者也。非父之生母，稽經諏史，無一可據，則無此名，無此服，亦彰彰矣。來諭云：「汪鈍翁喪服考當依庶母例服期。」家内適無鈍翁全集，撿堯峯文鈔無是説。再尋徐氏讀禮通考，亦無其説。然有疑似者，不可不辨。喪服小記云：「爲慈母後三年，則子姓爲祖庶母後期年。」蓋古者位爲大夫，已不得主庶母喪，此庶母又嘗慈已者，故命其子爲後爲之期。非此故也，不在服内，小記特記其異爾。今也身豈患夫不得主喪歟？亡者曾慈已焉歟？抑嘗命其子爲之後歟？有能博舉禮文者，不得援此爲難矣。國初人於經術至淺，而厭故喜新，蔑弃先儒，最爲無法。然鈍翁猶不敢作是説，蓋傳訛於父之生母耳。不則今市井小人，假若説以愚其子姓，以隆其所生，不足致疑也。堯峯文鈔第七卷，有「庶祖母」一條云：「或問：庶祖母何服？曰：其祖免乎？禮，大夫以上爲庶母無服，何庶祖母服之有？然律文服庶母期，無庶祖母服者，何歟？曰：疏也，無恩也，是則爲之祖免可也。」今按堯峯所指，即服庶母者之子，言庶祖母非也。爲之祖免，亦亡于禮者之禮也。足下仿而行之，可乎？若欽韓守經而已，不知其他。

附録

先生曰：高宗纂修三禮，望溪以老師宿儒主其事，是時古學方興，吾吴惠氏與從祖果堂先生皆習漢書，而堅護宋、元之説，一從其章句，鄭義欲起而復廢，不能仰副聖主好古求是之意。答陸祁生書。

先生所注書，先寫於書之上下左右，幾無間隙，乃録爲初稿；久之增删復録，爲再稿。每一書成，稿凡三四易。他若陳祥道禮書，王、施、查三家蘇詩注，王昶金石萃編，隨手糾繆，積成卷帙。凡所著述，幾四五百萬言。又節録太平御覽、雲笈七籤、法苑珠林爲若干卷，較原書十存二三，而菁英悉萃焉。其幼學堂詩文集，屠孟昭爲之刊行。王𡎺撰墓志銘。

先生之殁也，家無餘財，不克葬者十年。毛生甫慨然歎曰：「天下有讀破萬卷，著書滿家之士，而忍其不歸於土乎？」會生甫之友郁泰峯好古有義行，聞之，助以葬資，乃共謀以遺稿歸於郁氏。同上。

劉孟瞻曰：左氏之義，爲杜征南剥蝕已久，先生披雲撥霧，令從學之士復覩白日，其功盛矣。洪稚存左傳詁，於杜氏勦襲賈、服者，條舉件繫，然猶苦未全。文淇竊不自量，爲左氏疏證，疏中所載尊著十取其六，近今爲左氏之學，未有踰先生者。劉文淇與先生書。

包慎伯曰：近世學者，首推亭林顧氏，與君並世，則錢曉徵。窮探羣籍，刊落疏通，大都精當。君博聞兼綜，同符顧、錢，學問之道，務多則龐雜無紀，而非所以語於沈君也。包世臣撰行狀。

小宛交游

黄先生丕烈

別見思適學案。

陳先生用光

別見惜抱學案。

吴先生德旋

別見惜抱學案。

阮先生元 別爲儀徵學案。

汪先生喜荀 別見容甫學案。

劉先生文淇 別爲孟瞻學案。

陸先生繼輅 別見子居學案。

張先生琦 別見茗柯學案。

董先生士錫 別見茗柯學案。

李先生兆洛 別爲養一學案。

包先生世臣 別爲安吳學案。

周先生濟 別見安吳學案。

宋先生翔鳳 別見方耕學案。

郭先生麐

郭麐字祥伯，號頻伽，吴江人。諸生。少有神童之目，家貧，客游，文采照耀江、淮間。嘗病潘昂霄金石例止取韓、柳二家，因取洪氏隸釋，條分縷析，間以後人祖述之蹊，附識於後，爲金石例補二卷。詩初學李長吉、沈下賢，稍變而入於蘇、黄。詞尤清婉穎異，具宋人正音。嘗仿表聖詩品撰詞品十二則，深得三昧。古文亦雅潔奥麗，有古人法律。著有靈芬館詩初集四卷、二集十卷、三集四卷、四集十二卷、續集八卷、雜著二卷、雜著續編四卷、江行日記一卷、樗園消夏録三卷、靈芬館詩話十二卷、續詩話六卷、蘅夢詞、浮眉樓詞、懺餘綺語各二卷。道光十一年卒，年六十五。參史傳。

金石例補序

金石之有例，自潘景梁始，其括例止取韓、柳二家。明王止仲推而廣之，以唐、宋十五家之文爲準，而斷以己意。本朝黄梨洲爲金石要例，補潘氏之闕，其言體要，亦備是已。朱錫鬯檢討嘗言碑誌始於東漢，欲取洪氏隸釋、隸續臚列其體製，以補三家之例，而未及爲。廖質性檮昧，問學荒落，然竊嘗有意於碑版之文，以爲泥於例，則官府吏胥之文移也；不知例，則鄉農村學究之論説也。顧既以爲有例，則必從其朔，東漢其鼻祖矣。輒不自揆，取洪氏之書，爲之條分而縷析之，間以後人祖述之繇，附識於後。魏、晉、六朝，上承漢氏，而下啟唐人者也，其有可采，亦著於篇，而唐人不及焉。爲金石例補二卷，插架寡陋，遺漏疏略，所在多有，幸同志有以正之助之云爾。

清儒學案卷一百三十六

安吴學案

嘉慶以還，士人始昌言經濟之學，期於有裨實用。慎伯於農、禮、刑、兵、河、漕、鹽諸政，博訪精研，持之有故；而於攷據詞章，亦能探其源而洞其意，誠可謂豪傑之士矣。述安吴學案。

包先生世臣

包世臣字慎伯，涇縣人。嘉慶戊辰舉人。官江西新喻知縣，因劾去官。先生少習毛、鄭氏詩、鄭氏禮，工詞章，繼而喜兵家言，善經濟之學。朱文正巡撫安徽，召至署，詢練鄉兵、安江賊事宜。明亮爲川、楚左參贊，使治戎事。發奇謀，不見用，遂歸游江、淮。僑居金陵，布衣翛然。江省督撫遇大兵大荒，河、漕、鹽諸鉅政，無不屈節咨詢。雖有用有不用，而其言皆足傳於後。先生之造詣，得於學者半，得於問者亦半。雖舟子、輿人、樵夫、漁師、罪隸、退卒、行脚僧道，邂逅之間，必導之使言，是者識之，否者不加辨駁，懼其不盡也。其論學也，依於正士心，殖民生；其論治也，不爲已甚，歸於平易近人，潛移默運，不駭衆，而民實受其賜。咸豐三年卒，年七十九。著有中衢一勺七卷、藝舟雙楫九卷、管情三義八卷、齊民四術十二卷，總名安吴四種。參史傳。

中衢一勺

自序

敍曰：河、漕、鹽三事，非天下之大政也，又非政之難舉者也。而人人以爲大，人人以爲難，余是以不能已於言也。漕難於鹽，河難於漕，事難則言之宜詳，余是以不能已於言，而於河言之尤多者也。然余有所不能已而言河言漕言鹽。其書脱手，流布傳寫者既苦錯誤，又或以意竄改，至異事實，然以是被聲聞矣，然以是遭脣齒矣，而皆非余作書之意也。余少小見官民相爭，必於漕而無以已之。嘉慶七年，游海上，比物察情，以爲舉海運則公費大省，而官之困於丁，與民之困於官者，可以小紓，而無藉以成其説。值八年，衡家樓河決，穿運得達於蘇，撫卒不見行，乃作海運南漕議，以爲私書。十三年，江督請帑六百萬，大修汰黄隄，援東河成案，以什六歸濱河之鳳、泗、徐、淮、揚、海六府州，分十年攤徵歸款。予以鳳、徐諸郡邑，民瘠而危，數爲變，南河例無攤徵，似難奉行。又正料爲根本至計，南河舊以派廳蕩料爲正料，各廳領價自購爲購料，故有移正作購參案。近則名葦稭爲正料，與纜橛名雜料者對舉，而蕩料餘方俱由庫道作收支，料變爲紙，幾如會子。然黍稭仍名稭料，是惡害去籍之未盡者。葦蕩左右營，南河之天府也，近乃專以購價啖工員，庫貯倍蓰，庫貯猶言額支，係南河名目。而工仍無料，區脱視蕩，徒稱餉絀，乃爲籌河芻言，明經費之無假外求，冀當路之或牖其衷也。故相國覺羅長文敏公、戴文端公持節視南河，見其書，遂得罷攤徵之議，而采用接築長隄接長蓋壩之策。文端以籌蕩非奉使所及事，而心以爲善。文敏嘆蘆淤爲經久碩畫，以江督係其姻婭，授本使自奏行之。既久不報，文敏遂面陳其略，奉旨飭江督，仿靳輔遺法，自籌治河費，一切開例商捐課程諸説，皆不許在籌議之内。江督卒以每食鹽一斤，增河費三釐具覆。蘆、浙、閩、粤之鹺賈，并因緣爲奸，以病齊民矣，而河事愈亟。乃爲策河四略，以俟能者。十六年，故節相百文敏公，以臺長出督兩江，在都得芻言、四略二書，首舉蓋壩有成效，語在郭君傳，遂并舉接隄籌蕩。其籌蕩章程雖出余手，而發行於十月，爲時已緩，又未能先委十萬，是以不獲符前説，止增采餘柴四百三十萬束，浮於原定正額，過倍而已。而工員奉派正料垛數，已爲四五十年來所未聞見。慮嗣後蕩事益治，遂停購價，謗語滋起。文敏以籌蕩之故，知蘆淤事必可行，頗欲究其説。左右見文敏意在修好，乃巧爲謡詠以尼之，工員乘機并翻籌蕩之局。司事者既獲重呰，共幸蕩事可已。而廟謨獨斷，飭仍核實妥辦，事得不廢。道光紀年以後，河勢復否，而奇險疊見，卒保安瀾者垂裕遠而正料足也。十八年，豫東之役，故工部尚書蘇公得芻言，知蘆淤事未舉，遂於籌議經費案内列款入告，奉敕交文敏。文敏深忿不自己出，所親承望風指，減淤數以薄其功，欲蘇公舛余言，而亦無不藉致富貴矣。故南督黎襄勤公，十六年春初擢淮海道，即購二書，珍爲祕籙，演其説，與河督爭堵倪家灘以知名。繼識余，就問書旨尤詳，具機要，多取裁決焉。十七年春，襄勤建議守倪家灘格隄，余以如議則大隄必潰，沮壞全局，駁正其事，始有隙。是秋超升爲督，仍力舉束水、對壩、課柳株、驗土埽、稽垛牛、減漕規，南河例價名目。請移束禦兩壩，一切依二書所言。雖移壩不得請，而灘柳茂密，土料如林，工段修潔，河身深邑，錢糧節省者過半，秩秩改觀矣。徒以誤捌圈堰，搆險驚心，遂使志出苟完，計事救敗，而救敗尤非。上游則以虎山腰減汛水，而歸墟于周橋；下游則聽葉家社旁洩，不復自守前説，束水壩尋亦罷廢。襄勤之言曰：「黄漲非人力所能禦，鑿山腰以減之，無刷塌之虞，而有化險爲平之妙。」余見其議雖成，而事尚未舉，恃舊德以静之曰：「黄以無溜爲至險，攻大埽不與焉；湖以淤底爲至險，掣石工不與焉。閣下謂減黄入湖，爲化險爲平，黄緩湖高，吾坐見其積平成險也。兩險交至，其禍甚烈。閣下意在及身，然或未能以憂患貽後人已。」自圈堰病發，襄勤常恥見絀，語在雜記上。及以危言論山腰，尤唧之，自是爲水火矣。會東河屢決，藉以少安。馬、睢并合，河歸南境，經行一載之後交汛，則清河、安東、阜寧三縣所轄河長且二百里，水勢常平隄而中泓無溜。襄勤憂悴不知所爲，惟力疾奔走，遂以道光四年春病瘵卒官。而後人智同賓雀，無覩敗徵，不數月高堰竟決。余目擊鉅艱，乃作漆室答問，以發因敗爲功之機，而當路莫能采録者，於是運道大梗。相國英公據余議爲海運之請，而奉行依違，委任胥儈，上海商民被擾，蓋略與清江之撥船運夫等矣。未幾沮海運者皆敗，余意事在決行，乃爲海運十宜以布之。良以藿食思深，決策廿載之前，天時人事迫歸一術，誠不忍見其或有得失，使嚏嚏滕口説，以疑衆僚成，而汲江嗟其無及，食葵憂其告匱也。夫親見子雲「古人所嘆，梟鴟來遠，物理所珍」，昨聞東督張公請集羣議，有自謂無及成於六德之風，聖明嗟賞，飭行所奏。稽其摺，稱「汛到旁午霜後宴息」，徒知言防，莫事求治。又謂「南河多分洩而致受淤」，以及築做對壩束水數事，則主於問河事優劣，説壩而雜取郭君傳、四略以爲説。至云用蘄輔爬沙船，是未見辨南河傳説之書也。書不盡言，言不盡意，張公即盡見其書，庸遽盡其意乎？郢書治燕，周官亂宋，夫豈一槩而已？或者曰：「君子之思不出位，吾子少稟殊資，弱不好弄，攀躋嬴、劉，鞭笞唐、宋，千名未聞。羅隱一命不沾，李白、孺仲之子蓬頭，仲晦之母糲食，食貧而處脂不潤，居卑而名津匿跡，先憂後樂，矢口嘐嘐，自爲則已早，爲人則已勞，舍田芸田，毋乃病乎？」余曰：「造車合轍，匠氏之方也；明齊知類，雅儒之行也。古之爲河爲漕爲鹽而善者，治其事而後蒼黄趨蹶。貿貿以從之耶？抑其事素立也？手無斧柯則待其人，亦濟世利物也，雖勞何病？」或又曰：「陰用其言，陽棄其身，雖有功而不究，吾子得此於諸公也屢矣，況不乏下石焉者乎？何吾子之不悔而無戒心也！」余曰：「衆建諸侯而少其力，賈生發策而收功於主父偃。王文成踵其術以從思田之役，功施到今。賈生藉免術疎之誚於後世，幸矣。諸公有採余言以効功當世者，余之幸較賈生爲太。且君子立言，非以爲市也，而何悔乎？古之以言獲禍者，皆傾危不詭於中，余言所知，能主利濟者取則焉，又何戒之有？然而利害倚伏，相待以發，惠以養老，蹠以黏牡，同是飴之見也。故余議海運，將以紓民困也。今海運已舉，官不受丁困矣，而其所受之困，雖不至如丁之甚而事加。先是，民未困於官，而官先困也。官既先困，則民之繼困當益甚。是余説之反也，此之不能不戒也。故校録諸書，附記更歷，以餉有心三事者。題曰中衢一勺，爲其不足以言尊也。夫設尊於衢，飲者自斟酌之，然或飲之而過節，與性不宜飲，則皆足以致病。然以有致病者而徹其尊，則必有求飲而不得者已。是必如黔敖要於路而自飲之耶？然有不食嗟來者則速其死，再三求處於无咎之地而不得，是亦未可以不悔也。」

答友人問河事優劣

近世言河者，必歸之天幸。天幸者，一年遇值雨雪稀少而已。人事果至，雖遇異漲，而可必其無患。是故河臣以能知長河深淺寬窄者爲上，能明錢糧者次之，重用武職者又次之，其侈言工程，袒護廳員者，大抵工爲冒銷納賄而已。河水濁而流激，濁則善淤，激則善回，是以南岸坐灣，則北岸頂溜，中間平流，則淤淺無泓。坐灣頂溜之處，非大隄所能抵禦，厢做埽工，隨溜斜下，溜勢偶改，各灣同變，節節生工，耗費無算。是故自潘氏之後，莫能言治河者。其善者，防之而已。夫水德旺于冬，歸槽之後，其質已清，其流更駛。又土性温酥易刷，水勢淺落易制，以壩導溜，逐漸減工，工減則險減。是故能言治河者，用心力於霜後，及汛至則恬然如無事者，心有真識，而事皆預立故也。今河員無尊卑皆汛至而奔馳，旁午霜後則羣居安坐，摴蒱宴樂，舛矣。河工每日有水報，云：每日誌樁存水若干丈尺寸，比昨日消長若干，比上年今日消長若干，比上年某日盛漲消長若干。而河底之深淺，隄面之高下，問之司河事者，莫能知其數。報有誌樁存水之文，測量實水，則與報文懸殊，問之司河事者，莫能言其故。如彼所爲，宜其歸之天幸也。夫水之行也，常半於驛，上游驟漲之文已至，心計下游河身是否能容，沿途料土是否無缺，某日當水至，某日當水消，一心運籌，千里合節，此非可幸致而飾説也。余前客百文敏署，擬改水報式，以高深相乘，通札遵辦。河員心疑出余手，俟余他去，乃禀請所以改式之故。文敏無以應，遂聽仍舊。盛業中沮，良可惜矣。其明於錢糧者，知分釐皆百姓膏血，求水勢致病之源，用力少而成功多，使河底日深，不能減工而能減險，靳、齊、白、高皆其選也。其重任武職者，能守舊例，以文職主支收，其估計做造，則皆歸於武職，故將估春工而道核之，營做埽段而廳察之。武職之小，而要者曰當家效用。料物到工，須當家效用出結，動用料物，須當家效用逐日開摺通報，雖不能盡實，然較之近來由廳員事後做帳，則大不侔已。蘭康在南河，猶有可稱者，此也。蓋武職局面窄而膽小，偶有錯誤，立加棍責。文職局面寬而膽大，即有敗露，尚可彌縫。大吏以武職率多戇直，文職工於趨承，專任文職，遂至營汛不過供廳員之指揮奔走，不敢與聞工帳。而河臣之奏單，題估題銷，部臣莫知將三者逐細核對，是否脗合，一任部胥需索銷費，而通工又創爲浮冒罪小，節省失大之邪說，以熒惑遠近。然而溯查統計，凡錢糧節省之時，河必稍安；錢糧糜費之時，河必多事。工拙之效，智愚共見。蓋糜費之時，必各工並舉，而無一歸實。上最苞苴，下賢筐篋，隄加而河身隨之並高，工生而水勢因之更險。引盜入室，隳敗爲期，防之不能，尚安望其治哉！

庚辰雜著五

鹽法以兩淮爲大，請言兩淮而以類推之。説者皆謂私梟充斥，阻壞官引，遂以緝私梟爲治鹽之要，此下策也。兩淮鹽境，西盡兩湖，北至河南之歸、陳、光，而東下盡徐州，南自江寧，沿江上，盡江西之域，幅員六省，綱食百六十八萬引，俱計口定額。今户口之增無算，而每年常絀銷三五十萬引，則私暢官滯之説似矣。然私有十一種，梟私特其一二，而爲數至少。近時正引節次加斤至三百六十四斤，而淮南捆至五六百斤，淮北且及倍，此官商夾帶之私也。官鹽船户自帶私鹽，沿途銷售者，船私也。灌安、襄、荆、鄖者，潞私也。灌宜昌者，川私也。灌寶、永者，粤西私也。灌吉、建者，粤東與閩私也。灌歸、陳者，蘆私也。灌饒州、寧國者，浙私也。回空糧艘，夾帶以灌江、廣腹内者，漕私也。又有各口岸商巡捕獲私鹽入店，名曰功鹽，作官售賣，而不遵例按斤配引輸課者，功私也。其潞、蘆、粤東、西、閩、浙之私，皆鄰境官商轉賣越境之鹽，漕私亦買自天津公口岸，及淮南之江、甘，總惟潞私有梟販夾雜其中，而川私與淮北、鳳、潁、泗之私爲梟徒自販耳。官船舊時受載，大者三千引，小者亦千餘引，每引水脚銀一兩，一年受載兩三次，故船户不俟爲奸而自足。今船一載需年半乃能回空，而船式如舊，大船才受七八百引，小者三四百引，水脚如舊，而埠頭之抽分較前四倍，船户所剩以酬商夥商厮而猶不足。約計造一船之費五六千兩，每年須歸船主官利銀千餘，每船舵水數十人，辛食之費，并篷纜油索，每年又需千餘，計年半非得銀四千兩則不能償。本皆取給于賣，私官商夾帶加斤，十已浮四，益以船私比水程，所載引數不啻過倍。官船與私梟皆集儀徵，儀徵改捆之所，婦女埽其脚鹽，已敷儀民之食。而大小官吏，皆指老虎頸爲私窩，百計設禁，而不知其去路。知者以爲言，即獲咎于商，而爲大吏所不容，掩耳盜鈴，事同兒戲。竈户燒鹽，侍與場商，而場商于停煎之時，舉錢濟竈，比及旺煎，以大桶中其鹽，重利收其債，竈户交鹽而不得值，非透私則無以爲生。故商私之鹽本，則浮取于大桶，水脚則隱射于水程，又無官課，故有識之士，爲之説曰：「鹽暢而引滯，商羸而課絀。」然官引到岸，先賣商私，而船私則賣於中途，又在商私之前。課既甚絀，鹽官不能不誅求于商，羸者終歸于絀，暢者終歸于滯，病勢相因，莫洞其源。而皆曰緝私，甚者則釀巨案，否亦徒增官費而無成效，故曰下策。善治鹽者，有上中二策，中策有二：一曰稽查火伏，一曰烙驗官船。場官有火伏簿扇，以查竈煎之數。竈有定額，一竈一日夜煎鹽一鐝，有定斤，名曰火伏。嚴禁大桶重利，飭竈户所有之鹽，場商盡九收買，則梟徒無所得鹽，而私之源清矣。運官鹽必以官船，律有明文，官先按船編號、排甲，量其載之所勝，烙于船而注于册，載不及九分，則不准開行，而私之委清矣。革除埠頭浮費，而于口岸建鹽倉，船至即卸鹽上倉，不過兩月，船自載米煤等物順流而下，船得倍利並以便民。是雖不足杜越境之私，而官商既不能賣無引之鹽，又不能使船户帶私以代水脚，梟徒無從得鹽，則衆自解散，是亦可以提行溢課，而無滯絀之憂矣。若夫上策，則裁撤大小管鹽官役，唯留運司管錢糧，場大使管竈户，不立商垣，不分畛域，通核現行鹽課每斤定數若干，各處雖難畫一，斷不可致懸殊。仿現行鐵硝之例，聽商販領本地州縣印照，赴場官挂號繳課買鹽。州縣發照後，一面具詳運司查核，則場官不能乾没正課，而運司與場員俱有平餘，州縣亦藉鹽照紙碌之費，津貼辦公。長江、大河轉輸迅速，民間鹽價必減于今十之五六，而私鹽十一種皆輸官課，課入必數倍于今。梟徒化爲小販，不至失業爲盜賊，以擾害閭閻。撥出現行課額，仍歸正供，酌提盈餘，增翰詹科道部院司員之養廉，略如同通，使京職不爲債累；而外放取償于所屬衝繁州縣，量設公費，使廉吏可以不浮取于民而無賠累，是一舉而公私皆得，衆美畢具，千年府海之陋，一朝盡革，六馬朽索之凛，萬世無虞者矣。

藝舟雙楫

書毛詩關雎序後

序詩者，序關雎。通言詩之體用，曰四始，曰六義。體爲作詩之本，用爲作詩之法。四始，體也；六義，用也。故關雎序以始始之，以義終之，而學者罕能通其説。蓋一誤於史記述夫子正樂之次，因舉關雎之亂以爲風始，而以鹿鳴、文王、清廟爲雅、頌始者，配爲四，後儒遂援爲四始之正訓；一誤於以風、雅、頌爲體裁之名，使六義止存三，而三經三緯之陋説以起。按序言：「后妃之德，風之始，所以風天下而正夫婦。」又申之曰：「風，風也，教也。風以動之，教以化之者，明未有關雎之詩，先有后妃之德。先王所以能風動天下者，以后妃之德實始之，故曰風之始。」又以詩之用於刺者多，或致疑風之不盡關乎德化，故曰「上以風化下，下以風刺上」。而復説之曰：「止乎禮義，先王之澤，明風仍自上行也。是故一國之事，繫一人之本者，風之始；言天下之事，形四方之風者，雅之始；人君以盛德致成功，而可告神明者，頌之始；達事變，懷舊俗，吟詠性情，以風其上者，變之始。」故總而承之曰：「是謂四始，詩之至也。」鄭氏之説，始曰「王道興衰之所由」，斯爲深得序意矣。是故序言正得失，動天地，感鬼神，莫近於詩。先王以是經夫婦，成孝敬，厚人倫，美教化，移風俗，非明乎四始之謂，安能信詩之爲至哉？序推明風義備矣。至於雅，則説之曰：「正也。言王政之所由廢興，明以正言其事，爲雅之義，與風之主文譎諫者殊科。頌則述功德以告神。是風、雅、頌之於詩，其用與賦比興同。故曰六義非體裁之名也。編詩者，就詩中得其義之多者而別其名，然立義在詩先，定名在詩後，如後世賦物而名爲賦耳。鄭氏於王風謂其詩不能復雅者，正以詩義適當一國之事，繫一人之本，與言天下之事，形四方之風者，義異也。崔集註本於黍離序箋增「猶尊之，故稱王」，則知譜所云「故貶之」者，皆後人羼入，爲近世黍離降爲國風之說之嚆矢矣。序於關雎、麟趾言化，明王者以德風天下，而天下自化也；於鵲巢、騶虞言德，明諸侯被先王之教，各修其德，以風一國也。是以正始之道，王化之基，二南所同，而風始獨歸關雎也。序未詳說關雎，而曰「思得淑女，憂在進賢，不淫不傷」者，忖度后妃，自微達顯。而毛氏以淑女斥后妃，故鄭氏破好爲和好，破左右爲佐佑，破哀爲衷者，真能抉經心而通序說矣。至於編詩者雖取風、雅、頌之義以名詩，而六義實多互見，唯關雎爲備。雎鳩以物性喻德，興也；河洲以地勢喻境，比也；淑女好仇正言之，雅也；荇菜、琴瑟、鐘鼓鋪述之，賦也；詩人深窺后妃之用心，以形容其德，頌也；合五義以風天下後世，風也。故序詩者既推明關雎之旨，復發其凡，而總結之曰「是關雎之義也」者，示爲詩之要，必依義以求作者之志，於文辭之外，而自得之意中。然則不明六義之用，又烏足與言詩乎？同年巴王君劼以毛詩繹義相質，其說四始也，以變詩儷風、雅、頌爲四。余用豁然於數十年之疑，得四於友，得始於序，而義從之，故述新知舊聞，推論始義，以著於篇。

論史記六國表序

孟開曰：史公序六國表，先刺僭越，次譏暴戾，繼言其得天助，據地勢，而終以法後王。秦豈有可法乎？支離其辭意，將何屬？曰：是史公之所觀於孔子，而班氏以爲微文者也，蓋全書之綱領矣。孔子曰：「人有禮則安，無禮則危，安上治民，莫善於禮。」能以禮讓爲國乎，何有？不能以禮讓爲國，如禮何？善哉！史公之自敍也。王道缺，禮樂衰，孔子修舊起廢，作春秋，撥亂世，反之正。春秋者，禮義之大宗，禮禁未然之前，而爲用難知。蓋其幼誦古文，長則講業齊、魯之都，觀孔子之遺風，觀多也。史公既不能達所學以變漢，夫是以不讓周、孔五百之期，垂空文，著興壞，欲以明齊禮之化而已矣。故篇首引禮文以正秦襄之僭，明秦之廢禮自上始也。禮廢則必爭，爭必以利戰功者，利之大而爭之至極也。好戰則財匱，不能不專利；專利則人心不附，不能不嚴刑；以心移爭利之身，涉嚴刑之世，不能不阿諛取容。史公傷之，曰先本絀末，以禮義防於利，事變多故，而亦反是，職是故也。至推秦之德與力，皆無可以并天下而當天心者，謂上帝必歆其非禮之祀而助之，則未敢質，故言「若以疑之，伯夷傳之」。所反覆申明者，仍此志也。是其心憂時變，而爲天下後世計者至深且切，寓意六國，則於漢爲無嫌，危行言孫之教也。秦蔑禮用暴，漢不引爲殷監，而循其故轍，故賈生曰：「秦功成求得，終不知反之廉節仁義。」轉而爲漢，遺風餘俗，猶尚未改。高祖常稱李斯有善歸主，孝文以吴公嘗學事於李斯，徵爲廷尉，是其舉事不非秦也。然則史公謂戰國權變可頗采，譏學者牽於所聞，不察終始，而以漢興自蜀漢，互證秦收功實之故，屬事比類，隱示端緒，真知懼之君子哉！懼以漢因秦不變，而禮教遂至廢亡也。高祖素慢無禮，唯能以爵邑饒人，陳平謂士之頑鈍嗜利無恥者多歸之。繼以孝文好刑名之言，竇太后尚黄、老之術。黄、老尊生，尊生則畏死，求不死者必矜無外。孝武不勝多欲，而逐始皇之迹，土木兵革無虚日，徭役繁，怨讟興，而算軺告緡之法、見知誹謗之律相繼並作，蓋平準、封禪所記其事，皆昉于西畤也。迹漢廷君臣父子之間，其慚德洵不後秦矣。然秦雖遺禮義，黜儒術，而聖人遺化猶在，齊、魯之間，申公、轅固生之流，並廉直無所詘意。及叔孫通希世度務，弟子皆爲首選；公孫弘曲學阿世，廣厲學官之路，舉遺滋利孔，興禮造爭端，至使文學掌故，援春秋比輕重，以求尊顯，是禮亡於通儒，亡於弘也。史公知化爭莫如讓，絀利莫如義，是故太伯冠世家，伯夷冠列傳，重讓也；表兩客穿孔，美兩生不行，書王蠋絕吭，紀由叔鉗足，尚義也。尚義重讓，則禮殆於可興矣。然而漢廷諸臣，唯賈生爲能不以卑近自囿，達制治之源，其言曰：「移風易俗，使天下回心向道，類非俗吏所能爲。俗吏〔一〕務刀筆筐篋，報簿書期會，不知大禮。秦俗尚告訐，任刑罰，今不避秦轍，是後車又將覆也。先王執勸善懲惡之政，堅如金石，而必曰禮云禮云者，貴絕惡於未萌，以起教於微渺也。」孝文以爲然，使草具事儀，興禮樂，悉更秦法，而絳、灌大臣短而抑之，史公悲賈生之窮乏不止其身也，故既善其推言過秦之説，復齒之屈平以明其志，所以深致憾於娼嫉壅害，而爲萬世有心維持禮教者慟也。管、晏之勳爛然矣，史公乃推本鮑叔，豔述越石。凡以尚讓重義之教，必待人而後行，庶幾帝臣不蔽，足以黜利去爭，隆禮而興孔子之業耳。相其折壺遂比於春秋爲謬，自居整齊世傳非所謂作，而卒謂略以拾遺補藝，成一家之言。明爲百王大法，非僅一代良史而已。孟堅讀之，乃不得其指歸，猥以爲陷刑之後，貶損當世，是非頗謬於聖人。史公所爲，

〔一〕「吏」，原作「史」，據漢書賈誼傳改。

著於書首，大聲疾呼，非好學深思，心知其意，固難爲淺見寡聞者道也。

齊民四術

自序

敍曰：明農之教熄久矣。樊遲親炙至聖，欲深究稼圃之法，以安集流亡，而至聖謂民之所以流亡者，由上不依於禮義信，多虐使以致之，非僅農事不明之咎也。蓋好禮必正其經界，好義必取民有制，好信必不違農時，則其民莫不敬服用情，力勤所事，懷土歸業，固無待上之教以稼圃也。近者農民之苦劇矣，爲其上者莫不以漁奪牟侵爲務，則以不知稼穡之艱難，而各急子孫之計故也。僕深以爲憂，故少小講求農事，爲郡縣農政一書。近世人心趨末富，其權加本富之上，則制幣以通民財，使公私交裕，實治道之宜急者。農事修矣，而天災流行，代事也，救荒之政所宜豫慮。至關榷，近唯主於益上，然或有新設而利民，或有仍貫而害民，事異農，而農之利害係焉。盜臣輕於聚斂，故記之言傷己。若聚斂既非以益上，仍復不免於盜。官吏之弊藪各半，知其藪則宜求所以塞之。然而萊蕪游魚，非恒情所堪，則養廉之術，必出於儉。有能留心民瘼著成績者，是前事師也。故並檢集其書，以廣農政之所極，庶使已仕者有所取法，而改其素行；未仕者知學古，入官之不當專計筐篋，以兼并農民。果有能好禮義信之君子出而爲上，鄙僕爲小人，則固僕所願望，未見而不敢辭者也。農事不緩，爲小民籌生計者得矣。孟子曰：「人之爲道，飽食煖衣，逸居無教，則近於禽獸。」孔子曰：「爲國以禮，安上治民，莫善於禮。」記曰：「君子觀於鄉，而知王道之易易。」孟子曰：「鄉田同井，出入相友，守望相助，疾病相扶持，則百姓親睦。」鄉田同井，禮之制也，百姓親睦，禮之行也。然鄉田同井之制，後世不可復。而近似於此者，則有保甲，是宜最先。科目之設，千有餘載，爲民擇吏，而進以一日之文，其法已非盡善。然鄉舉里選，以此日之人心士習言之，斷不可行已，則謹學政以教士，亦在綱之説也。無貴賤一古惟喪服，周公作喪服一經，以維持萬世之世道人心，而國家編於律例之首，其用意至深遠。士大夫忌爲凶事，置之不講，則其去野人父母何算者幾何矣。科目進身，原其本意，欲因文以見學，使出學以爲治，是故領於禮部，以驅率天下之人材，大而封圻，小而州縣，什七八出於此。然而決得失於一夫之目，且弊端百出，以壞廉恥之防於就傅挾筴時，推其究竟，可不爲之寒心哉！課績者考之始事，而所係至大，故首列之。孔子之論士曰：「行己有恥。」士人不勉，養而類充之，其何以長人以教人哉？至韋布下士，食力小民，閭閻秀異，或守陳編以自淑，或本至性而成文，亦足以見禮教本在人心，非由外鑠我者，故並采録焉。語曰「齊之以禮」，斥齊刑之政，爲不足得民恥，故曰「刑自反此作」，則刑與禮固對待之具也。治獄之於治民，末已，然萬民托命於此，而撓小民生計者，尤以此爲大端，不必至鬻獄賣法也。稽延之苦，實徧閭閻，居癡牀者已罕計及，況士人未習吏職，而計專筐篋，則邪説熒之，匪人比之矣。至失刑之甚者，一成不可變，前此君子，不知盡心，以爲後世戒，苟無紀載，且何戒之有？凡是編録，庶使秉禮，以司刑者有所鑒擇焉。大刑陳之原野，爲其悖禮已甚，非常刑所能制，於是乎有兵。兵者，禁暴除亂，而非得已也。故老子曰：「戰勝以喪禮處之。」孟子曰：「善戰者服上刑。」古人之言兵事如此其慎也。然入使長之，出使治之，左之左之，君子宜之，右之右之，君子有之，則其事固宜豫立也。僕少小有所戒而究斯術，未幾兵事連起，前後與當路陳説機宜，條别得失，不幸而言多中。近則閲事稍多，聞警而懼，非復少壯豪舉矣。夫兵之爲費甚大，其及人至慘烈，故以能銷兵於未刑者爲上；眹兆已見，而能弭者次之；兵勢已成，而能謹守吾圉，不被蹂躪者，又次之；至置身鋒鏑之中，與士卒同心戮力，百戰以捍疆場，尤近日所罕見，故並録之編後。嗚呼！明農以養之，貴禮以教之，刑且可以不施，何論於兵？僕老矣，況廢棄之餘乎？然生平所學，或亦有足裨當路君子之節取者，生民之難，庶其小有瘳乎！

説儲上篇前序

國立於三，行之以一。夫維心以德，養尊以威，合衆以財。財匱則威不行，威沮則德不立，非即有横潰四出之患也，而天子已孤立於上矣。且夫法者，所以一民也，犯之而不行，則法固弛矣。法弛，故利浚於下，而財匱於上。是故居帝王之尊，秉恭儉之德，以號召天下，求安吾民，而莫之或應，則自弛其法而已。先聖之言曰：「王國富民，伯國富士，僅存之國富大夫，亡國富倉府。」然則倉府空虚，非天下之公患也，患民急而已。然而一二言利之臣，方與搜括錙銖，事鄰剽竊，馴致膏屯於上，澤竭於下，是速貧之術也。傳曰：「危者不可以爲安，亡者不可以爲存。」則無爲貴智矣，況以貧而不可富乎？夫天下之土，養天下之民，至給也。然而愁歎盈室，凍餒相望者，民不著業，業不歸農，而食用莫之制節也。夫好善惡惡，民之性也，饑寒交迫，奸宄乃成。然而握金珠，枕錢布，餐之而不能飽也，衣之而不能温也，然則天下之富在農而已。夫無農則無食，無工則無用，無商則不給，三者缺一，則人莫能生也。至於士，若介介無能爲人生輕重者，而位首四民，則以生財者農，而勸之者士；備器用者工，給有無者商，而通之者士也。然則修法以勸農，使國富而主德尊，抑先求士而已。今者民無殷寠，莫安其生；吏無大小，各憂其貧；軍國告需，上勤宵旰；調發不給，捐輸不繼；雍、梁、荆、豫跳梁百萬，而兵弁望風逃北，郡邑爲墟；淮、泗偶被水災，數百爲羣，露刃望食者，千里莫敢誰何！而公卿懷胥吏之心，貴戚襲國人之視，無肯暫易其營私之智，爲國家計深遠；或乃騈金約紫，坐觀嘆息，以告無罪。夫爲政有機，知其機者，能因敗而爲功，轉禍而爲福。夫勞民易爲仁，弊政易爲善，詳觀時勢，兵弱威屈，民貧財絶，實富强之資也，抑務先義而已。夫見目睫之效者，忘遠大之圖；守府史之説者，毁治安之器。苟有用我，持此以往，雖三代之盛，不可妄期，漢、唐二宗，必復見於今日也。

説儲上篇後序

論者常曰：「生齒日益，而地不加多，是以民必窮困。」非定論也。今法里長三百六十步，當官尺百八十丈，畝積二百四十步，開方得七丈七尺四寸，則方里爲田五百三十畝，方十里爲田五萬三千畝，方百里爲田五百三十萬畝，方千里爲田五萬三千萬畝。今者幅員至廣，錦州以東，燉煌以西，隸版圖者各萬餘里。其内地徭賦之區，北盡邊牆，西距嘉峪，東並海迤嶺，而西南界交、緬。以天測里，今尺二百里當一度，南北相距二十三度半，東西如之，俱徑四千七百里，截長補短，約方三千六百里，爲田六十八萬六千八百八十萬畝。山水邑里，五分去二，爲田四十一萬二千一百二十八萬畝。前此兵革未起，户口極盛，時爲人七萬餘萬口，而工商籍多，兩占，兵疫喪亡在其中。以田計口，約人得五畝有奇。通以中壤中歲畝穀二石五斗，除去桑田，歲可得穀十二石。中人歲食穀七石，糠粃飼雞豕，則耕六而餘四，夏冬所穫，山澤所出不與焉。且中夫治田二十畝，老弱佐之，可以精熟。以口二十而六夫計之，使三民居一，而五歸農，則地無不墾，百用以給。夫人所必需，鹽鐵燭油，田有上熟，二麥蜀芥，麥鹽介鐵，桐柏貿油，壯男耕樵，壯女紝炊，老者飽温，幼能就學，搜剔奸回，勞來孝弟，民樂其生。戴后德吏，政洽氣和，災癘罕至，國富君尊，兵革不試。言雖大略，治要粗備，行之一年，英乂立朝；行之二年，草菅去野；行之五年，可使足民；行之七年，幾于刑措。如其禮樂，以俟君子。

與沈小宛論禮書

日昨承示大集，發帙先檢議禮之文讀之，徵引貫串，準制酌情，通儒之效著矣。然有數事不能無疑，故復誦其所聞，而質其是非。世臣睽隔經籍已十有六年，記憶荒落，又行笈無書可檢，所述疑義，多有不符本文，是末師而非往古，罪無可逭，唯足下審察而糾正之，世臣幸甚！禮教幸甚！古人吉凶不同制，故喪每爲祭所屈。説者因禮有「喪三年不祭，唯祭天地社稷」，傳有「宫中有死者，則爲之三月不舉祭」之文，以爲自緦以上皆廢祭。愚以爲，三年之喪分皆體祖禮，天子有下殤五。是人君之喪，至三年者，四親同慟，幽明不間，故爲之廢祭。唯天地社稷尊於祖，不敢以所親而簡所尊，故得越紼行事也。

禮支子不祭，是期功之喪，誼與廟遠矣。且天子備百姓嬪御之數百二十。又王姬適二王，後者不降服。又周公時，同姓之國五十三人，尊同則不降服。若以其喪而廢祭，是天子諸侯之祭或寡矣。故袁准「釋服而祭」之說，愚嘗謂其能通禮之權也。齊衰期章，父卒，繼母嫁，從爲之服報。愚以爲，齊衰三年章「繼母如母」之文，當在此章「父在爲母」之下，此文之上，以類相從。而出妻之子爲母次之，妻又次之。夫親母，父在則期，厭於尊，明子必隨父之義也；父卒，則三年，説者謂尊者不在，子得以盡其私恩。繼母，以路人而體父，故父在則如母之服期，父卒而仍爲之服期，亦足以明其配父之尊，而見孝子之不忍死其父矣。古不以期喪庶母，雖殺於親母而無嫌。若必加爲三年，既無私恩，而盡同所生，似無所取義矣。説者以伯魚之母死，期而猶哭，爲喪出母，此謬説也。孔子在，則伯魚之母服正期，服除而猶哭，故以爲甚。爲父後者，爲出母無服，終其心喪。此傳重之大綱，以義斷恩。至不爲父後之子，身不體祖，以母絶於父，不敢服父所不服，故以加隆之，再期服之，取卒母子之恩耳。至君母繼母被出，本因父以得名，既絶於父，遂爲路人，其爲無服何疑？經言出妻之子者，著其所生也。父卒，繼母嫁，繼母終父喪而嫁，其妻道有終，是即其能終母道，故子從爲之服期，以報其能終於父，傳所謂貴終者是已。鄭氏嘗謂母子之説，專以名重，已不若傳義之善。而王肅倡爲説曰：「從乎繼而寄育則爲服，不從則不服。」是以養育爲重，義無取乎父卒終喪。爲卒，雖出於注家，然以舅歿則姑老之文例之，是卒爲終喪，信已。且寄育之恩，自出嫁繼母之後，夫何以無文？肅知繼母本路人，不得同親母，因生繼父之名，雖漸於亂俗，而辭猶有不敢盡者。然後儒多從王義，以從爲從嫁繼父同居。傳云「與之俱適人」，此以一從字包之，何其不辭也？從本服中之一事，經言從服，皆有所從，此從生於父卒，故變文言從爲之服，更言報以明之。愚少讀此經，即疑此報字與全經殊例。後見通典載馬氏云：「重成母道，故隨爲之服；繼母不終己父三年喪，則不服。」賈氏疏此經云：「感恩者皆稱報，此子念繼母恩，終從而爲報。」又云：「父卒還嫁，便是路人，子仍著服，故生從爲之文。」詳其文義，蓋與孟子從而爲之辭相類，因嘆先儒實有先得我心者。肅又云：「服也則報，不服則不報。」若與馬氏同義，則與其寄育之説大殊；若云嫁繼母報服其子，仍視其子之服與不服，不思子既行服，則母已死，何以行報？説已䑕杌。而賈氏疏本經，統説全經十二報之義，又云：「母以子恩不可降殺，即生報。」文爲騎牆語，以致後儒皆以報字屬嫁繼母。按喪大記云：「婦人不居廬，不寢苫，喪父母，既練而歸。期九月者，既葬而歸。」是凡喪者，必就喪次也，出母嫁母，子本天合之親，而經無報文者，以出與嫁皆絶於前夫之族。子死，其次在前夫之家，義不得往就，反在室，與夫家絶。繼父爲子築宫，使主祀，嫁母尚不敢與，況能於母家及後夫家，以别室爲前夫子次乎？成服、變除、受釋，皆無所非，僅方隆宴爾，不能忽加髽衰也。故出母、嫁母皆無報服，況繼母以路人，又絶族，且何服之有？子感繼父恩，爲服衰期，本在其喪次，故異居即降爲齊衰三月，以身爲父後，不能以恩私屈十五月之祭故也。繼父雖養如子，然與子非族非親，故經不制服。設子死於繼父家，則亦宫中死者之類已。以義揆事，出母、嫁母、嫁繼母之喪，子皆當就其喪次，故謝慈。有如遠不得往，則别爲異室，亦有廬與堊室。其説爲能補經文之闕矣。經言「爲父後者爲出母無服」，服繼父者皆爲父後，服嫁母、嫁繼母則爲父後者與？在其爲釋服而祭，必矣。至親母嫁者，賈意以爲三年，固以依神龍、天寶之令。然子於母尚恩，母之嫁否無損於私恩，已不爲父後，而喪之盡情，且以別於被出，其何害乎？爲人後者，爲其祖父母，自古經以及今令皆無文。愚意以爲仍服本服無疑也。爲人後而降其父母，重大宗也。女子子出嫁不敢降其祖，明有歸宗之義。古唯大宗立後，其立於何時無明文。固有宗子死而族人爲之立後者，其宗子老而自立後，亦事理之所當有。大約六十閉房，則可矣。禮，宗子有母，則族人不服宗子之妻，是宗子之必無父可知也。或既後大宗之後，而宗子自有子，又或己之爲父後者，死皆當有歸宗之義，其不應降祖，與女子子之出嫁同矣。尊祖故敬宗，禮別嫌明微，故降其所生，而服所後之大宗。祖本服期，期多無嫌。愚謂兄弟之親，因父而得，故爲人後者，既降其父，則父之兄弟，己之兄弟，因父得親者，皆從而降。既不降祖，則高曾皆不降，經言「女子子嫁者未嫁者爲曾祖父母〔一〕」。傳云：「不敢降其祖。」而叔伯祖父母，從祖兄弟，因祖得親者，皆不降矣。經大功章言，爲人後者，爲其昆弟。記言，爲人後者，於兄弟降一等。二文皆言親兄弟，不得以小功以下爲兄弟之別文說之。若以小功兄弟爲說，豈爲人後者，大功以上不降乎？賈氏於本宗餘親皆降一等之說，非也。至「所後者大宗，其與本服親疏不可必其所後者親屬之服」。愚謂後大宗者，專爲傳重，其親屬，如與本服相等者，自各仍本服。若世數已遠，則以族人爲宗子，服衰三月而報之以緦。是亦以義起亡於禮者之爲禮，不得以近人爭繼圖產之亂法，而誣先王尊祖收族之經也。傳「爲人後者，爲所後者之祖父母、妻、妻之父母、昆弟、昆弟之子、若子」，記「爲人後者，於所爲後之兄弟之子，若子」二條，恐有舛錯。或衰周現行之事，非

〔一〕「父母」上「曾祖」二字，原在「經言」下，據儀禮喪服乙。

周公本意。蓋繼者唯大宗宗子，安得有祖父及父哉？所後之兄弟之子，即如今法，已是從父兄弟，不得言若子。賈疏「舉疏以見親，言外以包內」之說，尤不得經義。至妾母不世祭，與妾祔於妾祖姑之文有礙，或者偏文不足以例爲人後者之於其祖父母乎？君之母非夫人，則羣臣無服，近臣唯君所服服，庶子王爲其母練冠而燕居。左氏載莊姜以戴嬀之子完爲己子，秦策載華陽夫人以楚爲己子，故夫人無子，立右媵以班次之。小記有爲君母後者之名，是雖庶子，必夫人以爲己子，而後得立，可知也。若循爲後之例，而降其所生，則嫌；若儕所生於庶母，則忍。故朝祭從吉，練冠而燕居，則恩義兩盡之制也。鄭氏「小君在，則益不可」之言，爲破漢人之謬而立。此說其實妾母不得爲夫人，先王杜亂之微，權不係乎小君之存否也。周法「子以母貴」，公羊「母以子貴」之文，係漢人附益以誣時君者，不足據也。若國有大變，而庶子承統，其時小君若在，如漢太皇太后稱制傳統者，則仍爲君母之後；若小君不在，而依托君母，則近於與爲人後而忘其所生。是其爲妾母也，仍三年，所謂三年之喪，達乎天子者也。然羣臣爲君之母服，爲其配先君也；君之母既不配先君，則羣臣自無服。其以別子入繼大統者，小君在，則固所後之母也。所生之父母，自當從士大夫降服之禮而意推之，故歐陽、張桂之說未必盡非，唯入廟稱宗則大悖，而階厲有由耳。至「繼父同居，服齊衰期」，「不同居，服齊衰三月」兩條，愚謂此先王順人情以恤孤，又辨族類以明宗之大法也。傳釋同居以妻穉子幼，與之俱適人，傳者又恐人誤會爲嫁母，別生施服，故云必嘗同居。然後爲異居，蓋異居者或子成立後歸本家，或自立門户也。其言子無大功之親，所適亦無大功之親者，爲有大功親，則子雖幼而有同財之親撫育之，可不隨母俱適；既無同財之誼，不能以之責疏屬也。所適若有大功親，需其撫育，財力或不能旁及，故陳銓「不能專財」之説，義是而猶未備也。若子有大功親，而年在襁抱，不能離母，所適有大功親，而無需其貨財撫育，自可聽期同居。先生以爲不制服，則義輕恩薄，無以維繫卹孤者。及孤子受卹之心，而不制報服，則所以杜養爲己子，以亂宗之漸。故鄭氏此以恩服，未嘗同居則不服之，體味經義，至爲審已。傳又言：「别築宗廟，使子以歲時主祀。」係言繼父之道，推至其極。全經、傳言，若是者二條，慈母條下備陳生養死服，貴父命之義；此條但云繼父之道，明非爲隨母子言也。娶嫠在衰周時已通上下，究以庶人爲多。庶人祭於寢，已且無廟，況爲路人别築耶？疏謂「三者有一不備，則不爲同居；即三者俱備，而繼父後有子，則已有大功之親，即爲異居。」未免深求，而轉失先王制服之本旨。史公譏「儒家博而寡要，其事多難從」，「名家使人儉而善失真」，賈氏此疏，實兼兩失。徐氏讀禮通考依傍通典，而推暨之節目過繁，而無杜君知統之識，囿於末俗，時有不協人情者，何足下遂推許之至如是耶！

兩淵緣起

予齔齒受論語、孟子，至「以不教民戰，是謂棄之」，「善人教民七年，亦可以即戎」，「壯者以暇日修其孝弟忠信，可使制梃以撻堅甲利兵」，慨然慕先聖之神武。及受禮，至男子生而設弧門左，三日，桑弧蓬矢，以射天地四方，説者謂弓矢禦兵也，生而習之，明爲男子所有事，乃大怪。兵既男子所有事，又世事所必不能廢，何以學士大夫職入長出治者，平居莫以爲意？一旦有急，則付之武夫悍卒，其去謂棄也幾何矣！稍長讀留侯世家，至視老人所授書，乃太公兵法，與諸將言，皆不省，乃知斯世諱言兵，蓋自亡秦焚書銷鋒鏑時始也。卒至將賈人子，身國同賫，豈非百世之至鑑哉？乾隆丁未春，見江寧駐防勁旅調赴臺灣，當行者執途人而號哭，軍官皆無人色。予深惟沔水之義，利器示人，則奸民生心，乃求古兵家者流言，得孫、吳、司馬三家之書，業其章句，苦注家不詳義類，猥依文字以爲説。及讀荀子議兵篇，乃知孔子所謂我戰則克者，甚信切于司馬，正于孫，而大於吳矣。竊謂戰用衆力，能用衆力者在先得衆心，能得衆心者在善推己心。雖曰三軍一人勝，勝者之戰，若決積水，善戰人之勢，如轉圜石，然非衆心先得，又烏能聽其如驅羣羊，投於無所往，而坐待其決與轉哉？是故兵雖絶學，然求之於心，則其意固當未絶也。嗣聞近世以兵名家者，有許氏虎鈐經，唐氏武編，茅氏百將傳、武備志，戚氏練兵實紀、紀効新書，鄭氏籌海圖編，王氏登壇必究，李氏金湯借箸、十二籌，袁氏洴澼百金方。其書皆祕不可得，求之三載，陸續見斷爛寫本，或一二卷，或五六卷，大抵編排門類，雷同陳迹，又其術雜怪惑，事多繁費，未見切實可施行。惟戚氏爲差善，然右僚見小，不足窺大勇之門户。乃探索左氏春秋、國語、戰國策、越絶書、史記、漢書、三國志所載戰蹟，以參伍荀、孫、吳、司馬氏之説，然後知佳兵者不祥之器，聖人不得已而用之，則吉祥善事也。雖後世兵農不可復合，然其能者，未嘗不依於以佚道使，以生道殺，務在順人情，愛民財，惜民力，以宣布威德而已。雖然兵無常勢，盈縮隨敵，是不可預言也。其可預言者，唯利地右兵。然而稱衆因地，非如材技之可料揀于衆也，又非倉猝之可深恃乎導言也。於是步平陸廣衺，以度容人之數，而推目力所及，極之曲直鋭圓，必求其當，望山則測其可否登涉，察草木土石之氣，以知其是否有水，又望陰以意陽之形，規陽以儗陰之勢，其是否峻可以緣，卷可以覆，皆足驗心儀。移之絶巘深谷，必要於合，曠則度奇，阻則度閒，入隘迎高則度身手，必備其變。如是者又三年。竊欲以通先民之志，祛後賢之惑，爲書十六篇，名曰兩淵。曰將本，曰戰本，曰刑德，曰奇正，曰將道，曰將任，曰將事，曰將權，曰將術，曰勝全，十篇，爲雌淵；曰衝陳，曰陳營，曰車陳，曰騎陳，曰步陳，曰五地，六篇，爲雄淵。淵之爲體，性明而氣靜，受之有容，而出之不竭。雌雄猶言内外也。抑以舉男子之職，明儒者之效，使是書而不用也，則紙上陳言；小用之，或迂疏無功；然而有勝殘去殺之君子者，執君命以當勍敵，其亦必有取於此也。

附録

先生學書三十年，盡交天下能書之士，備得古人執筆運鋒結體分行之奇。其法雙鉤懸腕，實指虚掌，逆入平出，峻落反收，而歸於氣滿。蓋兼秦篆漢隸，以爲六朝正草書，遂稱書家大宗。謝應芝書安吴包君。

先生答族子孟開書云：「所謂言利，不忍割愛，立論甚高，然非鄙意。好言利，似是鄙人一病，然所學大半在此。如節工費，裁陋規，興屯田，盡地力，在在皆言利也。即增公費以杜朘削之源，急荒政以集流亡之衆，似非言利，而其究則仍歸於言利。鄙人見民生之朘削已甚，而國計亦日虚，其病皆由奸人之中飽，故生平所學，主於收奸人之利，三歸於國，七歸於民，以期多助而止奸，用必遺身俟諸後世。至於海運、海淤、票鹽三事，發之收之，皆由鄙人。三事名利之叢也，而鄙人一無所與，是其言利也，絶無爲己之意介其間，似與歷來言利者有差別矣。開鑛之説，僅見筆談，鄙意度羣議必出於捐輸，欲以此易之，唯未身歷，故仍作疑詞。且前明專任大璫，是以其病百出。近世既無此政，即不能無漏澤之弊，然其益較多於他途耳。鄙意常謂『吾人立志，不可汙下，而持論不必太高，貴在能克己識務，不虚生人世耳。』」齊民四術。

先生有述學詩示弟季懷云：「三禮尚完書，能固人筋髓。千載賴鄭公，世亂道不否。學者準此的，反求道在邇。續目讀通鑑，治亂示掌指。復得君卿書，研索植國體。創制兆興喪，經緯二書備。今古有作者，莫能與參儗。望途可漸進，蓬轉有中毁。幸每遇宿儒，容我居子弟。問難析其疑，一一銘心膂。劉生武進劉逢禄申受。紹何學，爲我條經例。證此獨學心，公羊實綱紀。易義不終晦，敦復有張氏武進張皋文先生惠言。觀象得微言，明辨百世俟。私淑從董生，武進董士錫晉卿。略悟消息旨。讀書破萬卷，通儒沈與李。吴沈欽韓文起、陽湖李兆洛申耆。益我以見聞，安我之罔殆。鄭學黄陽湖黄乙生小仲。心通，許學錢嘉定錢坫獻之。神解。既得明册籍，又得親模楷。乃見善惡途，判異如河、濟。乃令苟得懷，涣如冰釋矣。」藝舟雙楫。

先生序季懷學詩識小録云：「世臣出游久，多識前輩，得讀書之要領，揚州士人常過從者，輒以所聞授之。而江都淩曙曉樓至誠篤，曉樓之甥儀徵劉文淇孟瞻尤穎慧。時歙洪桐生先生主講梅花書院，善世臣甚，世臣所許可者，輒召入院，膳給之，使與其養子敏回、子駿、甥閔宗肅子敬共几席。世臣以曉樓熟禮記，遂與之言鄭氏禮，而使治之；孟瞻好詩，遂使治毛、鄭氏詩；季懷與孟瞻同業子駿，年最少，而神解精絶，尤相善。已而姚配中仲虞在江寧，聞季懷之説，治漢易，族子孟開亦從季懷受詩，先後來揚州，而丹徒汪沆芷生治毛氏，甘泉薛傳均子韻治許氏，皆善季懷，朝夕與砥礪，相勸爲學。」同上。

安吴家學

包先生世榮

包世榮字季懷，慎伯從弟。道光辛巳舉人。少從慎伯學。嘗謂毛公於詩恪遵雅訓，義最優，簡直難曉，故鄭氏時出别義以輔之，非好學深思者，莫能猝通。至於草木鳥獸之性質體用，詩人所由託興，又古人習於禮，故舉時、舉地、舉器服，即以見得失，寓美刺。斯三者有一不明晰，則茫然不得其解。因成訓詁八卷、草木二卷、鳥獸一卷、蟲魚一卷、輿地一卷，名曰學詩識小録。述吉凶典禮器服樂章者又十卷，初名毛詩禮徵，慎伯爲定名曰詩禮徵文，序而刊之。尤好荀、屈、吕覽、四史、通典、通鑑諸書，每歲必數過。又嗜書，得慎伯法。參包世臣撰行狀、詩禮徵文序。

毛詩禮徵自序

魯論曰：「學詩乎？學禮乎？小子何莫學乎詩。」榮從從父兄慎伯先生游，受毛、鄭氏詩。鄭君，禮家也，其注禮多主韓詩說。晚見毛詩，以其義優，乃箋毛，然時有破毛者。亦不盡據三家。如采蘋破毛禮女爲「教成之祭」，據禮，父禮將行之女，母薦無祭事。綠衣破毛「綠，間色」爲「褖衣」，據禮，女子既嫁，公私服無綠色。諸侯夫人二翟祭服之下，以鞠衣黃爲上，展衣白次之，褖衣黑又次之，衆妾貴者視卿，賤者視大夫，各以等次其服。州吁母賤，當服褖，黃裏者，言以上衣之色裏又次。又禮，婦人衣裳不殊色，黃裳者，言黑衣而黃其裳。夫人入御于君，於禮服褖。莊姜當夕而君不見答，故即所服以起興，遂以見。妾上僭，亂則必至，司晨階厲，滅禮傷度，國無與立。如是之屬，皆以禮說詩，立義高遠，始知非學禮無以言詩。因探玩三禮、鄭氏注、孔、賈義疏，而旁稽史記、前、後漢書、三國志、杜氏通典，據詩文分五禮以引其緒，稽宮室衣服器物之制度，次其條目，原其終始。其有在詩無文，亦備著小名，使前後節次瞭如，用祛迷惑。亦或推廣詩意，附類詳說。如魯之郊禘，附論郊禘之下；春郊，附論四郊，兼及感生帝爲祖所自出，駮正趙伯循當以始祖之父之謬，裼衣襲衣，附論于深衣中衣之下之類。其儒先師說互異者，並行甄錄，不存軒輊。家伯氏嘗歎杜氏憲章鄭氏，毁殘以補缺，茂然制作之器，爲鄭氏肯構之肖子，然非末學所敢方儗也。若不知而作，是其末師，榮雖不敏，敢蹈覆轍？匪云專家，聊備遺忘，亦爲治詩卒業，即當學禮，先具桴材，期躋湮海也。

包先生慎言

包慎言字孟開，慎伯族子。舉人。父汝翼，績學，著有鄭本大學中庸説。孟開游揚州，從慎伯游，受詩於季懷。著有經義考義□卷，春秋公羊傳曆譜十一卷。

安吳交游

周先生濟

周濟字保緒，一字介存，號未齋，晚號止庵。荆溪人。幼奇慧，九歲能屬文。稍長，卓犖自負，好讀史，尤好觀古將帥兵略，暇則兼習騎射擊刺，藝絶精。嘉慶乙丑成進士，歸班知縣，改就淮安府學教授。歲餘，移病去。丹徒知縣屠倬患居民訟洲田，不得其實，先生親爲丈量。還至署，令吏取所記，用開方法乘除之。謂屠曰：「此特以測遠法用之方田耳。」幕友如言覈之，盡得其實，案乃定。江督孫玉庭以兩淮鹽梟充斥，禮聘屬以緝私事，令所在營弁得聽指揮，以兵法部勒擒擊，防撫畢當。淮北斂迹，遂謝事曰：「鹺務不治其本，而徒緝私，私不可勝緝也。」與慎伯訂交，時吴中士有裨世用者，推二人。嘗與愼伯問難竟日，歸取其蕉稿悉焚之。因發憤撰述，先成說文字系韻原介、存齋詩、味雋齋詞、史義各若干卷。最後乃成晉略六十六卷，體例精深，識議英特，諸論贊中於攻取防守地勢，必反覆曲折，俾覽者得所依據。蓋以寓平生經世之學，借史事發之，遐識渺慮，非徒考訂而已。晚復任淮安教授，采其地之孝貞節烈者千有餘人，牒諸大府，旌其閭。庠中樂久廢，遴童子之秀者，教以舞蹈詠歌。及釋奠，觀禮者逾千人，一時稱爲盛事。漕督周天爵移督湖、廣，邀同行，抵夏口，卒，年五十九。參魏源撰傳、丁晏撰家傳。

晉略自序

自古帝王受命有天下，雖德力殊軌，未有不計功食報者也。福過則倖，禍必償之。昔漢高祖無尺土之階，崛起阡陌之中，功成數稘，衍祚四百，斯不嗜殺人，與秦、楚易道之所致也。及其末流，黄巾俶擾，董、袁跋扈。魏武艱難，百戰僅乃克之，德雖靡偁，功亦偉矣。文、明相繼，疆宇觕定。司馬宣王升榻受遺，任均骨肉，主雖幼弱，未聞否德也。恩之弗圖，唯闚竊是務，父子兄弟，異刃同割，股肱遭其闕翦，元首隨其移易，假借威力，劫制海内，揆其功烈，皆是邀利境外夸張揚詡之績，非有奠定區宇康濟民物之勤，此豈足與魏武之刱業相次比哉？且夫魏武延攬英雄，識拔超軼，委任授成，殆無遺策，此宜足以奔走一世者也。司馬氏專行箝制迫脅之術，乃亦舉世靡然。迨乎太康，遂壹區寓，南東萬里，書軌畢協，統馭所届，反侈于魏氏。然後同氣搏噬，非族偪處，剥喪鑱削，極乎無始。始徽非常之倖，卒致非常之禍，豈不哀哉！向使泰始之初，受寵若驚，揆國重以植綱紀，别俗慝以培元氣，庶幾哉，逆取順守，或可補救于萬一。而乃志略侈于并吞，情欲縱于得意，其建官則大臣多而政柄雜，其封域則肩背缺而心腹披，其政體則寬積于上，急積于下，其風俗則男奏聲嚳，婦耽逸游。仰稽天心，則無祖宗積纍之報；俯度地勢，則無秦、漢金湯之固；中察人事，則無魯、衛禮讓之俗，維持不傾之效。洎乎南度，寄命荆、襄、交、廣，資儲永絶，方貢西藩北府，漕戍不息，以區區之三吴，供億萬乘，民勞極矣。然猶危而不亡，蹷而復起，引引延延，百數十年，是遵何道哉？昔者三國鼎立，英偉卓犖之士，張牙嶷角，奮其尺寸，上之人取適時用，棄捐科繩，包瑕藏蔑，唯恐有所摧抑。逮于有晉，此風未艾，是以一材一器之長，靡弗效用。詭譎以爲智，趹踼以爲辯，飛揚跋扈以爲雄，咸能夌昔揜今，照耀奕代。乃至遐陬殊俗之方，椎薶剽剟之伍，魁奇絶特，蝟磔而起，洪濤谿山怪石出，雷雨殷地芝菌生，氣至物化，莫知其然。斯蓋大造之變局，非常情所可測已。晉之立國，崇長親親，以八王之庸駑，方五胡之桀黠，聚優讓劣，化機斯見。是以朝權幻于歔蜃，方鎮危于覆局，民力盡于錙銖，人命輕于艸丰，運鍾否剥，亶其然乎？然而水火之阨待拯，飢渴之懷易副，人窮反本，事半功倍。繭絲俗成，土龍圖形而配社；芻牧是求，丁劭移州而擊轂。慘舒之氣，居然相貿，則知禍福徵召，匙不由人。景響相尋，捷于枹燭，局雖變而情則同，固未可謂造物之不仁，民生之多辟也。帝王之治民，猶農夫之力穡，民之性情，穡之根本，利害中之，慘于螯蠚。原夫漢季，淳喪野，清朝濁，魏氏尚通，毁裂防維，名教積而利權熾，上下之交固以涣然離矣。方且采飾虚譽，寄之隆棟，陳畫餅以餽餒，集蓉裳以禦冬。晉乘斯釁，遂遷鼎器。炊煬竈而直突，踵覆車而縈策，棄忽甫田驕莠之戒，摧毁虎兕將出之柙，辟猶縱齊斧以伐性，養巨癰而待潰，有識之士惴焉。黼扆鼎鉉，宴然靡警，規爲措置，務矜私智，始則隕懿親以護駃豎，終則敵外戚而樹强宗，兆爭唯恐其不工，招釁唯恐其不速，夫何貽安之有哉？一統者，上聖之盛業也，太平者，至德之珍符也，焉有如此之根基，如此之形勢，如此之政俗，而可以撫寧六合，胙之子孫者乎？中興之難，甚于繼體，琅琊蒙玄石之葳讖，適江表之讐國，奮弱力以雪積恥，斯事體大，容無責焉。東北八州，羈縻段、邵；中都夾河，飄摇李、郭；祖楫聽其自擊，琨哀告而不舉。加以翼翼南士則尊而弗親，觥觥直言則斥而彌遠，遂使門户堅于盤石，白望重于籲俊，内蔑植基固本之謀，外成調停姑息之局，太阿倒受，沸羹靡息。劉、石、慕容、苻、姚之徒，奮梟雄而恃險遠，或借資于鬩牆，或假威于討逆，朽木生蠹，其是之謂歟？盗亦有道，視其所杖，右侯殞而世龍欷，元、恭在而宣、武憂，堅須白于景略，虎歎發于謝艾，有由然矣。且夫克捷莫果于民志，恢宏必因于資力；民志不可以不素定，資力不可以不豫儲。是以經緯上材，必綢繆于農殖；折衝妙策，先整齊于士氣。自治之術，强弱雖殊，末之有改也。而晉魚肉以虚其内，假借以驕其外，昵衺佞以摧直榦，慕雅遠以虧實用，方欲驅策疲氓，力征經營天下，豈所謂明分數、識成敗者乎？强而自治，則其强可久；弱而自治，則其弱漸强。洛都不善用其强，建康不善用其弱，來軫方遒，安得不取資龜鑑也？昔在唐初，羣籍粲備，鉤稽蒐討，綽乎有裕。而文皇手制，意存曲藝；諸臣承旨，競采春華。裁非一手，牴牾屢見。恭讀欽定四庫書目，取備正史，由于恤無，因加討論，究其翔實，述本紀六篇，表五篇，列傳三十六篇，國傳十一篇，彙傳七篇，序目一篇，都六十六篇。仁儉受直，是用開闢，作事謀始，慎終盡美，述武帝本紀第一；外戚親藩，倚重必危，禍之本由宮闈，述惠懷愍三帝本紀第二；中興偏安，以勞逸爲隆替，英主不永年，魁柄復棄，述元明成三帝本紀第三；主少國疑，委重將相，相弱將强，幸乃不亡，述康穆哀廢簡文五帝本紀第四；將相和同，雖否必通，不明生疑，乃遺厥謀，述孝武帝本紀第五；國天民，民天食，貧不和，本先撥，爲新主，資不祀忽，述安恭二帝本紀第六；維天生才，有才不才，帝王御極，俾得其職，是以寧壹，相彼不平，分崩離析，述甲子表第七；地以山川隔風氣，王者域之因其勢，雖革必沿職方志，述州郡表第八；土宇分裂，民生狹隘，譬彼舟流，莫知所屆，述割據表第九；下理務，上丞弼，慎委任，毋僭忒，述執政表第十；股肱弗衛腹心弊，述方鎮表第十一；禪代之世，忠貞闃焉，采彼葑菲，以冠厥元，述安平睢陵列傳第十二；國有與立，視其所以，佞媚在廷，雖泰必否，述賈荀列傳第十三；主好大，臣喜功，張厥外，枵厥中，述羊杜列傳第十四；天府之雄，注厝弗崇，失肩背弗知，以寒其躬，述扶風列傳第十五；任親爲治，親賢乃忌，弗克其私，卒罔攸濟，述齊王列傳第十六；直言觥觥，維國之楨，悦而不懌，奚貴錫朋，述傅劉列傳第十七；容身過頭曰有德，家計之工，國計之絀，述山魏劉庾列傳第十八；隙開乃塞，塞必潰，機危而觸，觸必殆，述臨晉二王太子列傳第十九；中流得壺，載浮載沈，暫可支，久弗任，述張裴列傳第二十；木蠹在内，烈風在外，何必齊斧，然後摧碎，述八王列傳第二十一；版蕩識貞，松柏後凋，江河滔滔，山岳弗摇，述劉荆州列傳第二十二；方嶽雖分，師克在和，慨彼乖戾，萎葉辭柯，述劉王苟列傳第二十三；櫱芽再植，難植易拔，銜石西山，哀彼精衛，述閻賈索麴列傳第二十四；豈曰在遠，幸而獲濟，實賴忠貞，以紹其世，述張涼州列傳第二十五；國無常形，造形者誠，兵無常勢，作勢者氣，不逢少康倡寡和，遺黎屑屑淚雨隊，述祖豫州列傳第二十六；止吳酷，晉之施，報以偏安乃其宜，不有君子誰汝毗，述周顧列傳第二十七；南方之强，厥師老、莊，述王丞相列傳第二十八；南紀之重居上流，卓哉勳名世罕儔，述周陶列傳第二十九；始安術智，高平德慧，三吳之豪，莫不慷慨，日西再中，揮戈是賴，述温郗列傳第三十；虚名可噉，敦以矜豪，白公怙亂，峻也炰哮，不有良工，六轡焉調，述王蘇列傳第三十一；身可戮也，不可辱也，致命遂志，不可奪也，苟嘉其忠，而昧其功，是謂瞽矇，述郭譙周戴卞劉鍾桓列傳第三十二；德足矜式，才亦濟時，或宋或桷，大匠咸資，述華陸褚孔列傳第三十三；德優才弱，而爲滕、薛，雖奮百里，終虞一蹶，述庾何褚殷列傳第三十四；知本知時，明哲庶幾，述蔡王列傳第三十五；任達之流，矜豪自奮，平乘一嘆，持矛陷盾，力小任重，竟以顛隕，永戒將來，履滿思損，述桓大司馬列傳第三十六；太原、琅邪，所出異門，俱扶名義，輝前裕昆，述二王列傳第三十七；持危扶顛用彼相，何以詠德曰克讓，述謝桓列傳第三十八；出柙毁櫝，將焉用彼，任親在賢，失不可悔，述會稽列傳第三十九；吏治經術豈殊致，勿爲墨守庶起廢，述范徐列傳第四十；親外戚内吕禍息，親内戚外桓禍亟，禍發無門，豈繄親戚，述王兖州列傳第四十一；昏酣駃嬉，屏粒而嘑，枯朽既成，爾拉爾摧，吁嗟狂且鼎竟移，述桓楚列傳第四十二；邪孰啟之，俾秏三吳，無罪無辜，淪胥以鋪，述孫盧列傳第四十三；桓桓干城，白日青天，過涉滅頂，亦無咎焉，述毛何列傳第四十四；釁肇爭雄，禍鍾拔本，厄運同遭，萬夫所閔，述劉馬列傳第四十五；攀鱗附翼，飈起雲涌，立功前朝，以受新寵，述劉王沈朱列傳第四十六；令狐爲楊，實維氏豪，負固于邊，不忘本朝，述仇池列傳第四十七；主弱客强，流逋爲王，恃險卒亡，述成漢國傳第四十八；才兼文武，鬱不得吐，乃激而儛，復侯王之所，述漢趙國傳第四十九；勒唯匙恥，虎尤不仁，雄强相仍，殄宗及羣，述後趙國傳第五十；霸假仁，會有由，厥宗多才，媢嫉生尤，述燕國傳第五十一；健前驅，登後勁，王咸陽，永固盛，鑒禍盈，可守勝，述秦國傳第五十二；詐開基，文飾之，謾無誠，骨内攜，述後秦國傳第五十三；棄忠就詐，似智實愚，後嗣顛覆，垂之辜，述後燕國傳第五十四；衰姚棄壤，竊以倔彊，乘墉弗克，乃伏于莽，述西秦國傳第五十五；親必噬，狗之猘，運會極，鍾戾氣，述夏國傳第五十六；蠻觸之爭，不如弈棊，誰能覆局，軌寔是師，述諸涼國傳第五十七；不忘忠信，中墜復起，芟夷羣雄，孰謂無以，述魏國傳第五十八；葛藟綿綿，初繇終瘁，本根既傷，枝葉焉芘，述宗室彙傳第五十九；孝友忠義，節烈與媿，性情獨摯，德不求備，述篤行彙傳第六十；不必有德，聖訓昭一代風尚，如蜩螗，擇其善者使意消，述清談彙傳第六十一；全生生全，亦各有道，其廢中權，妄者顰效，述任達彙傳第六十二；有民人焉，是亦爲政，水深火熱，得此爲幸，述良吏彙傳第六十三；經尚調停，史侈綴録，翰墨勳績，弗驚寵辱，述文學彙傳第六十四；天地開泰，彼寧自苦，魚潛于淵，冀免溉釜，違親絶俗，不遑宴處，亦有中清，式歌且舞，述隱逸彙傳第六十五；其文則史，義各有取，述序目第六十六，編爲十册。至于諸志，杜、馬善矣。自揆舉羽之力，恒懷絶臏之慮。顧念始自弱冠，即存斯志，洎乎壯歲，雖復詶酢人事，獨居深念，未嘗去褱。日月不居，學殖弗益，始衰之年，忽焉已過，釋今弗圖，逝將靡及，勉就剞劂，彰其要害。事即前史，言成一家，將以喻志，適用匪侈。博聞什七，折衷依于涑水，庶幾無悖「資治」之意云爾。若夫搜覽叢殘，掇拾遺佚，以資攷證，世有君子，鄙人謝不敏焉。

附録

先生工于爲詞，隱其志，意耑于比興，以寄其不欲明言之指，故依喻深至，温良可風。齊物論齋文集。

先生閒與包慎伯共學書，肆力北朝碑帖，窮日夜臨摹，至髀病，不少勌。闚其用筆，換骨易筋。嘗病大王姿媚，唐主好之，沿爲習尚，而古意寖微。近世書惟鄧完白山人篆隸精妙，陵鑠古今，書學絶而復續。與慎伯論書之祕，曰峻，曰澀，曰中實。其書變化騰擲，自成一家，時人莫之好也。丁晏撰家傳。

李先生兆洛　别爲養一學案。

沈先生欽韓　别爲小宛學案。

劉先生逢禄　别見方耕學案。

張先生琦　别見茗柯學案。

董先生士錫 別見茗柯學案。

錢先生坫 別見潛研學案。

黄先生乙生 別見養一學案。

龔先生自珍 別爲定盦學案。

魏先生源 別爲古微學案。

淩先生曙 別爲曉樓學案。

劉先生文淇 別爲孟瞻學案。

姚先生配中 別見孟瞻學案。

清儒學案卷一百三十七

理初學案

理初之學，主於求是。其治經專以漢儒爲宗，恒謂「秦、漢去古不遠，可信者多」。每解一義，依經爲據，有脱譌，取證秦諸書、漢諸儒，陳古刺今，識力堅定。並博究史籍，旁及諸子百家，剖析疑似，靡不精實，江、戴之緒遠已。述理初學案。

俞先生正燮

俞正燮字理初，黟縣人。性彊記，讀書過目不忘。年二十餘，北走兖州，謁孫淵如觀察。時淵如爲伏生建立博士，復求左氏後裔，先生因作左丘明子孫姓氏論、左山攷，淵如多据以折衷羣議，由是名大起。道光壬午舉人。癸未館新城陳碩士侍郎所，爲校顧氏方輿紀要。甲申阮文達主會試，闈中經義策問，皆折衷羣言，如讀唐人正義、馬氏通考而汰其繁縟。會有驚其迂誕者，東之高閣。文達後知之，嘗語人引以爲恨。先生足迹半天下，得書即讀，讀即有所疏記，每一事爲一題，巨册數十，鱗比行篋中，積歲月，證據周徧，斷以己意，一文遂立。於經不繆牽於注疏，不畔離於訓詁，偶有所作，薈萃羣書，走筆立就。尤善言天象暨日官法，以爲泰西法極精，然豈三代、秦、漢人所豫解！以某時法衡某時象，是非犂然，則三代、秦、漢人不能委其過。又善言地輿，説方域，以爲中外同軌不道險，今昔異履不詳憲，惟殊方遐國人所忽，必當察。乃至掌故之巨，名物之細，聲詁之雅，七緯三式，釋典、道藏，素靈之册，景教之碑，諸儒撟舌方皇者，引稱首首，如肉貫串，皆非恒量所測識。手成官私鉅書，如欽定左傳讀本，續水金鑑之類，不自名者甚多。自名者有癸巳類稿、癸巳存稿、説文部緯校補、海國紀聞，而類稿爲最著。己亥壽陽祁文端方督學江蘇，先生爲校寫三古六朝文目，因聘掌教惜陰書舍。未逾年卒，年六十六。

參史傳、癸巳類稿程恩澤序、癸巳存稿張穆序。

癸巳類稿

黑水解

禹貢：「華陽黑水惟梁州，黑水西河惟雍州，導黑水至於三危，入於南海。」史記集解引鄭注云「地理志益州滇池有黑水祠」，而不記此山水所在地。記言「三危山在鳥鼠之南」，書正義引鄭云：「今中國無也。」正義引漢志「滇池縣黑水祠」，止言有其祠，不知水之所在。史記正義以爲導川黑水，古文疏略；梁州黑水，則引括地志出梁州城固縣西北大山。水經注云：「黑水出北山，南流入漢。」庾仲雍言「黑水去高橋三十里」，諸葛孔明牋言「朝發南鄭，莫宿黑水，四五十里」，指謂此也，道則百里也。陝西通志亦載之。城固縣志云：「縣西北五里有黑水，南流入漢。」是城固以西爲雍界，東爲梁界。梁州僅東至華陽一綫，東西三四百里，南北一二十里，禹貢所載梁州山水，俱在黑水之外。今案禹迹，乃所身歷，解者各以巾箱所有書檢證之，故或言古文疏略，或僅就所見以旣古人，皆不然之説也。陝西、甘肅、四川志乘所載，黑水、白水至多，自南山黑谷北流於盩厔，西南入就水者，亦名黑水。後魏正光末，秦州賊東侵岐、雍，軍於黑水，魏將崔延伯軍馬嵬以拒之，又西渡黑水，向賊營，此亦非雍州、梁州兩界之黑水也。禹貢導黑水至於三危，入於南海，水經注云：「黑水出張掖雞山，南流逕敦煌，過三危山，又南入南海。」書正義言：「黑水在河北，河自積石以西多伏流，故黑水得越而南，然今無其水。」敦煌縣志云：「三危山，隋志在敦煌縣，括地志在沙州東南三十里，山有三峯，故名。」明都司志：「三危爲沙州望山，俗名昇雨山，今在城東南三十里，三峯聳峙，如危欲墮，故名。」又云：「黑水，括地志出伊吾縣北百二十里，東南流絶三危山二千餘里，至鄯州，又東南四百餘里，至河州，入黃河。」又云：「黨河，漢書龍勒縣有氐置水，出南羌中，東北入澤，溉民田。」又云：「色爾騰海子，舊志在沙州西南，四周有山圍繞，水不常流；色爾騰河，由巴彥布喇至鄂爾打坂止，二百九十里。黑海子，舊志在沙州西北大澤，番名哈喇腦爾，黨河之水自南來，以此澤爲歸宿。」依敦煌目驗之言，黑水至三危者止，入黃河，其近三危之水入海者，乃色爾騰海子。是禹貢導水之黑水，今爲色爾騰河、黨河矣。且河源江源以北，水無入南海者。然則雍州與西河相對之黑水，即導川之黑水，在敦煌。而禹貢雍州之文，亦不出黑水之外，其梁州之黑水，與華陽南北相對，當爲今金沙江。漢書地理志「益州郡滇池縣有黑水祠」是也。梁州黑水，依漢志云：「符黑水出犍爲南廣縣汾關山，北至僰道入江。」即今敘州筠連縣之南廣水，出烏蒙之鎮雄山，經筠連、高縣、慶符至宜賓，合金沙江以入大江者。而金沙江出青海河源，西北經玉樹諸番，及川西土司，入雲南，納昆明，即所謂滇池。黑水祠者，北至宜賓，入大江，又與符黑水合，唐樊綽嘗言之。蓋禹貢與華陽相對之黑水爲金沙江，則禹貢梁州之文不出華陽黑水之外。禹貢三言黑水，雍州及導川之黑水一也。梁州黑水又一也。如荆、岐既旅，荆及衡陽惟荆州，非一荆也。至雲南之蘭倉江，出察木多西北。瓊布三土司北，鄂穆楚河亦曰瀾滄江。經麗江、大理、永昌、順寧而合大理之墨會江，又經景東、鎮沅、普洱、車里，經緬甸以入南海者，亦爲黑水。顧祖禹方輿紀要云：「西洱河相傳黑水伏流别派，自西北來會爲洱河，亦曰葉榆河。下爲漾備江，亦曰墨會江。」黑水甚多，然非禹貢黑水也。禹貢雍州黑水當在雍西，梁州黑水當在梁南。雍州黑水必不入南海，梁州黑水必不至三危。經文不能强通。若三危即衛藏，禹迹由察木多至車里，事之所有。又大理雲龍州亦有三危山，爲瀾滄所至，則導水之黑水，非雍、梁言界之黑水也。

春秋書比月日食義

凡日食，當一百七十五日以後，始再入食限。春秋襄公二十一年九月庚戌朔，日有食之；冬十月庚辰朔，日有食之，首尾三十一日。二十四年秋七月甲子朔，日有食之；既八月癸巳朔，日有食之，首尾三十日，非其理也，蓋策書謬複。宋衛朴推春秋三十六日食，惟莊十八年三月不合，其三十五食皆合，是。此二比月食，於衛朴法亦合，不知莊十八年之食，隋志劉孝孫已得之。此二比月食爲推算所不及，朴蓋無智夸語也。以後世史策推之，漢書高帝紀三年十月甲戌晦，日有食之；十一月癸卯晦，日有食之，首尾三十日。文帝紀三年十月丁酉晦，日有食之；十一月丁卯晦，日有食之，首尾三十一日，非其理也，亦史官謬複。高帝三年之食，史記高紀無之。文帝前三年之比月食，當在前二年。漢書云：「二年十一月癸卯晦，日有食之。」史記孝文本紀：「二年十一月晦，日有食之，十二月望日又食」。集解云：「一本作月又食。」然史書不記月食。今案當作「月又食」。紀文上云「上累三光之明」，是由其時日月災眚代見，史記因此詔，故曰「日有食之，月又食」。若日食，不言又也。説史者以史例不記月食，改爲日又食，不知景帝紀云「後三年十月，日月皆食，赤五日」，文字相去不遠，注史者不能互校，又不知日不望食。春秋公羊序下疏引漢顔安樂解「宣十七年六月癸卯日有食之」，以爲十四日日食。是漢人不知日月所由食之理，有此誤。論天主事實，言耶蘇以漢建武八年壬辰歲三月二十二日死，時有日食之變，楊光先檢史，謂無此日食，且二十二日日食，與十四日日食，望日食等也。漢書文帝紀移二年十一月於三年，故三年十一月丁卯之食，史記文紀無之也。宋書五行志：「晉光熙元年正月戊子，日有食之；七月乙酉，日有食之；十有二月壬午，日有食之。」一年三食，有閏月也。魏太和五年十一月戊戌晦，日有食之；六年正月戊辰朔，日有食之，首尾三十一日。晉永嘉元年十一月戊申朔，日有食之；二年正月丙午朔，日有食之，首尾五十九日。宋泰始四年八月丙子朔，日有食之；十月癸酉朔，日有食之，首尾五十八日，非其理也，亦史書謬複。魏、晉、宋紀無此頻食。太和六年，宋志注云：「見及曆。」

汪君文臺云：「此姚興時天水姜岌三紀甲子元曆所推，但以算置之，不復檢史策，有無非實驗也。」春秋襄二十四年正義引隋劉光伯云：「漢末以來，八百餘載，考其記注皆爾，都無頻月日食之事。」沈、劉相去不遠，事所同知，明宋志魏、晉、宋三頻食，羌無故實，記注不言也。元經傳「晉泰始十年正月、三月」，元經元康九年十一月、十年正月，皆日有食之，亦非其理，且短書不足校。鄭樵通志災祥略「晉泰始二年七月丙午晦，十月丙午朔，首尾六十一日；九年四月戊辰朔，七月丁酉朔，首尾九十日；十年正月乙未，三月癸亥，首尾八十九日；永康元年正月辛卯，四月辛卯，首尾百二十一日；永嘉元年十一月戊申，二年正月丙子，首尾八十九日；宋元徽元年十二月癸卯朔，二年正月癸酉朔，首尾三十一日；梁大同四年正月辛酉朔，六月辛丑朔，首尾百五十一日，干支不符。皆非其理。樵不知數，編排謬複也。魏書天象志延興三年十二月癸卯朔，日有食之，四年正月癸酉朔，日有食之，首尾三十一日，非其理也。北史高祖紀載之，魏書紀不載，是年爲宋元徽元年、二年，通志采之。南史止載元徽元年食，無二年食。大同亦止載四年六月食，無正月食也。元史順帝紀至正二年八月庚子朔，日有食之；十月己亥朔，日有食之，首尾六十日，非其理也；亦史官謬複。天文志載日食，順帝時十有三，獨至正二年無日食。其十八年六月戊辰朔，十二月乙丑朔，首尾百七十八日，得再食，而六月之食，紀又無之，故知史官謬複也。日月之行，實有一定，不差錯。宋洪邁容齋五筆云：「慶元丁巳歲二月望，七月望，十月二十夜二更，二十一夜二更，十一月十八夜，十二月十七夜五更，十八夜四更，皆月食，一年八食，仍不拘月望。」其言不可解。又所記止七食。檢宋史天文志所載月食，慶元二年止八月壬戌一食，是邁所見七食，由流眚蔽虧一處見之，他處即不然。故五筆自引劉孝榮説，月非望不食，明其年十月二十二，十一、十二月十七、十八頻食之非也。日無十四、十五、二十二食之理，月無十八、二十、二十一食之理。月無比日食之理，日無比月食之理。然則春秋襄公二十有一年，二十有四年，記之何也？時無推日食之法，失在策書。孔子不能追改，以春秋爲春秋，則桓公五年春正月甲戌己丑，陳侯鮑卒；十有二年十有一月丙戌，公會鄭伯，盟於武父；丙戌，衛侯晉卒之比也。

月令非周書論

蔡邕言禮記月令爲周書第五十三，盧學士文弨取其議，刊月令爲月令解。魯恭言月令周世所造，孫觀察星衍以其人在鄭前，著論規鄭，且曰：「謂月令非周書，是爲疑經，疑經則治以非聖無法之罪。」蔡文學澐、馬孝廉瑞辰，皆輯章句爲申其義，今推以爲月令，非月令解，經自有文。呂不韋、魯恭、蔡邕不是聖人，可以非之，且禮記自名記，何嘗畫周爲界也？逸周書周月解云：「惟一月既南至，日月俱起於牽牛之初，是謂日月權輿。」此月令則云：「孟春之月，日在營室，昏參中，旦尾中，乃命太史守典奉法，司天日月星辰之行，宿離不貸，以初爲常。」周月解云：「既南至，日月右迴而行，月周天進一次，與日合宿，日行月一次而周天，歷舍於十又二次，終則復始。」此月令則云：「季冬日在婺女，昏婁中，旦氐中，日窮於次月，窮於紀星，迴於天數，將幾終歲且更始，其斷天行始終。」周月解「起牽牛」，故周人以斗牛爲星紀，爲十二次之始。此月令「季冬星迴於天」，則起營室。室壁爲天門，爲十二次之始，相去四十五六度。周月解、月令解既同周制，不容大悖，豈得以此月令當周月令解？古憲起算二法，絶不相涉。晉書律曆志董巴議云：「顓頊以今孟春正月爲上元，其時正月朔旦立春，五星會於天廟營室。」又云：「湯作殷曆，復以冬十一月冬至朔旦爲元首，弗復以正月朔旦爲節。下至周、魯及漢，皆從其節。」此冬至立春二法也。巴又云：「據正四時，夏爲得天，以承堯、舜，從顓頊。」禮記大戴曰：「虞、夏之曆，建正於孟春，此之謂也。」謂唐堯亦以立春起算，而其實不然。後漢改用四分，詔云：「璇璣鈐曰：『述堯世，放唐文。』帝命驗曰：『堯考德，顧期立象。』保乾圖曰：『三百年斗曆改憲。』今改行四分，以遵於堯，以順孔聖。」順孔聖者，晉志引命曆序云：「孔子爲治春秋之故，退修殷之故曆。」又云：「四分之一，殷憲也。」是唐、殷同用四分。大戴誥志云「虞、夏之曆，建正於孟春」，不言唐也。然則顓頊、虞、夏正朔用寅，以立春起算；秦正朔用亥，而置算從之；唐、殷正朔用丑，以冬至起算；周、魯正朔用子，而置算從之。月令解與周月解用唐、殷法，此月令用顓頊、虞、夏法，至明也。劉洪云：「甲寅曆於孔子時效，顓頊秦所施用。」又云：「甲寅天元正月朔旦甲子冬至〔一〕，七曜之起，始於牛初。乙卯之元人正己巳朔旦立春，三光聚天廟營室五度。」司馬彪論云：「漢興承秦，初用乙卯。」不言承周。周同唐，起冬至；秦同顓帝，起立春。月令於孟春言星辰之初，於季冬言日月星辰數將幾終，豈得謂即周書月令解，使與周令解相謬？蔡邕於熹平四年議憲云：「秦法用顓頊，元用乙卯。」其明堂月令論續漢志注誤刊「命論」。云：

〔一〕後漢書律曆志作「甲寅元天正正月甲子朔旦冬至」。

「顓頊曆術集誤刊「衡」。曰：人元俱譌天元。乙卯正月己巳朔旦立春，俱以日月起於天廟營室五度。」集譌「太建宮室制度」。今月令孟春之月，日在營室，是邕亦言月令用顓頊法，非周法。又馬融注論語引周書月令云：「春取榆柳之火，夏取棗杏之火，夏季取桑柘之火，秋取柞楢之火，冬取槐檀之火。」其書馬融尚見之。依此月令，即當分爲五處。又此月令有中央土，而月令解以王土四季名夏季，與素問名長夏同，知無中央土名。又召誥正義引周書月令云「三日粤朏」，即班志之「古文月采」，班固及見之，此月令文例無處著之。又周家尚赤，此月令車旂衣佩五時五尚，時水德未王，未定天下，呂氏春秋得空言之，推衍穆公以後四時希成。制作後，以罪徙，事不成。至漢始全五時，俗儒不知其意。魯恭徒見月令之名與周書篇名合，因言周世所造，所據夏之時也。周公制周禮，三代異制，豈得據夏正爲令？穎子嚴之徒因謂「月令晨昏距宿，當在中氣。」如此則起冬至，此月令何以與月節氣日在連文？正義引鄭目録云：「月令者，以其記十二月政之所行，本呂氏春秋十二月紀之首章，禮家好事鈔合之，後人因題之曰禮記。言周公所作，其中官名、時、事多不合周法。官名太尉，據緯書唐有之，周不有也。時則狼弧建星亦見魯憲，而星次終始不合周、魯法。事則季夏伐蛟取鼉，登龜取黿；鄭云『甲類秋成，周禮秋取龜魚』，又言『凡取龜用秋時』，是夏時之秋，作月令者以爲周時，周之八月，夏之六月，因書於季夏，誤也。」是此月令非月令解之確證。蔡邕明堂月令論云「周書七十一篇，而月令第五十三，呂不韋取爲紀，淮南王亦取以爲第四篇」，似邕親見周書有此月令文者。今檢月令問答，則云：「予幼讀記，以爲月令體大經同，不宜與雜録並行，而記家記之又略，前儒章句不知徵驗諸經，周官、左傳實與禮記通等。」是邕止據記作論。求其作論之由，則云：「記書月令，文義所説，博衍深遠，宜周公所著。」是邕忽然意思如此，不根之談，不足信用也。

周官西漢無傳授義

隋書經籍志云：「漢時有李氏得周官，上於河間獻王，闕冬官一篇，王購以千金不能得，遂取考工記合成奏之。」按古事所傳多譌。隋書經籍志爲唐初所撰，欲仿漢志，强求其書傳授，不知周官在西漢無傳授也。漢書河間王傳云「所得皆古文先秦舊書，周官、尚書、禮、禮記、孟子、老子之屬」，不言王奏之。漢書藝文志云「禮古經出魯淹中，與河間王所得古文禮同」，不言王所奏。又書云「古文尚書、禮記出孔子壁中，魯恭王得，安國獻之，與河間王所得古文尚書、禮記同」，亦不言王所奏。此皆漢志明文，河間王何獨奏周官乎？又樂云：「六國之君，魏文侯最爲好古，孝文時，得其樂人竇公獻其書，乃周官大宗伯之大司樂章也。武帝時，河間獻王好儒，與毛生等共采周官及諸子書言樂事者，以作樂記。」則周官孝文時已在祕府，以校竇公之書，安得如經籍志河間王奏之？賈疏言孝武時始出乎河間王，自藏其書，但與祕府所有者同，不得以河間王爲周官傳授之始也。藝文志云：「周官經六卷，周官傳四卷。」注云：「王莽時，劉歆置博士，此新代事，於漢無涉。」賈疏謂考工劉歆所足，其言有本。經籍志謂河間王合成之，最無稽也。周官至東漢始有傳授，後漢書儒林董鈞傳云：「鄭衆傳周官經，馬融作傳，授康成。」賈逵傳云「父徽從劉歆兼習周官」，逵於章帝建初元年詔令作周官解詁。鄭康成傳云「從東郡張恭祖受周官」，賈疏引鄭序云：「世祖以來，通人達士鄭少贛興、子仲師衆、衛次仲、賈景伯逵、馬季長融，皆作周禮解詁，二三君子，可謂達雅廣攬者也。」又云：「二鄭存古字，發疑正讀，亦信多善。」今讚而辨之。經籍志云「河南緱氏杜子春受業於劉歆，因以教授」，賈疏云：「劉歆弟子惟杜子春尚在，永平之初，年且九十，鄭衆、賈逵往受業焉。」然則自劉歆、賈徽、賈逵者一本也，自鄭興、鄭衆、馬融者一本也，自杜子春者一本也，自張恭祖者一本也。檢鄭注引杜子春、鄭司農及故書，往往文字不同，推之鄭所用者張恭祖本，以本傳云受也；故書者賈逵本，以逵傳云徽從劉歆，是祕書舊本也；鄭司農、杜子春均別題名，則唐人謂杜受劉歆，鄭受於杜，終不可信矣，讀注即得之。

反切證義

三國時孫炎作反語，以雙聲字讀就疊韻字即得之。後人惡反字，因名之曰切。蓋兩合讀法，緩呼之則二字，急呼則一字也。論者謂反切自西域入中國，且分別反切異義，乃不思之過。就緩讀急讀法求之，春秋「穀丘」，左傳「句瀆之丘」，桓十二。句瀆，穀也。春秋「遇於垂」，左傳「遇於犬丘」，隱八。犬丘，垂也。春秋「垂葭」，左傳「實郹氏」，定十三年。垂葭，音如姑。郹也。春秋「吴子乘」，左傳「吴子壽夢」，襄十二。壽音疇。夢，音萌。乘也。春秋「密州」，左傳「買朱鉏」，襄三十一。朱鉏，州也。左傳先言「寺人披」，僖二十四。後言「寺人勃提」，僖二十五。勃提，披也。左傳先言「公子鉏」，哀五。後言「且于」，哀六。且于，鉏也。是皆一字，古人緩讀之則二字，以反言切之，即是反切。注謂地之一名、人之一名者，未明反語義也。以此推之，大祭爲禘，蔽膝爲韠，茅蒐爲韎，詩箋。茲其爲鉏，丁音爭。寧爲鉦，行人爲信，鬼臾爲車，邾婁爲鄒，不來爲貍，顓孫爲申，鞠窮爲芎，蕨攈爲芝，蒺藜爲茨，終葵爲椎，負蠜爲蜚，不聿爲筆，編笄爲篦，口齒爲齧，早晚爲寁，居閒爲介，還來爲迴，叱人爲嗔，何不爲盍，奈何爲那，之焉爲旃，之乎爲諸，之矣爲只，如是爲爾，而已爲耳，皆見經傳，合讀二字爲一。又有常語，叔母爲嬸，舅母爲妗，姆阿爲媽。常行字。山井爲神，七經孟子攷文補遺。末有爲靡，弗曾爲分，不要爲別，不可爲叵，等物爲底，是麽爲傻，山瓦切。作麽爲怎，不阿爲巴，末有阿爲嗎，皆中土自然之言，急讀之即反切。又析張爲渚鄉，漢張縣今任丘渚鄉。潘爲蒲坂，皇甫謐言如此今懷來。衷爲征鐘，宋書五行志征鐘落地，蓋謂衷衣袴。椶爲子公，王褒僮約披薜「戴子公」，注：「子公，笠也。」見太平御覽笠部。老爲潦倒，癃爲龍鍾，恰爲丘八，鑒誡録馮涓對蜀太祖王建擊掄。太爲特殺，一作忒[illegible]。覡爲麻披，曲爲屈律，圈爲屈攣，孔爲窟籠，團爲突欒，餑爲餺饠，衖爲衚衕，就爲即溜，精爲鯽令，荆芥爲舉卿古拜，則又即一字緩讀爲二，亦切法也。溪蠻叢笑「不乃羹」，不乃是擺，謂數調之。史記陳涉世家「夥頤」是驚美辭，分言之則音爲夥，而頤爲音助，合言之則音如[illegible]，今人語猶然。凡此皆反切所出，自然之故，至美之義，見經史正文及小説所記方言喭文，其人皆不見西域書，反切不出西域，至顯白矣。鄭樵云「中土人明於目，梵聰於耳」，則尤自誣其耳。中國諧聲是耳聰也，孫炎作反語，後又互反之。匡謬正俗云：「晉灼漢書音義楊惲反由嬰。」楊舊音盈。吴志諸葛恪傳云：「成子閣者，反語石子岡也。」宋書五行志同，晉書五行志作常子閣。又云：「清暑反楚聲。」宋書云：「袁愍反殞門。」齊書云：「勝熹反始興。」又：「陶郎來反唐來勞。」又：「東田反癲童。」又：「舊宮反窮廄。」梁書云：「同泰反大通。」又：「鹿子開反來子哭。」隋書五行志云：「楊英反嬴殃。」南史云：「叔寶反少福。」搜神記云：「温休者，是幽婚也。」金樓子云：「高厚者狗號。」甄異傳云：「高褐者葛號。」宣室志云：「侵詰者金截。」隋唐嘉話云：「盧浩反老胡。」集異記云：「任調反饒甜，珍藥反張鎰。」續異志云：「盧鉤反螻蛄。」談藪云：「蓬萊反裴聾。」朝野僉載云：「叔麟反身戮。」又：「寵之反癡種。」又：「德靖反鼎賊。」酉陽雜俎云：「洗白馬反瀉白米。」啟顔録云：「天州反偷氈，毛賊反墨槽，曲録鐵反契綟禿。」又：「木桶反幪禿。」又：「奔墨反北門，窟後反口缺。」唐摭言云：「方千詩草裏論反村裏老。」譯佛書者，亦以般若反不染。其他酒則索郎反桑落，物則蠮螉反鼅鼄。」金樓子云：「宋玉戲太宰屢游之談，流連反語，遂有鮑照伐鼓，孝綽布武，韋粲浮柱之作。」顔氏家訓文章篇云：「世人或有文章引詩伐鼓淵淵者，宋玉已有屢游之誚，如此流比，幸須避之。」書證篇云：「鮑昭謎字，皆取會流俗，不足以形聲論也。」蓋反切以雙聲疊韻，或流爲口吃詩。故求古反切，在方言異文庾辭雅謔微茫之際。中國自言反切，佛書自言字母，離之則兩美。且有字則有反切。北齊書廢帝紀云：「跡字自反。」足亦反爲跡〔一〕，足責反爲蹟也。其先亦有此義。說文云：「風動蟲生，從虫凡聲。」論衡商蟲篇云：「夫蟲，風氣所生，倉頡知之，故凡蟲爲風之字。」是倉頡從凡蟲省。太平御覽引春秋考異郵云：「其字虫動於凡中者爲風。」則凡虫自切爲風也。推之舍予自切爲舒，赤巠自切爲䞓，赤貞自切爲赬，朱口自切爲味，剌音辣。貝自切爲

〔一〕「足亦反爲跡」，廢帝紀作「足傍亦爲跡」。

賴，禿貴自切爲穨，束疋自切爲疎，巾氏自切爲帋，羽異自切爲翼，羽立自切爲翊，女襄自切爲孃，女信自切爲佞，至秦自切爲臻，雨云自切爲雲，日安自切爲晏，邑牙自切爲邪，丿延音曳遭。自切爲延，人分自切爲佾，十分自切爲肸，宀必自切爲宓，皀亼自切爲食，衣谷自切爲裕，欠金自切爲欽，言台自切爲詒，目少自切爲眇，角奇自切爲觭，火斤自切爲炘，火共自切爲烘，虫之自切爲蚩，羊久自切爲羑，月又自切爲有，肉云音突。自切爲育，肉臾自切爲腴，隹奚自切爲雞，目民自切爲眠，麥丏自切爲麪，委鬼自切爲巍，八弋自切爲必，者竹自切爲箸。如此之類，半爲雙聲，半爲疊韻。李陽冰亦言矢引爲矤，説文繫傳譏爲七書。今略舉之，其類甚多，六書中諧聲一義，豈七書耶？知兩合爲反切，則緩讀急讀，古人用文字中自有反切；兩合自反，則古人制文字中亦自有反切。庾文隱義，又見世俗常言亦有反切。反切自中國之學。若沈括引奘爲而犬兩合，此又不學之過。奘字豈得從犬？亦僧徒之莠言矣。

古憲論

漢書藝文志：黃帝五家憲三十三卷，顓頊憲二十一卷，顓頊五星憲十四卷，夏殷周魯憲十四卷，所謂六家古憲。律曆志云：「五霸之末，史官喪紀，疇人子弟分散，或在夷狄，其所紀有黃帝、顓頊、夏、殷、周、魯憲。」蓋中外異本。又伏羲、神農、少昊、高辛、唐堯、虞舜，其治憲，亦有端緒可尋。前世傳者，續漢書律曆志引洪範五紀論云：「民間亦有黃帝諸憲，不如史官記之明也。」宋書律曆志引五紀論云：「黃帝憲有四法，顓頊、夏、周並有二術。」杜預長曆云：「春秋七百七十九日，夏憲得五百三十六日，真夏曆得四百六十六日，周憲得五百六日，真周憲得四百八十五日。」是夏、周二術並行，顓頊術同。又云：「或用黄帝以來諸憲，以推春秋朔日。」又云：「漢末宋仲子集七憲以考春秋，皆不合。」是古憲漢時尚存也。今知古憲大要，天度四分，又無歲差。續漢志賈逵論云：「古黄帝至周、魯，冬至皆在建星，今斗星也。」云今斗星者，謂漢冬至在斗。據周髀經言，則庖犧、神農時已然。蔡邕集明堂月令論云：「顓頊術人元乙卯正月己巳朔旦立春，日月俱在天廟營室五度。今月令孟春之月，日在營室。」邕意月令周制，是由周髀。伏羲至周，由賈逵。黄帝至漢，由蔡邕。顓頊至周推日皆同，則古憲不知有差。戴法興據賈言以難歲差，又云：「古之六術並同四分。」祖沖之遂云：「古憲之作，皆在漢初周末，理不得遠。」且卻校春秋朔並先天，則非三代以前之明徵矣。」又詩十月辛卯日食，梁虞劆、唐大衍、元授時以己術推之，在幽王六年，而周、魯憲無可考。正義乃云：「古憲書亡矣。」今世有周魯法，蓋漢初爲之，其文無遲速贏縮。考日食之法，而其年月往往參差，是以漢世通儒未有以法考此日食者。此皆不揆道真，强爲論議。減四分求交食定歲差，乃後人推得，古人本所不知，非其術僞也。宋書曆志云：「何承天言三統方於四分，六千餘年又益一日。揚雄心惑其説，采爲太玄。」今按雄法言重黎篇云：「渾天落下閎營之，鮮于妄人度之，耿中承象之。幾乎幾乎，莫之能違也；蓋哉蓋哉，應難未幾也。」又覽其難蓋天八事，於天學甚疏。若用三統，則自古經傳皆各用其時憲法，雄烏從豫知後世有承天法？且承天法後亦不驗。自蔡邕以後世法説月令，而注與經背。久之，時術又改，展轉相謗，其注亦廢。是經義終不能明，注説又不可用，無益於術，而有害於經。是故説經傳者，當知其時布算立度，而各中其旨，則於天學沿革，當明古憲，不可不知也。周髀算經云：「古者庖犧立周天曆度。」又云：「古者庖犧、神農制作爲曆度元之始，見三光未如其則，日月列星未有分度，乃定其法，日月俱起建星。」太平御覽引春秋緯云：「天地開闢，五緯各在其方，至伏羲乃合，故以爲元。」管子輕重戊云：「慮犧作造六峜，計字。以迎陰陽事物。」紀原、玉海引通曆云：「太昊始有甲曆。」楊泉物理論云：「疇昔神農正節氣，審寒温，以爲早晚之期，故立曆日。」亦見藝文類聚。是日度節氣，詳於二聖。漢書律曆志有司劾張壽王云：「官有黄帝調曆，不與壽王同。」則黄帝書在漢有徵。續漢志論云：「皇犧氏之有天下也，未有書計。暨於黄帝，頒示文章，重、黎記注，象應著明，始終相驗，準度追元，乃立元辛卯。」於是顓頊用乙卯，虞用戊午，夏用丙寅，殷用甲寅，周用丁巳，魯用庚子。晉書律曆志云：「昔伏羲造八卦，作三畫以象二十四氣，黄帝因之，初作調憲。」皆謂伏羲時有算法，黄帝時倉史作文字，始有迎日推策之文。史記世表論云：「余讀牒記，黄帝以來各有年數。稽其憲譜牒終始五德之傳，古文咸不同，乖異。」續漢書天文志云：「星官之書，自黄帝始。」則六憲書始黄帝，其不同乖異，由於置算各殊。大戴禮五帝德云：「黄帝曆離日月星辰。」文選注引春秋命曆序云：「帝軒受圖洛，授憲。」藝文類聚、洗苑珠林、太平御覽並引世本云：「容成作憲。」容成，黄帝臣也。史記五帝本紀云：「黄帝獲寶鼎，迎日推策。」封禪書云：「黄帝得寶鼎神策，於是推策迎日。」曆書云：「黄帝考定星辰，建立五行，起消息，正閏餘。」漢書郊祀志云：「是歲己酉朔旦冬至，得天之紀。」今據素問，其時以斗建寅月爲始，而置算自起冬至也。後漢書張衡傳云：「渾元初基，靈曜未紀，吉凶分僭，人用瞳矇。黄帝爲斯深慘。有風后者，是焉亮之。」天步有常，風后之爲也。儒者以黃帝有譜牒之傳，託始黃帝，其書後亡。所謂四法者，漢時猶及見之。北史李業興傳云：「業興以黃帝辛卯、殷憲甲寅徒有積元，而術數亡缺，乃修之，各爲一卷。」則其時黃帝法及殷法俱已亡故。沈括夢溪筆談云：「自顓帝憲至今，見於世，謂之大憲者，凡二十五家。」不計黃帝及殷也。而宋史曆志：「開禧三年，鮑澣之上言，自黃帝已來，至於秦、漢，六憲俱存。」蓋展轉販引，實則南、北朝何承天、祖沖之以至張賓、劉焯、僧一行等，訛詆古憲，皆不見古憲者也。少昊氏則有司憲之官，春秋昭十七年左傳云：「郯子言少昊鳥紀官：鳳鳥氏，曆正也；玄鳥，司分；伯趙，司至；青鳥，司啓；丹鳥，司閉。」顓頊，則續漢天文志云：「高陽氏使南正司天，北正司地，其術元起乙卯，施用於秦及漢初，其文散見，最易知。」五行大義引文曜鉤云：「顓頊並幹上法，月參集歲成紀，以理陰陽。」則章閏之法，故祖沖之、何承天言古憲章歲皆十九，由不見黃帝法，以顓頊概之。沖之又云：「顓頊元在乙卯，命曆序則言此術設元歲在甲寅，謂憲爲僞。」按漢爭甲寅元，官指爲殷法。又續漢志云：「圖書漏泄。」而考靈曜、命曆序皆有甲寅元，其所起在四分庚申元後百十四歲朔，卻差一日，則命曆序改顓頊乙卯爲甲寅，以圖書漏泄，漢人已明言之。沖之並不讀書，但對簿籍干支，宜妄詆也。高辛之憲，祭法云：「帝嚳能序星辰以著衆。」大戴五帝德云：「帝嚳曆日月而迎送之。」魯語展禽云：「帝嚳能序三辰以固民。」注云：「次序三辰，以治憲明時。」史記五帝本紀云：「帝嚳高辛氏曆日月而迎送之。」周禮疏引鄭注尚書云：「高辛之世，命重爲南正，司天；黎爲火正，司地。」按楚語及史記並言顓頊後堯，育重、黎。太平御覽引文曜鉤云：「高辛受命重、黎說天。唐堯即位，羲和立渾儀。」周禮疏引鄭注尚書云：高辛、重、黎，堯育其後。」鄭所以異於楚語、史記者，蓋本文曜鉤。然史記曆書云：「顓頊後重、黎。」天官書云：「高辛之前重、黎。」亦謂顓頊之世，緯或誤斷此文。又唐堯儀器必不當名渾儀，宋書天文志徐爰引鄭璇璣玉衡注，謂之渾儀，亦爲此緯所誤。此緯文不應經史，不足引據也。堯實育顓頊之重黎，即位後，乃命羲、和。據易緯乾鑿度云：「元憲無名。」握先紀曰：「甲子歲甲寅。」又云：「堯以甲子受天元爲推術。」五行大義引春秋文曜鉤云：「堯眉八采，是謂通明，曆象日月，陳制考功。」續漢志改四分詔云：「尚書璇璣鈐曰：『述唐世，放堯文。』帝命驗曰：『堯考德顧期立象。』今改行四分，以遵於堯。」是堯憲雖無書，要已改朔立元，爲推術。四分通法獨言述唐者，漢自以堯後，故以四分法歸堯。宋書曆志魏楊偉表云：「在唐帝以大吕之月爲歲首，以建子之月爲憲初。」是唐正朔用丑，置算則起子半，與殷同法，皆上承黃帝。若顓頊，則算起立春，虞、夏、秦因之。晉書曆志董巴議云：「顓頊以正月爲元，夏爲得天，以從堯、舜，承顓頊故也。」是巴不知唐時正朔建丑也。虞法可知者，改唐法，開夏法，元用戊午。大戴禮誥志云：「虞、夏之曆，建正於孟春。撫十二節，卒於丑。日月成歲經再閏以順天道，此謂歲虞汁〔一〕月。」夏亦同之，皆用顓頊法。唐志大衍日度議云：「顓頊上元甲寅歲正月甲寅朔，辰初合朔立春，七曜皆直艮維之首，其實夏憲也。」按夏自有憲，但用顓帝術，夏用丙寅，不得以丙寅爲夏憲。顓帝用乙卯，而此甲寅者，四分後，圖書漏泄。又五紀論言有二術，一行乃謂是夏憲，然則秦、漢亦從顓頊法

〔一〕「汁」，原作「叶」，據大戴禮誥志改。

出，得謂顓頊憲。夏憲，實秦、漢憲乎？一行止知算法，唐人誤以爲宏覽，實則止習史記以下律曆天文二種，而文義不屬，顧此失彼，又好議論，迷惑人也。求夏憲之異者，宋書天文志引劉向五紀論云：「夏憲以爲，列宿日月皆西移，列宿疾，而日次之，月宿遲。」按淮南修務訓云：「攝提鎮星日月東行，而人謂星辰日月西移者，以大氐爲本。」太平御覽天部引桓譚新論云：「通人揚子雲，因衆儒之說，以爲天常左旋，日月星辰隨而東西。是蓋夏憲推步之法，爲夏書師儒之說。」宋書律曆志祖沖之云：「劉向以爲，夏憲特違衆法，後人所造，則又不然。七政西移，自違衆法。謂月行遲，則月生三日，日將入，而月見西方；將晦，日未出，乃見東方，無朒朓側匿之說，與五行傳不合。向所不喜，無以難之，即以爲僞。不知西移自一代之法，不以通於前後。說夏書者，必宜知之。而後儒以概唐、虞、商、周，又宜明太祖之漫斥之。蓋惟夏憲，則可以七政西移言之也。夏憲特妙者，續漢志注、開元占經並引張衡渾儀注云：「春分去極九十少，秋分去極九十一少者，就夏續漢志注如此，開元占經作古。憲晷景之法以爲率也。」則九道陰陽轉之法。洪範云：「日月之行，則有冬有夏。」內外舒疾，惟夏憲知其不同，故續漢志霍融上言刻漏不如夏憲密，其春秋分相逐，晝夜刻不相應。明徐光啟以近遠推日行距地，用定氣置閏，以爲采自西洋，謂是新義，亦不詳檢古書之過。又天南北度數，義明於此，發斂舒疾，可以測知，而古人百度則得數有常。梁人刻漏經，以佛法九十六刻爲古初，亦不悟古今各異制，妄造故實也。晉書志董巴云：「殷憲弗復以正月朔旦立春爲節，更以十一月朔旦冬至爲元首正建丑，算則起冬至也。」蔡邕明堂月令論云：「甲寅元冬至起於牛初，謂是殷法。」晉志姜岌引命曆序云：「孔子爲治春秋之故，退修殷之故憲，使其數可傳於後世。」續漢志云「甲寅元於孔子時效」，蓋孔子見魯曆多失，退修殷憲，存其數，非以追改二百四十二年之朔望。而岦云以殷曆考春秋月朔，多不及其日。唐一行大衍中氣議亦云：「哀、平間治甲寅元憲者託之，非古也。」是真不明理之談。又詩正義引五紀説云：「殷憲之法，惟有氣朔而已。」北史李業興傳亦言「殷憲徒有積元。」是其書本不詳。宋書志祖沖之云：「殷憲日法以九百四十，而乾鑿度言殷憲以八十一爲日法。若易緯非差，則殷憲必妄。」按日法九百四十，所謂古憲，皆四分中得二百三十五。乾鑿度云「紀日甲寅，積二十九日與八十一分日之四十二得一月」，是月法與四分不相涉。即俱以月法，言九百四十，亦不違異。月令正義引考靈曜云「九百四十分爲一日，二十九日與四百九十九分爲一月」，是殷憲與乾鑿度正合。沖之之言，斯爲妄矣。周、魯二法，唐時猶存。太平御覽引董巴云：「武王作周憲，周公作魯憲。」其可知者，唐大衍日度議云：「甄曜度及魯憲，南方有狼、弧，無東井、鬼，北方有建星，無南斗。」月令中星沿之。逸周書周月解云：「惟一月既南至則算起冬至。」孟子云：「苟求其故，千歲日至可坐致。」周法積元也。大衍中氣議云：「殷法中氣後天，周法合朔先天，魯法又先周四分日之三。」此自古法之疏。春秋正義引釋例云：「魯法不與春秋符，殆後來好事爲之，非真也。」不悟左氏於襄二十七年、哀十二年再著官失，又漸修之，則法與事不相應。又頒朔則日官周法，不頒朔則日御魯法，春秋本行二法，不符於魯法，愈爲真也。大衍合朔議云：「春秋日食有甲乙者三十四。殷、魯先一日者十三，後一日者三；周先一日者二十二，後一日者九。其僞可知矣。」不悟曾子問有祭遇日食則接祭牲，未殺則廢；朝遇日食則廢禮，從救日；送葬遇日食，不知復時則聽變。古無推日食法，魏黄初以後，始課日食疏密。宋書禮志：「魏正元二年，史官荅大將軍云：自漢故事，日食必當於交甲寅，詔書有備食之制，無考負之法。」而左傳昭十七年引夏書言：「建巳月日食，瞽奏鼓，嗇夫馳，庶人走。」枚本胤征謂：「季秋日食，史官不知，至用兵誅殺之。」且引政典有先時不及時者殺無赦，於經傳皆不可通。大衍乃謂殷、周、魯三憲俱僞。且古法疏，日食不當其法之朔，古人所以有食晦食二日之占。又春秋二百四十二年止三十六食，必多失載。襄公二十一年、二十四年再比月食，不入食限，則春秋止三十四食。宋衛朴法除莊十八年不入食，餘三十五皆云得之，則比月食亦入食限，知自來算家皆自欺之談也。續漢志劉洪上言：「己巳顓頊，秦所施用。」蔡邕議云：「漢承秦用顓頊元用乙卯。」漢志張蒼云：「顓頊憲比於六憲，疏闊中最爲微近。」則秦及漢初，又以立春起算，至改顓頊作太初，起子半，自後史志列之燦然矣。史記曆書云：「昔自在古憲，建正作於孟春。」古憲者，謂秦及漢初用顓頊、虞、夏憲。索隱云：「古憲，謂黄帝以前有上元太初等，皆以建寅爲正。」漢志言上元太初，謂太初之推算上元，非古有憲名「上元太初」也。若漢之太初法，不得謂之古憲。古憲不可行於後，後世之法亦不可以説經，蓋術雖工，非經本意也。世之善遯辭者，説三代則曰此何承天所不屑言者，才述宋、齊則又曰此徐光啟所不屑言者。京房有言，後之視今，亦猶今之視昔。事有沿革，貴在好學深思，心知其意，循文求義，各申厥旨。而後進求精密，庶亦舉妄破經義，詆毁古憲，二千年之陋習而空之。

癸巳存稿

史記孔子世家後識語

孔子卒後，六世孫斌爲魏文侯相。漢高祖時，孔子十世孫藂，以戰功封蓼侯。十二年，高祖幸闕里，以太牢祀孔子，諸侯卿相至者，先謁後從政，封孔騰爲奉祠君。蓼侯藂傳至璜失侯。璜弟茂之子宣爲長安君，宣帝元康四年詔復其家。元帝初元元年，孔霸得封關内侯，爵名曰褒成侯。永光元年，詔褒成侯以所食邑八百户祠孔子。先是初元元年，匡衡請封孔子後爲殷後，不納。成帝永始三年，梅福復請以孔氏爲殷後，謂仲尼之廟不出闕里，孔氏子孫不免編户，以聖人而歆匹夫之祀，非皇天之意，亦不納。至綏和元年二月甲子，封孔吉爲殷紹嘉侯，食千六百七十户，尋進爵公，地百里。吉子何齊嗣，哀帝建平二年，益户九百三十二。平帝元始二年，改殷公。何齊子安爲宋公。安，孔子十六世孫也。是年六月丙午，以二千户封孔子十六世孫褒成侯孔均，奉孔子祠，追謚孔子褒成宣尼公。均，霸曾孫也，王莽時，以均爲太尉，不就，遂失侯。光武建武十四年，均子志復得封爵，而殷後孔安别爲漢賓。續漢百官志注。時大禮以二王後二公及孔子後褒成君從也。其間若孔永、孔奮亦能自致官爵。自元始時，謚孔子宣尼公，至北魏孝文帝太和十六年，改謚文聖尼父。北周静帝大象二年，追封鄒國公。唐太宗貞觀十一年，稱先聖宣父。高宗乾封元年，賜太師，武后天授元年，追封隆道公。玄宗開元二十七年，追謚文宣王，内出王者衮冕被之。追後鄭綮又請於謚中加「哲」字。宋真宗大中祥符元年，議加「至神元聖帝」，未行，乃加謚元聖文宣王。二年，賜曲阜文宣王廟冕九旒，服九章。五年，以國諱改「元聖」爲「至聖」。神宗時，判國子監常秩請尊孔子爲帝，禮官李邦直議止之。徽宗崇寧二年，改用冕十二旒。三年，定名文宣王。當紹興十二年，西夏仁宗人慶三年，尊孔子爲文宣帝，止行於西夏。元成宗元貞十一年，加號大成文宣王。明景帝景泰三年，劉翶請尊孔子爲帝，憲宗成化時祭酒周洪謨請尊孔子爲文祖大成至聖皇帝，常熟知縣楊子器請加配天廣運大成至聖萬世帝王宗師，皆不行。世宗嘉靖九年，定稱至聖先師。時徐階、黎貫謂不宜去王號，然不能爭也。以上世家及尊號。先是，漢明帝永平四年，令學校祀周公、孔子。十五年，躬祀孔子及七十二弟子，躬祀用太牢，學校秩禮牲以犬。唐高祖武德元年，立周公、孔子廟各一。七年，以孔子配周公。太宗貞觀二年，升孔子爲「先聖」，不祀周公，而孔子仍居配位。高宗永徽時，復祀周公爲「先聖」，而孔子以「先師」配。顯慶時，復稱「先聖」。玄宗開元二十七年，祀孔子正南面。至明嘉靖稱先師，去王號，而仍南面。國朝順治二年，國子監祭酒李若琳請加至聖先師爲大成至聖先師，不復言封號。樂章景平有云「猗歟素王」，非爵也。其神主與廟祀。宋、齊之制，太子讀經通，即祀孔子。北魏孝文帝太和十六年，親拜祭孔子於中書省。明祀先聖於文華殿，古聖帝南面，周公西面，孔子東面。其太學之禮，唐玄宗開元二十八年，詔國學春秋二仲上丁，以三公攝行事。宋太祖建隆二年，詔貢舉人就國子監謁先師，著爲令。其郡國廟，梁武帝天監四年，梁始立孔子廟。北齊文宣帝天保元年，命郡學於坊内立孔顔廟，博士以下月朝之。唐太宗貞觀四年，詔州縣學皆作孔子廟。九年，顔師古言郡國立學廟非禮，當止。高宗咸亨元年，敕州縣未立廟者速事營造，自是孔子之廟偏天下矣。漢桓帝元嘉二年，魯相乙瑛請置廟卒史，明年事下，春秋饗祀，出王家錢，給犬酒直。永壽二年，相韓敕修孔子墓及禮器。靈帝建寧二年，相史晨請祀孔子，依社稷出王家穀，春秋行禮，以共禋祀，皆立碑。漢學校之祭共犬酒。太平御覽引桓子新論云：「孔子，匹夫耳，而卓然名著。至其冢墓，高者牛羊雞豚而祭之，下及酒脯寒具，致敬而去。」魏書延興二年，大金國志大定二十六年，皆制用酒脯，則雜依民俗，非秩禮也。魏帝芳正始二年，使太常以太牢祭孔子於辟雍。晉武帝太始三年，詔太學及魯國四時備三牲祀孔子。唐玄宗開元二十七年，制國學以太牢用八佾，州縣學以少牢。元武宗至大二年，制春秋二丁，用太牢，禮始定。自漢文翁畫孔子像於蜀石室，靈帝光和元年畫孔子及七十二弟子像於鴻都門學，其後立廟遂傢像。唐玄宗開元八年，以十哲及曾子配饗，皆坐像。先是，顏淵立像，至是采論語四科九人及曾子配，又畫七十子及二十二賢於廟壁。明太祖洪武初，國子監廟增木主司業，宋濂坐謫官，以其請毀像也。憲宗成化五年，闕里廟依京師制，增木主。英宗天順元年，立孔子、顏子、曾子、子思、孟子銅像於文淵閣。世宗嘉靖九年，張璁議毀像，籩豆用十，樂用六佾，或依毀像，或移像別作室奉之，或亦不移不毀。今闕里廟，舊像也。闕里廟，漢世即故宅興治，桓帝元嘉二年置百石卒一人。魏文帝黄初二年，亦置百石卒史衛廟，而於廟外廣爲室，居學者。宋孝武帝孝建元年，詔建孔子廟，同諸侯之禮。北魏孝文帝延興三年，給十户供灑埽。唐太宗貞觀十一年，給廟户二十。睿宗太極元年，以近祠户三十供灑埽。憲宗元和十三年，置五十户。宋太祖建隆三年，詔祭孔子廟，用一品禮，立十六戟於廟門。真宗天禧六年，增殿庭廊廡百六十間。仁宗慶曆四年，以本縣中户五十供灑埽。嘉祐六年，頒大成殿榜於闕里廟。神宗熙寧二年，行新法，減省廟户二十。哲宗元祐五年復之。徽宗崇寧三年，定殿名大成，國學郡縣學皆同。四年定門戟二十四。元太宗九年，給守廟一百户，世祖至元二年罷，成宗大德五年復，八年給灑埽户田五十頃。明太祖洪武元年，置户百。世宗嘉靖八年，改大成殿爲先師廟，大成門爲廟門，闕里廟祭以四仲上丁，國子監府州縣學廟以春秋，洪武十五年制也。以上祠廟。孔子墓，周時諸生以時習禮其下，史記集解皇覽云：「孔子冢，南北十步，東西十三步，高一丈五尺，塋地百畝。」史記云：「葬魯城北泗上，故所居弟子堂内，後世因廟藏孔子衣冠琴車書。」守相出私錢治之。宋文帝元嘉十九年，給灑埽五户。唐太宗貞觀十一年，給户二十。墓初祠壇方六尺，門弟子以瓴甓爲之，漢韓敕易以石，石廣厚三尺，縱横各七。唐玄宗開元二十年，遣禮部尚書以太牢祭孔子墓，易舊石以封禪石，以近墓五户長供灑埽，後又廣新石五尺。宋真宗景德四年，置守塋二十户。大中祥符元年，東封過仙源，拜孔子墓，命學士晁迥奠孔子父母。明太祖洪武時，置灑埽户七。成祖永樂二十年，建聖林門。以上墓。其推恩追崇始宋真宗大中祥符元年，封孔子父齊國公，母齊國太夫人，妻并官氏鄆國夫人。「并」蓋「兗」「弁」之借，唐人左傳桓六年正義，宋人隸辨引家語，正作「并官」。仁宗慶曆八年，詔於聖殿後立廟，齊國公像用九章。元文宗至順元年，封啟聖王、啟聖王夫人。三年，封鄆國夫人爲大成至聖文宣王夫人。又封顏子父杞國公，母杞國夫人。順帝至元二年，杞國畫像九章。明英宗正統三年，以顏路、曾皙、伯魚從祀啟聖王殿。世宗嘉靖八年，改王爲公。薛侃上言，聖廟中顏路三人在廡四配，理所不安，或其時三人兩從祀歟？以上推恩。自褒成侯至漢和帝永元四年定爲亭侯，食千户。魏文帝黄初二年，改宗聖侯，邑百户。晉武帝太始三年，改奉聖亭侯，邑二百户。至宋孝武帝大明時，奉聖亭侯失爵。南朝亦詔求孔氏後。北魏孝文帝延興三年，以孔子二十八世孫孔乘爲崇聖大夫。太和十九年，孝文帝如魯祀孔子，封孔靈珍爲崇聖侯，邑百户。齊文宣帝天保元年，改恭聖侯。周静帝大象二年，追封孔子鄒國公，以孫孔長孫襲邑百户。隋煬帝大業四年，封長孫子嗣悊紹聖侯，食百户。唐高祖武德九年，封嗣悊子德倫爲褒聖侯。太宗貞觀十一年，詔褒聖侯食邑百户，位同三品。中宗神龍元年，以鄒、魯百户爲隆道公後褒聖侯采邑。玄宗開元二十七年，隆道公爲文宣王，褒聖侯進爵爲文宣公兼兖州長史，長任代不絶。肅宗上元二年，詔文宣公位三品文官下。憲宗元和二年，敕敕與文宣公子一人官，遂爲例。昭宣帝天祐二年，朱温專政，失爵。越二十八年，唐明宗長興三年，復文宣公爵，兼縣令，則孔仁玉也。先是，仁玉父光嗣，不得封，仕泗水主簿。梁乾化中，爲廟户孔末所弑。唐明宗誅末，授仁玉曲阜主簿，旋爲令，復公封。宋初卒，贈兵部尚書，今孔氏稱爲中興祖者也。宋太祖乾德四年，授仁玉子孔宜曲阜主簿，後襲文宣公。真宗咸平三年，詔本道轉運使及州長吏，待孔氏爲令簿者以賓禮，勿使庭趨。仁宗至和二年，改文宣公爲衍聖公，立孔氏知縣。唐季及五代，孔氏宗子顯者才爲令簿。至宋，謂孔子子孫不使他族統治，使文宣公兼攝曲阜令，時孔宗原當襲，而議者言文宣非可爲子孫爵名，乃改衍聖公，而别立孔氏一人爲知縣。英宗治平元年，詔勿以孔氏知本縣，襲封人不得遠去家廟。初褒成侯在洛陽同文門有漢元嘉三年碑云：「相瑛言褒成侯四時來祭，事已即去。」及唐天寶十五年，文宣公孔璲避亂之寧陵，遂家焉。後以兼曲阜令，在曲阜。今别立令，故申言襲封人當依家廟，而衍聖公定著仙源，仙源者曲阜宋名也。哲宗元祐元年，改衍聖公爲奉聖公，承爵者即除寄禄官廩俸，並視現在官給田畝，考遷亦改寄禄官，不領他職，在故郡奉祀。徽宗崇寧三年，復爲衍聖公。大觀二年，敕孔子後常聽一人注本縣官，令丞簿尉無定職。金世宗大定二十年，授衍聖公本縣令。宋衍聖公孔端友南渡，寓三衢，六傳至孔洙入元。而金别擇立衍聖公，廢帝天德二年，詔衍聖公俸格加於常品，晉階承直郎。章宗明昌二年，以衍聖公四品階，八品不稱，超授中議大夫。元太宗五年，分縣尹。至定宗時，衍聖公元措卒，養弟之孫湞爲嗣，後以族人誣湞非孔氏子，封中絶。縣尹仍孔氏世襲官，爲修廟致祭。世祖至元十六年，宋亡。十九年，宋衍聖公孔洙至上都，帝欲使襲封，讓於居曲阜世承祀者。越十四年，成宗元貞元年，封孔治爲衍聖公。二年，設知印官。大德四年，給衍聖公隨朝四品官俸。七年，縣尹用衍聖公弟襲補。自湞失封，至治襲封，封中絶者四十四年。元文宗至順二年，給衍聖公三品銀印。順帝至正八年，以衍聖公爵與階不稱，晉秩中奉大夫，換二品銀印。明太祖洪武元年，進衍聖公秩二品，階資善大夫，置掌書、典籍、管句、司樂、知印、奏差、書寫，與孔氏世襲知縣。七年，改世襲知縣爲世職知縣。凡衍聖公官屬知印始元貞時，奎文閣典籍始元武宗至大二年，司樂始元仁宗延祐六年，餘皆明制也。宋徽宗崇寧二年，詔孔氏選親族一人，判司簿尉事，爲族長。明太祖洪武七年，賜孔庭族長龍頭藤杖，主理家政。永樂二十二年，仁宗即位，賜衍聖公正一品服。景帝景泰三年，改賜三臺銀印帶服，皆正一品，列文臣班首。神宗萬曆七年萬壽節，衍聖公入賀，待以客禮，不在文武班，不與朝參。二十二年，賜衍聖公長子「公世子」名號，例惟親王世子，郡王公皆長子。年十五，授二品冠服。以上世家言。其祭田，漢、唐依官爵。唐中宗神龍元年，以鄒、魯百户租税供薦享。宋真宗大中祥符元年，賜田百頃。哲宗元祐元年，添給百頃。八年，又賜百頃。金章宗明昌五年，增祭田六十五頃，屋四百間，後又撥給地六十四畝有奇。元成宗大德五年，官置祭田二十頃。九年，以尚珍署田五十頃，供曲阜林廟祭祀。明太祖洪武九年，賜祭田二千大頃，分五屯四廠十八官莊。成祖永樂五年，賜滋陽田七十三大頃，順天湯沐田八十二頃。以上祭田。其給復，先時有司酌復之。唐高宗乾封元年，詔賦役之事，褒聖子孫合門勿事。周世宗顯德五年，抑爲編户。宋太宗太平興國三年，詔復之。元太宗九年，詔復孔、顔、孟三氏子孫世世勿與。明太祖洪武元年，詔復三氏子孫大宗徭役。英宗正統元年，復聖賢後裔。以上給復。其奉祀以宗子主之，或幼與病則攝。宋大中祥符元年，文宣公孔聖佑年十一。九年，遷孔道輔知本縣主祠。天禧四年，聖佑年二十四，襲封兼知縣。金宣宗貞祐二年，衍聖公元措赴京師，弟元用攝祭。國朝衍聖公恭慤公毓圻晚多病，以子傳鐸攝祭。傳鐸當襲，雍正八年乞病，即以子廣沂襲。嘉慶四年，衍聖公憲培卒，嗣子慶鎔幼，以本生父博士封公爵，憲增攝祭，十一年八月交代。以上奉祀。其京邸，始明成祖永樂二十二年，太子仁宗賜也，在東安門外。天子祭闕里，會孔氏子孫，始漢章帝元和二年，大會孔氏六十三人，以儒者巾服見，天子臨雍。衍聖公率諸賢裔觀禮京師，始明景帝景泰元年。以上邸。其從祀配享，曹魏黄初時，曲阜廟像二弟子執卷侍立。見水經注。元魏興和三年，兖州刺史李珽修廟修像，以從陳、蔡十子雕傃其側，青衿青領。其在祭典，先時止以顔子配，或亦拜七十二弟子。北齊時，郡學立孔顔廟，諸賢不與也。唐太宗貞觀二十一年，始以先儒左丘明等二十二人配享。玄宗開元八年，以十哲配。二十七年，增十哲及曾子等六十七人公侯伯爵。後唐明宗長興二年，始定七十二賢籩豆酒脯。宋真宗大中祥符二年，又追封孔子弟子，加左丘明等十九人封爵。徽宗政和元年，更定孔門弟子封爵，改犯先聖諱者，至以宋人王安石封舒王，升坐配享。金章宗承安二年，升先賢先儒封爵。元仁宗皇慶二年，以宋、元儒從祀。先是，南宋自撤出王安石，別以宋儒從祀，至是及闕里廟矣。延祐三年定四配，始者北宋及金、元皆以顏、孟配位，顏右孟左，與孔子平列。南宋度宗咸淳三年四月，增曾子、子思爲四配，東西配。延祐時從之，升有子、子張、宋朱子於殿上，合四科。閔子以下爲十二位，則定於國朝也。明世宗嘉靖九年，去從祀公侯伯號，分稱先賢先儒。熹宗天啟時，以魏忠賢從祀，後撤之。以上從祀。自宋仁宗慶曆三年，立尼山廟學，教孔、顏、孟子孫。哲宗元祐元年，撥給近尼山田二十頃。元仁宗延祐二年，改中庸精舍爲子思書院，設山長。文宗至順元年，加號顏子復聖，曾子宗聖，子思述聖，孟子亞聖。明太祖洪武元年，改廟學爲三氏子孫教授司，立尼山、洙泗二書院山長，又置灑埽户八。英宗正統九年，設三氏學生員。景帝景泰三年，置顏氏、孟氏世襲博士。孝宗宏治十六年，加衍聖公次子翰林院五經博士，第三子太常寺博士，皆世職。武宗正德元年，立衢州孔氏博士，以洙泗〔一〕子孫世襲。二年，以衍聖公次子博士主子思書院。世宗嘉靖十八年，立曾氏博士於嘉祥。神宗萬曆十五年，三氏學益曾氏爲四氏學。熹宗天啟元年，孔氏鄉試編耳字號，聖裔聖字半也。自子思書院有博士，子思始得專祠，書院官置田。子思書院博

〔一〕「洙泗」，原作「朱洙」，今改。

士，國朝順治十四年，以明制太常寺博士襲；其衢州西安博士，以西安孔氏襲；松江青浦北有地名孔宅者，言漢時孔氏避地居此，有孔子衣冠墓，康熙四十四年，聖祖仁皇帝南巡，親書扁聯賜之，與衢州、西安皆孔子後也。五十八年八月，衢州歲科試，定額外取孔氏童生入學二名。以上四氏博士。其諸州學田，宋真宗乾興元年始詔給。明英宗正統四年，户部奏準衍聖公五屯存五百户，湊二千人辦納籽粒供祭祀。其遣官祭於曲阜，始北魏獻文帝皇興二年，遣中書令高允兼太常至兖州以太牢祭孔子。即位告祭，始元武宗至大元年，即位遣學士祭告孔子、顔子廟。頒書籍始晉孝武帝太元十四年，頒六經於孔子廟。避聖諱始宋徽宗大觀四年，改瑕丘爲瑕縣，龔丘爲龔縣。金章宗明昌二年，改臣庶名孔子諱者。曲阜孔廟前立下馬碑，祭版署御名，太和五年詔進士名有犯孔子諱者避之。告成太學及曲阜廟，則始聖祖仁皇帝平三藩。其立碑，則始平定朔漠。爲民祈福，則始康熙三十四年遣吴涵初。以上典制。世祖章皇帝順治元年，定制一如明時，交洪武二十五年八月二十五日，明太祖親封鐵冠道人圖匣於曲阜孔氏。二年，加孔子號大成至聖文宣先師。十四年，定稱至聖先師孔子。聖祖仁皇帝康熙二十九年，立天下文廟前下馬牌。世宗憲皇帝雍正元年，封孔子五代肇聖王、裕聖王、詒聖王、昌聖王、啟聖王，改啟聖祠爲崇聖祠。二年，諭改幸學爲詣學，增先賢博士。三年，定至聖諱字右，加邑州縣丁，祭俱用太牢，樂用八佾。五年，定八月二十七日至聖生日齋一日，禁止屠宰。七年，修曲阜廟殿及正門，皆用黄瓦，改舊名宣聖廟爲至聖廟，門戟二十有四。八年，設廟中孔氏執事官四十員。高宗純皇帝乾隆元年，國子監文廟亦易黄瓦。二十一年，改曲阜知縣爲在外調補缺，停孔氏知縣，而增孔氏執事六品官一。先是，執事四十員，三品二人，四品四人，五品六人，七品八人，八品十人，九品十人，均由藩庫給俸二十兩。准監生應試，至是又六品一。衍聖公田在會典者，田二千一百五十七頃，灑埽户百十五，皆免税課徭役者。今實免税課田一千二百五十六頃七十八畝，其九百頃二十二畝，或以爲曲阜城中地。案明時五屯二千大頃，不應有曲阜城中地。山東通志則云四千二百二十二頃五十一畝，疑係現存大頃，一頃爲三頃計之。餘俱汶、泗、沂、洸淤浸也。仁宗睿皇帝嘉慶十四年十月，以孔子祭田缺額九百頃，諭山東查撥，補還其廟基爲三百二十七畝五分，林地合新增，總二千九百四十一畝九分。墓刻今仍題文宣王，廟像王冕服，皆明以前法也。林樹古物有年分繫牌。宋書劉義恭傳云：「鎮彭城時，魯郡孔子舊庭有柏樹二十四株，經漢、晉，其大連抱。有二株先折倒，土人崇敬，莫之敢犯。義恭悉遣人伐取，父老莫不歎息。」蓋取枯折二株爲材，今廟樹林樹極蔥盛也。明天啟時，耳字卷舉人二名，魯藩占一名，聖裔占一名。順治十四年，二名俱歸四氏。雍正二年增爲三名。道光十一年，孔昭虔任貴州布政使，其子憲恭應鄉試，山東以列耳字號官字號，雙請皇上以歸官卷，則失專設四氏學本意，諭仍歸耳字專號。孔氏之派，今衍聖公「慶」字爲七十三世，自明以公、彦、承、宏、聞、貞、尚、衍八輩，遠近支屬依用。天啟中，衍聖公衍植又定十字，曰興、毓、傳、繼、廣、昭、允、慶、繁、祥。及允憲之襲也，高宗改爲憲祥，今俱依用憲字。衍聖公府當廟東，詩禮堂垣東。詩禮堂，列聖詣廟講學處也。康熙二十三年十二月丙子，聖祖詣依聖訓本作詣字。曲阜文廟，至奎文閣下輦，由甬道旁行，行三跪九叩首禮，留曲柄黄蓋，供廟廷四時享祭陳之。世宗憲皇帝依行九叩禮。乾隆五十五年，高宗純皇帝八旬萬壽，先期親詣曲阜廟致祭。雍正時，曲阜廟災，世宗詣國子監大成殿祭奠告慰，避殿減膳。曲阜廟工成，欽差大臣、衍聖公、山東巡撫同奏慶雲見。其後，高宗頒周器十於曲阜廟，重排石鼓十於國子監廟、熱河文廟。衍聖公京邸，今在西安門外太僕寺街。顏氏「士」爲十七世，曾、孟亦用孔氏名，曾氏「毓」爲六十九世，「孟氏「傳」爲六十七世。顏、曾、孟祭田，會典皆四十五頃。顏氏又自增祭田，見曲阜縣志，共百一頃十畝六分八釐。曲阜亦有僧道，明有三聖祠，正統時諭禁之。國朝康熙三十六年，衍聖公咨巡撫布政使撤毀。乾隆三年，河南學政林枝春以三教堂佛居中，聖人、老子互爲左右，請通飭毀之，得旨允行。古時有祈禱，南北朝祭或以女巫妖覡，淫進非禮，殺牲鼓舞，倡優俚狎。北魏孝文帝延興二年，詔禁之，定其禮。封氏見聞記儒教云：「唐時風俗，婦人多於孔廟求子，有露形登夫子之榻者。元成宗大德元年，制各官涖任，先謁聖廟，以次謁諸神廟，著爲令，廟始嚴閟。」國朝康熙二十五年，直省武官協領駐防。副將以上得陪祀。四十九年九月，太原總兵馬際伯奏文臣皆得陪祭孔子，武臣惟副將以上得陪祭，請自今參將以下同城武弁得與文臣一體陪祭，於是文武皆得在列。元仁宗即位，遣宦者祭告，殿上風起，兩廡燭滅，臺下鐵燭檠入土尺餘，皆拔。明洪武時，每月朔望遣内臣降香。嘉靖九年罷之。然内學堂上學散學皆拜孔子，非典禮主祭也。史記世家言極纖悉，蓋情深文明。其言世家，記世禄也，其名至當矣。王安石言孔子可世天下，以史爲失例，其説可怪歎，故復識世家言以後事如此。

書古文尚書冤詞後

吾聞之鄒平成君瓘謂：今枚文爲魏、晉人書者，非冤也。古文非伏生所有二十五篇，又分出伏書五篇者，奏上於晉，大行於唐，疑於宋，至元、明人則憑虚詬詈之。漢以伏生二十八篇，益以泰誓，置博士，藝文志所謂經二十九卷者是也。志又云「尚書古文經四十六卷」，則漢書、後漢書並云魯共王得壁中書，還之孔氏。孔安國上之，未得施行，然藏爲中經，故志得録之。安國又自傳司馬遷及都尉朝，以次傳膠東庸生、清河胡常、虢徐敖、平陵塗惲、河南桑欽，此皆不立學官，而見儒林傳者。扶風賈徽受書於惲，徽傳子逵，見本傳。杜鄴亦扶風人。後漢書儒林傳云：「杜林傳古文尚書。」林，鄴子也。魯國孔僖者，亦世世傳古文，拜郎中，其時自安國所傳於外之古文，若有違，僖以古文立朝，必能舉之矣。林傳濟南徐巡、東海衛宏，宏定古文官書。逵傳孔氏學，爲林作訓，馬融爲之傳，鄭君爲之注解。其傳授則劉歆移文所云：「古文舊書藏於祕府，轉問民間，則膠東庸生之學與之同，外内相應。」鄭本有注，無注及伏生先出之書，皆孔子所見之文也。今其書非先立博士者，則皆不傳。而隋人劉光伯引晉書及唐人枚本正義，皆爲枚書僞造。桑欽以後傳授之人，又斥古文鄭注爲張霸僞書。按漢書儒林傳言霸書百兩篇，成帝時以中書校之，非是，絀其書。鄭本無百兩篇。又言霸「分析合二十九篇爲數十」，正義引鄭目，惟顧命分康王之誥，盤庚分三篇，又異霸書，是爲枚，學者不識數也。鄭有注者，堯典、臯陶謨、禹貢、甘誓、湯誓、盤庚三篇、高宗肜日、西伯戡黎、微子、牧誓、洪範、金縢、大誥、康誥、酒誥、梓材、召誥、多士、無逸、君奭、多方、立政、顧命、康王之誥、費誓、吕刑、文侯之命、秦誓，皆伏生故有，説立博士，謂鄭爲古文者。鄭君云「我先師棘下生孔安國亦爲其説」，故古文得自爲一學，有師説。又泰誓三篇，民間所得，武帝使博士起傳，故獨有傳，與書序總三十五篇，三十一卷。泰誓疏云：「李顒集注尚書，于僞泰誓，每篇引孔安國曰，計安國必不爲彼書作傳。」不知安國作傳，止泰誓三篇，他古文無傳，枚氏僞爲不知。孔穎達且悍然爭之，其事至今始明也。其未立博士之篇，馬融所謂絶無師説者，謂之逸十六篇。舜典、汩作、九共九篇、大禹謨、棄稷、五子之歌、胤征、典寶、湯誥、咸有一德、伊訓、肆命、原命、武成、旅獒、冏命二十四篇十六卷，皆同題同卷。古文本四十六卷，武成一卷，建武之際亡，鄭以博士泰誓一卷益之，復得四十六卷，皆序自爲卷。漢書楚元王傳云：「逸書十六篇。」藝文志云：「以考二十九篇，得多十六篇。」荀悦漢紀武帝紀云：「得古文尚書，多十六篇，孔安國家進之。」云多者，明伏生書雖少於孔壁書，而史記儒林傳所謂求其書亡數十篇，獨得二十九篇者，實與孔壁書同，後先相應也。枚氏書則以孔壁文有師説之三十一篇，分去書序，又分堯典出舜典，分皋陶謨出益稷，以三十一爲三十三，去孔壁文無師説者，又去泰誓，而造大禹謨、五子之歌、胤征、仲虺之誥、湯誥、伊訓、太甲三篇、咸有一德、説命三篇、泰誓三篇、武成、旅獒、微子之命、蔡仲之命、周官、君陳、畢命、君牙、冏命，通孔古文及書序爲五十九篇。五十一題同序、同卷，分序去一，大禹謨、皋陶謨、益稷同序去二，康誥、酒誥、梓材同序去二，通去五卷，以合藝文志四十六卷之數。不知同序同卷，大禹謨雜入伏書卷中，難置多少之數。枚視伏書題多二十一，文多十九篇。多二十五卷，多十八卷又半，何云多十六篇？傳自桑欽乎？至民間泰誓已立博士，漢人或疑之。劉歆欲立古文，亦不舉泰誓，知古文中不得有泰誓。枚乃造泰誓三篇，尤其愚拙之迹。其序稱巫蠱事，漢書楚元王及儒林傳皆有之。然安國嘗爲其説，未聞泰誓外承詔作傳，則孔傳之僞亦可知也。毛奇齡以楊倫傳誤文，謂賈、馬、鄭爲桼書，非孔學。建武時，天下初定，杜林於西州獨懷桼書古文一卷耳，非有四十六卷。又賈逵爲作訓，是有訓注之卷，不得以論無注之十五卷。奇齡徒以明人應試，妄攻古文，吴澄、歸有光僞造尚書二十九篇古經十六卷之文，徧檢漢志無之，又陰妒閻氏若璩疏證之作，聞桐鄉錢甲、漳浦蔡甲謾語，激而右枚，反以鄭之四十六卷當桼書一卷，則爲枚學者終不識數。且謂杜林東漢初人，後漢書列之東漢末諸儒之後，明别之爲非孔學。曾不覽漢書亦列安國於西漢末諸儒之後，以非博士業。然則後漢書列杜林於諸儒後，正明其爲孔學。且桓榮、賈逵、杜林、鄭、馬皆自有傳，故附見之儒林傳末。毛於此學而不思書詞書字適以發枚覆，所引篇目盡背於古。枚文之罪，在塞絶孔書，而自晉以來，朝典文章半出枚義，則此二十五篇爲考訂詞頭之用，亦儒者不可少之書。是毛書不爲無俚，雖然枚文固宋以來言精、言微、言心性者之資糧也。而朱子獨以爲疑，嗚呼卓矣！

附録

先生性孝友，少時侍父獻句容縣訓導署中，飲食必先嘗味，不正者不敢進。居鄉言動不苟，誘掖後進，亹亹忘倦。所得修脯，盡濟親友之急。祁文端嘗以經師人表稱之。史傳。

張石州詣先生，頗多請益。先生賞之曰：「慧不難，慧而能虚，虚而能入爲難。」因與訂交。癸巳存稿張穆序。

先生嘗與句容王喬年同撰陰律疑，時稱爲窮理盡性之書。又存稿有積精篇，纚纚萬餘言，爲先生極用意之作。石州謂「非後學所能遽解也」，爲汰去之。同上。

程春海曰：「理初負絶人之資，篤好讀書，自識字積髮素寢饋凡四五十年，其善於始也能入，其眇於終也能出，出入之際，無精心卓識果力，則徇博而支，徇斷而歧。宋後逮有明，豈乏博見彊識，則絢虚車，絀實用，恒若斯也。惟識足以徹千古之蔀，辨足以息萬喙之爭，富足以會古今之通，明足以察真僞之溷，然後縱横勃窣，底於是乃已。加以受性方直，僞書誣古必辨。魏、晉儒改故訓，蔑先儒，必力辨。邪醜、正否、嫉賢，必覼縷辨。年過六十，而聰彊審密不懈。癸巳類稿程恩澤序。

又曰：理初察古人門徑，端趨向，於其嗜則塞也。寢饋經史，旁通諸子百家九流，於其僞則剷也。不寧惟是，唐、宋淆漢易判，魏、晉淆漢難判，淄、澠既合，易牙能分之，書缺有間，箋注脱僞，徵之諸子百家九流，有時而窮，則援及釋典、道藏，秕穅塵垢，尚堪陶鑄。刓其精者，啟我質我，不猶愈求野乎？然非受性精敏，一覽便記，又烏能宏通博辨，差擇眇詮若是？癸巳類稿程恩澤識語。

王菽原曰：理初愛素好古，澹泊寡營，不詭遇以求合。其蒐討之勤，識議之博，上下古今，縱横馳騁，分鑣並驅，悉講求於根柢之學。癸巳類稿王藻序。

理初家學

俞先生正禧

俞正禧字鼎初，理初弟，文學齊名。道光丁酉舉人。湛深經術，尤熟史事，背誦皆上口。儕輩有忘書，叩之應如響。下筆千言，初若不經意；文成，有經生才人百思不到者。教學者爲文章，以言有物，言有序爲的。有鄰林堂文二卷。平生多義行，玩世不飾威重，然處大事，決大疑，守正不踰，蓋儒而俠者也。卒年七十二。參安徽通志小傳、程鴻詔撰俞鄰林先生傳。

理初弟子

程先生鴻詔

程鴻詔字伯敷，黟縣人。少孤，師事理初及汪南士。爲文務閎麗，雖精博不逮其師，而文采過之。寄籍順天，再中副榜，選雞澤縣訓導。道光己酉中式舉人。母喪歸。咸豐五年，賊據黟城，先生倡團練山中，助官軍戰守，義聲著聞。曾文正駐軍祁門，聘入幕府，以功薦擢至山東補用道，仍留幕中，從勦捻匪。文正調任直隸，先生始辭歸。李文忠招入幕，從至四川，查辦教案。文忠欲薦爲川東道，辭不就。歸安徽，總纂通志。同治十三年卒。著有夏小正集説四卷、論語異義四卷、有恒心齋文集十一卷、外集三卷、駢文六卷、詩七卷、詞二卷、曲一卷、脞録一卷、筆記二卷、先德記二卷。參朱師轍撰傳。

夏小正集説敍

敍曰：太史公曰：孔子正夏時，學者多傳夏小正。時大戴未出，小正已傳於世。其在大戴記者，漢劉熙注亡，北周盧辯注闕，單行本始見隋志。又廣記稱晉郭璞注，亦不傳。其傳者，宋關澮傅崧卿本耳。儀禮通解、通鑑前編而外，經傳注疏，子史雜説，並多徵引此經，足資考訂。我朝治小正者四十餘家，曲阜孔檢討、臨海洪拔貢爲最詳，武進劉禮部爲近古。夫故訓少則疏證孤，而論説既多，折衷愈難，改字讀經，異文溢出，穿鑿立義，曲説鮮通。其淺者望文解字，深焉者以公羊學説夏禮。又古曆大要天度四分，無歲差，無南極，皆蓋天術。經傳、諸緯、諸子、史記，太初曆以前，皆蓋天，周髀是其算法。渾天本非古人所知，且夏曆用顓頊法，與堯曆用黄帝法不同，況以渾天九執西法，上注夏書，不合明矣。蒙自束髮受書，博觀注本，審問於通人，覃思明辨，心知其意，然後條理衆説，歸於一是。至言天，則就夏時法衡夏時象，以小正説小正，不執渾難蓋，兼涉中西。後人術工，非小正意也。正文壹依宋本，有誤具注，不輒改字。諸所引用，悉載撰人。己意所説，亦就正於有道。其諸異義，著於釋文，星周一紀，集說略具。然王道之精，授時之怕，槩乎其未之聞也。

文集

衛武公論答司馬遷孔穎達

衛武公篡立有諸？曰：此史誣也。史記衛世家云：「釐侯卒，太子餘立，爲君餘。弟和有寵於釐侯，多予之賂；和以其賂賂士，以攻餘於墓上，餘入釐侯羡自殺。衛人因葬之釐侯旁，謚曰共伯，而立和爲衛侯，是爲武公。」司馬貞謂太史公採他說而爲此，索隱説是也。今案左傳正義引世本：「頃伯生僖侯，僖侯生武公。」世本不言共伯者，僖公卒，武公繼體，當立，共伯早卒，故不言也。詩序柏舟，共姜自誓也。衛世子共伯蚤死，其妻共姜守義。淇澳，美武公之德也。共伯蚤死，明其年幼；曰世子，明未立爲君；曰美武公之德，與國語合。鄭箋：「共伯，僖侯之世子。」明著世子，無異説也。共伯之善終，武公之非篡，賴有此序耳。知早死，非弑者。左傳云：「莊公娶於陳，曰厲嬀，生孝伯，早死。」凡言早死者，皆在年幼未立也。必知共伯之早死者，詩云「髧彼兩髦」，毛傳：「髦者，髮至眉，子事父母之飾。」箋云：「兩髦之人，謂共伯也。」禮，世子昧爽而朝，亦笄總拂髦。玉藻云：「親歿不髦。」若如史記共伯既立爲君，則早已不髦矣。共姜能守義，又著兩髦之語，讀之，知其年幼，足以解後世大惑，誠可貴也。是説也，吕祖謙氏知之矣。而孔穎達云：「釐侯已葬，未成君，故言世子。共謚，伯字，未成君，故不稱爵。早死者不得爲君，不必年幼。武公篡立五十五年卒，則即位在四十一二以上。共伯是其兄，則又長矣。

其妻蓋少，猶可以嫁。」又云：「武公篡國得爲美者，美其逆取順守，德流於民。」孔穎達之見，遠不如小司馬矣。春秋書子卒，公羊説君存稱世子，君薨稱子某，既葬稱子，即位稱爵。左氏説未葬在喪稱子。曲禮説諸侯在凶服曰適子孤。皆不於即位後稱世子，何得云未成君故言世子？詩明云兩髦，何得云不必年幼？古人男雖長於女，豈有弟年四十以上，其兄妻猶少者乎？何得云蓋少？本未立，故稱謚稱字，何得云未成君，故不稱爵？果使逆取，有何可美？何得云美其逆取順守？且亦非序意也。國語武公箴儆於國，曰：「必交誡我。」果使篡立，不可誡乎？孔穎達亦知既葬不稱世子，又爲之説曰：「此詩便文説事，非史策屬辭之例。」亦知既葬不髦。又爲之説曰：「追本父母在之飾。」不能闢邪説，乃就誤史以迷正經耶？

孔子生卒年月日論

經窮而傳，傳窮而史，史窮而注，故信注不如信史，信史不如信傳與經。孔子之生也，不惟見於賈逵、服虔氏之注，而見於公羊氏、穀梁氏之傳；其卒也，不惟載於司馬遷之史，左丘明之傳，而載於弟子所續之經傳之言，曰：襄公二十有一年十月庚辰朔，日有食之。庚子，孔子生。續經者曰：「哀公十有六年夏四月己丑，孔子卒。」然則襄公二十一年己酉，下距哀公十六年壬戌，凡七十四年，聖人生卒年月日章章如是也。生年之誤者，自史記誤爲襄公二十二年庚戌始，而杜預、左傳注。司馬光、甲子彙記。朱子、論語序説。蘇轍、古史。胡仔、孔子編年。羅泌、路史。金履祥、通鑑續編。夏洪基孔子年譜。皆從之。生月之誤者，自今本公羊傳誤增十有一月始，而司馬遷、司馬貞史記索隱。朱子、洪慶善、闕里譜系。程登庸年表辨正。皆從之。司馬貞言史用秦法，故以周正十一月誤屬明年。貞能言二傳，而以史年爲誤，可謂豪傑之士。然猶以爲十一月，則攷之未審也。羅泌、夏洪基雖知爲十月，而以庚子爲二十七日，則用庚戌年致誤。洪慶善、程登庸謂己酉十一月二十一日庚子，年日雖不誤，然十月庚辰朔，十一月豈得有庚子？其能從二傳者，惟賈逵、服虔、宋濂、江永氏耳。然江氏用穀梁傳，而疑公羊十一月，不知古本無十有一月文也。能用古本公羊者，惟陸德明公羊音義。而已。卒日之誤者，自杜預言四月有乙丑無己丑始，杜之長曆推測朏造，既未可信用，且乙己二文隸寫相近，古文則絶不相蒙，無由致誤。孔叢子亦云：「昔我先君卒於哀公十六年四月己丑。」連叢雖不盡可信，然己丑則與經傳史書合，故愚以爲信注不如信史，信史不如信經傳，非他，惟其是而已。今有人曰「日食必非聖人生年」，則尤迂謬。日食而生，何損聖德？不日食而生，豈即聖人？又有人推曆而自斷以庚戌建酉之月二十七日庚子爲確，且謂二傳與曆所傳孔子年七十三者不合。夫執誤史以疑傳，其智已出司馬貞下，況執難憑之曆法，以與傳抗哉？經爲何人所續，雖不可知，然列之學官已久，宜比鑿空之曆爲可憑與！

萇弘論答韓非司馬遷

韓非子說儲載「叔向讒萇弘，僞爲萇書，佯遺其書於周庭，周以弘賣周，遂誅弘」。此事甚非實。史記封禪書云：「萇弘以方事周靈王，諸侯莫朝周。周力少，弘乃明鬼神事，設射貍首。貍首者，諸侯之不來者，依物怪欲以致諸侯，諸侯不從，而晉人執殺萇弘。」今攷弘之死，實因晉人，然非晉人所執，亦非依物怪。左傳明言劉氏、范氏世爲昏姻，故周與范氏，趙鞅以爲討，周人殺萇弘。國語亦云：「范中行之難，萇弘與之，晉人以爲討，敬王二十八年殺萇弘。」不聞其依物怪也。史記因左傳「萇叔違天」一語，傳聞異詞。夫衛彪傒所謂違天，指城成周一事，已非篤論，然不關射貍首。且諸侯貍首爲節，載在射義，亦非起自萇弘。弘死在敬王時，亦非在靈王時也。夫弘依古禮，以招諸侯，衛王室當時有違天之譏，後世興依怪之誚，可謂忠不見諒矣。而王嘉又展轉傅會，言周靈王起昆明臺，弘招致神異，容成子諫王，乃疏弘，周人以弘幸媚而殺之，流血成石，或言成碧，則尤不可信。萇弘知樂律，又知人，觀經傳所載弘語，確是正人。淮南氾論亦稱「弘，周室之執數者，天地之氣，日月之行，風雨之變，律曆之數，無所不通」。史記天官書「昔之傳天數者，周室史佚、萇弘」。禮樂記孔子與賓牟賈論樂，亦云「某聞諸萇弘」。然則弘實正人，不當以幸媚相誣矣。莊子外物篇「萇弘死於蜀，埋其血，三年化爲碧」。司馬彪注：「弘忠而被放，故其血不朽而化爲碧。」宋林慮莊子口義：「弘被放歸蜀，刳腸而死，蜀人以匱藏其血，三年化爲碧玉。」仙傳拾遺云：「周末殺萇弘於蜀，其血碧色，入地化爲碧玉，數里路土皆青色。今蜀有青泥坊，即弘死處。」攷莊子云「萇弘拖腸」，淮南子云「鈹裂」，又云「車裂」，吕氏春秋「藏其血，三年化爲碧玉」，華陽國志云「弘血變爲碧珠」，續漢書郡國志注「雒陽縣東北邙山有弘冢」，皇覽云「弘冢在洛陽東北邙山上」，史記集解同。是弘死之説不一，或云在洛陽，或云蜀，亦不同説儲，乃歸獄於叔向。無論叔向人品不至此，春秋時事不如此。但考弘死在魯哀公三年，晉祁盈之亂，殺楊食我在魯昭公二十八年，時叔向久死矣，下距弘死又二十三年，此時更安能僞爲弘書耶？推尋事蹟，萇叔違天，依怪幸媚，皆誣。羊舌讒言，亦誣。宋王應麟氏、近張澍氏發其覆矣。

論語孟子撰人攷

論語者，漢書藝文志云：「當時弟子各有所記。」公羊疏義引論語讖云：「子夏等七十二人，共撰仲尼微言。」論語釋文引鄭康成云：「仲弓、子夏等所撰定。」邢昺疏引鄭云：「仲弓、子游、子夏等所撰定。」程子云：「論語之書，成於有子、曾子之門人，故其書獨二子以子稱。」家語以爲孔蔑。朱子集註引胡氏云：「里仁篇自吾道一貫至訥言敏行，此十章疑皆曾子門人所記；公冶長篇多子貢之徒所記；先進篇疑閔子門人所記；憲問篇原憲所記。」又「子温而厲，威而不猛。恭而安」，程子以爲曾子所記。孟子者，史記以爲孟子自著，韓愈以爲非自著。朱子序説用史記，而集註「決汝、漢」爲記者之誤，「道性善」爲記者撮其大意，與序説不合。朱子亦自謂集註爲非，見於困學紀聞所引。今以本書證之，魯哀公、季康子稱謚，齊陳恒稱成子，子貢謂孔子其死也哀，曾子疾病，是論語成於孔子、曾子既卒之後也。萬章咸丘蒙於孟子前當自名，依「連得間矣」、「虞不敢請」之例，不當自稱「吾既聞命矣」，此乃孟子自著，故不細檢，可以爲證。

宋襄公使用鄫子辨

宋襄公泓之戰曰「不重傷，不禽二毛」，何以使邾文公用鄫子於次睢之社，子魚諫而不聽乎？曰：左氏誣也，不見於史記微子世家。穀梁氏則曰：「用之者，叩其鼻以衈社。」知非殺人而用祭矣。及讀公羊傳「僖公十四年，季姬及鄫子遇于防，使鄫子來朝。非使來朝，使來請己也。」十五年，「季姬歸于鄫」。十六年「夏四月，丙申，鄫季姬卒」。十九年「夏六月，宋人、曹人、邾婁人盟于曹南，鄫子會盟于邾婁。己酉邾婁人執鄫子用之，叩其鼻以血社。」何氏曰：「魯本許嫁季姬于邾婁，季姬淫泆，使鄫子請己而許之，二國交忿，襄公爲此盟，欲和解之。既在會閒，反爲邾婁所欺，執用鄫子，恥辱加于宋矣。」然則用鄫子者，邾人之罪，非宋襄公也。若爲宋所使，則春秋誅首惡，胡爲書邾人執乎？二十一年「公伐邾」，二十二年「公伐邾取須句」，皆以鄫故也。鄫子，僖公之婿，爲邾所欺，故公爲報之。魯襄公時，鄫屬于魯，世子與叔孫豹如晉，魯、鄫婚姻未替也。伯姬卒，公羊以爲字而未嫁者，内女字人，本不見經，何氏謂魯本許季姬于邾婁，今不可攷。然公羊師説相承，亦當可信。左氏傳聞異詞，誣宋襄公，於春秋書法，經文前後事蹟不相屬矣。公羊昭公十一年，「楚執蔡世子有以歸，用之。用之防也，蓋以築防也。」何氏曰：「持其足，以頭築防。」穀梁傳不與楚殺，史記平侯立殺隱太子，皆與叩鼻血社説異。左傳記申無宇言五牲不相爲用，仍子魚言六畜不相爲用義也。

子路結纓異義

子路死事，左傳、史記皆同。史記云：「方孔悝作亂，子路在外，聞之，馳往，門已閉。有使者入城，城門開，子路隨而入。造蕢聵，蕢聵與孔悝登臺，子路欲燔臺。蕢聵懼，乃下石乞、壺黶攻子路，擊斷子路之纓。子路曰：『君子死，冠不免。』結纓而死。」其事如此。御覽三百三十六卷引論語隱義云：「衛蒯聵亂，子路與師往。有狐黯者在師，曰：『子欲入耶？』曰：『然。』黯從城上麻繩鉤子路，半城，問曰：『爲師耶？爲君耶？』曰：『在君爲君，在師爲師。』黯因投之，折其左股，不死。黯開城欲殺之，子路目如明星光耀，黯不能前。謂曰：『畏子之目，願覆之。』子路以衣袂覆目，黯遂害之。」此事甚異，推尋傳文，子路已入城，始末甚明，不至有繩縋之事。且隱義既云子路興師，何至棄師而一人上城？又何至黯開城出，師中竟無一士一卒與敵？況子路亦未嘗興師。據左傳云：「子路入城門，公孫敢門焉。曰：『無爲入也。』季子曰：『是公孫也，求利焉，而逃其難。由不然，利其祿，必救其患。』」然則此時守門者乃公孫敢。當是隱義因公孫敢、狐黯音相轉注，故傳聞異詞。不然，則是因壺黶而誤。壺黶，衛世家、左傳並作盂黶，御覽四百八十二作狐黶，黶音於減反，與黯音正同，壺、狐音正相近，是必因壺黶而誤。掩袂之事，則又因結纓而衍也。

湯先生球

湯球字伯玕，與理初同縣。少耽經史，從理初游，傳其考據之學。通曆算星緯，恥以藝名。嘗輯鄭康成逸書九種、劉熙孟子注、劉珍等東觀漢記、皇甫謐帝王世紀、譙周古史攷、傅子伏侯古今注。其讀史用力於晉書尤深，廣蒐載籍，補晉史之闕，成書數種。同治六年舉孝廉方正。光緒七年卒，年七十八。參史傳。

理初交游

孫先生星衍

別爲淵如學案。

祁先生寯藻

別見鶴皋學案。

程先生恩澤

別爲春海學案。

張先生穆 別爲月齋學案。

汪先生文臺

汪文臺字南士，與理初同縣，相善。學宗漢儒，以論語邢疏疏略，因取證古義，博采子史箋傳，依韓嬰詩傳例，作論語外傳。見阮文達十三經注疏校勘記，謂有益於後學。然成於衆手，時有駁文，别爲表識，作校勘記識語，寄示文達。文達服其精博，禮聘之。又嘗纂輯七家後漢書、淮南子校勘記及脞稿，皆行於世。道光二十四年卒，年四十九。參史傳。

王先生喬年

王喬年字崧鶴，句容人。與理初少相善，嘗同作陰律疑，裁書滿屋，朱墨爛然。理初謂崧鶴之力居多，精神周到，可謂健者。卒於嘉慶三年，年二十四。有頤正堂詩文一卷。參癸巳存稿頤正堂文序。

成先生瓘

成瓘字篛園，鄒平人。著書十餘種，畢生精力悉在篛園日記一書。理初爲作序，稱其讀書能爲深沈之思，刺取經傳沈逸，與王深寧例同，而加詳備。各有一册，於尚書功最深。閻百詩説古文醇疵相半，釐訂之，證以古簡，創獲甚多。胡朏明禹貢錐指已正濟水在華不注山下大清河之誤，又詳攷濟陽古崔氏城之水往東北者，亦非古漯渠，因以得水經注東朝陽城以下地阯。又攷滓水枯渠，及考老黄河自齊河至德州，得舊渠四，符於史籍遷移之蹟，爲胡氏所未詳。以周髀算經首章之言御三角本捷也，著書者務繁其文，因設圖製説，餉治算學者。讀史，輯紀表志傳事涉鄒平者，綴爲一篇。得漢建初尺度，以累黍法求之，不合。與其弟禮西出巧思，細累至百黍，斷之爲一尺，以數尺參錯其寸校之，自定一尺。嘗於臨淄客舍乞得撮黍示理初，至章丘又擇得佳黍百粒寄示，且以互求法通得古今權量之數。弟琅，字樨園，與兄齊名，世稱鄒平二成。著鉏經摭記十四卷，初名禮經釋例，凡七卷，復撮會證之辭，爲禮俗存古録，後取舊作，重爲疏證，始改今名。蓋原擬通釋禮經，後以類目紛繁，乃專治服制一門，兼及縫紉織染，追溯蠶桑之事，自浴蠶以至成服，博引衆説，自下己見。自序曰：「讀經之法，當以百今證一古，亦當以百古證一今。」可以觀其指趣。參癸巳存稿篛園日記、山左先喆遺書提要。

附録

篛園日記分正續兩編，各爲八卷。正編：一卷讀易偶筆，二卷讀尚書偶筆，三卷讀詩偶筆，四卷讀三傳偶筆，五卷讀史偶筆，六七兩卷讀羣書偶筆，八卷春暉載筆，體例略同困學紀聞、日知録諸書，舉經史、禮制、天文、地輿、金石、方言，一一折衷。正編已傳印，續編尚未出。山左先喆遺書提要。

淩先生堃

淩堃字仲訥，烏程人。十歲失後母愛，走山西習醫卜，轉徙恒、忻、朔、代間。道光辛卯應順天鄉試，中式舉人。性奇僻，好異書，與理初友善。林文忠公則徐嘗目之爲國士。阮文達公元，先生父座主也，先生就請業，文達命治經，始辨別禮宫室、服食、制度。譔尚書述、周易翼、學春秋理辨數十萬言。長推步算術。嘗於學春秋之暇，表其代嬗興廢。又以歲星紀年及太歲超辰之法，漢以後失墜，因爲之辨，著王朝列國紀年一卷。又著德輿子，論時政甚具。晚年選授金華教諭。咸豐十年，聞湖州警，棄官歸。明年，寇至其鄉，脅先生降，大駡死之，年六十有七。參戴望撰墓志銘、史傳。

清儒學案卷一百三十八

墨莊學案

墨莊與樸齋、竹村，世所稱爲「三胡」者也。先世自徽遷涇，於績溪爲别族。經術相宣，如驂斯靳。同時說詩者，桐城馬元伯、長洲陳碩甫，鼎跱南中。後箋於别擇毛、鄭，會通經文，彌審慎焉。述墨莊學案。

胡先生承珙

胡承珙字景孟，號墨莊，涇縣人。五歲就傅誦讀，倍常兒。十歲能文章，十三入庠，二十六膺選拔，即以其年中式鄉試。嘉慶乙丑成進士，改庶吉士，授編修，遷御史，轉給事中，外授福建延建邵道，調補臺灣道。乞病歸家，居九載，足不出里門，不預外事，專力著作。道光十二年卒，年五十七。

先生少工詞章，通籍後，究心經術，而畢生精力所注者，則在毛詩後箋一書。嘗自言其例曰：「後箋專主發明毛傳，爲之既久，然後知箋之於傳，有申毛而不得毛意者，有異毛而不如毛義者。蓋毛公秦人，去周甚近，其語言文字，名物訓詁，已有後漢人所不能盡通者，而況於唐人乎？況於宋人乎？故不讀熟經文，不知傳文之妙；不細繹傳文，不知箋説之多失傳旨。鄭學長於徵實，短於會虚，前人謂其按跡而語性情者以此。唐人作疏，每欠分曉，或箋本申毛而以爲易傳，或鄭自爲説而妄被之毛，至毛義難明，不能旁通曲鬯，輒以『傳文簡質』四字了之而已。拙著從毛者十之八九，從鄭者十之一二。始則求之本篇，不得則求之本經，不得則證之他經，又不得然後泛稽周、秦古書。於語言文字、名物訓詁，往往有前人從未道及者，不下數十百條。撰稿屢易，手自寫定。」至魯頌泮水而疾作卒，後陳碩甫補之成書三十卷。又著有儀禮古今文疏義十七卷、小爾雅義證十三卷、爾雅古義二卷、求是堂文集六卷、奏摺一卷、駢體文二卷、詩集二十二卷。又嘗撰春秋三傳文字異同考證、公羊古義、禮記别義，皆未成。參胡培翬撰别傳、求是堂文集。

儀禮古今文疏義自序

後漢書儒林傳云：「前書魯高堂生，漢興傳禮十七篇。後瑕丘蕭奮以授同郡后蒼，蒼授梁人戴德及德兄子聖，於是德爲大戴禮，聖爲小戴禮。」又云：「鄭玄本習小戴禮，後以古經校之，取其義長者，故〔一〕爲鄭氏學。」是則鄭注所謂今文者，乃小戴本；所謂古文者，則前書藝文志云：「古經出於魯淹

〔一〕「故」上原有「順」字，據後漢書儒林傳删。

中者也。」六藝論云：「得孔子壁中古文禮凡五十六篇，其十七篇與高堂生所傳同，而字多異。」蓋鄭君作注，參用二本，從今文者，則今文在經，古文出注；從古文者，則古文在經，今文出注，此其大較也。然尚有不止此者。今文古文各有一字兩作者，如「膱」爲今文，「胾」爲古文，而又云：「今文膱，或作植。」「縰」爲古文，「璪」爲今文，而又云：「古文縰，或作藻。」且有不言今古文，但云某或作某者。殆當時行用，更有别本，斯可謂博稽廣攬者矣。典籍流傳，字多通借，周禮「故書」，禮記「他本」，論語「異讀」，凡皆審定聲義，務存折衷。此經之注，亦同斯旨。最其略例，蓋有數端：有必用其正字者，取其當文易曉，從「甒」不從「廡」，從「盥」不從「浣」之類是也；有即用其借字者，取其經典相承，從「辯」不從「徧」，從「膉」不從「嗌」之類是也；有務以存古者，「視」爲正字，「示」乃俗誤行之，而必從「視」是也；有兼以通今者，「升」當爲「登」，升則俗誤已久，而仍從「升」是也；有因彼以決此者，則别白而定所從，鄉飲、鄉射、特牲、少牢諸篇是也；有互見而竝存者，可參觀而得其義，士昏從古文作「枋」，少牢從今文作「柄」之類是也。至於句字多寡，語助有無，參酌異同，靡不悉記。疏家視爲牿略，尠有發明，不知當日禮堂寫定，隻字之去取，義例存焉，闓意眇旨，有關於經者實夥。曩治禮經，竊見及此，遂取注中疊出之字，竝「讀如」、「讀爲」、「當爲」各條，排比梳櫛，考其訓詁，明其假借，參稽羣經，旁采衆説，一一疏通而證明之。他如喪服傳注，或彌縫傳文，或駁正舊讀，雖無關今古文，而考義定辭，致爲審覈，亦爲引申端緒，附著於篇。仍其次第，都爲十七。凡皆墨守鄭學，罔厥指歸，蘄爲治此經者，撮壤涓流之裨助云爾。

小爾雅義證自序

小爾雅者，爾雅之羽翼，六藝之緒餘也。漢書藝文志與爾雅竝入孝經家。揚子雲、張稚讓、劉彦和之倫，皆以爾雅爲孔門所記，以釋六藝之文者，然則小爾雅猶是矣。漢儒訓詁，多本爾雅。毛公傳詩，鄭仲師、馬季長注禮，亦往往有與小爾雅合者，特以不著書名，後人疑其未經援及。然如説文所引爾雅之「皍」，則固明明在小爾雅矣。其中如「金烏」之解，「公孫」之偁，「請命」之禮，「屬婦」之名，合符詩、書，深裨經誼。沿及魏、晉，援據益彰。李軌作解，今雖不存，而所注法言「曼無邵美」，即用雅訓，是固足以名其學矣。唐以後人取爲孔叢子第十一篇，世遂以孔叢之僞而并僞之。而酈氏之注水經，李氏之注文選，陸氏之音義，孔、賈之義疏，小司馬之注史，釋玄應之譯經，其所徵引，核之今本，粲然具存。此可見孔叢本多剌取古籍，而所取之小爾雅，猶係完書，未必多所竄亂也。曩見東京戴氏横施駮難，僅有四科，予既援引古義，一一辨釋。因復原本雅故，區别條流，又采輯經疏選注等所引，通爲義證。略存舊帙之彷佛，間執後儒之訾議，將有涉乎此者，庶其取焉！

文集

九攡解

周官九攡，自注疏以下，其説紛歧，今爲董而理之。大祝辨九攡，一曰𩒨首，二曰頓首，三曰空首，四曰振動，五曰吉拜，六曰凶拜，七曰奇拜，八曰褒拜，九曰肅拜。案䭲首、頓首、空首三者，爲吉禮之拜；振動、吉拜、凶拜三者，爲凶禮之拜；奇拜、褒拜二者，則吉禮、凶禮皆有之。䭲首等六拜爲經，奇拜、褒拜二拜爲緯，肅拜則專爲婦人之拜。而此九拜，皆以享右祭祀，吉祭用吉禮之拜，喪祭用喪禮之拜。推而及於賓、嘉諸禮，亦用此拜法耳。何以明之？䭲首者，鄭康成注大祝云：「稽首者，頭至地也。」案何休注公羊傳云：「頭至地曰稽首。」趙岐注孟子云：「稽首拜，頭至地。」一切經音義引白虎通云：「所以稽首者何？稽，至也；首，頭也，言頭著地。」此皆與鄭合。説文云：「下首者，渾言之耳，此拜於祭祀爲敬之至者。」郊特牲云：「君再拜稽首，肉袒親割，敬之至也。敬之至也，服也。拜，服也。稽首，服之甚也。」他如特牲、少牢「宿尸」，特牲、少牢「陰厭」，特牲「嗣舉奠」，皆再拜稽首，士虞禮：「饗神，主人再拜稽首。」此稽首，恐係稽顙之誤。虞乃喪祭事，事變于吉，不應于此有再拜稽首。蓋亦敬之至者。以此稽首爲拜中至重，故祭祀而外，又爲臣拜君法。左傳孟武伯曰：「非天子，寡君無所稽首。」知武子曰：「天子在，而君辱稽首。」郊特牲：「大夫之臣不稽首，非尊家臣以辟君也。」至君於臣，亦有稽首者，如洛誥「成王拜手稽首」，疏所云「其有敬事，亦稽首」是也。頓首者，鄭云：「頓首拜，頭叩地也。」蓋頓首與稽首有別，稽首者，頭下至地，稽留其首；頓首者，引頭至地，首頓即舉。僖五年左傳孔疏謂「頓首頭不至地，暫一叩之」，非是。頓首又與稽顙有別，鄭注檀弓云：「稽顙者，觸地無容。」然則頓首頭叩地，雖與觸地相似，其拜仍有容，故鄭注周禮云：「拜而後稽顙，與頓首相近。」疏謂：「拜體相近，然吉凶之用自別。」段氏懋堂説文注以頓首爲凶禮，謂「如申包胥之九頓首，以國破君亡；穆嬴之頓首，以太子不立，皆類乎凶事而爲之者。」

不知申包胥之九頓首，以其九頓異於常禮。如韓之戰，秦獲晉侯，晉大夫三拜稽首。古有頓首，無九頓首；有再拜稽首，無三拜稽首。至穆嬴於趙宣則小君也，且婦人禮不應頓首而頓首，皆所以致其情事迫切之意，非以頓首爲凶禮而用之也。且段氏既云頓首尚急遽，䭛顙者稽遲其顙，乃又云「頓首即䭛顙」，誤矣。頓首自是平敵相拜之法，祭祀有賓主獻酢，皆當用此拜法。頓首下稽首一等，故蔡邕獨斷云：「秦法，羣臣上書，皆言昧死。王莽去昧死，曰稽首。光武因而不改，朝臣曰『稽首頓首』，非朝臣曰『稽首再拜』。」此雖頓首亦用於君，然必先稱稽首而後頓首，且未有無故以凶禮之頓首概施於章表者也。李陵答蘇武書稱頓首，蓋漢時敵者之拜猶然。淩氏次仲云「禮經賓主相敵之拜皆頓首，經不云頓首者，文不具」是也。空首者，鄭云：「拜頭至手也。」疏云：「先以兩手拱至地，乃頭至手，以其頭不至地，故名空首。」蓋空首即經傳所謂拜手。何注公羊傳曰：「頭至手曰拜手。」東晉尚書孔傳曰：「拜手，首至手也。」此皆與鄭注空首拜合。其云拜手稽首者，先空首而後稽首也。疏家以爲君答臣下拜法。淩次仲云：「禮經君拜其臣皆空首，經不云空首者，猶之平敵相拜不云頓首也。」穆天子傳：「天子賜七萃之士高奔戎佩玉一隻，奔戎再拜䭛首；賜許男駿馬十六，許男降，再拜空首。」郭注：「空首，頭至於地。」則此空首即䭛首，與周禮之空首不同。惠氏半農曰：「降拜謂之空，未升成拜也。」振動者，杜子春云：「振讀爲振鐸之振，動讀爲哀慟之慟。」鄭大夫云：「動讀爲董，書亦或爲董。振董，以兩手相擊也。」鄭康成以振動爲「戰慄變動之拜」。淩次仲云：「振動之拜，諸儒言人人殊，惟杜子春得之。蓋凶事之有振動，猶吉事之有稽首，皆拜之最重者。士喪禮『君使人弔、襚』及『君臨大斂』，既夕禮『君使人賵』，主人皆『拜，稽顙成踊』。非君之弔、襚、賵，則拜而不踊。是拜而後踊，于君始行之，故曰與稽首同。踊與稽顙皆非拜，拜而成踊，謂之振動。猶之拜而後稽顙謂之吉拜，稽顙而後拜謂之凶拜。」今案：淩説是也。拜而後踊，固爲拜君之弔、襚、賵，其實喪祭亦有拜而後踊者。士虞〔一〕禮卒哭之祭，「主人酌，獻尸，尸拜受。主人拜送，尸祭酒卒爵，主人及兄弟踊，婦人亦如之。主婦亞獻，踊如初。賓長三獻，踊如初」。此雖不言成踊，亦是拜而後踊。蓋踊雖非拜，而有用于喪拜者，故别于吉拜，凶拜而謂之振動也。吉拜凶拜者，鄭云：「吉拜，拜而後稽顙，謂齊衰不杖以下者。言吉者，此殷之凶拜，周以其拜與頓首相近，故謂之吉拜。云凶拜，稽顙而後拜，謂三年服者。」今案：雜記云：「三年之喪，以其喪拜；非三年之喪，以吉拜。」注以吉拜、喪拜爲受問受賜。然非獨此也，喪祭有拜尸拜賓者，皆當以此分别吉凶。檀弓孔子曰：「拜而後稽顙，頽乎其順也。稽顙而後拜，頎乎其至也。三年之喪，吾從其至者。」鄭注：「以拜而後稽顙爲殷之喪拜，稽顙而後拜爲周之喪拜。」又云：「自期如殷可。」淩次仲云：「禮經但有拜稽顙，而無稽顙拜之文，則拜而後稽顙，其周禮歟？鄭以爲殷之喪拜者，於經未合。」今案淩説非是，禮經之拜稽顙者，言其拜也必稽顙耳，非謂必先拜而后稽顙也。檀弓：「秦穆公使人弔公子重耳，重耳稽顙而不拜。穆公曰：『稽顙而不拜，則未爲後也，故不成拜。』」此足見三年之喪，爲後者必稽顙而後拜，始謂之成拜。此正是周禮，不得以拜稽顙之文疑鄭注也。陳氏禮書云：「士喪禮於三年

〔一〕「虞」，原作「喪」，據儀禮改。

之喪拜稽顙，喪大記、雜記皆言拜稽顙。此謂拜必稽顙，非拜而後稽顙也。」奇拜、褒拜者，杜子春云：「奇讀爲奇耦之奇，謂先屈一厀，今雅拜是也。」或云：「奇讀曰倚，倚拜，謂持節持戟拜，身倚之以拜。」鄭大夫云：「奇拜，謂一拜也。褒讀爲報，報拜，再拜是也。」鄭司農云：「褒拜，今時持節拜是也。」鄭康成云：「一拜，答臣下拜。再拜，拜神與尸。」今案：諸説皆非。是奇猶獨也，獨拜者，謂拜而不答拜，如後漢書馬援傳「援嘗有疾，梁松來候之，獨拜牀下，援不答」是也。曲禮：「凡非弔喪，非見國君，無不答拜者」。注云：「喪賓不答拜，國君見士不答其拜。」今案：匪獨此也，如特牲饋食禮「宿尸，尸許諾，主人再拜稽首，尸不答拜」者，以既許諾，則成爲尸，故不答拜。又「主人送于門外，再拜」，注云：「凡去者不答拜。」又如「凡爲人使者，不答拜」之類。此則稽首、頓首、空首、吉拜、凶拜皆有拜而不答者，謂之奇拜。褒報者，答拜也。鄭注樂記、祭義俱讀報爲褒，鄭大夫讀褒拜爲報拜，則凡稽首頓首，但是因拜而答者，皆褒拜也。至肅拜，婦人之拜，亦是跪拜，但不俯伏耳。禮記少義鄭注：「肅拜，拜低頭也。」此語最諦，謂但低其頭，而頭不至手與地，異於空首、稽首等拜。惟鄭司農注周禮以「肅拜但俯下首，若今時揖」，杜注左傳、韋注國語皆以肅拜爲「長揖」，不知揖而不拜者，古但謂之肅。如左傳「敢肅使者」，國語「敢三肅之」，此曲禮所謂「介胄之士不拜」也。既曰不拜矣，尚得以肅拜目之乎？疏家每引左、國之肅以證肅拜，謂軍中有此肅拜法，誤矣。賈誼容經曰：「端股整足曰經立，微磬曰共立，磬折曰肅立，垂佩曰卑立。視平衡曰經坐，微俯曰共坐，俯首曰肅坐，廢首低肘曰卑坐。」觀肅立、肅坐之容，則肅拜亦必於跪拜之際俯首而磬折可知。若謂肅拜，但立而俯下首，則與磬折曰肅立何以異乎？且少儀云：「婦人爲尸坐則不手拜，肅拜。」既曰坐而肅拜矣，尚得云婦人之肅拜，但立而不跪乎？王廷相曰：「孔氏、陳氏謂肅拜如今婦人不跪地而拜，則尸坐事説不通矣。」婦人之拜，以肅拜爲常。少儀云：「婦人吉事，雖有君賜，肅拜。爲尸坐則不手拜，肅拜。爲喪主則不手拜。」鄭注：「手拜，手至地也。」婦人以肅拜爲正，凶事乃手拜爾。爲喪主不手拜者，爲夫與長子當稽顙也，其餘亦手拜而已。蓋婦人以肅拜當男子之空首，以手拜當男子之稽首，士昏禮「婦拜扱地」是也。其稽顙之拜，則與男子同耳。淩次仲云：「儀禮凡丈夫之拜坐，婦人之拜興，丈夫之拜奠爵，婦人之拜執爵，是婦人之肅拜不屈厀，故必興，兼可執爵拜也。」此亦不然。昏禮：「婦見姑，奠笲於席。姑坐，舉以興，拜授人。」又：「贊醴婦，婦降席東面，坐啐醴建柶，興拜。」此皆謂既興再跪拜耳，非即立而拜也。彼昏禮「婦見舅，執笲拜奠，舅坐撫之」，亦云「興，答拜」。豈男子亦有此立拜乎？特牲饋食禮注言：「婦人執爵拜，變于男子者，謂執爵拜，異于奠爵拜耳。」其實既卒爵，則皆空爵矣，非必執之，即不可跪拜也。總之，經傳中言拜，無有不跪者。説文足部曰：「跪者，所以拜也。」蓋先跪兩厀至地，次拱兩手而下之，乃拜之大體。故説文「拜」字「从兩手下」，荀子所謂「平衡曰拜」者。拜之大名，亦曰拜手。説文「𢷎，首至手也。」本作首至地，从段懋堂説訂正。吳草廬曰：「先跪兩厀著地，次拱兩手到地，乃俯其首不至於地，其首懸空，但與腰平，荀子所謂『平衡曰拜』是也。周官謂之『空首』，尚書謂之『拜手』，與凡經、傳記單言拜字者，皆謂此拜也。」劉世節瓦釜漫記曰：「朱子語類有問者曰：『何謂肅拜？』朱子曰：『兩厀齊跪，手至地，頭不下爲肅拜。』」古樂府云：「婦人申腰再拜。」跪申腰，亦是頭不下也。宋祖嘗問趙中令，禮何以男子跪拜，而婦人不跪？趙不能對。徧詢禮官，皆無知者。王貽孫爲言：「古詩『長跪問故夫』，婦人亦跪。唐天后朝，婦人始拜而不跪。」趙問所出，因以張建章渤海國記爲證。汪聖錫燕語證誤又云：「周宣帝詔命婦皆執笏，其拜宗廟及天臺皆俯伏，則其時婦人已不跪矣。故特有詔云：『始於則天，非也。』」今案：天元之詔，正見古者婦人之拜，但跪而不俯伏，此所謂申腰再拜跪耳，非前此皆不跪拜也。南宋張淏雲谷雜記引程氏考古編云：「周昌諫帝廢太子，吕后見昌爲跪謝。」戰國策：「蘇秦嫂蛇行匍匐四拜，自跪而謝。」隋志：「皇帝册后，后先拜後起；皇帝後拜先起。」則唐以前婦拜無有不跪者矣。

與張阮林孝廉書

昨讀尊著大别考，力申漢志「大别在安豐」及水經注「巴水、決水出大别」之説，又以今河南商城、湖北麻城二縣接境之長嶺、松子、虎頭諸關，當左傳「大隧、直轅、冥阨」，竝訂洪穉存編修以「漢東三隘在信陽州及柏舉在黄隨左右」之非，其言可謂信而有徵矣。承珙猶有進者，竊疑大别當在今商城西南，東去霍丘縣不止九十里；柏舉當在今麻城縣西，而非麻城縣東六十里之龜頭山。何也？漢書地理志：「安豐縣，禹貢大别山在南。」水經注：「安豐故城，今邊城郡治也。」考邊城郡隋改爲期思縣。隋志云：「陳置邊城郡。」今據酈注已有，則當不始于陳。章懷後漢書注：「期思故城在今光州固始縣西北。」樂史太平寰宇記：「廢期思縣在霍丘縣西一百八十里。」隋志：「期思縣有大别山。」合之漢志大别在安豐西南，然則大别東去霍丘不止九十里明矣。梁劉昭注郡國志廬江郡安豐引左傳昭二十三年「吴敗諸侯之師于雞父」，杜預注：「縣南有雞備亭。」水經「決水出雩婁縣南大别山，北過安豐縣東」，注云：「決水自雩婁縣北逕雞備亭東。」案：今雞備亭在河南固始縣東，是則安豐、雩婁正當今固始、商城二縣地。大别在其南，則當在麻城西南商城之左右。水經注：「巴水出雩婁縣之下靈山，即大别山也，與決水同出一山，故世謂之分水山。」案：今商城西南有分水嶺，即善長所謂大别山一名分水山者也。定四年左傳云：「吴人舍舟于淮汭。」杜注：「乘舟自淮來，過蔡而舍之。」此蓋因與蔡會兵之故，自必由霍丘之北，新蔡之南，取道光州、固始間，而出于商城以南之隘道。下文云：「自豫章與楚夾漢。」夫曰夾漢，則必已出隘而至漢東，如墨子所云「出于冥隘之徑」矣。故司馬戌欲毁吴舟，還塞三隘，而擊其後。城口與三隘爲一地。史皇又云：「司馬毁吴舟于淮，塞城口而入。」蓋自北來，謂之入；既度隘，則謂之出。要之，吴既出隘，必當西趨而斷非東走。大别必在三隘之西南，吴師出隘就平，已屯于大别之側，故子常濟漢而陳，即轉戰于二别之間。若大别在霍丘西九十里，則在今麻城縣東尚八九十里，而謂吴師猶在其下，則是楚師沿流方切投鞭之懼，吴師出隘遽成反旆之行，有是理乎？尊著謂吴師自淮汭西南沿大别，逕柏舉，入大隧、直轅、冥阸，始能與楚夾漢，此語微誤。吴師既過大别、柏舉而與楚夾漢矣，楚師何由復與戰于大别、柏舉也？若柏舉又在大别之西，楚師三戰三北，而後陳于柏舉，則柏舉更不當在今麻城縣東。考水經雖以舉水出龜頭山，未嘗言龜頭山即柏舉也。其云：「舉水西北流逕蒙籠戍南梁定州治，今麻城縣梁置定州。又西流左合垂山之水，垂山在今光州南。又西南逕梁司、豫二州東，又西南逕顔城南，又西南逕齊安縣西，齊安故城在今黄岡縣西北。又東南歷赤亭下，謂之赤亭水，赤亭故城在今麻城縣西。又分爲二水，南流注于江，謂之舉口，南對舉州。」春秋左傳定公四年「吳、楚陳于柏舉」，京相璠曰：「漢東地矣，江夏有洰水，或作舉，疑即此也。」據此，則善長乃以舉口之名指言水澨，非以龜頭之號妄附山椒，合諸高誘楚南之目，高誘注呂氏春秋云：「柏舉，楚南鄙。」京璠漢東之稱，方隅默符，灼然可識。蓋舉水發源麻城東北，西南流至黄岡縣入江，然則柏舉當在今黄岡、黄陂二縣之間。楚人三戰皆敗，由今商城、麻城漸退而西南以至于柏舉。及柏舉大敗，子常奔，史皇死，然後更退而西，由今孝感、雲夢以至于溳口，傳所謂「吳從楚師，及清發也。」若以龜頭山爲即柏舉，則吳師出商城以南諸隘道，當已至于柏舉之下，子常何以從二別轉戰而後至于柏舉邪？此則始于李吉甫元和郡縣志，謂「麻城縣龜頭山在縣東南十八里，舉水之所出，春秋柏舉即此地」。後人復以相近有柏子山，遂附會爲柏舉，見名勝志。其實皆非也。尊著云：「吳自淮汭而南，至于大別，又西南，則必由今之商城南至于柏舉；又西南趨漢，則必由今商城之東南逕長嶺、松子諸關出于麻城東北之隘後。」又云：「柏舉在麻城東，則必出于今之陰山、虎頭諸隘道，乃能達于龜頭山下。」前後語似矛盾，是亦泥于以龜頭山爲柏舉之說，不知墨子所謂「出于冥隘之逕，戰于柏舉」者，謂出隘而西，非出隘而反東行也。承珙因反覆尊著，有不能瞭然于心者，故敢貢其所疑，祈更有以教之。

復陳碩甫書

頃讀手教，所示故訓傳各例剖析，異同冰釋理順，可謂好學深思，心知其意者矣。承珙治此經，亦墨守毛義，凡有故訓，必思曲折以求其通。來教謂爾雅望文生訓，毛公則必研求古義，著爲明訓，故往往不合。鄙意爾雅通釋諸經，其有釋詩者，則撮舉詩詞爲訓，使人瞭然於作詩之大旨而已；毛公就詩爲傳，必當依文切義，斯爲確詁；孔疏以爲傳解字訓，雅言作詩之故，此其所以不同也。爾雅訓詁本多假借，而毛於此例尤用之不窮，懋堂先生所得已多，承珙年來亦時有采獲，遽數之不能終其物，姑舉一二言之。鵲巢「方，有之也」，謂「方」爲「荒」之假借。爾雅：「幠、厖，有也。」郭注引詩「遂幠大東」，今毛詩作「遂荒大東」，傳云：「荒，有也。」蓋幠、荒聲之轉，方與荒聲有輕重耳。廣雅「方，有也」，即本毛傳。釋文云：「方，有之也，一本無『之』字者是也。」終南「條，槄也」，謂「條」爲「槄」之假借，攸聲舀聲，古音同部，論語「滔滔者」，鄭本作「悠悠」是已。毛必知「條」爲「槄」借，而非即柚條者，殆以橘柚非終南所産歟？孫叔然注爾雅，於「槄山榎」下引詩「有條有梅」，可謂深通毛義矣。碩人傳云「敖敖，長貌」，謂「敖」爲「贅」之假借。說文「贅，顤高也」，此以訓義連篆文讀之云：「贅贅，顤高也。」廣雅亦云：「顤，高也。」贅爲頭高，此字之本義，引申爲頭長，故廣韻云：「顤，頭長。」又引申爲長貌。亦如「頎」本頭佳貌，而引申爲長貌也。芄蘭云：「垂其紳帶，悸悸然。」此以「悸」爲「萃」之假借。釋文：「悸，韓詩作萃。」悸从季聲，季从稺省，稺亦聲，稺、萃聲相近，故悸可借萃。韓詩以「萃」爲垂貌，從爾雅言，「崒者，厜㕒也」。毛云「垂其紳帶，悸悸然」，亦是以「悸」爲垂貌，則「悸」爲「萃」之借字無疑。汝墳訓「墳」爲大防，當爲「坋」之假借。說文：「坋，一曰大防也。」漢志：「汝南郡汝陰縣，故胡國，莽曰汝墳。」而考工記作「汾」，胡、汾亦「坋」字之借也。竹竿「瑳」訓巧笑貌，當爲「齹」之假借。「瑳」，一本作「磋」，衆經音義「磋，古文齹」

同。説文：「齹，齒參差也。」詩不必定作是解，但當爲笑而見齒之貌耳。此鄙説假借之大略也。又有故訓奧衍，必展轉以通之者。泉水「聊與之謀」，「聊，願也」，願與寧同。説文「寧，願詞也」。寧者聊且之意。經、傳凡上言與，其下言寧者，皆謂姑且如此，故訓「聊」爲「願」，猶訓「聊」爲「寧」也。小雅十月釋文引小爾雅「憖，願也，强也，且也」。左傳「不憖遺一老」，杜注：「憖，且也。」晉語伯宗妻曰：「盍亟索士，憖庇州犂焉。」言且庇州犂也。楚語曰：「不穀雖不能用，吾憖寘之于耳。」言吾且置之于耳也。而韋注皆云：「憖，願也。」韋蓋猶知古訓「願」與「且」同，意「憖」爲「且」，即爲「願」，故「聊」爲「願」，亦爲「且」也。箋云「聊，且略之辭」者，正所以表明毛意。出其東門「聊樂我員」，傳云：「願室家得相樂也。」亦以「聊」爲「願」。願得相樂者，言如雲之女，非可思存，寧自樂我室家耳。箋云「且留樂我員」，亦非與毛異義。唐人正義不能通此故訓，而謂鄭與毛異，誤矣。干旄「彼姝者子」，傳云：「姝，順貌。」姝之訓順，未見所出。竊疑毛以「姝」爲「孎」之假借，説文「嫡，孎也」，「孎，謹也，讀若人不孫爲不孎」。考工記「水屬不理孫，謂之不行」，鄭注：「屬讀爲注。孫，順也。」説文之「孎」與「屬」同義，「不孫」爲「不孎」，宋本「孎」上無不字者，非是。則「孎」爲「孫順」之意。「孎」可假作「姝」者，猶「蹢躅」轉爲「踟蹰」也。毛於靜女訓「姝」爲美色，於東方之日云「姝者，初昏之貌」，與此各異。猶周行有三，而卷耳與鹿鳴異訓，大東雖無傳，然以「佻佻」爲「獨行」，則是以「周行」爲道路。此正來教所云「毛公作傳，必研其古義，著爲明訓」者也。至故訓之例，又有二端：北風「虛，虛也」，當從釋文，一本作「虛，徐也」，蓋「虛邪」者，古語；「虛徐」者，今語。毛以「虛徐」釋「虛邪」者，以今語釋古語也。爾雅作「虛徐」者，用今語；管子作「虛邪」

者，猶古語也。毛無破字之例，鄭恐人疑傳，「徐」字非爲經設，故爲比方其音，曰「邪讀如徐」，并引爾雅釋之，則更明白曉𢡃矣。班固幽通賦「承靈訓其虚徐兮」，曹大家注引詩作「其虚其徐」，孫炎註爾雅亦以「虚徐二字連讀，可知經師音讀有自來矣。桑柔傳「作祝詛也」四字連讀，與此略同，此故訓之一例也。芣苢「捋，取也」，「捋」不當泛訓「取」，蓋云「捋，捋取也」，與大叔于田「揚，光也」，當作「揚，揚光也」同。此故訓之又一例也。發傳之例，亦有三科：有先經以起義者，靜女首章云：「女德貞靜，而有法度，乃可説也。」法度謂彤管，可説謂説懌，乃探下文豫言之故。末章云：「非爲其徒説美色而已，美其人能遺我法則也。」相鼠首章云：「無禮儀者，雖居高位，猶爲闇昧之行。」案傳云「無禮儀者」，乃合首章「無儀」，末章「無禮」，而以四字該之，雖居尊位二語統括全篇。或謂「禮儀」當爲「禮義」，鄭乃訓爲威儀，以別於傳，非也。有後經以終事者，采蘋末章引昏義文，木瓜末章引孔子語之類是也。又有互見其義，互足其詞者，騶虞「豕牝曰豝」，「一歲曰豵」。案説文「一曰豝二歲」。先鄭注周禮、廣雅釋獸竝同。玉篇云：「豵，小母豬，豵與豵同。」然則豝亦豕之小者，豵亦豕之牝者。毛於豝言其牝，而於豵言其小，義相互耳。椒聊首章云：「條，長也。」次章云：「言聲之遠聞也。」或謂首章經本作「脩」，傳云：「脩，長也。」二章乃作「條」，傳曰：「言馨之遠聞也。」若兩章皆條字，毛不應別爲傳。或又謂「言聲之遠聞也」六字，當在「條，長也」之下，後人移傳入經，誤析之耳。今案：上章傳是合兩「條」字釋之，次章傳是合兩「遠」字釋之，上章解詩言「椒氣之長」，次章解詩喻「桓叔聲聞之遠」，此故訓互相足之例，不嫌於經同而傳異也。至衡方碑「燿此聲香」，彼「聲」字自是「馨」字之借。若漢郊祀歌「造茲新音永久長，聲氣遠條鳳鳥鴹」，此歌上文多言樂聲，則聲氣必非馨氣，況遠條二字即用詩文，則此傳「聲」字似不必改作「馨」耳。然亦實有字句譌脱者。來教云：「減成溝也，成當作城。」誼極精確。鄙見所及者，如子衿傳云：「挑達，往來相見貌。」上經方云「不來」，此傳不當言「相見」。觀正義云「故知挑達爲往來貌」，可識傳本無「相見」二字。釋文「挑達，往來見貌」，無「相」字，此必陸氏本作「往來貌」，傳寫誤「皃」爲「見」，淺人復於「見」下加「貌」字耳。「挑兮」，初學記引作「佻」。大東「佻佻公子」，傳訓「獨行」。此「佻達」訓往來者，亦謂獨往獨來，與韓詩大東傳「嬥嬥，往來貌」同，與說文「達行不相遇」亦合也。葛生末章云：「室猶居也。」其四章「居墳墓也」四字，今本作箋語，惟章懷注後漢書蔡邕傳引此作傳文。考傳例於下章言某猶某者，上章某字不必皆有故訓，然大抵其義易明者耳。至此詩所稱居室，與凡言居室者不同，若「居」字無訓，而下忽云「室猶居也」，似非其例。故當從章懷注爲是。箋更申之曰：「室猶冢壙者，以居爲兆域，室爲窀穴，別之耳，其他似此者尚多。」來教所云「必於一字一義，原其所本，正其所譌」，庶乎故訓思過半矣。總之諸經、傳、注惟毛詩最古，數千年來，三家皆亡，而毛獨存，豈非以源流既真，義訓尤卓之故？後人不善讀之，不能旁引曲證，以相發明，而乃自出己意，求勝古人，實則止坐鹵莽之過耳。每有全章故訓從來誤解者，承珙竊準之經文，參之傳義，反復尋繹，以意說之。今試舉其一焉。「中谷有蓷，暵其乾矣。」傳云：「暵，菸貌。陸草生於谷中，傷於水。」諸家皆誤認暵爲燥義，故以乾爲乾燥，溼爲卑溼。或又以溼當爲曝，亦爲乾義。不知說文「暵」下訓乾，但引「易燥萬物者，莫暵乎火」，竝不引詩。惟水部「灘，水濡而乾也」，引詩「灘其乾矣」。其不同暵但訓乾，而曰「水濡而乾」者，以灘字从水，說其本義，濡而乾，亦與乾燥異義，當如外强中乾之乾，謂菁華已盡，乾竭徒存。許書此種訓義最爲微妙。毛詩字亦當作「灘」，假借爲「暵」。傳不訓「暵」爲「乾」，而曰「菸貌」者，正「水濡而乾」之意。說文：「菸，鬱也，一曰矮也。」菸鬱者，兼乾與溼言之，乾謂槁瘁，濕謂浥爛，百草經此皆菸鬱而無色。傳因經於乾脩溼，皆以暵言之，故訓「暵」爲菸貌，知非徒乾燥之謂。又承上「中谷」言之，故以爲谷中傷水。蓋谷中水之所注，草生於水而病，則或成槁瘁，或成浥爛，皆有菸鬱之形。次章「脩爲且乾」者，又介於槁瘁浥爛之間者也。正義云「先舉其重，然後倒本其初」，此亦泥於乾燥卑溼之義，而不知其同爲草病之狀，乾固菸貌，脩與溼亦皆爲菸鬱之形耳。宋人以爲先燥其乾者，終更燥其溼者，早由漸而甚，興夫婦之以漸而薄。然經文「暵」字略逗，下三字一氣讀，與下文「嘅條啜」句法一例，非以「暵其乾」、「暵其脩」三字連讀也。王氏經義述聞謂「暵爲狀乾之詞，非狀溼之詞，可云暵其乾，不可云暵其溼」，故以「溼」爲「隰」之假借。今案傳於三章云「鵻遇水則溼」者，此「溼」竝非乾溼之「溼」。說文：「乾，上出也，从乙。乙，物之達也，倝聲。」土部：「塌，下入也，从土㬎聲。」據此，是與乾對稱者，字本作塌。水部「溼，幽溼也」，與「湆」訓「幽溼」同。幽即㭒爲幽尗之幽。廣雅「鬱，幽也」，幽與鬱同義，是溼亦爲菸鬱之貌，與泛言乾溼者不同。不然遇水則溼，凡物皆然，何獨於鵻？且此復何煩故訓，而謂毛公乃作此駁語乎？總由從來解詩者不細繹「菸貌」之訓，而妄以「乾」義當之，或申或駁，皆誣古人而已。以上所說，都未敢自信，惟曩來朋好中與談六義者，多有所出入，不專宗毛，今得足下專治故訓傳者，而就質焉，知必有以益我也。承惠毛詩小學，謝謝。舊所見臧在東刻本，刪節十之三四，本非完書，此刻實勝臧本。

即如「素絲五紽」，臧本云：「傳紽，數也，總數也。釋文數皆入聲，音促。」檢釋文但有所具反，竝無音促之語。傳「數也」者，謂絲之量，數猶說文引漢律「綺絲數謂之絩，布謂之總也」，亦不當以爲如數罟之數。今刻此條已删，善之善者也。他如「隰有苓」云：「爾雅、毛傳：『苓，大苦』。說文：『蘦，大苦。』從爾雅、毛傳爲正。」今爾雅亦作「蘦」，不作「苓」，此則偶然失檢，無關要義耳。

小爾雅疏證序

小爾雅一卷，見於漢藝文、隋經籍志者，孔鮒之本，李軌之解，已不可復見。今所傳者，具載於孔叢子第十一篇，世遂以孔叢之僞，而并僞之。戴氏東原謂：「是後人皮傅撮拾而成者，非古小學遺書也。」以予考之，漢以後傳注家徵引此書者，王肅之說，見於詩、禮正義；杜預之注左傳，訓詁多與之合；至酈注水經，始明著書名；其後陸氏釋文，孔、賈經疏，釋玄應一切經音義，李善文選注，徵用尤夥。持較今本，則皆燦然具在，其逸者不過數條，則安知非僞造孔叢子者勦取入之，而諸儒所見之本，固猶無恙耶？若戴氏所疑，則亦有說，如云「鵠中者謂之正，正方二尺」，以爲正鵠無辨。案二尺曰正，見毛詩傳至賓射、射正、大射、射鵠，經無明文，注疏家自生區別耳。正與鵠，安知不共在一侯乎？況鄭衆、馬融亦皆云「二尺曰正」，此必有所受之矣。四尺謂之仞，與諸儒八尺曰仞異。案說文：「仞，伸臂一尋八尺，从人刃聲。」此文當有脱佚，蓋人伸兩臂以度，則爲尋，八尺；半之則爲仞，四尺。說文「仞，伸臂」者，謂伸一臂也，若以仞爲伸兩臂，則下文何不即曰一仞八尺，而必曰一尋八尺乎？況鄭注儀禮「七尺曰仞」，應劭漢書注又以「五尺六寸爲仞」，古量度之法，容有數科，不足怪也。豆四謂之區，區四謂之釜，本諸左傳。釜二有半謂之籔，合於儀禮。其下云：「籔二有半謂之缶，缶二謂之鍾，鍾二謂之秉，秉十六斛。」戴氏疑此乃晏子所謂陳氏之新量者，不知此文之有衍有脱耳。太平御覽引小爾雅正作「籔二謂之缶，缶二謂之鐘，鐘二有半謂之秉，秉十六斛。」蓋傳寫者以「有半」二字誤衍於上，而脱於下，不然即令掇拾而成，亦何至兩法雜施，自相刺謬若是乎？戴氏又云：「倍舉曰鋝，賈景伯所稱俗儒以鋝重六兩是也。」不稽古訓，故目之曰俗儒云爾。案周官職今疏引夏侯、歐陽説云：「墨辟疑赦，其罰百率，古以六兩爲率。」周本紀亦作率。徐廣曰：「率即鍰也。」據此知六兩爲鍰，本尚書今文家説。賈逵習古文者，所云俗儒，猶言今儒，非雅俗之謂也。書酒誥「成王若曰」，釋文引馬融注云「言成王者，未聞也。俗儒以爲成王骨節始成，故曰成王。」書疏引三家云：「王年長，骨節成立。」是馬所云「俗儒」者，指今文歐陽、大、小夏侯三家，與此正同。書釋文引徐邈云：「鍰，六兩也。」鄭及爾雅同。考尚書大傳云：「一鐉六兩。」鄭注云：「所出金鐵也，死辠出三百七十五斤，用財少爾。」此注明從六兩爲鍰之説。鄭注尚書雖亡，陸元朗猶及見之，故釋文云然，不必盡如考工記注用説文「鍰重六兩大半兩」之解也。凡戴氏所難，皆無可疑者。其他訓詁名物，爲爾雅所未備，而有補於經義者尚多。予曩時晤陽湖洪北江先生，曾屬爲一書，疏通而證明之。譚君正治，北江弟子也，亦爲是學。今出所著疏證示予，其中訂正譌闕，抉剔疑滯，具有條理，是能得北江先生小學之傳者。予故取曩所以釋戴氏之所疑者，序而歸之。

先生身居言路，數年中陳奏甚多，多見施行。其最切中時病者，則有虧空積弊及漕船積弊二疏。胡培翬撰别傳。

附録

先生爲延建邵道，蒞任編查保甲，設立緝捕章程，通行各屬，匪徒斂跡。調臺灣道，至即緝獲洋盜張充等，均置於法。在臺三載，民番安肅；去官踰年，而彰化、淡水即以械鬬起釁，擾及全臺，至動大兵勦定，則先生綏輯之功不少矣。同上。

胡竹村曰：君究心經術，遇有講求實學者，必殷勤造訪，引爲同志。人有投以撰著者，必細加考覈，别其是非，不爲虚文酬應。解經多心得，不苟同前人，以牽於公事，未就；及歸里，遂專事著作。初研小學，熟於爾雅、説文，謂惠氏棟九經古義未及爾雅，遂補撰數十條。同上。

又曰：嘉慶甲戌在都，館於君邸，時方草創儀禮疏，昕夕與君談論。君見鄭氏注中引古今文異字，賈疏多略不及，謂培翬曰：「吾當專爲書以助子全疏之一矣。」其後在閩渡臺，以書笥累重，獨攜儀禮一經，每日公事畢，輒纂一二條，成古今文疏義。同上。

又曰：毛詩後箋一書，采集甚富。後儒説詩之是者録之，似是而非者辨之。而其最精者，在能於毛傳本文前後，會出指歸，又能於西漢以前古書中，反覆尋考，貫通詩義，證明毛旨。此則君所獨得者。同時長洲陳奂亦治毛詩，君數與書講論。奂著書惟毛之從，君尚有别擇，然亦從毛者多。同上。

墨莊交游

姚先生鼐 别爲惜抱學案。

胡先生培翬 别見樸齋學案。

洪先生亮吉 别爲北江學案。

馬先生瑞辰 别見魯陳學案。

郝先生懿行 别爲蘭皋學案。

洪先生震煊 别見儀徵學案。

李先生兆洛 别爲養一學案。

沈先生欽韓

別爲小宛學案。

陳先生奐

別爲南園學案。

魏先生源

別爲古微學案。

汪先生輝祖

別見諸儒學案。

朱先生珔

朱珔字玉存，號蘭坡，涇縣人。曾祖武勳，建培風閣，藏書數萬卷。先生生有異稟，讀書數行俱下。嘉慶壬戌進士，選庶吉士，授編修，歷遷右贊善、中允、洗馬、侍講。與修明鑑，坐承纂官處分降編修。道光元年入直上書房，復遷贊善。以嗣母病乞養，及歸已終，尋遭本生母憂，服闋不復出。前後主鍾山、正誼、紫陽書院二十餘年，以實學牖迪後進。道光三十年卒，年八十有二。先生精研許、鄭之學，嘗謂訓詁者説經之樞機，世儒忽焉，不知因字釋義，因義詮經，尼執本經，紆迴遷就，或狃部分音韻鑿枘。夫古文字少，一字常有數音，後世字多，數字仍歸一義，況經由口授，音不必同，學守師門，義多旁訓。

因就説文假借一義，證以羣經，史、漢、周、秦諸子，及漢碑、文選所引者，旁敷曲暢，悉有依歸，越五十年，成説文假借義證二十八卷。其説經之作，必蒐討古訓，求其所安。如伐奄非武王時，據逸周書、呂覽以駁毛西河之説；滄浪非地名，據文選注以駁閻百詩之説，皆精確而不穿鑿。又嘗曰：「天下無頓悟之學，逸獲之功，故理必生於所積，其捫腹枵如，皆畏難而畫焉者也。」又著有經文廣異十二卷、文選集釋二十四卷、小萬卷齋文稿二十四卷、詩集三十二卷、續集十二卷、經進稿四卷。輯有國朝古文彙鈔初集百七十六卷、二集百卷、國朝詁經文鈔六十二卷。參李元度撰傳、胡韞玉撰傳、朱蔭成説文假借義證序、朱彝説文假借義證序。

國朝詁經文鈔序

嘗讀漢書藝文志，所載六經章句、解故已什不存一。宣帝、章帝曾前後大會諸儒於石渠閣、白虎觀講論經義，志列石渠議奏之文，書四十二篇，禮三十八篇，春秋三十九篇，論語與五經雜議俱十八篇，可云宏富，然竝歸亡逸，惟班固纂白虎通義行於世，而又未備，遂使後人末由溯博士所説，匯其全以參核是非，惜哉！高密鄭君號儒宗，其箴膏肓、起廢疾、發墨守，零落過半，祇與其徒趙商、張逸等問答猶得輯之爲鄭志。逮乎王肅作聖證論難鄭，爲鄭學者馬昭諸人復申鄭難王，顧説多不傳，僅散見於禮記正義中，而孫叔然所著，竟絶無一語。因是而知網羅放失，俾永永流播，其功蓋不可没焉。我朝尚經學，超越前代。近時純篤嫥壹之士，搜采研索，期復夫古初。易不重王弼、韓康伯，而於鄭之爻辰，虞之納甲，荀之乾升坤降，一一推闡，且上追孟喜、京房；書力闢僞孔傳，而從馬、鄭真古文，并及歐陽、夏侯所習伏生之今文；詩固傳、箋爲主，又於齊、魯、韓三家賸字單詞罔敢遺棄；春秋既斥胡傳，即啖助、趙匡亦所不收，往往援賈、鄭、服以正杜注之誤；獨三禮本遵鄭注，無可移易，然猶裒集馬融、盧植、蔡邕諸家；爾雅沿郭璞，又摭拾犍爲舍人、樊光、李巡輩，以爲漢注。夫豈好自立異？蓋年代較近，徵驗較確。盧召弓云：「猶州郡土音各别，以吴人解越人之言，縱不盡通，尚得其六七。燕、秦之人，必不逮斯。」喻甚明。然則漢人師授，家法相承，固皆七十子之微言大義也。余竊揆厥旨趣，約有數端：曰典章，曰名物，曰訓詁，曰音韻。典章莫大於郊廟，而圜丘與郊必分爲二，禘有三，皆配天之祭，而不應以大禘、時禘、吉禘專屬宗廟。社稷地祇以句龍配，而句龍非即社廟，數據呂覽引商書五世之廟，謂非七廟外别有文、武二廟。他若諸草廬補饗禮，任釣臺肆獻裸饋食禮，沈果堂禄田考，王西莊軍賦考胥是也。名物繁錯，殆不可悉舉，略言之。如江慎修深衣考誤，戴東原車制圖解，而程易疇通藝録，於考工記一編，剖析微茫，深得制器尚象之精意，尤卓然著稱。至於訓詁，乃説經之樞機，宋、元來輒視爲末務，不知因字以釋義，因義以詮經。曩但泥執本訓，迂迴遷就，終致窒礙。苟熟於古人假借通轉之法，文即奥賾，每能昭晰而無疑。此事在近人爲最擅長。論古音者，雖自明陳第始，而未免於疏。顧氏音學五書，江氏古韻標準，則愈臻密麗。以後作者復競起，考諸古書，不獨同韻可協，同聲亦可協，或以聲之轉爲協，凡同母之字即雙聲也。故明乎是而劉淵之部分，吴棫之韻補，概不足憑矣。綜計本朝經學之粹如此。大抵罕作空談，務求實證。成書外，更有各家文集暨札記之屬，咸創抒己見，輔翼羣經，發前人所未發。特是散而不聚，學者難徧觀盡識，增長神智，久之且恐漸湮滅。不揣固陋，隨處覓購，都付鈔胥，迄今二十餘年，幾及百卷，名之曰詁經文鈔。中率篇幅完善，殊尠碎金，至異同之説，則不妨兼取。昔韓昌黎因文以見道，兹其或者因文而得經之梗概乎？編次麤具，聊述管窺之指，弁諸首簡，藉質世之有志窮經者，庶苦衷共諒，勿以睹聞淺隘爲譏。

國朝古文彙鈔序

文章之編次，古有專集，有總集。專集爲一人之製，單行宇内，歷久而常新者，僅屈指可數；總集則統彙羣彦於一編，雖寥寥數首，不盡傑構，皆藉附流傳，厥功尤博。漢以後，文格屢變，魏、晉、六朝多尚駢體，姑弗論；唐至中葉始卓然復古，而渾厚之氣終不及漢；迨宋則又不及唐；元、明間作者代興，較之歐、蘇，亦差有間。要其造詣各殊，精神魄力之所存，彼此固莫得而相掩也。惟我朝文治光昭，邁越往昔，操觚之士，底藴醇備，既已登祕府而播藝林，次亦握珠抱玉，或長發議，或長敘事，途徑自闢，競擴菁華，郁郁乎其盛哉！曩在史館，與纂文苑傳，甄採著述，遇稿本每私鈔録，由是隨地訪求，經今廿餘年，積成鉅帙。顧嘗考四庫書存目臚列集名按之，十無二三焉；即諸家集中，爲序爲傳，凡所稱道按之，亦十無二三焉。當夫研精鍊治，矢志名山，豈無閎識雅才，堪俟百世者？乃不踰時而散若飄風，蕩若輕煙，日消月鑠，遂杳冥末由究詰。大抵立言爲不朽之一，其用功深者，其致壽也永，然幸不幸亦若有數焉。乘之如韓吏部，可謂奇特矣。不遇六一翁，而遺集塵昏，幾難彰顯，外此更復奚怪？吾人值荒巖野寺，斷碣殘碑，興懷憑弔，輒思摹其文，諮諏其姓氏，垂諸記載，況篇簡具在，而忍聽前哲風流荼爾將盡！表章之謂何？嗚呼！此余鈔是編之所爲拳拳也。獨是鈔文與選文異。選文者，但憑已見，合則留，不合則棄耳。若鈔文，直如入龍宮寶藏，珊瑚璹琩，火齊木難，往往兼收而竝蓄。且論文正不一轍，樊宗師之文佶屈，而昌黎美之；孫可之之文別成境地，而自謂如赤手捕長蛇，於晚唐號巨擘；王介甫意主簡峭，而蘇長公又如萬斛源泉，不擇地湧出。他若老泉之淩厲，子固之演迆，分道揚鑣，絶無蹈襲。然則文非有定品也，徒守一家言，而曰我繩以法，豈足饜天下豪俊之心？余寡學，類鈔胥，不敢云選，惟欲網羅舊聞，使後人得所據依，知昭代文章，炳蔚大觀，韶鈞鳴而虎鳳躍，則區區剬緝，或未必無小補矣夫！

文集

禹貢南海解

禹貢導水之文，凡大海皆祗曰海，而不言何方，其爲大海可知。獨於黑水別之曰南海，明非今之大海也。黑水源流，自漢以來無的指，聚訟紛然，大抵舍本經而遠求諸荒裔之外，杳冥恍惚，莫可究詰。近人胡東樵號地理專家，亦不能決，因之江艮庭、王西莊注尚書，率依阿其間。惟孫淵如觀察今古文注疏，謂説文屼山，溺水所出，即雞山。黑水亦出於此山。丹縣西南窮石山即屼山也。余謂屼、雞音同，故通用。集韻、類篇引説文屼山名，一曰女屼山，弱水所出。段若膺大令謂即中山經所稱岷山之首，曰女几之山，故許氏立文，亦略岍系聯是已。而水部言溺水自張掖删丹西至酒泉合黎，是岍山即雞山之在張掖者也。黑水則據書疏引酈道元水經「黑水出張掖雞山，南流至敦煌，過三危山，南流入于南海」。太平御覽引張掖記黑水出縣界雞山，亦名元圃。有娀氏女簡狄浴于元丘之水，即黑水也。是黑水實與弱水同出張掖之雞山也。而南山經：「灌湘之山，又東五百里曰雞山，黑水出焉，而南流注于海。」郝蘭皋農部因其屬南經，遂謂雞山在今雲南。然山海經所列，往往互見，不盡限於其方，此雞山當即張掖之山，不應雲南別一黑水，又有所出之雞山，如此巧合。即有之，鄭注所云：「中國無此水者，不足以當禹貢之黑水。」孫君又云：「三危山在敦煌，今甘肅敦煌縣黑水經此入南海。」經云南海者，即居延海之屬。但居延海何以得稱爲南海？殊未晰。江慎修乃疑經文本云入于西海，後來經生相傳，誤以爲南海。然論者有擅改經文之譏。案山海經或言南海，或言西海，或言西南海，皆在西域，各以方名之。猶之同一大海，近東者則稱東海，近北者則稱北海也。南經所言雞山之黑水，南流注於海，曰南注，明其爲南海也。至海内西經昆侖之虚下云：「黑水出西北隅以東，東行，又東北南入海。」此尤黑水入南海之證。所言固在西經也，蓋西域廣衍萬里，黑水及弱水并赤水、流沙皆在焉。故大荒西經云：「西海之南，流沙之濱，赤水之後，黑水之前，有大山名曰昆侖之丘，其下有弱水之淵環之。」此雖云西海，而下曰南，則正海之在南者。前導弱水，鄭注引地記曰：「弱水西流入合黎山，餘波入於流沙，通於南海。」淮南墬形訓亦云：「弱水出自窮石，至於合黎，餘波入於流沙，南至南海。」孫君謂流沙池南之澤，即括地志之居延海，然則弱水所入之南海，即黑水所入之南海也。山海經紀赤水亦屬昆侖，明藏本於「出東南隅，以行其東北」下，有「西南流注南海」語。其紀流沙云「出鍾山西行，又南行昆侖之虛，西南入海」，下復綴以「黑水之山」四字。又云：「南海之外，赤水之西，流沙之東。」又云：「南海之中，有氾天之山，赤水窮焉。」水經注云：「流沙西歷昆山西南，出於過瀛之山，又歷員丘、不死山之西，入於南海。」數者竝言南海，而係之赤水、流沙，然則赤水、流沙所入之南海，亦即黑水所入之南海也。赤水之流，短長不可考，若流沙，則水經云「地在張掖居延縣東北」，斷不能越至交、廣之南海無疑矣。故明乎弱水、流沙所入之南海，而黑水之入南海，可不煩言而解。禹貢經文不直曰海，而必曰南海，確不可易。不知歷來何以無人拈出，漫以雍州之地移之益州也？且禹貢導水諸條，惟淮水導自桐柏，祇及東會於泗、沂，即云東入於海，特他無可紀故爾。然曰會泗、沂，則中間固已包括其餘，匙不備舉其所經之地。弱水與黑水，一但云至於合黎，一但云至於三危，亦必不遠及交、廣，故他無可紀。弱水既有餘波入於流沙，即不須言南海。黑水不入流沙，故必言入於南海。如黑水遠行徼外數千里，而後至交、廣之南海，則弱水既西紀於雍州，何諸家竝無言弱水亦入交、廣之南海者乎？爲此説者，并以三危亦在雲南之境，是黑水所行數千里之中，無一足紀，直至極遠之尾閭始紀之，恐無是理。説者亦知其不可通，遂轉議古文之疏，豈不悖哉！考三危在敦煌，孔疏疑張掖敦煌竝在河北，黑水不能越河而入南海，此自指大海言。若入居延海，則可無此疑。況合黎本山也，而馬融云「地名」，三危當類是，特指山以爲地界，黑水經三危不必定繞山麓。前經云：「三危既宅。」宅者，度也，言度其可居之地，故下云「三苗丕敍」。山海經「三苗國在赤水東」，郭注「昔堯以天下讓舜，三苗之君非之，帝殺之，有苗之民叛入南海。」此所言三苗事疑非，而以南海爲三苗所居之近地，則黑水經三危以入南海，亦一證也。三危、三苗明見經文，顧謂非此三危，而别以雲南大理府龍州西之三崇山爲三危，竊以爲失之逾遠。孫君又援地理志張掖郡觻得羌谷水出羌中，東北至居延入海。疑即水經注、張掖記所稱黑水。王西莊謂今張掖河即古羌谷水，合弱水東北入居延海。此乃弱水，非黑水，竝不經三危入南海。然黑水與弱水同源復同委，既兩水竝行，或不免於混，則其地正近是。且今張掖河之合弱水者，未必仍古羌谷水之故道，其云不入南海，總由泥於大海之説耳。江氏則據肅州衛志云：「衛西北十五里有黑水，自沙漠中南流，經黑山下，又南合白水、紅水，入西寧衛之西海。」西海即今之青海，此與羌谷水二者孰勝？誠未敢肊斷。要之，青海亦居延海之屬，皆不謂大海，意實同也。如欲据今時地形，定黑水所經過，勢難確鑿。或本杜佑通典以爲堙涸，固求其説不得而爲之辭。第水之變遷，亦多矣。三代下濟瀆久絶，河道屢徙，淮且與江通。甚至大海，宜亘古如斯，而碣石之淪没無從考見，東海雲臺山曩在海中，已盡淤成陸。似此等安可一一追禹跡之所在？而黑水又何異焉？惟能别其入南海之處，庶幾猶有脈絡可尋也。由斯以觀，胡東樵必分黑水爲三，祇爲此節南海字而起。苟知黑水入南海，原不出雍、梁之界，非遠及交、廣，即不煩紆曲。南海既有諸古書可徵，更奚庸改南爲西，自留罅漏耶？余弇陋妄作蠡測，究不識於禹貢本經果有合乎否？

數歲前，有致陶雲汀同年書，中言黑水，就其論推之。然雲汀固云：「聊備一説，非遽定也。」且謂雍州之黑水，本在張掖境，經黑山下，西入青海，則正采江氏之義，特以入南海之黑水，别言之爲異耳。丁酉冬，偶命是題課紫陽書院諸生，罕能闡發，乃復作此解，并存前書於後卷，統以俟知者。

毛詩用韻脂微有通真文解

古無所謂韻書也，而通轉之分，約略可考，大抵以三百篇爲準。如脂、微、齊、佳、灰五韻相通，此一部也；真、文、元、寒、刪、先六韻相通，此又一部也。脂、微以不得與真、文通，然庭燎之三章，旂與晨、煇韻；采菽之次章，泮水之首章，旂皆與芹韻。按説文「旂，从㫃斤聲，古音如芹」。觀左傳「下陽之占旂」，亦與辰、振韻，可知也。庭燎又韻煇者，説文：「煇，从火軍聲，俗作輝，古音如熏。」史記呂后本紀：「斷戚夫人手足，去眼煇耳。」此假煇爲熏，以音同也。故張衡西京賦「彤庭煇煇，璿珉璘彬」，煇與彬韻。其从日之暉，亦軍聲，日本在上爲暈，王問切，或移日在旁，遂爲暉。徐氏鉉音許歸切。高誘注淮南覽冥訓云：「暈讀連圍之圍。」而漢安平相孫根碑「皇矣府君，含德厚純，抑抑珪質，光容有暉」。暉仍與純韻也。推之凡从軍从斤之字，音韻皆通。从軍者，説文「揮，从手軍聲」，云「奮也」。殆雙聲爲訓。王粲詩：「送者盈水濱，涕泣不可揮。」揮與濱韻，是也。「緷，从系軍聲」，云：「緯也。」緯、緷亦語之轉。又：「楎，从木軍聲，讀若緯，或如渾天之渾。」内則釋文「楎音輝」。故玉篇爲呼歸切。其讀渾則宜爲户昆切。廣韻因之，一字兩存。攷工記「攻皮之工有韗」，墨子節用中篇作韇。韇从貴聲，貴在味部，即微之去聲，从韋與从革之字往往通用耳。从斤者尤多，文王世子「大昕鼓徵」，釋文「昕音欣」，又引説文「讀若希」。樂記「天地訢合」，釋文云：「訢，依注音僖，一讀依字，音欣。」左傳「曹公子欣時」，漢書古今人表作「郗時」，郗从希聲，故墨子耕柱篇「譬若築牆，然能欣者」，欣即吕氏春秋不屈篇所云「操表掇以善睎望也」。是欣與睎同，見王氏懷祖讀書雜志。説文土部垠字云「地垠咢也，从土旵聲」，重文爲「圻」，則「垠咢」亦可作「圻咢」。廣韻：「垠，語巾切。」圻爲王圻之圻，即王畿字，周禮故書「畿爲近」。易釋文於屯「君子幾」云「幾，子夏作近」；中孚「月幾望」云「幾，京作近」，足徵其音之合矣。垠又假借作沂，沂爲魚依切。少儀「則車不離幾」，注釋幾爲沂。鄂與垠咢通，文選答賓戲「漢良受書於邳垠」，漢書敍傳垠作沂，是沂即垠也。衛風：「碩人其頎，衣錦褧衣。」釋文：「頎，其機反。」説文「頎，从頁斤聲」，讀又若「鬢」。鄭注考工記云：「頎讀如懇。」檀弓：「頎乎其至。」釋文：「頎音懇，又音畿。」皆兩音竝用，故碩人以頎韻衣，或頎入微韻，或衣讀如殷，皆可。衣之爲殷者，中庸「壹戎衣」，鄭注：「衣讀如殷，齊人言殷，聲如衣，今姓有衣者，殷之胄與？」白虎通曰：「衣者隱也，所以隱形也。」蓋以聲得義。吕氏春秋「殷皆作郼」，故曰：「湯立爲天子，夏民大悦，親郼如夏。」親郼者，親殷也。高誘云「郼讀如衣。今兖州人謂殷氏曰衣」是也。且殷本从㐆，當亦聲㐆，从反身音，又於機切也。外此，若無將之首章，疷與塵韻。宋儒以爲疷與痕同，當爲痻，失之。維清篇舊讀典字句絶，然下文成與禎韻，何上二句無韻？當以「文王之典肇禋」六字爲句，禋从垔得聲，垔本从西得聲，與熙爲韻。洪範「鯀陻洪水」，蔡邕石經陻作伊。廣雅釋水「伊，因也」，此亦義存乎聲。伊、因同聲，陻、因亦同聲，故陻或借爲伊耳。因是而求，墓門之「有鴞萃止，歌以訊之」，訊與萃韻。説文「訊」字古文从西作「𡆧」，西蓋亦聲。或據韓詩訊作誶。然雨無正之「憯憯日瘁，莫肯用訊」，訊固與瘁韻矣。生民之「履帝武敏歆」，朱子讀「敏」字斷句，上韻「祀子」，與甫田之「農夫克敏」韻止、子、喜者正同。大雅末篇之「彼疏斯粺，胡不自替，職兄斯引」，集傳以爲叶韻未詳。顧引、敏同部，引之可叶，與生民、甫田之敏何異哉？若夫元、寒、刪、先原與真、文無別，新臺之「籧篨不鮮」，與泚、瀰韻，小雅谷風之「思我小怨」，與嵬、萎韻。又説文「齊人謂靁爲賈，讀若云」。詩曰「嘽嘽焞焞，如霆如靁」。靁正作云音也。況有可旁證者，説文「威姑也」，引漢律「婦告威姑」，威姑蓋即爾雅之「君姑」，君、威合韻。惠半農曰：「古威與震通，見詩長發鄭箋。」易革卦上六象辭，君協蔚，其音若威，采芑卒章威協狁，其音若君，是威與君古音同矣。故説文莙字从艸君聲，而云「讀若威」；窘字从穴君聲，字林亦音巨畏反。芛字从艸尹聲，而爾雅釋文云：「郭音貁，羊垂反；謝，私尹反。」旞字从㫃遂聲，宜徐醉切，而説文又云「全羽以爲允」，允、旞亦雙聲疊韻也。詩「仲允膳夫」，漢書古今人表作「膳夫中術」，術即遂字。周禮鬯人「共其釁鬯」，先鄭破釁爲徽，蓋徽讀爲熏也。漢書地理志「壤墳」，應劭讀墳爲肥，墳、肥聲之轉。又功臣侯表有「申都」，史記作「申徒」，徐廣曰「申徒即司徒」，申、司亦音相近也。若斯之類，不可枚舉。是故説文帬、幝二字本从巾，或从衣，作裠、褌，皆以聲轉致形轉。廣韻於寅、黃二字，六脂收之，十七真又收之；蘄、圻二字，七之、八微收之，二十一欣又收之，彼此互勘，而通韻之故明矣。總之，古今之音不同，而南北又異，緩急輕重隨之而變，不知者乃欲執後人之部分以定古人之音韻，夫何怪其齟齬而不合也與？

頃見仁和趙徵君坦春秋異文箋曰：「公羊僖元年經『邢遷於陳儀』，釋文：『陳儀，左氏作夷儀。』案廣韻夷字在六脂，陳字在十七真，古音脂、真不同部，古方音脂、真二韻多通轉，故哀十年經

『薛伯夷卒』，公羊作『薛伯寅卒』，寅爲真部字，而公羊假寅爲夷，是真韻固通脂韻矣。孝經開宗明義章，釋文『𡰥，古夷字』，而經典文字辨證書云：『說文以𡰥爲古文仁字。』漢書有司馬𡰥，音夷。仁、夷聲轉，即陳、夷聲轉之例也。又考張平子賦『思百憂以自疹』，正用詩『無思百憂，祇自疷兮』。蓋脂爲真之陰聲，故从㐱之字可變而从氏。廣韻十六軫有眡字，訓告也。類篇以爲即曲禮『眕於鬼神』之眕。或引作眕，亦作眡。若然，眡可以通眕，讀之忍反，則疷亦可以通疹，讀之鄰反，又何疑焉？」此說與余解不謀而合。又引王西莊尚書後案曰：「般庚『爾謂朕曷震動萬民以遷』，蔡邕石經震作祇，而祇與振又每通用。皋陶謨『日嚴祇敬六德』，無逸『治民祇懼』，史記皆作振。禮內則『祇見孺子』，鄭注祇或作振。」盧抱經鍾山札記曰：「觀今真、文韻中之字，多有與支、微、齊通讀者，如寅亦可讀移，純亦可讀緇，非必紂字之誤。辰亦可讀祁。詩『其祁孔有』，鄭云：『祁當作麎。』史記正義敍謚法『治典不殺曰祁』，獨斷『祁一作震』。蘇明允謚法作震，又作軍。賁亦可通蕡，此類甚多。」以上諸證皆同。

牛羊腓字解

生民詩三章「誕寘之隘巷，牛羊腓字之」，毛傳：「腓，辟；字，愛也。」鄭箋但云「置后稷於牛羊之徑」，而未釋腓字。釋文：「腓，避也。」正義曰：「嬰兒未有知，當爲牛羊所踐，今乃避而愛之。」史記周本紀「馬牛過者，皆辟不踐」，與毛傳同。自後莫敢作他議。顧念隘巷非必爲牛羊之圈，牛羊無有意踐人之事，行過不踐，或偶未踐及，何得云愛？又何足爲異？故正義亦云：「以牛羊避人，理之常也。」徧觀近代説詩諸家，獨錢氏飲光田間詩學云：「腓，芘也。」喜合己意，而不明腓之爲芘何據，終未晰。案説文「腓，脛腨也」，此腓字其爲假借無疑。詩中「腓」凡三見。四月篇「百卉具腓」，腓爲痱之假借，非此處義，勿論。采薇篇「君子所依，小小所腓」，毛傳亦云：「腓，辟也。」云避患者，乃王肅述毛，非毛語。鄭箋云：「腓當作芘，言戎車者，將率之所依乘，戍役之所芘倚。」芘蓋庇之轉借，箋意殆申毛而非易毛。腓之爲芘，已見於小雅，故大雅不複言其同可知。鄭既可以芘借庇，或者毛亦以辟借庇。古字多以聲借，芘、庇音同，辟、庇亦音同，不必辟定爲避也。傳文質略，後人每誤揣，茲本鄭箋，固非肊造。説文「庇，蔭也」。表記注及考工記輪人注竝云：「庇，覆也。」覆亦蔭也。左氏文十七年正義引爾雅舍人注：「庇，蔽也。」蔽亦覆蔭也。錢氏於采薇引何氏楷云：「腓即厞字，説文：『厞，隱也。』言戎士藉是車以自隱蔽也。」厞之爲隱蔽，與庇之爲覆蔽義同，是作厞原無異作芘。特陳氏祥道云：「車之於戰，動則足以衝突，止則足以營衛，將卒有所芘。」以之疏箋義最確。夫有所芘者，即有所蔽也。故厞、庇義俱可，而此腓字則於覆庇義尤當。字者與孳通，説文「字，乳也」，言孳乳而寖多也。然則腓字者，當謂牛羊覆庇而乳字之，斯之爲愛，正與下文鳥覆翼之相類。鳥不能乳，故專稱覆翼；牛羊能覆庇，又能乳字，故必兼言。若僅避而不踐，將餓斃或凍斃矣。左傳紀楚令尹子文初生，棄諸夢中，虎乳之，遂名穀於菟。虎最殘虐之物，去牛羊遠甚，子文之去后稷又遠甚，虎可乳子文，豈牛羊不可乳后稷？錢氏別引鄒氏忠允説，如「齊頃公之棄也，野貍嫗之，卒有齊國；昆莫之棄也，野烏銜肉飼之，卒王烏孫；槀東明棄溷，而豕嘔之，棄厩，而馬噓之，卒王扶餘。」足爲此處左證，皆非但不踐而已。惟錢氏復於後加按語云：「腓隨足而動，足不忍踐，是以足愛護之也。」與前説殊矛盾。顧氏虞東亦云：「采薇注以腓爲足隨動，動足避之，所以明愛，不必改訓爲芘。」蓋不從朱子集傳采薇篇之遵鄭箋，而轉據其兼采程子語，於此處亦用腓之本義，遂致牽强，大率昧於假借之理耳。且毛傳得者固多，然豈竟無一可稍違？必執言漢儒去古近，則齊、魯、韓尚在毛前，今所存異毛者不少。阮雲臺相國謂：「經傳詞氣，雖毛、鄭之精，猶有誤解，何况其餘？」言甚韙。即如本章三「誕」字，不當訓「大」，説文「誕，詞誕也。」段氏茂堂謂三字有誤。釋詁、毛傳竝云：「誕，大也。」竊疑説文本作「誕，詞也。」大乃別一義，詞者語詞也。或以誕爲詞之大，蓋從夸誕義而引申之。誕訓大，而實爲發聲，猶之丕訓大，而亦爲發聲也。誕又通但，皆虚用。後人習見但，罕聞其本訓之爲但裼。而於誕反是，不知誕寘之誕宜作語詞。集傳正如此。王氏伯申經傳釋詞以生民一篇諸「誕」字統爲發語詞。書大誥、君奭、多方之「誕」亦然。説者用爾雅「誕，大也」之訓，則詰鞫爲病。余謂世儒動駁集傳，試思正義於三「誕寘」竝云「是可美大矣」，揆之文義，不迂滯否？此固人所共見，理貴求其是，因論腓字而并著焉。

二祧非文武廟證

古之廟制，天子與諸侯皆立四親廟，與始祖廟爲五，而天子別有二祧，諸侯無之，以是爲降殺。二祧者，謂高祖之父，高祖之祖也。曩嘗疑王肅從劉歆之論，以爲有九廟，固非。而後鄭則謂二祧即文、武廟，似亦未安。近人閩林君喬蔭、德清許君宗彥竝云：「文、武廟自在明堂，非二祧。」余頗韙其説，但尚有未盡者，今再爲證之。案周禮守祧掌守先王先公之廟祧，其廟則有司修除之，其祧則守祧黝堊之。此修除、黝堊雖互言，然廟與祧實有別。祭法於五廟皆月祭之，二祧則享嘗乃止，是其別可知。鄭注云：「天子遷廟之主，以昭穆合藏於二祧之中；諸侯無祧，藏於祖考之廟中。」聘禮曰「不腆先君之祧」，是謂始祖廟也。守祧賈疏亦云：「諸侯既不可與天子同有二祧，其遷主總藏於太祖廟，則謂太祖廟爲祧。」正本鄭義。祭法孔疏亦引昭元年左傳「其敢愛豐氏之祧」云：「彼祧遠祖廟也。」是大夫亦然矣。但孔疏又據襄九年傳「君冠，必以先君之祧處之」，而引服虔注云：「曾祖之廟曰祧。」曾祖在四親內，何獨以爲祧？服説似非。或者對文則別，散文則通耳。且祭法所云，曰考廟、曰王考廟、曰皇考廟、曰顯考廟，謂四親廟也。曰祖考廟，謂始祖廟也。近王伯申以此祖考廟非始祖廟，愚未敢以爲然。又云：「遠廟爲祧，有二祧。」夫祧既爲遠廟，自屬高祖之父祖。近孫淵如以遠廟爲祧，指先王先公之毀廟而言，猶云「遠廟入祧」，未免强辭。不知周禮敘官守祧職鄭注亦云「遠廟曰祧」，正與祭法文合，不得以爲遠廟入祧也。況鄭注既以二祧爲文、武廟，何忽背之而肊指先王先公之毀廟耶？孫君又疑七廟爲常制，三昭三穆既宜竝言，無緣高祖之父祖別謂之二祧。且先言始祖，而後及之也。余謂祭法明廟祧之別，王制三昭三穆，則兼廟祧而言之，其實一也。孫君本云「天子五廟，合文、武廟爲七」，則文、武別稱二祧，何以不三昭三穆竝言乎？況既云三昭三穆，自當有高祖之父祖，否則文、武八九世以後，仍祇二昭二穆矣。荀子所云「有天下者事七世」，其謂之何？至先言始祖，而後及之者，則孔疏云：「祖考之廟當在二祧壇墠之上，應合在後始陳。」今因同皆月祭，故此先言之，固不得以之相難也。又鄭注云「祧之言超也，超上去意也」，正合謂高祖之父祖以次遞遷，凡遷主皆藏焉，方是祧之義。鄭注遷主所藏曰祧。若文、武既稱不祧之廟，而又爲二祧，豈不名與實乖乎？惟知文、武不毁之廟自在明堂，則都無隔閡。何以明之？樂記「祀乎明堂，而民知孝」，鄭注「文王之廟，爲明堂制」，疏云：「明堂是文王之廟也，於時未有明堂而云明堂者，文王廟如明堂之制故也。」然記明言「祀乎明堂」，則是既有明堂，仍如此祀可知。故祭義「祀乎明堂，所以教諸侯之孝」，疏云：「謂宗祀文王也，實在明堂之中。」知者以此經廣明周法，故下云「五者天下之大教」，明不獨論武王，是指周公制禮之後，宗祀文王也。至孝經云「宗祀文王於明堂，以配上帝」，亦在周公制禮以後事。特就周公言，嚴父配天，故單舉文王，其後武王既爲宗，則亦宗祀可知。守祧疏曰：「鄭知周之二祧是文、武者，鄭義二祧則祖宗是也。故祭法云：『祖文王而宗武王。』」鄭云：「祖宗通言爾。是祖有德，宗有功，其廟不毁也。」據此，鄭以文、武二廟爲即祭法之祖宗，而祭法所言，鄭彼注明以爲是明堂配天之祭，則是鄭意亦以文、武不毁之廟在明堂矣，此尤爲確證。但守祧注又以二祧屬文、武，遂致淆紊。若二祧既爲文、武不毁之廟，而明堂又立文、武廟，是文、武各有二廟也，其不然明矣。此乃後鄭千慮之一失，正不必爲之諱，而委曲以從之也。又案禮記明堂位曰：「太廟，天子明堂。」據蔡邕明堂月令論，魯禘祀周公於太廟明堂，猶周宗祀文王於清廟明堂，是文王之廟在明堂矣。記又曰：「魯公之廟，文世室也，武公之廟，武世室也。」鄭注「此二廟，象周有文王、武王之廟。世室者，不毁之名也。」明堂陰陽録云：「明堂之制，中有太室，象紫宮。」太室即世室也，此可徵文、武不毁之廟稱世室，實在明堂，而魯之廟制擬之耳。孔疏乃謂「魯公有文德，故云文世室，武公有武德，故云武世室」。顯與鄭違，非是。近人有論明堂云：「五世則祧者，宗廟之法，雖文、武亦祧也。百世不毀者，明堂之法，故文王之廟，文世室也，武王之廟，武世室也。」語甚明晰。由斯以觀，二祧在五廟之外，故別之曰祧，在三昭三穆之中，故亦可稱廟，當屬高祖之父祖，而非文、武宗廟之制，初無所爲九廟者，審矣。余昔者蓋懷此論而未決，故因林、許二君説而證以余所考者如是，非敢勦襲而附和也。

鄭康成箋詩與注禮異説考

漢儒言詩，多用齊、魯、韓三家。平帝世，毛詩始立學官。自鄭衆、賈逵傳毛詩，馬融作注，而鄭君康成因之作箋，申明毛義，後惟毛傳、鄭箋獨行。今之讀鄭箋者，每據鄭禮注與箋異説而疑之，不知鄭君先注禮，後箋詩。南陔正義引鄭志答炅模云：「爲記注時，就盧君，先師亦然；後得毛公傳，既古書，義又當然，記注已行，不復改之。」先師謂張恭祖也。後漢書鄭本傳亦云：「從東郡張恭祖受韓詩。」其可考者，如氓「體無咎言」。「體」，韓作「履」，坊記從「履」，同韓。箋云「卜女筮女繇無凶咎之言」，蓋本毛傳「體」爲兆卦之「體」，而禮注則云：「履，禮也；女鄉卜筮，然後與我爲禮，則無咎惡之言矣。」信南山「維禹甸之」，毛傳「甸，治也」，箋云：「禹治而丘甸之。」周禮稍人注：「『甸』作『敶』，訓曰『乘』」，疏曰：「鄭先通韓詩，此據韓而言。」公劉「芮鞫之」，即毛傳「鞫，究也」，箋云：「水之外曰鞫。」周禮職方注作「泥」，漢志顏師古注韓詩作「阮」，是注本韓詩而注，以芮爲水名，與箋水内之義亦因之而異。長發「至于湯齊」，毛傳「至湯與天心齊」，箋亦云：「至於湯而得天心。」孔子閒居注則云「詩讀湯齊爲湯躋，躋，升也」，與韓詩外傳作「躋」正同。合觀數條，則康成之先學韓詩，確有可證。然鄭不徒從韓，如燕燕「先君之思，以勖寡人」，毛爲莊姜送歸妾之詩，箋云：「寡人，莊姜自謂也。」而坊記注則以爲定姜，釋文云：「此是魯詩。」候人「何戈與祋」，毛傳「祋，殳也」，箋不易傳。而樂記注引此詩「祋」作「綴」，云：「綴，表也，所以表行列也。」彼疏以爲魯、齊、韓詩。假樂「顯顯令德」，箋以「顯顯」爲「光」，而中庸「顯」作「憲」，注以「憲憲」爲「興盛貌」，疏云：「憲憲乃齊、魯、韓之詩。」長發「爲下國綴旒」，箋以爲「繫心於天子，如旌旗之旒綴著於縿」。而郊特牲引此「綴旒」作「畷郵」，以證郵表畷之義，謂「田畯督約百姓於井閭之處」，彼疏云：「此乃三家詩。」他如谷風「采葑采菲，無以下體」，箋謂「無以顏色之惡，棄其相與之禮」。而坊記注有二說：一謂「采其葉而可食，無以根美并取之」，證記不盡利。一謂「人之交友，取一善而已，不可求備於人」，即左傳「君取節焉」之意。此則別解詩指，彼疏以爲「注記時未見毛傳，不知是夫婦之詩也」。有聲「匪棘其欲，遹追來孝」，箋云：「來勤也。謂述追王季勤孝之行。」禮器「棘」作「革」，「欲」作「猶」，「遹」作「聿」，注「猶，道也。言文王非必欲急行己之道，乃追述先祖之業，來居此爲孝」。疏引鄭答炅模云：「爲記注之時，依循舊本，此文是也；後得毛詩傳而爲注，更從毛本，故與記不同。」下「武王成之」，箋云：「伐紂定天下，成龜兆之占。」疏曰：「禮記引此詩，彼注云『武王桀而成之』，與此異。顧上下文言武王烝哉，是武王之盛事，不宜直言其桀作而已。」崧高「維嶽降神，生甫及申」，箋從毛，以甫爲四岳後甫侯，又云：「甫侯相穆王，訓夏贖刑，是即爲書之呂侯矣。」烝民「生仲山甫」，箋從毛，謂「樊侯也」，則與四岳後異。而孔子閒居注以崧高之生甫，即烝民之仲山甫，詩疏曰「案外傳稱樊仲山甫」，則是樊國之君，必不得與申伯同爲嶽神所生。注禮之時，未詳詩意故耳。凡若此類，殆難枚數，皆不知禮注所主何家，而與箋顯然乖別者也。且箋、注竝行，固箋義長者爲多，而亦得失互見，故後儒釋詩，往往反取他説。如鹿鳴「人之好我，示我周行」。緇衣注以爲「示我忠信之道」，箋以爲「人有以德善我者，置之於周之列位」。今皆從記注。小明「靖共爾位，正直是與。神之聽之，式穀以女」。表記注訓「穀」爲「禄」，言「敬治女位之職事，與正直之人爲友，而神聽女之所爲，用禄與女。」箋訓「共」爲「具」，「穀」爲「善」，言「有明君謀具女之爵位，其志在於與正直之人爲治，神明若祐聽之，其用善人，則必用女」。吕東萊讀詩記亦取禮注。外又旱麓「鳶飛戾天，魚躍於淵」，中庸注以爲「聖德至天則鳶飛，至淵則魚躍，蓋言道被飛潛萬物得所視」。箋但喻惡人遠去，善人得所，氣象尤爲廣大。假樂「保右命之，自天申之」，中庸「右」作「佑」，注以爲「天乃保安佑助，命之爲天子，又申重福之」，承上「受禄于天」而言，義自通貫。箋以爲「成王官人，羣臣保右而舉之，乃後命用之，又用天意申敕之。」參入旁意，稍迂。數者，皆似記注爲優。亦有異而非異者，信南山「畇畇原隰」，周禮均人注引作「畇畇」，特字形稍殊。有聲「宅是鎬京」，箋云：「宅，居也。」坊記作「度」，注云：「度，謀也。」觀書堯典「宅西」，周禮縫人注引作「度」，及後文「五流有宅，五宅三居」，史記宅皆作度，知古宅、度音義原相通。若葛覃「服之無斁」，箋訓「服」爲「整」，言「整治之無厭倦」。緇衣「斁」作「射」，注言「采葛爲君子之衣，令君子服之不厭」。此「斁」、「射」字異，而訓「厭」則同。一言其勤，一言其儉，勤者必儉，義亦相足。泮水箋云：「辟雝築土，雝水之外圓如璧。泮之言半，東西門以南通水，北無也。」而王制注則謂「辟明廱和，所以明和天下。頖之言班，所以班政教」。於詩言其形，於禮釋其義，兩相接成，非必有異，是固可就箋、注參校而得其大概矣。顧南陔詩序有其義而亡其辭，箋云：「其義與衆篇之義合編。」既言有義，而饗飲酒、燕禮注皆云：「今亡，其義未聞。」是注禮之時，未見此序。疏曰：「案儀禮鄭注解關雎、鵲巢、鹿鳴、四牡等皆取詩序爲義，而云未見毛傳者，注述大事，更須研精，得毛傳之後，大誤者追而正之，可知者不復改定故也。」據此，則鄭禮注未必盡無改從毛傳之處，故緇衣引都人士之首章，鄭注云：「此詩毛氏有之，三家則亡，當亦後所增入。」孔氏之言，蓋非臆造，不然鄭自云後得毛傳，豈先見之而爲是語耶？若夫箋本宗毛，而間有從三家者，乃所謂如有不同，即下己意是也。如揚之水「素衣朱襮」，毛傳「諸侯繡黼」。下「朱繡」，傳亦云「繡黼也」。箋以「繡黼」爲「綃黼」，郊特牲及士昏禮注兩引詩，皆作「素衣朱綃」，云魯詩以「綃」爲「綺」屬，是箋從魯詩。十月之交毛序爲幽王詩，箋作厲王，與顏師古述魯詩同。皇矣「侵阮徂共」，毛傳訓「徂」爲「往」，箋云「阮、徂、共三國」，疏引張融云：「魯詩之義。」車攻「東有甫草」，毛傳「甫，大也」，箋引爾雅「鄭有圃田」，蓋韓詩作「圃」，甫、圃古通用也。思齊「古之人無斁」，毛傳訓「斁」爲「厭」，箋作「擇」，王厚齋詩攷亦以爲韓詩。「抑用遏蠻方」，毛傳「遏，遠也」，箋云：「遏當作剔。」泮水「狄彼東南」，亦讀「狄」爲「剔」。剔，治也。疏謂「剔治毛髮，故爲治」。釋文引韓詩「鬄，除也」。除、治同義。案士喪禮「鬄去蹄」，注：「今文鬄作剔。」是箋從韓，鬄、剔古今字耳。其餘改字尚數十百條，并有記注預與毛合，至箋詩轉易其義者。如關雎「君子好逑」，緇衣「逑」作「仇」，注訓「仇」爲「匹」，即毛傳

「善匹」之義，而箋則訓「逑」爲「怨耦」，謂「和好衆妾之怨者」。文王「駿命不易」，釋文「易，毛以豉反，言甚難也」。鄭音亦言不可改易也。然大學引此詩鄭注云：「天之大命，持之誠不易也。」彼釋文云「易，以豉反」，注同。則鄭初説原以爲難易之易矣。長發「昭假遲遲」，釋文「假，徐云：毛音格，鄭音暇。蓋王肅述毛，假字音格訓至，而箋則爲寬暇之意」。然孔子閒居引此詩注以爲「湯之明道，及於民，遲遲然安和」。是鄭本以「假」爲「至」，及箋詩而改之也。大抵儒者論撰，務求至當，而無取乎墨守。鄭君集經學之成，尤包羅衆有，故隨時所得，不妨各著，以見古聖遺書，紬繹靡盡之意。明乎此，而箋與注之有異，又何疑哉！

小爾雅義證序

余友胡君玉鐎之治小爾雅，尚在未第以前，後同族墨莊觀察復爲之，二君譔著時，一在都，一在里，兩不相謀。君於廣詁篇引墨莊語，特偶札商，實未先見其書，乃并署名義證亦適符，所謂閉門造車，出門合轍者也。迨墨莊書刊行，而君書猶藏巾篋。旋謝世，遲滯數年。今將付剞劂，恐人疑與墨莊書複疊，不知理之所在，解人略同。近者我鄉戴東原校水經注，而浙人趙東潛往往有合，段茂堂大令謂二公皆非襲人書者。君與墨莊何以異是？頃又得長洲宋于廷學博小爾雅訓纂，學博成書，遠在黔中，二君尤未識，余乃比而觀焉，大抵各有推闡，亦各有疏密。宋君凡字體多準説文，最當；但廣詁「履，具也」，履不得訓具，當爲展。「語，治也」，語蓋詰之誤字。「皆，因也」，皆蓋階之壞字。廣言「衍演，廣遠也」，遠當爲衍字。「嗟，發聲也」，文選西都賦注引小爾雅「羌，發聲也」，則嗟下脱羌字。「越，遠也」，一切經音義引小爾雅「碩，遠也」，則越下脱碩字。廣器「坰，地也」，據説文「坰」作「冂」，象遠界也，魯頌毛傳「坰，遠野也」，則地上當脱遠字。廣物「秉筥之數」，君依韻會所引，於「筥十日稯」下，尚有「稯十曰秺」；廣獸「雞雉之乳謂之窠」，陸佃埤雅所引尚有「兔之所息謂之窟，鹿之所息謂之場」，而宋君皆未及。若廣言「愸，强也」，宋君與墨莊據詩十月釋文引爾雅「愸，且也」，今爾雅無此文，當即小爾雅，而君亦未及也。廣器「射有張布謂之侯」，詩賓之初筵釋文據王肅引小爾雅「射，張皮謂之侯」，君與墨莊仍從作布之本。墨莊引説文「侯从人从厂，象張布」。鄉射禮「乃張侯」，注：「侯謂所射布也。」君引周禮司裘注「虎侯、熊侯、豹侯、麋侯，以皮飾其側謂侯，上下俱用布，惟兩旁飾以皮，雖謂之皮侯，猶張布也」。據此，知大射、賓射、燕射、鄉射之侯，無不以布者。余謂言布可以該皮，言皮不可以該布。宋君依王肅作皮，轉以作布爲誤，恐未然。廣量「籔二有半謂之缶，缶二謂之鍾，鍾二謂之秉」，君與墨莊謂「籔二下有半二字，當在鍾二下，蓋衍於前而脱於後」。若如今本，則缶爲四斛，鍾爲八斛，正左傳所稱「陳氏三量，皆登一焉，鍾乃大矣」者，不應與上文豆區鍾籔之量忽生異數。鍾二爲秉，又與聘禮記秉十六斛之數不合。且太平御覽引小爾雅作「籔二謂之缶，缶二謂之鍾，鍾二有半謂之秉」，確鑿可證。宋君仍今本之誤，謂「自陳氏改量，周、秦之際大率以八斛爲鍾，小爾雅出其後，故亦云爾」。意爲之説，殆非也。至君之説有與墨莊相出入者，廣詁「掠，取也」，墨莊引説文「掠，奪取也」，此字乃新附，非許氏之舊，不得竟據爲説文。君謂「掠字説文所無，掠即倞之别體。説文『倞，彊也』，倞取猶今言彊取，古聲同也」。「撫，拾也」，墨莊引說文徐鍇本云：「撫，安也，一曰掇也。」君謂此繫傳語，而玉篇、廣韻、集韻引說文俱無下四字，不得爲許氏本文。別引廣雅「撫，持也」，持、拾一聲之轉，持猶拾也。二義皆勝。「經，過也」，墨莊既如字釋之，而於補遺別出「淫」字。君與宋君謂「經當作淫」，君據文選上林賦注，宋君據七發注，竝引作「淫，過也」，則作「淫」是矣。余謂「淫」字或爲「經」下之脱文，而君言「淫」與涇、徑通，所引釋名及楚辭招魂注、淮南覽冥訓注，皆涇、徑與經同聲可通，未嘗言與淫通也。廣言「麗，著思也」，墨莊據劉逵吴都賦注引爾雅「麗，附也」，今爾雅無此文，疑是引小爾雅。今本「思」字，蓋「附」之訛。說近是。君則以「麗與離、罹通」，詩四月及小弁傳離、罹皆云憂也。爾雅「憂，思也」。禮記祭義「致愛則存，致慤則著」，鄭注「存著謂其思念也」，則思不爲誤字，較之宋君但空言心有附著然後思，故麗著竝有思義者，更爲有據。「映，曬也」，墨莊引文選王仲宣詩注：「暎，猶照也。」梁元帝纂要「日在午曰亭，在未曰映」，義固通，但說文無暎、映字。宋君謂「映」當作「央」，詩出車傳「央央，鮮明也」，說文「瑛，玉光，或借瑛爲映」，未免迂曲，不如君讀映爲暘，聲近通用。說文「暘，日出也。」繫傳云：「暘，日㬥之也。」玉篇：「暘，日乾物也。」於㬥曬義爲愜。廣訓「雜采曰繪」，據文選吴都賦、射雉賦、江賦李善注，竝引小爾雅「雜采曰綷」。墨莊未改「繪」字，而釋義爲綷。宋君以作「繪」爲是。余謂說文「繪，五采繡也」，亦通。然「綷」與「雜」義尤相近，且選注所引可證，不如君之直作綷。綷，說文作𪓐，从黹，綷省聲，則綷固非俗字也。而君又有獨得者，廣器「車轅上者謂之𨏥」，據方言「車轊爲𨏥。轊者，車軸耑也」，即史記田單傳之鐵籠。籠與𨏥通。此云轅上，墨莊以爲未詳。宋君欲改作車軸耑。君則引說文

「籠，笭也；笭，車笭也」。笭一作軨，説文「軨，車轖間橫木也」。車轖橫木謂之笭，亦謂之籠」。又援釋文及小戎傳、箋而知「蔭笭之陰垂幃上」，則笭亦在幃上。笭既爲籠，即可作𨏥，猶車軸頭爲𨏥，亦作籠也。名同而實異，爲二君所不逮。余謂此如軹本轂末之名，而軸末亦名軹；軌本車轍之名，而軎亦名軌。斯通論，非强傅也。「較謂之幹」，三家各出一議。宋君據爾雅「較，直也」，幹亦取直意，是釋詁，不是釋器，未明較爲何物。又因較言直，與説文曲鉤語背，遂謂較與重較斷爲二事，疑非。墨莊以幹本井闌之名。漢書成帝紀注：「較獵者，大爲闌較。」是井闌謂之幹，禽獸之闌謂之較，故車闌謂之較，亦謂之幹也已，善圓其義。君既疑如井闌，而又謂「幹之名絶無所據，當與軒字相涉而譌」。説文「軒，曲輈轓車也」，較，説文謂之輢，應劭云「車轓爲輢」，左氏閔二年傳服注「車有轓曰軒」，故較亦可謂之軒」。此義就車論車，尤新而不詭。廣鳥之「陽鳥」，舊本作「鳩鴈」是也，鳩似鴻之誤。鴻鴈爲陽鳥，人皆知之，而鳩亦得爲陽鳥，人多未知。墨莊與宋君直作鴻鴈，并不云或作鳩。君獨援魏志管寧傳「戴鵀，陽鳥也」，戴鵀即布穀，亦謂之鳴鳩。又引列子天瑞篇而知鳩之化生，視乎陽之消長，遂以鳩鴈兼言，雖創而實確。且君於一字之義分爲二，如廣詁「幾察模，臬法也」。宋君未釋模字，君謂「模之爲法，乃效法之法，非刑法之法」。墨莊則引廣雅「摹，刑也」，刑與法同，摹即模。余謂爾雅「範，法也」，一切經音義引通俗文「規模曰範」，是範與模同，又通作范。荀子彊國篇「刑范正」，楊倞注「范，法也」。刑范鑄劍，規模之器也。蓋刑罰所以範民於法度，故儀型典型之型祇作刑，則效法與刑法義正相成。他若「疆，界也，又竟也」。君謂界與竟義同，前取邊竟之義，後乃取究竟之義，義亦相成。過有二義，一爲過失之過，一爲過從之過，則前言經與淫俱訓過者可通矣。間之爲隙，有空隙之隙，有嫌隙之隙。廣言「廢、措，置也」，置有二義，有置立之置，有置棄之置，廢、措義亦從之。余謂爾雅「台、朕、賚、畀、卜、陽，予也」，予既訓我，又爲賜與，故台、朕、陽爲予我之予，賚、畀、卜爲賜予之予，正相類。墨莊與宋君皆未剖析至是也。其中稍可商者，惟廣言「涼，薄也」。墨莊據説文旡部引爾雅「𣄴，薄也」，今爾雅無此文。許所引當即漢書藝文志孝經家之小爾雅。蓋古本作「𣄴」，後人改爲「涼」，此與宋君略同。而君未及，似宜補。「俘，罰也」，君與墨莊竝云：「罰與伐通。」史記律書「北至于罰」，罰者言萬物氣奪可伐也。一切經音義引國語賈注「伐國取人曰俘」，故俘可訓罰，但其義頗費斡旋。宋君據禮記投壺「若是者浮」注引晏子春秋曰「酌者奉觴而進，曰：君今浮」。晏子時以罰梁丘據正義引小爾雅「浮，罰也」，則「俘」當作「浮」，此爲的據。墨莊亦疑今本脱「浮」字，而君專釋「俘」，未免於偏。廣名「殔坎謂之池」，墨莊與宋君據檀弓「曾子弔於負夏，主人既祖填池，推柩而反之」，鄭注雖破填池爲徹奠，而釋文云「盧、王竝如字讀」，是知殔池謂埋棺之坎，將殯則掘殔，遷柩則填池也。君則謂「喪禮之坎有二，有埋棺之坎，有棄餘潘水之坎。士喪禮甸人『掘坎於階間少西』，又云『渜濯棄於坎』，喪大記『浴餘水棄於坎』，此棄餘潘水之坎池，必有水，棄餘水方與池合」。立義亦甚精。余謂士喪禮「掘殔見衽」，注云：「殔，埋棺之坎也。」本文明言殔坎。必如君説，殔字爲衍文而後可，苦無證據。竊意殔坎之名池，亦如柳車之池，但取象承霤而已，似不必泥於有水否，則盧、王讀填池將何解？且何以推柩而反之耶？況連上文埋柩謂之殔，殔坎謂之池，無緣轉遺埋棺之坎，而獨舉棄餘水之坎。君或填池用鄭義，不取盧、王，特余未敢遽以爲定論耳。廣服「襜褕爲之童容」，據説文、玉篇皆云「襜褕直裾」，故釋名謂「取其宏裕」。而漢書何並傳顔注獨言「曲裾」，墨莊議其非，宋君以曲爲誤字。君引任氏大椿深衣釋例謂「襜褕曲裾即深衣。鄭注所云『鉤邊』，若今曲裾者也」。余謂任意蓋以襜褕之曲裾者乃爲深衣，非襜褕亦曲裾也。顔師古於武安侯傳、雋不疑傳皆云「襜褕直裾」，不應何並傳忽異。君謂「襜褕爲襌衣，與深衣同，直裾曲裾義各有取」，似襜褕亦有曲裾矣，頗覺未晰。廣量「一手之盛謂之溢，兩手謂之掬，掬四謂之豆」，據考工記陶人疏引小爾雅「掬二升，二掬爲豆」。宋君以一手兩手爲一升兩升之誤，其以掬四爲掬二，三家皆同。余謂一手之盛，謂一手所盛之米若干也，若作一升，祇當言一升謂之溢，贅「之盛」二字，殊不辭。掬從手取義，説文「在手曰掬」，詩「椒聊采綠」，傳竝云「兩手曰掬」，升安得以掬言？故改手爲升，斷不可通。不解墨莊何以亦疑之？至言掬二升者，蓋從喪服傳鄭注「溢一升，則四升爲豆」，自當爲掬二。然儀禮釋文引王肅、劉逵、袁準、孔倫、葛洪皆云：「滿手曰溢，滿手得半升，故舊注掬爲一升。」君與墨莊竝謂此與鄭異，即無庸傅合。君言陶人疏以意爲詞，則不盡足據。竊意小爾雅前於鄭，何必定與鄭無二義？掬既爲一升，正宜掬四謂之豆，似今本非誤。御覽所引固如是。墨莊亦云然。而君作掬二，又不識何以獨別茲數者？惜無由起君而質之也。雖然君書有洪穉存以爲「精審」，段君亦云「校之博，考之精」，兩公號通儒，必非無見。然則攄義詮訓，同者不須求異，異者不應苟同，豈墨莊與宋君之書所得而揜哉？余故爲參互錯綜而著於篇，此與阮芸臺相國校勘記差似，即此當序，其可乎？遂以弁其端。

附録

先生留心文獻，爲文原本經術，教士以通經學古爲先，世稱與桐城姚姬傳、陽湖李申耆並負儒林宿望，蓋鼎足而三云。李元度撰傳。

國朝文治邁前古，説經家尤鏗鏗，顧未有甄綜爲巨編者。先生所輯古文彙鈔暨詁經文鈔，煌煌乎經國之巨業也。同上。

沈西雝曰：先生言鄭箋申毛而非改毛，尤爲前人所未道。蒙嘗病世之爲毛詩學者，好與康成爲難，徒揚子雍之波，通人如休寧戴氏，尚有不免，他更無論。吾友陳碩甫專疏毛傳，竊恐他年鄭學遂微，擬著一書，專疏鄭箋，牽率未果。今先生能觀毛、鄭之會通，謂毛公訓詁用假借字，鄭箋所改之字，即傳之假借字，不僅爲高密之功臣，實爲趙國紹微言之中絶，通哉言乎！沈濤與先生書。

説文假借義證視李氏富孫説文辨字正俗、錢氏坫十經文字通正書、朱氏駿聲説文通訓定聲諸書，緐簡不侔，精碻可信，讀是書者，於通借、互借、兩借、連借各義，尋源竟委，觸類旁通，可以窺測指事、象形、形聲、會意、轉注之大凡，豈僅囿於假借一端也。張鳴珂説文假借義證序。

説文假借義證脱稿後，即録清本寄某公，將謀刻之。劫後搜得稿本，然多殘缺。族弟麟成授梓，先生孫之埒摘取經文廣異中義及他説補之，未爲精審。光緒戊戌，蔭成復遵原本，釐正重刊，無可攷者，姑從闕。如其經文廣異僅存書經一種，又缺第四卷，附刊涇川叢書中。朱彝説文假借義證序。

文選集釋經亂後族曾孫爾楫購得初撰之稿，姪維垣購得重訂之後半部，今刻前十二卷，據初稿；後據重訂之稿。惜乎！最後訂本無從而得。子葆元文選集釋跋後。

張先生聰咸

張聰咸字阮林，一字小阮，號傅巖，桐城人。文端公之五世孫也。嘉慶庚午舉人，考取八旗官學教習。十九年卒，年三十有二。平生鋭於著述，博聞多識。嘗憤杜氏集解襲用舊説，而不著其名，又如長曆非法，短喪誣禮，皆乖經義之大，乃博采衆説，參證其失，成左傳杜注辨證六卷，而於漢水大別地境考訂最力。姚姬傳、胡墨莊並爭之，段懋堂獨韙之，推爲本朝鉅製。且舉古文、古義、古韻、脱文四類以序其書，其書初名左傳刊杜，段氏議其過激，乃易今名。卒前數日，出稿以授墨莊，屬爲删訂焉。又著經史質疑録二卷、傅巖詩集八卷。又輯漢、晉各家逸史，其謝承後漢書、王隱晉書已成未刊。參劉開撰傳、段玉裁經韻樓集、胡培翬研六室文鈔。

左傳杜註辨證自序

漢季左氏之學，鄭、賈最著，蓋其原同出於劉歆，服虔繼之，由是章句訓詁於古義爲備。其書皆行於魏，亂於晉，而衰於隋，絶於唐矣。故隋書經籍志猶載賈逵左氏傳解詁三十卷，左氏傳條例九卷，服虔左氏傳解誼三十一卷。自杜氏集解出，而晉、宋以下，服、杜遂并立國學。此北史所以稱河、洛左傳則服子慎，江左左傳則杜元凱也。然隋志猶謂其先通左氏者，唯傳服義，及於隋而杜氏盛行，服無師説。然杜既行，而劉炫、衛冀、陸周、樂遜輩即有規難、發違諸作。至於唐作正義，復專成杜氏一家之學，而其時如權德輿及宋之鼂公武，又議其錯傳分經矣。竊以爲杜解之乖於義者，大端有四：長曆非曆也，抉其繆者，發端於通鑑外紀目録，而鄭漁仲以爲杜氏通星曆，則淺識矣。論喪短喪也，詳列於顧棟高杜注正譌表，而是時博士殷暢猶爲强相證會，則亂禮矣。釋軍制則車法徒法不分，釋田賦則丘賦甸賦莫辨，東吴惠氏棟始博採侍中太守之解誼，京氏相璠之土地名，證以秦、漢子書，爲補注六卷，洵足以延不傳之緒，其功爲鉅。然子慎解傳，曆用太極上元，姜岌已駁其失，惠雖未及詳，亦終無以間執信杜者之口。惟婺源江氏永，獨能據唐一行曆及姜岌大衍、授時三家以正長曆之繆。據周禮鄭君車有卒伍注，以辯軍制之譌，予猶惜其説散見於經義中，未有專帙也。今參以末學之見，更證之羣經諸子及漢志載子駿説之可證會者，悉蒐輯之，其辭繁而不殺，誠欲使劉、鄭、賈、服之古義，今時猶得闚其緒餘。亦知杜解多本之舊説，而删逸其精詳，更易其義例，轉不若韋叔嗣之注外傳，猶存賈侍中、唐尚書之舊也。至訓詁之小誤，地理之參差，則有顧亭林補正、江慎修考實與夫惠君之補注，皆各詳其説。馬一丈器之又廣援郡國志、水經注以補松崖之未備。然杜氏地理之大乖者，莫若以漢水之名不踰江夏，而僞書傳及後之言地學者皆沿其誤，竟無有起而正之者，此予之急欲明辨也。

顓頊氏有子曰犂，爲祝融。注：犂爲火正。

經傳凡連言重黎者，蓋顓頊以來司天地之官名，單言犂者，則顓頊之子爲火正者名也。尚書呂刑曰「乃命重黎」，某氏傳以爲重黎即羲和。鄭注「顓頊命重黎，非羲和也。」鄭語曰：「且重黎之後也。」韋昭注：「顓頊命南正重司天，北正黎司地。」此本楚語及漢書律曆志。言楚之先爲此二官，此連言舉官名也。鄭語曰：「夫犂爲高辛氏火正。」韋昭注：「犂，顓頊之後吴回。」此沿馬遷之謬，詩譜正義既辨之矣。賈公彦周禮疏序引鄭語於「黎」上加「重」，更妄。韋又云：「顓頊生老童，老童生重黎及吴回。」此本漢書古今人表，然并重黎之官而以爲犂，則自班、馬二家始。惟史記楚世家徑以重黎爲高辛氏火正，故詩檜譜正義辨之云「黎實祝融，重爲南正，而馬遷同以重黎爲祝融，束皙譏其并兩人以爲一」，謂此是也。案世本及楚世家云「高陽生稱，稱生卷章，漢表作老童，字與卷章相近，必有一訛。卷章生黎」，今本史記作卷章生重黎，非是。正義引作卷章生黎，無「重」字，是也。則傳所云顓頊氏之子矣。然大戴禮帝繫僅載顓頊産老童，老童産重此字當衍。黎及吴回，與漢表同，略稱一代。然則據帝繫則犂爲顓頊之孫，依世本則犂爲顓頊之曾孫，其詳未聞也。若如史遷自敘云：「重犂氏世敘天地，其在周，程伯休甫其後也。」此本鄭語。云重黎之後，亦并舉天地二司而言，未可爲繆。司馬貞正之云：「案彪之序及干寶皆云『司馬氏，黎之後』，今稱重黎之後者，言地即舉天，稱黎則兼重，自是對文。」其實休甫則黎之後，顧亭林援晉書宣帝紀、宋書衛瓘等奏，以連稱重犂爲謬，固是；然徑斥史遷自序之非，又忘外傳鄭語之文矣。即索隱説猶考之未詳，咸撿楚語「少皞氏之衰，九黎亂德，顓頊受之，則命木正重司天，以屬神，命火正黎司地，以屬民」。漢書律曆志作南正重，後漢書天文志作北正黎，唐固國語注及帝王世紀皆作北正，詩檜譜正義引尚書鄭志答趙商「火當作北」，則黎爲北正也。臣瓚漢書注：「南正司天，則北正當司地，不得言火正。古文火字與北相似，故誤。」史記索隱引揚雄、譙周並以爲然。小顏復援班固幽通賦「玄黎醇耀于高辛」，以辨黎爲火正，不知重、黎自爲天地之官，黎自爲火正，其事各別，不相妨也。帝王世紀云：「顓頊生十年而佐少昊，二十而登帝位。」據楚語顓頊當少皞之衰，即得命黎，則即位時年甫二十耳，安得有孫？若曾孫而命之爲火正，又世紀帝嚳年十五而佐顓頊，四十登位，以人事紀官。據鄭語犂爲高辛氏火正，計顓頊在位七十八年，見世紀。帝嚳四十始即位，共一百一十八年，安得復命顓頊即位時之黎爲火正？若據春秋命曆序高陽氏傳二十世，三百五十歲，高辛氏傳十世，四百歲，則更不相及矣。禮月令正義案：楚世家「高辛氏誅重犂」，鄭依命曆序以顓頊傳九世，帝嚳傳十世，則重黎何得事顓頊？又事高辛？師解「重，人號，雖子孫皆同，猶羿爲堯時射官，至夏后相時猶有羿也。自古以來，紀君臣之號」。昭十七年左傳云：「顓頊以來，不能紀遠，乃紀於近，命以民事。」服注：「自少皞以上，天子之號以其德，百官之號以其徵。自顓頊以來，天子之號以其地，百官之號以其事。」然則顓頊時之重黎，與高辛時之犂，不可溷而爲一，較然矣。蓋爲顓頊時司天地者則重、黎；其官爲帝嚳時火正者，則犂其人。而尚書僞孔傳又誤以高辛氏命重黎，後漢志援文耀鉤云「高辛受命重黎」，及楚世家以爲「帝嚳使犂誅共工，不盡，誅黎」，而以吳回爲黎。高誘注淮南時則訓，亦依是說，然皆與內、外傳互相齟齬。正義雖辨之，終不足以晰疑也。

自小別至于大別。注：禹貢漢水至大別，南入江，然則此二別在江夏界。

漢志：「六安國安豐縣，禹貢大别山在西南。」郡國志：「廬江郡安豐有大别山。」桑欽水經：「大别山在廬江安豐縣西南。」京相璠曰：「大别，漢東山名，在安豐縣南。」魏置安豐郡，晉因之，安豐其屬縣也，在今霍丘縣西南，與固始縣接境，霍丘在壽州西南一百二十里。傳云：「淮汭在今之壽州。」案元豐九域志壽州壽春郡六安有霍山、大别山，唐書天寶元年析盛唐置霍山縣，後漢書注漢安豐故城在縣西北，唐書霍山縣有大别山。鄭氏尚書注：「大别在廬江安豐縣。」顏師古漢書注同。案：禹貢凡兩言大别，皆在荆、揚分界處。蓋大别居漢之下流，而又夾漢、淮之間，巴、決二水發源於此。決水則西注於淮，水經注「決水出廬江雩婁縣南大别山，俗名之爲檀山峴」，蓋大别之異名。淮水又東逕廬江安豐縣東北，決水注之是也。巴水則東流注于江，水經注「江水左，則巴水注之。水出雩婁縣之下靈山，即大别山。與決水同出一山，故世謂之分水山，或曰巴山。南歷蠻中，吴時，舊立屯于水側，引巴水以溉野。又南逕巴水戍，東流注于江，謂之巴口」是也。蓋漢水雖自江夏南入于江，至彭蠡而始盛，故入江以後，猶得與江并名，所由春秋時豫章居巢之間，皆目爲漢水也。禹貢云：「内方至于大别」者，特詳其導山所經之地；云「過三澨至于大别」者，蓋漢水于入江以後，首受巴水之注，其流浸盛，巴水逆之，而其勢莫敵，反引漢以退觸大别之陂，春秋時所由有漢、淮之名也。蓋漢既入江，行七百餘里，復截江而東匯彭蠡，其力之大，勢之壯，泛溢于大别間，又无足怪矣。自杜氏誤讀「南入于江」，以爲漢至大别南入江，僞書傳因之，以爲在荆州界。近程氏瑶田云：「荆、揚二州分界處，在彭蠡。而漢水即於匯澤爲彭蠡處，與江溷爲一流，故於彭蠡下失漢之名，而别之爲北江。」此説是矣。若如杜説，則漢水入江後即不復稱漢，然則東匯澤爲彭蠡，東爲北江者，漢與？江與？經云「江、漢朝宗于海」者，言漢能跨越揚州而與江同入于海也。水經注「沔水又南至江夏沙羨縣今之嘉魚縣。北，南入于江」，沔水與江合流，乃東過彭蠡澤，又東北出居巢縣南。居巢，今之無爲巢縣地，古巢國。更證以二年傳云：「吴軍楚師於豫章，遂圍巢。」又：「吴人見舟于豫章，而潛師于巢。」此傳云：「舍舟于淮汭，自豫章與楚夾漢。」昭十三年注：「豫章當在江北，淮水南。」此傳注：「豫章，漢東。江北，地名。」是杜本猶豫未決，其誤在小視漢水矣。豫章蓋江北淮南之水，與居巢、淮汭相近，猶刊水出廬江郡之東陵鄉，西南注于江皆是。今江水於興國州北受刊水之注，即水經注「江水又東，逕下雉縣北，刊水從東陵西南注之」，與巴水皆在淮南、江北之間。然皆去江夏八九百里，豈能遽至夏口，而與楚夾漢？則此漢必在蘄春、下雉之間，蘄春今之蘄州，下雉今之興國州。不得在江夏明矣。更佐以桓八年傳云「楚子伐隨，軍于漢、淮之間」，此漢既入江，猶得稱爲漢之確證，故正義云：「江北淮南。」詩江漢鄭箋：「江、漢之水，合而東流，宣王於是水上命將率遣士衆使循流而下。」正義云：「命將在江、漢之上，蓋在廬江左右。江自廬江亦東北流，故順之而行。」引禹貢說：「漢至大别之南，漢與江合而東流。」漢志「大别在廬江安豐縣界」，則江、漢合處，在揚州之境，此説不爲謬妄。然自夏口已江、漢合流，豈有異議？孔氏亦小誤耳。必若杜氏及僞爲書傳者，泥以漢之名不踰江夏，故釋例土地名云：「二别近漢之名，無緣乃在安豐。」因解大别在江夏之界，而又不能實指其地。土地名二别皆闕。至唐李吉甫始謬以水經注之古翼際山當之，其後言地里者悉奉是説，以爲確解，於是兩漢諸儒之説皆棄如塵羹矣。且並不尋繹漢説何緣遠取安豐之大別，而不云「在江夏以上」之故。酈元知江水東逕魯山南古翼際山，而不指之爲大別，豈前儒皆疏，而後人乃得其詳與？蓋由謬合禹貢「至于大別，南入于江」爲句，禹貢云：「南入于江，東匯澤爲彭蠡。」蓋經體之對文，以南屬上讀，誤矣。遂不能不尋江夏以内之山，而指之爲大別矣。正義更妄指小別在大別東，胡渭辨以爲當在西，謂「吴軍漢東，楚軍漢西，自小別至于大別，言其師衆，爲長陳，自西及東」。若此其遠，即據李吉甫以魯山爲大別，則去汊川之小別已一百二十餘里，舟師幾何，而能爲長陳以横接其間乎？蓋由執杜及僞書傳之説，誤以漢爲漢口。且今漢水自郭師口以上，決而東逕翼際山後入江，即魯山，元和志以爲大別。與酈元引地説言「漢水東行，觸大別之陂，南與江合」，迥不相符。即巖壑變遷，豈盡乖舛也？蓋地説所云，酈元亦以爲不知所在，然則翼際非古之大別益明矣。審傳載吴、楚合軍之路，不出漢、淮之間，始云「舍舟于淮汭」，復云「若司馬毁吴舟于淮，塞城口而入，則史皇謂子常速戰，恐尹戌獨成其功，故濟漢而陳，自小別至大別」，謂由江夏以舟師列陳，乃濟漢而泝巴水，以至于大別之下，兼欲乘間以毁吴淮汭之舟耳，豈在夏口哉？顧棟高知淮汭至夏口九百餘里，而不能正杜之譌，復爲意必之説，以佐成其誤，何也？

經史質疑録

訂大別在安豐大隧直轅冥阸不在鄳縣説

大別非夏口之翼際山，聰咸曩辨左氏定四年杜注已條列漢、晉諸儒之説，反復數千言，而又繪圖如左，破李吉甫元和志之誤。并抉發漢水自入江以後，猶得與江、漢并稱，漢既入江，而又首受大別山巴水之注。上徵毛詩、禹貢，下挍鄭注尚書、漢書地志、酈氏水經注，已可以解千餘年之積惑矣。金壇段氏以爲此不特證明左氏，兼能闡發尚書。咸近時又以此事質之元和顧明經廣圻，特發凡語耳，非詳列舊說也。今見陽湖洪編修亮吉有釋大别山一篇，亦以是山在廬江安豐，廣設十四證，并取定四年傳柏舉、雍澨、息、郢皆歷以今地攷之，實先獲我心矣。然于禹貢導漾節南入于江以後，終不瞭然。且以大隧、直轅、冥阨在信陽，此又明于大别、柏舉之地埶，而復闇於大隧三隘之道里矣。何也？吉甫輩以大别不在安豐者，以安豐去漢水已五百里，且其地又不濱江，又無以攷其漢水之枝流，遂不得不以夏口之山當大别。咸嘗曰：「不知漢水于入江以後，猶得稱漢者，不可與訂大别之在安豐也；不知漢水于入江以後，首受巴水之注者，不可與訂大别之在安豐也；不知受漢之巴水發源于大别山者，不可與訂大别之在安豐也；不知入淮之決水亦發源於大别山者，不可與訂大别之在安豐也；不知吴師自淮汭來者，不可與訂大别之在安豐也；不知三隘之不在信陽者，不可與訂大别之在安豐也。」即以今地攷之，吴伐楚，舟師必由震澤西南泝大江，今之蕪湖水也。又西入巢湖，今之無爲洲及巢縣是也。由巢湖逕肥水，路逕今之合肥。而東而北而西乃達淮汭。淮汭，今之壽州境也。顧司業已言之。淮汭在大别之東，大别在霍丘西南九十里，壽州西南至霍丘僅百里耳。當逕今之鳳台而至霍丘。柏舉又在大别之西南，在湖北麻城東六十里。詳李吉甫元和志。自大别以東，巴水以西，爲吴、楚用兵之常道。今霍丘縣西有窮水，水經注「水出安豐縣窮谷」，左傳「楚救灊，與吴師遇于窮谷」者也。決水即出於霍丘大别山東南，水經「淮水注東逕廬江安豐縣東北，決水注之」，在霍丘西南安豐故城之西八十里，此與窮谷皆在大別以東者也。巴水則出於大別山西北，水經「巴水、注水出雩婁縣之下靈山，即大別山，雩婁即今之霍丘西南地。與決水同出一山，故世謂之分水山。今其源自霍丘西南，逕商城東南，出麻城西南，逕黃安東南、黃岡西南而入漢水，此漢既入江，弟一枝流也。漢水受巴而其流浸盛，故漢之東岸，沿江下歷黃岡而得巴水。今之瀕江，猶得稱巴河也。吳師自豫章與楚夾漢，必在是間。何也？吳師自淮汭西南，沿大別逕柏舉入大隧、直轅、冥阨，始能與楚夾漢。楚師必由郢都東沿漢渡清發，逕今之雲夢、孝感、黃陂，始距吳師，則與之夾者，即此漢水之枝流。案圖可稽，理無可惑。今之一統志乃以爲巴水之源出于蘄水縣之板石山，流入黃岡境者。蘄水北境之山，東連麻城之木陵，陰山以上，接于大別。蓋東北之山勢高於西南，巴水發于大別，直至麻城之西北，始稱巨浸。今之志以其源涓細難尋，遂以蘄水北境之山當之，失其實矣。此巴水以西首受漢水之枝流者也。蓋大別北濱淮，元豐九域志及明一統志云：「霍丘西南有大別山，北濱淮，史河、灃河俱入焉。」南通漢，傳所云「楚子軍于漢、淮之間」，已詳左傳辨杜。及此年傳「吳舍舟于淮汭，自豫章與楚夾漢」，可以徵吳、楚用兵之地，不外今之霍丘、固始、商城、麻城、黃岡。此三百里内，爲出入之境，實千古不可易之證矣。吳自淮汭西南行百九十里而至於大別，又西南，則必由今之商城，南至於柏舉，僅三十里，又西南趨漢，則必由今商城之東南逕長嶺，明一統志商城南有長嶺關。松子，明一統志商城東南有松子關。又西南趨今光州之陰山，明一統志光州西南有陰山關。出於麻城東北之隘矣。明一統志麻城東北有虎頭關又有陰山關。此與商城接境者也。傳所云「三隘、城口」當在是間。明一統志麻城西北有木陵關，又北有黃土關，此與光州接境者也。光州西南有北沙、土門、斗木嶺、修善衡諸關，與麻城接境者也。然吳自商城趨麻城，不盡歷光州諸隘矣。由此西南趨今之黃陂，七十里。則逕巴、漢之西。又西趨今之孝感，六十里。又西趨雲夢，十里。此涓水，即傳所云清發也。詳水經注。元凱解三隘，但云「漢東隘道」。高誘淮南地形篇注「澠阨，今宏農澠池」是也。史記魏世家云：「秦攻冥阨之塞。」徐廣曰「或以爲江夏鄳縣」，括地志又以「冥阨爲石城山，在申州鍾山縣東南二十一里」，高誘所云「則在今之河南永寧縣」，距漢愈遠。徐氏以爲江夏鄳縣者，舊唐書地理志「鍾山，漢鄳縣地，屬江夏郡，隋改鍾山縣；羅山，漢鄳縣地，隋爲羅山縣，屬申州」。史記集解及括地志所說，皆指今之信陽州，然徐氏猶疑而未決。括地志所指者，以信陽州東南之石城山當之；王伯厚所指者，又以西南之九里關當之。九里關即黄峴關。元豐九域志及明一統志，以黄峴關與應山西北之平靖關，應山東北之武陽關，爲義陽三關也。然皆意必之說。墨子非攻篇曰：「吴闔閭教七年奉甲執兵，奔三百里而舍焉，次注林，出於冥隘之徑，戰於柏舉。」柏舉在麻城之東，舍漢而就其地，則必出于今之陰山、虎頭諸隘道，乃能達於龜頭山之下也。若如洪君所據，王伯厚冥阨在信陽軍東南五十里之說，則當子常濟漢轉戰之時，吴師反渡巴水而北出今之應山，以抵於信陽之黄峴關，又東趨今之羅山，又東逕今之光山，又渡黄水，而後至今之光州，又東南乃至于大別，有是情乎？此說之必不可通者也。且司馬既濟漢，即流巴水。吴師已如墨子所云，「出于冥阨」之徑矣。則吴師必屯于大別之左右，故子常徑出陰出諸隘道，如其路而伐之，乃得由今之麻城東北趨霍丘，此道里之最徑直者。若出信陽，是吴舍陰山諸隘僅經九十里，即東得大別而不出，乃由信陽面東趨光州，迂迴幾經六百里，始至于霍丘之大別，不自敝乎？是又說之必不可通者也。柏舉之戰，楚師既奔，則必仍返陰山諸隘，而西南趨今之黄陂，以至于清發。明一統志黄陂北境有白沙關，即麻城五關之一。若入信陽，是楚師復從柏舉之東，又繞道西，由今之固始、光州、光山、羅山，乃南入信陽之隘，而舍麻城至黄陂七十里之近，有是理乎？是又説之必不可通者也。即以三隘爲即信陽之黄峴關，則墨子所云「出于冥阨，戰于柏舉」，柏舉當在信陽以北，三隘之外矣，乃與墨子出字之説方合。洪君既據元和志，柏舉在麻城東，又以圖經所云舉水出黄蘗山，爲即龜頭山，歷證大別至柏舉之道，斯近之矣。而又疑柏舉當在黄隨左右。然則吴師既西出信陽之險，而猶能戰于信陽之南、黄隨之左右乎？是爲信陽之地所轇轕，又其説之必不可通者也。今以大別在霍丘道里計之，淮汭西南至霍丘百里，霍丘西南至大别九十里，大别西南至柏舉三十里，不必西取徑于今之光州、光山、羅山，經五百里而始至信陽之隘道，而後東南趨于麻城、柏舉也。以柏舉在麻城東道里計之，大别西走商城則三十里，商城南走麻城七十里中，必取徑于麻城東北之陰山諸隘，今之霍丘、固始行人皆由此，爲黄陂、孝感之衢路，更不必西取徑于今之光州、光山、羅山入信陽之隘，而後經應山、經孝感、經黄陂而始達漢水也。更以信陽之隘細繹之，如司馬戌之計，欲使子常距吴師，不令渡漢，是時吴蓋已與楚師夾漢水，己乃東趨淮汭，既毁舟，則還塞三隘，司馬蓋欲絶其去路耳，而謂於信陽之隘道拒其出，獨不慮其于麻城東北諸關，已悄然徑去邪？且司馬云「子濟漢而伐，我自後擊之，歸自淮汭，而出於吴師之後」，則必西南趨霍丘以出于大别之東北，乃所謂自後擊之也。若西走信陽之隘，而後擊吴，則吴已出東北陰山諸隘矣，司馬戌奚從擊其後邪？戌走淮汭，必北渡淮而東逕息。息，今之光州息縣也。當由今之正陽東南又東趨汝口，又東北至潁尾，又東南乃達于淮汭。當司馬聞子常既敗之時，吴已深入清發矣，司馬能不自息渡淮北，逕走今光山之木陵、北沙、土門、斗木諸隘，而直達于今之麻城西南以趨于清發，而必待西南取徑于二百里外信陽之隘，始南達于清發乎？此吴師不必出入于信陽之隘審矣。吴從楚既濟涢水，必西南趨郢都，當由今之雲夢縣西南渡涢水邪？趨應城之西南以出京山之南，而後南達于郢。洪君以蔡仲默所指京山界内之汉水爲三澨者，謂即雍澨。今以道路求之，自不爲違戾，然不考于水經巴、決之源，斷以左氏漢、淮之證，而徒資于班書鄭注，能令人不疑乎？

徐先生璈

徐璈字六驤，號樗亭，桐城人。嘉慶甲戌進士，授户部主事。後以迎養乞改官浙江，知壽昌、臨海縣事。官京師時，墨莊先生嘗兩爲北海鄭公生日祀於萬柳堂，先後同祀者有郝蘭皋、朱蘭坡、洪孟慈、馬元伯、胡竹村、陳石士、陳碩甫、錢衎石、張彦惟、魏默深，多績學之士，而先生皆與焉。生平邃於經術，著有詩廣詁三十卷，樗亭詩文集若干卷。參史傳、胡培翬研六室文鈔。

詩經廣詁例言

史記：「漢興，言詩于魯則申培公，于齊則轅固生，于燕則韓太傅。」漢書：「魯申公爲詩訓故，而齊轅固、燕韓生皆爲之傳。或取春秋，采雜説，咸非其本義。不得已，魯最爲近之。又有毛公之學，河閒獻王好之。」隋志：「齊詩，魏代已亡；魯詩亡于西晉；韓詩雖存，無傳者。」蓋三家之起訖如此。自唐貞觀中，孔氏等專宗毛，鄭爲正義，而三家絶響。宋淳熙中，朱文公排斥小序，爲集傳，而傳、箋亦幾庋閣。其掇古義于羣書，存三家之梗槩者，則自深寧王氏始也。王厚齋既輯詩攷，至本朝會稽范氏家相撰三家詩拾遺，近高郵宋氏緜初又别出之爲韓内傳徵，凡非專家之説不與焉。吴郡余氏蕭客撰古經解鉤沈，近金谿王氏謩又别出之爲漢魏經翼，凡非專門之經不與焉。愚謂隋、唐以前，説詩之言見諸簡册者，雖未著爲何家之傳，誰氏之學，要其根荄萌芽多本于三家之指趣。今之採輯，較諸王、余、范、宋之書，蓋增益十之六七，或與毛、衛異趣，或與鄭、孔殊途，或韓、魯已有主名，或申齊未著明證，顔曰廣詁。取諸昔人詩無達詁之義，庶以備解頤者之一隅耳。

漢人如劉子政之世習魯詩，匡稚圭之專師齊學，皆有明文，故王氏、范氏徑目之爲齊詩、魯詩。後此如班孟堅云：「説詩者，魯爲近之。」漢書義似多出魯。鄭康成云：「註記傳時，未學毛詩。」三禮註與箋異者，多兼出韓、魯、章懷、李善、小顔、陸德明。其時韓書未亡，兩漢、文選、釋文註義多出韓。許叔重本傳未云習何家詩，凡説文所引，一章數義，一字數解者，蓋並存三家，不專彼是也。外此若三伏、伏黯、伏恭、伏理定齊詩章句。二許許生、許晏，撰魯詩章句。單宗獨派者，已無片義。而焦贛、賈生、揚子雲、桓寬、高誘、王潛夫、何休、蔡邕、王叔師、趙臺卿、韋曜、酈善長、杜元凱、賈公彦、楊倞之倫，時時稱述古義，今幸留于甲乙部書，可以採輯者，無慮百餘家，要未能悉其師承，亦不敢强定流派也。其内、外傳、荀子、孔叢、吕覽、周、秦人之書，又爲三家之所自出，今故備録于卷。趙宋以後，説詩家暨鄙見所及，有與舊詁相證發者，附註于下，都成一編，以爲讀傳、箋者支别云爾。

宋、元至本朝，説詩家如李氏樗、黄氏櫄之集解，范氏處義之補傳，吕氏祖謙之讀詩記，嚴氏粲之詩緝，何氏楷之世本古義，錢氏澄之之田間詩學，陳氏啟源之稽古編，姜氏炳章之詩序廣義，惠氏棟之九經古義，要能根柢古笈，推闡前言。外此各家，撰述列在書録，可供展讀者，尚百餘家，大抵議論雖稠，見聞較狹。若豐坊之申培説、端木傳，則假託古人，鑿空杜撰，作僞之咎，不容逭也。今咸參校諸家，證其來徑，凡所採録諸目，亦皆瀏覽本書，隨時刺取，著其篇卷。但佳本難備，不無焉魯，目力有限，挂脱仍多，質之大雅，尚其匡諸。

朱子序讀詩記云：「唐初諸儒作爲疏義，因訛踵陋百千萬言，不出毛、鄭二氏之區域。」愚謂疏家亢瞶，誠如所譏，然自集傳以後，元、明儒者專宗紫陽，依文衍義，取盈卷軸，説經鏗鏗，又類帖括矣。吕氏所云，説詩者非惟有鑿説之害，而亦有衍説之害，蓋説益詳，而意味益淺也。今所輯録，要自正義以前，惟明引詩文，從而訓釋之詞，雖單文隻義，隨在廣取，咸可引伸。又左氏傳曰：「賦詩斷章，予取所求焉」。觀内、外傳及周、漢諸子之賦詩見志，于興觀羣怨之旨别有啟發。唐成伯瑜毛詩斷章二卷，今已無傳，兹故備録之于詁解之後。其羣籍徵引，有文異而義仍同，亦有字異而義因以别者，傳寫授受，各有師承，並附列之，以備參稽。至于宋、元以來，傳、箋、集傳異趣殊途，世之儒者借指喻馬，屈丹伸赤，敝帚之擁，輒欲懸旌，偏垣之明，詡爲通照，辨辭盈衍，經義榛蕪，良無取焉。

詩詁綱領

荀子曰：善爲詩者不説，善爲易者不占，善爲禮者不相。大略篇。

又曰：詩者，中聲之所止也。勸學篇。

莊子曰：詩以道志，樂以道和，書以道事，禮以道行，易以道陰陽，春秋以道名分。天下篇。

詩緯含神霧曰：詩者天地之心，君德之祖，百福之宗，萬物之户也。御覽六百九。

又曰：詩者持也，在於敦厚之教，自持其心，諷刺之道，可以扶持邦家也。毛詩指説。

陸賈曰：詩在心爲志，出口爲辭。新語。

董仲舒曰：詩無達詁，易無達占，春秋無達辭。春秋繁露精華篇。

揚雄曰：説志者，莫辨乎詩。法言。

劉向曰：詩無通故，易無通占，春秋無通義。説苑奉使篇。

淮南子曰：五行異氣而皆適調，六藝異科而皆同道，温惠柔良者，詩之風也。泰族訓。

司馬遷曰：詩記山川谿谷、禽獸草木、牝牡雌雄，故長於風。史記自序。

又曰：詩三百篇，大抵聖賢發憤之所爲作也。此人皆意有所鬱結，不得通其道也，故述往事，思來者。史記。

又曰：古者詩三千餘篇，及至孔子，去其重，取其可施於禮樂。上采契、后稷，中述殷、周之盛。至幽、厲之缺，始於衽席。故曰關雎之亂以爲風始，鹿鳴爲小雅始，文王爲大雅始，清廟爲頌始。三百五篇，孔子皆絃歌之，以求合韶、武〔一〕、雅、頌之音。同上。

劉歆曰：詩以言情，情者性之符也。御覽六百九。

翼奉曰：詩之爲學，情性而已。五性不相害，張晏曰：「五行也。」晉灼曰：「翼氏五性，肝性靜，靜行仁，甲乙主之；心性躁，躁行禮，丙辛主之；脾性力，力行信，戊癸主之；肺性堅，堅行義，乙庚主之；腎性智，智行敬，丁壬主之。」六情更廢興，張晏曰：「六情：廉貞、寬卞、公正、姦邪、陰賊、貪狼也。」觀性以曆，觀情以律。漢書本傳。

又曰：詩有五際。應劭注：君臣、父子、兄弟、夫婦、朋友也。孟康注：詩内傳曰：「五際：卯午酉戌亥也。」陰陽終始際會之歲，于此則有更改之政也。漢書本傳、詩緯推度災曰：「建四始五際而八節通，卯酉之際爲革政，午亥之際爲革命。」御覽六百九。

龔遂曰：詩三百五篇，人事浹，王道備。漢書本傳。

王褒曰：傳曰：「詩人感而後思，思而後積，積而後滿，滿而後作。言之不足，故嗟歎之；嗟歎之不足，故詠歌之；詠歌之不厭，不知手之舞之，足之蹈之也。」文選講德論。

班固曰：古者諸侯卿大夫交於鄰國，微言相感，當揖讓之時，必稱詩以喻其志，蓋以別賢不肖而觀盛衰也。漢書藝文志。

〔一〕「武」，原作「舞」，據孔子世家改。

又曰：哀樂之心感，而歌詠之聲發。誦其言，謂之詩；詠其聲，謂之歌。

鄭興曰：比者，比方於物。興者，託事於物。周官注。

趙岐曰：孟子之言「説詩者不以文害辭，不以辭害意，以意逆志爲得之矣」。斯言殆欲使後人深求其意，以解其文，不但施於説詩也。孟子題詞。

王逸曰：離騷之文，依經立義。「帝高陽之苗裔」，則詩「厥初生民，時維姜嫄」也。「紉秋蘭以爲佩」，則詩「將翺將翔，佩玉瓊琚」也。楚詞章句序。

魏文帝曰：賦者，言事類之所附；頌者，美盛德之形容，作者不虛其辭，受者必當其實。藝文類聚十六。

杜預曰：詩人之作，各以情言，君子論之，不以文害意，故春秋傳引詩不與今説詩者同。左傳隱公元年注。

袁宏曰：詩頌之作，有自來矣，或以吟詠性情，或以述德顯功，雖大致同歸，所託或乖。若夫出處有道，容辭不滯，風軌德音，爲世作範，不可廢也。三國名臣序贊。

摯虞曰：言一國之事，繫一人之本，謂之風；言天下之事，形四方之風，謂之雅。文章流別。

又曰：古之作詩也發乎情，止乎禮義。情之發，因辭以形之；禮義之指，須事以明之。

又曰：賦者，敷陳之稱也；比者，喻類之言也；興者，有感之辭也。鍾嶸曰：「因物喻志，比也；文已盡而意有餘，興也；直書其事，盡言寫物，賦也。」梁本傳。

又曰：詩之三言者，「振振鷺，鷺于飛」之屬是也；五言者，「誰謂雀無角，何以穿我屋」之類是也；六言者，「我姑酌彼金罍」之屬是也；七言者，「交交黃鳥止于桑」之屬是也；九言者，「泂酌彼行潦挹彼注茲」之屬是也。正義曰：詩二字者，「祈父，肇禋」之類也；三字者，「綏萬邦，屢豐年」之類也；七字者，「尚之以瓊華乎而，如彼築室于道謀」之類也；八字者，「我不敢效我友自逸」之類也。

左思曰：詩有六義，先王采焉，以觀土風。見「綠竹猗猗」，則知衛地淇澳之產；見「在其版屋」，則知秦野西戎之宅。文選三都賦序。

傅咸曰：詩之雅、頌，書之典、謨，文質足以相副，玩之若近，尋之益遠，陳之若肆，研之益隱，浩浩乎文章之淵府也。御覽五百九十九。

蘇子曰：哀王道，傷時政，莫過乎詩。御覽六百二十九。按蘇子未詳何時人，附著於此。

楊泉曰：能理亂絲，乃可讀詩。余雖無治絲之能，而悟聞詩之義。物理論、太平御覽。

劉勰曰：詩者持也，持人情性。三百之蔽，義歸無邪，持之爲訓，有符焉爾。文心雕龍。

又曰：詩人感物，聯類不窮，流連萬象之際，沈吟視聽之區。寫氣圖貌，既隨物以宛轉；屬采附聲，亦與心而徘徊。故灼灼狀桃花之鮮，依依盡楊柳之態，杲杲爲日出之容，瀌瀌擬雨雪之狀，喈喈逐黃鳥之聲，喓喓學草蟲之韻。皎日嘒星，一言窮理；參差沃若，兩字連形，並以少總多，情貌無遺矣。雖復思經千載，將何易奪乎！

又曰：比之爲義，取類不常，或喻於聲，或方於貌，或擬於心，或譬於事。故金錫以喻明德，圭璋以譬秀民，螟蛉以類教誨，蜩螗以寫號呼，澣衣以擬心憂，席卷以方志固，凡斯切象，皆比義也。

蕭子雲曰：殷頌、周雅，稱美則一，而復各述時事。梁書本傳。

顔之推曰：北面事親，別舅摛渭陽之詠；堂上養老，送兄賦北山之悲，皆大失也。顔氏家訓文章篇。嚴可均曰：「北山當作桓山，見説宛辨物篇。『桓』一作『完』。」

王通曰：詩有天下之作焉，有一國之作焉，有神明之作焉。文中子。

又曰：詩失于齊、魯。

又曰：齊、韓、毛、鄭，詩之末也。

薛收曰：詩者上明三綱，下達五常，徵存亡，辨得失。小人歌之以覺其俗，君子賦之以見其志，聖人采之以觀其變。文中子。

徐堅曰：周衰而詩作，蓋康王時也。康王德缺於房，大臣刺焉，故詩作。初學記。

劉知幾曰：國有否泰，世有隆汙，作者形言，本無定准，故觀「猗那」之頌，驗有殷方興；歌魚藻之什，知宗周將殞。史通。

成伯璵曰：周、召二南，國風之正始；鹿鳴至菁莪，小雅之正始；文王至卷阿，大雅之正始；清廟至般，頌之正始。毛詩指説。

又曰：詩有重章，共述一事，采蘋是也；一事而有數章，甘棠是也；首章同而末異，東山是也；首章異而末同，漢廣是也。

賈公彦曰：關雎、二南，謂之房中之樂者，后妃以風喻君子之詩，故謂房中之樂。周禮疏。

又曰：太師諷誦。詩，背文曰諷，以聲節之曰誦。同上。

鄭覃曰：詩之雅、頌，皆下刺上所爲，非上化下而作。王者採詩，以考風俗得失，仲尼删定，以爲世規。舊唐書本傳。

胡先生世琦

胡世琦字瑋臣，號玉樵，涇縣人。少時爲文，俶儻不羈。未弱冠，補縣學生。年二十，舉於鄉，以謄録給事史館例，得就官知縣，不赴銓。嘉慶甲戌成進士，改庶吉士，散館，授山東費縣知縣，歷攝沂水、曹縣事，治績有聲。緣事罣吏議，罷歸。與墨莊居近，唱酬稠疊，而於朱蘭坡尤相契。道光十九年卒，年五十有五。先生鋭意根柢之學，並時魁傑如姚姬傳、淩次仲、洪稚存、段茂堂諸先生，悉與講議而推許之，嘗以儀禮喪服小功章駁難程易疇，足徵記者三條，一曰「女子子適人者爲衆昆弟姪丈夫婦人報」，舊讀「丈夫婦人報」，統承「爲衆昆弟姪」而言。鄭注斷爲兩節，單承姪釋之。一曰「公之庶昆弟大夫之庶子爲母妻昆弟」，舊讀「昆弟」二字下屬。鄭注上而同之。一曰「大夫之妾爲君之庶子女子子嫁者未嫁者爲世父母叔父母姑姊妹」，舊讀以「大夫之妾」建首連下兩「爲」字，鄭注以「君之庶子」斷句，移下傳「何以大功也」數語於此經之下。易疇必欲從舊讀，而先生專主鄭君意。以鄭君集大成，三禮彌粹宜深，繹其義，非挾己見而務爭也。又嘗闡明禹貢地理，彙衆説之歧，期歸於當，稿秩不傳。所著有小爾雅疏證及遺文若干卷。參朱琦撰傳。

文集

論學

夫學必究其原也，斯以殫吾力；必窮其流也，斯以徵吾識。不明乎此，而逐逐於一世之趨向，一人之好惡，雖終其身爲之而有得，吾未見其久也。矧亦未必得乎？蓋自三代以上，古人之所爲，小節小義，大節大義者，不逐物以喪志，亦不憑虚以研理，學術之根原，亦學運之純備也。秦火一燔，斯文失墜。西京舉焉而偏，東京全焉而雜，十四博士之置，各守師説，互相主奴。自鄭、服大儒出，破專門名家之習，萃六經、七緯之旨，論譔成書，粲然大備。延及有唐，義益求詳，詞益求富，敢於疑經，不敢於疑注，承漢代之末流，而其弊至此，此所以適授宋儒以口舌之柄也。宋儒輩出，舉而空之，略棄前詁，折衷己見，於是向之南北授受者，變而爲伊洛淵源矣；向之經師論説者，變而爲程、朱語録矣。當其時，惟東萊最淵雅，而作史者入東萊於儒林，别立道學之目。自儒林道學判，而三代以來之學術，從此分途矣。夫朱子之於學，非不淹貫百家也；朱子之於論學，非不格致竝進也，其於窮理以求其是者，適以矯唐人株守之弊耳，而其時弊愈甚。何則？自十四博士後，師學之異同，尚未顯立門户也；而道學異同之辨，門户角立。亦可知漢以後之學覈諸實，所以束縛天下人之聰明耳目，一有所據依，而不敢放言極論，故其弊較遲。宋以後之學淪於虚，所以廢頓天下人之聰明耳目，而任意高談，無所顧忌，故其弊更速也。老子之言曰：「域中有四大，曰天，曰地，曰道，曰王。」荀子之言曰：「通天地人謂之儒。」夫儒而不通四大，不可爲學，學而不通三才，不可謂儒。道學儒林，强生分别，漫無實是，此適足以見學宋人之學者，不通訓詁之實驗也。今之學者，又異是矣。矯明季講學之餘風，而務求實學，不惟不爲宋學也，且欲越唐而六朝，而魏，而上之，言易則荀、虞焉，言書則馬、鄭焉，言詩則毛、鄭焉，言春秋則賈、服焉。譬之入山者，必陟乎昆侖；探河者，必溯乎于闐。而下此之威夷遷轉，沿緣升降之故，俱可得而覩已。然而爲所爲於舉世不爲之時，則主於能創；爲所爲於舉世皆爲之後，則期於善守。彼世之號宏通馳名譽者，或輯存前人所不存之書，或講求今人所不求之學，甚或竊漢人之古義而輕詆先儒，挾許氏之一編而妄疑經義。彼曰孔傳古文之僞，此亦曰僞也；彼曰集傳淫犇之非，此亦曰非也；彼曰王弼傳易，專尚虚無，此亦曰虚無，則異端矣；彼曰杜預注左時生穿鑿，此亦曰穿鑿，則曲義矣。究其所學，原未即訓詁以求義理之所歸，而一唱百和，隨聲是非，其可哉！其可哉！然則如之何？曰：漢學之昌明，猶中天之景運也，其唐、宋諸儒之學之迭相盛衰，猶三代忠質文之循環而終始也。忠質文同歸於弊，而不可以議三代之始主；唐、宋之學亦同歸於弊，而不可以没數大儒之苦心。惟祭川必先乎原，取法必宗乎上，爲漢人之所學，而防唐人之流弊，始於一勺，終於不測，庶不使講空虚無用者之終得以反其道而行之哉！

清儒學案卷一百三十九

簾舫學案

簾舫盡心吏治，循良之譽，朝野交孚。又精通九章，所著六九軒算書，爲時所重。其孫慈民，遺榮樂道，學通漢、宋，教澤衍於江、淮。曾孫鎬仲，文能見道，其爲政亦能上繼家聲，蓋流澤長矣。述簾舫學案。

劉先生衡

劉衡初名琛，字蘊聲，一字訒堂，號簾舫，南豐人。翰林院編修焯孫。歲貢生斯禧子。嘉慶庚申副榜貢生，由官學教習議敍知縣，歷宰廣東、四川諸邑，擢緜州直隸州知州，所至愛民如子。其爲治以恤貧保富，正人心，端士習爲主，民號爲劉青天。宣宗聞其名，特賜召對，訓以公勤二字。尋遷保寧知府，官至河南開歸陳許道。既乞病，猶奉温旨，留任調理，久之始得歸。道光二十一年卒。廣東博羅、四川墊江、梁山、巴縣並請入祀名宦祠。同治中，四川學政楊秉璋疏陳循績，並上遺書。詔嘉其去官四十餘年，民猶稱道弗衰。所著庸吏庸言、蜀僚問答、讀律心得等書，尤爲洞悉閭閻休戚，洵無愧循良之吏。命宣付史館，編入循吏傳，以資觀感焉。

先生學務經世，於經史百氏無不通，而尤精算術。嘗受業於鍾祥李雲門侍郎，能申明古義，曲鬯旁通。雲門所著輯古算經考注，其注中有闕佚處，先生爲補其第三問第四術，第五問第二術兩注，有裨後學。其自著者曰尺算日晷新義二卷，上卷造尺法，下卷製晷法，晷判爲六，取正衺等面定向。曰句股尺測量新法一卷，尺有横置直置倒置之別法，有測高測遠之分。曰籌表開諸乘方捷法二卷，上卷釋籌，表譜備具，十六乘方得若干例；下卷開方總法，後載開三乘四乘五乘方各式。曰借根方法淺説一卷，借根方即天元一法，舉加減乘除及相等諸例，冠以用號，綴以定位表，務期淺顯。曰四率淺説一卷，本九章今有之術，通諸借衰互徵，列假如答問者。六法統名曰六九軒算書。先生子良駒，官兩淮鹽運使時，特延甘泉羅士琳校刻行世。參史傳、疇人傳、六九軒算書羅士琳、淩焕二跋。

尺算日晷新義自序

衡少讀周官經「土圭測日」，攷工記「置槷以懸眡以景」，懵然不得其解。既於家藏故紙中得泰西比例規解一編，年來走京師，遊觀象臺，獲睹儀象諸巨製，伏讀御製曆象考成上下二編，乃始窺太陽經緯躔度。夫北極者，距赤道九十度者也，此亘古不易者也。惟天體渾圜，而非平圜，北極出地，隨方不同，有表，見下二卷。故日度所躔，與日景所到，亦遂有因地高下之異，而晝夜之長短因之。俗所用晷，不求極出度，隨處通用。嘻！謬矣。夫在天一度，在地南北約二百里。此緯度也。若經度則天一度，地東西約四百里矣。考成云：「在天一度，在地二百里，曆家稱南行二百里，則極低一度。」言緯度也。方今地域廣輪，從古無匹，竊見疇人子弟推極出表，自十餘度至六十餘度，其差五十餘度，顧執一成之器而概之，薄海内外曰此其晷也，豈但差毫釐而失千里已乎？衡不敏，以鄙意造算尺一具，專爲製晷設也。乃製晷得六則，一曰斜立向正南之日晷，二曰斜立向正東之日晷，三曰斜立向正西之日晷，四曰平面向正北之日晷，五曰立面向正南之日晷，六曰斜立向正北之日晷。晷式不雷同，然其用北極以定赤道高下，以求景，則區區主見所在，六者毋或歧也。具圖各附説其下，説不文，然不敢作晦澀語，録之成帙，帙分上下卷，上卷造尺法，下卷則治晷法也。

句股尺測量新法自序

測量舊法用表，用重表，用三表、四表；西法用鏡，用盂水，用矩尺，用套竿，用覆笠，用矩度，用象限儀，罔弗貫幽入微，備臻美善。然皆有待于算，未有不煩布算，一量即得者。衡少喜泰西家學，熟測量諸法，年來走京師，游觀象臺，獲睹儀象諸巨製，伏讀御製數理精蘊、御製曆象考成上下二編及後編、御定儀象考成，究心六宗三要，反復探索，茅塞頓開。輒以鄙意創爲句股尺，其制長方，即句股相乘之積，面畫横縱諸線，凡山岳樓臺城郭之高，川谷之深，土田道里之遠，一測而得，不煩布算，但數尺面縱横各格，即得真距，無分秒差，亦奇器也。輒繪圖立説，得十二法，集爲一編。聞以示李雲門先生，先生曰：「測量，算法之極功也，以尺則擯算法而不馭；測量，智者所難能也，以尺則下愚優爲之。子曩作開方表，百乘方如指諸掌，猶此志也，皆不朽業也。」亟慫恿付梓。衡不自信，命兒輩鈔存之，自備省覽，且爲家塾啟蒙之一助云。

籌表開諸乘方捷法自序

宣城梅勿菴先生本泰西羅雅谷籌算開方廉隅共法之法，撰開方捷法一卷，衹及平方立方，而不及三乘以上諸乘方。蓋隅者小方形也，借方，籌爲隅法；在平方，則以之合廉法籌；在立方，則以之合平廉法籌。夫平方之廉法，立方之平廉法，古謂之方法，與諸乘方之第一廉等，但以次商之根乘之，即得廉積，故列籌九格，其數皆可取商，雖百乘方可用籌者也。獨其開立方所用之長廉，亦列各籌，羅氏列之立方籌右，梅氏列之立方籌下。則甚無謂。蓋長廉即諸乘方之第二廉以下諸廉也，必以次商之平冪乘之，乃得廉積，不能徑以次商之根乘之而得廉積也。故以長廉法列籌，惟籌首行數可徑用，蓋次商一，其自乘平冪亦一，與次商根同數也。餘格之數皆于籌無取。梅氏襲泰西法，于此處未及變通之，固宜其法之僅强施之立方，而三乘以上諸方廉法漸增者之格礙難行也。至所撰少廣拾遺，乃并廉隅共法之用籌者而概置之，又未免因噎廢食矣。衡少讀泰西家書，熟籌算。既更得梅氏諸種，喜其立論顯豁，于泰西氏之學多發明，然獨格格于此，輒欲以鄙意完其缺，以舉子業累未遑也。今年秋，京兆試報罷，旅館無聊，同人有以廉隅字索解者，忽觸舊志，乃創立開諸乘方表，以濟籌之窮，定爲初商用籌，次三等商第一廉廉隅共法者用籌，兼用表，二廉以下則專用表，平方無需此。至三乘以上諸方廉數，因方遞增，其間錯綜雜糅，動至混淆，以籌並表御之，用籌則易于尋其源，用表則可以理其紛，順逆次第，展表瞭然，循是法也，開百乘方如指掌也，亦算學家一快事也夫！

借根方法淺説自序

宣城梅文穆公悟借根方即天元一法，原名東來表，泰西謂之爲阿爾熱八達，今名乃譯書者質言之也。伏讀御製數理精藴，反復探索，乃知借根方者，蓋假借根數方數，以求所求之數之法。根者，線也，面之界也。借根而兼言方者，根爲方之邊，方爲根之積。若根乘根則成平方，根乘平方則成立方，以至屢乘及多乘方俱所必用，故名之曰借根方。其大致與衰分之立衰相似，特衰分之立衰僅御本數，此法則一切算法無不可御，是誠算家之極妙者也。凡布算者，先借一根爲所求之數，因之以加減乘除，務令與未知之數比例齊等，而所求之數乃出。惟是加減乘除必須視多少之號以定同異，而借數又有一定之位，爲進爲降，不容或紊，未易猝曉，稍一混淆，毫釐千里。衡少喜泰西學，因梅氏第解此法，與天元一名，異實同究，未嘗疏其例，輒以鄙意取加減乘除四端，冠以用號，綴以定位表，縷析條分，各撮其要，歸於淺顯，説取易明，庶學者不致眯目，或亦啟蒙之一助也夫！

四率淺説自序

元李學士冶撰測圜海鏡，載立天元一法，窮極神妙；明唐荆川先生博通算法，至詫爲難解；泰西借根法，亦從此出。曩在京師書肆中見鈔本一部，埋頭半月，其大旨不離比例，借彼徵此，借虚徵實，一借字盡之。特其用意奥折，立法玄渺，未易猝曉耳。本多譌脱，無從校證，賈人又昂其值，遂置之，今悔無及矣。間通其意，以御衰分諸法，無不立破。雖然，以是言立天元一法，抑又淺矣。其奥旨則不敢强不知以爲知，爲具數如左。

附録

先生爲人明察敏事，習文法，然持大體，通達下情。其治愛民如子，勤力有方略。好爲民興利除弊，誠信動人，故所居見愛，去見思。史傳。

初之粤，奉檄巡河，廉知巡河兵役素通盗，日夜坐卧船中，與卒役問勞苦，俾不得逞其奸，河盗斂戢，所部肅然。同上。

四會爲粤瘠邑，盗賊往往白晝掠人，官不能治，反鉗繫亡家，盗滋熾。乃仿古寓兵於農之制，團練壯丁，連村自保，盗不敢近。尋奉命詗捕會匪，得其籍，臚載人多，遂焚之，以安反側，祇擒治其渠，衆乃定。同上。

博羅多自戕案，里豪蠹役雜持之，害滋甚。先生察實，立釋誣濫，嚴懲主使者，親歷各鄉，多方開導，自是民知自愛。同上。

宰墊江時，獲嘓匪，初犯者曰：「飢寒迫爾。」乃給資使置擔具，以謀生，爲約再犯不宥，匪聞咸感泣改行。同上。

先生以律例命意忠厚，非聖人不能行，故本之爲治，以求達其愛民之心。知愛民先在去其病民者，故恒寓寬於嚴。每謂官民阻隔，皆緣門丁書吏表裏爲奸。所至不用門丁，惟以「官須自作」四字爲宗旨，故擁蔽悉除。有訴訟者，輒坐堂皇受牘，親書牒令，原告交里正，攝所訟之人，兩造俱到，一訊即結，無冤者。同上。

知成都府時，每語人曰：「牧令爲親民之官，隨時可盡吾心；太守漸遠民，安靜率屬而已。不如爲州縣之得一意民事也。」然所在屬吏化之，無厲民者。同上。

羅茗香曰：六九軒算書，南豐劉輼聲觀察箸也。憶自己亥庚子間，阮文達師屬續疇人傳，因讀李雲門侍郎輯古算經考注，有觀察校補弟三問弟四術築隄求積，弟五問第二術求隄濱上廣逸注二。當時即知觀察精于算，顧未見所箸書，末由援據立傳，厪于李傳中署名，儗竢續補。今夏喆嗣星方少鴻臚奉命都轉兩淮，甫下車，即辱見訪，重以是書屬士琳任斠事，敢謝不敏。書凡五種：一曰尺算日晷新義，二曰句股尺測量新法，三曰籌表開諸乘方捷法，五曰四率淺説，特弟四種借根方法淺説，有目無書。蓋觀察宦游于邁，栖棗往來，致藁遺佚。爰放其義例補足之。至都轉敬謹藏弆之原藁，歲久間有漫漶，手

澤所在，未容率加塗乙，覑工録副，代爲排比，定其踳敚，更取觀察所補輯古二注坿。梓斠既蕆，用綴緣起于簡末。六九軒算書後跋

簾舫家學

劉先生庠

劉庠字慈民，簾舫先生孫，兩淮鹽運使良駒子。先生少從父讀書京邸，執經於湘鄉曾文正公之門，文正稱其博學不倦。咸豐辛亥舉人，官内閣中書。乞假歸里，文正督師江右，屢招致之，輒以養親辭。及父殁，不復仕進，教授淮、徐間，歷主雲龍、敦善、崇實諸書院，先後三十餘年。其教人以勤學篤行爲主，嘗慨近世學者，稍有所知，即泰然自足，或更務爲高遠，以欺世而盜名，故其説經於漢、宋諸儒之學，融會而貫通之，一洗黨伐之習。年逾六十，嗜學彌篤，日有課程，不以一日廢。每見後進，必勸以讀有宋諸子書。江、淮髦俊遊其門者，成就甚衆。著有儉德堂易説、説文蒙求、説文諧聲表、後漢郡國職官表、唐藩鎮名氏表、通鑑校勘記、班許水道類記、意林補、文選小學漢魏音補輯、儉德堂讀書隨筆、儉德堂文集、紫芝丹荔山房詩集等書。參史傳、柯逢時撰傳、讀書隨筆劉孚京、黄山二序。

讀書隨筆

經

朱子謂：「聖人作易，示人以吉凶，言利貞，不言利不貞；言貞吉，不言不貞吉；言利禦寇，不言利爲寇。」王伯厚謂其説本於張子易「爲君子謀，不爲小人謀」。按尚書大傳大誥篇云：「是以君子聖人謀義，不謀不義，故謀必成；卜義，不卜不義，故卜必吉；以義擊不義，故戰必勝。是以君子聖人謀則吉，戰則勝。」朱子、張子之言，皆源於此，學者不之察耳。

復之初，即乾之元，由剥之碩果，生生而不已，故亨。出入無疾者，出而爲震之初，入而爲剥之上，皆無損其剛，故无咎也。爻例由下而上謂之往，由上而下謂之來。朋指五陰，謂羣陰俱來，而孤陽能進而敵之也。反復其道者，五陰既不能勝，則反而就陽，而陽乃得復其本然之體。利有攸往者，言陽進而爲師，爲謙，爲豫，爲比，無不利也。

恒上六，振動也，處恒之極，久而不安其位，故有振震之象。小人居上位，以爵禄爲吾固有，以恩寵爲可長留，威福自恣，妄作妄爲，凶可知矣。

居賢德善俗。居，止也，君子於所居之地，賢其有德，以善其俗也。傳曰：「表厥宅里，樹之風聲。」故其象爲山上有木，然必巽以入之，順以導之，故曰漸。

變通鼓舞，朱子謂以事而言。按繫辭精義采張氏之説云：「天下之動，神鼓之也。神則主乎動，故天下之動皆神之爲。辭不鼓舞，則不足以盡神。辭謂易之辭也。」愚謂上文言設卦以盡情僞，則變而通之指設卦。鼓之舞之指繫辭也，似非指事。

經典釋文於舜典下注云：「孔氏傳亡舜典一篇，時以王肅注頗類孔氏，故取王注，從『愼徽五典』以下爲舜典，以續孔傳。」攷史記五帝本紀敍堯舜事，悉采堯典、舜典、皋陶謨、益稷爲之；而裴駰集解於堯典多用孔安國説，至「乃使舜愼和五典」以下，則皆取馬、鄭之注，於今所傳王肅補注不采一字。蓋晉、宋之間，儒者皆以梅賾所上孔傳爲真出於安國，故於肅所補舜典不甚重之，而不知僞孔即肅所撰以欺世者。沿及唐初，遂取以作正義，而馬、鄭由是漸即淪亡，肅亦巧矣哉！

史記堯本紀：「分命羲仲，居郁夷，曰暘谷。」夏本紀：「海岱維青州，嵎夷既略。」太史公從孔安國授古文尚書，故史記皆用古文。郁夷在暘谷，嵎夷自在青州境内，明是兩地矣。索隱云：「今文尚書及帝命驗並作禺鐵。」此夏侯、歐陽等書及緯書之異文耳。釋文於「宅嵎夷」下云「史記作禺銕」，未免誤甚。馬融注「嵎，海隅；夷，萊夷」。明與「宅嵎夷」之「嵎夷」異也。

舜生三十徵庸，三十在位。漢儒傳尚書下三十作二十，而以三十、二十皆爲句絶。按堯本紀曰：「堯立七十年得舜，二十年而老。」舜本紀曰：「舜年二十以孝聞，年三十堯舉之，年五十攝行天子事，年五十八堯崩，年六十一代堯踐帝位，踐帝位三十九年南巡，崩於蒼梧之野。」此漢相傳古説，與孟子諸書同。

困學紀聞「五禮一也」，孔注於舜典以爲吉、凶、軍、賓、嘉，於皋陶謨則曰：「公、侯、伯、子、男五等之禮。」按舜典「修五禮」，馬融以爲吉、凶、軍、賓、嘉，康成以爲公、侯、伯、子、男朝聘之禮。僞孔兼取二家之説而分屬之，不知皋陶謨之五禮，康成訓爲天子、諸侯、卿大夫、士、庶民，與舜典固不同也。王肅以皋陶謨之五禮爲王、公、卿、大夫、士，蓋亦竊鄭義而少變之。至所作僞孔傳，則反不用其説，可謂心勞日拙矣。

「在治忽」，今文作「采政忽」，史記作「來始滑」，漢書作「七始詠」。史記集解引康成云：「曶者，臣見君所秉書，思對命者也。君亦有焉，以出納政教於五官。」然則鄭本以「在治曶以出納五言」八字爲句，而假曶作笏。劉伯莊以仁、義、禮、智、信五德之言爲五言，謂鄭所説爲非。然仁、義、禮、智、信，舜時無此説也，鄭義爲長。

三江有上游之三江，有下游之三江。初學記引鄭康成注：「漢江爲北江，右合彭蠡爲南江，岷江居中爲中江。」東坡采其説。此上游之三江也。地理志：「南江從會稽南入海，中江從丹陽蕪湖縣西，東至會稽陽羡縣入海，北江從會稽毗陵縣北，東入海。」此下游之三江也。禹貢「揚州三江既入」，實指下游之三江。蓋「彭蠡既豬」，爲揚州之西界盡頭，「三江、震澤」爲揚州之東界盡頭。禹貢每州皆舉兩界爲言，以例求之，自見矣。

書正義盤庚篇曰：「周書謚法，成王時作，故桓六年左傳云：『周人以諱事神。』殷時質，未諱君名，故王名名篇。上仲丁、祖乙亦是王名。」按竹書紀年云：「外丙名勝，仲壬名庸，太甲名至，仲丁名莊，祖乙名滕，盤庚名旬。」歷代皆别有王名，則盤庚、祖乙、仲丁非王名矣。以竹書爲不足信耶？則湯稱天乙名履，紂稱帝辛名受，皆見於經籍矣。攷史記殷本紀，自契至微八世，微子報丁以下，皆以十干命名，微以前則不知其義何取？古籍散亡，不可攷矣。

史記殷本紀云：「紂剖比干心，箕子懼，乃佯狂爲奴，紂又囚之。殷之太師、少師，乃持其祭樂器奔周。」周本紀云：「紂殺比干，囚箕子。太師疵、少師彊〔一〕抱其樂器奔周。」是殷紀所稱太師、少師，即周紀之疵與彊也。宋世家又云微子乃問於太師、少師。箕子被髮佯狂爲奴。比干諫，紂剖其心。太師、少師乃勸微子去。亦皆不以太師爲箕子，少師爲比干。然注家云：「時比干已死，而云少師者似誤。」則注家以太師、少師爲箕子、比干矣。是爲讀太史公書而未得其解者。太史公親受古文尚書於孔安國，今微子篇孔傳云：「父師太師三公箕子也，少師孤卿比干也。」與史記異，其爲僞孔亦明矣。

書序百篇，罕以年紀。以年紀者，商書之伊訓、太甲，周書之泰誓而已。

沖遠作尚書正義，偏袒僞孔，然亦間有補正之處。如「欽明文思」則引顧氏，「關石和鈞」則引費氏，「作服十二章，州有十二師」，則述鄭注，以補傳所未備；至圮於桐，遷於耿，則以傳爲必不可通。又言「立政三亳非文王時官，三苗非蚩尤」之類，未嘗不直糾孔氏之失。沖遠原序稱：「隋初爲正義者，蔡大寶、巢猗、費甝、顧彪、劉焯、劉炫。或諸家之説有與傳異者，撰正義時雜採入書，未及別擇歟！」

提要於黃石齋洪範明義，譏其「以六極爲六殛爲臆説」，是矣。然古書殛放之殛往往作極，如洪範

〔一〕「彊」，原作「疆」，據史記改。

「鯀則殛死」，多方「我其大罰殛之」，左昭七「鯀殛於羽山」，釋文皆云：「殛本又作極。」周禮「廢以馭其罪」，鄭注直引作「舜極鯀於羽山」。可見古字殛、極通用。然石齋之説則非也。

鄭康成尚書大傳注序言：「張生、歐陽生數子，於伏生終後，各論所聞，以己意彌縫其闕，別作章句。又特撰大義，因經屬指，名之曰傳。劉子政校書得而上之。」是大傳非伏生自作也。今攷大傳與孟子大同小異者，得若干事。如孟子言「使其子九男二女事舜」，虞夏傳則云：「妻之二女，屬其九子。」時日曷喪？予及女偕亡。」湯誓傳則云：「天之有日，猶吾之有民。日有亡哉？日亡吾乃亡矣！」伯夷、太公避紂一節，西伯戡黎傳所載略同。昔者太王居邠一段，略説所載亦同。又「昔者文王之治岐也，周公思兼三王，老而無妻者曰鰥」六句，略説皆有之。又「大貉小貉，大桀小桀」云云，亦見於大傳。疑孔門游、夏之徒傳尚書之遺説，故孟子得而述之。秦火之後，張生、歐陽生又從孟子掇拾而記載也。

鹿鳴以仁求其羣，關雎以義鳴其雄，見陸賈新語道基篇，秦、漢之際，説詩者如此。

李固傳：「詩云：上帝板板，下民卒癉。刺周王變祖法度，故使下民將盡病也。」陳寵傳：「蓼莪之人，作詩自傷，曰：瓶之罄矣，惟罍之恥。言已不得終竟子道者，亦上之恥也。」此皆三家之義。

王伯申先生經義述聞解「終風且暴」爲既風且暴，引「終温且惠」、「終窶且貧」、「終善且有」爲證，自是確切不移。朱子於「終温且惠」云「終，竟也」；「終風且暴」云「終風，終日風也」；「終善且有」云「知其終當善而且多也」；「終窶且貧」則無訓。似不畫一，非詁經之體，不如王氏爲當也。

詩經廣詁，徐璈著，乾隆間人。其書采掇齊、魯、韓三家遺説，益以諸經傳注，唐以前史籍，旁及諸子引詩釋詩者，彙録成篇，頗爲該洽。兵燹後失之。記其釋齊風雞鳴一章，以爲賢大夫去國之詩。蒼蠅之聲，日出之光，皆指小人之亂政者；蟲飛薨薨，言讒人高張翩幡，緝捷如蟲飛之多也；甘不甘也夢，讀如視天夢夢之夢，言己不甘與羣小同朝，而夢夢行，當辭官而去，庶不至爲衆所憎惡也。此解通達近理。

大雅文王「裸將於京」，大明「來嫁于周，曰嬪于京」，思齊「思媚周姜，京室之婦」，又「命此文王，于周于京」，毛傳皆以「京」爲「大」，鄭箋則以爲地名。皇矣「依其在京」，毛曰：「京，大阜也。」鄭以爲周地名。鄭義爲長，然鄭亦不詳何地。至「篤公劉」「京師之野」，毛以爲大衆所宜居之地，鄭亦從之。攷古來王者之都謂之畿，不謂之京。商、周之際，始有京之名。孫毓以詩言京即京師，孔疏譏之，非也。

國語「摯疇之國也由太任；杞、繒由太姒；齊、許、申、吕由太姜；陳由太姬。」齊之國不由邑姜而由太姜，則太公望固姜之内族，而周之貴戚也。詩大明章先言王季之娶於摯，文王之娶於莘，末忽推及於尚父伐商之功，則以邑姜之所自出也。或謂太公避紂而居東海，蓋依其故國，而周封以齊，亦即其故國予之云。

昆吾有二，皆爲湯所滅。有己姓之昆吾，鄭語「史伯曰：己姓昆吾則商滅之」，郡國志「東濮陽古昆吾國」，此其一也；有姒姓之昆吾，帝王世紀曰「河東安邑縣有昆吾亭」，竹書紀年「帝桀二十八年，昆吾氏伐商」，左傳昭十八年二月乙卯「周毛得殺毛伯過，萇弘曰：毛得必亡。是昆吾稔之日也」，此姒姓之昆吾在安邑者也。孔沖遠書正義云：「左氏以爲昆吾與夏桀同以乙卯日亡，韋、顧亦爾，故詩曰：『韋、顧既伐，昆吾、夏桀。』昆吾在衛濮陽，不得與桀異處而同亡，明昆吾亦來安邑，欲以衛桀，故同日亡。」是沖遠以姒姓之昆吾爲即濮陽之昆吾，誤矣。余謂安邑之昆吾乃桀之朝臣，二十八年伐商，帥王師以伐也；三十年商師征昆吾，三十一年升自陑征夏邑，克昆吾。然則昆吾爲夏畿内同姓卿大夫之采邑，甚明。宜其同讐敵愾，以身殉君而無悔。忠烈可與殷之三仁並峙，乃自古無表出之者，惜哉！

周禮地官「里宰以歲時合耦於耡，以治稼穡」，注杜子春云：「耡讀爲助，謂相佐助也。」鄭康成云：「耡者，里宰治處也，若今街彈之室，於此合耦，使相佐助。」按趙明誠金石録汝州故昆陽城中有碑，額題「都鄉正街彈碑」，字典云：「即今之申明亭也。」

盧植云：「文帝令博士諸生作王制。」按通鑑「文帝十六年，上郊祀五帝於渭陽五帝廟。於是貴新垣平至上大夫，賜累千金；而使博士、諸生刺六經中作王制，謀議巡守、封禪事」。然攷今王制言爵禄、封建、朝聘、巡守、田獵、國用、殯葬、宗廟、祭祀、征役、學校、刑罰、養老諸政，而不言郊祀，亦不言封禪，則今之王制，宜非文帝博士諸生之所爲也。

王制「天子齋戒受諫」，鄭注「歲終，羣臣奏歲事，諫王所當改爲也」。陳澔則以此句屬上文「大史執簡記，奉諱惡」，天子重其事，故齋戒以受其詔教是也。然以諫爲詔教則誤。按説文：「諫，證也。」古無訓諫爲詔教者。證，猶質也。此亦言天子齋戒受質，云諫者，變文耳。

玉藻「襲裘不入公門」，疏云：「裘上有裼衣，裼衣之上有襲衣，襲衣之上有正服。」據曲禮疏則云：「襲衣即所謂中衣。」江慎修謂：「裼衣之上即爲正服，不得更有中衣。」提要引玉藻「君衣狐白裘，錦衣以裼之」，鄭注：「錦衣復有上衣，天子狐白裘之上衣，皮弁服，即爲錦衣之上服，即所謂裼也。」則裼衣不復更有中衣可知矣。攷玉藻「君子狐青裘，玄綃衣以裼之」，疏引皇氏曰：「凡六冕及爵弁無裘，先明衣，次加中衣。冬則次加袍繭，夏則不袍繭而用葛。次加祭服。若朝服布衣，亦先以明衣親身，次加中衣。冬則次裘，裘上加裼衣，裼衣之上加朝服。夏則中衣之上不用裘而用葛，葛上加朝服。」皇氏此段，於古人衣服内外次第最爲明晰。其所云明衣，即褻衣，如今之衦衫及小襖也；中衣如今之襯衫也；中衣之上或裘或葛，上加裼衣，裼衣如今之袍也；裼衣之上加正服，即今之端罩，俗所謂外套矣。

喪服小記「禮，不王不禘」，石梁王氏曰：「此句今在『王者禘其祖之所自出』之上，錯亂在此。」愚謂喪服小記與大傳兩篇皆有錯簡，自「王者禘其祖之所自出」及「別子爲祖」二節「親親尊尊長長」一節，皆見大傳，與小記不類，則小記爲錯簡重出矣。

冠義所言，乃適子之禮；昏義所言，乃適婦之禮，故皆云「以著代也」。阼階者，主人之階。冠於阼階之上，明其將代父而爲主也。舅姑既饗婦，則授以室事，故己降自客階，使婦降自主階，明使婦代己而爲主也。見於母，母拜之；見於兄弟，兄弟拜之，亦以其將代父，故禮之耳。諸家說皆非。

魯成公名黑肱，晉成公名黑臀，又文公十三年邾子蘧蒢卒，成二年傳楚襄老之子黑要，十年經衛侯之弟黑背，襄公二年傳鄭公孫黑肱，二十七年楚公子黑肱，昭公三十一年邾黑肱，衆仲謂「名子者不以隱疾」，其說不然矣。

春秋時，列國皆用同姓，惟秦不然。見於經傳者，公子縶、小子憖、公子鍼、公子士雅數人而已。秦本紀云：「求百里於楚，迎蹇叔於宋，取由余於戎，求丕豹、公孫枝於晉。」又有內史廖會、孟明視、西乞術、白乙丙、百里奚及蹇叔之子，是好用異國之人，實自穆公啟之矣。愚謂晉亦不用同姓，自獻公殺諸公子以後，執政主軍者異姓之卿，或諸姬疏屬，特不用異國人耳。

左傳文十二年「裹糧坐甲」，趙汸補注云：「兵法有立陳、坐陳，見尉繚子。立陳所以行也，坐陳所以止也。」傳曰「楚人坐于北門」，又「裹糧坐甲」，又曰「王使坐甲于道」，又曰「士皆坐列」，司馬法曰「徒以坐固」，荀子曰「庶士介而坐道」，皆坐陳也。杜于桓十年傳訓坐爲守，蓋未通古義。

史克謂「禹世濟其美」，因禹之賢，而推及其祖父也。猶之史趙言「自幕至於瞽叟，無違命」，瞽叟豈能無違命哉？易曰「幹父之蠱」，舜、禹之謂矣。至謂「鯀爲世濟其凶」，則未聞鯀祖父爲凶人。然則爲人子孫者，可不儆懼哉？王伯厚以爲於此見立言之難，蓋本左傳正義。

穀梁傳隱元年、僖二十二年、二十三年傳皆引論語，傳中所載，與儀禮、禮記諸經合者，不可悉舉，故六藝論云：「穀梁善於經。」

「瑚連」，論語集解苞氏曰：「瑚連，黍稷器也。夏曰瑚，商曰連，周曰簠簋，宗廟器之貴者也。」朱子集注用之。而明堂位說四代之器云：「有虞氏之兩敦，夏后氏之四連，殷之六瑚，周之八簋。」夏連、殷瑚，周簋，言簋而不言簠，與包異。按御覽引叔孫通漢禮器制度，云：「瑚如簋而平下，連如簠而兑下。」是周人兼法二代，而制爲簠簋也。鄭康成周禮註：「方曰簠，圓曰簋。」皇侃義疏云：「外方內圓曰簠，內方外圓曰簋，俱容一二升，以簠盛黍稷，以簋盛稻粱。」今云皆宗廟盛黍稷之器，誤矣。

周有叔液鼎，即八士之叔夜也。達、适、突、忽、夜、夏、隨、騧皆疊韻。楊升庵云：「隨，旬禾反；騧，烏戈反。」

孟子答陳代：「如不待其招而往，何哉？」此以在他國而言。答萬章：「天子不召師，而況諸侯乎？」則以在其國而言。

後漢書李固傳：「老子曰：其進銳，其退速也。」注：「孟子有此〔一〕文。」又謝承書亦云孟子，而續漢書復云老子。然則孟子亦述老子之言矣。

劉先生孚京

劉孚京字鎬仲，簾舫曾孫，陝西商州、直隸州知州良駟孫，禮科給事中慶子。少孤，受學於世父慈民先生，克紹其業。光緒丙戌進士，授刑部主事，明於法律，長官深器重之。後改就縣令，選授廣東河源知縣，勤求民隱，治行卓然。甲午充廣東鄉試同考官，旋調署饒平，繼又調署揭陽，未及任，以勞卒。先生好三禮之學，於古今禮制，考論甚精。尤工古文辭，嘗寢饋於周、秦、漢諸子，故所爲文體博而義醇，涵演淵懿，蹈於自然，不闌入唐以後體及宗派諸說。時武强賀濤以古文稱雄河、朔間，然宗旨不同，

〔一〕「此」，原無，據李固傳注補。

持議各不相下，既同官刑部，虚衷討論，氣誼相投，卒成莫逆。性豪邁，好交游，其以道義術業相切磨者，有豐城毛慶蕃、義寧陳三立，皆其鄉人也。三立嘗以先生處心之潔，嚮學之摯，造道之勇，深致推重云。著有求放心齋文集四卷，補遺一卷。參文集陳三立序。

文集

諸子論 儒家。

百家之師，皆託始於聖王，聖王道不異而法屢易，百家之述聖王也，遺其道而言其法，是以人異其宗，是非棼然，靡有所定。儒者之教，肇於唐、虞，盛於周公。周公攝政，以九兩繫天下之民，「三曰師，以賢得民」，言百家之師，皆有所賢，可以師也；「四曰儒，以道得民」，殊異之言，人道之大也。人道莫大於禮，禮化質而主文，契、伯夷掌之，儒者述之，故於百家爲最文。周公既佐成王，成文、武之德，天下大定，則務道化，亦以直殷質之敝，救之以文，故尊用儒者，儒者遂盛。伯禽治魯，亦率其道，故魯多儒學。及孔子生於魯，爲儒者宗。是以百家之言，遠推黄帝，依託伊尹、太公；儒者之言，近依唐、虞，歸於周公、孔子。然唐、虞之治，孔子之學，皆通其變，不徇於曲。而儒者多一孔，被服迂曲，以自殊於人，故哀公問孔子之服，其儒服與？孔子曰：「丘不知儒服。」蓋譏之也。孔子之後，儒分爲八，各引一端，推以爲真。至於有漢，儒術益微，自孔子之籍不能徧睹，守一藝以之終身，己所不習，因以相詆，皆可謂不該不徧一曲之士矣。且夫儒者以禮教，禮主敬讓，敬讓則卑屈，故儒者常柔荏。禮别嫌明微，不可通假，故儒者常迂而不及於事。禮辨貴賤之等，别親疏之殺，盛升降進退揖讓之儀，故儒者常繁碎而寡要。至若明堂辟廱，先王所以饗帝教學士而已，誠苟至矣，何必複廟重屋之制？教苟備矣，何必外圜内方之象？而儒者滯於其名，以爲二者不立，終不足以爲盛治，是舍后羿之弓矢而不敢以射也。孔子之六藝，祖述堯、舜，憲章文、武，其道甚大。若夫詁訓以辨異文，記誦以識章句，皆學童之業，非其藴也。儒者溺於其辭，而不知止，鉤析鈲亂，是非蠭起，至於孝弟之經，治亂之略，或闕而不講，是貯后稷之粃糠而以爲秬秠也。其事太迂，其防太峻，自非誦詩、書之言，服章甫逢掖之服，雖孝友温恭，天下之善人皆在所退。故儒者名爲述周公、孔子，然非其徒矣，孟、荀之徒交譏也。歷世千載，荀子言禮而鄙性，荀貌於禮而已，時異勢異，則不可以通，其爲道也外。孟子言禮而尊性，率其性以爲禮，則人皆可以爲堯、舜，其爲道也内。故荀卿者，儒者而已；孟子者，真周公、孔子之徒也。

學述

昔六藝微而傳註興，九流作而百家繁。士以學相燿，以文相高，著竹帛，名當世者，更僕不能畢其目，百車不能載其書。搢紳之徒，家捆輯略之編，人懷向、歆之勤，以是爲博，自以爲儒者之業何其多也。聞諸君子之學，博而執其要。何謂博？多聞見之謂博。何謂要？切於身而便於性之謂要，據乎一而概乎萬之謂要。故博非多書之謂也。書者，聞見之一端，所以辨驗其聞見，而非專恃以爲聞見也。多書則溺志。不知其要百溺志以爲博者，其學久而愈荒。東郭野駕而馳乎國中，容車之里將無不至也。俄而迷其途矣，以循康莊之途爲不足以矜其藝，於是焉敧嶇雜騖，以祈遍乎車轍之未經，是以丘陵水曲與馬難也。此不知要也。君子甚愛力而不以旁極，不以雜博累。其靈府辟諸食焉，三牲魚腊水陸之葅備，然而不使勝食氣，故君子之力專。其靈府蕩蕩然常有餘，耳不泛聽，故能極其聽。目不他視，故能極其視。心不雜思，故能極其思。心志通達，耳目聰察，用其有餘，行其無事，不極其才，以執其要者也。君子之學猶治生，治生者樹藝五穀、織布帛、積什一而已，雖有精悍猛鷙若白圭者，不敢兼百貨而罔市利。故曰賈多端則貧，工多技則窮。故必有所棄而後有所取，有所專而後有所入。君子不舍其性之所急而趨名之所歸，不鄙其常而慕其異，故君子於百家未備知，然而非陋也；六藝未備習，然而非慢也。君子誦先聖之言，稽古今之故，於是焉務師友，充聞見，存以養其知，游以安其習，壹以研其精，循序以致其日新，終諸身以責其實，以治性而已矣。其未得也，安而不憂，日遷而不流；至其得之，達於神明，適於大道矣，奚取於多書？雜博而鮮要，是筐篋之敝册也。悲夫！今之學者，曾治生者之不若也；其下者，安而不學耳。苟知學矣，修己之後而徇人之急，大義之昧而多文之務，是猶賈師陳百貨以爲富，良楛相厠，貴賤相乘，滯積以須折閲者也。且觀九流以來，學者之所述造，縣諸日月而不刊，俟諸百世而可用者，蓋亦尟焉。其爲之而不足存，存之而不足述者猥多。今舍衆著之文，忽而不講，或得一不知之册，則喜而相告，又非能終其文而盡其意也，徒以識簡畢知號諡而已。以炫煌浮薄詭誕好名無實之耳目，是棄田宅，敝心計，以易賈師之廢券也。若是者，其於己也未可云善任，其於天也未可云善受，且天之於人亦甚矣，人之生亦無聊矣。賦之以同然之性，而不使無蔽也；靳之以財，勞之以事，不使得安居而誦讀也，疾病憂患遞代而迭至，以曠其日而失其時也，當此之時，烏可以不知要？將遠行者，雖有千金之璧，必置之而取糗糒。悲夫！今之爲學者，曾不如遠行者之不失其要也。晉人適燕，經乎太行之阪，危石在其左，長澗在其右，容軌之地，不逮尋咫，伯樂於是爲之按轡紓節，踐迹而蹈，貫魚而行，又暇慕夫方軌列騎，揚和鸞飾，輿旆茫洋，恣乎廣原，以矜容壯者哉！劉向、揚雄之述六藝也，曰：「古之學者，耕且養，三年而通一，三十而五經立也。」故古之學者之爲博，其大者不過於五經。一經之文，至於三年而後通也。彼所急者道，不以其書，故不廢當身之職，不求僻醜之獲。今之君子，以不逮之材，值學術之歧，震於氣勢之塗，瞀於名實之歸，於是陷於文，溺於博，以識畢簡知號謚而已，終身役役而未知所獲。或挾策而不知所從，外以夸於人，中實勞苦怏鬱，無適然之趣，豈不哀哉！且人之情，樂無韶、濩，期於悦耳；色無翬夏，期於悦目；食無水陸，期於悦口；學無儒雜，期於悦心。夫曰學矣，雖不理性，固宜悦心。今處乎勤劬之中，奮乎憂患之隙，遺體要之大，忘悦心之娱，以從雜博之誘，逐聲聞之華，是執耒耜以從人芸，刈之雖勤，穫之雖多，而不免於妻子餒也。此學者之大戒也。

禮辨一

古者宗子無子，則族人以其昭穆爲之後，小宗雖無後，可也。今無宗法，無子者皆得立其昆弟之子爲後。儒者曰：「非禮也。」辨曰：禮胡起？起於情。情胡止？止於義。協於義而協，則禮雖未之有，可以義起也。今昆弟無子，昆弟之有子者方且曰是小宗，是雖無後可也，無乃悖於情，不協於義乎？人之爲倫五，其親者三，天屬者二。親者何？父子昆弟夫婦是也；天屬者何？父子昆弟是也。夫婦以人合而易親，昆弟以天屬而易離，非獨以私昵也，亦其子之故。然昆弟之子曰從父昆弟，從父昆弟之子曰從祖昆弟，從祖昆弟之子曰族昆弟，族昆弟之子曰親。同姓屬則日疏，而各私其父，故曰昆弟之誼無分。然而有分者，子之私也，子不私其父，則非人子也。故皆有子矣，則昆弟雖日離，而所爲親之之情，猶可以無慼焉，彼各有私之者也。無子而日離，仁人之所痛也，非有相後之道，而胡以明其本之親哉？且俾天下之爲昆弟者曰：雖吾子，不敢於昆弟有所愛，而況於其他乎？苟昆弟有子矣，己雖無子，不足憂，而況於其他乎？是愈親之道也，無害於宗法，而益厚於昆弟，今之制備於古，不可易。

禮辨二

古者爲父斬衰三年；爲母，父在齊衰期，父没齊衰三年。唐皆增爲斬衰三年，自是以降，未之有改也。儒者曰：「非禮也。」辨曰：父與母孰厚？我不敢知也；君與親孰重？我不敢知也。人之始，則莫不親其母而忘其父；先其私親而後其君者，非悖德也，天道然也。聖人以爲此禽獸之所同。禽獸無夫婦之别，無父子之教，子生獨牝者乳焉，而牡無事，不知父，宜也；無尊卑之等，不可得而相君臣，不知君，宜也。人則不然，出於母而統之者父也，育於其親而治之者君也，烏可不自别於禽獸？嚴之於分秩，著之於衰裳，崇君之服，使比於父，而後人之愛其君可以得親之半焉；崇父之服，使倍於母，而後人之慕其父可以得母之比焉。以親之半愛其君，而天下定矣；以母之比慕其父，而家道成矣。古之時所以厚人道之别於禽獸者也。今人道既明，禮義既通，人莫敢不知其父矣，雖崇母之服以並父，吾以爲順乎情，無拂乎義，不可復改也。

儉德堂易説序

序曰：至矣哉！孔子之贊易也。曰：「作易者，其有憂患乎！」憂患者，非獨時之所爲而已也，固性之所存，道之所繇，生人之所以自别於禽獸者也。有憂患而後有智慮，有智慮而後有趣舍，有趣舍而後知學，知學而後能克剛柔以返中正，中正得而後人道立，聖人知憂患之可以至道也，於是焉設卦以繫辭，爲之陳憂患而作易。故易者，立人道之極也，備陰陽之義，存古今之賾，紀綱天人，括囊庶事，所以爲憂患之至也。道有消長，時有終始，位有貴賤，類有同異，材有强弱，事有進退，聖人爲之彰其往以表其來，見其微而戒其著，近取諸身，遠取諸物，示之以剛柔，約之以中正，以持動靜而定吉凶。若夫設應以勸乎，懲吝以教悔，艱厲以无咎，恐懼以致福，皆所以陳憂患而存人道者也。故曰八卦以象告，爻彖以情言。以象告者畫也，以情言者辭也。畫以象天運，辭以譬人事，故辭非象也。欲揆其辭，莫若察其情，則憂患是已。今之學者，皆徇虞、鄭而陋王、程。夫文言説乾坤，繫辭釋八爻，皆言人事不越乎憂患，其辭皆明白易知，可謂得其情者也。而漢之先師及虞、鄭之徒，多據左氏春秋卜筮占驗之言，徵象於辭，舍人事而言天運，與文言、繫辭不類，學者從之，益以穿鑿破析，雜以詭誕，此爲異而已，曷足以經綸世故，敷宣性術，達作易之指？故吾伯父慈民先生因王、程之所推衍，旁暨之變、交互、升降、錯綜之文，擇其近道而可憭者，爲疏通證明之，引申詘詰，鋪照奥滯，不勞繁稱，劃然神解，號曰易說。至於天人之際，古今之故，皆緣所身歷以爲辨驗，睹其本，哀其末，推其源，閔其流，明已往之中失，陳方來之炯戒。先生少以文學知名海内，會天下大亂，曾文正公督軍討賊，尤急得士，薦延賢士大夫如不及，先生故其弟子所尤賢者也。然先生深觀世故，不喜爲吏，數謝文正之招。官中書數年，益不樂舍去，端居深念，惟用講學自娱，故其所懷壹託於易。從子孚京嘗從問卦義，欲因治之，止之曰：未可。夫更事未多，學道未深，憂患未明，苟務辨文義，抉異同，調古今，皆易之數焉耳，不足以窺易之藴。與陽湖方駿謨及其子楷善，楷有高材，通經術，識時務，困於末疾，無所施用，故退而學易，説易亦數萬言，而先生嘗稱焉，足以知先生之志矣。

儉德堂讀書隨筆序

伯父慈民先生讀書隨筆如干卷。伯父年六十餘矣，猶耆學，讀書日有程，不以一日廢其程。即有所會，及有所考辨，輒條記之，或寫諸卷端，積久遂多，以授從子孚京，使去其繁複無義類者。而爲之序曰：國朝二百四十年，於今當承平之隆，學士大夫用文學著述爲效，詆宋、明儒者言義理空疏無實，其文鄙埜，不務師古，相與擯之，更爲詞章考證之學。是時桐城姚先生正之曰：「義理之與詞章、考證，三者相表裏，不可擯一。」其議少定。然未及百年，天下多故，諸所張皇，皆古所未有。三學之徒，高名耆舊之士，莫有足以應變者。甚者敗辱，爲世深詢。於是所在扼腕，言時務者相比接，號爲經濟之學。一二鉅公爲之語曰：「義理者，孔氏所謂德行者也；詞章者，言語也；考證者，文學也；而經濟者，政事也。」並高其名，比於四科。後進干禄之士，彌以相曜，遂兼鄙衆學，而惟爲經濟之言，以更張爲任事，以権算爲賢能，以守經爲迂儒，以能言虜事爲宏達。道荒術陋，學士泯泯，未識所嚮久矣。伯父天性凝定，其於名位勳伐，澹然無所慕，官京師數年，還去。講學淮、徐間，杜門深處，以圖史自娱。嘗論經濟之士曰：「古之君子，學焉而已，學成而道立，故能應萬變而不窮。今設經濟以爲名，招天下而從之，是使不學之士懷躁妄之心，而行嘗試之術也。且古之君子學焉而經濟以生，今之君子以經濟爲學，此所謂賊夫人之子者也。」伯父之指，務勤學而羞外馳如此。所以訓子姓，詔徒屬者，無不然。故其所記，大抵皆討論經義，研深性術，是正文字，敷陳典要，博徵而不蕪，文約而不陋。其於義理、詞章、考證之學，乎京之愚，竊以爲詳實矣。然伯父雖鄙遺世故，不欲空語經濟爲名高，至若時政得失，人材賢不肖，亦默識於心，時發於言。所陳侵官操切上下相蒙之故，皆深切，讀之可爲太息，亦足以窺見伯父之意理。諸子羣從，尚其省諸！

手寫儀禮圖序

武進張編修惠言所撰儀禮圖六卷，儀徵阮文達公取其手録本，爲刊於板，卷帙甚巨。其於堂庭房室之度，進退步武之節，陳設懸列之位，詳實矣。遭亂，板失。近湖北崇文書局重刊，則縮而小之，儀節度數往往失作者意，不足觀。攝提之歲，余省伯父慈民先生於徐州，伯父以余好三禮之學也，取阮刻本，命手摹一通，於是日課三紙，凡閱數月，始成儀禮傳。自高堂生，其後魯淹中，得禮古經五十六篇，十七篇文與高堂生所傳相似，多三十九篇，名爲逸禮，今無傳。而高堂生之十七篇遂獨著，與周禮及戴聖記四十九篇，號爲三禮矣。高堂生之學數傳，有后蒼最爲明禮，説禮數萬言，號曰后蒼曲臺記，亦無傳。然考藝文志，則蒼之學蓋推士禮而致於天子諸侯者也。又藝文志及儒林傳皆謂高堂生傳士禮十七篇，以今考之，獨冠、昏、喪、既夕、虞、特牲爲士禮，餘皆天子、諸侯、卿大夫之制，非獨士禮也。豈孟堅之謬與？今謂儀禮篇次本於劉向，冠、昏、相見皆題士禮，最居先；鄉飲、鄉射，雖大夫行事，而用士禮，次第五第六；燕禮、大射、聘禮、公食大夫皆諸侯之事，則次於鄉飲、射；覲禮，天子之事，則又次焉；喪服統記天子以下之服紀，次第十一；士喪、既夕、虞次之；特牲，士祭禮，次十五；而少牢、有司徹，大夫祭禮，次之。又考康成目録所記二戴篇次，大戴則一以卑者居先，尊者居後；小戴稍雜亂，亦不以天子諸侯居士大夫之上，故十七篇得士之目矣。先王制禮，莫備於士，由士而推之於卿大夫，由卿大夫等而上之，而至於天子諸侯。自卑者始，故其本立而行遠。後世之制禮者，徒取朝廷郊廟之儀而審定之，於士大夫則略焉。自朝廷大臣，身爲禮官，或不能詳其制，閭巷小氓，則固惛然不知禮爲何事也。揖讓於朝廷之上，而爭奪於閭巷之中，將欲持是以求俗之善也，不已疏乎？凡儀禮所載諸節目，學者咸苦其繁，而好之者則又欲習爲頌，吾以宜詳其制而識其意而已。故觀於冠禮之重，則知成人之貴矣；觀於昏禮之重，則知繼嗣之道矣；觀於相見聘禮之繁，則知交際之敬矣；觀於祭祀之立尸，則知事死如事生之義矣；觀於燕食之禮，則知君臣之恩矣；觀於昏禮媵御沃盥交，則知夫婦之別矣；觀於父在爲母期，則知家統於尊，尊陽抑陰之義矣；觀於殤服之降，列於正服之上，則知親戚之愛，可以殺其禮，而不可没其情矣。後世俗尚頹靡，禮法散亂，儒者又不務酌中而制其宜，故自燕食之禮廢，則君臣之情隔，父在爲母三年，則家人之義紊；祭祀無尸而立像設，則巫鬼之事興，殤子不列於服，則父子昆弟之恩薄。其造端也微，而其爲害也甚大，故苟得其意，雖以今之天下治於黄帝、堯、舜可也。不得其意，雖日習其頌，亂於桀、紂可也。古之爲三禮圖者衆，而此圖最精審，然則欲知古人之意者，又烏可舍是乎哉？寫儀禮圖既訖，因考論之如此。

清儒學案卷一百四十

鏡海學案

鏡海爲學，主省身持敬，精思力踐，以施於有政。於宋宗程、朱，於明宗薛、胡，於清宗陸、張，排斥心宗最力，以爲害道，蓋曾湘鄉、羅羅山之先河。述鏡海學案。

唐先生鑑

唐鑑字栗生，號鏡海，善化人。嘉慶己巳進士，翰林院檢討，遷浙江道御史，坐論淮鹽引地鐫級，以六部員外郎降補。宣宗登極，以諸城劉公鐶之薦，補廣西平樂府知府。平民猺之獄，而解其仇，屢磔劇盜，境内肅然。聞母病，引去省親，連遭内外艱，廬墓讀禮。服闋，仍發廣西，再守平樂。道光十二年，廣東、湖南生猺爲亂，先生出防邊圉，内讞奸宄，往來富川、賀縣，安撫熟猺，立五原學舍，延師教讀，羣猺大悦。郡中煽亂者十餘人，立斬以徇；而貰其脅從千餘，火其名籍，一無所問。累擢徽寧池太廣道，江安糧道，山西、貴州按察使，浙江、江寧布政使。在貴州平反疑獄，歸美令長，曰：「非吾能正之，某縣君來省，自易之耳。」在江寧拯災修廢，百度畢張。時總督陶澍寢疾，代行院事。言者劾其多病，近藥廢公事，又雜摭他端相呰毁，朝廷遣使者按問，率無左驗。宣宗知其端謹，一切勿論。忌者或憚其方嚴。未幾，内召爲太常寺卿。先生潛研性道，宗尚洛、閩諸賢，所至以是勑其躬，亦以是牖於人，簿書之中，論述不輟。再官京朝，扶持賢俊，倡明正學。時蒙古倭仁公及曾公國藩、吴公廷棟、何公桂珍、竇公垿皆從考德問業，都下講學風氣，爲之一振。已而致仕南歸，主講江寧書院。文宗登極，召赴闕，進對凡十五次，中外利弊無不罄言。詔以其力陳衰老，不復强之服官。命還江南，矜式多士。洎粤匪擾湖南，歸展先墓，卜居寧鄉之美嶺山，深衣疏食，泊然自怡。晚歲猶編次朱子全集，别爲義例，以發其藴。所著國朝學案小識，專宗程、朱，排斥陸、王，一時學者翕然歸之。又著有易牖、讀易識、讀易反身録、讀禮小事記、四經拾遺、四砭齋省身日課、朱子學案、畿輔水利備覽、平猺紀略。咸豐十一年卒，年八十有四。曾公上其遺疏，文宗軫悼，予謚確慎。參史傳。

學案小識

自序

聖人之學，格致誠正脩齊治平而已，離此者畔道，不及此者遠於道者也。七十子皆從聖人受學，而傳道者推顔、曾。其在顔子，曰「博文」，格致也；曰「約禮」，誠正脩也。即博即約，功分知行，而候無先後也。不遷不貳，誠正也，而格致存焉；擇善弗失，格致也，而誠正存焉。夫子於其問仁也，曰：「一日克己復禮，天下歸仁。」而復申之以非禮勿視、聽、言、動，蓋欲其知之明，行之決，絶去私欲，盡還天理也。厥後三月不違，如有所立卓爾。顔子之格致誠正何如哉！其在曾子，曰「以文會友」，格致也；曰「以友輔仁」，誠正脩也。即文即行，學有切磋，而道無内外也。任重道遠，知之至矣，而誠正可知也；忠信傳習，誠之至矣，而格致可知也。夫子於其日省之久也，曰「吾道一以貫之」。曾子舉以告門人，曰「忠恕而已矣」，蓋恐學者以空虚求一貫，不以真實求一貫，妄認本體而忘工夫也。使之盡己、推己、精察而力行之，以馴至於反身而誠，則一理渾然，而泛應曲當也，格致誠正固如是也。夫學聖賢者，未有不由格致誠正而得者也。若別有捷徑宗旨，則顔子才高，聖人當化之以速，而何循循然博文約禮是誘，猶有欲罷不能，欲從末由之歎也？曾子質魯，聖人當教之以易，而何以兢兢然不忠、不信、不習是省，猶有如臨深淵、如履薄冰之召也？子思子受之曾子，爰以傳之孟子。孟子之「知言」，格致也；「養氣」，誠正也；「集義」，則格致誠正之實脩真積，不襲取於外也。故曰「必有事焉，而勿正心、勿忘、勿助長也」。勿正者，未發之中也；勿忘者，不睹不聞之戒慎恐懼也；勿助長者，知致而後意誠，意誠而後心正，心正而後身脩，身脩而後家齊國治天下平也。擴而充之，即此物也。此孟子之學，孟子之傳也。閲暴秦而漢而唐，賴有江都董子、昌黎韓子以及伏、鄭、孔、賈諸儒，前後羽翼，得以稍稍不墜。然歷六朝之陵替，五代之淆亂，孔、孟之道不絶者如髮矣。天未喪斯文也，至宋生濂溪周子，中州二程子，又横渠張子，楊、游、尹、謝諸子，道之明已如日麗天中矣。朱子起於數十年之後，師事延平，得程子之嫡傳。以大學之綱領條目，示學者爲學次第；以中庸天道人道，明孔門傳授心法；以居敬窮理，爲尊德性道問學功夫。集諸子之大成，救萬世之沈溺，其心、其道何異於顔、曾、思、孟哉！後之學者，循其次第，如何格致，如何誠意，如何正心、脩身、博學、審問、慎思、明辨而篤行之，由忠信以至一貫，亦復何可限量？而乃朝謁師而夕思入道，夜入定而旦言明心，貪便喜捷，世態有然，而學術亦有然也。矜奇鬭巧，人情多變，而學術亦多變也。於是有新建者，援象山之異，揭良知半語爲宗旨，託龍場一悟爲指歸，本立地成佛爲滿街都是聖人，大惑人心，愈傳愈謬，踰閑蕩檢，無所顧忌，天下聞風者趨之若鶩，駸駸乎欲祧程、朱矣。生其後者，烏可不挽之於狂瀾，拯之於胥溺，而任其猖狂恣肆，使斯世盡入榛莽哉？夫學術非則人心異，人心異則世道漓，世道漓則舉綱常、倫紀、政教、禁令無不蕩然於詖辭邪説之中也。豈細故耶？欣逢聖朝昌明正學，崇奬斯文，特示優隆，重加尊奉，朱子升祔十哲之次，誠千載一時，億萬禩學統人心之所係也。宜乎真儒躍起，辨是與非，埽新奇而歸蕩平，去歧趨而入堂奥，還吾程、朱真途轍，即還吾顔、曾、思、孟真授受，更還吾夫子真面目。界限清而後所知定，隄防密而後所守嚴，志趨堅而後所行篤，踐履實而後所立卓，真儒之爲真以此。夫學之所以異，道之所以歧，儒之所以不真，豈有他哉？皆由不識格致誠正而已。習空談者，索之於昭昭靈靈而障於内；守殘編者，逐之於紛紛藉藉而蔽於外，斯二者皆過也。今夫禮樂、兵農、典章、名物、政事、文章、法制、度數何莫非儒者之事哉？然當以若大經綸蓄之懷抱，不當以賸餘糟粕爲富强。朱子曰：「盈天地間，千條萬緒，是多少人事？聖人大成之理，千節萬目，是多少工夫？惟當開拓心胸，大作基址，須萬理明澈於胸中，此心與天地一體，然後可以語孔、孟之樂。須明古法度，通之於當今而無不宜，然後爲全儒，而可以語治平事業。須運用酬酢，如探囊中而不匱，然後爲資之深，取之左右逢其原，而真爲己物。」朱子之博，蓋博於内而不博於外也，孟子「萬物皆備於我」之謂也。聖人之言典章也，莫大於顏子之問爲邦，曰「夏時、殷輅、周冕、韶樂」，曰「放鄭聲，遠佞人」，是必有順天應人、長治久安，大經濟、大功業，以運用於兩間，豈惟推天文，考輿服，講求樂律而已哉！其言政事，莫大於哀公之問政，曰「達道五，行之者三」，曰「九經，行之者一」，是必有事親、知天、明善、誠身真本原，真學問，以彌綸於無際，豈惟考官禄、别等差、講明禮節而已哉！沾沾焉辨論於粗迹者，不知聖人之學也，外之故也。中庸曰：「成己，仁也。成物，知也。性之德也，合外内之道也，故時措之宜也。」治國平天下之事，豈在外哉？不障於内，不蔽於外，惟格致誠正者能之。蒙是編，自平湖陸先生始，重傳道也。有先生之辨之力，而後知陽明之學，斷不能附會於程、朱；有先生之行之篤，而後知程、朱之學，斷不能離格致誠正而别爲宗旨；有先生之扶持輔翼於學術敗壞之時，而後知天之未喪斯文，有宋之朱子，即有今之陸先生也。與先生同時諸儒，以及後之繼起者，間多不及先生之純，而能遵程、朱之道，則亦先生之心也。他若指歸特異，不守朱子家法，則當分别録之，不泯其本末，不掩其瑕瑜，俾後之觀者，於以見得失之林焉，是豈得已者乎？吁！人受天地之中以生，有是性，即有是理，有是理，即有是意、知、身、心。孰不可以希賢？孰不可以作聖？而惟工夫之不密，以至本體之莫充，則何若從事夫朱子之存省克治、居敬窮理，以馴至於誠而明，豁然而貫通也！是則所當共勖也矣！

學案提要

傳何由而得其道乎？曰：孔、孟、程、朱。道何由而傳得其人？曰：述孔、孟、程、朱。述孔、孟、程、朱，何由而遽謂之傳乎？曰：孔、孟、程、朱之道晦，而由斯人以明；孔、孟、程、朱之道廢，而由斯人以行。孔、孟、程、朱之道何由而遽明遽行乎？曰：辨之嚴，異説不能亂；行之力，同志服其真。雖未必遽能大明與行，而後之學者可由是而進於明，進於行也，則謂之明可，謂之行可，謂之傳可。然而斯人也，或千載一見，或數百年一見，或百年數十年一見，或一人見而數人隨之見，或見僅止一人，故傳之者少，而亦未嘗絶。伊川表明道先生之墓也，曰：「周公没，聖人之道不行；孟某死，聖人之學不傳。道不行，百世無善治；學不傳，千載無真儒。無善治，士猶得以明乎善治之道，而淑諸人，而傳諸後；無真儒，則天下貿貿焉莫知所之，人欲肆而天理滅矣。」是説也，吾於朱子之生，起而幸之；吾尤於薛、胡二先生之殁，引而傷之。蓋明自正、嘉以後，講新建者，大肆狂瀾，決破藩籬，踰越繩檢，人倫以壞，世道日漓，邪説誣民，充塞仁義。逮及鼎革，託爲老師宿儒者，尚欲以詖淫邪遁淆亂人心，傷何如哉！孟子曰：「吾爲此懼，閑先聖之道，距楊、墨，放淫辭，邪説者不得作。」夫孟子豈可復生哉？世有欲正人心以熄邪説者，即謂之孟子可也，即謂之朱子可也。道之傳也，非斯人其誰與歸！述傳道。

傳道者少，未嘗不爲道憂；翼道者衆，又未嘗不爲道喜。非翼道之重於傳道也，翼之，則道不孤矣；道不孤，則亂道者不能奪其傳矣，不能奪其傳，而後統紀可一，法度可明，學術正而人心端，教化肅而風俗美，人道與天道、地道並立矣。然則道之傳也，傳者傳之，翼者亦相與傳之也。昔者，吾孔子之講學洙、泗也，以大聖人之德之道統，承堯、舜、禹、湯、文、武、周公而集其大成，而及門從游者有顏、曾、冉、卜七十諸賢，且以賢聖之孫繼起而紹述之。而閱百餘年，楊、墨爭鳴，衍、儀横議，賴有孟子奮其至大至剛之氣，辨論於黑白淆亂之中，而後吾夫子授受之真傳，得以萬古不墜。朱子起千載之下，承二聖之遺緒，奉四子書以詔後學，時則有若南軒、東萊諸同志咨詢辨難，又有若季通、勉齋諸門人往復商榷，可謂極麗澤之盛，幾乎踐東魯之遺軌矣。然而詆之者旋起，逐之者至欲加以禍，道學大爲厲禁，不亦危哉！由是觀之，吾之所憂者未容已，而所喜者亦幸而已。今夫彌綸天地，終古無所損，終古無所益者，非道也乎？傳與翼，安足爲有無乎？然而天地非人不立，道非人不存，人顧不重乎哉？孔子尚矣，曾子、子思、孟子尚矣，朱子又豈易得耶？敬夫張子、伯恭吕子又豈易得耶？孔子曰：「聖人吾不得而見之矣，得見君子者斯可矣！」蓋慨乎其言之憂何如哉！述翼道。

天下之患，莫大於不顧防檢，不敦節槩，不修禮義廉恥，不遵規矩準繩，破廉隅而趨巽佞，棄閑範而就奔馳，容悦以爲恭，婞婀以爲敬，揣摩以爲智，遷就以爲才，委蛇以爲識時務，和同以爲近人情，飾詐巧以固恩權，假聲華而延名譽，揚揚自得而不以爲可恧，赫赫陵人而不以爲可悲。俾天下進者、退者、行者、居者、尊者、卑者、老者、少者貿貿焉莫知其所以然，紛紛焉並莫知其所以不得不然，喪其所固有，而亡其所本來。審若是也，道不幾絶乎？而幸也，天下有守道之人也；而惜也，天下有守道之人，而人多不知也。然而其人自在也，或當時蔽之，而閱時則章矣；或當途沮之，而窮巷則達矣；或流俗惡之，而高賢則尚矣；或功利詞章輩疏之，而道義交則親矣。何也？所守與時異也。今夫救時者人也，而所以救時者道也。正直可以懾回邪，剛健可以禦强梗，莊嚴可以消柔佞，端愨可以折侵侮，和平可以息横逆，簡易可以綜繁賾，抱仁戴義可以淑心身，周規折矩可以柔血氣，獨立不懼可以振風規，百折不回可以定識力，守顧不重乎哉？吾每得一人焉，未嘗不正襟而起敬，端坐而緬思也。雖其人已往，而其流風餘韻愈久而愈真，炳炳焉在天地間也。詩曰：「雖無老成人，尚有典型。」其斯之謂歟！述守道。

道歷千古之變而未嘗墜，而自有秦氏之焚書則幾乎墜矣。漢之興也，羣經復出，假令有能明道者生於其間，則學術真而統紀一，何至各立門户，迄無指歸？而其相爲授受者，又大要解説辭意，綜核度數而已哉！然而典籍云亡，編簡散佚，老師宿儒各得一説以傳於天下，説雖不同，而經未嘗不由是以存也。於斯時也，易有施、孟、梁丘，書有歐陽、大、小夏侯，詩有魯、齊、燕，禮有劉向、高堂生、后蒼，春秋有公羊、穀梁、鄒氏、夾氏，此皆專門名家最初之師也。厥後支分派演，愈推愈廣，歷千有餘載而至於今。考古者必溯其源，言師者必從其朔，得其一字一句，遠蒐而旁獵之，或數十百言，或數千百言，曼衍而無所底止，而考證之學遂爭鳴於天下，蓋穿鑿傅會亦在所不免也。然如天文、地理、音學、算學等事，則於古爲精。今夫經也者，聖人之至文也。聖人之至文，聖人之至道也。聖人之至道，人人之至道也。得人人之至道，以求經而經傳，經傳而聖人之道亦傳。孟子之後，傳聖人之道以存經者，朱子一人而已矣。其他則大氐解説辭意者也，綜核度數者也。乃或以辭意之別於今，度數之合乎古，遂至矜耀以爲得所未得，而反厭薄夫傳聖人之道以存經者，是其所以自處亦太輕矣。秦人有敬其老師而慢其師者，或問之，曰：「老師衣紫，師衣褐。」或曰：「然則非敬其老師也，敬紫也。」今之尊漢經師而詆朱子者，是亦敬紫之類也，又烏足與校哉！述經學。

無善無惡之説倡，天下有心而無性矣。有心無性，人非其人矣，世安得不亂哉？及其亂也，而究其所由來，歸罪於學術，則亦晚矣。吾於明季，未嘗不噫噓俯仰而重有感焉，天下事，由前觀之，未必知禍之烈如此其極；由後觀之，恒懍懍於其禍之極而莫可復追也。士君子盱衡往跡，俯念未來，未嘗不歎前乎此者之可鑒，後乎此者之可戒也。則學業之所謂心宗者，吾烏能忘於懷乎？今夫心不可恃而恃之以性，性不可憑而憑之以物，大學所以先於格物也。子臣弟友，物之最著者也，性之最切者也，是庸言庸行亦良知良能也。仁義禮智，物之最初者也，即性之最真者也，是至隱至曲，亦至大至廣也。聖人之所以檢察夫心者此也，擴充夫心者此也，豈索之於空，而聽知覺之昭昭靈靈乎？聽知覺之昭昭靈靈，而空以待之，恐性天路絶，而欲得所據矣。欲得所據，謂之無善，誠然；謂之無惡，自欺甚矣，且恐惡念大來，不至於禽獸不止。是以天泉一會，爲陽明之學者，推闡師説，各逞所欲，各便所私，此立一宗旨，彼立一宗旨，愈講愈誕，愈肆愈狂，愈名高而愈無禮，淪澌流蕩，無所底極，而人心亡矣。人心亡，世教裂，而明社亦遂墟矣。有徵君孫先生者，與鹿伯順講學於明者也，入國朝年已七十，遁影韜形，枯槁以終其身，宜矣。而乃移講席於蘇門山，仍以其舊聞號召天下，是亦不可以已乎！幸而稼書、楊園諸先生起而辨之，而天下灼然，知心學之非正也，是亦稍足以舒吾懷云爾。述心宗。

後序

道不變，而學未嘗不變也；學未嘗不變，而道終未嘗變也。千古一孔子而已矣，千古一顔子、曾子而已矣，千古一子思子、孟子而已矣，千古一程子、朱子而已矣。此數聖人、數賢人者，天以之成其天，地以之成其地，人以之成其人。天地不變，此數聖人、數賢人不變也；數聖人、數賢人不變，天地終古不變也，道不變也。其間學之變者有矣，所聞異詞，所見異詞，所授異詞，所師承異詞，典章制度各有所據，名物象數各有所宗，自秦至漢，至魏、晉，至唐，以至於今，變者數矣。變之數，而屢變不一變矣，然乃道之外跡也，道之末節也。譬之天，雲霧過，而日月之明，星辰之燦，自在也；譬之地，城郭移，而山川之淑，物産之精，自在也。非道之真，非道之本也。彼之所謂學也，非道學也。其關於道之本、道之真者，則不可以變。孔子之於異端，孟子之於楊、墨，程子之於釋、老，朱子之於横浦、象山，何如其嚴也？蓋恐其變，而道乃終不至於變也。然而天之生民也，一治一亂，大抵閲數百年而變一見。明之有陽明，横浦、象山之流也。而其焰熾於横浦、象山，以朱子爲洪水猛獸，以孔子爲九千鎰，是竟欲變朱子之道，而上及於孔子者也。而及其後也，龍溪、泰州、山農、海門諸人，尊師説而益肆無所忌憚，數十年間，若傎若醉，不知何者爲洛、閩，並不知何者爲洙、泗，惝恍迷離，任其心之所至而已。而甚者，遂至於犯法亂紀而不之顧。入國朝，其流波餘燼尚未息也。平湖陸子起而闢之，而桐鄉、太倉、儀封三先生先後其間，與陸子同。夫而後天下之學者，上之則相與爲輔翼，次之亦不失所持循，即一名一物之長，一字一句之是，或以明故訓，或以徵博聞，消其意見，去乃詆訾，亦何不可進於道哉？而且正學日昌，狂瀾自倒，間有二三言新建者，知之未真，奉之亦苟隨聲附和，如蚓吹蟬吟，即無所宗主，亦復何所提唱？而後知平湖諸先生闢之之功，歷百數十年而更著也。道之不變，夫復何疑？雖然孔子遠矣，顏子、曾子遠矣，子思子、孟子遠矣，程子、朱子亦遠矣，即陸子亦不可復見矣。學者回思故明正、嘉而後，學術大乖，人心胥溺，至有痛定思痛者，則余輯是編，而以心學附其後，雖不免過慮之誚，而亦無非仰承吾平湖陸子之遺意也。夫道者，天之所以高，地之所以厚，人之所以生也。非道，則氣而已矣，則質而已矣。氣與質，萬物共之者也，人而可以物乎？故非道不可以爲人，知其不可爲人而學可得矣。學以完其爲人，亦完其道而已。學以完其道，亦完其所以爲人者於天地而已。一有不可以對夫天地者，則道自我變矣，安得謂道必不變哉？顧變者在人，而必不變者亦在人也。人能持此道於必不變，則可與天地立矣。然而自孔子以後，又有幾人哉？余因平湖諸先生而重念之，未嘗不有望於天下之學者也，此是編之所由作也。

讀禮小事記

重主一

魂帛以代重，宋時之俗禮也。宋政和五禮新儀「小斂之前爲重，置於庭」，是當時之正禮，猶不違於古也。温公見士民之家，未嘗識重，皆用魂帛，因取束帛依神之説，從俗用之，蓋貴其簡易也，而於冠帽、衣履、裝飾如人狀者，則以鄙俚斥之矣。可知近世摺帛爲之，交互穿結，有如俗所謂同心結者，上出其首，旁出兩耳下垂，其餘爲兩足，以肖人形，必温公之所斥也。萬氏斯大謂其名不雅，其似人形不堪道，不得已從束帛可也。然制或可改，而名無可變，若直謂之束帛，何以見死者之所依耶？文獻通考引金安節言「神帛」，既虞之後，方得謂之神，未葬以前，人子不忍死其親，豈得遽以神道奉之？況許、鄭所云，依神之束帛，本以代主，非以代重也。夫重者，謂有柩以斂形體，又設此以棲泊其游魂，其於人子之心，可以彷彿其親之所在，而不可遽以鬼神之事事其親也。重質而主文，重生事而主神道，故重先乎主，而與主異也。然則欲求禮之正與名之當，非舍魂帛而爲重不可。至若今之俗尚，魂帛之外，又有魂旛，上書爵若姓氏，以魂帛繫而倚之，其制與佛幢略無異，蓋釋氏之說矣。君子行禮，不求變俗，然於此等，亦當有以正之。

重主二

大夫士之有主無主，先儒各據所見，言之詳矣。彼謂無主者，以特牲、少牢禮言尸不言主也，因以臆測之，謂主命之幣帛爲大夫之主，藉祭之茅苴爲士之主，并疑孔悝之反祏爲所出公之主，蓋大夫士決不容有主也。用是，魏、晉之間遂無有立主者。而荀士祠版之制，世或宗之，祠版亦何嘗見於經也？蓋仿主之意，而避主之名也。無主之說之不可行，是可知矣。其謂有主，則以特牲、少牢禮有事於尸，無事於主也。且以類求之，重爲主道，大夫、士有重，則宜有主。廟以藏主，大夫、士立廟，則宜立主。喪服小記「祔必以昭穆」，茅蒩束帛，何以明昭穆乎？孔子曰：「祭祀有尸，宗廟有主，以此坊民，民猶忘其親。」是非專指天子、諸侯也，則大夫、士之有主明矣。伊川程子創爲主式以此，惟其式高尺有二寸，與何休所稱天子長尺二寸相等，視諸侯長一尺則過之。而朱子答問「主式祠版」，又謂「伊川主式，雖云殺諸侯之制，然未見諸侯之制何如。若以爲疑，則用牌子可也」。是朱子於程子之制，不能得其詳也。禮降殺以兩，諸侯一尺，則大夫當八寸，士當六寸，如銘旌與重之等差可推也。若通上下而無異焉，則小斂衣十有九，稱法天地之終數，自天子以下皆然。以之例作主之式，上下同取法於時日月辰，亦無不可也。古禮多殘闕，主制不可考，何休之説未知何所據？衛次仲又謂：「右主八寸，左主七寸。」漢舊儀又謂：「帝主九寸，后主七寸。」衆説不同，後主安得而詳之？是惟有守程子之式，而或稍殺其尺寸，於心無不安，於禮自無不合也。

重主三

虞主用桑，練主用栗。用桑者，因其名之似；用栗者，取其質之堅。名之似，所以守哀情；質之堅，所以垂永祀也。古人稱情以立文，其次第大氐如是。今則木主立於未葬之前者有之矣，亦無所謂虞與練之異也。而殯斂時之靈位，以帛爲之，其上書爵氏稱謂，與主無少異，謂以之代桑主，則既葬而焚之；謂以之代重木，則魂帛魂旛已代之矣。後世喪禮之失，何其多耶？意者有喪之家，無知禮者爲之相，隨孝子之徬徨求索，多其事，以冀死者之歸來，俗尚相尋，於是既有魂帛，又有魂旛，又有靈位，又更有畫像。此雖爲禮之失，亦可見哀之深也。今欲酌其所當去者而去之，則莫如舍魂帛魂旛諸事，而留靈位以代重之爲近禮近情也。夫以靈位代重，則設之於殯時，焚之於虞祭時，宜矣。但木主必虞而後可立，即統以栗爲之，當俟練而祔於廟，哀以漸而殺，禮不得而凌躐也。

踊節

尸柩之前不拜，非不拜也，哀而不能拜也。昨者起卧，而今不能起卧耶？昨者食飲，而今不能食飲耶？昨者有容聲，有歎息，而今瞿然無所見，寂然無所聞耶？痛之至也。痛之至不覺其手之擊，足之踊也，欲强之爲拜，不能成拜也。先王因其情而節之限之，使不傷其性，不廢於事而已。自始卒以至大斂，情之所最難堪，事之所最急者也。曰稽顙成踊；曰哭而踊；曰馮尸踊無算；曰奉尸侇于堂，踊無算；曰祝受巾，降自西階，婦人踊，奠者由重南東，丈夫踊；曰祝徹盥升自阼階，丈夫踊，徹饌降自西階，婦人踊，此終小斂之踊節也。曰鋪絞紟踊；曰鋪衾踊；曰鋪衣踊；曰斂衣踊；曰斂衾踊；曰斂絞紟踊；曰遷尸出户，踊無算；曰徹帷馮尸，踊無算；曰奉尸斂於棺，踊無算；曰設熬乃塗，踊無算，此終大斂之踊節也。繼之由殯而葬，親與我愈遠，事與心愈戚者也。曰置銘于肂踊；曰設饌於奥踊；曰成服踊；曰徹尊踊；曰醴酒脯醢升，丈夫踊；曰燭出闔户，婦人踊；曰奠者由重東南，丈夫踊；曰賓出，衆主人出，婦人踊；曰朝夕奠，月朔奠，要節而踊，此終殯之踊節也。曰取銘置於重，踊無算；曰正柩於兩楹間，席升，踊無算；曰質明遷祖奠，升，要節而踊；曰日側入祖而載，踊無算；曰徹奠俟于西方，要節而踊；曰御柩乃祖踊；曰祖還布席奠，要節而踊；曰徹者入，丈夫踊，設于西北，婦人踊；曰鼎入乃奠，奠者出，主人要節而踊；曰徹者入，踊如初；曰徹者出，踊如初；曰御柩執披袒乃行，踊無算；曰出宫踊而襲；曰窆，踊無算；曰贈，踊如初；曰卒袒即位，拾踊三；曰賓土即位，踊如初；曰反哭，大夫升階踊，婦人入室踊；曰婦人出，即位，及大夫拾踊三；曰適殯宫如啟位，拾踊三，此終喪之踊節也。由是而虞而卒哭，有几筵矣，以神道事其先矣，而哀未殺也，猶曰尸入門，丈夫踊，婦人踊；尸升，踊如初；尸入户，踊如初；尸出户，踊如初；降堂，踊如初；出門，踊如初；卒哭而踐，主人獻尸，踊，主婦獻尸，踊，賓長獻尸，踊；祝前哭者從及大門内，踊如初，此以知哀未殺，踊未止也。特其間奠祭亦稱再拜稽首，有異於殯葬以前耳。殯葬以前全乎踊，則全乎哀矣。虞與卒哭，漸以敬易哀，故有拜有踊。先王稱情以立文，未嘗於情之外有所加也。性不可毁，事不可廢，裁限焉則有之矣。辟踊哭泣，喪之情也，即喪之儀也，不獨喪者於辟踊哭泣之外無所加，即弔者亦豈能舍哭踊而别爲之儀哉？後世喪禮有所謂鞠躬興拜者，又竟有以三獻行之於斂殯之奠者，此無論獻爲酳尸之禮，鞠躬非喪祭禮所有，而使人子抑其辟踊之情，舍哀忍痛，强事於升降跪拜之節，極有難堪者矣。朱子曰：「孝子於尸柩前不拜，未忍以神事之。」此僅言不拜之故。若以辟踊論之，不更有重於拜者哉？喪禮主哀，觀賓之來臨，以及外兄弟衆主人亦皆不拜，於尸柩前則哭踊，固喪之儀矣。凡經傳言哭不言踊，則止於哭；言踊則哭在其中。踊重哭輕，故未卒哭，哭無時也，而踊則先王以禮節之。

喪位

喪有位，所以分内外，敍親疏，明貴賤也。其始位於室中也，主人坐於牀東，衆主人在其後西面，婦人俠牀東面，而衆婦人在户外北面矣，衆兄弟在堂下北面矣，主人拜賓則在西階下矣。其小斂而俠於堂也，主人主婦如室位而拜，賓亦如之。大斂而奉尸於棺也，主人主婦如室位而拜，賓亦如之。其既小斂而奠也，婦人西面由阼階升堂，即堂上東面位，主人即阼階下西面位，而大斂奠亦如之。其成服而朝夕哭也，婦人既位於堂南上，主人堂下直東序西面，外兄弟在其南，卿大夫在其南，諸公與他國之異爵者門東門西，其外位則外兄弟在主人南，南上，賓繼之北上，東門北面西上，門西北面東上，西方東面北上。月朔之奠亦如之，薦新如之，既葬適殯宫亦如之，此喪之定位也。位定則内外分，親疏敍，貴賤明矣。夫襲於室，俠於堂，斂於棺，時暫而事迫，男女以東西别嫌疑可也。故祖而正柩於兩楹，葬而祖哭於羨道，亦如室位也。朝夕奠，則時非暫而事非迫矣，堂上階下，門東門西，以親疏分遠近，以前後見尊卑，決嫌明微，禮不以哀略也。乃今則異是，自殯至於祖，男東女西，俠棺爲位，賓至則主人哭於柩東，婦人哭於柩西，略於禮不足論，而内外之無别，其大焉者。嘗見金陵之治喪者，主人位在柩前帷外東楹間，此雖非古，而亦稍便於柩東矣。夫哭皆有定位，况喪之重者？曾子曰：「小功不爲位，是委巷之禮也。」是可知矣。

冠祭

冠而醴之於廟，有祭道焉。祭筮日，冠亦筮日，重以成人之禮，成子孫也。祭宿賓，冠筮賓宿，賓求賢者，以敬冠事而重禮也。冠各一匴，所以盛其儀也；屨皆同純，所以正其屨也。初加之辭曰：令月吉日，始加元服。棄爾幼志，順爾成德。壽考惟祺，介爾景福。再加曰：吉月令辰，乃申爾服。敬爾威儀，淑慎爾德。眉壽萬年，永受胡福。三加曰：以歲之正，以月之令，咸加爾服。兄弟具在，以成厥德。黄耇無疆，受天之慶。醴辭曰：甘醴惟厚，嘉薦令芳。拜受祭之，以定爾祥。承天之休，壽考不忘。蓋莫非祝其成德，以大其福祥也。既醴矣，又字之，其辭曰：禮儀既備，令月吉日，昭告爾字，爰字孔嘉。髦士攸宜，宜之於假，永受保之。曰伯某甫仲叔季，唯其所當。此又以丈夫之美稱，寵之而勉之，於所不得不勉也。至若不醴而醮，則每加一醮，與三加訖一醴者異矣。其始加醮，辭曰：旨酒既清，嘉薦亶時。始加元服，兄弟具來。孝友時格，子孫保之。再加曰：旨酒既湑，嘉薦伊脯。乃申爾服，禮儀有序。祭此嘉爵，受天之祜。三加曰：旨酒令芳，籩豆有楚。咸加爾服，肴升折俎。承天之慶，受福無疆。此三辭者，亦前諸辭之意也，託之重，故望之厚也。今日者，斯禮廢久矣。竊謂子弟當弱冠時，謹擇吉日，父兄帥之，告奠禰廟，冠以成人之冠，服以成人之服，以勵其志，啟其心，鼓舞其未奮之氣，導迪其欲發之機，雖無三加之儀，而亦未嘗非謹修審行，以協於義者。冠義曰：「凡人之所以爲人者，禮義也。」禮義之始，在於正容體、齊顏色、順辭令。容體正、顏色齊、辭令順，而后禮義備，以正君臣、親父子、和長幼。君臣正、父子親、長幼和，而后禮義立。故冠而后服備，服備而后容體正，顏色齊，辭令順，故曰冠者禮之始也。是故古者聖王重冠。古者冠禮筮日，筮賓所以敬冠事，敬冠事所以重禮，重禮所以爲國本也。故適子冠於阼，以著代也；醮於容位，加有成也；三加彌尊，喻其志也；冠而字之，敬其名也。見於母，母拜之；見於兄弟，兄弟拜之，成人而與爲禮也。玄冠玄端，奠摯於君，遂以摯見於卿大夫卿先生，以成人見也。成人之者，將責成人禮焉也。責成人禮焉者，將責爲人子、爲人弟、爲人臣、爲人少者之禮行焉，將責四者之行於人，其禮可不重與？故孝弟忠順之行立，而后可以爲人。可以爲人，而后可以治人也。故聖人重禮，故曰冠者禮之始也，嘉事之重者也。是故古者重冠，重冠故行之於廟。行之於廟者，所以尊重事；尊重事而不敢擅重事；不敢擅重事，所以自卑而尊先祖也。

昏祭

昏禮自納采始。「主人筵於户西西上，右几」，禰廟之户西也，筵爲神布席設几也。既納徵也，婦家有笄女之醴。及親迎也，壻家有醮子之辭。醴行於廟，以先祖之遺體許人以適他族也。醮行於寢，以勖帥以敬爲妣之嗣也。「其期初昏也，陳三鼎於寢門外東方北面北上，其實特豚合升，去蹄，舉肺脊二〔一〕，祭肺二，魚十有四，腊一，肫髀不升，皆飪，設扃鼏。設洗於阼階東南。饌於房中，醯醬二豆，菹

〔一〕「二」，原作「三」，據儀禮士昏禮改。

醢四豆，兼巾之；黍稷四敦，皆蓋。大羹湇在爨，尊於室中北墉下。有禁，玄酒在西，絺冪加勺，皆南枋，尊於房户之東。無玄酒，篚在南，實四爵合巹。」蓋鬼神陰陽既與祭俎同二肺，又與祭尊同玄酒，同牢之饌，其間得無祭祀之事乎？觀主人揖婦，即對筵皆坐皆祭，祭薦黍、稷、肺，是可知矣。先配而後祖之譏，祖殆爲同牢之祭也歟？至婦不幸而有廟見之禮，則「三月乃奠菜，席於廟奥東面，右几席於北方南面。婦盥，執笲菜入。祝告，稱婦人姓曰：『某氏來婦，敢奠嘉菜於皇舅某子。』婦拜扱地，坐，奠菜於几東席上，還，又拜如初。降堂，取笲菜入，祝曰：『某氏來婦，敢告於皇姑某氏。』奠菜於席如初。」禮所謂「婦入三月，然後祭行」也。今或不知舅姑既没，方有廟見。往往謂夙興質明，贊見舅姑爲廟見，則大誣矣。其贊見舅姑也，舅即席於阼，姑即席於房外，「婦執笲棗栗，自門外入，升自西階進拜，奠於席。舅坐撫之，興，答拜。婦還，又拜。降階受笲腶脩，升進，北面拜奠於席。姑坐舉以興，拜授人。」於是有「贊醴婦」、「婦盥饋」、「舅姑共饗婦」數節。而後「舅姑先降自西階，婦降自阼階」，授婦以室之義也，斯成其爲婦也。三月廟見，亦成其爲婦之祭也，而舅姑没矣。昏義曰：「昏禮者，將合二姓之好，上以事宗廟，而下以繼後世者也，故君子重之。是以昏禮，納采、問名，納吉、納徵、請期，皆主人筵几於廟，而拜迎於門外，入揖讓而升，聽命於廟，所以敬慎重正昏禮也。父親醮子而命之迎，男先於女也。子承命以迎，主人筵几於廟，而拜迎於門外。壻執雁入，揖讓升堂，再拜奠雁，蓋親受之於父母也。降出，御婦車，而壻授綏，御輪三周，先俟於門外。婦至，壻揖婦以入，共牢而食，合巹而酳，所以合體，同尊卑，以親之也。敬慎重正，而后親之，禮之大體，而所以成男女之别，而立夫婦之義也。男女有别，而后夫婦有義，夫婦有義，而后父子有親，父子有親，而后君臣有正，故曰昏禮者禮之本也。夙興，婦沐浴以俟見。質明，贊見婦於舅姑，執笲棗栗腶脩以見。贊醴婦，婦祭脯醢，祭醴，成婦禮也。舅姑入室，婦以特豚饋，明婦順也。厥明，舅姑共饗婦，以一獻之禮奠〔一〕酬。舅姑先降自西階，婦降自阼階，以著代也。成婦禮，明婦順，又申之以著代，所以重責婦順焉也。婦順者，順於舅姑，和於室人，而後當於夫，以成絲麻布帛之事，以審守委積蓋藏。是故婦順備，而後內和理，內和理，而後家可長久也，故聖王重之。是以古者婦人先嫁三月，祖廟未毀，教於公宫；祖廟既毀，教於宗室，教以婦德、婦言、婦容、婦功。教成祭之，牲用魚，芼之以蘋藻，所以成婦順也。」

省身日課

格物，格字訓至，吕東萊先生謂通徹無間，亦精。愚謂一物有一物之理，各如其分，一絲不多，一絲不少。所謂至也，如物之限格，人之資格，非皆指其至處而言乎？

由陰陽五行而知太極，由形色而知性。太極無形，性亦無形，無形而有理，故在天爲太極，在人爲至善。

言而有失乎？則當思吾之失此言也出於何心。不仁乎？不義乎？無禮乎？無信乎？忿乎？戲

〔一〕「奠」，原作「莫」，據昏義改。

乎？得其心之起處，則從起處懲之。

由禮義而言命，方有主腦，否則一向委命，其如巖牆桎梏何！

吾儒所謂定者，定於理也。靜亦定，動亦定，生亦定，死亦定，寐亦定，寤亦定，富貴亦定，貧賤亦定，此非關堅忍之功，乃知止之學也。

國家之事，外重則內輕，內重則外輕，心身亦然，故君子之操持，無間於內外。

動而不失其體，是動中有靜；靜而不失其用，是靜中有動。

敬字貫內外，徹終始，木偶不得謂之敬也。

大公至正，容不得一分倖心，虛靈洞徹，昧不得一分善念。

離卻敬，便無自修功夫；離卻誠，便無自慊功夫。

存心方能窮理，窮理即所以存心。如讀者一句書，思者句書道理如何，功夫如何，則心在者一句書上。作者一件事，思者一件事，所當然如何，所以然如何，則心在者一件事上。

視人太高失己，視己太高失人。

吾心之仁，即天地生物之心；吾心之義，即天地栽培傾覆之心。

感於外者，其內必紛；動於內者，其外必亂，故君子有夾持之功。

聖人之樂，純乎天理；常人之樂，純乎人欲。

涵養工夫最細密，氣粗者必不能涵養。

知命者修道,委命者害道。

於紛擾處見主敬的工夫,辨論處見窮理的工夫。

愈細密,愈覺道理廣大;愈恭敬,愈覺心身舒泰。

心中放空子便不是敬,故孟子言必有事,程子謂之敬。

貧賤視其所不爲,富貴視其所爲。

職分由性分出來,不知性分,便不能盡職分。

功名與天下共之,故無不義;富貴道德與天下共之,故不獨爲君子。

於難處之事,不覺其煩,即是有養。

平時無養,則造次之喜怒必乖;爾室多慚,則大庭之詞氣必屈。

心中有過不去處,不可便罷,道理於此處抛落最多。

養氣當如春風,養心當如秋水。

英雄氣槩可以振俗,不可以入道。

學欲精,氣欲平,言欲簡,事欲密。

心不細,則慮事不周;心不定,則臨事必怯。

明如聖人方能無疑,誠如聖人方能無僞。疑者明之,僞者誠之,學者之事也。

不讀書,空説道理,無此學問;徒讀書,不求道理,無此功夫。

直而後能剛大，明而後能定靜。

能容人之過，方能進人於善；能知人之長，方能得人之力。

容得人方能作得事，克得己方能容得人。

知己知人，自然仁恕；無我無物，自然虛公。

少戒喜事，老戒廢事，貧賤戒干人，富貴戒陵人。

理足便見精神，心正便見力量。

見利防貪，見名防僞。

精神不足，不能應事；識見不足，不能斷事；道理不足，不能處事。

接物以和平，處事以詳審，律己以嚴毅，教人以誠懇。

氣象從存養中來，有存養斯有氣象；識見從學問中來，有學問斯有識見。

功名可以讓人，道德不可以讓人；得失可以聽命，是非不可以聽命。

不討巧，並不見拙；不逞長，並不形短；不好便宜，並不喫虧。

臨民當先惻隱，事上當先羞惡，接人當先辭讓，處事當先是非。

意勘到實地則誠，心磨到淨地則明，性擴到極地則妙而神。

年壯無父兄裁抑則驕滿可患，年老無道德扶持則積惰可憂。

遷善者，惟見人之善；改過者，惟知己之過。

責己嚴者，自然待人恕；與人誠者，自然處己密。

隨理爲喜怒，不起喜怒；任道爲動止，不生動止。

平時不離畏敬，自然獨立不懼；幽獨不容欺妄，自然至誠無息。

非宏毅無力量，非靜敬無道理。

從容不迫，全在平時涵養；勇敢有爲，只由見理分明。

銷去碎雜之念，自然廣大；滌清污染之根，自然光明。

平平實實行去，自然從容；戰戰兢兢念來，到底嚴切。

小德出入須善看，如無後爲大是大德，不告是小德，男女有别是大德，授手是小德，出入是因時制宜。

見得廣大，天地、民物皆在我懷中；體到精微，中和、位育皆在吾道内。

多夢責思，多言責志，多欲責心，多忿責氣，多求責情，多私責意。

不爲已甚，非是見惡不誅；必有我師，非是見善不擇。

紀綱法度即在仁義禮智中，愷惻慈祥即在整齊嚴肅内。

知顔子之樂，當知顔子之憂，顔子豈徒樂而已哉！知伊尹之仕，當知伊尹之隱，伊尹豈徒仕而已哉！

文從理中來，自然可誦可傳；人從理中來，自然可歌可法。

理窮到精一處，仁也擴充，義也擴充；性養到中和時，喜也中節，怒也中節。

中無主則爲物感所動，身無主則爲俗染所污。易曰「敬以直內，義以方外」，此之謂也。

知微知彰，外內知懼也；初擬卒成，懼以終始也。

從容中道，至誠之象也；出入以度，至敬之事也。

事事在道中，庶幾不失爲人；念念在理中，庶幾不失爲心。易曰「天下何思何慮」，則心可知矣。

不知道而漫言道，則道空矣，妄矣。道在物上見，道在器上形，舍五倫何以明道？舍萬事何以顯道？易曰「成性存存，道義之門」，又曰「其道甚大，百物不廢」，此之謂也。

愛惡相攻而吉凶生，遠近相取而悔吝生，情僞相感而利害生，所謂八卦以象告，爻彖以情言者也。學易可以無大過，是可知矣。

健者其性也，有德行則能易；順者其性也，有德行則能簡。

易而知險，惟至健者能之；簡而知阻，惟至順者能之。至健，變動不居者也；至順，出入以度者也。

研窮所以藥淺，存養所以去躁。悦心研慮，格致之事也；立道存性，誠正之功也。

自强不息，乾之健也；厚德載物，坤之順也。以此思學，敬不能緝熙，不可謂之止；誠不能成物，不可謂之至。

聖人贊易，動輒曰神，精義入神，窮神知化，由格致而得之也。化裁盡利，鼓舞盡神，由誠正而得之也。天道人道，可推而見也。

附録

先生官廣西時，修文廟、考棚、書院，捐廉增膏火，革一切陋規。值猺匪滋事，先生辦防，堵獲會首，置之法，餘勿問。嘗單騎往撫，猺先憚威名，及見其和易近人，爭相迎拜，並訴平日蠹役勒派、營兵逼索之苦。悉爲除之。事略。

在諫垣疏請復日講，請復淮鹽地段，衡、永、郴、桂仍食粤鹽。劾湖南巡撫保薦貪酷州縣某某，彈吏部選法不公，風節懔然，以部議左遷員外郎。後官太常，逾年，引疾歸。應江南主講書院之聘，中途遇盜，囊橐一空，然書籍外無多物，盜亦失望。同上。

咸豐元年，文宗屢召見，垂詢所學及家世甚詳。上見其面貌粹然，問養年何術？對以懲忿窒慾，遷善寡過。上聞著有省身日課，諭令進呈。對以草本不敢冒瀆。謹將畿輔水利備覽繕呈。同上。

曾湘鄉云：國藩追陪杖履，商搉古今，觀其陋室危坐，年近七十，斯須必敬，蓋先儒堅苦者亞，時賢殆不逮也。求闕齋文集。

又云：居敬而不偏於靜，格物而不病於瑣，力行而不迫於隘。同上。

又云：先生三十而志洛、閩之學，特立獨行，詬譏而不悔。庚子内召，吾黨之士三數人者，日就而考德問業，雖以國藩不才，亦且爲義理薰蒸，而碻然知大閑之不可踰。同上。

郭筠仙云：先生見示所著省身日課，因論君子三戒之義。與時盛衰者氣也，其心馳騖三者之中，不與時盛衰者也。惟克己深者，其初若拒堅敵，以强力勝之，久而涣然能辨其非，又久而夷然無所攖於心。默自省念七十年，於此三者幸知免也。養知書屋文集。

黄恕皆云：由窮理而得聖人之旨，則即經即道。若但訓詁其文字，考索其典章，重名物不重身心，知獵取不知格物，此字裏行間之經，非道德性命之經也。是以别爲經學案，而於害道者一一辨之。今日言王學者，無師承，無提唱，原不似末明之横行無忌。而曠達之流，往往假以託身，非特貪其簡便，亦且恃爲尊崇，而脱離程、朱矩範，踰閑蕩檢，無不可以自由。是不擯心宗，何以正洙、泗之壇坫，嚴洛、閩之藩籬乎？此先生之苦心，我輩向學者所深幸也。學案小識跋。

鏡海從游

倭先生仁 别爲艮峯學案。

曾先生國藩 别爲湘鄉學案。

吴先生廷棟 别爲拙修學案。

何先生桂珍

何桂珍字丹畦，師宗人。道光戊戌進士，選庶吉士，年甫冠，乞假歸娶，授編修。會鏡海内召，相從講學，躬行實踐，以宋儒爲宗。康熙中，柘城竇靜庵輯理學正宗，先生爲續編，於朱、陸異同辨之最晰。累遷侍講，直上書房。粤西盜起，數抗疏陳軍事得失，論前大學士賽尚阿、前總督徐廣縉誤國，不宜發軍前。又言治亂在乎君德，采朱子、真西山大學之説，傅以己意，引伸條例，手録隨疏奏進，被嘉納。咸豐四年，出爲徽寧池太廣兵備道，既至皖，所屬殘破，阻賊，不得赴任。謁巡撫於廬州，奉檄募勇勦捻匪。公私匱乏，僅得二百餘人。招集潰兵團勇三千有奇，大破捻渠李兆受於霍山。兆受懼，率黨降，散脅從數萬。巡撫忌，切令援廬江，檄未至而城陷，被劾落職，留營。會攻蘄水，克之，回駐英山。民團從者多益以李兆受降衆，請餉不至，無以得食，轉戰不利。兆受本反側持兩端，絶糧怨望。其黨馬超江爲土人所殺，憤官不爲捕兇抵罪，招集捻黨，欲爲超江報仇。撫慰之事稍定，巡撫密檄先發制之，書爲兆受得，大恨，伏兵爲變，先生被戕，年甫三十九。同治初，江寧復，曾公國藩疏陳先生饑軍艱危，歷人間未有之苦，爲叛人所害，天下冤之，請加旌卹。贈侍郎銜，謚文貞。

學案小識跋

古無不躬行之學也，自道不明而行者鮮，故夫子以學之不講爲己憂，要其旨，則在修德徙義改不善而已。俗儒以章句訓詁爲學，遂置身心於不事；而賢智之過，又或極意求深，墮於空寂，蓋道之不行久矣。宋興，濂、洛、關、閩五子者出，即經以見道，即身心以驗道，所講在此，所行即在此，此學之正也。傳至有明，遵行勿替，故其初統紀一而法度明。及姚江出，而道乃大亂。學者喜其徑之捷，可以自便其私也，則羣焉趨之。要其所以託於道者，則曰文章也，氣節也，功名也。夫三者謂非道之所見，不可也；然無擇善固執之功，而任心自用，將文章失之誣，氣節失之驕，功名失之譎。且有背道而馳者，極之談玄説妙，飾智驚愚，而身心之汙垢不可窮詰，名教之場竟成市利，其害豈淺鮮哉？論者謂明亡於講學，非講學之過，所學不正之過也。我朝鼎新，尊崇正學，於是純儒出而力挽狂瀾。平湖陸子之言曰：「今之爲世道計者，必自羞乞墦，賤壟斷，闢佛老，黜陽儒陰釋之學始。」特於松陽講義三致意焉。桂少趨庭，嘗受是書，及游鏡海先生之門，朝夕講求，益信陸子之爲當代正學也。先生以素所心得者，提撕後進，兢兢於義利儒釋之辨。且復博覽羣言，輯爲學案，自陸子以次，標其正宗，衍其支派，判其歧途，嚴而不苛，簡而能盡。蓋其所詣者實，故斷之也當；其所憂者深，故言之也切。學者觀此，則知即講即行，而訓詁不足以盡之，空寂不足以得之，文章氣節功名不足以託之。精研乎性情心術之微，而事即在於日用飲食；充極乎天地民物之大，而職不越夫子臣弟友。由格致而誠正，而修齊治平，孰有外於是哉？先生幼學壯行，未耄而作遂初之計。復以柘城竇先生理學正宗屬桂續輯，倘及就正而成之，則宋、元、明以來正傳具在，可與是書相翼而行。先生行道之功，正未有艾也。桂顧何人，而敢妄語於斯耶？校刻甫竣，奉先生命，謹跋於後，並以誌愧云。

鏡海交游

賀先生長齡

賀長齡字耦庚，號西涯，晚號耐盦，善化人。嘉慶戊辰進士，改翰林院庶吉士，散館授編修。道光元年，以左贊善外簡南昌府知府，歷擢至貴州巡撫，雲貴總督。以永昌回變，督兵解散。翌年復擾，降補河南布政使。旋以病乞歸。復追論前事辦理不善，革職。二十八年卒，年六十四。先生撫貴州者九年，開通溝瀆，布種桑棉，興學愛士，出於自然。凡書院義學，暇則往視，或爲之摘講經義，樂之不倦。在官無一日不讀書，其讀書也，未聞者記之，數聞而互異者亦記之。嘗聚本朝名公、鉅卿、碩儒、畸士之文有裨實用者，屬魏默深綜理之，分别綱目，列舉並觀，爲書百二十卷，名曰皇朝經世文編。其自著有耐盦文存六卷，詩三卷，又有孝經輯注、勸學纂言。弟熙齡，字光甫，號蔗農。嘉慶甲戌進士，改翰林院編修，官至四川道監察御史。乞病歸，主城南書院講席。辨義利，正人心，所造就者甚衆。左文襄公宗棠亦出其門。蔗農先生卒。其所著有寒香館遺集。參史傳、唐鑑撰墓志銘。又撰監察御史賀君墓志銘、鄧顯鶴寒香館集序

皇朝經世文編叙

事必本夫心，璽一也，文見於朱者千萬如一，有璽籀篆而朱鳥跡者乎？有朱籀篆而璽鳥跡者乎？然無星之秤不可以程物，輕重生權衡，非權衡生輕重，善言心者，必有驗於事矣。法必本夫人，轉五寸之轂，引重致千里，莫御之，跬步不前。然恃目巧師意匠，般、爾不能閉造而出合，善言人者，必有資於法矣。今必本夫古軒、撓上之甲子，千歲可坐致焉，然昨日之曆，今日不可用，高曾器物，不如祖父之適宜。時愈近，勢愈切，聖人乘之，神明生焉，經緯起焉，善言古者，必有驗於今矣。物必本夫我，然兩物相摩而精出焉，兩心相質而疑形焉，兩疑相難而易簡出焉。詩曰：「秩秩大猷，聖人莫之。他人有心，予忖度之。」又曰：「周爰咨度，周爰咨謀。」古之内恃其心也如是；古之不敢自恃其心也如是；古之必求入夫人人之心，善出其人人之心，以自恢其心也如是。切焉劘焉，委焉輸焉，善言我者，必有乘於物矣。蟠焉際焉之謂神；效焉法焉之謂事；創之因之謂之后王君公；承之宣之謂之大夫師牧；役智效能，分事亹亹，達之天下，謂之府史、胥徒、農工、賈商、卒伍。人積人之謂治，治相嬗，成今古。有洿隆有敝更之謂器與道，君公卿士庶人，推本今世前世道器之洿隆所由然，以自治外治。知違從知伍參變化之謂學，學爲師長，學爲臣，學爲士庶者也。格其心身家國天下之物，知奚以正，奚以修，奚以齊且治平者也。絻鉞其好惡，教養其喜樂，兵刑其怒哀，亹亹乎經曲，淼淼乎精微，則遵襲循守與創制同，諏詢謀議與施措同，膠葛紛紜、至纖至悉與性命流行、品物同。殽諸事則右史所述，頣諸言則左史所記。事者一成而不可易，言則得失粲矣，違從係矣，參伍具矣。先王以之備矇誦，知民務，集羣慮，研幾微，究中極，精窮蛸蠖不爲奥，博周倫物不爲末，玄黄相反不爲異，規矩符疊不爲重。故聚本朝以來碩公龐儒俊士畸民之言，都若干篇，爲卷百有二十，爲綱八，爲目六十有三，言學之屬六，言治之屬五，言吏之屬八，言户之屬十有二，言禮之屬九，言兵之屬十有二，言刑之屬三，言工之屬九。則緦理於魏君，讐校於曹生，告成於道光六年柔兆閹茂之仲冬也。

文集

復唐鏡海同年書

大著易牖，奉繳承命作序，自忖夙少研究，雖近喜讀易，而所得至淺，深恐膚末無當，遲迴久之，然盛意不可虚也。謹撰數行以報，惟裁鑒焉。竊以易道甚大，而「立象盡意」一語，最得先天之妙。盈天地間皆象也，不可盡也，而大指不外陰陽。伏羲但以數畫依稀像之，不著一物，而無物不包。我夫子每於彖傳旁推交通，贊其時義時用之大，於豫、隨十二卦特示其例，使天下後世知易之一書，直如造物之無盡藏，終身觀玩，無有窮已。尊著極力推闡，殆亦此意。近讀寶應喬氏易竢，見其於我夫子彖傳、象傳所以發文、周之藴者，實能有所闡明，深得贊易本指。間有不遵本義處，則皆取正於傳，衡裁頗當。其於彖傳中剛柔、往來、上下，則取來氏兩卦相綜，而不用卦變之説，似爲得之。惟卦變以涣自否來，否之二進而居涣之四，故曰涣其羣。以三陰之中去其一，則羣散也。曰涣有丘，則進而居四，如丘之高也。曰匪夷所思，以非三陰等輩所及料也，似又恰當。若蘇氏以三百八十四爻皆乾坤六爻之剛柔所往來上下，故曰周流六虛。其説自圓通無滯，究以何者爲正解，請詳示之。喬氏於坤六五不主臣道，而以文、景恭儉之主當之，與尊著之以皋、夔、稷、契言者異。其意蓋以五爲君位，不可屬之臣耳。似稍泥易，固不可爲典要也。至於明夷、復等卦，則以上爻屬之君，以其失位也。又如師、革、大有等卦之上爻，則皆謂統論全卦之義，而不專主本爻。所見卻是，何如何如？近有遵義童生徐元禧，年纔三十三，著有周易廣傳，其名書之意，蓋以推廣我夫子之傳義，而不敢自出意見。其大指則以河圖爲太極，而於河圖之數極其推闡，頗有發明。又稱引其先兄某雜卦圖説，蓋將雜卦繪圖，平列靜翫，悟出我夫子當日所以云云之意。若僅作反對説，則序卦詳之矣，何取乎雜亂各卦複衍一番乎？此説似前人所未及，頗有意義，寸楮不能詳也。每念吾人處世，承乘比應四字盡之，而文之序卦，一反一覆，尤周盡世情之變，所以處之者，惟審乎時與位耳。剛柔取其相應，而有時以不應爲善；剛柔取其當位，而有時以不當爲善，則皆視乎卦義，而其道屢遷，要之惟其正耳。故乾卦開首即曰利貞，六十四卦皆同此義。容有貞凶貞厲，未有利不貞者，此我輩安身立命之符也。大著所云吉凶在心不在占，可謂一言以蔽之。故曰：「君子所居而安者，易之序也；所樂而玩者，爻之詞也。」又曰：「君子居則觀其象而玩其詞，動則觀其變而玩其占。」是以自天祐之，吉无不利。必如伊川之踐履盡易，則天人合矣。高山仰止，景行行止，雖不能至，然心嚮往之。微有商者，昔安溪先生嘗詔其徒當如橫渠脩詞之法，抉窈微，尚體要，力去宋以後之宂長。今觀榕村書，良然。竊意晚年撰著，宜用此法。異時藏山傳人，亦約而易守。何如何如！

復唐鏡海同年論易第三書

差旋得手教，反復誦繹，益我良多，敬佩敬佩。弟於易學不但全無心得，即粗淺文義，亦尚未了徹，而性頗好之。好之而又不能潛翫精思，開卷欣然，掩卷輒復茫然。此所以鹵莽滅裂，內之既無以養其心，外之又不能以應事，真吾夫子所謂德之棄者。每一循省，不自覺其愧汗之交集也。惟於朱子所謂易爲卜筮作者，始亦不免惶惑。久之乃信，今則信之益深。雖屢經前賢抨擊，終以其說爲不可易。來教謂「伏羲作易，以前民用」，非爲蓍而何？固亦深然其說矣。而又謂「至秦乃列之卜筮家，以爲知術而不知道。此自京、焦以來用易者之失，而卜筮之本指豈然哉。」古之時，人與天近，凡舉一事，必筮而後行，每誦「齋戒以神明其德」之語，覺得古人無時無處不臨以天。即一卜筮，而格致誠正之學畢舉矣，朱子所謂至粗而有至精者存也。若專以理言，則恐語精而遺粗，賢愚不能皆獲其用，而於吉凶與民同患之旨，微隔一塵矣。此朱子所指當時言易者之失，但從中半截說起，忘卻上半截根源也。夫夫子之十繫固專以理言，然亦就卦爻中推說其理耳，所謂聖人之蘊，因卦以發也。而聖人之精，則朱子所謂本義也。周官「三易掌於太卜」，而不列於造士之四術，似非至秦而始以爲卜筮之書也。易至難言，果能心通其意，雖當一物未交，而觀象玩詞，無不可作占。觀朱子每以靈棋課舉似學者，此意殊微妙可思，何如何如？來教又以先天圖爲無此理，謂「天上地下，居然一否卦，離東坎西則無春秋，天地定位一節，不可以相對言。」先生研玩功深，非確有所見，豈能爲是言？而反之於心，仍有未帖然者，亦不敢不貢其愚。朱子以邵子推卦畫相生之次第，爲易之宗祖，而先天大圓圖，則左陽右陰，根互相生之次第，非以節候言也，而何離東坎西遂嫌於無春秋乎？地天交而爲泰，此自後一截説話，故序於乾、坤十卦之後，而天上地下則定位之所以爲定也，似不可以否言。先天對待，後天流行，先儒之説，且姑置勿論。第玩説卦傳「故水火相逮，雷風不相悖，山澤通氣，然後能變化，既成萬物也」，吾夫子之意，似謂有先天之對待以立其體，方有後天之流行以致其用。所以發羲、文兩圖相成之妙者，於此可見。何如何如？夫子於睽上九見豕載鬼諸象不釋一詞，而以「羣疑」二字渾之，此言易者之定宗也。漢以來言象者，誠如來教，不免傅會穿鑿之失。吾輩今日言易，自當掃除一切，庶幾無失潔淨精微之旨。然朱子嘗言「易之取象，固必有所自來，而其爲説，必已具於太卜之官。顧今不可復考，則姑闕之，而直據詞中之象，以求象中之言，使足以爲訓戒而决吉凶，其亦可矣。然亦不可直謂爲假説，而遽欲忘之也」數語，似最圓到。何如何如？居恒嘗謂易爲天書，非人智慮所能爲，而實須臾不可離。舉目皆易，學者猶可髣髴；踐履皆易，則非大賢以上不能。來教謂「祇患義不精，不患不能占，馴致其道，將所謂極深而研幾者，於是乎在矣。而何占之非學？何學之非占哉？」凡此瞽説，皆淵照所已及，而見謂未當者。今輒復以瀆陳，非敢膠執鄙見也。中所未安，不敢自匿，且欲藉爲承教之地，或一再往復，更有以發前教之所未宣乎？幸望幸望！

清儒學案卷一百四十一

星伯學案

星伯原本經術，精析史事，尤長於地理之學。凡所著述，大都援古證今，得自親歷，與止憑圖籍者不同。論者謂開闢新疆天山南北路，視同畿甸，爲千古未有之事；其所作，亦千古未有之書。篳路藍縷，始事艱已。述星伯學案。

徐先生松

徐松字星伯，其先上虞人，幼隨父宦京師，遂入大興籍。嘉慶乙丑進士，授編修，直南書房，簡湖南學政。坐事戍伊犂，伊犂將軍文清公松筠夙知先生，會詔纂新疆志，屬先生。周歷南北二路，馳驅殆遍。每攜開方小册，置指南鍼，記山川道里，下馬録之。至郵舍則進僕夫、驛卒、台弁、通事，一一與之講求，風土備悉。嘗以班固作西域傳，顏師古注未能賅備，而後之考西域者，多未親歷其地，耳食相襲，譌誤滋多。如傳言西域三十六國，荀悦所紀與漢書異，則據班氏以駁荀之誤。傳言南北火山，顏氏不加詮釋，則據通鑑注以正顔注之疏。傳言河有兩源，則證以今地，知河有三源，出葱嶺者二，出于闐者一。傳言玉門陽關出西域有兩道，則據隋書裴矩傳，知漢時兩道皆在山南，山北爲匈奴，故無道。至隋有山南兩道，又增山北一道，漢之南道，隋之中道，今亦謂之南道，往回疆者由之。漢之北道，今亦謂之北道，往烏魯木齊、伊犂者由之。諸若此類，皆詳爲考訂，撰漢書西域傳補注二卷。又以西域水道向無專書，乃徧稽舊史方略及案牘之關地理者，筆之爲記，記主於簡，以擬水經。又自爲釋，以比道元之注，即用酈氏注經之例。其爲近儒聚訟，久無定論者，悉證以今輿地而折衷之。如記大積石山云：「阿彌耶瑪勒津木遜山即古大積石，今之大雪山。此即漢志金城郡河關縣下所云積石山在西南羌中者也。自章懷太子注後漢書，誤認龍支縣之小積石爲禹貢之積石，杜佑踵其謬。至蔡傳沿以釋經，而大、小積石合而爲一矣。小積石山在今甘肅河州西北七十里，山之西北百二十里爲積石關。」記河源云：「自先秦古書言河出崑崙而不言崑崙之所在，言河伏流而不言伏流之所出，至漢書始有『源出葱嶺、于闐，潛流地下，南出積石』之文，是得河之初源，而失其重源。唐劉元鼎使吐蕃，誤指庫爾坤爲崑崙山，巴顔哈喇山、阿克培沁山、巴爾布哈山三山並峙，總名庫爾坤山。而云河源出其間，是失河之初源、重源，而並失崑崙。元潘昂霄撰河源志，以火敦腦兒爲河源，而誤指大積石山爲崑崙，小積石山爲禹貢積石，是失河之初源、重源，而並失崑崙與積石。凡此數書，歷代言河源者所共宗仰，而愈矯愈失，去古彌遠。其他附會，更何足云！」記弱水云：「説文作溺水，爲正字，禹貢作弱水，爲假借字。今謂之黑河，又曰張掖河。後儒不知本爲一河，分張掖河當禹貢之弱水，黑河當禹貢之黑水，誤矣。禹貢錐指言弱水原委甚詳，且正程大昌以條支嫣水爲弱水之訛。惟附會後漢書東夷傳及晉書、唐書之文，謂弱水自居延澤東北流，歷夫餘、挹婁而歸東海者，亦誤。又江氏永羣經補義以梁州黑水爲今金沙江，雍州黑水爲今肅州黑水，言其水自沙漠中南流，經黑山下，南合白水、紅水，又西南流入臨羌，爲青海之上源。青海即西海，禹貢道黑水至於三危，入於南海，南爲西字之訛。」先生按：「江氏所指，蓋謂張掖河也，源出甘州府城西南，東北流至府城西二十里，折而西北流，復西北經高臺縣鹽池驛，北與洮賴河匯而入額齊納海。青海在甘州正南，豈能北流入之乎？又謂西海流至積石入黄河，其謬尤不可枚舉。」凡此皆爲之精据博攷，實事求是，撰西域水道記五卷。道光二十四年期滿賜還。二十五年，總統事略書成繕進，宣宗垂覽，御製序文，賜名新疆識略，以其書付武英殿刊行。召見，奏對西陲情形甚悉，授内閣中書，洊擢郎中，補御史。出知榆林府，擢延榆兵備道，移潼商道，旋卒，年六十八。他所著有新斠注地理志集釋十六卷，元史西北地理考、西夏地理考若干卷，宋三司條例考一卷，明氏實録注一卷。其所輯永樂大典書，有宋中興禮書二十四册，宋元馬政考一册，宋會要五百卷，河南志三卷。參史傳、畿輔通志。

西域水道記敍

敍曰：廣谷大川異制，民生其間者異俗，況其在要荒之外哉！西域二萬里，既隸版圖，耕牧所資，守捉所扼，襟帶形勢，厥賴導川，乃綜衆流，條而次之。首曰昆侖，惟帝下都，渾渾泡泡，暨於泑澤，潛行地下，化益所疏，記羅布淖爾所受水第一。漢表六通，至今利益，冥安籍端，中部舊迹，孔道所經，魅磧斯闢，記哈喇淖爾所受水第二。白山之陰，曰蒲類海，我疆我理，原田每每，千耦其耘，歲穫則倍，記巴爾庫勒淖爾所受水第三。何里移之湯湯？而白楊之淙淙，翳清軍之扼西，亦輪臺之表東，雖城郭之已改，考川流之實同，記額彬格遜淖爾所受水第四。土扈之族，疇以蕃之，林丹之裔，疇使遷之，錫之土田，牧圉是扞，記喀喇塔拉額西柯淖爾所受水第五。西域既平，則建之庭，滔滔伊列，環流鏡清，中函三島，取象蓬、瀛，記巴勒喀什淖爾所受水第六。有白斯海，在彼西方，處昏而曉，當暑而霜，惜矣天池，佳名不彰，記賽喇木淖爾所受水第七。碎葉有二，清池居一，熱波未聞，而克淬鐵，不逢大同，所疑胡質？記穆默爾圖淖爾所受水第八。元之叛王，阻彼金山，河名平安，莫捄其患，今斯畎澮，有恬其瀾，記阿拉克圖古勒淖爾所受水第九。洋洋龍骨，其流不息，有磑可舂，有魚可食，種人居之，以康以殖，記噶勒札爾巴什淖爾所受水第十。萬里輶軒，靡國不到，我窮崖涘，奄蔡之徼，取殿茲篇，聿彰聲教，記宰桑淖爾所受水第十一。凡十一篇，以圖系焉，列城相望，具言其地，其所不言，非水所經也。

丘長春西遊記跋

長春真人之經西域也，取道於金山，爲科布多之阿爾泰山。記曰「金山南面有大河，渡河而南」，是今額爾齊斯河，金山東北與烏魯木齊屬之古城，南北相直，今自科布多赴新疆驛路，直南抵古城，近古城之㖿倫布拉克台、蘇吉台、噶順台，皆沙磧，是即白骨甸也。博克達山三峯高峙，去古城北數日程即見之，故記云：「涉大沙陀，南望陰山，若天際銀霞。」詩云「三峯並起插雲寒」也。云「陰山前三百里和州」者，謂博克達山南土魯番，爲古火州地，訛「火」爲「和」耳。唐北庭大都護府治，在今濟木薩之北府，建於長安二年，記言「楊何爲大都護」，足補新唐書方鎮表之闕。「端府」者，「端」即「都護」字之合音。輪臺縣亦長安二年置，縣治約在今阜康縣縣西五六十里。據新唐書地理志，自庭州西延城西至輪臺縣二百二十里，塞外沙磧，難以計程。記云「三百餘里」，蓋約言之。輪臺東爲阜康縣，縣治在博克達山陰，故南望陰山。「九月十日，並陰山而西約十餘程，度沙場。又六日，至天池海。」沙場者，晶河城東至託多克，積沙成山，浮澀難行，東距阜康一千一百里，故云十餘程。其間亂流而過，當有洛克倫河、圖壁河、瑪納斯河、烏蘭烏蘇河。記不顯言者，塞外之水，山雪所融，夏日盛漲，過時則涸，九月正水竭之時，蓋不知有河也。自托多克過晶河，山行五百五十里，至賽喇木淖爾東岸。淖爾正圓，周百餘里，雪山環之，所謂天池海。並淖爾南行五十里，入塔勒奇山峽，諺曰「果子溝」。溝水南流，勢甚湍急，架木橋以度車馬。峽長六十里，今爲四十二橋，即四十八橋遺阯。記云：「出峽入東西大州，次及一程，至阿里馬城。」今出塔勒奇山口，南行一百七十里，至惠遠城。阿里馬城者，即今西阿里瑪圖河，在拱宸城東北，出塔勒奇山東，西南至阿里瑪圖河，僅百里。記云：「又西行四日，至荅剌速没輦，水勢深闊，抵西北流，乘舟以濟。」原注云：「没輦，河也。」荅剌速没輦是今伊犂河，以西行四日計之，當在今察林渡之西。「渡河南下，至一大山」，疑今鉛廠諸山。又「西行十二日，度西南一山」，當是善塔斯嶺。又「沿山而西，有駐軍古跡，大冢若斗星相聯」，是今特默爾圖淖爾南岸地多古翁仲。記云：「又西南行六日，有霍闌没輦，由浮橋渡，色渾流急，深數丈，勢傾西北。」霍闌没輦者，今之那林河，自渡伊犂河以南所經之程，即今伊犂戍喀什噶爾兵往來之路，出鄂爾果珠勒卡倫，傍特默爾圖淖爾東南，經布魯特游牧，以至回疆，此長春真人赴行在時所經也。其歸程則渡那林河而直北，由特默爾圖淖爾之西以達吹河之南，乃轉而東北，渡伊犂河，其渡處在察林渡之東，故百餘里即至阿里瑪城。自阿里瑪城出塔勒奇山口，經賽喇木淖爾，與往時程同。過賽喇木淖爾，不復東折，而東北行，其分路處在千珠罕卡倫地。東北山行，由沁達蘭至阿魯沁達蘭，入塔爾巴哈台界，以至原歷之金山大河驛，其途徑較直。然計自阿里瑪城至金山，亦不下一千里，而記言「至天池海，過陰山後，行二日，方接原歷金山南大河驛」，山路崎嶇，必不能速進如此。且「方接」云者，久詞也。蓋「二」字下脱「十」字。真人以四月初六日自阿里瑪城行凡二十日，至金山，爲是月二十五日。下文云「並山行，四月二十八日大雨雪」，二十八日尚未出金山，則爲二十五日至金山無疑矣。適從龔定盦假讀此記，西域余所素經，識其相合者如此。

新疆識略凡例　原名伊犂總統事略，代松筠作。

一、我朝削平西域，崑崙、月窟，悉隸版圖，爲開闢以來所未有，聲威撻伐，耆定奏功，聖製煌煌，炳垂天壤。謹遵欽定河源紀略恭録聖製詩文之例，敬編聖藻一卷，弁於簡端。其先後次序，謹照聖製詩文十全集所分初定準噶爾、平定回部各卷年分編次。

一、考證地理，非圖繪不明，高宗純皇帝欽定皇輿西域圖志、欽定河源紀略，上稽星度，下列土方，山水鉤聯，道涂經緯，提綱挈領，縷晰條分，誠足開歷代之羣疑，垂千秋之信録。今纂輯新疆識略，謹首編新疆總圖一卷，次北路輿圖一卷，南路輿圖一卷，伊犂輿圖一卷。南北兩路各城，每城各爲一圖；伊犂疆域較廣，非一圖所能盡，特繪總圖一，分圖四，以期詳悉具備，無少遺漏。至圖幅方向，皆以南爲上，以敬協黼座向明之義。

一、西域地名，首見於前、後漢書，援古證今，務求精確。謹於新疆總圖内，附注漢書地名，庶信而有徵，瞭如指掌。

一、新疆幅員周圍二萬餘里，已極遼闊，而各處山川，發脈濫觴，或來從徼外，或分歸別部，尤屬荒遠。如葱嶺發脈於僧格喀巴布山，其山則在衛藏以南；羅布淖爾伏地，重源爲阿勒坦郭勒，其地則在青海；塔爾巴哈台齋桑淖爾，其北出之額爾齊斯河，則流入俄羅斯；葉爾羌喀楚特山南雅布哈爾水，則流歸西海。方幅有限，難以全繪，謹於總圖内分界之地注明，以窮原委。

一、平定新疆，勒成方略，武功顛末，敘述綦詳，第卷帙繁富，難以備載，謹敘録大端，撰紀事二篇，以溯決機制勝之神，並紀廓土恢疆之始。

一、南北各城，官制、兵額、臺站、卡倫皆關綜核，特詳載於各城圖後。至山川道里，彼此聯屬，則於總圖後謹撰疆域總敘，並仿酈道元水經注之例，作水道總敘，庶得攬其全體，不致閡於方隅。

一、新疆既有軍臺，又有營塘驛站，頗爲紛雜，謹詳臚於道里表，以便查核。至所繪圖内，專以軍臺爲主，無軍臺者書營塘補之。

一、新疆地名，向係蒙古、回語，沿訛襲舊，舛誤頗多。今如巴爾庫爾之爲巴里坤葉爾，奇木之爲葉爾羌,哈什哈爾之爲喀什噶爾,英阿雜爾之爲英吉沙爾,悉遵欽定西域同文志改正。至有元史所載西域地名、人名,如哈喇和卓之爲合喇火者,輝和爾之爲畏吾兒,昂克特穆爾之爲安克帖木兒,布達錫里之爲卜荅失里之類,今所援引,亦敬遵欽定譯改遼、金、元史釐定。

一、伊犂將軍統轄南北兩路,職任較繁,是編自卷首至卷三,分載南北兩路事宜;自卷四至卷十二,則專載伊犂事宜。曰伊犂輿圖,曰官制兵額,曰屯務,曰營務,曰庫儲,曰財賦,曰廠務,曰邊衞,而以外裔終焉。

一、官制、兵制,前史皆各自爲志。伊犂地屬軍營,官因兵設,故官制、兵額合爲一門。其訓練軍器,則別詳營務門。

一、伊犂餉銀有取之本地者,有撥自内地者,兹特以調撥總數載於庫儲門。其伊犂本地雜項所出,另立財賦門,以便稽核。

一、馬端臨作文獻通考,每門皆有小序,以明著述之意,謹仿其例,分撰小序,冠於每門之首。

一、正史之例,表皆各自爲卷,兹須簡便,無取分釐,謹以道里表附疆域總敍,水道表附水道總敍,官職姓氏表附官制門,卡倫安設表附邊衞門,哈薩克世次表、布魯特頭人表附外裔門,凡爲表六。

一、新疆輿地久經載入續修大清一統志,原無俟别行纂輯,惟各城案牘日久滋繁,每遇行查,不無掛漏。臣謹編識略,自平定之日起,至臣交卸之日止,聊爲交代册籍,非敢同於志乘,故古蹟物產,無裨政務者,概置不録。

附録

先生博極羣書，究心文獻。直南書房時，總司書房者爲董文恭公誥，重其淹雅，一切應奉文字皆屬之。會詔輯唐文，因遍視四庫未見書。畿輔通志。

先生嗜讀新、舊唐書及唐人小説，輯唐文時，蒐采永樂大典之能成卷帙者，得河南志圖，亟爲摹鈔。采集金石傳記，合以程大昌、李好問之長安圖，作唐兩京城坊考，以爲吟詠唐賢篇什之助。唐兩京城坊考序。

先生謫伊犁，寓城南宣闓門南墉，署所居曰老芙蓉庵戍館。撰新疆賦，綜貫古今，包舉鉅細，皆句爲注記，俾地理家便於省覽。論者謂足與和寧西藏賦後先輝映云。史傳。

先生性好鐘鼎碑碣文字，謂足資考證。在西域披榛剔莽，手搨漢裴岑碑、唐姜行本碑以歸。復於燉煌搜得唐索勳及李氏修功德兩碑，皆向來著録家所無者。西域水道記英和題詞注。

先生自塞外歸，文名益盛。其時海内通人游都下者，莫不相見恨晚。每與泰興陳潮、烏程沈垚、平定張穆輩，䭾羊炊餅，置酒大嚼，劇談西北邊外地理以爲笑樂，若忘當日身在患難中者。沈垚落颿樓文稿張穆序。

先生在京師，負重望三十年。其所居在宣武門大街廳事前古槐下，顔之曰「蔭緑軒讀書處」，曰治樸學齋。龔定菴贈先生詩有「笥河寂寂覃溪死，此席今時定屬公」之句。史傳。

繆藝風曰：星伯先生以博雅名重一時，生前仕宦極其蹭蹬，身後並無傳銘以傳其人。子延祖先歿，家亦中落，藏書萬卷，大半斥賣。所著新疆賦、漢書西域傳補注、西域水道記，皆自刻；唐東西京城坊考，平遥楊氏刻入連筠簃叢書，猶先生生前所知。遺著未刻者四散。荃孫搜羅所得，貽友人刊行者，漢地理志集釋，刻於會稽章氏；唐登科記考，刻於江陰南菁書院；明氏實録注，刻於會稽趙氏；宋元馬政考，刻於上虞羅氏；宋會要輯本五百卷，刻於吴興劉氏；元河南志，荃孫自刻之。獨詩文未有成書，荃孫求之十餘載，所得無多。沈方伯子培笑之曰：「如覃谿所刻義門小集可也。」今鈔出二十一篇，一薄帙耳，烏足以覘先生之文學哉？繆荃孫輯徐星伯先生小集。

錢箔仙曰：西域水道記殘本四卷，得自都門廟市，丹黄青三色校識，間以墨籤，審爲徐星伯先生手蹟，前幅有「大興徐氏藏圖籍」印。意刻成後先生重加點勘，偶有補正，下籤待改也。今循刻本次第，録成此册，名曰西域水道記校補殘本，尚冀已佚之第三卷復出，爲延津之合焉。錢振常跋。

案：先生著作，未可節録，其精義括之於傳，可見大概。小集内二十一篇，題跋居多，藝風意在蒐佚，與學案宗旨不同，單辭隻句，置之附録，兼採藝風、箔仙語，俾後之學者於先生遺書得以攷見。宋會要初在張文襄處，欲校刊而未果，後歸劉翰怡，今由北平圖書館借得，擬以付刻。

星伯交游

祁先生嶲藻　別見鶴皋學案。

李先生兆洛　別爲養一學案。

姚先生瑩　別見惜抱學案。

程先生恩澤　別爲春海學案。

俞先生正燮　別爲理初學案。

魏先生源　別爲古微學案。

龔先生自珍　別爲定盦學案。

沈先生垚　別爲敦三學案。

張先生穆

別爲月齋學案。

程先生同文

程同文字春廬，號密齋，桐鄉人。嘉慶己未進士，兵部主事，充軍機章京，歷官大理寺少卿。道光三年，調奉天府丞兼學政，以病乞休。先生之學，長於地理，凡中外輿圖，古今沿革，言之詳審。遼、金、元三史建置異同，名稱淆雜，他人所不易明者，疏證確鑿，若指螺紋。纂修會典，裁酌損益，獨成近百卷，於邊方地域，皆所主纂，自謂生平精力，盡於是書。他所著述未盡傳，僅存丘長春西游記跋，密齋文集五十餘篇，及詩鈔行於世。參梁章鉅撰詩鈔序、符葆森輯正雅集。

丘長春西遊記跋

長春西遊記二卷，爲元丘長春弟子真常子李志常所述。憲宗紀「元年，以道士李真常掌道教事」，即其人也。前有孫錫序，作於戊子二月，蓋睿宗監國之歲也。長春以太祖辛巳二月八日發軔宣德州，赴太祖西域之召，至癸未七月回至雲中，往返二年餘。真常實從，山川道里，皆其親歷，且係元初之書，譯文得其本音，非如世祖以後，文人著述，則往往窒閡不能通者有之。此册爲葉雲素給諫所贈，龔定庵嘗借鈔，既而徐星伯復就鈔於定庵而爲之跋，他日以示余。星伯居伊犂者數年，於時松湘浦先生帥新疆南北兩路，屬星伯周咨彼中輿地，馳驅幾徧。今跋中疏證處，皆其得之目驗。其中尤有得於余心者，謂天池海即今賽喇木淖爾，證以自晶河山行至賽喇木淖爾東岸，淖爾正圓，周百餘里，並淖爾南行五十里，入塔勒奇山峽，水勢南流湍急，架木橋以度車馬，峽長六十里，今爲四十二橋，即四十八橋遺趾也。今昔情形如合符節，此爲其他書籍之所不載，非星伯身至其所，烏能得之？又謂長春回時，自天池海東北行至原歷金山南大河前驛路，於「二」字之下脱去「十」字，此有里程可稽，其爲傳寫遺誤無疑。至白骨甸，即今古城北之砂磧；陰山三峯，即今博克達山；端府之端，爲都護之合音；霍闡没輦，即今那林河，皆確不可易，余亟録存記尾。星伯謂余，凡記中所述，在今新疆者，既纚具矣。其金山以東，那林河以西，則俟余補足之。噫！星伯所疏證精核乃爾，余何能爲役？顧余於記中地理皆嘗一一考之，惟足跡所未至，不過穿穴於故紙堆中，旁參互證，以爲庶幾得之耳。今具列於左，不獨以塞星伯之諾責，亦將求是正於星伯也。長春之行也，二月十一日度野狐嶺，即太祖紀「敗金將定薛於野狐嶺」者也，在今張家口外。十五日東北過蓋里泊，金史「撫州之豐利縣有蓋里泊」，今在張家口北百里。三月朔出沙陀至魚兒濼，魚兒濼元時又曰荅兒腦，太祖甲戌年賜宏吉剌按陳作分地。張德輝紀行云「昌州以北入沙陀，凡六驛，而出沙陀又一驛，通魚兒泊」，與此正同。今爲達兒海子，在克什克騰部落北。沙河西北流入陸局河，四月朔至斡辰大王帳下。陸局河者，元時怯魯連河，亦曰臚朐河，陸局、臚朐之轉也，今爲喀魯倫河。斡辰大王，太祖第四弟鐵木哥斡赤斤，所謂國王斡嗔那顔者也。時太祖西征，斡嗔居守。五月十六日，河勢遶西北山去，不得窮其源，喀魯倫河發源肎特山，南流及平地，始轉東流。長春由河南岸泝河西行，故不見其北來之源也。自此以下至窩里朵，數千里中俱無地名，惟長松嶺又係漢名，不知蒙古呼爲何山？然以長春行程考之，自陸局河西南濼驛路，至六月二十八日泊窩里朵之東，計行四十二日。窩里朵者，帳殿也。地理志「太祖於十五年遷都和林」，於時皇后窩里朵當在和林，蓋必先審和林之所在，然後可以稽其驛程之所經。和林自太祖作都，至憲宗四朝皆都於此。然和林志前明已無其書，元一統志近亦求之不得，明一統志於和寧城惟言西有哈喇和林河而已，而於哈喇和林河所在則又不詳。明廣輿圖據元朱思本圖爲藍本，而於北方地理疎漏殊甚，以昔令哥爲流入斡難河，則其他不足問矣。齊次風先生水道提綱於和林河亦兩歧其說，蓋提綱專據康熙中皇輿圖，皇輿圖於色勒格河之北，有小河南流入色勒格河者，曰喀喇烏倫河，其音與哈喇和林相近，不能不疑當日都城或在此河之東，實則不然。歐陽圭齋高昌偰氏家傳「和林有三水焉：一並城南山東北流，曰斡耳汗；一經城西北流，曰和林河；一發西北東流，曰忽爾班達彌爾。三水距城北三十里合流，曰偰輦傑河。」元人指述和林，未有如圭齋之明晰者。斡耳汗，今鄂爾渾河也；忽爾班達彌爾，今塔米爾河也；偰輦傑，今色勒格河也，然則和林在色勒格河以南明矣。其經和林城西而北流者，正今之哈瑞河也，當爲元時和林河。哈瑞河入色勒格河，其合流處當在和林北三十里，非三水俱合流也。若鄂爾渾合於色勒格，蓋在和林東北千餘里矣。記云：「泊窩里朵之東，宣使往奏，稟皇后，奉旨請師渡河，其水東北流，瀰漫没軸，絶流以濟。」此水乃今呼納伊河及哈瑞之支流也。其所謂長松嶺盛夏有冰雪，踰嶺百餘里，有石河長五十里者，即今鄂爾渾河東流將會喀拉河處，河經山峽，故曰石河。雍正中，西北距準噶爾，其時黑龍江至鄂爾坤軍營者，過汗山，即西北渡土拉河，西北行踰喀里呀拉山，乃濟鄂爾渾河。以長春行程推之，當亦經此長松嶺，或即喀里呀拉山，已在北極出地四十九度處，是以寒甚歟？然則先自西南濼驛路四程西北渡河者，土拉河也。六月十四日過山渡淺河者，博羅河也。其曰西山連延者，乃鄂爾渾河以西之山，故曰西山。長春於此渡河，可見山行五六日，峯回路轉，嶺勢若長虹，辟立千仞，俯視海子，淵深恐人，則已在厄勒墨河之側矣。阿不罕山在金山東北，今阿集爾罕山也。鎮海傳「太祖命屯田於阿魯歡，立鎮海城。」阿魯歡者，亦即阿集爾罕山也。八月八日自阿不罕山前傍大山西行，又西南約行三日，復東南過大山，經大峽，中秋日抵金山東北。少駐，復南行，其山高大，深谷長坂，車不可行，乃命百騎挽繩懸轅以上，縛輪以下，約行四程，連度五嶺，南出山前，臨河止泊。長春由阿集爾罕山前西行傍大山者，即傍阿爾泰山之東大榦，今烏蘭古木。中過青吉斯海子之北，乃向西南行，當取道於今科布多，再西南，乃科布多河、額爾齊斯河發源處，爲阿爾泰最高之脊，所謂東南過大山，經大峽，中秋日抵金山者，當謂此。又行四程，連度五嶺，南出山臨大河，以地約之，則大河應爲烏隴古河。劉郁西使記所謂龍骨河，與別失八里南北相直，近五百里者也。渡河行砂磧中，經北庭而西，星伯跋中詳之。陰山後鼈思爲大城，問侍坐者，乃曰此唐時北庭。案鼈思即別失。歐陽圭齋曰「北庭，今別失八里也」，則元時別失八里正在於此。重九日至回紇昌八剌城，地理志西北地附録有彰八里，當即此。耶律希亮傳「中統元年，阿里不哥反，希亮踰天山至北庭都護府。二年，至昌八里城，夏踰馬納思河」，則昌八里在今瑪納斯河之東也。自鼈思以西，惟昌八剌、阿里馬爲大城。星伯謂「阿里馬在今拱宸城北阿里瑪圖河」。余按：元初譯作阿里馬者，惟此記及湛然集有從容庵録序末題曰移剌楚才晉卿序於西域阿里馬城。其他見於元史者，或作阿力麻里，或作葉密立，或作葉密里，皆即此城。竊謂阿里馬本回紇所稱，自蒙古人稱之，則音異矣，再以漢文譯之，則又異矣。明時哈密以西付之茫昧，阿里馬先爲别失八里國所有，後爲瓦剌所有。我朝乾隆十九年以前，爲準噶爾大酋之庭，稱曰伊犂，亦稱其河爲伊犂河。伊犂恐即葉密立之轉，唐時雖有伊列河之名，有元一代，絶無稱述，蓋已無知之者。準人不解載籍，鸁有托忒文字，但能記籍帳耳，何從遠稽突厥名稱邪？瓦剌即額魯特，逐水草，遷徙無城郭，所謂阿里馬城者，久已平毁。至乾隆二十九年，乃即伊犂河北建惠遠城，今曰伊犂城。非依故址，則阿里馬所在，固無以知之，或即在阿里瑪圖河側邪？荅剌速没輦與塔剌斯音近，然距阿里馬四日程，以遠近約之，則星伯謂即伊犂河者爲近。或伊犂河在元時有是稱，若今塔剌斯河遠在吹河之西，未必四程能達也。大石林牙，遼宗姓，於遼亡後，率衆西行，間關萬里，建國西土，是爲西遼。太祖滅乃蠻，殺太陽罕，其子屈出律奔契丹，既而襲執其罕，尊爲太上皇，據其位有之。仍契丹之號，亦稱乃蠻。事在戊辰己巳之間，閲十餘年，太祖征西域滅之。劉仲禄持敕召長春，云「在乃蠻奉詔」者此也。賽蘭城，據西使記在塔剌寺西四日程。塔剌寺者，今塔剌斯河也。明史外國傳有賽蘭，在塔失干之東。塔失干，今塔什干城也，在錫林河之北，南距那林河猶遠。元時往西域之道，必由賽蘭，蓋從塔剌斯西行，過賽蘭，乃西南行，度霍闌河。長春自十一月五日發賽蘭，閲六日渡霍闌河，又閲十一日過大河至邪米思干，此大河，應指城東之河，北流入那林河者。邪米思干，亦曰尋思干，「尋」即「邪迷」之合音。耶律晉卿又謂之尋思虔，譯曰

「尋思，肥也；虔，城也」。今謂之賽瑪爾罕。蓋自北庭至此，大率西行，過此，則大率南行，最爲西征扼要之地，故於此宿兵，而以耶律楚材駐焉。碣石，地理志作柯傷，明史外國傳作渴石。云南有大山屹立出峽口，有石門色似鐵，即記所謂鐵門也。新唐書吐火羅有鐵門山，其來舊矣。大唐西域記曰：「出鐵門至覩貨邏國，其地東阨蔥嶺，西接波剌斯，南抵大雪山，北據鐵門。」過雪山爲監波國。即在北印度境。於時追若弗乂算端，南踰雪山，故謂之印度。太祖旋師後，復遣將追至忻都，窮及申河，算端死，乃返，則在印度國中矣。阿里鮮所言正月十三日自邪米思干初發，三日東南過鐵門，又五日過大河，二月初吉，東南過大雪山，南行三日，至行宫。蓋阿里鮮先赴行在，正太祖追算端至印度時，故踰雪山後，又三日乃達。長春於四月五日達行在，則已回至雪山避暑，故長春過鐵門後，行十二日抵雪山而止。所渡之阿母河，元史見他處者，亦作暗木河，亦作阿木河，元祕史作阿梅河，即佛書之縛芻河也。其水今西北流入騰吉斯海。大雪山，今爲和羅三托山，自東而西，綿亘千里，長春之再見也，其行由鐵門外別路，山根有鹽泉流出，見日即爲白鹽，東南上分水嶺，西望高澗若冰，乃鹽耳。蓋在鐵門山之西，其西北即大鹽池。郭寶玉傳「太祖封大鹽池爲惠濟王」者也。西使記：「二十六日過納商城，二十九日山皆鹽，如水晶狀。」納商乃渴石之轉。長春亦於十二日過碣石城，十四至鐵門西南之麓，正同。出山抵河上，其勢若黄河西北流者，其水即流入大鹽池者也。蔥嶺西流之水皆會於此，故其勢汹湧。九月朔渡河橋而北者，即此河。蓋長春既見帝，遂扈從北行矣。余讀元史，嘗疑太祖紀「十九年甲申，帝至東印度國，角端見，班師。」耶律楚材傳亦云：「甲申，帝至東印度，駐鐵門關，有一角獸作人言，謂侍衛曰：

『汝主宜早還。』帝以問楚材，對曰：『此名角端，能言四方語，好生惡殺，天降符以告陛下也。』帝即日班師。」蓋本於宋子貞所作神道碑，極以歸美文正，然非實録也。唐書東天竺際海，與扶南林邑接，太祖西征無由至彼。角端能言，書契所無，晉卿何自知之？讀湛然集，晉卿在西域十年，惟及尋思干止耳，未嘗出鐵門也。今讀此記，則太祖追算端，惟過大雪山數程，其地應爲北印度。晉卿實未從征，無由備顧問。且頒師爲壬午之春，非甲申也。元史蕪漏特甚。有元載籍有關史學者亦少矣，此記豈可因其爲道家言而略之？

文集

寓尋稽古録序

萬年王君達淦以所著寓尋稽古録郵書示余京師，且屬以序。蓋君嘗客遊於尋，覽其郡邑諸志，弗心善也。於是舛者正之，闕者著之，而於舊志之既備者，則弗之及。其擇言也精，其徵事也信，非博覽載籍，而了然有得於心者，不能及於此也。余嘗謂：「地學之難，亦難於稽古耳。閲世之久，即川原形勢且不能以無改，又況併析代更，名殊目異，以今證昔，必一一而求其合，豈易得哉？」夫觀書無卓識，而承訛踵謬，誠爲學者之病。然不究其是，而好爲異説，求多於往哲，此又通人之一蔽也。請以尋證之。九江，郡之所託以名者也。唐以前言九江者，率主於尋，至宋胡氏旦、晁氏以道、曾氏彦和始以洞庭爲九江，而朱子從之，蔡氏沈著於書傳。近時胡氏渭釋禹貢號爲精審，亦仍其説，且舉山、水二經爲證。間嘗考九江，凡四見於禹貢，皆尋陽而非洞庭。一、「江、漢朝宗於海，九江孔殷」，言江、漢合流趨海，而九江之勢衆且盛也。江、漢東行，必道九江。經二語文義一貫，若各斷爲句，不相屬，則江入海仍在揚州之域，不當見於荆也。一、「九江納錫大龜」，史記龜策列傳「廬江郡歲以龜長尺二寸者二十枚輸太卜官」，杜氏通典「廣濟縣蔡山出大龜」，其地皆在今大江之北，與尋陽合。一、導江文「東至於澧，過九江，至於東陵」，澧與沅、資、瀟、湘之水會於洞庭，循巴陵之右出口方與江合。經言至於澧者，謂江水東行，歷洞庭之口也。過九江者，謂經乎尋陽九派也。至於東陵者，即班固地志所指廬江之東陵也。由澧而九江而東陵，江行千里，敍次井然。若以洞庭爲九江，巴陵爲東陵，則但言至於澧即可賅過九江至東陵矣，續下二語，不已贅乎？一、導山文「過九江至於敷淺原」，過九江與逾於河一例，謂導山之人舍陸而徑於水也，截河而濟，故曰逾沿江而下，故曰過敷淺原。班志孔傳及通典皆云在歷陵。考尋陽九江始於鄂，迄於桑落洲，則歷陵正當九江盡處。蓋禹之治水，九江實最爲施功處，淮南子謂「禹鑿江而通九路」是也。秦、漢之間，故迹必猶有存者。史記河渠書言「禹疏九江」，乃太史公得之目驗，斷非誣妄。秦立九江郡，其時江夏、廬江、豫章三郡未析，九江爲境内巨川，故其名以之。如洞庭實九江，則秦不應遠取長沙境内之水以名郡也。宋以後，禹迹久湮，撰著家始信今而疑古，吾未見後人之果是，而昔人之果非也。若山、水二經之證，亦爲未的。山海經云：「洞庭之山，帝之二女居之，是常遊於江淵，澧、沅之風交瀟、湘之淵。」郭注「二女遊戲江之淵府，則能鼓三江，令風波之氣共相交通。」又曰：「是在九江之間，出入以飄風暴雨。」蓋九江非即江淵，故飄風暴雨與風波交通亦異。九江或爲郡稱如經中長沙、零陵之類，或即指尋陽九派，何所據以證九江之爲洞庭耶？水經禹貢山川澤地篇謂「九江地在長沙下雋縣西北」，此似指洞庭入江處爲九江，而酈氏無注，且別於廬江。水篇下引「秦始皇、漢武帝咸升廬山，望九江」，則經言九江所在，道元已不從之矣。夫九江在尋，按之禹貢之文，參以秦、漢以下百家傳記，歷歷可據。乃宋以後遂移而之他，卒無能舉舊説以相證者，甚或以謂郡名失實，豈非稽古之難哉？余之蓄此疑久矣，非君不足以發之。君所録無山川一門，豈亦以舊志之既備而弗之及耶？既已爲君序，因輒以余之説附著焉，君儻有以是正而裨我者乎！

與朱雲陸書

所要里差各處經緯度，今日始得暇檢尋，註出東三省吉林之北，有城曰烏喇打牲，黑龍江之北，復有打牲處，此皆打牲人所居，亦爲添出。又青海、蒙古及前、後藏俱隸典屬，而里差不及之，亦爲缺典，茲補青海黄河源以存青海、蒙古之概，補布達拉、札什倫布以備前、後藏。布達拉者，前藏也；札什倫布者，後藏也。由青海入藏，以木魯烏蘇爲界；由四川入藏，以察木多爲界。而阿里在後藏之西，爲藏之西境，故亦及之。承垂詢雅薩克一條，足徵細心。舊會典所載，經度五十一有奇，偏西度十七分者，乃尼布楚城也。其曰偏十七度者，度爲分字之譌。尼布楚，自康熙二十八年與俄羅斯定界後，此城已入俄羅斯境内，自不應列入。雅薩克城爲中國土壤，居黑龍江全境之北，詳其里差，未爲不可。但此城遠在尼布楚之東，經緯度皆不同，捉瓜替李，殊憒憒矣。又所示經緯度皆同諸處，惟布魯特、安集延係兩部落，萬無同理，今更正。若阿巴噶、阿巴哈納爾雖亦兩部落，但係同祖，即今兩部落之左翼兩旗，同境遊牧，其里差同者，當指兩左翼旗。若阿巴噶右翼、阿巴哈納爾右翼，乃各爲遊牧，在兩左翼之西，舊會典遺之者，與科爾沁六旗衹載一旗，鄂爾多斯七旗衹載一旗者同例。謬難盡糾，惟有仍之而已。若布隴堪布爾噶蘇台，若薩克薩克圖古里克者，各合八字爲一地名。布隴堪亦有節去下五字者，薩克薩克圖古里克則不能節也。崞格、札布堪乃兩河名，若指兩河合處，則經緯度不符；若按舊經緯度處，札布堪河實經之，崞格河不相涉也。或改爲札布堪河阿爾洪，則經緯度恰合，蓋札布堪河甚長，里差當指其一處，札布堪河阿爾洪者，言札布堪河之側，有阿爾洪山處也。以他處例之，如曰克嚕倫河巴爾城者，言克嚕倫河之側有巴爾城處也。曰喀爾喀河克勒和碩者，言喀爾喀河之側有克勒和碩山處也。曰圖拉河汗山者，言圖拉河之側有汗山處也。曰鄂爾坤額爾德尼昭者，言鄂爾坤河之側有額爾德尼昭處也。唐古特語謂廟曰昭，額爾德尼昭者，喇嘛廟也。曰額爾齊斯河齋桑諾爾者，言額爾齊斯河滙爲齋桑諾爾處也。以上各經緯度相同者，皆當合其讀，故於添出之木魯烏蘇，亦作木魯烏蘇庫克賽爾多渾，言木魯烏蘇河當庫克賽爾多渾渡處也。請大雅是正之，以爲然否？其土默特、喀爾喀左翼、呼蘭城三處，檢覈未竟，客至而輟，明日再送覽。恬齋竟不能來，説之甚力而無裨。天下不如意事往往如此，可爲歎息。附承動静，不宣。

與徐心田書

所示黑水考一卷，採摭羣籍，通其所不可通，可謂至難。大概以東樵胡氏析黎雍黑水二之，不安於心，乃出此解，令離者合之，其用意亦精矣。篇中尤卓者，如證以爾雅，謂河所出爲崑崙，窮河之源，即識崑崙之所在。又證以山海經，謂河與黑水同出崑崙，是爲雍、梁二州之黑水，亦即導水之黑水；其雞山所出，乃别一黑水。斷以水經註「黑水出張掖雞山，南流過三危，入南海」之説爲非。盡此數語，以求黑水與今水道既合，以解禹貢，亦不費詞，然則諸説紛紜，可一掃去之矣。夫崑崙見於雍州，其境屬雍無疑也。黑水既由雍以入南海，其不能不假道於梁，又無疑也。然則雍、梁以黑水爲距，實皆西距耳。胡氏以梁之黑水爲南距，當之以金沙江，而置入於南海之黑水於無何有之鄉，不亦惑哉！然胡氏不敢以黑水爲梁西距者，亦復有故。蓋誤以三危在敦煌，而黑水之源又在其上，遂以出張掖雞山爲信，於是入於南海之文，更不能屬。今試求諸梁之西境，安得有發源張掖、敦煌間之水乎？梁之西距無水可指，始不能不以黑水爲南距，而以爲非復雍之黑水。夫如是，則梁之黑水不必導於三危，又不必入於南海，任舉一水當之，而亦無間可以致詰，是誠巧矣，然雍之黑水卒不可解。蓋雍之黑水既出於張掖，經於敦煌，則又安能南行以入於南海？今按黄河所出爲枯爾坤山，其山自喀什噶爾以來，經和闐之南，又二千餘里以抵於此，横障於大磧之南，連亘不斷。果使張掖、敦煌間有水南行，當河源以下，不能截河而過，當河源以上，又不能越山而過，然則所謂入於南海者，有是理耶？曾謂神禹而留是妄言，以啟後人之惑耶？夫謂三危在敦煌者，由誤會春秋傳文。傳曰：「先王居檮杌於四裔，故允姓之姦，居於瓜州。」蓋云先王之時，檮杌之屬皆投之四裔以禦魑魅，居陰戎於瓜州，用此例也。陰戎非即三苗，一居三危，一居瓜州，各不相涉。杜預注本牽强，豈得援是爲三危在敦煌之證？三危所在，當以康成引地記書，在鳥鼠之西南，當岷山者爲確。蓋鳥鼠南少西爲岷山，其曰鳥鼠西南當岷山者，其地必更在岷山之西，與岷山南北相當處也。其不直曰岷山西，乃曰鳥鼠西南者，當時達三危必由鳥鼠取道，傍岷山，北循黄河南岸，經今四川松潘屬郭羅克土司境，西南行，乃抵焉，故云。然岷山之西，今爲西寧，屬土司境，又西爲西藏，屬土司境，在察木多、洛隆宗之北，三危當在其處。蓋枯爾坤之西爲巴薩通拉木，又西爲諾莫渾烏巴什，雖隨地異名，實同爲一山，其即古所謂崑崙者乎？黄河出其東，格吉河出其南，經西寧屬土司，至察木多南爲瀾滄江；喀喇烏蘇河出其西，經西藏屬土司，至洛隆宗南爲怒江。皆經雲南瀾滄江入南掌，怒江，入緬甸，其委皆達於海。然則此二江者，必有一爲古之黑水矣。蓋禹貢雍、梁分域，必在今察木多、洛隆宗之間，故「三危既宅」，載於雍州。黑水出崑崙，至三危，乃雍州西距之黑水也。過三危迤下，乃梁州西距之黑水也。必謂梁州西距，不應遠及吐蕃，此亦未然。今洛隆宗以西又二千餘里，乃至前藏；若察木多則出四川邊，亦僅二千餘里。禹跡所至，渺然中區，雍之渠搜在葱嶺西，青之嵎夷在朝鮮，冀貢道夾右，碣石入於河則遠及遼東，荆三邦底貢，其遠莫考，然堯典南交必在域内，獨梁州不得有今衛藏之地，豈通論哉？然則瀾滄江與怒江孰爲黑水？曰：此不能決也。孰爲近？曰：或者其瀾滄乎？蒙古謂黑水曰喀喇烏蘇，此怒江之可證爲黑水者也。然古今夷、夏語言殊異，山川之名，不必一一相合。怒江在瀾滄之外，古無稱焉。瀾滄即葉榆水，水經注以爲出益州葉榆縣，蓋不能考其上流，故失之。若以此水爲黑水，證之於古山海經「青水、黑水之間，若水出焉」，青衣水與沫水合而入江，其青水歟？於今爲大渡河；若水與繩水合，又合於瀘水，而入江，於今爲金沙江。青水在若水東，則當以在若水西者爲黑水，今金沙江之西乃瀾滄江。若怒江，又在其西，中復間以瀾滄，不得謂若水在青水、黑水之間矣。又葉榆爲滇葉榆之國，葉榆水在滇之西境，或古昔相傳，以此爲黑水，故滇王即其國都建黑水祠祀之。地理志「滇池縣有黑水祠」，本與上文「大澤在西，滇池澤在西南」句不相屬，不得指是祠爲因滇池澤建也。胡氏以金沙江爲黑水，亦舉黑水祠爲證，謂金沙江入滇池，故於滇池側建祠。今滇池之水乃北流入金沙江，非金沙江入滇池也。若金沙江果爲黑水，而祠必建於水側，則黑水祠亦當建於遂久，不當建於滇池矣。胡氏考禹貢山川得之者多，若九江、黑水，則僕皆不敢以其説爲然。九江嘗著論矣，今因足下所著黑水考而附述所見如此。若足下所考雍、梁間水道凡六，雍州之水可至於梁，梁州之水可至於海，求之古籍，皆有可徵，然按諸今之水道，實有不能强通者，豈古今地勢異歟？願足下更詳參之。

陳先生潮

陳潮字東之，泰興人。通經，工小篆，又擅周髀之學。夜登高臺，仰窺星象，達旦不寐。酒酣耳熱，慷慨談天下事，十中八九。游京師，星伯爲延譽甚至。遘寒疾，卒於星伯家，年三十九。參史傳、方濬頤泰興三異人傳。

李先生圖

李圖字少伯，掖縣人。以拔貢生官直隸無極知縣，謝病歸。讀書十行俱下，天才卓越。工詩古文詞，力屏近世浮靡之習。嘗曰：「文非司馬子長，詩非蘇、李，不足爲師法也。」星伯爲濟南濼源書院山長，見其詩，歎曰：「三百年來無此作矣。」著有鴻桷齋詩文集。參史傳。

清儒學案卷一百四十二

介侯學案

乾、嘉之際，考據之學方盛。隴西僻遠，傳人較稀，介侯崛起，以博洽名，著書宏富，爲邊方之傑。階州邢氏雨民，名輩差先，而搜集金石，編述文獻，學派亦與之相近焉。述介侯學案。

張先生澍

張澍字介侯，武威人。嘉慶己未進士，改庶吉士。年甫十九，博聞麗藻，一時驚爲異人。散館，改知縣，先後歷官貴州玉屏，四川屏山、興文，江西永新、瀘谿。其由翰林改官，朝論惜之。乃爲吏，政事修明，所至令行禁止。性亢直强項，屢忤上官，躓而復起，每招時忌，沈淪令長三十年，不得晉秩。及以憂歸，遂不出。主講蘭州書院。晚居關中，著書終老。先生讀書務博覽，經史皆有纂述。同時講漢學者如武進臧在東，高郵王伯申，棲霞郝蘭皋，所著書皆校正其譌誤。自著詩小序翼、説文引經考證，蒐采皆博。其考姓氏之書曰姓韻、曰三史姓録、曰姓氏尋源、曰姓氏辨誤、曰古今姓氏書考證，凡五種，世稱專家絕學。鋭心桑梓文獻，纂五涼舊聞四十卷。又輯關、隴作者著述凡數十種，籍非鄉邦，而其書闕佚者，亦捃摭刊行，爲二酉堂叢書。又有三古人苑、續黔書、秦音、蜀典諸書，及養素堂文集二十六卷。重修屏山縣志、瀘谿縣志、大足縣志。參養素堂集、錢儀吉撰文集序、繆荃孫文學傳稿。

小序翼題辭

小序，子夏作也。何以明之？爾雅釋詁爲周公作，釋言以下子夏之徒作，其所釋多係詩文，是子夏精訓詁，在孔門以善言詩稱，故作小序也。詩辭深遠，恉渺義微，有似美而實刺，或似刺而實美，微序，其何由知之？子夏本國史之遺文而著之爲序，則論其詩可以知其人矣。自唐韓愈謂子夏有不序詩之道三，疑其爲漢儒附託。宋歐陽永叔、王安石、蘇潁濱、鄭夾漈、朱仲晦、程大昌、王質等爭掊擊之，各立異説，而詩之本意遂失。觀漢儒文章及解經多本小序。如司馬相如難蜀父老云：「王事未有不始於憂勤，而終於逸樂。」此用魚藻序。班固東京賦云：「德廣所及。」此用漢廣序。劉向上成帝書引「愠於羣小」，而申之曰：「小人成羣，亦可愠也。」此用柏舟序「小人在側」語。楊震疏「朝無小明之悔」，此用小雅大車序「大夫悔仕於亂世」語。漢書樂志：「勺，言能勺先祖之道也。」此用酌序。服虔左傳解誼云：「秦仲始有車馬、禮樂之好，侍御之臣，戎車四牡，田狩之事。」此用車鄰、駟鐵序。李尤刻漏銘：「挈壺失職，刺流在詩。」此用齊風東方未明序。宋衷世本注：「哀公荒淫田游，史作還詩以刺之。」亦是用小序。蔡邕寫石經，雖本魯詩，而獨斷所載周頌二十一章，其序與毛詩皆同。魏志詔曰「忠厚，仁及草木，則行葦之詩作」，固不獨黄初四年詔程曉疏語用「曹詩『刺共公遠君子、近小人』」之語也。吴韋昭國語注大半用小序。可知小序之行世久矣。即孟子説北山之詩，曰「勞於王事，而不得養其父母」，即用小序，是孟子曾見小序引之。班固漢書云：「毛公之學，自謂出於子夏。」陸璣詩疏云：「孔子删詩，授卜商而爲之序，以授魯人曾申，申授魏人李克，克授魯人孟仲子，仲子授根牟子，根牟子授趙人荀卿，卿授魯國毛亨，亨作訓詁傳以授趙國毛萇。」陸德明經典序録云：「徐整曰：子夏授高行子，高行子授薛倉子，薛倉子授帛妙子，帛妙子授河間大毛公，爲詩訓詁傳，傳於家，以授趙人小毛公。」二説言授受雖異，要皆傳自子夏也。鄭玄釋南陔，曰子夏序詩，篇義合編，遭戰國至秦，而南陔六詩亡，毛公作傳，各引其序，冠之篇首。可證序出子夏也。況荀卿之解周行，解如組，解鳴鳩在桑，解無將大車，均與小序同，韓詩外傳引荀卿説詩者四十有四，是其師説相傳，非無自矣，豈東海衛宏所能作哉！敬仲在毛公、班固之後，與康成略先後，豈有知出其手而冒加之卜商哉！至於引高子、仲梁子、孟仲子，則講師所附益，康成曾言之。而戴埴以序爲毛公作，蓋竊魏徵之言子夏所創，毛公及衛宏又加潤益耳。愚以世儒之廢棄之也，因從事於斯，凡毛傳、鄭箋、孔穎達疏以及宋人吕氏祖謙、嚴氏粲、范氏處義、蘇氏轍、黄氏櫄、李氏樗、曹氏粹中、王氏應麟，及國朝顧炎武、陳啟源、徐文靖諸人，論詩有與小序相發明者，咸采輯之。若姜白巖炳璋以序首句爲子夏作，下皆漢儒附益，隔一字書之多所斥駁，大抵沿宋蘇轍、明朱謀㙔、張次仲、朱朝瑛之餘論，不足爲據。其詮釋有明確者，亦時采之。至明郝敬、何楷，雖多新説，擇其與序附離者入之。若子貢詩傳、申培詩説，本係豐坊僞作，無如淺人信從，莫覺其非，惟毛氏奇齡駁斥無遺，亦附録焉，蓋所以章其叛序之罪也。至三家詩説，暨劉向説苑、新序、列女傳，班固白虎通義，賈誼新書，董仲舒春秋繁露，與小序相出入者，搜𦊰備載。耿耿之見，亦加案語别之，藉正世之撟羣雅者。

説文引經考證序

許叔重説文解字敍云：「其偁易孟氏、書孔氏、詩毛氏、禮周官、春秋左氏、論語、孝經皆古文也。」案：漢田何以易授丁寬，寬授田王孫，王孫授施讎、孟喜、梁丘賀，喜授白光、翟牧。後漢洼丹、觟陽鴻、任升、范升、楊政皆傳孟氏易，而虞翻自其高祖光、至翻五世，皆治孟氏易，故仲翔孟學爲尤邃。孟易者，許氏易學之宗也。孔氏有古文尚書，孔安國以今文字讀之，因以起其家，司馬遷亦從安國問故。遷載堯典、禹貢、洪範、微子、金縢諸篇，多古文説。孔氏者，許書學之宗也。毛公，趙人也，治詩，爲河間獻王博士。毛氏者，許詩學之宗也。高堂生傳士禮十七篇，而禮古經五十六卷，出壁中，有大戴、小戴、慶氏之學，許不言誰氏者，許禮學無所主也。古謂之禮，唐以後謂之儀禮，不言記者，言禮以該記也。周官經六篇，王莽時劉歆置博士，古謂之周官經，許、鄭亦謂之周禮，不言誰氏者，許周禮學無所主也。春秋古經十二篇，左氏傳三十卷，出壁中，及張蒼家左氏者，許春秋學之宗也。論語不言誰氏，孝經亦不言誰氏者，學無所主也。許沖以孝經爲魯國三老所獻，建武時，東海議郎衛宏所校也。試觀許書，未嘗不用魯詩、公羊傳、今文禮，然則云皆古文者，謂其中所説字形、字音、字義皆合倉頡、史籀，非謂皆用壁中古本，明矣。余于道光二年入都，需次寓錢衎石侍御宅，長夏無事，乃取説文所引各經疏通而證明之，因知古人傳授，各守師説而不肯倍，非如後世之羼雜衆論，紛紛聚訟，莫能畫一。爰序而藏之，以示子弟，非敢以質淹雅也。

姓氏五書總序

姓氏五書者，一曰姓韻，二曰遼金元三史姓録，附以西夏，三曰姓氏尋源，四曰姓氏辯誤，五曰古今姓氏書目攷證。介侯氏曰：「姓氏之不講也久矣，自今日而尋其得姓之源，辯其致誤之故，網羅列代之賢愚，别白三朝之氏族，攷證諸書之是非，不綦難哉？然而非難也。其難焉者，無讀書論世之識，無默識采真之才，但憑譜牒之私譔，未能實事求是也。」或曰：「自漢至今，姓書且溢數百種，豈皆嚮壁虚造，無所依據乎？」余曰：余誠不知人之何以聾昧于姓氏，而率臆以言也。王符、應劭，漢世之通儒也，賈希鏡、王僧孺，晉、梁之鴻生也，賈執、何承天，齊、宋之博物也，柳沖、孔至，李唐之專門也，王伯厚、鄧名世，趙宋之名家也，所言姓氏，略而不全，且多差舛，何況餘子？余之從事于此，歷有年所，較之昔賢，增益弘多，似少違盭，不揣檮昧，用敢問世，庶冀通肉譜者正其失焉。

凡　例

一、姓氏之説，其來遠矣。伏羲乘震而姓風，神農依水而氏姜，軒轅總八荒而號公孫，放勳居母家而襲伊祁，修己夢苡薏而夏爲姒，簡狄吞玄鳥而殷爲子，厥有前聞，不可誣也。蓋胙土以賜氏，建功而分族，姓以別婚姻，氏以辯貴賤，先王令典，於是乎在。吹律而聽，實天縱之能事；援易以卜，又賢喆之芳蹤。夸考周世，曚瞽掌世奠之繫；亦越列邦，荆楚分三閭之宗。故肉譜標譽，競傳賈氏，人物爲志，共羨倉曹也。余載慕前修，久事纂述，譜其源流，以質來哲。

一、姓氏自魏、晉以後荒焉不講，士大夫家譜牒堙沈，即有著録，正多舛午，兼之附會，如沈約之述季載，混平輿於汾川，魏收之敍無知，隔太武者五世，疏可知也。又或攀援英賢，鄙薄奸佞，崇韜冒代公之孫，忽拜墳墓；晉江蕆元長之族，乃仞君謨，意則可矜而支于是亂。夫周、召之瓜瓞，可綿於億年，而左、雷之箕裘，豈絶於屬纊乎？況分千秋之一字，李繪戲言，存韓體之半邊，韋瀅延祀，尤當推覈者矣。尋源一書，所以求得姓之精苗，劃末俗之溷冒也。

一、姓氏起於炎、黄以後，姬、嬴以前，著於故記，昭然可稽。諸家乃以後見之人，指鼻祖是東里，始於子美，竟忘栗陸之臣；北門胎自湯賢，莫知軒皇之佐，未免數典而忘，奚由揚衡以譚？是書援引經史，旁探志乘，窮黄流於星宿，入海可知；脈白阜之山川，來龍不失，庶幾芝根醴源，不爲仲翔戲語所惑。

一、姓氏有諸家因襲，不能詳其本末者，夫空桑伊尹，豈是無母之兒？獵騎沙陀，果爲諸耶之子？其實可以推求也。天根佐商，豈非配上台之後？地餘爲守，或亦受州絡之宗？是書廣爲甄綜，引其絡脈，問禿髮於被中，本自拓跋；訪長蘆於晉國，原是羊熊。咸有依據，不同嚮壁虚造。

一、姓氏有往古無聞，而後世有其人者，都昌殜章，應劭不詳其胤緒；常侍豐惲，顏籀亦懵其淵源。

流傳日久，展轉秕繆，信有之也。是書録其氏姓，不加穿穴，可知劇邑如盧，必非魏姬之嗣；賊掾絜舜，未爲漂母之苗。非云依樣，以從蓋闕之義。

一、姓氏有避讎匿跡，改其偏旁，變其音讀者，此桂横四子所以遷異地也。亦有豢養受恩，蒙其冠裳，遺其屝履者，此張孟舍人所以承潁陰也。又有國家寵賜，仍改本氏者，紇豆陵之爲竇是也。又有謙避尊上，易爲他姓者，句如淵之益「龍」是也。栗太子、史皇孫，姓則襲于外家，父鮮卑，母鐵弗，姓又緣于罔極。彼吴下寓公運期耀原是梁鴻，南岳逸士秦祕之豈非孫惠？如此之類，實繁有徒。柬合而棘氏微，足省而疏姓絶，尤其章灼者矣。若不肯改姓以就婚，罔敢易族以避貴，其爲堅正，尤可歎嘉。是書縷覶無遺，庶得河圖本姓之解。

一、姓氏舊有五音之説，原於黄帝，掌自司商。孔尼父之羽宫，子鼂以定，京君明之卦繇，仙李不攀，豈非碻然者哉？蓋吹律定姓，故有五音。然白虎通、是類謀語焉不詳，孔演圖、援神契説秖引緒，其學殆失傳也。如張、王爲商，武、庾爲徵，以取諧韻，不切本原。至于以柳爲宫，以趙爲角，又非四聲相管，比附爲難。或同出一姓，分屬宫商，或複姓數字，莫辯徵羽。此則事不稽古，義理乖僻，爲吕才之詬病，亦師曠之熒聽，今並不取，以省葛藤。

一、魏、晉以降，好矜地望，隋、唐以來，尤尚門風。雖累葉陵夸，苟有他族欲與爲姻，或多責財幣，不究行實；或舍其鄉里，而妄稱名族；或兄弟齊列，以妻族相陵，此所謂依託富貴，棄忘廉恥者矣。所當案之譜牒，質之史籍，考其真僞，辯其昭穆也。夫扶風馬隴，西、牛互爲嘲謔；始興麥觀，津、竇交相姍嗤，非積習之狃乎？是書於郡望言之頗悉，庶汝陽之袁不得與汝南同族，姬姓之霍，不復與武都聯宗。至於支派之不同，遷徙之靡定，傳譌之更易，假冒之因仍，亦爲剖别。以矯家不尚譜牒，身不重鄉貫之弊。若乃誘石昂之改右，避敬塘而從文，惡桑喪之同音，易危家之本姓，其見尤出孔北海下矣。

一、姓氏諸書多有分一人爲二，合二人爲一者，班孟堅之人表，士會與隨武分形；孫自强之廣韻，孟賁與夏育合景。其佗則紛紛皆是，或以單而爲複，翁孺於是失名；或以複而爲單，徐盧于焉無姓。元老登庸而後，天下多帶「令」之「狐」；利貞食子以來，天上有垂根之「李」，可知矯誣者衆矣。辯誤一書，所以糾著録之謬疏，正紀之漏脱也。

一、姓氏諸書，往往以周、秦爲漢、唐，以梁、陳爲殷、夏，是虞舜奏高密之韶，吕望盜田常之國矣。或以父爲子，以弟爲兄，是褒死而儀哭，孝瘦而禮肥矣。或以名爲姓，以字爲名，是青縷務相，反不姓巴，黑面翟烏，忽然氏墨矣。凡此但憑鈔胥，失在眉睫，論其人烏可不知其世乎？是書根據紀傳，條列譜繫，則時代較然，冠履得序，不使古人受誣。

一、炎、黄苗裔，王侯子孫，踣弊不振，堙替隸圉，亡其氏族者，無論已。槐衮大族，閥閲名家，祚胤式微，交鬻告敕，亂其昭穆者，無論已。若乃索頭、俟釐本部落也，而史炤以爲姓；神荼、鬱壘本神怪也，而陳元以爲姓，毋乃以安處先生即爲黎丘丈人乎？至于史游急就之章，言姓名者乃是縣儗，或謂實有其人；漆吏南華之作，言姓名者半屬寓言，或且援以爲證。殆索亡是于譜牒，薦烏有以馨香也。是書審擇爲謹，芟其無徵，彼宋濂燕書之杜撰，劉基郁離之影附，可以息矣。

一、姓氏諸書有本非姓而誤以爲姓者，種首守即墨，元亞不知爲無宇之宗；坰夫舉進士，邵思不省爲太原之族。且以軌革爲孝先之師，搜神記曾未寓目；以訇督爲劉淵之將，前趙録亦未留心。文士晃華，竟脱司直之姓，大夫免餘，又忘公孫之支，其舛錯有如此也。更可異者，鮭鯱無種，注黄詩者謂二家之嗣絶；洛下治曆，注漢史者昧巴郡之地名；晉胡奔東齊，失莒國之務婁；歉循爲刺史，改蕭姓於宜豐。聰思復工彈琴，罔知爲御前之彭九；銛樸翁善裁句，不喻爲湖上之葛民，抑尤舛繆者矣。是書尋繹原文，旁參舊説，悉其致誤之由，而真姓於是可見，不至隨例云云，以誑後世。

一、姓有變易，非出一端，如奭之爲盛，慶之爲賀，僖之爲釐，籍之爲席，以訓詁相通也。仲之爲种，形之爲彤，杞之爲杷，絞之爲佼，以形象相近也。弘之爲洪，共之爲龔，夔之爲歸，裴之爲壘，以聲音相同也。若謝之爲射，祭之爲眥，危之爲元，哀之爲衷，則以避不祥也。田之爲嫣，是之爲齊，盧之爲章，杜之爲范，則以出同脈也。又蕭之爲蛸，楊之爲梟，逄之爲蝮，李之爲虺，則絶之而加以惡氏也。項之爲劉，俞之爲孫，秦之爲曹，尉之爲楊，則親之而收于屬籍也。顯之爲㬎，裘之爲求，橋之爲喬，概之爲既，則從其省文也。竹之爲竺，冬之爲佟，蟲之爲蠱，苟之爲敬，則益其點畫也。耿之爲簡，鞠之爲麴，宿之爲粟，嚴之爲年，則以音譌而改也。舒之爲紀，黄之爲胡，張之爲灌，景之爲元，則以豢養而冒也。其佗新鄭之耷，東平之疲，彭城之鉐，竟陵之蔌，陳留之𣋠，既無義之可通；大夫之茀，常侍之𧽫，游俠之繡，掾吏之絮，市人之蹤，亦無籍之可附，皆出于鄙陋之俗，難爲薦紳所言，存而不論，以歸簡要。

一、姓氏之書，所以稽受氏之原，不當臚列陳人，鋪張故實，反同史傳之成編，不遺歲月；致類志銘之諛墓，取悦子孫。然載籍繁賾，曩喆事蹟官位缺而不備，則四佐七輔，誰稱延嬉變復之功？三鳳五龍，莫識河東豪里之儁！姓韻一書，所以續昔人之形貌，存先民之典型也。

一、帝王世紀于惠帝張后、孝文薄后皆著名字，高祖、太公、商山四皓並有名姓。顔師古譏其穿鑿妄造，詞語不經，不知楊王孫名貴，見于西京雜記；三老令狐茂，載于上黨地書；文翁名黨，存于七賢之傳；叔孫名何，列于陸賈之作。安得以本傳有闕，遂謂其人無名乎？是書于史牒無名字而佗書有可證者，皆爲著録。不令墨允墨智，陳彭年獨熟少陽之篇；世子女郎，賈希鏡能測古墓之誌也。

一、姓氏有極怪瑋僻別者。稻草鹽酒，豈果本於周官？火木水土，當非原於生克。爲心爲肝，派疑比干與弘演；以首以足，支疑禽息與鬻拳。亦有極鄙俗猥陋者。士師蚳鼃，幾同水族，而子居與書；大夫蛾析，比于昆蟲，而晉惠受諫。狗彘詎足以亢宗？翻猜盤瓠、津伯之裔；鵝鴨無與於賜族，偏多籠中池上之羣。爰乃旁羅載籍，罔俾佚遺，自往古以迄本朝，莫不備載。故冢之銘，稗官之説，州郡之志，醫藥之經，咸有取焉。庶使并韶得齒於流品，不至羞憤以稱兵，章華不隔於動門，罔或鬱伊以失志。

一、匈奴、鮮卑之類，以大人健者之名字爲姓；回紇、党項之屬，以所領部落之地名爲姓；而武都、高麗，姓氏與中國相似，天竺、扶南，姓族與佛釋多同；突厥、訥都以母族爲姓，波斯、夫餘以國號爲姓，未可以其荒遠而略之也。是書于遐澨絶域象譯不通者，均蒐羅其姓氏，注緝其名字，可知梁武帝之十八州譜僅得寰中，魏孝文之官氏總志仍遺域外也。

一、姓氏有今古相同，賢否迥異者，不爲區别，則是曾參果殺人而慈母投杼，毛遂真墮井而趙勝興悰，未免使善隸之秋胡銜冤，工愁之張衡賫恨。是書於姓名相襲者，亦復甄録可知，張若築城，亦曾軒皇前馬；公孫斷髮，又且平津封侯。非以續梁帝之小録，乃是釋陳氏之宿疑。

一、姓氏古今遞嬗，人物牲植，隸首所不能算，沮誦所不能書，而欲網羅于一編，誠有難者。是書于尋常之姓，止載前古之人，而後世概删，不使吴回、孟翼等于亡是之公；習見之人，必探奇異之事，而庸行從略，不使剖膽取肝，淪于不經之説。既可以補史傳之闕略，亦可以擴曲士之見聞。

一、遼本契丹，居横帳而姓耶律，亦即移剌，或謂慕漢高，或謂因世里。金出新羅，至阿觸而姓完顔，實爲部落，或則稱宗室，或又稱内族。元部爲朦古，亦曰萌古，或姓奇渥温，或姓孛兒只斤，而部落之姓，繁雜難稽也。西夏爲拓拔，起于銀夏，唐爲李繼遷，宋爲趙保吉，其戚屬之姓，恠僻莫究也。此三史氏姓之録所以通象譯之失，實解史氏之糾紛也。

一、姓氏之書，最古者莫如世本，次則王符之氏姓志，應劭之姓氏篇，楊藴公子之譜，賈執英賢之傳，亦卓卓者。若林寶之姓纂，名世之辯證，王伯厚之急就篇，鄭夾漈之氏族略，雖行于世，而枘鑿多端，瑕纇紛出，黑穴瞫氏乃易爲皡，下邳桓威忽變爲姫，南平之郭輒仞爲夸，褚師之官反歸于德，蓋糾之不勝糾也。有明以來，姓書不下十餘種，互相鈔襲，自鄶無譏。而淩氏統譜尤屬謬妄，而淺人稱之，聊復駁斥，請用從火可耳。並輯古今姓氏書總目爲考證，附於末。

文集

司馬法序

案孫子註云：「司馬法者，周大司馬之法也。周武既平殷亂，封太公於齊，故其法傳於齊。」周禮疏云：「齊景公時，大夫穰苴作司馬法。至齊威王，大夫等追論古法，又作司馬法，附於穰苴。」太史公曰：「自古王者而有司馬法，穰苴能申明之。」又云：「司馬法所從來尚矣，太公、孫、吴王子能紹而明之。」穰苴傳云：「齊威王使大夫追論古者司馬兵法，而附穰苴於其中，因號曰司馬穰苴兵法。」是古者即有司馬法，非穰苴始作，亦威王時附穰苴兵法於司馬法中，非附司馬法於穰苴兵法中也。周禮疏誤矣。晉張華以司馬法爲周公作，當得其實。考周官縣師「將有軍旅田役會同之戒，則受法於司馬，以作其衆庶」。小司馬掌事如大司馬之法，司兵授兵，從司馬之法以頒之」。此司馬法即周之政典也。漢藝文志謂之軍禮司馬法者，考大宗伯「掌軍禮之别有五」，孔叢子有問軍禮之篇，而周禮注引「軍禮」云「無干軍，無自後射」，當即此書所載也。竊嘆三代治兵、田賦、軍車，廣浩纖悉，數十年而後事具，數十百年而後得志於天下。夷吾九合一匡，猶本一師五旅、一旅五卒之規；葛相四正四奇，亦原五人爲伍、五伍爲隊之式。馬遷稱其閎廓深遠，雖三代征伐未能竟其義，如其文，豈不諒哉！漢志原書百五十篇，今存五篇。佗書所引，亦有不見五篇中者，皆逸文也。又李靖問對，世所傳兵家流，分權謀、形勢、陰陽、技巧四種，皆出於司馬法。蓋係任宏所論，非司馬法本文。史記注引宋均「春秋少陰云云」，是「春蒐秋獮」一段注文，疑注是宋均作也。然隋書經籍志賈詡注司馬法三卷，今已佚。太平御覽所引注文，不著名氏。史記注又引司馬法「夏用玄鉞」，宋均注：「玄鉞用鐵，不磨礪。」是司馬法爲宋均注無疑。均爲鄭康成弟子也。吾鄉階州邢雨民太守曾輯是書，刊之浙中，字多錯譌，仍有闕漏。孫氏星衍所刊，遺脱尤多。余爲補而正之，以授學侶，乃序其緣起於此。

輯世本序

周禮瞽矇：「掌諷誦詩，世奠繫。」鄭注云：「奠或爲帝。」杜子春云：「帝讀爲定，其字爲奠，書亦或爲奠。世奠繫，謂帝繫，諸侯卿大夫世本之屬。」又小史「定世繫，辨昭穆」，注謂帝繫、世本之屬。天子曰帝繫，諸侯曰世本。杜子春謂：「小史主次序先王之世，昭穆之繫，述其德行也。」楚語莊王使士亹傅太子葴，申叔時曰：「教之世，而爲之昭明德，而廢幽昏焉，以休懼其動。」注：「世，先王之世，繫也」；爲之，陳有德者世顯，而暗亂者世廢也。」後鄭云「世之而定其繫」，謂書於世本，以世與繫爲一事解之。賈公彦云「王謂之帝繫，諸侯、卿、大夫謂之世本」，又分言之。其實散則通稱矣。漢太史公司馬遷脩史記，因周譜明世家，多采世本。然春秋正義云：「今之世本與司馬遷言不同。」劉向云：「世本，古史官明於古事者所記録黄帝以來至春秋時王侯諸國世卿大夫系謚名號，與左氏合也。」唐史柳沖傳載柳芳言亦然。顔之推据皇甫謐帝王世紀説，爲左丘明所篹。楊泉物理論：「楚、漢之際，有好事者作世本，上録黄帝，下逮秦、漢。」劉知幾史通云：「楚、漢之際，有好事者録自古帝王公侯卿大夫之世，終乎秦末，號曰世本。」又云：「世本辨姓，著自周室。」劉恕通鑑外紀以爲：「世本經秦歷漢，儒者改易。」孔穎達尚書正義以「世本經秦秦，爲儒者所亂。」是此諸本已。晉杜預采世本以爲春秋世族譜，然亦旁引傳記，不盡依世本也。要之，係秦、漢以前書。中壘、孟堅以爲出古史官者近之。班彪以爲十一篇，劉向敍録中祕書以十五篇爲二卷，索隱亦以爲十五篇，隋經籍志因之云：「世本王侯大夫譜二卷，劉向篹。」篹云者，篹集之，非作也。觀更生嘗自言「爲古史官所記」，可知矣。隋志又有世本四卷，宋衷篹，衷蓋注而廣之也。王侯大夫譜云：「趙孝成王丹生悼王偃，偃生今王遷。」是作者值趙王遷時，且司馬遷已采用，豈劉、宋二人所作乎？隋志云：「漢初得世本，而漢又有帝王年譜。」是已。然其書自宋時已不傳。鄭樵篹氏族略，王伯厚篹姓氏急就章，所引寥寥，皆采獲他處，不見本書故耳。余繙閱緗帙，有引用者輒著録之，乃集得作篇、氏姓篇、帝繫篇、王侯大夫譜篇共五篇，聊以管穴，裨益宋注。其有聽熒，亦從闕如，庶幾存此一綫，異日博雅之士，因其綿蕝，增補缺略，亦古籍之幸也。若顔之推謂此書有燕王喜、漢高祖，殆非。本文蓋亦如神農本草，有豫章朱崖、趙國常山等郡縣。歸藏，黄帝書，而坤啟筮有「堯將二女以妃舜」之語；化益山海經有長沙、零陵、桂陽諸地名。周公作尒疋，有「張仲孝友」，孔子作春秋，而曰「孔丘卒」；李斯作蒼頡篇，有「漢兼天下，海内並厠；豨黥韓覆，討畔滅殘」，皆爲後人所羼云。

與王伯申侍郎書

春杪枉奉手畢，竝大著經訓述聞、廣雅疏證二種，數月來讀之，知閣下孯經撢義，高踞賈、服之堂；函雅詁文，上摩孫、李之壘。昕夕尋味，慹服靡已。某性款啟，雖亦瀏覽經說，及近時講說文諸家之書，而簿書鞅掌，卒卒無暇，不得摶心揖志，紬繹意蘊，輒擲卷而起，發視肉之嘆也。曩歲作姓氏五書，內有姓氏辯誤二十六卷，討論前人言姓氏之僢錯者，妄自謂精審，而閣下經義述聞中頗言及姓氏，往往與愚說不合，竊又自疑其說之未必當，恨無由面質之于大雅也。茲略舉數條言之，冀得是正爲幸。述聞云：國語黃帝子十二姓，有「依」，當作「衣」。廣韻引姓苑有「衣」姓，而「依」字不以爲姓。案：山海經大荒國北毛民之國依姓，是古有依姓也。蓋衣爲殷姓之後，齊人有之，見鄭康成禮記注，高誘吕氏春秋注；依則黃帝之後，各不相蒙，豈得曰「衣」誤爲「依」乎？唐書孝友傳「梓潼有依」，政可證已。廣韻于姓氏遺漏甚多，不得以其不載，遂謂無依姓也。又左傳有徒人費，國語有徒人回，「徒人」當即府史胥徒之徒，「徒人」蓋以職役爲氏者。述聞言古無徒人之職，「徒人」宜作「寺人」。案：廣韻、姓篹皆以徒人爲複姓，故管子亦作徒人費，豈皆譌文乎？漢書藝文志有孔子徒人圖法三卷，是徒人古有之矣。又左傳之棠君尚，述聞云：尚爲棠邑大夫，則是縣尹，「君」當作「尹」，猶言箴尹、沈尹、連尹耳。案：楚之箴尹、沈尹、連尹、廄尹、宮廄尹、馬監尹、陸尹、郊尹、王尹、工尹、玉尹、莠尹、芊尹、藍尹、𩊓尹、環列尹，皆以所職爲官名。今云爲棠大夫，則宜稱棠尹。沈諸梁亦葉縣大夫也，則稱葉公，何未有稱葉尹者？君公者，蓋當時尊顯之通稱耳。又孔子弟子壤駟赤字子徒，家語英賢傳皆以壤駟爲複姓。案：左傳魯有郈工師駟赤，則駟赤連文，蓋用周穆王八駿之赤驥也。名字詁亦以壤駟爲複姓，失之。又左傳之郈昭伯，世本、人表作厚，檀弓郈又作后，風俗通作郈，蓋郈、后、厚，古字皆通。述聞以爲「郈」與「后」異，且謂水經注誤郈昭伯爲叔孫昭伯。案：左傳季氏與郈氏鬭雞，吕氏春秋亦同，則郈昭伯即叔孫昭伯明矣。且世本、鄭注檀弓、高誘注吕覽、韋昭注魯語，咸以郈昭伯、后木〔一〕敬子並出于孝公惠伯鞏之後，詎得以郈、后爲二姓乎？又國語「犬戎樹惇」，韋昭注言「犬戎立性敦樸」，本是誤解，述聞則云：惇字當屬下讀，犬戎樹者，先國而後名，猶云郳婁顔耳。案：樹惇者，其姓名也。通鑑注「樹敦城在曼頭山，此周穆王時犬戎樹敦居之，因以名城。」周書凉州刺史史寧云：「樹敦、貸真二城，吐谷渾之巢穴也。」水經注作樹積，魏書地形志作殊積，戎方之音異耳。凡此數端，雖于經義無關，然實事求是，則閣下之説或有未諦當者，敢獻其疑，竝望恕其直，而教之以所未聞焉，則幸甚。

與臧在東文學書

昨承貽令祖玉林先生所著經義雜記三十卷，日來讀之，歎其䆳精鄭學，掊擊王肅，即文字沿誤之處，亦考核堅确，真北海之功臣也。某最款啟，雖亦時繙古人經説，而少入仕塗，鴻絧無暇，不能究其訓

〔一〕「后木」，原作「木后」，據檀弓乙。

詁，矧能撣大義耶？然其書亦似有引用舛錯，及豎議未碻者。如我將詩云：「我將我享，維羊維牛。」而以爲「本作『維牛維羊』，羊與享韻，牛與右韻。箋云『我奉養我享祭之牛羊』可證」。澍案：此說大非。周禮羊人曰「積共羊牲設積柴祭天」，則供羊牲實柴也。先柴而後獻，故爲羊文在維牛之上。將者，奉羊以供柴；享者，獻牛以供祀，此典禮之序也。烈文詩之「自羊徂牛」，先言羊亦如此。若鄭箋言牛羊者，辭例如此，不足據以定經文也。盧子幹逸文條有云：北堂書鈔引周植鄺文周誄云：「自齔未成童，著書十餘則。」案：漢書鄺炎字交勝，此作文周誤；周植宜作盧植也。又鄭莊公寤生，從史記難生之說，亦未是。且謂「寤與啎字通借，寤生者，謂啎逆而生，交午於產門，久不得下，故姜氏驚也」。此殆未知南燕公孫夫人生慕容德之事，故有此解。又謂：「寤而生，當喜，何反驚？」是又不知前秦姜氏生苻洪之事也。不衰城條，從顏師古之說，謂衰城以差次受功賦也。案：何邵公注「若今以草衣城」，此詁最確，蓋方城之時，適值淫霖，以草覆之，可免崩褫。仲幾不肯，故責其無尊天子之心，與齊語管仲言「相地衰征」之言，本不相涉，不得援以爲證。如魏之劉馥爲揚州刺史，孫權攻合肥城百餘日，時天連雨，城欲崩，於是以苫蓑覆之，是其事也。左傳云：「孟懿子會城成周，庚寅，栽。宋仲幾不受功，乃執仲幾以歸。」據左氏說是方城，公羊說是已城，然古人工功字本通用，不受功者，言方城之時已立木，而仲幾不肯隨衆董工也。其不肯董工奈何？當時值雨，衆欲蓑之，仲幾不從，故執之。必以爲差功賦，未必古義如此。又足下拜經堂日記以段干木爲姓段，以呂氏春秋有「干木富於義」之句，遂以應劭風俗通之說爲是。殆不知古人之語例也。古人複姓多連下一字稱之，故孫叔敖爲叔敖，公牛哀爲牛哀，司馬遷爲馬遷，東方朔爲方朔之類，不可枚舉。如段干木爲單姓，則段干朋、段干綸、段干崇、段干越人，豈皆兄弟行乎？況史記明云：「老子之子名宗，宗爲魏將，封於段干。」高誘國策注：「段干，姓。綸，名也。」三輔決録云：「段干木之子隱如，入關去『干』字爲段氏。」則段干之爲複姓，審矣。足下好學深思，閎覽多聞，顧於此稍舛午，諒未嘗留意於姓氏之學也。倘不謂然，祈賜正爲幸。

與錢衎石郎中書

前所假戴東原先生毛鄭詩考正内作詩時世表，閲之多有舛錯。如鄭風出其東門、野有蔓草、溱洧，孔穎達謂厲公時詩，厲公復位在釐王之世，而戴氏表繫在惠王之世，此不確也。又唐風蟋蟀序言刺僖公，僖公即釐侯，鄭康成謂當共和之時，而戴氏表繫在宣王世，此不確也。又陳風宛丘序言刺幽公，東門之枌序言幽公淫亂，鄭康成謂幽公當厲王時，而戴氏表繫在共和世，此不確也。又曹風候人序言刺共公，鳲鳩孔穎達謂共公時詩，下泉序言曹人疾共公，共公當襄王、頃王之世，戴氏表專繫之頃王世，此不確也。又正大雅文王、大明，孔穎達謂成王時作，戴氏表繫在文王時；又緜、思齊、皇矣三篇，皆言文王之謚，咸文王後作，當亦在成王時，而戴氏表亦繫之文王，此不確也。如下武、文王有聲，孔穎達亦謂成王時作，而戴氏表亦繫之武王，此不確也。又魯頌，鄭康成譜謂僖公薨，國人美其功，季孫行父請命于周，而作其頌，箋、疏以爲作于文公之世，而戴氏表繫之僖公時，亦復不確。某因原本小序暨鄭康成、孔穎達説，別爲考定，似較東原説爲有據。恐仍有誤謬，望足下更正之。

庸蜀羌髳微盧彭濮人解

尚書、牧誓「庸、蜀、羌、髳、微、盧、彭、濮人」，孔安國傳：「八國皆蠻夷，羌在西蜀，叟、髳、微在巴蜀，盧〔一〕、彭在西北，庸、濮在江、漢之南。」案：孔氏傳今人句讀多舛，岳珂九經三傳沿革例「羌在西，句；蜀，叟，句；髳、微在巴，句；蜀、盧〔二〕、彭在西北，句；庸、濮在江、漢之南，句。」最爲分明。庸即魚國，夔州房陵、上庸一帶地。括地志：「房州竹山縣，本漢上庸縣，古之庸國。昔周武王伐紂，庸蠻在焉。」左傳文公十六年：「庸人率羣蠻叛楚，楚人伐庸，七遇皆北，惟裨、儵、魚人實逐之。」杜注：「魚，庸邑，即魚復。」庸今上庸，屬楚之小國。後漢郡國志劉昭注：「魚復，古庸國。文十九年『魚人逐楚師』是也。」蜀即叟，漢書劉焉傳：「馬騰與劉範謀誅李傕焉，遣叟兵五千助之。」董卓傳：「吕布軍有叟兵内反。」注：「叟即蜀兵也。」漢代謂蜀爲叟。常璩曰：「夷人大種曰昆，小種曰叟。」漢書西羌傳：「西羌出自三苗，姜姓之别也。」又云：「羌無弋，爰劍，子孫各自爲種，即武都參狼，廣漢白馬，汶山冉駹，巴中板楯，今松潘、茂州諸夷也。」髳即旄牛種，即越嶲夷，西南夷傳：「天漢四年，以沈黎郡並蜀郡爲置兩都尉，一居旄牛，主徼外夷。延光二年，旄牛夷叛，攻靈關。」蜀志張嶷傳：「旄牛道絶已百餘年，嶷賂其帥

〔一〕「盧」，原缺，據尚書牧誓傳補。

〔二〕「盧」，原缺，據尚書牧誓傳補。

狼路，通舊道，千里肅清，復古亭驛，奏封路爲旄牛眴町王。」華陽國志：「旄牛地在邛崍山表。」寰宇記：「通望縣有故旄牛城，俗呼爲牛頭城。」又云：「陽山縣、臺登縣即旄牛故縣地。」詩小雅「如蠻如髦」，箋：「髦，西夷別名，武王伐紂，八國從焉。」疏：「牧誓曰：及庸、蜀、羌、髳、微、盧、彭、濮，彼髳此髦，音義同也。」是髦、旄、髳字通，旄又通耄，亦通犛也。唐貞觀時置髳州，括地志云：「姚府以南，古髦州之地。」楊用修謂「髦即叜」，誤矣。又以髳、徙、斯、叜、賨爲一種，尤誤。考「徙」與「斯」本一種，字相通，李奇音徙爲斯。漢紀：「元狩中，發使者出駹，出冉，出徙，出邛、僰，指，求身毒。」即此徙也。司馬相如文云「略斯榆」，即徙陽，漢屬蜀郡，晉時屬漢嘉郡，宋、齊謅爲始陽。華陽國志：「邛都之初有七部，後爲七部營軍，後又有四部，斯、叜其一。」是斯即邛部夷也。賨在巴郡，廩君之後，爲彭夷，不得與斯、叜爲一。張嶷傳有「斯都耆帥李承，殺越嶲太守龔祿」。是斯非叜，更非髳，審矣。微即木耳夷。九州要記：「越嶲郡界千里，有木耳夷，常居木上作屋，有尾長二寸，若損尾，立死。若欲地上居，則預窟穴以安尾。」蓋以此夷生尾，故謂之微。微字與尾通，書鳥獸孳尾，古文作字微，論語微生高，人表作尾生高也。水經注：「建興三年，分益州爲建寧郡，于温水側，皆是高山，山水之間，悉是木耳夷，居上差平和，而無瘴毒。」即微夷之地矣。盧即瀘州戎，今敍州長寧、興文一帶夷皆是。路史國名記：「瀘，盧戎也。」古文作纑，又通作廬。習鑿齒襄陽耆舊傳、樂史寰宇記以爲中廬在襄陽縣西漳縣，非也。左桓公十三年：「屈瑕伐羅羅與盧戎，兩軍之。」杜預亦誤爲中廬。彭即彭水夷，國名記：「彭，黔之彭水縣，在忠州。」太平寰宇記：「彭晉山在建寧始縣九十里，彭晉，獠之姓也。一云即賨人。」郡國志「賨人勁勇銳而善舞，漢高帝募賨民定秦地」是矣。華陽國志：「長老言宕渠爲古賨國，今有賨城。」唐志：「武德元年，分置賨城縣屬渠。」寰宇記：「故賨國，城在流江縣東北七十里。」又云：「閬中有渝賨民，多居水左右。」是彭即賨人。括地志云「戎府之南，古微、盧、彭三國之地」是矣。濮即百濮，爲會無濮夷。左傳「麇人率百濮聚于選」，潁容釋例：「麇在當陽縣。」前漢地理志：「濮水出徼外，東南至來唯入勞。」僕與濮同。華陽國志：「青蛉，濮水出。」又云：「會無縣路通寧州，渡瀘得往狼縣，故濮人邑也。今有濮人冢，冢不閉戶，其中多珠，人不可取，取之不祥。有元馬河，其地出大竹，亦謂之濮竹。」濮，王會解之卜人也。濮、卜音相同。尒疋「南至于濮、鉛」，亦是濮夷。羅泌云：「濮，熊姓，在三峽外。」左傳文公十六年「麇人率百濮伐楚」，昭十九年「楚子爲舟師伐濮」，杜預以爲建寧郡南濮夷地。釋例曰：「建寧郡南有夷，無君長，總統各以邑落自聚，故稱百濮。」劉伯莊云：「濮在楚西南。」太平寰宇記云：「尾濮國一名木濮，在興古郡。木棉濮，其土有木棉樹。文面濮，其俗劖面而以青蓋之。赤口濮，其俗折其齒，劖其脣使赤，又露身無衣服。折腰濮，其俗生子皆折其腰。黑棘濮，在永昌西南，山居而勤苦。其衣服，婦人以一幅爲帬，或一貫頭，丈夫以穀布，即所謂百濮也。」

鮮原釋

皇矣〔一〕詩「度其鮮原」，毛傳：「小山別大山曰鮮。」鄭箋：「鮮，善也。」如毛公説，凡小山旁有廣平之地即爲「鮮原」；如鄭氏説，則「鮮原」即「善原」，初無一定之地，其説皆非也。周書和寤解云：「王乃出圖商，至于鮮原。」竹書紀年云：「帝辛二十五年，庚寅，周始伐殷；秋，周師次于鮮原。」是在未宅鎬以前事。然云伐殷，則爲出師必由之路。若謂在岐山之南，豈有商紂在東，而周師乃向西而行者乎？孔博士晁注周書，以鮮原爲近岐周之地，小山曰鮮，與尒疋同，猶未能實指其地也。愚意謂當在豐、鎬左右，大戴禮「鮮支」，禹貢作「析支」，漢書作「賜支」，此「鮮原」，即二章之「于胥斯原」也。古讀「鮮」聲近「斯」，瓠葉詩鄭箋云：「斯，白也。」今俗語「斯白」，字作「鮮」，齊、魯聲近「斯」。説文雨部云：「𩂣从雨鮮聲，讀若斯。」是鮮原即斯原矣。尚書大傳曰：「西方者，鮮方也。」古讀先音同西，如西施作先施，是「鮮原」亦即西原，在武功縣，亦稱雍原。又有東原，扶風有三時原，興平有始平原，皆去豐、鎬不遠。三原縣有天齊原、豐原、孟侯原、白鹿原，富平縣有掘陵原、羊踬原、中華原、北鹵原、南鹵原、八公原，皆行師所必經者。

〔一〕「皇矣」，原作「公劉」，據詩經改。

鬼方釋

史記楚世家索隱引世本云「陸終娶鬼方氏之妹」，生六子，其六曰季連，芈姓，楚是也。是以鬼方爲荆楚也。文選揚子雲趙充國頌注引世本宋衷注云：「鬼方于漢則先零羌。」曹全碑：「興師攻疏勒王。」銘云：「征鬼方。」是以鬼方爲氐羌也。而干寶易注：「鬼方，北方國。」唐書言：「突厥北部有流鬼國，去京師萬五千里。」又以鬼方在北狄也。史索隱：「匈奴，唐、虞已上曰山戎，亦曰熏粥，夏曰淳維，殷曰鬼方，周曰玁狁，漢曰匈奴。」是以鬼方爲匈奴也。覈而論之，則謂在荆楚者是。令升之説太乖異，仲子注曹全碑，小司馬亦貤謬。汲郡古文「武丁三十二年伐鬼方，次于荆；三十四年克鬼方，氐羌來賓」，與詩言「征伐玁狁，蠻荆來威」同一詞例。言鬼方既克，氐羌震其威，因來賓耳，非謂鬼方即氐羌也。若鬼方即是氐羌，豈玁狁即荆蠻乎？亦不得以王季所伐之鬼戎仞爲鬼方。蓋鬼戎在西，鬼方在南，古人以荆楚爲蠻，以氐羌爲戎，荆楚何嘗有戎之稱耶？易既濟九三「高宗伐鬼方，三年克之」，即殷武詩所詠「奮伐荆楚，罙及鬼方」也。而毛傳云「鬼方，遠方也」，自是泛訓，未指實言之。若蔡邕成陽令唐扶頌序云：「君以能治劇，除豫章鄡陽長，彝、粤拸掮，君奮威颺武，蠻貉震疊。」頌辭有云：「賦政于外，爰及鬼方，匯彝來降，寇賊迸亡。」鄡陽在江西，蓋在春秋時爲楚地，故伯喈亦指爲鬼方。或謂古鬼與九字通。殷本紀：「紂命西伯昌、九侯、鄂侯爲三公。」徐廣云：「九侯一作鬼侯，鄴縣有鬼侯城。」是鬼即九字矣。索隱云：「九亦依字讀。」然古人之字有宜通者，有不宜通者，近人往往言假借，自謂明于訓詁，試將「鬼方」而讀之曰「九方」，豈可通乎？又豈九方皋爲鬼侯之後乎？

附録

先生爲令，材敏過人，吏胥傔從，救過不給。治盜擿抉如神，盜屏跡。歲凶治賑，設施周備。天性彊直，嘗抶巡撫前驅索金者，又箠布政使僕催丁銀者。公文上幕府，辯是非，若嚴師教弟子。上官雖多優容，心弗之善，而獨立無所懼，曰：「吾行吾志，無愧百姓而已。」錢儀吉撰養素堂文集序。

先生性愛遠游，齊、魯、豫、晉、吴、越、楚、粵嘗再三至，黔、蜀、江右則筮仕之邦。凡所涉歷，山川助其興，悉發於文。其論文曰：「青與赤謂之文，赤與白謂之章，言色澤也。徒法言正論，無色澤，類於語録，何以爲文？」又曰：「文須氣清，氣清則滿紙光怪，不失爲清，駢體散行一也。俗人歧視之，傎矣。故吾所定，偶散不分，是職志也。」自撰文集序及錢序。

先生姓氏五書之外，有漢碑異姓録，又專就漢碑陰鈔其籍在雍、涼者，爲姓名録。又推考古人名字，於十六歲時，即成春秋時人名字釋，分魯、齊、晉、秦、楚、宋、鄭、衛、陳、吴、越、萊、蔡、曹、郳、紀各國及孔門弟子，共十二篇。又讀史，考古人有名而無字，或有字而無名者，於别史外篇，存其名字，輯爲名字録。皆見文集中。蓋於姓氏名字之學，集其大成。文集。

介侯交游

臧先生庸

別見玉林學案。

王先生引之

別見石臞學案。

郝先生懿行

別爲蘭皋學案。

錢先生儀吉

別爲嘉興二錢學案。

邢先生澍

邢澍字雨民，階州人。乾隆庚戌進士，官至江西南安府知府。酷嗜金石，兼通六書，尤精各史表志之學。辛浙江長興時，與孫淵如同撰寰宇訪碑録。復據唐、宋以前金石刻，並宋、元刊本隸釋、隸續等書，著金石文字辨異十二卷。嘗以關中迭經兵燹，昔賢著作淪佚者衆，精心搜采，爲關右經籍考十一卷，洪北江謂其取材博而用心審，爲世不可少之書。又著有兩漢希姓録、守雅堂詩文集。參史傳。

金石文字辨異自序

嘉慶歲在己巳，階州邢澍考定金石，論辨其文字之異，著爲十二篇。迺論古初始制爲文，象其形模，獨體爲先，孳乳爲字，以配合而用全，指事、會意、諧聲、轉注，各別爲門。或有本無其字，藉假借以傳，自史籀迄小篆，代有變遷。許氏綜爲説文，媲于典墳。厥後更趨簡易，爰有隸分減省，其點畫以方易圓，惟隸體方，故曲直全半，異乎篆之自然。有不能變篆，通假以繁其篆；有隸變格乎體勢，匪以求新，而流失敗壞，衹求聲近，胥易本真。鴻都石經，厥跡尚存，覈以篆體，變易多端，書經籍如此，矧汎施于簡編？又或鄉壁虚造，予智自賢，撰述詭異，不可究宣。故有同茲一字，其體糾紛，譬一祖異支，幾難別夫來雲。又自晉迄唐，正書相沿，操觚執簡，咸尚鍾繇與右軍，徒趁姿媚，結構停勻，歐、褚、虞、薛，小學未嫻，校干禄字書，惟聞平原之顔，而淺夫瞀儒，好尚俗書，罕篆籀之精專，殘碑斷碣，衹供模楷，不暇討論。有宋歐陽暨趙，博學多聞，集録金石，搜采數千餘年，跋尾綜括史籍，于文字未研。洪适、婁機，編韻以序銓，惜覼縷同異，不克究其原，似兩造不決，無以息彼煩喧，又以漢、晉爲斷，于用尚偏。皇清崇古右文，岷山長水著述在名山，于吉金貞石本本元元。後來繼起有嘉定錢，通六書之學，考正訛俗，世稱爲賢。蒙得聆其言論，于金石之好堅，著爲訪碑録，俾先代遺跡，不没榛菅。復慮篆變爲隸，隸變正書，改革班班，著辨異一書，統以平水韻，鉤貫聯綿，因枝尋根，酌流求源，俾因訛識正，俗體以刊，或減去繁重，參經以權，其流變于何時，可按籍以觀。蓋自壁經既失，六籍之體，惟隸是遵，而刊刻訛異，祇施于金石者難没，其雕鎸取正，于今綿綿延延，知愛古者何忍棄捐？或者不察，謂與庚持奇字同類等倫，則搜求隱僻，自遠雅馴，蒙何以免于通人之後言。

清儒學案卷一百四十三

嘉興二錢學案

衎石、警石兄弟，自爲師友，以純儒相勉，務兼通漢、宋，一時稱「二石」。曾文正稱其恪守程、朱，宗主義理，不薄考據，與桐城姚氏相近。然其飭倫紀，敦孝友，要自有家法，而博洽羣書，仍爲浙西之派焉。述嘉興二錢學案。

錢先生儀吉

錢儀吉初名逵吉，字靄人，號心壺，又號衎石，嘉興人。刑部侍郎加尚書陳羣曾孫。父福胙，官至翰林院侍讀學士。錢氏世篤孝謹，初其族人汝霖與張楊園游，故家學宗向程、朱。先生成嘉慶戊辰進士，改庶吉士，散館，授户部主事，直現審處，剖決精審。累遷河南道、御史、工科給事中，巡城按庶獄，事至即決。嘗曰：「小民細故，導之使速已，縱不免小有不平，猶愈於久縶株累耳！」尋以京通倉粟積虧，比年查倉，諸科道皆坐罷，先生亦與焉。主廣東學海堂講席，定諸生讀書法，勉以砥行誼，掔經史。

又主河南大梁書院，課士如學海。集刻宋、元諸家治經之書爲經苑。道光三十年卒，年六十八。

先生治經，先求古訓，博考衆説，而折衷以本文正義。嘗謂欲得經解，必通訓詁，而泛濫訓詁，未必遽獲神解。撰説文雅厭，以爾雅十九篇之次，寫説文九百四部之文，採經籍傳注，廣爲引證，未畢，授子寶惠足成之。其讀史必考一朝之制度、典章，撰三國會要、晉會要、南北朝會要，體裁本徐天麟而有所變通，期拾遺於正史，不限斷以本書。帝系、輿地，或爲之表，條繫字綴，鉅細畢晐。尤熟於本朝掌故，嘗充會典館總纂。爲皇輿圖説四十卷。仿杜大珪名臣琬琰録、焦竑獻徵録，輯先正碑版狀記，爲碑傳集一百二十卷。其爲文修辭立誠，實事求是，有衎石齋記事稿十卷、續稿十卷，補晉兵志，即在集中。又續彭紹升良吏述，亦附集以行。其詩自刊者，刻楮集四卷，旅逸小稿二卷。又有游閩、定廬諸集晚出，尚多未刊者。參記事稿、蘇源生撰書先師星湖先生事、史傳。

三國會要序例

予自弱冠流覽乙部，日誦政書，每苦歷朝史志，以類求之，多不相續。雖沈約遐稽皇古，隋書并包五代，彼皆義取兼及，語焉不詳。即京兆之典，貴與之攷，囊括緜紀，亦皆僅舉其大端。獨會要製如杜典，而斷代爲之，又不拘以文史之體，條綴字繫，鉅細畢晐，予竊有取焉。顧兩漢著於徐仲祥，唐、五代成於王齊物，爰自章武偏安，迄乎大業末造，其間帝制十二代，涉歷四百年，概未有述之者。不揣弇陋，爲補其闕，曰三國會要、曰晉會要、曰南北朝會要。而三國之書先成，因著其命意緣起如此。

會要之體，昔有二焉：王氏之於唐、五代，近接見聞，多録文案；徐氏之於兩漢，遠稽載籍，頗類史鈔。今之體裁，悉本徐氏，而又有所變通者。蓋西漢惟取孟堅，東京稍輯舊注，茲則博采見聞，旁羅散失，期拾遺於正史，不限斷於本書，此其不同也。古之學者，左圖右史，用資攷鏡，若乃龍門十表，原本周譜，旁行邪上，又圖之支流也。故予於帝系、輿地諸門，或爲之圖，或爲之表。至於推步術算，以及史文奧賾者，通其所可知，則又間爲之註釋。三者皆徐氏所未有，而予創意焉，此又不同也。始予嘗欲補撰姓氏，兼録藝文，既而思之，肉譜之學，貴於通貫前後，脈絡相仍，而隋書經籍或無撰人之名，亦難限以時代，乃別撰姓氏通略、藝文通略，而於此則皆闕焉。惟文學門略舉京師，民政門附鈔希姓，識者幸無訾其疏漏，此又予撰集會要三書之通例也。

陳承祚、習彦威同爲晉臣，而國志帝魏，春秋尊蜀者，蓋承祚世仕劉朝，跡同歸正，且目覩泰始之禪，而欲以西邸之降王，爲興朝受終之神主也，烏乎可！若夫江左偏安，略加章武，習氏乃得以申其正議。非兩賢才識有殊，所遇之時不同也。自朱子通鑑綱目以蜀爲正統，今則久經論定，無俟表微。故予撰次前事，惟先蜀而後魏，而於承祚本文，不敢迴易一字，即蜀二主之稱，亦仍舊貫，蓋史鈔之體，固應爾也。惟他書間有斥二主名者，今悉改書先主、後主。曩乾隆間敕修四庫全書，昔人著述，有斥漢武名者，特詔俱爲刊正。是則予之爲此，所以恪循先朝訓誥之美，又不徒爲拙著畫一之體而已。

裴世期之注國志也，鈔内衆書，隨違矯正，觀其用心，博且密矣。然而公安改名，一事兩出；黄初朝日，校術懸殊。蓋著述之難，雖聚學審問，終不能無小誤也。予既録本注，旁求它籍，於晉書得魏律序毛后銘旌議，於宋書得魏、吳諸樂章及長沙桓王父名，於水經注得劉靖庚陵堨表，於通典得諸禮議及九品之法，於開元占經得王蕃渾天象説，於隸釋得三字石經，於續通鑑長編得魏户口數，於永樂大典得魏都城圖、金墉城圖，於至正金陵新志得吳都城圖。又覽類書以甄墜遺，如北堂書鈔、藝文類聚、初學記、太平御覽等。攷專家以鏡始末，如官制，則唐六典；刑法，則唐律疏義；輿地，則元和郡縣志、太平寰宇記、輿地廣記、輿地紀勝等。采當時議論以究風俗，如徐幹中論、劉劭人物志等。連綴塗改，朱墨紛紜，念釋在茲，不遑監寐。顧以性謝彊記，家鮮儲書，掌録徒勤，汗青難信。且蜀、漢遺事，涉獵尤罕，僅於華陽國志知其有太學，於玉海知昭烈嘗置五軍。一官匏繫，不得窮訪穹谷，親質方聞，瑋編珍袠，豈絶天壤？輟翰相思，屏營曷已。

徐氏兩會要，其類皆十有五，西漢并封建於職官，東漢并祥異於術數。今則封建祥異皆别出之，而并輿服於禮制，猶十有五也。改帝系爲統系，術數爲天運，方域爲輿地，蕃夷爲外域，餘皆從同前賢。攷論間存數則，其有管莛之見，亦附著各條之下。陳志傳本，官刊而外，以明馮祭酒本爲勝，然譌奪亦不少。予嘗采集義門何氏、西溟姜氏、少章陳氏、立侯李氏、堇浦杭氏、東潛趙氏、辛楣錢氏、頤谷孫氏諸先生之言，讐勘積謬，爲三國志證聞三卷。而撰述此書，則又隨録隨校，凡所據信，悉注下方，郢書燕説之譏，蓋戛戛乎蘄欲免之，而卒未知其果免否也！

史家於古人名，遇其所當諱，則改稱字。唐人修晉書，稱戴若思、劉元海者，避高祖諱也；范蔚宗於郭泰、鄭泰皆書字，避家諱也。今本郭林宗傳「泰始至南州，過袁奉高」一條，獨書泰名，乃章懷引謝承後漢書而誤入正文者，詳見錢氏攷異。范書朱穆傳字張安世曰子孺，白田王氏謂是章懷所改。是則後人避諱而改舊史，亦有前事可徵。今於鄭康成、劉威碩、崔季珪、邢子昂、滕承嗣、樓承先諸人，依章懷之例，皆改稱字。若陳長文亦字者，避先曾大父文端公諱，猶蔚宗志也。

是書之成，吾里葉兩垞維庚分編陳志，實始椎輪，朱筠麓前輩鴻爲注乾象、景初二術，海昌張神羊豸冠更審定之，三君子之勤，視予有加焉。家貧，遠宦京師，族子弟無從者，又無錢以賃書手，版曹承乏，簿領滋繁，中更私艱，輟筆者近十年矣。入臺以來，政事差簡，長子婦李氏，介祉仲女，遠苓侍人姚靚，請爲予録稿，於是條緒粗立，首尾略具。予性剛才拙，終鮮朋友，又或篤行達材，或在公夙夜，而不及賞析文字。静念平生可與斯事者，嘉定陳蓮夫詩庭、桐鄉程密齋同文、陽湖董方立祐誠，而今則已矣。匠石運斤，久亡其質，伯牙撫弦，恫乎有餘悲。已往李次白貽德公車戾止，見予屬稿，勖以亟成。次白好學湛思，静照若鏡，行將寫副寄家，求是正焉。

國朝碑傳集自序

於戲盛哉！自天命以來，王侯、將相、卿尹、百執事、碩儒、才彦之名蹟炳著國史矣，而石室金匱之藏，外人弗得見。曩承乏會典之役，幸獲敬觀，亦不敢私有寫録。今乃略依杜氏大珪、焦氏竑集録之例，撰諸先正碑版狀記之文，旁及地志别傳，得若干篇，以其時，以其爵，以其事，比而厭之，爲若干卷。其於二百年文獻之林，不啻嶽之一塵，海之一勺耳。有能口誦而心識焉，可以攷德行，可以習掌故，不徒飛文染翰，爲耳目之玩已也。其一人之事雜見他書者，同時之蹟及其子孫言行有可稱者，間爲附録，殿於本篇。或論一事而臧否不同，述一善而甲乙又不同，或推挹過當，或沿習忘反者，亦往往有之，自知言者觀之，固可攷信而不惑也。而要其大體，主乎樂道人善，以爲賢士大夫畜德之助。凡百二十卷，後有得者，當爲續次云。

國朝碑傳集後序

嘉慶二十一年，江西漕項奏銷册達户部，列其目，有里民津貼銀米者，按部例無有，謂外吏之私徵也。嚴詰之三，以何年始？以何年徵？皆不能知。惟雜舉乾隆以來漕督奏中嘗言之，上溯雍正元年諭旨亦嘗及之者，以對部議。以他省治漕皆無是，顧行之已久，可無罷，宜如舊徵，而以其歲入解部備他用。既定稿矣，會予再莅雲南，司檢舊牘，見乾隆季年報部册固有之，綿歷數十年，未嘗駁詰，疑必有故。今於其事之創始，雖不可得詳，既謂之津貼，則必以濟運可知也。若破除爲他用，則運費不足而丁病，州縣因以多取於下而民亦病。且今將自乾隆以來盡追索之邪？抑自今年始也？進退皆無所據，不若仍舊便。尚書索綽羅公用予言，更其稿，而解部之議寢。時道光三年也。後數年，讀李穆堂侍郎所爲郎温勤公墓誌，其事乃大明白。江右多山谿，道險，漕糧以小艇木筏盤運，於是有里民津貼。夫船費載於賦役全書，康熙三十八年得旨，江右所屬州縣，多處山陬，百姓自願貼費運米水次者，聽著爲令。當是時，部臣亦嘗議停減，總督范公與郎公先後疏爭之，漕運賴以濟。侍郎之言始是，竊幸前者持議不刺謬，又以見舊章之當博攷，而文字之益爲無窮也。久之，讀八旗通志范承勳、郎廷極傳，言之益詳。

時方輯諸家碑傳，蒐羅舊聞，謂其有裨於實用也，日奮不能以已，遂書之以爲後序。

文集

周易中說上

繫辭曰：「易之爲書也，廣矣！大矣！」二儀絪緼，萬彙變化，胥該乎易。而余謂大要不出乎一中，天下事無大小，理無深淺，中則從，不中則凶。六十四卦，三百八十四爻，聖人或明言，或否，皆以中斷之。中有其位，有其德，俱得之，上也。有一焉，次也。苟德與位皆失，則剛雖似乾，柔雖似坤，而兩不可訓。二卦理之至純也，而猶如是乎！乾陽爻六，坤陰爻亦六，然乾之大人，惟二與五；坤二曰无不利，五曰元吉，此上下卦之中位，而德能勝之。言乎重卦之中，則乾三四，一言乾乾，一言或躍无悔，象也；坤含章及括囊，舉无戰，形也。蓋二五居中，上下相等，三四則不能齊也。故同爲中而有差次，亦惟理或盡或不盡耳。亢龍玄黃，惟德位皆不得中而至於剛柔，率以爲病而無所取。不然，何凶悔之有？或者曰：「信如斯言，它卦二五，豈俱元吉邪？三四俱无咎悔邪？」夫亦有有其位而無其德矣，則惟乾、坤至純，可以但言其位。或者又曰：「乾坤信純矣，則何以亢且戰夫？」吾固曰：但言其位也，蓋惟卦德之純者，六爻皆德，而位則不同。何以覈其純也？曰潛、曰或躍，斯時之龍德，非有損可知也。曰飛龍在天，又非有加乎潛之時，又可知也。故其不同者，不在德，而在位也。不習无不利，聖人懼後世不察坤之純德，而居此位者率謂無不利，故著其直方大，敬内義外。敬義固六二之本德也，必敬義而後无不利，則世之得位者，其亦思所以勤德乎？六五黄裳，子服惠伯所言，其理亦如是而已。然而易之義非一，爲道也屢遷而不可究，亢戰則位固如是矣。曰悔、曰血，此雖有卦德，而辭則又據無德者而言。誠使聖人處之，兢兢於持盈，居尊之道亢矣而守之以謙，戰矣而懷之以仁，又何慮其悔且窮？故曰有一焉而猶可以處也。蓋中之不能已也，固如斯。夫子思子中庸一書，其源蓋出於周易。「天命之謂性」，乾道變化，各正性命，同乎言秉彝之無不正也；「率性之謂道」，成性存存，道義之門，同乎言遵循之不可歧也。學問寬仁聚之，而辨、而居、而行，言修道之事，此正君子之教也。不成乎名，謂夫慎其獨也；自强不息，謂夫不可離也。在田在天所以中和，无成有終所以位育，蓋易言三才之道，其實一也。中庸略二儀之功能，而指其切近，而仍不外乎天地之道。自日用飲食以至不覩不聞，存愈密而化愈神，極之貫光洞泉曠遠廣博而無非中也庸也。而謂作易之理不在是哉？余故爲之記，以俟世之鏡道者質焉。

周易中説下

天下之事理之紛然而莫可窮盡也，聖人必推其本焉，萬物之生生於天地，故聖人作易首乾坤。乾陽坤陰，陰陽和而萬物生，是固然矣。夫陰陽生萬物，而亦必有其所由生。其所以生之，而畸陰畸陽，而陽或至於亢，陰或至於弱，則萬物且失其和而不能生。惟其有所由生，故陰陽爲本乎萬物，太極爲本乎陰陽。惟其無畸陰畸陽，不至亢且弱不生萬物者，則太極者，豈非大中也哉？孔子曰：「君子中庸。」又曰：「君子而時中。」天之心也，仁之理也，亦曰中而已矣。且夫陰陽有其中，中不可象，故聖人象之以陰陽。然而陰陽者，二氣也，氣則杳冥恍忽，無形無聲，不可以言，故聖人又略陰陽之氣而言其理，理舉而氣存焉。理謂何？健順而已矣。然則健順者，固陰陽之理之中乎？吾讀乾卦，見四德首元，而知聖人之仁也。夫陽之爲德，難言矣。不肖如桀、紂，毒很近陰，而恣睢暴烈實爲陽過之象，過於陽而亡其國。大剛則折，不仁故也。漢武帝、宋神宗奮發踔厲，一似有所作爲，然而卒不底於治者，不知乾元之德，而不仁民也。不仁，故亡陽之本，而失其所謂中，以至於亡。甯嬴之論陽處父也，曰：「天爲剛德而不能堪。」旨哉理乎！聖人知之，故言陽但以健明之，而繼之以仁，視天下無間於己也，仁也，陽之至也。有所治而日日如是，行之弗輟也，健也，亦陽之至也。所謂至者，止乎此，而過此即失所以爲中。大學曰：「在止於至善。」天日行一度，未嘗不及一度也，而亦至乎一度而止。使旦暮速之，有一時之威迅，而健且弗繼。詩曰：「婉兮孌兮，總角丱兮。未幾見兮，突而弁兮。」故孟子曰：「其進鋭者其退速。」詩曰「冬之夜，夏之日〔一〕」，夫固不相及也。夫仁人至公，知天地萬物之始而後能公，故曰元。漢元帝優游寡斷，婦人之慈，謚以爲「元」，揆且弗稱。故曰：失陽之中者，恃私其明，或知徒惠而無自强，國家危亡。得陽之中，在健與元而處陰者，又必順而無失其厚。余觀僞陰符之言，其陰皆以逆。未嘗愛人，逆而飾愛；未嘗忠國，逆而飾忠，故曰：「死者生之根，生者死之根。」夫反虚爲實，以進爲退，在行軍固有之，而於聖人之道則不然。越之於吴，貌服心覬，雖襲一時之利，而終失其所以爲本，故亡吴

〔一〕「冬之夜，夏之日」，原作「冬之日，夏之夜」，據詩經改。

而亦隨之。且湯、武，仁人也，爲法受惡，順而行之故也。使桀、紂之暴，罪惡既久，諸侯必有誅之者。然而民心所歸，讓而後居，豈非謝後世之口實？而湯、武寧行之而不爲飾者，誠仁厚於民而急其難，不得已也。蓋順乎天命人心者，其陰固如此。而説者多言湯、武逆取順守，豈知順之理哉？曹操不臣於漢，自勤王以叛亂，翦忠義若鯨鯢，忍心害理，可謂薄矣。夢寐乎明堂黄屋，而終身一王，卒不敢干大位，誠逆刺之以陰欺人，而豈知非其本心哉？故操、莽安禪讓之名，湯、武冒篡弑之行，一順一逆，本之所以存亡也。故曰：失陰之中者，爲很忍、爲沈深，而喪其天心。故曰：健順爲陰陽之中，而本之不可亡者，此也。夫陰陽有其中，太極先陰陽而定其所以中，譬如將爲五丈之梁二，而得十丈之木，不贏不縮。子貢問曰：「鄉人皆好之，何如？」子曰：「未可也。」「鄉人皆惡之，何如？」子曰：「未可也。」繼之曰：「不如鄉人之善者好之，其不善者惡之。」此即中之説也。朝廷之上，有政有刑，政陽而刑陰。高談文治，建文且致燕師；專任苛法，嬴政僅延二世。至於一出入，一語默，一燕飲，賚予事事一太極，事事一中而已矣。天裂，何也？曰：陽不足也。地震，何也？曰：陰有餘也。其變也爲旱、爲水，其常也爲燠、爲寒。列子曰「天地有中之最巨者」，誠然。然一草木也，樹不華冬，而菌不至夕；一鳥獸蠢蠢耳，而貉踰汶水而死，鵲至和闐而惡。記曰：「天有時，地有氣，物之秉者，即爲物極。」然而物有太極，亦中而已矣。嗚呼！天地男女萬物之理，無不本乎中，聖人定之以可見，而以陰陽明之，故易作而人皆知中。堯之命舜也，曰：「允執厥中。」舜亦以命禹。以爲唐、虞心法，豈知古帝固有所授受哉！洪範曰：「皇建其有極。」詩曰：「彼其之子，不稱其服。」傳曰：「致中和，天地位焉，萬物育焉。」楚棄疾不洩王言，不得爲忠；伊尹，聖人也，而放其君。故易有太極，極之爲中，豈妄也哉！

新修句容縣學宮記

前咸安宮教習張君之教諭句容也，始至謁學，稽典禮，正神位，春秋執事有愙，敬信既孚。而學宮之築，自乾隆至今，歷年多，榱桷之敝宜易新，垣墉之陊宜復故。始事於道光十五年乙未，迄戊戌夏告成。張君書謂儀吉曰：「履愧無師資之效，幸茲事之集，子其爲推原朝廷建學立教與夫古昔聖賢爲學之恉，後世學術弊壞之由，切言之，以爲多士賜。」書詞鄭重，未敢遽應。雖然日月經天，謂不知所以推行，可也；照臨之光，謂吾目無覩焉，不可也。故聖人之道不可見，見之於其言與其迹；六藝之文備焉，尤莫顯於論語。洙、泗之間，夫子與門弟子所問答，大較曰仁，曰孝，曰士，曰君子，曰成人，曰善人之道，言至庸也；其及於政也，曰愛人，曰舉賢，曰無倦，至於足兵食，興禮樂，術至平也。使仕而不仕，子説之；未可仕而使仕，子惡之。鳴鼓攻聚斂也，將命抑速成也。進退及門，皆以言行。然則聖人爲學教人之意不可見乎？蓋性道之精不易窺也，始於仁孝；神聖之詣不可幾也，歸於成人；治平之方以待用也，濟之於禮讓。由是察其言行如斯以爲教，勉其言行如斯以爲學，其諸孔氏之家法然與！學校者，講道論德之地也。嚴事聖人，赫然臨乎其上，將誦其言，服其教也。不仁孝之求，不士君子之修，不能免於言行之尤。悔而急求，表見以爲用，末流之無失也幾希！夫導百川而注之必歸其壑，射之中也赴其的。今之爲學者，尚訓故，競文辭，以爲才美也。吾謂訓故所從入於聖賢之遺籍者也，文辭則有見於聖言而出焉者也，其能者或且有以羽翼乎六藝之文矣，而退自攷驗，修身踐言，其人亦多不同於流俗，宜也。不善學者，徇末而忘本，汩其聰明，增其矜肆，徒馳騖於聞見之博，不暇求理義之悅心，觀其言行與其所記誦判然爲二事，則於學問之道果何益乎？嗟乎！自道之不明，漢、唐以來沈溺二氏者無論，即儒者之塗亦多且歧矣。士大夫心思好尚又古今遞變，而或至相反相攻詰，然必有其終不可變者，君子所以貴擇善也。吾聞張君在官，嚴禮教，作箴戒，範約諸生必以言行爲之的，教有以行，學有以成，而道亦有以明矣。竊書所見，以復張君，並質於邑中之英俊，共商榷焉。

答蘇菊邨源生書

足下以謝君輯古文孝經而與之書，謂劉光伯本多可疑者，所見甚當。惟十可疑之説，意多旁出，而所攷亦有未諦審者。蓋爲學必從其朔，循流而下，若舉本以起末，則事不煩而鮮所歧誤。將欲攷經典傳授，異同真僞，但取漢書熟讀之，十可得七八。藝文志之言今文孝經也，曰：「孝經一篇十八章，長孫氏、江氏、后氏、翼氏四家。」又曰：「長孫、江、后、冀、張各自名家，經文皆同，惟孔氏壁中古文爲異。」乃唐人撰。五代史志云長孫多閨門一章，果如所言，向固何以云經文皆同也？志又曰：「孝經古孔氏一篇，二十二章。」師古引劉向云：「庶人章分爲二，曾子敢問章分爲三，又多一章，凡二十二章。」然則劉向所見真古文但多一章，無「閨門」字。閨門章始見於光伯所獻之本，是以司馬貞得斥其鄙俗。真古文且未見有是章，而況長孫氏爲今文者！此非史家錯謬，即隋書傳本誤爾。班志之言古文尚書也，曰：

「武帝末，魯共王壞孔子宅，得古文尚書及禮記、論語、孝經凡數十篇，皆古字也。孔安國悉得其書，以攷二十九篇，得多十六篇。安國獻之。」劉歆移書太常，亦但言逸禮有三十九篇，即班志禮記，今之儀禮也。儀禮五十六篇，去高堂生今文十七篇，得此數。下尚書稱十六篇，義同。皆以增多於今文者計之。書十六篇，天漢之末，孔安國獻之。俱不言孝經。安國書序，後人僞作，故不引。至建光二年，許沖上書，稱其父慎學孝經孔氏古文說，又申言之曰：「古文孝經者，孝昭帝時魯國三老所獻，建武時給事中議郎衛宏所校，皆口傳，官無其說，謹譔具一篇，并上。」是安國所得孝經古文，至昭帝時始獻於魯之三老，安帝時許慎始有說，而所謂官無其說者，謂前此諸儒未有傳說，非謂官無其書也。讀漢書，誤以安國所得古文之數，悉爲所獻之數，斯許氏之言不得不疑爲歧出，故讀古書一字不可忽略。元遺山有言：「文須字字作，亦要字字讀。」此論文爾，而爲讀書至善之法。然唐、宋以後作者，疏密堅脆，不能齊同，固有不可深求者。如司馬貞惟駮正光伯古文閨門章之僞，而近儒遂謂貞削閨門章。假使本有是章，謂貞削之可也；本無是章，安所得削？蓋世方右文，人人思列於作者，道聽塗說，觸目多有，辨之不勝辨。吾但讀古書，昭然黑白，著於吾心，世人出入主奴，起滅之不已，馮軾觀之，亦足樂也，何暇佐鬬哉！若夫六藝皆出自孔氏，而經師相傳本各不同。如春秋三家，皆周人所傳也，而文亦多異。孔壁古文孝經，亦周人所傳爾，不必孔子手定。今文又在其後，且師授不同，即篇文或異，無足怪者。若張霸百兩篇，文意淺陋，以中書校之非是，儒林傳明著之，安見漢代必無作僞之人？而世亦未嘗無知之者也。周師入郢，江表圖書悉爲煨燼，爲牛里人所稱五厄之一。經籍志中，梁有某書，今亡者不可數計，古文孝經亡於是時，蓋亦可信。此皆顯在前載，而不必過疑者也。足下謂司馬貞雖排古文，斥孔傳，仍請孔、鄭並行，而明皇詔亦兩存之，此言甚當，提要已先及之。其引説文「仲尼凥」，「無」「閒」字，及桓君山所舉古文字數，光伯本皆不合，亦足以補司馬氏之闕，宜乎謝君歎爲甚確而無以易之也。第二書尤明確可存。稿至鄭注之爲小同，略見玉海引國史志中，近阮户部攷之綦詳，似可論定。若安國之傳，既不見班書，始見於家語後序，此正與古文尚書蹤迹相類，竊疑亦是王肅、皇甫謐輩僞撰。足下嗜古勤學，幸留意及之，有所得，希爲披示也。

與李覲廷祖光書

連日閱志疑一册，凡足下所疑，數言可了者，已評識册中；有當詳論者，不敢率略，輒具書以答如左。足下所自爲説二事，其一謂士大夫廟祭當有樂，然儀禮特牲、少牢二篇皆無樂，此在本經雖有它證，義不可易。其鄭注「致女不著其時」，孔疏謂「女之家三月廟見，使人致之。」足下據昏義「婦人先嫁三月，教於公宫，教於宗室，教成祭之」，以證明疏義至爲確實。六藝之言，互相灌輸，苟致其曲，宣其隱，則節節疏通，無所底滯。有不然者，然後博攷而申辨之，非好辨也。故善言禮者，證而多同；不善言禮者，辨而益紛。觀足下於是言也，可與習禮矣。「執玉，其有藉者則裼，無藉者則襲」，鄭注：「藉，藻也。裼、襲，文質相變耳。」阮刻據十行本「變」作「等」，誤。有藻爲文，裼見美亦文；無藻爲質，襲充美亦質。圭璋特而襲，璧琮加束帛而裼，亦是也。孔疏專據聘禮經文，以釋裼、襲相變之義，而以垂藻爲有藉須裼，屈藻爲無藉須襲，按之經、注皆合。但鄭君立説自有次弟，故於聘禮「上介執圭屈繅、即「藻」字、下「璪」

亦同。授賓」，即以曲禮此文爲注。其下經文即曰「賓襲執圭」，既而「賓致命」，又曰「公側襲受玉於中堂與東楹之間」，又曰「賓出，公側受宰玉」，注謂「使藏之」，以上皆無藉則襲之明徵。至於受而藏之，執玉之事已畢，此下經文曰「裼降立」，謂公裼也。又曰「賓裼奉束帛加璧享」，自後皆言享賓事。至於此恐與前引執玉之文相混也，則又明之曰：「裼者，免上衣，見裼衣。凡當盛禮者，以充美爲敬；非盛禮者，以見美爲敬，禮尚相變也。」此正別於執玉之裼，襲言之也。孔氏知之，故於執玉疏總言之曰：「凡朝之與聘，賓與主君行禮皆屈而襲，至於行享之時皆裼也。」言行享之裼，不關執玉，正得鄭意。表記：「裼襲之不相因也，欲民之毋相瀆也。」鄭云：「不相因者，以其或以裼爲敬，或以襲爲敬。禮盛者以襲爲敬，執玉龜之屬也；禮不盛者以裼爲敬，受享是也。」此與聘禮注相證益明。玉藻：「不文飾也不裼。」鄭云：「裼主於有文飾之事。」彼疏「案聘禮，使臣行聘之時，主於敬，不主於文，故襲裘。是不文飾之事不裼裘也。至行享之時，主於文，故裼裘也」。此孔氏述鄭意，又甚明晳也。此疏下文又云：「裼襲不相因者，彼謂各執其物，執龜玉者則襲，受享者則裼。」與此同也。凡皆推明鄭意，以釋本句。「圭璋特而襲」以下三句之義，不關玉之有無藻藉以爲裼襲也。足下疑於孔疏，謂「凡享時，其玉皆無藉藻，與上文言受享則裼相違，又與下引崔靈恩説『圭璋有藻，束帛加璧，不須藻』之言亦不合」。今僕發明鄭、孔之言，裼襲致敬自有兩義，皆本禮經，則可無疑於此矣。惟崔氏言璪藉或有或無，與疏語不合。竊疑此疏「皆無藉藻」之上，傳本脱一「不」字，正言享時之玉或有藉或無藉耳。請援朱子補皇侃説之例，補一「不」字，見儀禮經傳通解卷二十二。則與上下詞意相貫。而疏意謂賓於是時可以裼，可以無裼，而必一於裼者，則以行享之時，主於見美以爲敬，亦足以發明鄭氏後注之餘意矣。然崔氏之言「束帛加璧，不須藻」，顯與典瑞言「璧琮繅皆二采一就」相牴牾。疏家偶未詳辨，朱子固斥之矣。繅藉之制有二：一則木爲中幹，用韋衣而畫之；一則以組繫玉，因以爲飾。二者相連，實是一物，皆見於聘禮本經，而傳、注言其制度綦詳。賈公彦又云：「以木爲中幹者，此繅常有，不得云無藉。」經云「執玉無藉者」，據絇組繅藉而言，尤爲分曉。自陸農師、陳用之以古禮明著其物者一槩抹摋，而直以束帛爲藉。朱子亦疑之，而云「不敢斷其是非」。不謂白雲先生徑用新説，蔑棄古義，既違鄭君，又不宗朱子，其言實未可據信。凡治禮必主鄭君，朱子與門人言之非一，願先爲墨守師法，久而通貫融洽，然後泛覽諸家，昭然白黑自分，乃不爲好新異者歧惑也已。采就之説，鄭氏以一帀爲一就，而熊安生以采別二行爲一就者，據典瑞所云「二采一就」，是朱綠二采，共爲一就，故以采別二行爲一就也。采畫韋板之上，上下相次爲行，前後環周爲帀，二行二帀，事不相妨，非有異義也。地祇之祭，孔疏謂其神有二，歲有二祭。此與六天帝一歲九祭之説，同出於鄭君。諸儒聚訟，其得失非下學所可妄論。而疏家固一遵鄭氏爲説，乃就其所舉二至之日，謂「夏至之日祭崑崙之神於方澤，夏正之月祭神州地祇於北郊」，夏正之月當爲何月？語意近晦，足下疑之是也。攷鄭君注周官大宗伯「以黄琮禮地」，曰：「禮地，以夏至謂神在崑崙者也。」此明言祭崑崙之日以夏至也。大司樂「乃奏大蔟，歌應鍾，舞咸池，以祭地示。」鄭云「地祇所祭於北郊，謂神州之神及社稷」，不言祭於何日。典瑞「兩圭有邸以祀地」，鄭云「謂所祀於北郊，神州之神」，亦不言祭日。惟大司樂「乃奏黄鍾，歌大呂，舞雲門，以祀天神」，鄭云：「王者又各以夏正月，祀其所受命之帝於南郊，尊之也。」此下即接言「祀地祇」，豈前後文字相涉而致誤耶？然夏正月間又不當衍一「之」字。賈公彦云：「或解郊用三陽之月，神州既與郊相對，宜用三陰之月，當七月祭之。」孔疏亦引或説「建申之月祭」。要皆爲臆決之詞，姑存其説，闕疑可耳。大行人「六服更來，朝覲之制」，今以本經之文計之，元年侯也，二年侯與甸也，三年侯與男也，四年侯與采也，而甸當第二見，五年侯與衛也，六年侯與要也，而男當第二見，至七年則惟侯服見矣，八年采當第二見，九年衛當第二見，十年要當第二見，至十一年亦惟侯服見矣。孔氏之言不誤，無可疑者。「厭冠」疏曰「厭帖無者彊」，當從汲古閣本作「厭帖無梁纚」。據士冠禮云：「緇布冠缺項……緇纚廣終幅，長六尺。」鄭謂：「纚，今之幘梁也。纚一幅長六寸，足以韜髮而結之矣。」此舉漢法釋經也。賈疏謂：「漢時卷幘之狀，今不審知，必以布帛圍繞髮際爲之也。」其制雖唐人已不傳，僅言其概，然皆有梁纚可知。而「厭冠」則士喪禮有「纓條屬厭」之文，注謂「通屈一條繩爲武，垂下爲纓，屬之冠」，其別無布帛韜髮，又可知也。故曰「厭冠無梁纚」也。不知何時有此誤字。惠定宇據宋本改「者」爲「者」，而阮氏校勘記從之。今攷疏上文釋「苞屨」，謂「藨蒯之艸爲屨」；「扱衽」，謂「孝子徒跣扱上衽」，則此「厭冠」亦當言其冠之制度，不當以「者」强爲説。衛正叔集説引此文，亦作「梁纚」，宜從之。古書流傳日久，不能無壞字。鄭君注禮「公叔木」之爲「朱」，以世本正之；「衣衰」爲之「齋衰」，以禮經正之；「次路七就」之爲「五就」，即以本經正之，皆有據依者爲多。它亦以形聲相近求之而得。然則校正文字，亦是先儒家法。如阮公譔十三經校勘記，嘉惠後生之意甚盛，惜乎分授諸君，間有以言語相失，恩怨相出入，而求勝不已者。但當攬其大致，而審慎其從違可耳。異義「約盟不令」，春秋公羊説「不令，一本作不今」，未知孰是？異義者，許叔重譔五經異義十卷，鄭君爲駮，今皆不傳，近儒有輯本，蓋所存亦勴矣。此條許君主公、穀二傳以盟爲非古，鄭君駁從左氏以周禮有司盟之官，於禮得盟，大旨有此二説。僕嘗讀穀梁之言云：「誥誓不及五帝，盟詛不及三王」，竊謂舜以前無誥誓，此誥誓不及五帝也。而三王爲夏、殷、周，當從白虎通義，於周爲文王，非武王。趙臺卿孟子章句亦云：「三王夏禹、商湯、周文王是也。」白虎通又引詩云：「命此文王，于周于京。」此改號爲周，易邑爲京也，此正以文王受命作周，明得稱王也。公羊傳亦云：「王者孰謂？謂文王也。」明此，則周官司盟，乃武周以後之禮，非三王時所有，許君之義尤爲近古矣。中州士子頗能習程、朱之言，刻勵謹愿者多，而未能肆力於學，蓋明道必先明經，明經必假塗於先儒傳注。故朱子嘗語門人曰：「漢、魏諸儒正音讀，通訓詁，攷制度，辨名物，其功博矣。學者苟不先涉其流，則亦何以用其力於此？雖然，其本末緩急之間，又不可不察。」班孟堅曰：「六藝之文，五常之道，相須而備。古之學者，耕且養三年而通一藝，存其大體，玩經文而已。是故用日少而畜德多，三十而五經立也。」謂三年而通一藝，則必無期於速成；謂存其大體，玩經文而畜德多，則必不爲穿鑿破碎，馳騖末流，而自遠於五常之道矣。於此，可以知漢、宋大儒之言無二道，一於聖人之經而已。禮有其數，有其義，今所攷辨者數也，而義在焉，故曰「知其義而敬守之」，又曰「無不敬」。每見足下言語步趨肅然、莊雍然、和頎然，清立無惰慢者，無鄙悖者。足下時多小病，今將暫歸省母，藉以養疴。吾知子之事親也，和婉之，悦其心，賢於甘旨也；其守身也，嚴正之，養其體，美於服食也。中庸，禮經之通義也，故曰「大哉聖人之道」！又曰「優優大哉！禮儀三百，威儀三千，待其人而後行」。然則君子之明道學禮而已矣，正其趨，一其志，深其思慮，夙興夜寐，日與三代之文相接，不誘於時尚，不奪於外物，久而浹洽，其立言制行，必有可模可範者。而聖人之言，立於禮者乃不虛，願足下勉之而已。

家書

與弟警石書

學髓爲養疴第一妙方，但未知吾弟果能一日坐定三次否？果能如此，正不必定以悔過自新爲念，心中灑灑落落，空空冷冷，乃有極妙之境在焉。然非胸中實在靜定，斷乎坐不住；若坐不住，亦無別法，只管强之使坐，由暫而久，愈久愈定，由勉而安，愈安愈神。至謝山之銘，即本二曲集中，其第一卷爲學髓，第二卷即爲悔過自新録。此過字，即於慮中求之，爲靜坐中正本清源工夫，自是入聖階梯。若能無所動念，常惺惺地，則此時性體乃是反本復始，所謂體認天理，此與悔過不同，此語如未了了，可看近思録之道體，正是初學入手工夫，非躐等也。道體、天理一物也。所謂觀喜怒哀樂未發時氣象，皆是物也。

凡講一事甚費心力，至極繁瑣而終至明白，則此工夫乃不爲徒用。若東西綴緝新語，似乎無所不有，而實則一無所有。即通考所編各事，已不若本史中之源流清澈，蓋皆有一時之風氣，一時之事勢，看了全局，雖難而易記，若更節之，則只爲策料而已。今說此，似乎大言，其實明一事，了一事，古來事勢大旨，亦非甚難明者。而經中之大疑義，亦並不多得，一本以貫之，總可通。如說文者，雖甚繁而至捷。

弟讀書校書，讀一句講一句，無論見深見淺，必不爲客氣欺人之語，此是真學者。今就所得論之。小學尚少工夫，識字至要，不能不於説文求之。或將説文中經典習用之字録出，以印證諸家訓詁之異同，因是以疏通古義，必有所得。其有引經異文，轉不必過於研究，須明其一書之大體，於形聲、會意、指事之原稍有窺見，則受益非一端已也。而引經異文，自有可豁然貫通者矣。子方兄弟性近此否？至朱子之書，如語類，不可不常看，子方兄弟亦必須看，所受益更非一端已也。學問之途如是而已。即兄炳燭之明，讀得一句是一句，識得一字是一字。今者識準一兩字，或解透一兩句經書，於是喫白飯，愈覺其秉香噴鼻矣。其他雜碎之學，實爲勞心無益，竟可屏除。書云「不作無益害有益」，此尤宜常在心頭記著，不可忘也。吾弟體氣未充，然此時養性，果得其宜，尚可望其滋長堅實。如於校勘之餘，讀論語、詩經，受益最速，勝於戴記、左傳也。大學、中庸，入德之門户，子方此時可於每日晨起，或甲乙相間，讀學、庸白文一過；或專治中庸，讀一二月朱注，使之脈絡貫通，字字見其實在；而爾雅向來常讀者，必須温習，詁、訓、言三篇，尤爲至要。胸中有中庸，以讀諸經之言義理者，無所不通；胸中有爾雅、説文，以讀諸經之疏解，亦必有所折衷矣。

六經如天，諸儒之傳注猶推步耳。推步未有久而不先後者，蓋得其近是，已足敬授人時矣。大儒鄭君於詩、於三禮，朱子於四子書，得聖人之意爲多，他經未能也。竊謂易必虞，左必賈、服，公、羊必何，故於敍鄭學中略及之，未知不大謬否？

錢先生泰吉

錢泰吉字輔宜，號警石，衎石之從弟也。父復，大興縣知縣，有循聲。先生少孤，居母喪盡禮。少於衎石八歲，嚴事之。家貧，節布糲購書數萬卷，日閉門讀書。假善本，及先輩平點本，校注於眉端，如史記、兩漢書、晉書、集韻、元文類，皆校勘數周，一字異同，旁求衆證，不妄下雌黄。與衎石書問往來，搜羅先世文獻，咨詢學術，或尚論前哲，評隲古今，著述窮極理趣，動逾千言。與友人論文，其要必本於性情之真，養之以正，不爲偏雜，氣和而體醇。以廪貢生官海寧州訓導，謹身教，整士習，求民生利病，言之於有司，斷斷必盡其指。在官近三十年，大府將以知縣薦，力辭。晚以子應溥官部曹，拜敕封，乃辭官，州人留主安瀾書院。咸豐末，寇至，應溥方佐曾文正幕，迎養至安慶，文正甚重之。同治二年卒，年七十有三。在海寧撰海昌備志五十四卷、海昌學職禾人考一卷。其集曰甘泉鄉人稿，二十四卷，詩文旨趣與衎石不異。稿中羣書校語、跋尾及曝書雜識，世推爲博洽。參曾國藩撰墓表、衎石撰文稿序、史傳、年譜。

文集

與金岱峯論祀孺悲書

臨安久無尊經閣，吾兄既重建應奎樓，又倡議創造，克觀厥成，欲用謝山全氏之議，祀傳經先儒，甚盛舉也。謝山之議詳美矣，然尚有未安者。尊經閣之祀，雖較兩廡有間，然非私家建置，不敢執一人之説，遂定祀典也。己承命商之衎石家兄，俟其答書，即當奉達。兄欲祀孺悲，其議發於竹垞翁，謂論語記孺悲欲見而孔子辭以疾，後人疑孔子拒之門牆之外，遂以親受禮於孔子之儒，不得與配食之列。是説也，泰吉竊有疑焉，敢陳左右。悲之欲見而辭疾，不知孔子之意何居？皇侃論語疏謂欲見孔子爲召孔子，不知其言所受？朱子謂學禮時得罪；竹垞翁則謂始雖辭疾，終授以禮，皆爲揣測之辭，當日情事究未知其何若。孺悲果能發其蒙而崇道歸聖，若李充之論乎？抑終無自新之塗，遂挫之而絶之乎？然悲之宜祀不宜祀，亦不在夫子之終絶與不終絶也。尊經之祀，意在傳經，果爲禮家一大師，則雖若後儒之實有疵纇，猶將置其生平之議，録其傳經之功。況孺悲者，未由知夫子不見之故，則其人之賢否未可知，因疑似之文，蔽經師之罪，敢乎哉！蓋嘗繹雜記之文，而知悲學禮之功固不可没，若遂許爲孔門傳禮之儒，則推崇之過矣。記曰：「恤由之喪，哀公使孺悲之孔子學士喪禮。」然則悲特受命於哀公而來爾。哀公屢問禮於夫子，戴記所傳大昏等篇，皆由哀公發之。使悲來學，又得傳士喪禮，則傳禮之功，當歸諸哀公。悲特銜命之使人，如朝錯因孝文之詔，往受伏生尚書，而世傳尚書學者，不聞朝氏得比於歐陽、大、小夏侯也。鄭君釋士喪禮，於是乎書之文，謂孔子以教孺悲，國人乃更書而存之，疏家無箋釋注義。竊謂鄭君之意，亦不過謂國人見哀公之好禮，轉相效慕，乃即孺悲所受教者，書而存之，而未嘗必謂孺悲爲傳禮之師也。況士喪禮具載儀禮，自來言禮家傳授源流者皆不及孺悲，未可與受易之商子木並；不過一時承命而來，則亦不得與學禮之仲孫氏同居弟子之列也，而遂以冠尊經之祀，竊以爲未安矣。竹垞翁謂明人議黜崇祀諸儒爲天姿刻薄，泰吉豈敢犯此不韙之名？因兄高議，遂發狂言，望與筱園商之，并賜裁答。餘詳別紙，不盡。

適孫攝重議

署桐鄉縣教諭海昌張君承福之母顧孺人卒，既殯，而張君卒。張君之弟承烈爲叔父後，不得攝喪主，將使教諭君長子濤爲祖母持重，而稱承重孫，則疑於「父爲適，居喪而亡，孫不傳重」之文，見通典卷八十八，適孫持重條下。以詢於泰吉。泰吉曰：教諭君之弟若不爲人後，則爲母服三年之服，而爲兄攝喪主；濤也不忍變於父在爲父喪之主而服祖母以本服，可也。教諭君之弟既爲人後矣，若濤也不忍變於父在，則顧孺人終喪三年之禮，誰爲之主？而誰爲之服哉？濤也今雖在千里之外，其聞喪而奔歸也，以一身兼主二喪，夫何疑？杜氏通典所載，有祖喪而父亡，服議已言兼主二喪矣。卷九十二。若承重孫之稱，萬氏充宗嘗議之，謂禮經惟言傳重，無言承重者。儀禮於孫主祖喪，止曰「父卒，然後爲祖後者服斬」。雜記載喪祭祝辭，止曰「哀孫喪服」，於爲人後者曰「受重」。後人制禮，定爲承重之孫，蓋以上有所傳，則下有所承，以別於爲人後者之受重，義非不當，第專施於孫主祖喪，則意實未該。泰吉謂禮緣人情而生，禮既世變而殊，則辭亦因時適宜可矣。宗法久廢，幸有承重孫之名，亦告朔餼羊之意也。而若濤也，於狀刺之文則宜稍異其辭，以別於父亡而後喪其祖母者也。嘗聞通儒沈冠雲之論矣，曰：「若有祖亡未殯而父亡者，於父未殯之前，亦攝父事，雖祖殯未得爲承重正主，必父殯而後得承祖喪之重也。其殯祖時，狀刺則稱孤孫。」果堂集附見於「父未殯而祖亡承重議」後。今教諭君之喪，則顧孺人已殯矣，與冠雲所言未殯者雖稍殊，而濤也在千里之外，尚不得聞其祖母之喪，而教諭君又死孝矣，其奔喪也豈忍變於父在而儼然承重？然又不可同於父在而爲諸孫之文，則其狀刺之稱，宜曰攝重孤孫。蓋冠雲嘗曰：「父而未殯，宜攝重而不宜承重也。」且合於萬氏所述喪祭祝辭曰「哀孫」之文，其可也。泰吉非習於禮者，又未嫻朝廷之定律，何敢主持斯議？伏讀欽定儀禮義疏，於喪服中録鄭康成答趙商問「父在爲祖三年」之文，御案云：「以此推之於大夫士，凡祖父之喪，父有廢疾不能受重，則適孫受重而服斬，禮亦同之。」聖制煌煌，天下萬世所共式也。父有廢疾，尚宜受重，況父已没乎？濤也縱不忍變於父在，而同於父有廢疾之禮，誰曰不宜？苟不忍變於父在，則終服受重三年之服，而攝重之稱不變也，亦誰曰不宜？

冷齋勘書圖記

亭林先生述陸文裕之言曰：「元時州縣皆有學田，所入謂之學租，以供師生廩膳；餘則刻書，工大者合數處爲之，故讎校刻畫頗有精者。」又謂：「宋、元刻書，皆在書院，山長主之，通儒訂之，學者互相易而傳布之。故書院之刻有三善焉：山長無事而勤於校讎一也，不惜費而工精二也，板不藏官而易印行三也。」今讀元西湖書院刻文類、公文及慶元路玉海指揮，知文裕之言信而有徵矣。宋、元書院山長，往往以教授兼之，今則院長延士大夫退居者，教官䞇兼任，然其職閒無事，不離文字之役，則一也。歲丁亥，泰吉始爲海寧州訓導，先世遺書萬餘卷，盡攜之學舍中，取仇山村「官冷身閒可讀書」之句以名其齋。既以病廢，謝絶科舉之業，精神遐漂，不能爲深沈思，因假友朋所藏舊刻，日校數葉，爲靜坐養性之助。八九年來，財數百卷，而於兩漢書、元文類用力稍多。兩漢書校本則假之梅里李君遇孫、武林汪君遠孫。李君今司訓栝蒼，汪君下世，欲如亭林所謂互相易而傳布者，恐不易得。乃寫泠齋勘書圖，海昌張君元爲寫照，陳君宗敬補景，陳君又别爲圖一幅。而以所校諸書跋語録於後，傳示同志，冀各出善本相假，俾無事之歲月，不至惰棄，且以告我良友之爲院長、教官及久任校讐之職，如劉中壘、顔祕監其人者，并力於一書，當不若明時書帕本祇供餽贐之用也。或曰：「學校之官，當講明道德，啟迪生徒，乃爲稱職；否則融貫經史之大義，勒成一書，亦不得行其志者，思所以詔來學也，皆不出此。徒從事於一字一句之間，見其小而忘其大，得其淺而遺其深，坐耗居諸，不亦惜哉！」斯言也，余甚愧之。

家書

與衎石兄書

吾兄前寫示二曲學髓，頗以爲養疴之助，然胸中惝怳幾無把握處。昨閱全謝山窆石文，述二曲論學，以悔過自新爲宗旨，以靜坐觀心爲入手。靜坐乃能知過，知過乃能悔過，悔過乃能改過以自新。得此數語，如游騎有歸矣。快甚！快甚！

連接冬底來諭，諄諄爲後生小子立讀書根本，弟細爲兒輩開導，並鈔一通寄子仁，屬其傳誦講解，即不能一一領受，必有聞而憤悔不自惰棄者，但目前殊難其人耳。弟已無科舉之累，亦尚未能潛心義理，總由文字之障未除也。舉業代聖賢立言，果能實力奉行，較他文字尤易近道。兒輩究是根本未立，所以理路不清。現且令理經，能熟讀正文後，各就性之所近，稍立牆壁，不失爲讀書種子，足矣。科舉得失，弟已淡焉置之，不敢奢望。喫有菜飯，著可補衣，爲童子師，先人餘澤，或未歇絶也。

兄言清安老人辦案，細微而又疏闊，確得老人之用心。弟在山東撫署侍談時，亦窺見一二。嘗於燭下閲幕友所擬奏稿，往往如廬陵之言。一日定某縣教官獄，其罪名「無禄人當流三千里，職官當出口」，老人執筆沈思，久之曰：「若年已老，其爲禄甚微，況口舌細故，固執不通，致以誣人罪名，反坐出口，尚能生還耶？仍以流三千里定罪可也。」若此者非一端。聞兄細微而又疏闊之言，不獨辦案如是，讀書爲人亦皆如是。四字互爲體用，其益無方矣。

兩月來點讀衛氏禮記集説，日十餘葉。杭堇浦惟稱陸農師能與前人抗論，弟則謂畢竟以長樂陳氏爲首推也。衛氏節録孔疏，間有失其本意者，吾兄以爲何如？所藏日知録，猶是學源先生遺書，近假李香子翁過録；敬堂先生評點本，令炳森依式録之。曾聞介石徵君述敬堂遺言，謂「近人得古人一瑕，輒自喜如酷吏之得一盜賊也，盡力攻駁，與盡法敲榜何異」？嘗歎服以爲名言。今觀敬翁所評，亦不免是病，而於宋大儒時有不滿。因令炳森，凡涉此類，悉置不録，庶幾不負敬翁平日之言，且不失學源先生讀書宗旨耳。陳其年全集，炳森之友所贈。頃讀儲夫人傳，似尚有繁縟處，不及陳恭人誌遠矣。吾兄本原深厚，非近代文家所能逮，亦猶擇翁之於詩也。前聞靜讀時常在「顧諟天之明命」句，近更何如？弟則本體之明幾乎息矣。聞炳森之子讀大學，偶憶及此。然爲救荒計，苦無理財之策，而以利爲利者日接於耳目，殊堪慨歎。

附録

衎石年十二，效選體作山賦千言，張船山問陶見之，擊節稱賞。警石年十三，爲詩文，縱横馳驟，才氣甚盛。及奉父喪還，世父艮齋方家居，見之甚喜，語衎石「善啟誘若弟」。乃日相就論詩古文辭，治鄭、孔之學，「錢氏二石」由是有聲於時。史傳、甘泉鄉人年譜。

警石嘗稱述衎石之言曰：「窮經以小學爲本。漢人之小學，文字故訓也；宋人之小學，灑掃應對進退也。二者正宜兼習，不可偏廢。此即君子尊德性、道問學之大端。欲尊德性，則容貌辭氣必宜慎之又慎，觀『曾子所貴乎道者三』一節可見。若欲致力於問學，則必先熟爾雅，而他經之古訓，悉參其異同，佐以説文、廣韻，則文字訓詁可以粗了。至治經，看一家之書，且守一家之説，不可自己有意見。今人善讀書者少，由於有意見，故虚字爲讀書第一訣。虚非謙之謂也，古人謂『讀易者如無書，讀書者如無詩』，乃虚字訣。夫以聖賢相承之故籍，數千年聚訟不決之疑，乃欲以一己之心思才力，一目讀下，便見黑白，安有是理！是以寧墨守，無輸攻，久之有得，或竟可一言決千古，始非倖獲也。讀史以制度典章爲重。史家本有二派：治亂興衰一也，制度典章一也。顧興亡之跡，其理即見於經，考史以證經耳。至一朝因革損益利弊之由，非講求有素，則徒善不足以爲政，他日臨事，施措失宜，而民受其病矣。甘泉鄉人年譜。

衎石文以樸實精純爲尚，雅近李習之、曾子固，自名其集曰記事稿，示無苟作也。警石文亦類是。衎石爲作文稿序略曰：「嘗觀文人之雄，秦、漢以來，雖門户不一，及其至也，技巧變化，皆不能無所止，而惟道德之養爲無窮也。弟多病，時愈而間作，與其操筆以役心也，不如體道而思默，默而有不得已於言者，必有異於今之所言者矣。弟嘗慕梅子真之爲人，誦言曰：『吾以讀書養性爲務。』然則文辭之所不得已者，弟自得之。韓子曰：『道德之歸也，有日矣！』文云乎哉？」蓋二石兄弟間切磋砥厲，不自滿假類如是。衎石齋記事稿、甘泉鄉人稿。

二錢家學

錢先生寶惠

錢寶惠字子萬，衎石長子。道光庚子舉人，先衎石卒。衎石撰説文雅厭未成，使竟其事。取段懋堂説，謂「説文以形爲經，而義與聲緯之，苟取義之相同相近者，各比其類爲一書，精密當過爾雅」。其言與雅厭同意，因名其書曰義緯，自爲序例，附聲類二篇。又别撰唐韻聲類。尚有經韻廣證，未成。警石謂其學博綜經史，而於聲音訓詁尤爲專精。嘗言聲音歷久必變，説文爲古本音，三百篇爲周人音讀，自不能盡合於古音。衎石亦謂「爲心得之論」云。弟寶宣，字徐仙，同榜舉人。警石子炳森，字子方，道光甲辰舉人；應溥字子密，道光己酉拔貢，官至工部尚書，謚恭勤。並孝友篤學，克守家風云。參曝書雜記、甘泉鄉人年譜。

衎石弟子

林先生伯桐

別爲月亭學案。

曾先生釗

別見月亭學案。

侯先生度

別見月亭學案。

蘇先生源生

蘇源生字泉沂，號菊村，鄢陵人。道光丁酉拔貢，庚子中副榜貢生，少孤，十歲即知守身之義。母病瘧，晝夜侍側，憔悴無人狀；病劇，刺背血爲文，禱於神，旋愈。衎石主大梁書院，因從之遊。言動無放，出入不苟，自爲課程甚密。每假歸省母，母恐其廢學，趣之往，而依戀怊悵，見於詞色。衎石嘗歎曰：「是家母子如是，蘇氏其興乎！」咸豐元年，舉孝廉方正，辭不就。八年，皖匪竄扶溝時，鄢城久圮，先生不憚勞怨，倡修之，並爲規畫守禦計。賊至，宿城上指揮抗拒，故他邑多蹂躪，而鄢陵獨完。生平讀書，篤實爲己，專一而不雜。其學遠宗二程，近法薛文清瑄，刊讀書録等書，以教士子。與同時中州講正學者蒙古倭仁、河内李棠階、内鄉王檢心，皆負時望，以醇正稱。嘗謂「程、朱之言，皆程、朱所已行，遵其言必當遵其行」，著省心録十卷。又以大學格致一傳紛紛聚訟，謂「一切不必辨，但就章句發明之，是非自見」，著大學臆説二卷。又編集鄉邦著述，録其法言懿行可傳於後者，爲中州文徵五十四卷。同治二年，學使景其濬以學養純粹薦，奉旨以訓導用。後以歷年守城勞績，加光禄寺署正銜。他著有鄢陵文獻志四十卷、師友劄記四卷、紀過齋文稿二卷。所輯中州學案未成。九年卒，年六十二。參史傳。

警石弟子

蔣先生光煦

蔣光煦字日甫，號生沐，海寧人。諸生。候選訓導。十歲而孤，嫡母親督課，早自淬厲於學，無所不窺。家富藏書，編刻别下齋叢書，涉閱梓舊，世稱善本。著東湖叢記、斠補隅録。弟光焴，字寅昉。諸生，大理寺評事，亦好藏書，著詩小説、敬齋雜著。參海寧州志。

管先生庭芬

管庭芬字培蘭，號芷湘，海寧人。諸生。少而嗜學，尤長校勘，熟諳鄉里掌故。佐蔣石輯海昌備志，又爲蔣生沐校刻諸書。光緒六年卒，年八十四。著卯兮筆記、一瓻筆存、海昌經籍著録考、渟溪老屋自娱集。又輯花近樓叢書，未刻序跋，近始刊行。參海寧州志。

唐先生仁壽

唐仁壽字端甫，號鏡香，海寧人。年十四爲諸生。讀書好古，究極名理。及從蔣石游，購求宋、元善本，日事校讐，所詣益進。同治初，金陵始設書局與南匯張獻山文虎同校史記，用蔣石校本，考訂精審。著駁孟子古義疏證、諷字室古今體詩。參海寧州志。

二錢交游

胡先生祥麟

別見朗夫學案。

李先生貽德

別見柳東學案。

朱先生鴻

朱鴻字儀可，號筠麓，秀水人。嘉慶壬戌進士，改庶吉士，授編修，累遷御史、給事中。出爲湖南糧儲道，忤上官去職。主講長沙城南書院。通疇人術，融貫中西，在國史館分纂天文、時憲、樂三志。著考工記車制參解圖説，衎石亟稱之。又著聲音譜、聲字薈録、名物偶拈舉數。參嘉興府志。

金先生衍宗

金衍宗字維翰，號岱峯，秀水人。嘉慶庚申舉人，官臨安縣教諭，遷温州府教授。少師嘉興沈叔埏，治經主箋鄭諍朱。在臨安學，用全謝山説，議於尊經閣祀漢以來經師未入兩廡者：易王弼、韓康伯、孔穎達，詩毛亨，周禮、儀禮賈公彦，禮記戴聖，左傳杜預，公羊傳何休、徐彦，穀梁傳楊士勛，孝經邢昺，論語何晏，孟子趙岐、孫奭，爾雅郭璞，大戴禮記戴德、盧辯，國語韋昭，説文許慎。又增功在羣經之河閒獻王劉德及陸德明，凡二十一人。衎石爲之作記，警石亦遺書往復商榷而後定。著有苕隱芻言、甌隱芻言、尊經閣祀典録、思貽堂詩文稿。參嘉興府志、尊經閣祀典録、衎石家書、甘泉鄉人稿。

沈先生濂

沈濂字景周，秀水人。道光癸未進士，刑部主事，歷官至淮徐道，勤於吏事。咸豐初，以河决罷官。主講河南大梁書院，爲考訂之學。著懷小編，原本經史，旁逮百家，多就正於警石。參嘉興府志。

張先生昌衢

張昌衢字步康，號蕘民，嘉興人。嘉慶丙子舉人。警石與爲摯友，嘗曰：「蕘民善規我過，長於考證之學，欲專求諸經輿地，先成禮記地理考，蓋仿王伯厚之於詩也。」殁後遺書散佚，惟春陰閣體物詞刻行。參嘉興府志、甘泉鄉人稿。

清儒學案卷一百四十四

柳東學案

柳東治經，蒐集遺説異文，疏證精密；於石經致力尤勤，薈萃歷代諸刻及諸家考訂之説，折衷求是，可稱集成之書。同里李氏羣從，志同道合，互相切劘。薌沚、杏邨研經皆以精博稱，與柳東相頡頏焉。述柳東學案。

馮先生登府

馮登府字雲伯，號柳東，嘉興人。嘉慶庚辰進士，改庶吉士，散館，授福建將樂縣知縣。抵任方兩月，聞母病，即辭官歸里。後改就教職，選補寧波府教授。在任數年，大吏重其才，將薦舉之，力辭，因病乞歸，尋卒。先生劬書力學於兩漢、唐、宋諸儒之經義，旁及諸子百家傳注，靡不强識博通，而聲音訓詁尤爲深邃。所著有三家詩異文疏證六卷、補遺三卷，以毛詩多叚借字，三家詩多本字，因即宋王應麟書爲之疏證，與傳箋互爲發明。又著三家詩遺説翼證二十卷，皆勝范家相書。又著論語異文考證十卷，蒐羅遺佚，并援前人之説，稽其同異，以闡明古義，詮釋精審。又著十三經詁答問十卷、石經考異十二卷、金石綜例四卷，並見稱於時。他所著尚有閩中金石志十四卷、象山縣志二十六卷、金屑録四卷、石餘録四卷、浙江磚録一卷、唐宋詞科題名録一卷、玉臺書史補六卷、梵雅一卷、小謫仙館摭言十卷、酌史巖摭譚十卷。其編輯者爲曝書亭集外稿八卷、清芬集八卷、梅里詞輯六卷。工古文詩詞，著有石經閣文集八卷、拜竹龕詩存四卷、種芸仙館詞四卷、釣船笛譜一卷。參史傳、汪士侃、吴德旋撰石經閣文集序。

漢三家詩異文疏證自序

漢初傳詩者四家，而魯、齊、韓最先，三家並立學官。迨毛傳行而遂微，齊亡于魏，魯亡于晉，韓至唐猶存，其遺説每見于他書。昔朱文公嘗語門人，文選注多韓詩章句，欲寫出而未果，此王伯厚詩攷所由作也。顧但存條目，通釋缺如，蓋未成之書。余稍加訂正，釐爲六卷，補遺三卷。至異字異義，其間與毛異者，雖不出三家，然漢儒傳授各有師承，不能確指爲誰氏之説，并廣爲搜采，爲綜補十卷，以附於後，亦王氏例也。夫漢、魏以來，諸書所引，惟韓獨多，而蔡邕之石經、獨斷，孔安國之書傳，司馬遷之史記，班固之漢書、白虎通，劉向之説苑、新序、列女傳，包咸、何晏之論語，並本魯詩。匡衡、翼奉、蕭望之及景鸞圖緯之説，皆爲齊詩，其古義尚可考見。大約三家從今文，毛從古文，三家多正字，毛多假字，推乎通轉之原，别乎形聲之始，詳究乎遷移變易之得失，其異者又未嘗不同也。近范氏家相三家詩拾遺，趙氏懷玉校韓詩外傳，盧氏文弨補校詩攷，汪氏照三家詩義證，宋氏綿初韓詩内傳徵，頗有闡發，不欲爲雷同之學，專疏其異，以别於諸君云爾。

漢石經攷異自序

後漢熹平四年，詔立石經於太學，據靈帝本紀及儒林、宦者二傳，皆曰五經，蔡邕、張馴傳以爲六經，隋經籍志又以爲七經，俱非也。中郎以小字八分書丹，使工鐫石，儒林傳序以爲古文、篆、隸三體者，亦非也。三體乃魏所建也，本朝顧亭林、朱竹垞、萬季野、全謝山諸先生言之詳矣。近翁覃溪閣學石經殘字攷亦備載原委，而於古今文異同之辨則俱略焉。攷漢石經尚見於唐書藝文志，張參據以校正五經文字，當時雖非完本，而卷帙尚多，惜未及詳載經文，僅存字體。七十餘字中，惟桃、指、牆、喬、粲、寡、寂、宜、明、叔、青、頻、䍐、旒、平、笞等字屬隸變，餘並同正文，而章句無可綴屬矣。至五代後散佚無存，其遺字僅見於宋洪适隸釋、黄伯思東觀餘論而已。今援隸釋例，彙爲攷異一卷，其有義無可通，謹闕以俟有散見他書，爲洪、黄所未見者，旁證以補之。至吕氏讀詩記所載石經，如「江有洍」，「擊鼓其鼛」，「優而不見」，「攕攕女手」，「岦兮達兮」，「芄蘭之枝」，「民之僞言」等文，皆見説文，於石經無所據，恐出董氏私見。惟「子衿」作「裣」，尚可攷。至任啟運謂論語「有婦人焉」，漢石經作「殷人」，更屬臆説。又廣韻四十五厚「斗」字註，説文作「亐」，石經作「斗」，當是漢石經。一切經音義卷七大般泥洹經云「宴」，石經爲古文「燕」，同。莊氏炘謂漢石經也。然無經文可釋，附記於此。

魏石經攷異自序

隋志魏正始中，立一字石經，相承以爲七經正字。後東魏末武定四年八月，自洛陽徙鄴，半没於河陽。晉書衛恒傳言魏初傳古文者，出於邯鄲淳。恒祖敬侯寫淳尚書，後以示淳，而淳不别。至正始立石經，轉失淳法。魏書江式傳偁魏陳留邯鄲淳特善倉、疋、許氏字，指八體六書，又建三字石經於漢碑之西，其文蔚炳，三體復宣。校之説文，篆隸大同，而古字少異。余案：一字石經者，蔡中郎書也。魏始具三體，隋志所偁一字，乃三字之誤，據恒傳，亦非邯鄲淳書，乃敬侯也，衛恒書勢亦不言淳書，當得其實，則隋志、魏書不足信耳。其遺字載於隸續者，左傳古文三百有七，篆文二百十七，隸文二百九十五。有一字而三體不具者，中有尚書文二百八十八字，亦不僅左傳也。外此如皇祐間洛陽蘇望氏所刻，凡文八百一十九，名曰石經左傳遺字，即隸續所據以載者。慶曆中，夏文莊公集古文四聲韻，所收石經數十字，不出乎此。至明所傳正始石經，爲豐坊僞譔，其餘遺文不概見矣。嘗讀郭忠恕汗簡所録石經，多古文，即正始本，其略敍曾言之。雖忠恕間有僞説，而此石經諸文，證之羣書皆合，有足補番陽所未及者。但於經文已無可分屬，特爲標出，以竢世之嗜古者得所攷焉。

唐石經誤字辨自序

嘉慶庚午春，余既箸漢石經異文攷二卷，辛未又成魏石經攷二卷、蜀石經攷二卷。夫中郎石刻，漢學之最古者也。厥後傳刻既緐，古今文亦少羼雜，惟開成去古未遠，猶爲純備。肰幾經後人之手，一誤于乾符之修改，再誤于後梁之補琹，三誤于北宋之添注，四誤于堯惠之謬作，遂失鄭唐之舊，肰尚可以校勘之功分別之。至俗所傳裝潢本，取明版本翦綴爲之，乃不可復別矣。顧氏亭林曾客西安，親撫石本，校正其誤字，乃文異義同者，箸于金石文字記中，其間所摘誤字，有不盡誤者。乾隆五十六年，奉詔刊立石經，多从唐石經以正監本。佗如錢竹汀、王西莊、翁覃溪諸先生，亦以顧氏所勘未盡，畧有訂定，未見成書。爰搜羅附益，會最此卷，屬我友李君貽德校勘焉。非敢妄議前人，亦聊以存愚者一得云爾。

蜀石經攷異自序

後蜀石經，易、書、詩、周禮、儀禮、禮記、左傳、公羊、穀梁、孝經、論語、爾疋、孟子凡十三經，吕、陶謂九經者非也。其書丹周易楊鈞、孫逢吉也；尚書周德貞也；毛詩、禮記、儀禮張紹文也；周禮孫朋吉也；孝經、論語、爾疋張德釗也；三傳不誌何人書，悉遵太和本與唐版本，時有同異。其相毋昭裔獨辦之，刊石成都學宮。刊始於廣政元年，歷八年，而以次告成。春秋三傳至宋皇祐元年九月始訖工。宣和五年，益帥席升猷刻孟子。乾道六年，晁公武刻古文尚書。皆謂之蜀石經，經皆有注，尤偁詳備。晁氏云：「周易經文不同者五科，尚書十科，毛詩四十七科，周禮四十二科，儀禮三十一科，禮記三十二科，春秋左傳四十六科，公羊二十一科，穀梁一十三科，孝經四科，論語八科，爾疋五科，孟子二十七科。其傳註不同者尤多。」洪文敏謂：「字體清謹，有貞觀遺風。」南宋時猶存，宋儒引經，並據此本，與小字本、岳珂本往往相合。元、明無偁之者，殆亡於嘉熙、淳祐以後也。其間遇唐諱皆缺筆，沿開成本也。「察」字、「祥」字缺筆，則避本國諱也。按知祥父名道，此刻屢見不諱，蜀檮杌云「名𡾊」，則歐史作「名道」誤也。知字不諱，二名不偏諱之義也。石經搨本罕有流傳，惟厲樊榭、丁龍泓、全謝山諸人曾見毛詩二卷，乃廣仁義學所遺，僅著輖饑異文，未及詳攷。近王氏昶金石萃編，及嚴氏杰載毛詩殘碑，已佚弟一之上半卷，以版本參校，閒多疏略。錢氏大昕又得左傳昭二年殘搨，趙氏魏又得周禮夏官殘本，各有著録，異同之釋，從略焉。余彙諸宋本、明監本、毛本，以石經校之，頗有足証版刻之譌者，雖未見全經，亦差可附公武攷異之末。後之言廣政石經者，不無小助云爾。

北宋石經攷異自序

世知有一字、三字石經，而不知有二字石經。李燾長編載嘉祐六年三月，以篆國子監石經成，賜草澤章友直銀百兩，絹百疋。除試將作監主簿，辭不就，故有是賜。宋史北宋篆石經有謝飶、張次立、楊南仲、皇姪克繼等，或賜銀幣，或賜出身。周密雲煙過眼録記嘉祐石經云：「羅壽可游汴梁太學，九經石堆積如山，一行篆字，一行真字。」朱檢討彝尊經義考據安世鳳説，謂金耶律隆曾修宋嘉祐石經，至明已殘斷不完。彭尚書元瑞曾得周禮殘本凡十二葉三百五十四行，惜僅載起訖，不復考證同異。惟吴山夫金石存載顔、賈親向開封府學榻得嘉祐石經，尚有周易二碑，存升、困、革、鼎、未濟五卦及繫詞前七章；尚書三碑，存牧誓、武成、洪範、旅獒、金縢、康誥、酒誥七篇。迨畢尚書沅撫中州，詢之開封學官，碑已無存，惟陳留僅存周禮卷一及卷五中數石而已。錢氏大昕金石文跋尾所言亦同。彭本此卷，余從苕溪孫茂才衍慶得之，共二百六十九行，較彭所得本少八十三行，以兩本互校之，凡周禮卷一及卷五、卷六中所存殘字，有出於畢尚書所見外者。又從方履籛得禮記殘碑，履籛藏有易、書二殘本，云得之開封府學，惜未及寄示，竢它日索之。凡石經古文，並足證刊本之誤，有功於微學不尠矣。因據汲古閣本參校，略釋同異，以補向來言石經者所未及云。

南宋石經攷異自序

宋自至和刊立二體石經，南渡播遷，淪没鴻水。高宗定鼎臨安，萬幾之暇，留意翰墨，嘗諭輔臣曰：「學寫字不如寫經。」紹興十三年，以次頒所書小楷易、書、詩、左傳四經刊石。十六年，又書論語、孟子，皆付之石，立於太學。至淳熙四年，建光堯石經閣，置碑其中，重勒高宗御筆行書中庸、大學、學記、儒行、經解五篇，以補禮經之闕。玉海言之詳矣。宋亡，幾遭楊秃之厄。元明間屢經徙學移碑，遂有殘缺。今杭州府學所存碑八十六石，諸經皆非足本，禮記僅存中庸片石，證之明楊一清所記碑目尚符，朱氏彝尊所謂八十七石者，誤也。紹興至今六百餘年，而碑之漫漶已如此，當時所頒州學者，散佚已盡。即宋搨流傳，好古家絶不可得。今就所可識者，考其異文，間采遺字之見于他書者補之，有足訂今本之譌，見宋槧之善，亦世之言石經者之一助也。

國朝石經考異自序

石經肇始于漢，歷代相承，率多殘泐，惟唐石經至今尚存，最爲完備，然亦有補刻之譌。我高宗純皇帝於乾隆五十八年，詔刊十三經於太學，即長洲蔣衡所書，勘定立石，依開成石經，參以各善本，多所訂正。彭尚書元瑞曾譔考文提要十三卷，以證校正所自，當時因急於告竣，未及盡改。迨我仁宗睿皇帝嘉慶八年，尚書奏請重修，於是復命廷臣磨改，以期盡善，故前後搨本不同。兹從改定石本，以各石經洎宋本考證明閩監毛本之譌，間采提要及阮宫保元十三經校勘記，以覈其同異。其間爲版刻相沿之誤，或虚字增損，無關義理者，從略焉。草野寒儒，不能家置石刻，得此一編而披覽之，由是以見聖朝之扶翼經訓，有迥軼於漢、唐諸刻者，實可定一尊而别黑白爾。

文集

毛詩假借字攷

詩三家多正字，毛多假字，鄭康成云：「其始書之也，倉卒無其字，比方音類趣於聲之所近而已。」不明乎此，而强爲之解，則窒而不通；習於俗學，偶舉本義，則茫然莫識，學者之大病也。如詩「報我不述」，韓作「術」，薛訓法術之術。「聊樂我云」，韓作「魂」，薛訓神魂之魂。「譖始既涵」，韓作「減」，薛訓少減之減。「在此無斁」，韓作「射」，鄭訓射藝之射。皆昧於古今通假之原，而望文生義，在漢大儒，尚有未盡通曉者矣。毛公作詩傳，遇假字多易以本字訓之，康成乃爲改讀，皆其例也。今以毛詩攷之，如「是刈是濩」之「濩」，爲「鑊」之假借；「害澣害否」之「害」，爲「曷」之假借；「云何吁矣」之「吁」，爲「忏」之假借；「桃之夭夭」之「夭」，爲「枖」之假借；「灼灼其華」之「灼」，爲「焯」之假借；「公侯干城」之「干」，爲「扞」之假借；「惄如輖饑」之「輖」，爲「朝」之假借；「麟之定」，爲「顁」之假借；「于以湘之」之「湘」，爲「鬺」之假借；「何彼襛矣」之「襛」，爲「茙」之假借；「逝不古處」之「逝」，爲「逮」之假借；「于嗟洵兮」之「洵」，爲「敻」之假借；「既詒我肄」之「肄」，爲「勩」之假借；「餘餞於禰」之「禰」，爲「坭」之假借；「不瑕有害」之「瑕」，爲「遐」之假借；「室人交徧摧我」之「摧」，爲「誰」之假借；「新臺有泚」之「泚」，爲「玼」之假借；「新臺有洒」之「洒」，爲「陖」之假借；「燕婉之求」之「燕」，爲「嬿」之假借；「素絲祝之」之「祝」，爲「織」之假借；傳：「祝，織也。」「言采其蝱」之「蝱」，爲「莔」之假借；「緑竹」爲「菉薄」之假借；「緑竹如簀」之「簀」，爲「積」之假借；「有匪君子」之「匪」，爲「斐」之假借；「赫兮咺兮」之「咺」，爲「宣」之假借；「會弁如星」之「會」，爲「𩩲」之假借；「碩人之薖」之「薖」，爲「窠」之假借；「碩人之軸」之「軸」，爲「迪」之假借；傳「軸，進也。」「鱣鮪發發」之「發」，爲「鱍」之假借；「庶姜孽孽」之「孽」，爲「钀」之假借；「庶士有朅」之「朅」，爲「仡」之假借；「無與士耽」之「耽」，爲「媅」之假借；「信誓旦旦」之「旦」，爲「怛」之假借；「能不我甲」之「甲」，爲「狎」之假借；「火烈具舉」之「烈」，爲「列」之假借，「具」爲「俱」之假借；「抑鬯弓忌」之「鬯」，爲「韔」之假借；「山有扶蘇」，爲「扶胥」之假借；「彼狡童兮」之「狡」，爲「姣」之假借；「人實迋女」之「迋」，爲「誑」之假借；「子之還兮」之「還」，爲「嫙」之假借；「俟我於著乎而」之「俟」，爲「竢」之假借；「折柳樊圃」之「樊」，爲「藩」之假借；「弗洒弗掃」之「洒」，爲「灑」之假借；「見此粲者」之「粲」，爲「㛄」之假借；「苟亦無信」之「苟」，爲「果」之假借；「載獫歇驕」，爲「猲獢」之假借；「蒙伐有苑」之「伐」，爲「瞂」之假借；「有紀有堂」，爲「有杞有棠」之假借；「晨風」之「晨」，爲「鷐」之假借；「子之湯兮」之「湯」，爲「蕩」之假借；「彼美叔姬」之「叔」，爲「淑」之假借；正義作「淑姬」。「可與晤言」之「晤」，爲「逜」之假借；「九月斷壺」之「壺」，爲「瓠」之假借；「勿士銜枚」之「枚」，爲「微」之假借；傳：「枚，微也。謂兵事微密。」「四國是皇」之「皇」，爲「匡」之假借；「外禦其務」之「務」，爲「侮」之假借；「飲酒之飫」之「飫」，爲「醧」之假借；「俾爾單厚」之「單」，爲「亶」之假借；「如日之恒」之「恒」，爲「緪」之假借；「孔燕豈弟」之「豈」，爲「愷」之假借；「匪陽不晞」之「陽」，爲「暘」之假借；「厭厭夜飲」之「厭」，爲「愔」之假借；小戎亦然。「一朝右之」之「右」，爲「侑」之假借；「帛茷央央」之「央」，爲「英」之假借；「方叔涖止」之「涖」，爲「逮」之假借；「其祁孔有」之「祁」，爲「麎」之假借；「儦儦俟俟」，爲「駓駓騃騃」之假借；「可以爲錯」之「錯」，爲「厝」之假借；「在彼空谷」之「空」，爲「穹」之假借；「秩秩斯干」之「干」，爲「澗」之假借；傳「干，澗」，「考槃在澗」，韓詩作「干」。「君子攸芋」之「芋」，爲「訏」之假借；「如鳥斯革」之「革」，爲「翮」之假借；「載衣之裼」之「裼」，爲「褅」之假借；「衆維魚矣」之「衆」，爲「螽」之假借；「節彼南山」之「節」，爲「巀」之假借；「四牡項領」之「項」，爲「洪」之假借；傳：「項，大也。」「悠悠我里」之「里」，爲「瘇」之假借；「題彼脊令」之「題」，爲「睼」之假借；「哀我填寡」之「填」，爲「疹」之假借；「宜岸宜獄」之「岸」，爲「犴」之假借；「居河之麋」之「麋」，爲「湄」之假借；「祇攪我心」之「祇」，爲「疷」之假借；「無將大車」傳：「疷，病也。」此傳易說：「祇，病也。」「猗于畝丘」之「猗」，爲「加」之假借；「百卉具腓」，爲「俱痱」之假借，「鮮我方將」之「將」，爲「壯」之假借；「我孔熯矣」之「熯」，爲「戁」之假借；「如茨如梁」之「茨」，爲「積」之假借；「以我覃耜」之「覃」，爲「剡」之假借；「之屏之翰」之「翰」，爲「幹」之假借；傳訓幹。「摧之秣之」之「摧」，爲「莝」之假借；「賓載手仇」之「仇」，爲「斞」之假借；「曷予靖之」之「曷」，爲「害」之假借；「臺笠緇撮」之「臺」，爲「簦」之假借；「綢直如髮」之「綢」，爲「稠」之假借；傳訓密。「采緑」之「緑」，爲「菉」之假借；「其葉有幽」之「幽」，爲「黝」之假借；傳：「幽，黑色也。」「視我邁邁」，爲「怵怵」之假借；「陳錫哉周」之「哉」，爲「載」之假借；「造舟爲梁」之「造」，爲「艁」之假借；「其會如林」之「會」，爲「旝」之假借；「涼彼武王」之「涼」，爲「亮」之假借；「捄之陑陑」之「捄」，爲「虆」之假借；傳：「捄，虆也。」「左右趣之」之「趣」，爲「趨」之假借；「追琢其章」之「追」，爲「彫」之假借；「瑟彼玉瓚」之「瑟」，爲「璱」之假借；「串夷載路」之「串」，爲「慣」之假借；「築城伊淢」之「淢」，爲「洫」之假借；「或舂或揄」之「揄」，爲「舀」之假借；「烝之浮浮」之「浮」，爲「烰」之假借；「假樂君子」之「假」，爲「嘉」之假借；「何以舟之」之「舟」，爲「匊」之假借；傳：「帶也。」「取厲取鍛」之「鍛」，爲「碫」之假借；「止旅迺密」之「密」，爲「宓」之假借；「芮鞫之即」之「芮」，爲「汭」之假借；「泂酌」之「泂」，爲「迥」之假借；「俾爾彌爾性」之「彌」，爲「镾」之假借；「民之方殿屎」，爲「唸吚」之假借；「天之牖民」之「牖」，爲「誘」之假借；「及爾出王」之「王」，爲「往」之假借；「亦孔之僾」之「僾」，爲「旡」之假借；「如惔如焚」之「惔」，爲「炎」之假借；「往近王舅」之「近」，爲「已」之假借；「愛莫助之」之「愛」，爲「薆」之假借；傳：「隱也。」「淮夷來

「鋪」之「鋪」，爲「痡」之假借；「召公是似」之「似」，爲「嗣」之假借；「徐方繹騷」之「騷」，爲「慅」之假借；「時維婦寺」之「寺」，爲「侍」之假借；「潰潰回遹」之「潰」，爲「憒」之假借；「繼序思不忘」之「序」，爲「緒」之假借；「狄彼東南」之「狄」，爲「鬄」之假借；「實始翦商」之「翦」，爲「戩」之假借；傳：「翦，齊也。」「既戒既平」之「戒」，爲「艐」之假借。傳：「戒，至也。」釋詁：「艐，至也。」此類未易縷舉，文字之所以有異同也。學者以聲求義，以義攷文，詳審而會通之，則爾雅、説文引經之例，一以貫之矣。

答錢梅溪論石刻論語書

昨讀石刻論語，隸古謹嚴，合漢、唐爲一手。自熹平迄我朝，石經凡八得，此而九，不朽之業，當懸諸日月，並昭永久矣。其間斟酌字畫，不爲版本所沿譌，尤見攷古之精。如「蕢」之爲「臾」，「璉」之爲「槤」，「濫」之爲「嚂」，「羿」之爲「𢏚」，「緅」之爲「纔」，「勃」之爲「艴」，「哂」之爲「弞」，本之説文者也。「磨」之爲「摩」，「襁」之爲「繦」，「葸」之爲「諰」，「愬」之爲「訴」，「拖」之爲「扡」，「徹」之爲「撤」，本之釋文者也。「牆」之爲「蘠」，「潔」之爲「絜」，「拒」之爲「距」，「耰」之爲「櫌」，本之漢石經者也。「願車馬衣裘」，「没階趨進」，「予有亂十人」，「無求生以害人」，「我三人行必得我師焉」，「忽焉在後」，「女得人焉耳乎」，本之唐石經者也。其他若「佾」作「𠔁」，本是「佾」省，漢人借以爲隱佚之「佚」，八「𠔁」字未知所據何本？「敞之而無憾」，「憾」作「感」，感即憾，左成二年「朝夕釋憾」，唐石刻作「感」是也。此文「感」字據何本？「孟之反」作「子反」，「斗筲」作「捎」，「遇諸塗」作「涂」，「借人乘之」作「耤」，「和而不同」作「龢」，

「悾悾而不信」作「空」，「師愈」作「瘉」又作「俞」，「億則屢中」作「婁」，案：「塗」，周禮作「涂」；「耤」，是耕藉字，亦「借」之假，古讀爲助；「屢」，古祇作「婁」，漢書作「意則婁中」，「屢」既从「婁」，億亦當从「意」；「空空如也」，鄭作「悾」，二字通；「愈、瘉、俞」亦通，「蕱，筲」同字。若此之類，有原文可述否？幸一一指示之。更有所獻者，説文之學，至爲近古，其中尚多可從之字，如「份」字，云「文質備也」，引「文質份份」，又於「彬」字下云「古文份」，兼存古今文，似宜从「份」。「誄日」之「誄」作「讄」，云「禱也」。「誄，諡也」，故檀弓「士之有誄」，曾子問「幼不誄長，賤不誄貴」，皆謂累其功德以定謚也。今本作「誄」，直是譌文。周禮注亦引作「讄」，宜從此。「勃如」本作「孛」，即「勃」字。又作「艴」，兩引互異，「艴」是「孛」之重文，宜從「孛」。「褻裘」作「絬衣」，「絬」即「褻」，古制四時皆有褻衣，不第言裘，宜從「衣」。「狐貉」作「孤貈」，云：「貈，善睡獸。」考工記總目釋文「貉，獸名，依字作貈」，宜從此。「奡盪舟」作「湯」，古「蕩」字作「湯」，人表亦作「湯舟」。「奡」可從，「湯」亦可從也。釋文之可從者，如「居之無倦」作「卷」。案：古當作「券」，「券」是「卷」之譌。説文「券，勞也」，臣鉉云：「今俗作倦。」倦是俗字，宜從券。無倦之倦同。「莞爾」作「莧」，邢疏引依唐石經作「莞」，從俗作也。虞翻注易「莧睦夬夬」云「莧，説也，讀若夫子莧爾而笑之莧」，則本作莧可知。漢石經之可從者，如「子貢」作「贛」，説文「贛，賜也」，「貢，獻功也」，兩文義異，古人名字相配，端木名賜，正宜作贛。「孝乎」作「于」，晉以前無作「乎」者，宜從「于」。「宮蘠」之「蘠」是假字，仍從「牆」爲正。「何德之衰」三句，並有「也」字，皇本、高麗本同。今第一句既從石經，則下二句亦宜從，此不得從唐而違漢也。唐石經之可從者，如「漆雕」作「彫」，説文「雕，鷻也，與鵰同」，「彫，琢文也」，義本殊，皇本及陸氏並作「彫」，作「雕」誤也。「未若貧而樂」，多一「道」字，皇本、高麗本同。孔注「能貧而樂道」，孔傳，古論者也，今本脱去「道」字。他如「其爲仁之本」，與漢書延篤傳及初學記、太平御覽引並作「人」。此經上言「爲人」，下言「爲人之本」，義更相貫，作「人」字爲長。「吾與女弗如也」，包注：「吾與女俱不如。」從來皆有「俱」字，今本脱去。「予所否者」，「否」古只作「不」，無「否」字。「子疾病」，釋文「子疾，一本作子疾病」，鄭本無「病」字，包、鄭於子罕篇「子疾病」，皆釋「病」字，集解於此節不及，蓋本無「病」字，此涉子罕篇而譌也。「惡居下流而訕上者」，漢石經無「流」字，漢以前皆無「流」字，此涉子張篇而譌也。「信則民任焉」，漢石經無此句，皇本、高麗本同，義疏亦不及此句，此涉陽貨篇而譌也。「不知命」節，釋文引鄭曰：「魯論無此章。」朱氏彝尊謂是後人增入。衛靈公篇「父在觀其志」節，釋文引鄭「古皆無此章」。以上諸條，攷古者必求一是也。第監本沿譌已久，雖以聖人在位，立石經詔示天下，而不能易坊本之譌，盡復於古。草野迂闊之士，輒欲援古以證今，不幾蹈擅改經文之罪乎？但存此一説可耳。承命敢竭鄙忱，惟希酌正鑒察，不宣。

答錢梅溪論石刻孝經大學書

承示石刻孝經，删去閨門一章，此從後起之説，非考古之所敢依附也。攷宋本古文孝經尚有此章，在君子之事親章後。其文云：「子曰：閨門之内具禮矣乎！嚴父嚴兄，妻子臣妾，猶百姓徒役也。」凡二十四字。司馬貞以劉炫僞作譏之，後人遂因此删去。按古文出自光伯，或不無改易，然閨門一章，詞嚴義正，足垂人君燕私之戒，不當以司馬一言遂爾删去，復古者宜存其真耳。至「諫諍」作「爭」，監本「諍」字本與經文八「爭」字歧出，石臺本、唐開成本、朱申孝經句解皆作「爭」也。「哀戚」作「慼」，監本「戚」字本與下二「慼」字歧出；以「鬼亨」之作「享」，俱與石臺、開成本及釋文合。又攷「百姓之歡心」，唐元行沖孝經正義宋邢昺校本作「懽」。「仲尼居」，釋文引云：「靜而思道也。」案古文本作「仲尼閒居」，傳以「靜」訓「閒」，故陸氏云然。此可見唐本尚有「閒」字，今宜據以添入。昔朱子疑孝經引詩非經之舊，刊去「大雅曰無念爾祖」以下數處，共二百餘字，不知漢書匡衡傳衡疏云：「大雅曰：『無念爾祖，聿修厥德。』孔子著之孝經首章，蓋至德之本也。」朱子未之考，而遽疑非經本文，未免自誤甚矣。讀書考古之難也。大學爲禮書，本無經傳之可分，缺略之待補也。自河間獻王後，並無異說，迄宋儒出，而議更定者夥矣，而其原自二程始，然伯淳、正叔二本已相牴牾矣。今大刻以舊本爲宗，即朱子所取以更定者，各本紛如，究無善本，即朱子章句，亦不免貽譏後人，不若從注疏本爲古也。至「緡蠻」之「緡」，本作「緍」，从「昏」者，唐人避「民」字諱而作，當改正之。「人之其所親愛而辟焉」五「辟」字，唐石經皆作「譬」，按鄭注「譬，猶喻也」，知漢時本作「譬」。「實能容之」之「實」，公羊引秦誓作「是」，按「寔」本訓「是」，「實」訓「有」，二字雖同，作寔爲古。「聽訟吾猶人也」，釋文作「吾聽訟猶人也」，論語作「聽訟吾猶人也」，今相紊爲一，攷此注聖人之聽訟與人同耳。此吾字在上之證，宜從陸氏改正，亦不刊之盛業也，惟鑒納不盡。

答史桐軒論孟子疏書

來書以「西子入市，見者人輸金錢一文」，謂出孟子疏引史記，不知孟子疏實非孫宣公所作，與孔傳同僞。朱子謂邵武士人所作，蔡季通曾識其人。晁公武讀書志有孫奭音義而無正義，蓋其時僞疏尚未出也。觀卷首一序，全録音義文，而稍增其語，全疏皆剽竊陸善經所删定趙岐章指而爲之。然陳振孫書録解題、馬端臨經籍考不能辨其僞，並列其目。至明國子監刊定十三經承用此本，遂相沿至今耳。今按不虞之譽章注引尾生事，見國策，陳不瞻事，見韓詩外傳；無罪而殺士章注引「語曰：鳶鵲蒙害，仁鳥增逝」，見漢書梅福傳疏，皆以爲出史記。查子長書，並無其文。莊暴章疏「齊王悦南郭先生吹竽，喜鄒忌鼓琴」，攷史記騶忌以鼓琴見齊威王，非宣王。至西子疏，不知出何書？疏每托史記而誤，其欺謾不足徵信如此。他若「負芻之禍」，注以「負芻」爲人名，已屬附會；疏謂「寇賊自負其芻來攻小弁」。注以爲伯奇之詩説，本韓嬰；疏以伯奇爲即宜臼。天時章注「君其使鶴戰，余焉能戰」，全用吕氏春秋忠廉篇；疏誤引左傳。離婁章注「黄帝亡其玄珠，使離朱索之」，全用淮南子人間訓；疏誤引莊子。「孟仲子」注「孟子之從昆弟」，見閟宫詩毛傳；疏云：「未詳。」「琴張」注「爲子張，即顓孫師」，據鄭衆、賈逵之説，見左傳昭公二十年正義；疏云：「未審。」又如「蕢稗」，則指爲禾中之莁草，「莊嶽」，則失證齊國之街名；以「杞妻爲姜女」，時代相懸；以「羊棗爲樲棘」，物類未晰；「二女之果爲實」，不取説文；「四肢之字通枝」，未申趙訓，此皆淺陋違理之甚者。注孟子者，尚有鄭康成、劉熙、綦母邃、程曾、高誘諸家，皆不傳，今所存惟趙注，而邠卿成書在安丘複壁之中，已多疎略。疏不爲援正，但糾纏文義之間而已。昔邵二雲學士嘗欲更作正義而不果，今阮儀徵學海堂經解有焦理堂孟子正義三十卷，惜未及見。吾人讀書，貴具卓識，不爲古人所欺，此類是也。足下希留意焉，率復不宣。

附録

先生與同里李薌沚昆季交最密，每著一書，輒與商榷，薌沚以爲全謝山、錢竹汀之比。史傳。

先生中年游閩，當事引重，延修福建通志、福建鹽法志；官寧波時，修象山縣志，以博洽名。事略。

先生嘗從阮文達游，文達重之，採所著入學海堂經解。先生攷訂之文，似其鄉先輩朱錫鬯，復從歸震川、方望溪、姚惜抱以上溯唐、宋作者。吳撰文集序。

柳東交游

李先生超孫

李超孫字奉墀，號引樹，嘉興人。乾隆戊午舉人，官會稽縣教諭。先生爲秋錦徵君五世孫，秋錦康熙中徵鴻博，與兄繩遠，弟符，號「嘉興三李」。先生與弟富孫及從弟遇孫，並以文學名於時，號「後三李」。先生著有詩氏族考，詩中所載之人，一一爲疏證名字世系，事實皆備，雖題氏族，所甄綜者不止一端。其文曰拙守齋稿。參嘉興府志。

李先生富孫

李富孫字既汸，號香芷，一號薌沚。嘉慶辛酉拔貢。幼承家學，壯而出游，請業於盧抱經、錢竹汀、孫淵如諸先生，飫聞緒論。阮文達撫浙，入詁經精舍，遂壹意治經。著易解賸義三卷，斥圖、書之說。易解校異一卷，柳東稱爲資州功臣，定宇直友。七經異文釋五十卷，於諸經傳本異文異詁，皆爲搜集考證。所爲文曰校經廎集。又有說文辨字正俗、漢魏六朝墓銘例、鶴徵後録諸書。參史傳、嘉興府志。

七經異文釋自序

經自秦燔後，往聖之微言奥旨澌滅無存。漢興，幸有得於屋壁所藏，民間所獻，老生所口授，諸儒抱殘守缺，斤斤以名其家，故易有施、孟、梁丘、京氏之學；書則歐陽、大、小夏侯爲今文，孔安國爲古文；詩有齊、魯、韓、毛四家；禮則有二戴、劉歆；春秋有左氏、公、穀三傳。弟子各守師說，人殊其誼，亦經異其文，茲非有意乖違，其家法授受然也。許叔重說文解字稱易孟氏，書孔氏，詩毛氏，春秋左氏，然頗雜采諸家，故所引經文，一字間有互異。鄭康成、范甯、何休、郭璞輩所注，其引諸經亦有不同。蓋漢人去古未遠，六書爲小學，說字解經，罔弗洞究根原，傳經者率本六書意誼，或從古文，或從假借，或以聲近，或用省文，加以南北語殊，輕重差別，故有字隨讀變，義因文異。後人不知古訓，妄爲肊改，而古人之經誼幾不可通矣。唐陸德明譔經典釋文，諸家異同，采摭略備，然第及諸經訓詁之說，未嘗於經典外廣爲搜輯。富孫少而不學，長稍涉六經，見漢、晉諸儒之解詁各有師承，其與經文異者，不僅釋文所載，自經傳箋註及子史金石所引，往往與今文不同。循誦之暇，悉爲綴緝，詮釋其義，兼采後儒之說，旁通曲證，使天下窮經者，不至以古經之異文，反訾爲紛歧繆誤。而諸儒之家法同異，與夫古誼之僅存於今者，庶幾博綜條貫，廓所傳習。劉歆嘗謂漢時廣立經文，義雖相反，猶並置之，則窮經之士，不專爲一師之學者，其或亦有取於此書也夫！

文集

詩氏族考序

詩雖吟詠性情，而政治之得失，風俗之盛衰，與夫山川、谿谷、禽獸、草木之類，罔弗賅備。而於頌美風刺，則由今以至往古，或直顯言其姓氏，或隱斥其人，而小序明揭之者，其人之賢否、善惡，舉皆可考見而知之。顧草木蟲魚則有疏，名物則有解，地理則有考，而詩中所稱之人，則未有纂緝成書。宋王質詩總聞有聞人，恐亦略而不詳焉。伯兄引樹，學博，精深詩學，因取詩人之氏族名字，博考經史諸子，以及近儒所著述，并列國之世次，洎其人之行事，莫不搜羅薈萃，而詩人美刺之意指，益可得而觀感焉。

孟子曰：「誦其詩，讀其書，不知其人可乎？」蓋知其人，即可以論其世，而興衰正變之端，治亂存亡之故，亦由此而愈明。是則斯考之有裨詩教，視夫草木魚蟲諸書，其所繫爲尤大，洵足以傳於後而無疑矣。

金石學録序

古來言金石者，以其可以證經典之同異，正諸史之繆譌，而法物文章，皆足爲多識之助，故好古嗜奇之彦，莫不博蒐而爭寶之。顧三代時金多而石少，漢、魏以後石多而金亦無足甚重，其商、周銘詞，載於經傳者，皆轉易今字，而古倉、籀之文不可見。漢許叔重纂説文解字，山川鼎彝之銘，及秦刻石字，並加摭采，此古文之賴以僅存者也。自是厥後，吉金樂石，間有流傳，講求者亦不乏人。至宋而歐、薛、吕、洪、王、趙諸氏，藏獲愈富，摹搨辨識，著録成書。沿至我朝，通儒輩出，人才特盛，前古之珍彝葆器，與夫殘碑斷碣，亦日出於土田榛莽間，罔弗精審詳稽，識大識小，各勒爲一編。縱世閲千年，經風霜兵燹，不免金銷石泐之憾，而有後人以爲之輯録，則往古之奇文異字，得以長存宇宙而不朽矣。從弟金瀾，性耽金石，手所搜羅甚夥，暇考前人之編簡，訂異辨疑，不啻同堂質問，而昕夕肆力於其中。爰自三代以來，至漢、魏、六朝、唐、宋、元、明以逮本朝諸家，凡爲金石之學者，得三百餘人，並有著述以傳於世。即志一隅，説一事，無不備見於録，亦已綜攬而無遺漏焉。夫疇人印人，皆有爲之傳者，誠以其專精致力，不可使湮滅無聞，而況金石之古，世所寶貴？其裒聚論釋，殫心尤勤，則由其人以求其書，由其書以考古之鍾、鼎、敦、彝、爵、卣、甗、鬲之器，遐陬僻壤高原古刹之碑刻，無不可以供人之摩挲，資人之津逮，而述作之精神，不至沈霾於後世，且經史之同異繆譌，亦得藉以證明。是則金瀾之用意，可不謂深且厚歟？余故綴數語以序其端。

附録

先生治易，謂易學有三派：有漢儒之學，鄭、虞、荀、陸諸家精矣；有晉、唐之學，王弼、孔穎達諸家，即北宋胡瑗、石介、東坡、伊川猶是支流餘裔；至宋陳、邵之學出，本道家之術，創爲圖説，舉羲、文、周、孔之所未及，漢以後諸儒之所未言者，以自神其附會之説，而前聖之易道晦矣。本書序。

七經異文釋凡易六卷，尚書八卷，毛詩十六卷，春秋三傳十二卷，禮記八卷。易、書先刊行，春秋三傳蔣光煦採入別下齋叢書，毛詩王先謙採入續經解，禮記別下齋有目無書。同上。

先生治説文，謂保氏六書之指賴以僅存。自篆變爲隸，隸變爲真，文字日繁，譌僞錯出，或有形聲意義大相區別，亦有近似而其實異，後人多混而同之；或有一篆之形，從某爲古籀，爲或體，後人竟析而二之。經典文字，往往昧於音訓，擅爲改易，與本義相迕。假借通用，説文自有本字，有得通借者，有不容通借而并爲俗誤者，於是有説文辨字正俗之作。錢泰吉謂其書大旨折衷段玉裁，亦有玉裁所未及者，許爲讀説文之津梁。同上。

李先生遇孫

李遇孫字慶百，號金瀾。祖集，字敬堂，乾隆癸未進士，官鄖縣知縣。通諸經，潛心理學，以教諸孫。先生親承指授，與從兄引樹、香芷同學齊名，由優貢官處州訓導。著尚書隸古定釋文，孫淵如爲之序，以爲足存晉代舊文，唐、宋相傳字體。著金石學録，列治金石學者姓名著述，自三代迄近今，都三百餘人。所爲文曰芝省齋集，又有金石原起説考補、北宋石經補考、日知録補正、古文苑拾遺、芝省齋碑録、芝省齋隨筆、天香録、括蒼金石志。參嘉興府志、梅里補志。

李先生貽德

李貽德字天彝，號次白，又號杏邨，嘉興人。嘉慶戊寅舉人。幼從族人敬堂受諸經；洪北江至嘉興，從之游；及爲諸生，習法家言，以養母。客硤石蔣氏、江寧王氏兩家，皆有藏書，得縱覽羣籍。孫淵如方居江寧，輯十三經佚注，招以自佐，因師事焉。爲撰周禮賸義，其采録左傳賈、服注，亦始於此時。搜耆既廣，抉擇尤嚴，賈氏他書注及服氏注雜入疏義，一一皆爲别白，復引申其義，疏通證明，不啻别爲作疏，定名曰左傳賈服注輯述。淵如晚多病，所著書有未竟者，以付文登、畢亭及先生，爲卒其業。先生鄉舉後入京師，其座主高郵王文簡公，深於經，同郡程春廬大理善言史，與先生語，皆歎絶。同縣錢衎石給事尤與之善，以學行相切劘。先生卒於京師，衎石收其遺稿，有詩考異、詩經名物考、攬青閣詩、望春廬詞。又有姓氏、輿地諸書，草略未竟。惟十七史考異最完善，稱其諦審，當與嘉定錢氏書相並云。參徐士芬撰傳、錢儀吉撰墓志。

附録

先生内行淳至，本生母鄭孺人性嚴，時怒，輒跪受，無少忤。兄鳳孫有廢疾，終身敬事之，不少衰，撫兩從子若己出。家徒四壁立，而歲所入，輒以贍宗黨之貧無依者。與人交，肝膽披露，不少隱，有不可，輒面斥之，人不能干以私。房師桐城李宗傳，居停婺源王鳳生，先後攝嘉興知府，不一及其門。讀書一覽成誦，徵故事云出某書第幾卷第幾葉，覆視不少爽。尤具經濟略，於天下山川、阨塞、士馬、芻糧，以逮治河、興屯諸利弊，羅列若指諸掌。徐士芬撰傳。

沈蓮溪曰：顧氏炎武左傳杜解補正于服注蓋屢引之，惠氏棟左傳補註引賈義較多，至馬氏宗槤則謂賈、服註左傳，精確不可移易，又搜采兩家舊註，以補惠氏所漏。杏邨懼古註散亡，廣引博采，期于無遺，皆爲疏通證明，俾讀者瞭然。知其視杜解爲優，亦有傳寫訛誤，不可據依，未嘗故爲曲説，必黜杜以申賈、服；既于賈、服爲功臣，亦以救孔疏之偏，而折衷于至當。左傳賈服註輯述序。

劉伯山曰：此書實事求是，由古訓以通大義微言。凡春秋與周禮表裏，左傳與國語、公、穀異同，賈、服兩家與經傳子史符合者，一一溯其原委，自天文、五行、輿地、職官、名物、度數，莫不條分縷析，疏通證明。至於杜註與賈、服相違者，正義多曲從杜説，則必爲之權衡時地，揣測事情，援古義以表微，掃浮詞以解惑，洵可謂左氏之功臣。左傳賈服註輯述跋。

錢先生儀吉 別爲嘉興二錢學案。

錢先生泰吉 別爲嘉興二錢學案。

清儒學案卷一百四十五

貫山學案

清代治說文者，以桂未谷、段懋堂爲最著。貫山承其後，獨闢門徑，補偏救弊，推勘精詳，論者以爲許氏之功臣，桂、段之勁敵。蓋書雖晚出，而折衷一是，實能集衆說之成焉。述貫山學案。

王先生筠

王筠字貫山，號菉友，安丘人。道光辛巳舉人，官山西鄉寧縣知縣。縣在萬山中，民樸事簡，訟至立判，暇則把一篇不去手。調署徐溝、曲沃，皆有政聲。咸豐四年卒，年七十一。先生少喜篆籀，及長，博涉經史，尤長於說文。謂文字之奥，無過形聲義三端，乃標舉分別，疏通證明，爲說文釋例二十卷。釋例云者，即許書而釋其條例，猶杜元凱之於春秋也。又以二徐書多涉草略，加以李燾亂其次第，致分別部居之脈絡不可推尋。乃采桂未谷、段懋堂諸家之說，爲說文句讀三十卷。句讀云者，用張爾岐儀禮鄭注句讀之名，謂漢人經說率名章句，此書疏解許說，無章可言，故曰句讀也。又以說文繫傳一書，有朱氏、汪氏、祁氏諸刻，顧其中各有異同，因參以說文韻譜、五音韻譜、玉篇、廣韻、汗簡諸書，輒下己意，爲之判斷，爲說文繫傳校録三十卷。其他所著有毛詩重言一卷、毛詩雙聲疊韻說一卷、夏小正正義四卷、弟子職正音一卷、正字略二卷、文字蒙求四卷，及禹貢正字、讀儀禮鄭注句讀刊誤、四書說略、蛾術編等書。參史傳。

說文釋例自序

今天下之治說文者多矣，莫不窮思畢精，以求爲不可加矣。就吾所見論之，桂氏未谷說文義證、段氏茂堂說文解字注，其最盛也。桂氏書徵引雖富，脈絡貫通，前說未盡，則以後說補苴之，前說有誤，則以後說辨正之，凡所偁引，皆有次弟，取足達許說而止，故專臚古籍，不下己意也。讀者乃視爲類書，不已眯乎？惟是引據之典，時代失於限斷，且泛及藻繢之詞，而又未盡加校改，不皆如其初恉，則其蔽也。段氏書體大思精，所謂通例，又前人所未知，惟是武斷支離，時或不免，則其蔽也。大徐之識，遜於小徐，小徐之識，又遜二家，治說文者，以二書爲津梁，其亦可矣。然聞人食肉而飽，究爲飽人之飽，不如自食之之誠飽也；聞人衣裘而煥，亦爲煥人之煥，不如自衣之之誠煥也。夫飽煥者喻之以意，而不可宣之以言，苟不自飽煥，亦安知人之飽爲何若？煥爲何若？且安知人之飽者，或不免於飢？煥者，猶不免於寒乎？筠少喜篆籀，不辨正俗，年近三十，讀說文而樂之，每見一本，必讀一過，即俗刻五音韻譜，亦必讀也。羊棗膾炙，積二十年，然後於古人制作之意，許君著書之體，千餘年傳寫變亂之故，鼎臣以私意竄改之謬，犂然辨晳，具於胸中。爰始條分縷析，爲之疏通其意，體例所拘，無由沿襲前人，爲吾一家之言而已。夫文字之奥，無過形、音、義三端。而古人之造字也，正名百物，以義爲本，而音從之，於是乎有形。後人之識字也，由形以求其音，由音以考其義，而文字之説備。乃往往不能識者，何也？則以其即字求字，且牽連它字，以求此字，於古人制作之意隔，而字遂不可識矣。六書以指事、象形爲首，而文字之樞機，即在乎此，其字之爲事，而作者即據事以審字，勿由字以生事；其字之爲物，而作者即據物以察字，勿泥字以造物。且勿假它事以成此事之意，勿假他物以爲此物之形，而後可與倉頡、籀、斯相質於一堂也。今説文之詞，足從口，木從中，鳥鹿足相似從匕，斷鶴續鳧，既悲且苦，苟非後人所竄亂，則許君之志荒矣。夫讀古人之書，不能爲之發明，即勿塗附以豐其蔀。而説文屢經竄易，不知原文之存者尚有幾何。大徐校定時，猶有集書正副本，羣臣家藏本，苟能審慎而別白之，或猶存什一於千百也。乃復以私意爚亂之，不能不謂爲功之首、罪之魁矣。今據二徐本，拘文牽義以求之，未必合許君意，即未必合倉頡、籀、斯意也。特以長夏養痾，用此自遣，賢於博弈云爾。

指事

許君敍曰：「一曰指事。指事者視而可識，察而見意，上、下是也。」案：天地間，物與事而已。有形者謂之物，故虫黽之屬至渺小矣，然亦有形可象也。雖狀物之字兼有會意、形聲，而其變也或流於指事。物能生事也，無形者謂之事，故言上下，而極諸天之上，地之下，如此其大亦第事可指而已。雖狀事之字兼有會意、形聲，而其變也亦或雜以象形，則爲是事者，所用之物也。惟是許君舉上下以見例，乃例之至純者。日月之類皆然。故余區其類，竝著於左。

象形

許君敘曰：「二曰象形。象形者，畫成其物，隨體詰屈，日、月是也。」筠案：☉以說文韻譜爲正，外以象其體之圓，內以象其無定之黑影也。𝌆以古文明所從者爲正，月闕時多，滿時少，故象其闕，以與日別，其内則象地影也。顧此爲迎而視之之形，即有隨而視之之形，有視其側面之形，又有變横爲直之形，省多爲少之形。且此爲純形，即有兼聲之形，兼意之形。大抵形聲字後人易於配合，若指事、象形、會意三體，蓋非古人不能也。聖作明述，具有深意，爰區其類，備覽觀焉。段氏說是者不復說，不須說者亦不說。

形聲

許君敘曰：「三曰形聲。形聲者，以事爲名，取譬相成，江、河是也。」案：工可第取其聲，豪無意義，此例之最純者。推廣之，則有兼意者矣。亦聲必兼意，省聲及但言聲者，亦多兼意。形聲字而有意，謂之聲兼意，聲爲主也；會意字而有聲，謂之意兼聲，意爲主也。說解之詞雖同，而意固有不同矣。夫聲之來也，與天地同始，未有文字以前，先有是聲，依聲以造字，而聲即寓文字之内，故不獨形聲一門然也。先有日月之名，因造日月之文；先有上下之詞，因造上下之文，故執文以求聲，則象形、指事其聲在字外也。而溯其朔以論聲，即形聲字，亦聲在字先也。是以經典用字尚多，第存其聲者。玉藻「趨以采齊」，鄭注「齊當爲楚薺之薺」，此其一端。郝敬曰「後人用字尚義，古人用字尚音」，至哉言也。且豈惟造字重聲哉，即釋經亦然。釋經之例，以孔子十翼爲鼻祖。乾，健也；坤，順也；坎，陷也；離，麗也；兑，説也，皆兼以音訓者也。震，動也；巽，入也；艮，止也，則專以義訓者也。漢儒口授，故重耳學，鄭君而外，鮮不偏主音者，而劉熙釋名爲最。宋儒競心得，故重眼學，朱子而外，鮮不偏主義者，而王安石字説爲最。泥孔子釋經之一端，欲其四通六闢，難已。然字説爲世詬病，而釋名不至同罰者，非謂其時近古也，非惡荆公之治術波及其學術也，義寄於聲，誠爲造字之本，亦爲用字之權，故偏於聲者，從末減也。試觀假借一門，無一字非聲，即轉注一門，亦太半由聲而起。茉莉、拈掫、火娓、妹娟之類，其爲事爲物故同，而其字又一聲之轉，則以或方言之不同，故雖一地而不必同詞也。是以論文字而至形聲，鮮不謂其苟且配合，不屑加意，余故詳論焉。

亦聲

言亦聲者凡三種：會意字而兼聲者一也，形聲字而兼意者二也，分別文之在本部者三也。會意字之從義兼聲者爲正，主義兼聲者爲變。若分別文則不然，在異部者概不言義，在本部者概以主義兼聲也。實亦聲而不言者亦三種：形聲字而形中又兼聲者一也，兩體皆義皆聲者二也，説義已見即説形不復見者三也。「嚳」爲「酷急」之正字，今借用「酷」者，以其同從「告」聲也。詩「有覺德行」，禮記緇衣引「覺」作「梏」，則「學」「告」同聲，而許君説「嚳」曰「學省聲」，不云告亦聲也。「此」字之「止」、「七」，皆義皆聲，而云從「止」從「七」，但以爲會意字也。二者皆惡其厖雜也。説「袷」之義，曰「大合祭先祖親疏遠近也」，已見合字説形，即但云「合」聲也，此則互文相備，且以見説義説形之詞，本相灌注，未嘗分離乖隔也。

省聲

指事、象形、會意字可省，形聲字不可省。形聲字而省也，其例有四：一則聲兼意也；一則所省之字即與本篆通借也；一則有古籀文之不省者可證也；一則所省之所，即以所從之字貿處其所也。非然者，則傳寫者不知古音，而私改者也。亦有非後人私改者，則古義失傳，許君從爲之辭也。至其省之之故，將謂筆畫太多，則「狄」字從「赤」而省之，「鸁」「纍」反不省也，將謂「鸁」「纍」而省即不成字，則纍部中字皆從其省，而它字之省不成字者，亦間有一二也。余不能明，姑發其端，以俟君子。

一字數音

從隋、羸、皀、耑、彖、幵、萬之字，其音讀各異，説者每遷就其詞以解之，然無疑也。蓋同此一物一事，而謂之者不同，因各制一字者，如火焜之類是也；同此一物一事，謂之者雖不同，而其字初無不同者，如隋贏之類是也。説文具有明證，兹備録之。其音大異者，正例也；其音或疊韻，或本通轉者，亦竝輯焉。

形聲之失

許君曰：「俗儒啚夫未嘗覩字例之條。」鼎臣曰：「爾雅所載艸木魚鳥之名，肆意增益，不可觀矣。」筠案：菜名東風，鳥名巧婦，今作蕫風、瑦鳰，豈復可解？乃玉篇即已有之，説文先有之矣。苟取分別，曾無深意，若不覺其重複拉雜也。然易「童牛之牿」，説文引作「告」，而「牿」下引費誓「牿牛馬」，則史籀以前早已如此。吾終不能無槩於心，爰輯之以備覽焉。

會意

許君敍曰：「四曰會意。會意者，比類合誼，以見指撝，武、信是也。」案：會者，合也。合誼即會意之正解，説文用誼，今人用義。會意者，合二字三字之義，以成一字之義，不作會悟解也。左氏曰「止戈爲武」，自鄭漁仲倡爲異説，後人多信之。不知來來者朿也，吡吡者四十九枚也。東方滑稽，乃有是語，豈春秋而有之乎？六書例解曰：「或謂武字从亡聲，非从止，此執隸形之變。」案：漢碑「武」字有數體，武爲正體，武武爲變體，武武武爲譌體，惟嚴訢碑劉讓題名作武，武，有似亡字，亦譌體也。筠姑依樣畫之，俟求漢碑質實。金刻皆如小篆，惟㝬彝作武上體小異。

轉注

許君敍曰：「五日轉注。轉注者，建類一首，同意相受，考、老是也。」裴務齊謂「考」字左回，「老」字右轉，以隸釋篆，至爲鄙俗。戴侗六書故、周伯琦六書正譌，亦用左回右轉之説，别舉側山爲阜，反人爲七，反欠爲旡，到子爲㐬，用以爲例，是以形之變轉其義，則混於象形、會意。鄭樵六書略曰「諧聲轉注一也」，則混於形聲，不知許君云建類者，建立也，類猶人之族類也。如老部中字耋、耊、耆、壽皆老之類，故立老字爲首，是曰一首，乃諸字皆以老爲義，而「耆」字直説之曰「老也」，與「考」下云「老也」同詞，顧不云「老」「耆」，而云「考」「老」者，則以其同意而非相受也。「老」下云「考」也，「考」下云「老」也，始爲相受矣。何爲其相受也？老即耆，耆即老，故不能相受。若老者考也，父爲考，尊其老也。孝下云：「子承老也。」此「老」字即作「考」字用，以「孝」字上承「考」字，故云然。易曰「意承考也」，即許所本。然考有成義，謂老而德業成也。「永錫難老」，「考槃在澗」，則不可互用，是知以老注考，以考注老，其意相成，故轉相爲注，遂爲轉注之律令矣。説文分部，原以别其族類，如譜系然，乃字形所拘，或與譜異。是以唐書宰相世系表，同一韋氏，而九房分焉；同一郭氏，而陽曲、華陽、中山分焉；或同姓而别其支，或同氏而異其祖，而説文不能也。是以「蘼」「芑」皆嘉穀，而字既從「艸」，不得入禾部也。「荆」「楚」本一木，而「荆」不得入林部，「楚」不得入艸部也。故同意相受者，或不必建類一首矣。考老疊韻，惟茦莿、蓄葍之類，尚與同例，它或不能矣。頁、百、首、面四部，又、手、寸三部，止、足、走、辵四部，如世系表之分房，其轉注宜也。而部首意絶遠者，亦得轉注，則如人之爲後於異姓者矣。要而論之，轉注者，一義而數字；假借者，一字而數義。何爲其數字也？語有輕重，地分南北，必不能比而同之。何爲其數義也？古人於有是語無是字者借之；即有是字者亦借之，取其入耳可通而已。故老從「人」「毛」「七」，會意字也；考從「老」省「丂」聲，形聲字也。則知轉注者，於六書中觀其會通也；假借者，窮則變，變則通，通則久也。

假借

許君敍曰：「六曰假借。假借者，本無其字，依聲託事，令、長是也。」「令」，發號也；「長」，久遠也，此其本義。春秋楚有令尹，周禮建其長，借爲爵名矣。許君所謂令長，則舉漢制大縣爲令、小縣爲長而言。許君嘗爲洨長，吕忱嘗爲㡠令矣。夫假借一門，觸目皆是，不勝書也。兹録孫愓齋一篇，以見其概；自撰一篇佐之，夙昔札記數事，亦綴於後，學者可以觸類而長矣。

彣飾

古人造字，取其百官以治萬民以察而已。沿襲既久，取其悦目，或欲整齊，或欲茂美，變而離其宗矣。此其理在六書之外，吾無以名之，强名曰彣飾焉爾。

同部重文

説文者，主於分別之書也。漢碑之存於今者，皆出東漢，其體雅俗雜陳，半不合於六書。當羣言淆亂之時，許君發憤有作，又恐竹帛迻謄，易滋魚豕，故即同音同義之字，不盡使之類聚。其類聚者有三種：一爲無部可入之字，如「云」「[illegible]」二字，不入「雲」部，即無復可隸之部矣；一爲偏旁相同之字，如「祺」之籀文「禥」，「祀」之或體「禩」，仍從「示」，義不得入它部也；一爲聲意不合之字，如「臬」之古文「[illegible]」，雖從「囧」從「朩」，兩體明白，而不可入此兩部，故附之「臬」下也。非是三者而類聚焉，蓋出後人妄爲迻併矣。故以玉篇照之，雖不敢謂盡本之許君，亦未必盡出顧氏離析也。

異部重文

「䰜」下云：「古文亦『鬲』字。」「凶」下云：「此亦『自』字也。」集韻以「自」爲「鼻」之古文是也，一聲之轉。「麻」下云：「與『林』同。」「儿」下云：「古文奇字『人』也。」「頁」下云：「古文『䭫首』如此。」「𦣻」下云：「百，同古文『百』也。」玉篇引説文：「與『百』同，古文『首』也。」此挩誤。「亣」下云：「籀文『大』，改古文。」夫以部首而有重文者，有從之之字，即爲部首，以便於領字也。説文重別，故「曓」「㬥」從籀文「𡴆」，而附「𠦍」部，「疏」從或體「㐬」，而附「𠫓」部，此外更無矣。夫部首尚有重文，顧欲執部中之字，其類聚者謂之重文，不然則否，豈有當於許君重別之意乎？惟是許君之説部中字也，曾不言亦某字同某字，惟「勹」部

「与」下云「此与與同」,「亥」部古文「布」下云「與豕同」而已，不似説部首字之直捷者。將無説文本亦云然，遂爲後人所迻，其或不言者乃得留邪？鹵莽者遂謂同部重文之外，更無重文矣。且偶遇一二，易知者輒迻使相附，更足以泯没其迹矣。其迻之此部，而彼部直删之者既不可見，既迻而忘删者，人或以爲許君健忘，兩部複收而已。不知許君之意，苟其爲字也，兩體明白，即别隸之，以覬傳之永久而不誤。既有部首定其字之半，即譌，亦不過一半耳。而其義既同，其聲又同，細心人讀之，無難知爲一字也。不料爲同部者所蔽，遂謂此外别無重文，乃出許君意外矣。故輯録之，以俟君子詳察焉。

分别文　累增字

字有不須偏旁，而義已足者，則其偏旁爲後人遞加也；其加偏旁而義遂異者，是爲分别文。其種有二：一則正義爲借義所奪，因加偏旁以别之者也；冄字之類。一則本字義多，既加偏旁，則祇分其一義也。伀字不足兼公侯義。其加偏旁，而義仍不異者，是謂累增字。其種有三：一則古義深曲，加偏旁以表之者也；哥字之類。一則既加偏旁，即置古文不用者也；今用「復」而不用「复」。一則既加偏旁，而世仍不用，所行用者反是古文也。今用「因」而不用「捆」。凡類此者，許君説解必殊别其文，姑即「援」字明之。「爰」從「𠬪」,「爪」,「又」皆手也，故「援」下祇云「爰聲」，不言從爰，乃變例，以著其爲一字也。既一字矣，何不收之同部？蓋以其勢均力敵爲已久也。凡形聲字以形爲主，以聲爲從；此則以聲爲主，以形爲從，乃形聲之大變矣。或曰：「焉知非後人删從爰乎？」曰：「後人目光短，見『援』字，不復念及『爰』

字。即有念及者，祇能因其無從爰而增之，必不能本有從爰而删之也。」曰：「裘從求聲，麗從丽聲，子力闢之。於此又謂非許君不能，不自相矛盾乎？」曰：「否。彼既類聚矣，而猶云聲，則文義不順。此固在兩部也。亦有同部者，則必其義廣狹微别也。而永、羕無别，則各國異文，如甚、黮之比也。然其中必有後人羼入之字，則吾不能辨之，特以其爲形聲之變，故别輯於此。」

疊文同異

凡疊三成文者，未有不與本字異音異義者矣。其疊二成文，則音義異者固多，而同者亦有之。似徐氏未留心，而唐韻亦本未留心也。今區爲二類，竢覽者正焉。

體同音義異

聖人正名百物而作文字，而事物之賾，非象形、指事、會意所能窮也，於是有形聲。文字至於形聲，而后不可勝用矣。有事君以忠者，即製忠字；有憂心忡忡者，即製忡字。設本作事君以忡，憂心忠忠，即亦永爲定體矣。惟定爲以忠，忡忡即不可交易，不可合併矣。憶某書云：「横直異體，從合可也。」邪説誣民，蓋以是字罕見，而發此謬論也。故舉恒見者以爲例，而彙説文同體之字於後。

列文變例

許君之列文也，形聲字必隸所從之形，以義爲主也；會意字雖兩從，而意必有主從，則必入主意一部，此通例也。顧說文以字形爲主，形聲字一形，而其形或與字義乖隔；會意字兩形，或竝與字義乖隔。蓋許君記字之時，去倉頡造字之時，已二千餘年矣，古義失傳，胡可詳究？此例之所由變也。其形既然，即第以形附麗焉，諸大部有倫理之字多，故附其義遠者於末，猶易見也。若一部數字者，第見爲雜亂而已，不知乃體例所拘也。故擇字之不與部首比附者，具說其意，竢覽者正焉。

說解變例

說解之例，必先說字義，再說字形，即不待說而自明者，亦必說之，體例固然也。如「天，顛也。」「帝，諦也。」天帝人所共知，故說以雙聲疊韻之法，而非字之正義，不似說解正例，篇中所舉「旁」「䜌」二字也。此外科條尚多，本篇詳之。

一曰 或曰、又曰並同。

案：此二字爲許君本文者蓋寡，其爲後人附益者一種也。合字林於說文，而以「一曰」區別之者，又一種也。其或兩本不同，校者彙集爲一，則所謂「一曰」者，猶今人校書云「一本作某也」，是又一種也。余向也奉爲圭臬，今思得之，爽然自失，願讀者勿爲所愚。無説者不出。玉篇之説，與余符者引之，異者亦引之，以便異日再加精思，且不願屏人之耳目，使不聰明也。

非字者不出於説解

半意半形者，象形之變格也；半意半事者，指事之變格也。許君於其意必出其字，而後解之；於其形與事，則不出而直解之。蓋以苟出於説解，則人疑其爲字也，故文字之格變，而説解之體亦與之俱變。今本多有出者，則校者恐人不知，所謂側注於旁，以醒人目，而昧者傳寫，輒以入正文也。其無是字者，猶爲易見；其有是字而非從是字，如「谷」字非從「仌」之類，苟出之，則尤眯人目矣。

讀若直指

注家之例云「讀若」者，明其音也；云「讀爲」者，改其字也。説文無「讀爲」者，逐字爲音，與説經不同也。然有第明其音者，有兼明假借者，不可一概論也。

讀若本義

字音隨義而分，故有一字而數音數義者，第言「讀若某」，尚未定爲何義之音，故本其義以别之。

讀同

凡言「讀與某同」者，言其音同也。凡言「讀若某同」者，當是「讀若某」句絶，同字自爲一句，即是一字分隸兩部也。然傳寫既久，必有「與」「若」二字互譌者，謹分别説之，然亦其可疑者耳，不盡出也。

讀若引經

引經以證其音，亦以義爲别之類，特以其引經文，别録之，然其無義可挍者，不具及也。

雙聲疊韻

梵書有二合音，吾儒未嘗無也。彼有二合音，不復有兩字分其音，是以長存也。吾儒有二合音，又有兩字分寄其音，是以沿襲而不覺也。雙聲疊韻，非乎？「茨疾黎也」，茨疾雙聲，茨黎疊韻；「之于諸也」，諸之雙聲，諸于疊韻。經典中形容之詞，如窈窕、參差之等，莫不皆然。無論知與不知，作詩屬對，必不誤。惟人名物名，則不知者必誤於屬對矣。此類字，其聲兩字如一紐合之也。若一然一否，則讀之似一長一短，故不對也。梁之王筠必與唐之杜甫爲偶，一雙聲，一疊韻也。此事非説文要義，而亦説文所有，聊輯録之，以示初學。

挩文

傳寫既久，安得無闕佚？抑或有意刪節矣。初學記引「祭豕先爲䄚」，音曹，蓋以槽祭之，故曰䄚。今苗民之爲盤瓠後者，其歲時致祭，盛之以槽，以是知之。「月祭爲稡」，今示部並篆文無之。又引「淒雨雲起也，渰雨雲皃也」，今竝倒作「雲雨」，則不可解。又引宗廟之木主名曰祏，今本且曰以石爲主也。文選及後漢書注所引，皆有足補今本之闕者。嚴鐵橋說文校議至精確矣，茲特以臆見所及，妄爲增益，無所本也，幸覽者正焉。與鐵橋闇合者刪之，爾雅疏所引爲鐵橋所漏者補之。

誤字

段氏改誤字，是者極多，小有疏忽，亦所不免。余別得若干類記之。其或意同段氏而小有發明者，亦不刪也。

補篆

凡見於說文偏旁，而本篆下無此文者，概補之。以許君所言之大篆爲首，而余所輯者附焉。其並此篆無之者，則以小徐所舉之七字爲首，而余所輯者附焉。其說文所云古文以爲「厶」字者，則通用者也，概録於末；而它書所引說文，今本無之者，不與焉。

删篆

説文兩見之字，大徐概以部分在後者爲重出，何其不審也？許君於會意字必列於主義所在之部，後人檢之不得，輒增於從義所在之部，此其所以重出也。茲以説文本重之三十八字列於首，而愚見所及附焉。其爲段氏删之而是者，與已見它篇者，不復書。

迻篆

會意字必兩從，入於主意所在之部，乃正例也；然有一義委曲難明者，許君即變例入其部中，以取軒豁。如「𤴔」不入「囱」部，而入「疋」部；「頃」不入「頁」部，而入「匕」部。以「囱」「頁」之義易見，「疋」「匕」之義難明也。列文變例篇中，已具言之矣。惟其中容有當入主意部者，且有似許君誤解者，姑獻其疑，竢好古君子要删焉。

改篆

段氏曰：「知删難，知改尤難，故所改者多審細，而艸率時或不免。」余寡識，學殖尤陋，謹即其有據者改之。所改與段氏同者，或別有發明，乃録之。然隨手札記，亦或忘段説而與之複，幸世之君子覽而正焉。

觀文

易曰："觀乎人文。"夫文字既著竹帛，則其平敷同矣。繢畫亦未始不平敷，然色有濃淡，面有向背，易爲意會也。若文字必知觀之之法，則思過半矣。

糾徐

大徐不必糾也，但依茂堂可矣。余前所札記，有可附者，即附之；餘若干條，小有發明，是雞肋也，姑存於此云爾。

鈔存

筠之專治説文也，自癸未冬始，十閱月而成一書，凡十五卷，名曰説文鈔。友人或寫去。今日觀之，太淺薄矣，刺取若干條存之，以志功候云爾。

存疑

疏家例不駁注，即明知它説之是，亦委曲駁之，以通本注之説，況自出己見，以難本師乎？余病其拘也，故凡以實事求之而不合者，輒出己説，留質通儒。儻昭所尤，亦待啟發之憤悱焉爾。駁段氏者附，偶有所見亦附。

説文句讀自序

余平生孤行一意，不憙奪人之席，勦人之説，此説文釋例之所爲作也。自永元以至今日，凡千七百餘年，顔黄門一家數世皆精此業，而未有傳書。二徐書雖傳，多涉艸略，加以李燾亂其次弟，致分别部居之脈絡不可推尋，故博極羣書之顧亭林，祇見五音韻譜，以其雜亂無章也。時時訾謷之，苟非段茂堂氏力闢榛蕪，與許君一心相印，天下亦安知所謂説文哉？惟既創爲通例，而體裁所拘，未能詳備，余故輯爲專書，與之分道揚鑣，冀少明許君之奥旨，補茂堂所未備，其亦可矣。道光辛丑，余又以説文傳寫多非其人，羣書所引有可補苴，遂取茂堂及嚴鐵橋、桂未谷三君子所輯，加之手集者，或增、或删、或改，以便初學誦習，故名之曰句讀，不加疏解，猶初志也。三篇業將畢矣，而雪堂、頌南兩陳君曰：「君所增改者，既援所出之書以證明之，又引經典以發揮之，而無所增改者但如其舊，則忽詳忽略，體既不倫。且茂堂之學力思心，固能遠達神恉，而性涉偏執，瑕纇不免。又如桂氏之博洽，嚴氏之精確，以及非石鈕氏、汾泉、松亭兩王氏，其書皆有可爲羽翼者，君盍薈萃之以省我輩日力，以爲後學南鍼乎？」余於是本志變化，博觀約取，閲月二十而畢，仍名句讀，從其朔也。顧余輯此書，别有注意之端，與段氏不盡同者凡五事：一曰删篆。每部各署文數、重數，自序又有十四篇之都數，誠以表别裁而杜羼雜也。而核今本之實，則正文、重文皆已溢頟，嚴氏議删重文，未議正文，不知是説文續添中字、字林中字也。無據者固未可專，輒有據者，可聽其竊據非分乎？至於一字兩見者，當審其形義，以定所屬之部。「吁」爲「于」所孳育，「否」爲「不」所孳育，此審其形也。「㝵」與「得」各有所施，此審其義也。不可如大徐以在後者爲重出也。二曰一貫。許君於字必先説其義，繼説其形，末説其音，而非分離乖隔也。即如説「蒐」，曰「人血所生」，以字從鬼，故云。然引者譌爲地血，校者即欲據改，則從鬼之説，何所附麗哉？三曰反經。説文所引經典，字多不同，句限亦異，固有譌誤增加，而其爲古本者甚多，豈可習非勝是，以婁經竄易之今本，訾漢儒授受之舊文乎？四曰正雅。爾雅者，小學專書，以此爲最古，所收之字，亦視羣經爲最多。彼以義爲主，而形從之；説文以形爲主，而義從之，正相爲錯綜，而互爲筦攝者也。乃陸、孔在中原時代，雖後而猶見善本；景純居東晉，傳注薈萃，而適据譌文。加以學者傳習，多求便俗，羽族安鳥，水蟲著魚，故徐鼎臣曰：「爾雅所載艸木魚鳥之名，肆意增益，不足復觀。」以羣經之鈐鍵，而譌誤顛倒重出，比比皆是，不有説文，何所據以正之乎？五曰特識。后身倜愃等字，許君之説，前無古人，是乃歷考經文，竝非偏執己見，不可不以經正傳，破從來之誤者也。五者以外，小有違異，亦必稱心而出，明白洞達，不肯首施兩端，使人不得其命意之所在，以爲藏身之固，此則與段氏同者也。時閱十年，稿凡三易，鏡不自照，留待後人。而吾所望于來哲，猶有六焉：許君説五行五色四靈四夷，或相鉤連，或相匹配，是知鎔冶于心，藉書于手，非泛泛雜湊之字書，故雖至小之字，而亦有異部相映帶者。如木部柢株，直用轉注可矣，而説曰「木根者」，所以別于艸部荄茇之爲草根也。禾部説「移」，曰「禾相倚移者」，所以別于㫃部旗之旖施也。一也。有當轉注而不然者，如「昏」下云「日冥也」，則「冥」下當云「月昏矣」，而别爲説者，爲從六地也。二也。有不欲駁難古人，但加一字見意者，説「夔」，云「即魖也」，説「䶂」，曰「即豹文鼠也」，是也。其不加字者，想尚多有之。三也。許君説字，多主通義，而言其專主一經者，如避偕等字是也。四也。羣經所有之字，而許君不收者，璲瓛㚰犒之類，既有明徵，其他想亦必有説也。五也。況乎九千文中，於今爲無用，於古亦無徵者，至於數百。夫何經典所有，沙汰之以矜别裁；經典所無，網羅之以炫淹博，「五經無雙」之人，豈宜出此？然鄭司農引上林賦「紛容掣參，倚移從風」，以較文選八字而易其五。計漢武至梁武，才六百餘年，而漢賦之改易已如是之甚，況三代、先秦之書乎？苟有博通古籍者，能使無徵者有徵，即無用者有用矣。縱使單文孤證，亦倆一字千金，尤所企望也。六也。若此者，我雖少發其端，能不望來哲之竟其緒乎？抑或智所未窺，才所未逮，能不望來哲之拾其遺乎？有段氏開闢于前，爲之擴其規模，斯我能開闢於後，爲之劈其肌理，而以我書爲椎輪者，尚不知凡幾也！沙毋憚于婁披，薪自欣其日積，能使許書之藴發露無餘，我即不及見之，而亦爲後之學者豫幸之矣！

凡例

一、篆文二徐本及説文韻譜、五音韻譜有異文者，已具於繫傳校録、説文韻譜校矣，兹第擇一字用之。

一、篆文傳譌者，如艸部「藍」，既係重出，又有羣書引據，徑改之。略有疑竇，概出於注。

一、篆文次弟，小徐似據已經倒亂之本，大徐尚有倫脊，然似以意爲之整比，故不免差跌。茲於其無疑者從大徐，可疑者從小徐，或從大徐而附以辨正。至如「烜」字，必從小徐，乃使許君得白也。其有兩本皆錯亂，無從諟正者，如段氏於齒部逐併齱齵齟齬四字，其說甚確。然玄應引「齵」字說如今本，引「齟」字說「齒不正也」同玉篇。又不同「齬」字說。玉篇引「齬」字說又如今本。然則六朝、唐人所据本固如此矣，況似此者尚多，僅改一二處，祇亂其例耳。

一、篆文有無，二徐不同者概依多本，可疑者附辨於下。

一、篆文重出者，録之而後删。惟註誤字，既有不重之本，徑删之。至如「苗」字，小徐在後，似是本次，田溺反，可證。其在前者，乃依大徐增「蓨」字，併逐「苗」字，使之類聚也。言切不言反，可證。然釋艸曰：「蓧釋文他凋切。蓨釋文音惕。又曰苗唐韻徒歷、他六二切。蓨。」釋文他凋反。郭注皆云「未詳」。据釋文，則後「苗」與前「蓨」同音，後「蓨」與前「蓧」同音，知本是一條，譌而後衍也。許君据本祇有蓨、苗，据「蓨」在「苗」上，知爾雅之文字如後條，次序則如前條。大徐蓋得其真，故依之。

一、篆文法當一律，然如「堇」字從黄省，而逐八于下，間有作「墓」者，必仍之。「畐畗」金刻作「畐畗」，說文未收，而從之者間有一二，亦仍之。

一、篆文業已溢額，而桂氏、段氏復据羣書所引爲之增補，似乎多事。然今本所存，必有許君所未收之字，即今本所無，必有許君所曾收之字，傳寫既久，勢所不免也。是以擇其可信者，各附本部都數之下，以俟君子審定焉。所增之字，或爲說文本有而今佚者，或出說文續添者，或出字林者，或出字林新附者，或絶無所本，後人以意增之者，蓋皆有之，余不能辨也。

一、説解中異文挩文字從一本，其出二徐本及兩韻譜者，皆説文全本也。大字居中書之。其采自羣書者，小字居中書之。乙轉者亦然。其爲嚴氏、段氏及愚所增者，側書之。所改者，則注曰「當作某」。異文之不能定者，及文雖異而義不異者，皆注曰「一作某」。

一、説解中删補乙轉者，盡注所据，茲先列所据於左，以備參檢。惟之、者、也等字，於義有關者，乃注所据，不然則否。

一、所据之説文本，大徐則毛氏本，異於見行本，似是刓改一二次者。鮑氏本，誤字多，然無妄改。孫氏本；誤字少，然序言顧千里改其篆文，則不可据。小徐則汪氏本，篆皆刓自汲古，偶有一二不同，注尚可据。馬氏袖珍本，即据汪氏注中偶正一二字，似亦出肊斷。朱文藻攷異本，雖所出僅千二百餘字，然其異文前後一律，故知可据。祁刻顧氏景宋鈔本，[illegible]二篆，蓋千里妄作。廿五卷汪刻多異文，此張次立所据之大徐本也。顧本則與今大徐本同。又是千里妄作，其餘篆注多可据。翁氏鈔説文韻譜及李氏刻本，朱竹君鈔本（與汪刻大同，但篆文多異），五音韻譜大字本（其小字本則坊刻，不足道也）。

一、説解中字體，毛刻古體俗體皆少；鮑刻古體多，誤字亦多；孫刻誤字少而俗體多；朱竹君鈔本，汪刻本，古體俗體皆多；顧鈔本，古體俗體皆少。竊意許君之作此書，説解雖用隸法，然定多古體，故今采之各本，一切存之。俗體無可據改者，但曰「厶當作厶」而已，不敢自我作古，以誣方來。

一、所据羣書，經典釋文，通志堂本，朱文游以宋本校之，余又以景宋鈔本及儀禮刊誤、余仁仲公羊傳本校之。漢書，後漢書，文選，汲古本，胡氏本。初學記，玉篇，張士俊本，然大不可信。朱氏序云：「得自汲古閣，鳳苞斧、季勤于校讐，疏于決擇，一不可信也。」又云「并取繫傳類篇、汗簡、佩觿諸書」，旁稽曲證，二不可信也。唐人引說文皆作從某，此獨作从，又所引說文概同大徐本，足徵大加變亂矣。廣韻，張士俊本。集韻，已補曹氏本。韻會，元槧本最佳，惜缺七十番。衆經音義，莊氏校本，謬誤甚多。五經文字，九經字樣，五行大義，九章算術，音義，本草綱目皆所手輯也。外此則一以說文校議爲本。然如「暴，晞也」，嚴氏據玄應妻引，欲補「乾」字，不知此自是玄應書例，恐人不解「晞」字，故連引其說耳。若李善書例，其於此等必曰「㬥，晞也」。「晞，乾也」。嚴氏欲据補，誤矣，故并著各家注例於左。桂氏所引有出校議外者，余所輯有出二家外者，蓋二家忽之也。惟嚴氏無欺，故以爲据。

一、文選注例最爲庬雜，本文所有則增之。如東京賦「淥水澹澹」，注即引說文「澹澹，水搖皃也」是也。段氏据補「澹澹」，然琴賦注引「澹，水搖也」，長門賦注引「澹，搖也」，何去何從乎？又如魏都賦「襲偏裻以讚列」，注「說文云：『讚列，中止也。』然讚列或止或列」。嚴氏遂欲于說文「中止也」上增「列」字。案：李氏詞不達意，當云「讚列，或止或列也」，再引說文「讚，中止也」，自然明白，何事然字一轉乎？本文所無則刪之。如「歊歊，气上出皃」，寶鼎詩無重言，即不引「歊歊」是也。於義無取者亦刪之。如「級，絲之次弟也」，報任安書注引「級，次弟也」，本文無取於絲也。本文如是，而說文不如是者，則改說文以就之。如西都賦「又杳窱而不見陽」，李氏如引「杳，冥也」、「冥，窈也」，則合矣，乃因「窱」下云「杳，窱也」，與賦正合，遂用之，然固以之釋賦之「杳」也，直改爲「杳」，知此字非譌者，以下文別解「窱」字知之。「杳，窱也」，以就之。李氏引書每回穴如此，不僅說文也。有刪節不可通者，「撓，反手擊也」、「捶，以杖擊也」，李引「批」「捶」

皆曰「擊也」，徑删其區別之字。「夌，越也」，引作「淩，越也。」「淩」則加水，「批」則省「囟」，幾令人無從尋覓也。又有以時行字易之者。西都賦注引「濫，泛也」，說文作「氾」，不收「泛」字。解嘲注引「儋，荷也」，說文作「何也」。凡此類，意主使人易曉，不可輒謂之誤。

一、玄應於說文、字林無所偏主。陸氏則主字林，至有引字林而謂說文同之者；且有引說文之音，而引字林之義，及它處再引說文，仍同此義者，故以陸氏所不引，而疑說文本無此字，誣也。郭氏注爾雅，即主字林，蓋東晉時說文未行於南方，然亦偶勝說文，惜全書不存也。

一、玄應所引元文居多，且率以說文居首。其先三蒼字詁之類，而說文居末者，必其于本文之義不相比附者也。間亦删節以就本文，僅十之二三。至如以「礐」字之說說「酷」字，必先明著之曰「酷」又作「礐」、「告」，婁引之後，或不言而直引之。校者爲之失方，則非玄應之過。

一、初學記與玉篇及諸韻書例同，皆繫字爲說，不主一端，可以爲據。惟牽連敘之，偶雜釋名於中，不難別識也。

一、經典釋文、前、後漢書注例同李氏，皆有增損，必慎別擇。如後漢書循史王渙傳「奠醊」注引說文「祭酹也」，即食部「餟」字，注非。西部本有「醊」字，而今捝也。又所引「祭酹也」文同今本。玄應前於章懷數十年，則引作「酹祭也」，知章懷時說文已誤倒矣。

一、之、也等字，引見羣書而無害於義者，盡增之。許君，漢人也，而今本說文局促無文采，或直不成語，豈其本然乎？苟有所据，不敢置也。至於初學記引「鳳」字說云：「字從鳥，凡聲也。」其雎、榕、駙、沱四字下則如小徐本，知不可循例概增矣。

一、玄應所引「謂厶厶也」，蓋庾儼默舊注，概用之。玄應引他書，亦或伸之曰：「謂厶厶也。」或引説文亦然。然所引有與選注所引同者，則定是庾注矣。既不能別，寧過而存之。且今本亦有存者，如「騢」下云：「謂色如騢魚也。」「緂」下云：「謂衣采色鮮也。」皆是也。選注亦間有之。隋書經籍志：「説文十五卷，許慎撰。説文音隱四卷。梁有演説文一卷，庾儼默注。」案庾注句不繼説文之下，而繼演説文之下，且不言卷數，或所注即演説文乎，今考説解中有不貫串者，且有與許意乖違者，定是後人詮解，今不能得其主名，故概以庾注目之。

一、諸書所引反切，蓋音隱舊文。它書多言反，九經字樣則言翻，選注則反少切多，皆仍其舊，不一律改爲反也。李氏先出切，而後引説文者，及引説文之後，又出本文，乃繫以切者，皆區別之詞。其引説文義，即繼以切者，定是舊音。段氏多漏引，茲備録之曰：「本厶厶反。」繼以唐韻曰：「孫厶厶切。」二同者省之。其或諸書所引不同者，亦分析羅列，而後以唐韻繼之。

一、唐韻之音與許君之意不相中者，此鼎臣之過，習孰時音時義，不備檢也。則以它書駁之，曰「當厶厶切。」

一、釋典自漢入中國，則譯者必是漢語，故衆經音義不獨所引説文可用，即所標佛經字亦多可用。如「連，負連也」，前人無知者，以所標負揵解之，而確不可易也。「瘝，減也，一曰秏也」，似非異義，以所標衰耄解之，而其義有別也。乃知許君説解多漢時恒言，今人不聞，遂不得其解耳。

一、説文在前，字林同之，宜也。故羣書所引，兩書皆有是説者，不復記。惟第引字林而實同今之說文者，蓋有兩種：一則因便引之也。一則字林始收是字，後人羼入說文也。吾不能別之。且字林增收引見羣書，而說文無之者尚多，故不可肊斷。惟記其下曰「字林同」，以示區別。

一、刪之有本者，第□其外；無本者，則加注。然已見釋例者，亦不注也。小徐語而大徐闌入正文者，直刪之。

一、說文十五篇，二徐皆分爲卅卷矣。今於十四篇，仍分爲上下，敘目則合之者，必相連乃足以見意也。敘目與太史公自序同法，今既分之，故横加「敘曰」二字，不可讀矣。即小徐本繫傳一下云「部數字數，皆仍舊題，今分兩卷」，其言至明白也。而卷二乃云「若干部，文若干，重若干」，此亦後人横加之也。設不分爲卅卷，何由加此妄語乎？且億許君擬易而作說文，則序目於自一至茻，自人至亥，當分爲上下兩篇。如易分兩篇，而六十四卦亦不至於無區別也。

一、此書之初輯也，第欲明其句讀而已。已及三卷，而陳雪堂、陳頌南迫使通纂，乃取說文義證、說文解字注，刪緐舉要，以成此書。其或二家說同，則多用桂氏說，以其書未行，冀少存其梗槩，且分肌擘理，未谷尤長也。惟兩家未合者，乃自考以說之，亦不過一千一百餘事。惟是二家所引，檢視原書或不符，此改舊文以就己說也。然所引浩如煙海，統俟它日覆覈之。或曰：「說文句讀，古人無知之者乎？」曰：「宋以前人大率知之，近人始不知耳。『禔』下云：『安，福也。』文選注引：『禔，安也。』玉篇云：『福也，安也。』『璧』下云：『瑞，玉環也。』慧苑引『璧，瑞圭。』范應元注老子引『璧，瑞玉也。』『疐』下云：『礙，不行也。』小徐祛妄篇引『疐，礙也。』『宙』下云：『舟，輿所極覆也。』釋詁正義引『宙，舟輿所極也。』皆知説文句讀，故但引其一句，竝非挩佚也。莊子音義引『舟輿所極覆曰宙』，則失之，然似後人增『覆』字。」

一、漢人經説，率名章句，而張蒿菴儀禮鄭注句讀獨立此名者，謙也。然儀禮經有章句，注但有句讀而已，則其名亦所以紀實也。余纂此書，則疏解許説，無章可言，是以竊比蒿菴。

説文繫傳校録自序

道光己丑，筠始見朱氏繫傳攷異，正其謬誤，覈其故實，啟後學用心之端，可謂勤矣。惟卷首所列，不致説數事，似尚有可議者。朱云：「部中列文次弟，多與今説文前後倒互，各卷列部，亦間與今説文分合不同，皆不暇致説。」此殆誤也。部中列文，以義爲次，大部無不森嚴，惟一部數字者乃無區別，安可任其倒互哉？列部初無分合，不過間挩部首，合於前部耳。而朱氏又未嘗不致説也。又云：「篆文偏旁移置，形體小異不合者改之。」此又誤也。篆文之異，可於它部檢所从者，及从之者爲之諟正，然當著於説中，不當直改，以泯没其迹。夫據案反覆，亦自謂無復遺憾，異時覆視，輒自見其乖牾，況經它人之目乎？又安可滅迹而使人無由尋討乎？又云：「説中傳中，增減形似之處，無關重輕者仍之，信知謬誤者改之。」此又誤也。漢人著書，雖遜經典，然不似後人隨手填寫，況許君説解如此之簡，無關重輕之詞，安能多見？且朱氏所引大徐説，質之原書，或不相讎。是按籍而稽，尚不免誤，可輒云信知謬誤乎？孫氏、鮑氏所翻宋本，皆在朱氏著書之後，而宋本又未得見，所據者汲古五次改本而已。是書之所據改者，繫傳即其一種，其異同之迹，多已滅没。夫校此書，即以它書之異文改之；迨校它書，又以此書之異文改之，猒故喜新，不加平議，亦學者之通患也。今既各本竝出，其中佳處多可采擇，而汪氏所刻小徐本，又與朱氏所據本不同，今將以孜異校汪本，幾如執唐律以讞漢獄矣。漢陽葉潤臣謂筠曰：「盍改作之？君任其異文，我任其典故可也。」余乃不辭猥瑣，凡有不同，概爲札記，更參以説文韻譜、五音韻譜、玉篇、廣韻、汗簡諸書，可疑者輒下己意爲之判斷，亦欲觀者知其意之所在，一有乖剌，可爲訂正也。或遇是典所出之書，適與手近，亦間出之。難爲繙閲者，即概不及，以俟潤臣。自壬辰九月輯之，旋以東歸，甲午二月乃畢，不知潤臣所孜何似？異日至都，終當合爲一帙也。

寫畢校改一過，大徐本訛誤之不見於小徐者亦記之，即附各卷之後。以毛氏本爲主，而以孫氏平津館本、鮑氏藤花榭本、五音韻譜校正其誤。若汲古不誤，則略之。其惑人者，著之。乙未八月在都，借馬氏龍威祕書讀之，是書蓋以汪本付刊，而頗有校正，先得我心者，皆録之，亦聊免余説之無稽云。

癸卯又借朱竹君先生家藏本，校祁春浦先生刻顧千里本，記其異處，概云竹君本，以别於朱文藻也。

毛詩重言自序

詩以長言詠歎爲體，故重言視他經爲多，而重言之不取義者爲尤多。或同字而其義迴别，或字異音同而義則比附，此正例也，故輯爲上篇。兼取義者，有專字者也，或取引伸之義者也，而其以音爲重則一也，故輯爲中篇。其或單詞即同重言者，此例雖他經所有，然檀弓曰「輪焉奂焉」，左傳曰「湫乎攸乎」，其語例未有如詩者，茲據傳、箋、正義，亦或以例推之，故輯爲下篇。一見者先之，屢見者次之，字異義同者又次之，則上中二篇之所同也。下篇出自創獲，各以其句例之同者類聚焉。兒子彦侗校補九十七事，各從其類附之。所引證佐出自手集者什一，餘皆資之陳碩甫詩毛氏傳疏。碩甫束修自厲，造次必于儒者，年尚少于我，不見者二十年矣。

夏小正正義自序

宋淳熙中，韓元吉刻大戴禮十三卷，夏小正在其中。乃前此隋志亦十三卷，而夏小正别出。蓋齊、梁間久有單行本矣。傅氏以爲獻書者離析之，此不必然。藝文志既收禮古經及記矣，又收中庸說；既收筦子於道家矣，又收弟子職于孝經類，是其比。傳文「小正」字凡四見，禮運鄭注：「得夏四時之書也，其書存者，有小正。」月令注九引皆云夏小正：一曰「正月啟蟄，魚陟負冰」；二曰「農率均田」；三曰「丁亥，萬舞入學」；四曰「妾子始蠶，執養宮事」；五曰「王萯莠」；六曰「五月，啟灌監蓼」；七曰「六月，鷹始摯」；八曰「九月，丹鳥羞白鳥」。且竝傳引之九曰「十一月，王狩」。竹書亦云：「頒小正。」知此書本以「小正」名，今冠以「夏」者，蓋先儒所記禮書二百四篇，大戴删爲八十五篇，夏小正第四十七，小戴又删爲四十九篇，遂無此書。今綜兩戴本觀之，多出周、秦，而保傅又出于漢之賈生，蓋大戴以其書最古，特題曰「夏」也。嘉慶四年，先大夫約齋先生出宰潛山，鈞隨侍在署，幕賓有夏小正鈔本，傳文多删節，又有金仁山履祥說，濟陽張稷若爾岐說，北平黃崑圃叔琳說，頗爲詳備，使小胥鈔存之。今夏覆檢，大戴本有傳無經，此由經、傳別行，讀者見經已具傳中，遂鹵莽而删經，以致今之讀者，謂此書經、傳雜糅。不知儳越經、傳者，始于後漢之費直，戴德乃前漢宣帝時人也。儀禮經傳通解于傳中別出之爲經，而間有遺漏。仁山儒者之説，不甚考故實。崑圃考之矣，而或以己意竄易舊文。余乃合鈔爲一本，異文則參合用之，疏解概用三家之説，間亦竊附己意，疑者仍闕之，命之曰正義，竊取唐、宋經疏之名也。顧念朱子别經于傳，斯不得不增「傳曰」于每月之首。鈔本于傳文之外，益以三家，斯不得不增「傳曰」于每條之首。如周易上下經及十翼分爲十二篇，自費直以彖、象、繫辭、文言解説上下經，各附各卦之後，遂加「傳」字，如今本乾卦是其式也。鄭氏以後，更分彖翼于卦辭下，象翼于爻詞下，於是「彖曰」、「象曰」紛紛錯出矣。初學讀之，亦自有利，然爻詞、小象其義各有相承者，而小象之韻，則無不相承者，今爻爲象隔，象亦爲爻隔，其弊甚大。本書記時令，無易之大義，即分之亦無其大弊，然如十月傳「若日之長也」，云「雉入于淮爲蜃」，二句相連，則朱子之説可解。今既別之，猝亦難通，皆自然之勢也。經義述聞引有孔氏、盧氏兩本，我未得見，將廣求而補正焉。

越歲庚戌，復取傅氏本讀之，傅氏名崧卿，宋山陰人，官給事中。其序曰：「政和中，宋徽宗十一年辛卯改元政和。得關澮本，有注釋二十三處，以集賢大戴禮參校，兩書互有得失。」傅氏所校雖不精，而古本之誤具見於此矣。吴縣黄蕘圃丕烈得明袁尚之所刻傅氏本，以通志堂本、惠定宇手鈔本校正數十事，又以長洲顧梧生鳳藻所撰夏小正經傳集解併録版行之。顧氏所據本，以宋韓元吉所刻大戴禮爲主，其或謬誤，則正以傅氏本，博觀約取，體例謹嚴，稱其爲經生家言也。余讀傅氏序，始知離經于傳，實自此始。又讀集解，於素所未明者，已多辨晳。然大戴至今二千年矣，各本已不同。小正前乎此者，又二千年，而欲其無闕佚訛謬，豈可得乎？傳言「或曰」者八，其六謂説之者不同，而「或曰祭韭」、「或曰人從」，直謂經文有不同。況小戴刪之，不復列于學官，誦習者少，流傳千年，宋人刻之，于久經斷爛之餘，後之學者，不思夏書渾渾不盡，可以意逆志，而苦心孤詣，務欲通其所難通，雖勢不可已，恐亦有鑿空失實者矣。夫遵明曲解八十宗，尚幸有不訛之本可以考其實也。小正必無古于宋本者，將安所考正乎？故余再鈔撮之，於諸本不同之字句詳悉書之，即其謬顯然者，亦皆甄録，使人知前賢用心之勤，亦以見蕪穢難治，必不能反古復始。且前人所不從者，或後人鑽研復有所會，能拾前人之遺乎？反覆改之，至八九過，亦僅略可屬讀而已。若夫字比句櫛，鑿然言之，則聖人能言夏禮，尚惜杞不足徵，然當時固猶有杞也。其故虚今爲邨落，名曰杞城，隸吾安丘，豈復能向此編氓，而徵文考獻乎哉？

弟子職正音自序

漢書藝文志既收筦子於道家，而孝經類中又出弟子職，知漢初固已重此篇矣。儀禮經傳通解亦載之，兼録舊注，且區別其韻，吾友日照許元翰瀚。以其韻尚疏也，更詳定之，所據者段氏六書音均表也。正韻△其側，間韻□其側，甚便初學。惟「受業之紀」十一句，元翰分兩韻，今則通爲一韻。其他亦小有增改。通解分章，今亦依之。惟區「受業」、「對客」爲兩章，舊注亦鈔之，有未愜者，則出鄙見，爲之訂正，以爲家塾訓蒙之用焉。

附録

先生讀武進臧玉林經義雜記，有手校本，於玉林之説多所是正，魚臺屈萬里輯録傳之。山左先喆遺書提要。

先生遺文未自編定，姪正夫蒐輯爲清詒堂文集。魚臺屈萬里復益以扶溝筆記、羣書敍跋，補入三十餘篇，合前釐爲二卷。同上。

貫山家學

王先生彦侗

王彦侗字□□，貫山子，能讀父書。貫山著毛詩重言，先生校補九十七事，採入書中，各從其類，附之。父没後，先生齎遺書至京師進呈，時以比公乘詣闕獻書故事。參貫山毛詩重言自序、潘祖蔭撰説文句讀序。

貫山交游

陳先生慶鏞 別爲春海學案〔一〕。

翟先生云升

翟云升字舜堂，號文泉，掖縣人。道光壬午進士，官廣西知縣，改國子監助教。性耽六書，尤嗜隸古吉金樂石，搜藏甚富。蓋寢食於中者四十餘年，嘗以先後所得金石搨本二百數十種，選字雙鉤，區分部類，著爲隸篇十五卷，續十五卷，再續十五卷。或因委而溯原，或假賓以定主，論者謂「可以扶羣經之絶學，祛字書之積習，破世俗之拘墟，其體例爲最善」云。又著有五經歲徧齋集。參隸篇陳官俊、楊以增序。

隸篇自序

自南宋以來，集隸字爲書者，皆以韻分。愚以爲保氏六書庫於偏旁，説文偏旁五百四十，分別部居，爲文字根苑。繇篆變隸，去繁趣約，非偏旁無以觀其變，非分別部居無以觀其變之變，隸篇所爲作也。洪文惠公之言曰：「字書行於今者，篇莫加於類篇。」類篇之編字也，頗異説文，而不竄亂偏旁之舊，是以篇内部居式遵乎此。其有未收，則文惠所謂「所載隸古，以石刻校之，攟摭尚多脱略」者。今以

〔一〕「春海學案」，原作「頌南學案」，據目録及正文改。

所得比類羼入，譬諸草木區以別矣。而一草之中，芸若殊莖；一木之間，松柏各葉。且於終卷目録，竊取顧氏隸辨偏旁之意而引伸之，推本説文，以篆爲綱，凡篆同而隸異者屬焉。又副以通例，以隸爲綱，凡隸同而篆異者屬焉。經緯參互，曲盡其藴，所以觀其變與變之變者，於是乎在矣。至於所據遺文，爲拓本，爲可信之橅本。手自雙鉤，豪芒必謹，一點一畫，疑似闕如，而於諸著録家無所販鬻。以劉氏隸韻、婁氏字源以下諸書，皆經傳寫重栞，漸失本真，沿譌襲繆，心所未安爾。嘗慨金石隸古流傳至今者，視宋人所録裁三之一耳，間有後出，不敵所亡。余又伏處海澨，見聞竝隘猥，欲捊盈卷軸，豈易爲功？賴諸同志不吝所藏，競相餽遺，積數十年，得溢百種，羣分類聚，連綴成篇。然而粗具規模，尚多罣漏，非有衛、荊居室之節，不無馮煖彈劍之思。是後復徵遺佚，相繼登來，余以甲子餘年，因此區落而廣益之，乃爲厚幸耳。同志者謂蒙古奎榆村觀察昌、錢塘吴仲雲觀察振棫、石埭方友山司馬熙、海昌許珊林刺史槤、元和張六琴巡政禄卿、漢陽葉潤臣名澧、道州何子貞紹基、何子毅紹業、海豐吴子苾式芬、日照許印林瀚、安丘王菉友筠、諸城劉燕庭喜海、李月汀璋煜、蓬萊葛瀛賓元昶、棲霞牟農星房、濰縣譚怡堂均讚、郭次虎熊飛、劉徽五文典、陳敬堂官橋、陳壽卿介祺、膠州張不羣羣雁、孫貽亭榮曾、孫雲舫榮旲、傅鐵巒賡巖、柯康侯名晉、孫渥田既堂、張小雲祖樾、同邑吕筠莊延慶諸君子也。

隸篇續再續自序

隸篇集既成，同志者復以有力之彊，冥搜苦索，發不宣之祕，抍已湮之蹟，抉未有之奇，以金石拓本、鉤本詒我者，仍至且加密焉。不及三年，檢所得數已過前編之半。時諸君謬以前編栔棗梨，固思踵事，又欲繕刻之出自一手也，乃集爲續編。續編垂成，又有所得，是爲再續。因丘陵以增高，資鈒鏤以致飾，凡厥體例，一如前編。惟其字在前爲通，在今爲正，而形非殊異者，不更録入。凡四閱月，次弟付栞。夫以余之鄙陋，有志竟成，成至於續，續至於再，質之近今諸著録家，輒見其羸，匙有所絀，於是爲厚幸矣。方再續之草創也，通州馮集軒大令雲鵷。以書來，謂畫象題字在嘉祥焦城邨、寶應射陽聚者，皆可力致得之，曷少須焉？余應之曰：「衛、荆今見爲富有，馮煖亦不復歌，且遺珠之在天壤者，又奚止於此？設有後至，别爲三續可也。

清儒學案卷一百四十六

春海學案

嘉、道間，公卿之以經術名者，必稱春海。學於淩仲子氏，又出儀徵之門，其資秉之異，識鑒之真，精神意量之包涵宏遠，亦有儀徵規範。論者謂儒林祭酒，足以繼之。惜天不假年，所成止此。然兩世内廷，雅負物望，約禮博文，持以教士，輶軒所至，樸學振興，碩彦魁儒，聆聲嚮和，固隱繫一時風氣焉。述春海學案。

程先生恩澤

程恩澤字雲芬，號春海，歙縣人。嘉慶辛未進士，改庶吉士，授編修，官至户部右侍郎，先後入直南書房、上書房。父昌期，乾隆庚子進士，歷官翰林院侍講學士，直上書房。先生幼穎異，毁齒，經傳皆成誦。尤好讀古書，遇疑義，必考問釋然而後快。鄉先達曹文敏公、金輔之先生皆語學士曰：「此子逾冠，所學不可量矣。」乾隆六十年，學士卒於山東學政任，先生甫十一歲，哀毁力學。及長，爲諸生，益博綜經史。從外祖學騎射，能挽强弓。最後乃從淩仲子氏游，及其閫奥。淩曰：「天人並至，博而能精，將來所成者大也」。後以計偕居京師，所學彌廣，凡天算、地志、六書、訓詁、金石皆精究之。通籍後，清譽日隆。視黔學時，重刻岳珂五經以訓士。及奉詔刻春秋左氏傳，與祁文端公共議推本賈、服，不專守杜氏一家之學。平日好士説士，技若己有。典試廣東，期取實學之士。知曾釗之名，必欲得之。釗久丁憂，先生不知也，書榜大失望。先生鋭意著作，惟戰國策地名考二十卷已寫定本，其餘多未成書。詩文雄深博雅，積稿盈篋，後刻爲程侍郎集。先生又多藏書，宋、元以來子史雜録，博覽强記，金石書畫，亦多考訂，苟有叩者，必舉以應。阮文達入京，與先生居相近，時共講習。文達校毛詩「有椒其馨」，「椒」字訛，本是「馥」字。其訛久在六朝，罕可相語者，持以示先生。先生深會其意，謂「詩『苾芬孝祀』，韓詩作「馥芬孝祀」，「馥」字毛、韓兩見，形聲不謬」，於六書爲加一證。先生又謂「近人治算，由九章以通四元」，可謂發明絶學。而儀器則罕有傳者，乃與鄭君復光有修復古儀器之約。又嘗深究開元占經，謂「道光十五年木火同度，當有火災」，人驗其言而韙之。吉地案發，因水之故，曹文正問先生古有之乎？先生曰：「水齧王季墓，見棺之前和，吕覽載其事。」文達稱：「國策地名考，自胡朏明禹貢錐指、全謝山地理稽疑後，此其盛業矣。如謂孟津在河北，非今孟津縣，亦非古河陽縣；蒲反非舜都，乃衞蒲邑，以嘗入秦，仍歸，故謂之蒲反。諸條皆確不可易。」殁年五十有三。參史傳、阮元撰墓志銘。

國策地名考敍

道光庚寅，余主講鍾山，或以溧陽狄惺垣先生所刻孔孟編年見示，繙閲再四，精確有翦裁，歎其必傳無疑。亟請相見，與之究經傳之異同，考史誌之是失，辨孔、鄭、程、朱之宗旨，論班、揚、韓、柳之體裁，則皆指困倒囊而出之，不禁五體投地云。時先生館於金陵某氏，不得意辭去。余亟延之，命子德威執經門下，昕夕過從，相得甚歡。一日談及地理之學，我朝稱最，然皆詳於春秋、史、漢，而不及戰國。惟陽湖張君琦國策釋地差爲可據，而語尚簡質，未見賅備。意欲與先生共成一書，以垂不朽。先生始猶謙讓，余固促之，乃許諾。則先立一長單，以國策地名分國録出，凡七百餘條。又立一巨册，以單上所録分布各紙，凡三百餘葉。於是盡發篋中所藏書，凡有涉地志者，皆出而陳之。又向甘氏津逮樓借其所未備，凡數十百種。博觀約取，條分件繫，得一事則録一事，遇一言則記一言。凡五閲月而稿畢，余乃集其大成。以次排纂，先原文，次正史，次雜録，次本朝諸名家所著，參伍考訂，爲之折衷，而以現在府廳州縣實之。又參考各家圖説，繪爲十二圖，使戰國形勢，如聚米畫沙，瞭然尺幅。凡十閲月而書成。遇有衆説不同，紛揉錯出者，先生復爲論其是非，條其同異，作箋疏若干言，用雙行夾注於其下，於是是書乃益完善，無所滲漏。蓋先生讀書貫串，實能言之了了，目之所到，筆即隨之，故能思畫精詳，事半功倍如此。

文集

肇十有二州説

堯典「肇十有二州」，馬、鄭注及晉書地理志皆以爲在禹功後，漢書地理志、谷永傳，皇甫謐帝王世紀，宋書州郡志，皆以爲在禹功前。案：下「濬川」之文，則在禹功前之説是也。禹貢云：「九川滌源，九澤既陂。」皋陶謨云：「予決九川，距四海，濬畎澮，距川。」蓋禹功告成之後，其利可百世，豈甫疏鑿，即又有濬通之役耶？漢書地理志云：「堯遭洪水，懷山襄陵，天下分絶爲十二州，使禹治之。水土既平，更制九州。」帝王世紀云：「堯遭洪水，分爲十二州，今虞書是也；及禹平水土，還爲九州，今禹貢是也。」其言甚晰，足正馬、鄭之誤。蓋舜居攝巡狩時，水土未盡平，正禹致力之際，故曰「濬川」。逮功成後，乃分九州，山川澤藪，皆以九算，勒爲成書，以告後世，直至受虞禪，後未之改也。或引鄭注「肇，始也」爲難，則應之曰：十二州肇於堯，不肇於舜。且大傳「肇」作「兆」，說文作「垗」。鄭彼注云：「兆，域也，爲營域以祭十二州之分星。蓋巡狩必祭山川兆星，封山皆祭。」義「肇」不作始解，則十二州仍堯之舊，益非舜所分可知也。十二州之名，曰冀，曰兖，曰青，曰徐，曰揚，曰荆，曰豫，曰梁，曰雍，曰營，曰并，曰幽。馬季長曰：「舜以冀州之北廣大，分置并州；燕、齊遼遠，分燕置幽州，分齊爲營州。」鄭康成曰：「舜以青州越海，而分齊爲營州，冀州南北太遠，分衛水名，非地名。爲并州，燕以北爲幽州。」馬、鄭之説，蓋取周禮、爾雅成之。幽州有醫無閭，并州有恒山，營州上應營室，皆可據。故舉十二州之名，當從馬、鄭，以十二州在禹功後，當舍馬、鄭。別求三山，以足五嶽、四鎮，成十二山，以配十二州，則書缺有間，馬、鄭所不能也。

論承重孫婦姑在當何服答祁淳甫

承下問：承重孫婦，姑在，當何服？經與律俱無明文，並引顧亭林、方望溪之説，判其同異，具見閣下讀書心細。古人所略者，澤何能知？姑即所見及者奉答。案：承重孫婦服當從夫，並不計姑在與否也。唐律云：婦爲舅斬衰三年。其夫爲祖後，妻亦從服。婦爲姑齊衰三年。其夫爲祖後者，妻亦從服祖姑。政和禮書儀、家禮皆遵之。至明會典，改婦服姑同於舅，今通禮遵之。是承重孫婦服當從夫，著於律已久。況承重者，荷爵土之重，父殁固承父，未殁而癈疾亦承。其婦從夫而服，與姑同，亦何嫌哉？且姑自服其應服之服耳，婦自服其從夫之服耳。彼承重不嫌於父，豈同服遂嫌於姑哉？夫承重者，承爵土之重，非無形之物也。周制封建，曰親親，曰尊尊，故承爵土者，雖諸父不敢先之；而其殁也，其父爲報服斬衰三年。若施之後世，則駭矣。今封建廢已久，惟世襲者尚可言宗法，言承重。若大夫士庶家，一遇大故，其長子不幸死，輒引長孫加於諸父之上，曰吾行古禮。此宋以後拘儒不達世變之所爲也。若唐以前，尚有解此者，故晉侍中庾純云：「今五侯有爵土者，其所防與古無異，重嫡之制，不得不同。至於大夫以下，既與古禮異矣。吉不統家，凶則統喪，考之情理，俱亦有違。」然則律文何以著承重之服？蓋封建雖廢，承爵土者則代代有之，律文蓋爲承爵土者發也。然則士庶家何以行之？曰：

此由墨守家禮而致誤也。家禮非朱子所作，白田雜著辨之甚明。承重已失禮意，其婦之服，當在不議不論之例。除世襲言。若宛轉從俗，則唐律以下所著甚明，可覆案也。

狄尗穎孟子編年序

言孟子者有五誤：趙岐孟子題辭「鄒本春秋邾子之國，孟子時改曰鄒，非魯也，今鄒縣是也」。又曰：「孟子，魯公族孟孫之後，子孫衰微，分適他國。」是孟子本魯人，而實居鄒，不可謂鄒即魯也。乃譚貞默編年略以爲鄒即孔子陬邑，誤一。司馬貞索隱孟子卒於周赧王二十六年壬申，年八十四。依此逆推，則其生當在烈王四年己酉。乃索隱謂在定王三十一年，聽雨紀談作三十七年，闕里志又作安王十七年，誤二。竹書紀年梁惠王後元十三年，齊封田嬰于薛，十月齊城薛，即孟子所云「齊人將築薛」也。是年爲周顯王四十六年，孟子在滕，經有明據。乃金履祥通鑑前編、季本事蹟圖譜，謂孟子游滕在赧王元年，去齊之後，誤三。紀年梁惠王三十六年，與諸侯會於徐州，以相王，於是改元稱一年，又十七年而薨。孟子至梁，在惠王後元末年，年已五十餘，故稱王曰王，而王亦稱孟子曰叟，各從其實也。乃史記謂惠王三十五年，孟子即至梁。通鑑綱目從之，又參用竹書，謂襄王元年始去梁，凡在梁十八年，誤四。國策「齊宣王令章子將五都之兵伐燕，三十日而舉燕國」，與孟子合。此赧王元年事也。取燕，燕叛，孟子之去，宣王之薨，並在是年。大事記、朱子綱目明白可據。乃黃氏日鈔謂伐燕有二，前伐燕在宣王，後伐燕在閔王。孟子集註又謂齊破燕後二年，燕始叛。說者因據以爲孟子後事閔王之證，誤五。有此五誤，而孟子之里居生卒出處先後不可究詰矣。溧陽狄赤穎先生起而正之，闢諸謬説，歸之一是，而後亞聖之生平如燭照數計。於戲！可謂有功於聖賢之門矣。先生所著孔子編年，其精核賅博，遠勝胡元任，有識者能辨之。然爲孔子編年尚易，爲孟子編年，即淹雅如閻百詩，亦謝不敏甚矣。書缺有間，令人歎生千百世後之難爲學也。先生著有四書補闕，行即授梓。合之兩書，其有功於聖賢之門甚偉。夫著述至今日，幾幾乎人握珠，家抱璞，而有功於聖賢之門則不多見，即謂先生爲聖賢之徒也可！

癸巳類稿序

吾里學派，自江、戴昌之，金、程承之，其緒蕃變，率以治經爲宗。都説經鏗鏗，尤善治史部，則有吾師凌次仲先生，與師角立不倚，則有吾友俞理初先生。凡學無門逕則雜，雜則經學溷，漢、宋天文學溷推步占驗；執一則隘，隘則暖暖姝姝，悦一先生之言，墨守訓故，甚且持古疾以病今。理初先生憂之，於是察兩漢門逕，端其趨向，於其歧則閉也；寖饋經史，旁通諸子百家九流，於其僞則剷也。不寧惟是，宋之亂漢易判，魏、晉之亂漢難判，淄、澠流合，易牙能分之，摭古人之愚，若辨黑白，乃益見古説之可信矣。書缺有間，箋疏脱訛，徵之於諸子百家九流，有時而窮，則援及釋典、道藏以爲助，粃糠塵垢尚堪陶鑄，矧其精者啟我質我，不猶愈於求野乎？然非先生受性精敏，一覽便記，又烏能宏覽博辨，差擇助詮，若是之廣且大歟？先生著述甚富，未暇寫定，今春應禮闈試，受知於王菽原主政，主政薦剡未售，急索其著述，佽金刊之，蓋欲以千秋身後名，償俗耳目，一第之榮也，用心良苦，聞者感歎。惜乎時日稍迫，僅得十之三四耳。記十年前，與先生篝燈夜坐，偶有作述，援筆立就，引證賅洽，退而檢諸篋，無一誤事誤言，洵乎才學識有千萬人而無數者。書將就，委序於澤。澤學術譾陋，焉云知先生？然私幸並世見一傳人，引吾里江、戴之緒，且未有艾也。

癸巳類稿又序

右癸巳類稿十五卷，吾友俞理初所箸也。理初負絶人之資，篤好讀書，自識字積髮，素寢饋凡四五十年。其善於始也，能入；其眇於終也，能出。叢籍城擁，手繙繙不輟，輟輒大半成誦。地人名稱事回穴，數載極見某皮某册某篇，行語即中，是謂能入。萃昔賢往事判黑白，搖筆纚纚千萬言，某可據，某可刊，某不可憑，某宜斠也，一篇中計疊簡不勝舉，使起昔賢論往事亦鎮，是謂能出。出入之際，無精心卓識果力，則絢博而支，絢斷而歧。宋以後逮有明，豈無博見彊識，則徇虚車絀實，用恒若斯也。惟識足以徹千古之蔀，辨足以息萬喙之争，富足以會古今之通，明足以别真僞之溷，然後縱横勃窣，底於是乃已。故治經貴一也，纆牽於注疏則隘，畔離於訓故則野。援證典确，莩甲新意，皆陶鑄秦諸書、漢諸儒，斯得之。治史貴紛也，讀未終卷遂持論則塞，讀一史未他及遂持論則陋。正窮乃稗，稗窮乃注，注窮乃金石，全史醞釀，歧説旁溢，斯得之。尤善言天象暨曆數，以爲泰西法積精，然豈三代、秦、漢人所豫解？以某時曆衡某時法，是非區分，則三代、秦、漢人不能委其過。尤善言地輿，説方域，以爲中外同軌不道險，今昔異履不詳憲。惟殊方遐國，人所忽，必當察。察則萬一可據，爲攻戰之導也。至於掌故之鉅，名物之細，聲詁之雅，七緯、三式、釋典、道藏，素靈之奥，景教之歧，凡諸儒撟舌方皇者，稱引首首，如肉貫毌，絲在㯋，則又非恒量所能測識者也。加以受性方直，僞書誣古必辨，魏、晉儒改故訓蔑先儒必力辨，邪醜正否嫉賢必覼縷辨。嗚呼！古心哉！古人哉！凡理初手成宏鉅，書不自名者甚夥，年過六十，而聰强審密不懈，其著作未可涯。此册斷自癸巳年，故曰癸巳類稿。刻成索序於予，予讀之甚愜也，爰就所窺及者讕之，其諸廣邃以俟大雅。

附録

蘭翹學士艱於嗣，晚乃誕先生，丰儀玉暎，父母珍若連城。七歲就傅，每日讀書不過二時，而寒燠晦霾，氣候失和，皆輟課。曹顧厓少宰時官侍講，與學士同邸，每抱持先生，問以書，不能答，則徧檢奥僻不經之字相詰難，蓋好奇不羣，幼性爾也。張穆程侍郎遺集初編序。

道光壬午，先生入直南齋，召諭曰：「汝父蘭翹先生品學，朕昔年最敬，汝之聲名，朕亦皆知，宜更守素行。」時祁文端同召見，出語同朝，皆榮之。阮元撰墓志銘。

壬辰，先生典試粤東，榜後，諸名士餞於白雲山雲泉仙館，酒酣，慨然曰：「是邦今日可云全盛，然盛極而衰，天之道也。後此廿餘年，亂從粤起，再十餘年，亂將遍天下，真不堪設想矣。」坐有曾拔貢釗，亦習漢人洪範五行之學者，起而問難，不覺欷歔。先生笑曰：「子無憂，吾與子不及見矣。」諦視坐中人曰：「皆不及見，及見者，惟譚君玉生耳。」後五年，先生卒。甲寅，曾拔貢卒，粤匪起。玉生則歿於同治十年，壽逾古稀，其言畢諗。南海縣志譚瑩傳。

壬辰十二月，先生入直上書房，課惠親王學。王敬禮師傅，出於至誠。講學爲詩古文書法，皆日有進，甚相益。上與王論先生爲人，有和而不同之目。阮元撰墓志銘。

丁酉七月，先生感暑疾卒，阮文達約同人集龍泉寺，檢其遺書。先一日，何子貞太史以告於其孤德威，德威泣而言曰：「先公於辨論經史六書古義，及天文地志，札記最夥，詩古文詞亦爲之甚勤，顧不自存省，其僅未敢失者，雜置書簏中，往往無首尾題識，他日從容整理，稍就次弟，當乞阮公鑒定。今苫凷迫促，未遑也。顧辱公及諸君子存録之盛心，不可以負，有國策地名考二十卷，迻寫粗畢，持正於阮公。」公披繹久之，歎曰：「疵纇有未滌者，然既博且精矣。聞尚無副墨本，余雖欲爲審訂，未忍遽攜持去。」屬還於其孤，且謂曰：「諸君其急爲校讐，使無遺憾，余雖老，幸及爲覆眎而弁言以行。」何紹基龍泉寺檢書圖記。

阮雲臺曰：國策地名考者，程春海少農暨狄惺垣孝廉共成。是書少農爲其綱，孝廉爲其目。少農歸道山，家況寥落，孝廉恐其放失，乃以筆耕所入，付諸剞劂。工將竣，求序於余。余既歎少農之虛衷好學，又嘉孝廉之能始終其事也。阮元國策地名考序。

梅伯言曰：人嘗屬曾亮以事而匿其情，漫爲請於先生，覆書曰：「吾子而有是言，豈某生平有不見信於深友者乎？不然，則子受紿也。」其行己情深而義方，雖他事類如此。傳曰「直諒多聞，古之益友」，又曰「夫惟大雅卓爾不羣」，先生殆無愧斯言。梅曾亮春海先生集序。

張石州曰：公負奇氣，博觀强誦，於經訓、史筴、天象、地輿、金石、書畫、壬遁、太乙、脈經、格學，莫不窮極要眇，究析發皇之。張穆程侍郎遺集初編序。

狄叔穎曰：曩與故少司農程春海先生同撰國策地名考二十卷，本擬即以付梓，先生曰：「成書太早，古人所戒，吾與子年方卌彊，儻能勘酌盡善，使閲者無可指摘，豈不快甚？」因各寫一本，弆之篋衍，耳目所及，時修改，往復札商，不下數十次，雖在車塵馬足間弗置也。狄子奇國策地名考序。

何子貞曰：京師才士之藪，究樸學能文章者輻湊鱗比，至於網羅六藝，貫串百家，又巍然有聲名位業，使天下士歸之，如星戴斗，如水赴海，在今日惟儀徵及司農兩公而已。何紹基龍泉寺檢書圖記。

春海弟子

何先生紹基 别見湘鄉學案。

鄭先生珍 别爲巢經學案〔一〕。

〔一〕「巢經學案」，原作「子尹學案」，據目録及正文改。

莫先生友芝 別見巢經學案〔一〕。

春海交游

祁先生寯藻 別見鶴皋學案。

梅先生曾亮 別見惜抱學案。

張先生穆 別爲月齋學案。

俞先生正燮 別爲理初學案。

魏先生源 別爲古微學案。

〔一〕「巢經學案」，原作「子尹學案」，據目録及正文改。

龔先生自珍　別爲定盦學案。

陳先生奐　別爲南園學案。

沈先生垚　別爲敦三學案。

江先生沅　別見艮庭學案。

劉先生逢禄　別見方耕學案。

錢先生林

錢林字金粟，號東生，仁和人。嘉慶戊辰進士，改庶吉士，授編修，洊升翰林院侍讀學士，左遷庶子。少有羸疾，貌古神清，學問淹博，於書無所不覽，每執筆，文不加點，如宿構然。阮文達督浙學時，歎爲此邦翹楚。熟於漢、唐注疏，及近時經生家言。於史記誦尤博，論遼、金、元兵制，皆史志所闕。及官翰林，充國史館總纂，於名臣言行，及河漕、鹽榷、倉儲、平糶、海運、采買、災賑、銅政、錢法、地丁、雜税諸大端，靡弗詳究。不喜結納，每夙興在丑寅之交，炳燭讀書，隨即著録，無間寒暑。所輯當代名流紀事凡十一册，廿餘年來，未成書也。生前以稿付汪孟慈，久之，王菽原索得，始爲編刊，題曰文獻徵存録。詩集寫定三十卷，將殁，以詒春海，今所存者，玉山草堂集十二卷，續集五卷。參史傳、王藻文獻徵存録序。

附録

先生始生四歲，隨父任江西，有口授王勃滕王閣序者，先生甫上口，琅琅成誦。五歲出就外傅，讀書一目數行，能作擘窠大字。嗣隨任福建，福建修鼓樓，先生書「海天一柱」額，一時有神童之目。福建名勝之地，咸來求書，先生才九歲耳。先生讀書，終身不忘，蒙古地名官名，載在史册，他人不能記憶者，先生背誦無遺，有問者，答以某書某卷某葉某行，覆書帙無差失。汪憙孫撰墓表。

狄先生子奇

狄子奇字朩穎，一字惺菴，溧陽人。道光乙酉舉人。究心經籍，不屑屑章句。嘗讀毛西河論語稽求、四書賸言諸書，愛其博淹，而病其攻駁朱子，思補朱子之未備，著四書質疑四十卷，四書釋地辨疑、鄉黨圖攷辨疑各一卷。時春海長鍾山書院，與同纂國策地名攷，薦諸林文忠則徐，聲譽益重。主講安徽、宿州、河南覃懷書院，一以敦行植學爲教。後患風疾，卒於講舍。參溧陽縣志。

陳先生慶鏞

陳慶鏞字乾翔，號頌南，晉江人。道光壬辰進士，改庶吉士，散館，授户部主事，累遷工科給事中。值海疆多事，疏請申明刑賞，指斥貴近無少屈，一時直聲震朝野，與臨桂朱琦、高要蘇廷魁有三御史之目。尋因事鐫級，降光禄寺署正。乞假歸里，日事撰述。文宗登極，以侍郎朱鳳標薦，仍起授言官，補江西道監察御史，調掌陝西道事。先生既蹶再振，鋭氣不撓，前後章奏數十上，皆軍國大計，可見施行。時閩境盜起，蔓延漳、泉、興、永間，因疏陳事宜，奉命回籍辦理本省團練。既抵家，編聯保甲，勦撫兼施，賊黨遂散。以積勞致疾，陳請開缺。會匪首林俊糾衆撲泉州，復募卒登陴守禦，三戰皆捷。賊平敍功，以道員候選。咸豐八年卒，年六十有四，贈光禄寺卿。先生精研漢學，而服膺宋儒，謂六經宗許、鄭，百行學程、朱、亭林之言，吾輩當以自勵。其治經實事求是，嘗爲三家詩考、穀梁通釋等書，皆屬草未竟。於聲音訓詁文字之學，鑽掔弗倦，故於説經及考釋鐘鼎諸文，皆能紬發故訓，洞達神恉。工詩文，僕茂淵古，晚而益進。著有齊侯罍銘通釋二卷，籀經堂類稿二十四卷。參何秋濤撰罍銘通釋跋、陳棨仁撰墓誌銘。

文集

日中見沬解

易「沬」，陸德明經典釋文云：「徐『武蓋反，又亡對反，微昧之光也』。字林作『昧，亡太反』，云『斗杓後星』。王肅云：『音妹。』鄭作『昧』。服虔云：『日中而昏也。』子夏傳云：『昧星之小者。』馬同。薛云：『輔星也。』」按陸引字林作「昧」，王讀「妹」，下復云「鄭作『昧』」，則與呂忱、王肅同，無事別言之。鄭作「昧」，與子夏傳「昧」，二字當是从「末」作「昧」，與呂、王从「未」作「昧」異，轉寫誤耳。廣韻：「昧，莫撥切，星也。」引易「日中見昧」。玉篇：「昧，莫割切，星名。」即鄭作「昧」之證。玉篇又有兩「昧」字，一「音莫潰切，冥也。昧，爽旦也」，即說文所云「昧爽」是也。一「音莫蓋切，明也，又斗杓」，即字林所云「斗杓後星」是也。說文無「昧」字。釋文：「曬，末也。」說文：「驡或作粖。」春秋隱元年，「公及邾儀父盟于蔑」，公羊、穀梁並作「眛」。文七年「晉先蔑奔秦」，公羊作「昧」。以聲求之，當亦从「末」，作「昧」，非从「未」作「昧」。疑許書或漏脱耳。

禋于六宗解

六宗，自漢以來，迄無定論。竊謂六宗乃宗禮也。虞制宗禮不可考，以周制推之，孝經「郊祀后稷以配天」，天謂昊天大帝，即虞之「緣禷于上帝」也；「宗祀文王于明堂，以配上帝」，上帝謂五帝，即虞之

「禋于六宗」也。五帝：東方靈威仰，南方赤熛怒，西方白招拒，北方汁光紀，中央含樞紐，以其次于昊天大帝，故爲宗以祀之，而以其祖配。虞配帝宗堯，是時堯尚在，仍遵唐制，宗帝嚳。六宗者，配帝及五帝也。郊禮於壇無屋，宗禮於廟有屋，故言宗。虞宗在文祖，周宗在明堂，周書「乃單文祖德」，周未立明堂，亦稱文祖也。宗爲廟祭，說文：「宗，尊祖廟也，从宀從示。」宀謂屋也。宀注：「交覆突屋也。」古者屋四柱，東西與南北皆交覆也，有堂有室，是爲深屋。自部𦤎下曰宀，「宀不見也。」示，神也，古文作𥘅：「三𠂹，日月星也。」示在宀下，依屋以祀神，指事知其義也。洛誥「記功宗，臣我宗，多遜〔一〕，惇宗將禮」，禮記月令「天子乃祈來年于天宗」，皆言宗禮也，皆爲有屋以祀之也。禋者，柴祭之名，周禮云：「以禋祀，祀昊天上帝。」祭天用禋，五帝，天類也，故亦用禋。宗祀之禋，經有明文，書「禋」于文王、武王，「王賓殺禋咸格」，詩「肇禋，迄用有成」，皆宗禮之禋也。說文「禋，絜祀也。一曰精意目享爲禋」。籀文从宀作𥜥。从宀則與宗字義合，是宗亦以禋爲祀也。𥜥與宗皆从宀，則禋不得專屬之郊矣。禋爲積柴實牲，取其禋气上達，則禋之爲祀帝無疑。宗有禋祀，則六宗之爲祀五宗及配帝亦無疑。以孝經證尚書，其義適合，解者可無煩紛紛置喙矣。

〔一〕「臣我宗，多遜」五字，爲多士文。

生民首章魯毛異同解

詩生民，據許叔重五經異義，詩齊、魯、韓，春秋公羊説，聖人皆無父感天而生，可知漢以來三家傳授皆無異辭。自毛出，謂姜嫄爲高辛氏妃。帝高辛氏，帝敏疾，因禋祀郊禖，高辛氏親行，姜嫄從帝後，履帝之跡，于是齊敬敏速，而鬼神歆饗之也。鬼神食气謂之歆。劉向列女傳曰：「姜嫄，有邰氏之女也，出野見巨人跡，好而履之，歸而有娠。卜筮禋祀以求，無子終生子，以爲不祥而棄之。」向世習魯詩，所傳乃魯説。據此，則姜嫄爲有邰氏女，不言某氏妃，正聖人無父感生之説。魯説履跡在先，禋祀在後，與毛兩歧。鄭君箋詩宗毛，此獨易傳，而以帝指上帝。據爾雅「敏，拇也」，當郊禖之時，時則有大神之跡，姜嫄履其拇指之處，歆歆然，遂有娠，言履巨跡，正與魯合。唯禋祀在先，履跡在後，文略異解。姜嫄不從毛訓，亦不從魯訓，別以爲高辛氏之世妃也，蓋謂高辛傳世子孫之妃。觀其駁異義云：「諸家言感生得無父，有父則不感生，皆執偏之論。」商頌：「天命玄鳥，降而生商。」娀簡狄吞鳦子生契，此感生見於經之明文。劉媪，漢太上皇之妻，感赤龍而生高祖。且蒲盧桑蟲，煦嫗成爲己子，矧天之精氣所感，不能使其子賢聖乎？則感生之説，又不必以有父無父泥之矣。毛説自劉歆、班固、賈逵、服虔、王肅、皇甫謐之徒皆以爲然。魯則齊、韓而外，河圖、中候稷起、契握，其文確有可徵。要之，毛語其常，堯、舜亦人耳，初不信感生之説，使姜嫄非嚳妃，稷非嚳子，周人何以禘嚳而郊稷？禘者，禘其始祖之所自出，稷爲嚳子，故禘之。魯語其異，聖人之生，天是使。獨使姜嫄爲嚳妃，稷爲嚳子，則周、魯何以特立姜嫄，不聞別立嚳廟？詩又何以云「即有邰家室」？故但以有邰氏之女訓之，於經脗合，說詩者當以魯爲優。

予曰有奔奏解

詩「奔走」，陸德明經典釋文：「奏，一本作走。」劉熙釋名：「走，奏也，促有所奏至也。」走、奏同聲通用。說文：「奏，進也，从本从廾从屮，與⿰本九同義」。奔奏謂服役趨事之徒，即詩清廟「駿奔走在廟」，書武成「駿奔走，執豆籩」，禮大傳「執豆籩，逡奔走」，左昭三十一年傳「將奔走之」，聲義皆合。毛解「奔走」爲「喻德宣譽」，以「奏」爲奏白之奏。攷虞書「敷奏以言」，益稷「暨益奏庶鮮食」，僞孔傳謂「進于民」；詩六月「以奏膚公」，傳「奏，爲也」，王充論衡作「上書謂之奏」，文選表題注「劾驗政事曰奏」；尚書大傳「御史奏雞鳴于階下」，注「猶白也」；廣雅「奏，書也」；釋名「奏，鄒也。鄒，狹小之言也」。奏有言義，故毛訓「宣喻」，是讀「奏」如字。鄭箋則謂「奔走，使人趨附之」，趨附，猶奔走，作轉音讀。孔沖遠申其意而解之曰：「奔走者，此臣能曉喻天下之人，以王德宣揚王之聲譽，使人知，令天下之人皆奔走而歸趨之，故曰奔走也。」則又合本訓、次訓兼釋。然「奔走」自屬臣說，不屬民說。文王聖德，虞、芮質成，自然嚮風，何待宣揚聲譽？且本文「予」字訓我，若謂我有喻德宣譽之臣，殊非聖人語氣。觀上下句「疏附」、「先後」、「禦侮」皆指自臣，不應此句獨指自民，則詩言猶多士「攸服奔走」，多方「今爾奔走」之意，竝無異解。毛詩未出，三家詩蓋本作走。王逸楚詞章句引詩「予聿有奔走」，文選李善注引同。曰聿、奏、走皆聲同義近。是齊、魯、韓詩本有作「走」之證。而亦有作「𧼯」者，孔叢子：「周文胥附奔𧼯，先後禦侮，謂之四鄰，以免乎牖里之害。」伏生解尚書亦作「𧼯」。奏、𧼯皆走之叚。周禮大司馬「事𧼯徒趨」，𧼯，疾也，是其義也。按「奔走」二字，連語叚借字，亦轉注字。説文「奔，走也，从夭賁省聲」，與走同意。「走，趨也，从夭止」，會意，與奔同義。石鼓文奔从犬，不从夭，字亦作犇，从三牛。荀子議兵篇「犇命者不獲」，注「犇命，謂來歸其命者」，言疾也。漢書司馬相如傳「芔然興道而遷義」，又「藰莅卉歙」，凡芔、猋、⿱夭⿰夭夭、⿱兔⿰兔兔、麤、驫、轟三比之字，多迅疾意。奔迅而走舒，故爾雅釋宮「中庭謂之走，大路謂之奔」。中庭狹，故言走；大路寬，故言奔。以其行道廣狹名其地曰奔走，即以其趨事緩急名其人亦曰奔走。奔走，執事通稱。如史記報任少卿書太史公「牛馬走」，注「走猶僕也」。後漢書蘇竟傳注「走謂馳走之人，謙稱也」。虞詡傳「走卒」，注「伍佰之類也」。是皆奔走之義也。「奔」假爲「賁」，禮有「虎奔」；「走」假爲「趣」，書有「趣馬」。然則「奔走」自是趨事服役之人，不必指爲喻德宣譽，其義郅隺。左傳「季武子賦緜之卒章」，杜注「義取文王有四臣，以致興盛」。本大傳，四臣謂虢叔、閎夭、泰顛、南宮括。然詩自是泛指四等之臣，如股肱、心膂、耳目之類，必求其人以實之，則鑿矣。「走」與「附」、「後」、「侮」皆韻，左昭七年走叶僂、傴、俯、侮、口，莊子列禦寇走叶傴、僂、俯、軌，文子道原篇走叶遊，則謂走自韻後，侮自韻附，隔句爲叶者，猶未考古音之合也。

會有表解

左昭十一年傳「會有表」，杜注「野會設表以爲位」，正義「亦當有物記處，如今之位版也」，引覲禮「上介奉其君之旂，置于宮」，及周禮大司馬「教大閱門立四表」，又嫌不合大夫之會，乃云：「大夫聚會，亦應有以表位，但無文以言耳。」今按：古者於野行禮，必設表以爲位。平坦之地，無堂階可紀，將欲於此習禮儀，準步伐，非表何以示其趨？故表如軍旅田界之表。周禮：「虞人萊所田之野爲表，百步則一，爲三表。又五十步爲一表。」又曰：「及表乃止。」此古人閱軍以表爲界之事也。左傳襄二十五年傳「表淳鹵」，賈逵注云：「淳鹵之地，九夫爲表。」國語周語「單襄公云：周制有之曰：列樹以表道」。禮記郊特牲「饗農及郵表畷」，散氏槃銘云：「用大蔽散田，迺即散田用田竟，竟自濾、洮以南至于大沽，一表以降二表。」又曰：「表于單道，表于原道，表于周道。以東表于𣒊東疆，右還表于竟，竟導以南表于卻，萊導以西至于堆，莫竟，竟井色田。」此古人畫田以表爲界之事也。而朝會之表，見國語晉語：「昔成王盟諸侯於岐陽，置茅蕝，設望表。」司馬貞引賈逵云：「束茅以表位爲蕝。」史記、漢書叔孫通傳「蕝」作「蕞」，如淳曰：「蕞謂以茅翦樹地，爲纂位尊卑之次也。」「表」，説文「上衣也，从衣从毛」。古者衣裘，以毛爲表。裘，皮衣也，象形。蓋表爲立木於地，復綴他物於木上，有表義。軍旅之表以旐，田邑之表以郵，而朝會之表以蕝，皆綴他物以垂象如表衣之義也。説文「朝會束茅表位曰蕝」，引國語「致茅蕝表坐」，則野會之表，國語顯有明據，何謂無文？荀子儒效篇、後漢書蓋勳、馬援傳注：「表，標也。」吕覽許注：「表，柱也。」禮記檀弓、内則注：「表，明也。」周禮大司馬注：「表，所以識正行列也。」荀子大略注：「表，標志也。」後漢書劉祐注：「表，標準也。」管子君臣上注：「表，謂以木爲標，有所告示也。」漢書淮南厲王傳注：「表者，樹木爲之，若柱形也。」吕覽不屈云「或操表掇以善睎望」，注「表綴，儀度」。此皆表義也。至正義云：「俗本表下有旗，謬也，旗當是表。」注言用旗爲表，讀者不知，誤加正文耳。

中離維綱解

大射儀「中離維綱」，綱所以繫侯植者，侯有上下綱，皆出舌一尋。梓人云：「上綱與下綱出舌尋絹寸焉。」其邪制躬舌之角者爲維。或曰：「維當爲絹，絹綱耳。」先鄭周禮注：「絹，籠綱者，維，持侯者。」審是，則絹以布爲之，綱與維皆以繩爲之，維與絹自是兩物。絹籠綱，然後以上个、下个邊綴著絹兩頭，以綱繫著植。維者於上个、下个、上下躬兩頭皆有角，又以小繩綴角繫著植。故矢或離綱，或離維也。「絹，綱耳」者，以絹爲綱耳，離著絹也。案：梓人「緽」，儀禮賈疏引作「絹」。陸德明經典釋文「絹，劉侯犬反，又於貧反。一音古縣反，又古犬反。」周禮「絹」字注云：「音於貧反，或尤粉反。劉侯犬反，一音古犬反。」據侯犬、古縣、古犬，字當爲絹；於貧、尤紛，字當爲緽。陸唯不能定其字與音，故並引之。説文「緽，持綱紐也」，引周禮「緽寸」；廣韻「緽，爲贇切，繩紐」；玉篇「緽，維持繩紐細者」。則儀禮鄭注、賈疏「絹」字竝當作「緽」，轉寫訛謬，沿襲不察耳。「綱耳」當爲「綱紐」。

宗廟之事如會同端章甫解

論語「宗廟之事如會同」，鄭注：「宗廟之事，謂祭祀也。諸侯時見曰會，衆頫曰同。」按玉藻「諸侯玄端以祭」，鄭讀「端」爲「冕」，是諸侯祭服用冕。禮「大夫冕而祭於公，士弁而祭於公，冠而祭於己」，是卿大夫助祭，亦用冕，士助祭用弁，未有端章甫者。且宗廟祭祀，凡在廟助祭，無非相禮，未有特設一官而謂之相，更未有小相之名。周禮、左傳凡言相，皆會同之相也。時解謂「會同行於宗廟，故用如字以貫之，宗廟之事，非宗廟之祭」。説似直截，然猶未合古禮。據儀禮覲禮「諸侯覲於天子，爲宫方三百步，四門壇十有二尋，深四尺，加方明於其上」。會同築壇，當在郊，不在廟，如何得行於廟中？竊謂時見、殷見，皆諸侯見於天子，是爲大會同，故在郊。若兩君相見，祇諸侯自相見，是爲小會同，則在廟。兩君相見禮有專條，左襄四年傳：「文王，兩君相見之樂也。」杜注：「即以諸侯會同解兩君相見。」覲下文宗廟會同，非諸侯而何？自指諸侯會同説。會同於天子用冕服，而自相會同則降而服皮弁服。鄭注司服「諸侯自相朝聘皆皮弁服」，鄭蓋以聘禮推之。聘禮「卿出聘，服皮弁，以客禮見，亦以軍禮見。兩君相見禮從同」，故知其爲服皮弁也。君服皮弁，則其擯介必降君一等服朝服。禮，冕服爲上，皮弁次之，朝服又次之，玄端爲下。公西華言「端章甫」，端即朝服，謂端爲玄端服者，非也。周禮司服「玄端」，鄭注云：「端，取其正也。士衣袂皆二尺二寸，而屬幅廣袤等也。」廣袤等，故謂之端。不知朝祭之服，衣袂皆二尺二寸，皆有端名，不獨玄端服爲然。樂記端冕而聽古樂，是冕服名端也。左傳晏平仲端委立於虎門之外，是朝服名端也。兩君相見服皮弁，相君者降一等，自是服朝服，若玄端則與朝服迥異。朝服緇衣，玄端則玄衣；朝服素韠，玄端則爵韠；朝服白屨，玄端則黑屨；朝服大夫以上其冠皆委貌，唯士玄冠，故少牢饋食禮朝服不言玄冠，士冠禮朝服必言玄冠。玄端則自天子諸侯以至士，純用玄冠無委貌，章甫即周之委貌，實弁而非冠，則爲大夫以上之朝服，而非士以下之玄端服。玄端爲士之常服，禮服之最下。乃天子諸侯亦用之者，以其色玄用爲齊服，故郊特牲云：「齊之玄也，以幽陰思也。」幽陰故用玄衣玄冠，有袀玄之義。玉藻亦云：「玄冠，諸侯之齊冠也。」諸侯齊冠用玄冠，則天子齊冠亦用玄冠可知。士玄端亦玄冠，無章甫。赤明言章甫，正不得以服用玄端，冠用章甫，自亂其例。若會同於天子，則自君以至擯介皆用冕，亦無章甫。覲禮「侯氏裨冕，天子衮冕」，周書王會解「天子南面立，絻無繁露，相者太史魚、大行人皆絻有繁露」，是擯介皆用冕之證。周官司服云：「孤之服，自希冕而下，如子男之服；卿大夫之服，自玄冕而下，如孤之服。」鄭云：「自公之衮及卿大夫之玄冕，皆其朝聘天子及助祭之服。」夫卿大夫朝聘於天子用冕服，則其從君而朝亦必用冕服。若有孤之國，孤爲上介，服希冕；無孤之國，卿爲上介，服玄冕，冕服所以尊天子也。以此推之，兩君相見，君服皮弁，則臣亦當服皮弁，乃臣從君於王朝，得與君同服冕。而贊相兩君之會，不得與君同服皮弁者，以冕服有差等，而皮弁服無別，不得不降而從朝服，以避尊也。且章甫亦弁製，雖不得與君同皮弁，而亦與君同戴弁，是猶同冕服之義也。章甫自是上介服，而亦言小相者，謙退不敢質言耳。客君之相如此，則主君之相亦如此。所謂端章甫者，其爲兩君擯相之服無疑矣。春秋時會同天子盛典久不行，所言皆諸侯自相會。左定四年經：「公會劉子、晉侯、宋公、蔡侯、衛侯、陳子、鄭伯、許男、曹伯、莒子、邾子、頓子、胡子、滕子、薛伯、杞伯、小邾子、齊國夏于召陵。」「五月，公及諸侯盟于皋鼬。」傳：「衛子行敬子言於靈公曰：『會同難，嘖有煩言。』」即以十餘君聚會爲會同，則兩君相見亦稱會同，其禮一也。赤言志，自即舉時事言。若會同於天子，其禮有四：一是王將有征伐，會一方之諸侯，大行人所謂「時會以發四方之禁」是也；一是王不巡狩，四方諸侯皆會京師，大行人所謂「殷同以施天下之政」是也。此二者，皆行於竟内者也。一是王不巡狩，諸侯會于方岳，書所謂「王乃時巡，諸侯各朝于方岳」是也；一是王不巡狩，而殷國諸侯畢會于近畿，若周王會諸侯於東都，詩所謂「會同有繹」是也。此二者，皆行於竟外者也。其相皆大宗伯主之。周禮大宗伯「朝覲會同，則爲上相」，鄭注云：「相詔王禮，職雖主於相王，而亦以相侯氏。」覲禮云：「侯氏坐，取圭升致命，王受之玉，侯氏降階，東北面再拜稽首。擯者延之曰：升升！成拜。」此擯者即大宗伯也。下云：「公侯伯子男，皆就其旂而立，四傳擯。」此擯亦天子之擯也。周官司儀言會同之禮，有云：「詔王儀南鄉見諸侯，土揖庶姓，時揖異姓，天揖同姓。及其擯之，各以其禮，公於上等，侯伯於中等，子男於下等，所謂四傳擯也。」相諸侯之相，即相天子之相，諸侯未嘗别立相，雖各有介，亦不過奉其旂置于宫而已。其在四時常朝，公介九人，侯伯七人，子男五人，亦不過立於門外，傳命而已，非贊禮之相也。赤束帶立朝，可與賓客言，自是兩君相見之相，非會同天子之相。使赤而願爲天子之相，夫子幾何而不見哂乎？

釋必

考工記「玉人之事，天子圭中必」，鄭注：「必讀如鹿車縪之縪，謂以組約其中央，爲執之以備失隊。」方言「車下鉄，陳、宋、淮、楚之間謂之畢，大者謂之綦」，注云：「鹿車也。」據此則必、縪、畢三字同。既夕記「冠六升，外縪」，謂「縫著於武也」。言縫鉄而約束之，與中必之義亦同，則方言之「鉄」當「紩」。

釋搢

大射儀「搢三挾一个」，注云：「搢，扱也。」夏官田僕「凡田，王提馬，諸侯晉」，注云：「晉，猶抑也。」案：搢、晉義同，抑馬猶言收馬，扱亦收也，扱矢猶言收矢。

釋揥

詩「象之揥也」，廣韻从木作「楴」，云：「楴枝，整髮釵也。」釋名：「簪，枝也。」晉書輿服志「皮弁象玉邸」，注云：「邸，冠下抵也，象骨爲之，音帝。」據此，則揥、邸、抵同音同義。宋玉風賦「邸萼葉而振氣」，史記河渠書「西邸瓠口」，皆以邸爲抵，是抵、邸通用之證。案：説文無揥，手部「擿，搔也」；「搔，搰也」；「搰，絜也」；「髻，絜髮也」；「膾，骨擿之，可會髮者」。詩「膾弁如星」。擿、搔爲會髮、絜髮之具，揥當是擿之異文。

釋鑿

説文：「鑿，金聲也，讀若春秋傳『䡊而乘它車』。」按：「鑿」與「䡊」兩字兩義，許云讀若，從其聲，不從其訓。今左傳昭廿六年文「䡊」作「鑿」，當本作「䡊」，後人轉寫譌從金。玉篇「䡊，一足行貌」，廣韻「䡊，一足跳行」，正與博義合。杜注「鑿，一足行」，訓本不誤，唯依傳作「鑿」，未能是正。乃正義引説文「鑿，金聲也」，蓋擊金爲聲，亦名鑿。以「鑿」訓移作「䡊」訓，其失愈遠。今説文闕「䡊」字，蓋即「脛」之異文，字或作「踁」。細尋傳文，「苑子刜林雍，斷其足，鑿而乘於他車以歸」，言林雍既斷足，乃以脛築地而行，故謂之脛。至張參五經文字云：「鑿，金聲也。又一足行貌。」是又併鑿、䡊爲一字，其誤與正義同。

釋豐

大射儀「膳尊兩甒在南，有豐」，鄭注：「豐，以承尊也。其爲字從豆，豐聲。」豐聲當爲曲聲。賈疏此謂：「上聲下形之字，年和穀豆多，從豆爲形也。豐者承尊之器，象形也，是以曲年之字，豐下著豆。」今案：豐从豆爲俎豆之豆，賈言穀豆，非是。「豐者承尊之器」，豐當作曲，「曲年之字，豐下著豆」，上曲當作豐，下豐當作曲，蓋轉寫互易，致讀者不能解，承尊之豐，本作曲，經典借豐爲曲，豐行而曲廢。古瓦頭禪文有豑字，即古文豐也。説文「豐，古文作豑」，則承尊之器豑爲古文，曲爲小篆。鄭言其形，云

「似豆，卑而大」，「説者以爲若井鹿盧」。言其用，於鄉射云「所以承爵也」，於大射云「以承尊也」，則公食大夫之豐，亦當是承爵，燕禮之豐，亦當是承尊，各就其篇之文釋之。豐从丰，與豐从丯，字異。豐當是丰聲而山象形，豐當是丯聲而凵象形，一从艸盛之丰，一從艸蔡之丯也。

釋楣

説文「楣，秦名屋櫋聯也，齊謂之檐，楚謂之梠」。聘禮「公當楣再拜」，注云：「楣，謂之梁。」鄉飲酒禮「主人阼階上，當楣北面再拜」，注云：「楣，前梁也。」鄉射記「序則物當棟，堂則物當楣」，注云：「是制五架之屋也，正中曰棟，次曰楣，前曰庪。」按禮經諸「楣」，乃許書「楣」字義，非「楣」字義。許云：「楣，門樞之横梁。」爾雅釋宫「楣，謂之梁」，郭注：「門户上横梁。」郭所釋亦「楣」義，非「楣」義。釋文「楣，亡悲反，或作楣，亡報反。埤蒼云：梁也。吕伯雍云：門户之横梁也。説文曰：楣，秦名屋櫋聯也」。陸引埤蒼、字林以釋「楣」，復引説文以釋「楣」，明楣、楣異義。爾雅之「楣」，當爲「楣」，則禮經諸「楣」，亦並當作「楣」。

釋應音

「應」本音於陵切，轉音爲於證切。廣韻十六蒸：「應，當也。又姓，出南頓，本自周武王後。」左傳曰：『邘、晉、應、韓，武之穆也。』漢有應曜，隱於淮陽山中，與四皓倶徵，曜獨不至。時人語之曰：『南山四皓，不如淮陽一老。』曜八代孫劭，集解漢書。」四十七證：「應，物相應也。說文作『應，當也』。」集韻十六蒸「應」下云：「說文『當也，从心雁聲』。徐曰：『雁，鷹字也，又料度之辭。』唐詩應須、秪應皆辭也。又國名，括地志『故應城，因應山爲名，在汝州葉縣』。又姓，出南頓，通作膺。書『誕膺天命』，注：『當也。』」二十五徑「應」下云：「答也。又當也。又樂名，周禮『笙師應樂』，注：『應長六尺五寸，象柷，有椎連底，左右相擊以應柷。』樂書云：『應樂猶鷹之應物，其獲也小，故小鼓小舂謂之應』；所以應大也，小鞞曰應鼓。』又天子之門曰應門，詩『迺立應門』，注：『正門也。』又州名，雁門地，唐置應州禮部。」韻略十六蒸「應，於陵切，當也」，詩『我應受之』。四十七證「應，於證切」，釋云「和也」。審此，則應當之應，平讀，亦可仄讀；應姓之應，有平讀，無仄讀；應對之應，有仄讀，無平讀；國名之應，當平讀；州名之應，當仄讀；樂名、門名，亦皆仄讀。陸德明經典釋文於左襄十二年傳「應韓」句不釋，而凡弗應、徵應等語，必詳釋之，曰：「應對之應。」孫愐、李舟各切韻，亦止切於陵，不切於證，知平讀爲本音，仄讀乃其轉音，故不加切。又漢書應奉傳章懷太子賢於此字不別爲釋音，亦以應本平讀，無庸釋也。

易林引詩考

易林者，漢焦延壽作也。延壽字贛，梁人。少從孟喜問業，得陰陽之學，其說長於災變，分六十四卦，更直日用事，以風雨寒暑爲候，各有占驗。其所引詩，與齊詩多發明，蓋齊詩參緯數，而贛善陰陽，故言齊詩必徵之。今即以其所引者條列如左：晉之同人曰「貞鳥鴡鳩，執一無尤，寢門怡理，君子悦喜」，是即關雎之詩也。履詞曰「鴡鳩淑女，翌賢配偶」，是即「君子好逑」也。大有之謙曰「葛生衍蔓，絺綌爲願」，是即葛覃之詩也。鼎之乾曰「傾筐卷耳」，乾之革曰「玄黃虺隤，行者勞疲」，是皆即卷耳之詩也。困之觀曰「桃夭少華，婚悅其家」，是即桃夭之詩也。坤之困曰「兔罝之容，不失其恭」，是即兔罝之詩也。萃之漸曰「喬木無息，漢女難得」，是即喬木之詩也。兌之噬嗑曰「南循汝水，伐樹斬枝，過時不遇，惄如周飢」，是即汝墳之詩也。豫之晉曰「鵲巢柳樹，鳩奪其處」，是即鵲巢之詩也。困之隨曰「筐筥錡釜」，是即采蘋之詩也。旅之解曰「甘棠聽訟，昭然蒙恩」，大過之需曰「鸞鳥以庇，召伯遊暑」，是皆即甘棠之詩也。大壯之姤曰「行露反言，出爭我訟」，未濟之損曰「厭浥晨夜，道多湛露」，是皆即行露之詩也。謙之離曰「羔羊皮革，君子朝服」，是即羔羊之詩也。大過之夬曰「旁多小星，三五在東」，是即小星之詩也。屯之乾曰「汎汎柏舟，流行不休」，是即邶風柏舟之詩也。觀之益曰「黃裏綠衣，君服不宜」，是即綠衣之詩也。恒之坤曰「差池其羽，頡頏上下」，是即燕燕之詩也。升之革曰「日居月諸，遇暗不明」，是即日月之詩也。頤之井曰「終風東西，散渙四分」，是即終風之詩也。家人之同人曰「擊鼓合戰」，是即擊鼓之詩也。豫詞曰「冰將泮散，鳴雁嗈嗈」，是即匏有苦葉之詩也。小蓄之謙曰「式微式微」，是即式微之詩也。小畜之睽曰「左手執籥，公言錫爵」，是即簡兮之詩也。歸妹之蠱曰「旄丘新臺，悔往歎息」，是即旄丘、新臺之詩也。晉之否曰「北風寒涼，雨雪盈冰」，是即北風之詩也。同人之隨曰「季姬躊躇，待孟城隅，終日至暮，不見齊侯」，是即靜女之詩也。小過之小畜曰「牆茨之言，三世不安」，是即牆有茨之詩也。蠱之謙曰「采唐沬鄉，邀期桑中」，是即桑中之詩也。履之渙曰「鶉尾奔奔」，是即鶉之奔奔之詩也。恒之鼎曰「騋牝龍身，日取三千」，是即定之方中之詩也。蠱之復曰「蝃蝀充側，佞人傾惑」，是即干旄之詩也。蒙之困曰「氓伯以婚，抱布自媒」，夬之兑曰「以緡易絲，抱布自媒」，坤之井曰「不見復關」，履之噬嗑曰「桑方將落，隕其黄葉」，是皆即氓之詩也。節之遯曰「伯去我東，首髮如蓬」，家人之小畜曰「杲杲白日」，是皆即伯兮之詩也。師之睽曰「清人高子，夕屯外野」，是即清人之詩也。豐之艮曰「雞鳴同興，思配無家，執佩持凫，莫使致之」，是即鄭風雞鳴之詩也。蠱之比曰「不見子都，鄭人心傷」，是即山有扶蘇之詩也。損之大畜曰「狡童而爭，亂我政事」，是即狡童之詩也。蹇之師曰「褰衣涉河」，是即褰裳之詩也。賁之鼎曰「東門之墠，茹藘在坂，禮義不行，使我心反」，是即東門之墠之詩也。困之大壯曰「摻摻女手，紡績善織」，是即葛屨之詩也。姤之訟曰雞鳴失時，民僑勞苦」，是即齊風雞鳴之詩也。既濟之旅曰「衣裳顛倒」，是即東方未明之詩也。坤之履曰「敝笱在梁，魴逸不禁」，晉之恒曰：「敝笱在梁，不能得魚」，是皆即敝笱之詩也。困之訟曰「襄送季女，至於蕩道，齊子旦夕，留連久處」，是即載驅之詩也。泰之否曰「陟岵望母，役事不已，王事靡盬，不得相保」，是即陟岵之詩也。萃之乾曰「碩鼠四足，飛不上屋」，是即碩鼠之詩也。謙之坎曰「縣貆素飧，食非其任」，是即伐檀之詩也。否之師曰「揚水潛鑿，使石潔白」，是即揚之水之詩也。泰之萃曰「羔衣豹裘，高易我家」，鼎之大有曰「羔裘豹袪，高易我宇」，是皆即羔裘之詩也。師之中孚曰「葛藟蒙棘，華不得實」，是即葛生之詩也。遯之益曰「五粲解墮」，是即小戎之詩也。萃之小畜曰「子車、鍼虎，善人危殆」，困之大壯曰「子輿失勞，黄鳥哀作」，是皆即黄鳥之詩也。大壯之震曰「晨風文翰，大舉就温」，是即晨風之詩也。復之咸曰「齊姜、宋子，婚姻孔嘉」，是即衡門之詩也。大畜詞曰「配合相迎，利之四鄉，昏以爲期，明星煌煌」，是即東門之揚之詩也。乾之蒙曰「鵠鵴鳲鳩，專一無尤」，夬之家人曰「鳲鳩七子，均而不殆」，是皆即鳲鳩之詩也。蠱之歸妹曰「下泉苞稂」，賁之姤曰「荀伯遇時，憂念周京」，是皆即下泉之詩也。既濟之臨曰「莎雞振羽，爲季門户」，同人之大過曰「春日載陽」，訟之鼎曰「斯饗羔羊」，晉之歸妹曰「獻豜大豵」，是皆即七月之詩也。否之蠱曰「鴟鴞破斧」，大畜之蹇曰「綏德安家，周公勤勞」，噬嗑之渙曰「桃雀竊脂，巢於小枝，摇動不安，爲風所吹」，是皆即鴟鴞之詩也。家人之頤曰「東山辭家，處婦思夫，伊威盈室，長股贏户」，是即東山之詩也。師之晉曰「鴻飛遵陸，公出不復」，是即九罭之詩也。益之恒、明夷之蹇並曰「鹿得美草，鳴呼其友」，升之乾曰「白鹿鳴呦，呼其老少，嘉彼茂草，樂我君子」，是皆即鹿鳴之詩也。旅之漸曰「蜲蛇四牡，思念父母，王事靡盬，不我安處」，是即四牡之詩也。震之漸曰「出於幽谷，飛上高木」，同人之坎曰「出於幽谷，飛上喬木」，是皆即喬木之詩也。復之蠱曰「雨雪載塗」，咸之渙曰「采薇出車，魚麗思初」，是即采薇、出車及魚麗諸詩也。家人之泰曰「南有嘉魚，駕黄出鰤」，是即南有嘉魚之詩也。恒之蹇曰「蓼蕭瀼瀼，君子龍光，鳴鸞雍雍，福禄來同」，是即蓼蕭之詩也。咸之剥曰「玁狁匪茹，侵鎬及方」，未濟之睽曰「玁狁匪度，治兵焦穫，伐鎬及方，與周爭疆」，坤之小過曰「飲御諸友」，賁之頤曰「炰鼈膾鯉」，是皆即六月之詩也。離之坎曰「六月采芑，征伐無道，張仲、方叔，尅勝飲酒」，是即采芑之詩也。復之晉曰「營城洛邑，周公所作」，是即車攻之詩也。履之夬曰「吉日車攻，田弋獲禽，宣王飲酒，以樂家功」，解之同人曰「鳴鸞四牡，駕出行狩，合格有獲，獻公飲酒」，是皆即吉日之詩也。頤之損曰「庭燎夜明，追古傷今」，是即庭燎之詩也。師之艮曰「鶴鳴九皋，避世隱居」，是即鶴鳴之詩也。明夷詞曰「他山之錯」，是即「他山之石，可以爲錯」也。小過之離曰「爪牙之夫，怨毒祈父，轉憂與己，傷不及母」，是即祈父之詩也。坤之巽曰「白駒生芻」，是即白駒之詩也。乾之坎曰「黄鳥來集，既嫁不答，念我父兄，思復邦國」，是即黄鳥之詩也。乾之坎曰「黄鳥采菉」，巽之豫曰「黄鳥采蓄」，是即我行其野之「采蓫采葍」也。困之姤曰「東南其户，風雨不處」，是即斯干之詩也。晉之蹇曰「正月繁霜」，坤之師曰「謂天蓋高」，咸之无妄曰「昏姻孔云」，是皆即正月之詩也。明夷之比曰「深谷爲陵」，并之大有曰「皇甫、司徒，使君失家」，是即十月之交之詩也。晉詞曰「桑扈竊脂，啄粟不宜」，小畜之大過曰「中原有菽，以待饔飧」，是皆即小宛之詩也。中孚之井曰「尹氏伯奇，父子相離」，是即小弁之詩也。恒之艮曰「南山昊天，刺政閔身」，是即巧言之詩也。復之兑曰「杼柚空虚，家去其室」，是即大東之詩也。井之大有曰「大輿多塵，小人傷賢」，是即無將大車之詩也。睽詞曰「倉盈庾億，宜稼黍稷」，兑之咸曰「神嗜飲食，使君壽考」，是皆即楚茨之詩也。小過之漸曰「中田有廬，疆場有瓜，獻進皇祖，曾孫壽考」，是即信南山之詩也。豫之困曰「青蠅集藩，君子信讒」，是即青蠅之詩也。家人之小過曰「老馬無駒」，是即角弓之詩也。中孚之訟曰「牂羊肥首，君子不飽」，是即苕之華之詩也。蒙詞曰「何艸不黄」，是即何艸不黄之詩也。大壯之隨曰：「有莘季女，爲王后妃」，是即「纘女維莘」也。晉之歸妹曰「禮讓不興，虞、芮爭訟」，是即緜之詩也。損之巽曰「太姒、文母，乃生聖子，昌、發受命，爲天下主」，是即思齊之詩也。升之節曰「靈臺歡賞，膠鼓作人」，夬之頤曰「一室靈臺，文所止遊」，是皆即靈臺之詩也。大有之離曰「梟鷺遊涇，福禄來成」，涣之節曰「公尸侑食，福禄來處」，是皆即鳧鷖之詩也。升之泰曰「公劉之居，太王所業」，家人之臨曰「節情省欲，賦斂有度，家給人足，公劉以富」，是皆即公劉之詩也。觀之謙曰「高岡鳳凰，朝陽梧桐，雝雝喈喈，菶菶萋萋」，是即卷阿之詩也。大有之節曰「螟蟲爲賊，害我稼穡」，是即桑柔之詩也。井之豐曰「旱魃爲虐」，小畜之中孚曰「魃爲燔虐」，是皆即雲漢之詩也。大壯之兑曰「嵩高岱宗，峻直且神」，是即崧高之詩也。井之需曰「大夫祈父，無地不涉，爲吾相土，莫如韓樂」，是即韓奕之詩也。觀之益曰「去辛就蓼，毒愈苦甚」，是即小毖之詩也。益之晉曰「鱣鮪鰋鯉，多饒所有」，損之乾曰「鯉鮪鮒鰕，積福多魚」，是即潛之詩也。困之節曰「日就月將，昭明有功」，是即敬之之詩也。比之噬嗑曰「元龜象齒，寶貝南金」，升之中孚曰「元龜象齒，大賂爲寶」，是皆即泮水之詩也。震之比曰「耋老鮐背」，是即閟宫之詩也。晉之剥曰「天命玄鳥，降生大商，造定四表，享國久長」，是即玄鳥之詩也。復之革曰「天厭禹德，命興湯國，袚社釁鼓，以除民疾」，是即殷武之詩也。而「惄如周飢」，易林一作「倆如旦飢」，按韓詩「調」作「朝」，説文「朝，旦也」，則旦與朝通。「雄狐綏綏」，易林一作「雄狐唯唯」，按王伯厚詩攷引齊詩「綏」作「久」，唯與久、綏聲並同。「其葉牂牂」，易林作「華葉鏘鏘」，聲亦同。「魴鱮甫甫」，易林作「魴鱮詡詡」；「躍躍毚兔」，易林作「狡兔趯趯」，甫、詡、躍、趯皆聲相近。「言至于漕」，左傳作「曹」，易林「衛侯廬曹」，則曹爲正。「車鄰」，易林作「轔」，漢書地理志引魯詩亦作「轔」，則齊詩當與魯同也。「江有沱」，易林一作「沲」，「東門之墠」，易林本作「壇」，沲、壇皆正字。「既有肥牡，以速諸舅」，易林「大壯肥牸，惠我諸舅」，「牡」作「牸」，則齊詩或爲「牸」。齊詩章句「騶虞掌鳥獸官」，易林「陳力就列，騶虞悦喜」，騶虞爲官名，故能悦喜，説正與齊詩合。「爲下國駿驪」，齊詩作「爲下固駿驪」，謂馬也，易林「異國他土，出良駿馬」，亦與齊詩合。鉤稽而條攷之，異文異義，皆關古訓之存，即一二之涉於詩者，尋求玩索，亦無不可爲三百篇左證。則易林一書，不獨有功於易，并且有功於詩，而豈徒爲卜筮設哉！

陳樹滋齊詩翼氏學疏證序

漢初毛詩未行，魯、齊、韓三家並立博士，自毛出而三家熄。齊詩亡于魏代爲最早，學者尋繹墜緒，每得一義，如珍拱壁。宋王伯厚詩攷搜羅三家遺説，頗費苦心。近余仲林蕭客、范蘅州家相、盧召弓文弨、臧在東鏞堂、王仁圃謨、馮柳東登府諸君子續輯略備，然學者猶有擇焉不精，語焉不詳之憾。余友山陽丁儉卿晏、邵陽魏默深源，于三家詩説，各有著録。丁書逐加詳覈，魏書統言大義，二者言各有當，其書並未梓行，學人多未得見。至治齊詩翼氏專家之學，則余同年友吴江迮青崖鶴壽譔齊詩翼氏學四卷，于奉所言始際名義，逐層疏解，創爲四始圖、五際圖、八部陰陽相承、八部詩篇循環、五紀積年諸圖，其未明者，復爲表例以釋之，其于翼氏一家之學，可謂專心致志矣。吾師恭甫夫子稽譔達恉、説經諸書，海内宗之，嘗搜討魯、齊、韓三家佚文、佚義，與毛氏異同者，爲參互考訂。然輯未成而哲人其萎，其子樹滋孝廉過庭受學，復卒是業，成魯詩遺説考六卷、齊詩遺説攷四卷、韓詩遺説攷五卷。余屢索讀，因道遠，行笥維艱，莫能得睹。甲辰春，樹滋計偕來都，出所刻齊詩翼氏學疏證一書，讀之，覺于「始際」之義，涣然以釋。其引漳浦黄忠端公三易洞璣左證，謂皆本齊詩，則尤確切不移，發前人所未發。或疑翼少君

「始際」之説，因災陳戒，託言詩篇，以明緯學，其説涉于附會，故班孟堅亦謂其假經立誼，依託象數，或不免乎億則屢中。然漢書本傳言「臣奉竊學齊詩，聞五際之要，十月之交，知日食地震之效」，則五際之本齊詩無疑也。孟康曰：「詩内傳曰五際，卯酉午戌亥也」。詩内傳即齊詩内傳。漢紀言轅固生作詩内外傳，齊詩之有内傳，五際之本齊詩明矣。五際之説，出于齊詩，則四始之説，亦出于齊詩，更無疑也。且少君當元帝時，因隴西地震，孝武園白鶴館災，上書指陳災異，引詩以明師學授受，不失爲直言極諫之臣。後上封書，援成王徙洛，盤庚遷殷故事，請都成周，以應戹會，必實有所見而云。然元帝雖不從，而光武卒應其言，又安得以其近于緯學而少之？昔人説詩，莫過孟子，孟子言孔子，詩亡然後春秋作，即詩篇以言戹會始際之義，實萌芽于此。其即七十子之微言大義，孟氏親聞之，而轅固生所由本，與六經奥義無所不包，故漢儒治經通其業者，類皆能推貫天人，明陰陽律曆之古。孟喜之于周易卦氣，劉向之于洪範五行，鄭康成之于尚書中候，董仲舒之于公羊春秋，本陰陽以推禍福，其言皆驗于世。則謂詩義非止始際則可，謂始際必非詩義則不可；謂齊詩非但説始際則可，謂始際之必非齊詩則不可。始際之義可廢，則孟子王者迹熄之旨亦可廢乎？翼氏之學，自漢以後絶響，今賴衍而傳之，可爲翼氏功臣，即可爲轅固生功臣，而孔、孟傳授宗旨，亦可以會矣。余向雅好三家説，嘗採輯未成書，思爲疏證而未能。今得是編，讀之數日，實先得我心，爰樂而書之，并以冀各家遺説攷諸書續行付梓，俾先覩爲快，則幸甚！幸甚！是爲序。

柳賓尗春秋穀梁傳學序

日識柳君賓尗於都門，以文字交，聞治穀梁學，未覯其書。丙午秋南旋，便道訪君於鎮江城西柳家祠，一見師弟滿座，誦讀朗如也。敍畢出，賓尗抱書來舟中，因假一昔，喜而讀之。凡類七，首述日月例，著書法也；次述禮，考典要也；次述異文，正音讀也；次述古訓，式先言也；次述師說，羅衆解也；次述經師，明授受也；次述長編，鉤微恉也。凡經史子集，片言微義，有關於穀梁一家之學者，裒輯不遺餘力，成顓門之名業，作後學之津梁。其自序云：春秋訖於獲麟，而起於隱元，孔子言知我罪我，其惟春秋，託始原非無意。穀梁開宗明義，罪桓以不宜立，桓之立非正也，正春秋所由作，而公羊傳予桓以宜立，左氏傳謂「不書即位，攝也」，尚非聖人作經本旨，可謂得是書之窾要矣。春秋三傳，公羊先出，穀梁次之，左氏又次之。漢興，多習公羊。瑕丘公始受穀梁春秋於魯申公，傳子至孫，爲博士。其後浸微，業者唯魯榮廣王孫、皓星公二人。廣以授沛蔡千秋少君、梁周慶幼君、丁姓子孫。千秋又事皓星公，爲學最篤。宣帝即位，聞衛太子好之，以問韋賢、夏侯勝、史高，皆言宜興穀梁，乃擢千秋爲郎，選十人從受，而汝南尹更始亦事之。自元康中始講，至甘露九年，積十餘歲，乃卒業。於是召名儒，議殿中，内穀梁家中郎王亥五人，議三十事，多從之。穀梁本魯學，公羊迺齊學。穀梁與公羊雖同出子夏，然穀梁子、荀卿嘗師之，時於孔子爲近。若公羊乃六國時人，故鄭君曰：「穀梁善于經。」又曰：「穀梁四時田者，爲近孔子故也。近故，聞知獨確，爲能善于經。」今觀春秋一經，多以義書，而穀梁能以禮正。隱元年，天王使宰咺來歸惠公仲子之賵，傳曰：「母以子氏，仲子者何？惠公之母，孝公之妾也」。文九年，秦人來歸僖公成風之襚，傳曰：「秦人弗夫人之也，即外之弗夫人，而見正焉。」「母以子氏者，謂繫子爲號，仲子繫惠公，成風繫於子，不繫於夫。春秋妾母書法，爲千古特筆，所以防禮教，正彝倫，即在於此。漢孝文太后、孝昭太后亦繫子爲號，不繫高祖、孝武，是即祖穀梁之義。左氏、公羊皆以仲子爲惠公母，歸賵、歸襚一使而兼二禮。夫仲子、成風皆妾母也，一以妾繫夫，一以子先母，自違其體例，春秋書法不應前後兩歧。鄭氏釋廢疾曰：「若仲子是桓母，桓未爲君，則惠公之妾，天王何以賵之？是可以折二傳矣。僖八年，禘于太廟，用致夫人。左氏以夫人爲哀姜，公羊以夫人爲齊媵女之先至者，據春秋之例，至卒偁夫人，葬偁小君，哀姜之薨八年矣，致主於廟，不得猶偁夫人。若以爲齊媵女之先至，春秋楚女之至不見於經，何以知夫人之爲齊媵？且夫人見廟必祭，若禘於太廟，其禮彌隆，何以譏不敬？穀梁言尊成風，其義自碻，傳曰：「用者，不宜用者也；致者，不宜致者也。言夫人必以其氏，言夫人而不以氏，非夫人也，立妾之辭也，非正也。」一則以宗廟臨之而後貶焉；一則以外之弗夫人而見正焉。」劉向亦曰：「夫人成風也，致之於太廟，立之以爲夫人，蓋自僖公立之，然後風氏薨，書夫人，然後葬成風，書諡，書小君，臣子因其偁而書之，無貶君上之文也。」左氏、公羊不見隱夫人，穀梁以夫人子氏爲隱妻。據春秋之例，一公之世，必書其夫人，隱不宜闕，則知子氏之爲隱夫人，穀梁之說爲長。許慎五經異義穀梁說，子爵於母，以妾爲妻，非禮也。而公羊則以妾子爲君，得爵命其母。左氏謂母以子貴，禮也。據禮無二適，則從二傳，不如從穀梁，是皆善於經者也。言經莫善於穀梁，則學春秋者亦莫善於穀梁。然漢自慶姓爲博士後，獨申章昌、尹咸、翟方進、房鳳、胡常、蕭秉數人，酷嗜是經，而其説又弗傳。至隋而學幾絶響。國朝右文稽古，經師代出，顧氏之於左傳，劉氏之於公羊，具有成書，獨穀梁迄無專家。吾師恭甫先生鉤稽條毌，擬撰穀梁禮説，惜未成書，梁木遽萎。近海州許氏桂林著穀梁時月日書法釋例，闡發大凡，足開門徑，然於名物象數猶闕如。賓尗治是經，寢饋數十年，三折其厷，上追劉子政、班孟堅、許叔重諸儒，下逮魏糜信，晉徐邈、徐乾、江熙、鄭嗣、劉兆，北周庾信，唐陸淳，宋王應麟，凡衆家遺説，罔不搜羅畢盡，以備大觀。又復博訪通人，折衷一是，積帙連篇，浩若淵海。學者循流溯源，進而求之，榮、皓諸公之旨，可鉤弗而得也。賓尗名興嗣，江蘇孝廉。

林薌谿三禮通釋序

薌谿與余訂交十餘年矣，丙午冬省寓，得訪於其家，出所譔三禮通釋百數卷商確，并丐弁言。薌谿年未四十，而箸書滿屋，何力之果而志之堅也！六蓺之文，自漢顓學業者寖盛，一經動説至百餘萬言，而説禮起魯高堂生，傳淹中十七篇。後瑕丘蕭奮以授同郡后蒼，蒼説數萬言，號后氏曲臺記，授梁戴德及德兄子聖、沛慶普，於時三家並行。孔安國所獻禮古經五十六篇，及周官經六篇，世傳其書，無顓業。迄東漢先鄭傳周官經，後鄭作周官注，又注小戴所傳禮記四十九篇，通爲三禮，我朝並立學官。精其學者，代有傳人，然陳數求義，越講越精。薌谿自少枕葄其中，家貧善箸述，每得一義，旁通曲證，或數十百言，或數千百言，求當於心而後安，入之緝爲成書，淵懿浩博。余怱怱未暇竟讀，今偶摘一二，以例其餘。釋明堂據考工記匠人，明堂爲王都郊外明堂，其曰室中度以几，堂上度以筵，度几與度筵異，几爲城中路寢之室，筵爲郊外明堂之室。釋路寢引既夕禮記「設棜于東堂下，南順，齊於坫」，坫在堂角東，西向；若南向，則棜之設於東堂下者，必東順，而後可齊於坫，南順，幾費解。斷東西堂爲東南向。文、武非二祧，文世室、武世室，世爲太古通用世室，特爲太室耳。「袗玄衣」，鄭釋「袗」爲「同」，據士喪禮襐衣，襐之爲言緣也，袗衣即緣衣。二十一牲體有兩觳無兩髀，説與禮經「髀不升」之文合。量鼓之鼓，衡名，非量名。小爾雅石四謂之鼓。漢書律曆志石四萬六千八十銖，鼓十八萬四千三百二十銖，鼓由銖積，爲五衡之數。曲禮量鼓，鼓特與量對舉。服注左傳晉國一鼓鐵，以鼓爲量名，失之；而杜注謂鼓石爲鐵，設令一鼓而足，更非。「雩祀禜」，先儒謂雩即禜，然雩以求雨，故雩從雨，望雨之澤也；禜以求晴者也，故禜從火，望火之温也，二祀非一祀。宁在路門外，應門內，由應門入，先至治朝，而後至宁。江氏沓齋以天子外屏在應門外，諸侯內屏在雉門內，而路門無屏，宁在門屏之間，是以宁爲治朝，未爲當。大宗即宗禮配帝，合五帝爲六宗，鄙箸六宗解亦有是説。四望爲祭山川，引公羊傳方望無所不通，證郅隺。是皆考核精密，能補諸儒所未備。夫丁將軍作易説二萬言，景鸞撰禮內外記及河洛圖讖，凡所箸述，至五十萬言，吾陳用之。晉之兩先生説禮、樂多至數十萬言，薌谿生是邦，循誦其説，獨能好學深思，實事求是，鄉前輩之流風猶有存焉。爰序而歸之，願以行於世者。薌谿名昌彝，閩之侯官人，道光己亥舉人。是爲序。

附録

先生申明刑賞一疏，論海疆失事，諸臣琦善、奕經、文蔚等議罪，後未久，即先後起用，於刑賞之失措，剴切言之。宣宗感悟，復褫諸人職，明詔宣示，嘉先生之敢言，一時頌主聖臣直焉。文集。

後蜀孟昶所刻石經，至宋末即已亡佚。嘉興馮登府嘗取毛詩殘碑、左傳殘碑，著爲考異。先生復得宋搨周禮、公羊二殘本，因就殿本校其異同，爲石經考異補二篇。周禮經注共得二百四十二科，公羊經注共得二十六科，皆有補於經學。石經考異補自識。

齊侯罍有二：一藏揚州阮氏，一藏蘇州曹氏。道光中，阮文達嘗合兩器銘詞搨本，令平湖朱爲弼、海豐吴式芬爲之考釋，繼又貽先生審覈。先生以兩器大同小異，蓋同時所作，一以紀饗禮，一以紀食禮，爲考其儀文度數，援引古義，詳加詮解，成通釋上下篇。讀者謂其蒐穴倉、史，契若合符，爲功於經傳至鉅。罍銘通釋及跋。

頌南弟子

何先生秋濤 别見月齋學案。

頌南交游

丁先生晏 别爲柘塘學案。

陳先生喬樅 别見左海學案。

張先生穆 别爲月齋學案。

柳先生興恩 别見孟瞻學案。

魏先生源 别爲古微學案。

清儒學案卷一百四十七

四農學案

嘉、道以來，學者半多從事於調和漢、宋。四農爲學，亦主於漢、宋儒者之理，必分求其所長，而互舍其所短，庶幾明經義而切實用。然其立身教世，清明醇粹，實得於宋學爲多。述四農學案。

潘先生德輿

潘德輿字彦輔，一字四農，江蘇山陽人。道光戊子舉人，十五年大挑知縣，分發安徽，未赴卒，年五十五。先生五六歲時，母病，行坐視母而哭，母食乃食；父患咯血，每進藥，必跪牀下，既而割臂肉以進，父察其色動，泣曰：「固知兒有是也。」既洊臻大故，祖母猶在堂，色養彌至。及以嫡孫承重，自小歛至反哭，事求合禮，而準度時制，柴瘠傫然，殆不勝喪。著喪禮正俗文、祭儀爲家法。先生爲學，力求古人微言大義，以爲「挽回世運，莫切於文章，文章之根本在忠孝，源在經術，其用在有剛直之氣，以起人心之痼疾，而振作一時之頑懦鄙薄，以復於古」。其説經不袒漢、宋，而以近儒之破碎穿鑿爲漢儒之糟粕，語録之空虚玄渺爲宋儒之筌蹄。其論治術，以爲「天下之大病，不外一吏字，尤不外一例字，而實不外一利字。近世一二魁儒，負匡濟大略，非雜縱横，即陷功利，未有能破例字、利字之局，而成百年休養之治者也」。初儀徵阮文達爲漕運總督，招先生，力辭不往。後朱桂楨、周天爵皆願納交，周至欲微服郊外相訪，先生以爲義無所居，徒駭流俗，周以是喟然有望塵之歎。少時與同邑丘廣業、黄以炳相命以懲忿窒欲之學。居京後，所與往來若永豐郭儀霄、建寧張際亮、震澤張履、益陽湯鵬、歙徐寶善，窮精畢力，研悦劘切，盡一時之選。座主侍郎鍾昌館先生，於家謂人曰：「四農乃吾師事也，所爲詩文精深奥突，一語之造，有耐人百日思者。」所著有養一齋集二十六卷、劄記九卷、詞三卷、詩話十三卷。參魯一同撰行狀。

文集

劉子辨

蕺山先生植行立節，明季第一流也。前人謂其論學雖本姚江，而能以慎獨爲宗，歸于誠敬，故與王學之末流滉瀁自恣者迥異，信矣。顧其書有疑端，必當辨者，不敢隨聲而附和之。爰書鄙見，其目有五：一論誠，二論意，三論慎獨，四論致良知，五雜論。

通書云：「誠者聖人之本。」又云：「誠，五常之本，百行之原也。」蕺山引入其書，又註之云：「誠即是太極之理。」語簡而意極明也。乃人譜「立紀過格，第一微過」下自注云：「誠尚在无妄之後，誠與僞對，妄乃生僞也。」然則何物生誠乎？通書云：「聖誠而已矣。」誠者天之道也，中庸、孟子皆言之。今謂誠尚在无妄後，是誠非天道之本然，而中庸、孟子皆漏第一義矣。以愚意揆之，无妄即誠，妄即僞，妄之與僞，猶僞之與欺，文殊而義同者也。而謂无妄非誠，妄生僞，乃與誠對，何哉？蕺山云：「妄字最難解，直無病痛可指，如人元氣偶虛耳。」即據蕺山言元氣之虛，正是不誠矣。誠者實也，妄者虛也，虛與實對，而謂誠不與妄對，妄無病痛之可指，又何哉？蕺山以紀過格易了凡之功，過格謂其非聖人之道，而首攻微過，不以誠爲正之之本，恐非孔、孟以來相傳之第一義也。此當辨者一也。

心，本也。意，心之所發也。大學誠意在正心前，人遂疑其倒寘。朱子答曰：「心無形影，教人如何橕拄？須是從心之所發處下手，先去多少惡根，如人種田，不先去屮，如何下種？」又曰：「心字猝難摸索，心譬如水，水之體本澄湛，爲風濤不停，故水亦摇動，必須風濤得息，然後水之體得静。人之無狀汙穢，皆在意之不誠，必去此，然後能正其心。」案此二譬極明，劃千載而下可無疑矣。乃蕺山仍疑所發先于所存之爲倒寘。其解意字，則以爲「心之所存」，即泰州王棟所謂「心是身之主宰，意是心之主宰，以其宗然不動之處，專有一不慮而知之靈體自作主張，自裁生化，故舉而名之曰獨也」。然則蕺山之所謂意，乃未舉念之意，而非大學之所謂意也。何則？大學傳文明云：「所謂誠其意者，毋自欺也。如惡惡臭，如好好色，此之謂自謙。」則大學之所謂意，在有好有惡時，而并欲其好之至、惡之至。今乃云宗然不動時，不慮而知之靈體謂之意，是無好無惡爲意矣。辭理既難猝解，且不與大學相反乎？夫既云「不慮而知之靈體」，則無須致知而後知者，無須致知而後知，則此誠意之意，已不從致知來，而經文何以云「知致而後意誠」乎？若謂蕺山宗陽明之致良知，故亦不從大學之誠意，竊謂朱子可異，而大學不可異；大學「致知」無傳文，容或可異，而「誠意」有傳文，則斷不可異也。此當辨者二也。

蕺山講誠意與前儒殊者，以其解慎獨與前儒殊也。蕺山一生講學宗旨，專在慎獨，其高出姚江末流放恣無歸者在此。而究之蕺山之所謂慎獨，實仍姚江之所謂致良知也。何則？蕺山紀過格首曰微過，獨知主之；次乃曰隱過，七情主之。獨知在七情之先，正是陽明之良知矣。故其證人要旨，依無極而太極之義，而一曰體獨，以此獨知爲無極而太極，陰陽未判時也。以愚意揆之，中庸本文明云：「莫見乎隱，莫顯乎微，故君子慎其獨也。」隱微合并，成一獨字。而蕺山於微過則曰獨，于隱過則曰七情，隱微或屬獨，或不屬獨，既與中庸不合矣。且蕺山所謂獨爲天命之性，藏精之處，中和皆獨之情狀，獨不離于中和，而實不依于中和者，余尤不能無疑焉。夫朱子以戒慎不睹，恐懼不聞，爲致未發之中，鄙人尚疑戒慎恐懼爲已動念時，而與未發者不相合，因反覆而申論，況蕺山并以慎獨爲中和之本也邪？揆蕺山之意，蓋不以中爲未發，不以和爲已發，謂止一氣之通，復自其所存而言謂之中，自其所發而言謂之和。中如四時之中氣，和如四時之和氣。中，陽之動也；和，陰之靜也。故又推出慎獨一層，以爲太極之理，使統此中和也。然余之不能無疑者，則正在此。何則？中庸經文明以中爲大本，蕺山卻云「慎獨爲太極」，以統中和，則獨爲大本之大本矣。大本何其多邪？大本之上，豈容復有大本？抑中庸所謂大本者，原不足以當大本而謬言之邪？夫使中果爲陽之動也，則誠不足以當大本，而中庸何嘗如此說？且蕺山解中字，既主所存言，何又云陽之動也？若云「未發」二字是未發於四支事業，而已存于七情中者」，故蕺山人譜首曰「凛閒居以體獨，是慎獨功夫」；次曰「卜動念以知幾，是致中功夫」；三曰「慎威儀以定命，是致和功夫」。「中者，已動而未形，故曰陽；和者，準事而中節，故曰陰也」。然經文明云「喜怒哀樂之未發謂之中」，不云喜怒哀樂之已動而未發謂之中也，添設以解經文，可乎？況和字必指喜怒之七情言，方爲緊切，今詮以威儀，豈相類乎？然則中和非陽陰之分屬，而慎獨之亦非太極明矣。蕺山轉謂「宋儒看中字太深，獨字太淺」，而必反而用之。夫宋儒說慎獨，是致和，無戾于經文；說中爲未發，亦無戾於經文。今蕺山以「中爲非未發」，既於經文屬添設矣，而又以「獨爲天命之性，藏精之處，即太極也」。夫太極者，不動之體也，曰獨知，曰慎獨，皆有意有覺矣。無意無覺則不能慎，有意有覺則非不動。夫動則陽也，而豈太極之謂哉？故就鄙意論之，以中爲太極，以和爲陰陽，可也；以中爲陽，和爲陰，獨爲太極，則不可。以慎獨爲致和，即所以致中，可也；以慎獨爲非致和，并非致中，而直立乎致中和之先，包乎中和之理，則不可。蕺山之說，未免彊經以就我歟？或謂蕺山提唱「慎獨」二字，爲人譜開宗明義第一，即周子主靜立人極之意。不知周子所謂主靜者，謂凡事合理則動，亦爲靜耳，豈于七情之先，下慎獨功夫之謂哉？總之，蕺山立慎獨之宗旨，而必異前儒。說者以蕺山仍認陽明之致良知爲慎獨，而又有懲於陽明之學末流之蕩也，故以慎獨二字易其名目而救其失。究之蕺山所以易之者，乃惡其學者之末流，而非有議于其立教之原意也，故流雖殊，而源則一焉。至蕺山譏陽明「良知爲未發之中」一語，爲未脱宋儒意見。蓋蕺山看良知與獨字甚深，看中字甚淺，故既謂慎獨即致良知，自不能以致良知爲致中也。要此亦微相異耳，宗旨固無殊也。夫蕺山與孫鍾元、李二曲、湯潛庵皆爲姚江之學者，然皆踐履篤實，故姚江派得此數人，益大以尊，誠足以矯龍谿以來之偏，而爲士大夫之準式。然必以蕺山之慎獨，爲即大學、中庸之慎獨，則大學、中庸本文具在，一對勘而罅已出，不待旁稽諸儒之説也。此當辨者三也。

蕺山之慎獨，同于陽明之致良知；陽明之致良知，同于象山之先立乎其大者。象山之言，非孟子之旨。孟子欲人思，而懼人不思；象山則教人安坐瞑目，用力操存，斷絶思慮故也。若陽明之致良知，亦非孟子之旨。蕺山以爲孟子提出良知示人，而不言孟子提出良能示人，是蕺山以爲陽明之良知，即孟子之良知也。然吾以孟子本文較之，孟子曰：「人之所不學而能者，其良能也；所不慮而知者，其良知也。」良知良能本係竝言，而非專以良知爲宗旨也。又曰：「孩提之童，無不知愛其親也。比其長也，無不知敬其兄也。親親，仁也。敬長，義也。無佗，達之天下也。」然則孟子之良知，以愛親敬長之仁義當之，乃脚踏實地語；陽明之良知，以照心無前後、無内外者當之，是懸厓撒手語也。故孟子之良知即事即知，陽明之良知無事乃知；孟子之良知可以仁義實之，陽明之良知乃虚體靈光，不可以仁義實之者也，烏得謂其同于孟子哉？且陽明既借孟子之良知以爲宗旨，而非其本義矣，又援大學之致知而加之孟子良知二字之上，則尤不類。蓋大學之致知，格物以致知。今陽明既以格物爲支離，則又何以致之哉？故孟子雖云「不慮而知，謂之良知」，而孩提以後，其知之未盡乎仁義者，無不可以加致之之功。獨陽明之良知，乃虚靈無著之知，而不可以言致也。陽明之學，前儒駁之已衆，獨其發明良知之意，人多以爲出于孟子，余故深論之。而蕺山引陽明瘧病之喻，且云病全在未發，真致知者功夫只于此時，用是深信陽明爲孟子之學、大學之學，而不知其源已差也。此當辨者四也。

蕺山之書，余所未解者甚多，以上四端，其鉅者耳，今復取其細者通辨之。孔、孟之書，無一言不相合也，今擇取其言，爲孔孟合璧一册，論語取三十八章，孟子取十八章而已。然則其餘不相合邪？抑可以類推邪？類推則三五章已足，不必三十八章、十八章之多也；餘可廢，則于理不合也。就觀其中，大率論仁者居多。將以程子言先識仁體故乎？而亦不盡論仁者也。其三十八章，案之都無甚次序，而又不遵論、孟各篇之原序也，皆不可測也。五子聯珠舉周子、二程子、張子、朱子之言，而聖學宗要又去程叔子而進王陽明爲五子，然則陽明之學過于叔子，叔子祇篤信謹守，不及陽明之通脱邪？横渠亦專守禮法者，其精微未過于叔子而取之何邪？陽明雖變象山之貌，實傳象山之心，既宗陽明，何不并數象山耶？佗如人譜紀過格末曰：「一一證以訟法，立登聖域。」此語太輕快，不似禪家立地成佛之言邪？訟過之法，蒲團一箇，香一炷，水一盂，此不真如老禪和法相邪？所云「妄則非真，一真自若，湛湛澄澄，迎之無來，隨之無去，卻是本來真面，忽有一塵起，輒吹落」等語，不真似老禪和偈子邪？象山「六經皆我註脚」之言，朱子非之，謂其師心也。今引朱子「以我觀書，則處處得益」語，謂即「六經註脚」之旨，不爲誤會其意邪？至聖學喫緊三關，首辨人己，次辨敬肆，至矣盡矣，而復以迷悟一關終之。夫人己關一破，則非迷矣，至此乃言迷悟，何也？必以悟終此良知家法，不幾如禪家之拈花微笑者邪？蕺山一生得力原在能透心體而去功利，而必謂以良知爲本，乃可救末世功利之禍，則未知唐、虞、伊、周、孔、孟終日言欽、言敬、言仁義，果于功利之徒有助否邪？朱子謂程子專言敬爲有功於學者，蕺山謂儒者專言敬亦似有弊，然則孔子論君子，專言修己以敬，便至堯、舜地位，亦有弊邪？夫蕺山品詣醇正，于明末講學從事諸君子中未可多覯。而余之敢于辨難而不顧者，疑蕺山之言，而非疑蕺山之人，仲尼「疑思問」之旨也，蕺山之所不惡也。

格物説

大學莫先于格物，格物之義，儒者紛然如聚訟，初學未易明也。鄭注「格，來也。物，猶事也」。其知于善深則來善物，知于惡深則來惡物，言事緣人所好來也。格之訓來義，本爾雅。尚書「格汝舜」，詩「神之格思」，皆是恨，持此釋大學，辭旨不明耳。孔疏謂：「善事隨人行善而來應之，惡事隨人行惡亦來應之。」勉彊疏解，繆曲難通。程、朱所以别易一説，而格訓至也。格之訓至，本尚書「格于上下」。然古人之格訓至，到也；程、朱之格訓至，極也，已不相合。且無論爲到爲極，猝然語人曰「致知在至物，物至而後知至」，不亦覺其難通矣乎？司馬温公則格訓扞，謂「扞禦外物而後知至道」。姚江王氏略依之，而變其説，則格訓正，謂「去其不正，以歸于正」。宋儒楊簡，明儒魏校、許孚遠、王敬所皆同此旨，謂「垢去而鏡明，故物格而知至」。揆之聖賢克己遏欲之功，諸説亦未爲剌謬。然與上文「物有本末」之物，既不一例，又豫奪下文「誠意正心」之實事，而經文先後相次之旨，全不可通矣。更考温公扞禦之扞，本之禮記「扞格而不勝」，格訓扞猶可也。若楊簡、王敬所皆云「格而去之」，格之訓去，吾未之前聞也。姚江之格訓正，本論語「有恥且格」孔注，尚書、孟子「格其非心」孔注、蔡注、趙注。然知至而後物正，或可言也，物正而後知至，語似顛倒，終不如「知至而後意誠」以下諸語之易明也。然則格物究何解？曰：程、朱所論格物之義，揆之經文，不失其次序，實勝鄭氏、温公、姚江諸説。特其字訓以至，則辭旨仍未明。若曰「格，通也」，尚書之「格于皇天」是也。猶是窮至事物之理之義，而易其訓曰通，則援據既無可訾，即以語人曰「致知在通物，物通而後知至」，亦明白而易曉矣。吾更思之，尚書之「格于上下」，亦當訓通，而不訓至。通于上下，通于皇天，通于物，皆言其無不徹耳。更考宋儒論格物之法，與程、朱同而不盡同者，窮萬物之理，同出于一，爲格物；知萬物，同出于一，爲致知，藍田呂氏之言也。以求是爲窮理，上蔡謝氏之言也。天下之物不可勝窮，而皆備于我，非從外得，反身而誠，則天地萬物之理在我，龜山楊氏之言也。物物致察，宛轉歸己，又曰即事即物，身親格之，不厭不棄，武夷胡氏父子之言也。皆委曲不直截。若近儒安溪李氏，直以知本詁格物，謂物有本末，貴乎格之而知其本。天下國家，末也；身，本也。此與古本大學「此謂知本，此謂知之至也」合。然格物之法詳矣，以知本盡之，終未愜滿人意。吾獨愛近儒二曲李氏之言，曰：「格物之物，即身心意知家國天下之物。格者，格其誠正修齊治平之則，即中庸之擇善也。若舍卻至善之則不格，而冒昧從事，欲物物而格之，入門之始，紛紜膠葛，是博物，非格物也。」二曲之訓格，亦本程、朱。其論格之之法，直截而充滿，尤有功于學者。程、朱復生，無以易之。雖素爲姚江之學，此論獨可從也。然則格物之義則從程、朱，格字之訓則當云通，格物之法則從二曲。蓋身心意知家國天下有一不通，則知輒多阻，而知安得至，然必專即致知、誠意、正心、修身、齊家、治國、平天下之理而求通焉，斯通其所當通，而非無用之博通。姚江王氏格齋前竹七日不通，遂訾警程、朱，以爲務外，不知此姚江之務外而妄求博通，本非程、朱所言格物之義也。孔子謂子貢曰：「汝以予爲多學而識之者歟？非也。予一以貫之。」貫，通也，即此通物、物通之旨也。朱子格不訓通，而補格物傳曷嘗不曰「豁然貫通」乎？周易屢言「通天下之志」，又曰「通變之謂事」，又曰「往來不窮謂之通」，又曰「推而行之存乎通」。學者苟知通物之爲通志，通變所以爲往來推行計也，則知大學首格物之義，而格之之法不妄施矣。

念石子

治己欲苦，治人欲甘；治近欲忘，治遠欲思；治益欲緩，治損欲疾；治細欲重，治鉅欲輕；治搠欲和，治因欲肅；治懼欲舞，治翫欲驚。

多言者無智，多嗜者無勇，多懼者無始，多遑者無終，故賓滿堂，而一人言者，謀淺也；書滿室，而欲無不誦者，才卑也；不可與圖大者，隘其中者也；不可與計久者，彊其外者也。

名者，君子之所慎也，故不爭亦不辭；小人之所樂也，故不辭則爭，不爭則辭。

富貴罹刑辟，人曰：「富貴殆矣，貧賤安。」貧賤斃災殣，人曰：「貧賤悽矣，富貴樂。」夫富貴貧賤，人之郵館也。世業荒而求郵館，非殖生者也；戚戚於郵館，而尤之衆矣。終身爲過客，而無一寸之地可以守，可不謂大哀乎？

盛世之士偉取義，衰世之士偉取利。夫偉取利以標厥能者，必笑人之不能者也。於是以豐年之倡優，笑凶年之農圃，吾不憂倡優之笑人，而憂夫治農圃者，亦憂爲倡優之所笑也，天下之農圃將廢矣。

道取友者利一世，財取友者利一身。利一世者子孫庇之，利一身者仇讐伺之。今之抵掌而言，聯臂而趨者，友才也？將以友利也？念石子曰：夫夫也，以友害而已矣。

養一齋劄記

天地欲吾爲善，父母欲吾爲善，古之聖賢欲吾爲善，吾奈何以七尺之身，懼得罪於世俗之小人而不爲善也！

所以不爲善者，非耽安逸之故乎？耽安逸非禽獸乎？所以不爲善者，非避禍患之故乎？避禍患豈人道乎？知所欲有甚於生者，猶耽安逸；知所惡有甚於死者，猶避禍患，梏之反覆，失其本心，哀哉！

「朝聞道，夕死可矣」，「志士不忘在溝壑」，此二句乃五經、四子之大綱，學者立志入道之元胎也。「志士不忘在溝壑」，只此一句悟入，打破生死關，而萬慾可灰，萬善可爲矣。昔張繹思叔受學於程叔子，讀孟子「志士不忘在溝壑」二語，慨然有得，即此解悟耳。此即中庸「至死不變」，論語「守死善道」之義，舍此斷斷無入門法也。

謹言從不妄語始，而不言人過即次之。

喫人飯，穿人衣，不盡人道，可乎？人道者，性分所固有，職分所當爲，總要喫苦掙去，容汝泄泄戲怠乎？「無戲怠懋建大命」，尚書爲遷國說，吾輩讀之，當爲遷善説也。

變化氣質，終身只此一事，能此，則純是德性用事，由庸衆而聖賢矣。然此事極不易爲，較之多聞多見、建功立業尤難，真要孳孳汲汲愛惜光陰以爲之。不然，人命無常，賫惡入地矣。

普天下皆安飽中人，所以普天下皆色闕得中人，何處講義理邪？可歎！

一舉足而不敢忘父母，一出言而不敢忘父母，无有師保，如臨父母，常念此，便有進。

不仁之人，智勇皆毒，不智不勇，仁亦朽木。芝蘇大事也，須智仁勇三者成之。智仁勇是生路，惑憂懼是死路，色闕得即惑憂懼之變相也。

一部戰國策皆小人之道，獨其謂「富貴不與粱肉期而粱肉至，粱肉不與驕奢期而驕奢至，驕奢不與死亡期而死亡至」，真千秋之龜鏡也。

胡文定公安國教子弟書曰：「飲食男女，古聖賢都從這裏做工夫起，可不慎乎！」此語非獨剖別聖凡，蓋人禽之關隘也。文定少欲以文章名世，及學道乃不復措意，此亦可爲學者定志壹慮法。

遵時與從俗不同，率性與任意不同，此大易所以貴類族辨物也。

昔申顏自謂「不可一日無侯無可」。人問其故，曰：「無可，能攻人之過，今之侯無可少矣。」知不可無侯無可，如申顏者，亦少矣哉！

今之學者，卑視勤儉，以爲不足以語聖道。而不知聖學工夫，由粗入精，由淺入深。謂勤儉不足以盡聖道則可，謂聖道不由勤儉入則不可。羅大經曰「勤有三益，儉有四益」，吾愛其詳切有實用，書之於此。民生在勤，勤則不匱。一夫不耕，必受其飢，一婦不織，必受其寒，是勤可以免飢寒也。農民晝則力作，夜則頹然甘寢，故非心淫念無從而生。魯語曰「瘠土之民，莫不向義，勞也」，是勤可以遠淫辟也。户樞不蠹，流水不腐。周公論三宗，文王之壽必歸之無逸。吕成公釋之曰：「主静則悠遠博厚，自强則堅實精明，操存則血氣循軌而不亂，收斂則精神内守而不浮。」是勤可以致壽考也。此勤之三益也。凡貪淫之道，未有不生於奢侈者。儉，不貪不淫，是儉可以養德也。人之受用自有劑量，省嗇淡泊有久長之理，是儉可以養壽也。醉醲飽鮮昏人神志，若疏食菜羹則腸胃清虚，無滓無穢，是儉可以養神也。奢則妄取苟求，志氣卑辱。一從儉約，則於人無求，於己無愧，是儉可以養氣也。此儉之四益也。

附録

徐廉峯序養一齋詩話曰：「詩教古矣。詩話盛於後世，大率騁其私見，不推原古昔聖賢立教之本義。其最下者，乃敢用私意，以阿其平昔繫援徵逐之徒，而詩益不可問。今潘子之書，以三百篇爲根本，以孔、孟之言詩爲準則，揚扢列代，至勝國而止。近世門户聲氣之氣鉏而去之，可謂公矣。」又曰：「凡詩之作，由人心生也，是故人心正而詩教昌，詩教昌而世運泰，浮囂、怪僻、纖淫之詩作，而人心世運且受其敝。今潘子之書，必求合於温柔、敦厚、興觀、羣怨之旨，是古今運會之所系，人人之心所迫欲言者，特假潘子之手以書之云爾。」

魯通甫序念石子曰：「念石子者，潘子窮理致用之書也。粹於荀卿，質於揚雄，切於王通。取類也遠，而觀物也微，辨而不繁，直而婉，篤而不迂者也。」

四農弟子

吴先生昆田

吴昆田原名大田，字雲圃，號稼軒，江蘇清河人。道光甲午順天舉人，歷官刑部員外郎。從潘先生游，同試禮部，出處必偕。盡交當時賢豪長者，所爲詩文多關當世之故。自知向學，即有日課，心目所經，手自甄録。熟精周易、三禮、史、漢。居喪一遵禮經。修訂譜牒，於宗法承嗣皆折衷古誼。在刑曹時，嘗謂「各省秋審、彙題、案牘、讞詞、句讀皆本典禮及歷朝刑法志，與尋常公牒不同，人多忽之」，因爲疏釋其義。年逾七十，日著千言，嘗整衣端坐無惰容。易簀日，猶默誦禮經不置。著有漱六山房集。參高延第撰墓志銘、黄雲鵠撰墓表。

孔先生繼鑅

孔繼鑅字宥函，孔子六十九世孫，自京師遷江蘇清河。道光丙申進士，刑部主事，改南河同知。乞養歸，再起參將軍德興阿軍事。軍潰於浦口，先生死之，贈太僕寺卿。先生師事養一，爲學不名一家，自經史以至三乘九籥之書，無不穿穴貫弗，得其奥窔。於詩宗漢、魏。既丁時艱，一取則於子美，所造益深。爲文渾厚奥衍，不規規於西漢，而能得其神似。著有心嚮往齋和陶詩、任癸詩録。參吴昆田撰傳、馮煦撰傳。

葉先生名澧

葉名澧字翰源，號潤臣，漢陽人。道光丁酉舉人，官内閣中書，遷侍讀，改浙江候補道。先生博學好古，治經通易、爾雅，尤工詩。並時諸子如梅伯言、何子貞、汪仲穆、王少鶴、劉炯甫之屬，先生皆與交，然自謂所學得於潘先生爲多，遂執弟子禮。故於四農之卒，痛惋屢見於詩。後以兄名琛殁於海上，邑邑卒於杭州。著有敦夙好齋詩初編十二卷、續編八卷、橋西雜記一卷。參朱琦撰傳。

四農交游

魯先生一同

魯一同字蘭岑，一字通甫，江蘇清河人。道光乙未舉人。時海内方承平，先生獨以爲深憂，謂「今天下多不激之氣，積而爲不化之習，在位者貪不去之身，陳説者務不駭之論，學者建不樹之幟，師儒築不高之牆，容容自安，風烈不紀，恐一旦有緩急，相顧莫敢當其衝」。又論「天下之患，蓋在治事之官少，治官之官多」。時以爲名言。先生無尺寸之柄，而於田賦兵戎諸大政，河道變遷，地形險要，以及中外大勢，無不究其端委，而得其機牙。罕有遇合，則一發之於文章。爲文務切事情。其言曰：「文章事業，皆以靜儉爲根本。」又曰：「行不蹈道則非經，道不宗經則非道。」皆至言也。文字交游，盡一時四海知名之士，而清修篤學，獨重潘先生，誼在師友之間，相契莫逆焉。著有邳州志二十卷、清河縣志二十四卷、通甫類稿四卷、續稿二卷、詩存四卷、詩存之餘二卷、右軍年譜一卷、白岙山人年譜一卷。次子賁，字仲實，傳家學，著有類稿二卷，詩一卷。參吴昆田撰傳。

文集

與高伯平論學案小識書

伯平足下，承示唐氏所纂學案小識，間有所疑滯者，竊少繙閲，麤盡指要，頗謂唐氏有志於道矣。其書體義不敢苟同，今條其一二，私於左右。君子之論人也，是非功罪，粲然明白，猶所難言。至於學術，藏之於心，未易高下。人非親習，事隔時地，徒憑纂述議論，以相差等，且班氏爲古今人表，高下踳駁，遺議到今，無他，分晰太多，不無蹉失故也。昔孔子以上聖之姿，操人倫之鑒，其於列國公卿子産、平仲、文仲、公綽之流，祇是各就其人，抑揚是非，未嘗較分等列。子張問令尹子文、陳文子，皆曰：「未知，焉得仁」？孟武伯問：「子路仁乎？」子曰：「不知也。」又問，而對以其才，不知其仁也。冉有、公西華亦然。師之於弟，何所諱忌隱微之地，誠未易爲測識也。今唐氏之書，横列三等，曰傳道四人，曰翼道十有九人，曰守道四十有四人。綜計一代老師耆德，魁艾大賢，而第其上下，進退率於胸懷，輕重憑其位置，雖具尚論之識，實乖虚己之義，不可一也。傳之與翼，似殊高下，守之與傳，何判優劣？昔孟子謂「守先生之道，以待後之學者」，吾以爲必如孟子足以當之。若三千之徒，皆傳孔子之道，未必人能守也。帝王卿相下逮匹夫小家，莫不傳諸子孫，子孫莫不傳其先業，或乃中更零落，墜宗失緒。繇此言之，傳者未必能守，守者斷無不傳，今更顛倒其次。詩曰：「有憑有翼。」傳曰：「輔之翼之。」翼衹是輔，守乃爲主，加翼於守，尤所未喻，其不可二也。蓋傳道之説，始於韓子。韓子託於孟子，而頗失其義。孟子述聞見之知，乃是龘舉大槩，故曰：「若禹、皋陶則見而知之，若湯則聞而知之，若伊尹、萊朱、太公望、散宜生皆然。」且如稷、契並履帝廷，契掌五教，尤當斯道大宗；周公親承文謨，今皆疏脱。古人文字宏簡，不爲促促苛細。韓子則不然，曰：「堯以是傳之舜，舜以是傳之禹，禹以是傳之湯，湯以是傳之文、武、周公，周公以是傳之孔子，孔子以是傳之孟軻，軻也死，不得其傳焉。」推其義例，直如拂祖傳燈，支派可考，書家筆訣，遞相口授，後世儒者，因緣推廣，而有道統之説。又以爲孟子既歿，直至宋河南程氏始出，自時厥後，乃更流衍，遞相祖述，至宋歷元逮明，先後相望，俎豆紛如。總覽上下四千年間。唐、虞迄周，每五百年裁一二見，總五六傳而絶，中間曠一千五百餘年，至宋而復興，興六七百年不絶，而治不加古。古之傳道，世遠而人少；今之傳道，世促人多，中間曠絶，理不相接。天地氣運，不應疏數乃爾。愚則以爲，道無不傳，而傳不必統，正如子貢所謂文、武之道未墜於地，賢者識其大者，不賢者識其小者。漢承秦敝，遺經廢缺，諸儒修明龘迹，未逞精微，識小爲多。宋世遺經大備，因藉前資，乃復講求微言奧義，識大爲衆。要之是非不謬於聖人，行己無慚於天地，代有其人，故足扶樹世教到今。今必標樹風旨，區别猥多，既列三等，又述經學，不知經者爲是道邪？爲非道邪？經不蹈道則非學，道不宗經則非道。適開門户之私，又非文章性道合一之指，其不可三也。有傳則有統，有統則有爭，稟質既殊，致功亦異，各循從入之途，遂有彼此之説。蓋在聖門，子夏、子張之論交，曾子、子游之言禮，子夏、子游之言教，迄以不合，不無優絀，而義並兩存。往者象山標尊德性之旨，姚江開致良知之説，率其高明，自趨簡易。承學之士，沿流增波，浸以放濫。要之二子未爲披猖，今必斥之爲異端，爲非聖無法，比之楊、墨之邪説，商鞅之壞井田、廢封建，甚以明社之屋，歸罪陽明，掊擊之風，於斯爲甚。或曰：「陽明之徒，排擯程、朱，拒之不得不嚴，攻之不得不力。」君子立言期於明道，不尚意氣，非曰「彼攻之，我乃攻之」，如愚夫之詈於市，爭勝不已，於何窮極？昔孟子生衰周之世，楊、墨横行，無父無君，故毅然辭而闢之，不遺餘力。陽明立教，不無任心自便，高論動人。要其立身，自有本末。功業軒天地，忠孝感金石，作人如此，愚曰可矣。今謂事功豪傑所爲，聞道則未，不知豪傑復是何人？聞道又將何用？要而言之，程、朱之學，模範秩然，聖哲由之以利用，中材循之以安身；陸、王之學，高明得之爲簡易，愚頑蹈之爲猖狂，此其優劣，乃在疏密之分，非關邪正之别。意見一勝，彼此鑿枘，遂使吾道之内，矛戟森立，歧畛横分，世變日下，人材至難，何苦自相摧敗如此？推尋唐氏一書，不過攻王尊朱，用意良厚。然持之過堅，有一言攻擊王氏者，雖其底藴未盡可知，而必加襃美；或少涉出入，雖以李二曲之篤實，李文貞之醇深，而不無抑揚。孔子惡鄉愿，孟子放淫辭，祇是生平一事，未見兩經之中，連章累牘，盡是此言。著述如此，誠所未喻。三代以下，有無欲之君子，無無意之君子，意之一字，七百年中賢者不免。子張所謂「執德不宏，信道不篤」，諸君子信之篤矣，執之恐未宏也。追尋空虚之弊，豈惟陸、王實開其端？利器示人，有由來矣。昔聖人教人，因事各殊，大要即其日用之常，求其燦著之迹。自子貢之徒，索之高深，每加裁抑。曰：「天何言哉！四時行焉，百物生焉。」曰：「下學而上達。」及其積久有得，乃曰：「夫子之文章可得而聞，夫子之言性與天道不可得而聞。」性與天道，固非談論之資，豈是口耳所涉？自宋以後，言性益詳，言天道益精，妙義一開，横流歧出。勝衣授學，便講無極之精；毁齒操觚，已談五常之藴。淺者尚欲循途，高者輒思任道。辨論太多，不能無生得失，得失既分，遂成同異，人人有直接心源之意，而道幾乎裂矣，陸、王特其甚者耳。救斯之病，惟當原本忠孝，推崇節義，綜取先儒立身行己、居官立政之大方，如先賢傳、言行録之例，以風化流俗，標舉當世。其有空文無實，雖極精微，概從棸落，庶幾允蹈大方，亦可少息羣論。檮昧無聞，率其胸臆，曼衍遂多，知不免見罪於當世。足下篤道勵志，必有發明，惟恕其狂愚而裁正之，幸甚！不宣。

附録

寶山毛嶽生見先生文，謂七百年來文患於柔，惟此爲能得剛之美。建盌張際亮以詩名天下，見先生古歌行，自以爲不及。吴昆田撰傳。

曾文正尤敬異先生，道光庚戌，居淮安館舍，文正數屏騶從，就問天下事。時當揭曉，文正爲禮部侍郎，例鈐榜，先言於衆曰：「淮安魯通甫若成進士，天下之幸也。」及見榜無名，爲懊喪如失左右手。同上。

或請爲文壽某巨公，先生以書卻之曰：「吾文朴野，不足悦勢要，强欲肆其狂愚，得罪當塗，安所用之！」湯紀尚撰傳。

先生之言曰：「凡文章之道，貴於外閎而中實，中實由於積理，理充而緯以實事，則光采日新。文無實事，斯爲徒作，窮工極麗，猶虚車也。」周韶音撰通父詩存跋。

湯先生鵬

別見古微學案。

姚先生瑩

別見惜抱學案。

丁先生晏

別爲柘塘學案。

宥函家學

孔先生廣牧

孔廣牧字力堂，宥函次子。廕知縣。游寶應成先生孺之門。著有禮記天算釋、先聖生卒年月日攷。參蒿盦類稿。

先聖生卒年月日攷

七十世孫廣牧謹案：先聖之生年從史記，月從穀梁，日從公羊、穀梁。年從史記者，世本云：「宋孔父嘉生木金父，木金父生祈父，其子奔魯，爲孔防叔，生伯夏，伯夏生叔梁紇，長子曰伯皮，有疾，不任繼嗣，遂娶顏氏，禱於尼山，得孔子。魯襄公二十二年冬十月庚子，孔子生。生而首上圩頂，故因名丘，字仲尼。」祖庭廣記一。案：史記孔子世家曰：「孔子其先宋人也，曰孔防叔。防叔生伯夏，伯夏生叔梁紇。紇與顏氏女野合而生孔子。禱於尼山而得孔子。魯襄公二十二年而孔子生，生而首上圩頂，故因名曰丘，字仲尼。」全根世本爲説，惟櫽括先世不詳敍，而删去長子一事，妄增野合一言耳。攷漢書司馬遷傳贊曰：「孔子因魯史記而作春秋，而左丘明論輯其本事以爲之傳。又纂異同爲國語。又有世本，録黄帝以來至春秋時帝王公侯卿大夫祖世所出。」然則考春秋之世，世本之功同於内外傳。先聖之卒，左氏書之，而生則無文，幸有世本可徵，惜史記略其月日也。世本久佚，今即錢氏大昭、孫氏馮翼、洪氏飴孫、王氏謨、秦氏嘉謨、茆氏泮林所輯諸本攷之，凡世本所述春秋卿大夫世系，悉與左傳合。龍門撰史記，於先聖生年根據世本爲説，誠以其可信也。故左傳注、拾遺記、左氏音義、盈川集、古史元城、語録、通鑑紀事本末、東家雜記、通志、論語序説、大事記、十七史詳節、攷古質疑、路史餘論、通鑑集註、續博物志、祖庭廣記、啟聖王碑、四書輯釋、通鑑前編、論語通、孔庭纂要、孔顔孟三氏誌、重纂闕里誌、四書人名攷、尊聖集、論語類考、函史、山堂肆考、夏氏孔子年譜、世史類編、三才圖會、聖門志、一統志、歷代紀事年表、春秋傳説彙纂、山東通志、南雷文約、禮記偶箋、公穀彙義、馬氏先聖年譜、困學紀聞箋、潛丘劄記、釋奠考、論語大全、紀元部表、知新録、史記疑問、道統録、稽古編年、春秋集義、帝王表、古今人表攷、史記志疑、四書考輯要、鄭氏孔子年譜、孔子世家攷、事物原會、春秋集讀、經義駢枝諸書，並從史記，是也。若左氏解詁、左氏傳解誼、老子銘、公羊解詁、穀梁疏、史記索隱、册府元龜、通鑑外紀、春秋胡傳、闕里系譜、黄氏日鈔、春秋詳説、年表辨正、文獻通考、宋學士集、四書大全、胡仲子集、陳氏公羊解詁、續文獻通考、洙泗考信録、聖蹟圖、讀書敏求記、江氏孔子年譜、鄉黨圖考、羣經補義、補史記周世表、紀年、尚史、闕里文獻考、養新録、三史拾遺、羣經識小、讀書脞録、春秋求中録、經句説、蔡氏孔子年譜、狄氏孔子編年，則皆從公、穀者，殆失之矣。至宋濂謂遷史後於公、穀，不知遷史所本則先於公、穀耳，夏洪基孔子年譜駁之詳矣，故春秋傳説彙纂即取其説。毛西河謂史記二十二年，二即一字之譌，案十二諸侯年表「魯襄公二十一年，公如晉。日再蝕。二十二年，孔子生」。魯周公世家「襄公二十一年，朝晉。平公二十二年，孔丘生」。寧有謬乎？然其駁正索隱，特爲確當，其識在馬宛斯、齊次風之上，故李鐵君、梁曜北從之。鄭清如謂生年當以史記爲正，甚是。其謂「五六月而食，天之常，連月比食，天之變，春秋之季，變之中又有變焉。春秋乃夫子所删，豈聖人亦不知曆法耶」？以此譏金氏日再食，非生聖人年之説。夫金氏之論雖失之稍拘，但連月書食，舊史闕文，疑以傳疑，故聖人不删。比月頻食，江氏已詳正之。吴簡舟謂左傳注三十五，二十八是也。三十一，十歲非也。案：襄三十一年，孔子實十歲。昭十七年二十七歲，非二十八歲，二十四年三十四歲，非三十五歲，簡舟互誤。至郭延年以爲襄公二十三年，益不足辨。何劭公謂歲在己酉，亦誤從公羊、册府元龜。陳氏公羊解詁謂歲在己卯，蓋據誤本，引宋景濂、吴簡舟謂卯酉，文相近是也。錢竹汀據俗本乙卯，依三統改爲太歲在乙巳；齊次風據疏謂何氏自有長曆，譏何氏竟以是歲爲己卯，皆非何氏恉矣。月從穀梁者，以穀梁與世本同，故盈川集、册府元龜、通鑑外紀、東家雜記、闕里系譜、孔子生年月日考異、路史餘論、黄氏日鈔、祖庭廣記、年表辨正、宋學士集、孔庭纂要、四書大全、四書人名考、山堂肆考、夏氏孔子年譜、世史類編、續文獻通考、洙泗考信録、聖蹟圖、一統志、南雷文約、公穀彙義、困學紀聞箋、潛丘劄記、論語大全、江氏孔子年譜、鄉黨圖考、羣經補義、知新録、補史記周世表、紀年、史記疑問、尚史、稽古編年、春秋集義、闕里文獻考、公羊注疏考證、養新録、三史拾遺、羣經識小、古今人表考、史記志疑、讀書脞録、春秋求中録、鄭氏孔子年譜、公羊通義、經句説、公羊校勘記、事物原會、蔡氏孔子年譜、重修孔子大宗譜、狄氏孔子編年、景紫堂文集、經義駢枝並無異義。説者謂穀梁用夏正，殆非。公羊諸本不同，自當以又本爲確，又本亦與世本同也，故公羊通義從之。史記索隱、通鑑紀事本末、春秋胡傳、論語序説、啟聖王碑、通鑑綱目前編、三氏誌、論語類考、陳氏公羊解詁、函史、繹史、紀元部表、道統録、春秋集讀並從誤本。公羊春秋詳説亦沿斯失，復以爲穀與公同，則誤而又誤矣。經問謂穀與公同，而其誤更甚。揆厥由來，蓋有二失，一則不知公羊之衍文，一則誤以左傳爲穀梁傳，均失之。夏氏孔子年譜、論語大全、鄉黨圖考、春秋集義、春秋求中録，知公羊之誤，而不知其衍。公羊注疏考證、羣經識小知十一月一字之衍，而不知經上文已有「冬十月庚辰朔」，此十有一月四字並衍，非僅一字爲衍文也。南雷文約、史記志疑、讀書脞録、經句説謂有此句者爲誤本，得之矣。孔子世家考謂八月二十七日已交九月朔氣，故公羊作十一月庚子。夫古衹有分至啟閉，九月朔氣，太初曆以下謂之寒露，春秋所無，鄭説抑近傅會矣。馮去疾謂十月庚子，在大雪後，即爲十一月，宋景濂駁正極確。程登庸、朱庸若、李鐵君謂十有一月爲十有二月之譌，尤鑿空之論，不足據也。日從公羊、穀梁者，經義駢枝據周曆、三統曆及古四分曆，推得十月庚子爲今之八月二十八日。牧以黄帝、顓頊二曆推之，黄帝曆入甲午蔀，三十九年，積月四百八十二，閏餘七，積日一萬四千二百三十二，大餘一十三，小餘八百一十八。周十月癸酉朔，大餘三十九，小餘六百九，得二十八日庚子。顓項曆入丁巳蔀，四十三年，積月五百三十一，閏餘一十六，積日一萬五千六百八十，大餘二十，小餘八百二十九。周十月癸酉朔，大餘一十六，小餘一百七十九，得二十八日庚子，並與周曆合。凡此古曆所推，不獨可以正路史餘論、祖庭廣記、孔庭纂要、山堂肆考、夏氏孔子年譜、世史類編、南雷文約、困學紀聞箋、潛丘劄記、知新録、史記疑問、史記志疑、鄭氏孔子年譜、事物原會之謬，即祖庭享祀之期，亦當據此爲定也。册府元龜、闕里系譜、生年月日考異、年表辨正、宋學士集、四書人名考、洙泗考信録、聖蹟圖、公穀彙義、鄉黨圖考、羣經補義、尚史、春秋集義、闕里文獻考、公羊注疏考證、讀書脞録、公羊校勘記，以爲周正十月二十一日，養新録、三史拾遺，以爲十月二十二日，蓋據襄公二十一年推，故皆不能無謬。至或以爲十二月二十一日，失之遠矣。五行書、三氏誌、四書人物考、聖蹟圖、史記疑問諸書，傅會爲甲申時，史記志疑斥之，斯爲有識。而三才圖會復以爲三月初四日午時，蓋荒謬不足辨云。

七十世孫廣牧謹案：左氏續經、孔叢子、詰墨、孔子家語、太史公書皆以爲先聖卒於魯哀公十六年，由是歲上溯之襄公二十二年，實七十三算。故左氏解詁、左傳注、左氏音義、新五代史、古史、東家雜記、通志、路史餘論、論語序説、大事記解題、十七史詳節、明一統志、性理大全、素王事紀、孔顏孟三氏誌、四書人名考、尊聖集、陳氏左傳解詁、山堂肆考、三才圖會、四書人物概、古今萬姓統譜、聖門志、談薈、聖蹟圖、大清一統志、山東通志、南雷文約、繹史、左氏條貫、道統録、古今人表攷、鄭氏孔子年譜、孔子世家攷、孔子編年並同斯説。他如劉氏恕、黄氏震、吴氏程、宋氏濂、李氏鍇、江氏永、六十九世孫繼汾、李氏、惇、邵氏瑛、蔡氏孔炘謂爲年七十四者，蓋從襄公二十一年起算，失之。陳氏仁錫引史記爲七十四，陳氏循引史記爲哀公十四年，皆據誤本也。王氏圻續文獻通考云「年七十四」，自異其三才圖會之説。今取其長者。若錢氏大昕彌縫七十三、七十四二説，牧亦未敢以爲然也。至三國志、盈川集、元和姓纂、合璧事類以爲年七十二，此陸元朗所棄，未足爲信。杜征南長曆謂「是年四月十八日有乙丑無己丑」，後儒頗用其説。自吴氏程以大衍曆推之，定爲十一日己丑，訂正之力，撥雲霧而見青天。成先生復合殷曆、景初曆、三紀甲子元曆、元嘉曆、大明曆、興和曆、皇極曆、欽天曆、授時曆、時憲曆考之，皆得周正四月己卯朔十一日己丑，爲今之二月十一日，演校積博，千古之疑，涣然冰釋矣。廣牧更旁推之，如黄帝曆上元辛卯距積二百七十五萬九千六百七十一，入癸酉蔀，三十五年，積月四百三十二，閏餘一十七，積日一萬二千七百五十七，大餘三十七，小餘三百八，得周四月戊寅朔，大餘五，小餘八百六十五，十二日己丑；顓頊曆上元乙卯距積二百七十五萬九千八百二十七，入丙申蔀，三十九年，積月四十二，閏餘七，積日一萬四千二百三十三，大餘一十三，小餘八百一十八，得周四月戊寅朔，大餘四十二，小餘四百三十五，十二日己丑；夏曆上元乙丑距積二百七十五萬九千三百九十七，入丁酉蔀，六十五年，積月八百三，閏餘一十八，積日二萬三千七百十三，大餘十三，小餘二百五十七，得周四月戊寅朔，大餘四十一，小餘七百五十六，十二日己丑；周曆上元丁巳距積二百七十五萬九千九百四十五，入己酉蔀，五年，積月六十一，閏餘一十六，積日一千八百零一，大餘一，小餘三百五十九，得周四月戊寅朔，大餘二十九，小餘九百一十六，十二日己丑；古四分曆上元距積十三萬三千三百八十五，入己酉蔀，五年，積月六十一，閏餘一十六，積日一千八百零一，大餘一，小餘三百五十九，得周四月戊寅朔，大餘二十九，小餘九百一十六，十二日己丑；漢劉歆三統曆上元距積十四萬二千七百五十二，入甲申，統一千一百六十四，積月一萬四千三百九十六，閏餘一十六，積日四十二萬五千一百二十六，大餘二十六，小餘二十六，得周四月戊寅朔，大餘五十四，小餘七十四，十二日己丑；後漢四分曆上元庚辰距積八千八百零三算，上入己酉蔀，六十三年，積月七百六十六，閏餘一十六，積日二萬二千六百二十，大餘無，小餘五百九十四，得周四月戊寅朔，大餘二十九，小餘二百一十一，十二日己丑；後魏張龍祥正光曆上元壬子距積一十六萬六千七百五十八，甲申，紀四萬五千五百五十，積月五萬六千三百三十，閏餘三百八十八，朔積分一十二億四萬六千七百九十五萬二千六百四十一，積日一十六萬六千三百四十五，大餘二十五，小餘六萬二千二百零一，得周四月戊寅朔，大餘五十四，小餘三萬一千六百四，十二日己丑，皆後天一日。後漢劉洪乾象曆上元己丑距積六千六百九十四，入外紀甲午，二百一十五年，定積月二千六百四十六，閏餘一十六，假積日一萬一千三百八十四萬六千七百九十六，定積日七萬八千一百三十七，大餘一十七，小餘一千一百八十七，得周四月庚辰朔，大餘四十六，小餘五百九十二，十日己丑，先天一日。魯曆上元庚子距積二百七十六萬二十二，入戊子蔀，六年，積月七十四，閏餘四，積日二千一百八十五，大餘二十五，小餘二百六十六，得周四月辛巳朔，大餘五十三，小餘八百二十二，九日己丑，先天二日。然四月有己丑，無乙丑，諸曆所同，足正長曆之失矣。東家雜記、路史注、大事記解題、孔子生卒年月日考異、祖庭廣記、宋學士集、素王事紀、孔顔孟三氏誌、尊聖集、山堂肆考、家語跋、四書人物概、談薈、聖蹟圖、春秋大事表、知新録、經史問答、羣經識小、史記志疑、古今人表攷、四書考輯要、春秋求中録、鄭氏孔子年譜、孔子世家考、事物原會諸書，皆爲杜所誤。三才圖會謂爲四月初四日，尤非也。羣經補義、鄉黨圖考、春秋朔閏表發覆謂魯曆置閏在四月後，經義駢枝復以實法徵之，此義益無可疑矣。其或謂午時卒者，殆無足辨云。謹編攷如右，異日質之闕里宗人，鑒而定之，垂之簡編，著爲儀典，世世子孫遵行勿替，此則廣牧纂輯之志也夫！

清儒學案卷一百四十八

南園學案

吴郡經師，惠、江炳著，南園後起，卓爾專家。其平生論學，以高郵王氏爲宗，所著毛氏傳疏與廣雅疏證相出入。凡弟子從游者，必授以管子、周禮先鄭注、丁度集韻等書，皆王氏家法也。教人爲學當從西漢入，謂「東漢人名物象數言之非不精確，然此有意説經也；西漢人無意流露一二語，已勝東漢人千百言，此即微言大義也」。又謂「學貴精深奚汎濫，爲精乃通深乃靈」。無入而不挈千載之心，殆自道所得與？述南園學案。

陳先生奐

陳奐字碩甫，號師竹，居蘇之南園，晚自號南園老人。先世崇明人，祖浩，始遷蘇，遂爲長洲人。先生少於書塾中見五禮通考，心好之，纂要鈔録，得窺爲學塗徑。年二十七，爲縣學生。咸豐元年舉孝廉方正。初從吴縣江鐵君游，精研小學，通六書音韻，金壇段懋堂寓吴，甚器異之。未幾江有閩中之行，先生因受學於段。段氏刻説文解字注，校訂之力，先生爲多。嘉慶戊寅應順天鄉試，在都獲見高郵王觀察懷祖，暨其嗣文簡公引之，棲霞郝户部懿行，績谿胡户部培翬，涇縣胡觀察承珙，臨海金貢士鶚，以經術相砥礪，而學乃大進。嘗言「大毛公詁訓傳言簡意賅」，遂殫精竭慮，專攻毛傳。謂「凡傳注，惟毛詩最爲近古義，又簡括其訓詁，與爾雅詳略異同相爲表裏。至於一切禮數名物，由漢而來，無人稱引，遂韜晦不彰，故博引古書，廣收前説，講明而條貫，始可以發數千年未明之義。大抵用西漢前人之説，而與東漢人説詩者不能苟同也」。又謂「凡毛氏之學，其源出於荀子，而善承毛氏者，惟鄭仲師、許叔重兩家，周禮注、説文解字多所取説。其餘先儒舊説不悉備載，亦不復駁難。有足以申明毛氏者，鄭箋、孔疏與近人説詩家亦皆取證」。著毛氏傳疏三十卷。又以疏中稱引博廣難明，更舉條例，立表示圖，爲毛詩説一卷。準以古音，依四始，爲毛詩音四卷。放爾雅例，編毛傳爲義類十九篇一卷。以鄭多本三家詩，與毛異，爲鄭氏箋考徵一卷。又有詩語助義三十卷，公羊逸禮考徵一卷，師友淵源記一卷，禘郊或問、宋本集韻校勘記各若干卷。其論「尚書大傳與毛傳同條共貫」。論「春秋之學，從公羊以知例，治穀梁以明禮，穀梁文句極簡，必得治禮數十年，而後可明其要義」。論「釋名與毛傳、説文多不合，然可以討漢、宋説經家之沿流」。其論「丁度集韻總字具見類篇，先以類篇校集韻，再參之釋文、説文、玉篇、廣韻、博雅，則校讐之功過半矣」。又云「陸氏釋文宋本，當於集韻求之。今尚書釋文經開寶中陳諤等删改之本，集韻則未經删改者也」。於子書中尤好管子，嘗令其弟子元和丁士涵爲管子案四卷。家居授徒，從游者數十人。同治二年卒，年七十有八。參史傳、戴望撰行狀。

毛詩傳疏敍録

昔者周公制禮作樂，詩爲樂章，用諸宗廟、朝廷，達諸鄉黨、邦國，當時賢士大夫皆能通於詩教。孔子以詩授羣弟子，曰：「小子何莫學夫詩！」又曰：「不學詩，無以言。」誠以詩教之入人者深，而聲音之道與政通也。卜子子夏親受業於孔子之門，遂檃括詩人本志，爲三百十一篇作序，史記云：「詩三百五篇，孔子皆弦歌之。」此不數六笙詩也。子夏作序時，六笙詩尚存。數傳至六國時魯人毛公，依序作傳，其序意有不盡者，傳乃補綴之，而於詁訓特詳。授趙人小毛公。毛公名亨，作詩詁訓傳，小毛公名萇，爲河間獻王博士。漢書儒林傳不得其詳實。詩當秦燔錮禁之際，猶有齊、魯、韓三家詩萌芽間出，三家多採雜説，與儀禮、論語、孟子、春秋内、外傳論詩往往或不合。三家雖自出於七十子之徒，然而孔子既没，微言已絶，大道多歧，異端共作，又或借以諷動時君，以正詩爲刺詩，違詩人之本志。故齊、魯、韓可廢，毛不可廢；齊、魯、韓且不得與毛抗衡，況其下者乎？漢興，齊、魯、韓先立學官，置博士，而毛僅僻在河間。平帝末得立學官，遂遭新禍。班孟堅説詩，「魯最爲近之」者，素習見聞而云然也。東京已降，經術粤隆，若鄭仲師、賈景伯、許叔重、馬季長稍稍治毛詩，然在廷諸臣，猶尚魯訓，兼習韓故。鄭康成殿居漢季，初從東郡張師張恭祖。學韓詩。後見毛詩義精好，爲作箋，亦復閒雜魯詩，并參己意，固作箋之旨，實不盡同毛義。及至魏、晉，鄭學既行，雖以王子雝不好鄭氏，力極申毛難鄭，究未得毛之精微。唐貞觀中，孔沖遠作正義，傳、箋俱疏，於是毛、鄭兩家合爲一家之書矣。兩漢信魯而齊亡，魏、晉用韓而魯亡，隋、唐以迄趙宋，稱鄭而韓亦亡。近代説詩，兼習毛、鄭，不分時代，毛在齊、魯、韓之前，鄭後四百餘載。不尚專修，毛自謂子夏所傳，鄭則兼用韓、魯。不審鄭氏作箋之旨，而又苦毛義之簡深，猝不得其涯際，漏辭偏解，迄無鉅觀，二千年來毛雖存而若亡，有固然已。奐不揣檮昧，沈研鑽極，畢生思慮，會萃於兹。竊以毛詩多記古文，倍詳前典，或引申，或假借，或互訓，或通釋，或文生上下而無害，或辭用順逆而不違，要明乎世次得失之迹，而吟詠情性，有以合乎詩人之本志。故讀詩不讀序，無本之教也；讀詩與序而不讀傳，失守之學也。文簡而義贍，語正而道精，洵乎爲小學之津梁，羣書之鈐鍵也。初放爾雅，編作義類，凡聲音訓詁之用，天地山川之大，宫室衣服制度之精，鳥獸草木蟲魚之細，分别部居，各爲探索。久乃剗除條例章句，揉成作疏。攷漢書藝文志毛詩二十九卷，毛詩故訓傳三十卷，此蓋以十五國風爲十五卷，小雅七十四篇爲七卷，大雅三十一篇爲三卷，三頌爲三卷，合爲二十八卷，而序别爲一卷，故爲二十九卷。毛公作故訓傳時，以周頌三十一篇爲三卷，而序分冠篇首，故合爲三十卷。今分作三十卷者，仍毛詩舊也。古經、傳本各自爲書，自傳與箋合併，而久失原書之舊。今置箋而疏傳者，宗毛詩義也。憶自髦飾聞修，趨承庭訓，依奉慈規，父諱植，與叔父樸、季父格同産，以樹德勖子，世稱丈芸先生。母趙安人。私淑先師之緒，博訪通人之語，擴取先秦之舊説，搴擇末漢之異言，墨守之譏，亦所不辭，而鼠璞之譬，庶幾免焉。若夫作者之聖，述者之明，卓乎篇章，粲然大備，欲達治亂之原，以懷聖賢之教，其將有竢於天下後世之言詩者。

釋毛詩音

三代同文而不同音，古韻書久亡。六書諧聲，韻書之權輿也。詩三百篇，韻書之經緯也。大毛公生周季，去古近，作故訓傳，與三百篇韻甚諧也。由韻以知音，因音以求義，奐之作爲詩疏也，明其義也；而詩音之釋，惡可已也。詩用古文，故多通借，傳義顯著者，識之以「讀」字，猶漢人「讀爲」之例也。傳義隱略者，表之以「本義」字，猶漢人「訓詁字代」之例也。又有但取乎音，以正其讀，曰音某字，曰音如某字，此猶雙聲疊韻之紐也。同韻而侈斂焉，音之變也。異韻而輕重焉，音之轉也。南北之殊也，古今之變也，一字而數義也，數義有數音也。執古音不兼通今音，不可與言音也；泥今音而反昧古音，不可與言詩也。詩音之釋，惡可已也。撰毛詩音，依詩四始，分作四卷。

毛詩説

古義説

北山「賢，勞也」，古義也，今訓「賢才」。簡兮「簡，大也」，古義也，今訓「簡擇、簡略」。白駒、巧言「慎，誠也」，古義也，今訓「慎，謹」。小宛「齊，正也」，古義也，今訓「齊，戳」。頍弁「時，善也」，今訓「時，是」。天保、昊天有成命「單，厚也」，今訓「單，薄」。烝民「愛，隱也」，今訓「惠愛」。酌「養，取也」，今訓「教養」。賓之初筵「手，取也」，今訓「手足」。

毛傳章句讀例

統釋全章之例，有見於首章者，甘棠言「召伯聽訟，國人被德」之類是也。有見於末章者，木瓜引孔子説「苞苴之禮」之類是也。若夫國風關雎傳「夫婦有别」，直説到朝廷正，王化成，總論周、召二南二十五篇之義。小雅四牡傳「周公作樂，歌文王之道，爲後世法」，總論大、小雅及頌諸文王之詩之義。此又統全部而言之矣。

有探下作訓之例，十月之交傳「之交，日月之交會」，探下文「朔月辛卯日有食」之句。維天之命傳「大哉天命之無極」，探下文「文王之德之純」句。又有冡上文作訓者，如汝墳傳「魴魚勞則尾赤」，雖釋「魴魚赬尾」本句，其實從「遵墳伐條」生義，故著一「勞」字，則注上、注下，文義貫通，讀者皆率意而忘覺也。

有上章語未盡，而下章足其義者，鶴鳴「可以爲錯，可以攻玉」，傳云：「攻，錯也。」上章言錯，下章言錯玉。祈父「予王之爪牙，予王之爪士」，傳云：「士，事也。」上章言爪牙，下章言爪牙之事，皆其例。詩二章，下章不與上章同義者，君子陽陽之「敖」，遵大路之「魗」，褰裳之「士」，終南之「紀堂」。詩三章，末章不與一、二章同義者，桃夭之「宜」，螽斯之「揖揖」，鵲巢之「成」，羔羊之「縫」，考槃之「軸」，緇衣之「蓆」，中谷有蓷之「溼」，兔爰之「庸」。毛公作傳，尋辭之變，本意之殊，往往不作一律解釋，箋不然矣。

凡經文一字，傳文用疊字者，邶谷風「有洸」，傳：「洸洸，武也。」「有潰」，傳：「潰潰，怒也。」一言不足則重言之，以盡其形容矣。又有益其辭以申其義者，「有女如玉」，傳「德如玉」，益「德」字。「可以樂飢」，傳「可以樂道忘飢」，益「道」字、「忘」字，以申補經義。「蝃蝀在東」，傳云：「蝃蝀，虹也，夫婦過禮，則虹氣盛。」「莫之敢指」，傳云：「君子見戒而懼，諱之莫之敢指。」於「蝃蝀」補出夫婦過禮一層，於「莫敢指」補出君子戒諱一層，經義之未明備者，傳必申成之，且令學者曉然詩人用意之微恉。凡此之類，不一而足也，一隅三反焉可也。

常語不傳，不限於首見也。

文王傳「有周，周也」，「不顯，顯也」，「有」字、「不」字皆發聲，無實義。蕩「侯作侯祝」，傳：「作、祝，詛也」，上「侯」字爲發聲，下「侯」字爲助語，無實義。文王「思皇多士」，傳：「思，詞也。」此「思」字爲句首之發聲。漢廣「不可休思」，傳：「思，詞也。」此「思」字爲句末之語助。關雎「寤寐思服」，傳：「服思之也。」此「思」字又爲句中之助，無實義矣。

燕燕篇「頡之頏之」，傳云：「飛而上曰頏，飛而下曰頡。」先釋頏之，後釋頡之。「下上其音」，傳云：「飛而上曰上音，飛而下曰下音。」先釋上音，後釋下音。又日月篇「逝不相好」，傳：「不及我以相好。」逝不作不及解，逆其文而順其義，文不害辭，辭不害志也。武進臧氏玉琳曰：「三代人讀經，能知其大義；漢以來儒者，始沾沾於字句閒。有曲通古人立言之意，而不爲文辭所惑者，惟毛公一人而已。」

召南「江有汜」，「決復入爲汜」；「江有渚」，「水枝成渚」；「江有沱」，「沱，江之別者」。傳釋汜、渚、沱於譬喻中見正義，亦於訓詁中見大義，此一例也。王風「采葛」，「葛所以爲絺綌」；「采蕭」，「蕭所以共祭祀」；「采艾」，「艾所以療疾」。傳但釋葛、蕭、艾，言字義，不言經義，此又一例也。

草蟲「忡忡」，「猶衝衝也」，柏舟「耿耿」，「猶儆儆也」。傳以今語通古語也。版「殿屎」，「呻吟也」；小毖「拚夆」，「瘏曳也」。傳以今義通古義也。

轉注説

古無四聲，讀者以方俗語言有輕重緩急，遂音殊而義別。故同是「造爲」也，「爲」爲作爲之爲，亦爲詐爲之爲；同是「正長」也，「長」爲長幼之長，亦爲長短之長；同是「行道」也，「道」爲道理之道，亦爲道路之道；同是「將行」也，「行」爲行路之行，亦爲行列之行。一字必兼數音，一訓可通數義，展轉互訓，同意相受，六書之轉注也。

假借説

凡字必有本義，古人字少，義通乎音，有讀若某某之例，此東漢人假借法也。毛公尚在六國時，而假借之法即存乎轉注，故汝墳「條肄」，則直云「肄，餘也」。東漢人必云「肄讀若蘖」矣。采蘋「湘之」，則直云「湘，亨也」。東漢人必云「湘讀若鬺」矣。

葛覃之「害」，緑衣之「曷」，皆訓「何」。曷本字，害假借字也。段先生曰：「害本不訓何，而曰何也。」則可以知害爲曷之假借也。此一例也。若假「干」爲「扞」，直云「干，扞也」；假「輖」爲「朝」，直云「輖，朝也」。此直指假借之例。毛傳言假借，不外此二例。

毛傳淵源通論

言六藝者，折衷孔子，司馬遷論之篤矣。子夏善説詩，數傳至荀卿子。而大毛公生當六國，猶在暴秦燔書之先，又親受業荀氏之門，故説詩取義於荀子書者不一而足。漢諸儒未興，要非漢諸儒之所能企及。陸德明經典釋文敘録云：「左丘明作傳以授曾申，申傳衛人吴起，起傳其子期，期傳楚人鐸椒，椒傳趙人虞卿，卿傳同郡荀卿，名況。左丘作左氏春秋，失明，有國語。」子夏詩序桑中、鶉之奔奔、載馳、碩人、清人、黄鳥、四牡、常棣、湛露、彤弓、行葦、泂、酌，與左氏春秋悉脗合。故毛公説詩，其意取諸左傳者，亦不一而足。葛覃「服之」，天作「荒之」，旱麓「干禄」，皇皇者華「六德」，新臺「籧篨戚施」，以及既醉、昊天有成命等篇義，皆取諸國語，其時左氏未立學官，而毛公作詁訓傳同者，用師説也。漢書儒林傳：「申公，魯人也，少與楚元王交，俱事齊人浮丘伯，受詩。」鹽鐵論云：「苞丘子與李斯俱事荀卿。」苞丘子即浮丘伯，爲荀卿門人。魯詩亦出荀子，韓詩引荀卿子以説詩者四十有四，齊詩雖用讖緯，而翼奉、匡衡其大指與毛詩同。然而三家往往與内、外傳不合符節者，何也？蓋七十子殁，微言大義各有指歸，唯毛詩之説，篤守子夏之序文，發揮焉而不淩雜。風俗通義云：「穀梁爲子夏門人。」又儒林傳云：

「瑕丘江公受穀梁春秋及詩於魯申公。」毛公説詩，與穀梁春秋合。公羊春秋亦出於子夏，漢初董仲舒及莊彭祖、顔安樂説犧、説舞與毛詩合，而與何休解不合，其流派異，其本源同矣。毛公説詩葛覃、草蟲、簡兮、淇奥、子衿、揚之水、東山、伐柯、采芑、正月、采菽、采緑、行葦、既醉、瞻卬、良耜、泮水、那義見諸小戴，節南山、小宛、下武義見諸大戴。周官未興，而緇帛五兩，行露。邦國六閑，坰。九族，常棣。四享，天保。圜土，正月。棄石，白華。挈壺氏，東方未明。凶荒殺禮，摽有梅、野有死麕。義皆取諸周官。河間獻王時，李氏上周官五篇，取考工記以補事官，而殳、伯兮。鞸、采菽、文王。鍭矢王弓行葦。之制度見考工記。凡天子諸侯禮不詳於儀禮，叔父叔舅，伐木〔一〕。僅見於覲，鞉鼓磬，那、鼓鍾。僅見於大射。高堂生傳士禮十七篇，即今之儀禮也。十七篇記皆出於七十子，釋軷祭脯，泉水、生民。施衿結帨，東山。房中之樂，君子陽陽。鉶芼，采菽。見於聘、昏、燕、特牲、公食大夫諸記文。大戴勸學、小戴樂記、三年問皆出於荀子。而荀子大略，其門弟子所雜録之語，皆逸禮名言。蓋荀卿子長於禮，毛公説禮用師説也。七月説狐貉，無衣説征伐，抑説愚知，義皆取諸論語。孔子釋關雎「樂而不淫，哀而不傷」，子夏乃因之作序，毛公又依之作傳。六藝論云：「論語，子夏、仲弓合撰，荀爲十子五傳弟子，而荀書儒效、非相、非十二子三篇，每以仲尼、子弓並稱，子弓即仲弓，荀之學出於子夏、仲弓，毛亦用師説也。史記載孟子受業於子思之門人，鄭玄詩譜云：「孟仲子，子思之弟子。」趙岐注孟子云：「孟仲子，孟子之從昆弟，學於孟子

〔一〕「木」，原在注文「鼓鍾」下，今乙。

者也。」而毛公維天之命、閟宫傳兩引孟仲子說。徐整云：「子夏授高行子。」高行子即高子。孟子告子篇、子夏絲衣序、毛公小弁傳有高子說。其說舜之大孝，小弁。大王遷豳，緜。士者世禄盛德不爲衆，文王。從事獨賢，北山。泄泄猶沓沓，板。義皆取諸孟子。孟子曰：「又尚論古之人，頌其詩，讀其書，不知其人，可乎？是以論其世也。」又曰：「故善說詩者，不以文害辭，不以辭害志，以意逆志，是爲得之。」孟、荀一家，先後同揆，故毛公說詩與孟子說詩之意同，用師說也。

尚書以大傳最爲近古，伏生在秦、漢之際，略後於毛。七月三正，緇衣二釆，雞鳴出朝，湛露燕宗，詩傳與書傳有可互相發明者，同條共貫也。九族與歐陽生不合，三朝與鄭仲師不合，鄭氏敘云：「生終後，數子各論所同，不能無失。」

賈逵治毛詩，許慎乃賈弟子，其說詩特宗毛氏之學。鄭衆亦治毛詩，後漢書云：「中興，鄭衆傳周官經。」故許說文、先鄭周官注，皆足以發明毛詩微恉，洵非他儒可與頡頏者。

毛傳爾雅字義異同說

「揫，聚。」長發傳：「遒，聚。」秋、酉同聲。「芾，小。」卷阿傳：「茀，小。」市、弗同聲。「慴，懼。」時邁傳：「疊，懼。」慴、疊同聲。「癉，勞。」大東傳：「憚，勞。」亶、單同聲。凡通借者，必諧聲也。「㓞，利。」載芟傳：「略，利。」㓞、略一字。「儥，過。」氓傳：「愆，過。」儥、愆一字。「枿，餘。」長發傳：「櫱，餘。」枿、櫱一字。「酬，報。」彤弓傳：「醻，報。」酬、醻一字。凡或體者必諧聲也。至若毛傳多古文，爾雅則逕六朝後人改竄，破俗之體，不勝枚舉，「定」作「頙」，「里」作「瘇」之類者，無論矣。字之所異，義之所同也。

毛傳爾雅訓義異同説

毛公詁訓傳，傳者，述經之大義；詁訓者，所以通名物象數假借轉注之用。其言詁訓也，具法乎爾雅，亦不泥乎爾雅。爾雅「翢，纛也」，宛丘傳「翿，翳也」，説文作「翳」，翢、翿皆俗字。爾雅以爲纛，毛傳以爲翳，其解釋不同，而指歸則一也。「寫，憂也」，釋「以寫我心」句；「峨峨，祭也」，釋「奉璋峨峨」句；「叟叟，耜也」，釋「叟叟良耜」句，爾雅但望文生義，毛傳必審聲定訓。「流，擇也；流，求也」，釋詩「左右流之」句；「翦，勤也；翦，齊也」，釋詩「實始翦商」句。毛傳用「流，求」，不用「流，擇」；用「翦，齊」，不用「翦，勤」，此皆有以考索精詳，而義優乎三家者也。張稚讓説「爾雅之爲書也，文約而義固，其歗道也，精研而無誤，真七經之檢度，學問之階路，儒林之楷素」。毛傳之爲書也，亦若是焉已矣！

毛傳不用爾雅説

式微「式微式微」，釋訓曰：「式微式微者，微乎微者也。」伐木「伐木丁丁，鳥鳴嚶嚶」，釋訓曰：「丁丁、嚶嚶，相切直也。」墓門「誰昔然矣」，釋訓曰：「誰昔，昔也。」新臺「籧篨不鮮，得此戚施」，釋訓曰：「籧篨，口柔也；戚施，面柔也。」生民「履帝武敏」，釋訓曰：「敏，拇也。」小星「抱衾與裯」，釋訓曰：「幬謂之帳。」若此之類，皆毛詩不用爾雅，而鄭氏箋用之。或謂爾雅釋訓篇多逕後人改竄矣。

毛傳用爾雅說

淇奧「治骨曰切，象曰瑳，玉曰琢，石曰摩」。此釋器文也。「如切如瑳，四字今補，論語疏引亦奪。道其學之成也；聽其規諫以自修，如玉石之見琢摩」。此釋訓文也。魚麗笱之華傳「罶，曲梁也」，此釋訓文也。「寡婦之笱也」，此釋器文也。

毛用借字，三家用本字。亦有三家用借字，毛用本字者說

毛詩用古文，三家詩用今文。革作鞹，喬作鷮，宛作畹，里作悝，皆毛用假借，而三家用其本義，此常例也。毛詩「考槃在澗」，三家「澗」作「干」，「澗」本義，「干」假借。毛詩「百卉具痱」，三家詩「痱」作「腓」，「痱」本義，「腓」假借。此又變例，百不居一矣。他如「有靖家室」、「陽如之何」、「碩大且鬠」、「獷彼淮夷」，三家字義俱異者，彼各有其師承也。

三家詩不如毛詩義優說

「騶虞」，五獸之一，召南之「騶虞」，猶周南之「麟止」，三家以「虞」爲田官。載馳爲許穆夫人作，碩人爲國人美莊姜作，而三家以載馳衛懿公詩，碩人傅母說莊姜詩。其時左氏傳未列學官，故多歧說。

黍離，王國變風之首，三家以爲伯封作。詩終於陳靈，而燕燕則以爲衛定姜詩。小、大雅始於文、武，終於幽、厲，而鼓鐘則以爲周昭王詩。商頌紀商祀廟樂歌，而或以爲宋襄公詩。此皆三家之不如毛，三家廢而毛存，蓋源流有獨真也。

毛詩傳義類序

爾雅，周公所作，昔儒既疏明而詳說之矣。大毛公生當六國，去周初未遠，孔子没，而七十子微言大義殆未埽滅，故其作詩故訓傳，傳義有具於爾雅，有不盡具於爾雅，用依爾雅編作義類。胡子培翬曰：「子既宗毛詩而爲傳作疏矣，引推傳義，通釋羣經，經有未備者則補綴之，釋有未當者則振救之。若然，則毛詩傳可以紹統爾雅，而旁通發揮，淹貫博洽，以餉後之學者，不亦美備矣乎？」奂曰：善。請爲胡子略陳之。北山傳曰：「賢，勞也。」不作賢才解。論語憲問篇「賜也賢乎哉！夫我則不暇」。賢訓勞，言賜勞而我無暇也。陽貨篇：「不有博奕者乎？爲之猶賢乎已？」賢訓勞，言博奕猶勞用其心也。若作賢才解，失其義矣。小宛傳曰：「齊，正也。」不作齊戳解。里仁篇：「見賢思齊焉。」齊訓正，言見賢而思就正也。若作齊戳解，失其義矣。蓋古義韜晦，而今義熾昌，古音古義載見諸傳者，有足據也。又如「臯門」之爲「郭門」，「鞉鼓」之爲「縣鼓」，東漢諸儒已失其真，其逸禮遺典有藉傳以著明者，亦足徵也。今胡子歸道山，痛良友之云亡，念余年之將老，畢生思力薈萃於疏，而以經通傳，以傳證經，引而伸之，擴而充之，切切然恐不能卒其業也。姑就與胡子之言舉其一二三，著爲略例。疏明詳說，則竢諸後賢。

附録

段懋堂先生與江鐵君祖艮庭先生善，嘗曰：「我作六書音韻表，惟江氏祖孫知之，餘尟有知者。」先生盡一晝夜，探其梗概。鐵君嘗假段氏經韻樓集，先生竊視之，加朱墨。後懋堂見之，稱其學識出孔、賈上。戴望撰行狀、管慶祺撰年譜、張星鑑書逸事。

先生游京師，謁王懷祖給事。時給事老病致仕，因其嗣伯申尚書貴，尚在都中。登其門，閽人曰：「主人卧牀十餘年，不與世周旋久矣。客何人？乃勞主人耶？」先生曰：「余長洲陳奂也，與爾主人有淵源，渴欲一見，試爲吾通姓氏。」閽人如其言以告，給事曰：「是吾友段君高足也，欲見其人久矣。」遂令僕人扶之起，由内寢至堂，未見顏色，大呼碩甫先生曰：「自懋堂老人殁後，天下讀書種子幾絶。先生繼段君而起，如見故友，願訂忘年交。」談論良久而退。自後先生往給事所，徑至卧室，商榷著述如家人。張星鑑書逸事。

先生於京師交胡給事承珙，給事專治毛詩，與先生同術。先生意其治詩有年，於毛氏經、傳必爲完書，故已所治詩特編爲義類。及給事出爲臺灣兵備道，引疾歸里，病革遺言，以所譔後箋艸本遺先生，自魯頌泮水以下皆闕，爲之補篇。乃知所治毛詩特條舉傳義，不爲統釋。遂有揉義類作疏之志。戴望撰行狀。

先生客浙江，汪舍人遠孫聘主其家，出所著國語發正共定，已謂先生曰：「子體弱，日月不我與，盍將所著毛詩傳義類作爲傳疏，互相齗磋乎？」乃始屬艸稿，迄六年而定。主錢塘汪氏振綺堂先後二十年，生平大著作半成於此。道光末，沔陽陸公總督兩江，延先生往校刊羣籍，書成辭歸。同治二年，曾文正方督兩江，聞先生避地上海，瞿然曰：「曩疑先生古人，今尚在邪？」亟請相見，一再致書，而先生病不克行。戴望撰行狀、楊峴述逸事。

先生著毛詩傳疏，剖析異同，訂證闕譌，洵爲毛氏功臣。如葛覃傳「父母在」以下九字，爲箋語竄入，引泉水箋爲證，與我行其野篇「宣王之末」以下十九字，爲傳誤入箋者，皆確不可易。毛於言告、言歸下既云：「婦人謂嫁曰歸」，於此則第訓寧爲安，蓋歸寧即序之歸安，父母謂已嫁而可以安其父母之心，即所謂無父母詒罹也。潛夫論斷訟篇云：「不枉行以遺憂，故美歸寧之志，一許不改，蓋所以長貞絜而寧父母也。」此正足以發明序、傳之義。又如以「煩撋」解生民之「蹂黍」，「里旅」證公劉之「廬旅」，皆確有依據。而以爾雅之「不遹、不蹟、不徹」爲一句，以釋日月、沔水、十月之交三詩，尤爲精絶。經學博采録。

楊見山曰：「道光丙午，臧眉卿先生卒，峴求遺書，得春秋古誼，僅經耳，蓋據陸德明氏經與傳分也。審是初稿，又不全，昭公二十三年以下闕如，欲棄去，念死者之不作，聊補綴爲六卷，以質於先生，且請受業。時峴治公羊學，先生曰：「公羊善於禮，不熟三禮勿治，治亦勿善。」既而曰：「治周禮尤難，職官輿地之煩，宮室衣服之雜，酒醬醯醢之細，無一虛字不利逃虛者，無惑乎以爲僞書矣。吾衰望洋，若有志乎？列空册，題某某事，讀書有觸，登焉，條繫而件附之，它日揉成全疏，不刊之作也。」楊峴述逸事。

先生執親喪，悉本士喪禮行事，作堊室中門外，寢苫枕凷，水漿三日不入口。有勸作佛事者，輒婉謝之。既除喪，遂不應舉。曰：「吾無干進之念。向之赴試以親，故屈也。」自段先生師事外，篤服王氏父子，嘗取其論學書札，裒爲帙，使弟子各題識其上。其識金君鶚，以嘉慶二十三年。時金君以優貢入都，先生偶宿内城，夜半書聲出壁户，初以爲與試士也，細聆之，朗朗然誦小戴記，竊怪之。平旦，正衣冠拜，距而不納，排闥入，意不説，亦以先生爲與試士也。彊請其所業，則擲稿本几上曰：「此非舉子業也。」先生加敬而受讀焉，讀至大夫三門詔，欲與語，金君改容曰：「子亦諭此者乎？」挽手内之坐，恨相見晚。戴望撰行狀。

南園弟子

馬先生釗

馬釗字遠林，長洲人。道光甲辰舉人。問經於南園，爲高足弟子。粤匪陷金陵，許公乃釗命先生募撫勇，擊上海賊劉麗川，復青浦，保中書。十年春，援浙，回軍至丹陽，戰於寶塔灣，死焉。手輯經義叢鈔三十卷，一切經音義、法苑珠林皆有校本。今存集韻校勘記十六卷。參馮桂芬顯志堂稿。

戴先生望

戴望字子高，德清人。諸生。一赴秋試，遂棄舉業。好讀先秦古書，受業南園。既從宋于廷爲莊、劉之學，皆兩漢今文也。性倨傲，門户之見持之甚力，論學有不合家法者，必反覆辨難而後已，人故忌之。先生亦不妄交，交則必全始終。所學在論語，嘗曰：「鄭康成、何劭公皆注論語，而康成遺說今猶存佚相半；劭公爲公羊大師，其本當依齊論，必多七十子相傳大義，而孤文碎句，百不遺一，良可痛也。魏時鄭沖、何晏、包咸、王肅諸家作解，至梁皇侃附以江熙等說，爲之義疏，雖舊說略具，而諸家之說因此亡佚。」遂爲論語作注，本六經大例，以明七十子共撰微言之旨，爲書二十卷，凡三易稿而成。其他所著有管子校證、顏氏學記、詩文集。卒年三十七。參張星鑑撰傳。

注論語敍

昔者孔子自衛反魯，始定五經，詩、書、禮、樂、易是也。猶以爲未備，念道既不行，當留其迹，以紹明世，於是感麟至而作春秋。春秋之書成，而蓂莢作矣。弟子仲弓、子游、子夏之徒共譔微言，逮至戰國，七十子後學者合記所得，次爲論語。遭秦燔書，文、武道盡，論語亦藏壁中。漢興，傳之者有齊、古、魯三家，文字各異。而古論分堯曰、子張問以下爲從政篇，齊論更多問王、知道兩篇，而河間論語有三十篇，其增益不可攷。安昌侯張禹合齊、魯兩家爲之章句，名張侯論，篇章與魯論同，無問王、知道兩篇。齊論蓋與公羊家言相近，是二篇者，當言素王之事，改周受命之制，與春秋相表裏，而爲禹所去，不可得見，悕已！後漢何劭公、鄭康成皆爲此經作注，而康成遺説今猶存佚相半，劭公爲公羊大師，其本當依齊論，必多七十子相傳大義，而孤文碎句，百不遺一，良可痛也。魏時鄭沖、何晏集包咸至王肅諸家作解，至梁皇侃附以江熙等説，爲之義疏，雖舊義略具，而諸家之書則因此亡佚矣。自後聖緒就湮，鄉壁虚造之説不可殫究，遂使經義晦蝕，淪於異端，斯誠儒者之大恥也。望嘗發憤於此，幸生舊學昌明之後，不爲野言所奪，迺遂博稽衆家，深善劉禮部述何及宋先生發微，以爲欲求素王之業，太平之治，非宣究其説不可。顧其書皆約舉大都，不列章句，輒復因其義據，推廣未備，依篇立注，爲二十卷，皆檃括春秋及五經義例，庶幾先漢齊學所遺，劭公所傳，世有明達君子，樂道堯、舜之道者，尚冀發其恉趣，是正違失，以俟將來。如有覩爲非常異義，可怪之論，緣是罪我，則固無譏焉爾。

顔氏學記序

望年十四，於敝簏得先五世祖又曾公所藏顔先生書，上題識云：「康熙戊寅某月日，在桐鄉，李子剛主所贈也。」望讀而好之，顧亟欲聞顔、李本末，出其書詢諸吾友程貞履正，履正則取毘陵惲氏所譔李先生狀示予。又得見王崑繩遺文，有顔先生傳，始驚歎，以爲顔、李之學，周公、孔子之道也。自陳摶、壽匡之流，以其私説簧鼓天下，聖學爲所汩亂者五百餘年，始得兩先生救正之，而緣陳奮筆者至今不絶，何其蔽與？始履正亦惑於其説，既得存學編，慨然有開物成務之志，遂盡棄其學而學焉。既又於丁巳秋，得李先生論語、大學、中庸傳注、傳注問及集，悉舉以畀履正。然猶闕大學辯業、學規纂、論學及諸經傳注。望於顔氏之學雖好之，不若履正專。始得顔先生書之歲，以訖丁巳中，更習爲詞賦家言，形聲訓故，校讎之學。丁巳後，得從陳方正、宋大令二先生游，始治西漢儒説。由是以窺聖人之微言，七十子之大義，益歎顔先生當舊學久湮，奮然欲追復三代，教學成法，比於親見聖人，何多讓焉！故遂欲與履正條其言行，及授受原流，傳諸將來。不幸更喪亂，鄉所得書盡燬；履正居父喪，以毁卒。每舉顔、李姓氏，則人無知者。會稽趙撝叔，當世之方聞，博學、振奇人也，聞望言愍焉如己憂。於京師求顔、李書不可得，則使人如博野求之，卒不可得。戊辰春，京師大姓鬻書三十乘於喬氏，喬氏以簿録遺撝叔，按簿而稽之，則得焉。因喜過望，攜書歸馳，傳達金陵。望既復全見顔氏書，而李氏書雖頗放失，視舊藏爲備，於是卒條次爲書。自易直、剛主外，崑繩、啟生皆有遺書可考，惟李毅武以下無有，則記其名氏事實，爲顔李弟子傳，附其末。書成，命曰顔氏學記，凡十卷。其言憂患來世，正而不迂，質而不俗，以聖爲軌，而不屑詭隨於流説；其行則爲孝子，爲仁人。於乎！如顔氏者，可謂百世之師已。其餘數君子，亦皆豪傑士也。同時越黄氏、吴顧氏，燕、秦間有孫氏、李氏，皆以耆學碩德，負天下重望，然於聖人之道，猶爲沿流忘原，失其指歸。如顔氏之摧陷廓清，比於武事，其功顧不偉哉！世乃以其不事述作，遂謂非諸公匹，則吾不知七十子之徒，與夫孟、荀、賈、董諸子，其視後儒著書動以千百計者，何如哉！語曰：「淫文破典。」孔子曰：「天下有道，則行有枝葉；天下無道，則辭有枝葉。」敢述聖者之言，用告世之知德君子。

陳先生倬

陳倬字培之，元和人。幼岐嶷，甫二歲，識功白二字，母丘於懷抱中日課數字，悉記憶。長喜經術，爲南園入室弟子。咸豐己未成進士，歷官户部郎中。性廉靜，在部治事畢，一意纂述。旋引疾回里卒，年五十有七。著有敤經筆記，已刊。又今韻正義、今有古無字、漢書人名表、文選筆記、隱蛛盦詩文集及雜記、詞稿若干卷。正義就通行詩韻引説文、玉篇、廣韻諸書爲釋詩韻，無者低一格附每韻後。大致以説文爲許氏一家之學，非謂天下後世必以是爲繩尺。凡古今文異同，録此則置彼。不得謂不録者即爲俗字，足正近時拘執説文以改經字之失。文選筆記專據李善注，引文選各文，以校本書，間及他攷證，於汪師韓、孫志祖、余蕭客、張雲璈、朱洊、梁章鉅外，别闢一徑，而義較精。稿藏於家。參胡玉縉撰傳。

案：南園弟子之著者，尚有管慶祺、丁士涵、費鍔、楊峴，附識於此。

南園交游

王先生念孫 別爲石臞學案。

王先生引之 別見石臞學案。

郝先生懿行 別見蘭皋學案。

胡先生培翬 別見樸齋學案。

胡先生承珙 別爲墨莊學案。

龔先生自珍 別爲定盦學案。

戴先生敦元 別見雲門學案。

金先生鶚 別見儀徵學案。

汪先生遠孫

汪遠孫字久也，號小米，錢塘人。嘉慶丙子舉人，官内閣中書。不就仕，閉户劬書，覃思攷訂，排日讀十三經注疏，時有心得。嘗以盧學士文弨校刻經典釋文尚多譌闕，爲之補正。又以國語一書，惟韋昭注最爲簡絜，然前人舊解，尚有散見於羣籍者，因裒集賈逵、虞翻、唐固之説，附王肅、孔晁兩家，成國語三君注輯存四卷。韋注多採舊説，并參以己意，顧瑕瑜互見。乃舉其解，譌者駁之，義缺者補之，辭意未昭晰者詳説之，成國語發正二十一卷。今世所行國語，皆非舊本，復據宋明道本爲主，而以宋氏庠補音爲輔，參互考訂，成國語攷異四卷。又嘗與嘉興錢訓導泰吉爲校史之約，所校漢書地理志二卷，泰吉謂可與大興徐氏松之西域傳補注並傳。家有振綺堂，藏書之富，甲於一郡。春秋佳日，恒與里中耆彦，及四方名士，結東軒吟社，觴詠其中。嘗薈萃所作，刻爲清尊集十六卷。道光十五年卒，年四十三。碩甫先生每游杭州，輒主其家，因爲編定遺書，閲數年乃成。他所著有三家詩考證、世本集證、借閒生詩三卷、詞一卷。參史傳、國語校注三種陳奂序、杭州府志。

國語三君注輯存自序

三君者，後漢侍中賈君逵、吴侍御史虞君翻、吴尚書僕射唐君固也。韋宏嗣采摭三君，并參己意，成國語解二十一卷。漢章帝時，鄭大司農衆作章句，其書最爲近古，久亡其篇數。魏中領軍王肅，晉五經博士孔晁，亦爲章句訓注，後先於韋，而解不載。今遠孫不揣譾陋，搜羅舊聞，其三君説有見於解中、有不見於解中者，悉録之。王、孔諸家亦載焉，于以識韋氏作解之去就，而衆説之足資取益也。稱三君者，仍宏嗣之本書也。

國語發正自序

國語向稱外傳，與内傳相爲表裏，綜述義文，説家輩出。自漢迄晉，散軼无存。今所完存者，唯韋氏注而已。注中都採古訓，又并參己意，實事求是，卓爾鉅觀。然學道無窮，而偏漏難掩，此中得失，間有瑕瑜，可資考訂。去就需才，遠孫妄不自揣，研慮多年，搜輯舊聞，博求通語，苟可明者，皆收録焉；抑有疑者，必備參焉。解譌者駁之，義缺者補之，辭意有未昭晰者復詳説之，爰列三例，依傳作卷，爲發正二十一卷，所以發其疑而正其似也。未諳左丘之良史，敢稱宏嗣之諍臣，聊具見聞，竊存知解。至於觀得失，定去就，仍俟後賢爲傳作疏者。

國語明道本攷異自序

舊題天聖、明道本國語，天聖，宋仁宗年號，明道乃仁宗改元，卷末署云：「天聖七年七月二十日開印，明道二年四月初五日得真本，凡刊正增減。」是明道二年以天聖印本重刊也。近代盛行宋公序補音，明人許宗魯、金李皆從公序本重刊，兩本各有優劣，而後是非異同判焉。今刻以明道本出大字，公序本輔行小字於下，它書所引之異文，及諸家所辨之異字，亦皆慎擇而采取之，讀國語者庶乎知其異，而是非可識也。

趙先生坦

趙坦字寬夫，仁和人。諸生。道光元年舉孝廉方正。少與餘杭嚴杰以品學相砥礪，邃於經術。碩甫遊杭州，聞兩人緒論，服其淵博。爲人醇古樸訥，一介不苟取予。讀書嘗立課程，雖祁寒酷暑弗少輟。善説易，謂「孟氏主卦氣，而章句今多闕佚，惟鄭康成采爻辰卦氣諸説，別爲變通，確可依據，惜僅存十之三四」。因本武進張氏惠言所訂鄭氏易注而引申之，分十七例，著周易鄭注引義十二卷。又著春秋異文箋十二卷，以三傳中人名地名多有不同者，或古字假借，或古音通轉，或間以方言，因各加按語，爲之疏證。又著寶甓齋札記、寶甓齋文集各若干卷，亦多説經之文。參史傳、杭州府志。

周易鄭注引義自序

漢世説易，孟、京爲盛。孟氏主卦氣，而章句已闕佚難考；京氏主納甲世應，特借易以鳴其術數，非易之爲學本然也。虞氏仲翔原出孟氏，發明消息之恉，然於卦爻過求變動，又與居則觀象之經不合。惟康成鄭氏采取爻辰卦氣諸説，別爲變通，閎深博大，確可依據，惜存者僅十之三四。武進張皋聞先生惠言既訂正鄭氏易注，又作周易鄭氏義一卷，於鄭氏體例一一分晰。坦從陳扶雅傳録之，循其例而引申其説，以闡發全經，鉤稽剔抉，不敢泥，不敢背，而易之爲象，燦著焕列。既成，質諸范介茲、姚仲芳，得校正數十條，竝著於篇，名曰周易鄭注引義，凡十二卷。易之爲書，有理有象，舍象言理，其説無徵；舍理言象，其説無根。孔子十翼，彖、象、繫辭等傳，皆言理兼象者也。説卦一篇，言象備矣。如卦爻不言取象，則説卦一篇似近虚懸，雖其爲象不全見於經，要必有所寄寓焉。當求諸象外者，特人識淺未能通貫，未可謂空存其目，而示人以疑也。學者苟知説卦之用匪淺，又奚疑於爻辰互卦之説邪？繫傳引義取於乾鑿度者爲多，亦皋聞先生意也。先生曾有周易虞氏義行世，此則别申鄭義，所謂「居則觀其象而翫其辭，動則觀其變而翫其占」者。鄭與虞各有所見，亦任學者之取擕也。鄭氏邃於三禮，故釋易亦援禮。如以「后夫人無子不出」釋同人，以聘禮釋旅卦，皆深求典法，以明實用。坦淺陋，未敢遽爲附益，俟他日續輯之。書之例凡十七，曰中氣，曰三才，曰六位，曰當位，曰據乘承，曰得應，曰雜卦氣，曰相直，曰互卦，曰卦象，曰爻辰值宿，曰爻辰取象、四時五行、十二肖，曰爻辰通消息卦，曰爻辰得卦氣，曰爻體，曰爻體通辰，曰爻位相就。

文集

三雍考

三雍者何？明堂、辟雍、靈臺也。古無三雍之名，有之自漢光武中元元年始。先儒説三雍之制各不同，其分合之跡亦異。許叔重五經異義云：「今戴禮說：盛德篇曰：『明堂者自古有之，凡九室，室四户八牖，共三十六户，七十二牖，以茅蓋屋，上圓下方，所以朝諸侯。其外有水，曰辟廱。』明堂月令說：明堂高三丈，東西九仞，南北七筵，上圓下方，四堂十二室，室四户八牖，其宫方三百步，在近郊三十里。講學大夫淳于登說：云『明堂在國之陽，三里之外，七里之内，丙巳之地，就陽位，上圓下方，八牕四闥，布政之宫，故曰明堂。明堂盛貌，周公祀文王於明堂，以配上帝，五精之神，太微之庭，中有五帝坐位』。古周禮、孝經說：明堂，文王之廟。夏后氏曰世室，殷人曰重屋，周人曰明堂。東西九筵，南北七筵，堂崇一筵，五室，每室二筵，蓋之以茅。周公所以祀文王於明堂，以配上帝。」許君謹案：「今禮、古禮，各以義說，無明文以知之。」鄭康成駁之，云：「戴禮所説，雖出盛德篇，云九室三十六户七十二牖，似秦相吕不韋作春秋時，説者疑非古制也。四堂十二室，字誤，本書云九堂十二室。淳于登之言，蓋取義於孝經援神契，説宗祀文王於明堂，以配上帝，曰上圓下方，八牕四闥，布政之宫，在國之陽。帝者，諦也，象上可承五精之神。五精之神實在太微，在辰爲巳，是以登云然。今漢立明堂於丙巳，由此爲之。」此鄭氏從孝經緯之説，謂明堂之制當如此。然鄭氏三禮目録从攷工記，以爲在國之陽，東西九筵，南北七筵，堂崇一筵，五室，凡室二筵。此采其高廣之制耳，其大體當从孝經説。前漢書云：「武帝欲治明堂奉高旁，未明其制度。濟南人公玉帶上黄帝時明堂圖，圖中有一殿，四面無壁，以茅蓋，通水，水圜宫垣，爲複道，上有樓，從西南入，名曰崑崙，以拜禮上帝。於是作明堂汶水上，如帶圖。」此與鄭少異者也。五經異義述靈臺之制云：「公羊説：天子三，諸侯二。天子有靈臺以觀天文，有時臺以觀四時施化，有囿臺觀魚獸魚鼈。諸侯當有時臺、囿臺，諸侯卑，不得觀天文，無靈臺，皆在國之二十五里。左氏說：天子靈臺在太廟之中，壅之靈沼，謂之辟廱。諸侯有觀臺，亦在廟中，皆以望嘉祥也。此皆靈臺之制也。」毛公釋辟廱云：「水旋丘如璧曰辟廱，以節觀者。」鄭箋泮水云：「辟廱者，築土壅水之外，圓如璧，四方來觀者均也。」此鄭與毛公合者也。白虎通曰：「辟者，象璧圓，以法天也；雍者，壅之以水，象教化流行也。辟之爲言積也，積天下之道德；雍之爲言壅也，壅天下之儀則，故謂辟雍也。」鄭注禮王制云：「辟，君也；雍，和也。謂人君布政施和之地也。」此皆辟廱之制及其義也。至三雍之迹，則大異。以明堂、辟廱同一地者，戴氏德也。大戴禮盛德篇所謂「明堂〔一〕者，所以明諸侯尊卑也，外水名曰辟廱」者是也。以明堂即太廟，與靈臺、辟雍同處者，盧子幹也。其禮注云：「明堂即太廟也。天子太廟，上可以望氣，故謂之靈臺；中可以序昭穆，故謂之太廟，圜之以水如璧，故謂之辟雍。古法皆同一處，近世殊異分爲三耳。」蔡邕、穎子容亦合太廟三雍爲一。蔡邕明堂論云：「明堂者，天子太廟，所以崇禮其祖，以配上帝者也。夏后氏曰世室，殷人曰重屋，周人曰明堂。東曰青陽，南曰明堂，西曰總章，北曰玄堂，中曰太室。取其宗廟之清貌，則曰清廟，取其正室之貌則曰太廟，取其尊崇則曰太室，取其堂則曰明堂，取其四門之學則曰太學，取其四面周水圓如璧則曰辟雍，異名而同事，其實一也。」穎子容春秋釋例云：「太廟有八名，其體一也。肅然清靜，謂之清廟；行禘祫，聚昭穆，謂之太

〔一〕「堂」上原有「諸」字，據大戴禮刪。

廟；告朔行政，謂之明堂；行饗射，養國老，謂之辟雍；占雲物，望氛祥，謂之靈臺；其四門之學，謂之太學；其中室，謂之太室，總謂之宮。」又案左氏説，合靈臺、辟廱於太廟。服子慎注左傳亦云：「靈臺在太廟、明堂之中。」鄭康成駁五經異義則云：「禮記王制『天子命之教，然後爲學。小學在公宮之左，大學在郊，天子曰辟雍，諸侯曰泮宮。天子將出征，受命於祖，受成於學；出征執有罪反，釋奠於學，以訊馘告』。」然則太學即辟雍也。詩頌泮水云：「即作泮宮，淮夷攸服，矯矯虎臣，在泮獻馘。淑問如皋陶，在泮獻囚。」此復與辟廱同義之證也。大雅靈臺一詩，有靈臺，有靈沼，有靈囿，有辟廱。其如是也，則辟雍及三靈皆同處在郊矣。囿也，沼也，同言靈，於臺下爲沼、爲囿可知。小學在公宮之左，太學在西郊，王者變制之宜，衆家之説各不昭晰，雖然於郊差近之耳，在廟則遠矣。王制與詩，其言察察，亦足以明之矣。鄭説如此，是鄭以太學即辟廱，與靈臺同在郊，不并於明堂。鄭氏貫穿羣籍，其言足據。故袁准作正論，亦主於分。漢以三雍立名，主分不主合，可謂折衷聖經者。

孔子刪詩辨

史記孔子世家云：「古者詩三千餘篇，及至孔子，去其重，取可施於禮義。」又云：「三百五篇，孔子皆絃歌之，以求合韶、武、雅、頌之音。」鄭康成六藝論云：「孔子録周衰之歌，及衆國聖賢之遺風，自文王創基，至魯僖，四百年間，凡取三百五篇，合爲國風、雅、頌。」詩譜序正義引。就二説觀之，孔子刪詩明矣。至宋，朱子謂孔子重新整理，未嘗刪取。國朝朱檢討錫鬯作詩論因之。大抵謂詩亡於秦火，或作者章句不齊，後之學者從而齊之；或樂師蒙叟止記其音節而亡其辭，是以有逸詩。竊謂朱氏之說非也。按漢書藝文志云：「詩遭秦而全者，以其諷誦不獨在竹帛故也。」且詩有子夏敍，將謂詩序定於秦火後乎？將謂作於秦火前乎？如謂定於秦火後，詩已亡佚，就見存者而編次之，則南陔等六篇時已佚去，何以詩序獨存乎？如謂作於秦火前，則詩序如故，詩亦如故，縱南陔等六篇亡佚，亦可數耳。且詩之有序，猶夫書之有敍也，書本百篇，亡佚强半，而百篇之序存；詩果亡佚，其序當幸存，何獨盡除其亡佚之詩之序，而僅存三百十一篇之序乎？是亡於秦火之說非也。古者詩之章句悉標著于序之目下，觀孔子正義可見，蓋其慎也。若人人從而齊之，則詩之同異，又不特齊、魯、韓三家矣，吾恐漢儒不若是之傎也。左氏宣十二年傳：「武王克商，作頌曰：『載戢干戈，載櫜弓矢。我求懿德，肆于時夏，允王保之。』又作武，其卒章曰：『耆定爾功。』其三曰：『鋪時繹思，我徂惟求定。』其六曰：『綏萬邦，屢豐年。』」其章句篇次不與今同。若可從而齊之，曷不盡移今之周頌，一依楚子所引乎？曷不盡取頌之長短不齊者，一一齊之乎？良以孔子刪定不敢紊也。以是知學者從而齊之之說亦非也。宋書樂志云：「漢太樂食舉十三曲，一曰鹿鳴。」晉書樂志云：「曹孟德平劉表，得漢雅樂郎杜夔，存鹿鳴、騶虞、伐檀、文王四篇，皆古聲辭。」是音節存者，其詩亦存也，則謂樂師止記其音節，而亡其辭者，亦未盡然。然則刪詩之旨可述乎？曰：去其重複焉爾。今試舉羣經諸子所引詩不見于三百篇者一證之。如大戴禮用兵篇引詩云：「魚在在藻，厥志在餌。鮮民之生矣，不如死之久矣。校德不塞，嗣武孫武子。」今小雅之魚藻、蓼莪，商頌之玄鳥等篇辭句有相似者。左傳襄八年引詩云：「兆云詢多，職競作羅。」今小雅小閔篇有相似者。昭十二年所引之祈招詩，今小雅之圻父篇已足賅其義矣。若逸周書太子晉解引「馬之剛矣」等句，鄙野已甚，直僞託爾。荀子臣道篇引詩云「國有大命，不可以告人，妨其躬身」，與今唐風揚之水篇亦相似。凡若此類，複見疊出，疑皆爲孔子所删也。至若字句小異，則引詩者之誤。惟大戴禮投壺篇大射詩不見於經爲可疑，或音節已亡，篇章散佚，故未録入。若夫河水即沔水，新宫即斯干，昔人論説有足取者。然則史遷所云「去其重，取可施於禮義者」，直千古不易之論，奚足致疑也哉？孟子曰：「王者之迹熄而詩亡。」孔子删詩，正詩亡之日也。假令當日未經删定，未傳子夏，則三百五篇且將散佚無攷，所謂「正得失，動天地，感鬼神」者，後之人將孰從而求之也耶？故謂删詩、書，定禮、樂，作春秋，皆爲聖人不得已而爲之也可。作孔子删詩辨。

唐孔穎達五經義疏得失論

五經之有傳、有注、有箋、有解，由來舊矣。梁、陳而下，義疏迭出，至唐貞觀中，詔孔穎達等撰五經正義，蓋欲崇儒術，息異議也。于是成易正義十四卷、書正義二十卷、詩正義四十卷、禮記正義七十卷、春秋左傳正義三十六卷。既成，表上之。迨宋朱子謂「孔氏正義，詩、禮爲上，易、書爲下」。夫同出一時一人之手，而有得有失，何歟？曰：正義者，就傳注而爲疏義也，所宗之注不同，所本之義疏亦異，則得失於是乎著。孔氏於易，舍九家而宗王氏弼及韓氏康伯，於義疏則采褚仲都。弼之注易，僅取剛柔乘應之説。韓氏之注繫傳，亦復空詮無補。孔氏拘牽注義，順文敷衍，其於馬、鄭、荀、虞諸家之古法，間或援引，輒以爲非，又或取以補輔嗣之闕漏，不能疏通明晰，故最淺薄，不足數。書則宗東晉梅賾所上之僞孔傳，而删取二劉之正義焉。孔傳本不足觀，穎達曲爲迴護，於是馬、鄭之注僅供參證，而司馬遷五帝本紀中之真古文，不一引取，棄周鼎而寶康瓠，孔氏之謂矣。詩則獨宗毛、鄭，卷首先列鄭譜，頗得綱領，其於訓詁名物制度典禮，更一一詮解精確。訓詁則本諸爾雅，參以舍人、樊光、李巡、孫叔然諸家之古注，而陸璣毛詩草木蟲魚疏次焉；制度典禮則引據羣經，益之以王肅之難，王基之駁，孫毓之評，崔靈恩之集注，佐之以鄭氏之易注、書注，賈、服之左傳注，若鄭志，若駁五經異義，若箴膏肓諸書，咸萃焉，以故閎博淵深，幾無與抗，雖曰藍本二劉，而其采掇之精，固可謂獨具卓識已。禮亦宗鄭注，而以皇侃義疏爲本，引證則本諸周禮、儀禮，旁通曲達，靡不周悉。記云「不學雜、服，不能安禮」，故孔氏於服制分辨尤晰，若鄭氏之喪服變除，盧子幹之禮記解詁，阮諶之三禮圖，射氏之音義隱，莫不援引，故奥衍精通，與詩竝善。左傳宗杜氏，於義疏則本劉光伯。杜氏之精義，皆從賈、服竊來，其淺處正復不少。孔氏惟杜之從，所引釋例之屬，又杜氏一家之學，亦奚貴焉？雖有劉光伯之規杜，理精辭辨，足以推折武庫，孔氏概置評駁，不復遵用，故左傳正義雖大旨可觀，其失亦見。然則將如何而後盡善邪？曰易則宗鄭氏，而以李鼎祚所集之古注，及羣書中所引之古注，足與鄭注相發明者，附益之；次則取左傳中筮法都爲一編，附焉。所謂刊輔嗣之野文，補康成之逸象，漢易梗概於斯可復。書則采馬、鄭注，而益以史記中之以訓詁代經文者，其他漢石經及說文，及顏師古諸家之說，亦復搜討靡遺，而後殫心詮解，庶復真古文之舊觀。左傳則采賈、服注，於土地名則取裴秀客、京相璠，其一二古文散見說文及羣書者，取以參攷，庶左傳之古字古言存什一於千百，而春秋亦賴以明，然後博稽載籍，爲之疏釋，俾賈、服之學復顯於世，不遠駕穎達上耶？要之，闢漢儒之閫奥，作孔氏之功臣，非好學深思之士，未克臻此。然則五經正義有得無失，豈易言也哉？

擬撰爾雅圖條例

古人訓詁，多取同韻，所謂音近義通也。釋訓一篇，更作韻語。今擬置古音表于首，俾讀者由訓詁以通古音，由古音而精訓詁，有觸類旁通之助。

族屬有親疏，禮制有隆殺，皆由五服以推也。釋親一篇，略具此義。當置九族圖於前，而宗法圖、喪服圖附焉，庶親疏之義，一覽可得。

宫室堂階之制，悉寓五禮儀節。釋宫特概舉爾，瓴甋謂之甓，即今之甎爾。曾見畫工作陶侃運甓圖，繪作酒甕，此類今當刊正。三代器物，質文互異，自昔繪畫者多失其真。今酌參之，如木豆謂之豆，瓦豆謂之登。古以豆爲量名，容四升，其高廣之制，詎容臆定？

樂器之長短厚薄侈弇，皆音律所繫，大鐘謂之鏞，即古之鎛鐘；大簫謂之言，即今之鳳簫，悉校訂周密，不仍舊譜之謬。

經緯星之具見經傳者，未可枚舉。今特繪恒星圖，及黄赤道圖於首，俾十二次瞭然可睹，其歲差之説亦附焉。

疆域互有沿革，九洲之名，爾雅與禹貢異，其職方亦異説者，疑爲殷制。今擬夏、商、周各爲一圖。

丘陵山谷，古人命名多取物象，如敦丘、宛丘之屬，確有其形。若「大山，宫。小山，霍」。鄺氏於廬江水下誤讀「大山宫」爲句，此類未可從。

水泉源委，有難名狀者。「泉一見一否爲瀸」，今浙東浦江縣之月泉，與月盈虚者，或似之。「濫泉正出」，今山左之趵突泉，及浙江錢塘之梅花泉，其泉脈皆自地底瀾翻而出，故詩云：「觱沸檻泉。」概舉以廣異聞。

草木南北不同，古今命名亦異。釋草之荼苦菜，南人謂之苦藚菜，春月開黄花似菊，至四月間花葧茸茸，作絮圜轉似輪。故月令云：「苦菜秀蓋。」謂若茅秀然，得諸目驗，斯爲不謬。

蟲魚形狀，今人有不能悉見者，亦有不能舉其名者。古以貝爲貨，今或不能舉其物，而浙江、廣東則有之，其形似螺；蜋蜩五采具，人或未之見，而海濱則有之。

鳥之類，分晰最難。今邨郊間有鳥，雄者潔白，尾長尺許，雌者絳色，短尾，頭有叢毛，若古方勝然。其音云：「快底做！快底做！」蠶時乃見，過此則隱，確然可定爲戴勝。方言合鳸鴂爲一，則誤。獸畜之屬，惟鼠屬稍繁，當一一别白之。「鼨鼠豹文」，從許氏説，信古也。「騋牝驪牡玄」，從鄭君説。蓋衛風「騋牝三千」，實包牝牡，若騋牝爲句，則是衛之戎事田事皆以牝馬充之，可乎？

清儒學案卷一百四十九

豐芑學案

豐芑之治説文，聲經義緯，自剏義例，於轉注叚借，不盡從許氏舊説。要其貫通羣經古義，爲聲訓薈萃之書，繼段、錢、桂、嚴之後，與貫山王氏同稱許學鉅子焉。述豐芑學案。

朱先生駿聲

朱駿聲字豐芑，號允倩，晚號石隱，元和人。祖焕，乾隆壬午舉人，通禮經，著有臨嘯閣遺稿。父德垣，諸生，有孝行。先生少穎異，四歲通四聲，稍長，父令爲經解，必問文字源流，因授以許書，有神童之目。年十五爲諸生，時錢少詹大昕主紫陽書院，亦十五爲諸生，值重游泮宫，奇先生才，曰：「吾衣鉢之傳在子矣。」遂受業門下。嘉慶戊寅舉於鄉，七赴禮部試，不第。迭主江陰、吴江、荆溪、嵊、蕭山書院。道光十六年，選授黟縣訓導。以經學教士，與俞理初正燮、程伯敷鴻詔及門人程朝鉦、朝儀等講學，成經史答問，黟之學者宗之。咸豐元年，以截取知縣，至京獻所著説文通訓定聲及古今韵準、説雅等書，詔嘉其賅洽，賜國子監博士銜。尋遷揚州府教授，以風痹未之官。僑居黟縣石村，八年卒，年七十一。

先生鑽研許書，用力最深，嘗言「自二徐、桂、嚴、錢、段諸家推衍已極精密，惟六書中轉注叚借二義究無塙詁」。遂獨剏義例，謂「轉注者，即一字推廣其意，非合數字雷同其訓，通其所可通者爲轉注，通其所不通者爲叚借。叚借，不易聲而叚異形之字，可悟古人之音語；轉注，不易字而有無形之字，可省後世之俗書。叚借，數字供一字之用，而必有本字；轉注，一字具數字之用，而不煩造字」。又謂「叚借之理，疊韵易知，雙聲難知。通德釋名似轉注而實多叚借；方言、廣韵半叚借而實有轉注。叔重之書發明本訓，而轉注、叚借則難言。爾雅一經詮釋全詩，而轉注叚借亦終晦」。著説文通訓定聲十八卷，補遺二卷，聲經形緯，貫通義訓，都二百萬言，爲轉注、叚借專書，似因而實剏。又取百六韵而權衡之，爲古今韵準一卷。循爾雅條例，貫許氏説解，爲説雅一卷，以推廣其説。許書有未安者，通訓未能詳述，爲説解商十卷，以申己意。先生於羣經並有撰述，周易匯通八卷，一名六十四卦經解。易鄭氏爻辰廣義二卷，易經互卦卮言一卷，易章句異同一卷，易消息升降圖二卷，學易札記四卷，尚書今古文證釋四卷，一名尚書古注便讀。逸周書集訓校釋增校一卷，附逸周書缺文補一卷，詩集傳改錯四卷，詩序異同彙參一卷，詩地理今釋四卷，儀禮經注一隅三卷，三代禮損益考一卷，井田貢税法一卷，大戴禮校正二卷，夏小正補傳一卷，春秋平議三義，春秋三家異文覈一卷，春秋左傳識小録二卷，春秋亂賊考一卷，春秋列女表一卷，春秋闕文考一卷，春秋地名職官人名考略二卷，春秋國名今釋一卷，春秋經傳旁通目一卷，四書稿解二卷，四書懸解四卷，六書叚借經徵四卷，傳經表一卷，小學識餘四卷，經韵樓説文注商一卷，説文引書分録一卷，釋車、釋廟、釋帛、釋色、釋農具、釋詞各一卷，古字釋義一卷，小爾雅約注一卷，七經緯韵一卷，汪晉三音學十書補訂四卷。又秦漢郡國考四卷，十六國考二卷，晉代謝氏世系考一卷，徐中山王譜系考一卷，朱氏世系考二卷，石隱山人自訂年譜一卷，各府縣人物志二十卷，山名今釋一卷，經史答問二十六卷，自刊本四卷未全。臨嘯閣筆記一卷，荀子校正四卷，淮南子校正六卷，歲星表一卷，天算瑣記四卷，數度衍約四卷，軒岐至理四卷，漢書雋語四卷，説叢六種離騷補注一卷，詞話二卷，傳經堂文集十卷，附賦一卷，詩集四卷，臨嘯閣詩餘四卷，補遺二卷。自説文通訓定聲專刊行世外，餘間有自刊，及入叢書者，遺稿竝藏於家。參繆荃孫撰儒學傳稿、行述、説文通訓定聲自序、元和朱氏遺書目。

説文通訓定聲自敘

天地間有形而後有聲，有形聲而後有意與事，四者文字之體也。意之所通而轉注起焉，聲之所比而叚借生焉，二者文字之用也。竊謂轉注肇於黄、倉，形體寡而衍義，叚借濫於秦火，傳寫雜而失真。而幻丸之屬，反正推移，造字之轉注，不離乎指事也；咸需之倫，悉須通變，造字之叚借，不外乎諧聲也。至於叢脞參差連緜，而始肖其誼；弟兄爾汝依託，而本無其文。取類多耑，拘虛少悟。不知叚借者，不可與讀古書；不明古音者，不足以識叚借，此説文通訓定聲一書所爲記也。夫三代、秦、漢之嫿聲以世遷，九州南北之迢言因方易。欲撟古今之舌而出於一軌，固所不能；將執經史之文而歙以一筒，尤有不可。然則當如之何？曰：以字之體定一聲，以經之韻定衆聲，以通轉之理定正聲、變聲，三者皆從其朔而已。曷言乎以字之形定一聲也？東重童龍，數傳祇循其舊；朿帝啻適，萬變不離其宗。融强秋梓之省文，徵諸古籀；亦狄豐農之庳響，正於昔聞。豕冢兀元，轉由一語；朿雜廿竊，从豈兩聲？吕鬲容尊，於重文而得母；棘弜卯㗊，因闕讀而疑音。此齊桓伐莒之謀，東郭能言其狀；光武命名之義，九禾可訂其聲者也。曷言乎以經之韻定衆聲也？火諧衣稱，知與燬字同評；朝叶苗高，信自舟聲少變。侮雖每而異母，朋猶鳳而殊風。音別求裘，部分截雀。或句中而安韻，召旻歲旱之章；或一語而成歌，周頌駿奔之什。靡膴、伊減、牒洫當證之韓嬰，螟螣、舂揄、蝳舀堪稽于許慎。考工鄭注其鏄斯捆，屈子王箋誶予不顧。焞爲推而怛爲悳，可讀班書；答爲對而罢爲褮，當從古寫。淺幭即羣經之帡，偹翹誤俗字之偹，求福不那，易儺而語言方合；飲酒之飫，變傴而義訓始通。此鄣商之誦湯，可用九有爲九域；楚莊之偁武，疑以一句爲一章者也。曷言乎以通轉之理定正聲變聲也？關叔即爲管叔，甫侯本是吕侯，驩兜匪異渾敦，屠蒯原同杜蕢，「荄滋」易言箕子，伊尹詩頌阿衡，連山禮著厲山，帝俊書偁帝舜。若茲之類，厥有三端：其同音者，扶服、蒲伏與匍匐而兼偁，逷池、逶迤偕委蛇而並用；气借氣而餼出，艸假草而皁興；無國爲許而三傳皆同，頌皃作容而四始代誦；種穜、酢醋因音而互譌，炁愛、㥑憂以聲而昧本；疇曷、害曷語詞不必元文，叔少、昆冡偁謂相承別字，是也。其疊韻者，洚水猶之洪水，畜君原是好君；序榭豫可校禮經，毒篤竺試讎漢史；貉伯禡皆禱牲之用，裝絅綮總枲布之名；明都、孟諸洵非兩地，燭趨、涿聚故是一人；陳易氏而爲田，苡改姓而作弋；辛夷可爲新雉，蟬焉豈異亶安？薰香用以代葷，義不妨於相戾；孳息取以爲止，訓亦見其交通，是也。其雙聲者，和桓波播禹貢可詳，侮務㪍仇雅詩偶借；奠定帝舌音之轉，圭斸涓脣吻之通；密勿、黽没與黽勉非殊，踟蹰、躊躇視跱躕不異；黼裘示省貍義可思，素衣朱綃繡文宜訂；台余卬我皆施身自謂之言，戎若伊而悉启口偁人之語；慅慅多謞慘慘，儦儦或讀伾伾；誐假胡何出音微分侈斂，徒但地特助詞本尟正文；開口雅而閉口烏，啞啞亦其天籟；燕人厖而周人貉，蛘蚌又屬方言；馬、莽、蕭、蛸更姓，祇憑語轉；蠅、羊、鴳、隼殊文，不過聲移；按諸詩歌，相曰胥，更抑曰懿；參之古語，磬爲俔，亦鼎爲當，是也。此何休之讀公羊，所以有長言短言之辨；而高誘之注淮南，又別有緩气急气之分也。若夫如此爲爾，之焉爲旃，网字便成翻語；蒺藜即茨，茅蒐即韎，三代自有合音。目少眇而手延挻，自諧以成字；「婁」係郲而「於」引越，相足而爲言。斯又吴昭、魏炎之儔，注書刱爲切紐；沈約、彦倫之輩，行文律以四聲者矣。夫所見異辭，陸元朗文羅經典；有志復古，陳季立音溯詩、騷。余少歲蟲彫，中年蠖伏，哦陳編而洞席，憶緒論於趨庭，旁及六書，自攄一得。部標十八，派以析而支以分；母列一千，聲爲經而義爲緯。將使讀古書者應弦合節，無聱牙詰詘之疑；治經義者討葉沿根，有掉臂游行之樂。竭半生之目力，精漸銷亡；殫十載之心稽，業才艸刱。氾濫未竟，踳繆尚多，思不能書，先爲此敍。非敢謂萬川會海，導西京爾雅之原，亦庶幾百世本支，演南閣説文之譜云尒。

庖犧視鳥獸之文贊之於易，虞帝觀古人之象記之於書，正名爲禮樂之原，學文繼孝弟之事，書契所係非淺尟矣。昔黄帝史倉頡、沮誦始造文字，周宣史籀著大篆，下逮春秋、戰國，漸不同文。秦興，丞相李斯奏同之，乃作倉頡篇七章，中車府令趙高作爰歷篇六章，太史令胡毋敬作博學篇七章，皆合古籀爲之，或頗媘改者曰小篆，此三篇者，世謂之三倉，凡三千三百字。厥後漢司馬相如作凡將篇，史游作急就篇，李長作元尚篇，而揚雄復博采天下字作訓纂篇，以續三倉，凡二千四十字。至班固繼作太甲篇、在昔篇十三章，賈魴又爲滂喜篇續訓纂。滂喜者，取訓纂末二字名其書，而其書終于「彦均」二字，故亦謂之彦均篇也，凡二千四十字。自是以李斯、趙高、胡毋敬所作篇爲上卷，揚雄所作篇爲中卷，賈魴所作篇爲下卷，共七千三百八十字，亦偁三倉。而其外崔瑗飛龍篇，蔡邕聖皇篇、黄初篇、吴章篇、女史篇，字已具三倉中，不著焉。然自始皇時獄吏程邈嘗造隸書，趨于簡易，以施官事急速之用，而其後喜便習傳，妄釋貤繆，世俗多用之，于是三倉之學微。許氏慎懼斯文之墜也，乃敍古籀小篆，更博收通人著作，爲説文解字一書，於三倉之外，又增益一千九百七十三字，共九千三百五十三字，而其外復有一千一百六十三字，列爲重文，統以五百四十部，由是小學大顯，其功殆不在禹下。第其書自漢以來，或轉寫譌踳，或肊沾私減，真本不傳，復多疑駁，且代有製字，體冓變遷，至唐以後，盡以今字改古經，而習俗害真，迷誤匙究，遂爲小學之一大厄。古者石奮之章一不足于馬，伏波之印四乃冠于羊。今且粥號雙弓，竟成典故；荼爲一木，莫識由來。凡涉沿譌，均宜闓闡。又榦支廿二，託名幖識，許書泥古，覣爲正文，所解鮮通，千慮一失，譬猶山藪之藏疾，瑾瑜之匿瑕，兹輒釐而訂焉。夫象形、指事謂之文，會意、形聲謂之字，但偁説文者，文可統字也，述説文。

數字或同一訓，而一字必無數訓。其一字而數訓者，有所以通之也。通其所可通則爲轉注，通其所不通則爲叚借。如网爲田漁之器，轉而爲車网，爲蛛网，此通以形，又轉而爲文網，此通以意。防爲隄防之偁，轉而爲邨坊，爲堙坊，此通以形，又轉而爲勸防，此通以意。不得謂之本訓，不可謂非本字也。至如角羽以配宫商，唐、虞不沿頊、嚳，用斯文爲幖識，而意無可求；草木非言樣斗，登乘乃作盈升，隨厥聲以成文，而事有他屬。一則借其形而非有其意，一則借其聲而别有其形也。若夫麥爲來而苑爲宛，冢爲長而蟲爲彤，汙爲浣而徂爲存，康爲苛而苦爲快，以爲叚借則正，以爲轉注則紆。且也齎咨涕洟皆疊韻，齊莊中正皆雙聲，肇漢、魏之賦體；勃鞮、壽夢爲合聲，充蔚終葵爲翻語，開齊、梁之切音。此通德、釋名似轉注而實多叚借，方言、廣雅半叚借而時有轉注也。夫叔重萬字發明本訓，而轉注、叚借則難言；爾雅一經詮釋全詩，而轉注、叚借亦終晦。欲顯厥恉，貴有專書，述通訓。

古音自虞書賡歌而下，遞有轉移。曹魏樂安孫炎始作爾雅音義，著反語。後有李登聲類十卷，凡萬一千五百二十字。東晉吕忱之弟静爲韻集，宫、商、角、徵、羽各一卷。至宋周彦倫作四聲切韻，梁沈約作四聲韻補一卷。隋開皇初陸灋言偕顔之推、蕭該、劉臻、魏淵、李若、辛德源、盧思道、薛道衡等八人，討論音韻，後十餘載，乃自定爲切音五卷，二百六部，凡萬二千一百五十八字。又百五十年後，至唐儀鳳二年，長孫訥言爲之箋注，嗣郭知元朱書補三百字，關亮、薛峋、王仁煦、祝尚丘、孫愐、嚴寶文、裴務齊、陳道固又附益之。天寶十載，孫愐復刊正切韻五卷，别名唐韻。按晁公武云「唐韻加至四萬二千三百八十三字」，蓋誤讀孫序，并注字入算也。今云唐韻二萬六千一百九十四字，又誤以宋之廣韻爲唐韻元本也。唐韻之於切韻，當略有附益耳，必無字數增倍之理。自儀鳳越二百五十餘歲，爲宋景德四年，詔陳彭年、丘雍等校定切韻五卷。明年大中祥符元年，改賜新名曰廣韻，凡二萬六千一百九十四字，注十九萬一千六百九十二言。按天寶末，上又取陳庭堅所譔韻英十四卷四百三十九部，改仍法言卷數，加百四十一部，合五百八十韻，凡萬九千一百七十七字，見南部新書。宋陳彭年等校定之書，疑取韻英本增至二萬六千一百九十四字，故改名曰「廣」。若仍唐韻之舊，字數不異，何廣之足云乎？總之，廣韻必非唐韻元本，較然可知。其時戚綸別承詔刪取切韻字爲韻略五卷，備禮部考試，與校定切韻同日頒行。又三十一年，當景祐四年，詔修廣韻爲集韻，令丁度、李淑、宋祁、鄭戩、王洙等校定之，寶元二年書成，凡十卷，得五萬三千五百二十五字。治平四年，司馬光又修之，其書實非今所存之集韻也。景祐時，廣韻未修，先刊修韻略，改偁禮部韻略，爲五卷，收字九千五百九十，以賈昌朝請，韻窄者十三處，許令附近通用。元祐五年，孫諤陳請添收。紹興十一年，黄啟宗、張貴謨隨韻補輯。十四年，楊朴又有括遺。三十二年，毛晃增修，其子居正重增凡多二千六百五十五字，世亦謂之增韻。歐陽德隆又輯押韻釋疑五卷，郭守正增修校正之。楊伯嵒因韻略於九經所有之字多所漏失，作九經韻補一卷，增七十九字。淳祐十二年，江北平水劉淵于韻略增四百三十六字，并爲一百七部，名壬子新刊禮部韻略。按金哀宗正大六年己丑，平水王文郁撰新刊五卷，吾鄉黄丕烈孝廉有其書，余曾見之。己丑於宋爲紹定二年，在淳祐前，疑世所傳劉淵本，乃劉取王所撰重刊者，相傳誤爲劉撰也。元熊忠用其部，纂爲古今韻會三十卷，計萬二千六百五十二字。黄公紹又有韻會舉要。大德中陰時夫、時中兄弟，復妄并拯入迥，爲今韻之一百六部，删字三千一百餘，存八千八百餘，名號曰韻府羣玉，由是而古韻淪胥以亡。自前明三山陳第譔毛詩古音考四卷，屈宋古音義三卷，爰始講求元聲，開闢户牖。至國朝顧炎武、江永、戴震、段玉裁諸君，因是推衍，漸詣精密。夫以雅正俗，則正之以許書；以古正今，則正之以經韻。方音自異，古語雖遥，字體從同，原無二本，聖言所著，理可交推，述定聲。

轉注

小學之綱有三：曰形體，曰音聲，曰訓詁。周官保氏「以六書教國子」。象形、指事、會意者，形體之事也；諧聲者，音聲之事也；轉注者，訓詁之事也。知斯三者，而後知叚借。叚借者，亦訓詁之事，而實音聲之事也。惟轉注一法，言人人殊。許叔重說文解字敍曰：「建類一首，同意相受，考老是也。」孫愐切韻云：「考字左回，老字右轉。」戴仲達六書故、周伯琦六書正譌，別舉側山爲阜，反人爲己之類當之。徐楚金則就考字傅會，謂「祖考之考，古銘識通用丂，于丂之本訓轉其義，而加老注明之。犬走爲猋，爾雅扶摇謂之猋，于猋之本訓轉其義，飈則加風注明之」。鄭夾漈通志略又妄分建類主義，建類主聲，互體別聲，互體別義四事。楊桓六書統則謂「三體已上，展轉附注」。此皆以形體言轉注者也。國朝戴東原始發互訓之恉，其言曰：「轉相爲注，猶互相爲訓，老注考，考注老，爾雅釋詁有多至四十字共一義者，即轉注之法。故一字具數用者曰叚借，數字共一用者曰轉注。」而吾鄉江叔澐曰：「轉注統于意，轉注者，轉其意也。如挹彼注茲之注，故立老字爲部首，即所謂建類一首，考與老同意，故受老字，而从老省。考之外，耆耋壽耇之類皆是。說文解字一書，分部五百四十，即建類也。始一終亥，即一首也。云凡某之屬皆从某，即同意相受也。凡合兩字以成一誼者，爲會意；取一意以概數字者，爲轉注。」二君以訓詁解轉注，說有根據，可謂突過前人矣。竊嘗論之，謂考字左回，老字右轉者，考係形聲，老屬會意，釋涉今隸，紕繆顯然。謂側山爲𨸏，反人爲𠂆者，此指山人已成之形，爲𨸏、𠂆續生之事，即所謂指事。象形者，因形而製字；指事者，因字而生形也。謂丂字加老，猋字加風，是以形聲中聲義隔者爲諧聲，聲義近者爲轉注，穿鑿之弊，必至有如王荆公字説者。至若妄分建類、互體四門，以考老履屨等字爲建類主義，以鳳凰耀燿等字爲建類主聲，以啼啻唯售等字爲互體別聲，以猶猷愚偶等字爲互體別義，既無條理，且多俗字，舛繆尨雜，直以此事爲兒戲矣。謂三體以上展轉附注，三體四體，不過數字，悉屬會意，或兼諧聲，淺陋之談，不足置辯。大抵言形體者，綱領既乖，彊設條目，所謂差之毫釐，謬以千里者也。惟互訓之説，於六事剖判分明，然亦有未盡然者。夫六書皆以立教也，保氏於國子既教以會意之老，則考之訓焯然知之；既教以形聲之考，則老之訓亦焯然知之，而復合考老以重申疊究，不已贅乎？況「創，傷也」「傷，創也」；「裼，但也」「但，裼也」之類，同意相受矣，不可謂建類一首。而「考仲子宫」，老實不足以盡考；「楚師老矣」，考亦不足以代老。又何説也？且謂爾雅皆轉注，則亦混于叚借。何以言之？「初、哉、首、基」，哉者，言之間也，不得轉注爲始，始則才之叚借也。「錫、畀、予、貺」，錫者，鍚也，不得轉注爲賜，賜即錫之叚借也。爾雅注彣章，許書注文字；注彣章則「哉生明」「錫土姓」，可曰始曰賜；注文字則哉爲詞，錫爲金，不得曰始曰賜。體用之間，致不侔矣，吾所謂未盡然者此也。竊以轉注者，即一字而推廣其意，非合數字而雷同其訓。許君自敘考老之恉，惟江氏分部之説得之。許不曰老孝，而曰考老者，部末孝字，子亦會意，意不專受於老也。雖然轉注一法，許實誤解，正有不必爲前賢諱者。許書所謂同意相受，惟老履疒𡨦數部耳。他如木部有植物、有器物，水部有地事、有人事，日部有日星之日、有日時之日，尸部有横人之尸、有屋宇之尸，首雖一而意不同焉。不特此也，保氏果以是立教，則凡形聲之字，皆即轉注之字，六書何以條分？余故曰轉注者，體不改造，引意相受，令長是也；叚借者，本無其意，依聲託字，朋來是也。凡一意之貫注，因其可通而通之，爲轉注；一聲之近，似非其所有而有之，爲叚借。就本字本訓，而因以展轉引申爲他訓者，曰轉注；無展轉引申，而別有本字本訓可指名者，曰叚借。依形作字，覩其體而申其義者，轉注也；連綴成文，讀其音而知其意者，叚借也。叚借不易聲而役異形之字，可以悟古人之音語；轉注不易字而有無形之字，可以省後世之俗書。叚借，數字供一字之用，而必有本字；轉注，一字具數字之用，而不煩造字。轉者旋也，如發軔之後，愈轉而愈遠；轉者還也，如軌轍之一，雖轉而同歸。試即以考譬之。「胡考之休」，爲本訓，老也；「考槃在澗」，爲轉注，成也；「弗鼓弗考」，爲叚借，攴也。攴者，考字之訓也。又試以令譬之。「自公令之」，爲本訓，命也；「秦郎中令」，爲轉注，官也；「令聞令望」，爲叚借，善也。善者，靈字之訓，實良字之訓也。轉注無他字，而即在本字，故轉注居叚借之前；叚借有本字，而偶用別字，故叚借附六書之末。若此，則訓詁之法備，六書之誼全，保氏之教著，雖起北海、南閣諸大師質之，應亦不易斯言。事比當仁，理惟求是，故不避專輒而著其說云。

叚借

説文解字發明象形、指事、會意、形聲四書，而轉注、叚借二者，則略而不備。言轉注，若革、朋、來、韋、能、州、西七字。言叚借，若屮、疋、詖、𣪊、㗊、爰、哥、甹、縣、完、罪、倂、臭、洒、姚、鎬十六字。又引經史及或説，若玎、嗟等五十餘字，著者如斯而已。夫叚借之原三：有後有正字，先無正字之叚借，如「爰」，古爲車轅；「洒」，古爲灑埽。有本有正字，偶書他字之叚借，如古以「塈」爲疾，古以「莫」爲蔤。有承用已久，習訛不改，廢其正字，嫥用別字之叚借，如用「草」爲艸，用「容」爲頌也。叚借之例四：有同音者，如德之爲悳，服之爲㕛。有疊韻者，如冰之爲掤，馮之爲淜。有雙聲者，如例之爲賴，答之爲對。有合音者，如茺蔚爲蓷，蒺藜爲茨也。叚借之用八：有同聲通寫字，如气質概書氣稟，動諍乃作靜妝，仁誼通用威義，將衛總爲紛帥。今國書凡同聲字統爲一體，作書時依其文義，而顛到上下之知爲某字某意，即其理也。別有託名幖識字，如戊癸取之戈兵，亚亚假于門户。有單辭形況字，如率爾原非畢網，幡然豈是觚巾？有重言形況字，如朱朱狀夫雞聲，關關用爲鳥語。有疊韻連語，如窈窕無與心容，蒙戎非關艸寇。有雙聲連語，如易爻多説次且，書歌肇言叢脞。有助語之詞，如能爲可通走獸，於焉或託飛禽。有發聲之詞，如弟兄異乎君臣，爾汝同于乃若。此皆本無正文，依聲託事，誼不在形而在音，意不在字而在神。神似則字原不拘，音肖則形可不論。故凡語詞習用之字，如者、矣、乎、哉、嗻、諾、吁、否、皆、乃、兮、于、乍、各、曾、毋、尚、知、曰、粤、唯、寧、歟、曷，多从言、从口、从曰、从欠、从丂、从八，非是，則皆叚借也。叚借之理，疊韻易知，雙聲難知，非博覽旁求，潛心精討，烏能觀其會通，與古人心心印合，如相告語乎？

凡例

一、六書形聲之字，十居其九，是編就許書五百四十部，舍形取聲，貫穿聯綴，離之爲一千一百三十七母，比之爲十八部，以著文字聲音之原，以正六朝四聲之失。前哲江、戴、段、孔分部遞益，各有專書，今復參互加覈，不妄立異，亦不敢苟同。

一、是書於每字本訓外，列轉注、叚借二事，各以□表識，補許書所未備。徵舉典籍，引端見緒，遺奪舛錯，知所不免，釐整之善，以俟達人。

一、字有與本誼截然各别者，既無關於轉注，又難通以叚借，文字中才得百一，今列爲别義，亦以□識之。

一、訓詁之旨，與聲音同條共貫，共用爲勇，偁自狼瞫；咨親爲詢，釋于叔豹。射言繹，或言舍，禮經著其文；刑爲侀，即爲成，王制明其義。嘉祉殷富，子晉談姒姓之初；考神納賓，州鳩説姑洗之指。孫爲奔諱，公羊之解經；散與涣同，孔子之序卦。枵名耗，而魏名大，述之丘明；忠自中而信自身，陳于叔肸。石癸表吉人之訓，行父傳毁則之辭，究厥雅言，罔非古誼。孟堅通德，成國釋名，此其恉也。故凡經傳及古注之以聲爲訓者，必詳列各字之下，標曰聲訓。

一、古韻録詩、易以下至先秦而止，其與今韻同者，間亦從略。

一、古韻亦有方國時代之不同，輒或出入。如一東字也，音轉如當，則叶壯部矣；音轉如丁，則叶鼎部矣；音轉如登，則叶升部矣；音轉如耽，則叶臨部矣；音轉如敦，則竝可叶屯部矣。即所謂雙聲，然其本音自有一定，今命之曰轉音，以攷其異，而益審其同。

一、古人用韻，間有在句中者，偶隨立文之便，於歌誦時重讀此字，其音自諧。且禮云一倡三歎，古樂歌詩，每一句四人歌之，曼聲間作，自然成韻，不定在語末也。故左傳引大武，直以一句爲一章。今按之羣經，如詩漢廣喬游爲韻，蝃蝀父雨爲韻，杕杜心飲爲韻，東門之枌旦叶原，七月葽叶穆，車攻矢叶佽、柴，巷伯豺叶謀，桑柔昊叶柔、劉、憂，四章西叶慇、辰、瘏，思齊子叶德、士，皇矣順叶君，兄叶王、方，蕩王叶商、常，武卿叶明，赫叶作，召旻歲、潰、萋、此、止爲韻，惟天之命德叶已，桓豐叶邦，載芟主叶旅，古叶且，良耜厥叶活，殷武怠叶國、福。易革傳「文炳文蔚」二文字韻；禮運「以篤父子」，父字韻；論語「朽木」二句，朽叶雕，土叶杇，「禆諶」二句，艸、討爲韻；周語州鳩引諺「衆心成城，衆口鑠金」，心叶金；管子「牧民不明鬼神，則陋民不悟」，神、民爲韻。自來言韻學者，往往不得其恉，爲舉數事，以例其餘。

一、此書宗許爲主，誼若隱略，間予發明，確有未安，乃參己意。

一、形聲字有同母而異讀者，如舟朝冒曼等，語言之轉，即雙聲也；有同入而異平者，如豖、匑、睱、睪等本爲同部，即長言短言也。

一、說文重出之字，有宜删者，如右、吹、壍、歑、吁、愷、閑、敉、否、孚凡十字，有不删者，如㝵、變等二十六字。或古文之叚借，或形體之傳譌，存之以考古。

一、重文有移置者，如㓝、疣等；有分爲正篆者，如鎵、𠧪等；有正篆當爲重文者，如缸、𥧂等，皆下其字一格爲識。

一、許書以小篆爲主，如終、蕢、桓、雲等，皆以古籀爲重文，今以聲爲經，則不得不到置其字。又同字而各有所从者，如人、儿、百、首、頁等，許不得不分，今不得不并。

一、字本相承會意，如宋、秀等，今輒以鄙見定爲形聲，附係各母之末。

一、字有不見正篆，見于説解及自敘中者，有有偏旁無正篆者，有見于説文小徐本者，有見于他書注所引説文者，今悉加攷覈，有補有附，附者見于注中，補者書以大字。

一、大徐補附俗三類字四百五十，又見于經史，凡魏、晉以前注有音讀者，皆訂附焉。

一、字有見于方言、廣雅及子史傳記而無可附麗者，於每部後别策存之，以俟考。

一、凡山水國邑及姓氏之類，皆託其字爲表識，無關本誼，故注亦不詳。

一、平水一百六韻，旁書每字之上以存今。今韻未收者，訂以廣韻、集韻而分隸之。

一、古人音讀，衹爲譬況之語，如某讀若某、或讀如某、某之某聲惟一，原讀無二致。今止録説文所著，凡漢、魏後諸儒反語，概置不録，惟部首字姑存。

一、聲母一千一百三十七部内，不爲子亦不爲母者二百五十四部，實得聲母八百八十三部。

一、通部文字九千五百七名，旁注五千八百八十九字，附存一千八百四十四字，都凡一萬七千二百四十文字。

古今韻準自序

音聲之遞變而遞轉也，南北不同，古今不同。以今南北之不同，又知古南北之亦不同。故凡有韻之文，隨其天籟，自諧律吕。古無韻書，書、易、詩、騷即韻書也。自漢末魏初，孫叔然枊爾雅音義作反語，而高貴鄉公以爲怪。厥後聲類肇于李登，韻集踵於吕靜，而字始爲韻；韻譜成於沈約，切韻撰於法言，而聲始有四。顧其書率皆不存。存者北宋廣韻爲最古，言韻者舍是别無適從矣。然二百六韻，雖仍唐孫愐述六朝之舊，而字數增倍。當時以意羼竄，實與唐韻大有出入，况古韻乎？廣韻三鍾恭字，注云：陸以恭、蜙、縱等入冬韻，非也。此以意羼竄之證。迨至南宋劉淵新刊韻略，謬并爲一百七韻，而元陰氏韻府羣玉又妄去拯爲一百六，則微特盭於古韻，且紊亂廣韻之部分，欲由廣韻以上溯古音而并不可得，豈非重悂以貤繆哉？夫虞書熙起無平上，周南芼樂無去入。昔梁武帝聞周捨天子聖哲之對，迄未信用，不爲無見。而唐元和後，釋神珙之反紐圖，舍利之字母三十，守温變爲三十六，凡末流之踵事，鈲析更無論矣。余既成説文通訓定聲一書，版之，以就正有道。鰓鰓焉，又慮一百六韻之頒行，四代著爲功令，諸應試排律所製，必不能生今而反古之道也。乃復取今韻而權衡之，就一韻中析爲數類，用韻者但取一類之字相叶，庶宜今宜古，不繆是非，命曰古今韻準。篤信好學之君子，或有取於是焉。

尚書學自序

孔子序書百篇，自秦焚後，亡者四十三篇，槀飫、帝告、釐沃、湯征、汝鳩、汝方、夏社、疑至、臣扈、仲虺之誥、明居、徂后、太甲三篇、沃丁、咸乂四篇、伊陟、仲丁、河亶甲、祖乙、説命三篇、高宗之訓、分器、旅巢命、微子之命、歸禾、嘉禾、蔡仲之命、成王政、將蒲姑、周官、賄息慎之命、亳姑、君陳、康王之誥、君牙、冏命是也。餘五十七篇，漢建武時又逸其一，武成是也。至西晉永嘉之亂，逸者又二十六篇，舜典、汨作、九共九篇、大禹謨、益稷、五子之歌、允征、湯誥、咸有一德、典寶、伊訓、肆命、原命、泰誓三篇、旅獒、畢命是也。亡逸凡七十篇，僅存三十篇，則堯典連「慎徽」以下、皋陶謨連「帝曰來禹」以下、禹貢、甘誓、湯誓、盤庚三篇、高宗肜日、西伯戡黎、微子、牧誓、洪範、金縢、大誥、康誥、酒誥、梓材、召誥、洛誥、多士、無逸、君奭、多方、立政、顧命連「王若曰」以下、吕刑、文侯之命、費誓、秦誓是也。東晉梅賾所獻僞本，於真書三十篇中，割堯典之半以當舜典，割皋陶謨之半以當益稷，依馬、鄭分顧命之半以當康王之誥，是爲三十三篇。而妄於秦焚久亡之書，造仲虺之誥、太甲三篇、説命三篇、微子之命、蔡仲之命、周官、君陳、君牙、冏命十三篇；於建武永嘉散逸之書，造大禹謨、五子之歌、允征、湯誥、咸有一德、伊訓、泰誓三篇、武成、旅獒、畢命十二篇。故今五十八篇中，凡真書三十三篇，實三十篇，僞書二十五篇，疑皆皇甫謐捃摭他書所引，依傍爲之，間有杜撰者也。厥後蕭齊姚方興又造舜典首十二字，隋之劉炫復造「濬哲」以下十六字，則又作僞之末流，重坒貤謬者矣。皇甫謐帝王世紀、王肅家語及聖證論、束晳汲郡紀年，皆暗與晚書説合。亡書有殘章賸句見於典籍所引者，如商書帝告見尚書大傳，湯征見孟子、史記，仲虺之誥見左傳、墨子、荀子，太甲見大學、緇衣，説命見學記、文王世子、坊記、表記、喪服四制、論語、孟子、墨子、尸子、離騷、吕覽、史記、潛夫論、説苑。周書如嘉禾見漢王莽傳，蔡仲之命見左傳、逸周書，作雒、周官見周禮注、周禮疏引鄭志、漢百官公卿表、賈誼傳，君陳見緇衣、坊記、春秋繁露，君牙見緇衣。而四十三篇之全文，則漢儒已目所未覩，故漢時存者，惟伏生所授今文，堯典連「慎徽」以下、皋陶謨連「帝曰來禹」以下、禹貢、甘誓、湯誓、盤庚不分篇、高宗肜日、西伯戡黎、微子、太誓不分篇、牧誓、洪範、金縢、大誥、康誥、酒誥、梓材、召誥、洛誥、多士、無逸、君奭、多方、立政、顧命連「王若曰」以下、費誓、吕刑、文侯之命、秦誓，所謂二十九篇也。其後又得孔壁真古文，以較今文增多二十九篇，則舜典、汨作、九共九篇、大禹謨、益稷、五子之歌、允征、湯誥、咸有一德、典寶、伊訓、肆命、原命、盤庚分多中下二篇、太誓分多中下二篇、武成、旅獒、顧命分出康王之誥一篇、畢命，所謂五十八篇也。其實止多二十四篇，蓋盤庚、太誓、顧命，伏本咸有，惟不析篇弟耳。且康王之誥實亡，乃衛、賈、馬、鄭於顧命分出當之者，則實多伏本二十三篇也。但此增多之真古文，漢建武間武成一篇又逸，西晉永嘉之亂，二十二篇盡逸，而太誓殘篇僅見史記周本紀中，於是百篇之書祇存三十矣。

凡例

一、晚書不注，但著其引用出處。

一、篇弟仍依今本，不以古目爲敍。

一、地名山水必注明本朝在何省何縣。

一、注中某某也某也，上某爲叚借，下某爲叚借字之訓，如「尚，上也，高也」，言尚字借爲上字，上字之訓則高也。此依詩毛傳「壞木，壞瘣也」，「調飢，調朝也」之例。餘仿此。

一、古注不專從鄭，雖宋人説弗廢，實事求是，頗有折衷。

一、逸篇之句，間有見於古書所引者，零章斷句，既無全文，或難索解，亦復略之。

一、注中某某也猶某也，所謂猶者，皆轉注之誼，如「既，汔也，猶盡也」，汔之本訓爲水涸，其引申之誼則爲盡也。「稽，計也，猶考覈也」，計之本訓爲會算，其引申之誼爲考覈也。

夏小正補傳自序

堯典授時而後紀候之書小正爲古，孔子曰：「我欲觀夏道，是故之杞而不足徵也，吾得夏時焉。」史記夏本紀：「孔子正夏時，學者多傳小正。」汲冢紀年：「禹元年頒夏時於邦國，稽厥暮動，宜列經典。」顧其篇僅具大戴禮記中，而漢以後大戴不立學官，書未尊顯，古注闕如。至宋傅子駿得關澮所藏單行本，以校戴書，乃取經與傳之錯厠混淆者，釐而訂焉。然斯傳之作，疑出公羊、穀梁二子手筆，思表纖旨，與春秋傳異曲同工，實非延君饌著也。知者大戴所存三十九篇，皆述而不作，不應獨釋小正。且「萬用入學」，傳稱「今時大舍菜」，夫大舍菜禮秦、漢寖已不行，所言今時，宜謂春秋時矣。余慚弇陋，而性嗜古，小時讀黄叔琳輯本，繼復閲近儒著述，擇善而從，因心爲則，手稿一册，以課家僮。問業者見而善之，遽爲授梓，爰墨數語于耑，覬博通之士有以裨補其闕失云。

小爾雅約注自序

詁訓之書，權輿爾雅，自後小爾雅、方言、説文解字、釋名、廣雅賡之，而小爾雅十三章最古，亦六籍之襟帶，百氏之綱維也。漢志列孝經家，隋志附論語類，皆别爲一卷，不著撰人名氏。而藝文類聚引作孔叢，晁公武謂孔子古文，見於孔鮒書。今館閣書目云：「孔鮒撰，即孔叢子弟十一篇。」然孔叢一書，不著前志，殆魏、晉人依託，而摭取小爾雅入之其間，如走爲我之類，或有附益，亦難悉憭。詩疏、選注多所援引，或稱小雅，或稱爾雅，則省文也。爲之注者，東晉李軌、解無傳、北宋宋咸，注頗略。近吾鄉宋翔鳳、嘉定葛其仁均有疏證，犂然燦然。余復取陶宗儀説郛、何鏜漢魏叢書及余有丁孔叢子緜眇閣本，郎奎金五雅堂策檻本，陳趙鵠爾雅合刻聽鹿堂本，胡文焕百名家、吴琯古今逸史、吴永續百川、顧元慶文房本，鉤稽異同，審慎裁補，誼會其通，説反乎約，仍録爲一卷，以資循覽焉。

爻辰補義書後

九重天皆左旋，宗動天最疾，恒星天次之，幾與宗動等，但每歲不及宗動天五十一秒，計七十年二百十一日有九時一刻盈，不及宗動天一度，積二千一百十七年有奇，不及天一宫，積二萬五千四百十一年有奇，而與天會。此堯典、夏小正中星所以不合于豳風、月令、左氏傳也。然則溯周公繫爻之時，至康成注易之時，相距一千三百餘年，恒星歲差已十九度有奇，公之時女不次玄枵之舍，危不居娵訾之辰，推之他宫皆然，不必取象如鄭所云也。雖然孔子曰「觀鳥獸之文」，陸績謂「朱鳥、白虎、蒼龍、玄武經緯之文」。仰以觀天，間亦符合，亦足見易理之無不通焉。康成所著爻辰説易，其書已亡，見于唐人正義者，寥寥數則。茲據漢志三統術，倣其意補之，名曰補義，雖穿鑿傅會，頗多繆戾，聊存以備一家之言。他日尚當推周初之恒星宫度，繪圖讎校，汰其不合于古，而益以義與古合者，以蘄通貫，茲適以他事未暇云。

互卦巵言書後

孔子曰：「易有四象，所以告也。爲道也屢遷，變動不居，周流六虚，上下無常，剛柔相易，不可爲典要，惟變所適。若夫雜物撰德，辨是與非，則非其中爻不備。有天道焉，有人道焉，有地道焉，剛柔雜居，而吉凶可見矣。由是觀之，易無體也，以言者尚其辭，以動者尚其變，以制器者尚其象，以卜筮者尚其占。孟、京之卦氣五行，荀、虞之納甲消息，馬、鄭之互體爻辰，輔嗣之空虚清悟，皆易理也。周公之言，未必皆羲、文之義而義貫；孔子之意，未必泥文、周之旨而旨通。夫八卦變六十四，世應之法也，六卦生六十四，爻之例也。四卦通六十卦，卦氣之説也。反對五十六卦，兩象相易五十六卦，旁通六十四卦，兩象自反四十八卦，六子肖體三十卦，義或有取，均不可廢。後學墨守宗尚，入主出奴，膠其柱而鼓瑟，則皆失之。偶述經傳互卦若干條，雖穿鑿支離，卮言無當，或亦章句之一助云。

文集

答太歲太陰問

或問：「漢術分太歲、太陰爲二，太陰亦曰青龍，而爾雅『太歲在寅曰攝提格』云云，後總題曰歲名。解者以爲，歲陰者，乃謂天榦爲陽，地枝爲陰，然則太陰即歲陰，歲陰即太歲，後人何以强分爲二歟？」曰：「太歲實即歲星，上古以歲星所次之辰紀年，即攝提格云云也。但歲星一年行一辰，十二年一周天，而其行也，有疾有留，有逆有伏，積一百四十有四年，必超一辰，不能與排定之紀年相應，故愈差愈遠。計歷千七百二十八年而超辰一周，排定之甲子則千七百四十年而於辰二十九周，其第一千七百四十一年後之六十甲子，當與歲星相應。至一千八百年外，又漸差漸遠，及第一千八百七十二年，而歲星又超一辰矣。其前不可得聞已，考漢太初元年閼逢攝提格之歲，是爲甲寅，而漢志謂其年在丙子，歲星在丑，則與古以歲星所次之辰紀年者，寅與丑差一算，與漢制排定紀年之辰，亦子與丑差一算，於是以排定之辰强命爲太歲，以取合於歲星所次之辰。如歲星在子，則太歲在丑，歲星在寅，則太歲在亥。因以古之攝提格等，强命爲太陰，爲青龍，而謂在太歲之前二辰。如太歲寅則歲陰辰，太歲酉則歲陰亥。凡以求合於古之歲名，攝提格等。與當時排定之年名，如丙子。及實測歲星所在之辰名，如星紀丑。使三者均不相悖，故遷就而爲此。至於今，則又大不然。按乾隆二十九年甲申以前，以三統術推之，率差三算，至甲申年，星超一辰，逮今道光年間，率差二算，然差二算者，恰以三統之太歲當太陰，以三統之太陰當太歲，則與實測歲星相準。如今以道光十四年甲午爲曆元，其年歲星在酉，則太歲當在辰，而太陰當在午。若依三統之太陰紀年，曰道光甲午紀年，不云閼逢敦牂。依三統之太歲紀歲，曰太歲柔兆執徐，不云丙辰。以歲星所在紀星，曰星在大梁，則名實不紊。而今之時憲，實似以太陰紀年也。但繼自今六十年後，即又不合治曆明時，所以取諸革歟？儻每年實測歲星以合於上古之紀年，斯曆之萬禩而不變，當直曰道光十有四年，太歲在强圉作噩，星在大梁而已。雖然當世之人得毋笑其讀爾雅不熟也。

田税軍賦記

古者大師用衆，無過六軍，詩、書言六師，周禮言六軍，即六鄉七萬五千人也。六遂爲副倅以備非常。舊説出軍先六鄉，賦不止，次六遂，又次公邑及采地，又次畿外諸侯是也。先王無養兵之名，而隱其事于溝洫，鄉遂洫澮之多，其制什倍于都鄙。康成治洫澮不出税之説，于都鄙言之。愚謂移其説于鄉遂，則田税輕而軍賦重，正與都鄙之田税重而軍賦輕相爲表裏，臨事欲重，得其死力；平時宜厚，養其身家也。且都鄙洫澮稀少，農人固得兼治之耳。按出軍之制，七萬五千人出六鄉，其牛馬車輦當供之甸地公邑，計甸地十二同，三分存一，實受田三十六萬家，除六遂七萬五千家，餘公邑之民二十八萬五千家，供革車千乘，馬萬匹，炊家子及固守衣裝廄養樵汲等二萬五千人。司馬法所謂通爲匹馬三十家，士一人，徒二人，成三百家出車一乘者，并通成等只是田數之名，不干井法。三百家一乘，亦大判言之，實二百八十五家一乘；三百家三十人，實三百四十二家三十人也。若出軍兼起六遂七萬五千人，則馬牛車輦當供之稍、縣、畺。公邑計三等，共八十四同，八十四萬里，除封國之采地十八萬一千八百七十五里餘，公邑三分存一，實受田一百九十七萬四千三百七十五家。以司馬法甸出長轂一乘，馬四匹，牛十二頭，甲士三人，步卒七十二人計之，可得三千四百二十七乘，七三四三七五。馬一萬三千七百十一匹絀，九三七五作一匹。牛四萬一千一百三十二頭贏，八一二五不計。甲士一萬有二百八十三人贏，二〇三一二五不計。步卒二十四萬六千七百九十六人贏。八七五不計。如六遂出師，稍邑供之，稍出師，縣邑供之，縣出師，畺邑供之，采地助師，惟出人不出馬牛車輦，至其中通融配給之法，愚另有細推。小司徒「頒比法于六鄉之大夫，乃會萬民之卒伍而用之」。又曰：「凡起徒役，無過家一人，以其餘爲羡。」又曰：「凡國之大事致民。」此言六鄉，故不及車甲器械。大司馬：「凡制軍，王六軍。」又曰「凡令賦」，「家三人」，「家一人」〔一〕云云，與小司徒「可任也者」云云同，皆言六鄉。鄭注「邦國」，非也。遂人「以下劑，致甿」，即五十七家出五人。又曰「簡其兵器」，又曰「登六畜車輦」，此言甸之公邑也。稍人「掌丘乘之政令」，縣師「作其衆庶及馬牛車輦」云云，小司徒「井牧其田野以任地事，而令貢賦」，不及丁稅，此皆言稍、縣、畺三等之地也。總之，鄉遂之法，以五起數，田制即兵制；都鄙之法，以九起數，足食非足兵。鄉遂重教，都鄙重養。溝洫之法不重田稅，而重軍賦，故所稅較少；井田之法，不重軍賦，而重田稅，故

〔一〕「家一人」，據大司馬似當爲「家二人」。

而不泥乎古，尊經而善體乎經者，無膠柱鼓瑟也。

之法尚可相通，九夫十夫之制斷不能合，治洫治澮之説或可兼參，甸乘成乘之殊必難强混。是貴信古

所税較多。先王體國經野之道，若綱在綱，有條不紊，百世而下，固可以目覩手揣者矣。至于八家九家

什一説

九一、什一之制，先儒迄無定解。按周制授田以三等，均匀配給，總以百晦爲率，故孟子曰：「周人百晦而徹。」據鄭康成通率之説，則井田法每家百晦，助十一晦一分一釐不盡。爲九中之一，溝洫法每家百晦，貢九晦零九釐不盡。爲什一中之一，其數皆畸零無凖。井田法九家同井，尚可通融湊合，至洫澮法以十夫、百夫、千夫、萬夫爲界，以五家、二十五家、五百家、二千五百家、一萬二千五百家爲聯，割配紛紜，殊非政體，安得曰十一家而貢百晦耶？據趙岐同漢書廬舍之説，則井田法每家百十晦，助十晦。爲什外之一，溝洫法每家百晦，貢十晦。爲什中之一。什中之一固是什一，什外之一實百中之九九不盡，即什中之小九分不盡，于其實皆什一之義不合。且每家又各授二畝半，不出税，亦屬添出遷就。合兩説參之，鄭則鄉遂輕而都鄙重，趙則鄉遂重而都鄙輕，總與孟子「皆什一」「皆」字難通。愚按：孟子所云什一，非約分之數，乃子數也，其母數則百也。其實「皆什一」「什一」字專頂周人百晦而言，貢亦什一，助亦什一，故謂之徹。而夏殷之亦皆什一可知。如孟子井田法，每家一百十二畝半，助十二畝三分七釐半。合八家得九十九畝，其一畝則何休注公羊所謂共鑿一井，一曰無泄地氣，二曰無費一家。許慎説文丼字注所謂「八家一丼，

象搆韓形。•，䨻之象也」。丼方一畒，不取民税。如周禮井田法，每家一百晦，助十一晦。合九家，亦得九十九晦。如溝洫法，每家百晦，貢十一晦。合十家，得一百十晦也。惟周官園廛二十而一，遠郊二十而三，此承上文言園廛之征。漆林二十而五，此言漆林之征。上地食者參之二，下地食者參之一。孟子曰「圭田二十而取一」此言田税。等文，此乃約分之數，故必加「而」字、「之」字爲句。至周官近郊十一甸，稍、縣、都皆無過十二。此承上文言園廛之征。論語「二吾猶不足」，此言田税。則皆與孟子此篇什一同，爲子數也。臆説如此，存之以俟考。

夏五十而貢殷七十而助周百畒而徹説

天下生齒有增無減，則劉氏、皇氏「夏、殷民多，周民少」之説非也。什一之制，天下中正，則熊氏「夏、殷百畒之夫，止税其五十、七十，周乃畒盡税之」之説非也。溝洫既定，更張則擾，則陳氏「夏、殷田少周田多」之説，及徐氏「夏、殷儉約，授五十、七十而用足，周則彌文，不得不加多」之説皆非也。井田始于黄帝，不始于夏，洪水之後，禹特修之而已，則金氏「區皆百畒，夏十六家受之，自貢什一，殷十二家受之，助耕公田，周乃每夫一區」，似屬可通。但十六家當是十八家之譌。而殷則授十二家不足，授十一家有餘。若云十二家，則公田只六十畒矣，終難牽配，則亦非也。一井之田，肥瘠不至懸殊，則袁氏「三代皆百畒，夏以五十爲萊田，商以三十爲萊田」之説又非也。至金氏「周世君子工商及庶人在官，皆不受田，故田多而農得百畒」，尤爲無理，豈夏、商之士工商皆兼農耶？惟舊有「周尺狹小于古」之説，謂

「周百，殷七十，夏五十，其地實同」，合之王制「古者以周尺八尺爲步，今以周尺六尺四寸爲步」，其論較爲允協。但逐細推之，得數亦不甚合，只可存其大略而已。若欲合數，夏須以方九尺爲步，而用十寸之尺，則當周之九十九畝稍絀。殷以方八尺五寸爲步，而用九寸之尺。則當周之一百畝稍贏。周則以方八尺爲步，而用八寸之尺。按夏以十寸爲尺，方八尺爲一步，積六十四尺，百步爲晦，横八尺，從八百尺，積六千四百尺，是五十晦爲積三十二萬尺也。夏之五十畝當殷六十一畝奇，當周七十八畝奇，當周末一百二十二畝奇。殷以九寸爲尺，方八尺爲一步，積五十一尺八寸四分，百步爲晦横七尺二寸，從七百二十尺，積五千一百八十四尺，是七十畝爲積三十六萬二千八百八十尺也。殷之七十畝當周八十八晦奇，當夏五十六畝奇，當周末一百三十八畝奇。周初以八寸爲尺，方八尺爲一步，積四十尺零九寸六分，百步爲晦，横六尺四寸，從六百四十尺，積四千零九十六尺，是百畝爲積四十萬零九千六百尺也。周之百畝當殷七十九畝奇，當夏六十四畝，當周末一百五十六畝奇。周末六寸四分爲尺，方八尺爲一步，積二十六尺二寸一分四釐四毫，百步爲晦，横五尺一寸二分，從五百十二尺，積二千六百二十一尺四寸四分，百畝爲積二十六萬二千一百四十四尺。周末百畝當周初六十四畝，當殷五十一畝奇，當夏四十一畝弱。秦仍以八寸爲尺，改六尺爲步，每步積二十三尺零四分，百步爲晦，横四尺八寸，從四百八十尺，積二千三百零四尺。漢景帝以八寸爲尺，方六尺爲步，積二十三尺零四分，改定二百四十步爲晦，横四尺八寸，從一千一百五十二尺，積五千五百二十九尺六寸。今以十寸爲尺，改五尺爲一步，積二十五尺二百四十步爲畝，横五尺，從一千二百尺，積六千尺。〇三百六十步。爲一里一百八十丈，積九千尺。〇積步求晦，二四除之；積尺求晦，以長廣相乘，以六除之；反畝爲步，二四乘之。步化爲尺，以五乘之；尺化爲步，以二乘之。

附録

先生既精小學，貫通諸經，其治易，徧覽古今説易諸家，爲學易札記。謂孟、京之卦氣五行，荀、虞之納甲消息，馬、鄭之互體爻辰，輔嗣之空虛清悟，各有所得，亦各有所失。至爭言玄理，反疏訓典，墨守宗尚，拘守義例，尤後儒説易通病。惟觀其會通，不膠一説，先釋其文，次求其理，至一卦之中取象雜出，一爻之内上下不蒙，不必强經以就我。周公之言，不必拘羲、文之義；孔子之説，不必泥文、周之旨。因以著六十四卦經解，更取歷代筮卦所驗，綴附其詞，以便占者。又撰經傳互卦卮言，參虞氏消息爲圖；鄭氏爻辰，見於唐正義僅數條，因據漢志三統術爲爻辰補義。遺書、文集。

先生治春秋，謂孔子筆削，亦志在儆亂臣賊子而已。其他據事直書，或仍舊史闕文，本無關義例。三傳以例求之，故各説其説，而終不可通。宋人以臆測之故，自説其説，而更不可訓。因析其疑滯，破其拘墟，爲平議，爲亂賊考。又謂春秋一萬八千字，李燾云「今闕一千四十八字」，知春秋既修之後，一千八百餘條中，傳寫殘闕，亦復不少。特循文尚可解，不盡如「夏五」之難通。如晉弒其君州蒲闕欒書字，黑肱以濫來奔闕邾字，原無疑義，必曲爲立説，反誣聖經矣。且孔子曰：「吾猶及史之闕文。」爲闕文考。又以古書傳寫各有師承，文字互淆，必求一是，謂讀書不精，不可論斷。如王伯厚困學紀聞云：「書吴入郢，楚昭出奔，猶有君也；申包胥求救，猶有臣也，故不言楚。」不知公、穀二家「郢」字固作「楚」，特「楚」字不如「郢」字直切，因爲三家異文覈。又輯百家精注，爲左傳識小録。同上。

先生精通曆算，著書關於天文曆法者，嘗以實推驗。其論爾雅太歲在寅，推錢少詹說，見集中答太歲太陰問。又讀周語帝嚳能敘三辰，知十二次名義當爲所定。然今時實測，與古不同。星紀以牛得名，今牛在子宮，不在丑；析木以箕斗得名，今箕斗在丑宮，不在寅；大火以心得名，今婁在酉宮，不在戌。計今時距周初歲差已四十二度，是名實不相副，古宮之稱，不必施於今。因參用舊名，著歲星表。又有天算瑣記，自述心得。同上。

羅椒生曰：說文通訓定聲分爲十八部，如頤、解、履部別之、支、脂爲三，孚、小部別幽、宵爲二，需、豫部別侯于幽，復別于魚，大抵從懋堂先生爲多。若別霽于真，而爲泰部入聲，以屋、燭承侯爲需部，又參酌于懷祖先生之說。學博于斯，學洵薈萃衆說而得其精。且舉轉注之法，獨刱義例，根據確鑿，實發前人所未發，其生平之心得在是矣。說文通訓定聲序。

張孝達曰：通訓定聲甚便學者。書目答問。

豐芑家學

朱先生孔彰

朱孔彰字仲我，號聖和，豐芑子。光緒壬午舉人。少孤，劬學。咸豐末，避亂祁門山中，年十九，會曾文正公督師平皖，上書言事，文正異之，留行廨讀書。江南平，命分校書局，與諸名宿游，少年而有高世之志。洎膺鄉舉，年已四十，屢試禮部未遇，幕游吴、越、江、淮間。主淮南蒙城書院，修鳳陽府志、兩淮鹽法志。襄江南編譯書局，主講安徽存古學堂。晚膺聘佐修清史，卒年七十有八。先生承先緒，讀父書，由小學以通經學。謂「國朝諸大師治説文，發明略備，惟重文無專書」，攟摭衆説，博考金石，著説文重文箋七卷。又别成説文粹三編九卷，説文通訓定聲續補遺一卷，釋説文讀若例一卷，説文讝語一卷，九經漢注若干卷，中興將帥别傳三十卷，續編六卷，女將傳贊若干卷，中山王徐達傳一卷，三朝聞見録若干卷，車隱叢談六卷，小桃源筆記四卷，聖和老人文集六卷，詩集四卷，林和靖詩集注四卷，附年譜一卷。參墓志、元和朱氏兩代遺書目。

説文粹三編自序

漢律學僮十七以上，試諷籀書九千字，乃得爲吏。計説文合重文萬餘字，常用字不過五千，其餘字多罕用。今小學不修，莫達其説久矣。古言造書者三人，長曰梵，其書右行；次曰佉盧，其書左行；少曰倉頡，其書下行。自秦李斯變小篆作倉頡篇七章，趙高作爰曆篇六章，胡毋敬作博學篇七章，皆合古籀爲之。此三篇者，世謂之三倉，凡三千三百字，彼時已適於用。今天下文字至不同矣，學者必兼習其説，不能不減省中國文字而復乎古，亦猶泰西通人必溯原於羅馬、臘丁也。夫學者不識字，何由通經？不通經，何由致用？兹因僮蒙病説文之緐，選五千字爲簡本，亦足致用矣。其罕用字録爲次編，古籀重文録爲三編，學者以次求之，亦葆國粹之意焉。

凡例

一、説文五百四十部，不芟一字，仍存原目，依次編録，不亂古籍舊序也。大徐新附，依其篆文，録于十四篇末。

一、是編不録反切，以其多違漢讀。從錢氏坫斠詮之説，間注直音，亦求不戾于古，不誖于今。

一、所録小篆皆常用之字，古偁事物多注今名，以顯其義，如瓜當注今之瓜蒂，鳧茈注今之葧薺是也。

一、如説文有霚無霧，有洦無泊，有喿無噪，有茮無椒之類，即於篆下注今作霧、泊、噪、椒，以明隸變之由。

一、説文重文如裘古文作求，鳳古文作朋，雲古文作云，常或體作裳，咳古文作孩之類，均入三編，詮其異義，以明古合今分。

一、先博士説文通訓實轉注、叚借之專書，茲編正篆下加按語，藉發明其旨。

一、述先博士説文通訓外，如惠氏棟、桂氏馥、段氏玉裁、錢氏大昕、王氏筠、鈕氏樹玉、嚴氏可均、吴氏穎芳諸賢之説，間亦及之。

一、統初編、二編、三編合觀之，叔重始一終亥之書，仍一字無遺，以明述而不作也。

文集

復曾滌生相國書

伏蒙賜書指示説文轉注之義，反覆誦讀，昭若發矇。孔彰不敏，幼聞庭訓，恐口授之下，研究未精，轉多謬戾，仰承启迪，雖無不違如愚之恉，實有請事斯語之誠，敢不因教而加詳焉。竊以前述履字轉注爲所以踐之具，蓋先父以此字先有訓踐之義，而後有訓爲物之義，故以虚用者爲本訓，實用者爲轉注。若履字之義，考詩經「葛屨履霜」，周禮「屨人掌王及后之服屨」，儀禮「冬皮屨」，禮記「户外有二屨」，左傳「踊貴屨賤」，皆訓爲踐之具。史記季布欒布傳「身履典軍」，羽獵賦「履般首」，皆訓爲踐，此以知先父之意，又將以實用者爲本訓，虚用者爲轉注矣。至禮記樂記「臨事而屢斷」，注「數也」，則又以爲屨數二字之叚借。若舄字之義，本象形，實訓鵲，考詩車攻「赤芾金舄」，狼跋「赤舄几几」，左傳「帶裳幅舄」，小爾雅「廣服達屨謂之金舄」，叚借爲藉，故亦訓爲踐之具。推之叚借爲斥，如漢書溝洫志「終古舄鹵兮生稻粱」，海賦「襄陵廣舄」是也。叚借爲猲，如禮記少儀注「名謂若韓盧、宋鵲之屬」是也。又疊韻連語字，如典引「舄奕乎千載」是也。單辭形況字，如魯頌「松桷有舄」是也。此皆先父著説文通訓之意，凡一字虚實兩用，或爲本訓，或爲轉注，或爲叚借，蓋各從其義也。總之，解説文字，本訓仍依許氏，如釋「履」字之間有不合者，實千百中之一二。垂示篤守許氏考老之恉，以「犛」字等部皆爲轉注之部，謂毋字必省畫，此實顧、戴、段、江諸儒之説所不逮，亦先父平生致力小學所未見及。孔彰玩索之餘，因悟巢部之𢄎字，從巢省，從寸；瓠部之瓢字，從瓠省，票聲；絲部之䜌字，從絲省，廾聲，以「𡚁」字等部之類推之，或亦有轉注之義。獨老部耊字，母字之畫未省，然出入者不過一字，知不可舉一廢百。又承示西部所屬之字，俱從酒省，孔彰敬聆此訓，益覺開悟無窮。憶先父嘗云：「象形、指事、會意、形聲四者，許氏説解中屢見，叚借惟韋注言之，而轉注則全書絶不一及。敍偁考老，老部亦無明文，此最不可解者也。」今得公論定，乃知許氏建類之恉，江氏分部之意，先父力辯形聲、轉注溷淆之説，厥誼因之俱顯。孔彰口誦心維，欲罷不能，苟達神恉，庶有適從。惟當戎馬倥傯之際，猶承中堂諄諄教誨，仰見樂育之心，雍容之氣，雖武鄉侯臨敵觀書，新建伯軍中講授，其風度又何以過之？此孔彰之尤深感服，而頌颺靡已者也。

豐芑弟子

程先生仲威

程仲威名朝儀，因避諱以字行，號抑齋，黟縣人。諸生。少與兄朝鉦同受學於豐芑。豐芑著書多屬手録，遂通經小學。值粵匪亂，痛父兄相繼卒，居喪守古禮，讀程、朱書，恍然有悟曰：「爲學之道，不可躁進。」惟是由勉幾安，每以所讀之書驗之於行，所行之事證之於書，由是兼通漢、宋。讀毛西河四書改錯，廣稽經傳，以糾正之，成四書改錯改四十卷。又讀顔習齋書，成顔學辨八卷。講學山中數十年，生徒甚衆。主六安賡颺書院，一載即歸。光緒末，安徽巡撫于陰霖、馮煦先後疏薦徵召，皆未赴。宣統初，主安徽存古學堂，未幾遘疾歸，卒年七十六。所著有讀論語識喜録四卷，論孟雜説辨四卷，俞氏論孟平議重訂二卷，六書、叚借、一隅支干各有義考，朱子説經引用説文考、通訓拾遺各一卷，抑齋劄記、槐窗隨筆各二卷，抑齋寱語、思辨質疑各一卷，抑齋脞稿十卷，逸士吟一卷。胡元吉撰行狀、安徽續通志。

豐芑交游

俞先生正燮
別爲理初學案。

汪先生文臺
別見理初學案。

湯先生球
別見理初學案。

程先生鴻詔
別見理初學案。

葛先生其仁

葛其仁字元肫，一字鐵生，嘉定人。嘉慶己卯舉人，官歙縣教諭。通小學聲韵，以經義訓士，著小爾雅疏證五卷。參碑傳集補。

小爾雅疏證自序

自倉頡制造文字，黄帝因之，以成命百物，聲音訓詁之原肇始萌芽。厥後爾雅作於姬公，九流津涉，六藝鈐鍵，依類敷言，雜而不越，觽觽乎文章爲大備已。亞斯之代，揚雄著方言，劉熙纂釋名，張揖成廣雅，皆以羽翼雅訓，補所未及。若小爾雅，亦其一也。小爾雅者，今孔叢子弟十一篇，孔叢之書，不見于漢、唐藝文志，意其爲後人僞托。而小爾雅一篇，漢志列孝經家，則其書本出先秦，固非鄉壁虚造者比。循習既久，真僞易淆，缶二謂鍾，則齊量之新舊不分；四尺謂仞，則考工之澮洫同制。其他援引，或滋傳訛，疑皆魏、晉以後俗師坿益，以自申其説。如爾雅「瑟兮僩兮」之美衛武，「猗磋名兮」之刺魯莊，非定出玄聖之手，要未可以小疵而議其全體也。聖朝崇尚儒風，經術振起，閎達俊哲之彦，靡不參稽古訓，綜究雅言。是編篇次雖約，而義據宏深，傳授近古，而名物條貫，則亦小學不可少之書，而通經之士必于焉取證者。不揆檮昧，爲之博采傳注，旁及羣籍，審其義趣，明其指歸，或有未寤，姑從闕如，懼穿鑿也。今世所傳之本，雜臚歧出，擇善而從，不拘一例。更有訛舛特甚，而見于他書所引据者，急爲訂正，按義類以舉隅，資聞見之一得，庶幾其有合與？友壻王君寶仁，犨覃雅故，相與商析疑誼，反覆鉤稽，良多啟悟。王君又復薈萃各本，攷異同，拾墜遺，因并爲之證，附于篇尾。至舊志所載晉李軌解，今不傳；宋宋咸注，漏略已甚，亦不復存云。

仲我交游

吴先生協心

吴協心字鏡如，宜興人。同治□□舉人。精小學，與仲我同居浙撫梅啟照幕，論學相善。博考鐘鼎古籀以證説文，積稿數十册，初名渾沌記。卒後，仲我爲之釐正條例寫定，題曰説文稽古篇，畀其子刊行。

清儒學案卷一百五十

梅侶學案

算術以割圜爲最要，亦最難。梅侶所自信者，弧矢互求及求橢圓弧綫兩種，皆能別定新術，爲前人所未及。述梅侶學案。

項先生名達

項名達初名萬準，字步萊，號梅侶，仁和人。以舉人考授國子監學正。道光丙戌成進士，授知縣，不就官，專攻算學。以句股相求，舊術已備，惟和較諸題，術稍繁雜，爲句股六術。原本舊法，更立新術，各爲圖解以明其義。大指以比例釋句股，以句股較比股，若股與句弦和；以股弦較比句，若句與股弦和，是爲三率連比例。加減之，其和較亦可互相比例。又因此比例而另生比例，以成同積，而諸術開方之所以然，遂於是得。因爲詳論十數則，益以句股形邊角相求，凡三十二題。又以平三角兩邊夾一角，逕求夾角對邊，向無其法，先生立新術，以甲乙邊自乘，與甲丙邊自乘，加相得數，寄左；乃以半徑爲一率，甲角餘弦爲二率，甲乙甲丙兩邊相乘倍之爲三率，求得四率，與寄左相減，鈍角則相加，平方開之，得數即乙丙邊。又別著平三角和較術、弧三角和較術，皆於無可比例中求比例。華若洲稱其宛轉妙合，古所未有云。又以割圜九術，製八綫全表，每求一數，必兩次乘除，所用弧綫位多而乘不便，先生立新術，從三角堆整數中推出零數，但用一半徑，即可任求幾度分秒之正餘弦，不煩取資於弧綫及他弧弦矢，每一乘除，便得一數，直截簡易。著割圜捷術，以明弦矢諸率，其比例生於兩等邊三角，其數本於遞加。爲圖說二卷，既又欲詳爲之解，定書名曰象數一原，規爲六卷。一論整分起度弦矢率，二論半分起度弦矢率，三、四論零分起度弦矢率，五爲諸術通詮，六爲諸術明變。整分、半分兩種弦矢率論成而病作；零分弦矢率義賾緒繁，缺而不完；五、六又皆舊時叢稿，未及排比，乃遺書同郡戴鄂士，使續成之。既卒，鄂士爲整理遺稿成書。其第六卷末論橢圓求周，設爲四術，而未有解，亦補爲之。又因先生所定術，更立新術以廣之。先生遺鄂士書，有曰：「曆學於中西術須一體視之，不可有門户之見。算術古疏今密，習此道者，往往以闢古自矜，不知無古之疏，安得有今之密？恐并疏亦不可得究。一理立一術，以垂於後，殊不容易，我幸知之，而乃肆口相詆乎？」又嘗語黎斗一曰：「守中西成法，搬衍較量，疇人子弟優爲之，所貴學數者謂能推見本源，融會以通其變，竟古人未竟之緒，發古人未發之藏耳。」兩說相成，傳者歎爲通論。參史傳、疇人傳三編、杭州府志、象數一原、橢圓術。

割圜捷術序

方圜率古不相通也，徑求周，以句股衍算不易，割圜弧矢率又甚疏，西人八綫妙矣，求八綫必資六宗三要二簡法，非可徑求。所以然者，方有盡，圜無窮，勢難强合也。自杜氏術出，而方圜之率始通，其術用連比例，一率半徑，二率通弦，三率倍矢，由是遞求諸率，有徑即得周，有弦矢即得弧，有弧亦即得弦矢，其算捷，其數亦最真。顧是術也，梅氏赤水遺珍載焉而未釋，明静庵先生捷法解釋焉而未抉，其原當自爲一書，非正釋也。自董氏術出，而方圜率相通之理始顯。術凡四：曰求倍分弦矢，求析分弦矢，審定乘除法以明率數。倍分率，圜所以通方也；析分率，方所以通圜也。其釋倍分率以方錐堆，而方錐堆實出於三角堆弦之二率，即兩堆根相并數，四率即兩立積相并數，矢之三率即兩平積相并數，五率即兩三乘積相并數，四五率以下多乘積以還，莫不如是。故遞次乘除，皆求堆積法也，而即以之求弦矢。弦之分有奇無偶，矢之分奇偶俱全。至析分率，則三角堆無其數，即假倍分之率較量而反釋之，可爲獨具隻眼矣。所疑者，堆積既與率數合，何以有倍分無析分？倍分中弦率又何以有奇分無偶分？且弦矢綫聯於圜中，於三角堆何與？蓄是疑有年，丁酉歸，自苕南舟中偶念此，恍然曰：「三角堆數起於一，遞加一得堆根，遞加根得平積，遞加平積得立積，蓋遞加數也。弦矢率由圜中兩等邊三角挨次比例而生，亦起於半徑之一，半徑即一率遞加一率得二率，遞加二率得三率，遞加三率得四率，亦遞加數也。數有整必有零，起整分者曰整數，遞加秖一式，即三角堆相連，兩根積相并，與倍分矢率、倍分中奇分弦率等。數起零分者曰零數，遞加有無量式，不可以三角堆名。依式推衍，倍分中偶分弦率及析分弦矢率，實參列其間。不惟若是，倍分者一分弧之幾，常以一爲分母；析分者，幾分弧之一，常以一爲分子。今得零分，則分子母不必定一，任設幾分弧之幾，無不可求。因立此弧求他弧兩術，以補所未備。又不惟若是，分子母既可任設，則六十度通弦倍矢與半徑等諸率齊同，取爲分母，任設某度爲分子，并諸率本數可省去不求，但求遞加差數，即得逐度分秒之通弦倍矢，亦即得逐度分秒之正弦正矢。因更立半徑求弦矢兩術，以備製表之用，似便於用弧。約言之，弦矢諸率，其比例生於兩等邊三角，其數本於遞加。兩等邊三角，尖象也；遞加數，尖數也。通方圜必以尖，故自來割圜術不離句股而得其象，未得其數，取數不無繁重。自有零整分，遞加而後象與數會，分於是定，率亦於是通。分即遞加數之根，率即遞加數之積。分以子母管乎外圜，涵方也；率以奇偶應乎内方，就圜也。割圜術至此始無餘藴。」爰乘數月暇，著爲圖說二卷。友人王子琹逸嗜算術，徧涉中西，見是術愛之，欲與杜、董術合刊爲一册，囑予序其大意。余因詳述所由，不嫌辭費者，亦以此通貫方圜之率，非董氏理無自彰，非杜氏法無自立，非句股割圜等法以爲導，亦無自察象稽數以底於至精。然則古人創始之難，其可忽哉！

象數一原序

向玩弦矢諸率，會得遞加數，復析圜得兩等邊三角，其象適與數會，因草成圖解一册，聊自達意，而疏脱甚多。丙午冬，謝去紫陽講席，筆墨就閒，漸編定整分半分起度兩種弦矢率，而梁楚香中丞復以紫陽大小課藝囑選，辭不獲，遂又見阻。楊緗芸農部在京見舊刻割圜捷術，序中言及圖解，亟思一見。丁未冬，來杭見訪，因示以所編，緗芸謂書未半而君年垂邁，是書斷不可不成，且不可緩成，剋期以一載，臨別尚諄切致囑。余感其意，爲之定書名曰象數一原。卷一曰整分起度弦矢率論，卷二曰半分起度弦矢率論，卷三、卷四曰零分起度弦矢率論，卷五曰諸術通詮，卷六曰諸術明變。隨將卷三編定，選課畢，復阻於病。今夏始將卷四著有六紙，不料病軀重感溼熱，兼肝乘脾，幾不可救，醫治兩月無起色，乃又重感燥火，致臟腑無不病者，遍體血脈不行，醫盡束手。自知殘燈微焰，斷難久延，而是書從此擱筆矣。缺而不完，世間事大都如是，何必戀戀？所歉者負緗芸諄囑之心耳。然書雖未完，而零分各腰率、零分遞加數，卷三中已衍成其式，惟義賾緒繁，擬分條詳論於卷四。業論至易率法之相當率寄分畢，則論用率寄分，論定率寄分，皆宜分別奇偶論之，而易率法畢；次論衍遞加數法，亦論寄分，論子母，論正負，論奇行偶行積子母互異，論直行併行積子母互異，而遞加數畢；次論遞加數即各形腰率而正負不同，論心角形腰與腰較率正負相反，論併積即弦矢率易正負有定法，論矢率弦率子母全半之不同，而弦矢率畢；末乃依半分起度式，分六術以明其算，特彼論全半，此論子母異同處，略一分別可也。至卷五、卷六，皆有舊稿，且經編定，只須照式録之。今將各卷總爲一束，設有本鄙意而續成者，惟條論稍難，六術則易於從事；無續成者，卷四作未完之書，亦無不可。

附録

先生曰：所稍可示人者，衹弧矢互求，又求橢圓兩種。特綴録各卷總論，以見大凡。整分起度弦矢率，論曰：弦矢爲割圜要事，而求之實難，古用句股分四邊六邊起算，以及西人之六宗三要等，要皆析圓分，以遞求而限於一隅，度難任設，其取途尚局，施算較繁，數則得矣，而通方徹圓之率，終未能抉其原也。積思累年，乃始知剖圓周界方綫，自有天然之象，數應乎其間。象者何？兩等邊三角形是。此形爲逐分之通弦，半徑相割而成一縱一橫，邊角交錯而其式常等。若析分愈細，則角愈小，初分底密切於弧，逐分腰皆通於弦矢。此天然之象，所爲底應圓、腰應方也。數者何？遞加數是。此數生於一，遞加一得諸根，而一即根差；遞加根得平積，而根即平積差；遞加平積得立積，而平積即立積差。如是以至無盡，諸差亦無盡，方與圓較皆差也，此數早揭以相示。若析分愈細，則差愈多，次層根密合於弧，逐層積皆通於弦矢。此天然之數，所爲根應圓、積應方也。象數兩相成而其原得，於是弦矢可逕求，逐分弦矢可互求，弦矢與弧可相求，而途之局者通矣。止用一二術，不煩多術；止用乘除加減，無事開方，而算術之繁者簡矣。是知失其原則紆迴難入，得其原則徑捷易從。方圓象數所由來，誠不可不表章而推衍之也。遺戴鄂士書。

先生曰：數之有零整也，非整無以立其常，非零無以通其變。半者零之始，遞加圖揭整數以示人，而其半數之中藏者，特人不覺耳。夫弦矢率爲直行綫所聯，聯偶率之綫抵根層得整數，聯奇率之綫抵根層在兩數間，而當其半折半用，零之理已微露其端矣。故根起一數，遞加一得二、三、四、五等，是謂整根，顯列之數也。根起半數，遞加一得一數半、二數半等，是謂零根，隱含之數也。有零根必有零積，在根則間增一位，既以零而補整；在積則間空一位，實以整而待零。但如求整積法，求得零積。整積以偶率對整根，奇率對零根；零積必以偶率對零根，奇率對整根。偶率，弦也；奇率，矢也。整根一綫上偶率整，奇率零，整偶率可爲弦，零奇率何不可爲矢？零根一綫上奇率整，偶率零，整奇率可爲矢，零偶率何不可爲弦？且弦矢之偶寄於積，弦矢之分定於根，併兩整根，其分奇一與二併爲三，二與三併爲五，皆奇數。而半之，得零分。三折半爲一分半，五折半爲二分半，即零根在弧爲零分。併兩零根，其分偶一分半，二分半，併得四，二分半，三分半，併得六，皆偶數。而半之，得整分。四折半爲二，六折半爲三，皆整根，在弧爲整分。弦分得併根之全，矢分得併根之半，故整偶率併爲弦，其弧分與併整根等，而得一三五等奇分；則零偶率併，并爲弦，其弧分與併零根等，必得二四六等偶分矣。整奇率併爲矢，其弧分與併零根之半等，而得一二三等整分；則零奇率併亦爲矢，其弧分與併整根之半等，必得一分半、二分半等零分矣。設取整而遺零，不惟弦分不全，并不識矢之有零分，抑知一整一零，一奇一偶；或合整得奇，而合零得偶；或半偶得整，而半奇得零？實備於遞加一圖，而留其位以相示玩圖者，觀其會通可也。半分起度弦矢率論。

先生曰：數有零，乃不窮於用，前因整分遞加推及半分，而弦率始備，於是倍分諸率，皆確然有數可稽矣。顧於弦分得整，於矢分則得零，是補整分之欠者此半分，而開零分之先者亦此半分也。半分爲二之一，二爲分母，既得其一分矢率，即任設一數爲分母，亦可得其一分矢率。矢率然，弦率何不然？於是析分諸率，又確然有數可稽矣。且一分率特起度之分子耳，分子起於一，而遞加之，則成多數。亦可不起於一，而遞加之益成多數，準是推之，倍分、析分外，其率正自無量，亦莫不確然有數可稽矣。而要非零分遞加，固不足以極其變而盡其致。易曰：「窮則變，變則通。」數本不窮，而似有窮時者，局於一耳。即此一而善用之，則窮者通，此零分之所以變而愈合也。零分起度弦矢率論。

橢圓術首列橢圓求周術；次爲橢圓大徑，作平圓取一象限，勻析爲幾分，以平圓逐分通弦和，求相應之橢圓逐分通弦和；次爲取奇分弧綫通弦，求與平弧相應之逐分橢圓通弦；次爲取遞加奇分弧綫通弦，求與平圓自半分起遞加全分弧相應之橢圓，逐分抵周綫。總論曰：以上四術，求橢圓周爲本術，後三術爲求橢周所由來，故備載之。有抵周綫術，而各橢弦可求；有橢弦術，而各橢弦和可求。橢弦和既可求，橢圓周即無不可求，其用全在逐分，倍外矢各三，率不齊，須以倍外矢齊之；倍外矢不齊，又須以半徑齊之。所以能齊其不齊者，則恃有遞加數一圖，與之婉轉而符會，觀後圖解便可洞然。夫求平圓弧綫，非遞加數而其率不通，今求橢圓弧綫，亦復如是。然則圓理無窮，一遞加數有以括之矣。橢圓術。

梅侶弟子

夏先生鸞翔

夏鸞翔字紫笙，錢塘人。諸生。官詹事府主簿，遷光禄寺署正。少聰穎好學，工詩，精繪事、篆刻，於音韻卜筮諸書能通其奥，尤精算學。爲梅侶先生入室弟子，與戴鄂士爲世交。游廣州，交鄒特夫。同治三年卒於客次，特夫爲刻其遺書。著少廣縋鑿一卷，爲開方捷術，各類乘方可逕求方根數十位，不論益積翻積，俱爲坦途。洞方術圖解二卷，爲求弦矢捷術，亦以三角堆爲體，連比例爲用，專求諸乘方之較，以較加較而盡得求弦矢各數。致曲術一卷，分平圓、橢圓、拋物綫、雙曲綫、擺綫、對數曲綫、螺綫七類，於梅侶先生及戴鄂士、徐君青諸術外，自定新術，參互並列，致爲精密。致曲術圖解一卷，首論諸曲綫始終原始一點，次論諸曲綫之心，次論準綫、規綫、横直二徑、兑綫、兩心差法綫、切綫、斜規綫、縱横綫式諸式互爲比例，而以八綫終焉。他著又有萬象一原、春暉山房詩集、嶺南集。先生弟子又有王大有字吉甫，仁和人。諸生，官翰林院待詔。嘗校刻割圓捷術合編，咸豐十一年死於寇。參史傳、杭州府志、夏紫笙遺書、鄒伯奇夏紫笙遺書總序。

洞方術圖解序

自杜氏術出，而求弦矢得捷徑焉。顧以之求弦矢猶煩，乘除演算終不易。向思一可省乘除之法，而迄未得也。丁巳夏，客都門，舟次宿遷，爲舲屑傷足，不能步履者屢月。晝長無事，因細思連比例術者，尖錐底也。尖錐底之比例與諸乘方之比例等，以之求連比例，術必合諸乘方積而并求之。設不得諸乘方積遞差之故，方積何能并求乎？且并求方積，而欲以加減代之，又必得諸較自然之數而後可，誠難之難矣。既而悟之曰：方積之遞加，加以較也；較之遞生，生於三角堆也。較加較而成積，亦較加較而成較。且諸乘方積之數，與諸乘尖堆之數，數異而理正同。三角堆起於三角形，故累次增乘，皆增以三角；方積起於正方形，故累次增乘，皆增以正方。三角之較數，增一根則增一較；方積之較數，增一乘則增一較，理正同也。累次相較，較必有盡，惟其有盡，乃可入算。相連諸弦矢，所以愈相較而較愈均者，正此理矣。諸較之理皆起於天元一，而生於根差，遞加根一，諸乘方根差皆一。一乘之數不變，故可以省乘。若增其根差，則非復單一乘不能省。弦矢表弧背之差，或差一秒，或差十秒。即以一秒或十秒弧綫當根差，按根遞求，即可盡得諸乘方之較，即以較加較而盡得求弦矢各數矣。豈不捷哉？爰乘數月暇，演爲求弦矢術，俾求表者得以加減代乘除，并細釋立術之義，編爲兩卷，以俟精於術數者採焉。

附録

致曲圖總論略曰：天爲大圓，天之賦物，莫不以圓。圓雖一名，類乃萬族，循圓一匝，而曲綫生焉。西人以綫所由生之次數分爲諸類，一次式，惟直綫；二次式，有平圓、橢圓、拋物、雙曲四式；三次式，有八十種；四次式，有五千餘種，五次以上，蓋不可攷矣。今但就二次式四種，溯其本源，並附解。諸乘方拋物綫形雖萬殊，理實一貫。諸曲綫式，具備於圓錐體上，故圓錐者二次曲綫之母也。橢圓利用聚，拋物綫利用遠，雙曲綫利用散，而其理皆出平圓，苟會其通，則制器尚象，俯仰觀察，爲用無窮矣。致曲圖解。

梅侶交游

黎先生應南

別見四香學案。

戴先生煦

戴煦初名邦棣，字鄂士，錢塘人。諸生。生平沖淡靜默，避俗如不及，嗜疇人學，晝讀書，夜布算，覃思有得，輒秉燭演録。以九章重差術，李淳風注不詳其理，爲補撰圖説。又演四元玉鑑細草十餘年，始成體例，略同羅茗香書，而圖解明暢過之。又著句股和較集成，合諸家之說，而引伸以己意。兄熙，以侍講學士督廣東學政時，英吉利人初以汽船至，寄書謂「吾弟精思，必得其制」，乃著船機圖說。中年詣益精進，以舊法求對數，數重緒多，初學恒未易了，乃立新法，舍開方而求假設數，以假設數比例而得定準數，著對數簡法二卷。既乃用連比例遞加數，遞乘遞除，爲開諸乘方通法，著續對數簡法一卷。既又悟連比例率，可互相比例，借以求切割二綫，著外切密率四卷。外切云者，以切割二綫出於圓外，故以名其書。既又以連比例開方法，徑用弧背求八綫假數，著假數測圓一卷。合此三書，定名曰求表捷術。先生初撰簡法，以質梅侶。梅侶謂「連比例遞求法，可開平方，亦可開諸乘方」，爲演得二術。先生本其意爲續簡法，及推衍以求切割二綫，又質於梅侶。梅侶謂「當爲術解」。方屬稿，梅侶卒，因未竟業。後交李壬叔，壬叔以與所著對數探源、弧矢啟祕二書有相合者，乃力促成之。及合刻書成，英吉利人艾約瑟見之，歎服，賫所刻代微積拾級諸書，踵門求見，先生辭焉。乃譯其書，入彼國算學公會。梅侶遺言，屬先生校定所著象數一原。先生因梅侶所立橢圓求周術，以袤爲徑，求大圓周及周較相減，又別立術以廣爲徑，求小圓周及周較相加。徐君青見之，又別立術，以橢圓爲圓周，求其徑以求周，即爲橢圓之周。三術備而橢圓無餘蘊。咸豐十年，粵匪破杭州，文節時以侍郎致仕，被命治團練，城陷，投池水死。先生聞之，曰：「吾兄得死所矣！」亦投井死。事定被卹，附祀文節祠。他所著書又有音分古義、莊子內篇順文、陶淵明集注、汲齋賸稿。參史傳、杭州府志、求表捷術。

求表捷術序

表者何？對數表、八綫表、八綫對數表是也。三表爲新法推步所必須，惟用之甚便，而求之甚難，非集數十人之力，積數十年之功，未易蕆事。往歲得連比例開平方法，以求開方表，且即開方表求諸對數，立術較簡，而未出舊術範圍。復變通天元一術，先求假設對數，因以求定準對數而求對數者，遂可不復開方。後又悟連比例平方法，即開諸乘方通法，因用連比例求諸對數，而得數益捷，此求對數表捷術也。至割圓八綫，必資大測，無能舍六宗三要者。自循齋梅氏譯泰西杜德美以連比例求弦矢諸術，而八綫乃可徑求。特其術但有求弦矢之法，而無求切割二綫之法，緣復補爲推演弧背與切割二綫互求諸術，于是割圓之法乃大備，此求八綫表捷術也。若八綫對數，則必由弧背求得八綫，然後再由八綫真數求其對數，縱有捷法，亦須兩次推求。兹復會合對數捷法與割圓捷法，以盡其變，而知四十五度以内割綫及四十五度以外正弦諸對數，均可由弧背徑求。既得半象限割綫，或正弦對數，而一象限内諸綫對數皆可加減而得，此又求八綫對數捷述也。自道光乙巳至今歲，凡八易寒暑，演録始竣。書凡三種，曰對數簡法，曰外切密率，曰假數測圓，總名曰求表捷術。並各綴術解，附以算式，以爲推步之助云。

附録

對數簡法項梅侣序曰：鄂士先生對數簡法首論開方，自淺入深，而約以七術。繼復立累除法，省數十次開方用表。尤妙者，捨開方而求假設數。夫對數折半，真數開方，開至單一下多空位之零數，於是真數、對數遂得其會通，此開方所由首重也。顧必累開不已，始得會通。何如逕就會通處，假一數以通之，迨展轉相通，而七十二對數之等差已備具於假設諸數，一比例，而定準之數出矣。以是知數之爲用，帶零求整難，設整御零易；憑所知課所求，順推而入難；借所求通所知，逆轉而出易。苟悟此，可以得馭數之方矣。對數簡法。

續對數簡法梅侶序曰：鄂士簡法，用假設數求定準數，其開平方用遞乘遞除。竊謂此乃開諸乘方通法，不獨平方，各以所立術互質，允若合符。鄂士既得此通法，乃續行推衍，分倍大折小率以示其綱，求對數根以總其要，參之用數借數以濟其窮。余惟加減不通於乘除，而妙能通之者，惟遞加數。數中遞加一得諸根，遞加根得平積，遞加平積得立積，乃至多乘積。加既由根而得積，減亦由積而得根，蓋加即乘，減即除矣。且逐層皆屬方廉隅，以次層乘之，首層除之，得自上而下逐層，而其數皆倍；遞以首層乘之，次層除之，得自下而上逐層，而其數皆半。是則諸乘方連比例，與夫假數折半、真數開方之蘊，悉錯綜參伍，默而寓之於一圖。開方通法，即從此數轉變而出者，故能抉乘除加減之根，而操乎其所不得遁。遞加之爲數，誠妙矣哉！此數舊稱廉率，亦曰三角堆。今鄂士以此闡對數，逐次乘除法，遞加根也，二數、三數至多數，遞加積也。根定而積從，於此探對數之真源，即於此顯遞加之神應。學者因端竟委，而觀其通會，心當不遠也。續對數簡法。

外切密率夏紫笙序曰：方圓率不相通，通之以極細分通弦。杜氏捌爲簡術，惜有弦矢無切割。顧弦矢與切割本可互爲比例，弦矢二綫之實數，本弦矢率，率數而生，是弦矢率可當弦矢綫也。綫可比例，率豈不可比例？惟用率内諸率各自爲率，必須累次乘除，且必令切割率分母同於弦矢率分母，乃驗所得分子爲切割率分子，每得一分子，即爲一次乘法。乘法可變，而除法不可變，於是以比例所得之率數乘除法乘除弧背，其求得之數，必仍爲比例所得之切割矣。父執戴鄂士先生本此意以立術，可謂渺慮凝思，無幽不燭。尤妙者，爲餘弦求切割二術，蓋弦矢綫聯於圓中，任極大不能至弧背三分二，切割綫出於圓外，若將近九十度，切割之大殆有無量數，求至數十數後，諸數之差甚微，萬不能降至單位。以此二術濟其窮，則三率餘弧之小，可至纖微；除二徑、半徑得一率爲第一數，亦可大至無量，而難者反易矣。析理之精，固如是乎！外切密率。

假數測圓紫笙序曰：數未有有正而無負者，對數何獨不然？單一以上爲正對數，其用數爲一帶畸零，四十五度正割類之。單一以下爲負對數，其用數爲微小於一，四十五度外餘弦類之。此出於象數之自然，初不容有假借者。父執戴鄂士先生發前人未發之蘊，刱爲負算對數，正負全，而對數乃無遺憾。爰本正負二義，以徑求八綫對數，精思所到，捷徑忽開。余惟對數以減代除，實内減，法爲正減，減餘仍爲正；法實減，實爲反減，減餘易爲負，負算之由已肇於此。凡有連比例三率，其中率爲一者，其首末二率之對數爲數必同，爲正負必異。而以兩真數互相除，其除得之數，亦必一正一負。而以單一爲中率，正割半徑餘弦，正連比例三率也。若降半徑爲單一，正割餘弦亦從之而降，降位半徑，幵之對數爲無數。降位正割餘弦之對數相加，仍得降位半徑，幵之對數亦必爲無數。綫如是，率亦如是。故演得之正割對數率及餘弦對數率，必同母子，而異正負。惟正負異，故以減爲加；惟母子同，故相減適盡，適得一之對數也。八綫之中，惟正割必正，餘弦必負，而又以半徑爲中率。至他綫皆與正負用數不相似，故徑求無其術耳。先生沈思卓識，能融真假二數，以得其會通，象數之精微，豈有窮盡哉！假數測圓。

陳先生杰

陳杰字靜弇，烏程人。諸生。官欽天監博士，遷國子監算學助教，以疾歸。邃於算術，尤神明於比例之用，初著緝古算經細草一卷；又爲之指畫形象，成圖解一卷；又爲之引證經傳，博采訓詁，成音義一卷。嘗曰：「比例之法，昉自九章，傳由西域，在古法曰異乘同除，在西法曰比例。玆以比例解緝古，固取其平近，亦以明中西之合轍也。」又曰：「古人不言比例，如緝古第二問求故給積尺，欲以本體求又一形之體，忽取兩面冪之數，一用以乘、一用以除而得數。第九問求員囤、第十問求員窖，忽以周徑乘除，即如方亭法求之而得數。明言比例以揭之，嗣是閱古算書罔弗比例矣。」在欽天監時，嘗測黃赤大距爲二十三度二十七分，道光二十四年，續修儀象考成，採用其說。晚撰算法大成上編，自加減乘除至平弧三角，皆列諸法。爲圖說理解下編，有目無書。其言曰：「算法至要爲治曆，次出師，次工程、錢糧，次户口、鹽引，次堆積丈量，儒者則考據經傳，商民則營運，市廛交易，持家日用，事無鉅細，各設題爲問答，以明其用。」蓋未及編輯而卒。又有湖州府天文志七卷。弟子丁兆慶、張福僖，皆能傳其學。兆慶字寶書，歸安人。引申先生兩邊夾角逕求對角之法，爲之圖說。福僖字南坪，烏程人。有彗星考略。參史傳、疇人傳三編。

鄂士交游

徐先生有壬

別爲君青學案。

顧先生觀光

別見嘯山學案。

謝先生家禾

謝家禾字和甫，一字穀堂，錢塘人。道光壬辰舉人。與鄂士兄弟相友善。少嗜西學，讀四元玉鑑，幽探冥索，謂元學至精邃，而求其要領，無過通分加減。凡四元之分正負，及相消法，互隱通分法，大致原於方程。方程者，即通分之義，方程不明，由於正負無定例，加減無定行，以譌傳譌。惟以衍元之法，正方程之義，方程明而元學亦明，撰演元要義一卷。又以劉徽、祖沖之率求弧田，四元玉鑑設問隱晦，先生得其旨，依李四香弧矢算術細草設問立術，撰弧田問率一卷。因見四元玉鑑直積與句股弦和較回求多立二元，先生以爲有不必用二元者，别立捷術，撰直積回求一卷。卒後戴文節公爲刻其遺稿，合爲謝穀堂算書三種。參續疇人傳、杭州府志。

直積回求序

始戴鄂士著句股和較集成，予亦著直積與和較求句股弦之書，然二書爲義尚淺，且直積與句弦和求三事，用立方三乘方等，得數不易，而又不足以爲率，其書遂不存。近見四元玉鑑直積與和較回求之法，多立二元，嘗與鄂士思其義藴，有不必用二元者，蓋以句弦較與句弦相乘爲股冪股弦，和與股弦較相乘爲句冪，而直積自乘即句冪股冪相乘也。如以句弦較乘股弦較冪，除直積冪，即爲句弦和乘股弦和冪矣。句弦和乘股弦和冪，即弦冪和冪共，内少半個黄方冪也。蓋相乘冪内去一弦冪，所餘爲句股相乘者一，句弦相乘者一，股弦相乘者一。此三冪合成和冪，則少一半黄方冪。黄方冪即句弦較股弦較相乘冪也。加一半黄方冪，即爲弦冪和冪共矣。加二直積，即二和冪也。減六直積，即二較冪也。又句弦和乘股弦較冪爲句冪，内少個句股較乘股弦較冪也。股弦和乘句弦較冪爲股冪，内多個句股較乘句弦較冪也。減一句股較乘股弦較冪，尚餘一句股較冪矣。術中精意皆出於此，其他之參用常法者，可不解而自明耳。草中既未暇論，恐讀者不知其理，因揭其大旨於簡端，見段演之不可不精也。

清儒學案卷一百五十一

茗香學案

茗香受算術於金溪，又承四香、靜庵諸家之後，深入奧窔。松溪書晚出，演繹校訂，使大行於世，皆其力也。述茗香學案。

羅先生士琳

羅士琳字次璆，號茗香，江蘇甘泉人。國子監生，考取天文生。以推算道光初元日月合璧、五星聯珠見知於時，爲同輩所嫉，不得官。事母孝，家貧，嘗東出山海關，客汴梁、楚中，資菽水以養，未嘗一日輟學。咸豐元年，薦舉孝廉方正。三年，粵匪破揚州，死難，年垂七十矣。少從秦敦甫治經，精六書；繼師許月南，始涉獵天算。入京師，受學於戴金溪，乃專力研求，兼綜古今。因乾隆間監副博繪亭，取句股中舊有容方邊、容圜徑，益以西法容中垂綫，交互相求，創爲新法，其書未傳。乃以立天元一術，推演爲句股容三事拾遺四卷。習西法者，疑天元不能馭三角，乃取弧三角中有一角，及有角傍兩邊術，鎔入立天元一法，用和較推衍成式，爲三角和較算例一卷。朱世傑四元玉鑑書晚出，深潛秘奥，學者苦難讀，先生以十餘年之力，步爲細草，本書二十四門，門各爲卷，其友易浩川補釋例，先生復推而廣之，爲四元玉鑑細草二十四卷，釋例二卷。又因四元一門，僅數問，例式未備，爲補其所闕，爲演元九式一卷。又因玉鑑茭草形段果垜、疊藏二門足補少廣之闕，取臺錐形引而申之，爲臺錐積演一卷。復得世傑算學啓蒙，爲之疏釋、校正，凡三卷。乾隆間，明靜庵撰割圜密率捷法，補杜德美三法所未及，以發明八綫立成所由來。先生得未刻稿本，爲排比圖式，校正算數，其友岑紹周復爲加案，凡四卷。阮文達撰疇人傳，先生爲續補六卷。焦山藏無專鼎，先生以三統術證周曆，推得宣王十六年九月既望甲戌，與銘辭合，爲周無專鼎銘考一卷。以上十種合爲觀我生齋稿。初治算術，以西法校時憲曆，爲憲法一隅；摘九章中切於日用者，以比例馭之，爲比例滙通；因李尚之弧矢算術細草，補所未備者二十七術，爲弧矢算術補；在臺推交食，遵橢圜法，於各求下綴以法解，爲交食圖説舉隅；別搆新術，推太陰隨地隨時明邊分秒方位，爲增廣新術；讀晉書曆志，知漢末宋仲子集七曆以考春秋，其書久佚，乃取黄帝六術益之，以三統推演成書，爲春秋朔閏異同；讀算經十書，以祖沖之綴術久佚，搜諸書所載，參以本法，演得二卷，爲綴術輯補；讀孔顨軒少廣正員開方術，以其於句股截積和較僅載數題，補演得八十四術，爲句股截積和較算例；王石臞屬代校淮南子天文訓，舉其疑義，爲淮南天文訓存疑；又録友朋談天算之語，爲博能叢話；晚録奇零算草，爲觀我生室賸稿。先生爲阮文達所重，每一書出，文達輒爲作序，以爲「深思神解，窮極杳渺，其精密處且突過前賢」云。參史傳、疇人傳三編、阮元觀我生室彙稿序。

春秋朔閏異同序略

蒙既采黄帝已來六曆益之以三統，成七術，以推演春秋朔閏，歷三閲月，甫蔵事。慮其義例未明，因序略曰：晉書律曆志謂「漢末宋仲子集七曆以考春秋」。微波榭所刊杜氏長曆謂「漢末宋仲子集十曆以考春秋」。宋氏之書久亡，七與十未審孰是。晉書律曆志有黄帝、顓頊、夏、殷、周、魯、三統、乾象、泰始、乾度十曆之目，然自黄帝六曆下，唯三統、乾象爲漢術，宋氏漢末人，得見固已。若泰始乃晉武帝泰始元年，因魏之景初術改名；乾度則又咸寧中善算者李修、卜顯依論體爲術，尤後于泰始，宋氏安能豫用其術？參以姜岌稱「今所傳七曆，皆未必是時王之術，誠以七家之曆考古今交會，信無其驗也」，是仲子所集者，自非十曆，愈顯然可見。孔刻長曆作十曆，蓋杜氏長曆説有云「又并考古今十曆，以驗春秋」，與宋氏云云文意略同，牽連致誤，有由來矣。當從晉志爲是。七曆不可詳，以意度之，六曆而外，三統先乾象百餘年，似無舍三統而取乾象之理。長曆未絶于世，釋例曰：「閏月無中，而北斗衺指兩辰之間，所以異于他月，積此以相通，四時八節無違，乃得成歲。」及校其所置閏，則又不然。如文元年閏在三月下，文二年閏在二月下，前後相隔猶不及一期；僖十二年閏在二月下，僖十七年閏在十二月下，前後相隔幾七十餘月。近則頻年置閏，既失之太過；遠或距及四五年，復失之不及。尤可議者，因襄二十七年傳有辰在申之文，二十八年經書春無冰，遂于二十七年十一月下頓置兩閏。夫三歲一閏，五歲再閏，聾瞶皆知，當時史官縱失職，恐未必荒繆若是。征南嘗謂：「自古以來，諸論春秋者多違繆，無異度己之跡而削他人足。」若征南徒以遷就求合，有乖曆數，是又無異度他人跡而削己之足也。正義曲爲之解，不無阿私習聞。吾鄉陳泗源先生曾譔春秋長曆十卷，爲補杜氏而作，惜未得見。錫山顧震滄先生譔春秋大事表分朔閏爲四卷，又長曆拾遺及附録一卷，非不攷覈精密，援引賅博，特顧氏本不知曆，唯馮排數日月，故于襄二十七年下，一仍杜氏長曆疊置兩閏。近歸安姚文僖公邃雅堂學古録有春秋朔閏表二卷，云：「夏正承顓頊後，實爲曆法之宗；殷、周雖改正朔，其大灋必不能變。」然細按之，姚所用者，非顓頊術，實殷術也。且欲附會漢太初元年爲丙子，竝繆。指魯隱公元年爲戊午，開卷便錯，他可知矣。歷觀其表，凡杜氏乖繆，無不尤而效之，且加甚焉。試一舉之。杜氏頻年有閏，如文元年在三月下，文二年在二月下，姚則效之，于僖三年、四年俱在十二月下。更甚者，于僖二十二年、二十三年、二十四年俱置閏在十二月下。杜氏一年兩閏，如僖二十七年疊置在十一月下，姚則效之，于文元年既置在三月下，又復加置在十二月下。更甚者，于襄二十八年十一月下疊置三閏。閏者，所以歸束餘日也，歲有餘日，積久成月，不閏則差積數月，寒暑遞違，故傳曰：「閏以正歲。」三閏是一時也，抑知三閏以前不幾秋冬易時乎？攷諸哀十二年冬十有二月螽，傳季孫問諸仲尼，仲尼曰：「火伏而後蟄，今火猶西流，司曆過也。」襄二十七年冬十有二月，傳作十一月。乙亥朔，日有食之，傳辰在申，司曆過也，再失閏矣。使果秋冬易時，左氏豈無一言？是知其必不然矣。蓋春秋魯史也，雖經孔子筆削，而舊有闕誤，因史成文，斷不率爾更正。闕文多在桓、莊時，以去聖人之世太遠，聞見所不逮，故孔子曰：「吾猶及史之闕文也。」又曰：「蓋有不知而作之者，我無是也。」又曰：「多聞闕疑。」又曰：「君子于其所不知，蓋闕如也。」抑有説焉，春秋距今二千餘年，書非金石，幾經傳寫，能無展轉失真？故正義曰：「或史文先闕，而仲尼不改，或仲尼備文，而後人脱誤。」茲但就昭昭在人耳目間者論之。如桓十四年「夏五」，定元年「春王」，又桓六年「春正月實來」，莊二十四年「冬郭公」，其最著者也。嘗涉獵經傳，竊疑宣十七年經書「蔡侯申卒」，哀四年經書「盜殺蔡侯申」，「殺」，公、穀作「弑」。文侯乃昭侯高祖也。桓二年夏四月，傳「臧哀伯諫納郜大鼎」，下有「周内史聞之曰：臧孫達有後于魯」之文。莊十一年秋，宋大水，傳「公使弔，臧文仲曰：宋其興乎」！下有「臧孫達曰：是宜爲君」之文。文仲乃哀伯孫也。兩蔡侯申，兩臧孫達，其間似有一誤。或曰：「此人名之譌，無預于日名。」孰知日名之踳奪尤甚？如宣三年冬十月經于「丙戌，鄭伯蘭卒」，接書「葬鄭穆公」，卒葬同日，必無之事。春秋避同日者，如僖十六年經「春王正月戊申朔，隕石于宋五。是月，六鷁退飛過宋都」，因自有例在。再書者，如桓十二年經「冬十有一月丙戌，公會鄭伯，盟于武父。丙戌，衛侯晉卒」，是亦有例在。此可知「葬鄭穆公」上必有落句也。又如桓五年「春正月甲戌、己丑，陳侯鮑卒」，一事兩日，傳謂「再赴」。公羊謂「曷爲以二日？卒之怴也。甲戌之日亡，己丑之日死，而得君子疑焉，故以二日卒之」。穀梁謂「甲戌之日出，己丑之日得，不知死之日，故舉二日以包之」。似俱未得其解，此尤一大疑獄也。甲戌距己丑十五日，疑己丑上甲戌下之間，尚書他事，不知何時逸去耳。其同日異事，如襄十四年經「四月己未，衛侯出奔齊」，傳「四月己未，子展奔齊」；傳于此下亦有「公出奔齊」之文，同經。昭元年經「六月丁巳，邾子華卒」，傳「六月丁巳，鄭伯及其大夫盟于公孫段氏」，姑勿深考。或一事異月，如莊八年經「十有一月癸未，齊無知弑其君諸兒」，傳「冬十二月，齊侯游于姑棼」；昭十三年經「夏四月，楚公子比自晉歸于楚，弑其君虔于乾谿」，傳「夏五月癸亥，王縊于芋尹申亥氏」；二十二年經「冬十月，王子猛卒」，傳「十一月乙酉，王子猛卒」。或一事異月而同日，如僖十五年經「十有一月壬戌，晉侯及秦伯戰于韓，獲晉侯」，傳「九月，晉侯逆秦師，使韓簡視師。壬戌，戰于韓原」；十七年經「冬十有二月乙亥，齊侯小白卒」，傳「冬十月乙亥，齊桓公卒」；傳有「十二月乙亥赴辛巳夜殯」之文。成十年經「五月丙午，晉侯獳卒」，傳「六月丙午，晉侯欲麥，將食，張，如廁，陷而卒」；襄二年經「六月庚辰，鄭伯睔卒」，傳「秋七月庚辰，鄭伯睔卒」；九年經「十有二月己亥，同盟于戲」，傳「十一月己亥，同盟于戲」；二十五年經「秋八月己巳，諸侯同盟于重丘」，傳「秋七月己巳，同盟於重丘，齊成故也」；二十七年經「冬十有二月乙亥朔，日有食之」，傳「十一月乙亥朔，日有食之」；昭八年經「冬十月壬午，楚師滅陳」，傳「冬十一月壬午，滅陳」。或一事同月而異日，如僖二十八年經「五月癸丑，公會晉侯、齊侯、宋公、蔡侯、鄭伯、衞子、莒子，盟于踐土」，傳「五月癸亥，王子虎盟諸侯于王庭」；昭八年經「夏四月辛丑，陳侯溺卒」，傳「夏四月辛亥，哀公縊」。或一事月日竝異，如文二年經「三月乙巳，及晉處父盟」，傳「夏四月己巳，晉人使陽處父盟，公以恥之」；襄十九年經「秋七月辛卯，齊侯環卒」，傳「夏五月壬辰晦，齊靈公卒」；二十八年經「十有二月甲寅，天王崩」，傳「十一月癸巳，天王崩」。傳有「王人來告喪，問崩日，以甲寅告」之文。或一事異年，如經「僖八年冬十有二月丁未，天王崩」，傳「僖七年冬閏月，惠王崩」。甚或一事兩見于傳，而年月日不同，如昭三十二年「冬十一月，晉魏舒、韓不信如京師，合諸侯之大夫于狄泉，尋盟，且令城成周。己丑，士彌牟營成周」；定元年「春王正月辛巳，晉魏舒合諸侯之大夫于狄泉，將以城成周」。經「昭三十二年冬，仲孫何忌會晉韓不信、齊高張、宋仲幾、衛世叔申、鄭國參、曹人、莒人、薛人、杞人、小邾人，城成周」。更有或同月，或相連二三月及數月，前後日名不相協，如僖九年經「九月戊辰，諸侯盟于葵丘。甲子，晉侯佹諸卒」。甲子在戊辰前四日，月有戊辰在前，不得又有甲子在後。襄二十八年經「十有二月甲寅，天王崩。乙未，楚子昭卒」。乙未在甲寅前十九日，月有甲寅在前，不得又有乙未在後。傳稱「十一月癸巳，天王崩」。昭十三年傳「夏五月癸亥，王縊于芋尹申亥氏。乙卯夜，棄疾使周走而呼曰：王至矣。國人大驚。丙辰，棄疾即位，名曰熊居」。乙卯次日即丙辰，丙辰在癸亥前七日，月有癸亥在前，不得又有乙卯丙辰在後。經稱「四月弑其君虔于乾谿」而無日，且一爲縊于芋尹申亥氏，一爲弑于乾谿，亦復互異。此就同月言也。如襄二十八年傳「十一月乙亥，嘗于大公之廟。癸巳，天王崩。十二月乙亥朔，齊人遷莊公殯于大寢」。癸巳在乙亥後十八日，十一月有乙亥癸巳，十二月不應乙亥朔。經稱「十二月甲寅天王崩」。昭元年傳「十一月己酉，公子圍至，入問王疾。十二月甲辰朔，烝于溫」。己酉在甲辰前五十五日，十一月有己酉，十二月不應甲辰朔。定十五年經「八月庚辰朔，日有食之。九月丁巳，葬我君定公，雨不克葬。戊午，日下昃乃克葬。辛巳，葬定姒」。戊午爲丁巳之次日，丁巳在庚辰後三十七日，八月庚辰朔，九月應有丁巳戊午，而辛巳在戊午後四十三日，不應與戊午同月。此合兩月言也。如隱八年經「秋七月庚午，宋公、齊侯、衛侯盟于瓦屋。九月辛卯，公及莒人盟于浮來」。傳「八月丙戌，鄭伯以齊人朝王，禮也」。丙戌在庚午後十六日，辛卯前五日，七月有庚午，九月有辛卯，則八月不得有丙戌。隱十年經「冬十月壬午，齊人、鄭人入郕」。傳「八月壬戌，鄭伯圍戴。九月戊寅，鄭伯入宋」。戊寅在壬戌後十六日，壬午前四日，八月有壬戌，十月有壬午，則九月不得有戊寅。此統三月言也。如成十七年經「九月辛丑，用郊。十有一月，公至自伐鄭。壬申，公孫嬰齊卒於貍脤。」「脤」，公羊作「軫」，穀梁作「蜃」。十有二月丁巳朔，日有食之」。傳「十月庚午，圍鄭」。是年傳于十二月下有「閏月乙卯晦，殺胥童」之文，則前此無閏，益明。壬申在庚午後二日，辛丑在壬申前三十一日，在庚午前二十九日，九月有辛丑，在丁巳前十六日，更盈一周爲七十六日，十月有庚午在丁巳前四十七日。以此計之，九月至十一月下皆無閏。壬申在丁巳前四十五日，十二月丁巳朔，十一月不應有壬申。傳稱「十一月，諸侯還。壬申，至于貍脤」，與經同。公羊稱「非此月也，曷以此月日卒之？傳君命也」。穀梁稱「十一月無壬申，乃十月也。致公而後録，臣子之義也。」與經、傳異。昭二十二年經「十有二月癸酉朔，日有食之」。傳「十一月己丑，敬王即位。十二月庚戌，晉籍談、荀躒、賈辛、司馬督帥師軍于陰。閏月，辛丑，伐京」。二十三年，春王正月壬寅朔，二師圍郊癸酉在壬寅前二十九日，二十二年十二月下有閏，二十三年正月壬寅朔，則二十二年十二月不應癸酉朔。己丑在癸酉前四十四日，庚戌在癸酉後四十七日，十二月癸酉朔，則庚戌不應同月，而十一月亦不應有己丑。又壬寅既爲朔，辛丑在壬寅前一日，何以不書晦？此括數月互相爲比言也。凡此皆經正文，蔑由所從。若成十八年傳「正月辛巳，朝于武宮」，正義謂「服虔作辛未」，則又別本異文，無待旁及矣。蒙滋惑有年，意宋氏所集七曆，當是各具得失，不究是非，故曰考。非若杜氏之少有不合，輒改經、傳也。不揣檮昧，每欲追步後塵，顧牽于人事，東西罨逿，未能從事于斯。偶一推演，斷簡叢楮，半積敝笥。今年秋，以海城沈筠垞大令見招，匹馬出關，課生徒，肄左氏業，爰援開元占經一百五黃帝術，上元辛卯至今二百七十六萬八百六十三算外，今謂開元二年甲寅，上距魯隱公元年己未，積一千四百三十五算，數内當減此數，方是隱元積年。下六術并同。顓頊術上元乙卯至今二百七十六萬一千一十九算外，夏術上元乙丑至今二百七十六萬五百八十九算外，殷術上元甲寅至今二百七十六萬一千八十算外，周術上元丁巳至今二百七十六萬一千一百三十七算外，原文三十下脱去七字，今據五經算術增入。魯術上元庚子至今二百七十六萬一千三百三十四算外，唐志謂「魯術南至，先周術四分日之三，而朔後九百四十三〔一〕分日之五十二」。僖公五年冬至庚戌，據此是上元日，名起己酉元紀蔀章之首，有閏餘十九分之七，術當置入蔀年外，所求以章月乘之加七，如章歲而一，得積月，不盡爲閏餘，閏餘十二已上，其歲有閏。以蔀月乘積月，滿蔀月爲積日，不盡爲小餘六十，去積日，不盡爲大餘，減大餘十，小餘八百二十七，餘命以蔀算外天正朔日。此因章首有閏餘，故術有加減，他術異是。前漢劉歆三統術上元庚戌至今一十四萬三千九百四十四算外，此數與漢志合。檢舊稿重加校核，其未算者亦足成之。虛擬宋氏集七曆例，臚列異同，大氏春秋二百五十五年，此據傳年數。除三十七日食不計外，諸書朔者十五，見經者二，見傳者十三。經則「僖十六年五月戊申朔，隕石于宋五」，「二十二年十一月己巳朔，宋公及楚人戰于泓」。傳則「僖五年正月辛亥朔，日南至」，「十二月丙子朔，晉滅虢」，「文元年五月辛酉朔，晉師圍戚」，「十一年正月甲子朔」，此條見襄三十年絳縣人疑年傳。「成十八年二月乙酉朔，晉悼公即位于朝」，「襄十八年十一月丁卯朔，入平陰」，「二十六年三月甲寅朔，享子展」，「二十

〔一〕「四十三」，新唐書曆志作「四十」。

七年六月丁未朔，宋人享趙文子，叔向爲介」，「二十八年十二月乙亥朔，齊人遷莊公殯于大寢」，「昭元年十二月甲辰朔，烝于温」，「十二年十月壬申朔，原輿人逐絞而立公子跪尋」，「二十年七月戊午朔，遂盟國人」，「二十三年正月壬寅朔，二師圍郊」。諸書晦者九，見經者二，見傳者七。經則「僖十五年九月己卯晦，震夷伯之廟」，「成十六年六月甲午晦，晉侯及楚子、鄭伯戰于鄢陵。」傳則「僖二十四年三月己丑晦，公宮火」，「成十七年閏月乙卯晦，欒書、中行偃殺胥童」，「十八年正月甲申晦，齊侯使士華免以戈，殺國佐于内宫之朝」，「襄十八年十月丙寅晦，齊師夜遁」，「十九年五月壬辰晦，齊靈公卒」，「昭二十年六月丁巳晦，公入，與北宫喜盟于彭水之上」，「二十三年七月戊辰晦，戰于雞父」。諸書閏者十，見經者二，見傳者八。經則「文六年閏月不告朔」，上有十月。「哀五年閏月，葬齊景公」。上有冬。傳則「僖七年閏月，惠王崩」，上有冬。「文元年閏三月，非禮也」，「成十七年閏月，乙卯晦，欒書、中行偃殺胥童」，上有十二月。「襄九年閏月戊寅，濟于陰阪」，上有十二月。「昭二十年閏月戊辰，殺宣姜」，上有八月，下有十月。「二十二年閏月，晉箕遺、樂徵、右行詭濟師取前城」，上有十二月。「哀十五年閏月，良夫與大子入舍于孔氏之外圃」，上有冬。二十四年閏月，公如越，得大子適郢」。是年唯歲首有一四月，下則僅此閏月而已。今以七術準之，失居十九。長曆謂經、傳日名七百七十九，經三百九十三，傳三百八十六，又謂黄帝術得四百六十六日，顓頊術得五百九日，真夏術得四百六十六日，殷術得五百三日，真周術得四百八十五日，魯術得五百二十九日，三統術得四百八十四日，咸與晉志所載數同。今則徧稽經多一日，傳少一日，疑姜岌之說殆指此。而七術得數多少又復小異，然多不踰五日，少不踰十二日。行篋苦無他書，不獲廣搜博引，僅將七術諸閏朔依年比次，竝徵長曆、正義暨史乘可據者，附案于各本條下，釐爲二卷。孰同孰異，悉觀晰標出，疑而不可通者闕之，不敢臆斷，名曰春秋朔閏異同。將以俟世之明算經師證訂焉。

句股容三事拾遺序

數莫窮於句股，然極和較之變，大都六十題盡之矣。若括其通例，則又不外二十五術而已。至句股中函數，爲冪積所得，不入比例。其容方邊、容員徑在九章算術通謂之黄方，其容垂綫在句股演則謂之截弦分兩，又謂之中長。李氏測員海鏡一書，全以句股容員爲題，設問一百七十。孔氏少廣正負術之外篇，亦間以方邊爲題，設問二十四；以中長爲題，設問十，要皆於極變之外，別尋新義。嗣繪亭先生更取句股形中所容之方邊、員徑、垂綫三事，分配和較，搿灐六十，惜其書未刊，久經寖没。今所傳者，惟有方邊及垂綫求句股弦一題，灐用平行綫，剖容方冪爲四小句股形，借垂綫爲小句股，和借方邊爲小弦，求小句小股，以小股比垂綫，若方邊比句，以小句比垂綫，若方邊比股，以小股比股，若方邊比弦。吉光片羽，僅此獨存。不揣謭陋，竊沿五和五較諸目，仿測員海鏡例，逐一立天元一以補之，質名曰句股容三事拾遺，以題非自我設也。回憶曩從吾師許月南先生游，粗涉算事，過蒙吾師期許，繼而躡屩入都，吾師頻寓手書，諄諄以追蹤梅氏爲勖。聞吾師易簀時，猶自輓聯云「賴後起有人，尚冀吾徒傳絕學」，未始非屬意鄙人也。吾師著有天元一道窾，走未獲見。今演是編，實欲紹承師鉢，初不敢掠前人之美，設其中有暗合原灐，則原書失傳，未由考證。稿成，用是識其顛末云。

三角和較算例序

句股之名，肇自周禮鄭注，其法則詳於劉徽九章，所謂并句股二冪爲斜長之弦冪是已。自茲厥後，推廣引申，雖極和較錯綜，胥莫遁乎冪積移補之外。迨西士捌用三角形，以邊角爲比例，衹須八綫乘除，無事開方。世人日趨簡便，遂以爲三角可以盡句股之變，而句股不能賅三角之用，不亦傎乎！夫三角之異於句股者，以用角也，其實亦合兩句股所成，以兩形之弦，一爲對邊，一爲大腰。并兩形之句或股爲小腰，是曰鋭角；若用兩形之句或股爲小腰，是曰鈍角。元朱世傑四元玉鑑或問歌彖第一題：葭蒲兩稍相接，以弦較句和爲問，立天元一求池深，爲兩形之股，雖無角度，實隱寓一三角形也。士琳少習天元一術，嘗取句股形中之容方邊、容圜徑、容垂綫分配和較，演得句股容三事拾遺四卷。又緣亡友黎斗一大令應南戲拈難題見貿，復演得句股截積和較一卷。私計於句股和較之術，可謂發揮殆盡。近烏程陳靜盦助教杰罷官南歸，小住邗上，舊雨重逢，朝夕過從，相與譚藝甚樂。靜盦篤信西法，因見玉鑑一書，諸法悉備，惟三角形用角度者獨缺，輒疑天元亦有時而窮，損書下詢云：「有道光七年考取之算學生張某，曾設有一角及大小腰各與底邊和一題，未知何自而來？特無常法可馭。」士琳以爲立天元一術超越羣法，爲自來算家至精之絶詣，豈區區三角形之所能限？而從未有以角度馭之者。其説有二：天元一術顯於宋、元以前，其時西法未入中土，尚不知有三角之名，安能豫設角度算例？此一説也。大凡天元多不受除，故當布算時悉取通分寄母，或豫乘以省後之除，或此乘以代彼之除，及其相消後也，自不得不合累乘之數而并除之，故得數較密。若三角既資八綫比例，其表所列弦矢諸數恒棄餘分，則尾位下究有微差，此又天元所不屑算之一説也。或曰：「算由形出，形以圖明，凡可算者爲有法之形，不可算者爲無法之形。」此殆爲西法進一解耳。蓋西士精於製器，器必有形，凡形之長短廣狹厚薄，悉皆用比例規別作度算，以量取而得，故非圖則蔑由算焉。天元純以理勝，不以形求。凡冪積之層見迭出，悉皆以虚實定正負，别加減。因有正負斯有帶從，以其式有類於開方，即以開方法入之。舊説三乘已上無形狀可圖，誠以三乘已上無不從之方，故算不繫乎圖，惟理明而算亦通焉。黄梅雨作，閒居無憀，因思角度所恃爲用者，半徑與正餘弦三者而已。爰以三者互相差，并括爲三例，分隸斜平三角和較得例各八題，題各四術。凡從開平方者，六十四術；空從者，四術；無隅者，十六術；同者，十二術，大都九十六術，彙爲一卷，訓曰三角和較算例，用補西法之所窮，質諸靜盦，當亦爽然於天元之一以貫之，神妙莫測矣。

演元九式

記言：「不陵節而施之謂孫。」予於立天元一益信之。夫不明正負開方者，不足與言天元；不明天元如積者，不足與言四元。昔梅文穆公知辯借根方，即天元一，而於古開方術究未了了，故赤水遺珍中有疑正負之辭，宜其以四元玉鑑爲秘其機緘矣。抑知數以術顯，凡術鮮有逃乎數外者。惟四元獨能御無數，無數則無術。古人初不屑自爲細草，後人又靳於入深，少不得解，輒等諸藝士衒奇，不亦踳乎？

予既補四元玉鑑細草畢，復慮其頭緒雜沓，續者卒難下手，爰括進退升降消長諸例，借無數之數，入以正負開方，略具觚拕，設爲問答，得九術，名曰演元九式。元之變化至無盡，奚囿於九九之爲言？究也，繇九以究之，雖極之恒河沙，直謂爲將毋同也可，請以質諸讀四元者。

臺錐積演

鄭氏注周禮「教國子以九數」，四曰少廣，以御積冪方圜。惟其御積冪也，故堆垜附焉，而無專書。向讀元朱世傑四元玉鑑茭草形段果垜疊藏諸問，有求諸乘方所成之諸形堆積，歎其美備精深，發所未發，足補前人之罅。亡友董方立孝廉因是譔堆垜求積術一卷闡明之。竊謂垜積之形狀甚夥，爲用較廣，疇人務高遠，恒以其近市儈，輕棄之。朱書大旨在立四元，故各舉一二端見例；孝廉則僅僅方錐堆，洎從方堆而已，他形未詳。曾擬羅致諸形，積分類釋例，爲少廣集成，饑驅未果。昨歸里門，適易子蓉湖方輯少廣，而以圜錐垜舊無求底周及截積法，下詢喜良。友之道合，怵他人之我先。會重赴鄂垣，春江水長，舟行滯澁，待風岑寂間，取朱氏果垜疊藏第七、第九兩問，引申類長，得圜錐垜求底周二術，截積求層數周數各一術，法雖不多，然於臺錐截積，或庶幾苟備。爰録成帙，並系細草，名曰臺錐積演，將以質之易子，俟其采擇，抑亦賢於博奕者歟！

增廣新術

古以合朔後三日月見西方，故書有「哉生明，哉生魄」之文。漢、魏以來，未明盈縮遲疾之差，以平朔爲用，遂有晦而月見西方，朔而月見東方之殊。宋、元時雖辨其非，究昧其故。迨西人以隱見遲疾，反復研求，始悟正升、斜升、横升之理，較古爲密。因思日月在最高最卑，各有遲疾隱見之不同，而上下弦月，距日前後九十度，亦因之小有盈朒。爰設法以推隨地隨時生明、生魄之分秒方向，聊補前人之未備云。

割圓密率捷法跋

割圓密率捷法四卷，首卷步法，次卷用法，其第三、第四兩卷，則法解分上下也。是書乃乾隆中監正明靜庵先生所著，未竟緒，其門人陳舜五先生續成之。陳序謂：「靜庵先生病革時，以遺稿見授。」又謂：「遇有疑義，則與先生之季子景臻及門人張良亭相與討論，而良亭、景臻亦時同推步校録。越數年，甲午始克成書。」案靜庵先生名明安圖，奉天正白旗生員。其季子景臻名明新。門人張良亭名肱，吾郡寶應人，後官農部主政。陳則宛平生員，祖貫八閩，後官靈臺郎，舜五其號也。甲午爲乾隆三十九年。陳又謂「計其次第，相求以至成書，約三十餘年」。見本書卷三弧矢弦相求法解。然則是書剏始於乾隆之初，當乾隆壬午癸未間，距甲午之前僅十年耳。先生猶官監正，張甫博士，陳與景臻均食俸。生其時，老成具在。山東新城齊東野先生克昌，以員外郎留監副任。外夷三進士，如熱爾瑪尼亞國劉喬年先生松齡，以監正食三品俸，同國鮑義人先生友管官左副，波爾都噶俚亞國傅清臣先生作霖以右副食三品俸。外此，四方俊傑，通籍在監者，更復不少。誠極一時之盛，宜乎下位之賢，得以紹承師盇，其著述幼冥有如此。士琳嚮讀衡齋算學，兼聞亡友董方立言，知有是書久矣。道光初元，忝厠靈臺，徧訪同人，迄無知者。嗣從吾師戴簡恪公家傳鈔原本，因得盡發其蒙。竊惟割圓肇自九章，大測生於八綫，舊法弧背求矢，濫觴已久，然非密率。自西士入中土，設六宗三要諸法，爲割圓八綫起算，法始大備。六宗者，圓内容三邊、四邊、五邊、六邊、十邊、十五邊是已；三要者，以正弦求餘弦，以本弧正餘弦求倍弧半弧正餘弦是已。復又推廣之，用益實歸除及益實兼減實歸除，增求圓内容十四邊、十八邊與夫三分之一通弦，於是最小者爲五分之弦，其自一分至四分之弦，則中比例求之，特取數紆回，不能隨度以求弦矢，故非表無以濟算。杜氏原法雖捷，但僅傳其術，未邕厥旨，且衹能以弧求弦矢。是書既補成弦矢求弧諸術，更爲圖説法解以明立術之原。亡友董子初得九術，因其乘除諸母數有合於垜積招差，譔割圓連比例術圖解上中下三卷，以垜積解其術之當然，而於術之所以然則闕如焉。孰若是書三隅悉反，一貫胥通，數不必符乎六宗，法不必依乎三要，而弧與弦矢彼此互求，得之頃刻，可謂愈精愈簡矣。説者謂西法遠遜中法，比蓋本吾鄉阮太保相國疇人傳利瑪竇論吾「中土之法之精微深妙，有非西人所能及者」一語，誠以中法由理得數，形上之謂也；西法由器得數，形下之謂也。算自明季寢疏，禮失求野，采及遠人。近年中法盛行，唐、宋以來諸算書悉皆佚而復顯，由是得證彼之中比例，即古今有術；彼之益實歸除及益實兼減實歸除，即古正負開方術；彼之借根方，即古立天元一術，名異實同，初非西人所獨剏。且彼之割圓，仍不外屢求句股，究亦本諸中法，以故中學興而西人退。然西法亦有不可没者，如弧矢八綫以密率圓周爲用，列表既便，測圓較確。復因八綫積數太多，乘除匪易，設連比例求對數，以加減代乘除，爲用尤捷。斯二者，術之最善者也，故至今並重於世。是書屏卻屢求句股舊法，亦設連比例術，弦取耦率，矢取奇率，别剏乘除諸母，寓中法之理於西法之中。士琳曾據術推演，其得數與表無異。因之互校八綫對數，得表中列數刊錯者凡五條：其一度十三分二十秒正切當爲八三二九〇九三四二四九，原表八三二九一九三四二四九。六度四十一分十秒正弦當爲九〇六六〇六四八三一一二，原表九〇六六六六四八三一一二。十二度五十分正弦當爲九三四六五七九四一一七，原表前頁不錯，後頁九三四六五五九四一一七。十六度三十二分十秒正切當爲九四七二六〇九〇〇〇〇，原表九四七二六〇〇〇〇〇〇。四十二度三十二分四十秒正切當爲九九六二七二八七五六〇。原表九九六二七二八七四六〇。是此書不獨可舍表以求八綫，且可據八綫以覈表中刊刻之誤，交相成而迭爲用，輔益是資，洵割圓不易之金鍼。其視八綫表也，宜益加珍重，又安得目爲西法而忽之耶？石梁岑君請以刊布，原鈔本算式謄寫錯亂，因與排比整齊，並囑岑君算校加案，及其刻成，而爲詳考志之，以補疇人傳之闕云。

附録

先生論四元玉鑑，謂是書通體弗出九章範圍，不獨商功修築、句股測望、方程正員已也。如端匹互隱、廩粟迴求二門，寓粟布如意混和，寓借衰茭草形段果垜疊藏；如像、招、數三門，寓商功中之差，分直段求元，混積問元，明積演段撥換截田，鎖套吞容五門，寓方田、少廣諸法。他若和分索隱者，命分約分也。方圓交錯，三率究圓，箭積交參三門，乃定率而兼交互。至於或問歌象，雜範類會二門，以其各自爲法，不能比類，故一則寄諸歌詞，一則編成雜法均有，似乎補遺。大旨有淺有深，要皆以加減乘除開方帶分六例爲問，而每門必備此六例。凡法之簡易者略之，繁難者詳之。尤於自來算書所無者，必設二問以明之。如混積問元中，既設種金田及句三、股四、八角田爲問，撥换截田中復設半種金田，鎖套吞容中復設方五、斜七、八角田爲問。又果垜疊藏，兩設圓錐，雜範類會，一設徽率割圓，一設密率割圓是已。更有一門而專明一義者，如和分索隱之分開方，三率究圓，兩儀合轍之反覆互求是已。易之瀚四元釋例序。

先生得朝鮮重刊算學啟蒙，書總二十門，凡二百五十九問，其名術義例多與玉鑑相表裏，先生爲之互斠。以爲玉鑑首列和較冪積諸圖，始於天元，終於四元；此書首列乘除布算諸例，始於超徑等接之術，終於天元。如積開方，由淺近以至通變，循序而進，其理易見，名曰啟蒙，實則爲玉鑑立術之根。並以體例、形式及用字、假借、斤秤起列，凡七端，證爲朱氏原書，佚而復出，爲校算刊刻。阮元算學啟蒙序。

茗香交游

阮先生元

別爲儀徵學案。

黎先生應南

別見四香學案。

董先生祐誠

別爲方立學案。

陳先生潮

別見星伯學案。

陳先生杰

別見梅侶學案。

王先生萱齡

別見定盦學案。

易先生之瀚

易之瀚字浩川，江蘇甘泉人。與茗香先生同治算學。四元玉鑑細草成，首以示先生。先生以爲，書中每云「如積求之」，如積者，以積爲問，有用定率爲同數相消者，有如問加減乘除得積爲同數相消者。祖序謂平水劉汝諧撰如積釋鎖，惜今不傳，意者其釋此例歟？細草雖詳明，特格於體裁，故四元之條段羼糅，開方之頭緒紛如，其例義悉未能指出，乃將諸算例附釋於書後。茗香又以先生所釋限於朱氏原書，諸例未全，天元一術既不受除，自不得不合累乘之數而併除之，所以極通分之妙，故不除此而乘彼。若四元則又爲天元之乘法，故其法悉同於天元，而齊同以相消，所以盡句股之用。開元賅天元四元之除法，故多一乘即多一乘方，其正員之錯糅，層數之重疊，即借爲實從廉隅之多寡，以別商除之異同。之三者，迭爲表裏，變化無方。復爲補增各例，以補所闕。其爲臺錐積演，亦與先生商訂。參四元釋例、臺錐積演、割圓密率捷法。

開方釋例序

算學自宋、元而大備，秦氏數學九章言正負開方，李氏測圓海鏡言天元如積，與是書之言四元和會，洵自古算家之絕詣也。自明顧箬溪謂海鏡無下手處，删去細草，別著分類釋術等書，天元已寖失其傳，矧四元乎？梅文穆公赤水遺珍「天元一，即借根方解」，發三百年來算家之蒙，可謂有功矣。獨其釋或問歌彖二則，疑爲術士祕其機緘，四元之奧邃難通，於此概見。海鏡一書，得元和李尚之秀才校勘加案，申明例義，由是立天元一術晦而復顯。是書但云如積求之，祇具開方諸數，而不載細草，以是讀者愈無下手處。曩見茗香先生演元九式，知其爲是書發明四元而作，併稔其演有全草，因緣獲交，始得而玩繹之，遂盡抉四元之祕。顧余魯鈍，慮人人未必盡曉。惜朱氏編集算學啟蒙，佚而不傳，祖序謂與是書相爲表裏，或其體例備載其中，未可知耳。不揣譾陋，爰補凡例，爲之疏釋，俾同志者用代司南。惟是四元之學，根於天元。天元者，融會少廣方程而加精；四元者，是又寓方程於天元，亦即天元之齊同通分也。有通分而乘除不窮，有方程而通分益便，是欲釋四元必不能離卻天元。天元條例莫詳於李氏案中，茲取其原文，少加點竄，録載於四元凡例之前，俾由淺入深，用作四元之嚆矢。又天元借一，其兆實肇於劉徽九章少廣篇，所謂借一步之是已。蓋開方之用隅，即天元之借一，故無論天元、四元，莫不以開方爲用。其始也，因所求之數不可知，假立元而得其冪積諸數；其竟也，因冪積諸數不易知，又假開方而得其所求之數，二者相須，不可偏廢。元和李氏曾撰開方說三卷，特祇詳超步商除之法，其於實從廉隅何以致數之由，尚缺而未備。苟昧乎此，卒無以悟立元之旨，茲復推廣李說，撮要删繁，併補其所不足，另備凡例，并於天元凡例之首，俾因流溯源，用啟天元、四元之門徑。凡三則，彙而名之曰釋例，例下各取草中諸式釋之，故云。

岑先生建功

岑建功字紹周，號石梁，天長人。茗香先生校刻割圓密率捷法，先生爲校正舛誤，並加案詳釋云。

參四元釋例、臺錐積演、割圓密率捷法。

清儒學案卷一百五十二

孟瞻學案

十三經中，左氏傳最稱繁博。孟瞻專治此書，欲爲劉、鄭、賈、服諸儒作疏，以懲杜氏之失。長編已具，傳子及孫，三世一經，未能卒業，稿已蠹落。清代新疏，遂獨闕此一經。惜哉！述孟瞻學案。

劉先生文淇

劉文淇字孟瞻，儀徵人。嘉慶己卯優貢生，候選訓導。先生研精古籍，貫串羣經，於毛、鄭、賈、孔之書，及宋、元以來通經解誼，博覽冥搜，實事求是，尤肆力春秋左氏傳。嘗謂「左氏之義，爲杜注剥蝕已久，其稍可觀覽者，皆係襲取舊説」。爰輯左傳舊注疏證一書，先取賈、服、鄭三君之注，疏通證明，凡杜氏所排擊者糾正之，所勦襲者表明之，其沿用韋氏國語注者亦一一疏記。他如五經異義所載左氏説，皆本左氏先師；説文所引左傳，亦是古文家説；漢書五行志所載劉子駿説，實左氏一家之學；經疏、史注、御覽等書所引左傳注，不載姓名，而與杜注異者，皆賈、服舊說。凡若此者，皆稱爲舊注，而加以疏證。其顧、惠補注，及近人專釋左氏之書，說有可採，咸與登列，末始下以己意，定其從違。上稽先秦諸子，下考唐以前史書，旁及雜家筆記文集，皆取爲證佐，俾左氏之大義炳然著明。草創四十年，長編已具。晚年編輯成疏，甫得一卷。又謂左傳義疏多襲劉光伯述議，隋經籍志及孝經疏云：「述議者，述其義疏議之。」然則光伯本載舊疏，議其得失，其引舊疏，必當録其姓名。孔穎達左傳疏序祇云「據以爲本」，初非故襲其說。至永徽中，諸臣詳定，乃將舊注姓氏削去，襲爲己語。因細加剖析，成左傳舊疏考正八卷。又據史記秦楚之際月表，知項羽曾都江都，核其時勢，推見割據之迹，成楚漢諸侯疆域志三卷。據左傳、吴越春秋、水經注等書，謂唐、宋以前，揚州地勢南高北下，且東西兩岸未設隄防，與今運河形勢迥不相同，成揚州水道記四卷。又讀書隨筆二十卷、文集十卷、詩一卷。先生事親純孝，父年篤老目眚，侍起居，朝夕扶掖，寒夜侍寢，以温其足。咸豐四年卒，年六十有六。子毓崧，孫壽曾，能世其學。參繆荃孫儒學傳稿。

春秋左氏傳舊疏考正序

六朝諸儒說經之書，百不存一，使後人略有所考見者，則以唐人正義備載諸儒之說也。然唐制試明經一依正義，非是，黜爲異端，遂使諸儒原書漸就亡佚。故昔人謂唐人正義功過相等。世知孔沖遠與諸儒刪定舊疏，非出一人之手。又永徽中就加增損，書始布下，知非孔氏之舊。至於舊疏原文，與夫孔沖遠等所删定，于仲謐等所增損者，雖復覺其踳駁，概謂無跡可尋。近人有以舜典、吕刑疏中兩引大隋，謂非唐人之語，然僅此孤證，於全書體例未嘗細爲區分。文淇質性駑鈍，年二十，始從友人所借得毛氏疏，手自繕寫，後乃得十三經注疏，依次校勘，朝夕研究，竊見上下割裂，前後矛盾，心實疑之久矣。近讀左傳疏，反覆根尋，乃知唐人所删定者，僅駁劉炫説百餘條，餘皆光伯述議也。文十三年傳「其處者爲劉氏」，疏云：「討尋上下，其文不類，深疑此句或非本旨。蓋以爲漢室初興，捐棄古學，左氏不顯於世，先儒無以自申，劉氏從秦從魏，其源本出劉累，插注此辭，將以求媚於世。」此疏未著何人之説，無以知爲光伯語。及檢襄二十四年傳「在周爲唐杜氏」，疏云：「炫於處秦爲劉，謂非丘明之筆豕韋、唐杜，不信元凱之言。」則前疏爲光伯語，顯然可見。襄二十九年傳「爲之歌頌」，疏云：「成功者，營造之功畢也。天之所營，在於命聖；聖之所營，在於任賢；賢之所營，在於養民，民安而財豐，衆和而事濟，如是則司牧之功畢矣，故告於神明也。劉炫又云：干戈既戢，夷狄來賓，嘉瑞悉臻，遠近咸服。羣生遂其性，萬物得其所，即功成之驗也。」此疏似前爲唐人之説。及檢詩關雎序疏文義與此大同，惟删去「劉炫云」四字。據詩疏，知此疏皆光伯語；據此疏，知詩疏皆非沖遠筆也。約舉二端，足見唐人勦襲之跡已然。按孔氏左傳疏序云：「其爲義疏者，則爲沈文阿、蘇寬、劉炫。沈氏於義例粗可，於經傳極疎。蘇氏則全不體本文，惟旁攻賈、服，使後之學者鑽仰無成。劉炫於數君之内實爲翹楚，然聰惠辨博，固亦罕儔，而探頤鉤深，未能致遠。又意在攻伐，性好非毁，規杜氏之失凡一百五十餘條，習杜義而攻杜氏，猶蠹生於木而還食其木，非其理也。然比諸義疏，猶有可觀。今奉勑删定，據以爲本，其有疎漏，以沈氏補焉。」既云據以爲本，原非故襲其説；又序以旁攻賈、服爲非，而疏中攻賈、服者正復不少，豈孔氏既斥其非，而復躬犯其失？光伯亦攻賈、服，非止蘇氏。序稱「辨博寡儔」，即指疏中駁正賈、服者。光伯之疏，本名述議，隋經籍志及孝經疏云：「述議者，述其義疏議之。」雖指孝經述議而言，其餘詩、書及左氏傳，光伯皆名述議，應亦「述其義疏議之」。然則光伯本載舊疏，議其得失，其引舊疏必當録其姓名，而或引申其説，或駁正其非。永徽中，將舊疏姓氏削去，襲爲己語，便似光伯中駁唐人，將謂光伯述議在唐人正義後乎？唐書孔穎達本傳云：「本名義贊，後詔改爲正義。」今左傳疏間有删改未盡，言「今贊」者，隱元年，襄元年、十一年、二十九年。即是義贊，序所謂特申短見者也。其言今贊，皆在舊疏之後，而別爲一説。又疏凡云「今删定」，知不然者，斯則沖遠之筆，與序奉勅删定之言合。其無删定之文，必是光伯原本，足知勦襲舊疏，斷非沖遠之意，而出于永徽諸臣之增損也。又按唐會要云：「貞觀十二年，國子祭酒孔穎達撰五經義疏，馬嘉運駁正其失，有詔更令詳定。會要不載詳定年月，據孔氏序云：「至十六年，又與前修疏人覆更詳審。」知爲貞觀十六年。永徽二年，詔太尉趙公無忌等穎達本傳云：「于仲謐等就加增損。」刊正，四年進之，頒于天下，以爲定式。」然則沖遠受詔删定在貞觀十二年，更令詳定在十六年。沖遠卒於十九年，而永徽中諸儒考正僅及一載，期限更促，乖謬宜多。宋端拱間，孔維表上五經正義云：「孔穎達考前代之文，採衆家之説，用功二十餘年，成書百八十卷。」是乃未經考詳，失其事實者也。或又謂疏中每引定本，易繫辭引定本二條，書、禮各數條，毛詩、左傳所引最夥。定本出于顏師古，則疏爲唐人之筆可知，近世諸儒咸同斯論。按顏師古本傳云：「帝嘗歎五經去聖久遠，傳習寖訛，詔師古於祕書省考定，多所釐正。」是師古原有定本，然漢、魏以來校定書籍者正復不少，即如北齊郎茂于祕書省刊定載籍，隋蕭該開皇初奉詔與何妥正定經史，又劉焯傳云「焯與諸儒於祕書省考定羣言」，是齊、隋以前皆有定本。詩關雎序：「故正得失。」疏云：「今定本皆作正字。」襄二十三年傳：「申鮮虞之傳摯爲右。」杜注：「傳摯，申鮮虞之子。」疏云：「俗本多云申鮮虞之子。」今案：注云「傳摯，申鮮虞之子」，若傳先有「子」字，無煩此注，故今定本皆無。皆之云者，非一本之詞也。疏中所云「今定本者」，當係舊疏，指齊、隋以前而言。必知非師古定本者，其驗有十焉。禮器：「匹士太牢而祭謂之攘。」疏云：「盧、王禮本並作匹字，今定本及諸本并作正字，熊氏依此而爲正字，恐誤也。」據此，是定本乃在熊氏前。檀弓：「弁絰葛而葬。」注：「既虞卒哭，乃服受服也。」疏云：「皇氏云：檀弓定本，當言既虞與喪服，注會云卒哭者，誤也。」文王世子：「諸父守貴宮貴室。」疏云：「此貴宮貴室，總據路寢。皇氏云：或俗本無貴宮，定本有貴宮。」據此，是定本亦在皇氏前，其驗一也。襄二十七年傳：「皆取其邑而歸諸侯，諸侯是以睦於晉。」疏云：「古本亦有不重言諸侯者，今定本重言諸侯，劉炫云：晉、宋古本皆不重言諸侯，不重是也。」劉炫豈及見師古定本，而以定本爲非？其驗二也。詩疏多引定本、集注，集注乃梁代崔靈恩所作，若唐人引師古定本，不應定本、集注並列，而定本反在集注之前，其驗三也。師古但定五經，未聞更校公、穀。宣十七年左傳疏引穀梁定本，作「晉郤克眇，衛孫良夫跛」。公羊疏云：「舊本題云春秋隱公經傳解詁第一，公羊、何氏。今定本則升公羊字在經傳上，退隱公字在解詁下，未知自誰始也。」則是公、穀皆有定本，其驗四也。孔穎達傳與師古同受詔撰五經正義，今疏中有以定本爲非者，夫豈師古自駁其說？其驗五也。顔之推家訓云：「齊侯痎遂痁，世間傳本多以痎爲疥，俗儒就爲通云病疥，令人惡寒，變而成瘧，此臆説也。」今左傳疏云：「今定本作疥。」若謂師古所定，則是數典忘祖，其驗六也。匡謬正俗云：「襄五年，楚公子王夫字子辛。今之學者，以其字子辛，遂改王夫爲壬夫。此與庚午不相類，固宜依本字讀爲王夫。」此書亦師古所作，其定本應與之同。今左傳疏作壬夫，不云定本作王夫，其驗七也。又師古本傳云：「詔師古於祕書省考定，既成，悉詔諸儒議，各執所習，共相非詰，師古輒引晉、宋舊文，隨方曉答，人人歎服。帝因頒所定書於天下。」定本既已奉敕頒布，正義豈能復議其非？其驗八也。舊唐書云：「貞觀七年，頒新定五經於天下。永徽四年，頒孔穎達五經正義於天下。每年明經依此考試。」是則二書並行，不聞以師古定本載入正義，其驗九也。陸德明卒于高祖末年，貞觀四年，師古始受詔考定五經。詩兔爰箋云：「有所操戚也。」釋文云：「操，七刀反，今作躁，與定本異，與箋義合。」魚麗傳云：「草木不折不芟，斧斤不入山林。」釋文云：「定本芟作操，七刀反。」陸氏不見師古定本，釋文乃兩引之，且爲之作音，其驗十也。凡此證驗，易爲討覈，定本既非師古書，則疏安見盡皆唐人筆耶？今一依孔氏序例，細加析別，凡得二百餘條，釐爲六卷。其餘易、尚書、毛詩、禮記諸疏，猶將次第考正，庶冀六朝舊疏，稍還舊觀云爾。

文集

答黄春谷先生書

接讀手教，雅荷惓惓，雒誦之餘，具見大君子實事求是之意，與誘引後進之心，迥非流俗所能希冀其萬一。大箸四條，旁通曲證，妙義環生，洵漆室之燈，迷津之筏也。文淇於左氏學徜涉藩籬，未窺宧奧，書中所明四義，皆蓄疑已久者。僖三十年傳「饗有昌歜」，自正義謂此昌歜之音，相傳爲在感反，而人不知昌歜之歜當音觸。自玉篇以䵖爲昌蒲葅，而人不知昌歜之字本當作歜，不當作䵖。段氏玉裁謂「昌，陽氣辛香」，以爲「葅其氣觸鼻，故曰昌歜」，於歜字之本字本音，可謂明白了當。而又謂歜與䵖可相假借，則猶爲玉篇所惑。先生謂觸之字起于蜀，蜀本有上觸之象，加角則爲角之觸，加欠則爲氣之歜。說文解歜爲盛氣怒，正是觸之本字。觸行而歜始廢，可無疑於昌歜之歜當音觸矣。謂䵖以鼀爲聲，而即以鼀爲義，與昌蒲葅義了不相涉，可無疑于昌歜之歜本當作歜矣。謂歜在燭部，音觸；䵖在屋部，音蹙。其變爲在感、徂感反，實方音展轉誤會。且假借之字，但取同聲，安有䵖爲假字，而反直據本字之義，居然訓爲昌蒲葅者，可無疑於歜、䵖之不能相假矣。昔人謂「不通假借，而但泥古義，不可以解古書」。愚竊謂「但講假借，而不明本義，亦未可以解古書」，此類是也。宣十二年傳「晉人或以廣隊不能進，楚人惎之脱扃。少進，馬還，又惎之拔旆投衡，乃出」。傅氏以惎爲毒，直同囈語。杜氏訓惎爲教，亦與情事不合。說文引作楚人畁之，黃顥説廣車陷，楚人爲舉之，此必左氏先師之説。惠氏九經古義亦從說文，而以傅氏爲非。至杜氏謂「拔旆投衡，上使不帆風」，前人從未有正其誤者。先生謂拔旆投衡，自是兩事。拔投互文，去此兩物，則車輕馬便，乃可得出。若使置卧，則旆愈横，長拖逼馬首，勢更阻于帆風。車陷而不能進，正須多人助力，移舉車上機礙重物以爲釋，卸輕便之地，即今時道路陷車之情狀。體會曲至，可謂物無遁情矣。至衡既脱去，恐人疑無從縛軛，則又引皇侃論語疏「見雖去衡而軶亦可暫著于轅」，正來教所謂鉤隱使之徑通，羃周務其隙泯也。襄二十五年傳「表淳鹵」，杜解「淳鹵」爲埆薄之地。正義引賈逵說：「淳，鹹也，鹹地必薄。」意謂杜説同于賈氏。文淇竊疑之。説文「鹵，西方鹹也」，是鹵正訓鹹。淳之爲鹹，古無其訓。即淳可訓鹹，而鹵既訓鹹，淳復訓鹹，詞義重疊，無復文理。古人㡿鹵並言，然東方謂之㡿，西方謂之鹵，㡿與鹵有分也。鹹鹺並言，然鹹銜也，北方味也，大鹹曰鹺，鹹與鹺有分也。淳鹵同訓爲鹹，果何分乎？推原賈逵之注，當云「淳鹵，淳鹹也」，以鹹解鹵，而不解淳字，意謂淳與鹵對文，鹵爲鹹薄之地，則淳爲和美之地。以淳爲和美，人所易知，故不言也。周禮草人：「彊㯺用蕡，輕爂用犬。」注：「彊㯺，彊堅者；輕爂，輕脃者。」以㯺解堅，非訓彊爲堅；以脃解爂，非訓輕爲脃，注釋中每有此例。正義所載古注，經其删節者不少。此條「淳鹹也」三字，必非賈氏原文。其删節處雖無可考，然按下文「數疆潦」，賈逵以彊爲彊㯺墝埆之地，賈讀疆其兩反，沈氏欽韓謂字當作彊，不加土。謂非彊即潦井衍沃。賈逵云：「下平曰衍，有溉曰沃。」每字各具一義，其餘賈氏無注。按山林藪澤，京陵隰皋，每字異訓，人所共知。所謂「規偃猪」者，謂于猪水之地，作匽即偃。以受之。「町原防」者，謂于猪旁平原之地，作防以止之。稻人：「以潴畜水，以防止水。」「鄭司農説潴防，以春秋傳曰町原防，規偃潴。」玄謂：「偃潴者，畜流水之陂也；防，潴旁隄也。」偃猪原防，雖非對舉之詞，亦每字各具一義，何獨「淳鹵」二字同訓鹹乎？足知淳之訓鹹，斷非景伯之説。況叔重本從賈逵受古學，篇中所引左傳大都景伯之説。許沖序稱慎博問通人，考之於逵，作説文解字。是説文解字一書，皆折衷于景伯者。若鹹爲淳字本義，許君即當據以入説文。今按説文于「淳」字下注云「淳，渌也」，而不解爲鹹，則鹹斷非淳字本義。若云假借，則與淳同音之字，如廣韵所載常倫切十三字，亦從無訓鹹者，足知景伯斷不訓鹹也。顧亭林謂上下皆以二字成文，未解淳爲何等之地，而又引陸氏説，謂「淳鹵地宜鹹」者，則仍淳鹵不分。沈氏欽韓引廣雅云「淳，漬也，謂庰鹵之地沾漬，故賈逵轉訓爲鹹」，則亦未知淳與鹵對文也。先生謂淳爲沃土，與鹵相反，洵精確不磨之論。文淇又就景伯本不訓鹹申言之，未知有當否也。成三年傳「鄭賈人有將寘諸褚中以出」，杜注及正義皆不言褚爲何物。襄三十年傳「取我衣裳而褚之」，杜解褚爲畜。陸粲解褚爲衣橐，本于集韵。集韵本于漢書南越傳注：「褚，衣囊也。」玉篇：「褚，裝衣也，字或作衿。」一切經音義引通俗文曰：「裝衣曰衿」。第言裝衣，而不言爲何物，則以褚爲囊橐者，亦是望文生義。先生謂「褚即厨，後又加巾爲幮，古時尌與者同音儲，儲義虚，褚、厨義實」，亦通論也。至于既優既渥之訓，妙于解詩；形渥麗澤之文，精于説易；疾瀳腥脂，正鮑人之句讀訛謬；湅漚沃盝，駁𧍒氏之音訓混同，語皆破的，意豈索瘢？而篇中大指謂「凡字云以某爲聲者，必兼其爲聲之字之義，不徒聲也」。雖本説文「某亦聲」之例，而特推廣究之，尤爲前人未發之覆。所示左氏四義，文淇已摘入拙著疏證中，謹將原書奉繳，天暑不敢上謁，惟爲道自重不宣。

與沈小宛先生書

文淇駑鈍，無似于學問之途未窺涯涘，然側聞先生緒論，及拳拳誘掖之盛心，稍知感奮，不敢自棄。前歲得尊著左傳補注，已録副本，披尋再四，竊歎左氏之義爲杜征南剥蝕已久，先生披雲撥霧，令從學之士復覩白日，其功盛矣。覆勘杜注，真覺痃痏横生，其稍可觀覽者，皆是賈、服舊説。洪稚存太史左傳詁一書，與杜氏勦襲賈、服者，條舉件繫，杜氏已莫能掩其醜，然猶苦未全。文淇檢閲韋昭國語注，其爲杜氏所襲取者正復不少。夫韋氏之注，除自出己意者，餘皆賈、服、鄭、唐舊説，杜氏掩取，贓證頗多。竊不自量，思爲左氏疏證，取左氏原文，依次排比，先取賈、服、鄭君之注疏通證明，凡杜氏所排擊者糾正之，所勦襲者表明之，其襲用韋氏者亦一一疏記。他如五經異義所載左氏説，皆本左氏先師，説文所引左傳，亦是古文家説，漢書五行志所載劉子駿説，皆左氏一家之學。又如周禮、禮記疏所引左傳注，不載姓名，而與杜注異者，亦是賈、服舊説。凡若此者，皆以爲注而爲之申明。疏中所載，尊著十取其六。其顧、惠補注及王懷祖、王伯申、焦里堂諸君子説有可采，咸與登列，皆顯其姓氏，以矯元凱、沖遠襲取之失。末始下以己意，定其從違。至若左氏之例異於公、穀，賈、服間以公、穀之例釋左傳，是自開其罅隙，與人以可攻。至春秋釋例一書，爲杜氏臆説，更無論矣。文淇所爲疏證，專釋詁訓名物典章，而不言例。其左氏凡例，另爲一表，皆以左氏之例釋左氏，其不知者，概從闕如。杜氏以經訓飾其奸邪，惠定宇微發其端。焦里堂六經補疏以杜氏爲成濟一流，不爲無見。然以杜氏之妄，並誣及左氏，則大謬矣。近今爲左氏之學，未有踰先生者。文淇鑽仰有年，草稿粗就，期以十年之功，或可成此，但學識檮昧，尚希有以教之。至新舊唐書考證，向亦粗具條目，垂諭殷殷，敢不黽勉。俟左傳卒業，即肆力爲之。先舅氏曉樓先生所著書，最精者莫如公羊禮疏。誠如來教所云「但此書博引舊説，無所引申，恐後人有襲取之者」，極知先生不喜公羊。然先舅氏一生勤學，非先生孰表章之？儻能賜序一篇，幸甚！伏乞鑒察不宣。

與劉楚楨書

前以拙著左傳舊疏考證奉質，承荷校勘，謹嚴精確，獲益良多。惟隋志亡書爲正義所引者，弟據以爲非唐人，此確有關係。據唐書貞觀三年，魏徵監修隋書，又奏顔師古、孔穎達、許敬宗三人同撰，徵爲其序論。貞觀十年奏上之，志則二十年上之。又云：「貞觀中，魏徵、虞世南、顔師古相繼爲祕書監，請購天下書，據册府元龜，正以修史而購書。選五品以上子孫工書者爲書手。」按徵本傳，貞觀三年爲祕書監，虞、顔貞觀七年爲祕書監、祕書少監，是時方購求遺書，沖遠又預修隋志，豈有私家自見其書，乃不上官局？而又於志内云「李巡等注已亡」。揆之事理，必不其然。至來教謂爲闇記，按新舊唐書僅云闇記三禮義宗，不言其他，且疏中所云亡書不下二十餘條，豈皆闇記？又既能闇記，即何不録出副本上之？如謂慎疑而不上之於官，則正義亦官書，胡不慎疑而乃載之也？至謂「沖遠與光伯同時，光伯所見之書，沖遠亦無容不見」，是已。然隋亡之後，典籍缺如，沖遠等作隋志，已云「所存者十之一二」。又唐高祖、太宗兩下詔求書，亦皆以亂後亡失，故求之極殷，雖同時習見之書，而不能無昔存今亡之慨，亦載諸正史，可考而知。沖遠學識無媿通儒，然此書乃未成之作，又經後人删竄，多失其真。且沖遠在時，馬嘉運頗駁正其失，當時服其精博，是其書在唐初已有疑議矣。自來官書，成非一手，其删定者又皆身領數職，或兼修數書，如左傳疏，隋、晉、五代書，沖遠同時修。期限迫促，難免疏漏。不能如士子閉户纂述，瞻前顧後，積數十年精力而成，故無大疵謬也。拙著首卷，兄粘簽處，慎翁贊歎，謂語語允當，可稱良友直諒之義，吾輩共勉爲之。

附録

先生初與友朋爲著書之約，自占得左氏春秋，江都梅藴生得穀梁，句容陳卓人得公羊。卓人故居揚州，受業先生之門，於時三傳之學皆在揚州。卓人公羊疏甫成，即下世。藴生未逴具稿，其子延祖毓續爲此疏，僅成隱公一世而没。先生初爲左氏長編數十巨册，晚年編輯成疏，甫得一卷，卒，後其子孫賡續爲之，亦僅至襄公四年。昔漢世公羊學盛行，而穀梁遭巫蠱之禍，左氏爲諸儒所沮，一家遂衰廢。今二疏不幸皆未卒業，道之興廢，固有非人所能爲力者耶！劉恭冕撰劉恭甫家傳。

先生舅氏淩曉樓極貧，遺孤毓瑞，先生收育之，延同里方申爲其師，並補諸生。申通虞氏易，皆其教也。儒學傳稿。

孟瞻家學

劉先生毓崧

劉毓崧字伯山，孟瞻先生子。道光庚子優貢生，薦舉八旗官學教習。從父受經，長益致力於學。

以父治左氏，故纘述先業，成春秋左氏傳大義二卷。又用左傳舊注疏證義例，著周易、尚書、毛詩、禮記舊疏考正各一卷。又謂「六藝未興之先，學各有官，惟史官之立爲最古。不獨史家各體各類並支裔之小説家出於史官，即經子集三部及後世之幕客書吏，淵源所昉，亦出於史官。班氏之志藝文，論述史官，尚未發斯旨。其敍九流，以明諸子所出之官，必有所授，而其中仍有分省失當者。既析九流中小説家流歸入史官，又辨道家非專出於史官，改爲出於醫官。又增益者凡三家，曰名家出於司士之官，兵家出於司馬之官，藝術家出於考工之官，統爲十一家」。博稽載籍，窮極根要，成史乘、諸子通義各四卷。又經傳通義十卷、王船山年譜二卷、彭城獻徵録十卷、舊德録一卷、通義堂筆記十六卷、文集十六卷、詩集一卷。參儒學傳稿。

文集

方氏易學五書序

周易未遭秦火，昔人以爲完書。然當西漢初年，已失説卦三篇。迨宣帝時，始獲於河内，可讀者僅得一篇，而餘則錯亂難識。故其言卦變互體也，僅略見於前三章，學者既以語焉不詳爲憾；而其言易象也，自四章以下，亦祇二百餘則，而卦、彖、爻辭之取象者，多未備焉。所幸古人傳經大抵皆以口授，雖失其簡策，而誦習者尚能追憶其詞，故説卦所無者，半存於各家注中。此真周以前之微言大義，而兩漢經師相與抱殘守缺，以延其緒於欲絶者也。自王、韓之清談盛，而漢易漸衰；及陳、邵之臆説興，而漢易幾廢。於是隨聲附和者，反斥易象爲穿鑿，而鄙卦變互體爲支離。甚至疑説卦非孔子所作，而其中之遺文脱簡，更罕有念及者矣。吾邑方端齋先生篤志研經，邃於易學，其求之甚勤，其習之最久，深造乎漢易之堂奥，而不囿乎漢易之藩籬。所著易學五書，於易象則博攷其名，於互體卦變則廣徵其例。凡説卦所有者，則援據以證之，説卦所無者，則綴緝以補之，由是説卦之傳，散佚於二千載之前者，一旦儼然復聚。而其書不盡言，言不盡意者，復爲之次第推闡，不啻昭然發矇，較諸集逸書、逸詩、逸禮者，其事更難，而其績尤鉅。非好學深思，實事求是者，其孰能與於斯乎？毓崧不敏，於易本非專家，而先生顧折節忘年，引爲同志，每有撰述，必預討論。乃庚子之冬，五書稿本甫定，而先生遽歸道山。疾革時，拳拳以序文見託，誼何忍辭？頃因汪孟慈先生出貲刊刻，屬爲校訂，爰犆舉著述之大旨，以踐前諾。後之人紬繹此書，識其義例之所在，由是以進，求諸全易，必有融會貫通，卓然自成一家之學者，是則先生之所深望也夫！

與劉叔俛書

承示欲撰毛詩釋例，此乃有功古人之作。至於經典中發明數事，足徵讀書有識，欽佩實深。猥蒙雅意拳拳，殷勤下問，敢即其所知者，姑妄言之，以就正焉。足下謂秦風「道阻且右」，「右」即「周」字，引唐風「生於道周」，韓詩「周」作「右」爲證，此説最確。攷有杕之杜首章云「生於道左」，次章云「生於道右」，左與右語意本屬相類。毛傳云：「道左之陽，人所宜休息也。」鄭箋云：「今人不休息者，以其特生陰寡也。」夫道左之陽，既宜休息，則道右之陽，不宜休息可知。道左之杜，特生者，人尚不休息，則道右之杜，特生者，人更不休息可知。蓋晉武不求賢以自輔，君子不歸，其涼薄之心，日甚一日，故次章之言道右，較首章之言道左者，其意愈深也。蒹葭篇首章云「道阻且長」，言其路之遠；次章云「道阻且躋」，言其路之難；末章云「道阻且右」，言其路之曲，語意亦屬相類。鄭箋云：「右者，言其迂迴也。」雖不破字，而所釋最得詩意。蓋唐風之「周」字當作「右」，毛傳云「周，曲也」，既與上章「左」字不相類；秦風之「右」字當作「周」，毛傳云「右，出其右也」，又與上章「長」字、「躋」字不相類，未免兩失之矣。足下謂孟子引詩「以御於家邦」，「御」當訓「進」，而斥趙注訓「享」爲非，此說亦是。攷孟子上文云「老吾老以及人之老，幼吾幼以及人之幼」，二「及」字皆有「進」意；下文云「故推恩足以保四海」，又云「善推其所爲而已矣」，二「推」字亦有「進」意。故「御」字必訓爲「進」，始與文義相符；若訓爲「享」，則與「舉斯心加諸彼」句既不相涉，而與「天下可運於掌」句尤不相應矣。焦氏亦知當訓爲「進」，而迴護趙注，未免依違其間。不知所謂進者，固以一己之德推諸天下國家，而非以天下國家之福享諸一己也。若夫左傳「遇水適火」，服注云「兆南行適火」，雖未明言適字何解，然玩其語氣，亦有訓「敵」之義，則惠徵君之說，固有所本矣。詩「白茅包之」，包與誘爲韻，自當讀如「浮」音。近人言古韻者，皆謂包聲、孚聲古本同部。黄春谷先生則謂「包」與「孚」原係一字，所著字說中言之最詳。然則從「包」之字，皆當讀如「孚」音，可無疑矣。至於足下謂周書「庸庸」與「雝雝」同，當訓爲「敬」，則弟竊以爲不然。康誥「庸庸祇祇威威」連言，某氏傳云：「用可用，敬可敬，刑可刑。」王氏西莊尚書後案云：「宣十五年左傳『周書所謂庸庸祇祇』者，杜預訓爲用可用，敬可敬，亦與傳同。若『威威』以爲『刑可刑』，則非也。下文『文王敬忌』，鄭云『祇祇威威』，是則威爲畏忌，意當爲『畏可畏』解。」孫氏淵如尚書今古文注疏云：「威與畏經典通用，杜義本古書説，則『威威』當爲『畏可畏』也。」二説最爲允當。蓋經傳中之疊字，有上下同義者，如肅肅爲敬，雝雝爲和是也，有上下異義者，如善善爲好其善，惡惡爲嫉其惡是也。親其親者謂之親親，長其長者謂之長長，賢其賢者謂之賢賢，貴其貴者謂之貴貴，其例爲人所共知。則用可用者謂之庸庸，敬可敬者謂之祇祇，其義亦屬可通，似未可斥爲迂曲。況古人引書，雖間有斷章取義，而訓詁要不甚相遠。若庸字本雝之假借，當訓爲敬，而羊舌職獨以一己之意改訓爲用，恐東周時大國之名臣未必武斷至此也。襄三十一年傳云：「圬人以時塓館宫室。」孔疏云：「使此泥屋之人，以時泥塗客館之宫室也。」乍讀之，文義似有未安。然上文云「繕完葺牆」，李涪刊誤云「繕完葺三字於文爲繁，當是繕宇葺牆」，以書之「峻宇雕牆」爲比。段氏懋堂駁之云：「古三字重疊者時有，安可以今人文法繩之？下文無觀臺榭，豈非三字重疊耶！」據此説推之，則館宫室三字連文，未始不可解也。小雅大東篇「終日七襄」，丁酉歲，學使祁公觀風鎮江，會出此題。丹徒友人某舉以見詢，弟答之云：「説文『襄』字下曰『漢令解衣而耕謂之襄』，解衣者有除去之義，引而申之，凡物之除去者皆謂之襄。爾雅釋言訓『襄』爲『除』是也。除乎此者，必復乎彼。又引而申之，凡物之反復者亦謂之襄。毛傳訓『襄』爲『反』者，從引申之義也。説文解驤字云：『馬之低昂也。』驤字從襄字得聲，古人多假襄爲驤，故襄亦有駕馬之義。鄭風大叔于田云：『兩服上襄。』鄭箋云：『上駕者，言爲衆馬之最良也。』爾雅釋言云：『襄，駕也。』郭注引堯典『懷山襄陵』爲證。鄭箋訓『襄』爲『駕』者，從假借之義也。二家之解，皆本諸古訓，未可偏非。但如毛說，訓『襄』爲『反』，則終日之間，星辰七去七反，恐不若是之速。孔疏申之云：『終日歷七辰，至夜而迴反。』理雖可通，然經文本無辰字，未免添設，不若鄭說之爲得也。」此一時率意之言，未可據爲定論，望足下察之。

周官周禮異名考

漢書藝文志禮類有周官經六篇，周官傳四篇，顏注云：「即今之周官禮也。」隋書經籍志載馬、鄭等人之注，沈重等人之疏，皆冠以周官禮；孫略之駁難，陳劭之異同評，亦冠以周官禮。蓋隋以前，儒者援引此書，雖多言周禮，不過隨俗從省之詞，至於著作標題，則未有不言周官者。至唐賈氏作正義，始定爲周禮，而後人沿之，殊不知周禮本羣經之通名，周官乃其一耳。左氏昭二年傳云：「見易象與魯春秋，曰：周禮盡在魯矣！吾乃今知周公之德與周之所以王也。」鄭、賈皆以爲爻下之象辭，周公所作。杜注云：「春秋遵周公之典以序事。」疏云：「若發凡言例，皆是周公制之。」此周易、春秋可稱周禮之證。文十八年傳云：「先君周公制周禮曰：『則以觀德，德以處事，事以度功，功以食民。』作誓命曰：『毁則爲賊，掩賊爲藏，竊賄爲盜，盜器爲姦，主藏之名，賴姦之用，爲大凶德，有常無赦，在九刑不忘。』」杜注云：「誓命以下皆九刑之書。」疏云：「謂制禮之時，有此語，爲此誓耳。在後作九刑者，記其誓命之言。」此周書可稱周禮之證。文二年傳云：「是以魯頌曰：『春秋匪僻，享祀不忒。皇皇后帝，皇祖后稷。』君子曰『禮』，謂其后稷親而先帝也。詩曰：『問我諸姑，遂及伯姊。』君子曰『禮』，謂其姊親而先姑也。』此周詩可稱周禮之證。矧儀禮亦周公所制，是周禮之名，尤當分屬諸儀禮，豈周官所得而獨擅者哉？若夫書之周官，真古文久逸，今所傳者，乃僞古文，東漢時尚未出也。鄭大夫父子以此六篇當之，其說早爲康成所駁，賈氏引鄭玄序云：「按尚書盤庚、康誥、説命、泰誓之屬，今多者不過三千言。」又：「書之所作，據時事爲辭，君臣相誥命之語。」周禮乃六篇，文異數萬，終始辭句，非書之類，難以屬之。無庸復贅一詞矣。

劉先生壽曾 附子師蒼。

劉壽曾字恭甫，一字芝雲，伯山長子。同治甲子、光緒丙子兩中副榜，以籌餉勞得知縣。伯山主金陵書局，爲曾文正公所重。既下世，文正復招先生入局。先生初膺家事，自以祖父名德，循行無改，事繼母黃，督教諸弟，以孝友稱。孟瞻治左氏春秋，長編已具，伯山繼之，亦未克卒業，先生乃發憤以繼志述事爲任，嚴立課程，至襄公四年而卒，年四十五。又讀左劄記、春秋五十凡例表，皆治左疏時旁推交通，發明古誼者。他著昏禮重别論、對駁義、南史校義集、平傳雅堂集、芝雲集、記文譜類釋、臨川答問若干卷。子師蒼字張侯，光緒丁酉舉人，著有國語注補輯、元代帝王世系表。二十八年送從弟應省試，墮江死，年二十九，士林痛惜之。參劉恭冕撰劉君恭甫家傳、袁鑣撰劉張侯傳。

孟瞻弟子

方先生申

方申字端齋，儀徵人。本姓申氏，舅氏方取以爲子，故從舅氏姓，而以申爲名。少孤，家貧，奉母甘旨，備盡色養。年踰五十，始補諸生。受學於孟瞻，通易。著諸家易象别録、虞氏易象彙編、周易卦象集證、周易互體詳述、周易卦變舉要。卒年五十四。參劉文淇撰傳。

虞氏易象彙編自序

易家之言象者，以虞氏爲最密；述虞氏易象者，以惠氏棟、張氏惠言爲較詳。毛氏奇齡仲氏易載虞氏易象乾九、坤二十、震十、巽九、坎六、離四、艮十、兑四，僅七十二則。而坤爲包，坤誤作巽，兑爲孔穴，本干氏注，誤以爲虞氏注。惠氏所述凡三百三十則，周易述所載乾六十一、坤八十一、震四十九、巽二十、坎四十七、離十九、艮三十七、兑九。易漢學所載約同，惟多「乾爲性、乾爲老、坤爲姓、坤爲聚、震爲反、坎爲歲、艮爲多」七則。少坤爲拇一則。以二書合參之，共得此數。張氏所述凡四百五十六則，虞氏義所載乾八十、坤一百一十、震五十六、巽四十四、坎六十九、離二十九、艮五十二、兑十六。其蒐輯可謂勤矣。顧其所引者，止於「乾爲王」之類，而「乾，天崇也」，「乾稱上」等類，則絶不一引。即逸象之有

「爲」字者，仍屬略而未備。且其間有「也」字誤作「爲」字者，艮霆也，張本作艮爲霆。有「稱」字誤作「爲」字者，「坤稱妣」、「巽稱商」，惠本「稱」作「爲」。「乾稱瓜」、「坤稱窮」、「坤稱階」、「巽稱葛藟」、「坎稱叢棘」，張本「稱」作「爲」。有「謂」字誤作「爲」字者，「體謂坤」，張本作「坤爲體」。有本無「也」、「爲」、「稱」、「謂」等字，而誤衍「爲」字者，「坤殺」，惠本衍「爲」字，「坎疾厲」、「坎濡」、「離鴻」，張本衍「爲」字；「乾性」、「乾生」、「坤富」，惠本、張本俱衍「爲」字。有一字之象誤作二字者，「坤爲喪」，惠本喪下衍「期」字。有二字之象誤作一字者，「震爲後世」，惠本無「後」字。有他卦之象誤作此卦者，「坤爲鬼神、爲虚」，惠本坤作坎。「坤爲順」，惠本坤作艮。「兑爲刑人」，惠本兑作坤。有他注之象誤作此注者，「乾爲直」，「震爲鵠」，皆九家之象，張本以爲虞氏之象。有經文本有而誤以爲逸象者，張本有「離爲日」，已見於説卦傳中。有注家未引而誤列於逸象者，惠本有「巽爲歸」、「坎爲藂」，今檢諸家之注，未有引此二則者，疑「歸」爲「婦」之誤，「藂」爲「叢木」之誤。則千慮之一失，固智者所不能免也。申究心虞易，歷有年所，凡注之引逸象者，按「也」、「爲」、「稱」、「謂」之目，縷析條分，一一羅列，有疑者則置之，「巽爲木果」，孫氏堂二十一家易注謂「木」當作「不」，然究無明文可證，今從惠説、張説，仍作「木」。他皆倣此。有誤者則正之，「坤爲尸」，集解「坤」作「坎」，今據惠説、孫説改正。「坤爲徙」，集解「徙」作「從」，今據張説改正。有脱者則補之，「首謂乾」，集解脱「乾」字，今從惠説、張説補入。「巽爲係」，集解脱「係」字，今從孫説補入。字之通用者則仍存之。「乾爲詳」，詳即祥也，「坤爲盍」，盍即闔也，「震爲徵」，徵即懲也，「巽爲庸」，庸即墉也，今皆從其本文而不輕改。義之各殊者則並列之，如「乾爲好」，有訓「愛」者，有訓「善」者；「震爲行」，有訓「走」者，有訓「德」者；「兑爲説」，有訓「言」者，有訓「解」者，今皆分別載之，以免相混。注之重見者則疊引之，如「坤爲民」、「坤爲事」、「坎爲心」、「坎爲志」之類，注中凡十數見，今皆備載之，令閲者知所自出。文之錯出者則分紀之，如「乾爲君子」、「乾稱君子」、「君子乾也」、「君子謂乾」、「君子乾」，此類甚多，今分見於各門，可以彼此互證。成虞氏易象彙編一卷，共得逸象一千二百八十七則，多於惠氏者幾及四倍，多於張氏者幾及三倍。此非後人之學能踰於前人，實以創者難而因者易耳。雖爬羅剔抉，細大不捐，未免涉於繁瑣，然與其過而廢之，無寧過而存之，俾治虞氏易者，得覽卦象之全，以推衍其家法云爾。

周易卦象集證自序

昔韓起聘魯之時，孔子尚未贊易，而太史之書，已名易象，蓋八卦之象，衍自羲、文，其傳最古，故春秋時人恒引之。及孔子作説卦傳，所言者大抵不外乎象，遂爲易象集其大成，誠以天垂象，聖人則之；八卦成列，象在其中矣。故曰：「易者，象也；象也者，像也。」兩漢以前，注易者無不引説卦傳以證經文，此觀象玩辭之古法也。乃王弼倡爲得意忘象之論，以自飾其空疎，韓康伯從而效之，遂於説卦傳之言象者全不注釋，自第四章至第十一章「惟神也者，妙萬物而爲言者也」，二者可附會於玄虛之説，故以「神則無物」注之，此外則無一字也。蓋幾於惡其害己而欲去其籍矣。自唐以後，引説卦傳以解易者，罕有其人，甚且謂求之於經，亦不盡合，豈非觀象者徵諸實，忘象者蹈於虛，蹈虛易而徵實難，故棄卦象若弁髦哉？申幼年讀宋人易注，怪其舍實象而言虛理。及長，而博攷古注，參閱諸緯與春秋内、外傳注，見其引用説卦傳者，難更僕數，然後知易之有卦象，猶詩之有比興。箋詩者不言比興，則美刺之意不彰；述易者不言卦象，則吉凶之理不著，奈何置之不論不議也？爰按諸家所引者，條理其次第，各繫於本文之下，而其有注者亦附見焉。就其中文義核之，如震，東方也；巽，東南也，此「也」字之例也；乾爲馬，坤爲牛，此「爲」字之例也；乾，天也，故稱乎父，坤，地也，故稱乎母，此「稱」字之例也；震一索而得男，故謂之長男，巽一索而得女，故謂之長女，此「謂」字之例也；艮以止之，兑以説之，此無也、爲、稱、謂而順言之例也；帝出乎震，齊乎巽，此無也、爲、稱、謂而倒言之例也；既言離爲中女，又言離再索而得女，故謂之中女，此也、爲與稱、謂並見之例也；既言乾爲君，又言乾以君之，此有也、爲、稱、謂與無也、爲、稱、謂互舉之例也。是故本文有也、爲、稱、謂而引者無之，則仍列於此書，以引者或從其略也。本文無也、爲、稱、謂，而引者有之，則悉歸於逸象，以引者或别有據也。所載者自第四章始，而三章以上皆不載者，以其無與於象也。所全載者自第七章始，而六章以上不全載者，以其非專言象也。鄭、陸九家之增多附紀於末者，見逸文之必宜存也。九家注引「乾爲言」者，列於此書，虞氏注引「乾爲言」者，仍列於虞氏逸象，以九家本有此句，而虞本無此句也。他皆倣此。荀、虞諸人之異同，分注於下者，見别本之有可採也。虞氏謂「震爲龍」，當改作「駹」；「艮爲狗」，當改作「拘」；「兑爲羊」，當改作「羔」，今亦附列於此。而虞氏逸象内不複見焉。成周易卦象集證一卷，共得象二百有四則，用以見説卦之象，求之於經，莫不相符，而忘象者斷不能得意也。至於卦詞與爻詞取譬於象者，隨在皆然，先儒與近儒闡發乎象者正復不少，後之君子儻能輯衆説，爲説卦之義疏，援説卦爲經文之義疏，以求折衷於至當，此實不朽之盛業也。蒙蓋有志焉，而未逮矣。

周易互體詳述自序

春秋時，列國卜筮，必據互卦以與正卦相參，蓋即古太卜所掌之占法，而説卦所謂分陰分陽，迭用柔剛者也。繫下第九章云：「若夫雜物撰德，辨是與非，則非其中爻不備。」又云：「二與四同功而異位，三與五同功而異位。」説者謂即指内外兩互而言，則是互體之法，其來遠矣。顧統言之，則皆曰互體；而析言之，則其法亦各不同。申尋繹古注中之所言者，反覆以求其條貫，而知互體之例，其別有九，固不得一概而視之也。鄭氏蒙象注云「互體震」，同人象注云「卦體有巽」，恒九三爻注云「互體爲乾」，困象注云「互體離」，此二三四三畫互卦之法也。鄭氏觀象注云「互體有艮」，大畜六四爻注云「互體震」，離九四爻注云「又互體兑」，損象注云「互體坤」，此三四五三畫互卦之法也。虞氏大畜九三爻注云「謂二已變，二至五，體師象」，睽初九爻注云「四動得位，二至五，體復」，豐初九爻注云「五動，體姤遇」，此中四畫互體之法也。虞氏蠱六四爻注云「四陰，體大過，本末弱」，无妄象傳注云「體頤養象」，小過六二爻注云「得正，體姤遇象」，此下四畫互卦之法也。虞氏大畜六五爻注云「三至上，體頤象」，豐上六爻注云「三至上，體大壯屋象」，兑象傳注云「三至上，體大過」，此上四畫互卦之法也。虞氏豫象注云「初至五，體比象」，萃象傳注云「五至初，有觀象」，歸妹六三爻注云「初至五，體需象」，此下五畫互卦之法也。虞氏蒙象傳注云「二至上，有頤養象」，大有九三爻注云「二變得位，體鼎象」，明夷上六爻注云「謂三，體師象」，此上五畫互卦之法也。虞氏需九二爻注云「大壯、震爲言四之五，震象半見」，訟初六爻注云「三食舊德，震象半見」，小畜象注云「需、坎上變爲陽，坎象半見」，此兩畫互卦之法也。鄭氏賁六四爻注云「六四，巽爻也」，萃象注云「四，本震爻；五，本坎爻；二，本離爻也」。井九二爻注云「九二，坎爻也；九三，艮爻也」。此一畫互卦之法也。四畫、五畫能互諸卦，而三畫又爲四畫、五畫之本，此正例也。二畫僅互八卦，而一畫又分二畫之餘，此附例也。用是定茲二例，析爲九門，有互者必備載之，而不厭其複；如剥卦、復卦之互體半是坤，夬卦、姤卦之互體半是乾，今備列其卦畫。無互者，必顯揭之而不慮其繁；如乾卦、坤卦惟有一畫之互體，其餘所互仍是本卦，今皆注明。半象之有上下者，必分列之，而不患其歧；每卦之初與二爲下半，五與上爲上半，其二與三，三與四，四與五，皆兼有上半下半，今亦並舉之。爻等之屬乾、坤者，必首及之，而不嫌其贅；震、坎、艮三爻出於乾，巽、離、兑三爻出於坤，今皆推本言之。成書一卷，名之曰周易互體詳述。所收者全在互體，而六畫大卦不録焉；宋人注大壯，謂「卦體似兑」。顧氏炎武日知録云：「似者，合兩爻爲一爻，則似之也。」然此又刱先儒所未有，不如言互體矣。所推者本於經文，而先天圖説不取焉，吴草廬以先天圖説言互體。全氏祖望經史問答云：「今如草廬圖，是先有互體，後有正體，其謬不攻而自見矣。」蓋確守先哲之舊章，而不用後儒之新説耳。至於拾鍾會、王弼之唾餘，而以互體爲不必論，此更師心自用之言，而吾所不敢信也。

周易卦變舉要自序

説卦傳云：「觀變於陰陽而立卦。」是卦變之法，傳之久矣。然自來講卦變者，言人人殊，多但執其一端，而未述其全體，甚至各尊所聞，而黨同伐異。承學之士，苦其説之涣散無統，遂益眩惑而莫識其源焉。申嘗取周易經傳及漢儒舊注，參伍攷訂，以深求其義例之所在，竊謂其均有依據，未可偏非也。乾文言云：「六爻發揮，旁通，情也。」陸績注云：「乾六爻發揮變動，旁通於坤。」此旁通之法所由昉也。虞氏小畜彖注云：「與豫旁通。」其他卦注中言旁通者最多，不煩枚舉。乾文言又云「反復其道」，復彖云「反復其道」，此反復之法所由昉也。虞氏觀象注云：「觀反臨也。」漸象注云：「反成歸妹。」繫下第二章云：「易之以書契，蓋取諸夬。」虞注云：「履上下象易也，大壯、大過、夬此三。」蓋取直兩象上下相易，故俱言易之，此上下易之法所由昉也。虞氏小畜象注云：「豫四之坤初爲復。」大畜象注云：「此萃五之復二成臨。」惠氏棟易例下云：「豫者復，兩象易也，萃者臨，兩象易也。」說卦第六章云：「然後能變化，既成萬物也。」虞注云：「謂乾變而坤化。」此變化之法所由昉也。左氏昭二十九年傳云：「在乾之姤。」又云：「坤之剥。」説者皆云爲一爻之變化。蹇六四爻辭云：「往蹇來連。」荀爽注云：「欲往之，三來還承五。」此往來之法所由昉也。虞氏蠱象注云：「泰初之上。」頤象注云：「五上易位。」即往來之例也。乾文言云：「雲行雨施，天下平也。」荀注云：「乾升於坤曰雲行，坤降於乾曰雨施。」此升降之法所由昉也。虞氏坎象注云：「乾二五之坤。」離象注云：「坤二五之乾。」即升降之例也。是故六爻改易者爲旁通，一爻改易者爲變化，則變化可附於旁通焉。六爻移易者爲反復，一爻移易者爲往來，則往來可附於反復焉。六爻交易者爲上下易，一爻交易者爲升降，則升降可附於上下易焉。京房易傳以八宮分統六十四卦，即以爻變之次第爲卦名之次第，故變化門内必兼及某宮第幾卦焉。繫上第十一章云：「往來不窮謂之通。」荀注云：「十二消息，陰陽往來無窮已。」故往來門内必兼及陰陽之消息焉。虞氏繫下第九章注云：「乾六爻，二四上非正，坤六爻，初三五非正。」荀氏坤象傳注云：「乾二居坤五爲含，坤五居乾二爲宏，坤初居乾四爲光，乾四居坤初爲大也。」故升降門内必兼及當位不當位焉。然則易之卦變，其源流與本末固不可不辨矣。於是標其綱領，分別部居，可詳者則詳之，如單舉上卦及單舉下卦者，皆無所謂上下易，固可不復贅述。至於無反復、無往來者，先後錯出不齊，必須注明始爲清晰。可略者則略之，如焦氏易林備載四千九十六變，然左氏所載占法一爻變者居多，故二爻、三爻、四爻、五爻諸變無庸繁引之焉。說之當從者則遵之，如本卦與旁通卦彼此升降，焦氏循易學言之最詳，今全採之。例之未一者則改之，如屯、蒙、頤、大過、坎、離、革、鼎、中孚、小過俱自兩辟卦來，而中孚、小過則又以兩爻往來，蓋兼消與息之卦，故有此變例也。先儒或改爲自八純卦來，似乎自紊其例，今皆正之。成書一卷，名之曰周易卦變舉要。雖所衍之圖，多本出乎前人之成法，如旁通圖本於錢氏大昕潛研堂集，反復圖本於張氏惠言虞氏消息。然散者輯之使聚，亂者理之使整，闕者補之使完，晦者揭之使顯，俾其端緒易明，指歸易見，此則區區裁定之苦心也。若夫不信卦變者，騖於空談，而不求實學；妄言卦變者，溺於俗說，而誤入歧途，此則稍知漢易者類能力斥其非，無待愚之辨論也已。

儀禮禮服通釋序

徐氏乾學讀禮通考，綜覈數千年之言，彙爲一百二十卷，制度典章，燦然大備，使讀者瞭然于沿革之際，其用力可謂勤矣。獨持論稍偏，不能沓選，往往取後世之肊說，而駁先儒之傳注，所短蓋在是矣。今第就其喪期二十九卷，删爲六卷，仍以禮服爲經，而傳記羣說爲緯，其有合于經傳者存之，並不拘以時代，使治禮之士，庶幾有所依據，而不惑于新奇可喜之議，是則余之所屬望也哉！

薛先生壽

薛壽字介伯，晚字矺伯，江都人。諸生。性介直，嗜學，幼即著揚州十二經師頌，以志嚮往。祁文端寯藻督江蘇學，賞其精於說文，擢第一。告其友曰：「吾試揚州得二士。」謂劉伯山及先生也。張文襄視學湖北，刱經心書院，課士治經，聘先生主講席，士率其教。先生專力許書，於音韻尤有深造，好以「讀若」例說詩經用韻正轉，又欲分廣韻入聲，緝合、盍爲一部，葉、帖以下爲一部，皆未有成書。著有續文選古字通二十卷、讀經劄記二卷、學詁齋文集二卷、外集二卷、詩集二卷。參揚州府志、劉壽曾撰家傳。

文集

毛詩轉音與說文讀若同例說

訓詁之學，必先聲音，音以分部而明，音亦以分部而生穿鑿。詩三百篇，自顧氏著爲詩音表，厥後婺源江氏、曲阜孔氏、歙江氏有譜各有專書，各立部分；休寧戴氏、金壇段氏於詩音雖無專書，大旨具見聲韻攷及六書音均表，以漸加詳，幾無遺議。惟其中或以爲無韻，或以爲誤字，或以爲方音，各執一說，非通此而窒彼，即强古以就今，此古韻之尚不能無議也。竊意古人詩歌，取乎聲音諧暢，有正音有轉音。詩音之有正轉，猶樂音之有正變，斂哆異讀，清濁隨宜。許氏說文著「讀若」之例，即可見古音之不可一律論也。説文諧聲，即後世言韻之祖，間有某聲，而又言讀若某者，約有二例。其二字異聲者，則音有正轉；其二字同聲者，則音有斂哆，斂哆即後世所謂平側也。昔賢謂古無平側，此不然之説也，但古人不作平側名目耳。顧氏謂一字只有一音，久爲先儒所駁正。蓋古無韻譜，凡讀音相轉，韻即从之。今攷説文「讀若」之字，有與毛詩轉音相爲表裏者，試隨舉證之。遵大路來與贈韻，來之轉音讀如麥，與贈正爲韻也。洪範書疑與徵韻，讀疑如止，亦其證。來之本音在之部，來，古讀釐。贈之本音在蒸部。説文「𨚍，崩聲，讀若陪」；「倗，朋聲，讀若陪」，此即之、蒸之轉音，正與來、贈同例。顧氏以爲缺，江氏改贈爲貽，俱失之。杕杜近與邇韻，近讀如迈，音與記同，與邇正爲韻也。近之本音在諄部，邇之本音在脂部。説文「昕，斤聲，讀若希」；「狋，示聲，讀又若銀」；「敳，豈聲，讀若貇」；「蜦，侖聲，讀若戾艸」；「莙，君聲，讀若威」，此皆脂諄之轉音，正與近、邇同例。江氏韻讀以爲近不入韻，失之。旄丘葛與節、日韻，葛之轉音讀如節，與節、日正爲韻也。葛之本音在脂部，節、日之本音在真部。説文「䛸，臣聲，讀若脂」；「霣，真聲，讀若資」；「癸，八聲，讀若頒；一曰讀若非」；「遂，从彖籀文」；「彪，讀若虙羲氏之虙」，此皆脂、真之轉音，正與葛、節、日同例。江氏韻讀謂葛叶音吉，失之。無將大車疷與塵韻，疷之轉音讀如陳，與塵正爲韻也。疷之本韻在支部，塵之本音在真部。説文「䁐，是聲，讀若珥瑱之瑱」，此即支、真之轉音，正與疷、塵同例。宋劉彝改疷作痕；孔氏改作疧，以自實其陰陽相配之説；戴氏以爲痻字之譌，均失之。常棣戎與侮韻，戎之轉音讀如汝，與侮正爲韻也。瞻卬之鞏與後韻，鞏之轉音讀如固，與後正爲韻也。戎字、鞏字本音在東部，侮字、後字本音在侯部。説文「襱，龍聲。襩，襱或从賣」；賣聲，段列幽部，今据江氏韻讀列入侯部爲確。「軵，从車、付，讀若茸」，此皆東、侯之轉音，正與戎、侮、鞏、後同例。又説文「叢，聚也，从丵取聲」；「絧，同聲，讀若絝襱」。漢志孟康音紂。是皆東、侯轉音之證也。江氏韻讀以戎爲無韻，孔氏以戎與朋爲冬、蒸通韻，顧氏謂鞏字不入韻，江氏韻讀謂之未詳，俱失之。東門之枌原與差、麻、娑韻。原之轉音讀如撝，與差、麻、娑正爲韻也。桑扈那與翰、憲、難韻。那之轉音讀如儺，與翰、憲、難正爲韻也。原之本音在元部，差、麻、娑在歌部；那之本音在歌部，翰、憲、難在元部。説文「楥，爰聲，讀若指撝」，此即歌、元之轉音，正與原、娑、那、難同例。江氏韻讀以原爲歌、元借韻，顧氏、江氏俱以那當从説文作儺，而未言即儺之轉音，俱失之。新臺鮮與泚、瀰韻。鮮之轉音讀如洗，與泚、瀰正爲韻也。谷風怨與嵬、萎韻。怨之轉音讀如畏，與嵬、萎正爲韻也。鮮字、怨字本音在元部，泚、瀰、嵬、萎本音在脂部。説文「⿰舟雚，雚聲，又讀若⿰糹曹」；「⿺走夐，夐聲，讀若繘」，此即脂、元之轉音，正與鮮、瀰、怨、萎同例。顧氏以鮮本音西，以怨字爲無韻；江氏韻讀俱以爲脂、元借韻，失之。文王有聲減與匹韻。減之轉音讀如洫，與匹正爲韻也。減之本音在之部，匹之本音在真部。説文「⿰鼠吏，吏聲，讀若迅」；「䅘，來聲，讀若銀」，此皆之、真之轉音，正與洫、匹同例。段氏、江氏俱謂當从韓詩作洫，改入匹字本部，不知毛詩轉音即讀同洫字也，失之。民勞怓與休、逑、憂爲韻。怓之轉音讀如猱，與休、逑正爲韻也。怓之本音在魚部，休、逑本音在幽部。説文「涸，固聲，讀若狐貈之貈」，此即魚、幽之轉音，正與怓、休、逑、憂同例。江氏韻讀叶音奴愁反，失之。楚茨告與戒韻，抑詩告與則韻。告之轉音讀如亟，亟與急同義，急與告同音，説文「嚳，急告之甚也」。段次急於侵部之入。然六月詩急與飭、服、國韻，爾雅釋訓「佻佻契契，愈遐急也」；「宴宴粲粲，尼居息也」；「哀哀悽悽，懷報德也」。讀急如亟，正之部字也。孔氏詩聲類於之部後附急韻，較段爲優矣。與戒、則正爲韻也。告之本音在幽部，戒字、則字本音在之部。説文缶部「瞉，未燒瓦器也，㱿聲，讀若筩莩」，同土部「坯，一曰瓦未燒，不聲」，兩字不獨義同，而音亦相近。㱿音孚，在幽部；坯音不，讀如陪。在之部，此即之、幽之轉音，正與告、戒、則同例。顧氏於楚茨告不入韻，江氏韻讀謂叶音記，顧氏於抑詩謂末三句無韻，江氏標準亦疑非韻，江氏韻讀謂告叶音棘，均失之。以上録舉十條，即毛詩之轉音與説文讀若之例，略爲檢核，具有條理，始知許氏之書雖專釋義訓，而古韻即在其中，非若後之言韻者，於不能通不能合者，概謂之叶音，或謂之缺韻，求之愈密，失之愈遠，强古就今，所不免矣。善乎嘉定錢氏之言曰：「文字偏旁相諧，謂之正音，語言清濁相近，謂之轉音。正音可以分别部居，轉音則祇就一字相近，叚借互用，而不通於他字。」音有正轉，有叚借，即愚以爲樂有正變之説也。詩以入樂，設無清濁正轉，則必至定以一字厪有一音，其傎甚矣。許氏全書内凡「讀若」字，俱可究古音之正轉，暇時擬另録一册，與毛詩古音互爲釐正，於古韻或不無裨益云爾。

管子書後

余讀管子書七十六篇，竊怪世之譏管子者，皆皮傅之説也。太史公稱管子任政於齊，齊桓公以霸；九合諸侯，一匡天下，管仲之謀也。又言「以區區之齊，在海濱，通貨積財，富國强兵，與俗同好惡。故其稱曰『倉廩實而知禮節，衣食足而知榮辱，上服度則六親固。四維不張，國乃滅亡。下令如流水之原，令順民心』。故論卑而易行。俗之所欲，因而予之；俗之所否，因而去之。其爲政也，善因禍而爲福，轉敗而爲功」。此數語，仲之所以爲民爲國者，可概見矣。而其要則尤在禮，「倉廩實而知禮節」，并「國有四維」語，今在管子第一篇。又云：「何謂四維？一曰禮，二曰義，三曰廉，四曰恥。」君臣篇云：「天有常象，地有常形，人有常禮，兼而有之，人君之道也；分而職之，人臣之事也。」心術篇上云：「君臣父子，人間之事，謂之義；登降揖讓，貴賤有等，親疏之體，謂之禮。」又云：「禮者，因人之情，緣義之理而爲之節文者也。故禮者謂有理也，禮出乎理，理出乎義，義因乎宜。」三句據高郵王氏説改正。心術篇下云：「節怒莫若樂，節樂莫若禮，守禮莫若敬。又見内業篇。外敬而内靜者，必反其性。」版法解云：「凡人君者，欲民之有禮義也。夫民無禮義，則上下亂而貴賤爭。」凡此皆平易之論，與聖人之道無異。傳曰：「安上全下，莫善於禮。」管子殆以禮爲國者歟？而或以雜霸少之，抑知桓之時，諸侯力爭，設非内尊外攘，不足以明法令，非孔子處春秋之時，天下猶知重周室也。齊處海濱之地，魚鹽之利，本其素饒，即以民共知爲利而利之，此即固本之計，爲國計，非爲天下計也。後之論治道者，不知管氏以禮治民，而徒以富國强兵少之，抑知國不富則民貧，兵不强則民弱，貧弱之國，何以爲治？且管氏之富國，因所利而利之，與後世重賦斂，輕名器者不同。管氏之强兵，教民戰而用之，與後世緩則廢弛，急則召募者不同。夫民猶水也，靜之則清，動之則濁。先王以禮靜之，而民不爭，以禮安之，而民不亂。善乎荀卿之言曰：「禮以順人心爲本，故亡於禮而順人心者，皆禮也。」太史公美仲之順民心，故論卑而易行，其即以禮之謂與？或曰：「聖人嘗言，『管氏而知禮，孰不知禮？』子之説何以稱焉？」曰：「此斥當時或人之言，深恐天下後世誤以三歸、反坫爲知禮，而管氏所以以禮治民者，反置不講，故特著之禮。雜記云：『孔子曰：管仲旅樹而反坫，山節而藻棁，賢大夫也，而難爲上也。』又禮器云：『管仲山節藻棁，君子以爲濫矣。』韓非外儲説云：『管仲父庭有陳鼎，家有三歸，孔子曰：良大夫也，其侈偪上。』按諸書所載譏管之語，未有以爲非禮者。孔子因聞或人之言，恐啟後世以僭上亡等之漸，故不得不明辨之。不然，或稱爲賢，或稱爲良，豈不知禮者而能若是乎？吾故即傳所云『安上全下莫善於禮』一語，爲讀管氏書者正之。」

孟瞻交游

阮先生元

別爲儀徵學案。

黄先生承吉

別見白山學案。

包先生世臣

別爲安吴學案。

沈先生欽韓　別爲小宛〔一〕學案。

汪先生喜荀　別見容甫學案。

丁先生晏　別爲柘堂學案。

陳先生立　別見曉樓學案。

劉先生寶楠　別見端臨學案。

張先生穆　別爲月齋學案。

〔一〕「爲小宛」，原空缺，今補。

羅先生士琳

別爲茗香〔一〕學案。

包先生世榮

別見安吴學案。

包先生慎言

別見安吴學案。

姚先生配中

姚配中字仲虞，旌德人。諸生。少穎悟，博覽經史百家，尤嗜易。初得張皋聞虞氏義，因研究李氏集解，以鄭爲主，而參以漢、魏經師，成周易參象，後復定爲周易姚氏學，凡十六卷。又以月令一編，實先王體天窮民之大經，其義一本於卦氣，爲周易通論月令二卷。素嗜琴，時琴學有金陵、常熟、武林三派，而皆出廣陵，先生謂其傳譜多誤，因爲琴學二卷。嘗語涇包慎伯，謂「七絃各有本數、倍數、半數，損益上下，旋相爲宫，以定宫商角徵羽正變清濁之位，而六十律三百六十四聲，俱以和相應。凡吟猱必在角羽位，蓋君臣所有事，皆爲民物，故吟而上，猱而下，往復遲回，必當民物之位也」。慎伯請其鼓琴，先

〔一〕「爲茗香」，原空缺，今補。

生於對几設副琴，鼓半，副琴絃自鳴，几案間杯盎及檽隔時或響應。怪問之，曰：「凡物各有數，數同則聲應。唐書載寺磬無故自鳴，萬寶常爲剋磬成痕，而鳴止，蓋其磬與宫中鐘同數，鐘鳴則磬應，剋之則數與鐘異，故鳴止也。」道光二十四年卒，年五十三。參史傳。

周易姚氏學序

天一地二，天三地四，天五地六，天七地八，天九地十，何也？一也。一者元也，元者易之原也。是故不知一者，不足與言易。元藏于中爻，周其外，往來上下，而易道周。是故不知周者，不足與言易。日月爲易，坎、離相推，一陰一陽，窮理盡性。是故不知太極之始終者，不足與言易。爻畫進退，變化殊趣，差之毫釐，謬以千里。是故不知四象之動静者，不足與言易。聖人設卦，觀象繫辭，擬議動頤，言盡意見。是故不知繫辭之旨者，不足與言易。樂、詩、禮、書、春秋五者，五常之道，而易爲之原。是故不通羣籍者，不足與言易。師儒授受，别派專門，見知見仁，百慮一致。是故不深究衆説之會歸者，不足與言易。以十翼爲正鵠，以羣儒爲弓矢，博學以厚其力，思索以通其神，審辯以明其旨，則庶幾其不遠也。夫覽總大要，論附篇首。

贊元第一

元發爲畫，畫變成爻，爻極乃化。一一謂之畫，卦首六畫是也。九六謂之爻，畫之變也。伏羲之易有畫，无九六之爻。

文王發揮剛柔，乃增以九六之爻，諸所稱初九、初六皆是也。乾鑿度云：「夫八卦之變，象感在人。文王因性情之宜，爲之節文。」鄭康成注云：「人情有變動，因設變動之爻以效之。」揚雄解難云：「宓羲氏之作易也，緜絡天地，經以八卦。文王附六爻。」司馬季主云：「伏羲作八卦，文王演三百八十四爻。」漢書藝文志云：「文王重易六爻，作上下篇。」淮南子要略云：「伏羲爲之六十四變，周室增以六爻。」高誘注云：「八八變爲六十四卦，伏羲示其象。周室，謂文王也。」據此，是文王增爻，故鄭以爻辭爲文王作。爻者，畫之變也，六十四卦，皆八卦之經緯，故揚雄等但言八卦，義與淮南子同。鄭氏用九注云：「六爻皆體乾，羣龍之象也。舜既受禪，禹與稷、契、咎繇之屬竝在於朝。」是鄭氏以六爻爲禹，稷諸人，而舜則用九者，不在六爻之數，所謂乾元也。虞氏坤彖注云：「坤含光大凝，乾之元，終於坤亥，出乾初子。」謂乾元藏於中，坤含光大凝，乾元則坤元也。坤元亦不在六爻之數。而「復，德之本也」，虞注云：「復初乾之元者，以元不可見，終亥出子，藏於中宮，因其始動，以目其未動，故獨繫之復初。復初陽始來復，天地之心也。」虞所謂隱初入微，陽始來復，未著成爻也。是虞義與鄭同。荀氏「大衍之數五十」，注云：「卦各有六爻，六八四十八，加乾、坤二用，凡有五十。乾初九『潛龍勿用』，故用四十九。」其說五十，雖似與鄭異，鄭義以天地之數五十五，五行減五，故五十。似與荀異，但既減五，即以象八卦爻數及二用，義互相濟也。而云加乾、坤二用，則亦以乾元、坤元不在爻數，用九、用六，實有用之者矣。云初九「潛龍勿用」，故用四十九者，蓋亦以乾元隱初入微，義與虞同。文言傳云：「陽氣潛藏謂元，「龍蛇之蟄以存身」，喻元。虞注云：「陰息初巽爲蛇，陽息初震爲龍」，亦即復初乾元之義。乾元隱於復初，則坤元隱於姤初可知。下也釋爻。」乾元隱初乃中宮，非也。自初至終，无非元之所爲。元實起於一卦之始，而舉其義於一卦之終，以見元无不在，非上九之後，又有用九也。故既云加乾、坤二用，又云「潛龍勿用」，指元爲説，即用九乾元，元藏中宫，萬物之始。謂非元用而初爻不用。惠氏棟因荀義而以初九爲元，爲太極，未之審也。馬以一爲北辰，京以一爲天之生氣，辭異而義悉同也。夫資始者天，資生者地，乾元資始，父道也；坤元資生，母道也。娠身者母，致養者坤，故坤元獨包四十八而爲之母。萬物資始於乾元，而致養於坤元，故合五十爲大衍太極之全數也。京房云：「其一不用，天之生氣，將欲以虚來實。」馬融云：「易有太極，北辰是也。北辰在中不動，其餘四十九轉運而用也。」鄭氏云：「極中之道，淳和未分之氣也。」鄭義蓋兼五十爲説，京、馬則言其一策。崔憬云：「四十九數合而未分，是象太極也。今分爲二，以象兩儀矣。」是崔以四十九爲太極。案資始資生，乾元一策不與而實與焉。鄭總五十義兼諸説，諸説合義始備，故崔又云：「捨一不用者，以象太極虚而不用也。」至崔以天一地四爲大衍所不管，則失之。李鼎祚駁之，是也。許氏説文云：「惟初太始，道立於一，造分天地，化成萬物。」此則元之所以爲元也。董子春秋繁露重政云：「元猶原也。」何休公羊注〔一〕云：「元者氣也，無形以起有形，以分造起天地，天地之始也。」乾鑿度云：「夫有形生於無形，乾坤安從生？故曰有太易，有太初，有太始，有太素。太易者，未見氣也；太初者，氣之始也；太始者，形之始也；太素者，質之始也。氣、形、質具而未離，故曰渾淪。渾淪者，言萬物相渾成而未相離。視之不見，聽之不聞，循之不得，故曰易也。易無形畔。」觀此諸義，可以知元矣。漢書律曆志云：「十一月乾之初九，陽氣伏於地下，始著爲一。萬物萌動，鍾於太陰，故黄鍾爲天統，律長九寸，九者爲究極中和，爲萬物元也。」云「始著爲一」，云「究極中和，爲萬物元」，則其所謂元，非初九明矣。其所謂太陰，即坤元藏乾元者也。合乾、坤之元，謂之太極，故志又云：「太極，中央元氣。」蓋元者視之不見，

〔一〕「注」，原作「江」，形近而誤。

聽之不聞，範圍不過，曲成不遺，在天成象，在地成形，見乃謂之象，形乃謂之氣，皆元也。」參同契云：「用九翩翩，爲道規矩，陽數已訖，訖則復起。推情合性，轉而相與，循環璇璣，升降上下，周流六爻，難可察覩，故无常位，爲易宗祖。」故曰八卦成列，象在其中矣。乾坤成列而易立乎其中矣。彖者言乎象，卦畫者元之象也；爻者言乎變，九六者畫之變也。亦即元之變，乾鑿度云：「易有六位，六位之變，陽爻者制於天也，陰爻者繫於地也。」案六位之變，謂六畫變成爻。謂之變者，畫變而爲爻，謂之爻者，效天下之動者也。乾鑿度云：「一變而爲七，七變而爲九，九者氣變之究也。」又云：「陽動而進，陰動而退，故陽以七、陰以八爲彖。陽動而進，變七之九，象其氣之息也；陰動而〔一〕退，變八之六，象其氣之消也。」鄭注云：「彖者，爻之不變動者，即畫畫。九六，爻之變動者。」大過九五虞注云：「荀公以初陰失正當變，數六爲女妻，二陽失正，數九爲老夫。以五陽得正位不變，數七爲士夫，上陰得正，數八爲老婦。」按：荀雖以六爲女妻，八爲老婦，失老少之義。然觀其當變不變之旨，則亦以七變九，八變六，由七八而變爲九六，與乾鑿度同，非陰變陽，陽變陰之謂也。革九五「大人虎變」，宋衷注云「九者變爻」，亦謂九爲七之變。若云變之陰，則五失位矣，何大人虎變之云乎？一變而爲七，是今陽爻之變，畫是也。繫辭傳云：「爻象動乎內。」爻之本象，卦首六畫是也。七變而爲九，是今陽爻之變，爻爲畫所變，諸稱九六，皆由畫變也。八變而爲六，「八」今本誤作「二」，據乾鑿度正文改正。是今陰爻之變，二變而爲八；「二」今本誤作「六」，據乾鑿度正文改正。是今陰爻之象，然則畫者七八，由七八而變爲九六，是之謂變。由變而通陰陽，易乃謂爲化。卦畫一，一而以爲七八者，繫辭傳云：「聖人有以見天下

〔一〕「而」，原缺，據前後文義補。

之賾，而擬諸其形容，象其物宜，是故謂之象。」畫一，一象其賾也。所謂剛柔立本，一變爲七，二變爲八，七八之義即在是矣。乾用九傳云：「乾元用九。」象傳云：「大哉乾元。」坤象傳云：「至哉坤元。」虞以復初爲乾元。荀以潛龍爲不用之一策，皆推本言之。爻畫之所由生也，唐志一行議「陽七之靜始於坎，陽九之動始於震，陰八之靜始於離，陰六之動始於兑」。案：冬至陽生，爲陽之始，一變爲七，是爲正東，故陽七之靜始於坎。至正東則陽已成七，七爲變之始，七變而九，是爲東南，故陽九之動始於震。由一而七，由七而九也。三微成著正東，陽乃著見，成畫七也。冬至之陽，是爲賾元也，正東陽已出地，乃有形容，七也。故曰「聖人有以見天下之賾，而擬諸其形容，象其物宜，是故謂之象」。此由元而成畫者也。陽九之動始於震，由正東至東南，七變成九，此由畫而成爻也。夏至陰生，陽極則化，陰盛西北，陽化而伏矣。陰八之靜，陰六之動，義亦如此。以此推之，賾與爻畫昭然可知矣。擬諸形容，是爲人，天下之賾則心也。太玄「礥初一，黄純於潛，不見其畛，藏鬱於泉。」測曰：「黄純於潛，化在嘖也」。亦即元藏不見，藏於中宫之義。玄告云：「天以不見爲玄，地以不形爲玄，人以心腹爲玄。」玄即元也。有是人，當有是事，是曰物宜，宜如此而未如此者也。故君子居則觀其象，喜怒哀樂之未發爲中也；及其動則典禮行焉，君臣、父子、夫婦、昆弟、朋友各行其所當行。故曰聖人有以見天下之動，而觀其會通，以行其典禮。繫辭焉，以斷其吉凶，是故謂之爻。典禮行則得失著，故吉凶斷也。乾鑿度云：「夫八卦之變，象感在人，文王因性情之宜爲之節文。」鄭注云：「人情有變動，因設變動之爻以效之。」蓋九六之爻根於畫，如人喜怒哀樂之發本於性，而得失則斷以禮。性偏者發亦偏，性正者發亦正。偏則失，正則得，吉凶之斷，以是分焉，所謂爻象動内而吉凶見外者也。畫之未動也，其吉者是曰吉人，其凶者是曰凶人。吉凶者，宜也，未來之吉凶也。吉人動而爲吉事吉報焉，凶人動而爲凶事凶報焉，已來之吉凶也，所謂見乎外，生乎動也。此畫之變而爲爻者也。若凶人遷而之善，吉人而返爲不善，則皆化矣。得位之化，由内而外，其基深，其化難，根於六畫之定位也。失位者，其化易，所當化者，即伏於本位也。得位之化，化之外，失其本也；失位之化，化之内，反其常也。是故彖辭或言其人，卦畫。或言其人本其生，元。或即其人度其事。動也，如屯「利建侯」，傳申之云「宜建侯」，則是度之可知所謂宜也。爻辭或言其變，九六。或本其畫以及其變，或即其變以溯其畫，或由其變以推其化。是以道立於一，以一函三，元是也，太極元氣函三爲一，有天、地、人道焉。發爲六畫，是爲三才。才，材也，始也。未極，故曰才。彖者，材也。六畫者，三才之道。天、地、人，材始之道也。六畫既變，則曰爻，爻效天下之動也，是爲三極。六爻之動，三極之道，由才而極也。陽極於九，陰極於六也。問者曰：「元發爲畫、爲爻，爻畫不得直謂之元，則元安在？」答曰：「在坤中。於辰爲戌亥，乾元藏於坤元中也。乾元爲精陰凝焉，謂之血，說卦傳：「戰乎乾，乾西北，戌亥之交也。」乾鑿度云：「乾、坤相竝俱生。」又云：「乾、坤氣合戌亥，謂坤元藏乾元也。」此即太極。繫辭傳「男女搆精」，虞云：「乾爲精。」坤上六「龍戰于野，其血玄黃」，文言傳云：「猶未離其類也，故稱血焉。陽爲陰所凝，故曰血。」荀九家云：「血以喻陰也，此乾元伏藏胎養之始也。」唐志一行議：「乾盈九，隱乎龍戰之中，故不見其首。」蓋亦以坤上龍戰爲乾元之藏也。虞氏所謂『坤含光大，凝乾之元』，以坤牝陽者也。坤文言虞注云：「以坤牝陽滅，出復、震爲餘慶，又其衰世之意邪？」注云：「乾終上九，動則入坤，陽出復、震，入坤出坤。」又言：「陰陽相薄也。」注云：「薄，入也。坤十月卦，乾消剥入坤。」鄭「七日來復」注云：「建戌之月，以陽氣既盡，建亥之月，純陰用事，至建子之月，陽氣始生。」是亦謂建亥之月陽氣伏藏也。參同契云：「化氣既竭，亡失至神，道窮則反，窮乎乾元。」其於爻則伏於初，初者，卦之極下而極中者也。伏而未發，是爲幾、爲賾。虞氏大過象傳注云：『初陽伏巽中，體復一爻，潛龍之德。』據此，可知陽氣潛藏謂元矣。又『其益无方』，注云：『陽在坤初爲无方。』『寂然不動』，注云：『隱藏坤初，機息矣。專，故不動者也。』據虞諸注，則其所謂復初乾元，謂始伏復初，非已著成爻象明矣。所謂在坤初伏巽中也。姚信『精義入神，以致用也』，注云：『陽稱精，陰爲義，入在初也。陰陽在初，深不可測，故謂之神。變爲姤、復，故曰致用也。』夫曰深不可測，曰變爲姤、復，則所謂在初者，亦入而伏於初，未成復、姤時也。荀：「復其見天地之心乎？」注云：「復者，冬至之卦，陽起復初，爲天地心。」亦謂陽方來復，非謂已著成一爻，義與虞、姚同。是故全卦之氣隱伏，初探賾索隱，鉤深致遠，探索此，鉤致此也。易氣從下生，實從中生，據畫云下耳，全卦之氣罔不畢具，是之謂元，故聖人得而擬議之。「聖人有以見天下之賾」，虞注云：「賾謂初，象謂三才，八卦在天也。庖犧重爲六畫也。」據此，是虞以賾爲全卦之氣所伏，聖人因從而擬議之，以成六畫也。又「探賾索隱」，注云：「賾，初也，初隱未見，故探賾。」案：未見亦謂伏。又言「天下之至賾而不可亞也」，注云：「至賾无情，陰陽會通，品物流形，亦乾簡坤易之至也。元善之長，故不可亞。」蓋虞實以爲全卦之氣伏於初，无有遠近幽深，遂知來物者以此；定吉凶、成亹亹者亦以此。以其雖賾而全卦之氣畢具，故可得而擬議也。元者一也，故曰天下之動貞夫一。虞注云：「一謂乾元，萬物之動，各資天一陽氣以生。」案：全卦之氣伏於初，六畫六爻悉由以生。發爲六畫，變爲六爻，以一貫之耳。「時乘六龍」，荀九家云：「時之元氣以王而行，履涉衆爻，是乘六龍也。」乾初九干寶注云：「初九，乾元所始也，謂初爲乾元著見之始，則六畫六爻罔非元之所爲矣。」知幾其神，見其賾也，聖人蓋有所以知之者矣。虞「知幾其神乎」，注云：「幾謂陽也，陽有復初稱幾。」又「非天下之至神」，注云：「至神，謂易隱初入微，知幾其神乎！」案：初隱未見，幾即賾也。

釋數第二

天一、地二、天三、地四、天五、地六、天七、地八、天九、地十，十亦一也。以一始，以一終，自一至十，不過因始、壯、究而易其名耳。凡爲天之所包者，皆以一統之，爲易之所有者，皆以一貫之。所謂易有太極，太極元氣，函三而爲一者也。靈樞陰陽繫日月篇云：「且夫陰陽者，有名而無形，故數之可十，推之可百，散之可千，推之可萬。」說文云：「惟初太始，道立於一。」乾鑿度云：「易變而爲一，一變而爲七，七變而爲九。九者，氣變之究也，乃復變而爲一。一者形變之始，輕清者上爲天，濁重者下爲地，物有始、有壯、有究，故三畫而成乾。乾坤相竝俱生物，有陰陽，因而重之，故六畫而成卦。陰陽合，謂之一，太極是也。漢志云：「太極中央元氣。」淮南子原道云：「所謂無形者，一之謂也。所謂一者，無匹合於天下者也。」別而言之，則陽一而陰亦一。一陰一陽之謂道。陽始於一，其動也直丨是也；陰始於一，其動也闢二是也。說文云：「丨，上下通也。二，地之數也。」案：闢則分二即一，縱横異耳。干寶坤初注云：「陽數奇，陰數偶，是以乾用一也，坤用二也。乾用一即一，坤用二即一也。」以丨遇一，貫而成十，始於一，終於十，十則五行生成之數備矣。說文云：「十，數之具也，一爲東西，丨爲南北，則四方中央備矣。」案：一至五，五行生數；六至十，五行成數。陽動也，直在地上爲丄，在地下爲丅，貫地中通上下則爲十，爲中，皆丨也。說文云：「丄，高也。丅，底也。中，内地。从口丨，通上下。」其始生之難也，則爲屯；冤曲而不得伸，是爲乙；以言其覆，則下垂而爲冂，回轉而爲口，爲回，皆一也。所謂乾爲天、爲圜者也。說文云：「屯，難也，象艸木之初生，屯然而難，从屮貫一，一地也，尾曲。易曰：剛柔始交而難生。」「乙，象春艸木冤曲而出，陰氣尚彊，其出乙乙，與丨同意。」「冂，覆也，象一下垂也。」「○，回也，象回帀之形，回，轉也。回，古文。」

淮南子天文云：「道曰規，始於丅。」規即爲圜之義。大玄：「礥象屯，次二黄不純，屈於根。」説文尾曲之義，蓋本太玄。屯居乾、坤後，象氣之初生，不得伸而尾曲者也。陽以一圍口是也。夏至陽極陰欲萌，陽包乎陰，卦爲離。離爲日，日者實也，陽在外故實，而火外明也。冬至陰極陽欲萌〔一〕，陰包乎陽，卦爲坎。坎爲月，月者闕也，陰在外故闕，而水内明也。離、坎之中，陰陽所緼，視之不見，聽之不聞，无聲而无臭者也。坎、離合成既濟，乾元託位於五，坤元託位於二，二五氣通，合之一太極也。日月爲易，而不可見者見矣。説文云：「日，實也，太陽之精不虧。」「月，闕也，太陰之精。」案：二至陰、陽伏而不可見，天地之體渾圜也，卦畫不能渾圜，故坎、離中畫有陰陽之象。陽氣荄於亥，妊於壬，十月陽伏而陰妊，陰包於外，陽伏於中，於文爲包。包，從勹巳。勹，陰也。巳，陽也，陽盛於巳，包从巳象，陽之屈曲於中也，故曰龍蛇之蟄以存身。於時陰氣在外，閉而成一。陽一於中，陰一於外，陽起子遇陰，剛柔始交，屯然而難，不得伸而曲，所謂尺蠖之屈，以求信者也。易於否、泰、姤、蒙爻辭言包，取相交之義，所謂天地交，天地相遇也。説文云：「亥，荄也，十月微陽起接盛陰。从二，二，古文上字，一人男，一人女也。从乙，象褱子咳咳之形。」「壬，位北方，陰極陽生，故易曰『龍戰于野』。戰者，接也。象人褱妊之形。」「包，象人褱妊，巳在中，象子未成形也。元氣起於子。子，人所生也，男左行三十，女右行二十，俱立於巳，爲夫婦。褱妊於巳，巳爲子〔二〕，十月而生〔三〕。男起巳至寅，

〔一〕「陰極陽欲萌」，原作「陽極陰欲萌」，據文義乙。
〔二〕「爲子」，原作「子也」，據説文改。
〔三〕「生」，原作「起」，據説文改。

女起巳至申，故男年始寅，女年始申也。」案：元氣起於子，子人所生，人之元即卦之元也。男左行，女右行，謂從子左行，從子右行，故男三十立於巳，女二十立於巳。男起巳至寅亦左行，女起巳至申亦右行，皆十月。高誘淮南子氾論篇注義與説文同，疑其即本許氏也。元起於子，元是也。十月而生，卦是也。生之始也，三十、二十爲夫婦，象天三覆，地二載。昏期也，爻是也。褢妊於巳，則又陰陽接，變則化矣。十一月一陽生，據其初生之形，是爲小，所謂復小而辯於物，陰陽之物辯之於早也。至艮東北，陽浸長，陰分爲二，陽從中生，是爲三，中一陽，而外二陰，乾鑿度所謂「易始於一，分於二，通於三者也」。陽由下生，陰自上降，故爲寅、爲甲。由寅甲而卯乙，乙象陽生，卯象陰闢，以丨交一，變而成七。陽雖升，其未升者仍曲尾也，故七陽上升，則陰氣分别而降。一變爲八，八，别也，一之變也。正東震，少陽七位焉；東南巽，少陰八伏焉。陽氣究於九，九者，升極而還復之形也。於時建巳，陽究於外，陰屈於中，陽極將入，是爲丙己，純陽之月。九，老陽之數，九也者，一之究也。説文云：「小，物之微也，从八，丨見而分之。」「寅，髕也。正月陽氣動，去黄泉，欲上出，陰尚彊，象宀不達，髕寅於下也。」「甲，東方之孟，陽氣萌動，从木戴孚甲之象。」「卯，冒也，二月萬物冒地而出，象開門之形，故二月爲天門。」「七，陽之正也。从一，微陰从中衺出也。」案：微陰當作微陽。又云：「八，别也，象分别相背之形。」「九，陽之變也，象其屈曲究盡之形。」「巳，已也，四月陽氣已出，陰氣已藏，萬物見成文章。」「丙，位南方，萬物成炳然，陰氣初起，陽氣將虧。从一入冂，一者陽也。」至午陰生，夏至離，陰陽始遇，交爲乂，陰欲上，陽欲下，故交，皆衺出。乂轉而爲十，陽直下行，陰見地面也，是爲十。十者，乾、坤之合也。説文云：「午，啎也。五月陰氣午逆陽，冒地而出。」「五，五行也。从二陰，陽在天地間交午也。乂古文。」正月陽上行，故爲寅、爲甲，中央陽下行，故爲戊己。戊己者，中宫也，陽氣之出，出自中宫。其入也，入於中宫。其藏也，藏於中宫。中宫者，中央之宮，四方之所交會也，是之謂中。春秋之中，陽氣上下各半，是之謂十。所謂陰陽合德，而剛柔有體，以體天地之撰，以通神明之德者也。說文云：「戊己，中宮也。」案：中央土，其數五。陽降則陰又分，至正秋，陰成，體於上而分於下，卦爲兑，數爲𠨐。卯，象上合而下分也。合於上者陰體成，分於下者陽退未盡也。月建丣，丣爲春門，萬物以出；故一丣爲秋門，萬物以入，故卯。是故闔户謂之坤。自丣至亥，陽入而陰闔也，所謂其靜也專，其靜也翕，陽靜轉陰，斯翕矣。闢户謂之乾，自丣至巳，陽出而闢陰也，所謂其動也直，其動也闢，陽動直陰，斯闢矣。閉户則陽出，故謂之乾；闔户則陰閉，故謂之坤。說文云：「四，陰數也。𠨐〔一〕古文四。」「丣，古文酉，从𨚔〔二〕。」𨚔〔三〕爲春門，萬物已出；丣爲秋門，萬物已入。一，閉門象也。」陽升爲丄，降爲丅，丄丅合，是爲十。十者何？一陰而一陽，一縱而一横也。淮南子時則云：「天爲繩，地爲準。」一縱一横，陰陽交，故易爻取相交之義焉。說文云：「爻，交也，象易六爻頭交也。」案：爻字重乂交爲乂，轉爲十也。陰陽交而數變也，陽自午至戌、亥，消入中宮，伏而藏於戌，荄於亥，故月建戌亥。戌从戊含一。一者，陽也；亥者，荄也。戌亥之交，乾位在焉。於時爲冬，陰盛於上，數爲六。六从入从八。从入者，極將返也；从八者，陽將升也。於時龍戰於野，陰陽接壬，妊而子滋，周而復始矣。坎，水位焉，所謂血卦也。說文云：

〔一〕「𠨐」，原作「丣」，據説文改。

〔三〕〔三〕「𨚔」，原作「丣」，據説文改。

「戌，滅也，九月陽氣微，萬物畢成，陽下入地也。五行土〔一〕生於戌，盛於戌，从戊含一。」「亥，荄也。」亥而生子，復从一起。六易之數，陰變於六，正於八。从入从八，子十一月，陽氣動，萬物滋，入以爲稱，象形。史記律書云：「子者，滋也，滋者，言萬物滋於下也。」二至陰陽藏於中，謂之中；二分陰陽交，謂之和。中者中也，和者十也。案：十者一縱一横，天地之交，陰陽之合氣，天氣下降，地氣上騰，和氣生物者，故春秋中爲和。淮南子氾論云：「天地之氣莫大於和，和者陰陽調，日夜分，而生物。春分而生，秋分而成，生之與成，必得和之精。」董子循天之道云：「天有兩和，以成二中。北方之中用合陰，而物始動於下；南方之中用合陽，而養始美於上。其動於下者，不得東方之和不能生，中春是也；其養於上者，不得西方之和不能成，中秋是也。起之不至於和之所不能生養；長之不至於和之所不能成。成於和，生必和也；始於中，止必中也。中者，天地之始終也，而和者，天地之所生成也。是故陽之行，始於北方之中，而止於南方之中；陰之行，始於南方之中，而止於北方之中。中者，天地之太極也。中之所爲而必就於和；和者，天地之正也，陰陽之平也，其氣最良，物之所生也。」是以氣之升降也，引而左則左，引而右則右；左右交是爲乂；自上而下，自下而上，是爲丨；自左而右，自右而左，是爲一；交於中，則爲十。案：三七九皆乾一，交坤一而變；二四六八皆坤一，交乾一而分。五與十，則陰陽之合也。自一至十皆一耳。淮南子精神云：「萬物統而爲一，能知一，則無一之不知也；不能知一，則無一之能知也。」禮運曰：「夫禮必本於太一，分而爲天地，轉而爲陰陽，變而爲四時。」董子曰：「天地之氣，合而爲一，分爲陰陽，判爲四時，列爲五行。」五行相生文。然則一者數之原，萬之統也。時行則與之偕行，時極則與之偕極，皆元之貫而易之周也。虞氏「鼓之舞之以盡神」，注云：「神，易也。」

〔一〕「土」，原作「十」，據説文改。

又「非天下之至神」，注云：「至神，謂易隱初入微，知幾其神乎？」又「乾、坤，其易之緼邪」？注云：「易麗乾藏坤，故爲易之緼也。」案：神即一，一即易，易即太極。陰陽不測謂之爲神；淳利未分謂之太極；簡易、變易、不易謂之爲易；以一統萬謂之爲一；統萬謂之爲一，无形以起，有形以立，謂之爲元。隨義生稱者也。

定名第三

周，密也，遍也，言易道周普，所謂周流六虚者也。孔穎達三代易名論引證易贊及易論云：「夏曰連山，殷曰歸藏，周曰周易。連山者，象山之出雲，連連不絶，歸藏者，萬物莫不歸藏於其中；周易者，言易道周普，无所不備。」是鄭不以「周」爲代名。春官：「太卜掌三易之法，一曰連山，二曰歸藏，三曰周易。」注云：「連山似山出内氣也，歸藏者萬物莫不歸而藏於其中。」賈疏云：「連山易其卦以純艮爲首，艮爲山，山上山下是名連山，雲氣出内於山，故名易爲連山。歸藏易以純坤爲首，坤爲地，故萬物莫不歸而藏於中，故名易爲歸藏也。鄭雖不解周易，其名周易者，連山、歸藏皆不言地號，以義名易，則周非地號。以周易以純乾爲首，乾爲天，天能周帀於四時，故名易爲周也。」案：賈蓋本鄭易贊爲説是也。孔穎達云：「案世譜等書，神農一曰連山氏，黄帝一曰歸藏氏。既連山、歸藏竝是代號，則周易稱周，取岐山之陽地名。」其説非也，連山、歸藏果爲代號，夏、殷何取，因而不革？神農、黄帝所以有連山、歸藏之稱，亦以有連山、歸藏之易而有是稱，猶之明於農則稱神農；有軒冕輪轅之制則稱軒轅，名隨事舉，非古聖之所自名也。不然，上古質，何代名反若是多邪？繫辭傳云：「易與天地準，故能彌綸天地之道。」又云：「知周乎萬物。」又云：「周流六虚。」蓋易之爲書，始終本末，上下四旁，无所不周，故云周也。孔氏又謂「文王作易之時，周德未興，猶是殷世，故題周别於殷」，更非通論。是時周未有天下，文王又在患難，事暴辛，題周别殷，不唯非明哲保身之道，亦非有二服事之心也。且易非文王一人之書，顧以一代盡揜前王邪？此必不然矣。又案：白虎通號篇云：「夏者，大也。殷者，中也。周者，密也，至也，道德周密，無所不至也。」據此，則代名竝不取岐陽之地矣。太卜注杜子春云：「連山處戲，歸藏黃帝。」鄭不以爲非。趙商問：「連山處戲，歸藏黃帝，敢問杜子春何由知之？」鄭答云：「此數者，非無明文，改之無據，且從子春。近師皆以爲夏、殷也。」使連山爲神農氏號，杜子春不應誤以爲處戲，鄭何至沿其誤而不改，且鄭云「近師皆以爲夏、殷」，則竝不以連山處戲爲誤，祇辯處戲與夏耳。連山非地號，益昭然矣。其不言易周何？「周」而後知「易」也。天之行度名曰周，北辰之居謂之極，因天之運行不一知天之極，故曰「乾坤成列而易立乎其中矣」。天不運行，无由知極，故曰「乾坤毁无以見易」。天非極，則運行差，周非易，斯流行亂，故曰「易不可見，則乾、坤或幾乎息」。一經皆陰陽之周流，乾、坤變化皆易所爲。乾坤，易之緼，易藏於乾、坤之中。周者，乾坤之陰陽，而易則元也。是故夫易，聖人所以崇德而廣業，崇德謂易，廣業謂周。易无體也，无不體也；无思也，无不思也；无爲也，无不爲也，故曰「寂然不動，感而遂通天下之故」。其大无外，其小无内者也。吕覽下賢云：「以天爲法，以德爲行，以道爲宗，與物變化而無所終窮。精充天地而不竭，神覆宇宙而無望，莫知其始，莫知其終，莫知其門，莫知其端，莫知其原，其大無外，其小無内，此之謂至貴。」何以知其周？天之周不可知，以列宿及七政之躔次知之；易之周不可知，以爻畫之往來升降知之。是故見乃謂之象，形乃謂之器，陰陽不測，妙萬物謂之神，神妙萬物，无所不周，不過不遺，不可一方名也，故曰「神无方而易无體」。往而還反，終而復始，无一息之停，一毫之間不得其端，莫窮其極也，是曰周易。周天之度，人强名耳，何所起止乎？故曰：「天下之動，貞夫一。」揚雄以太玄象易，以易爲玄也。易不可見，以六十四卦見之，故統六十四卦名爲易。玄不可見，以八十一首見之，故合八十一首號爲玄。卦義明而易著，虚者實矣。玄攡云：「夫玄，晦其位而冥其畛，深其阜而眇其根，攘其功而幽其所以然者也。」玄都序云：「馴乎玄，渾行無窮，正象天。」此即周易之謂也。太玄周次二「植中樞，周無隅」。樞者易也，元也。周無隅，是卦爻也，卦爻周而復始，故无隅，命之曰周。元用卦爻，簡易、變易、不易之所以然，元實主之，謂之爲易。卦爻周而易行，是曰周易。桓譚新論云：「伏羲氏謂之易，老子謂之道，孔子謂之元，而揚雄謂之玄。」物得一而生，一即物而存，中庸云：「鬼神之爲德，其盛矣乎！視之而不見，聽之而不聞，體物而不可遺。」呂覽圜道云：「一也者，齊至貴，莫知其原，莫知其端，莫知其始，莫知其終，而萬物以爲宗。」論人云：「凡彼萬形，得一後成。」故乾元萬物資以始，坤元萬物資以生。易之爻策萬物也，而始生之者元也。元者一也，一者易也。董子重政云：「唯聖人能屬萬物於一，而繫之元也。」又云：「春秋變一謂之元，元猶原也。」何休公羊注云：「變一言元，元者氣也。無形以起，有形以分，造起天地，天地之始也。」乾鑿度云：「昔者聖人因陰陽定消息，立乾坤，以統天地。夫有形生於无形，乾坤安從生？故曰有太易，有太初，有太始，有太素也。太易者，未見氣也。太初者，氣之始也。太始者，形之始也。太素者，質之始也。氣形質具而未離，故曰渾淪。渾淪者，言萬物相渾成而未離，視之不見，聽之不聞，循之不得，故曰易也。」呂覽大樂云：「太極出兩儀，萬物所出，造於太一，化於陰陽。道也者，視之不見，聽之不聞，不可爲狀，有知不見之見、不聞之聞、無狀之狀者，則幾於知之矣。道也者，至精也，不可爲形，不可爲名，强爲之謂之太一。」案：太一即一也。故合六十四卦，三百八十四爻，萬千五百二十策，而目之爲周易。言其周流而无不遍者，皆易也。是故乾元用九，坤元用六，一經皆九六，九六皆元之用，元即易也。元之用九六，終始一經，即周也。一經之卦各六爻，六爻者，三極之道而元用之，是元之以一貫三矣。説文云：「王，天下所歸往也。」董仲舒曰：「古之造文字者，三畫而連其中謂之王。三者，天地人也，而參通之者王也。」孔子曰：「一貫三爲王。」王部文。用是例焉，則元之爲元，其用九而用六者，亦貫之而已矣。董子曰：「王者人之始。」王道文。又曰：「君者國之元。」

立元神文。六官之屬三百六十，王爲之元；六十四卦三百八十四爻，元爲之君也。元藏於中，故易爻貴中。五上之中，乾元託位；二下之中，坤元託位，二五相應，二而一者也。是以土位中央，元神藏焉，貫地中，通上下，而易之所緼可知矣。易者易也，變易也，不易也。六十四卦皆兼三義，禮義之經，權陰陽之消息也。乾鑿度云：「易者易也，變易也，不易也。」鄭易贊及易論依用之。陰陽之義配日月，故易字从日月，象陰陽也。釋文引虞翻參同契注云：「字从日下月。」案：參同契云：「坎戊月精，離己日光，日月爲易，剛柔相當。」漢徐景休注云：「易謂坎、離，坎、離者，乾、坤二用，二用无爻位，周流行六虛。易者象也，懸象著明，莫大乎日月。」說文：「易，蜥易，蝘蜓，守宮也。象形，祕書說日月爲易，象陰陽也。一曰从勿。」據一曰从勿之言，則「易」字本象蜥易之形，不从勿，此蜥易字也。若周易字，則从日下月，與象形蜥易字不同。後渾爲一，故復引祕書說，以明周易字爲日下月，因渾爲一，遂以象蜥易之易，假作周易之易，而其義則自爲日月象陰陽，无取蜥易，故以祕書說明之。其云一曰从勿，則承上象形而言，謂象形易字，亦或以爲从勿，无關日月爲易之義，其旨顯然。或乃以蜥易訓周易，是則彖必訓豕走，象必訓南越大獸，三年一乳者矣。後儒好爲異說，往往字有本訓，舍而之它字；係假借，則必求本訓，以衒新奇。周流蜥易，故不可通，周家蜥易，復成何語？小不足觀，徒泥大道。又案：禮記疏引鄭六藝論云：「易者陰陽之象。」義與祕書說同。易兼三義，三義之著，莫過日月，長短、分至、弦望、晦朔皆兼三義，懸象著明，莫大乎此矣。以乾、坤爲首者，陰陽之元也。乾元藏於戌，荄於亥。坤十月卦，陽伏而陰妊。乾初曰潛龍，坤上曰龍戰，皆謂元也。乾、坤成既濟，離日坎月，乾、坤以日月戰陰陽，故上經以坎、離終，下經以既濟、未濟終。天之道非日月不彰，易之道非坎、離不著。坎、離者，乾、坤之中氣，易之緼也。日往月來，月往日來，一陰一陽，往來屈信，而易道周。終於既濟、未濟，未濟六爻失正，則又陽分爲陽，陰分爲陰，自乾、坤起矣，故曰既濟定，定則不易，未濟窮，窮則通。未濟思所以濟之，是以易字从日下月，一未濟象也。每卦必成既濟，反之正也。卦成既濟，故卦爻辭每云利涉。涉者，濟也。成既濟，則六爻正，故利涉。聖人作易，撥亂反正，以乾爲首，象首出之大人焉。易者，彌綸天下之道，而爲五常之原者也。漢志云：「樂、詩、禮、書、春秋五者，五常之道，而易爲之原。」大戴保傅云：「春秋之元，詩之關雎，皆慎始敬終云爾。」公羊疏引春秋説云：「伏羲作八卦，丘合而演其文，瀆而出其神，作春秋以改亂制。」漢志云：「昔殷道弛，文王演周易；周道敝，孔子述春秋，則乾、坤之陰陽，效洪範之休咎，天人之道，粲然著矣。」案：易廣大悉備，道无不該，故爲五常之原。白虎通五經云：「文王所以演易何？商王受不率仁義之道，失爲人法矣。己之調和陰陽尚微，故演易，使我卒至於太平，日月之光明則如易矣。」蓋易者，聖人所以治平天下者也。又案：三易首卦不同，賈公彦太卜疏云：「取三正三統之義。」據此，則伏羲以來，正朔已三而改，如鄭義周易首乾，天正也。董子三代改制云：「改正之義，奉元而起。」

周易通論月令序

漢書藝文志云：「樂、詩、禮、書、春秋五者，蓋五常之道，相須而備，而易爲之原。易爲五常之原，義無不通，故伏生以之傳書，轅固生以之説詩，董仲舒以之解公羊，劉子政以之詁春秋，劉子駿、京君明以之詮律吕，至鄭氏注禮，往往以易爲證，是以周、秦百氏，罔不淵源于易。易固無不通也，而其陰陽、消息、卦氣、從違之驗，則莫近于月令。以故明堂陰陽之説，舊有專家，惜其書久佚，無從考證耳。周易首乾，正月建子；歸藏首坤，正月建丑；連山首艮，正月建寅，而要皆以乾元爲消息之宗。月令季秋爲來歲受朔日，法乾元也。月令之傳，其原自遠。配中于注易之暇，會通其義，爲月令箋五卷。以鄭爲宗，其有不同，取諸羣説，猶鄭之箋毛，不嫌存異義也。因復探其微言大義，統而論之，附于周易姚氏學之後。述己所聞，證以經傳，於所不知，蓋闕如也。凡二卷，名曰周易通論月令。憶曩注周易，與友涇包季懷反復辯論，解疑釋惑，益我良多。季懷捐館舍，今已九年矣，是書之成，莫由正其訛謬，恨何如之！

柳先生興恩

柳興恩原名興宗，字賓叔，丹徒人。道光壬辰舉人。貧而好學，敦實行。初治毛詩，以毛公師荀卿，荀卿師穀梁，穀梁春秋千古絶學。阮文達刻皇清經解，公羊、左氏俱有專家，而穀梁缺焉。乃發憤沈思，成穀梁春秋大義述三十卷，以鄭六藝論云「穀梁子善於經」，遂從善經入手，而善經則以屬辭比事爲據，事與辭則以春秋日月等名例定之。書甫成，就正於文達。文達惜其見之之晚。番禺陳蘭甫嘗爲穀梁箋及條例，未成，後見先生書，歎其精博，遂定交焉。並出其説備采，不復作。他著有周易卦氣輔四卷，虞氏逸象考二卷，尚書篇目考一卷，毛詩注疏糾補三十卷，續王應麟詩地理考二卷，羣經異義四卷，劉向年譜一卷，儀禮釋宫考辨一卷，史記、漢書、南齊書校勘記，説文解字校勘記，宿壹齋詩文集。光緒六年卒，年八十有六。弟榮宗，字翼南。著有説文引經考異十六卷。參史傳。

穀梁大義述敍例

春秋終於獲麟，而託始隱公之元年。杜預曰：「因獲麟而作，作起獲麟，則文止於所起。」此說允矣。至何以託始於隱元？憶自十歲外讀左氏傳，時即懷此疑，見杜預「平王東遷之始，王隱公，讓國之賢君」云云，竊以爲其詞支。嗣是博訪通人，均未有剴切言之者。及年四十有四，奉諱居憂，向治毛詩，知毛公師荀卿，荀卿師穀梁，毛傳中多穀梁說，因即家弟所藏汲古閣毛氏初印注疏本繙閲之，見范甯之序，亦以遭父大故，而訂穀梁傳注，益覺與蒙之讀禮同也。而專精治之，治之久，而不覺數十年來之疑頓釋也。曰：烏乎！穀梁之學之微也，久矣。乃今而知春秋託始於隱之旨，獨在此矣。何言之？公羊予桓公以宜立，穀梁罪桓以不宜立，宜立則罪在桓，不宜立則罪在隱。傳曰：「先君之欲與桓，非正也，邪也。探先君之邪志以與桓，是則成父之惡也。」如傳意，則隱在惠公爲賊子。傳曰：「爲子，句。受之父；爲諸侯，受之君。廢天倫，忘君父。」如傳意，則隱於周室爲亂臣。孟子曰：「孔子成春秋，而亂臣賊子懼。」夫所謂賊者，豈但剸之刃乃爲賊哉？成父之惡，即賊子矣。所謂亂者，豈但犯上作逆乃爲亂哉？廢倫忘君，即亂臣矣。烏乎！以輕千乘之國者，而卒不能逃亂賊之誅，則千秋萬世，臣子之懼心，必自隱公始矣。劉恭冕云：「漢書古今人表魯隱公與魯桓公同列下下第九等」，亦一證也。況傳曰「先君既勝其邪心以與隱」，是惠公未失正也，明其不必託始於惠也。傳曰：「讓桓不正，見桓之弒逆，隱實啟之也。」並明其無庸託始於桓也。且惠反諸正，以與隱。隱乃不行即位之禮，以啟桓，是隱之納於邪也。然則隱之元年，尤邪正絶續之交，春秋之託始於此，即於不書公即位見之。孔子志在春秋，故「知我罪我」之言，亦出於不得已。此春秋之微言，即春秋之大義也。烏乎！仲尼没而微言絶，七十子喪而大義乖，穀梁子親受子夏，開宗明義，首發此傳，春秋之旨，炳如日星。以視左氏傳曰：「不書即位，攝也。」公羊傳曰：「春秋何以始於隱？祖之所逮聞也。」果孰當乎？果孰當乎？故鄭康成六藝論獨曰「穀梁善於經」，此之謂也。范甯序襲杜預説而小變之，謂「孔子慨東周之變於時，則接乎隱公，故因兹以託始」，亦豈知穀梁之旨者哉？烏乎！自漢以來，穀梁師授既不敵二傳之多，至曉曉於廢疾、起廢疾之辨，抑末也。近阮相國刻皇清經解凡千四百卷，爲書百八十餘種，其中經師七十餘人，公羊、左氏俱有專家，而穀梁缺焉。其著述中兼及之者，如齊侍郎經傳考證、王尚書經義述聞，又多沿其支流，鮮克舉斯大義。蒙故發憤卒業於此，竝思爲穀梁集其大成，謹敍其凡例於右。

聖經既以春秋定名，而無事猶必舉四時之首月。後儒紛紛競謂日月非經之大例，豈通論哉？況「桓五年春王正月甲戌、己丑陳侯鮑卒」，一事而兩日迭書；「十有二年丙戌，公會鄭伯，盟于武父」，「丙戌，衛侯晉卒」，二事而一日兩書；「僖十有六年春王正月戊申朔，隕石于宋五，是月六鷁退飛過宋都」，日先書，月後書。此即經之自起凡例也。穀梁日月之例，泥則難通，比則易見，與其議傳而轉謂經誤，唐啖助、趙匡、陸淳等謂「甲戌之下必有脱文，兩書丙戌必有誤字」。何如信經而併存傳説之爲得耶？述日月例第一。其自然之序説，見諸侯卒葬例。

春秋治亂於已然，禮乃防亂於未然，況穀梁親受子夏，其中典禮尤與論語「夏時周冕」相表裏，百世以俟聖人而不惑也。述禮第二。

毛詩正義云：「字與三家異者，動以百數。」謂齊詩、魯詩、韓詩。謹案：穀梁之經與左氏、公羊經異者，亦以百數。此非經旨有殊，或由齊、魯異讀，漢書儒林傳「穀梁魯學，公羊迺齊學也」。音轉而字亦分也。陸氏釋文雖備載之，而未嘗析其源流。今本仁和趙徵君坦春秋異文箋，以引而伸焉。述異文第三。

穀梁親受子夏，故傳中用孔子、孟子説者，如隱元年「成人之美，不成人之惡」，論語顏淵篇文。僖二十有二年「禮人而不答，則反其敬；愛人而不親，則反其仁；治人而不治，則反其智」。孟子離婁篇文。其他暗相脗合者更多。毛詩大雅云「古訓是式」，竊有志焉。述古訓第四。

自漢以來，穀梁師授即不敵二傳之多，迨唐以後，説經者競治春秋，即不束三傳於高閣，其於穀梁或采用一二焉，或批駁一二焉，無非兼及，鮮有專家，要不得擯諸師説之外也。述師説第五。

漢儒師説之可見者，唯尹更始、劉向二家，然搜獲者亦寥寥矣。其説已亡，而名僅存者，自漢以後，併治三傳者，亦收録焉，共若干人。述經師第六。

穀梁久屬孤經，今日更成絶學，茲於所見載籍之涉穀梁者，以經史子集之序，循次摘録，附以論斷，并著本經廢興源流，庶爲之集其大成。述長編第七。

薛先生傳均

薛傳均字子韻，江蘇甘泉人。諸生。少工駢文，喬麗冠儕輩。博覽羣籍，强記精識，於十三經注疏及資治通鑑功力尤深。注疏本手自校勘，發明毛、鄭、賈、服之說，其魏、晉諸儒不守師法者，概置焉。讀史則研究治亂得失之故，於遺文瑣事，亦記誦靡遺。嘉定錢氏有說文答問，深明通轉假借之義，先生博引經史以證之，成說文答問疏證六卷。又以文選中多古字，條舉件繫，疏通證明，爲文選古字通十二卷。以家貧就福建督學陳用光聘，陳見先生所著書，恨相見晚。以疾卒於汀州試院，年四十二。參劉文淇撰墓志。

梅先生植之

梅植之字蘊生，江都人。道光己亥舉人。年十二，即善古今體詩，長博覽經史。家貧無書，率手自鈔寫。以穀梁師法最古，義往往與毛、荀合，擬作疏證。工書法，見舊拓，珍玩不釋手。蚤歲學琴，慕嵇中散之爲人，署所居曰嵇庵，著有嵇庵詩文集十二卷。二十三年卒，年五十。卒之前夕，始生一子毓。毓字延祖，同治庚午舉人。承先志，擬爲穀梁正義搠通條例，長編已具，未寫定而卒。他著有劉更生年表一卷。參揚州府志、劉文淇撰墓志銘、劉壽曾撰梅延祖墓志銘。

清儒學案卷一百五十三

儆居學案上

儆居博綜羣經，尤長三禮，謹守鄭學而兼尊朱子，嘗謂「讀書而不治心，猶百萬兵而自亂之」。子以周，少承家學，以爲「三代下之經學，漢鄭君、宋朱子爲最，而漢學、宋學之流弊，乖離聖經，尚不合於鄭、朱，何論孔、孟」。蓋紹述庭聞焉。從子以恭、孫家岱，俱能傳其學。東南稱經師者，必曰黄氏。盛矣！述儆居學案。

黄先生式三

黄式三字薇香，定海人。歲貢生。父興梧，性嚴。先生事親孝，先意承志，恒得歡心。嘗應鄉試，母裘暴病卒於家，馳歸慟絶，誓不再赴試。父老病，卧牀數年，衣食醴洗，必躬親之；比殁，持喪以禮；其後，每值祭日，涕泣不能自已，終身如一日。至其彌留告别，欲以定省疏缺，補之泉壤間，其言絶痛。昆弟相見，白首怡怡，蓋孝友出於天性也。於學不立門户。治易，言卦辭爻辭一意相承，六十四卦爻辭同者，亦一意相承。又釋繫辭衰世之意，謂「伏羲世衰而神農作，易之興也，其於中古乎」？中古謂神農也，以此申鄭君神農重卦之義。治春秋，作釋救執、釋人、釋名、釋盜、釋殺、釋歸入、釋以，以訂杜預釋例之譌。於禮論郊禘、論學校，謹守鄭學。其説明堂則云：「明堂之制，見於攷工記匠人，漢師鄭君猶有疑義。」辨之曰：「夏后氏世室，堂修二七，當作堂修七。殷度以尋，堂修七尋；周度以筵，堂修七筵；則夏度以步，堂修七步。鄭君以堂修七步爲隘，注有『令堂修十四步』之文，假令之辭也。而後人乃依此作二七字。隋書宇文愷傳言『記文云：堂修七，讐校古書，並無二字』。此爲得其實也。」讀史喜文獻通考，而時論定馬氏之闕失。同治元年卒，年七十四。著有論語後案二十卷、後改名管窺。易釋□卷、尚書啟幪四卷、詩叢説一卷、詩序説通二卷、詩傳箋考二卷、春秋釋二卷、周季編略九卷、漢鄭君粹言□卷、儆居集經説四卷、史説四卷。參史傳、譚廷獻撰別傳。

論語管窺敍

管窺舊名後案，以前列何氏集解、朱子集注故也。嚴鐵橋、馮柳東二先生言「舊解人所習見，不必録」，今從之。略加增删，而易名管窺焉。夫自元、明以來數百年，聚天下之才人學士，使之㪍力於論語，故説之者多。不佞素無門户之見，急分漢學宋學，故采之也備。如「人不知而不愠」，采皇疏「學而不厭，誨人不倦」二説，又兼阮氏雲臺説爲知命；「孝弟爲仁之本」，采後漢書延篤傳、東發日鈔；「傳不習乎」，説申何，采邢疏、金仁山；「千乘」，乘用百人，采沈果堂本孫子，杜注「千乘所出之地，方三百里有奇」，申馬，以孟子三等之封，爲班禄之制，采葉秀發、惠半農；「行有餘力」，説采王氏論衡；「雖曰未學，必謂之學」，説采陸稼書；「無友不如己者」，采陸子静；「三年無改於父之道」，説采吕伯恭、汪容甫；「因不失親」，采武虚谷；「告往知來」，采沈驎士、蘇子由；「思無邪」，説采馬貴與；「四十不惑」，采張子厚、蘇子由；「五十知天命」，采劉子政、程易疇；「弟子服勞，先生饌」，采劉氏駢枝；「温古知新」，采王氏論衡；「周而不比」，采段氏説文注；「子張學干禄」，采趙鹿泉；「孝乎惟孝」，采王西莊；「車輗軏」，説采戴東原；「八佾」，説采吴斗南；「以雍徹」，采季明德；「射必有爭」，駁方望溪以申射義；「後素」，申鄭、孔；「禮後」，采陸稼書；「媚奥媚竈」，説參顧亭林；「射不主皮」，兼馬注、程叔子；「關雎」，采李安溪説；「武未盡善」，申鄭君説；「朝聞道夕死」，采漢書黄霸傳、新序雜事一、唐書郭子儀傳、王伯厚集；「無適無莫」，申鄭君説；「忠恕一貫」，兼采顧亭林、阮雲臺；「喻義喻利」，申董子；「勞而不怨」，説采皇疏、吕伯恭；「數，斯辱；數，斯疏」，申孔；「吾斯之未能信」，説采丁小雅；「乘桴浮海」，説采陸稼書；「無所取材」，説采欒肇時迺庵；「聽言觀行」，説采陸稼書；「賜也非爾所及」，説兼采程易疇、段懋堂集；「子路有聞」，説采唐、韓；「子三思後行」，申鄭兼左傳杜注；「可也簡」，引劉氏説苑；「左丘明即作春秋傳之左氏」，采汪容甫、段懋堂；「犂牛」，采惠半農、劉端臨；「日月至」，引皇疏；「求也藝」，引史記世家之「六藝」；「中道而廢」，引表記；「女爲君子儒」，引金仁山、王會之、李安溪；「質勝文，文勝質」，引儀禮聘禮記、韓非子説難；「中人以上、中人以下」，引陸氏釋文；「先難後獲」，引范武子、劉原父；「子見南子」，引史記世家、皇疏、釋文；「燕居」，引洪筠軒；「志於道」，引陸氏新語；「自行束脩」，申孔、鄭，又引後漢書；「子在齊聞韶」，采武氏經讀攷異；「五十學易」，兼采史記、程叔子；「雅言」，引文選諸葛表注；「子不語」，引詩公劉傳、禮雜記注；「知之次」，駁王伯安以申包説；「我欲仁，斯仁至」，引後漢書列女傳、班昭女誡、潛夫論交際篇；「文莫」，引楊氏丹鉛録、劉氏駢枝；「泰伯三以天下讓」，引陳安卿、顧亭林説；「士不可以不弘毅」，引蘇子由臣事策；「關雎之亂」，引史記世家、王氏離騷注；「舜、禹有天下而不與」，引孟子兼漢書王莽傳、王氏論衡；「盡力溝洫」，引李安溪、何義門、張斗峯説；「拜下」，引淩次仲説；「毋意」，引釋文；「子畏於匡」，引曹大家東征賦；「固天縱之」，申孔；「空空如也」，引李安溪、焦理堂説；「如有所立卓爾」，引楊子法言；「子路使門人爲臣」，引儀禮斬衰三年章；「子欲居九夷」，引張子厚；「子在川上」章，引詩維天之命箋疏；「何足以臧」，引嚴鐵橋；「未可與權」，引戴東原；「侃侃誾誾」，申孔，引後漢書；「享禮有容色」，申鄭君；「子不以紺緅飾」，引段氏説文注；「必表而出」，引鄭君禮注、皇疏；「長一身有半」，説引王伯申；「沽酒」，引禮酒正注；「功沽市脯」，引易噬嗑；「朿馬住居不容」，申孔；「車中内顧」，申包；「先進後進」，引書文侯之命、詩雲漢、禮緇衣；「野人君子」，引孟子滕文公篇；「不間於其父母昆弟之言」，引班書杜鄴傳、范書范升傳；「誾誾侃侃」，申皇疏，引漢碑；「億則屢中」，引論衡實知篇；「顔淵後」，引禮檀弓注，兼白虎通、通典、任鈞臺説；「吾與點也」，引黄氏日鈔；「唯赤則非邦也與」？「唯求則非邦也與」？申皇疏；「克己復禮爲仁」，申皇疏、范説，引後漢書三國志；「天下歸仁」，引吕與叔克己銘；「爲仁由己，而由人乎哉」？引袁廣微、戴東原、阮雲臺；「四海之内皆兄弟」，據左傳兼引周燭齋、范紫登、趙鹿泉；

「片言可以折獄」，引尚書疏；「選於衆」，引漢書王吉傳；「請益」，引曲禮鄭君注；「三年有成」，引金仁山說；「必世後仁」，引詩皇矣、禮緇衣正義所引之鄭君注；「冉子退朝」，節采禮檀弓正義所引之鄭君注；「言不可若是其幾。不幾乎一言而興邦」？幾通譏，引爾雅、說文；「君子易事而難說」，引禮鄭君注；「剛毅木訥近仁」，引後漢書吴漢傳注；「邦有道穀」，申孔；「危言危行」，引廣雅王氏疏證；「南宫适尚德」，說引陸稼書；「愛之能勿勞乎」？申孔；「問管仲，曰人也」，采詩正義所引鄭君注；「文之以禮、樂」，引說文；「管仲不死公子糾之難」，引金仁山說；「小人下達」，引楊子法言；「子貢方人」，引孫頤谷；「下學上達」，引漢書儒林傳、史記世家、說苑至公篇；「是知其不可而爲之者與」？引鹽鐵論；「深則厲，淺則揭」，引說文、戴東原詩攷正；「果哉！末之難矣」，引史記五帝本紀索隱；「上好禮，則民易使」，引任釣臺說；「修己以安人」，引書臯陶謨、洪範、詩假樂；「蘧伯玉卷而懷之」，申包；「行夏之時」，引顧震滄、戴東原；「人無遠慮，必有近憂」，引陳用之；「史闕文，馬借人」，申包；「知及之」章，說引稽古録秦論、李安溪、趙鹿泉、戚鶴泉；「禄去公室五世，政逮大夫四世」，說引馮山公、江慎修、趙鹿泉；「其斯之謂與」！引蘇子由柳下惠論、蔡氏集說；「性相近也，習相遠也」，引劉季文、黄東發、羅整庵、劉念臺、李安溪、戴東原；「上智下愚不移」，采顧亭林；「佛肸召」，說采翟晴江；「六言六蔽」，引漢書匡衡傳；「鄉原德之賊」，引論衡、吕伯恭說；「道聽而塗說」，引荀子勸學、唐陸贄傳；「以季、孟之間待之」，采周燭齋說；「子張曰：其可已矣」，引吕伯恭；「君子學以致其道」，引蘇子瞻、子由；「小德出入」，采荀子王制、韓詩外傳二、說苑八；「焉可誣也」，引漢書薛宣傳蘇注，又兼宋蘇子由注；「喪致乎哀而止」，采崔子鍾說：「難與並爲仁」，引禮衛將軍文子篇：「不知命，無以爲君子也」，引韓詩外傳、董子對策。論語之書，經漢、宋大儒之注，十闡其七；復賴後儒之補所未備，析所可疑，幾乎十闡其九。引證如此其煩，而總名管窺者，聖道之高如天，學者或管視好偏，羣言難一，不佞謏聞淺見，未敢肊爲駁削，彙而存之，以俟質正。楊子云：「觀天下書未徧，不得妄下雌黄。」思受此譏，慎之而已。

論語後案原敍

論語之始出於秦火後也，曰魯論，曰齊論，曰古論。篇目不同，文字亦異，學者各守師說，不合不公。自張子文兼讀齊、魯，采獲所安，諸儒爲之語曰：「欲爲論，念張文。」其後鄭君康成就魯論篇章攷之齊、古，以爲之注，當時尤貴之。魏末，何平叔與夏侯太初、荀奉倩、王輔嗣之徒，競爲清談，祖尚虚無，是以六經爲糟粕者也，而作集解以行於世。晉、宋、齊、梁媚佛成俗，聖教不明，儒者借列、莊之語以譯釋典，復援聖經賢傳以文飾之，其始以儒亂釋，其終遂以釋亂儒。皇氏義疏，黜鄭君之注而宗何，有由來矣。邢氏疏，祇删皇氏之疏而就簡耳。自朱子注既出，六百餘年之儒説，羣奉正宗，後之人補輯鄭君之遺逸，攷校何氏之異同，紛紛藉藉，各明媾家，卒未聞有繼漢軼魏，實能駕朱子上者，則朱子之所得大且多，雖愚者亦能臆測而知之也。雖然漢、魏諸説之醇，有存於何氏之解，皇、邢之疏，及陸氏釋文諸書，而不可盡廢者。諸經注疏，與子史中褋引經文，及諸説解，有可拾其遺而補其闕者，元、明數百年遵朱子注，有能發明之而糾正之者。近日大儒，實事求是，各盡所長，有攷異文者，精訓詁者，辨聲類者，稽制度名物者，撰聖賢事蹟者，有攷論身心，辨析王霸，學務見其大者，有不惑於異端，復明析於儒之近異端，學務得其正者。凡此古今儒説之會萃，苟有裨於經義，雖異於漢鄭君、宋朱子，猶宜擇其是而存之。試士者或遵一説，以範舉業，或亦不盡拘，況説經何可拘哉？式三不揣固陋，捘討各書，體六經異師，是非不可偏據之意，過而黜之，不如過而存之。於是廣收衆説，間坿己意，書成，名之曰後案。夫近日之學，宗漢宗宋，判分兩戒。是書所采獲，上自漢、魏，下逮元、明，以及時賢，意非主爲調人，説必備乎衆是。區區之忱，端在於此，而分門别户之見，不敢存也。顧惟聖道閎深，經緒紛賾，人之精力學問各有限量，奚以終窮？尚有疏略，俟諸來哲，如積薪爾。

易釋敘

孔聖慮儒者之學與思有所偏也，戒之曰：「罔曰殆。」式三於讀易而親論之。年三十，發家所藏之易書，盡覽之。漢、魏及唐、宋、元、明不敢有所偏棄，偲其隘也。無如大道多歧，南轅北轍，往往分道揚鑣，先儒各是其是，不知其誰爲實是，則其互相非者，亦不知其實非矣。歲庚子，避兵鎮邑之甘溪，行篋所攜祇有李氏集解、王注、孔疏、程傳、本義，及舊所鈔叢説，繙閲之，討論之，思之又思之，融會彖爻傳之所合，得其綱領，而後推各爻之所變，於是私有所去取，作易釋焉。而私心之所自悟，與諸書有不能强同者，未嘗不心以爲殆，恨無由質正於先儒也。今歲，子以周廣捘易注，編爲十翼後録，朝夕問難，因爲之校閲而攷定，知易釋之與注疏傳義異者，古人多先我而校正之。用是私竊自幸，以爲心所疑者，乃古人所共疑，則心所悟者，安必不可備一解乎？夫人之著書，非依據乎古人，則不能獨傳；必盡同乎古人，則其書可以无作。自治經者判漢、宋爲兩戒，各守媾家，而信其所安，必并信其所未安，自欺欺人，終至欺聖欺天而不悟，是式三所甚憫也。爰是增删易釋，曰象爻合釋一，曰同辭合釋二，曰疑義分析三，曰通釋四，藏之家塾，爲讀易之門。其是與非，後世必有論定之者。

尚書啟幪敍

經之火於秦也，戹矣。其出也，尚書之戹爲甚。伏生壁藏全經，漢初發書教讀，止得二十八篇，傳諸博士。孔安國得壁中古文，增多十六篇，藏於祕府，不立學官。漢末之表章古文者爲劉歆，不能勝博士媾家之陋。東漢賈逵、馬融及北海鄭君，力振古文之絶學，以行於世，而所注者，止當時所立學官者之二十八篇，加後得之泰誓一篇，而孔安國增多之篇，以無師法之授受，無今文之可校讀，大儒如鄭君，亦不能爲之注，其書遂亡矣。此僞古文僞傳之所以出也。僞書既行，賈、馬、鄭君之注亦遂亡。學者積非成是，罔識原流。自太原閻氏、東吳惠氏諸君子出，力廓僞書之杜撰，厥後江氏尚書集注音疏、王氏尚書後案、段氏尚書撰異、孫氏尚書今古文注疏相踵而出，收輯漢儒散殘之注，補所未備。窮經之儒，漁獵采伐，以爲山淵。數千年所謂佶詘聱牙，苦於難讀之書，至此文從字順，各識職矣。顧學者艱於博覽，未必得江、王、段、孫四君子之書以發其幪。繙閱舊解，沿僞襲謬，心既以先入者爲之主，或即迷而不能返。式三深憫之，掇拾是編，提綱略目，主於簡易，復爲之備誌所出，覬學者因略究詳，全讀四君子之書也。四君子外，有所援引，必誌姓字。其不誌所出者，鄙意私定焉。或者千慮有一得，碔砆之瑜，亦補琬琮之缺也乎？雖然討尋經意，別有所得，未嘗不以四君子之書爲藍本也。矜栩獲而衒之，則吾豈敢！

或讀啟幪而有疑，曰：「昔朱子嘗言東晉尚書之僞，前有吴才老，後有吴草廬亦言之。子獨推閻、惠諸君子，何邪？」曰：「有盜焉，見其蹤迹而疑之，盜未服也，必盡發贓私，援引證佐，盜始無所置喙，此閻、惠之力也。江、段諸儒既分正僞，而詳釋其書之正者，唐、宋所未有也。陸象山集有與致政兄書，訾君陳篇入告外順之非，因以成王爲中材之主，周德所以不競。此未見閻、惠書而武斷之耳。近儒宋既庭舉湯誓「舍我穡事」，以爲人心不順，問於馮山公。山公復引唐書高定以不從誓言，孥戮罔赦，非順人之舉，以證佐之。宋、馮二公皆好古博學，而反以正書爲僞，此未見江、段書而妄疑之耳。四明萬季野、全謝山博覽古今，而萬氏羣書疑辨盛稱僞古文之美，反以今古皆有之篇多悖於理；全氏集亦議吴草廬删僞存正之未是。當閻、惠、江、段諸書未行之前，譬如中夜無燭，闇室難見，於萬、全乎何尤？吾輩幸生諸大儒之後，得見其書，如雲開而日光朗然，如冰釋而水流涣然，斯大快事也。而近日王䑋軒校刊學案，反引全集以譏吴草廬書纂言之失，不能不咎其經學之疏矣。雖然世之未讀江、段書者，類皆以狂爲不狂，以不狂爲狂，於䑋軒乎何尤！

春秋釋敍

春秋之義不明，由儒者之不信左傳也。左傳之不信，由啖助、趙匡諸儒之拘成見，而昧舊史之凡例也。舊史凡例，孔聖不能不因之，而讀春秋者挾左傳不可信之見，於是經之大義炳然著於傳者，或且無所忌憚，妄肆駁斥，而五十凡例，誰復細繹之乎？式三少時忞讀左傳，先君子既以杜注及姜氏補義授之，且告之曰：「姜氏注左而駁左，是可疑耳；姜氏之學，豈能勝於左氏？」式三既聆訓，不敢忘。及長，搜求各書，有能解左氏疑義者，得一義，如得異寶。久之，乃知左氏之於春秋，信乎傳受之不差也。爰舉其大綱凡例，約略言之，爲杜氏釋例，證其是，校其失，以此補姜氏之補義，於學者或有小補云爾。若夫拾啖、趙之餘唾，駁左甚於姜氏者，豈敢信哉！

周季編略敍

昔李權從秦宓借戰國策，秦宓言：「策士之術，殺人自生，亡人自存，其書無用。」而吴正傳注國策則曰：「君子之於是書也，攷事變，究情僞，守益以堅，知益以明；小人之於是書也，見其始利而終害，小得而大喪，悔悟懲創之心生。」此言抑又異矣！然反覆吴公之注，譏庰作策者之乖於道，則一也，將何以立典型，示法戒乎？式三少忞國策之文，及長，復合史記，校訂其字句之異，而竊怪二書所載貞、考、威、安、烈、顯、慎、赧之故實，善言善行之足法者少，不善之足鑒者多。繼而泛覽周末及秦、漢諸子之書，始信周之衰，老師大儒猶在，唐韓子之言爲不誣。書缺有間，其軼見於它說，而欲彙爲一書，未暇耳。今館慈邑章橋，合史記年表、本紀、世家，攷其得失，復參以司馬通鑑及稽古録、吕氏大事記及解題與朱、趙綱目諸書，益知前人未竟之緒，不能無待於後人。不揆固陋，裒集二百四十八年之事，列國之彊弱存亡，既爲之攷其本末，溯其原流，蘇秦、張儀、公孫衍之縱横，白起、王翦、蒙恬之攻戰，亦詳書之，以爲戒。而網羅放失之次，掇尋遺佚之士，將使周季之衰，猶見周德之盛，留遺於六百載以後也。世有秦、吴，或許以讀史之有小補也歟！

漢鄭君粹言敍

世推北海鄭君康成爲經學之祖，輒復以短於理義而小之，鄭君果短於理義乎哉？易與論語詳於理義，鄭君之注不全，箴膏肓、起廢疾、發墨守論辨略存，缺佚不少，凡後人人所續録者，鮮有布帛菽粟之言。而詩、禮之箋、注，猶具存，讀者徒賞其攷據訓詁，於垂訓之切實者，反以爲非其所長，莫之尋繹，而理義因之不明。夫理義者，經學之本原，攷據訓詁者，經學之枝葉、之流委也。削其枝葉而幹將枯，滯其流委而原將絶，人苦不自知，而詡詡焉以其將枯絶者矜爲有本有原。鄙意所不信，而謂好學如鄭君，無本而能有枝葉，無原而能有流委，尤不敢信之矣。漢儒之經注易而簡，鄭君依此例以注經，經已明者不申説，而申説者復不爲艱深之言，衍蔓之語。後人因其易而輕之，因其簡而略之，此讀者之過，非鄭君之過。不揣固陋，讀鄭君箋注，略舉粹言以見梗概，此特豹斑之窺一耳。而天人性命之恉，世運盛衰之故，亦已包括無遺矣。讀此書者，庶幾知漢學之後繼以宋學，二者並存天地，不必畫山河之兩戒。後儒存分門別户之見，或藉是以融之。若讀此書，而陵轢濂、洛、關、閩之儒，非區區編輯之意也。

文集

約禮説

論語緟言博文約禮，聖訓章矣。禮，即先王之禮經也，王陽明博約説，博其顯而可見之禮曰文，約以微而難見之理曰禮，豈聖人之教，必待王氏斡補而後明乎？禮一也，分顯微而二之，文與禮二也。以禮之顯者爲文而一之，其所謂理，誰能明之乎？夫明心見性之學，以心爲理，自以爲是者也。君子博文約禮，存不敢自是之心，而篤於求是者也。此心患其誤用，必博學於古人之文，己之見拘，不如古人之閎；己之見虛，不如古人之實。此心因博而易襍，必約以先王之禮。所行或不及，禮以文之；所行或太過，禮以節之。博約如此其難，庶幾不畔於理矣。且古之所謂理者，何邪？禮器曰：「義理，禮之文也。」樂記曰：「禮也者，理之不可易者也。」然則禮之三百三千，先王〔一〕所條分縷析，燦然顯著，別仁義，明是非，君子不敢紊而畔之者，此理也。王氏所謂微而難見之理，則自信本心之光明洞徹，萬理畢備，已知其是，人莫能見耳。何所據而言之？由來漸矣。論語言心，自「從心所欲不踰矩」始。聖人心

〔一〕「王」，原作「生」，形近而誤，今改。

與矩一，猶以矩自印，雖曰不勉而中，抑亦聖心之不敢自是也，況下者可無矩乎？胡氏致堂之注則曰：「人心一疵不存，萬理明盡，日用之間，本心瑩然，隨所意欲，莫非至理。」則以肊見爲聖心矣。論語八佾篇詳言禮，不空言理。胡氏於媚竈章注曰：「天即理也，理無不在，在人則人心之昭昭者是也。」心即理，即天理，說起於謝氏顯道。胡氏喜道謝說，於是先王之禮不言，直言心已矣，直言本心之天理爲天秩之禮已矣。陸氏象山言本心，祖謝、胡二氏也。王氏祖陸氏，而張皇言之也。以心之肊見爲理而理已誣，以本心之天理言禮而禮又誣。

復禮説

禮也者制之聖人，而秩之自天。當民之初生，禮儀未備，而本於性之所自然，發於情之不容已，禮遂行於其間。何則？蠭蟻有君臣，豺狼有父子，鴻雁有行列之序，豈聖人教之而然哉？物不受教於聖人，而物自能之。安得謂聖人未教人，而人盡無禮乎？恭敬辭讓，此心爲禮之端，無是心，非人也。是故尚書斷自唐、虞，典三禮，修五禮，制已大備。易言伏羲作八卦，君臣、父子、兄弟、夫婦、朋友之禮寓於中。溯而上之，天之生人也，陰陽相繼以成性，此禮之所由變化，邃古聖人即因而略定之。春秋傳「晏子曰：禮之久與天地並」。所以古今之禮雖異，而由質而文，其本則一。燔黍而後有簠簋，韋韍而後有裳衣，坐立而後有拜跪，皆聖人順人之性而爲之制也。惟其順性而立制，則凡民之遵道、遵路莫能外，亦惟順性而立制，儒者之希賢希聖不出乎此。孔聖之門，顔子大賢，問仁而教以復禮，後之儒敢呰禮爲粗迹哉？老子曰：「失義而後失禮。禮者，忠信之薄而亂之首。」此言失義後之禮也。而申老者則曰：「儒者設立等次，誘之以欲，㝵之以節，欲迫情而拂其性。」爲此說者，其毁禮也甚矣！晉人慕玄風，因曰禮豈爲我輩設，而天下大亂。蘇明允作禮論，以爲「人生之初，不知君，不知父，不知兄，聖人爲禮以恥之」。彼固謂治天下之必法於禮也，而外禮於性，其失則均。孔聖言「克己復禮爲仁」，復禮者，爲仁之實功也，盡性之實功也。

崇禮說

中庸本禮經，崇禮、議禮諸章，言君子必温古知新，誠於崇禮；天子必考建質俟，誠於作禮、樂。作禮、樂與致中和遥應崇禮，非致中之大者乎？「禮義三百」，言禮之大經；「威儀三千」，言大經中之委曲。經明言「優優大哉」！今譌「禮義」作「禮儀」，遂概言禮義爲細小之目，可乎？饒雙峯從學黄勉齋，謹守朱子注說，於此不能無疑，而饒說於上下文仍不貫，可信乎？「大哉，聖人之道！洋洋乎發育萬物，峻極於天」，謂聖道之大，能發之極之也。「優優大哉！禮義三百，威儀三千，待其人而後行」，謂聖道之大，能行禮之大也。禮與德有分言者，論語分道德齊禮，即曲禮云「道德仁義，非禮不成」，合而仍分也。有以禮爲德者，仁禮義信智爲五德是也。五德亦曰五性，故禮即爲德性。春秋傳曰：「民受天地之中以生，所謂命也。是以有動作禮義威儀之則，以定命也。」則禮之爲德性昭昭矣。君子崇禮，以凝道者也。知禮之爲德性也而尊之，知禮之宜問學也而道之。道問學，所以尊德性也。其育物之道廣大，不外禮之精微，盡精微所以致廣大也；其配天之道高明，不外禮之中庸，道中庸所以極高明也。敦厚以崇禮者，燖温前世之古禮，攷求後王之新禮，遵而行之，不偏古，不偏今，崇之必敦厚也。後世君子外禮而内德性，所尊或入於虚無；去禮而濫問學，所道或流於支離，此未知崇禮之爲要也。不崇禮，即非至德，何以能凝至道？

古本大學書後

大學本之改易者多矣，以程、朱二子之相信而所易者，不能無異本；以朱子之學力而所易者，不能使後人無異議，不如從古本之爲愈矣。大學先致知，致知者，知其物有本末而量度之，不守本以遺末，不忘本以逐末，知本之所始，即知終之所止。量度事宜，始終並舉，是謂格物。本亂而末不治，本薄而末不厚，凡物皆如此格之。故章内言「知止」，言「知所先後」，言「知本」，言「知之至」。知之至，即善之至，即知止也。不知止，則生心害政；知止，則物之始條理，終條理，無不盡也。此首章之説也。正心者，正心之所好惡；誠意者，誠其好惡之所已知。知至而后意誠者，擴其好惡之所未知，即盡其好惡之所未誠，忿懥恐懼，好樂憂患之得其正，非誠意而能之乎？親愛賤惡，哀矜敖惰之無所偏，非誠意而能之乎？保民如保赤子，所令不反所好，非誠意而能之乎？絜矩而同民之所好惡，非誠意而能之乎？自心身至家國天下，不敢有一物之不知，即不敢有一物之未誠，故章内言潤身，言心廣，言自明新民，見誠意者之所該爲大也。引詩「切磋琢磨」，見自修者以道學爲先也。引詩「前王不忘」，見王者周知君子之親賢，小人之樂利也。引康誥「明德新民」，見君子知之極，即誠之極，無所不用其極也。引詩言知止，隨致隨誠，止於至善也。引子曰「大畏民志」，民多無情，致知則洞鑒民姦，誠意又足以懾之，是知本也。此次章之説也。審如是，則古本大學之可通解，不必改易之矣。

申戴氏氣説

氣之輕清上浮者天，重濁下凝者地，天地大氣所包也。天之氣，日月相推而明生，寒暑相推而歲成，所謂立天之道曰陰與陽者，道即天氣之推行者是也。張横渠所謂語其推行，故曰道也。形而上者謂之道，形而下者謂之器。陰陽之氣未成形以前爲道，既成形則爲器。五行即五氣，成形則五器也。戴東原説甚憭。儒者不得其解，乃曰陰陽爲器，所以陰陽者理，理乃爲道。離陰陽而言理，因離氣以求道，能不入於空眇邪？地之氣，蒸潤而泛濫者爲水澤，凝結而高聳者爲山阜，所謂俯而察於地理者，理即地氣之推行有條理者也。所謂立地之道曰柔與剛者，地道即地理。地理家云：「隴葬其麓，支葬其巔，陰陽相交，大較如此」。原未有誤。戴東原云：「欲知山之脈絡，先看水之去來。」水未有不依山脈者，亦地理之精言也。僞青囊經：「先天體，後天用，理從先，氣從後。」世儒用此説，而離氣求理，烏知地理邪？人秉五行之秀氣以生，其性善。易傳：「一陰一陽之謂道，繼之者善也，成之者性也。」謂陰陽相繼續則不偏，人備之則性善也。禮曰：「分於道之謂命，形於一之謂性。」謂人物同稟於陰陽，而人之靈於物者，别爲一類也。所謂「立人之道曰仁與義者」，人爲萬物之靈，其氣能以仁義相感通也。申喜之母久失在外，以乞歌心悲，詳問而得之；庾黔婁之父遠居於家，以初病心驚，棄官而養之。此其氣之往來，感通微眇，非人所測。正如蚌之受精於月，燧之取火於日，磁之引鍼，葵之向日，人莫能言其故，而氣之往來感通，固實如是。王者至誠之德，上足以感天，其保民如保赤，而仁義之化，不見而章，不動而變，人同此氣，因相通如此也。中庸謂「上天之載，無聲無臭」，戴東原以爲言化民之道，亦氣之相通也。必舍氣而空言理，則易傳、中庸之文，反視爲不切之陳言，可乎？凡天地人之氣，推行各有其條理，而非氣之外別有一理。求理於氣之先者，二之，則不是。

申戴氏理說

戴氏東原作孟子字義疏證，言理，言天理，有異於昔儒。昔儒言天理之超乎陰陽氣化者，曰「陰陽，氣也，形而下也；所以一陰一陽者，理也，形而上也」。是形上之道，惟天理足以當之矣。戴氏則據易言「一陰一陽之謂道」，又言「立天之道，曰陰與陽」，陰陽即爲天道，不聞辨別所以陰陽始可當道之稱。樂記言天理指人心中天然之分理，非陰陽而上別有所謂天理。此其異者一。昔儒既眇言天理，而以天理之賦於人，爲性之本矣。戴氏則云：理者察之幾微，必區以別之名，是故謂之分理，在物之質曰肌理，曰腠理，曰文理。得其分，則有條不紊，謂之條理。凡經傳中言理，謂人情之不爽失者也，非指潔淨空闊之一物也。此其異者二。昔儒既言天理爲性之本，則以理之得於天而具於心，爲人之所同，其説依據於孟子。戴氏則謂理至聖人而後無蔽，始能推諸天下萬世而準。易稱「先天而天弗違，後天而奉天時」，中庸稱「考諸三王而不謬，建諸天地而不悖，質諸鬼神而無疑，百世以俟聖人而不惑」，如是始爲得人心之同然，如是始謂之得理。孟子以聖人先得義理，爲人心所同然，其解如此。若未至於同然，而存乎人之意見，不可謂理。六經、孔、孟之書，以及傳記羣籍，言理者少。今雖至愚之人，悖戾恣睢，其處斷一事，責詰一人，莫不輒曰理者，由自矜理具於心，而遂以心之意見當之也。此其異者三。昔儒既言天理同具於心，以此理爲完全自足，而人非生知安行，氣禀所拘，未有不汙壞其所受於天之理。有學而後此理漸明，學者是以貴復其初。戴氏則謂目能辨色，耳能辨聲，心能辨理義，血氣心知，皆有自具之能，是性善即於形氣見之，而非壞於形氣也。戴氏又謂人因質之昧而失理，學之有可進於智者；人之血氣心知異於禽獸，心之精爽，學以擴充之，於事靡不得理，是求理不在血氣心知之外也。戴氏又謂人之形體資乎飲食之養，始於幼小，終於長大，非復其初；人之德性，資乎學問之養，始於蒙昧，終於聖智，亦非復其初。孟子是以貴擴充，不言復初也。此其異四，其異五，其異六。昔儒既言理爲氣禀所壞，因謂人有氣禀，始有情欲之擾，其説以樂記爲依據。戴氏則以理即情之不爽，失者在己與人皆謂之情。無過情、無不及情之謂理。樂記云：「人生而靜，天之性；感物而動，性之欲。」欲出於性，由一人之欲推之，知天下人之同欲，此謂反躬而依天理。媷一人之欲，而滅没乎天下人之同欲，此謂不能反躬而窮人欲。欲不可窮，非不可有。有而節之，使無過情、無不及情，即合乎天理矣。此戴氏之説理，其異七也。有此七異，聞者驚且譁矣。雖然盍言其同？程子遺書曰：「天之付與之謂命，禀之在我之謂性，見於事業之謂理。」朱子於孟子注引程子易艮卦之傳曰：「在物爲理，處物爲義。」於近思録又引之。

於論語或問吾十有五章，辨窮理盡性之分云：「理以事别。」陳氏北溪，朱門高弟也，曰：「理是事物當然之則，如止仁，是爲君當然之則；止敬，是爲臣當然之則；孝慈，是父子當然之則。理與義對言，理是在物當然之則，義所以處此理者。」明薛氏敬軒、羅氏整庵，大儒之遵守程、朱者也。薛之言曰：「其中脈絡條理，合當如此也。」又曰：「所謂理者，萬事萬物自然之脈絡條理也。循其脈絡條理而行，本無難事，惟不知循理而行，所以崎嶇險阻，不勝其難也。」又曰：「論語一書，聖人就事言，而理在其中。論理不及事，末流爲虚無之弊。」又曰：「古者詩、書、禮、樂俱以事物教人，而窮理亦於事物窮究，故所學精粗本末並該而無弊。後世論理太高，未免有弊。」又曰：「庖丁解牛，衹是循理。」又曰：「理不外事，惟於事求其理。理既明，即以此理處此事，斯得其當。」羅之言曰：「學者溺於明心見性之説，於天地萬物之理不復致思，故常陷於一偏，而不可與入堯、舜之道。」又曰：「士之好高欲速者，以理但當求之於心，書可不必讀，讀可不必記，貽後學無窮之禍。」張氏楊園，近儒之㙜守程、朱者也。張之言曰：「聖人教人，一則曰窮理，一則曰精義。有物斯有理，處之得宜則義也，故曰有物有則。」又曰：「義之與比，是豈離事而懸想一理乎？世儒好非『在物爲理，處物爲義』之語，多見其惑於邪説，而不自知返也。」又曰：「事事物物各有當然之天理，己所以應之能各當其則，方爲無私心而合天理。」程、朱、陳、薛、羅、張之言如此，合戴氏言參之，則理也者，在物當然之則，是聖人所條分縷析，而君子所不敢紊也。大學曰格物，物者，身心家國之事，此物本非外物，非外而謂格之在外乎？格物之理，所以致心之知，即可見「求理於物」之不同於告子外義矣。若後儒説理具於心，視此性爲光明洞徹，遂以意見爲理耳。或曰戴氏言「意見之不可當理」，固矣，而昔儒言「人欲淨盡，天理流行」，亦復破之，得無使逞欲者之藉口乎？曰：否否。不然也。論語稱公綽之不欲，勸季康子以不欲，皆戒私欲也。戴氏所謂學者莫患乎自私也。論語言「欲而不貪」，「富與貴，是人所欲」；孟子言「生我所欲」，「欲貴者人之同心」，「廣土衆民，君子欲之」，此皆不諱言欲者。專恣之欲不可有，同嗜之欲不能無也。後儒爲列、莊、淮南之學者，謂儒家設立禮儀，辨别等次，誘之以欲，而强之以節欲，此顯庌儒説，而自申其清淨無欲、毁棄禮義之恉，固不可不辯。其援無欲之説，以附於程、朱者，謂人欲淨盡，即天理流行，故援異端之所謂真宰真空者，即全乎聖智，即全乎理。主於去情欲，以勿害之，不復以學問擴充之，是尤不可不辯。戴氏之所辯如此而已。朱子辯樂記曰：「人生而靜，天之性，未嘗不善；感物而動，性之欲，亦未嘗不善。至好惡無節於内，知誘於外，始爲惡。」又於孟子注云：「天理人欲，同行異情。」又於大學或問格致章云：「飲食男女，皆人情之所有而不能無。但學者宜察，行乎其間，孰爲天理？孰爲人欲？」是朱子不用異端絶欲之説也。論語「三月不違仁」之注，程子慱以無私欲爲仁，朱子更之曰「心不違仁者，無私欲而有其德」，是不謂遏欲即存理也。薛氏敬軒曰：「無欲非道，入道自無欲始。」又曰：「聖賢所謂無欲者，非如釋氏盡去根塵，以其不流於人欲之私，即爲無欲也。」羅氏整庵曰：「樂記所言欲與好惡，與中庸所言喜怒哀樂，同謂之七情，其理皆根於性者也。七情之中，欲較重。惟天生民有欲，順之則喜，逆之則怒；得之則樂，失之則哀，故樂記獨以性之欲爲言。欲未可謂之惡，其爲善爲惡，係於有節無節耳。」使後之學者能知此恉，不援無欲之説以牽引異端，戴氏之辨固可以已。或曰：戴氏之言理欲，前儒既有與之同者矣，而以陰陽之氣爲道，則理氣不分，豈非戴氏之肊揣乎？曰：非也。程伯子於易傳「形而上者謂之道，一陰一陽之謂道」，亦嘗合解之，謂「陰陽曰道，惟截上下最分明，上者即是道，在人默而識之」。朱子答柯國材書曰：「一陰一陽，往來不息，即是道之全體。」羅整庵取此二說，以明理氣之不可分。羅氏又曰：「通天地，亘古今，無非一氣而已。氣本一也，而一動一靜，一往一來，一闔一闢，一升一降，循環無已，爲四時之温涼寒暑，爲萬物之生長收藏，爲斯民之日用彝倫，爲人事之成敗得失，千條萬緒，而卒不可亂，是即所謂理也。初非別有一物，依於氣而立，附於氣而行也。」凡此與戴氏說同乎？稍不同乎？夫後儒之疑戴罵戴者，爲其說之駁程、朱耳，而以程、朱之所自言，與尊信程、朱者之所言，參互引證，學者可平心讀之。去戴氏之矯往過正，而取其所長，在善學者之實事求是也。雖然今之言「人同此心，心同此理」者，其說如無星之稱，無寸之尺矣，何能與之强辯也哉？

申戴氏性説

荀子之言性，詳於惡，略於善。董子及劉子政、揚子雲之言性，皆兼善惡。孟子非不知口之於味，目之於色，耳之於聲，鼻之於臭，四肢之於安佚，皆人自然之性，而以君子不謂此爲性，必媷以心之能説理義者明性之善。得孟子之怡，而諸儒之論性可以參而貫。宋程子遵孟子言性善，而又云「惡亦不可不謂之性」，其意蓋同。惟理氣之分，程子搠之，朱子承之，而戴氏力辨之耳。朱子於告子篇注云：「知覺運動之蠢然者，人與物同。」是言人物之氣同。戴氏則云：知覺運動者，人物之生，知覺運動之所以異者，人物之殊其性，血氣心知，本於陰陽五行，人物自區其類。孟子言同類者舉相似，則異類之不相似可知也。此其異一。朱子既言氣質之惡，人與物同，而中庸注云「人物各得所賦之理，以爲健順五常之德」，又兼人物以言理之一矣。戴氏則以「天命之謂性」者，命爲限制之名，如君命之東，不得之西，人物生而限於天，故曰天命。大戴禮「分於道謂之命，形於一謂之性」，分於道者，分於陰陽五行，一言乎分，則其限之於始，各隨所分而形於一也。此其異二。朱子既言「氣質之惡，人與物同」，而遂以孟子性善之説，不論氣爲不備，未能杜絶荀、楊之口。戴氏則謂孟子言形色天性，言平旦之氣，言動心忍性，皆據形氣而言。形氣本於天，備陰陽五行之全，孟子不辠其形氣也。此其異三。朱子既言「氣質之惡，人與物同」，而其言性善，不得不推理於天。故云「人生而靜以上，人物未生，祇可謂之理，未可名爲性，所謂在天曰命；方説性時，即是人生以後，此理已墮在形氣中，不是性之本體，所謂在人曰性」。戴氏則云：信如此，孟子乃追溯人物未生，未可名性之時，而曰性善；若就名性之時，已在人生以後，已墮人形氣中，不得斷之曰善。且由是言之，惟上聖不失性之本體，其下皆失性之本體，直是人無有不惡，不得如孟子言人無有不善。究之孟子，就人氣質而言性善，非離氣質而空言天理之善也。此其異四。朱子既因孟子之言性善，而推理於天，於論語夫子「相近」之言，與夫告子「生之謂性」，俱以氣質言，因謂孟子之言與夫子異，告子之言與夫子同。戴氏則謂論語言「相近」，正謂俱近於善，原與孟子言合。告子據自然者爲性，以義爲非自然，轉制其自然，使之强以相從，故以義爲外。彼見窮人欲而流於惡者，適足害生，即慕仁義而爲善者，勞於學問，亦於生耗損，於此見定而心不動，其「生之謂性」之説如是。

不知凡有血氣之屬，皆知懷生畏死，因而趨利避害。以是言性，是同人與牛犬而無別。而易傳、論語之言性，皆據人之異於物言，原非同於告子也。此其異五。朱子既以墫論氣質者庰告子，因以此庰荀子之言氣質與孟子之言義理者不同。戴氏則謂荀子之重學也，無於内而取於外；孟子之重學也，有於内而資於外。一以氣質爲惡，一以氣質爲善，論性未嘗離氣質也。此其異六。朱子既信理氣之辨，遂謂才有善有不善，而以孟子之論爲未密。戴氏則謂據其限於所分而謂之命，據其爲人物之本始而謂之性，據其體質而謂之才，性善則才亦善。孟子言性，於陷溺梏亡之後，人見其不善，猶曰非才之辠。以氣爲不善，是於天之降才即辠才也。此其異者七。有此七異，聞者驚且譁矣。雖然此非戴氏之刱說也。程子之門人楊遵道曰：「觀孟子云：非天之降才爾殊，是不善不在才。」又云：「若夫爲不善，非才之辠，則是以情觀之，才非不善，才者爲善之資。譬作器械，有才方可爲也。善之本爲性，能行善者爲才。」楊氏之言，固據經以立說矣。朱子之門人劉季文曰：「既言性有氣質，安可合人物而言，自亂其本原？凡混人物而爲一者，必非識性者也。」又曰：「古聖賢言性命有兼人物言者，有墫以人言者。易曰：『各正性命。』樂記曰：『性命不同。』此乃兼人物而言，然既曰各正，曰不同，則人物之分亦自昭昭。假如『天命之謂性，率性之謂道』，或兼人物而言，則犬之性猶牛之性，牛之性猶人之性，當如告子之見。」劉氏說以氣質之在人，必與物異，則知性善之説，不宜於氣質外别求義理之性。戴氏謂古之言性不離才質，不遺理義，知其非肊説也。慈谿東發先生素宗朱子，亦謂：「言性者自分理義氣質，而後學乃陰陋夫子相近之言。」羅整庵曰：「程、張、朱子始别白而言之，孰爲天命之性？孰爲氣質之性？一性而兩名，雖曰二之則不是，而一之又未能也。學者之惑，終莫之解，則紛紛之論，至今不絶，於天下亦復奚怪？」劉蕺山曰：「性學不明，祇因將此理别視爲一物。盈天地間祇有氣質之性，謂别有義理之性，不襍於氣質者，臧三耳之説也。」諸儒豈欺人者哉？讀經有所得，雖異於程、朱二子，而不敢自隱耳。戴氏之説，讀者求其是而已，何必同？或曰：理氣之辨，道統之大綱也。此説果誤，後儒何取法焉？曰：後儒志力行，當於經訓之燦著者尋繹之，以求無背於朱子，而必曉曉然自申其不可窮詰之説乎？朱子見人之氣質多粗駁，因謂氣之善者，理實主宰之意，亦欲人擴充此善端也。論語注云：「明善以復其初，亦謂學以擴充其善，不汩本心之善端也。」戴氏所謂朱子引莊子語，而指歸異也。且朱子見人之氣質粗駁者，或爲物欲所誘，或爲柔昧所拘，兢兢然以變化氣質爲教。此即孟子不謂性及忍性之説，所當法朱子者在此也，夫必好爲捕風捉影之談乎哉！

附　録

先生自幼入塾讀書，善識字，舉經中一難字以問，而能知其所出，默誦其上下文。十一歲出就外傅，學舉業，能作典麗文。十五歲作經解，昭然分黑白，時攄其特見以屈座人，業師歎賞不容口。言行略。

先生少嗜書，書之外無它好，生平以一超頓悟爲非學之道，而務學必以積絫，積絫必由專與勤。於先儒道德、經濟、忠節、孝友、文章、武毅、幽隱之類，並蓄兼收，通貫其書，一字不少假意。苟未徹思之，或終夜不寢，或寢而不寐，或研考數日而明，或數月而明，必得其解而後止。同上。

先生克己内訟，默驗陰陽消長之分數，戒慎恐懼，以立大本，不敢須臾懈弛。嘗謂「冥外朗日，目所未見，靜中雷霆，耳所常聞，由是藴藏厚，資取深，非徒作口耳文辭之用也」。同上。

先生著述之有關於經史，具見十略。十略之一曰易略，二曰尚書略，三曰詩略，四曰春秋三傳略，五曰三禮略，六曰論語後案，七曰周季編略，八曰小學略，九曰經濟略，十曰文學略。同上。

先生窮居無位，而當世之務，籌之甚審。嘗曰：「士當思孔、顔所樂，又當思孔、顔所憂。」爲兵制十策，欲獻於海上之事，凡所經畫，燭照數計不啻也。嘗謂不用其言，數年後必有大寇。事果驗。施補華撰別傳。

先生年六十二，仿唐韓愈作五箴，提呼惕息，老而愈確，而居心樂易，不立崖岸。凡親戚僚友之有問者，子弟之請業請益者，告之一出於誠，故鄉人服其義，而後生之造就尤衆。同上。

施均甫曰：「十略之作，經術明，人事備，斟酌諸儒，并包六藝，豈非乾、嘉以來通才大雅之儔歟？若夫修於其身，教於其鄉，而謀於軍國，一以誠孝爲之本，推之以應經法。今所謂學人，無能似之者。」同上。

先生年七十二，作知非子傳曰：「人各有職。士無職，以治經爲天職。其治之也，必以畏聖言、侮聖言爲懸衡，洞見得失，用不敢勦説雷同，而卒以行不掩言爲咎。」至是而先生之學大成。越二年，得偏痹疾。病革，挽手欲起，諸子扶之，命書別語，告兄弟宗族門弟子，端坐卒。譚廷獻撰傳。

清儒學案卷一百五十四

儆居學案下

儆居家學

黄先生以周

黄以周本名元同，後改今名，以元同爲字，儆居四子。同治庚午舉人。官處州府教授，賜内閣中書銜。嘗謂「有清講學之風，倡自顧亭林」。顧氏嘗云「經學即是理學」，乃體顧氏之訓，上追孔、孟之遺言，於易、詩、春秋皆有著述，而三禮尤爲宗主。凡詳考禮制，多正舊説之誤，釋後人之疑，而意在覈明古禮，示後聖可行。所著禮書通故百卷，列五十目，先王禮制備焉。又以孟子學孔子由博反約，而未嘗親炙孔聖，其間有子思子綜七十子之前聞，承孔聖以啟孟子，乃著子思子輯解七卷。而舉子思所述夫子之教，必始於詩、書，而終於禮、樂，及所明仁義爲利之説，謂其傳授之大指，是深信博文約禮之經學，爲行義之正軌，而求孟子學孔聖之師承，以子思爲樞軸。暮年多疾，因曰：「加我數年，子思子輯解成，斯無憾。」即書成，而疾瘥，更號哉生。他書若古文世本、黄帝内經集注、儆季雜著，皆傳於世。江蘇學政黄侍郎體芳建南菁講舍於江陰，延之主講。先生教人以博文約禮，實事求是，道高而不立門户。宗太守源瀚建辨志精舍於寧波，先生定其名義規制，而專課經學，著録弟子千餘人。光緒己亥卒，年七十二。參史傳、繆荃孫撰墓志。

禮書通故

孔穎達云：「周禮見於經籍，其名異者有七處。孝經說云禮經三百，一也；惠校宋本作禮經，今毛本誤與禮器文同。禮器云經禮三百，二也；中庸云禮儀三百，三也；春秋說云禮義三百，四也；春秋傳曰：「是以有動作禮義威儀之則。」春秋說本此爲文。今各本俱誤作「禮經三百」，與孝經說同，則七處止有六名，無七名。禮說云：有正經三百，五也；周官外題謂爲周禮，六也；漢藝文志云周官經六篇，七也。七者皆云三百，故知俱是周官。周官三百六十，舉成數，故云三百也。」儀禮之别，亦有七處，而有五名，一則孝經說，春秋說，及中庸並云威儀三千；二則禮器云曲禮三千；三則禮說云動儀三千；四則謂爲儀禮；五則藝文志謂儀禮爲禮古經。凡此稱謂，並承三百之下，故知即儀禮也。非謂篇有三千，但事之殊别有三千條耳。或一篇一卷，則有數條之事。朱熹云：「經禮威儀，禮器作經禮曲禮，而中庸以經禮爲禮儀。鄭玄等皆曰經禮即周禮，曲禮即儀禮。獨臣瓚曰：『周禮三百特官名耳，經禮謂冠、昏、吉、凶。』蓋以儀禮爲經禮也。而近世葉夢得曰：『經禮，制之凡也；曲禮，文之目也。先王之世，二者皆臧書於有司。祭祀、朝覲、會同則太史執之以涖事，小史讀之以喻衆，而卿大夫受之以教萬民，保氏掌之以教國子者，亦此書也。』愚意禮篇三名，禮器爲勝，諸儒之説，瓚、葉爲長。蓋周禮乃制治立法，設官分職之書，於天下無不該攝，禮典固在其中，而非專爲禮説也。故漢志立其經傳之目，但曰周官，而不曰周禮，自不應指其官目，以當禮篇之目。又況其中或以一官兼掌衆禮，或以數官通行一事，亦難計其官數，以充禮篇之數。至於儀禮，則其中冠、昏、喪、祭、燕、射、朝聘，自爲禮經大目，亦不容專以曲禮名之也。又攷經禮固今之儀禮，其存者十七篇，而其逸見於他書者，猶有投壺、奔喪、遷廟、釁廟、中霤等篇。曲禮則皆禮之微文小節，如今曲禮、少儀、内則、玉藻、弟子職篇所記。」以周案：古人於儀禮單曰禮，對記言則曰經，其中古文曰古經；周禮止曰周官，對傳言曰周官經。説文敘曰：「其稱禮周官皆古文。」漢藝文志曰：「禮古經五十六篇，經十七篇，周官經六篇，周官傳四篇。」景十三王傳曰：「周官、尚書、禮、禮記、孟子、老子之屬。」並未有儀禮、周禮之名。自劉歆始建立周官經，以爲周禮，於是周官有周禮之名。而十七篇之禮，尚不稱儀禮也。後人又誤以曲禮三千爲禮經，於是名禮經爲儀禮。經義既繆，經名亦因之不正矣。後漢鄭玄傳云：「鄭所注周易、尚書、毛詩、儀禮、禮記、論語、孝經。」舉鄭所注書，不應遺周官，蓋儀禮二字，乃周官禮三字之誤，非漢時有儀禮之名也。先君子曰：「中庸『禮儀三百，威儀三千』，據周官肆師注，古書禮儀作禮義。左傳：『民受天地之中以生，是以有動作禮義威儀之則。』言人之動作，禮義三百，威儀三千，有法則也。以其爲禮之大經曰經禮，以其爲禮之大義曰禮義，其實一也。以其威可畏，儀可象，曰威儀；以其委曲緐重，曰曲禮，實亦一也。儀禮十七篇之大綱，是謂禮經。其中曲禮，雖以凌次仲之釋例，猶未盡其詳也。周官冢宰言六典之綱，是謂禮經，而九賦、九式未嘗非曲禮。大宗伯言五禮之綱，是謂禮經，而大行人、司儀所言未嘗非曲禮也。戴記如冠義、昏義、鄉飲酒義、燕義、射義、聘義，凡以義名者，古之所謂『禮義遺篇猶在』，即爲禮經。而其中言拜揖之儀，俎豆之數，非無曲禮、少儀、内則、玉藻，統言之皆爲曲禮。而任翼聖分内則、少儀、玉藻爲明倫之綱，曲禮上爲敬身之綱，亦非無禮經也。諸書有經有曲，讀者善會之。或謂禮經爲常，曲禮爲變，尤謬。」

孔穎達云：「周禮爲本，儀禮爲末。」賈公彦云：「周禮爲末，儀禮爲本。」以周案：二書無本末可分，漢藝文志依劉歆七略禮類，禮經先，周官後，極當。

阮元云：「禮經在漢祇稱禮，亦曰禮記。熹平石經有儀禮，載洪适隸釋，而戴延之謂之禮記是也。無稱儀禮者。鄭引此經，直舉篇名，亦不稱儀禮。今注疏本旨題儀禮，鄭氏注，疑鄭學之徒加之，猶鄭氏箋三字爲雷次宗所加也。」以周案：范書述鄭所注書有儀禮字，禮經大題亦有儀禮字。或者遂謂儀禮之名，鄭君所定。斯語失實。鄭注羣經，引禮經文，皆直舉篇名，不云儀禮。其注禮器以曲禮爲儀禮，則云謂今禮也，仍不名之爲儀禮。鄭志爲鄭學之徒所記，其引禮經，亦直舉篇名，不云儀禮。則鄭氏師弟子並無儀禮之名也。禮注大題儀禮，當是東晉人所加。東晉人盛稱儀禮。又案：禮經古祇稱禮經五十六篇，皆古文，對今文言之，曰禮古經。見漢志。十七篇爲今文，別古文言之，曰今禮。見鄭君禮器注。今禮者，今文家所傳禮也。古文禮與記各自爲書，今文家記坿於禮，亦稱之曰禮記。詩鄭箋引少牢禮曰：禮記「主人髮鬄」。爾雅郭注引士相見「妥而後傳言」，有司徹「厞用席」，喪服傳「苴麻之有蕡者」，並曰禮記是也。漢初傳今文十七篇者，有大戴、小戴、慶氏三家，其本各異，當時別其家法，又稱之曰大戴禮、小戴禮。鄭君目録所謂大戴弟幾、小戴弟幾是也。後漢儒林傳云：「康成本習小戴禮，後以古經校之，取其義長者，爲鄭氏學。」下又別言注小戴禮記四十九篇，則所云小戴禮，即十七篇也。鄭君以經禮三百，爲周官三百六十；屬曲禮三千，爲今禮十七篇及其逸者，於是又稱之曰曲禮。奔喪注、投壺目録並云「屬曲禮之正篇」，曲禮即指今禮十七篇及其逸者也。自東漢三禮之名出，禮爲周官禮、禮記之總名，而西漢五十六篇之專名，反爲周官、禮記所溷。自魏、晉號四十九篇爲禮記，亦謂之小戴禮，而東漢十七篇之名禮記、名小戴禮者，又爲四十九篇戴記所奪，於是別號之爲儀禮。此與鄭君以十七篇爲曲禮同意。然曲禮雖不足當十七篇，而名猶見於經，謂之儀禮，實爲不典。或曰：儀禮之名，始自東漢。隋志載一字石經，有儀禮九卷，隸釋載熹平石經殘碑，亦有儀禮。此語實非。石經之見於范史者，據帝紀及儒林、宦者傳皆云五經。據蔡邕、張馴傳以爲六經。及讀盧植傳，知熹平刊石經，本止五經，後從盧植奏，請刊立禮記，合之爲六經。陸機洛陽記、戴延之西征記、太平御覽一百七十六引羊頭山記並云「石經有禮記」，不言儀禮，與盧植傳甚合。隋志名爲儀禮者，係後人改稱，非其舊題也。

禮經篇次依劉向別録與大、小戴不同，大戴禮士冠一、士昏二、士相見三，與別録同；士喪四、既夕五、士虞六、特牲七、少牢八、有司徹九、鄉飲酒十、鄉射十一、燕禮十二、大射十三、聘禮十四、公食大夫十五、覲禮十六、喪服十七，與別録異。小戴禮士冠一、士昏二、士相見三、鄉飲酒四、鄉射五、燕禮六、大射七，與別録同；士虞八、喪服九、特牲十、少牢十一、有司徹十二、士器十三、既夕十四、聘禮十五、公食十六、覲禮十七，與別録異。案：三家篇弟先後具詳鄭君目録，此據士冠禮疏所引。據士喪禮目録云：「大戴弟四，小戴弟八。」士虞禮目録云：「大戴弟六，小戴弟十五。」弟八當作弟十三，弟十五當作弟八。特牲禮鄭目録不記篇弟，文脱。吴氏澄補之云：「大戴弟七，小戴弟十三。」三字亦衍。以周案：大、小戴同受業於后倉，傳高堂生之學，所定禮經篇次不同，以大戴爲最當。禮經十七篇，以冠、昏、相見、士喪、既夕、士虞、特牲、鄉飲、鄉射九篇士禮居首。后倉傳其學，作曲臺記九篇，即説此士禮九篇，以推天子諸侯之制。大戴以此九篇列首，以明授受所自。而少牢、有司徹二篇與特牲類，故併入之。且鄉飲、鄉射亦兼大夫禮也，燕、大射以下爲諸侯、天子禮，喪服通禮終之，其次秩然。

漢蓺文志云：「禮古經五十六篇，經七十篇，記百三十一篇，明堂陰陽三十三篇，王史氏二十一篇，曲臺后倉九篇。」「漢興，魯高堂生傳士禮十七篇。訖孝宣世，后倉最明。戴德、戴聖、慶普皆其弟子，三家立於學官。禮古經者，出於魯淹中，及孔氏學七十篇文相似，多三十九篇。及明堂陰陽、王史氏記所見，多天子諸侯卿大夫之制，雖不能備，猶瘉倉等推士禮而致於天子之説。」劉敞云：「經七十篇，當作十七篇。及孔氏，謂孔氏安國所得壁中書也，當屬上句。學七十篇，學當作與，七十當作十七。古經五十六卷，除十七，正多三十九。」朱熹云：「上文經七十篇，本注『后氏、戴氏』。又言『高堂生傳士禮十七篇』，后倉、二戴皆其弟子。高堂生三傳至后倉，二戴乃后倉弟子，此句誤。則彼所謂后、戴之禮，即傳此高堂生之所得，而今號儀禮者也。況劉氏所考，於所增多篇數適合，而上文經目，又別無高堂生十七篇之禮，其證甚明。賈公彦疏亦云古文十七篇，與高堂生所傳相似。是唐初時，漢志猶未誤也。當從劉氏説。又張氏識誤云：『如歆所言，則高堂生所得，獨爲士禮，而今儀禮乃有天子、諸侯、大夫之禮，居其大半，疑今儀禮非高堂生之書，但篇次偶同耳。』此則不深考於劉説所訂之誤，又不察其所謂士禮者，特略舉首篇以明之。其曰推而致於天子者，蓋專指冠、昏、喪、祭而言，若燕、射、朝聘，則士豈有是禮而可推邪？」江永云：「儀禮不止士禮，此志『傳士禮』三字，恐有誤。儒林傳云『高堂生傳禮十七篇』，無士字。賈公彦敘周官廢興，引此志云：『漢興，至高堂生博士傳十七篇。』蓋博士之博誤爲傳，而傳易爲禮，遂誤作『傳士禮』耳。賈氏所引唐初本尚未誤。」以周案：釋文敘録曰：「古禮經五十六篇，倉傳十七篇，所餘三十九篇，以付書館，名爲逸禮。」又引鄭六藝論曰：「後得孔氏壁中河間獻王古文禮五十六篇，記百三十一篇，其十七篇與高堂生所傳同，而字多異。」劉氏校藝文志，改七十作十七，與釋文合，於本志所云多三十九篇之數亦符。是也。案七十爲十七字之倒，斷無可疑。以總目凡禮家五百五十五篇核之，尚少一篇。據記奔喪孔疏引藝文志：「漢興，始於魯淹中得古禮五十七篇，其十七篇與今儀禮同，其餘四十篇藏在祕府，謂之逸禮。」又引六藝論云：「後孔子壁中得古文禮五十七篇，較今漢志卻多一篇。」然云：「古禮五十六篇，諸書所引悉同，未可偏執一文以質之矣。」漢志又云「及孔氏學」，孔當作后。禮之有后氏學，猶易之有孟氏學，詩之有韓氏學也。「及」之言「與」也。下句「及明堂陰陽」亦同。「及后氏學十七篇」，文相似。即六藝論所謂「其十七篇與高堂生所傳同，而字多異也。」劉氏改「學」爲「與」，未是。「及孔氏」連上「魯淹中」爲句，亦非。淹中即孔氏里，何得分而二之？曰「及孔氏」，「孔」字當爲「后」之駁體，上云「后氏學」，下云「猶瘉倉等」，文亦相應。又藝文志及儒林傳並云「高堂生傳士禮十七篇」，攷史記儒林傳云：「禮至秦焚書，散亡益多，於今獨有士禮，高堂生能言之。」則高堂生所傳十七篇，謂之士禮，非字誤也。十七篇之次，以大戴所傳最得其真。其書以冠、昏、相見、士喪、既夕、士虞、特牲、鄉飲、鄉射九篇居首，故曰士禮。后倉傳高堂生之學，作曲臺記九篇，亦即說此冠、昏、相見、士喪、既夕、士虞、特牲、鄉飲、鄉射九篇士禮，以推說天子、諸侯、卿大夫之制，不及古文禮爲詳，故云古經「多三十九篇」，「多天子、諸侯、卿大夫之制，猶瘉倉等推士禮以致於天子之說」。此本專指曲臺記九篇言。案：漢書如注云：「行射禮於曲臺，后倉爲記。」七略云：「宣皇帝時，行射禮，博士后倉爲之辭，至今記之曰曲臺記。」據此，曲臺九篇，内當有射禮。然其書初非專言射，如注七略，箸其作書之由耳。服虔云：「在曲臺校書箸記，因以爲名。」孫惠蔚云：「曲臺之記，戴氏所述，然多載尸灌之義，牲獻之數，而行事之法，備物之體，蔑有具焉。」據此，曲臺爲校書之地，其九篇内於祭類尤詳也。後漢儒林傳引前書「高堂生漢興傳禮十七篇」，孔氏禮記正義引藝文志及儒林傳，亦云「高堂生傳禮十七篇」，皆便文節引爾。高堂生未立博士，賈敍高堂生博士傳十七篇，當依士冠禮疏所引，作高堂生爲博士，傳禮十七篇。又案：古文禮五十六篇，於天子、諸侯、卿大夫禮爲多。今禮十七篇，大夫止少牢、有司徹二篇，諸侯止燕、大射、聘、食四篇，天子止覲禮一篇，士禮則有九篇。自注疏以鄉飲、鄉射屬大夫禮，後人遂不知曲臺記九篇爲何書，而推士禮致天子之說，亦不明。張氏識誤固謬，江慎修說尤非。

邵懿辰云：「漢初高堂生傳禮經十七篇，非有闕也。昏義曰：『夫禮始於冠，本於昏，重於喪、祭，尊於朝、聘，和於鄉、射。』是八者，約十七篇而言之也。禮運凡兩舉八者，特『射、鄉』訛爲『射、御』耳。一則曰：『達於喪、祭、射、鄉、冠、昏、朝、聘』，再則曰『其行之以貨、力、辭、讓、飲、食、冠、昏、喪、祭、射、鄉、朝、聘』。貨、力、辭、讓、飲、食六者，禮之緯也；冠、昏、喪、祭、射、鄉、朝、聘八者，禮之經也。其證之明確而可指者，適合於大戴十七篇之次序。大戴一二三篇冠、昏也，四五六七八九篇喪、祭也，十十一十二十三篇射、鄉也，十四十五十六篇朝、聘也，而喪服之通乎上下者附焉。孔子取此十七篇以爲教，故曰『子所雅言』。劉歆謂『又有逸禮三十九』，姦言不足信。又以爲高堂生傳士禮十七篇，其誤始於史記。太史公疏略，見其首篇爲士禮，概而言之。」以周案：王制以冠、昏、喪、祭、鄉、相見爲六禮，司徒修六禮，以節民性，則所謂冠、昏、喪、祭、鄉、相見，士禮也。大戴以此居禮經之首，亦以明高堂生所傳，號爲士禮者以此。禮運通天子、諸侯爲文，兩言冠、昏、喪、祭、射、御、朝、聘，家語引作「達之喪、祭、鄉、射、冠、昏、朝、聘」。邵氏以射御之「御」爲「鄉」之形譌，不爲無據。以此八者爲約十七篇而言之，十七篇爲完書，所見亦卓。但因此遂議逸禮三十九篇爲姦言，殊不足信。

漢藝文志云：「魯共王壞孔子宅，得古文尚書及禮記、論語、孝經凡數十篇，皆古字也。」閻若璩云：「禮記，今文二字衍，或禮經之誤。或云：禮記當作禮，禮記數十當作數百。」以周案：說文自敍云：「壁中書者，魯恭王壞孔子宅而得，禮記、尚書、春秋、論語、孝經。」亦云禮記，與漢志同。禮句，即志所謂禮古經五十六篇是；記句，即志所謂記百三十一篇是。西漢之時，於禮經但曰禮，其記但曰記，漢志、說文敍可以互證。亦有稱其記爲禮記者，如河間獻王傳所謂禮，禮記是也。但河間獻王所得禮記，即志所謂百三十一篇之古文，與大、小戴禮記有別。大、小戴禮記古經古記，及今文禮記，兼有禮與記，皆有古文今文之别。淹中所得之經五十六篇，記百三十一篇，明堂陰陽三十三篇，王史氏二十一篇，皆古文也。后倉所傳禮十七篇爲今文。大、小戴所輯諸記，多係今文，而亦間存古文也。何以言之？漢志云：「記百三十一篇，七十子後學者所記也。明堂陰陽三十三篇，古明堂之遺事。王史氏二十一篇，七十子後學者。」七十子後學者，謂七十子之徒，故劉向别録云：「六國時人也。」見顔注所引。漢志又曰：「禮古經出淹中，與十七篇文相似，多三十九篇。及明堂陰陽、王史氏記所見，多天子、諸侯、卿大夫之制。」「及」字承上「多」字爲文，皆今文家后倉等所未見，是明堂陰陽、王史氏諸記，亦出於淹中也。釋文敍録引劉向别録云「古文記二百四篇」，是諸記之爲古文可知也。敍録又引六藝論云：「後得孔氏壁中河間獻王古文禮五十六篇，記百三十一篇，周禮六篇」，鄭君此論，上下皆據古文言之，則百三十一篇之記爲古文，尤可知也。鄭注奔喪云：「奔喪，實逸曲禮之正篇也。漢興，得古文，而禮家又貪其説，因合於禮記耳。」又投壺目録云：「投壺亦屬曲禮之正篇也。」曲禮之正篇，謂禮之古經，此戴記有古經之證也。漢志古經五十六篇，而記百三十一篇，一倍有餘，蓋七十子後學各記所聞，一經不止一記也。今禮經中諸記爲后倉所傳，今文家之記，小戴有冠、昏、鄉飲、燕、射、聘諸記；大戴有朝事儀，蓋出於古文家者。故晉陳邵周禮論序云：「戴德删古禮二百四篇爲八十五篇。」二百四篇，即别録所謂古文記，此戴記有古記之證也。鄭注奔喪以爲古文，許君五經異義引戴記則謂之今禮，蓋大、小戴所采之禮，雖古文今文兼有，而古文難讀，勢不能多采，即奔喪篇屬古文，而其難讀之處已多節去。故鄭注奔喪，又引逸奔喪禮以相較。此戴記所采古文少、今文多之證也。閻説禮記今文，固爲失察。漢志云：「凡數十篇，皆古字也。」專承上尚書而言，故下云「孔安國悉得其書，以考二十九篇，得多十六篇，其餘篇數詳下。」故於此略之，非通禮記，論語、孝經言之也，或疑文有脱譌，亦未是。

劉向别録云：「古文記二百四篇。」以周案：漢志禮家記百三十一篇，别録多七十三篇；若合明堂陰陽三十三篇，王史氏二十一篇，亦止有百八十五篇，别録多十九篇。蓋漢志本劉歆七略，而七略與别録亦有出入也。别録有通論、制度、吉事、喪服、祭祀、樂記、明堂陰陽、世子法等目，見鄭君禮記目録。别録入樂記於禮家，七略出樂記於樂家，斯其顯異可見者。後人必參求其同，説多膠葛不可通。錢竹汀説漢志記百三十一篇，合大、小戴而言。小戴記四十九篇，曲禮、檀弓、雜記皆以簡策重多，分爲上下，實止四十六篇，合大戴之八十五篇，正協百三十一之數。據喪服四制孔疏「别録無此文」。是志所云百三十一篇，在别録止百三十篇矣，加明堂陰陽、王史氏五十四篇，再加以三朝記、樂記二十篇，適得二百四篇。錢氏此説不足爲據。以今大戴所存之篇已多同於小戴，則小戴所取未必盡是大戴所棄，且大、小戴之記亦非盡取諸百三十一篇之中。漢志樂記二十三篇，三朝記七篇，合三十篇，亦不得據史記所録十三篇爲説。陳恭甫又爲之説曰：「記百三十一篇，合明堂陰陽三十三篇，王史氏二十一篇，樂記二十三篇，孔子三朝記七篇，凡二百十五篇。而别録言二百四篇，疑樂記二十三篇，其十一篇已具百三十一篇記，除之，故爲二百四篇。孔子三朝記亦重出，不除者，篇名不同故也。」陳氏此説亦未當。漢志樂記二十三篇，全入樂家，禮家之記，斷不重出此十一篇。一除一不除，亦任意言之。

鄭衆云：「書序言成王既黜殷命，還歸在豐，作周官。」則此周官也。鄭玄云：「前此者，成王作周官，其志有述天授位之義，故周公設官分職以法之。」賈公彦云：「尚書般庚、康誥、説命、泰誓之屬三篇序皆云，某作若干篇。今多者不過三千言。周禮乃六篇，文異數萬，終始辭句非書之類。」案：書傳「周公一年救亂，二年伐商，三年踐奄，四年建侯衛，五年營成周，六年制禮作樂，七年致政成王」。所制之禮，即今周禮也。以周案：賈疏駁仲師，申康成，甚當。

賈公彦云：「周官孝武時始出，祕而不傳，附離之者大半，故林孝存以爲武帝知周官末世黷亂不譣之書，作十論、七難以排棄之。何休亦以爲六國陰謀之書。唯有鄭玄徧覽羣經，知周禮乃周公致太平之迹，故能答林碩之論難，使周禮義得條通。朱熹云：「周禮，周公遺典也。胡氏父子以爲王莽令劉歆撰，如天官冢宰，卻管宫闈之事。其意只見後世宰相請託宫闈，交結近習，以爲不可。不知此正人君治國平天下之本，豈可以後世之弊，而并廢聖人之良法美意哉？又如王后不當交通外朝之説，他亦是懲後世之弊，要知儀禮中亦分明自載此禮。至若女祝掌凡内禱祠祈禳之事。使後世有此官，則巫蠱之事安從有哉？」以周案：漢志周官經六篇，傳四篇。古人經傳分行，後世多比附之，如儀禮傳附節下，記附篇末，幸有標題，其違失經意，猶易識別。周官傳不見其羼入，經中亦必不少，故周官間有可疑，特不可如後人之掊擊耳。鄭樵通志據孫處説，以爲周禮之作，周公居攝六年之後，書成歸豐，而實未嘗經行，故其言與他經不類。存參。

賈公彦云：「以設位言之，謂之周官；以制作言之，謂之周禮。」王應麟云：「鄭衆傳周官經，後馬融作周官傳，授鄭玄，玄作周官注，猶未以周禮名也。隋志自馬融注以下，始曰周官禮。」閻若璩云：「案康成序曰：世祖以來，通人達士鄭氏父子、衛宏、賈逵、馬季長皆作周禮解詁，周禮之名，已見於此。」以周案：鄭君於儀禮、禮記注引周禮甚多，不獨周官序爲然。後漢書盧植傳「植疏曰：中興以來，通儒達士班固、賈逵、鄭興父子，毛詩、左氏、周禮各有傳記」。此鄭序所本也。考周禮之名，始見於漢書王莽傳。其議建於劉歆，亦見於荀悦之紀，陸德明之敍録。紀云：「劉歆以周官十六篇爲周禮。」十字疑衍。敍録云：「劉歆始建立周官經，以爲周禮。」武虚谷云：「班氏於莽一傳之中，凡莽及臣下施於詔議章奏，自號曰周禮，必大書之；而自爲史文，乃更端見例，復仍其本名曰周官。」食貨志「莽乃下詔曰：『夫周禮有賒貸』」，及後云「又以周官稅民」，是亦一志而兩見，由其意觀之，固未有箸明於此也。郊祀志莽改南北郊祭禮，猶稱周官，時未居攝，不敢紊易至此也。莽傳徵天下通藝及張純等奏之稱周官，亦皆在未居攝之時，是則周官之易名周禮，其在居攝之後矣。

釋文敍録云：「陳邵云：戴德删古禮二百四篇爲八十五篇，謂之大戴禮；戴聖删大戴禮爲四十九篇，是爲小戴禮。」隋經籍志云：「記百三十一篇，劉向校得百三十篇，又得明堂陰陽記三十三篇，孔子三朝記七篇，王史氏記二十一篇，樂記二十三篇，凡五種合二百十四篇。戴德删其緐重，合爲八十五篇，謂之大戴記；而戴聖又删大戴之書爲四十六篇，謂之小戴記。」漢末馬融傳小戴之學，又足月令一篇，明堂位一篇，樂記一篇，合四十九篇。以周案：晉陳邵周禮論序語皆失實。漢志記百三十一篇，明堂陰陽三十三篇，王史氏二十一篇，蓋古文也。大、小戴所采記，今文爲多。大戴記之存者，於漢志禮家諸記外，又取儒家曾子十八篇，存其十篇；孫卿子三十三篇，其存問五義、三本、勸學、宥坐數篇；賈子五十八篇，存其保傅諸篇；又取論語家孔子三朝記七篇。師古曰：「三朝七篇，今大戴禮有其一篇。」案：史記五帝本紀索隱、蜀志秦宓傳注並引劉向別録云：「孔子三見哀公，作三朝記七篇，今在大戴禮。」王伯厚以爲卷之九千乘、四代、虞戴德、誥志，卷之十一小辨、用兵、少閒，即漢志三朝記七篇，中隔以卷之十，篇袠淆亂也。小戴記奔喪、投壺諸篇，取諸古禮經；鄉飲酒義、冠義、昏義、射義、燕義、聘義，取諸古禮記；三年問、哀公問諸篇，取諸荀子；又取儒家子思子二十三篇，存其中庸、表記、坊記、緇衣四篇；取公孫尼子樂記二十三篇，存其十一，合爲一篇。顔師古以記中庸即藝文志之中庸説二篇，誤。舊唐書引沈約云：「中庸、表記、坊記、緇衣，皆取子思子。樂記取公孫尼子。」劉瓛云：「緇衣，樂記皆公孫尼子作。」按文選注引子思子曰：「民以君爲心，君以民爲體。」又引子思子詩曰：「昔吾有先正，其言明且清。」今其語皆在緇衣篇，則沈氏説信矣。陳邵二百四篇，據劉向別録爲言，其實二戴所取不專在二百四篇中也。作隋書者改爲二百十四篇，又以五種實有一百十五篇，遂謂記百三十一篇，劉向校得百三十篇，以合其數，誤。杜氏通典又改明堂陰陽記爲二十二篇，王史氏記爲二十篇，總二百二篇，更誤。又考樂記孔疏云「按別録禮記四十九篇，樂記弟十九」，則樂記入禮記在劉向前，而四十九篇實爲小戴之舊目矣。後漢橋玄傳云：「七世祖仁從戴德學，著禮記章句四十九篇，成帝時爲大鴻臚。」戴德當作戴聖。漢儒林傳曰：「小戴授梁人橋仁、楊榮，家世傳業，由是小戴有橋、楊之學。」劉向校書祕府，與橋仁同時，所見篇目已爲四十九，不待融足甚明。釋文敍録曰：「劉向別録有四十九篇，其篇次與今禮記同，各爲他家書拾掇所取，不可謂之小戴禮。」此語亦非。別録所記四十九篇，即本小戴禮記，特篇次先後有異同耳。觀鄭君目録所引自知。隋志欲以小戴所録補大戴闕篇，尚多三篇，故以月令、明堂、樂記歸之，融入以合其數。其實小戴之記未必俱取大戴，戴東原、孔巽軒已詳辨之矣。竊考詩汾沮洳正義引大戴禮辨名記，靈臺正義引大戴禮正穆篇，玉海載沈約謚法十卷，序引大戴記有謚法，白虎通義引辨名記曰「禮別名記」，引謚法曰「禮記謚法」，所云禮，皆據大戴禮爲文。又別引禮三正記、禮五帝記、禮親屬記，其亦爲大戴禮記可知也。則大戴亡佚之篇，非一同小戴，而隋書欲以小戴之四十六篇補其闕數，不亦誣乎！今大戴記三十八篇已上皆亡，中又闕四十三、四十四、四十五、六十一四篇，及八十二以後四篇，凡存三十九篇。其實大戴篇弟宜依司馬貞所見本爲定，凡存三十八篇。史記索隱云：「大戴禮合八十五篇，其四十七篇亡，見今存者有三十八篇。」錢竹汀謂「唐以前盛德、明堂不分爲二，遷廟、釁廟亦合爲一」，此說是也。自宋以後，分竄篇弟，於是有複出之本，有四十篇之說。晁昭德云「今書四十篇中，有兩七十四」，陳振孫云「七十二複出一篇，實存四十篇」，熊朋來、吴幼清皆云「七十三有二，總四十篇」，所見本各不同。小戴四十九篇，鄭漁仲謂即后倉曲臺記，誤。毛大可謂儀禮是戴記，四十九篇不是戴記，更謬。凡近儒之說，有待疏證者，有應駁正者，皆列案前。若其說本明，即順文引入案中，以作斷語，不復列其說於前，爲省文也。其說之謬誤，無待詳辨，亦於注中略附一二。若師友之言，盡入案中，祇録其是，有非不辨。

王充云：「高祖詔叔孫通制作儀品十六篇，何在？而復定儀禮，見在十六篇，秦火之餘也。」以周

案：儀品即漢儀。班固所上叔孫通漢儀止有十二篇，見曹褒傳，云十六篇者，蓋涉下文而誤。其所定儀禮十六篇，本謂之禮記。張揖上廣雅表曰：「周公制禮，箸爾雅一篇。爰暨帝劉，魯人叔孫通撰置禮記，文不違古，謂通輯禮記，置爾雅於其中也。」王懷祖不知通有輯記事，遂以漢儀當之，如其說「撰置」，置字義既無著，且與上下文氣全不相貫。大戴記亦有爾雅，權輿於此，故白虎通三綱篇、孟子「帝館甥」趙注引釋親，並稱禮

記。公羊宣十二年傳注引禮，乃釋水文。風俗通聲音篇引禮樂記，乃釋樂文。是則通所輯禮十六篇中有爾雅，與禮經之十七篇迥異。後人稱禮經爲儀禮，要不得援此爲據。

漢儒林傳云：「后倉說禮數萬言，號曰后氏曲臺記，授沛聞人通漢子方、梁戴德延君、戴聖次君、沛慶普孝公，由是禮有大戴、小戴、慶氏之學。」六藝論云：「戴德傳禮八十五篇，戴聖傳禮四十九篇，慶氏所傳禮，各書並未詳其篇目。」以周案：後漢儒林傳曰：「曹充習慶氏學，傳其子褒，遂撰漢禮。」曹褒傳曰：「父充持慶氏禮，建武中爲博士，作章句辯難，於是有慶氏學。褒拜博士，作通義十二篇，演經雜論百二十篇，又傳禮記四十九篇，慶氏學遂行於世。」則慶氏所傳禮與小戴同。

鄭玄云：「論語雅言詩、書、執禮。讀先王典法，必正言其音，然後義全，故不可有所諱也。禮不誦，故言執。」朱熹云：「雅，常也；執，守也。獨言執者，以人所執守而言，非徒誦說而已也。」以周案：記有讀喪禮，讀祭禮，讀樂章之文，禮非不誦也。朱子謂非徒誦說而已，較爲可通，然揆諸文義，終嫌不類。執，猶掌也。執禮，猶後人所謂掌故是也。文王世子篇「秋學禮，執禮者詔之；冬讀書，典書者詔之」。執禮與典書同，執禮者爲掌故之人，則執禮猶云掌故也。周官禮經爲周人掌故之書，詩、書、執禮，猶云詩、書、周官禮也。春秋之時，踵事增華，象數滋生，其奇衺俶詭而不守正者已多，故夫子正言其失，無所隱諱。厈流失，明故實，不干議禮之條。雅言，當依古注訓正言。孔子正言其失，如緇冠有緌，朝服以縞之類是，曾子問篇尤詳。

蔡邕云：「策者，簡也。其制長二尺，短者半之，其次一長一短兩編。」賈公彥云：「鄭作論語序云：易、書、詩、禮、樂、春秋策皆尺二寸。孝經謙半之。論語八寸策者，三分尻一，又謙焉。」是其策之長短。鄭注尚書三十字一簡之文，服虔注左氏云：「古文篆書，一簡八字。」是一簡容字多少。孔穎達云：「鄭玄論語序以鉤命決云『春秋二尺四寸書之，孝經一尺二寸書之』，故知六經之策皆長二尺四寸。蔡邕言二尺者，謂漢世天子策制所用，與六經異也。」以周案：孔、賈二疏皆引鄭君論語敘，其言簡策長短不容有異。賈疏云「易、書、詩、禮、樂、春秋策皆尺二寸」，當依孔疏作「二尺四寸」，以「論語八寸策者，三分尻一」推之自見。漢藝文志曰「劉向以中古文校歐陽、大、小夏侯三家經，率簡二十五字，脱亦二十五字；簡二十二字，脱亦二十二字」，與鄭注三十字異者，蓋古文篆書體有緐簡，緐者宜疏，簡者可密，故字有不同。説文曰：「冊，符命也，諸侯進受於王也，象其札一長一短，中有二編之形。」褚少孫曰：「其冊一長一短，皆有意義。」鄭注尚書云「三十字」，蓋據其簡之長者爲言。服云「古文篆書一簡八字」，單疏本作「一簡八分字」，要義引同。今毛本誤脱分字。六經之策二尺四寸，以一簡三十字分之，則每字得八分也。此皆據古尺爲言。束皙穆天子傳敍曰「以前所攷定古尺，度其簡二尺四寸」，可證。蔡説策二尺者，以漢尺言。南史王僧虔傳曰：「盜發楚王冢，獲竹簡十餘，廣數分，長二尺。僧虔曰：是科斗書攷工記，周官所闕文也。」與蔡説合。蔡説本據漢律令，以古尺言，亦用二尺四寸，見鹽鐵論及後漢曹褒傳。或曰三尺律本漢杜周傳。又案：竹謂之簡，木謂之札，聯之爲編，編之爲冊，冊有長短。獨斷云「短半之」，據六經之冊言。書疏引顧氏説，策長二尺四寸，簡長一尺二寸。一尺二寸，即「短半之」之説。若孝經、論語之冊，短亦半之，恐不其然。蓋孝經尺二寸之冊，即用六經之短，論語八寸之冊，即用孝經之短。則六經之短者半之，孝經之短者三分去一也。論語之短者未聞。論衡正說篇云「論語數十百篇，以八寸爲策」，亦不及其短，豈論語無短策與？

鄭玄云：「唐、虞有三禮，至周分爲五。」以周案：堯典三禮以天地人言，其實唐、虞已分五禮。書曰：「天敍有典，敕我五典五惇哉！天秩有禮，自我五禮有庸哉！」「類帝假祖」，吉禮也；「如喪考妣，遏密八音」，凶禮也；「五載一巡，羣后四朝」，賓禮也；「分背三苗，釐降嬪虞」，軍、嘉禮也。夫禮秩自天，出於性之，烏可已！雁有行列，蠭知君臣，鳥獸蚰蟲不教而成，人之有禮，豈非性哉！記曰：「禮本於大一，分而爲天地，轉而爲陰陽。其降曰命，其官於天也，降謂賦畀，官謂職掌。」傳曰：「民受天地之中以生，以定命也，所謂其降曰命也。」又曰：「是以有動作禮義威儀之則，能者養以之福，之，就也，今本誤倒。不能者敗以取禍，所謂其官於天也。」禮官於天，故曰天秩有禮，二帝、三王無異教也。荀子外禮以言性，不知性者也。老子離道德仁義以言禮，不知禮者也。

皇侃說禮有三起，禮理起於大一，禮事起於遂皇，禮名起於黃帝。禮運曰：「後聖有作，然後修火之利，以事鬼神。」上帝謂遂皇。孔穎達云：「禮運禮始於飲食，燔黍捭豚，蕢桴土鼓。」又明堂位云：「土鼓葦籥，伊耆氏之樂。」又郊特牲云：「伊耆氏始爲蜡。」蜡即田祭，與種穀相協，土鼓葦籥，又與蕢桴土鼓相當，故熊氏云：「伊耆氏即神農也。」既云始諸飲食，致敬鬼神，則祭祀吉禮，起於神農也。又史記云：「黃帝與蚩尤戰於涿鹿，則有軍禮也。」易繫辭黃帝九事章云：「古者葬諸中野，則有凶禮也。」又論語撰考云：「軒知地利，九牧倡教。」既有九州之牧，當有朝聘，是賓禮也。若然，自伏羲以後至黃帝，吉凶賓軍嘉五禮始具。皇氏云禮事起於遂皇，其義乖也。遂皇在伏羲之前，禮運燔黍捭豚在伏羲之後，何得以祭祀在遂皇之時？以周案：書缺有間，五禮之起，難言之矣。

敍目

中祕古文，曰禮曰經，今號儀禮，名已不正。士禮獨傳，篇存其九，后倉曲臺，厥義是究。小戴四九，别録已箸，樂記、月令，詎待融補？王史、荀卿，或取或去，專刺大戴，斯言亦誣。述禮書通故弟一。

明堂高爲貴，重屋是因，寢廟大爲貴，世室是遵。脩同二七，廣豈九筵？屋大而卑，其桷可援。廣三内二，室如其堂，左達右達，寢無其箱。楣梁何施？樞達北宋。戺配何分？西壁下上。述宫室通故弟二。

冕無後旒，惟取蔽明，緌以屬武，何與結亢？衣號端委，維其屬幅，侈袂衺削，爵皮弁服。冕服不言裼，朝弁襲裼。昭矩彠，深衣袂長，中絀揄尺。方折如矩袷之曲，後飛如髾衽之續，曲袷非交領，續衽非裳襆。述衣服通故弟三。

筮短龜長，其説自古。易準天地，豈區區焉占數？知者觀象，思過其半，中爻云備，物雜德撰。勿説二而違四，勿説三而違五，道能一冊，何憂乎九六交錯？述卜筮通故弟四。

天子元子，雖貴亦士，王侯冠禮，悉自後起。加爾尊服，棄爾幼志，產各以物，成人在始。述冠禮通故弟五。

納采用雁，禮同奠摯，卜而納吉，何嫌乖刺！六禮告廟，敬布几筵，經詳女氏，壻家從簡。鹵莽讀禮，謬曰不情，所訾非疵，以經證經。述昏禮通故弟六。

接子擇日，負子卜吉，妻抱擯見，冢庶有秩，執手撫首，典禮莫失。母見内寢，子見外寢，焉有其父，就見於側室？述見子禮通故弟七。

公子有宗道，何必待繼別？別子殊公子，大傳兩分列。胡爲儒者説，糾合不區仌？諸侯可奪宗，弗繩以大夫；僖公可禰閔，弗例諸歸父。家國不同法，決比不當反遻牾。述宗法通故弟八。

喪服如律，比例嚴密，畸輕畸重，必失其節。親屬以九，服屬以六，仁至誼盡，宗敬族睦。冠衰冠受，升數有定，重特輕包，兼服有經。有降有正，有誼有報，有從有名，衰不當物，烏乎明情。述喪服通故弟九。

髻髽異髻，變除有節，決握連擘，古誼莫失。始死充充，既殯瞿瞿，心痛如斯，面黑如苴。易不如戚，顧媞衰絰，不稱其服，有名無實。述喪禮通故弟一十。

始死而奠，既葬而祭，南桌東脯，陳設如禮。吉祭喪祭，儀文多異，不獻賓，不旅醻，不餕具，豈一同乎饋食？述喪祭禮通故弟一十一。

冬至祭天，啟蟄祀帝，牲玉殊其物，丘壇別其地，降神變其樂，送神奠其祡。等其祀謂之郊，別其祭謂之禘，魯國北海，師傳無梽。述禮通故弟一十二。

郊社並尊，大小攸分，方澤神州，咸秩無文。國社主國，方社主方，彼畺此界，土亦分王。述社禮通故弟一十三。

七祀五祀，殷、周異禮，六宗八蜡，說亦多盩。述羣祀禮通故弟一十四。

明堂之制，羣言莫折，室有三四步，墉有四三尺，合計其數，堂脩二七，又推其廣四脩之一。周人明堂如重屋，寢廟如世室，七筵九筵，記文可質，勿穿鑿而遈肊，勿張皇而失實。封禪，古禮也，妄者爲之，肆其志；明堂，古制也，誣者爲之，侈其事。五帝三王之典禮，世主莫敢舉，禮家失其據。述明堂禮通故弟一十五。

周人七廟，韋、劉異說，高密知禮，羣言可折。祧主何藏？大廟石室。謬曰瘞園，情傷理窒。廟必異宮，豈僅異室？後代四親，與祧何別？述宗廟禮通故弟一十六。

廟祭有三，禘祫時享，禮掌宗伯，其名可詳。禘重獻祼，祫重饋食，肇稱殷禮，煌煌典祀。天之時，五歲再閏；廟之享，五年再殷。一禘一祫，咸秩不紊，禮無大小，祭無並舉。孔、徐自妄，何、鄭何誣？述肆獻祼饋食禮通故弟一十七。

大夫干祫，有饋食禮，稽諸宗伯，實亞肆獻。祼之禘，胡爲乎？唐、宋說禮家，乃下夷諸時祭。礿禘陽義，以歆爲主；嘗烝陰義，惟食是具。春夏無饋食，秋冬無再獻，典文雖殘，尚可考諸司尊彝。述時享禮通故弟一十八。祭彝相叶。

天子奉天，諸侯稟王，改正頒朔，大典煌煌。祭溷朝享，位乖明堂，舊義未訂，新說更張。述改正告朔禮通故弟一十九。

天子耤田，王后躬桑，齍盛其皀，黼黻有章。一發三班，舊典未明，獻繭收税，異言更詁。述耤田躬桑禮通故弟二十。

門無並入，階無並升，三揖三讓，步趨兢兢。受禮有三，拜禮有九，講貫未精，臨事貽羞。述相見禮通故弟二十一。

二並三列，或錯或麕，厥誼不明，無陳不失。弟子有職，羹胾中別，庶羞西東，無過四列。燕食雖略，其設必方，先祭後祭，禮循其常。述食禮通故弟二十二。

南北布席，宜分堂室，交錯舉觶，各有義節。賓興賢能，鄉飲是式，州長黨正，是誠是敕。述歓禮通故弟二十三。

饗禮肅肅，燕禮邕邕，禮文樂節，有異有同。裸而不薦，用賓諸侯，禮以鬱鬯，不設籩豆。既往不觀，魯人是愉，引以説易，注家實陋。述燕饗禮通故弟二十四。

五射何别？五物何説？禮射有三，正鵠與質，距隨長武，左支右詘。有事楅南，主諸司馬，有事楅北，命諸司射，迭進迭退，釐然莫錯。有事射耦，皆袒設拾，有事有司，堂上乃襲，一文一節，秩然不媟。述射禮通故弟二十五。

一馬從二，曷云不擢？奉觶奠豐，曷云不角？侍投長者，其敬孎孎，賓主相敵，如禮遫遫。述投壺禮通故弟二十六。

曷謂朝廷？其朝在廷。不稽其實，焉知其名？治朝之位，司士有經，燕朝之位，舊説待訂。述朝禮通故弟二十七。

受命不宿家，莫施其義於受行；受聘盡納介，莫混其儀於受享。君一臣二，步趨何分乎升階？上授下揖，執圭何乖乎平衡？經義不分明，注義孰闡揚？述聘禮通故弟二十八。

聘問朝覲，一見於廟，北面奠摯，南面受嬰。旅擯交擯，儀文孰詳？東面西面，朝位何當？述覲禮通故弟二十九。

天子巡守，方嶽會同，羣后畢朝，四海一統。王不巡守，乃會東都，是謂殷國，田獵選武。有事徵發，如林其旝，維無常期，殷同時會。述會盟禮通故弟三十。

履端正始，以明統也；生號死謚，以表功也。煌煌鉅典，籍籍異説，質文家不襲禮，春秋家不一律。述即位改元號謚禮通故弟三十一。

國學有五，郊學有四，州遂黨縣，又居其次。虞庠周庠，夏序殷序，成均瞽宗，其名錯互。述學校通故弟三十二。

國家選士，首重賓興，師儒分教，賢能同升。庠序棋布，生徒羽集，吏亦知學，試自鄉邑。府史之屬，秀士是使，比長之屬，選士是以。漢之世，博士弟子，内補郎中，外補郡史，遷爲牧守，入爲台司。兩京選舉，猶存古意。述選舉禮通故弟三十三。

雲龍水火，古制茫茫，五鳩五官，少皞獨詳。唐、虞、夏、商，五司是因，周攝大宰，六典乃分。維王設官，三百六十，五等列侯，有攝有襲。孤卿大夫，封邑如命，授采視爵，賞加示親。述官職通故弟三十四。

溝洫底定，百王是庸，五十七十，詎有異同？王制所陳，千古聚訟，六尺六寸，與步相中。準此以測，畝里皆通，分畺畫井，豈同棋布？地有囊衺，亦有高下，短長相執，肥墝相土。十夫九夫，何庸皮傅？一易再易，何又枝牾？述井田通故弟三十五。

九賦稅田，亦名九正，計口算錢，豈曰常經？徹通貢助，相地制土，何分邦國？何分遂都？述田賦通故弟三十六。

九職任力，亦名九功，既役且賦，豈曰正供？藉田以力，征力以夫，警閒禁惰，夫布里布。戰國以來，遂同正賦，租庸舊章，調已古。述職役通故弟三十七。

穀貴傷民，穀賤傷農，糴糶斂枚，以平豐凶。賤而斂之，其滯迺通，貴而枚之，其抵是從。物楬而書，深防漁利，常平青苗，相去何幾？非其人則民病，得其人則民濟。述錢幣市糴通故弟三十八。

昔在唐、虞，九州五服，燮定東西，畺理南北。維彼殷商，如禹舊服，三代幅員，同此八極。天子一圻，諸侯一同，號建萬國，百里侯封。畺界世守，犬牙交錯，周公㞤大，於何式廓？錫以附庸，小大相絡，加以山川，地方五百。述封國通故弟三十九。

列國一同，古制未失，千乘三萬，魯頌覈實。在昔公劉三單，輜重不設，武遵祖制，補後一卒。開敦兩閭，四衛百人，佐右正卿，分爲三軍。出征商紂，減卒紓民，三百革車，三千虎賁。司馬兩法，謹守前聞，禦戒國内，甸出一乘。馳輜人百，祖述武順，出軍域外，成出一乘。甲士十，徒卒廿，牧野師數，云何不合？述軍賦通故弟四十。

田獵習武，以簡軍實，振旅茇舍，治兵大閱。民之耳目，鼓鐸旗物，辨而不明，遂失步伐。腢耳髃分三殺，舊疑莫之決，伯禡貉分三祭，新説又相汩。述田獵通故弟四十一。

贊正臧僕，久曠厥職，建旗置鼓，久失其式。稽諸穀梁，蒐狩是習，艾防旃門，旁握難入。車軌塵，馬侯蹶，射者能中，御不失馳。述御法通故弟四十二。

六書之首，指事象形，形事兩窮，會意諧聲。形意相顧，轉注乃起，意聲相轉，假借是以。六書之法，造字之本，四體二用，肊説不根。依聲別類，分十九部，長言短言，去入同譜。述六書通故弟四十三。

樂經已亡，節奏莫徵，抱殘守闕，幸有康成。升歌合樂，上取下就，燕饗殊禮，誼例孰究？九變降神，大合朝踐，饋食無樂，羣疑涣然，下管失位，尚臭失倫。稟經制式，我已斷斷，音律區蓋，待補後人。述樂律通故弟四十四。

肉刑贖刑，議論浸淫，相時度法，知古述今。述刑法通故弟四十五。

弓宇長短庛，軌轍大小同。防取二分一〔一〕，藪爲孔中空。輿之轐輹非一物，任之正衡非對文。漢師説自密，後人何紛紛？述車制通故弟四十六。

〔一〕「二分一」，周禮輪人注作「三分之一」。

易曰辯物，語曰正名，尊彝鼎俎，設廟陳庭。圭璋符節，遣使發令，球象竹魚，書思對命，制器尚象，思索時文。述名物通故弟四十七。

進退有度，揖讓有節，允矣皋文，禮圖秩秩。或糾楊謬，或沿賈失，正之以經，禮節乃密。述儀節圖弟四十八。

禮器有圖，昉自高密，阮湛、張鎰，繼起復述。崇義增修，榘槷失實，疑疑信信，抱殘守闕。述名物圖弟四十九。

夫禮唐修其五，虞典以三，夏造殷因，周禮猶醲。東遷以後，舊章云亡，孔子贊修，猶苦無徵。言曾討論，又復錯出，禮學難言，由來久矣。戰國去籍，暴秦焚書，先王典章，盡爲湮没。抱殘守闕，漢博士之功也；分門别户，又漢博士之陋也。宣帝憂之，遂開石渠，以爲不講家法，無以明其宗恉；專守家法，又恐戾乎羣經。於是令其法之異者，各陳師説，博觀其義，臨決稱制，以定一尊。小戴次君，爰作奏議，執兩用中，有合古道。白虎之論，聿追前徽，班氏孟堅，又纂通義，乃專取一己所好，盡埽羣賢之議，大義雖存，師法莫考。許君叔重，褎入異義，拾戴議之遺，砭班論之錮，殽陳衆見，條加案語。鄭君康成，又駁其非，而存其是，古禮以明。夫西京之初，經分數家，東京以來，家分數説。一嚴其守，愈守愈精，一求其通，愈通愈密。諸博士，其守之精者也；戴、許二書，其通者也；鄭所注書，囊括大典，網羅衆家，其密者也。唐、宋以來，禮學日微，好深思者，或逞肊説；好述古者，又少心得。究其通弊，不出兩軌。以周不揣譾陋，綴入異聞，不敢立異，亦不敢苟同，爲之反復羣書，日夜覃思。賢者識大，不賢識小，道苟在人，何分扃涂？上自漢、唐，下迄當世，經注史説，諸子雜家，詎有旁涉，隨事輯録。昔者高密箋詩而屢易毛傳，注禮而屢異先鄭，識已精通乎六蓺，學不專守於一家。是書之作，竊取茲意，以爲按文究例，經生之功，實事求是，通儒之學。或者反以不分師説，爲我訢病，甘作先儒之佞臣，卒爲古聖之亂賊。惴惴自懼，竊有不敢。述敍目弟五十。

文鈔

德性問學説

仁義禮智信曰五德，亦曰五性，合而言之曰德性。此天之所與我者，故尊之。問也者，問此者也，學也者，學此者也。問之學之，而德性愈明，故道之德性之誠，必以問學而大；問學之明，實由德性而融。尊德性，道問學，非截然兩事也。自孔子没而微言絶，七十子喪而大義乖。荀卿力勸人學，而并詆德性爲惡，謂禮義出於聖人之心，常人學而後能明禮義。是問學取諸外，而德性無諸内矣。宋儒謝上蔡，後有陸象山，大反荀卿之説，則又謂此心虚靈不昧，萬理畢具，而不待外求。是德性求諸内，而問學又遺諸外矣。夫烝民有懿德，德也者，得之於天也。繼善而成性，性也者，心之所以生也。天生是心，自有善端，原不可詆之爲惡。然非有問學以考論之，胸中擾擾，既無審顧精詳之功，而發諸語言事爲間，直情徑行，往往貽害於後而已不覺。孔子言好仁蔽愚，好智蔽蕩，好信蔽賊，好直蔽絞，好勇蔽亂，好剛蔽狂。是豈德性有未善哉？特少問學之功耳。譬諸手足，雖有自然之運動，目不顧視之，其何所措？譬諸身體，雖有本然之營衛，口不歆食之，其何能生？德性之善，非問學不成，何異於是？是以君子知萬物備我，身體力行，而又必孜孜於問學以擴充之。擇善固執，反身而誠，德莫崇焉，性莫盡焉，問學莫大焉，不然，尊德性不道問學，不特問學未深，其德性亦淺矣。

道德説

聖人之道德，統小大。語其小，造端乎夫婦；語其大，察乎天地。自學者好高深，見其爲庸道庸德也而小之，意欲進取其大者。求之不能得，遁而入於空虛之鄉，無有之域，指焉莫能名，喻焉莫可道，拾莊周之緒，逞惠施之辯，浩浩乎若河漢而無極，若江海而無際，豈非謬託於高深乎？而一時魁奇高明之士，讀其書，聆其言，初莫尋其意義之所歸，終焉迷惑其説，遂沈没於其中而不能自出。甚且知其乖於聖，異於經，則曰發前聖之未發，補古經之未備。吁！是所謂道其道、德其德者也？夫聖經之垂教人者，道不越乎君臣、父子、夫婦、昆弟、朋友之交，而德曰知、仁、勇。達道有五，而行之以三達德。語其大誠大矣，語其小，亦無小之非大也。不然，鄙其小，昧其大，舍聖經而別求高深，必雜乎老、佛家之言。

辨虛靈

聖賢之學重誠明。誠者實也，惟其實，故能明；惟其明，故能實。中庸曰：「誠則明矣，明則誠矣。不明乎善，不誠乎身矣。」此千古相傳之正恉，確乎不可易者也。後之學者，乃立虛靈之説以反之，其説曰：「不虛不靈，不虛靈不洞澈。兀然靜坐，屏絶思慮，必使心無一事，無一物。」謂其虛，信乎虛矣；謂其靈，烏乎靈哉？周易之道，崇陽剛，抑陰柔。陽何崇乎爾？崇其實也，實則明，故剛明。陰何抑乎爾？抑其虛也，虛則暗，故柔暗。非實不明，惟虛故暗，彰彰矣。然則經傳之言實若虛，言以虛受人者，皆謂虛其心以受物，非絶物而空之也。荀子曰：「不以夢劇亂智謂之靜，不以已藏害所將受謂之虛。」此語最明。經傳之言四靈，言弔由靈者，皆神靈之稱，而訓爲昭昭明明，以説心性者未之有也。惟僞大誓作於晉，玄風已盛，始有人爲物靈之語。虛靈之説，未知出自何書？傳自何人？學聖賢之學者，津津道之，虛靈之説熾，誠明之學微矣。

辨無

昔韓子闢老、佛，庰學者自小儒説而樂其誕；今也樂其誕而自張大之，遂謂老、佛家之精微，悉爲儒書所有。乃取幽眇懸空之語，傅會聖經，因靜成寂，因寂求虛，求虛不已，乃流於無。夫聖賢之教人善，曰有諸己之謂信。信者，實也，惟其有故實，充其實而美而大而聖神，可以循序而進。今欲一空其所有而歸於無，非吾儒之所謂道德也。吾儒之學，未聞以無言也。言無者，後人誣託之也。易傳曰：「易无思也，无爲也，寂然不動，感而遂通天下之故。」易謂蓍卦，蓍卦无所思爲，寂然不動，而有感之即通其故。此以易之神言，非言人心之本體也。學者其可誣託之乎？易傳曰：「憧憧往來，朋從爾思，天下何思何慮？天下同歸而殊途，一致而百慮。」謂聖人感人心，不分往來爾我之界。何思乎其感？何慮乎其不感？同歸一致而已。此以咸象往來憧憧所感，未大言，亦非言人心之本體也。學者其可誣託之乎？詩曰：「不大聲以色，不長夏以革，不識不知，順帝之則。」謂文王以明德化民，不侈聲色，不尚鞭朴，而無知識之小民，自順天則也。詩曰：「上天之載，無聲無臭。」謂文王化民之神，無聲臭之可擬也。帝則之四不，天載之二無，皆以化民言。禮中庸有明文可證，亦不得誣託之以明心之本體也。論語言舜之無爲而治，謂舜得五臣而分理之，不勞自爲，非以絶事物，尚寂滅也。禮閒居言無聲之樂，無體之禮，合燕居之文，讀之自明。夫人必以升降酬獻之有體者爲禮，必以鐘鼓之有聲者爲樂。聖人言而履之，無體之禮也；行而樂之，無聲之樂也。此並爲拘泥末節者言，亦非離事物而空談心體，學者亦不得誣託之也。以虚無之説解經，而經學晦矣；以虚無之説言本心，而正心之道尤晦矣。無心無情之説，老、佛家嘗言之。經傳中曰天心，曰人心，曰盡心、存心，未聞言無心者。曰天地之情，曰萬物之情，曰聖人之情，未聞言無情者。學者得教外别傳，又往往援之以釋經，甚且竊取道家無極有極之説，釋家非有非無之論，而略變之曰：「動而無動，靜而無靜。」又曰：「無知無不知，智之體；無善無不善，心之體，性之體。」此孔子所謂枝辭游辭，孟子所謂詖辭遁辭也。自學者樂其誕而自小也，豪傑之士猶能知聖人之自有真至；取其誕語，誣託聖經以張大之，而高明之士遂沈溺於此，而莫知返焉，是尤可憫也已。

經訓比義叙

經者，聖賢所以傳道也，經之有故訓，所以明經而造乎道也。儒者手披口吟，朝夕無倦，孰不有志於聞道？顧或者辯聲音，定章句，專求乎訓詁之通，而性命之精，仁義之大，一若有所諱而不言。言之者，或又離故訓以談經而經晦，離經以談道而道晦。甚且隱陋乎孔聖，而顯庰乎曾、孟、諸子。此豈求道者之所宜爲哉？夫聖賢之經，儒説之權衡也。儒説之是非，以經質之；經義難明，以經之故訓核之；經故不可偏據，以諸經之相類者融貫之。經以類纂，如絲之綸，則同異別，是非明，所謂叛慚疑枝邪離遁窮之情形畢著矣。爰采經典，使知族類，行比義焉。竊取亹言，以命我書，道必宗經，訓必式古，義必比類而得也。書成，分爲上中下卷，凡二十四目。卷上命、性、才、情、欲、心、意，卷中道、理、仁、禮、智、誼、信，卷下忠、恕、靜、敬、剛、中、權、誠、聖、鬼、神。命，令也，天令之，非人爲也。性，生也，天所生，於人之心有善之端也。才，材也，人生而靜，材榦畢具，故善端之所以能擴充者才也，才本於性，性善故才亦善也。情之言靜，靜函於性，性之質也。欲，慾也，情之發也，情與欲不能無過不及之偏，而亦可以爲善也。心，人心也，心統性情，其官主思也。意，識也，心之所識也，意誠心正而性情見也。道，道也，人所當行之路也。理者，條理也，有條不紊，道之分明者也。仁，人也，可與人相參和而有親惡之心也。禮，體也，體之於心而出之，烏可已也。智，知也，見微見著，明於事理也。誼，宜也，裁正之，俾得事物之宜也。人言爲信，言成爲誠，信之言誠也。仁屬春之長，禮屬夏之盛，義屬秋之肅，信屬冬之藏，智屬中央兼運是。是謂心之德，故曰五德。是謂性之善，故曰五性。中心爲忠，盡其中之心，無少隱也。如心爲恕，如己之心，推以及人也。靜之言審，靜之言整，審察之，整飭之，俾得所安，不以夢劇亂之也。敬，警也，隨事肅警也。剛之言壯，慊於心而氣不餒也。中之言均，無過不及，均之使同也。貫之以忠恕，存之以靜敬，充之以剛，執之以中，而成性存存也。變謂之權，反常經，以善道，誠明兼至者也。誠，成也，實成之也。誠者，不勉而中，不思而得，是謂之聖。聖亦誠也，誠與聖，性之也。鬼者，歸也，陰之盛也。神者，申也，陽之盛也。生則爲誠聖，死則爲鬼神，皆參贊乎天地，而正性命，保太和者也。字義音訓若此，其梗槩亦略見矣。

答俞蔭甫先生書

前月謹呈拙作禮故兩册，懇求指示紕繆，賜書獎掖過實，非所敢當。批駁若干條，切中是書之失，於啟蟄之郊，論之尤詳。以周何敢自護前非，嚚嚚致辨，如顧千里之於段懋堂也？然私心有不能自已者。吾郡萬充宗信候名不信氣名，捌言古術無二十四氣。我梨洲先生又和其説。以周服膺鄉先賢書有年矣。於啟蟄之郊，駁張横渠「再卜不從，直用下旬」之説，以爲當用常時日之啟蟄。二十四氣中，如分至啟閉，自古有之。而先生以爲古如有二十四氣，左傳既曰啟蟄而郊，曷不曰小滿而雩？秋分而嘗？小雪而烝？誠哉是言也。然以周所謂古有分至啟閉者，据左傳爲文也；所謂啟蟄有常時日者，据攷工記韗人「凡冒鼓必於啟蟄之日」爲文也。夏小正首言正月啟蟄，莊葆琛説義云：「正月者，月之始；啟蟄者，日之始，是年正月朔旦啟蟄。」如其說，啟蟄爲正月節氣名，自夏已然，以周卻未敢信也。史曆志載漢武詔有云：「黄帝起五部，建氣物分數。」孟康注以氣爲二十四氣，兒寬與博士作正朔議，亦引黄帝「建氣物分數」。竊謂上古之世，衹有四立二分二至八氣，斷不能如中古之詳，此可以少皥紀官決之。玄鳥氏司分，謂春分、秋分；伯趙氏司至，謂夏至、冬至；則青鳥氏司啟，啟主春，亦兼夏；丹鳥氏司閉，閉主秋，亦兼冬矣。有四時，斯有四立之名；於四立中又定其中氣，斯有二分二至之名。斯八節者，所以配八卦，諭八風也。自夏時以來，求氣愈密，候法加詳。賜書所引内、外傳，曰龍見，曰火見，曰水正，曰辰角見，曰天根見，以星紀；曰日至，曰日中，曰日在北陸，以日紀；曰啟蟄，曰閉蟄，曰獺祭魚，豺祭獸，以物紀，此皆古之所謂候名也。以周又攷管子有清明、大暑、小暑之文，荀子有霜降之語，國語有處暑、大寒之言，此名雖同於後世之二十四氣，亦未必非古之候名也。古書記氣，四立二分二至以四時紀；月令記候以物記，曰東風解凍，曰始雨水，曰小暑至，曰温風始至，曰涼風至，白露降，又以風雨寒暑霜露紀。則内、外傳以日紀，以星紀，可知其爲候名矣。候名歷世不同，各國又異。管子所立候名，已不同於夏時；月令所列候名，又不同於管子，候名且然，何論乎氣？必執後世七十二候之名，一一求合於古，泥矣。必執後世二十四氣之名，一一求徵於古，更拙矣。然而不能謂古無候名也，亦不得謂古無氣名也。充宗、梨洲皆信候而不信氣。以周竊謂後世七十二候剌取月令之文，多不可通，不如并節氣之名以爲候，取其候之當乎節氣者以爲節氣之名，庶有合於歲虞汁月之古法。此以周一人之私見，而不敢録諸禮故者，敢以質諸先生，幸先生不棄檮昧，復賜教言。

答宗緗文書

承示大著權説，參和漢、宋兩家之言，力持其平，而世變流弊，防閑尤至，立言之善，何以復加？鄙意公羊家以祭仲爲知權，固屬謬譽，而反乎經以善道，自是東周相傳古訓。權之名出於衡，以衡量輕重爲本義。反經合道，爲義之引申。經不外乎道，道不出乎經。經者，道之定名，故謂之常經；道者，經之通義，故謂之達道。權者，反經以合道。其道有重於常經，而常經爲輕，非反之，義無以通；亦非合之，名無以定，是反乎經而仍有合於經也，故謂之合道。其所分者，經主常而權主變；其所反而合者，反其經之輕，而合乎道之重。道有一輕一重，而權生焉。若經爲一定之名，無輕重之可言，譬諸律例，經如律之一定不可易，其輕重在定律之先，律既定，無所用其輕重。權則事之出乎律之外，乃較其一輕一重，正比之，反比之，其例乃定。故輕重之義，不屬於經，屬乎權。知權爲衡量輕重之名，則權之反經必反其輕，而合道乃合其重。知權之所反者，反乎經之輕，則漢儒以反經爲權，其説可以無疑。知權之所合者，合乎道之重，則後世以苟且徇欲爲從權，其説自無所託。來書以爲變事有輕重，常事亦有輕重，權賅常變兩義，處變反經，處常不反經。竊謂論語權在立後，於反經之義尤著。立謂守經，權謂達乎事之變而不拘乎常。常者，經也，經爲定名，無所輕重。於其間一有輕重，即是權，權即是變。孔子以廢君臣爲亂大倫，據經常而言；而仕止久速，終未嘗汲汲以干君，是其權之妙乎？處變者，所謂廢中，權也。夫男女之别，父子之倫，君臣之義，皆經常事；而嫂溺援手，父溺援髮，君前名父，祭前名君，皆權之反於經者，而人不以名君父爲逆，援手髮爲悖，爲其有合於道也。尋常行權，且不能不反經，而何況大變故？來書於大變故之反經言之詳矣，今舉事之近且小者言之，以明權之古義。程子之言，竊有未取。

對義利問

或有疑於義利之辨，因舉陸象山策以問曰：「凡聖人之所爲，無非以利天下也，二典載堯、舜之事，而命羲、和授民時，禹平水土，稷降播種，爲當時首政急務。梁惠王問何以利吾國，未有它過，而孟子何遽闢之峻？辨之力？夫子亦曰：『君子喻於義，小人喻於利。』樊遲欲學圃，亦斥以爲小人。何也？」對曰：「古之言利者，普其利於天下，合義言之也。後之言利者，專其利於一己，舍義言之也。利物合義，於古有明訓，以利爲利，於今有炯戒。梁惠王問利國，其合義言之乎？抑亦以利爲利也？孟子於此，苟非闢之峻，辨之力，何以爲孟子？在上之君子，當普其利於天下，故曰喻義；在下之小人，或專其利於一己，故曰喻利。樊遲居夫子之門，當喻在上君子之所喻者，而請學若彼，自與老農老圃爲伍，何怪乎以小人斥之也？昔者禹平水土，稷降播種，教稼穡，於舉世不知之日，手胼足胝，君子謂之義，以其利物之功大也。若後世老農知稼，老圃知圃，而區區學此，其利不亦細乎？」又問曰：「闢土地，充府庫，約與國，戰必克，此其爲國之利，固亦不細，而孟子顧以爲民賊，何也？豈儒者之道，將坐視土地之荒蕪，府庫之空竭，鄰國之侵陵，而不爲之計，徒以仁義自解，如徐偃王、宋襄公者爲然邪？世以儒者爲無用，仁義爲空言，不深究其實，則無用之譏，空言之誚，殆未可以苟逃也。」對曰：「土地，其必賊民乃闢乎？府庫，其必賊民乃充乎？與國，其必賊民乃約乎？戰，必賊民乃克乎？其相率而爲之者，非徒無利而又害之，是以蘇秦、商鞅、孫臏、吴起之徒，小足以滅其身，而諸侯之用之者，大足以亡其國。惟儒者之道，以仁義爲本，本立而效自見，是豈等於無用之空言哉？夫子曰：『上下相親謂之仁，除去天下之害謂之義。』以是行之，利孰有大於此乎？傳曰：『仁人之言其利溥。』又曰：『義以生利。』又曰：『言仁必及人，言義必及利。』又曰：『義所以生利也，仁所以保民也。不義則利不阜，不仁則民不生。』是則外仁義以言利，利必參害。有利無害者，仁義也。彼夫徐偃王、宋襄公其人者，平日未聞行一仁，施一義，臨事倉猝，反借仁義之名，徼幸於萬一，是何足論哉？後之人不得援此敗國喪師之人，而疑儒者坐視其弊，不爲之計也。雖然，疑者之妄爲疑，正由説仁義者之妄爲説耳。其説曰仁義中之功利，君子不計，必使冥情處事無所爲而爲之。若預參立功興利之見於其中，即爲小人。由是言之，則其受無用之譏，空言之誚也亦宜！」

對學學問

或曰：「禮學記引兑命『學學半』，東晉尚書作『斆學半』，説文斆學同字，云『覺悟也，从教从冖，冖尚矇也』，其義何居？」曰：「學於師謂之學，教人學亦謂之學，義有動静，音無去入。記言『叔仲皮學子柳』，又言『凡學世子及學士』，皆謂教人學。學記及文王世子兩引兑命『念終始典於學』，一以明衆知衆喻，一以明教學爲先，則典學亦謂常教，古義然也。」「然則『學學半』，謂即教即學與？抑半教人半爲己與？」曰：「否。學成而後教，謏聞動衆，不足爲訓也。教而知困，又强於學，施悖求佛，有所不安也。合學記前後文讀之，而知教者之責爲甚重，教者之學亦宜深。古者八歲入小學，十五入大學。大學之法，中年考校。中年者，間一年也。一年視離經辨志，一考校也；三年視敬業樂羣，二考校也；五年視博習親師，三考校也；七年視論學取友，謂之小成，四考校也；九年知類通達，强立而不反，謂之大成，五考校也。五考校而大成，年已二十有四，似可以爲人師矣。而内則言二十而後，博學不教，猶兢兢焉以爲師相戒，恐其學有未精，自誤以誤人也。古人教學之重如此。今之學者，質不逮於古，學不勤於古，其受教之法又疏於古，年踰二十可以稱博學者，百不得一，而儼然爲師，靦不知媿甚矣，其不知量也。人之患在好爲人師，孟子戒之。韓退之作師説，羣議沸起，柳子厚亦引以爲戒。故人之從師也，德不必優於己，有一藝之長，皆可爲我師。而我之爲師也，必自審其能知類通達否，能强立不反否，果其能之，亦必須暇數年，俟博學無方而後教。教而後困，困而又學，不可强不知以爲知，自欺欺人，自謾謾人。己必求其誠，人必盡其材，而後學與教並進於安。」

對學學問下

或曰：「近世羣居講學，咸奉一人以爲師。其師既歿，又推同學之望尊者以主其社，其有合於聖門之事有若與？」曰：「不然。夫孔門諸弟子之事有若也，固以爲其言似聖人也，抑亦尚其齒乎爾？有若生不聞有崇爵，哀公八年，吴伐魯，尚爲微虎之屬，卒時年五十有三矣。史記弟子列傳『有若少孔子十三歲』，正義引家語作三十三歲，今本作三十六歲，並非。其齒之尊於有若者，若冉伯牛，若仲路，皆先孔子殁；若閔子騫，若冉有，若子貢，年又幼於有若者矣。時主其議者，子夏、子張、子游。子夏少孔子四十四歲，子游少孔子四十五歲，子張少孔子四十八歲，當時欲尊事有若者，亡慮少壯之徒，悲聖人不得復見，奉一人以慰思念，初非强諸耆艾而爲之也。其强曾子者，曾子之年雖長於子張二歲，尚少於子游一歲，曾子以聖德莫可尚，深以此事爲不可。則有若雖有齒德，其肯擁高坐而受同學諸少年北面之禮乎？辭窮徹座，恌薄者之説也，然足爲世之好爲人師者戒。」

示諸生書

漢儒注書，循經立訓，意達而止，於去取異同之故，不自深剖，令讀者自領之，此引而不發之道也。至宋儒，反復推究，語不嫌詳，已有異於漢注。今人著書，必臚列舊説，力爲駁難，心中所有之意，盡寫紙上，并有異於宋人。而好學深思之士，閲宋後書而惟恐卧，日夜讀漢注而不知倦者何也？譬如華盛放而姿色竭，一覽無餘；蕚半函而生氣饒，耐人靜玩而有味也。夙著禮書通故，志在發明經意，而舊説之得失不加詳辨，時存有餘不敢盡之意。如近課文王世子及郊特牲兩題，「三而一有焉，乃進其等，以其序」，終言「又語」之事，尚屬「以待」之年，故下繼之曰「謂之郊人」云云。此本文甚明，舊解亦未譌者也。如以進等爲已然之事，破「遠之於成均」，爲「達之」之譌，則「謂之郊人」四字與上下文均不貫矣。

「郊之用辛也，周之始郊，日以至」，以上文「用犢貴誠」，下文「卜郊尊親」數句參之，則始郊以至，正申明用辛之義，此本文甚明，舊解亦未譌者也。如拘守董、劉、王肅之說，以「用辛」爲啟蟄，郊「始郊」爲冬至之始於啟蟄，分作兩項，於上句語氣不了，於下句義類不可通。如曰以日至證用辛之故，而冬至不常辛日，何用以證？禮故循經立義，於此俗解，概置不辨，正待善讀者潛玩而得之。如有不合經義之處，明以告我，有疑共商，彼此多益。

附録

先生性孝友，四歲喪母，長而追思不已。事繼母如所生。史傳。

先生少傳父學，與從兄式恭作經課，互相督責。嘗居浙，遘兵警，若不聞。獨研索經義，積十晝夜，而知孟子夏五十、殷七十、周百畝之異，異在步尺，非在井疆。自謂足破二千年之疑難。其堅鋭如此。同上。

先生初治易，著十翼後録，治羣經，著讀書小記，而尤以三禮爲宗。初讀秦氏五禮通考，病其吉禮好難鄭，軍禮太阿鄭，因著禮說。後乃仿戴君石渠奏議、許君五經異義，爲禮書通故，閲四十九年而後成。同上。

先生言：「欲挽漢、宋學之流弊，其惟禮學乎？或云『禮爲忠信之薄』，是言一出而周衰；或云『禮豈爲我輩設』，是言一出而晉亂。學術不明，而治術敝。」繆荃孫撰墓志。

先生以明經傳道爲己任，辨虚無，辨絶欲，而以執一端立宗旨爲賊道。鎮海胡洪安悦象山之言，與先生縱言義禮，先生曰：「經外之學，非所知也。」史傳。

先生主南菁書院講席凡十五年，江南高材生多出其門。嘗語門弟子曰：「前代之黨禍可鑒也。」光緒戊戌，去江陰歸隱於仁和半山下，尋卒。繆荃孫撰墓志。

俞曲園曰：「禮書通故足究天人之奥，通古今之宜，視秦氏五禮通考博或不及，精則過之。秦氏之書，按而不斷，無所折衷，可謂禮學之淵藪，而未足爲治禮者之藝極。求其博學詳説，去非求是，得以窺見先王制作之潭奥者，其在定海黄氏之書乎？」俞樾撰序。

繆蓺風曰：「先生以經學爲禮學，即以禮學爲理學，顧氏之訓，至此始闡。」繆荃孫撰墓志。

黄先生以恭

黄以恭字質庭，儆居從子。光緒乙亥舉人。幼慧，讀經能知大義，長好博覽，力益敏。雪鈔露纂，所書字如蠅頭，稿積尺餘，自以爲不足傳，旋棄之。既專志於尚書，上參史、漢、馬、鄭之義藴，下拾王、江、段、孫之義證，而以其伯父之説爲依歸，作尚書啟幪疏二十八卷。既又專志於毛詩，別傳、箋之異同，而務求合於本經，故間下己意，亦不拘守於毛、鄭，作讀詩管見十二卷。參史傳、儆季雜著。

黄先生家岱

黄家岱字鎮青，廪生，儆居孫，儆季次子。幼厚重，寡言笑，入塾讀書，未甚敏，而能領書中大恉。儆居臨終，指而謂儆季曰：「此子長，頂天立地，爾勿憂。」儆季遂號之曰祖望，以勵其志。年十一，讀尚書，每一篇終，命與兄家辰述講義，或疏經文之節目，或發舊解之疑蔀。既長，受近儒解經書，能别白黑，定一尊，迭以經解受知於學使，試輒冠曹。屢應省試不售，年三十八卒。所著書皆殘種，未卒業。小戴記後箋終於王制，周易解若干篇，有尚書講義、嬹藝軒襍著。參儆季襍著。

禮記箋正敍

説經難解，注亦不易。大毛公傳詩，作故訓傳，已有失詩人本恉。鄭君箋傳，亦多違毛公本意。何況後之説經者，遠不及毛解，注者又大不及鄭也。鄭君之學長於詩，又詳於禮，囊括大典，網羅衆家，一時學者莫之逮，即千載後亦未有過之者。而近之治毛詩者，往往掇拾禮注所載賈、杜、兩鄭舊注以申毛；治禮者，亦好襲賈、杜、兩鄭舊説以難鄭。託好古之名，存求異之見，非所謂實事求是者也。然禮經十七，周官三百，書出一手，義自條貫。而小戴四十九篇，所采既廣，所記多歧，鄭注力爲彌縫，不無違失，斯亦勢所必然。疏家例守專門，好爲曲解，敢違經不敢違注，其失較大。經注本多殊科，又欲强爲比傅，解經違經，申注違注，其失亦復不少。禮學號爲難治，有自少習之，至老不能卒業者。是以漢之鄭少贛興、仲師衆、賈元伯徽、景伯逵，皆父子相繼，迺克成書。吾家自先大父好治經，易、書、詩、論語皆有撰述，而晚年尤好禮，謂「禮者理也，古之所謂窮理者，即治禮之學也。盡性在此，定命在此」。家大人繼志述事，迺作禮書通故，大而喪祭、朝聘、學校、田賦，小而宫室、衣服、名物、器數，旁搜博攷，既詳且精。家岱幼讀戴禮，私有記注。家大人見之，許以知白守黑，可望治禮。年二十將冠，授讀冠禮。既冠將昏，授讀昏禮。時縈心於制藝，學不能遂，於今四年矣。乃隨家大人之省垣書局，朝夕問難，重理舊業，命其書曰小戴禮記箋正。箋者，箋鄭注之是，以闢孔疏之誤解也；正者，正鄭注之非，以明經記之本義也。不揣譾陋，妄有詮釋，聊備遺忘，敢云著述乎哉！

文集

讀韓子原道

初家岱讀昌黎集，先大父教之曰：「韓子之文多學子長，而原道諸作，則賈、董之文也。」家岱識之不敢忘。厥後反覆覃思，始知原道一篇，不獨其文不可及，而其信道篤，衛道嚴，黜異端，以崇正學，非文學之士所能幾及。葉水心以爲，如韓子知識，乃是數百年來豪傑之士，非溢美也。夫韓子之排佛、老，與孟子之距楊、墨，其意同，其術同，其功亦無不同。曷謂其意與孟子同？曰：此惡似而非之旨也。老之與儒，實雖不同，貌多相似，故其説儒者亦或用之。如任自然，尚沖虚，謙下不競，静重自持，是謂大綱。於是戒輕、戒躁、戒多惑、戒多言、戒上人、戒私欲、戒窮兵、戒酷刑、戒富貴之不知足、戒功成名遂之不知退，張留侯用之輔漢，李鄴侯用之治唐，實本於此。老子云：「上仁爲之而無所爲，上義爲之而有所爲。」朱子謂其「補先賢之所未發」，老子書豈盡乖乎儒書哉？而韓子獨闢之者，以其與儒相似也。與儒相似，曷以闢？曰：道以彌近是而大亂真，非深闢之，無以塞其源而障其流也。若釋氏之教，必棄君臣、父子、夫婦而後爲之，不特與儒有冰炭，即與老亦分薰蕕。道安、慧遠繙譯釋書，以老誣釋，遂以釋誣老，隋文中子因有三教合一之論。宋司馬温公、蘇文定公謂老子之學不背於儒而注之，於其書之難解者，多援釋書以解之，此亦老子之大戹也。或曰：韓子作原道，老與佛並斥，則亦合而爲一矣。曰：非也。試以孟子例之。孟子曰：「逃墨必歸於楊，逃楊必歸於儒。」趙注云：「翟之道兼愛，無親疏之別，最爲遠禮，楊之道爲己愛身，雖違禮，尚得不敢毁傷之義。」趙氏之意，以爲楊勝墨，而孟子並距之，不加別白，豈亦合楊、墨而爲一乎？楊之於墨，如南轅北轍，而其潔身澡心之學有相同。孟子距之者，恐其大亂真也。當時自墨歸楊者多其人矣，逃楊歸儒者有幾人乎？以告子之學之才，而曰不得於言，弗求於心；不得於心，弗求於氣。其學以不動心爲主，與儒相似，而卒不能入聖域者，以爲我爲歸也。老子之説道德，釋氏之説心性，皆告子外義之學，而實不離楊氏爲我之宗。故曰孟子距楊、墨，韓子闢佛、老，其用意同也。曷謂其術與孟子同？曰：凡攻異端，當明先王之道以道之，而彼之失乃彰，而吾之得乃顯。孟子道性善，言必稱仁義，而墨氏學仁而兼愛，楊氏學義而爲我，各竊吾道之一端，而日趨於異。孟子既窮其弊，至於無父無君，又充其類，以爲禽獸，深惡其有害於仁義也。韓子之排老，以道德爲虚位，而舉仁義以實之，即宗孟子距楊、墨之術。老子曰：「失道而後德，失德而後仁，失仁而後義。」又曰：「大道廢，有仁義」，所謂去仁與義言之也。乃韓子合仁與義以闢之，其説亦得自孟子。孟子曰：「仁也者，人也。此下當有「義也者，宜也」句，今脱。合而言之，道也。」又曰：「親親，仁也。敬長，義也。」又曰：「道在邇而求諸遠，人人親其親，長其長，而天下平。」是孟子之言道，固合仁義而言也。韓子獨据此以闢佛、老者，深有見於佛、老之失，在道德仁義分而爲二，非此不足以扼其喉，折其角。其送浮屠文暢師序云：「如吾徒者，宜當告以三王五帝之道，日月星辰之行，天地之所以著，鬼神之所以幽，人物之所以蕃，江河之所以流。」其告語之言，雖不得聞，而明先生之道以道之，當不外原道之恉。若後世文人徒爲浮屠之説，以瀆告之，豈有當於孟子見墨者夷之之道邪？曷謂其功與孟子同？曰：自周公殁，道不明於君相；自孔子殁，道不明於師儒。韓子之世，佛、老之禍天下，甚於楊、墨，邪説盛行，正道寖滅，即有身盈天下，距而放之，而孔道以明。孟子去聖人之世雖未遠，而楊朱、墨翟之言列儒林，亦且自小其説，以大佛、老之言。此病已入膏肓，雖有倉公、扁鵲，不能砭鍼之矣。韓子奮身排佛、老，存孔、孟，談舉世不談之學，明舉世不明之道，此所謂挽狂瀾於既倒，爲中流之砥柱也。韓子曰：「孟子之距楊、墨，功不在禹下。」竊謂韓子之闢佛、老，功亦不在孟子下，而何以宋儒之論原道者各有異同？爰條釋之，以辨其誤云。

原道云：「博愛之謂仁，行而宜之之謂義。」魏鶴山師友雅言以爲，博愛之謂仁，似未盡；次言行而宜之之謂義，則非無差等矣。魏氏此説，蓋謂愛有差等，若博愛，則近於墨學。不知韓子之言博愛者，謂親親而仁民，仁民而愛物。仁及於民，其愛博矣；愛及於物，而仁之能事畢矣。張子作西銘，朱子以爲識得仁體，與韓子博愛之意何異？楊誠齋以爲，博無私，兼無别，可謂深得韓子之意矣。仁者愛人，爲孔、孟之遺訓。自程子有仁性愛情之分，於是學者離愛言仁而求之高遠。不知性不可名狀，必據情而後見。孟子言仁，而曰惻隱之心，惻隱亦情也。言性之善，而曰乃若其情，則可以爲善。情之善本諸性，性不可見，即情而觀之，自知性善矣。朱子云：「仁者，心之德，愛之理。」又曰：「愛之理，所以爲心之德也。」亦以徒据心德以明仁，則説近於空，必以愛之理實之，而仁乃可見也。義者宜也，亦孔、孟之遺訓。自張南軒謂「無所爲而爲之之謂義，有所爲而爲之之謂利」，於是喻義之君子，必冥情以處事，遂失義宜之訓。先大父曰：「天無私覆，地無私載，日月無私照。奉三無私以公其生生之心，是謂博愛，而仁存焉矣。能除天下之大害，能興天下之大功，謀其身不遺乎人，通於今無弊於後，是謂行而宜之，而義存焉矣。」

原道云：「仁與義爲定名，道與德爲虚位。」韓子之論道德，合仁義而言，道德爲虚位，有仁義而後道德實。張横渠曰：「此正是退之闢佛、老要害處。老子平日談道德，乃欲搥提仁義，一味自虚無上去，反以仁義爲贅。不知道德是仁義中出，故以定名之實，主張仁義，在此二字。既以行仁義，必繼曰：由是而之焉之謂道；足乎己，無待於外之謂德，亦未始薄道德也。特惡佛、老不識仁義即是道德，故不得不表而出之。」此説得之。然横渠之學，以覺爲主。彼所謂覺者，能悟圓明之理也。韓子作原道闢佛氏，而彼復以佛氏之説解之，非矣。

原道引傳古之欲明明德章，不及「欲誠其意」二句。宋儒以爲，明德章歸根在致知格物，而韓子獨不引及，是其疏也。不知佛氏不尚格致，祇借儒家誠正以文其説。韓子引傳文後即云：「然則古之所謂正心誠意者，將以有爲也。」是欲據其平日之常談，以破其外國家天下之非。若并致知格物連及之，彼佛氏反以爲支離，而無以箝其口矣。此正韓子引用精密處，而可謂之疏乎？

原道云：「堯以是傳之舜，舜以是傳之禹，禹以是傳之湯，湯以是傳之文、武、周公，文、武、周公傳之孔子，孔子傳之孟軻。」此舉傳授道統者言之也。又曰：「軻之死，不得其傳。」程子以爲，非得真實，不能出此語；劉屏山乃以爲孤聖道絶。後學竊謂程、劉兩説似皆失韓子意，韓子蓋曰自孟子殁後，傳道統者皆具體而微，未有若孟子能得其全也。故下云「荀與揚擇焉不精，語焉不詳」，非孟子後絶無人也。一本作「軻之死，不絶其傳」。

論語孟子集註攷證書後

右論語集註攷證十卷，孟子集註攷證七卷，金仁山履祥所撰也。其自序以爲，此即集註之疏，因有纂疏，故不名。文義之詳明者不贅，用經典釋文之例，表其疑難者疏之。觀其所言，已見其體之善，且歎其作書之難也。夫近時學者，有執村學究通行之講章，匯參二書，津津而談，自命爲朱子學，其卑鄙有不可問者矣。元、明之際，講朱子之學者，當不至此。弟觀其所作書，往往取朱子之所已言及，其詳明者糾纏之，推演之；於其説之疑難者，阿好之，回護之，甚且置之而不顧。依草附木，無是非心，此與近時執講章匯參以爲學者，相去幾何哉？金氏之書，名曰攷證。攷者，討論集註之疏略，其是者、詳者不言也。證者，闡發集註之微奥，其顯者、明者不言也。他人皆就易避難，今乃直趨其難而置其易，何金氏之不憚煩？然其書之可傳者，正在此也。金氏謹守朱子之學，而時有異同。其言曰：「自我言之爲忠臣，自他人言之爲讒賊。夫言惟求其是而已，何分爾我！其言果是，雖疏逖人，亦爲忠；其言果非，雖門弟子，亦爲讒。」金氏此言，未免啟門户之見，但深玩其意，卻中時弊。嘗讀毛檢討西河全書，高談雄辨，睥睨百家。其作正事括略、四書改錯，深與朱子爲難。於集註桓公、子糾有兄弟之誤，孟施舍、曹交有發聲曹君之失，而作正名；於集註「五十學易」之誤改，書云「孝乎」之誤讀，而作正文；又以東首爲恒居禮，非受生氣，割正爲體解，非令肉方正，而作正禮制；又以甯武子不仕衛文之世，請討陳恒，宜審强弱，而作正故實，所言精當，詎無裨於經典？而其好辯善駡，掊擊集註，幾無完膚，庸非金氏所謂讒賊乎？嘗聞諸先大父曰：「經書非一人之傳，踳駁非一人之失，信其信，疑其疑，雖前賢不能無待於後學。然辨駁之處，宜存有餘不盡之意，未可恣肆。」謹承家訓，以讀古注，獻可替否，兢兢自持，於金氏書，心焉企之。

儆居弟子

成先生懷嶠

成懷嶠字荇香。從儆居學三年，留心於易。既讀李鼎祚集解，以習漢、唐注，復合鈔通志堂所刊宋儒諸注。初鈔時，儆居嫌其太簡，而蠅頭細字，積之紙高四寸許，確有所得。卒年二十二。易稿藏於家。參儆居集。

張先生成渠

張成渠，廪生。受經於儆居，遂以經學著名庠序。參儆居集。

儆居交游

金先生鶚

別見儀徵學案。

嚴先生可均 別爲鐵橋學案。

吴先生德旋 別見惜抱學案。

方先生成珪

方成珪字國憲，瑞安人。嘉慶戊寅舉人。官甯波府教授，研精小學，尤勤於校讎。藏書數萬卷，丹黄殆遍，至老不倦。嘗以晉干寶易注亡於北宋，其學原本孟、京，輔翼奉六情十二律風角之占，而證諸人事，則專以殷、周之際，水衰土王，反復推闡，以明經義。蓋易之興於殷末世，周盛德，當文王與紂之事，聖言足徵，塙有依據。因攟摭佚文，詳爲疏釋，爲干常侍易注疏證二卷。又謂古韻書之存者，莫善於集韻，因據宋槧本及近時段玉裁、嚴杰、汪遠孫、陳慶鏞諸家校本，正曹刻之誤；復以方言、説文、廣雅、經典釋文、玉篇、廣韻諸書，正宋槧本及景祐元修之誤，爲集韻攷正十卷。吴氏鍾駿與儆居敍其書，深推其精博。又謂流俗字書，承譌襲謬，其所爲字有出於類篇、集韻外者，或矯其弊，則又一以説文繩今隸，惟元李文仲字鑑述古準今，斟酌悉當，因詳加考釋，爲字鑑校注五卷。其他著述有韓集箋正十卷，正宋廖瑩中世綵堂本韓愈集注之誤。又寶研齋詩鈔二卷。咸豐間卒。參史傳。

劉先生燦

劉燦字星若，鎮海人。優貢生。性樸誠，所學能見其大。受知於阮文達公、汪文端公、李公芝齡。以己卯優貢赴京試，試畢即思歸，有和陶淵明歸去來詞一篇。道光己酉，年七十卒。儆居爲作家傳曰：「式三於乙巳書先生續廣雅後，而未徧讀其著述，不敢遽爲文。癸丑冬季赴其家，閱詩緝補義後定本，并見其所鈔朱子大學、中庸章句，論語、孟子集注，各有所校正，益歎先生之實事求是，能化偏執也。昔汪文端序詩緝補義云：『漢、唐儒或失則固，宋、明儒或失則畔，而詩之教微。補義則不流於畔，不膠於固。』戚公鶴泉序續廣雅云：『捃葺經傳，及儒先遺訓，實足爲爾雅之續。』二公皆不輕許可者，而獨推尊二書，可知書之足傳於後矣。然先生不自以爲足也，得一古今善書，露鈔雪纂，老而不懈。續廣雅刊於己卯，後復增删重刊於乙巳。詩緝補義定本增減於舊刊本者十之四，以家貧未得重刊爲憾。讀其書，有昨是而今非者；有前略而後詳者；有昔時未及見，晚獲之而補鈔者。藉非實事求是，能化偏執，何以及此？自今之學者，有漢學宋學之分，守一師說，以自顓頊，經義大不明於天下。先生篤信朱子學，而所作詩緝補義，以古序爲主，已與朱子集傳之大恉相殊，其所以校正嚴緝者，即所以校正集傳。試以關雎一篇言之。淑女指嬪御，異於舊説之指后妃。以流之爲隨波上下而始求之，異於舊説之順流而取。流水以潔以芼訓釋，異於舊説之芼羹。凡若此者，原本傳、箋，不惑於嚴緝，亦不爲集傳所拘。

顧其本傳、箋而申之者，皆引李公厚蕣、方公望谿之説，李、方二公固謹守朱子之學者也，則先生引之，豈好與大儒相詰難乎？而溝瞀之徒，見其説之有所異於朱子，或疑之，或遂譁之，此坐井觀天，而未知其大體者也。古經傳之義藴無窮，賴後儒遞相推闡而臻於備。先生鈔大學、中庸章句之後，復鈔李厚蕣大學古本説與中庸餘論以坿之。自序以爲，厚蕣之疏通證明，其理與朱子無芒芴異。鈔論語集注兼采衆善，復節取式三之後案，不棄葑菲。作孟子答問三十條，根據趙注、孫音義以校正之。讀者體羽翼經傳之心，而觀其通焉可矣。若夫原書百篇，集唐、宋以來名家之文，如原道、原人等彙爲一帙。支雅十篇，釋人、釋禮、釋舟、釋車、釋歲，集名士所撰；釋詞、釋官、釋學、釋兵、釋物，先生自撰之。此外復有詩古音攷、小學校誤、日知録記疑，皆有裨於後學，而在先生猶爲學之緒餘焉爾。」參儆居集。

王先生約

王約字簡夫，號西嶼，慈谿人。少承父訓，穎慧異常。性篤孝，居父母憂，哀毁盡禮。弟二人、從弟八人，怡怡一堂。其爲學與立身行事，一以不欺爲主。道光庚戌卒。儆居爲作家傳曰：「君生平讀書，於漢儒酷信馬、鄭，而不偏護鄭君之失，無論馬。於宋儒酷嗜程、朱，而不偏護朱子之失，無論程。於近儒酷信段注説文，鈕非石之妄駮段氏，一一申之，而段書之闕者，誤者，歧出者，欲删不删者，一一釐正之。此豈指摘古今儒説以自表襮哉，心祇求其是而已。文鈔中録與式三書言：『宋本朱子論語注之異，必遵守其定本。』而與魏友雲浦書則曰：『朱子注易以元亨利貞之四德，是孔子之易，非文王之意。八卦之敍，信邵氏康節以乾、兑、離、震、巽、坎、艮、坤爲次，而疑孔子震、巽、離、坤、兑、乾、坎、艮之方位。注詩則力㢓古序，注論語則屏棄孔、包。春秋之春正月，或以爲改月改時，或復從胡説，因㢓孟子之言「十一月徒杠成，十二月輿梁成」，有意出來作鬧。此皆後學之不能諱其誤者。如必袒護其非，附會其失，曲解遷就，其疑而未定者，始猶别户分門，終必攩同伐異，卒至敢於背孔、孟之言，而無所顧忌，皆由尊朱者之玉成其過。』斯言也，抑何嚴且正乎？讀古今書，能擇善而從，可謂不欺己；不媷一學，以市於世，可謂不欺人；擴其資力之所能，充而不囿於俗學，可謂不欺天。與之語，不以己之所是拒人之所是，聞人有不是，諄諄然，必使之共歸於是。心既虚且公，而急於成人之美，晚近學者無是也。」著有詩學自怡録、説文新附緟攷、段注説文測、同文音義釋要、詩文鈔。參儆居集。

儆季弟子

林先生頤山

別見曲園學案。

張先生錫恭

張錫恭字聞遠，婁縣人。光緒辛卯舉人。肄業南菁書院，受儆季之學。篤志研經，長於三禮。晚聘任禮學館纂修，勤於研訂經學，爲時所重。著述藏於家。參事略。

釋鄉射禮大射儀兩篇名義 以下見南菁文鈔。

禮經中等威有不甚辨者，鄉射禮其一也。鄉大夫以五物詢民，州長以禮會民，位殊大夫士也，而其禮則同。但以庠序之堂有室無室之制殊，而少有殊焉耳。故以鄉名篇，名統於鄉大夫，且有以州長所治之州，鄉大夫或在焉，如鄭君目録所云者。然則鄉射之禮義重在賓，而主人之爲大夫、士無殊儀，統名以鄉，由此義也。大射惟天子諸侯用之以擇士，非卿大夫所得行，故大之，非以行於大學而名也。盛氏世佐謂「行於大學曰鄉射」。行於大學曰大射，非。考禮經多以禮名，同爲射事，而鄉射以禮名，獨大射以儀名者，何哉？蓋大射侯有熊虎糝干之別，步有九十、七十、五十之差，樂有騶虞、貍首、采蘩、采蘋之分，又有九節五正、七節三正、五節二正之殊，皆所以辨等威，周官所謂「以儀辨等，則民不越」者是已。大射名儀，鄭君不注其義，而於篇中累言射禮明貴賤，一見「小卿席于賓西」注，再見、三見於「工入徒相」注。蓋辨等之義既明，則所以名儀之義自著，雖不注而其義已顯也。夫他篇非不辨等，而不若大射辨等之甚。冠禮統天子之元子，昏禮士得攝盛，飲酒則黨正同於鄉大夫，燕主歡，喪主哀，祭主敬，皆不以辨等爲重。相見及公食大夫義主相賓，雖辨等，亦從略，故均不以儀名，不獨鄉射以州序同於卿庠，不名儀而名禮也。聘、覲二篇，著所通行之禮，而公侯伯子男之等，詳辨於周官司儀，禮經篇内多從略。朝禮已亡，攷周官司士曰：「掌朝儀之位。」大戴朝事、覲禮注引爲朝事儀，亦以朝位辨等，與大射名儀，其義正同。然則以儀易禮，義固有所當矣。賈疏以爲射禮盛，威儀多，故以儀名之。夫威儀多者，豈獨大射哉？聘義言聘射之禮至大，禮則與聘禮相等矣。且即以禮經考之，大射之委曲繁重，蓋與少牢禮差同，必謂名儀之由于威儀多，何解於少牢之不稱儀耶？敖氏謂「禮者總名，儀則其節文」，則十七篇中，何莫非節文哉？而獨以儀歸於大射？非通論也。蒙嘗謂賈、敖之各伸其説，反不若鄭君之不注，令人可旁參互證而知之矣。

下管象武夏籥序興解

仲尼燕居「下管象，武、夏籥序興」，注：「下，堂下也；象武，武舞也；夏籥，文舞也；序，更也。堂下吹管，舞文武之樂更起也。」近世李安溪讀「下管象」爲句，「武、夏籥序興」爲句，證以下文「下而管象示事也」，則李讀爲是。蒙案：文王世子「下管象」，明堂位「下而管象」，祭統「下而管象」，皆不以「象武」連文。而文王世子所謂舞大武者，即此所謂武者也。明堂位又云：「朱干玉戚冕而舞大武，皮弁素積裼而舞大夏」，祭統亦云「朱干玉戚以舞大武，八佾以舞大夏」，即此所謂「武、夏籥序興」者也。且下文有云「升歌清廟，示德也」，則此上當有「升歌清廟，故大饗有四焉」。註云：「四者，謂金再作，升歌清廟，下管象也。」此亦合於文王世子、明堂位、祭統之文。以彼證此，而句讀之當從李氏，明矣。然詩序維清「奏象舞也」，武「奏大武也」，象與武各奏以舞，而此獨用象以節管者，何也？蓋古人作樂，聲容兼備，播之於管者聲也，動之爲舞者容也。則象舞之詩，何不可以管播之乎？鄭注文王世子「下管象，舞大武」云：「象，武王伐紂之樂，以管播其聲，又爲之舞。」是象詩可管可舞之證也。曰「下管象」，猶言下管新宫也。曰「武，夏籥序興」，夏言籥者，明文舞也；武不言干戚者，武之爲武舞，固可知也。自鄭注誤合象於大武，其説本墨子三辨篇，而實不可從。其後箋詩，自知其失，故於維清序箋云：「象舞，象用兵時刺伐之制，武王制焉。」正義云：「文王時有擊之法，武王作樂，象而爲舞。」則鄭亦以象爲維清之詩也。又武序箋云：「大武，周公作樂所爲舞也。」不復引及象、武，是鄭君箋詩時，知象與武各一詩，不以「象武」爲大武矣。自正義引禮注疏、詩箋，而詩箋之意不明，遂使康成晚年之定論，因未定之論而反晦。而陳用之禮書，率意譏鄭，則未嘗參以詩箋而繹其意，均不得爲善讀鄭氏書者已。

讀胡氏儀禮正義一

績溪胡竹村先生，承其祖樸齋先生學，又師淩次仲先生。樸齋精研儀禮，著有釋官，而淩氏釋例一書，尤稱禮經中傑構，故其於禮經之學，自少專精。而其所交若胡墨莊、洪筠軒諸先生，亦皆習於禮經。洪氏著有禮經宫室答問，胡氏著有儀禮古今文疏義。其主吾郡雲間講院時，與朱虞欽學博往復論難，學博亦究心禮經者也。故其著此書，學之博而辨之明。稱其所長，約有四端：一曰搜羅富。賈氏作疏，喪服經、傳而外，所據者僅黄、李二家。國朝盛庸三氏撰集編，裒合古今説禮者一百九十七家。胡氏自樸齋、純軒先生從叔祖，名匡憲。而後，積書既多。先生生禮學昌明之時，交游廣而借鈔易，今覈其書，增多盛氏集編者，又幾及二百家。採擇既多，折衷斯當，此搜羅爲不可及也。一曰校訂精。近儒校勘禮經者，如盧抱經之詳校，金樸園之正譌，浦聲之之正字，而阮文達公校勘記尤詳，此書既備録之。而阮氏作校勘記，未見嚴本，宋嚴州單注本。原書僅據顧千里校録於鍾本明鍾人傑單注本。簡端者採入。此書則以黄蕘圃重刊嚴本一一核之，而阮氏所未見者，若汪容甫之經注校本，黄蕘圃之校議，亦皆採録，此校訂爲不可及也。一曰存祕逸。吴東壁儀禮疑，據愛日精廬藏書志，僅有鈔本，江震蒼讀儀禮私記，據先生研六室文鈔，亦僅有稿本，此書録其説甚詳。朱虞欽鄉大夫辨，見所著經義中，近歲張孟彪師始爲梓行之，先生時，猶未梓也。朱氏所著經説，今猶未梓，時時見於此書。其他所採録，多有書目不甚顯者，并有姓字不甚彰者，則遺説之藉以流傳不少矣。一曰除門户。漢學家詆宋學，叫囂殊甚。敖君善之集説斥爲似是而非，郝仲輿之節解詆爲邪説，而淩次仲於方氏析疑至訕爲喪心病狂，皆門户之習也。先生學漢學者，而此書平心持擇，未嘗黨同伐異，則門户之見泯矣。惟其訂注義諸條，時或義短於鄭，欲爲高密諍友，而不免「蠹生於木，還食其木」之譏，此固其一短，要不能掩其長也。惜書未及成而卒。其門人楊君大堉所補者，率以集編爲藍本，而稍坿益之。或張孟彪師病楊君爲續貂，而深望後人之更作，其有以也夫！

讀胡氏儀禮正義二

胡氏之著此書，先爲喪禮，故喪服一篇，尤爲精審。特其於「爲人後者，爲其本宗服」，本敖君善以立説。惟爲其父母昆弟姊妹由本服而降，餘悉以所後之親疏爲斷，則不免屈經以從己。蒙所謂訂鄭而義短於鄭，後學不能不更爲訂也。喪服記「爲人後者，於兄弟降一等報」，案傳曰：「小功者，兄弟之服也。」又曰：「小功以下爲兄弟，則兄弟者，小功之族親也。」他經昆弟亦稱兄弟，惟禮經必別而言之。記言於兄弟降一等，言爲小功者降服緦麻，推此而大功以上之皆降一等可知也，舉輕以概重爾。且記者，記經所未備，經止言父母昆弟姊妹，故記此以補之。胡氏謂此兄弟即昆弟，則經所已言矣，何補之有？胡氏又從段若膺說，經未言報，故記言報以補之。按不杖期章「爲人後者，爲其父母報」，則其昆弟姊妹皆報，可以互明，記無須補言報也。胡氏雖以段氏破字爲臆斷，而實陰祖其說，此斷以記，而正義之說爲不可從也。喪服小功章「爲人後者，爲其姊妹適人者」，注不言「姑」者，舉其親者而恩輕者降可知。賈疏於「爲人後者，爲其昆弟」下云「本宗餘親皆降一等」，由此注推之也。開元禮有「爲人後者，爲其姑在室大功，出嫁小功，中殤緦麻」。政和禮有「爲人後者，爲其從父兄弟小功，女適人者，爲其姪之爲人後者小功」。皆本鄭氏此注以推之也，鄭義固得乎人心之同爾。胡氏力宗敖說，而轉斥注義爲非，此其昧於所蔽甚矣。且胡氏之言曰：「爲後有受重之義，抑其本宗之親，使厚於所厚之親。孟子云『天下之生物，使之一本』是也。若於本宗之親，悉以本服推之，一一爲降等之服，非二本而何？」是亦未思之故也。夫以服爲本宗爲二本乎？則爲其父母、爲其昆弟姊妹，何以不爲二本也？如謂降其本服，即不爲二本，則於餘親之服，鄭、賈亦云降一等，非如馬氏融不降之說也。且一本之義於父母爲尤切，服父母不爲二本，服餘親乃反爲二本乎？智者千慮，必有一失，不必爲胡氏掩也。抑嘗攷之，爲人後者，爲本宗餘親服，歷代之禮不盡詳，今律亦有疏漏。道光四年，大學士托津等遵旨議奏，備載本宗服制，合之會典，纖悉始無不具，萬世常遵無遺憾矣。因訂胡氏之誤，并識之。托津等奏略云：臣等謹案：儀禮爲人後者爲其本宗之服，惟載父母、昆弟、昆弟之長殤，姊妹之適人者。元儒敖繼公曰：「本服止於此親爾。自此之外，凡小宗之正親，皆以所後之親疏爲服。」欽定儀禮義疏不主其說，而謂賈疏本生餘親悉降一等，足以補禮經之所未備。臣等請據悉降一等之義，準之古禮，參之今律而推廣之。除降服之已載會典者毋庸議外，爲祖父母、伯叔父母、兄弟之子原服期年者，降爲大功。爲從父兄原服大功者，爲曾祖父母原服齊衰三月今爲五月者，皆降爲小功。爲從祖祖父母、從祖父母、從祖兄弟、從父兄弟之子、兄弟之孫原服麻，其餘親屬悉照此例。若同高曾祖者，則自有高曾祖之本服在，毋庸議降。再報，服之隆禮不容缺，儀禮本生父母爲子報，其餘諸親當無不報者，應逐條編入通禮，以示周詳。

陳先生慶年

陳慶年字善餘，丹徒人。光緒戊子優貢，銓授江浦縣教諭，舉經濟特科，皆不赴。爲諸生時，爲學使長沙王祭酒先謙所識拔，肄業南菁書院，最爲儆季激賞。曰：「吾門得一汪容甫矣。」爲學期於通經致用。南皮張文襄公辟佐幕府，筦兩湖學務，謂「今日儒者決非畫封故步所能濟世」，撰外交史料、列國政要，與鄂中諸生講明中外情勢，瞭如指掌。在江南，據陳倫炯海國聞見録、沿海形勝圖，與日本爭回東沙島，爲時所稱。晚設「傳經堂」課士，以存舊學。卒年六十八。著有古香研經室筆記、知忘録、爾雅漢注輯、司馬法校注、司馬法逸文、漢律逸文疏證、補三國志儒林傳、宗聖志、潤故述、京口掌故叢編、風俗史料、近代史料、通鑑紀事本末要略、五代史略、明史詳節、遼史講義、兩淮鹽法志撰要、丹徒農事述、物價研究史料、京口兵事通紀、兵法史證、兵法史料講義、柏舉戰史、吴越戰史、萬曆蜀儌征播史、兵事叢鈔等書。參唐文治撰墓志。

正名説 以下見南菁文鈔。

記祭法云：「黄帝正名百物。」正名之説尚矣。大傳論屬乎父道，屬乎子道之分，而曰「名者，人治之大者也」，可無慎乎？然則名之大而宜正者，莫先於父子矣。論語曰：「衛君待子而爲政，子將奚先？子曰：必也正名乎！」史記孔子世家以爲「是時衛輒父在外，不得立，諸侯數以爲讓」云云，則論語所謂正名，謂蒯聵、輒父子之事也。春秋哀公二年書納衛世子于戚，江熙、范甯等以蒯聵稱世子，則蒯聵當立。近全謝山、劉楚楨遂謂正名爲正世子之名，不思春秋之義，書立、納入，皆篡也。穀梁傳謂其弗受以尊王父者，以父不篡子，故與輒以王父之命，還聵以世子之稱，以見聵之篡父。其書世子者，非鄭世子忽反正之比，乃楚世子商臣弑其君之例，非以爲輒，乃所以治蒯聵也。此穀梁子釋經之苦心，雖然穀梁子欲治聵，遂許輒有不受之義，而納爲内不受之例，同于常文，是專治聵也。專治聵，則名不可正也。公羊于哀三年，齊國夏、衛石曼姑帥師圍戚，以爲曼姑之義，可以爲輒拒聵，此拒父之説也。謂可拒，非也。子不可圍父，故不從邾人、宋人、鄭人、齊人之例，子不可有父，故不從宋彭城之例，此論語不爲衛君之意也。公、穀乃專正蒯聵，非所以正名也。然則正名者，何也？正聵之不能得國也，正輒之不得拒父也。何言之？蒯聵欲弒母，義見絶於父。靈公之語公子郢曰「予無子」，則靈公不以蒯聵爲子也。公子郢之對夫人曰「亡人之子輒在」，目蒯聵爲亡人，則固絶之於國也。自靈公憤於雞澤之盟，叛晉連年，繼又謀救范中行氏，竝與趙氏結怨。鞅實父仇，蒯聵乃藉其勢以求入，衞人弗受也。況靈公以夏卒，蒯聵以六月入戚，父在殯，而偃然稱兵，以圖復國。父死之，謂何又因以爲利？苟有人心者，則宜於此焉變矣。故曰：正蒯聵之不能得國也。蒯聵者，靈公所不子，而輒不能不以爲父。夷、齊兄弟交、讓無怨，則以爲賢且仁。子與父爭國，則爲之深正其義。明父雖不父，子不可不子。父雖以戚事晉，子終當以衞事父。既不能舍國以逃，以從其父，則亦已矣，奈何以兵圉之乎？故曰：正輒之不得拒父也。夫輒不得拒乎？輒將讓父乎？蒯聵不能得國者也，輒既讓之，將不聽其君衞乎？惟然聖人之所以正之者，又必有道矣。夫蒯聵必爭位於輒，與輒必不讓位於蒯聵，皆非名之正也。然輒私讓之，而蒯聵私受之，又非名之正也。斯時也，必告之天王，奉周天子之命，以平定衞難，則名正言順矣。天王明告蒯聵以不得立之義，使蒯聵不得不服，又名正言順矣。蒯聵不得有國，則宜有國者，非輒而誰？於是輒之君衞，亦名正言順矣。蒯聵知輒無拒父之心，而受迎養之奉，輒有父子之親，各相安於無事，而父子定矣。儆居先生曰：「聖人以至誠相感，善處人骨肉之間。使蒯聵就養而輒得立，蒯聵不欺已死之父以爭國，輒不拒出亡之父而得位，此名之正所以可言可行也。」斯言也，深得聖人之意者也，豈復有以易之哉！

釋孝經名義

古者樂正崇四術，順詩、書、禮、樂以造士，而皆不名之爲經。經者，古人之所重也。孔子爲曾子陳孝道，作孝經，獨以經名者，漢志云：「夫孝，天之經，地之義，民之行也。舉大者言，故曰孝經。」漢志之説，近儒多從之。然吾觀漢志，孝經家居六藝末，孝經經篇及各家師説後，次以石渠論之五經雜義，又次以爾雅，是即後世目録家之總經類。儆季夫子讀是志，例孝經之體於韓詩外傳，謂「詩外傳爲解經之書，孝經亦解經之書」，其義實自來所未發，足明孝經名書之義矣。或疑之，是無可疑也。聖人解經之體，著於易傳，如象、象傳專明經義，其體近於爾雅之詁訓。繫辭、文言則推廣經義，往往先引經文，而氾論其大體，亦有先指事類情，而後引經以證之者。蓋彼釋其詞，此於經則優柔而饜飫矣；彼詁其義，此於經則曲暢而旁通矣。孝經爲曾子廣陳孝道，每章必引詩、書以斷者，意在博詮經義，其體猶易之大傳也。鄭君作六藝論，以孝經爲六藝之總會矣，而何疑於爲解經之書耶？慶年復即大戴禮以證之。衛將軍文子篇衛將軍文子問於子貢曰：「吾聞夫子之施教也，先以詩，世道者孝悌，此句似有誤。家語作「而導之以孝悌」。説之以義。」子貢曰：「夙興夜寐，諷詩崇禮，行不貳過，稱言不苟，是顔淵之行也。孔子説之以詩，詩云：『媚茲一人，應侯順德。永言孝思，孝思維則。』故國一逢有德之君，世受顯命，不失厥名，以御于天子以申之。」下文于冉雍、仲由、顓孫、卜商之行，皆説之以詩，不備載。據此，知聖人於諸弟子之行，必爲之説詩以制其行，而博其説經之趣。曾子行孝，夫子爲曾子陳孝道，「論孝」一章，輒引詩言以證其義，正聖人説之以詩之成法，亦即以詩導之孝悌，説之以義之成法也。孝經爲説經之書，此其所以以經名也。衛將軍文子篇於諸弟子之行，多引聖人説之以詩之事，於曾參之行，第引孔子謂「參也中乎四德」，不云「説之以詩」者，聖人爲曾子以詩，已具於孝經中也。孝經爲説經之書，本書甚明，參之大戴禮，而聖人施教之法益明。

漢五行志書後

五行傳自夏侯始昌至劉氏父子，皆善推禍福，著天人之應。漢儒治經，莫不明象數、陰陽以窮極性命，故易有孟、京卦氣之候，詩有翼奉五際之要，春秋有公羊災異之條，書有夏侯、劉氏、許商、李尋洪範之論。班固本洪範傳，攈仲舒，别向、歆，以傅春秋，告往知來，王事之表不可廢也。三代之時，其於天人相與之際，視之若甚近，詩、書所載，皆祈天永命之理。春秋記人事兼記天變，蓋三代記載之古法。戰國紛爭，詐力相尚，至於暴秦，天理幾於絶滅。漢興，董仲舒治公羊春秋，始推陰陽爲儒者宗。宣、元之後，向、歆治穀梁、左氏，數其禍福，傅以洪範，有合於召沴知變之旨。夫漢儒通經，以致用爲主，必推六經之旨，以合於世用，故能以禹貢治河，以春秋決獄，以洪範言災異，以詩三百篇當諫書。吾觀漢儒之於災異，皆能精微渺以喻其意，通倫類以貫其理，非概以恐懼修省之言惑世也，必也其言有徵焉。昌邑王無道，數出微行，夏侯勝諫曰：「久陰不雨，臣下必有謀上者。」時霍光與張安世謀廢立，疑安世漏言。安世實未言，乃召問勝。勝對洪範五行傳云：「皇之不極，厥罰常陰，時則有下人謀上者。」光、安世大驚。宣帝將祠昭帝廟，旄頭劍落泥中，刃向乘輿，令梁丘賀筮之，云：「有兵謀，不吉。」上乃還，果有任宣子章匿廟間，欲俟上爲逆，事發伏誅。京房以易六十四卦更直日用事，以風雨寒温爲候，各有占驗。每先上疏言其將然，近者或數月，遠或一歲，無不屢中。翼奉以成帝獨親異姓之臣，爲陰氣太盛，極陰生陽，恐反有火災。未幾，孝武園白鶴觀火。漢儒之於災異，不託諸空言如是。然則漢儒通一經而無不得其用，今人通五經而無一得其用，乃欲妄議而廢之，適見其不知矣。吾又觀漢世人主多遇災而懼，如成帝以災異用翟方進言，出寵臣張放於外，賜蕭望之爵，登用周堪爲諫大夫。哀帝亦因災異用鮑宣言，召用彭宣、孔光、何武，而罷孔寵、息夫躬等，其下詔罪己也，又多懼詞焉。故兩漢之衰，但有庸主而無暴君，漢儒言災異之功，不可得而没也。然則漢儒之於災異，有悟主之功焉。夫爲臣者而至於悟主，使其罪己以弭災，修德而尚賢，亦可謂藎臣矣。且觀人之言者，苟其意之有關於勸懲也，君子猶其言之疏失，以過而存之。五行志推往占來，後儒所指爲附會牽就者，是誠有之。然其以災異爲陳善閉邪之用，立省災勤德之防，雖聖人無以易之也。董仲舒之言曰：「國家將有失道之敗，天乃先出災害以譴告之，以此見天心之仁愛，人君欲止其亂也。」其言可謂深切，而其意亦可謂大醇者矣。後儒議其説之鑿，而不思其意之純；詆其學之妖，而不思其功之大。班氏乃能廣記備言，以存其説，閎識博懷，於斯可見。吾於是志而知天之陰陽，國之治亂吉凶之朕兆，經説之家法，皆於是乎在。默存而心歷之，郁郁之文，其可睹也；淵淵之藏，莫能罄也。如劉知幾、鄭夾漈皆掇其小尤，忘其閎美，慶年不敢附和矣。

曹先生元忠

曹元忠字君直，吴縣人。光緒甲午舉人，舉經濟特科，未遇，官内閣中書。初肄業南菁書院，兼長考證、辭章、目録，校勘尤所擅長。及官内閣，諳習掌故，頗負時名。充禮學館纂修，編訂之餘，撰禮議二卷，附律論四篇。搜輯佚書，已刊者有司馬法、荆州記二種。餘著及詩文集未刊行。參事略。

于先生鬯

別見陶樓學案。

儆季交游

俞先生樾

別爲曲園學案。

李先生慈銘

別爲越縵學案。

譚先生獻

別見曲園學案。

孫先生詒讓

別爲籀廎學案。

張先生文虎

別爲嘯山學案。

朱先生一新

別見越縵學案。

陶先生方琦

別見越縵學案。

王先生繼香

別見越縵學案。

虞先生景璜

虞景璜字澹初，鎮海人。光緒壬午舉人。性清峻，不爲苟同。論學以經爲歸，經學以禮爲本。謂「孔子論治天下國家，有九經極之，柔遠人，懷諸侯，而必推本於修身，曰非禮不動。其三百三千，載於禮經者無論矣。若易象、春秋，韓宣稱爲周禮，詩爲樂歌，禮、樂必相爲用。而讀之，實足爲事父事君之助。則所謂經者，無非言禮之書也。踐之爲理學，發之爲經濟，藉以明其道，爲詞章，一以貫之矣。若學不宗經，則是數者舉無所附。嫉世之治經者，纖悉苛細，競立異同，以名於世，而經學壞，經學壞而人心、風俗胥受其害」。平日教人，胥本此旨。儆季爲禮經大師，年差長，先生事之師友之間。後生有儆其行者，人輒目之曰黄、虞禮法。卒年三十二。著有三古異同録、傳經興廢攷、石經興廢攷、澮園雜著、詩文集。參馬其昶撰傳。

清儒學案卷一百五十五

心伯學案

當塗夏氏兄弟，自相師友，各有成就。心伯學兼漢、宋，尤尊紫陽，粹然儒者。謙甫覃音韻，兼深史學，留意時務，持論宏通。卯生懲攷據之流失，於乾、嘉諸儒抨擊不遺餘力，亦未免意氣用事矣。述心伯學案。

夏先生炘

夏炘字心伯，一字弢甫，當塗人。父鑾，字德音，號朗齋。嘉慶元年舉孝廉方正，以優貢官徽州訓導。訓士極嚴，有屈辱必爲之直。嘗謂：「士習宜整頓，士氣亦宜培養。」學宗程、朱，篤行爲時所稱。先生承家學，道光乙酉舉人，以武英殿校録議敘官吴江、婺源教諭。生平不求聞達，在婺源十八年，與生徒講學，惟以誦法朱子相勖。刊發小學、近思録，示學者入德之門，士習丕變。農隙之時，周歷鄉村，與民講約以淺語，闡發聖諭十六條，附刊律例之簡明者於後。嘗曰：「教官以教爲職，非獨教士，雖庶民與有責焉。」咸豐初，粵匪擾東南，先生倡團練，與婺人約曰：「七十老翁不能任天下事，願與若死守婺而已。」城賴以全。擢潁州府教授，以道遠不克赴。左文襄宗棠督辦浙江軍務，聘參戎幕。先生建議以徽爲江、浙門户，救婺即以圖浙，後路肅清，而後浙可安枕。又謂「用兵之要，以慎爲先，未復之地慎進攻，不可輕犯賊鋒，致墮詭計；已復之地慎回顧，不使賊出我後，頓棄前功」。文襄韙其言。先生又籌貸銀米，給留徽及金、嚴諸軍，以功保内閣中書。先生爲學，兼綜漢、宋，長詩、禮二經，而尤深於朱子之書。義理訓詁，名物制度，説文小學，皆能博考精研，深造自得。其所撰著，以輔翼世教爲心。桐城方存之嘗稱「其檀弓辨誣三卷，有功孔子，述朱質疑十六卷，有功朱子」。同治七年，門人吏部胡侍郎肇智以所繹聖訓附律易解及檀弓辨誣、述朱質疑進，御有「年屆耄耋，篤學不倦」之褒，並命武英殿刊刻頒發，天下榮之。十年卒，年八十三。他著有學禮管釋十八卷、讀詩劄記八卷、附録五卷、學制統述二卷、三綱制服尊尊述義三卷、六書轉注説二卷、養疴三編八卷、賈誼政事疏考補一卷、陶主敬先生年譜一卷、景紫堂文集十四卷。晚歲又著易君子以録二卷、聞見一隅録三帙。參弟燮撰行狀。

詩樂存亡譜序

古人祭射燕享有樂，則必有詩。孔子曰：「師摯之始，關雎之亂，洋洋盈耳。」又曰：「自衛反魯，然後樂正，雅、頌各得其所。」然詩有歌有賦，有奏有樂，有管有歈之不同。歌賦者，口誦其詞，以詩爲主，雖有琴瑟，助歌而已，貴人聲也。虞書「搏拊琴瑟以詠」。鄉飲酒禮「工四人二瑟」，注「二人鼓瑟」，則二人歌也。奏者以鍾鼓，鍾師「以鍾鼓奏九夏」，注：「先擊鍾，後擊鼓，以奏九夏。」樂管以笙，鄉飲酒禮「笙入樂」，南陔、白華、華黍注：「以笙吹此詩，以爲樂也。」燕禮記「下管新宮，笙入三成」。疏：「謂笙奏新宮三終。」龡以籥，籥章龡，豳詩注：「龡之者，以籥爲之聲。」皆播其詩於樂中，以音爲主，若今之樂曲矣。歌誦之詩，頌在學宮，學士以時肄業，王制「冬夏教以詩、書，大司樂以樂語教國子興道諷誦言語」。文王世子「春誦夏絃，大師詔之，瞽宗按誦絃」，即搏拊琴瑟以詠。故至於今不廢。奏龡諸詩，樂人職之，鍾師、笙師、籥章諸官。不頌在學宮，學士不以時肄業，故樂亡而詩亦與之俱亡。後世因笙詩不存，遂謂有聲無詞，然古人之詩，未有無詞者也。識此意者，惟鄭康成。其注鍾師九夏云「載在樂章，樂崩亦從而亡」，最得其實。惜未能堅持不易，融會貫通耳。徧檢周禮、儀禮、禮記、左傳，凡曰歌、曰賦之詩，無一不存；曰奏、曰樂、曰龡、曰管之詩，無一不亡，此可以決然不惑矣。騶虞、采蘋、采蘩鍾師：「凡射，王奏騶虞，諸侯奏貍首，大夫奏采蘋，士奏采蘩。」所以不亡者，其詩列二南之中。二南者，房中絃歌之詩也。若貍首，則亡之矣。新宮所以不存者，其詩主於下管，笙師職之，雖宋公偶賦以享昭子，而非學士之所肄業也。明乎此，而後知夫子未嘗刪詩，笙詩未嘗無詞，豳詩、雅、頌自有其詩，非七月之所能分，亦非楚茨、載芟之所能假。作詩樂存亡譜，以俟達者覽焉。

詩古韻表廿二部集說序

廿二部集說者，集崑山顧氏亭林、婺源江氏愼修、金壇段氏茂堂、高郵王氏懷祖、歙江君晉三五先生之說也。自宋鄭庠分唐韻爲詩六部，麤具梗概而已。顧氏博攷羣編，釐正唐韻，撰音學五書，遂爲言韻者之大宗。嗣後江氏、段氏精益求精，並補顧說之所未備。至王、江兩先生出，集韻學之大成矣。王氏與江君未相見，而持論往往不謀而合，故分部皆二十有一。王氏不分東中，未爲無見，然細繹經文，終以分之之說爲是。而至部之分，則王氏之所獨見，而江君未之能從者也。今王氏已歸道山，而江君與炘夙契，爰斟酌兩先生之說，定爲二十二部。竊意增之無可復增，減之亦不能復減，凡自別乎五先生之說者，皆肊說也。

述朱質疑序

炘幼讀朱子之書，長好朱子之學，老官朱子之鄉，高山仰止，欲從末由。每展玩朱子之遺編，不禁赧然汗下也。多士習聞鄉先賢之教，炘又自謂有一日之長，友朋聚集，必以誦灋朱子相勖勉。竊以爲，朱子之學，自明中葉以至於今，儒生挾好勝之心，每多異論；高明之士既震於其言，而匍匐歸之。其守講章以習舉業者，名爲遵朱，問以朱子平生，學術之早晚，著述之異同，師友之淵原，出處之節目，茫然如坐雲霧之中。而居常所誦章句、集注諸書，不過獵取詞句，以供場屋之用，究之書自書，而我自我，則朱子之學，幾何而不晦也！數載以來，講習討論，凡關涉朱子之學術著述、師友出處者，隨筆疏記，積久成帙，共得如干篇，釐爲十有六卷，以未敢自信，名之曰述朱質疑。嗟乎！朱子之道，又豈徒講說而遂已哉？多士幸生紫陽之闕里，須識得魯、鄒、濂、洛，而後惟朱子爲吾道正宗。舍朱子而外，更無他途捷徑可以至於聖人之域。識堅志卓，確乎不移，然後牢固。著足下艱苦功夫，居敬以涵養本原，讀書以明倫察物，返躬以體驗離合，先博後約，自麤及精，内聖外王之學，具足於己。由是真儒名世，二而一之。此炘之有志未能，而願與諸生共勉者耳。若徒騰口説以資辯論，便泰然自附於朱子之徒，是又朱子陟降之靈所當麾而出諸門外者也。則是編也，姑以爲老馬之識途而已矣。尚冀海内之高賢碩德，真能爲朱子之學者，繩誤糾謬，以匡所不逮焉。

學制統述序

古者學校之制，至周大備。自閭里鄉遂，以至王宫四郊，莫非設學之地；自父師少師，以至樂正司成，莫非設教之人。其文詩、書、禮、樂，其倫君臣父子，其行孝友任卹，故一時人才輩出，通明學術，曉達治體，以措諸家，以施諸國，以推諸天下，裕如也。漢、唐以來，言學制者紛紛，迄不得其要領。惟北海鄭君之注，融會貫通，若合符節，其散見於各經者，可考也。今上御極之三年二月上丁，天子臨廱講學，臣炘校書中祕，得與圜橋之觀。學徒帥宗棶、宗棶昆季，覩聖朝之鉅典，發思古之幽情，以成周學制質問，於是倣朱子儀禮釋宫、錢氏文子補漢兵制之例，剌取經注學制之言，條分縷析，又别爲問答，以發其意，成書二卷，名曰學制統述。述之云者，依經求例，依注求經，不敢自逞臆見也。統述云者，每解一經，必融會全旨，每闡一注，必貫串全經，不敢罣一漏十也。凡説經之法，皆當如是，豈獨學制乎哉！

檀弓辨誣序

檀弓一書，專爲詆訾孔門而作也。戴次君無識，列諸四十九篇之中。後儒雖有疑其説者，往往震於古書，莫敢攻詰，但以爲記禮者之失而已。余素好檀弓之文，誦之極熟，久而覺其誣妄，且誣妄者非一端。如以爲記禮之失，不應所失者盡在孔子一門，及其門下之高賢弟子也。聖人之道，造端夫婦，故易首乾、坤，詩首關雎，王化之所以肇基也，而檀弓則造爲三世出妻以誣之；幼而無父謂之孤，瞻言松楸，其永慕也何極，而檀弓則造爲不知父墓以誣之；士喪禮筮宅之詞曰「無有後艱，慎終於葬，豈宜有悔」，而檀弓則造爲防墓崩以誣之；三年之喪，二十五月而畢，哀痛未盡，思慕未忘，君子若駟之過隙也，而檀弓則造爲既祥彈琴笙歌以誣之，如檀弓之説，則孔子之稱至聖，其能無愧乎？不獨此也，聖門傳道之賢，莫如曾子；傳經之賢，莫如子夏；一貫與聞之賢，莫如子貢；四方禦侮之賢，莫如子路；其他有子、冉子、子游、曾點諸賢，皆聖門之選也，而檀弓無一不用其誣焉。於是聖人一門，及其門下之高賢弟子，幾於掊擊無完膚矣。昔春秋之末，異端並起，墨子非儒一篇，所以詆毁聖人及其門弟子者無所不至；荀子非十二子篇，於聖門高弟，直斥之曰賤儒，若檀弓者，豈其流亞與？然墨、荀二氏之非毁孔門，人皆知其爲非爲毁也，檀弓則託於記禮之詞，問答之語，渾然不露圭角，未嘗不以孔子爲聖，而所述之事，無一不與聖人相反；未嘗不以諸子爲賢，而所載之蹟，無一不與賢人相戾。陽予之名，而陰毁其實，其所以醜詆痛訾者，幾於無復忌憚。而自漢以來，誦法孔氏，高賢名儒，比肩接踵，爲所欺而莫之省者，蓋二千年於茲矣。世晚道微，異端更甚，惑世誣民之説，愈出愈奇，安知後世不更有傑黠者流，援檀弓爲口實，以集矢儒門者乎？余不勝杞人之憂，辨而正之，以詔來學，知我罪我，聽諸公論而已。

文集

琴張非子張辨

漢賈景伯、鄭仲師以孟子書之琴張即顓孫氏子張。趙邠卿注孟子，又甚其詞，曰：「子張之爲人，踸踔譎詭，又善鼓琴，號曰琴張。」近焦氏循著孟子正義，歷引荀子、吕氏春秋、馬融論語注以醜詆之，誣謗先賢，莫此爲甚。竊以爲大不可也。論語雖載「師也辟」，然與曾子之魯，柴子之愚，仲子之喭，並得聖人之教以化其偏。曾子雖有難並爲仁之語，此朋友責善之道，不足爲子張病。觀論語所紀子張之格言至論，不一而足，而問仁問政，夫子皆舉全量以告之。孟子謂其與子夏、子游皆有聖人之一體，其爲孔門升堂入室之賢，夫復何疑？琴張之與顓孫，截然二人，有四證焉。左傳昭二十年，琴張聞宗魯死，將往弔之。仲尼曰：「齊豹之盜，而孟縶之賊，子何弔焉？」子張少孔子四十八歲，孔子生於魯襄公二十一年，至昭公二十年，年三十歲，子張尚未生，其證一。史記仲尼弟子列傳顓孫師下歷引論語干禄、問行、問達以實之，不及孟子之所謂狂一字，其證二。家語有顓孫師，又有琴牢字子開，一字子張，判然爲二人，其證三。漢書人表列子張於三等，前爲曾子，後爲曾皙，明爲孔子之弟子。列琴牢於四等，前爲隰成子，後爲楚子西明，非孔門之弟子，其證四。以此四證，印之琴張之非子張，審矣。琴張之爲人，見於莊子，踰越禮教實甚，而謂有聖人一體之子張，肯爲之乎？荀卿不難詆子思、孟子，以造詞飾説之非，何有於子張？馬融注論語，以辟爲邪辟，此自季長之妄，於子張何損？吕氏春秋謂子張爲晉之鄙家，謂起自都鄙之家，即細氓也，與尸子謂子路爲卞之野人同，必以是爲短子張，然乎？否乎？總之，賈、鄭及趙氏之注，皆無稽之談。康成之注論語，元凱之解左傳，俱不以琴張爲子張，此大彰明較著者也。焦氏曲徇邠卿之注，誣毁先賢，其得罪聖門，不亦大乎？

又論語之牢，鄭注云：「牢，弟子子牢也。」不言其爲琴牢。家語始云：「琴牢字子開，一字子張。」杜預注左傳，遂以琴張爲琴牢，蓋襲家語之誤。

古文尚書不可廢説

疑古文者，自朱子始。黄勉齋作行狀，特載疑古文之詞，其意蓋亦深以古文爲不然也。然朱子中庸章句敍，發明大禹謨十六字爲歷聖傳心之要，而文集雜著中大禹謨一篇字箋句釋，雖於「曰若稽古」三句頗致其疑，朱子曰：「吴氏謂此書不專爲大禹而作，此十七字當是後世模仿二典爲之。皋陶謨篇首九字亦類此。」今按：此篇「稽古」之下，猶贊禹德，而後篇便記皋陶之言，其體亦不相類。吴氏之説，恐或然也。而其餘闡明精訓，幾無餘蘊，以爲能備二典之所未備。不獨此也，如與潘子善論虺誥、答吴晦叔論伊訓、答潘子善論太甲、答石子重論咸有一德、答或人論説命、答徐元聘論泰誓、示諸孫、讀旅獒，皆津津有味乎其言之然，則古文雖僞，而其言之足以垂世立教，其見取於朱子如此。繼朱子而攻古文者，自宋、元迄明，代不乏人。至我朝閻百詩、惠定宇諸先生出，穿穴抵釁，搜瑕索瘢，耳食之徒，衆喙一詞，莫不唾而棄之矣。然古文之僞，在乎來歷之闇昧，筋脈之緩弛，文氣之散漫，而非謂古昔之格言正論，不藉是以存之也。李文貞公光地曰：「禹謨、伊訓、説命，傳道之書也。太甲、旅獒、周官諸篇，亦非董仲舒、劉向輩所能言。其書自東晉列國學，置博士，見晉書荀崧傳。歷今千餘年，無貴賤賢愚不之學習，安得有議其廢者？即或議之，而其勢固不行也。傳曰：『與其過而廢之也，寧過而立之。』果欲議廢，則亦乖於理矣。」方望溪苞曰：「言之近道者，莫如荀子、董子，取二子之精言，而措諸伊訓、太甲、説命之間，弗肖也。而謂左丘明、司馬遷、揚雄能爲之與？而况其下焉者與？」王白田懋竑曰：「東晉所上之書，疑爲王肅、束晳、皇甫謐輩所擬作。其時未經永嘉之亂，古書多在，採摭綴緝，無一字無所本。特其文氣緩弱，又辭氣不相連屬，時事不相對值，有以識其非真；而古聖賢之格言大訓往往在焉，有斷斷不可以廢者。」阮相國元曰：「古文尚書孔傳出於東晉，漸爲世所誦習。其中名言法語，以爲出自古聖賢，則聞者尊之。故宇文周主視太學，太傅于謹爲三老，帝北面訪道，謹曰：『木受繩則正，后從諫則聖。』帝再拜受言。唐太宗見太子息於木下，誨之曰：『木受繩則直，后從諫則聖。』唐太宗自謂兼將相之事，給事中張行成上書以爲『禹不矜伐而天下莫與之爭』，上甚善之。唐總章元年，太子上表曰：『書曰：與其殺不辜，寧失不經。伏願逃亡之家免其配役。』從之。凡此君臣父子之間，皆得陳善納言之益。唐、宋以來，引經言事，得挽回之力，受講筵之益者，更不可枚舉。學者所當好學深思，心知其意，得古人之益，而不爲古人所愚，則善矣。」炘按：以上諸説，李氏、方氏、王氏發明古文之義理，極其醇粹；阮氏推言古文之功效，足資啟沃。然後知掤議古文之非真，爲天下鑿破混沌者，朱子之見之卓；屢闡古人之奥旨，爲後學示厥準繩者，朱子之心之精。彼閻、惠諸君子，其尚知其一而不知其二，未免膠柱而鼓瑟矣。

性善説

性之爲文，從心從生，以形聲而兼會意，謂自有生以來，即具於吾心者也。人之心本有善而無惡，其惡焉者心之欲，而非心之性也。天下有不忠之臣，而無不知臣之當忠；有不孝之子，而無不知子之當孝。穿窬之竊，中冓之私，未有不諱莫如深者。殊方絶域，聖賢所不産，聲教所不被，而生而不能無父子，即有父子之愛，生而不能無君臣，即有君臣之義，苟去此而立國，不可以一朝居。故性善之説，驗之庸愚，推之薄海，而莫不然也。然性生於心，而惡亦不可謂之不生於心。説文：「惡，從心亞聲。」又：「亞，醜也。」亦形聲兼會意字。心之醜者謂之惡也。衆人以心之欲者爲性，於是有性惡之説，有有善有不善之論，有可以爲善可以爲不善之喻。而聖賢必反而謂之曰：善，從心之最初者言之；衆人之以爲善不善，從心之後起者言之。中庸曰：「天命之謂性。」繫辭曰：「繼之者善也，成之者性也。」此聖賢之以爲性者也。樂記曰：「夫民有血氣心知之性。」此衆人之以爲性者也。惟孟子既道性善，又直辨之曰：「口之於味也，目之於色也，耳之於聲也，鼻之於臭也，四肢之於安佚也，性也，有命焉，君子不謂性也。」明乎不謂之性，而後聖賢之所謂性者可得而定。

述均叙

呼等之學，六朝、唐人獨擅之，然開合洪細，起於天籟之自然，不可謂今人所有，古人所無也。亭林考古之功，卓越前後，而審音以定古韻，弇侈洪細之限，則自慎齋始，如其分真、元，侵、談各爲二，及析蕭、尤爲兩部是也。予兄弟少隨先大人官新安，得見慎齋等韻之書，後又於貸園叢書中讀其所著古韻標準，參以亭林音學五書，復與歙江晉三茂才交，於是古音等韻之學始識其分，繼求其合，而季弟謙甫之所得爲尤邃。謙甫謂慎翁能以等韻區别古音，而終不免强古音以就唐韻。如虞韻之拘、區、愚、芻等字歸之尤、侯，則古尤、侯之全韻皆開口；麻韻之家、牙、罝、巴等字歸之魚、虞，則古魚、虞之全韻皆合口；江韻之江、邦、腔、龐等字歸之東、鍾，則古東、鍾之全韻亦皆合口。又謂東、蒸、侵三部爲古音洪細之限，故間有合韻而分用劃然，江氏之增元、蕭等韻，及段氏之析尤、侯，孔氏之析屋、沃、燭，亦其限也。顧氏謂唐人入聲之分配，如以吕代嬴，以黄易芊，而其所自配，亦復得失參半。江氏乃倡爲異平同入之説，以調停唐人二百六部之書。謙甫則謂平上去入以類相從，審其去入同用之偏旁，則去定而平上亦定。戴氏分祭、泰、月、曷等韻爲去入二聲之獨部，以其偏旁不與脂之平上同也。孔氏分緝、合等韻爲入聲之獨部，以其偏旁不與侵、談之平上去同也。因復考定去聲之至，及入聲之質、櫛、屑，無一字與脂之平上同偏旁者，亦當爲去入二聲之獨部。段氏以爲真之入者固非，孔氏以爲脂之入者亦非也。予向見王懷祖觀察論韻亦分至、質等韻獨爲一部，而晉三不從。今謙甫未見觀察之書，而奄然如合符復析，占三從二，足以不疑矣。昔慎齋作古韻標準，自謂彌縫顧氏之書，今觀謙甫所論四聲三十六母，悉濫觴於周、秦，而方音流變，古今異讀，未可以唐人之二百六部相繩。然學者苟不明於二百六部之呼等，而欲求古音，則又如杭斷港絶流而求至於海也。故其末卷表章慎翁之四聲切韻表、音學辨微二種，爲學者考古審音之門徑。是則述均所撰，殆又彌縫江氏之書，而悉去其刻舟膠柱之見。因亟勸梓之，以俟後人論定焉。

與某書

足下博聞强識，而染於近世戔戔之習，好議先儒之非。竊以爲讀書之法，當明大體。子貢曰：「賢者識其大者。」中庸曰：「及其至也，雖聖人亦有所不知焉。」曾子曰：「君子所貴乎道者三：動容貌，斯遠暴慢矣；正顔色，斯近信矣；出辭氣，斯遠鄙倍矣。籩豆之事，則有司存。」孟子曰：「知者無不知也，當務之爲急。」自古聖賢爲學之規模如此。孔子，大聖也，成春秋，維王迹，誅亂臣賊子。孟子以抑洪水、驅猛獸與之比烈者，此也。至於襄公二十一年九、十兩月，二十四年七、八兩月，連書日食，攷之推步，斷無比月而食之理，此係魯史之誤無疑。夫子存之不改者，以非春秋大義所在故耳。孟子，亞聖也，道性善，闢楊、墨，黜霸功以崇王道，使孔子之道得明於後世。韓昌黎稱爲功不在禹下者，此也。至於淮、泗入江與禹貢不合，冠禮父命與儀禮不合，此係著述時引用偶未詳究，亦以非全書大義所在故耳。朱子生濂、洛之後，力肩道統，出學、庸於戴記，拔孟子於諸子，升論語於十三經，而爲四書，又爲章句、集注以闡其藴。元、明及今，家弦户誦，人人得聞孔、孟之傳。黄勉齋稱爲集諸儒之大成者，此也。至於制度名物，沿舊説之陋者，亦有之矣。後人往往毛舉一二細誤，肆意排詆。果爾，則連書日食，遂可以不知推步爲孔子病乎？淮、泗入江，遂可以不讀禹貢爲孟子病乎？是以學者讀書，當明大體。

與胡琡卿茂才論學蔀通辨及三魚堂集答秦定叟書

通辨一書，顧亭林日知録中極稱之，自陸清獻公力爲表章，遂大顯於世。按此書最精者，在後編、續編之上中四卷，直入陸學之窔奥，而抉朱學之所以然。前編中下卷，雖是此書眉目，然當時羅文莊與姚江書已發其端，通辨特因以益致其精。惟前編之上卷，竊不滿於心，以爲清瀾陳氏尚爲異説所蒙耳。何以言之？朱子之學凡三轉，十五六歲後，頗出入二氏，及見延平而釋然，此朱子學之第一轉也；受中和未發之旨於延平，未達而延平没，乙酉丙戌之間，自悟中和舊説，又從張敬夫先察識後涵養之論，此朱子學之第二轉也；己丑更定中和舊説，并辨敬夫先察識之非，一以「涵養用敬，進學致知」二語爲學者指南，此朱子學之第三轉也。通辨不能一一分别，概謂朱子四十以前出入禪學，與象山未會而同，非大錯乎？朱子二十九歲時，爲許順之作存齋記，以心字立論，既以孟子「存其心」一語名齋，何得抹煞心字不説？終以「必有事焉」數句爲存心之道，仍是以孟子解孟子，通辨謂與禪、陸合，是并孟子而亦禪陸矣。答汪尚書書，是爲齒德兼尊、溺於異學者作引導，故其詞特謙抑。答何叔京諸書，一則懲叔京博覽之病，一則申中和舊説之旨，及張敬夫先察識之論，俱與禪、陸之學判若天淵。自通辨謂朱子四十以前與象山未會而同，於是李臨川并有朱子晚年無一不合陸子之論，戴東原遂有老、莊、楊、墨、陸、朱合一之説，未必非通辨之言予之以口實也。李氏晚年全論，因通辨所譏存齋記之意敷衍成書。戴氏孟子字義疏證，因通辨四十以前與禪、陸合之論，遂謂朱子終身之學無不如是。本朝真能爲朱子之學者，首推陸清獻公。其答秦定叜書分別與何叔京、林擇之、薛士龍諸書之次第，較通辨爲有條理，惟以朱子四十以前出入釋、老，尚沿通辨之説，是其一蔽也。清獻又謂「中和舊説，雖屬已悔之見，然謂心爲已發，性爲未發，亦指至善無惡言，與無善無惡相楹莛」，精確不易。然則中和舊説之不同於禪明矣，何得統謂之四十以前出入釋、老乎？僕謂何止中和舊説，即十五、六至二十四、五出入二氏之時，亦不過格物致知無所不究，二氏亦在所不遺，其實與易簡功夫判然各别，比而合之，是緇素之不分矣。清獻又謂「朱子之學，再定於退求之句讀文義之後」，竊恐未然。朱子讀書窮究之功，自少至老，終身從事，並非四十以後始求之句讀文義之間也。且與薛士龍書明云：「退而求之於句讀文義之間，而亦未有聞也。」答江元適書云：「未離乎章句之間，雖時若有會於心，殊未有以自信。」何得專以此爲朱子之定論乎？朱子之定論在「涵養須用敬，進學在致知」二語，齊頭竝進，闕一不可，未可謂再求之於句讀文義之間也。

與胡珹卿論白田草堂雜著書

蒙以白田雜著爲問，王氏深於朱子之學，然細繹之，頗多轇轕不清之處。如知答江元適書出入於釋、老者十餘年，通辨不當遺而不載，是矣；卻又不信年譜二十四歲受學於延平之説，必三分輔漢卿之所録，謂庚辰爲受學之始，回頭看釋氏之書，漸漸破綻，實無左證。不思朱子明明自云「從游十年」，又云「十載笑徒勞」，以庚辰計之，不過三年，與朱子自述既大不合，而語類所謂後年歲間，始覺其非者，亦大相反。凡所謂餘者，皆有限之辭，十餘年者，謂十年之外，而又有餘也。若云至庚辰，纔出釋學，則自十五歲數起，已十七年，餘字所該不應若是之久。而年譜所謂頓悟釋、老之非者，相懸至七八年之遠，使朱子出入二氏之迹，界限不清，是一大轇轕也。王氏又謂朱子悟釋、老之非，在戊寅再見延平後，比庚辰又早三年，其無定見如此。初注文集，知答薛士龍書之二十餘年「二」字爲羨文，可知能具隻眼矣，卻於雜著中又改答薛書爲壬辰，文集注以爲辛卯。以遷就「二」字之不爲羨文。不知自癸丑至壬辰，實僅滿二十年，無二十餘年，況士龍卒於辛卯九月壬辰，何得有書？通辨列之庚寅，不爲無據。要之，此書之羨文，不僅二十餘年之「二」字，即先生君子之「生」字，亦係羨文。朱子十四失怙，可稱先君子之餘教；事延平十年，不得云先生君子之餘教。答江、薛二書，相爲表裏，必如王氏之説，則兩書糾纏不清，是又一大轇轕也。知伊川「涵養須用敬，進學在致知」二語爲朱子定論，其見卓矣；卻又謂己丑仍守舊見至庚寅以後始提「敬」字。不知己丑之悟，實悟於程子之言敬，前此之游移，實游移於延平之言「敬」字不分明。答張敬夫書、與湖南諸公論學書及已發未發説、記程門論學同異諸篇，皆極言「敬」字之眇，又皆己丑一時之言，必如王氏之説，則中和舊説與更定舊説，主腦不清，是又一大轇轕也。知延平之求未發，不免少偏，是矣；卻又謂朱子悟已發未發之旨，仍用延平涵養之説，後十餘年，至甲辰與吕士瞻書，乃有疑於延平求中之説，謂當以程子之言爲正，至戊申與方賓王書，始斷然言之。不知悟已發未發之旨，即悟延平之偏，揚方庚寅録所謂言「敬」字不分明也，何待十年後之甲辰哉？朱子己丑與林擇之書所謂「遂成蹉過，辜負此翁」者，指從張敬夫先察識言也。所謂「舊聞李先生論此最詳，恨已不能盡記其曲折」者，指靜中看未發之中言也。不欲斥言其非，故委婉其詞，以爲不能盡記其曲折。必如王氏之説，則所謂悟者仍未悟，是又一大轇轕也。他如以靜爲本之説，專救湖南之闕處承當，自注及下文甚明，而王氏以爲未定之論；答汪尚書書，專爲齒德兼尊、溺於異學之大老作引導，而王氏以爲其詞未決；答林擇之書，語意無弊，而王氏以爲與白沙、姚江之説相似，是皆不免自生轇轕也。足下試取王氏之書與鄙説細加推勘，不憚反復幸甚。

附録

先生自以幼讀朱子之書，長好朱子之學，老官朱子之鄉，以爲天幸，每接見諸生，必以朱子之學勖之，因自顔其齋曰景紫堂。行狀。

道光壬辰癸巳間，先生居京師，撰讀詩劄記八卷，又益以詩章句攷一卷，詩樂存亡譜一卷，朱子集傳校勘記一卷，詩古韻表廿二部集説上下兩卷，共書十有三卷。其中申明毛公及朱子之説爲多。如謂毛公之詩傳自荀卿，而祖述孔子、子思、孟子及發明性善之旨，俱與荀子殊轍。朱子去序言詩，後儒頗蓄疑未定，其實序出毛後，立八證以明之，皆前人所未及道者。讀詩劄記白鎔序。

先生有養疴三編一書，其一曰漢唐諸儒與聞録，其一曰訂謨成竹，其一曰息游詠歌，皆本朱子之意，輯而成編。漢、唐諸儒，若大毛公、董仲舒、鄭康成、諸葛孔明、文中子、韓昌黎，實與聞斯道之傳。此六君子者，程、朱已有定論。爰倣伊洛淵源録之例，條其遺言逸事，萃爲一編，以見斯道絶續之交，必有守先待後之人，緜延勿替，而道之塞天地而亘古今者，卒未嘗一日亡也。養痾三編序。

心伯家學

夏先生炯

夏炯字仲文，號卯生，心伯仲弟。廩膳生，考職州吏目。少承父學，復偕叔季兩弟從心伯學。讀書務記大義，篤信朱子之學。嘗著禮志一書，專就鄭、孔、賈之説窮原竟委，凡經所不見者，以此求之，立通志、分志、雜志三門，欲使後之學者，因疏證注，因注證經，則禮之不徵不信者少矣。又有羣經異字同音書若干卷，書程七册。又謂朱子之學，由博反約，漢、宋二家本無軒輊，所著仲子文集六卷，凛然以闢異説、衛正學爲己責。又著選法河務鹺政諸議，論者謂其可見施行。年五十二卒。參兄炘撰行略、弟燮撰行狀。

文集

時宜説

五帝三王所以維世之要，其大經大法亘古不易者，雖有千百聖人出，不能易其轍而改其絃，故自君臣、父子、兄弟、夫婦、朋友五倫，以及仁、義、禮、智、信五常，天地不變，斯道亦與爲永昭。上自帝王，下至樵牧，人能知之，人能由之，无弊可生，故无時可息。其餘禮樂刑政，則五帝不能相合矣，三王不能盡同矣。井田封建，三代以前行之，則有利无害；三代以後行之，則有害无利。故秦之變古，非純用私意也，亦其勢不得不然也。古庶士以上皆有廟，後世品官立廟，雖俱載典禮，而宰相有不立家廟者。由古者皆世爵禄，立廟能世守之；後世考選用人，宰相之子不得仕進，則淪爲庶人，庶人之子一得科第，即可躋顯要，若一概立廟，興廢无常，甚有不便也。古者適士以上始得祭祖，庶人祭禰，漢以後庶人皆上祭三世五世，又有祠堂祭始祖以下，此亦人情所不能自已，不能遂以爲僭也。喪禮以磐浴尸，以几綴足，後世不行焉，亦不忍動其親屍之意也。古葬用脯醢藏壙中，後世無之，懼其致蟲蟻也。古弔生不弔死，故但有主人拜賓之文，无賓拜柩之文；今則弔者先拜柩，乃唁主人，弔生改爲弔死。死者人之所大惡，故生死並弔，不爲非也。古者三十而娶，後世則不能待至三十。張楊園與人書云「僕所反覆鼓勵，多在農桑、敦睦、早婚、早葬四事」，非无見也。古者出使行禮之人，皆使其子弟，後則多使服役之人，以簡爲貴也。由古服役半係刑人，後世則貧賤之人爲人服役，故不妨于使也。古者君子必佩玉，珩璜琚瑀，聲中律度；後世无之，若多佩玉，則紈絝也。古者重作樂，士大夫琴瑟無故不去手；後世若效之，則近于荒也。古者居喪，大功以上廢業，或曰大功誦可也；後則居父母之喪，亦不能不誦，且不能不授徒矣。陸子靜謂呂伯恭居喪授徒爲非，亦就伯恭彼時而論，尚不須此耳；若寒畯須此生活，坐以待死，何殊毁而滅性也？古祭祀必立尸，雖郊天亦然，成王祭天，周公爲尸，不愧其爲尸也；後世雖家祭不立尸，一則難于選尸，一則素所熟習之人，或卑幼子弟，一旦以神明奉之，於情理亦未見其得也。古者婦人於丈夫皆俠拜，雖於其子亦然；後世不然，丈夫相爲禮，皆此拜彼答，獨婦人先拜，丈夫立而不動，婦人既拜，丈夫拜，婦人立而不動，已而婦人復拜，丈夫復不動，此亦情義之有不合處也。古者鷄鳴而朝，内則遂定爲子事父母，婦事舅姑之常法；後世惟朝廷有之，居家則无，居家之人以卑事尊，辨色而起，緩適尊長之所，亦所謂安老无驚也。故儒者讀書，除三綱五常所當力挽末俗頹風外，其餘可以從宜從俗之處，不必泥古以自表異微。特封建井田爲迂儒之談，即尋常細故，苟返之于理，無大背謬者，亦當仍之。未必古人之所行皆是，後人之所行皆非也。若沾沾章句，不能達古今之宜，妄思復先王之舊，徒駭世亂俗而已矣。

鄭氏箋毛説

鄭君解説諸經，皆言注，惟注詩稱箋者，六藝論云：「注詩宗毛爲主，毛義若隱略，則更表明，如有不同，即下己意，使可識别也。」故呂忱字林云：「箋者，表也，識也。」是則鄭氏之箋毛，表明之者多，别用己意者少。其别用己意者略有數端：一則郊禘用感生帝之説，如生民、商頌諸篇，遵用緯文。一則昏姻時月，獨取周禮，俱與毛不同，且毛不改字，鄭則多破字，故與毛異者最多。其餘則玩其文義，或足成毛意，或申明傳文，如是而已。乃自孔氏正義出，穿鑿傅會，毛、鄭之説詩，居然大相逕庭，幾於無一篇不異，無一章不異，是豈鄭氏尊毛稱箋之本意乎？所以然者，毛義甚簡，箋文每數倍之，孔氏於箋文較多之處，即認爲與毛有異，不知箋文多于傳處，正所謂足成毛義也。又如開首「寤寐思服」，毛云：「服，思之也。」鄭云：「服，事也。」毛則顛倒經文詮釋，鄭則用爾雅釋詁之文，字面訓解雖異，其實則同。如此之類，孔氏俱以爲毛、鄭各别，無怪其疏文之繁碎也。孔氏解鄭稱箋亦云：鄭以毛學審備，遵暢厥旨，所以表明毛意，記識其事。是孔氏未嘗不知毛、鄭之無大異同也。乃詮釋經文之處，每爲二家强生分别，若忘乎鄭氏之稱箋，殊所不解耳。然正義序中稱「隋、唐以來，諸家疏内，二劉特爲懸絶。今奉敕删定，据以爲本」，則又二劉聰穎才智之過，妄爲毛、鄭立異也。但孔沖遠既奉敕審勘，删煩增簡，於此等妄生枝節之處，未能汰其煩瑣，則實孔氏失修書之體要矣。

夏先生燮

夏燮字謙甫，心伯季弟。道光辛巳舉人，官江西永寧知縣。少讀顧氏音學五書、江氏古韻標準、四聲切韻表、音學辨微諸書，復與江晉三交，於呼等之學，所得甚邃，撰述韻十卷。又以明史初稿出萬季野，其後横雲山人成之，鼎革之際，嫌忌頗多，于是搜輯明季野史數百種，撰明通鑑一百卷。元和陳氏明紀一書，時尚未行，先生用意乃與之合，而網羅較富，決擇務精，自爲攷異以明從違之故，其經營視陳氏爲尤密也。又嘗撰中西紀事一書，詳記道光庚子以來中外通商始末。咸豐庚申，曾文正督師駐祁門，調入幕府。時值都下變後，和議既成，罷兵換約，凡前後奏咨稿案，及軍機糈臺函件，皆得寓目。踰年，又預長江設關、西士傳教之役，得見續頒條約暫定章程，並增入焉，勒成定本二十四卷。又有校漢書八表八卷。光緒乙亥卒，年七十六。參兄炘撰述韻序、明通鑑閔萃祥序、中西紀事自序、校漢書八表孫誠楨跋。

述韻敘

述韻者，述顧、江、戴、孔、段五先生言韻之書也。自顧氏析古音十部，江氏遞增之爲十三部，段氏遞增之爲十七部，而戴氏又分去聲之祭、泰等韻獨爲一部。以別于脂，孔氏又分入聲之緝、合等韻獨爲一部，以別于侵、談，詳且密矣。燮謂學問之道，有知其當然者，有知其所以然者，聚三百篇羣經，及周、秦諸子有韻之文，條分而縷析之，此知其當然者也。其所以然者，則區其弇侈，等其洪細，而灼然有以知其分合之由。又宷定其四聲之同用獨用，以爲平入分配之部分，然后參之漢人故訓，説文諧聲以及轉注叚借之不同者，旁通而曲證之。蓋宷音攷古，闕一不可以言古韻，蓋若是之難也。予自少時，先徵君授以亭林音學五書，讀之歎其蒐討之富，用力之勤，其于古音始稍稍望見門徑，而入聲之分配則尚茫然也。後從藏書家借得江氏古韻標準，謂顧氏知攷古而不知宷音，其分真以下十四韻及侵以下九韻各爲二，又析蕭、肴、豪之一支自爲一部，與尤、侯分用，皆以聲之弇侈洪細知之。然其分入聲爲八，猶不免狃于昔人異平同入之見，故雖較顧氏爲精密，實不能確斷其爲何部之入。段氏始以平入相系，而真、侵、談三部之入，又多以意配合，且既析尤、侯爲二，而尤部有入，侯部無入，此則其宷音之疏也。道光癸未，自都門歸，始知攷古必須宷者，欲宷古音必先今音，乃取唐人之二百六部，求其清濁粗細開合者，復得江氏四聲切韻表、音學辯微二書，研心三載，始循是以求古音之部分，及其平入分配之故，如指諸掌。又由是以讀五家之書，始有以定其疏密，而以己見參焉。今就五家論之，顧氏、段氏詳于攷古，而疏于宷音；戴氏、孔氏知宷音，而但宷其近似之音，其于所以弇侈洪細之各從其類者，仍未能折中至當，以歸于是；惟江氏則識斷精審，各造其極。然予獨惜其論古音多泥于二百六部之呼等，不敢迻易，往往有求之過嚴，而自生藤葛者。如標準開卷之辯江韻，必分作開合二口者是也。予謂既改今音，以從古韻，則所讀自异，有不可强同者。並江之江、邦、腔、龐等字以入于東、冬、鍾，則今音之開口者悉合口矣。改虞之拘、區、隅、芻等字以隸于侯，則今音之合口者悉開口矣。東韻之馮、夢等字，皆古音蒸部之開口也。麻韻之家、牙等字，皆古音魚部之合口也。東、蒸、侵三部爲洪細之限，東洪于蒸，蒸洪于侵，知侵爲最細之音，而凡貪、堪、三、參等字之闌入于覃、談者可以齊之。宵、幽兩部爲洪細之限，宵之細者洪于幽，幽之洪者細于宵，知幽爲細音，而凡包、茅、馨、陶等字之闌入于肴、豪者可以齊之。不弟此也，古有四聲而執唐人之四聲以求之，則又不可。慶必讀羌，信必讀伸，予無平音，顧無去音，以及佩、貽則平去同用，來、圖則三聲兼收，此皆與唐韻不同者也。又由是以論五音之同异，華之與尃，喉脣馬牛，蛇之與佗，舌齒秦越，證以偏旁諧聲，則牙喉當爲一類，正齒必分二支，脣舌雖有兩端，切音多取類隔。以此定古人之等韻，而滙以説文漢讀，古今異字，殆亦如十七部之若綱在網，有條不紊矣。昔秦文恭公欲合古韻、等韻爲一而不克成書，至江氏始以等韻言古韻，而音學大明。予謂學者欲通古韻，先通等韻，等韻明而后古音之當然與其所以然者無不明，且知雙聲疊韻悉濫觴于三百篇，而不自孫炎、沈約輩始。有此獨得之祕，此述韻之所以作也。

校漢書八表敍

史之有表，創自龍門，蓋仿周譜爲之，遂爲歷代史家之所不可廢。然其文省，其事棼，其旁行斜上也，經緯相牽，或連或斷，故其阡陌可尋，而行幅易亂。于是前後失次，上下乖方，昭穆參差，年月舛迕。凡此皆傳寫之失，無累于作者。至于表之自爲一體，可以考紀、傳、志之異同焉，以補紀、傳、志之闕軼焉。且据表以正紀、傳、志之誤，與据紀、傳、志以正表之誤者，恒得失相半焉。然則表曷可廢乎哉？暇檢敝簏，見少時所校漢書八表，參之各本，但知擇善而從，未能實事求是。夫所謂是者，莫如以紀、傳、志校表，三者既得，然後以表校表，而識其致誤之由，如是則善本可束，而誤書可思也。乃復取班氏全書，句稽貫串，曲暢旁通，依原書例，釐爲八卷。于以澄蕩愆違，審定區域，或于譜系之學，不無小裨。此亦百衲之琴，千狐之腋，爲之賢于博奕云爾。

明通鑑

附與朱蓮洋明經論修明通鑑書

前奉來書，有石屋注史之役，聞之不禁狂喜，方欲條答，適有催租敗興之事，執筆中止，今更論之。明史初稿係萬季野、其後横雲山人成之。季野當鼎革之際，嫌忌頗多，其不盡者屬之温哂園，别成繹史。弟年來校證貴池書，搜輯明季野史，無慮數百種，以明通鑑無書，慨然欲輯之。涑水通鑑如禍水冰山等語，皆自野史得來，若謂野史不可信，則正史何嘗無采自野史而折衷之者？安見登之正史，遂無傳聞之誤乎？若以恩怨而言，則修史之初，半係先朝遺老，亡臣子孫，其中或以師友淵源，或因門户嫌隙。近閲明季稗史，參之官書，頗有本傳所記，錚錚矯矯，而野史擯之不值一錢；亦有野史所記，其人之本末可觀，而正史貶抑過甚者，豈非恩怨之由？貴在知人論世者，折中一是耳。執事欲補注，勢不得不兼采稗野，旁及諸家文集説部之書，而同異得失之間，不能無辨，遂有一事非累幅不能了者。莫如擇野史之確然可信者，參之明史及明史紀事本末等書，入之正文，而以雜采稗乘疑信相參者，夾行注於其下，是即裴松之注三國志之例，亦即貴鄉彭文勤公五代史補注之例也。拙撰明通鑑，采野史者不過十中之一二，而其爲世所傳，而實未敢信者，俱入之攷異中；其正史有未敢信而删之者，亦入之攷異中。四庫書提要謂温公特創此例，自著一書，以明其去取之故，故較之三國志裴注，又加擇焉。前明一代，關係之大事，非通鑑不足以經緯之。而庚申建文二事，正史多不具。然歷代帝王無以誕生之年得號者，此蓋如讖緯相傳，不知其何所自來而已。當元順帝在位之日，千喙一詞。至於權衡、余應皆元末明初人，焉有自述其先朝而妄加誣衊者？況「庚申君」三字，已明見太祖詔旨，後又著其六更之讖於通鑑博論中，此當援錢虞山、萬季野及後來全謝山各家引證之書而補之，一也。建文出亡，從亡、致身二録雖不可信，而明人野史汗牛充棟，無以惠帝爲自焚者。自焚之語，僅見永樂實録，蓋即指后屍爲帝屍事也。惠帝之是死是遜，且不必論，而從亡之一百餘人，最著者四十餘人，豈皆子虚烏有？其不可信者，如袈裟薙刀，藏於鐵匣，即有其事，亦從亡諸臣藉神道以聳聽耳。至於復還大内，則楊行祥冒名被繫，錮死獄中，已見正統實録，而王弇州諸人亦已辯之。今宜芟其不可信，而信其所可信。此當据明史紀事本末遜國之前一段，而參之鄭端簡、朱文肅之紀載，闕其遜位以後，而補其爲僧以前事，二也。英宗北狩，除正史外，如北使録、否泰録、北狩事蹟、天順日録諸書，亦與正史大致符合，惟于忠肅不諫易儲，及薛文清不救忠肅，爲後世疑案。不知揆時度勢，人臣有不能得之於其君者。故先主東行，武侯追念法正，蓋自度其不能而言之，徒以僨事。況忠肅當日又安知其無造膝之陳，引裾之泣乎？文清之於忠肅，亦知不可挽回，一經訟冤，則寸磔便成鐵案，此正其救忠肅之苦心。通儒如黄南雷尚不能知，何況其他？是宜撿郎氏七修類稿皇史宬一段，及御批三編論易儲一條補入之，三也。大禮之議，楊、毛未必皆是，張、桂未必全非。然張、桂之罪在尊孝宗爲皇伯考，浮於逆祀之夏父，而實自楊文忠考孝宗以興獻爲皇叔父之二語啟之。世宗之繼統在武宗，禰武宗而祖孝宗，此有三傳魯僖公之鐵案在，何至引宋濮議之不相類者，而合武宗之統絶，孝宗之世紊？至論濮議之涑水、伊川，皆當世兩大儒，千秋而下，豈能爲之回護?謂其稱濮王皇伯考爲有典耶?伯父叔父,乃天子謂其臣下之詞,而加之於所生則不倫。毛大可大禮一議,醇雜參半,記事之體,不宜妄下雌黄,而言之是非,人之邪正,亦宜稍有斷制,四也。江陵當國,功過不掩,訾之固非,揚之亦非,明史所載,似不如紀事本末之据事直書爲得其實。至於結馮保構新鄭,固不能爲之詞,而至援高拱自撰之病榻遺言,則直是死無對證語。高、張二人,易地爲之,仍是一流人物。今但取正史可信者書之,而閏月顧命等詞一律删汰,以成信史,五也。妖書之獄,史不載,憂危竑議之大略,亦以滲漏。至二次妖書,全無影響,直是沈一貫門客所捏造,以搆歸德、江夏者。而會審皦生光一案,亦不似梃擊之詳,是宜取酌中志、先撥志始及毛大可之彤史拾遺記,節録其要,以成信讞,六也。三案本末,後人悉付之疑案,實則梃擊非疑案也。張差之非風顛,千真萬確,故明史於王之宷一傳全録供詞,破例載入,此似出四明特筆,而讀者猶不能無疑。及檢孫退谷春明夢餘録,則福清當日修光宗實録時,曾親質之張司寇。即張問達。司寇身在局中,親讞是獄,又朝邑方訾其調停風顛者,而其答福清,一則曰「千真萬真,之宷所言無一不實」,又言「風顛飾詞,焉有持梃入東宫,而出自風顛者」?据此數語,並見葉文忠集。則當日原奏調停,似出萬不得已,而問達亦以此得罪矣。夫梃擊既非風顛,則主使之人鑿鑿可據。光廟寢疾,鄭貴妃在旁,又濟以同惡之李選侍紅丸一事,安得不令人疑?既而宫車晏駕,閉門不納,羣臣及至請見東宫,又被牽衣阻之,宜楊、左移宫之請,不俟終日矣。今敘三案,必須詳明首一案,以閒執後世詘詘之口,七也。三案無關於逆奄,而與爭三案之人爲仇者,推刃於逆奄以報之,首翻梃擊者楊維垣也,首翻移宫者賈繼春也,合三案爲一,以成要典之誣者,霍維華也。

三人之惡不減崔倪，而奸險過之，乃逆案中概從末減，明史所載，亦多不實不盡。如以楊爲殉難，是不實也；賈之本傳敘其前疏，而遺其後疏，是不盡也。今宜檢兩朝從信録，撮其三疏之大略，著之於篇，明正其罪，八也。逆案凡三易而後定，元年大計一也，南北兩察二也，爰書定案三也。倪文正兩疏，是陰陽消長之一大關鍵，卒之正不勝邪，長垣見用，華亭長山被黜，遂使烏程韓城一輩人一手障日，翻案之根實萌於此。此宜博采剥復、先撥二書，及烈皇小識所載，以昭明季信史，九也。甲申之變，正史語焉不詳，所記殉難諸臣，亦多遺漏，宜博采北略繹史、綏寇紀略，及甲申以後之野史，必使身殉社稷之大小臣工，悉取而登之簡策，以勸千秋忠義，十也。舉此十事，以概其餘，則執事補注，及鄙人通鑑之役，豈可一日緩哉？定本尚俟異日，姑先舉其草創之大略，爲共從事於明史者商之，惟鑒不宣。

蓮洋名航，高安人，中道光戊子副車。芷汀孝廉舲，其從弟也。芷汀之弟，茂才舫，號芳洲，俱從事於明史。年來所購，凡坊間所未見者，都自其九芝仙館中借鈔，而芳洲同預於校讎之役者二年。又山陰平景孫觀察步青時任江西糧儲，所輯明季國初爲增補攷正數十事，其要者俱入攷異中，竝識之。

心伯交游

胡先生培翬 別見樸齋學案。

汪先生喜荀 别見容甫學案。

李先生兆洛 别爲養一學案。

江先生有誥 别見懋堂學案。

黄先生式三 别爲儆居學案。

清儒學案卷一百五十六

方立學案

方立天才超卓，不屑僅以辭章名世，其治曆算、輿地之學，精密過人，往往自出新義，補前人所未及。使假之年，鄉先輩孫、洪諸公，亦當畏後生也。述方立學案。

董先生祐誠

董祐誠初名曾臣，字方立，陽湖人。嘉慶戊寅舉人。少負異才，未弱冠，能爲沈博絶麗之文；既而肆力於律曆、數理、輿地、名物之學，涉獵益廣，撰述益富。特善深沈之思，書之鉤棘難讀者，一覽無不通曉。復爲出新意，闡隱曲，補罅漏，專門名家殫數十年之力而探索者，晨夕間已突過之。討論經國治世之原，今古變遷之迹，志在用世。嘗曰：「史自班固以後，蕪穢甚矣。綱領不得，何以挈其要？繁雜不袪，何以信其事？各志之紕謬舛錯爲尤甚。」欲通其例，穿貫之。以諸志自任，約同里張彦惟成孫同爲之，未有成書。道光三年卒，年僅三十三。兄基誠哀刻其遺書割圜連比例術圖解三卷、橢圜求周術一卷、斜弧三邊求角補術一卷、堆垛求積術一卷、三統術衍補一卷、水經注圖說殘稿四卷、文甲集二卷、文乙集二卷、蘭石詞一卷，凡九種。所考定地圖，成而未刊，李氏兆洛據之，合爲皇朝一統輿地全圖。又纂長安、咸寧兩縣志。兄基誠，字子詵，嘉慶丁丑進士，官至河南開封府知府。有政聲，績學工文，與弟齊名。著有移華館駢體文二卷。參李兆洛撰傳、張成孫撰遺書序、武進陽湖合志。

割圜連比例術圖解序

元郭守敬授時草用天元術求弧矢，徑一圍三，猶仍舊率。西人以六宗三要二簡術求八線，理密數繁，凡遇布算，皆資於表。梅文穆公赤水遺珍載西士杜德美圜徑求周諸術，語焉不詳，罕通其故。嘗欲更創通法，使弦矢與弧可以徑求，覃精累年，迄無所得。己卯春，秀水朱先生鴻以杜氏九術全本相示，蓋海寧張先生豸冠所寫者，九術以外，別無圖說。聞陳氏際新嘗爲之注，爲某氏所祕，書已不傳。迺反覆尋繹，究其立法之原，蓋即圜容十八觚之術，引伸類長，求其絫積，實兼差分之列衰，商功之堆垛，而會通以盡句股之變。周髀經曰：「圜出於方，方出於矩，矩出於九九八十一。圜弧也。」方弦矢也，九九八十一遞加、遞減、遞乘、遞除之差也。方圜者，天地之大體，奇耦相生，出於自然。今得此術，而方圜之率通矣。爰分圖著解，冠以九術原文，並立弦矢互求四術，都爲三卷。辭取易明，有傷蕪宂，其所未寤，俟有道正焉。

割圜連比例術圖解後序

割圜解既成之二年，朱先生復得割圜密率捷法四卷於鍾祥李氏。蓋乾隆初，欽天監監正明圖所解，而門人陳際新所續成者。其書釋連比例諸率，分弦、矢爲二術，皆先設百分、千分、萬分諸弧，如本法乘除之，棄其畸零，以求合於矢之十二、三十、五十六，弦之二十四、八十、百六十八諸數，遂謂遞加一數以爲除法者，特取其易知而便於記憶，則其於立法之原，似未盡也。然反覆推衍，使弧矢奇耦率可互通，鉤隱探賾，雜而不越，蓋師弟相承，積三十餘年之久，推其用心，可謂勤且深矣。陳氏序言「圜徑求周及弧求弦矢三術，爲杜德美氏所作，餘六術，則明圖氏補之，與張先生所傳互異」。又借弧、借弦二術，並見陳氏書中，范氏所作，其闇合歟？余以垛積釋比例，而三角及方錐堆三乘以下，舊無其術。近讀元朱世傑四元玉鑑茭草形段、果垛疊藏諸問，乃知遞乘、遞除之術，近古所有，而遠西之士尚能守其遺法，有足珍者，爰并記之。

橢圜求周術序

橢圜求周，舊無其術。秀水朱先生鴻爲言「圜柱斜剖，則成橢圜，是可以句股形求之」。秋涼無事，即先生之説，稍爲發明，系以圖釋。大氐平圜如平方，橢圜如縱方，橢圜有大徑，有小徑，有周，有積，必知其二，然後可求其餘，猶縱方之句股形也。如以兩徑與周之和較及面積隱雜求之，則其術亦有不可盡者矣。

斜弧三邊求角補術序

梅文穆公赤水遺珍有弧三角形三邊求角、開平方得半角正弦法，解與薛儀甫天學會通三邊求角用對數術略同。其術視總較術稍繁，然用于對數，則此爲簡省矣。薛氏有法無解，梅氏以平行線作同式三角形釋之，義亦未顯。暇日尋繹，迺知角旁大弧之弦線與對弧之弦線相交，成平三角形，以邊角比例術求之，可得所求角。正矢之半爲末數，故倍末數即得角之矢，而術必求半角正弦者，八線對數表無矢線，知此術之專爲對數立也。别爲圖解，並補求又一角術，推步之士，或有取焉。

堆垛求積術序

堆垛求積，三乘以上，舊無其術。汪氏衡齊算學始創諸乘方三角堆求積術，以爲古所未發。予釋割圜捷法，更得求諸乘方所成之方錐堆術，繼復以縱方堆推之，而得諸乘方所成之縱方堆術，亦謂此兩術，又汪氏所未發也。近讀四元玉鑑茭草形段、果垛疊藏諸問，求其天元如積之原，則與諸術皆一一符合。學然後知不足，旨哉言乎！爰取舊撰兩術，比而録之，爲讀四元玉鑑者助焉。

三統術衍補序

推步家實測日月星辰之行，以算術綴之，謂之綴術。自漢以下，無慮數十家，莫不先審天行，復綴算數，數不虚倚，則假物以爲用，三統之律吕、爻象，大衍之蓍策，授時之平差、立差，西人之小輪、橢圓，其用殊，其設數以求，合于實測，一也。俗學昧于原本，毁所不見，遂以律吕、蓍策之説爲詬病，是知槃之非日，而并疑日之非圓也。三統術爲諸家權輿，史稱公孫卿等定東西，立晷儀，下漏刻，已得太初本星度，迺更選落下閎等運算，以律起曆，則是已得諸數，而復飾以律吕、爻象，固章章矣。錢詹事作三統術衍，頗稱詳覈，然于創術之原，猶有未備。今輒依太初元年日月五步度數，比而列之，入以演譔之法，爲衍補一卷，後之學者，庶無惑乎此也。

文集

辨正沈彤周官禄田考古今度法

考曰：古者三百步爲里，今三百六十步爲里。古一步六尺，今一步五尺。古尺較今尺止七寸四分，今尺較古尺乃一尺三寸五分。古步較今步止四尺四寸四分，今步較古步乃一步有七寸五分。

正曰：古尺較今尺七寸四分，則今尺較古尺一尺三寸五分而贏，舉成數言，尚不相遠，諸數皆是也。

考曰：今之三百六十步，當古五百四十五步强，百之，爲五萬四千五百有四步强。

正曰：置三百六十步，以一步八分步之一，今步較古步，一步有七寸五分，約之爲一步又八分步之一。通分内子乘之，得三千二百四十分爲實，步法八分除之，得四百有五步，此以今步較古步立算，若以古步較今步立算，則四百有五步有餘分，蓋今尺較古尺一尺三寸五分下尚有餘分故也。百之，爲四萬有五百步，沈君誤也。

考曰：三萬步爲古之百里，以五百四十五步强除之，則得五十五里有二十二步强。

正曰：置三萬步爲實，以四百有五步除之，得七十四里强，準古步較今步立算，則得七十四里無餘分。沈君誤也。

考曰：古者百步爲畝，今以二百四十步爲畝，今二百四十步當古三百六十四步强，百之，爲三萬六千四百六十四步。

正曰：置一步八分步之一，通分内子自乘，得八十一分二百四十，乘之，得一萬九千四百四十分爲實，步積六十四分除之，得三百有三步太，準古步較今步立算，則得三百有四步奇。百之，爲三萬有三百七十五步。沈君步數既與前同誤，而於今畝法，則長用今尺，廣用古尺，今尺長二百四十步、廣一步爲畝，是廣亦當折算也。今與里數同法，則有長無廣矣。失之甚矣。

考曰：其萬步爲古之百畝，以三百六十四步强除之，得二十七畝强，則所當今之畝也。

正曰：置萬步百之，得百萬步爲實，以三萬有三百七十五步除之，得三十三畝弱，準古步較今步立算，則得三十二畝太强。則當今之畝也。王氏尚書後案亦據此尺度，而謂古百畝當今四十一畝三分畝之一，是較沈君尤遠，皆非也。

古百里當今七十四里强。

今百里當古一百三十五里。

古百畝當今三十三畝弱。

今百畝當古三百有三畝太。

太歲辨

太歲太陰之辨，發自嘉定錢先生大昕，潛研堂文集、史漢考異、三統術衍、養新録言之詳矣。高郵王先生引之復作太歲攷二十七篇，多正錢氏之失。其合太陰太歲爲一，以太初元年爲丙子兼丁丑，以史記甲子篇爲出殷數，考中凡數字皆避廟諱。以漢志前數上元泰初四千六百一十七歲，爲當作四千五百二十歲，皆不刊之論。甲子紀歲，自古迄今皆六十，遞用無所改易。漢自太初以前用秦正，則歲首在往年十月；而夏正以後，皆統於歲首，甲子常先一辰，故漢志稱高帝元年歲名敦牂。由今上溯，則爲乙未。太初元年歲名困敦。由今上溯，則爲丁丑。淮南子天文訓稱淮南元年太一在丙子，當文帝之十六年。由今上溯，則亦爲丁丑。太初既改用夏正，則元年爲丙子兼丁丑，而二年即爲戊寅，故天馬歌作於太初四年，而曰「天馬徠，執徐時」。翼奉封事上於初元二年，而曰「今年太陰建於甲戌」。皆與今所推合，尤改正即改歲之證。至歲星與太陰，錢先生確守三統跳辰之術；王先生所考，謂太歲跳辰，古今所不用，其議甚核。而復執歲星應太歲月建之説，欲使黄帝以來諸數同元，則未敢以爲然也。太歲既不用跳辰，則歲星必不能相應。太史公天官書所云「歲陰左行在寅，歲星右轉居丑」者，蓋即當時之歲名，識其躔度，用爲候星之法，非以歲星之行定歲名也。司馬貞索隱謂「歲星正月晨見東方，以下皆出石氏星經」；開元占經歲星占篇引甘氏占，與天官書合。甘公齊人，石申魏人，皆在戰國時。獲麟至漢興年數，雖諸家互異，而史記年表則有可據。以甲子推之，春秋僖公五年太歲在寅，是歲晉公子重耳奔狄；二十四年太歲在酉，是歲秦伯納晉侯。國語董因曰「君以辰出，而以參入」，則五年星在卯，二十四年星在申，距太歲相應之日躔，俱中隔三次。至昭公三十二年，太歲在卯，是歲吴伐越，左氏傳「史墨曰：越得歲而吴伐之」，則星在丑；哀公十六年，太歲在戌，是歲楚滅陳，左氏傳「裨竈曰：歲五及鶉火，而後陳卒亡」，則星在午，距大歲相應之日躔，俱中隔兩次。歲星凡百數十年而超一次，至戰國初，則寅歲之星在丑，卯歲之星在子，與寅月日躔之亥，卯月日躔之戌，恒隔一次，而「晨見東方」，甘、石據而録之，以候歲星，而星應太歲，在晨見之月。至漢初，則星又超二次，故漢元年十月太歲在午；而漢書天文志言五星聚東井，則星在未。太初元年十一月，太歲在子，而三統歲術從星紀起，則星在丑，與午月日躔之未，子月日躔之丑，皆爲同次。太初數據而録之，以候歲星，而星應太歲在同次之月，正天文志所稱星有贏縮，各録所見者。淮南子天文訓與天官書略同，而星見皆先兩月，與太初數合，尤其明證。天官書又言：「太歲在甲寅，鎮星在東壁。」「太白上元以攝提格歲與營室晨出東方。」淮南子言：「鎮星以甲寅元始建斗，太白元始以正月建寅，與營室今本作熒惑，誤。晨出東方。」天文志言甘、石太初不同四星，亦略類此。開元占經填星占篇引皇甫謐年數亦同。漢志是每歲定次，五星皆有之，尤以歲候星，非以星定歲之明驗。錢先生謂班史誤合太陰太歲爲一，固爲過當；王先生復詆班氏贏縮之説，亦非其實。且黄帝六家之術，本不同元，開元占經所引積年具在，而周數以丁巳爲元，似無可强合也。考又以漢志太初元年太歲在子，子當作寅，謂殷數以是歲爲甲寅，應歲星晨見之月，而太初數則應同次之月，故歲名困敦。按殷數在寅，太初數在子，相差二次，揆以晨見之月，與同次之月，義得相通。若殷數寅在甲，太初數子在丙，相差二十二歲，則於義無取。殷數以甲寅爲元，淮南子云：「太陰元始建於甲寅，一終而建甲戌，二終而建甲午，三終而復得甲寅之元，歲徙一辰。」即如王説，甲寅術有二元，而古術中朔分皆同，則殷數紀首既爲甲寅，次紀亦必首甲戌，三紀亦必首甲午。三統世經言「元帝初元二年，殷數以爲紀首，是年歲在甲戌」，值一終之數，與淮南合。是殷數紀歲與太初同也。以殷數初元紀首上推太初元年十一月甲子，得至朔同日中餘四分之三，朔餘九百四十分日之七百五，在太初數則無餘分，故張壽王上書據殷數以非太初數。使元年而果值甲寅，則殷數亦爲紀首無餘分。壽王既治殷數，不應更云虧四分日之三，去小餘七百五分矣。漢志言「公孫卿等議造漢數，迺定東西，立晷儀，下漏刻，以追二十八宿相距於四方，舉終以定晦朔分至，躔離弦望。迺以前數上元泰初四千六百一十七歲，至於元封七年，復得閼逢攝提格之歲，中冬十一月甲子朔旦冬至，日月在建星，太歲在子，已得太初本星度新正。姓等奏不能爲算，願募治數者，更造密度。」是朔旦冬至無餘分者，當時實測所得，射姓等不能爲算，故即以前數甲寅元術綴之。迨鄧平等運算，而太初數始定。史記甲子篇其所云「歲名『焉逢攝提格』，月名『畢聚』，日得甲子，夜半朔旦冬至。正北。十二，無大餘，無小餘；無大餘，無小餘；焉逢攝提格。十二，大餘五十四，小餘三百四十八；大餘五，小餘八」者，皆殷數原文。其所云「太初元年」、「太初二年」者，蓋以漢元冠殷數。藝文志有漢元殷周諜數十七卷，或即甲子篇所本。若殷數原術，初未嘗以太初元年爲甲寅。一行大衍議謂「太初數元不值甲寅，猶以日月五緯，復得上元本星度，故命曰『閼逢攝提格』，而實非甲寅」。其説近之。特以殷數紀元推漢元者，迺公孫卿等爲之，非閎、平太初數也。班史恐歲名相淆，故申言太歲在子，與上文相别，謂後人改寅爲子，恐未必然。大抵太歲歲星本不相應，劉歆以三統推春秋歲之所在，欲其與太歲合，不得不立跳辰之法，而古今歲陽歲陰從無超遷。鄭康成周禮馮相氏注已疑之。王先生謂「説文釋歲字，不宜專指木星」，誠爲篤論。乃仍以太歲歲星相應之法，推四家之元，又據歲星晨見之月，斷殷數以太初之丙子爲甲寅，此其所未喻者。今參攷諸説，實求其是，王先生聞之，未識以爲當否也。

圜徑求周辨

圜三徑一，古法也。自魏劉徽以割圜求周，歷代因之，至今日而愈密，雖屢求句股十數位以降不能無差，然三一四一五九二六之率，則無可疑者。嘉定錢氏塘獨創爲十乘圜徑開方得周之説，儀徵阮尚書疇人傳謂與秦九韶環田三積術相合。又言：「徑丈木板篾尺度之，適得三丈六尺一寸有奇，錢氏之説爲至當不可易。」以法考之，未敢信爲密率也。塘之言曰：「圜割爲觚，名爲周而非周，且不能無所棄。有所棄則非全數矣。」劉徽之術，止於内容九十六觚，而設圜徑爲二尺，忽以下，直棄其餘，故其率失之少；今之割圜則兼内容外切，用之至百億以上，内外之觚既同，則弧線亦不得不同。且設徑爲二兆，復有小餘二十七位，凡四十位，取數之密，無過此者。謂徽術所求非圜周可也，謂今術所求非圜周不可也；謂徽術三一四以下率未密可也，謂徽術三一四當易爲三一六不可也。圜外切觚，觚内之弧必小於觚，此人所共知者。如設徑爲二兆，十乘開方得周六兆三千二百四十五億五千五百三十二有奇，二十四析之，爲二千六百三十五億有奇，較今割圜術所求外切二十四觚之一，已多二億。夫二十四觚出於六觚，乘除僅三次耳，圜徑爲兆，則億下小餘尚有三十五位，三次乘除，而四十位下餘分之棄，即差至三十五位以上，此必無之理。而謂觚内之弧能大於外切之觚者，尤必無之理也。塘術既於理不通，則所謂徑丈之板，必未能合度。斯則輕改古經，惟憑私臆，無足取者。塘又謂數以十成，而權衡獨以十六，即方圜之理，舍實象而求空言，亦數學中之遁辭矣。

與陳静庵書

承示秋農先生冬至日躔辨，謂十二次歲有遞差，而名不可變，論至精審。歲自爲歲，星自爲星，自祖沖之已有此議。宣城梅氏大暢其説，更得此辨，足相發明。惟辨中謂「冬至起星紀丑宫，克擇及壬式家皆沿漢人舊法」，則未敢以爲然也。自唐以前，無以中氣爲太陽過宫而冬至必起丑初者。左氏傳昭公「七年四月甲辰朔，日有食之，士文伯謂去衛地，如魯地」，則是日爲日躔，由豕韋而入降婁。一行曆議謂「入常雨水七日，即有微差，當亦不遠」。降婁在戌，以雨水後過戌宮，必以小雪後過丑宮，是春秋時未嘗以冬至起丑初也。三統術「星紀，初斗十二度，大雪。中牽牛初，冬至」。漢時，大雪正當星紀之初，故起斗十二度，而冬至則在丑中，是漢亦未嘗以冬至起丑初也。自漢及唐，冬至日躔漸值星紀之初，故開元大衍術冬至在斗九度有奇，而分野亦以星紀起，斗九過宮，始見於此。蓋漢初日躔過宮，正當十二月之節。後代不察，據日躔以改星次，而大雪必起星紀，故劉歆三統論謂「十二次日至其初爲節，至其中爲中」。蔡中郎月令章句因之，以四分術大雪在斗六，亦以星紀起斗六，較太初退六度。魏正光術「冬至起牛前十二度，而星紀遂起斗一」。唐則冬至正在丑初，後代因之，亦遞改星次，而冬至必起星紀，則今克擇、壬式諸家，皆仍唐人之舊。如用漢法，則過宮當用節氣，不當用中氣矣。辨又謂：「堯時冬至日在虛七度，此上下宮次，各得其正之時。」夫日躔右行，星次左旋，終古不能得正。子午當位，則卯酉易方，即祖沖之所謂「春躔義方，秋麗仁域」者，堯時星次未可云天象之正位也。至合神之說，由於斗建於日躔，二者皆有歲差，然十二月之建，不可因斗柄而移，十二月之合神，必因日躔而改。古法雖未立歲差，然合神之改，則有明證。鄭康成注周禮大師云：「聲之陰陽各有合黄鐘子之氣也，十一月建焉，而辰在星紀。」此周、秦及漢所用之合神，迄今因之。淮南子天文訓云：「北斗之神有雌雄，十一月始建於子月從一辰，雄左行，雌右行，五月合午謀刑，十一月合子謀德。太陰所居辰爲厭日，不可以舉百事。」此周以前所用之合神，周、秦及漢用爲厭日，今所稱月厭是也。五行家以可見者爲雄，不可見者爲雌。歲星可見，而歲陰不可見，故天官書以歲星爲雄，歲陰爲雌。斗柄可見，而日躔不可見，周、秦既以斗建爲月建，則日躔即爲北斗之雌神，凡過時者皆爲災。周、秦合神既由子而改丑，則前此合神即爲厭日。天文訓稱太陰在寅丑爲閉建，除家以子月之亥、丑月之子爲閉日。是前歲之歲陰爲閉，前月之月建爲閉，閉厭同義，知厭日即前一次之合神矣。今十一月之日躔全入於寅，而月合仍在丑，月厭仍在子，數千年來，更無知厭日爲前一次之合神因歲差而移者。夫五行之學，亦先聖之微言，而在今乃茫昧不驗，蓋由源流已湮，星翁術士，泥於成法，而不知變通。豈知先聖之法，固因時改憲，行之萬世而無弊者哉！因足下下問而詳陳之。

讀易緯一

六日七分之術，其別有三。稽覽圖曰：「甲子卦氣起中孚，六日八十分之七而從四時卦，十一辰而從坎，常以冬至日始效復生坎七日消息，及雜卦傳相去各如中孚。」唐一行大衍卦議所謂「京氏以卦爻配期之日〔一〕，坎、離、震、兑，其用事自分至之首，皆得八十分日之七十三，餘皆六日七分者也」。漢儒言易者皆用之。稽覽圖又曰：「卦直事，日依事定，日主一爻。」其圖以小過初六當立春一日，六二六日，九三十一日，九四十六日，六五二十一日，上六二十六日。一行卦議所謂「天保曆依易通軌圖，自入十有二節、五卦初爻相次用事，及上爻與中氣皆終」者也。後漢書郎顗傳陽嘉二年上書言：「正月三日

〔一〕「之日」，原無，據新唐書補。

至乎九日，三公卦。二月九日至十四日，大壯用事，消息之卦。」是歲正月二日雨水，三日至九日皆漸用事，爲三公。二月三日春分，九日至十四日大壯用事，爲消息。皆不以五卦六爻相次，故一行斥齊曆爲謬。乾鑿度曰：「亦爻所生歲三百六十五日四分日之一，以卦用事，一卦六爻，凡六日，初用事，一日天王諸侯也，二日大夫也，三日卿，四日三公也，五日辟，六日宗廟。」此又候爻所生，以知吉凶，與卦氣異義。一行卦議又謂：「京氏於頤、晉、井、大畜皆五日十四分，然緯稱雜卦相去各如中孚，乾象、正光、甲子元三術，其中孚求次卦，皆各加大餘六，並不言頤、晉、井、大畜止五日。而一行謂「乾象以下，皆因京氏」，未得其解。及讀張先生易緯略義曰：「原緯文無上損頤、晉、井、大畜之説，後人求七十三分不得，下減中孚，遂上損頤耳。」四時卦雖爻主一氣，然其候之當於分至之日首入中孚七十三分，是坎卦始效之候復生坎七日，自以中孚一卦六日七分而爲七日，非益以坎之七十三分。然則一行之説既非京氏本指，而所謂「乾象以下，皆因京氏」者，亦妄也。

讀易緯二

後漢書蘇竟傳載竟與劉龔書云：「今年比卦部歲。」易緯略義依稽覽圖中比周人所推積年，以上求建武二年丙戌，當入小畜、履軌，謂西漢以前，歲起冬至。蘇竟之算，以是年歲在乙酉，至十一月乃在丙戌，故入師、比軌。北周人所推，皆羨一算。案天元皆起天正，而紀歲必起人正。乾鑿度天元甲寅爲甲寅之十一月，而乙卯之天正一月，與黄帝六家元術略異。惟太初術元起丁丑，而以爲丙子，與此正同。

求卦主歲之術，一日八十一分，一月二十九日八十一分日之四十三，一歲十二月十九分月之七，悉與太初術同，蓋即閎、平諸人所本。天元既退一年，則蘇竟之算，未嘗不以是年爲丙戌也。二卦貞一歲，師、比皆四月，卦法爲同位相避，師貞於巳，則比當退貞於午，師初六自巳左行，至六四入坤體，在亥；比初六自午右行，至六四入坎體，在子。故竟書云：「坤主立冬，坎主冬至。」其言比，不言師者，舉一可知。章懷註謂「此卦坤下坎上」，以坤、坎皆屬之比，則比、坤不得主立冬，誤矣。

讀易緯三

稽覽圖曰：「地上有陰，而天上有陽，曰應俱陰，曰罔；地上有陽，而天上有陰，曰應俱陽，曰罔。」鄭氏以六三應上九，陰陽相應，爲白濁；九三應上六，陰陽相應，爲清淨。魏書正光術曰「九三應上九清淨，九三應上六絳赤，六三應上六白濁，六三應上九麴塵」，與鄭異義。凡三畫以下爲地，四畫以上爲天，清濁之貌，皆地氣而上見於天，陽爲清，陰爲濁。天以光施，地以氣升，光與氣俱陽，則爲清淨；光與氣俱陰，則爲白濁。天光有陰，而陽氣應之，則爲絳赤。天光本陽，而陰氣應之，則爲麴塵。下云「黃之色悖如麴塵」，則麴塵爲黃色。火以陽包陰，故色赤，虹蜺之色亦赤，下陰已盡，而天光以陰臨之也。土以陰凝陽，故色黃，風霾之色亦黃，下陰方盛，而天光以陽散之也。今溽暑之日光恒赤，初寒之日光恒白，赤則有雨，黃則有風，與風雨寒温皆相應。正光術所傳，似得其正。鄭下注云：「秋分日色先白，則知秋分後必當雷。」秋分兑用事，是鄭亦以六三應上六爲白濁也。稽覽圖自「甲子卦氣起中孚」以下，漢人所謂中孚傳者，今本前後乖違，經注淩雜，此條其亦有訛脱歟？

讀易緯四

稽覽圖曰：「太陽霓出地上，少陽時並而聲微。」鄭注云：「太陽正月，泰卦少陽得時並而當雷。少陽謂泰卦也，用事於正月。泰氣得用，並而爲雷聲。」「而爲雷聲」，今本在「甲子卦氣起中孚」下，當移在此。是泰爲太陽，亦爲少陽。鄭於上太陽、太陰注謂「從泰至遯爲太陽，從否至臨爲太陰，雜卦九三爲少陽，雜卦六三爲少陰」，則非雜卦不得稱少陽明甚。京房以二月朔上封事，言「辛酉以來，太陽精明，辛巳太陽侵色」，皆不以泰爲少陽。正月辟卦爲泰，張晏以太陽爲大壯，非。推校經、注，少陽自指漸、需而言。古者先啟蟄，後雨水，夏小正曰：「啟蟄必雷，雷不必聞。」漸、需九三皆少陽卦，與泰並用事啟蟄，於時雷已出地，而未聞於人，故經云「少陽時並而聲微」，注云「少陽得時並而當雷」，二義俱合。注謂少陽爲泰者，謂泰卦所主之雜卦，非以泰爲少陽也。下注云：「雜今本作離，誤。卦九三用事，而雷則爲他月之雜卦，非泰卦所主，故不當雷矣。」

霸産考

水經注云：「霸水出藍田谷，西北有銅谷水，次東有輕谷水，二水合而西注之，又西流入涇水。」長安志云：「劉水一名泥水。」引水經注云：「水出藍田之東谷，俗謂之劉谷，西北與石門水合。又石門水東有銅谷水，合輕谷水，西注泥水。」今本無之。涇水又西逕嶢關，北歷嶢柳城，東西有二城，涇水西北流入霸。霸水又北歷藍田川，逕藍田縣北，川有漢臨江王榮塚，塚在城東八里。霸水又左合産水，歷白鹿原東，故芷陽也，謂之霸上，漢文帝葬其上，謂之霸陵。霸水又北，長水注之。水出杜縣白鹿原，其水西北流，謂之荆谿。荆谿水又西北，左合狗枷川水。水有二源，西川上承磈山之斫槃谷，今名柘坡峪，蓋斫槃之轉聲。次東苦谷，今名庫峪。二水合而東北流，逕風涼原西，其水傍谿北注，右合東川水。水出南山之石門谷，今名湯峪。次東有孟谷，次東有大谷，次東有雀谷，次東有土門谷，五水北合，而北歷風涼原東，上有漢武帝祠。又北與西川會，亂流，北逕宣帝許后陵東，而北去杜陵十里，斯川于是有狗枷之名。川東亦曰白鹿原，水又北逕杜陵東，又北注荆谿。荆谿又北入霸水，又有温泉入焉。水發自原下，亂流入于霸，今無考，或即白鹿原下諸溝。俗謂之産水，非也。

水經注又云：地理志云：「産水出南陵縣之藍田谷，西北流，與一水合。水出西南莽谷，東北流，注産水。産水又北歷藍田川，北流，注于霸水。」地理志曰：「産水北至霸陵，入霸水。」

漢書地理志：南陵縣沂水出藍田谷，北至霸陵入霸水。師古曰：「沂音先歷反。」

魏書地形志山北縣有苦谷，産水出焉。

按：霸有五原。酈注以藍田谷水爲正源，後世名藍水，今由木護關至藍橋水也。其餘四谷水，劉谷水即涇水，今名留峪水；石門水今名倒溝峪水；銅谷水今名銅峪水；輕谷水今名傾峪水，皆附注霸水，非正源。四水在霸東銅谷，獨云西北者，銅峪水注涇水處，在霸源西北，非霸水谷口西北也。霸水出谷會涇水後，西北流，左會僅二大水，一爲産水，一爲荆谿。荆谿入霸，在今霸橋北。據酈注考之，自涇水至荆谿，産外更無別水。據今形勢驗之，自留峪至霸橋，輞川外亦無別流入。輞川非産，則無産矣。酈注云：「霸水又左會産水，歷白鹿原東。」今白鹿原起蕢山，終霸陵，長六十里，原東入霸之水，止有輞川，如輞川非産，則原東無産矣。注又云：「産水西北流，與一水合，水出西南莽谷，東北流，注産水。産水又北歷藍田川，北注于霸。」藍田川方三十里，今藍田縣城南面、西面地，逕川入霸之水，亦止有輞川，如輞川非産，則藍田川無産矣。酈注皆經目驗，何至荒謬如此？今輞川水有二源，東一水出秦嶺梨園溝，西北流，逕葛牌鎮、鐵鎖橋、草坪，至兩河口；西一水出龍王廟南秦嶺，東北流，逕漆安、予紅門寺、印溝口，至兩河口，與東一水合。自此北流，逕董家岩、鹿苑寺，即唐王維輞川別墅之文杏館。至三里砭，出峪口，西北流十餘里，逕藍田川，西抵白鹿原東麓入霸。余徧溯兩源，至合霸處，驗其形勢，與酈注産水合。詢諸鄉人，猶有稱産水者。然則輞川東源，即産正源，西源即莽谷水，酈注洵可微信。其以他水爲産者，有二説焉，一爲荆谿水，水在白鹿原上，非原東也。其説出于漢志。志于南陵縣言沂水出藍田谷，北至霸陵，入霸水。水在南陵，其入霸，在霸陵，地勢與荆溪合。荆谿舊名長水，沂或長水異名，故志作沂，然未以沂爲産也。酈注引志文沂作産，或酈氏所見本沂誤作産與？尋繹注義，自西北流，與一水合，至北歷藍田川入霸，皆非志文，乃酈氏自説。逕藍田川之産水，與前注無異，注末乃云：「地理志云産水北至霸陵入霸水。」意謂産水逕藍田川入霸，非至霸陵，故引志文示疑以駁之。觀注于荆谿入霸處，復云：「俗謂之産水，非也。」可知今荆谿水名荆峪水，在白鹿原上，去縣十里，南有將軍堡，即漢長水校尉屯兵處，峪西十里有鹿走溝水，東北流入荆峪水，又西北流至咸寧高橋，合狗枷川水，二水始終原上，去原東及藍田川甚遠，未得據漢志作荆谿爲産之證。史記封禪書稱霸、産、長水、灃、澇、涇、渭，則長水之非産可知。張守節正義乃引括地志，以荆谿下流爲産，顯與史文相背矣。一爲庫峪水，水在白鹿原西，亦非原東也。其説出于魏志。志稱「山北縣有苦谷，産水出焉」。按苦谷水，今名庫峪水，水出風涼原西，至咸寧嘴頭與東川五峪水合。北流至高橋，入荆谿，又北逕霸橋，北入霸，與酈注合。此水在白鹿原西，距原東藍田川五十餘里，必非産水。考其訛誤，蓋魏代荆谿俗名産水，苦谷水亦入荆谿，故展轉推移，産之真流，遂致湮没。而輞川經唐人題咏，其名益著。微酈注，無有知輞川爲産者矣。丁丑夏，客西安，修咸寧縣志，見諸城王君森文，王君於地理爲專門學，因以是説相質，所見喜適合。今産水始終咸寧，爰爲之考，附録于志，俾稽古者有所正焉。

五十三家曆術序

自昔上皇之世，孟幼未分，草木互易，迺定神策，轉調曆。大庭軒轅，逮於殷、周，三五之法，詩、書所稱，略可指説，靡得而詳焉。周室陵遲，憲章版蕩，亡告朔之禮，廢疇人之職。重遭秦、楚，五紀崩隧。漢氏初定，日不暇給。至於武皇，始正三微，改歲首，於是方士輻凑，曲藝雲集，追星距以定度，酌月法以積閏，而晦朔、分至、躔離、弦望之術，差以周備。自是以後，代自爲憲，家自爲學，下暨唐、宋，經數十易，皆攷驗當代，斟斞舊傳。有元承之，作授時曆，差平立以調進退，求弧矢以正黄赤，棄積年之法，立諸應之準，測算之術，綦以密矣。明代大統，因乎授時，暨於末年，門户別出，紛爭辨訟，遂屬國亡。大清龍興，晷緯昭應，西徼殊俗，厥角獻技，内設五官天文之科，外測四海經緯之變，日月效期，寒暑通軌。蓋自太初以來，千七百四十餘年，始集成於我朝。然猶申命臺官，朝夕格署，蓋天地之數，若此其微也。夫術士之學，厥有三蔽：墨守師承，毁所不見，昧因造之理，違澤火之義，舉一遺三，得五忘十，其蔽一也；榮今陋古，拔本塞源，斥射姓之司星，嗤鄧平之運算，是猶指三江而狹岷流，觀九河而淺積石，其蔽二也；中夏失官，學流荒裔，鳩扈補象徵之制，音紐祖形聲之遺，而議者必嚴内外之防，屏梵、回之曆，其蔽三也。祐誠旅食餘閒，願言纂緝，乃取史志所載，自三統以下，可撰述者五十三家，凡歲實朔實之分，定氣定朔之差，皆敬授之大原，先朝之遺憲。爲比其名義，課其盈虚，補其散佚，信其亡闕，都爲十卷。鉤核考互，有移歲時，以存先士之學，竢有道之正焉爾。書成，爰系之序，並列其目於左。

漢志

三統術鄧平等造。

續漢志

四分術編訢等造。

晉志

漢乾象術劉洪造。

魏黄初術韓翊造。

景初術楊偉造。又見宋志。

泰始術劉智造。

永和通術王朔之造。

後秦甲子元術姜岌造。

宋志

元嘉術何承天造。

大明術祖沖之造。又見遼志。

魏志

涼元始術趙歐造。其用數，志不著録，據開元占經所引補。

正光術張龍祥等造。

興和術李業興造。

隋志

梁大同術

北齊天保術宋景業造。

甲寅元術董峻等造。

劉孝孫術

張孟賓術

周天和術甄鸞造。

大象術馬顯等造。

開皇術張賓造。

大業術張胄元造。

皇極術劉焯造。

唐志

戊寅元術傅仁均造。

麟德術李淳風造。

神龍術南宫説造。其用數，志不著録，據開元占經補。

開元大衍術僧一行造。

九執術瞿曇悉達譯。據開元占經補。

寶應五紀術郭獻之等造。

建中正元術徐承嗣等造。

長慶宣明術徐昂造。

景福崇元術邊岡造。

五代司天考

欽天術王朴造。

宋志

應天術王處訥等造。

乾元術吴昭素造。

儀天術史序等造。

崇天術宋行古等造。

明天術周琮等造。

觀天術皇居卿造。

紀元術姚舜輔造。

統元術陳得一造。

乾道術劉孝榮造。

淳熙術劉孝榮造。

會元術劉孝榮造。

統天術楊忠輔造。

開禧術鮑澣之等造。

成天術陳鼎造。

金志

重修大明術趙知微修。

元志

授時術許衡等造。

庚午元術耶律楚材造。

明志

大統術元統造。

聖壽萬年術鄭世子載堉造。

回回術西域默狄納國王馬哈麻造。

附録

先生年十九，與同里張彦惟共治算學，盡通諸家法。又十年，居京師，識秀水朱筠麓鴻，時出所得相質，學益進。歷三年，乃成算學諸書。筠麓、彦惟皆專門學，推許其書甚至。董基誠刊遺書序。

先生研究諸史曆志，因撰三統術衍補。復取三統以次，迄明大統、萬年、回回各術，計五十三家，撰五十三家曆術。其涼趙歐之元始術，唐南宫説之神龍術，及瞿曇悉達之九執術，志不著録用數，更據開元占經所引補之，都爲十卷。後游西安，亡其稿，僅存其序目於文集中。史傳及董基誠三統術衍序。

康熙、乾隆兩朝，内府輿圖，外間流布絶少。先生精心仿繪，復稽掌故，旁羅方志，自乾隆以來州縣之改更，水道之遷異，皆參校確實而著之，以道光二年爲斷。東盡費雅喀，西極葱嶺，北界俄羅斯，南至於海，分爲四十一圖。李兆洛皇朝一統輿地全圖例言。

先生年二十五始究心地理之學，嘗取水經注，證以今之水道，分圖系説，自成一書，爲之累年，僅得四卷。卷中圖説俱備，惟河水自採桑津以下有圖而無説。圖大者徑數尺，小者亦徑尺許，别爲一册。録入遺書者，僅其説也。董基誠水經注圖説序。

方立交游

李先生兆洛

别爲養一學案。

張先生成孫

别見茗柯學案。

洪先生祐孫 別見北江學案。

方先生履籛

方履籛字彦聞，陽湖人，大興籍。嘉慶戊寅舉人。官福建永定、閩縣知縣，以廉能稱。卒於官，年四十一。工爲駢體文，始學其鄉先輩，與方立相頡頏；已復泛衍浸溢，希蹤范蔚宗，别樹一幟。讀書善求間，嗜金石文字，所積幾萬種。著有富衡齋碑目六卷，伊闕石刻録三卷，希姓録一卷，泉録一卷，萬善花室文集六卷，續集一卷，詩五卷，詞一卷。又纂河内縣志、武陟縣志、永定縣志。參李兆洛撰傳、陳壽祺撰墓志、張成孫撰傳。

清儒學案卷一百五十七

生齋學案

平湖自陸清獻後，講正學者有蔣大始，力扶墜緒，然亦謹循繩墨而已。生齋當理學中衰之時，獨潛思力行，以詣其極，同里顧氏訪溪，經學湛深，歸諸義理，切磋討論，同爲清獻後勁云。述生齋學案。

方先生坰

方坰字思臧，號子春。平湖人。嘉慶丙子舉人。少從武康徐熊飛游，工爲詩，兼治古文訓詁。後篤志程、朱之學，粹然一出於道。道光十年，攝武義縣訓導。其課士一以朱子小學、近思録爲教，謂「由此以溯之四書、五經，則趨向始正」。反覆講解，士子翕然信從。時金華府學楊道生，湯溪縣學沈寶齡，並以理學倡諸生，而二人出入姚江，每寓書規之，不少假借也。以母喪歸。十四年，選授錢塘縣訓導，未之任，卒，年四十三。先生爲學，初謹步趨尺寸，懔懔念己所不足者，作生齋四箴及靜坐箴以自警。

既闖見端倪，畢力鋭赴，乃拓傴仄，歸於平夷。嘗卧病數月，恍覺天理呈露，取程子易傳讀之，益洞明其理，以旁通於諸經，無不合者。又常看大學，於朱子論天之明命處，閲之洞心，有手舞足蹈之樂。晚年體驗延平喜怒哀樂未發之説，益以暇豫。生平於是非義利之辨守之甚確，雖貧病交迫，弗顧也。所著有讀易日識六卷、春秋説四卷、生齋自知録三卷、生齋日識二卷、生齋文稿八卷、續一卷、詩稿九卷、重訂楊園年譜五卷。參史傳、顧廣譽撰行略及書事。

生齋自知録自序

坰幼承父師之訓，頗知謹守繩墨。二十歲後，逐於時名，溺於辭章，矜心傲氣，日甚一日，蕩然無復本性之存。甲申、乙酉間，稍知自悔，漸有志於爲學，然心未專一，用功亦不得要領。至丁亥秋，病卧兩月，枯淡寂寥之中，覺天理森然在目，時適購得二程遺書，因命兒子取易傳，從旁誦之，不覺躍然欲起，病亦旋愈，嗣是爲學之志始堅。凡讀書所得與己之受病處，並識於册，以備遺忘。今年年四十矣，爰取舊稿，删存三卷，題曰自知録，取易復卦之義也。昔者，顔子有不善未嘗不知，知之未嘗復行。以坰志氣昏弱，豈特知之而復行？正恐所知者之猶不能盡知也。此坰所以懼也。

生齋日識

易中諸爻，兩剛不相與，兩柔不相應，此亦理勢之自然也。驗諸人事，則剛與剛處，易起猜嫌；柔與柔居，每多頹墮。

萬物皆始於虚，終於實。有始有終者，氣之變；无始无終者，理之常。其在於人，則心之本體，殆亦无始无終者乎？一身之主宰，萬事之根柢，皆在於此，烏可不養！

有善人必知，有惡人必知，非一己所能包藏，何可揜著？此小人之窮也。善爲己之善，惡爲己之惡，於他人毫無干涉，何消揜著？此小人之愚也。

動必精思，暇即静坐，敬守此心，潛玩天理。

明道教學者躬行，而曰「且静坐」；伊川見學者静坐，每歎其善學。此意可玩。

凡物必凝聚而後堅固，爲學亦然，故涵養爲要。

知以復性爲事，則所見自然高明；能以復性爲事，則所造自然平淡。

知與行離不得，知之明則行愈勇，行之實則知益精。

彖辭元、亨、利、貞，歸宿在一貞字，其意可玩。蓋天下事，未有不正而能常保其亨者也，故曰「貞者，事之幹」。

董子云：「積善在身，猶長日加益，而人不知也；積惡在身，猶火之銷膏，而人不見也。」又云：「人之所爲，其美惡之極，乃與天地流通而往來相應。」此等言語，非心通乎道者，不能言也。讀之瞿然有省。

「居敬窮理」四字，朱子以此立教，實惟朱子做得盡。後之學者，但能守其説而不變，粗涉其藩籬，已足爲一代之醇儒，至云升堂入室，則難其人矣。程子嘗謂「司馬君實能受盡言，某與君實言，未有不盡」。然則程子之與他人言，多有不得盡者矣。朱子晚年，自謂「讀書講學無可告語，不免復起著述之意」，則當日諸士友亦未必盡得朱子之心矣。吁！可慨也夫。

剛健之至謂之純，中正之至謂之粹，純粹之至謂之精，此極贊乾道之大，似非人力所能預。然惟乾道本來如此，故爲學工夫必至此而後盡。欲造此境，亦惟力去己私，常存天理而已。蓋吾身亦在乾道中，則純粹精之理，固即身而具也，特不可爲形氣所拘耳。

有一毫求知之意，便是爲人。若真實爲己，但問己之得不得，何論人之知不知？譬如好好色，豈欲人之知其好？惡惡臭，豈欲人之知其惡？只是求快足於己耳。食取充己之腹，己既飽矣，即不知我飽，亦何傷？衣取禦己之寒，己既煖矣，即不知我煖，亦何恨？夫飽煖本非所以求知，而況以飢寒之體，欲得飽煖之名，豈不尤爲愚惑歟？

無聲無臭是本體，戒懼慎獨是工夫，天命之性，即無聲無臭之具於吾心者也。中庸首末二篇，真子思喫緊爲人處。不明本體，無處下工夫，故首章以天命開端，而即繼以戒懼、慎獨。不盡工夫，無由復本體，故末章由爲己謹獨，而歸結於天命。反覆申明，意最深切，以是體之於身，其樂不可言喻。

中者，不偏不倚、無過不及之名。不偏不倚者，中之體也；無過不及者，中之用也。無過不及之中，便是和。故周子曰：「中也者，和也。」

明理可以處事，明理可以知人，明理可以容物。

敬則静，静則虚，虚則明，明則勇。

習念最難除，其根伏於隱微深錮之中，則其端必見於食息寢興之地，直須芟薙淨盡，方可無虞。否則，苟且姑容，馴至潰敗而不可禦，將終爲無忌憚之小人而已。

易、中庸二書，正是示人切近下手處，無人不當學，無事不當學，無時無地不當學。所謂「開物成務，百姓與能」，所謂「道也者，不可須臾離」，是也。或以爲高遠而置之，非知者也。

學莫貴乎知幾。知遠之近，知風之自，知微之顯，此初學入德之方也。及其德之成，則知微、知彰、知柔、知剛，所以爲萬夫之望者，亦不外此，特其分量有淺深耳。吁！知幾其要哉。

反求即是，勿畏其難；稍縱即離，勿忽其易。

陽不能獨立，必得陰而後立，故虚悟無益也，須加以實修；陰不能自見，必待陽而後見，故冥行無當也，全賴乎真知。

心無一刻外馳，口無一語妄發，事無一件放過，庶幾漸誠矣。勿説假話，勿説忿話，勿説諂話，勿説大話，勿説盡話，勿説閑話。一出即思除此數病，言自不得不簡矣。

聖人畫卦，亦自仰觀俯察、近取遠取得來，學者烏可不格物？聖人之言，字字有著落，句句有精蘊，須逐一理會透徹，方不孤負。迨融釋脱落之後，又覺得千言萬語只是一理。

才高意廣，而無守約之功，終不足以自立。詩曰：「無田甫田，維莠驕驕。」

「視其所以，觀其所由，察其所安」，夫子論觀人之法如此。以之自省，亦必逐層推勘，至於安處善樂循理而後已焉。否則，猶未可自信也。

有氣數之命，有義理之命。氣數之命，任諸天；義理之命，立於己。不知氣數之命，而妄有作爲，是逆天也；不思義理之命，而安於頹墮，是棄天也。

遇災而懼，只當省己過而改之，勿以小人之不遇災者自忿，并勿以君子之遇災者自寬。

儉與吝同行而異情，從義上起見是儉，從利上起見是吝。

觀清獻呻吟語志疑，想見先儒窮理之精。凡讀書皆須如此密察，而於明儒書尤宜致慎，以其似是而非者多也。

當以聖賢之言爲標準，勿與世俗較量優劣。與世俗較量，則日見有餘；以聖賢爲標準，則日形不足。日形不足，其求進也力矣；日見有餘，其敗德也必矣。

大畜彖傳「剛健篤實輝光」六字，連下最有意味。蓋惟剛健乃能篤實，惟篤實乃能輝光。何也？人必有卓然自立之志，而後求道也勇；必有毅然不惑之操，而後守道也堅。否則，其中柔懦無主，非徇俗苟安，即始勤終怠矣，安望其畜之大哉？若夫以篤實致輝光，此誠中形外，自然之理。自古聖賢君子，未有不以真實刻苦成其德者也。居今之世，而欲爲學，尤不可不剛健篤實。

姑息之念非仁也，所貴愛人以德；矯激之行非義也，所貴隨時處中。

外整肅而內虛靜，湛然寂然，沖漠無朕，是之謂居敬。敬則一，一則誠矣。一者，天命之本然也，不識「敬」字，無由得一，不一，何以能誠？

性體難名，子思以中字形容之；中體亦難名，程子以亭亭當當、直上直下形容之。先賢喫緊爲人，至矣盡矣，只在人善養耳。

孔子言「主忠信」，周子言「主靜」，程子言「主一」，皆著一「主」字。主者，隨時隨地不離乎此也。靜時有，動時無，不可謂主；動時謹慎，靜時散漫，亦不可謂主。念念不忘，存存不已，其庶幾乎！

大德敦化，忠也；小德川流，恕也。忠是一本，恕是萬殊。萬殊由於一本，故曰「無忠做恕不出」；一本散爲萬殊，故曰「一以貫之，忠恕而已矣」。

文集

生齋記

天地之道，生生而不已。人得天地之心以爲心，宜皆有慈祥、豈弟之意，然或任氣質，蔽物欲，而不免於忌刻、殘忍、猜度、計較之私，則其心與天地不相似，而生理息矣。生之理息，則不可以爲人，故曰「仁，人心也」，又曰「仁也者，人也」。人能由一念之仁，而充積之至於日新月盛，暢茂條達，則施諸親疎、長幼、尊卑、上下而各得其序，措諸家國天下而無不宜，此人道之所以立也。乾四德，元爲之長，仁之於人亦然。昔周子令學者觀天地生物氣象，所以體仁也。蓋天地之道，無時而不生，故朱子釋易，以爲「元者生物之始，亨者生物之道，利者生物之遂，貞者生物之成」。惟其生之理無不貫，故乾元爲善之長，而體其道者，至於能長人。今夫嚴冬沍寒，冰雪凛冽，物之動者伏，植者槁，閉藏否塞，似無復生機之存，而冬至氣應，一陽萌動於下，實爲萬物之所資始，蓋生理周流，不可間斷若此。然則人之心，欲與天地爲一，其可不常保此生理乎？雖然，不可以無本也。夫釋氏之教，主於戒殺放生，其意可謂仁矣，然而毁傷其髮膚，舍其父母、兄弟、妻子之愛，以求盡其慈悲濟物之説，則不仁莫大焉。夫欲行其仁，而反流於不仁，何哉？無本故也。故有子以孝弟爲爲仁之本，而孟子稱事親、從兄之樂，至於手之舞之，足之蹈之，豈非生理之流動充滿者然耶？蓋人之氣質，不能無偏，而又私己自便，日展轉於嗜欲攻取之中，則生理日微，微者幾無以自存，則必有所以生之者，而孝弟其本也。是故欲爲人必盡仁，欲盡仁必省察涵養，以全其生生之理。欲全其生生之理，則必自孝弟始，夫亦終其身勉之而已矣。予性褊隘，常欲變化氣質，克治私欲而不能。頃與兒子金彪讀書西塾，有感於周子觀生物氣象之説，因以生齋名其居，復推古聖賢之意爲之記，用以自警，且以勖金彪云。

密箴

天地之化，蓄久斯出。聖人洗心，退藏於密。闇然自修，言動無失。蠖屈龍潛，深沈靜謐。氣斂勿揚，心專勿軼。鬼神莫知，帝天可質。謹幾慎微，終始如一。

虚箴

山上有澤，虚而能容。離明繼照，在虚其中。君子體道，宅心淵沖。居敬窮理，交致其功。湛然本體，廓然大公。有己必克，惟善是從。表裏瑩徹，資之不窮。

裕箴

詩刺褊心，易懲壯往。優而柔之，心平量廣。物理自然，一消一長。躁進忿爭，徒增勞攘。維彼哲人，胸懷浩蕩。含章可貞，理順無枉。寬居仁行，讀書培養。

慎箴

羣居防口，獨坐防心。乾乾惕若，動罔不欽。曾子三省，程子四箴。念釋在兹，履薄臨深。上帝降監，福善禍淫。幾微不審，凶咎相尋。戒之懔之，無愧影衾。

生齋四箴 并序。

予前作密箴，義未完備，閒中思索，更以近時所見續成之。既又推原用功次序，以爲密不可以驟幾，惟不言而存諸心，庶幾積久自得，則默字之義爲要。然妄念未除，浮動之氣或乘之，何以能默？是不可不先求其息也。而其原總在乎戒慎不覩，恐懼不聞，故以惕字終焉。嗚呼！虚見非難，實修爲難。自今以往，尚其力行此四字，以蘄近乎聖賢之域。毋自棄，毋自畫也。

造化之妙，貞下起元。洗心退藏，聖功是虔。玉藴於石，珠韜於淵。龍潛蠖屈，物理皆然。君子體之，神明内完。衣錦尚絅，資深居安。氣斂彌下，心凝愈專。本體湛寂，隨時反觀。思慮未起，覩聞悉捐。收攝保任，如參在前。無聲無臭，命之自天。密箴。

乾知坤能，實惟簡易。體諸一心，包涵天地。進修有期，下學人事。讀聖賢書，因文求意。潛玩力行，足目俱至。不言而信，周旋完備。末學流傳，夸辭飾智。入耳出口，惟德之棄。汝其戒哉，著誠去僞。恭從明聰，親别序義。即顯即微，内外一致。孔曰默成，又曰默識。服膺弗忘，背盎面睟。默箴。

萬物消長，惟止乃生。學者悟此，積久斯亨。形不妄役，志無紛營。斥巧離智，閉關守貞。朋從謝絶，保厥靈瑩。淡泊之至，以性攝情。粹然本體，潔白光明。盎然生意，温厚和平。如泉始達，如花始萌。日滋月長，充滿流行。塞乎天地，夫孰能名。息箴。

人心惟危，非怠則驁。夙夜自持，兢兢戒懼。内無邪思，外無失度。正容端席，心存目著。動必有幾，審之惟豫。薄冰深淵，敢忘跬步。由小至大，自夙及莫。懔乎在心，斯須勿去。況斯理者，彌綸布濩。寢興食息，隨地而寓。愧影愧衾，神人胥怒。尚其敬哉，天命是顧。惕箴。

静坐箴

澄心默坐時，儼若對上帝。勿忘勿助間，安此方寸地。藹藹具生機，緜緜存夜氣。空明似波渟，融洩如春至。其樂莫可名，積久愈有味。動静無或離，斯爲必有事。

與顧訪溪書

近閲儀禮士冠禮篇，有疑未決者數條，具録别紙呈覽，祈一一疏示，幸甚！病後力弱，多用心，易致煩眩，詩及春秋久不誦習，至身心意知之地，尤多疏失，獨學無友，私自悚懼。因思古人爲學，必亟亟於取友者，非徒廣見聞，講肄典訓而已，蓋欲賢者之輔翼匡救，以致其身於無過之地也。孔子曰：「友直、友諒、友多聞，益矣。」又曰：「友其士之仁者。」其必擇直者、諒者、多聞者、仁者而與之友，何哉？誠以如是之人，必能責己之善而無所私，懲己之惡而無所恕也。責己之善而無所私，則爲善之途日廣，懲己之惡而無所恕，則去惡之念益專。是以聖門諸賢，如子游、子夏、子張，皆多彼此規切之語，而無苟相稱譽之辭。而曾子於子夏，則又直斥其罪三，而子夏爲之投杖而拜。是數子者，豈矯爲直而苛責于人哉？蓋君子之於友，其愛之也深，則其期之也重，期之也重，則其責之也嚴。是故己有善，欲友之同此善也，而唯恐其弗成。友之過，若過之有諸己也，而惟恐其弗革。嗚呼！此其所以爲賢者之用心，而非世俗之儒所可及歟？坰之獲交於足下十年矣，向者自暴自棄，固無可與言，近稍檢飭，而積習既深，動滋過失，往往有己所不及知，與知之而不即改者，是能無望於足下之言乎？而足下顧隱忍緘默，無所規正，或明知其過而曲恕之，豈好善之心勝而不欲彰人之惡歟？抑恐以直言見疏歟？不然，則是相待者輕，而不以古人之道自勉而勉人也。夫隱惡揚善，昔之聖人所以取善於天下，而非謂交友之道宜爾也。且所謂隱惡者，特不言於他人耳，非於其人之前而匿不以告也。是故播惡于外者謂之謗，面陳其失者謂之規。規者忠厚之意，謗者忌刻之私，二者用心固不侔矣，安得以彼而例此哉？若夫交道之不終，夫子亦嘗慮之，故曰：「朋友數，斯疏矣。」又曰：「忠告而善道之，不可則止，毋自辱焉。」然而其疏也以其數也，其辱也以其忠告善道之不可而猶未止也。若逆慮其疏與辱，而終不一言，豈聖人之意哉？且夫進言而至於疏且辱，亦爲常人慮之耳。苟其人有志乎爲學，則聞己之過，必將欣然受之，而無所逆於心，奚至於疏且辱？今足下與坰，其平日之相期待者爲何如，而顧慮此？夫學者操存省察之力，誠非他人所能預。然或知之不明，意之不實，則形於外者，必有過差。其始甚微而其流必大，涓涓之水將成江河，熒熒之火至於燎原，防其漸而塞其流，此則朋友與有力焉。昔程子自謂與温公言無不盡，而朱子於南軒、東萊諸公，書牘往還，嘗糾切無所隱避，其推誠盡忠，固與聖門諸子異世而同揆也。以坰之愚，萬不敢望司馬、吕、張諸公，而足下固心乎程、朱之學者也，則所以自勉而勉人者，宜有道矣。詩之興，求友也。曰「伐木丁丁，鳥鳴嚶嚶」，傳者以爲朋友相切直之義。今坰之求友者至矣，願足下無忌切直之義焉。伏維亮詧，不宣。

又

坰今年從學較多，來意本爲舉業，而坰則於執贄之日，勸其從事正學，謂讀書非爲作文，當切實體驗，從小學、近思録、四子書循序漸進，方於身心有益，否則舍本徇末，縱獵取科名，亦屬可鄙。竊諸生之意，尚不以爲迂闊，若得始終一致，將來傳習漸廣，坰即去任，亦可無憾。惟自念學力淺薄，顧沾沾焉推以與人，而自己工夫反多欠缺，殊悚惶耳。近於人事之暇，時一静坐，覺生趣盎然，目前道理都在，因悟讀書功課不可太煩，静中存養自不容少。程子常謂「涵養須用敬，進學則在致知」，蓋兼動静言之。向來只于動處檢點，而静處毫無栽培，故内外終不合一。今擬讀書應事之餘，即静坐觀未發氣象，庶幾日久有得也。同列錢君虚懷樂善，每日檢閲近思録數條，儻從此一意向學，則凡所舉措，自無掣肘之患，此真大快心者。其令嗣子幹，沈潛好學，時來講貫，署齋清寂，頗有讀書談道之樂。而郡學楊幹村、湯溪學、沈紱齋時以書來，互相勸勉，此亦近時樂事，可以告慰知己。

又

昨得面論易理，及觀所示日録，開發良多，欣慰無似。惟乾文言末節，尚不能無疑，敢舉以相質。昨日談次，尊意似以「亢」字就時位説，而以聖人爲得處亢之道，故能无悔。然詳「亢」字，畢竟是不好字面，與「潛」、「見」、「飛」、「躍」等字不同，故本文以「知進不知退」三句釋其名義。而程傳則曰：「極之甚爲亢。至於亢者，不知進退存亡得喪之理也。」朱子於爻辭註亦云：「亢者，過於上而不能下之意。」是皆以亢爲人之所致，而非時位之固然也。程傳又云：「聖人知而處之，不失其正，故不至於亢。」朱子語類有云：「若占得此爻，必須以亢滿爲戒，當極盛之時，便須慮其亢。」云「不至於亢」，云「以亢滿爲戒」，云「須慮其亢」，則亢不就時位説，益明矣。蓋上九乃是時位，所謂亢龍者，乃處此時位者之象也。常人處之，不以其道，故亢而有悔。惟聖人知進退存亡而不失正，故不至於亢，而亦無悔也。蓋潛、見、飛、躍是順而處之，獨於亢龍之象則逆而處之，於象爲逆，於道則順也。鄙見如是，未當，更乞開示，不宣。

又

承示日記，多切當處，惟於本義「大明乾道之終始」句，謂乾道便是天道，似尚稍疎。蓋伏羲立卦本意，所謂乾者，只是陽純健至而已。即文王繫之辭，所謂「元亨利貞」者，亦衹謂乾道大通而至正耳，猶未專指天道也。至孔子始專以天道明乾義，而大明終始節，又是言聖人之行天道也。主乎天而言，則天道即乾道；主乎聖人而言，則惟明乎乾道，而乃以行其天道也。故本義所云「大明乾道之終始」，此乾道是帖卦爻本體言之。所謂乘此六陽，以行天道，乃是言聖人之本乾道以行天道也。朱子乾道天道之分，正就彖傳本文語意體貼出來，初非泛設。今不記蒙引全文，恐其意或出於此，敢分疏之以求正。凡義理必兩相擊觸而後出，以後有所獻疑，務望深思詳論，以歸至當，勿徒默默順受已也。

與沈紱齋書

所論存養一節，工夫固是緊要，堈前書中備述鄙意，亦與尊見相符。惟存養須與致知之功相須並進，若心體不明，則亦無可養者，故大學以致知爲先，而程、朱之教，亦必先致知而後存養。今所以若存若亡，時起時倒者，似乎行之不力，實由於知之不至。堈所謂靜坐觀理者，蓋欲納致知於存養之中，非敢專内遺外也。總之「涵養須用敬，進學則在致知」，程子此二語毫無滲漏，惟在謹遵其意，切實加功，久自得力耳。近思録一書，精深博大，驟難領略，誠有如來書所云者。然欲使初學之士先看人譜，則又不可。人譜宗旨未善，訟過法尤似禪家行徑。蒙養始基，最宜嚴密，儻以此爲先入之言，將來是非不明，其弊有不可勝言者。竊謂未看近思録，當從小學入手，當日編書次第，其用意本是如此，此又當恪遵朱子之教，無他法也。

又

聞每日讀近思録，甚善甚善。其心得處望時時從實見告，幸勿過謙。學術是非，差以毫釐，謬以千里，幸遇同志，正當詳細剖析，以求至是之歸，又勿以意見稍殊，遂多隱默。至近思録中明道先生之語，尤易爲異説所借，而其實意旨懸殊，更祈分别觀之，勿援以相附也。堈又聞諸先儒以爲窮理之效，得之讀書最多，而讀書方法，莫備於程氏分年日程一書。盍亦於課士餘閒，如程氏之法，將大學、論、孟諸書并朱子之注反復吟誦，體之於身，深造日新，更無既極矣。管見如此，謹以質諸閣下，其有當與否，統祈示覆，不宣。

答賈蘅石書

前接六月望日惠函，知近讀大學，慰甚。所論敬字工夫，須從謝氏常惺惺法入門，其意誠善。然鄙意放肆久慣之後，似於整齊嚴肅四字尤當著力，外面把捉得住，庶幾内境漸清，否則雖欲常惺惺而不能矣。南軒先生「無所爲而爲」一言，真學者第一要著。但名利二關，打破非易，自欺之病，懲治尤難，此非百倍苦功，實難自保，所望日新又新耳。注「虚靈不昧」四字，陸清獻謂「以氣言」，良是，玩下「以具衆理」可見也。或問「知止」之説，是經文正旨，朱子所謂「學之等級」是矣。語類李敬子所問云云，則學者用功之法，朱子所謂「知有淺深，得有大小，存乎其人，難以一概論者」是也。謹據鄙見奉質，如未當，乞反復不備。

與趙梅圃書

連接手書，知足下以讒慝之口，將欲屏棄一切，專從事於正學，私心爲之大快。足下天資甚高，凡世間藝能之事，偶一涉獵，無不通曉，此固坰所欣羡。然坰之惓惓於足下者，卻不在此。何也？人必讀書窮理，實措諸身，而後可以言學。學問之道，非用十分苦功，必不能有成。是故無志於讀書、修身則已，欲讀聖賢之書，必如朱子之所以教人者，乃能貫通浹洽。欲修其身，必如小學、近思録之所云，乃能深造自得。否則，泛泛悠悠，以終其身，既不屑下同於流俗，又不克仰企夫聖賢，徒將先儒言語爲入耳出口之資，而於己之性分毫無涉焉，豈不重可憂哉？坰蓄此意良久，思奉規足下，而彼此客授於外，相見甚稀，末由面剖。今如來書云云，則足下爲學之志，適如坰之所以期足下，此坰所以大快於心也。周易六十四卦，示人處憂患之道甚備，以坰與足下所遭之境，正於學易爲宜。坰願足下自今以往，舍其兼營並騖之勞，而專讀周易，且專讀程、朱所訓之周易，字字而思之，言言而體之，深觀於天人消息之故，而實施諸日用踐履之恒，待其積久，日以純熟，心與理融，雖復羣疑衆謗交集一身，而吾之所以自得者自若也。如是則彼讒慝之口非特於足下無損，且大有造於足下焉，此又可爲足下幸者矣。足下近所筮卦，爲剥之坤，夫剥之上九即復之初九也，留此碩果於羣陰浸長之時，所遇雖艱，而所係甚重，但能并心壹志於學，則來復之期不遠，望足下勉之。

與潘東序書

别來已及一旬，未審日用工夫有進否？詩經讀至何處？能切己體察否？前臨行時，見足下言動之間，誠懇斂約，此是學問轉機，望常保此意，密實加功。以之修己，則於平近處詳細理會，勿稍留矜傲餘習；以之讀書，則於明白簡易處切己反求，勿偏執成見，妄生穿鑿；以之接物，則寬恕渾厚，勿毛舉細故，察察爲明。總之義理無窮，工夫難進，時時戒謹恐懼，猶慮其有差處，虚心順受，猶慮其多失，若更有泰然自以爲是之心，則非特師友無所用其力，并自己聰明，亦但能爲害，而不足以爲用矣。恃足下關愛，傾竭肺腑言之，勿訝其過直也。

又

接書已悉，所商大學疑義，聊據鄙見奉告，伏惟鑒納。「人之視己」，人字，玩文意從「見君子」説下來，自當指君子説。「孝者所以事君」三句，語氣緊跟上句，自當就君子身上説。吕氏謂「就家中指出三件道理」，蓋欲體會者也。「所以」等虚字，其説固細，然即就君子身上説此數虚字，神理自在也，何必定作懸空指點耶？「若有一个臣」，單指前一段。「唯仁人」句，側中見平，蓋能惡如此，自然能愛。玩章句，可見「君子有大道」，當依章句作「修己治人之術」。諸説紛紛，或指大學之道，或指絜矩之道，俱屬無謂。朱子解經最精細，使此節大道，即是聖經及章首之所謂，則章句何不云「道即大學之道，即絜矩之道」，而必易其文曰「修己治人之術」乎？蓋明德新民所該者廣，此只以忠信驕泰辨得失之幾，非如聖經之統論全體也，則與大學之道有别矣。至絜矩之道，專就治人説，此卻兼及修己，則與絜矩之道又有别矣。此朱子所以不牽涉前文而另釋之也。文一首附去，乞檢入。

與顧柳溪書

足下以令兄之言，執弟子禮，此非坰所敢當。惟令兄之望足下，視凡爲兄弟者更深且摯。坰感其誠意，輒欲傾竭底藴，爲足下告，惜知識淺陋，恐無裨於足下。惟望彼此直言，有合於古人交友之義，則固所深願也。竊謂吾人爲學之要，不外乎黄勉齋「真實心地，刻苦工夫」二語，而二者尤以真實心地爲本。心地既真實，則工夫自然能刻苦。若立志不篤，又安望其廢寢忘食，專一從事於此耶？今之所以若存若亡者，總由不真實之故。果其振作精神，有必爲聖賢之志，則致知力行，自不容已，斷不敢以先哲遺言作話頭説過，亦不肯安於小成，爲鄉黨自好之行也。來書中自言疏懶之病，果爾，則目前切實下手處，即有去此病耳。孔子曰「敏於事而慎於言」，張子曰「矯輕警惰懶」，則惰之類而敏之反也，宜急起治之。治之之法，全在剛勇。然剛勇非可以强爲，强爲剛勇，祇激於一時意氣，不久即靡矣，故曰以真實心地爲本也。此皆坰所不逮，特因令兄諄囑，輒據鄙見瀆陳，如有可采，望實體諸身。其或未當，亦望詳細開諭，總期彼此均受實益，不徒空言已也。

與王夢蓮書

接書知賢弟好學不倦，甚慰遠念。工夫不可迫切，惟在勉勉循循，爲之無間斷耳。朱子所謂「因其所發而遂明之」，此言最親切。吾人終日之間，雖不能純乎天理，然必有善念之發，孟子所謂「四端」者是也。於其發處保守弗失，隨事擴充，乃明明德之實功，此全在體驗之密，不可忽也。「壹是皆以修身爲本」句，修身原兼格致誠正説，「清獻」云云，正以格致誠正修爲明明德，非單指修身也。思慮雜亂，最害事，居敬工夫，不可不勉，在賢弟則尤要也。望力行之。

又

來書詢及延平先生語，是論未發氣象。延平好作静坐工夫，故其言如此。今日用功，若一味如此，便恐有弊。所以程、朱但教人主敬，如云「涵養須用敬，敬則自然静」，皆此意也。此意向嘗與賢弟論及之，祇須默默實下工夫，自有進步，不必别尋頭腦。蓋敬字所該者廣，試細剖之，則言語之輕率非敬也，思慮之雜亂非敬也，讀書之躁急非敬也，處事之粗疏非敬也。果能一主於敬，盡去其失，則無處非涵養之方矣。若舍此而言涵養，鮮不流於禪者，尚其慎之。又學者既識塗徑，亟宜從此盡力做去。聖賢立說多端，得其一二語入手，功力既到，無不合一。若徒苟且因循，自恃無患，今日閲一書，則曰欲如此，明日閲一書，又曰欲如彼，而視其日用之間，則亦猶夫故也。譬如作文者，尋討題目，題目雖多，而實未做得一字；又如遠行者，訪問路徑，路徑雖詳，而實未走得幾步，則亦何益之有哉？私竊以此自懼，更望賢弟相與勉之。文字已閲三篇，幸檢入。論語讀至何處？有疑亦幸見告也。

與陳東堂書

前接覆函，備示讀書所得，甚善甚善。今之世，留心正學者絶少，間有一二向善之士，又非欲必爲聖賢，只將經傳遺文口頭説過，大抵謹愿者既失之靡，高明者復失之躁，求其真知實踐，力任斯道也，蓋難其人。足下英邁之氣，明敏之姿，獨慨然有志於此，所造安可量耶？第此事非可以記問説話承當，必將所知之理刻苦躬行，如薛文清所謂「知一字，行一字，知一句，行一句」者，方能有諸己。是故言孝則實行其孝之事，言悌則實行其悌之事，言忠信則實行其忠信之事。起脚即是，勿使放鬆一步；舉念即是，勿使放過一刻。造道則勇猛精進，持身則斂約退藏，目前緊要工夫，莫過於此。敢以所自勉者勉足下。坰即日到館，留此奉復，無任惓惓，伏維督納。

與賈芝房書

連接兩書，深慰念切。書中云：「動静言行，必須克去虚假。」此爲學之本也。若是不誠，更何學問可言？但願日益加勉，則自然勤敏矣。又曰：「時時省察，覺得多依違而少果決。」此固由氣質之柔，然亦是見理不明之故。若道理看得親切，實知其是，實知其非，則將孳孳力行之不暇，又安肯有所依違哉？大約用功之法，不外乎「居敬窮理」四字，而在足下爲尤急。果能居敬，則此心卓然精明，何至於倦怠？果能窮理，則遇事容易剖決，何患其依違？但「居敬窮理」四字，口頭滑熟，已成老生常談，必須痛下工夫，方有實得耳。至于窮理之方，則程子九條之説，固已該備，但能逐條理會，自有入手處。若欲撮其要，則莫若胡敬齋先生之言。居業録有一條云：「窮理非一端，所得非一處，或在讀書上得之，或在講論上得之，或在思慮上得之，或在行事上得之。讀書得之雖多，講論得之尤速，思慮得之最深，行事得之最實。」此一條亦甚明白，合而觀之，愈了然矣。不宣。

又

修省工夫，固在自己暗中著力，然遇艱苦窒塞處，便須詳細講究，方始豁然。蓋人若於此事真實用功，則其中門徑涂轍，自有多少層累曲折之數，斷不能一了百了。故或所見有未端的處，所行有不慊意處，則必反復以思之。思之不得，則必詳細以問之。其所以問之之心，只爲於此事不肯放過，又不能即底於成，故不憚研究窮詰，以求至是之歸，是則所謂切問也。若本無必爲之志，而徒汎汎以求之，則載諸書册，得諸見聞，其所爲好説話好道理者，不一而足，又何藉于師友之曉曉哉？今觀來書所云，庶幾切而不泛者，輒不禁發此狂言。望賢弟於舉業之餘，將先儒書切實體究，而又遇事詳察，直窮到底，務令知極其精，行極其實，勿爲窮困所移，勿爲毁譽所動，則此身如百錬之金，他日可以任重詣極矣。不宣。

與沈南一書

足下近讀何書？身心之得失何若？幸一一詳示。以足下志趣高遠，不苟合於人，而垌之闇劣謭陋，久爲時俗所擯棄，足下顧時時暱就之，且不以垌之言爲怪迂，而加悦從焉，此其意必非偶然。而謂垌能無惓惓於足下乎？垌孤露之餘，加以疾疢，今年自正月至七月，展轉牀蓐間，無一日親簡策，近始温習舊所讀書，而心氣耗散，不復記憶。强欲記之心，火勃勃然炎上，喀血復作，觀書未終篇，輒欠伸欲卧，口吟不盡二三偏，即氣逆上升，痰咳隨之。嗟乎！年未及艾而已衰頹若此，其安能久於人世耶？幸而不死，亦無復讀書之望矣。私竊念平生年少氣盛時，亦頗欲有所設施建樹，以章顯於世。既困場屋，連蹇不得意，則思退而讀書明義理，體之於身，以克全乎天命之本然。謂此事固操之自我，不難遂其志也，而今病又厄之。因歎人生世間，非特富貴福澤不可强而致，即學問之成與否，亦有命焉，非人之所能爲也。踐履之恒，固不外乎日用，本心之明，固無時或止息，然欲周知三才萬物之理，以蘄至於融會貫通，沛然實措諸事業，非讀書不爲功。且夫讀書之功之非可以旦夕竟也，明矣。古之人具英偉卓犖之姿，而又有賢師友爲之切磋講貫，猶必殫畢世之精力而後有成，而就其所成者觀之，猶且得其粗或遺其精，明於此或蔽于彼，蓋爲學若斯之難也。而今欲以傫然衰疾之軀，苟且僥倖於其間，安可得哉？安可得哉？五行之秀畀于人，人之有此身，非徒偃仰無事，自生自死於天地之間也。是故古之聖賢君子，其得於天也厚，而其益於人也大。達而在上，則仁義禮樂之所施，天下無不蒙其福；窮而在下，則講道論德，傳其學以垂教來世，此所以盡乎人道之實，而爲天下後世不可少之人。且彼農工商賈之事，豈非爲士者所深鄙哉？然而農之事足以給天下之食，工之事足以利天下之器用，商賈之事足以通天下之有無。以彼之賤且愚，猶有所事以裨於人，而坰固儼然士也，平日讀聖賢之書，亦竊有志焉，而至於今，乃一無所成就。自顧此身飲食服御徒以累于世，而内不能淑己，外不能淑人，夐夐踽踽，長爲天地間一枝贅之物。嗚呼！以聖賢君子之僅，克盡乎人道，以平日之有志乎聖賢君子，而今反不如農工商賈焉，其亦可悲也已。雖然，人者天地之心也，天地之心不可一日而泯，則擔當斯道，以克副乎天之所任者，亦必有其人。今之世，士風敗壞極矣，綴文牟利之徒，揣摩舉業，束書不觀，其識趣之卑陋，固爲君子所不屑道。而一二敏給有才智者，作爲詩古文辭，以淩駕之聲華標榜，爭自託於李、杜、韓、蘇。方其持論侃侃，亦若不失爲正人。暨乎徒黨日衆，名譽益高，則相與攻排異己，詆斥先儒，悍然無復忌憚。究而論之，其識趣之卑陋，實與習舉業者無以異，而詭誕則更甚焉。當斯之時，一倡百和，靡然從風，少年輕俊之士，既無不爲之引而去，而有志正學者，亦復惑於見聞，回皇失措于此，而欲不爲其所奪，專一從事于聖賢之學，蓋戛戛乎難其人。而足下獨毅然用力於此，其所讀之書，皆人所屏棄不欲觀；其所習之業，皆人所目爲怪迂而無所用；而其所取之士友，又皆當世之所畏惡非笑而離而遠之者也。此非見善明、稟質剛而能若是乎？然則天之所以界足下者，固不同於衆人，而斯道之屬，舍足下其誰望？坰自與足下別，羇孤憔悴之況日甚於前，客館岑寂，秋風颯然，輒思足下不置。又念自今歲以後，旅人之蹤無定，恐不獲與足下數相見，因不憚煩複，述其惓惓之誠，爲足下告，而意若猶有未盡者。不知足下何日歸，更作竟日之聚，相與劇論之也？足下倘以書報我，亦望罄其藴蓄而無所隱，庶幾彼此交有裨益。坰嘗怪近日士友拘牽形迹，往往隱默退託匿于中而不言，故自平居晤對以至書問往復，轉類乎世俗應酬之虚文。竊觀古人於友朋之際皆不如是，願與足下共矯之。不宣。

附録

先生嘗欲録周、程、張、朱、勉齋、北山、敬軒、敬齋、楊園、清獻遺言，兼取念庵、景逸，爲學準一書，未及編輯而歿。顧廣譽撰行略。

先生爲學，身體力行，誨人不倦，尤注意於世道人心。同里蔣大始著人範一書，繼朱子小學之後，未行於世，由先生始爲之表章；顧訪溪攷訂四禮，撰榷疑一書，亦先生爲之發端。同上。

生齋家學

方先生金彪

方金彪字寅甫，生齋先生長子。年十五，三試皆第一，補博士弟子員。幼有器識，人不能惑以非。稍長，益刻厲爲正學，必欲詣其極而後已。嘗承父訓，謂「士君子當以天下爲己任，而立心行己，必致慎乎是非誠僞之防」。故爲學嚴毅清苦，絲毫不敢或苟，旦晝所爲，必謹書於册，有不慊，輒中夜自責，若無所容其身者。道光十二年卒，年二十。著有寅甫日記一卷，寅甫小稿一卷。參顧廣譽撰哀辭、寅甫小稿曹鎮定跋。

寅甫日記

程子解噬嗑，謂「天下事之不和合者，皆由有間」。竊思人心亦然。心與理本一也，自私欲害之，而理反若外至之物矣。今須克去私欲，庶幾心與理一也。

本原上透徹，則所見者愈精深而愈切近。朱子作近思録，首列道體一卷，其意深矣。

觀朱子與張、吕二公書，往復辨論，皆爲義理之公，故嚴而不傷于和。

應酬之地，其氣象亦根于涵養。涵養深則不亢不卑，各中其節；否則神志不定，非疎慢即矜持矣。

心不可一刻放，事不可一件苟。然心既放，事未有不苟者，故存心尤急。

讀詩經漢廣篇，見詩人于游女愛之敬之，甚得性情之正，而女子之所以可愛可敬者，尤不易及。夫先王之世，雖女子猶端莊靜一，使人觀其氣象而欽慕焉；今之爲士者，取憎于人而不知羞，自辱其身而不知悔，可哀也已！

讀采蘩篇，其第三章曰「被之僮僮」，方祭之時也，敬之至也。又曰「被之祁祁」，祭畢而歸之時也，舒之至也。敬而舒，非獨祭祀當然，凡持身接物之道，皆須如此。

柏舟詩是婦人不得于其夫而作，然第一章但言見怒于兄弟，第四章但言見侮于衆妾，初無一言怨及其夫，可謂厚矣。第三章自求見棄之故，而信爲無闕，則有君子反躬之道。至末章曰「不能奮飛」，則終身不改之意，亦可見也。

凱風篇，序以爲美孝子，朱子以爲孝子自責，朱子之説精當不易。若謂他人所作，則第二章「我無令人」句既説不去，而第三章、第四章竟似刺辭，而非美辭矣。唯其爲孝子自責之辭，故語意和厚，令讀之者仁愛之心油然而生也。

讀論語「人之生也直」章，竊意直者徹上徹下，無纖毫周折之謂。生理本是如此，自爲氣質物欲所奪，乃失其直而至于罔。學者必下居敬窮理工夫，然後心愈一而識愈明，庶幾免于罔矣。

朱子與張元善書，言平生辭官只是兩事，一則分不當得，二則私計不便而已。可見朱子出處純乎義理，固不敢枉道以從人，亦初無重己輕世之意焉。此可謂不徇俗而能保身者也。

讀詩蟋蟀篇，此詩有許多道理在，當其宴飲爲樂之時，易至于淫矣，而詩則曰「無已大康」，蓋無一刻之敢忽也；又曰「職思其居」，是己所當爲者，無一刻之敢忘也；二章曰「職思其外」，是唯恐思之不周，而事變猝投也；三章曰「職思其憂」，是思之深且遠，遂積而爲憂也；又曰「良士休休」，是事得其宜，斯心得其安也。以此返求諸身，要唯戒謹恐懼，盡乎分所當爲，以求無愧于心焉。夫詩人方以良士爲勸，而爲士者可不思所以自勵哉。

朱子答程允夫書，言處己接物，内外無二道也。得于己而失于物者無之，故凡失于物者，皆未得于己者也。觀此知應酬交接之地，無一可疎忽者。且不敢慢一人，正所以自敬其身；不敢輕一人，正所以自重其身也。朱子又言：「得謂得此理，失謂失此理，非世俗所謂得失也。」則又可知曲意周旋，以合于人者，未可爲得于物；而或與世俗異行，以致讒慝者，未可爲失于物也。朱子之言，往往兩邊都説到。

朱子答陳膚仲書，言「讀書固收心之一助，然今只讀書時收得心，而不讀書時便爲事所奪，則是心之存也常少，而其放也常多矣。且何爲而不移此讀書工夫，向不讀書處用力，使動静兩得，而此心無時不存乎」？此條最親切，而予亦嘗見及此，故于心尤覺相契。

北風篇朱子以爲賢者不得志而作，如此境地，但當安貧守義，勿計人之知與不知，勿計天之佑與不佑，則可憂者將轉而爲可樂矣。

朱子答楊簡卿書，辭其求作書；答吴宜之書，辭其求館求試。此二書，可見朱子之不敢曲徇人情，亦正所以愛人也。

「學而時習之」節註，言所學者熟，到此熟的地位，儘難。凡人苟知向學，則思慮動作，時有在天理上走者；然一刻放鬆，即是間斷。如果初生而摘之，苗未實而刈之，何以能熟？

朱子答方賓王書，言「所喻涵養本原之功，誠易間斷，然纔覺得間斷，便是相續處。只要常自提撕，分寸積累將去，久之自然接續，打成一片耳」。講學功夫亦是如此，莫論事之大小，理之淺深，但到目前，即與理會到底，久之自然浹洽貫通也」。按前一段所言是居敬工夫，後一段所言是窮理工夫，而語意親切，令人當下即可著力，勉之勉之。

讀「吾十有五」章，觀夫子十五志學，因自念直是無志，看註言「志乎此，則念念在此，而爲之不厭」。今身心之地，若存若亡，時起時倒，安能念念在此乎？必須立定此志，猛下工夫纔好。

定之方中篇「塞淵」二字最有味，朱子訓塞爲實，訓塞爲深，亦最切當。竊意爲學必須如此，蓋實則無一毫虚假之氣，深則無一分淺露之態，正是學者要緊工夫，豈獨爲君宜然哉？

義利辨得不明，守得不定，則小小出處去就必多走作。此際正當著實用力。

無益之言，無益之事，無益之思，須剗除淨盡方好。

凡遇不合意人，不合意事，不可有一毫忿氣，不可有一點機心。

應物時要不苟，又要不立異。

夜侍父側，父極言以虛受人之義，謂「凡物皆始于虛，終于實，故爲學越虛越實」。又云：「虛則大，大則能容。」又云：「凡事必順理，斷不可徇世情。」

須檢察自己氣象，須理會聖賢氣象。

「矜」字一犯，百病都從此出，因知上蔡先生一年去一个「矜」字，是真實話。

生齋弟子

沈先生曰富

沈曰富字南一，號沃之，吴江人。道光己亥舉人。初從婁縣姚春木遊，受古文法；後復師事生齋，究心理學，以程、朱之學禔其身；晚更涵濡六經，與道大適。嘗欲綜論國朝諸儒道術之異同，折衷其得失，作爲學案一書，以解後代人心之惑，未成而卒，年五十。著有沈端恪公年譜四卷、受恒受漸齋集十二卷。參文集顧廣譽序。

文集

入廄修容解

禮記檀弓「曾子、子貢入廄修容」一節，記者引而不發，注家順文以釋，遂爲後儒所訾謷。余少受讀，亦頗疑焉。夫以二子之賢，其容謹之于恒，豈待弔喪而后修？況猶未修，必待閽人弗納，乃始有入廄之事耶？使即納之，二子遂以此不修之容弔于人耶？且其所修也，爲容色之容乎？爲服容之容乎？爲容色之容也，不待入廄也；爲服容之容也，雖入廄而不能猝具也。二子至則聞君在，遂入于廄。既修容而先後入，君尚在也，斯須間耳，然則所修者何容也？解之曰：二子襲裘而弔，至是則皆裼也。何以知之？則有玉藻之文以證之。玉藻曰：「裘之裼也，見美也。弔則襲，不盡飾也；君在則裼，盡飾也。」彼注雖不相蒙，但云「臣于君所」。夫君之所在，即君所矣。君之弔其臣，雖亦有弔服，而諸臣之會弔其家，遭值君在，苟非其家之族屬家臣，其可以弔服之輕，易其君在之重哉？變以別敬，禮宜然矣。季孫在魯，權侔其主，一國之人，視私門如公室，無復知有此禮。蟜固不説齊衰，在武子時已爲僅有。二子生更晚，斯道益亡，能於稠人廣坐，獨表其微，以伸君臣之大分，是即夫子違衆拜下之義，宜乎哀公加敬，降一等而揖之矣。其稱君子言之曰：「盡飾之道，斯其行者遠矣。」與玉藻所云「盡飾」，豈不脗合而無間乎？然則記者何以不明言之？曰：君子居是邦，不非其大夫，不欲以吾黨之知禮，顯人之不知禮，故微示其意于君子之論，而顯存其説于玉藻之篇。古人之用心，蓋有若是者也。抑或記者亦未能明此，第當時目見二子如此，特表之以相重，故但指之爲修容。且其一則曰「閽人弗内」，再則曰「閽人辟之」，安知始之不二子聞君在而即出，後之不閽人見子貢先入，諸大夫皆辟位，故亦辟曾子乎？所述君子之言，安知不二子既弔，而歸述其事于夫子，而夫子許與之，蓋有不欲明言者，而記者遂據所聞而書之乎？特怪注疏之家不舉其義，而又不致疑；後之儒者知疑之，而從未有推尋其故，使二子尊君之心，守禮之意，不彰於後世，而其事將同于齊東野人之語，而欲削之也。余自以爲得其解，敢著于篇。

三讓解

孔子稱泰伯三以天下讓。三以天下讓者，蓋曰使三世以天下讓也。古人之文約而該，凡衆著者不待詳言。所謂三世者，太王、王季、文王也。三世皆可有天下，而卒以讓，民稱之矣。而推其能讓之故，蓋本於泰伯，則民無得而稱焉。夫太王之世，其可以得天下之勢，豈特如漢高、明祖之勢而已哉？然得之不能不以力，泰伯不願也。既不可以顯言，則以身示其意，虞仲知而從之。太王見子心且不順，民心可知，于是翦商之志遂息。及王季時，其得天下之勢益便，王季感二昆之因此而逃，不敢復萌此心，故雖身被戮辱，而終守臣節。詩曰：「惟此王季，因心則友。則友其兄，則篤其慶。」不言孝而言友，道其實也。至於文王，天命人心全屬於周，岌岌乎有不可不得之勢，而文王亦第行桓、文之事，故至文王而尚不得天下，而后周之德爲至德，亘古莫與京矣。而非前有泰伯，則文王雖欲服事殷，復可得邪？是故以文王爲至德，以其能終三讓之善；而以泰伯爲至德，以其能開三讓之美也。我故曰：三讓者，使三世讓也。

妾服或問

或問：「妾之喪，其子宜何服？」曰：「于律也，與父母同。」「孫何服？」曰：「與祖父母同。」「曾孫、玄孫有服乎？」曰：「律不載，以子若孫推之，當與曾孫高祖同矣。」曰：「父亡而生祖母卒，有加服乎？」曰：「有。」「何由知其有也？」曰：「例有之。雖微，例有之。律所不禁，準于禮而爲之，加猶可也。」「其準于禮，奈何？」曰：「經言慈母如母，記以『爲庶母後、爲祖庶母後』釋之。夫爲祖庶母後，猶喪之如母，則親爲其孫者之得加，固也。」「然則何以別于君祖母？」曰：「例無君祖母，無嫡子，嫡孫加之可也。無君祖母，有嫡子，嫡孫則不加也。無嫡子、嫡孫，有君祖母，則不加也。然而加之猶可也。」「何以言加之猶可也？」曰：「古者父厭母，嫡不厭庶，故父在爲母期，父卒，祖在，不爲祖母三年。庶子爲父後，爲其母緦，不爲後，亦爲其母期。父卒，雖君母在，猶爲其母伸三年。今既比而同之，則是父且不厭，況于君母乎？況于君祖母乎？吾是以云加之猶可也。」曰：「嫡不厭庶，既聞命矣。敢問宗不厭支，何也？」曰：「宗何由而厭之？夫庶孫不繼祖而繼禰，繼禰而加厚于禰之所生，義係于禰，而不係于祖也，于宗乎何嫌？宗何由而厭之？」曰：「庶昆弟之子，既相率而宗于嫡昆弟之長子，今又相率而宗于庶長昆之長子，不鄰于二宗乎？」曰：「妾之喪，其子主之，子雖衆，爲主者必一人。于其孫，亦當然。我聞爲主而已，不聞宗也。況庶子有同母弟，則同母弟主之，其子不必加也。王氏廷相之説可採也。」

惟無同母弟，而後其子加之，則與嫡長之承重，其禮異矣，烏得謂之二宗哉？」曰：「王氏既爲書以辨庶孫之不承重矣，近世若柴氏紹炳、張氏篤慶、馮氏浩又各爲説以論之，今子必斷以爲三年，其于古亦有所據乎？」曰：「儀禮經傳通解，子朱子之書，而授勉齋黄先生以成之者也。其于五服沿革，列祖父母卒而后爲祖母後者三年之目，而引漢薄太后、東晉太后李氏及宋集賢校理薛紳之祖母事以實之，未嘗議其非也。予之説亦竊取于此焉爾。」曰：「薄、李之事，皆帝王之禮，若紳之祖母，則因已膺封典而許加者也，可得而通行之乎？」曰：「惡是何言也！大夫之庶子爲其母，視士而已殺矣，焉有帝王而反加隆哉？如必膺封典而後加，是子孫之服其父祖，有議貴議賢之條矣，不亦悖理之論乎？且今之辨者，必以受重爲加尊，而以施于妾爲奪嫡。夫奪嫡之嫌，在乎廟之配、墓之祔而已。服之重，所以順生者之情，聖人所謂三年之愛也，非以加尊于死者也。」曰：「如子之言，然則彼皆非歟？」曰：「未見其概非也。顧彼之説，執乎禮之正，而予之説，通乎禮之變。彼之説，準乎古之制，而予之説，酌乎今之宜。予之不敢附于彼者，亦爲其勢不行也。」「敢問何爲不行？」曰：「今之喪，非殤與無後者，几筵必再期而奉。遇而易吉，是几筵爲虚設矣，不將并几筵而撤之乎？夫庶子爲父後，不爲其母三年者，不敢以私喪廢祭也。不爲後而得伸者，以不祭也。庶孫雖祭，所祭者父母，乃死者之子婦也。今以子婦之祭，而撤其生母少姑之几筵，揆之父母之心，大不安矣。況服之制至今時而屢變，禮之所當厭者，今皆得伸，不容庶孫之獨屈其生祖母也。且子以爲朱子、勉齋之言禮，視王、柴、張、馮之言禮，果孰爲可據哉？」曰：「使妾惟一子爲父後，子亡，孫已爲祖父母承重矣，更爲其生祖母三年，可乎？」「例之所言，正指此矣。以愚視之，既爲祖後，則已服其本服，而使其弟加之可也。此記所謂爲祖庶母後之義也。若有二子而俱死，長子之子爲祖後，則使次子之子加服而主其祭。若無次子，而長孫又無弟，然後加之。而于一期之後，遇祖父母之祭，又當釋服以祭。既畢事而返，喪服于其祭，則以正祭之次日，或擇別日以祭之，而後恩義兼盡焉。」曰：「子論妾服于其子孫既詳矣，而其餘亦可推而論之乎？」曰：「凡我所以言者，固爲其子孫，其餘則于義宜若可略。姑由今制推之，律言長子衆子爲庶母期，其妻同。而例長衆孫爲庶祖母小功，則視伯叔祖母也。然則庶曾祖母，亦可視曾伯叔祖母而爲之緦矣。禮，君爲貴，妾緦而無女君之服。鄭氏以謂報之重而降之嫌。解者曰：嫌者，嫌若姑爲婦服然。然夫所爲服，而妻從者多矣，情所不忍，從君而服緦可也。傳曰：相與居室中，則生小功之親焉，則喪之如娣姒。婦而無服亦可也。若君之父母，雖不必爲制服，然傳曰『有死于宫中者，則爲之三月不舉祭』。若其子在父之室，則亦爲之變服，不樂，不賓燕，以終三月可也。」

夏峰弟子傳序

道光己酉歲，余承婁縣姚先生命，從事國朝學案。先生曰：「諸名儒之品目正閏同異，嘗略攷而次之，各爲之贊矣。至其門人之支分派別，與凡遺聞軼事，則衰疾不暇以及此，子其踵而詳之。」余唯唯，不敢遽辭。退而讀諸所著書，有見則録，因造端於孫徵君。而徵君弟子姓名見於年譜，凡二百二十餘人，有事蹟可載者三之一，睢州、嵩陽數鉅公外，類皆篤守師説，卓然有以自信，不能悉附于學案中。于是别爲一編，掇取譜中往來之迹，問答之語，並他書中頗涉及者，仿小傳體，件繫其人之下，名之曰夏峯弟子傳。蓋以紀一時從游之盛，且欲使千載而下，不至如河汾之徒見疑于借託焉。雖然望溪氏嘗言之矣，羣賢論述，不越三端，或詳講學宗旨及師友淵源，或條舉平生義俠之迹，或盛稱門牆廣大海内嚮仰者多。此三者，皆徵君之末迹也。三者詳，而徵君之志事隱矣。又曰：「其門牆廣大，乃度時揣己，不敢如孔、孟之拒孺悲，夷之非得已也。」今余之此書，正蹈望溪所譏，然猶屑屑然爲之者，誠有感於布衣修德，四方慕從，善類之多，於斯爲至。又諸君子出處各殊，彰晦不一，潛德幽光，宜有以發。且其事之表見，有詳有略，各存乎其人，瀏覽之際，藉可推見其實。同以大賢爲依歸，而所得有淺深，所成有大小，然則有志於此者，不當思所以自奮哉！爰書簡端，以奉質於先生，姑以此爲學案之乘韋云。

生齋交游

顧先生廣譽

顧廣譽字惟康，號訪溪，平湖人。咸豐元年舉孝廉方正，二年又舉優貢生，均以道阻未赴廷試。少即有志正學，言動不苟。居父母喪，盡哀盡禮，一遵古制。晚益肆力於古，自漢、唐儒先疏義，并宋、元、明諸儒，暨張楊園、陸清獻各遺書，博觀約取，反己自得，而精力尤萃於毛詩。以毛、鄭、陸、孔、朱、吕爲主，參以歐陽、蘇、李、范、嚴諸人之説，用上窺四始六義之本，而無失孔子編詩垂教之心。又憫晚近喪祭禮廢，恩誼衰薄，乃參酌古今禮俗，成四禮搉疑一書。家貧，課徒自給四十餘年，晚主講上海龍門書院。嘗謂「教術不可不慎。若師道不嚴，他日登之仕籍，必無可觀」。故其誨人尤以正心術爲先。同治五年卒，年六十八。著有學詩詳説三十卷，正詁五卷，四禮搉疑八卷，鄉黨圖考補正四卷，悔過齋文集七卷，續集七卷，劄記一卷。參史傳、葉裕仁撰行狀。

學詩詳説自序 按：此書初，名學詩求是録。

廣譽爲學詩求是録，既成，或問曰：「子之先序及傳、箋何也？」曰：「序之淵源遠矣。三家亡而毛巋然獨存，真者不可磨滅也。學詩而不由序，其猶瞽之無相與？大毛公亨者，師事荀卿氏，實作詁訓傳以授小毛公萇。蓋古傳注之作，自周、秦間者，惟此書獨傳，然猶遏抑於三家者數百年。及鄭箋出，申明毛義，難三家，三家用微，是皆大有功於詩教者也。」「然則朱子何以有辯説也？」曰：「序之從來固遠，顧古者口説相承，久而易有所謬誤。又或爲講師增益，而箋疏諸家信序太過，輒曲解經文以遷就之。蓋自歐、蘇以來，早以穿鑿爲疑，至朱子而埽除略盡焉。然其宏綱鉅目，散見於三百十一篇者，不幸而并遭掊擊者亦不少矣。孔子曰：『詩三百，一言以蔽之，曰思無邪。』孟子曰：『王者之迹熄而詩亡，詩亡然後春秋作。』曰詩三百，則統乎風、雅、頌矣，雅、頌之思無邪，風之思亦無邪。詩與春秋皆以存幾希於人心者也，春秋之存心在褒貶，詩之存心在美刺，故曰『變風發乎情，止乎禮義也』。而集傳概謂之淫詩，且舉其聲情之近似乎淫者，而亦目以淫詩，此不如東萊呂氏爲得先儒謹慎之意矣。」「然則近之專攻集傳是與？」曰：「朱子何可非也！朱子之度越諸子，固自有在，即以釋詩論，其義理之精微，他家有之乎？」曰：「無之。」「辭氣之通暢，他家有之乎？」曰：「無之。」「其解二南，則一與大學相表裏也；論擊鼓、唐無衣，則詩亡然後春秋作之義也；而終風、出其東門、黄鳥、旱麓、韓奕、雝諸篇，並據一人灼見，爲自來説詩者所未及，雖以質之百世，而莫可易者。且朱子舊説，見於呂氏所引，其篤信大小序，略與呂氏等。惟其初之守也確，故其後之去也堅。雖序萬不可廢，而縣是義以與序相參，其爲固滯繳繞之蘖者，不已多乎？或者徒於單辭隻句間深文周内，摘其短而没其長，不知其用心居何等者邪？廣譽踰冠即從事毛詩，始嘗專宗集傳，或專宗注、疏，久而知皆非自得之道。經者，天下之公，天地萬物之理，蓋無不該。既名窮經，則當一以經爲主，不可偏有所徇。偏有所徇，是經之道廣，而自我隘之也。於是衷之毛、鄭、陸、孔、朱、呂以正其端，參之歐陽、蘇、李、范、嚴以究其趣，博采之宋、元、明、國朝諸家以暢其支，擇其合於經者取之，違於經者去之，説似可通而實乖正義者辨之，或申或駁，務直陳所見，爲學詩求是録三十四卷，將以窺尋四始六義之本，而無失乎孔子編詩垂教之心。自顧檮昧，何敢遽執爲是！以待世之深於詩者，鑒其愚而示我周行焉耳。

後序

廣譽曩編定詩説，序之矣，然猶往來於懷，時有修改。經粤匪之亂，展轉遷移，最後至定海之青墺。

我生不辰，逢天僤怒，有甚於大雅所陳者。顧以平素精力在此，不忍廢棄。每寇氛少遠，復事訂正，積前後所録，又得十之一二，迺命兒輩重謄寫之，而續爲之序。夫詩之爲道大矣哉，發明其要者，遠有大小序，近有朱子集傳序，皆詩教所賴以闡明者也。後有作者，無以爲役矣。而朱子之孫鑑詩傳遺説注，指此爲舊序，謂猶是用毛序時所作。説非無據，然就是序文詳之，則其不盡從古序，固已焯然可見。且所重乎朱子者，豈必拘於年之先後哉？亦惟其是而已。劉氏通釋與朱、胡、羅諸本，並以冠於集傳綱領之前，良有理也。又自陳氏啟源書行世，解詩者率祧宋而祖漢。夫漢之不可無宋，猶宋之不可無漢也，而必斷斷焉鴻溝畫之，過矣。廣譽觀漢代學術近古，如申、韓、轅三子，立身具有本末，雖遺書久軼，就其存者，蓋未嘗不以大義爲先。若近儒所長，假借音轉之類，不過得其詁訓之一端焉耳，以於經文有助，而前儒多未之及，故頗采取焉，以補其闕。然或遂以蔽詩學之全，而概置大義於不講，則亦非漢儒之所許者已。因記重訂緣起，並附所見，以與世之善言詩者質之。

又序

廣譽之以求是録名詩説久矣，比又有味於孟子之言，曰「博學而詳説之，將以反説約也」，迺取以易吾名焉。夫經之義藴大矣，深矣！其歷萬古而如新者，固賴有落落數大儒，而凡才人學士操觚牘，殫思慮，以從事乎此者，當其神契而無所障蔽於經指，亦必有發明前人所未及者焉。故汎濫而罔知折衷，與堅持門户而觝排異己者，皆不可以言經，而詩其尤甚者也。詩之至約者何？非夫子之所云思無邪乎？

然必逐篇以求之，逐章逐句以求之，久之而無邪之真理忽焉著於吾之心目，則詳說之貴也。廣譽學詩垂數十年，始而以傳、注測經，茫乎無以窺其樊籬也；繼之以經衡傳、注，曉然有以知其黑白也。今而若接古人於千載之上，而覩其形容，聆其謦欬，忘其詩之爲詩也。雖然欲幾夫子無邪之言，則存乎性情言行顯微之間，而非可以詳說盡之矣。廣譽之易名詳說，志反約也。因倣毛公故訓傳，釐爲三十卷，而別出其專論字句異同者，爲正詁五卷云。

四禮摧疑自序

禮之端，起於微渺，而冠昏喪祭所以筦人事之始終，不由其道，則百度無稟承，而放僻邪侈隨之，風俗人心日益以不古。昔方君子春嘗屢與廣譽言之，是時廣譽適究心大清通禮，旁及徐氏、秦氏禮書，遂諾任此事不辭，積年餘之力，成家行四禮一書。其體皆先儀節，各繫集說，而以附論終焉。道光戊子、己丑間事也。丙午夏，奉諱讀禮，因出是編，參覽所見，已不盡合，時有更正。蓋禮也者，先王遞有因革，而集其成者，周公、孔子。經世理物，深微曲至，惟漢儒猶有遺意。而禮，時爲大，一執古義以概近今，其施諸事也，容多格閡而難通。故嘗謂康成爲禮學大宗，温公、朱子則久絶復續之別子，書儀、家禮，功不在高密注經下。變通者，法守之善則也，居恒默持此意，又一折衷於通禮之書，以明當今之所尚，凡得若干條，自顧學殖蕪淺，未敢出以問世。往年冬，右目失明，懼遂不見天日，乃芟去儀節、集説，耑就附論所存而更增益之，詮次爲四禮摧疑八卷。嗚呼！子春不可作矣，用正之四方知禮君子，幸有以發其心之矇焉。若夫旁推交通，益擴所未備，請以俟諸異日。

文集

金縢有亳姑逸文辨

昔漢鄭氏親睹孔壁書，故於書序之不傳於今者，或云逸，或云亡，而於亳姑直云亡。說者以爲逸者孔壁所有，亡者孔壁所未有，則亳姑之散佚久矣。而孫氏今古文尚書注疏之說異是。其釋金縢篇云：「秋大熟已下，考之書序，有成王告周公作亳姑，則是其逸文。後人見其詞，有以啟金縢之書，乃以屬于金縢耳。」是宜必有至當不易之證。及就所言覈之，而乃有大謬不然者，試詳陳之。孫氏據史公說，周公卒後，秋未穫，並言周公在豐，病將没，欲葬成周之事，有與序「周公在豐，將没，欲葬成周。公薨，成王葬于畢，告周公作亳姑」云云適合，以是知爲亳姑逸文。然魯世家載成王葬周公，容或本之亳姑序文，而告周公作亳姑，則未之及，無以必其爲是篇之文。夫亳姑，奄君所遷，僞孔傳以因告周公以葬畢之義，斥及奄君已定亳姑。今皆無一語及之，何歟？其爲牽合，已可概見。王充論衡雖非醇儒之書，至於見聞，終可據。其感類篇云：「金縢曰：秋，大熟，未穫，天大雷電以風，禾盡偃，大木斯拔，邦人大恐。當此之時，周公死。儒者說之，以爲成王狐疑於周公。欲以天子禮葬公，公，人臣也；欲以人臣禮葬公，公有王功〔一〕。狐疑於葬周公之間，天大雷雨，動怒示變，以彰聖功。古文家以武王崩，周公居攝，管、蔡流言，王意狐疑周公，周公奔楚，故天雷雨，以悟成王。」充言「金縢曰」者，即今之經文也；「儒者說之」者，說書者之言也；下特言「古文家」者，以別於前之爲今文家也。然則古今文不同，而同爲金縢之文，明矣。孫氏何所見而必以爲亳姑文耶？充以葬疑爲今文說，信讁爲古文說，又明見尚書大傳。而孫氏必以葬疑并歸之古文者，徒以史公曾從安國問古文耳。然史公取材者博，兼嘗取汲冢周書矣，能盡以爲古文耶？且以經文詳之。「武王既喪」，至「王未敢誚公」，所以爲「啟金縢」、「出郊」迎緣起也。今斷以「秋大熟未穫」以下爲亳姑文，則於金縢爲有首無尾。若亳姑之篇果信，所詳顧不出「金縢」一事，於「亳姑」又爲節外生枝，此尤有以知其決不然者。按金縢事本末甚明，今文家必以疑葬周公釋之，殊難曉。竊意說蓋肇於戰國羣言殽亂時，觀蒙恬稱引周公之事可見。乃伏生既采之大傳，史公復載之世家，致滋異說。王氏鳴盛尚書後案，江氏尚書集註音疏，於此皆不誤，而孫氏復撰，其波并欲變亂篇第，是不得以不辨。

康誥解

「康」字凡有二義，鄭氏康成謂「康」爲號謚。此一義也。馬氏季長謂「康」國名，在畿內；王氏子雍

〔一〕「王功」，原作「功王」，據論衡乙。

謂「康」國名，在千里之畿内，既滅管、蔡，更封爲衛侯；僞孔傳謂「康」圻内國名，地闕，又一義也。正義雖申傳説，猶並列不甚專主，獨其以管、蔡、郕、霍皆國名，明康亦爲國名最允。若史記衛康叔世家司馬貞索隱云：「康，畿内國名。」宋忠曰：「康叔從康徙封衛，畿内之康，不知所在。」是宋忠註世本，未確指爲何地也。至唐魏王泰撰括地志云「故康城在許州陽翟縣西北三十五里」，始實指其地。此當有所本。又宋羅氏泌路史國名紀云：「姓書康叔故城在潁川，宋忠以爲畿内國。」羅所謂姓書，蓋即何氏承天姓苑。案漢書地理志，潁川郡正治陽翟，則其云「故城在潁川」，與括地志之説，異同未可知。近孫氏尚書今古文注疏則引説文「邟，潁川縣」；地理志潁川有「周承休，侯國，元始二年更名邟〔一〕」。集韻「邟，縣名，在潁川」。又有「鄺，同音，地名，則即康也。元始二年復古稱邟。今河南汝州是」。夫康即邟，亦即鄺，古以同音通作康。孫疏所陳，視括地志所云益爲可據。而墨守者猶堅持鄭義不可破，豈所謂實事求是之學耶？至「康」爲號謚之可議，閻氏若璩四書釋地續證以二事：一、定四年命以康誥，而封於殷虚，當既有誥文，輒有篇名，豈待身後之謚，取以冠其篇乎？一、史記衛世家「康叔卒，子康伯代立」。父謚康，子亦謚康，將兩代同一易名之典乎？竊以爲是皆然矣，而有不盡此者。以謚配字稱，惟列國之大夫乃有之，故史記舉武王同母弟如管叔鮮、周公旦、蔡叔度、曹叔振鐸、成叔武、霍叔處、聃叔季，皆國名，何以至康叔而特變其例？此證之他書而可見者也。國可配誥命言，謚不可配誥命言，故書有召誥、

〔一〕「邟」，漢書地理志作「鄭公」。

畢命，而諡則必稱康王之誥，文侯之命，無單舉一字者。此證之本書而可見者也。是即地名，年遠難稽，無不可以懸斷，況孫疏之援據詳覈如是乎？要之，封初年少，胙以康國，只是遥領其地，而食其禄之入耳，非必親履之也。然則康之爲國名，又何疑哉？

禹貢三江班鄭異同解

禹貢「揚州三江既入」。其詳於導水言之：「嶓冢導漾，東流爲漢」，在梁者也；「又東爲滄浪之水，過三澨，至於大别，南入于江」，在荆者也；「東匯澤爲彭蠡，東爲北江」，則揚州三江之一也；「岷山導江，東别爲沱」，由梁而荆者也；「又東至于澧，過九江，至于東陵」，在荆者也；「東迆北會于匯，東爲中江」，則揚州三江之一也，而均終以入于海。故知「既入」者，謂入海也。經第紀北江、中江而已，無所謂南江也。然云「東匯澤爲彭蠡」、「東迆北會于匯」，鄭氏説之，以爲左合漢爲北江，右匯彭蠡爲南江，岷江居其中，則爲中江，故書稱東爲中江者，明岷江至彭蠡，與南北合，始得稱中也。其解導水之文既明，三江之義亦明，即經所略舉未及詳陳之指，亦無不明，真聖於解經者。與班氏地理志於會稽吴縣云「南江在南，東入海」，於毗陵縣云「北江在北，東入海」，於丹陽、蕪湖縣云「中江出西南，東至陽羡入海」，並云「揚州川」，此與導水之文不符。程氏瑶田謂是解職方之三江，非解禹貢之三江。猶之吴下言「具區澤在西，揚州藪」，山陰下言「會稽山在南，揚州山」。此殆有意爲班周旋。果如程所云，北江、中江之名，何以適同禹貢邪？錢氏塘作三江辨，力主班説，謂釋職方，即以釋禹貢，而斥鄭義爲非。案胡氏錐指固云「蕪湖之中江，何以知爲江水之所分？毗陵之北江，何以定爲漢水之所獨」？亦足明班説之有難通矣。蓋三江之名，原以至揚州而分。導水既有明文，不容别有所據，以當三江之目，禹貢、職方實一而已。宋蘇氏云：「豫章江入彭蠡而東至海，爲南江；岷江，江之經流，會彭蠡以入海，爲中江；漢自北入江，會彭蠡爲北江。三江入海，吴、越始有可宅之土。」正與康成前後脗合。胡氏力主鄭、蘇，固不易之論也。若郭氏岷江、松江、浙江之注，可以釋越語所云「吴之與越也，三江環之」。蓋云「環之」，則非江、漢、彭蠡所能盡。然禹貢、職方云入海，云其川，又豈松江、浙江所敢居哉？庾仲初松江、婁江、東江之注，可以當吴越春秋出三江之口。但細之已甚，且俱在震澤下流，蔡氏本以釋禹貢，不得不以「既入」爲入震澤矣。反覆參稽，益信鄭義爲精確云。

里布夫家之征解

周官載師「凡宅不毛者，有里布。凡民無職事者，出夫家之征。」鄭司農云：「布，泉也。」後鄭謂：「宅不毛者，罰以一里二十五家之泉，民有閒無執事者，出夫税，家税也，夫税者，百畝之税；家税者，出士徒車輦給繇役。」案布之爲泉，是也。至其所解里字，夫家之征則難通。國家之立制也，非徒以爲令也，必將有以行之。若宅不種桑麻而罰以一里二十五家之泉，民閒無執事而使出百畝之税，與士徒車輦給繇役，雖罄其家，困其身，亦終不能償。在後世，煩苛之政猶不至此，曾先王之罰民，正以愛民，而爲是制乎？此後鄭泥於訓詁經文，而未審實事之萬不可施也。江氏永云：「里謂里居，即孟子收其田里之里，非二十五家也。宅不種桑麻，或荒其地，則使之出里布，猶後世凡地皆有地稅也。」里布之義，當以此說爲正解。張子有言，「夫家之征，疑無過家一人者謂之夫，餘夫竭作；或三人，或二人，或二家五人，謂之家。」馬氏端臨引之，以爲夫家解當如此說。鄭注謂「令出百畝之稅，則無田而所征與受田者等，不幾太酷矣乎」？其説善矣，欽定周官義疏又曰：「小司徒注云：『夫家，猶言男女夫婦具而後有征。』則無家之夫不征也。夫家之征，謂一夫力役之征耳。夫婦具而無所事事，故使出夫家之征，而以布當之，孟子謂之夫布。」經指得此方明。然則閭師「凡無職者出夫布」，即此「凡民無職事者，出夫家之征」。載師總其綱，而閭師任其事焉耳。

春秋字義三傳異同考

左、公、穀三家皆傳春秋經者也，而字義互有異同，比而參究之，大抵不出數端：有聲之近者，有形之近者，有聲形兼近者，有義之近者。如左「盟于蔑」，公、穀作「眛」；左「州吁」，公、穀作「祝」；左「來歸祊」，公、穀作「邴」；左「浮來」，公、穀作「包」；左「于禚」，公作「郜」；左「築郿」，公、穀作「微」，皆聲之近也。左「宋公王臣」，穀作「壬」；左「宋公成，許男成」，公作「戍」；「杞伯成」，公又作「戊」；左「盟于拔」，公作「枝」，皆形之近也。左「無駭」，穀作「侅」；左「入郕」，公、穀作「盛」；左「渝平」，公、穀作「輸」；左「挾卒」，公、穀作「俠」；左「伐戴」，公、穀作「載」；左「于袲」，公、穀作「侈」；左「大眚」，公作「省」；左「落姑」，公、穀作「洛」，皆聲形兼近也。文三年左「王使召伯」，穀作「毛」，召、毛皆王卿士；定四年左「吴入郢」，公、穀作「楚」，郢即楚都；八年左「晉士鞅」，公作「趙士鞅」，趙、鞅皆晉卿；十年左「圍郈」，公作「費」，郈、費皆三家邑，此又義之近也。綜而論之，三傳雖有小異，實歸大同，足以知其淵源之有所自出，與不知而作者殊科。但公、穀得之傳述，左氏多據策書，尊經者要當以左氏爲斷，而公、穀輔焉其可，然亦有難以概論者。凡考古書之同異得失，必就其事以考之。桓公時，經文杞、紀相淆。二年之「來朝」，程子以爲杞稱侯者，皆當爲紀，杞爵非侯。劉氏敞謂左氏誤紀爲杞，遂生不敬之説。十二年「公會杞、莒，盟曲池」，程子謂紀謀齊難，魯桓與盟，莒以援之。案杞爲二王後，與陳備三恪，陳且爵侯，杞何以不侯？後之稱子，自以衰微而降爲子，猶滕、薛本侯也，而後或爲子，或爲伯耳。其來朝，杜云：「以公即位。」夫諸侯即位，小國朝之。杞偪於魯而國小，宜來朝。紀垂滅，猶班鄭上，未必然。自五年齊、鄭朝紀，於是會成。六年因「來朝」，傳特以「請王命，求成於齊」明之。曲池之盟，傳云：「平杞、莒。」若援紀，魯每結鄭不結莒，當從左作杞無疑。隱三年左「君氏卒」，謂聲子」，公、穀皆作「尹」，其義則公譏世卿，穀於平王即世爲魯主。然春秋於王朝卿士王子虎、劉卷之卒，名之，尹亦周卿士，何不名？宣十年「齊崔氏出奔衛」，傳云：「告以族，不以名。」杜謂：「舉族出。」出可云舉族，卒亦可云舉族乎？他若「晉先蔑奔秦」，公有「以師」字。時晉背先蔑，夜薄秦師，敗之，蔑恐不能以師奔秦也。且果以師，士會未必肯從，後日晉亦不能復士會矣。「單伯送王姬」，公、穀作「逆」。王姬嫁齊襄，單伯周卿士，非魯大夫，其作「送」，不作「逆」可知。成十七年「衛北宫括」，公作「結」。括，懿子也。越七十二年，而結始見於定七年，以行人爲齊執；又七年，而來奔。中隔佗、喜兩世，何以誤括爲結？洮之盟，公有「鄭世子華。」先是，華以讒閒見辭於齊，而鄭伯於洮之役，自來乞盟矣，華何以得與？僖三年「公子友」，穀作「公子季友」，春秋每稱公子友，一稱季子，何以既稱公子，復稱季？昭四年「春正大雨雹」，公穀作「雪」。杜謂「當雪而雹，故以爲災而書之」，若雪則非災。凡此類，均左爲長。至僖元年「諸侯次于聶北，救邢」，左於齊、宋書師，而曹獨書爵，公、穀並書師，疑公、穀是。以下「齊師、宋師、曹師救〔一〕邢」例之可見。左莊六年「齊人來歸衛俘」，公、穀作「衛寶」，古文「俘」「寶」相似，故混「寶」作「俘」，左傳文亦作「寶」也。此則公、穀優於左氏者。但求之全經，未易多覯耳。又如「捷」之爲「接」，「術」之爲「遂」，「世」之爲「大」，「姒」之爲「弋」，「頓」之爲「厲」，「袁」之爲「爰」，「啟」之爲「開」，古人文本通用，不可竟謂之異云。

詩禮相為表裏說

詩所以陶泳性情，禮所以宰制動靜，人知詩之用與禮異，而不知詩之本實與禮同也。何以言之？考周禮吉禮之別十有二，而周、商頌之所陳，胥足以該之矣。凶禮之別有五，而風之素冠、雅之雲漢，更足以見之矣。至於賓禮有八，而詩載蓼蕭、湛露、彤弓諸篇；軍禮有五，而詩傳六月、車攻、崧高等作；又行葦、車牽、采菽之類，亦與嘉禮之六爲證明，謂之相爲表裏，誰曰不宜？且詩有詳禮經所未備者，如

〔一〕「救」，三傳經文皆作「城」。

鹿鳴、常棣可彌天子燕禮之闕，行葦、賓筵足補天子射儀之遺。他若喪禮、既夕第言士，而詩之閔予小子、訪落則爲天子居喪之禮；特牲、少牢不過士大夫，而詩之楚茨、大田則爲天子祭祀之禮。此則禮文散佚，而即三百篇所存，轉可以想見其梗概，詩之通於禮，明矣。豈可因康成之以禮釋詩，多所穿鑿附會，而遽爲因噎廢食之論哉？雖然，此猶據其顯見者言之耳。若究極而論，言之形於嗟歎永歌者，詩也；而統志之愉悦憂愁，辭之縱横曲折，總不越乎名教之大防，則詩也，而禮範乎其中。故國風好色而不淫，小雅怨誹而不怒。夫曰好色，曰怨誹，疑悖於禮矣，而不淫焉，不怒焉，是即所謂禮也。朱子集傳及詩序辯説，一掃前儒支離之謬，獨謂淫詩爲男女自作，而非以刺淫，則不能無疑。何也？以其好色而淫也。孔子曰：「詩三百，一言以蔽之，曰思無邪。」大序曰：「發乎情，止乎禮義。」則始自關雎，訖於殷武，蓋無適而非禮之精意者。必執一篇一章以求之，其猶泥於言詩也夫！

汪剛木切韵四聲表補正序

六書之於小學，其一端也。切韵之於書，又其細者耳。然古者聖人制有書契，而百官治，萬民察，其道與天地無終極。而周官外史實「掌達書名於四方」，大行人又爲之「九歲屬瞽史，諭書名，聽聲音」，蓋辨書之法，形聲並重，由來久矣。惟是言形者，周、秦以來相踵，而言聲者盛於魏、晉，以後世之明哲，參酌古今，以爲之書。聲隨時變，而中有不變者存，及久而其説復將殽亂，所賴通儒者起，遞有以發明之，規正之，而前哲緒論不至終湮。此則聖經賢傳之始事，而大有補於國家同文之治者也。昔東漢許叔重纂説文，鄭康成詁六經，始爲譬況之語，以證明其聲音。而康成之徒孫叔然者，遂創爲翻語，自是王子邕、李宏範、徐仙民之釋經，競相承用，略見於陸氏經典釋文，而未有專爲之書也。先是，佛書入中國，則已有字母之名，顧婆羅門書字母十四，華嚴經字母四十二，衹以譯番書，不聞用以釋經典。迄唐沙門神珙爲四聲五音九弄圖，則爲儒家言矣，而未始名以字母也。今之所傳見溪羣疑三十六字母，自唐季僧守温始。守温書出，而天下之言等韵者歸於一，何也？蓋有李登聲類、吕靜韵集以及周彦倫四聲切韵、沈約四聲譜剖陳於前，顧希馮玉篇、陸法言切韵、孫愐唐韵臚載於後，守温總彙諸書。反切之音，仿西方字母，而爲之去取，其間字母之名雖本異域，而所載之清濁、輕重、疾徐、高下，先後次序秩然不紊，則猶是中國儒先相傳之舊法，固章章可考而知也。夫經典非反切則用直音，直音有窮而易謁，反切從而通其變，别其微。自來鴻儒達士，未有舍反切而專用直音者，故字母不可不熟講也。明末迄國初，諸儒率變更字母舊法，去本益遠，江氏慎修病之，迺撰四聲切韵表。其言曰：「凡欲增減移易在三十六母，與夫更置牙舌唇齒喉七音者，舉皆妄作也。」予友汪君剛木著述等身，尤長於推步句股之學，間留意等韵之書，而深以江氏爲可據。然江氏每牽引古音，君則謂「今韵不可以律古音，古音亦不可以定今韵」。江氏輒强配入聲，君謂「前人審音，平上去三聲既不誤，則入聲亦必無差。後人但當篤信謹守，不當亂以臆見」。著補正五卷，於江之得失從違，詳明剖白，務令學者一覽而瞭如。惟其虚心觀理，而絶不以私智與乎其間，故能實事求是。如此識通而學贍，論覈而氣平，用以全江氏之是，還守温三十六母之觀，而孫叔然以來相傳之舊法，亦益以昭著，其有功音學何如！而凡君之著撰雖未獲偏讀，亦可想見其大致矣。是爲序。

俞德甫考定孔子年譜序

年譜之作，肇於宋代。自儒先以及文人學士率有譜，而編次聖蹟者亦興焉。然予謂輯聖蹟事尤難，蓋年代湮遠，附會宏多，檀弓、荀子、史記已半失實，重以家語、孔叢子贋造之書，溷淆真僞，鑒別少不慎，則紀聖者適足以誣聖，此非好學深思者不能爲也。宋胡舜陟紀年、孔宗翰世系，以後代有其書，求其詳實者卒鮮。近婺源江氏慎修著年譜一卷，具載鄉黨圖考中，頗多駁正舊説之誤。其論生卒年月，尤爲有功。然牽就檀弓過甚，且采用家語，而不能直録家語所從出之書，又間及無稽之孔叢子，終非定本。予亡友震澤俞君德甫重加辨核，爲考定孔子年譜一書。於生日則據釋文以證公、穀之本合，卒日則明其本之吴氏程。既一一申成之，至如辨晏子無沮封事，絶糧宜在哀元年，又往往補江氏所未逮。雖篇帙寥寥，條舉未及賅悉，用心亦可謂勤矣。予觀次風齊氏代禮部駁請更孔子誕日議，明知洪氏興祖、宋氏濂謂即今八月二十一日之確，終以前世沿用八月二十七日已久，不敢輕議，蓋其鄭重如此。然則講求是否，以備朝廷異日之採擇，固儒生之責也。其他事實之疑似，出處之後先，亦考跡觀用之義存焉，誠不可聽其終霾哉！今有江氏以正諸家之誤，復得德甫反復推求，而江氏之得失亦見。儻有好古之士，重事編輯，能鏡所難，而加矜慎焉，聖蹟庶幾其章明也已！

蔣大始先生人範序

三代以上，曷嘗專重書名？而班氏藝文志以史籀等十家三十五篇專小學之稱。蓋秦承戰國之餘，燔滅六經，掃除先王之道務盡，唯李斯、趙高、胡母敬所作秦篆流傳，蕭何草漢律承之，學童能諷書九千字以上乃得爲史。當是時，天下以吏爲師，丱角之年，獨有書可學，而篆隸遂以小學名，是小學之專爲文字，由秦、漢始也。六藝既出，學者多先通孝經、論語，然後治經。度其時，幼年所肄習，固有不止諷書若干字者。班氏之言曰：「古者八歲入小學，故周官保氏掌養國子，教之六書。夫六書誠保氏教也，若六儀與五禮、六樂、五射、五馭、九數，獨非教自保氏與？保氏以佐師氏之不及，師氏之三德三行，非先保氏而教者與？然則舍六德、六行而課以藝，舍其五者而取其一，毋亦班氏狃於漢初之著令，而非先王之道果如是也與？朱子生於南宋，慨然念小學不端，則大學格致以迄治平之道，將無所恃以立。於是掇取曲禮、少儀、內則、弟子職之文以爲內篇，又采漢氏以來之嘉言善行以爲外篇，俾後世之教者學者，得循先王立法之次序，敦倫常，謹言動，先德行，而後藝事，彬彬然比於三代之英。故自朱子小學書作，而班氏囿於時尚之言，爲偏而不舉矣。我邑蔣大始先生，丁乾隆嘉慶之際，爲學一宗洛、閩，篤好小學，復輯朱子以後賢人君子之言行，爲書六卷，以繼朱子書之後，名曰人範。方君子春讀而韙之，嘗舉以示沈君沃之。沃之受藏焉，將爲之傳播而未果也。沃之弟安之，成兄志，遂以付梓，而求序於予。顧是書持擇精矣，而蒐羅或未備，乃與秀水陶茂才模子方商定，更取材他書以足之，加之識別。又一依朱子原目，頗有移易次第。誠鄭重斯舉，不敢略也。蓋自百餘年來，學者爭言班氏之小學，而朱子書爲之壅閼不行。予故揭其得失於簡端，以見三代盛時之小學與秦、漢殊，固當一以朱子所定爲斷。而先生是書之繼作，爲大有補於世教云。

與高伯平書

春初之晤，蒙屬爲寶應成君心巢校其手著儀禮釋宮箋一書，且云心巢篤志學古，性質樸淳，見有異同，無惜劇論。聆兄言，固已心契其爲人矣。讀其書，益知所言果不虚。不敢自外，謹獻所疑。夫鄭氏在東漢，朱子在南宋，皆所謂名世之儒，假生孔子時，當與顔、曾、游、夏相上下，而三禮、四書尤兩賢生平精力所萃。子思之言「建不悖，俟不惑」者，蓋庶幾焉。後儒能小爲之補苴，不能大有所更正，反之，適於學術爲殽亂，前事可覩也。宫室於禮經乃其一大端，禮學以鄭氏爲宗則大綱立。昔朱子輯儀禮經傳通解，必備録注、疏原文，說有未盡，然後爲之按斷，以歸於一是，蓋其慎也。李氏釋宫、江氏增注均得斯意。自江以來，論宫室數家，皆以漢學鳴，宜於鄭學得其精微者。然嘗從事有年，其間不乏創獲，而新異之說滋焉。初視之若可喜，及徐察其所以然，非顧此而遺彼，即舉一而廢百，持擇少不慎，其不至如游騎之忘歸者幾希。成君讀書良多，援引尤博，而新異之說亦或雜出其間。成君非好爲新異者，其所取者本自新異故也。既承虛懷相問，僭以一言奉贈，曰慎去取，儻可爲上下古今一助乎？廣譽於其精審不易者，謹已録副；所有未安若干條，逐一書於别紙，俟成君裁正焉。

左右房用胡氏培翬燕寢考之説，案謂天子諸侯左右房，大夫士東房、西室者，鄭氏義也。謂大夫士亦左右房者，陳氏祥道義，而李氏、江氏略同者也。二者各有依據，故説禮者互有是非，然皆不以廟寢爲別。近孔氏廣森説此最確。其言據饋食禮，每言東房東以對西，知以「廟無兩房」者非；士昏及喪、虞禮言房、言房中者累見，皆不指東西左右，知以「寢有兩房」者亦非。因以大夫士之廟，乃左右有房，其寢固東房西室以降於君。而飲射在學，與廟同制。是説也，權衡衆言，而折其衷，殆不可易。且陳、鄭義雖互異，而以諸侯廟寢皆左右房則同。若以室之東南隅爲户，則尤無不同。胡氏泥於斯干「築室百堵」箋文，創云「諸侯以下之正寢亦爲左右房，燕寢則爲東房西室」，又析正寢燕寢而二之。夫以諸侯燕寢下同於大夫士，此事理之難通者也。而以大夫士正寢亦左右房，陳義固然，然士喪、士虞兩禮，豈非在正寢耶？經何以言房、言房中，而不别東西左右也？況喪大記言人君禮，小斂婦人髽于房中，士喪禮則髽于室，鄭、孔以此指謂大夫士無西房，足以明大夫士正寢之制矣。胡氏之説東房西室，云「室則東面開户，以達於房；房則南向開户，以達於堂。由堂入房，由房入室，而室之南無户」。蓋襲詩箋之誤，并其本意而誤會焉。又因以盡廢禮注之明文，殆强經、傳以就己説者與？洪氏頤煊曾辨之，持論雖非盡是，至其士昏禮以證室東壁之不當有户，又引漢書龔勝傳明室户之制同於禮經，良確鑿。既善孔説，似宜詳載其文，而删去胡氏所云，庶於鄭義李説兩有裨補，一也。

禮經名其行禮之所至纖悉，惟喪禮少從略，鄭氏每值立言之異，必爲别白。如於士喪禮「饌于西序下南上」，注曰：「東西牆謂之序，中以南謂之堂。」序不待釋云然者，以見經文名堂之處所也。蓋下單言堂者非一，故豫提其綱於此。中者序之半，以南也，爲士喪禮言之也。士虞禮同。賈疏明言於序中半以南乃得堂稱，李氏謂堂半以南者誤。序至楣下止，而堂直至堂廉皆是，此其别也。蓋鄭此注合兩句而義乃完，李之誤，誤於節引其下一句。孔氏廣森遂謂棟以南爲堂，棟以北爲室，則謂是概論堂室制度，豈未就鄭義而審其本指乎？聘禮「受玉于中堂與東楹之間」，鄭氏曰：「中堂，南北之中也，入堂深，尊賓事也。」賈氏曰：「後楣以南曰堂，堂凡四架，前楣與棟之間爲堂南北之中。公當楣拜訖，更前侵半架授玉，故曰入堂深。」李氏亦曰：「東楹之間侵近。」東楹非堂東西之中，則中間爲南北之中可知。古者不以棟之南爲堂，而以後楣之南爲堂，此其明證矣。不然，上既云「公當楣再拜」，何不云「公側襲受玉」，或云「當楣受玉」，而必云「受玉于中堂與東楹之間」耶？箋未察而主孔義甚力，二也。

士昏禮「賓升西階，當阿，東面致命」，今文「阿」爲「庪」，鄭氏斷從阿而釋以棟。於鄉射禮記注云：「正中曰棟，次曰楣，前曰庪。」沈氏彤則以「阿」即「庪」，是屋之前架，示謙，故不當楣而當阿。其義勝鄭箋。復據逸周書作雒解、考工記與各字書，謂「阿」即「屋霤」，不特非棟，並非次楣之一架。竊謂未然。經各有定名，禮言霤者非一，果其當霤，曷不云當霤，而云當阿耶？且霤下非行禮地，李氏云：「屋之檐謂之宇，階上當宇，故階當霤。」禮既云「主人以賓升」，賓升西階矣，曷爲降而當霤耶？孔氏廣森以「凡言盡階不升堂者，在前庪之外，當檐下」，是非所以致主命也。故鄭鄉射之注未可輕議。必一依説文，則楣即梠，亦即宇矣，固不能盡據以釋禮經也。三也。

公食大夫禮「大夫立於東夾南，宰東夾北」，賈以宰位在北堂之南，與夾室相當。此舉其北以證其南，義甚顯著。而敖氏以北堂下之東方易之。考禮經所載，未見主賓行禮而從官遠在北堂之外者。且如其說，必兩夾與堂房室平列乃可，不然安有越北堂而名以夾北耶？近或以兩夾與房室平列作五間，孔氏已辨之。箋從敖義，亦未審。四也。

雜記「夫人奔喪，升自側階」，鄭曰：「側階，旁階。奔喪，婦人奔喪升自東階。」鄭曰東階，東面階。李氏本之，謂東西堂，堂各有階。江氏又疑東西階爲人君之制，階有五，而大夫士無東西階，則三階亦所以爲降殺。而於顧命「側階」，猶仍二孔之義，不從鄭東下階。案王氏鳴盛之解，謂「康王方恤宅於東，翼室兵衛宜盛，故於此獨多一人，將傳顧命北階」。無事何用兵衛？然則人君自宜有東西階，有階自宜在東西堂。士冠禮「冠者降，適東壁，見于母」，鄭曰：「適東壁者，出闈門也。時母在闈門之外，婦人入廟，由闈門。」蓋士廟東壁無階，有闈門，天子諸侯廟有闈門亦有階。合江、李二說，足以申成鄭所未及，而箋專執顧命傳、疏。五也。

門屏之間謂之樹，江氏之失爲甚。箋能正其內外屏皆在正門之謬，能補其宁歧爲二之疏。第爾雅正文「門屏之間」得該天子諸侯，屏之於門，區內外，而宁介其間適均。李氏既專屬之諸侯，而箋又專歸之天子，似各見其一偏，未若兼言之爲完耳。六也。

以上各條，憑臆直陳，未敢遽以爲是。如有差繆，亦希極言批示，期於彼此有補，則大善矣。

清儒學案卷一百五十八

定盦學案

定盦學出金壇段氏，後從武進劉氏受公羊春秋，遂大明西京之學。其見於文字者，推究治學本原，洞識周以前家法。同、光學者喜治公羊，託於微言大義，穿鑿附會，寖致恣肆，此則末流之失，未可以議前人也。述定盦學案。

龔先生自珍

龔自珍後名鞏祚，字璱人，號定盦，仁和人。麗正子。初，由舉人援例爲内閣中書。道光己丑成進士〔一〕，歸原官，洊升禮部主事。謁告歸，遂不出。先生爲段懋堂外孫，幼從授經，故學有師承。十四歲攷古今官制，後成漢官損益上下篇、百王易從論一篇。十七歲游太學，見石鼓文，大好之，由是始爲金

〔一〕「士」，原作「上」，形近而誤。今改。

石之學。二十一歲充武英殿校録，遂爲校讐掌故之學。於經通尚書、公羊，於史長西北輿地，於文出入周、秦諸子。嘗著大誓答問，設論凡二十六事，據劉向父子之説，辯古文之本無此篇，今文所采自出逸書之大誓解，劉申受序稱其有功於經甚鉅。其説詩以涵泳經文爲主，於古文毛氏、今文三家，無所尊，無所廢，爲詩非序、詩非毛、詩非鄭各一卷。又嘗佐修會典，理藩院一門及青海、西藏各圖，皆出其手，因撰蒙古圖志三十篇。又有孤虛表一卷，則訂裴駰史記集解之誤也。他所著有尚書序大義、尚書馬氏家法、左氏春秋服杜補義、左氏決疣、春秋決事比、定盦詩文集。參史傳、劉逢禄撰序、定盦集。

文集

平均篇

龔子曰：有天下者，莫高於平之之尚也，其邃初乎！降是，安天下而已；又降是，與天下安而已；又降是，食天下而已。最上之世，君民聚醵然；三代之極，其猶水，君取盂焉，臣取勺焉，民取巵焉；降是，則勺者下侵矣，巵者上侵矣；又降，則君取一石，民亦欲得一石，故或涸而踣。石而浮，則不平甚；涸而踣，則又不平甚。有天下者曰：「吾欲邃初，則取其浮者而挹之乎？不足者而注之乎？」則櫐然喙之矣。大略計之，浮不足之數，相去痛遠，則亡痛速；去稍近，治亦稍速。千萬載治亂興亡之數，直以是券矣。人心者，世俗之本也。世俗者，王運之本也。人心亡則世俗壞，世俗壞則王運中易。王者欲自爲計，盍爲人心世俗計矣。有如貧相軋，富相耀；貧者阽，富者安；貧者日痛傾，富者日痛壅。或以羡慕，或以憤怨，或以驕汰，或以嗇吝，澆漓詭異之俗，百出不可止，至極不詳之氣，鬱於天地之間。鬱之久，乃必發爲兵燹，爲疫癘，生民噍類，靡有孑遺，人畜悲痛，鬼神思變置。其始，不過貧富不相齊之爲之爾。小不相齊，漸至大不相齊；大不相齊，即至喪天下。嗚呼！此貴乎操其本源，與隨其時而劑調之。上有五氣，下有五行，民有五醜，物有五才，消焉息焉，渟焉決焉，王心而已矣。是故古者天子之禮，歲終太師執律而告聲，月終太史候望而告氣。東無陼水，西無陼財，南無陼粟，北無陼土，南無陼民，北無陼風，王心則平聽平樂，百僚受福。其詩有之曰：「秉心塞淵，騋牝三千。」王心誠深平，畜産且騰躍衆多，而況於人乎？又有之曰：「皇之池，其馬歕沙，皇人威儀。」其次章曰：「皇之澤，其馬歕玉，皇人受穀。」言物産蕃庶，故人得肆威儀，茹内衆善，有善名也。太史告曰：「東有陼水，西有陼財，南有陼粟，北有陼土，南有陼民，北有陼風」，王心則不平，聽傾樂，乘欹車，屋偏衡，百僚受戒，相天下之積重輕者而變易之。其詩有之曰：「相其陰陽，觀其流泉。」又曰：「度其夕陽。」言營度也。故積財粟之氣滯，滯多霧，民聲苦，苦傷惠。積民之氣淫，淫多雨，民聲囂，囂傷禮義。積土之氣耗，耗多日，民聲濁，濁傷智。積水、積風，皆以其國瘥昏，官所掌也。且夫繼喪亡者，福禄之主；繼福禄者，危迫之主。語百姓曰：「爾懼兵燹乎？」則將起其高曾於九京而問之。「懼荒饑乎？」則有農夫在。上之繼福禄之盛者，難矣哉！龔子曰：可以慮矣！可以慮，可以更，不可以驟。且夫唐、虞之君，分一官，事一事，如是其諄也。民固未知貿遷，未能相有無，然君已懼矣。曰：「後世有道吾民於富者，道吾民於貧者，莫如我自富貧之，猶可以收也。」其詩曰：「不識不知，順帝之則。」夫堯固甚慮民之識知，莫如使民不識知，則順我也。水土平矣，男女生矣，三千年以還，何底之有？彼富貴至不急之物，賤貧者猶且筋力以成之，歲月以靡之，舍是則賤貧且無所託命。然而五家之堡必有肆，十家之邨必有賈，三十家之城必有商。若服妖之肆，若食妖之肆，若翫好妖之肆，若男子〔一〕呻唔求爵禄之肆，若盜聖賢市仁誼之肆，若女子鬻容之肆。肆有魁，賈有梟，商有賢桀，其心皆欲併十家五家之財而有之。其智力雖不逮，其號既然矣。然而有天下者更之，則非號令也。有四挹四注：挹之天，挹之地，注之民；挹之民，注之天，注之地；挹之天，注之地；挹之地，注之天。其詩曰：「挹彼注兹，可以餴饎。豈弟君子，民之父母。」有三畏：畏旬，畏月，畏歲。有四不畏：大言不畏，細言不畏，浮言不畏，挾言不畏。而乃試之以至難之法，齊之以至信之刑，統之以至澹之心。龔子曰：有天下者，不十年幾於平矣。

農宗

龔子淵淵夜思，思所以撢簡經術，通古近，定民生，而未達其目也。曰：古者未有后王君公，始有之而人不駭者何？古者未有禮樂刑法與禮樂刑法之差，始有之而人不疑愳者何？古者君若父若兄同親者何？君若父若兄同尊者何？尊親能長久者何？古之爲有家與其爲天下一以貫之者何？古之爲天

〔一〕「子」，原作「女」，據龔自珍全集改。

下恒視爲有家者何？生民之[一]故，上哉遠矣。天穀没，地穀茁，始貴智、貴力。有能以尺土出穀者，以爲尺土主；有能以倍尺、若什尺、伯尺出穀者，以爲倍尺、什尺、伯尺主。號次主曰伯。帝若皇，其初盡農也，則周之主伯與？古之輔相大臣盡農也，則周之庸次比耦之亞旅與？土廣而穀衆，足以芘其子，力能有文質、祭享、報本之事，力能致其下之稱名，名之曰禮、曰樂、曰刑法。儒者失其情，不究其本，乃曰天下之大分自上而下。吾則曰：先有下而漸有上，下上以推之，而卒神其説於天。是故本其所自推也，夫何駭？本其所自名也，夫何疑何懼？儒者曰：天子有宗，卿大夫公侯有宗，惟庶人不足與有宗。吾則曰：禮莫初於宗，惟農爲初有宗。上古不諱私，百畝之主必子其子。其没也，百畝之亞旅必臣其子，餘子必尊其兄，兄必養其餘子。父不私子則不慈，子不業父則不孝，餘子不尊長子則不弟，長子不贍餘子則不義。長子與子不别則百畝分，數分則不長久，不能以百畝長久則不智。農之始，仁孝弟義之極，禮之備，智之所自出，宗之爲也。百畝之農，有男子二，甲爲大宗，乙爲小宗。小宗者，帝王之上藩，實農之餘夫也。有小宗之餘夫，有羣宗之餘夫。小宗有男子二，甲爲小宗，乙爲羣宗。羣宗者，帝王之羣藩也。餘夫之長子爲餘夫。大宗有子三、四人，若五人，丙、丁爲羣宗，戊閒民。小宗餘夫有子三人，丙閒民。羣宗餘夫有子二人，乙閒民。閒民使爲佃。閒民之爲佃，帝王宗室羣臣也。古者無文，用撢稽而可知也。請定後王法：百畝之田，不能以獨治，役佃五；餘夫二十五畝，亦不能以獨治，役佃

〔一〕「之」，原作「不」，據龔自珍全集改。

一。大凡大宗一，小宗若羣宗四，爲田二百畝，則養天下無田者九人。然而天子有田十萬畝，則天下無田亦不饑爲盜者，四千有五百人。大縣田四十萬，則農爲天子養民萬八千人，什一之賦尚不與。非以德君也，以德而族；非以德族也，以食有力者。佃非卬食吾宗也，以爲天下出穀。然而有天下之主，受是宗之福矣。百畝之宗，以什一爲宅，以什一出租稅奉上。宅不什一，則不足以容魚菽之祭，不足以容春揄；稅不什一，則不足以爲天子養官屬及選舉之士。以什一食族之佃，佃不食什一，則無以戚期功。以什一奉上，誼亦薄矣。以什一戚期功，恩亦網矣。聖者立法，以中下齊民，不以上齊民。大宗有十口，實食三十畝，桑、苧、木棉、竹、桼、果蓏十畝，糴三十畝，以三十畝之糴治家具。家具始於縛帚，縛箒以爲帚，冶泥以爲釜，厥價陶三之，機杼四之，鐙五之，祭豆七之。米斗直葛布匹，絹三之，木棉之布視絹，皆不得以澮泉貨。百家之城，有貨百兩，十家之市，有泉十繩，裁取流通而已。則衣食之權重，則泉貨之權不重，則天下之本不濁。本清而法峻，誅種藝食妖辣地膏者，梟其頭於隴，没其三族爲奴。宗爲餘夫請田，則關大吏。佃同姓不足，取諸異姓。爲變法，關羣吏。豐凶、肥磽、寡庶、易不易，法不盡同，關羣吏。國有大事以宗徙，徙政關大吏。餘夫家五口，宅五畝，實食十畝，以二畝半稅，以二畝半食佃，以二畝半治蔬苧，以二畝半糴。自實食之外，宅、稅、圃、糴、佃五者毋或一廢。凡農之仕爲品官大夫者，則有禄田。大官之家，父有少疾瘯、寒暑、濕乾，不以使其子，山川鬼神則使之。子有少疾瘯、寒暑、濕乾，不以愬其父，崇有家也。田一品者四世，二三品三世，四品二世，五品一世，皆勿稅，勿予俸。六品以下予之俸。婢妾之養不備則不世，祠祭弗如式不世，不辨菽粟亦不世，食妖、服妖不世，同姓訟亦不世，督有家也。家受田，歸田於天子，皆關大吏；稽其世數，關羣吏。本百畝者，進而仕，謂之貴政之農；本仕者，退而守百畝，謂之釋政之農。本不百畝者，進而仕，謂之亢宗之農；本仕者，退而不百畝，謂之復宗之農。仕世絕，本大宗者復爲大〔一〕宗；本小宗者，復爲小宗；本羣宗者，復爲羣宗；本閒民，復爲閒民。貴不奪宗祭，不以朝政亂田政。自大宗以至於閒民，四等也。四等之農，與其進扞而國也，姑將退保於宗；與其進保而宗也，姑將退修於宅。是故籌一農身，身不七尺，人倫五品，本末源流具矣。籌一農家，家不十步，古今帝王爲天下大綱，細〔二〕目備矣。本無二本，川無二原，貴賤無二人，人無二治，治無二法。請使農之有一田一宅，如天子之有萬國天下。姑試之一州，州蓬跣之子，言必稱祖宗，學必世譜諜。宗能收族，族能敬宗，農宗與是州長久，泰厲空虛，野無夭札，鬼知戀公上，亦百幅之主也。

自記曰：商之衰，農不知宗，故公劉立之；周之衰，農不知宗，故管夷吾立之。周之盛也，周公、康叔以宗封；其衰也，周平王以宗徙，翼頃父、嘉父、戎蠻子皆以宗降。漢之實陵邑，以六國巨宗，徙國，以農徙也。農之主伯徙，則亞旅盡徙。若無宗法，上安能旅徙而族封？有司之令梗塞，國安恃此散無友紀之百姓哉？神堯亦弗得平章矣。又曰：禮運曰「天子有田，以處其子孫」，不曰有天下國

〔一〕「大」，原無，據文義補。

〔二〕「細」，原作「總」，據龔自珍全集改。

家。周禮「九兩繫邦國之民」，一曰「宗以族得民」。民之宗如何？左傳師服曰「士有隸子弟，庶人工商各有分親，皆有等衰」，是其注也。近世回部、蒙古有旗分，有族分，或以族降，或以族徙，或以族開墾，其叛者亦以族。蓋世酋無析産之俗，故世世富足，令羣支仰賴以活，而苗裔能言其先派，有至數十世之多者。此文之旁證也。又柳子厚封建論亦先有下而漸有上之義，亦此文旁證。或曰：宗法立，專隆大宗，以士庶而爲强榦弱枝之謀，仁與？應之曰：子之言，知鳲鳩詩人均平之小義，而不知大易長子主器之爲福也。先王正天下之大分，分定而心安，義即仁也，無貴賤一也。

附圖一 大宗圖

大宗

子甲襲大宗百畝，父六十而襲。

子乙立爲小宗，別請田二十五畝，即餘夫也。餘夫不見經，惟見孟子及何休公羊傳注，正可證吾宗法。

子丙

丁皆立爲羣宗，皆請田二十五畝，皆餘夫也。孟子、何休皆不言餘夫是何等民，故以宗法定其目焉。

戊爲閒民，若依古制，每夫百畝，田何以給？故立四等之目以差。

圖二 小宗圖

小宗

子甲襲小宗之二十五畝，父六十而襲。父母老，必養於宗子之家。故大宗以十口率，小宗以五口率，雖過是亦足食。

子乙立爲羣宗，別請田二十五畝。

子丙閒民。

圖三羣宗圖

羣宗

子甲羣宗之二十五畝，父六十而襲。

子乙閒民。雖堯、舜不能無閒民，安得盡男子而百畝哉？周之農必有宗法，何疑。

五經大義終始論

昔者，仲尼有言：「吾道一以貫之。」又曰：「文不在茲乎！」文學言游之徒，其語門人曰：「有始有卒者，其惟聖人乎！」誠知聖人之文，貴乎知始與卒之間也。聖人之道，本天人之際，臚幽明之序，始乎飲食，中乎制作，終乎聞性與天道。民事終，天事始，鬼神假，福禔應，聖蹟備，若庖犧、堯、舜、禹、稷、契、皋陶、公劉、箕子、文王、周公是也。謹求之書曰：「天聰明，自我民聰明。」言民之耳目，本乎天也。民之耳目，不能皆肖天。肖者，聰明之大者也，帝者之始也。聰明孰爲大？能始飲食民者也。其在序卦之文曰：「物穉不可不養也。」屯、蒙而受以需，「飲食之道也」。其在雅詩，歌神靈之德，曰「民之質矣，日用飲食」，是故飲食繼天地。又求諸禮曰：「夫禮之初，始諸飲食。」禮者，祭禮也。民飲食則生其情矣，情則生其文矣。情始積隆隆然，始盈也莫莫然，求之空虛望望然。始相與謀曰：「使我有飲食者，父歟？母歟？父母非能生之也，殆其天歟？」乃率其醜，取其仇，以報於天，蓋仰而欲天之降之也。再相與謀曰：「父與？母與？曷爲不與我共飲食歟？則弗之見矣。」乃號其醜，取其仇，以報於淵泉，蓋俛而欲父母之假之也。三相與謀曰：「非天也，非父母也，孰使我以能飲食與？則弗之見矣。」於是號其醜，取其仇，以報聖之人。蓋每食四望，而欲其降之也。若其教之降首屈股，下上手與其下上手之數以差，由中古作，故曰「觀百禮之聚，觀人情之始也」，故祭繼飲食。夫禮據亂而作，故有據亂之祭，有治升平之祭，有太平之祭。聖人曰「我主天」，而衆之祭始息；聖人曰「我不敢僭天」，而衆之祭不敢先一人。聖人自爲謀曰：「孰使予大川盈，大陸平，大物腯成，而小物毛烹？」於是乎食人鬼之始播種以配上天，食人鬼之始平道塗以配於下地，食人鬼之聰明仁聖者於宫。後王曰：「社稷誓宗以恩，父爲絅矣。」故恩及王父，王父以上統曰祖，其所居曰廟，其在禮曰：「祝以孝告，嘏以慈告，此禮之大成也。」此言有異乎土鼓之祭，其實升平也。其在公劉之四章曰：「蹌蹌濟濟，俾筵俾几。既登乃依，乃造其曹。執豕於牢，酌之用匏。」是時餱糧完具，始立國而祭也。又曰：「君之宗之。」惟祭乃立宗，非祭則宗不顯明。是故公劉教民祭，而豳國之民無不尊其宗者，後其支者，大宗無不收羣宗者。謹求之春秋，必稱元年。秊者，禾也，無禾則不年，一年之事視乎禾。洪範稱祀者何？禾孰而當祀，祀四時而偏則一年矣。元年者，從食以爲祀；元祀者，從祭以爲紀。其在周公報成王曰：「祀於新邑，咸秩無文。」周所以始立國也。微子數商王辛之罪曰：「今殷民乃攘竊神祇之犧牷牲，用以容，將食無災。」上世方亂猶祀，矧商階升平之資乎？言辛所以災也。度名山川，升崇岡，察百泉，度明以爲向，度幽以爲蔽；摶土而爲陶，鑿山而爲磏，以立城郭、倉廩、宮室，高者名曰堂，下者名曰室，以衛鬼神，屏男女；伐山之木，以爲之羣材，其百器以寓句股，以求九數。其在於詩「既景乃岡」，以測知北極之高下；又曰「夾其皇澗，遡其過澗」，以順水性，則司空之始也。此其與百姓慮安者也。若其與百姓慮不安者，所以安安也。曰：「飲食之多寡，祭之數，少不後長，支不後宗，筋力者暴羸，於是乎折萑析木而撻之」，則司寇之始也。而聲問乎東西，而聲問乎北南，飲食之多寡，祭之數，少後長歟？支後宗歟？筋力者毋暴羸歟？皆必赴司寇而理焉。理之而無不威，故曰鞭蠻夷，撻六合也。謹求之書，皋陶爲士，其職也，後王謂之兵。兵也者，刑之細也；士也者，理也。有虞氏之兵也，其在洪範，八政有司寇；後王有司馬。司馬，司寇之細也。聖者曰：「吾視聽天地，過高山大川，朝天下之衆，察其耳目心思辨佞之雄長，而户徵其辭，使我不得獨爲神聖」，必自此，語言始矣。爰是命士也，命師也，命儒也。聖者至高嚴，曷爲習揖攘之容？虚賓師之館？北面清酒，推天之福禄與偕，使吾世世雄子孫，必變化恭敬温文以大寵之。豈懼其武勇之足以敓吾祭哉？誠欲以一天下之語言也。儒者出而語民曰：「非恃珪璧也，其積者，齋栗也。」而人莫不歡心以助吾祭矣。不然，邊鄙之祭，夫豈無私玉？儒者又出而語民曰：「非恃干戈也，其積者，和也。」而人莫不出私力以扞其圉。不然，南畝之勇夫，夫豈無私兵？謹求之禮，古者明天子之在位也，必徧知天下良士之數。既知其數，又知其名；既知其名，又知其所在。蓋士之任師儒者，令聞之樞也。令聞，饗帝之具也。其在記曰：「三代之王也，必先其令聞。」夫名士去國而王名微，王名微而王道薄。故曰「殺胎破卵則鳳皇不翔，擿麛取犢則麒麟不至。」其在記曰：「土敝則草木不長，水煩則魚鼈不大。」良士，國之金玉。異物也，草木厭之，而況金玉乎？魚鼈槁之，而況蛟龍乎？誠苦之也。名士之有文章，望國氣者見其爛然而光於天。求之雅詩曰：「倬彼雲漢，爲章於天。周王壽考，遐不作人。」其推天人之際曰：「相彼鳥矣，猶求友聲。矧伊人矣，不求友生？神之聽之，終和且平。」是野有相慕，用之朋友，而可薦於神明也。其衰也，賢人散於外，而公侯貴人之家，猶爭賓客於酒食；其大衰也，豪傑出，陰聘天下之名士，而王運去矣。謹又求之洪範，八政七曰賓，八曰師，賓師得而彝倫敍也。何以曰敍也？古之賓師，必有山川之容。有其容矣，又有其潤；有其潤矣，又有其材。王者之與賓師處，聞牛馬之音，猶聽金玉也；親塵土之臭，猶茹椒蘭也。其在記曰：「君子曰德，德成而教尊，教尊而官正，官正而國治矣。」其在詩曰：「有馮有翼，有孝有德。」夫食貨具則有馮矣，官師備則有翼矣，祭祀受福則有孝矣，賓師親則有德矣，誠約彝倫之極，完神人之慶也。聖者曰：「吾非多制以好勞也，多文以爲辯也。」無政之日闕政，不中之日不敍，闕且不敍，中國必有不安者矣。夫如是，是枕嵩、華而身衽曠土之原也。觀其制作，曰「成矣」。求之春秋，則是存三統、内夷狄、譏二名之世與？三統已存，四夷已進，譏僅二名，大瑞將致，則和樂可興，而太平之際作也。是故有禘，推五行，得感生之天主天帝，而以人鬼配之。有宗祀，祠天帝於宫，而以父配之。練而齋，齋而盥，盥而祭。其在易觀「盥而不薦，有孚顒〔一〕若」，禘之盛也。其在詩「瑟彼玉瓚，黄流在中」，宗祀之盛也。文祖、明堂以嬗之名，郊宗石室以建之主，兼禮備樂以存

〔一〕「顒」，原作「容」，據周易改。

之統，升珪瘞璧以崇之文，九州四海以象之宮，重犆祀也。有封祀，求之詩「於皇時周，陟其高山，墮山喬嶽」，其在禮「升中於天，而鳳皇降，龜龍假」，封禪之盛也。合此三者，在春秋説曰「以美陽芬香告於天」，猶告盛也。有宮中祠，昔在黄帝，集萬靈於明庭。萬靈者，配太一者也。在天官曰太一，在禮亦曰太一，在易曰太極。昔在成王，襲祖考之勤勞，有周公以代制作法，宜得爲太平世。謹求之書，有曰：「予沖子〔一〕夙夜毖祀。」毖祀，宮中祠之盛也。其在後王，服玉而延年，宵中而禋，馮几而候神，則動過其物也。然亦罔有咎於天，使天下之老者，自視如壯者；使天下之壯者，自視如幼者。雖有積瘁之士，沈思之民，春如三春，秋如三秋，晝如九夏，夕如九冬。故國暇而能修民，民暇而性命治。聖人之以能有名號者，有四象焉：曰暇、曰順、曰雍、曰嘉。其在詩，將欲以美公劉之功，而總其意曰：「既順乃宣，而無永歎。」其在禮曰：「明於順，然後能守危也。」又曰：「達於順。」又曰：「順之實。」禮之終，猶詩之始也。求之書曰：「高宗三年不言，言乃雍。」其在詩曰「有來雍雍」，言雍在下也；「雍雍在宮」，言雍在上也。灑掃，嘉宮庭之道也；朝日，嘉旦晝之道也；夕月，嘉莫夜之道也；玉色而絲聲，嘉后妃之道也；無夢也，有夢則太人以占，嘉寢寐之道也。其在禮曰「以嘉魂魄，是爲合莫」，方祭而有嘉也。謹求之詩曰：「予懷明德，不大聲以色，不長夏以革。」遂終言之曰：「不識不知，順帝之則。」謹又求之禮曰：「聖人耐以天下爲一家，中國爲一人，必知其情。」何謂人情？喜、怒、哀、懼、愛、惡、欲。聖人治人

〔一〕「子」，原缺，據尚書補。

情，必反攻其情，以己治之。聖者有情與？曰：「微矣！至清以有神，至和以有精，至靜以有形，至澹以應羣靈，至沖虛以應兆人。」故遂終言之曰：「心無爲也，以守至正。」無爲本太一而已矣。天下雖有積瘁之士，沈思之民，其心疾可得而已也。上帝萬靈，可得而晝夜通也。是故有善可得而薦也，有命可得而受也，有作可得而合也。然則絶地天通，非歟？胡爲其非也？聲以色猶不欲而糅神人，其爲聲色也大矣！先王惡其驚民也，非太一之謂也。夫如之何而可以極言聖人也？曰：「盍游乎淵然不瞬之中，置乎肅然清靜之上，端端乎遇聖人焉。」謹求之易曰：「聖人以此洗心，退藏於密，吉凶與民同患；神以知來，知以藏往，其孰能與於此哉？古之聰明睿知，神武而不殺者夫！」極之矣，極之矣。夫如是，則謂之能天。天也者，福之所自出也。書有五福焉，詩稱百福焉，稱萬福焉，皆天之義也。

五經大義終始答問一

問：「三世之法，誰法也？」答：「三世非徒春秋法也。洪範八政配三世，八政又各有三世。」「願問八政配三世。」曰：「食貨者，據亂而作。祀也，司徒、司寇、司空也，治升平之事。賓師乃文致太平之事，孔子之法，箕子之法也。」

五經大義終始答問二

問：「八政事事各有三世，願問祀之三世。」答：「在禮運，始言土鼓蕢桴，中言宗廟祝嘏之事，卒言太一，祀三世不同名矣。禮運者，孔子本感蜡祭而言，故臚祭也詳。若夫徵之詩，后稷舂揄肇祀，據亂者也；公劉筵几而立宗，升平也；周頌有般、有我將，般主封禪，我將言宗祀，太平也。」

五經大義終始答問三

「願問司寇之三世。」答：「周法，刑新邦用輕典，據亂故，春秋於所見世法爲太平矣。世子有進藥於君君死者，書曰『弒其君』。蓋施教也久，用心也精，責忠孝也密。假如在所傳聞世，人倫未明，刑不若是重。在所聞世，人倫甫明，刑亦不若是重。」

五經大義終始答問四

問：「公劉之詩，於三世何屬也？」答：「有據亂，有升平。始國於豳，『乃積乃倉』，當洪範之食；『俾筵俾几』，當洪範之祀。五章、六章，是司徒、司空之事。『其軍三單』，是司寇之事。司徒、司寇、司空，皆治升平之事。古人統兵於刑，班固尚知之，固也志刑不志兵。」

五經大義終始答問五

問：「洛誥屬何世？」答：「有升平，有太平。曰『予齊百工，伻從王于周』，是八政司徒、司寇、司空之事。曰『肇偁殷禮，咸秩無文』，是八政之祀事，皆言升平也。曰『我惟無斁其康事』，當是時，周公誕保文、武受命，成太平之業，故求明農去位。若僅致升平，公豈宜去位之年哉？公劉之首章曰『匪居匪康』，據亂故也。洛誥曰『無斁其康事』，太平故也。」

五經大義終始答問六

問：「太平必文致，何也？」答：「善言人者，必有譣乎天。洛誥之終篇，稱萬年焉；般、時邁之詩，臚羣神焉；春秋獲麟，以報端門之命焉。禮運曰：『山出器車，河出馬圖，鳳凰在椒。』孔子述作之通例如是，是亦述周公也。」

五經大義終始答問七

問：「太平大一統，何謂也？」答：「宋、明山林偏僻士，多言夷、夏之防，比附春秋，不知春秋者也。春秋至所見世，吴、楚進矣。伐〔一〕我不言鄙，我無外矣。詩曰：『無此疆爾界，陳常于時夏。』聖無外，天亦無外者也。」「然則何以三科之文，内外有異？」答：「據亂則然，升平則然，太平則不然。」

〔一〕「伐」，原作「代」，形近而誤，據龔自珍全集改。

五經大義終始答問八

問：「禮運之文，以上古爲據亂而作，以中古爲升平。若春秋之當興王，首尾才二百四十年，何以具三世？」答：「通古今可以爲三世，春秋首尾，亦爲三世。大橈作甲子，一日亦用之，一歲亦用之，一章一蔀亦用之。」

五經大義終始答問九

問：「孰爲純太平之書？」答：「禮古經之於節文也詳，尤詳於賓。夫賓、師，八政最後者也。士禮十七篇，純太平之言也。」

古史鉤沈論一

龔自珍曰：「史氏之書有之曰：『霸天下之孫，中葉之主，其力弱，其志文，其聰明下，其財少，未嘗不周求禮義廉恥之士，厚其皃，嫗其言，則或求之而應，則或求之而不應，則必視祖之號令以差。』史氏之書又有之：『昔者霸天下之氏，稱祖之廟，其力彊，其志武，其聰明上，其財多，未嘗不仇天下之士，去人之廉，以快號令，去人之恥，以嵩高其身。』一人爲剛，萬夫爲柔，以大便其有力彊武，而允孫乃不可長，乃誹，乃怨，乃責問，其臣乃辱。榮之亢，辱之始也；辨之亢，誹之始也；使之便，任法之便，責問之王者之所以養〔一〕人氣也。籀其府焉，裒㚒其鐘簴焉，大都積百年之力，以震盪摧鋤天下之廉恥，既殄、既獮、即夷，顧乃席虎視之餘蔭，一旦責其氣於臣，不亦莫乎！」

始也。氣者，恥之外也；恥者，氣之内也。温而文，王者之言也；惕而讓，王者之行也；言文而行讓，

古史鉤沈論二

龔自珍曰：「周之世，官大者史，史之外無有語言焉，史之外無有文字焉，史之外無人倫、品目焉。史存而周存，史亡而周亡。殷紂時，其史尹摯抱籍以歸於周；周之初，始爲是官者，佚是也。周公、召公、太公既勞周室，改質家蹲於文家，置太史。史於百官，莫不有聯事，三宅之事，佚貳之，謂之四聖。蓋微夫上聖叡美，其孰任治是官也？是故儒者言六經，經之名，周之東有之。夫六經者，周史之宗子也。易也者，卜筮之史也；書也者，記言之史也；春秋也者，記動之史也；風也者，史所採於民，而編之竹帛，付之司樂者也；雅、頌也者，史所採於士大夫也；禮也者，一代之律令，史職藏之故府，而時以詔王者也；小學也者，外史達之四方，瞽史諭之賓客之所爲也。今夫宗伯雖掌禮，禮不可以口舌存，儒者得之史，非得之宗伯；樂雖司樂掌之，樂不可以口耳存，儒者得之史，非得之司樂。故曰五經者，周史之大宗也。孔子殁，七十子不見用。衰世著書之徒，蠭出泉流，漢氏校録，最爲諸子。諸子也者，周

〔一〕「養」，原作「義」，形近而誤，據龔自珍全集改。

史之小宗也。故夫道家者流，言爯辛甲、老聃；墨家者流，言爯尹佚，辛甲、尹佚，官皆史，聃實爲柱下史。若道家，若農家，若雜家，若陰陽家，若兵，若術數，若方技，其言皆爯神農、黄帝。神農、黄帝之書，又周史所職藏，所謂三皇、五帝之書者是也。老於禍福，孰於成敗，絜萬事之盈虚，窺至人之無競，名曰任照之史，宜爲道家祖。綜於天時，明於大政，攷夏時之等，以定民天，名曰任天之史，宜爲農家祖。左執繩墨，右執規矩，篤信謙守，以待彈射，不使王枋弛，不使諸侯驕上，名曰任約劑之史，宜爲法家祖。博觀羣言，既迹其所終始，又迹其所出入，不蒙一物之譏，不受諸侯蹈觝，使王政不清，庶物奸生，名曰任名之史，宜爲名家祖。臚引羣術，愛古聚道，謙讓不敢删定，整齊以待能者，名曰任文之史，宜爲雜家祖。窺於道之大原，識於吉凶之端，明王事之貴因，一呼一吸，因事納諫，比物假事，不辭矯誣之刑，史之任諱惡者，於財最爲下也，宜爲陰陽家祖。近文章，眇語言，割榮以任簡，養怒以積辨，名曰任喻之史，宜爲縱横家祖。抱大禹之訓，矯周文之偏，守而不戰，儉而不奪人，名曰任本之史，宜爲墨家祖。五廟以觀怪，地天以觀通，六合之際，無所不儲，謂之任教之史，宜爲小説家祖。劉向云『道家及術數家出於史』，不云餘家出於史，此知五緯、二十八宿異度，而不知其皆繫於天也；知江河異味，而不知皆麗於地也。故曰『諸子也者，周史之支孽小宗也。』夏之亡也，孔子曰「文獻杞不足徵」，傷夏之史亡也；殷之亡，曰「文獻宋不足徵」，傷殷之史亡也；周之東也，孔子曰「天子失官」，傷周之史亡也。滅人之國，必先去其史；隳人之枋，敗人之綱紀，必先去其史；絶人之材，湮塞人之教，必先去其史；夷人之祖宗，必先去其史。周之東，其史官大罪四，小罪四，其大功三，小功三。帝魁以前，書莫備焉，郯之君知之，正考父得商之名頌十二於楚之左史知之，周史不能存之，故傳者不雅馴，而雅馴者不傳，謂之大罪一。周之雅、頌，義逸而荒，人逸而名亡，百年之間亡其七，太師亡其聲絃焉，太史又亡其簡編焉，謂之大罪二。周之雅、頌，義逸而荒，人逸而名亡，瞽所獻，燕享所歌，大氏斷章，作者之初指不在。晉儒序詩，以斷章爲初指，以諷諫爲本義，以歌者爲作者，史不能宣而明，謂之大罪三。有黃帝曆、有顓頊曆、有夏曆、有商曆、有周曆、有魯曆、有列國曆，七者，周天子不能同，列國赴告，各步其功，告朔怠終，乃亂而弗從。周享國久，八百餘祀，曆敝不改，是以失禮。是失官之大者，謂之大罪四。古之王者存三統，國有大疑，匪一祖是師，于夏于商，是參是謀。今連山、歸藏亡矣，三易弗具，孔子卒得坤、乾於宋，亦弗得於周，史之小罪一。列國小學不明，聲音混茫，各操其方，微孔子之雅言，古均其亡乎！史之小罪二。夫史籀作大篆，非廢倉頡也；周史不肯存古文，文少而字乃多矣，象形指事，十存三四，形聲相孳，千萬並起，古今困之；孔壁既彰，蝌斗煌煌，匪籀而倉，蓋憲章者文、武，而匪憲章宣王，史之小罪三。列國展禽、觀射父之徒，能言先王命祀，而周史儋乃附萇弘爲神怪之言，不能修明，巫覡祝宗，不能共鬼神，燕昭、秦皇，淫祀漸興，儋、弘階之，妖孽是徵，史之小罪四。帝魁以降，百篇權輿，孔子削之，十倍是儲，雖頗闕不具，資糧有餘，史之大功一。冠昏之殺，喪祭之等，大夫士之曲儀，咸以爲數。夫舍數而言義，吾未之信也，故十七篇之完，亦危而完者也，史之大功二。孔子與左丘明乘以如周，獲百二十國之書，夫而後春秋作也，史之大功三。周之時，有推步之方，有占諭之學，其步疏，其占密，天官有書，先臣是傳，唐都、甘公，爰及談、遷，是蹟是宣，史之小功一。史秩下大夫，商高大夫，官必史也。自高以來，疇人守之，九章九數幸而完，史之小功二。

吾踶彼奠世繫者，能奠能守，有曆譜諜，有世本，竹帛咸舊，是故仲尼之徒，亦著帝繫姓，後千餘歲，江介之都，夸族之甚，史之小功三。夫功罪之際，存亡之會也，絶續之交也。天生孔子不後周、不先周也，存亡續絶，俾樞紐也。史有其官而亡其人，有其籍而亡其統，史統替夷，孔統修也。史無孔，雖美何待？孔無史，雖聖曷庸？由斯以譚，罪大亦可揜，功大亦可蒙也。孔雖歿，七十子雖不見用，王者之迹雖息，周曆不爲不多，數不爲不躋，府藏不爲不富，沈敏辨異之士不爲不生，緒言緒行之迹不爲不竢。莊周隱於楚，墨翟慠於宋，孟軻端於齊、梁，公孫龍譁於齊、趙之間，荀況廢於道路，屈原淫於波濤，可謂有人矣！然而聖智不同材，典刑不同國，擇言不同師，擇行不同志，擇名不同急，擇悲不同感。天吝材，材吝志，志吝器，器吝情，情吝名，名吝祖。夫周，自我史佚、辛甲、史籀、史聑、史伯而後，無聞人焉。魯自史克、史丘明而後，無聞人焉。此失其材也。七十子之徒，不之周而之列國，此失其志也。不以孔子之所憑藉者憑藉，此失其器也。三尺童子，瞀儒小生，偁爲儒者流則憙，偁爲羣流則愠，此失其情也。號爲治經則道尊，號爲學史則道詘，此失其名也。知孔氏之聖，而不知周公、史佚之聖，此失其祖也。夢夢我思之，如有一介故老，攘臂河、洛，憫周之將亡也，與典籍之將失守也，搜三十王之右史，拾不傳之名氏，補詩、書之隟罅，逸於後之剔鐘彝以求之者。以越辰之法，禯不顯之年月，定歲名之所在，逸於後之布七曆以求之者。爲禮家之儒，爲小節之師，爲攷訂之大宗，逸於後之彌縫同異以求之者。明象形，說指事，不比形聲，不譚孳生，雅本音，明本義，逸於後之據引申叚借以求之者。本立政，作周官，述周法，正封建之里數，逸於後之雜真僞以求之者。誦詩三百，篇綱於義，義綱於人，人綱於紀年，明著竹帛，逸於後之據斷章升諫以求之者。烏乎！周道不可得而見矣，階孔子之道求周道，得其憲章文、武者何事？夢周公者何心？吾從周者何學？逸於後之譚性命以求之者。辭七逸而不居，負六失而不衄，自珍於大道不敢承，抑萬一幸而生其世，則願爲其人歟！願爲其人歟！」

古史鉤沈論三

龔自珍曰：「予大𢜔後世益不見易、書、詩、春秋。李鋭、陳奂、江藩，友朋之賢者也，皆語自珍曰：『曷不寫定易、書、詩、春秋？』方讀百家，好雜家之言，未暇也。内閣先正姚先生語自珍曰：『曷不寫定易、書、詩、春秋？』又有事天地東西南北之學，未暇也。嗚呼！姬周之衰，七十子之三四傳，或口稱易、書、詩、春秋，不皆著竹帛，故易、書、詩、春秋之文多異。漢定天下，立羣師，置羣弟子，利禄之門，爭以異文起其家，故易、書、詩、春秋之文多異。然而文、武之文，非史籀之孳也。史籀之孳，孔子之雅言，又非漢廷之竹帛也。漢之徒隸寫官，譯形借聲，皆起而與聖者並有權。然而竹帛廢，栔木起，斠紬者不作，凡栔令工匠胥史學徒，又皆起而與聖者並有權。聖人所雅言益微。悲夫！悲夫！將欲更定姬周之末之文章，不有攷文之聖，其孰當之？將欲更漢氏也，羣師互有短長，非深於義訓，勇於割聞者弗能也。無已，則我所欲糾虔，姑在夫引書變爲徒書之際乎？以與漢寫官爭；姑在夫竹帛變栔木之際乎？以與後世之栔令工匠胥史爭；所據者皆賤，所革者功不大，小賢勉而能爲之，庶幾其遂爲之，勇改三百字。我將鬼不相予，乃又吴言曰：『是不足爲！』今夫易、書、詩、春秋之文，什五用叚借焉，其本字蓋罕矣。

盡求其本字，然而所肆者孤，漢師之汎見雅記者闕。孤則不樂從，闕則不具，以不樂從之心，采不具之儲，聚而瞀之，能灼然知孰爲正字？孰爲叚借？固不能以富矣。諸師藉令完具，其於七十子之所請益，倉頡、史籀之故，孔子之所雅言，又不知果在否焉。則足以慰好學臚古者之志，終無以慰吾擇於一之志。且吾之始猖狂也，憾姬周之末多歧，憾漢博士師弟子之多歧；今也不然，憾漢寫官之弗廣，憾契木之初之不廣，憾兵燹之不祐，憾俗士之疎而弗嗜古，無以俟予。予所憾，日益下，亟如何！亟如何！」龔自珍歲爲此言，且十稔，卒不能寫定易、書、詩、春秋。生同世，又同志，寫定者：王引之、顧廣圻、李鋭、江藩、陳奂、劉逢禄、莊綬甲。

古史鉤沈論四

王者正朔用三代，樂備六代，禮備四代，書體載籍備百代，夫是以賓賓。賓也者，三代共尊之而不遺也。夫五行不再當令，一姓不再產聖。興王聖智矣，其開國同姓魁桀壽耇易盡也。賓也者，異姓之聖智魁傑壽耇也。其言曰：臣之籍，外臣也，燕私之游不從，宮庫之藏不問，世及之恩不預，同姓之獄不鞫，北面事人主，而不任叱咄奔走，捍難禦侮，而不死私讐。是故進中禮，退中道，長子孫中儒，學中史。王者於是芳香其情以下之，玲瓏其誥令以求之，虛位以位之。書曰：「今予其敷心，優賢揚歷。」詩曰：「毋金玉爾音，而有遐心。」用此道也，商法盟先異姓，周法盟先同姓；質家尊賢先異姓，文家親親先同姓。古者開國之年，異姓未附，據亂而作，故外臣之未可以共天位也，在人主則不暇，在賓則當避疑忌。是故箕子朝授武王書，而夕投袂於東海之外；易世而升平矣，又易世而太平矣，賓且進而與人主之骨肉齒。然而祖宗之兵謀，有不盡欲賓知者矣；燕私之禄，有不盡欲與賓共者矣；宿衛之武勇，有不欲受賓之節制者矣；一姓之家法，有不欲受賓之論議者矣。四者，三代之異姓所深自審也。是故周祚四百，其大政之名氏，姜、任、嬴、芊、姒、子之材不與焉；征伐之事，受顧命之事，共和攝王政之事，皆姬姓也。其異姓之聞人，則史材也。且夫史聃之訓曰：「知足不辱，知止不殆。」知所以自位，則不辱矣；知所以不論議，則不殆矣；不辱不殆，則不顚頓悲憂矣。孔子曰：「非天子不議禮，不制度，不考文，吾從周。」從周，賓法也。又曰：「出則事公卿。」事公卿，賓分也。孟軻論卿，貴戚之卿，異異姓之卿。夫異姓之卿，固賓籍也，故諫而不行則去。史之材，識其大掌故，主其記載，不吝其情，上不欺其所委贄，下不鄙夷其貴游，不自卑所聞，不自易所守，不自反所學，以榮其國家，以華其祖宗，以教訓其王公大人，下亦以崇高其身，真賓之所處矣。何也？古之世有抱祭器而降者矣，有抱樂器而降者矣，有抱國之圖籍而降者矣。無籍其道以降者，道不可以籍也。下至百工之藝，醫卜之法，其姓氏也古，其官守也古，皆不能以其藝降。夫非王者卑其我法，又非王者不屑籍古之道也，又非王者敢滅前古之人民，獨不敢滅其禮樂與道藝也。道誠異，不可降；禮樂誠神靈，不可滅也。禮樂三而遷，文質再而復，百工之官，不待易世而修明，微夫儲而抱之者乎？則弊何以救？廢何以修？窮何以革？易曰：「窮則變，變則通，通則久。」恃前古之禮樂道藝在也。故夫賓也者，生乎本朝，仕乎本朝。上天有不專爲其本朝而生是人者在也，是故人主不敢驕。夫嬴、劉之主，驕於三代者何也？賓籍闕也。漢之賓籍闕，不於其季，於其初。漢初，伏生老，竇公耄，申公胥靡，故漢初已無有賓。若夫子與姬之交也，姒與子之交也，其學或有續絶矣，其得姓受氏者或有續絶矣，官或有續絶矣，禮或有續絶矣，則以三代之季，或能賓賓而尊顯之，或不能賓賓而窮、而晦、而行遯。職此之由，杞不能徵夏，宋不能徵殷，孔子於杞、宋思獻。周初，武王舉逸民；其衰也，有柳下惠、少連。禽也淵雅博物，少連躬至行，孔子皆謂之降志之民。孔子述六經，則本之史。史也，獻也，逸民也，皆於周爲賓也，異名而同實者也。若夫其姓賓也，其籍外臣也，其進非世及也，其地非闉闍燕私也；而僕妾色以求容，而俳優狗馬行以求禄，小者喪其儀，次者喪其學，大者喪其祖，徒樂厠於僕妾、俳優、狗馬之倫，孤根之君子，必無取焉。

六經正名

龔自珍曰：「孔子之未生，天下有六經久矣。莊周天運篇曰：『孔子曰：某以六經奸七十君而不用。』記曰：『孔子曰：入其國，其教可知也。有易、書、詩、禮、樂、春秋之教。』孔子所覩易、書、詩，後世知之矣。若夫孔子所見禮，即漢世出於淹中之五十六篇；孔子所謂春秋，周室所藏百二十國寶書是也。是故孔子曰：『述而不作。』司馬遷曰：『天下言六藝者，折衷於孔子。』六經、六藝之名，由來久遠，不可以肊曾益。善夫！漢劉向之爲七略也，班固仍之，造藝文志，序六藝爲九種，有經、有傳、有記、有羣書。傳則附於經，記則附於經，羣書頗關經則附於經。何謂傳？書之有大、小夏侯、歐陽傳也；詩之有齊、魯、韓、毛傳也；春秋之有公羊、穀梁、左氏、鄒、夾氏亦傳也。何謂記？大、小戴氏所録，凡百三十有一篇是也。何謂羣書？易之有淮南道訓、古五子十八篇，羣書之關易者也。書之有周書七十一篇，羣書之關書者也。春秋之有楚漢春秋、太史公書，羣書之關春秋者也。然則禮之有周官、司馬法，羣書之頗關禮經者也。漢二百祀，自六藝而傳記，而羣書，而諸子畢出，既大備，微夫劉子政氏之目録，吾其如長夜乎？何居乎？世有七經、九經、十經、十二經、十三經、十四經之喋喋也，或以傳爲經，公羊爲一經，穀梁爲一經，左氏爲一經。審如是，是則韓亦一經，齊亦一經，魯亦一經，毛亦一經，可乎？歐陽一經，兩夏侯各一經，可乎？易三家，禮分慶、戴，春秋又有鄒、夾，漢世總古今文爲經，當十有八，何止十三？如其可也，則後世名一家説經之言甚衆，經當以百數；或以記爲經，大、小戴二記畢爯經，夫大、小戴二記，古時篇篇單行，然則禮經外，當有百三十一經；或以羣書爲經，周官晚出，劉歆始立，劉向、班固灼知其出於晚周，先秦之士之掇拾舊章所爲，附之於禮，等之於明堂陰陽而已，後世爯爲經，是爲述劉歆，非述孔氏。善夫！劉子政氏之序六藝爲九種也，有苦心焉。斟酌曲盡，善焉序六藝矣。七十子以來，尊論語而譚孝經，小學者，又經之户樞也；不敢以論語夷於記，夷於羣書也；不以孝經還之記，還之羣書也；又非傳，於是以三種爲經之貳。雖爲經之貳，而仍不敢悍然加以經之名，向與固可謂博學明辨慎思之君子者哉！詩云：「自古在昔，先民有作。」向與固豈非則古昔、崇退讓之君子哉？後世又以論語、孝經爲經。假使論語、孝經可名，則向早名之；且曰序八經，不曰序六藝矣。仲尼未生，先有六經；仲尼既生，自明不作，仲尼曷嘗逹弟子使筆其言以自制一經哉？亂聖人之例，淆聖人之名實，以爲尊聖，怪哉！非所聞，非所聞！然且以爲未快意，於是乎又以子爲經。漢有傳記博士，無諸子博士。且夫子也者，其術或醇或疵，其名反高於傳記。傳記也者，弟子傳其師，記其師之言也；諸子也者，一師之自言也。傳記，猶天子畿内卿大夫也；諸子，猶公侯各君其國，各子其民，不專事天子者也。今出孟子於諸子，而夷之於二戴所記之間，名爲尊之，反卑之矣。子輿氏之靈，其弗享是矣。問：『子政以論語、孝經爲經之貳，論語、孝經則若是班乎』？答：『否否。孝經者，曾子以後，支流苗裔之書，平易汎濫，無大疵，無閎意眇指，如置之二戴所録中，與坊記、緇衣、孔子閒居、曾子天圓比，非中庸、祭義、禮運之倫也。本朝立博士，向與固因本朝所尊而尊之，非向、固尊之也。然則劉向、班固之序六藝爲九種也，北斗可移，南山可隳，此弗可動矣。後世以傳爲經，以記爲經，以羣書爲經，以子爲經，猶以爲未快意，則以經之輿儓爲經，爾雅是也。爾雅者，釋詩、書之書，所釋又詩、書之膚末，乃使之與詩、書抗，是尸祝輿儓之鬼，配食昊天上帝也。』」

六經正名答問一

問：「傳記及爾雅之爲經，子斥之，以爲不古也；孝經之名古矣，胡斥之？」答：「孝經之名經，視他傳記古矣，視孔氏之世之六經則不古。鼂不云乎，仲尼未生，已有六經，仲尼之生，不作一經。子惑是，是惑於元命苞、鉤命決而已矣。周官之爯經，王莽所加。」

六經正名答問二

問：「張揖以降，論爾雅者衆矣，以孰爲正？」答：「以宋鄭樵之論爲正。」「然則雅可廢邪？」答：「否否。尚寶史游急就，豈不寶雅？尚尊許慎説文，豈不尊雅？尚信毛萇詩傳，豈不信雅？後聖如起，莫之廢也！釋訓一篇最冗，最誕，最僑鄙，最不詞，如夾漈言。」

六經正名答問三

問：「六藝之有樂，謂聲容，不謂竹帛，明矣。樂記一篇之存，周官大司樂篇之存，竇公所獻，戴氏所録，其存於天地也，不得謂韶、濩之存於天地也，明矣。班氏乃采小戴記之一篇，以當六藝之一，何居？」答：「子之言是也，而不可以責向與固也。向若曰『此樂之見於大略者爾』，名爲七略，則不得不然，名爲藝文志，則不得不然。」

六經正名答問四

問：「三禮之名始何時？」答：「始熹平立石經時，夫小戴尊矣。抑王言、保傅之篇善矣，夏小正視月令古矣，曾子十八篇亡，厓略稍稍見，大戴又有功焉。公冠、投壺、諸侯遷廟、諸侯釁廟，又班氏所爯，其文與十七篇相似者也，則是淹中經之四篇也。然而蔡邕不書大戴，盧植、鄭玄不注大戴，用心亦有頗焉。」

六經正名答問五

問：「吾子之言，以經還經，以記還記，以傳還傳，以羣書還羣書，以子還子，五者正名之功碩矣。今天下古書益少，如其寫定於先生之堂，六藝九種，以誰氏爲配？」答曰：「我其縱言之：周書去其淺誕，剔其譌衍，寫定十有八篇；穆天子傳六篇；百篇書序；三代宗彝之銘，可讀者十有九篇；秦陰一篇，桑欽水經一篇，以配二十九篇之尚書。左氏春秋、春秋公羊傳、鄭語一篇及太史公書，以配春秋。重寫定大戴記、小戴記，加周髀算經、九章算經、考工記、弟子職、漢官舊儀，以配禮古經。屈原賦二十五篇、漢房中歌、郊祀歌、鐃歌，以配詩。許氏說文，以配小學。是故書之配六，詩之配四，春秋之配四，禮之配七，小學之配一。今夫穀梁氏不受春秋制作大義，不得爲春秋配也。國語、越絶、戰國策，文章雖古麗，抑古之雜史也，亦不以配春秋。周官五篇，既不行於周，又未嘗以行於秦、漢，文章雖閎侈，志士之空言也，故不以配禮。若夫詩小序。不能得詩之最初義，往往取賦詩斷章者之義以爲義，豈書序之倫哉？故不得爲詩之配。竊又以焦氏易林、伏生尚書大傳、世本、董仲舒書之第二十三篇、周官五篇，此五者附於易、書、春秋、禮經之尾，如附庸之臣王者，雖不得爲配，得以其屬籍通，已爲之尊矣！盡之矣！盡之矣！」或曰：「胡不以老子配易，以孟子、荀子配論語？」應之曰：「經自經，子自子，傳記可配經，子不可配經，雖使曾子、漆雕子、子思子之書具在，亦不以配論語。皭也發其耑矣。」

西域置行省議

天下有大物，渾員曰海，四邊見之曰四海。四海之國無算數，莫大於我大清。大清國，堯以來所謂中國也。其實居地之東，東南臨海，西北不臨海，書契所能言，無有言西北海狀者。今西極徼至愛烏罕而止，北極徼至烏梁海總管治而止。若乾路，若水路，若大山、小山、大川、小川，若平地，皆非盛京、山東、閩、粵版圖盡處即是海比。西域者，釋典以爲地中央，而古近謂之爲西域矣。我大清肇祖以來，宅長白之山，天以東海畀大清最先。世祖入關，盡有唐、堯以來南海，東南西北設行省者十有八，方計二萬里，積二百萬里。古之有天下者，號稱有天下，尚不能以有一海。博聞之士，言廓恢者擯勿信，於北則小喻，望見之；於西北、正西則大喻，望而不見。今聖朝既全有東、南二海，又控制蒙古喀爾喀部落，於北不可謂喻。高宗皇帝又應天運而生，應天運而用武，則遂能以承祖宗之兵力，兼用東南北之衆，開拓西邊，遠者距京師一萬七千里，西藩屬國尚不預，則是天遂將通西海乎？未可測矣。然而用帑數千萬，不可謂費；然而積兩朝西顧之焦勞，軍書百尺，不可謂勞；八旗子弟，緑旗㚇賤，感遇而捐軀，不可謂折。然而微夫天章聖訓之示不得已，淺見愚儒，下里鄙生，幾幾以耗中事邊，疑上之智；翦人之國，滅人之嗣，赤地千里，神武而殺，疑上之仁。否否。有天下之道，則貴乎因之而已矣。假如鄙儒言勞者不可復息，費者不可復收，滅者不可復續，絶者不可復蘇，則亦莫如以因之以爲功，況乎斷非如鄙儒言。欲因因功而續加之，所憑者益厚，所籍者益大，所加者益密，則豈非天之志與高宗之志所必欲遂者哉？欲因功而續加之，則莫如酌損益之道。何謂損益之道？曰：「人則損中益西，財則損西益中，兩言而已矣。」今中國生齒日益繁，氣象日益隘，黄河日益爲患，大官非不憂，主上非不諮，而不外乎開捐例、加賦、加鹽價之議。譬如割臀以肥腦，自啖自肉，無受代者。自乾隆末年以來，官吏使民狼艱狽蹷，不士、不農、不工、不商之人，十將五六；又或飧菸草，信邪教，取誅戮，或凍餒以死，終不肯治一寸之絲、一粒之飯以益人。承乾隆六十載太平之盛，人心慣於泰侈，風俗習於游蕩，京師其尤甚者。自京師起，槩乎四方，大抵富户變貧户，貧户變餓者，四民之首，奔走下賤，各省大局，岌岌乎皆不可以支日月，奚暇問年歲？嘉峪關以外，鎮將如此其相望也，戍卒如此其夥也，燧堡如此其密也。地縱數千里，部落數十支，除砂磧外，屯田總計，北纔二十三萬八千六百三十二畝，南纔四萬九千四百七十六畝，合計纔二十八萬八千一百零八畝；田丁，南北合計纔十萬三千九百零五名，加遣犯有名無實者，二百零四名。若云以西域治西域，則言之胡易易？今内地貴州一省，每歲廣東、四川皆解餉以給。貴州無重兵，官糈兵糧，入不償出，每歲國家賠出五六萬兩至八九萬兩不等，未嘗食貴州之利。内地如此，新疆尚何論邪？應請大募京師游食非土著之民，及直隸、山東、河南之民，陝西、甘肅之民，令西徙。除大江而南，筋力柔弱，道路險遠，易以生怨，無庸議。雲南、貴州、兩湖、兩廣，相距亦遠，四川地廣人稀，不宜再徙。山西號稱海内最富，土著者不願徙，毋庸議；雖毋庸議，而願往者皆往。其餘若江南省鳳、潁、淮、徐之民及山西大同、朔平之民，亦皆性情强武，敢於行路，未驕慣於食稻衣蠶，地尚不絶遠，募之往，必願往。江西、福建兩省，種菸草之奸民最多，大爲害中國，宜盡行之無遺類。與其爲内地無産之民，孰若爲西邊有產之民，以耕以牧，得長其子孫哉！當行者，官給每户盤費若干，每丁盤費若干。議聞。又各省駐防旗人，生齒日繁，南漕不給，大率買米而食，買緞而衣，若遣令回旗，京師城内不能容，若再生育數年，本省費又無所底。駐防者，所以衛天朝也。八旗子弟受恩久，忠義其所性成，苟有利於天朝者，必無異心，無異議也。各將軍議酌，每大省行若干丁，中下省行若干丁，盤費宜視民人加重，以示優厚。議聞。其遷政，暫設大臣料理之，七年停止。議聞。先期斬危崖，剷仄嶺，引淙泉，瀉漫壑；到西，分畫南北兩路後，官給蒙古帳房一間，牛犁具，籽種備，先給大户如干丈，中户如干丈，下户如干丈，不得自占。旗民同例。除砂磧不報墾外，每年一奏開墾之數，十年再奏總數，二十年彙查大數。每年粟麫稞蔬皆入其十分之一，貯於本地倉，以給糧俸；其地丁錢賦，應暫行免納，俟二十年後，再如内地交穀外，另有丁賦例。有丁賦後，再定解部額。現在交粟麫，暫勿折收銀錢，亦俟二十年後，再如内地折銀錢例。設兵部尚書、右都御史、準、回等處地方總督一員，兵部侍郎、右副都御史、準、回等處地方巡撫一員，或如直隸、四川例，以督兼撫，不立撫似亦可。布政使一員，按察使一員，巡道三員，提督一員，總兵官三員，知府十一員，知直隸州三員；知州二員，知縣四十員。府州之目十有四：曰伊東府，曰伊西府，伊犁東西路也；曰庫州府，庫喀喇烏蘇也；曰迪化府，烏魯木齊也；曰鎮西府，巴爾庫勒也；曰瓜州府，哈密也；曰塔州直隸州，塔爾巴噶台也，以上北路。曰闢州府，闢展也；曰沙州府，哈拉沙拉及庫車沙爾雅也；曰蘇州府，阿克蘇及賽喇木也；曰羌州府，葉爾羌也；曰和州府，和闐也；曰吐蕃直隸州，烏什也；曰磚房直隸州，喀什噶爾也，以上南路。伊東府設縣四：以府城爲伊東縣，以烏哈爾里克爲綏定縣，以博羅塔拉爲博縣，以幹珠罕爲珠縣，四至核議。伊西府設縣四：以府城爲伊西縣，以庫爾圖爲圖縣，以古爾班薩里爲絜縣，以烘郭爾鄂籠爲鄂縣，四至核議。庫州府設縣三：以府爲庫縣，以烏魯雅蘇圖爲舊營縣，以晶河爲豐潤縣，四至核議。瓜州府設縣四：以府城爲瓜縣，以蘇木哈喇垓爲舊堡縣，以賽巴什達里雅爲湖縣，以塔勒納沁爲土城縣，四至核議。塔州設縣二：以州爲塔縣，以雅爾爲肇豐縣，四至核議。其鎮西、迪化兩府，現在章程已善，毋庸改議。南路闢州府設縣六：以府城爲闢縣，以納呼爲東闢縣，以洪城爲洪縣，以魯克察克爲柳中縣，以呤喇和卓爲高昌縣，以吐爾番爲安樂縣，四至核議。沙州府設州一、縣四：以府城爲沙縣，以庫車爲龜兹縣，以碩爾楚克爲舊城縣，以託和鼐爲鼐縣，以沙雅爾爲沙城縣，四至核議。蘇州府設州一、縣五：以府爲蘇縣，以賽喇木爲毗羅州，以帕爾滿爲帕縣，以託克三爲四村縣，以拜城爲拜縣，以庫什塔木爲小城縣，四至核議。羌州府設縣五：以府爲羌縣，以巴爾楚克爲新遷縣，以呼拉瑪爲瑪平縣，以哈喇古哲什爲哲縣，以裕勒里雅克爲西夜縣，四至核議。和州府設縣四：以府城爲球縣，以皮什雅爲琳縣，以玉隴哈什爲琅縣，以博羅齊爲玗縣，四至核議。吐蕃州設縣二：以州爲明定縣，以森尼木爲森縣。磚房州設縣三：以州爲磚房縣，以塞爾門爲塞門縣，以英噶薩爾爲依耐縣，四至核議。武官副將以下，文官同知以下，應如干員，另議。總督駐劄伊東府，巡撫駐劄迪化府，提督駐劄迪化府，分巡安西北兵備道一員，分鎮安西北鎮總兵官一員，同駐劄鎮西府；分巡天山北兵備道一員，駐劄伊東府，分鎮天山北鎮總兵官一員，駐劄塔州；分巡天山南兵備道一員，駐羌州府，分鎮天山南鎮總兵官一員，駐吐蕃州。非闢州屬之安樂縣。督撫必皆駐北路者，北可制南，南不可制北。昔者回部未隸天朝，無不甘心爲準夷役者，亦國勢然也。設采辦紅銅事務監督一員，用内務府人員，三年更調，駐劄吐蕃州。其甘肅省嘉峪關設監督一員，專司内地往準、回販易之税。除稻、米、鹽、茶、大黄、布、綢外，一切中國奇淫之物，不許出關，以厚其俗；除皮貨、西瓜外，不許入關，以豐其聚。銅務關務，皆所以劑官俸，給兵糈也。其哈密、闢展兩郡王，皆賞給協辦府事官名號，朔望祭祀，及大禮排班，在道府之下，同知之上；各回城伯克中，皆遴選一員，賞給協辦縣事名號，朔望祭祀，及大禮排班，在知縣之下，縣丞之上。甘肅省以安西南路爲盡境，準、回省以安西北路爲首境，立界石。新遷人等，及旗人、回人等，未能知書，應請於三十年後，立學宫，設生員，舉鄉試，現在毋庸議；其鎮西、迪化現已設立，姑仍舊，交巡撫考試。戈壁無水草處，地方官踏看，有可籤采金屑之地，酌立條規奏聞。官缺在北路者，及臨戈壁者，設風沙邊缺，如内地煙瘴邊缺之例，速其升調。凡近磧之郊，處處設立風神祠，泉神祠，歲時致祭，仰祝上帝，地出其泉，風息於天，以宜蔬宜稞，頒祝文焉。大郭勒之在祀典者，應幾處核議；大達巴之在祀典者，應幾處核議。文移官事，往來經戈壁，皆帶泉水，應頒製西洋奇器，物小受多利行者；又宜頒設高廣護風之具，田中可用者，詳蕭山民人王錫議。令仿造。夫然而屯田可盡撤矣，屯田者，有屯之名，不盡田之力。三代既遠，欲兵與農之合，欲以私力治公田，蓋其難也。應將見在屯田二十八萬畝零，即給與見在之屯丁十萬餘人，作爲世業，公田變爲私田，客丁變爲編户，戍邊變爲土著；其遣犯毋庸釋回，亦量予瘠地，一體耕種交納。既撤緑旗之屯，當撤八旗之戍。中國駐防旗人，往者别立册籍，以别於民户、回户，既有旗户名目，與回民有田籍者同，故撤之而不患無所歸也，應請將將軍、副都統、辦事大臣、領隊大臣、印房章京等一概裁撤。其駐防之滿洲、索倫、錫伯、蒙古弁丁等，戍安西北路者，作爲安西北路旗户；在天山北路者，作爲天山北路旗户；南路者，作爲南路旗户。伊犁將軍所領兵最多，伊東、伊西地亦最大，出之行陳，散之原野，勢便令順，無不給之患，應與自内地駐防旗人新移到者，一體歸地方官管轄。但有事不得受知縣以下杖責，交納時，應比民户、回户酌減十分之二，以償世僕之勞。如是，則又慮其單也，應請設立辦事大臣一員，駐南路極邊羌、和二州之地，統領滿洲兵九百名，蒙古、索倫兵七百名，錫伯兵四十名，緑旗兵六百名，共計二千二百四十名，以控藩部之布魯特、哈薩克、那木干、愛烏罕各國。掌各國之朝貢之務，鑄總統西邊辦事大臣印一，勅文一，秩正二品，受準、回總督節制，與提督、巡撫互相節制。布政使以下，具申文，總兵官以下，帶刀見，以昭威重。其駐防兵丁，於現在議裁撤者，遴留至鋭者，其軍裝、器械、月餉，應照内地江寧、荆州例，歲一閱，三歲總督一閱，十歲請旨派威重大臣來西一大閱。布魯特、哈薩克之人咸侍，是爲天朝中外大疆界處。以上各議，現在所費極厚，所建極繁，所更張極大，所收之効在二十年以後，利且萬倍。夫二十年，非朝廷必不肯待之事，又非四海臣民望治者不及待之事，然則一損一益之道，一出一入之政，國運盛益盛，國基固益固，民生風俗厚益厚，官事辦益辦，必由是也，無其次也。其非順天心，究祖烈，劑大造之力，以統利夫東、西、南、北四海之民，不在此議。

附録

先生解中庸「書同文」曰：同文有三訓：一形、二聲、三義。形謂古文變而爲大篆，即籀文，東周時所用。觀周銅器與商器迥殊，自知。義者，周公作釋詁，故孔子告哀公，爾雅以觀於古，足以辨言矣。聲謂諧聲，馬季長訓「子所雅言」，以爲於詩、書、禮皆正其聲音。試觀十五國風，用韻部居皆同，不啻後世之有詩韻。是形同、義同、聲同，而總謂之「書同文」，三者具而一文完。年譜外紀。

解論語「夏禮吾能言之」全章，曰：聖人神悟，不恃文獻，而知千載以上之事，此之謂聖。不可知之謂先覺。但著作之體，必須信而有徵。無徵不信，不信民弗從。聖人不肯以我一人之神悟而疑惑天下。後世之學者，且壞千古著作之例，故闕其言爾。「闕言而死」，見大戴禮記。此章深責杞、宋子孫不守祖宗之法籍，蓋不啻魯失寶玉大弓，罪當絶也。同上。

先生謂衰周及漢代多至庸極陋之書，而善依託。周書中之太子晉解，大、小戴記之五帝德、坊記、表記、緇衣等篇，其尤者也。揚雄法言、王通中説，是其嫡傳。同上。

論横渠西銘曰：朱文公云「前半篇是棋盤，後半篇是下棋子」。又曰：「即以文章論，亦北宋第一篇文字。」昔年悔不讀，自今始願讀三千過。同上。

道光十三年夏，大旱，詔求直言。大學士富俊訪諸先生，先生陳當世急務八條。官中書時，充史館校對，上書總裁，論西北塞外部落源流，山川形勢，訂一統志之疏漏，凡五千言。官禮部時，上書堂上官，論四司政體宜沿革者，亦三千言。官宗人府時，充玉牒館纂修官，則爲之草翙章程。定盦己亥雜詩注。

合肥李文忠黑龍江述略序曰：「古今雄偉非常之端，往往翙於書生憂患之所得。龔氏自珍議西域置行省於道光朝，而卒大設於今日，蓋先生經世之學，此其大者。」年譜。

李越縵曰：「定菴通經制訓詁之學，以奇士自許，其文亦多有關掌故。」越縵堂日記。

譚復堂曰：「先生文字，前無唐、宋，農宗、箸議、五經大義終始諸篇，匡、劉之後輩也。」復堂日記。

定盦交游

徐先生松 別爲星伯學案。

魏先生源 別爲古微學案。

朱先生爲弼 別見儀徵學案。

何先生紹基 別見湘鄉學案。

潘先生諮 別見鏡塘學案。

端木先生國瑚 別見儀徵學案。

王先生萱齡

王萱齡字北堂，昌平州人。道光辛巳副貢，舉孝廉方正，官柏鄉教諭。讀書爲訓詁之學，見高郵王文簡周秦名字解故，其末有闕疑若干事，爲之攟摭經傳，疏通證明，成周秦名字解故補一卷。如釋鄭公子魚臣字僕叔，謂魚，氏也，詩「竝其臣僕」，謙爲賤者之稱，禮運「仕於公曰臣，仕於家曰僕」。釋公祖句茲字子之，謂月令「句者畢出」，説文「茲，草木多益也」，「之，出也，象草過中枝莖益大，有所之，一者地也」，故句茲字子之。釋魯孔箕字子京，謂古箕、荄同字，「箕子」，孟喜易作「荄滋」，史記曰「萬物方荄滋」，孫子算經「十京爲荄」，荄、京俱大也。釋趙李緅字牧，謂緅即棷之譌字，禮運「鳳凰騏麐，皆在郊棷」，天官「藪牧養蕃鳥獸」，棷、藪同字，故棷字牧。其他究聲音之統貫，察訓詁之會通，洵有裨於經學。先生精九章之術，工駢文，又著有昌平志稿。參昌平志。

蔣先生湘南

蔣湘南字子瀟，固始人。道光乙未舉人，大挑二等，選虞城教諭，不就。先生幼孤貧，母授經於風雪中。仲父奇其才，爲之置書千卷，一覽輒曉。嘗從江鄭堂、阮文達問奇字，研經術，與齊梅麓、俞理初談九章算法，考究儀器於欽天監中。既而入江督、河督幕府，緣飾經史，以爲章奏。先生嘗論爲學不分漢、宋，以爲儒者讀孔子書，孔子周人也，周之學，春秋禮、樂，冬夏詩、書，謂之四術，孔子益以易與春秋，謂之六藝，六藝皆周禮也。韓宣子聘魯，見易象、春秋，曰「周禮在魯」，是易與春秋之二藝，禮、樂、詩、書之四藝，皆周公之禮，明矣。子曰：「吾學周禮。」告顏子曰：「克己復禮。」顏子亦曰：「約我以禮。」曾子傳一貫之道，作大學，曰：「自天子以至於庶人，壹是皆以修身爲本。」而中庸證明之，曰：「非禮不動，所以修身。」可知孔門之學，但宜名爲禮學，不宜稱爲理學。孔子没而微言絶，七十子喪而大義乖，孟、荀爲再傳弟子，僅百年而詩、書已待辨正。況漢儒去孔子二百餘年，宋儒去孔子二千餘年乎？漢學、宋學之爭，皆無與周學者也，吾爲周學而已。晚年主講關中書院，修全陝通志，移講豐登、宏道兩書院。咸豐甲寅卒，年五十九。著有七經樓文鈔六卷、春暉閣詩鈔六卷，又有周易鄭虞通旨、十四經日記、中州河渠書各若干卷。參七經樓文鈔閻彤恩、劉元培兩序、柏景偉灃西草堂集、夏寅官撰傳。

文集

費氏易家法考

費氏易無章句，徒以彖、象、繫辭十篇解説上、下經，此見于漢書儒林傳者也。而七録有費氏周易注四卷，經典釋文作章句四卷，殊與漢書本傳不符。豈瑯琊王璜輩傳費氏學者，撰述家法，而託之于長翁與？東漢傳費氏易者，陳元、鄭衆、馬融、鄭康成、荀爽，見于後漢書與隋書經籍志。晉王弼雖以老、莊説易，而其所用之本，亦專主費氏。費氏興而施、孟、梁丘、京四家遂微，非諸儒表章之力乎？漢書儒林傳不言直爲何時人，惟高相傳有「與費直同時」之語。考高相乃平帝時人也，似費氏亦生當平帝時。焦氏易林載費直所論六十四卦變占一篇，中有「王莽時」云云，王莽秉政在平帝元始元年，此費氏生當平帝時之證也。晉書天文志有費氏周易分野，與蔡邕月令分野不同，壽星起軫七度，大火起氐十一度，析木起尾九度，星紀起斗十度，玄枵起女六度，娵訾起危十四度，降婁起奎二度，大梁起婁十度，實沈起畢九度，鶉首起井十二度，鶉火起柳五度，鶉尾起張十三度，可知費氏之學，專以仰觀天文爲主。鄭康成以爻辰注易，其法即費氏易之本法也。特漢代言易諸家，皆以田何爲鼻祖，而本之施、孟、梁丘、京四家。費氏之學，班史未言其所出，後儒遂謂費氏無師傳，非也。費氏蓋源於京房也。京房傳曰：「房授東海殷嘉、河東姚平、河南乘宏，皆爲郎博士，由是易有京氏之學。」下接費直傳曰：「費直字長翁，東萊人，治易爲郎。」此正承上文京氏學而言，治易者，即治京氏易也；爲郎者，猶殷嘉諸人之爲郎博士也。

下文高相傳言其與費公同時，學無章句，此明其與費氏同；又言出于丁將軍，此明其與費氏異。而費氏不云所出，其爲承上文京氏學無疑也。京氏書存於今者，有積算易傳三卷，世應飛伏，六位十甲，五星四氣等，皆參入卦氣中，蓋本孟氏六日七分之法而更密之。費氏周易之分野，亦闡明京氏之卦氣而已矣。注費氏易者，始自馬融。融注「天命不右，明夷于左般」，及「易有太極」，皆以天行次舍證易，與費氏分野之說合，與京氏卦氣之說亦合，費氏非源于京氏乎？鄭康成受費氏易于馬融，而專言爻辰。後漢書鄭康成傳不言其通費氏易，但言其通京氏易，費氏非源于京氏乎？荀爽注「範圍天地而不過」云「乾坤消息法，周天地而不過于十二辰」，是明明據費氏之分野而言；注坤卦云「坤在于亥下，有伏龍」，注屯卦云「十二月雷伏地中」，是明明據京氏之飛伏而言，費氏非源于京氏乎？後人以班氏無明文，遂謂費氏無師，亦鹵莽之論矣。

六宗述

說六宗者，凡數十家，有四時、寒暑、日、月、星、水旱之說。

孔傳：「四時也，寒暑也，日也，月也，星也，水旱也。」

按：此說本諸祭法、孔叢子，而朱子與蔡氏沈、蘇氏軾皆從之。劉氏昭、司馬氏彪、羅氏泌、楊氏復、唐氏順之、王氏樵、蔡氏德晉皆駁之。

有天地四時之說。

伏生尚書大傳：「萬物非天不覆，非地不載，非春不生，非夏不長，非秋不收，非冬不藏，禋于六宗，此之謂也。」

按：馬氏融、崔氏靈恩、惠氏棟、江氏聲皆主此說。而杜氏佑、司馬氏彪、蔡氏德晉皆駁之。

有天地四方之間之說。

歐陽、夏侯說六宗，上不謂天，下不謂地，旁不謂四方，在六者之間，助陰陽變化，實一而名六宗矣。

按：此說李氏郃主之。而許氏慎、司馬氏彪、蔡氏德晉、唐氏順之皆駁之。

有乾坤六子之說。

劉氏歆曰：「六宗謂乾坤六子，水、火、雷、風、山、澤。」

按：此說同于孔光，而王莽、顏師古皆從之。司馬氏彪、杜氏佑、唐氏順之皆駁之。

有天宗三地宗三之說。

賈氏逵曰：「天宗三：日、月、星，地宗三：河、海、岱。」

按：此說許氏慎從之。而鄭氏玄、司馬氏彪、黄氏鎮成皆駁之。

有天宗之說。

盧氏植注月令曰：「天宗，六宗之神。」

按：此說高氏誘、摯氏虞從之，後人無駁。

有星、辰、司中、司命，風師、雨師之說。

鄭氏玄曰：「六宗禋與祭天同名，則六者皆是天之神祇，謂星、辰、司中、司命，風師、雨師。星，五緯也。辰，十二次也。司中、司命，文昌第五、第四星也。風師，箕也。雨師，畢也。」

按：此説范氏甯、張氏融、吴氏商、唐氏順之、王氏鳴盛、孫氏星衍皆從之。而司馬氏彪、杜氏佑、羅氏泌、蔡氏德晉皆駁之。

有三昭三穆之説。

張士髦曰：「六宗，三昭三穆也。」

按：此説程氏顥、王氏安石、胡氏五峯皆從之。而朱子、羅氏泌、王氏樵皆駁之。

有地爲六數之説。

虞氏喜别論曰：「地有五色，大社象之，總五爲一則成六。六爲地數，推按經句，缺無地祭，則祭地。」

按：此説劉氏昭、陶氏安、唐氏順之皆從之。而全氏祖望駁之。

有天宗、地宗、四方宗之説。

司馬氏彪曰：「天宗，日、月、星、辰、寒、暑之屬也；地宗，社稷、五祀之屬也；四方之宗，四時五帝之屬也。」

按：此説王氏樵、蔡氏德晉、全氏祖望皆駁之。

有遊神之説。

孟氏康曰："六宗，天地間遊神也。"

按：此説羅氏泌駮之。

有六氣之宗之説。

摯氏虞新禮儀曰："萬物負陰抱陽，本于太極。六宗，太極中和之氣，六氣之宗也。"

按：此説劉氏劭從之。而杜氏佑駮之。

有六天之説。

魏孝文帝曰："書言上帝六宗，其文相屬。上帝稱肆而不禋，六宗言禋而不別，其名理是一事。六宗非別祭之名，肆類非獨祭之見。且禋非肆地之用，是祭地之事，故稱禋以別之。蓋六宗一祭也，而今圜丘五帝在焉。"乃詔祭天皇大帝及五帝于郊壇，總爲一位。

按：此説杜氏佑從之。而羅氏泌駮之。

有六代帝王之説。

張氏迪曰："六宗，六代帝王也。"

按：此説杜氏佑、羅氏泌皆駮之。

有天宗、地宗、河宗、岱宗、幽宗、雩宗之説。

羅泌路史："天宗者，萬象之宗；而地宗者，萬類之宗也。求之于傳，又有河、岱之宗。河宗則萬水之宗，而岱宗則萬山之宗也。是四宗者，所以及乎其不及而已。然則幽宗、雩宗，其不在六宗乎？"

按：此說秦氏蕙田駁之。

有日、月、星、辰四宗，司中司命、風師雨師二宗之說。

黃氏度曰：「鄭康成據周禮記日、月、星、辰、司中司命、風師雨師是稱天神，故稱宗。月令『祈來年于天宗』是也。然去日、月，恐不可。或曰：『日一，月二，星三，辰四，司中、司命五，風師、雨師六。』此恐當是。」

按：此說秦氏蕙田駁之。

有日、月二宗，星、辰四宗之說。

蔡氏德晉曰：「禋六宗，即祭日、月、星、辰也。日、月、星、辰謂之六宗者，日一、月二、緯星三、經星四、五辰五、十二辰六也。」

按：此說秦氏蕙田駁之。

有五人帝之說。

方氏以智曰：「五方實有六神：曰重爲句芒，曰黎爲祝融，曰該爲蓐收，曰脩、曰熙爲玄冥，曰句龍爲后土。」

按：此說全氏祖望駁之。

有天地四嶽之神之說，有六府之說。

杭氏世駿謂是天地四嶽之神，沈氏彤謂是六府。

按：此二説，見全氏祖望經史問答所駁，其本文今未見。

有六物之説。

全氏祖望曰：「六宗，即左傳之六物也。曰歲謂太歲也，曰時謂四時，曰日，曰月，曰星則二十八宿也，曰辰則十二次也，是六者，皆天神也。」

有方明之説。

惠氏棟明堂大道録曰：「案伊訓及紀年所稱，方明乃明堂六宗也。」

按：此説汪氏中從之，而全氏祖望駁之。

聚訟紛如，久無定論，加以入主出奴者，凡數十萬言，而六宗之神不明，六宗之祀遂廢矣。蔣子曰：「六宗之説雖多，其是者只一而已，惠氏之説是也。」惠氏之説，即伏生之説，亦即歐陽和伯、劉歆、盧植、孟康、摯虞、魏孝文之説。何也？虞書曰「肆類于上帝，禋于六宗」，以六宗與上帝並言。此即周禮之言祀昊天上帝，又言祀五帝也。上帝者，天地萬物之主宰，于易謂之乾元，于書謂之惟皇，于禮謂之太一。其體立于未有天地萬物之先，其用顯于既有天地萬物之後，視之而不可見，聽之而不可聞，其至誠、至靈、至玄、至妙之本，然實爲鬼神人物之主。不知者，或以天爲上帝，其實上帝非天也。或以五帝爲上帝，其實上帝非五帝也。不識上帝，所以不識六宗。六宗者，何也？方明也。方明以木爲之，其制見於覲禮，方四尺，設六色，上玄、下黄，東青、南赤、西白、北黑，以象天地四時，天地與四時皆上帝行其功用者也。祀上帝者，報其本；祀六宗者，報其功。故伏生曰：「萬物非天不覆，非地不載，非春不生，非夏不長，非秋不收，非冬不藏。」皆有功於民，故尊而祀之。而歐陽和伯所謂在六者之間，助陰陽變化，實一而名六者，則又兼上帝而言之也。上帝無形，天地四時有形，故分爲二祭。嬗代之禮，非常可擬，特于天地四時常祭之外，設此祭以明報本報功之心。鄭氏注：「文祖爲五府之大名，猶周之明堂。明堂之禮，合祀上帝方明。」惠氏引伊訓篇「伊尹祀于先王誕資有牧方明」以證之。汪氏明堂通釋亦引堯典之「禋于六宗」，以爲與伊訓、覲禮合。明堂祀六宗，又祀文王，故孝經曰：「宗祀文王。」宗字確據，惟此一說，得之周公之祀明堂，正本于唐、虞之祀文祖也。其餘數十家之說，不俱可廢也哉！六宗于周，又謂之方祀。大宗伯：「以玉六器，以禮天地四方，以青圭禮東方，以赤璋禮南方，以白琥禮西方，以玄璜禮北方。」蓋與圜丘方澤同爲天地四時之專祭，專祭亦用禋禮，小雅曰「來方禋祀」是也。其合祭則謂之方明，而唐、虞謂之六宗。

孟子周官封建異同説

封建之制，孟子與周官不合，儒説之調停者亦異。自漢迄今，未有定論。蔣子曰：「孟子、周官皆是也，諸儒之説皆非也。」蓋孟子所言者，爲周初之制，見于尚書武成篇，曰：「列爵爲五，分土爲三。」武成者，武王之書也，伏生今文中雖無武成，然書序明明有之，孔壁古文明明有之。孟子言「吾于武成，取二三策」，是孟子親見武成之證也。曰「天子一位，公一位，侯一位，伯一位，子男同一位」，與「列爵爲五」合；曰「公侯皆方百里，伯七十里，子男五十里」，與「分土爲三」合。武成真古文，亡于建武之際，今之武成，論者多以爲僞。閻氏若璩攻之尤力，以爲襲用漢書，不合孟子。要之，「血流漂杵」之語，既見孟子，則孟子時之武成，必有「血流漂杵」可知也；五等之爵，三等之土，既見孟子，則孟子時之武成，必有「列爵爲五，分土爲三」可知也。周官者，周家一代之官制，自西周以至東周，四百年中，因革損益，不知凡幾，不必盡屬周初之制也。周初之制，公侯皆方百里，而當成王時，其法已一變。管仲告楚使曰：「賜我先君履東至于海，西至于河，南至于穆陵，北至於無棣。」今之治春秋者，無不謂管仲之飾辭矣。然晏子告景公亦曰：「昔我先君太公，受之營丘，爲地五百里。」史記亦曰：「伯禽、康叔封于魯、衛，地各四百里。太公于齊，兼五侯地。」是齊國之五百里，實爲太公始封，與魯、衛之四百里，同受封于成王時者，均不可誣。夫太公、康叔皆封于武王世，何以成王復封之？蓋在周公東征以後也。其時滅國五十，地皆與齊、魯、衛鄰，成王褒太公之功，故益之以蒲姑之地；嘉康叔之德，故徙之于邶、鄘、衛之地；大周公之功德，故封伯禽于魯，而益之以商、奄之地。于是侯國百里之制，稍變于三國。康成注王制曰：「孟子所言周初制，周公斥大九州之地，始皆益之。」正言齊、魯、衛加封之事也。陸農師、易山齋、金仁山輩皆不然鄭説，殆未之考。然因此遂謂大司徒建邦之制，爲成王所定，則又不可。何也？司徒之文，與夏官職方氏合。職方氏一篇，即汲冢周書之職方解也。周書序以爲穆王作。論者謂穆王取周官中職方氏之文，申命告誡，述古亦謂之作。今以兩書互校，則職方氏多四十四字，曰：「凡邦國千里封公，以方五百里則四公，方四百里則六侯，方三百里則七伯，方二百里則二十五子，方百里則百男。」而職方解但云「凡公侯伯子男，以周知天下」而已。夫以穆王之勤遠略，特取先王之典，申令天下，何以反刪去諸侯之方域，祕而不宣哉？蓋穆王時，職方氏原文尚無此四十四字，而周官五百里、四百里云云，爲穆王以後所增益也。周官之官名，散見于左氏春秋，如宰、如内史、如膳夫、如行人、如太史，周官皆有明文，而襄公二十一年欒盈曰：「將歸死于尉氏。」注以尉氏爲司寇之屬，其實司寇屬官並無尉氏，是東周以後官名之改易，尚有未載于周官者。然則大司徒之土地制域，其爲後王所更定，明矣。王室既微，職方不修，强淩弱，衆暴寡，天子不能討，且因其并吞之地，從而封之，載諸大司徒之方策，變易舊制，是亦情理所宜有者。春秋時，自鄭國外，别無方三百里之伯。若子男，則更無二百里、百里者。但公侯之封既廣，則伯子男之封亦不得不廣。虚定其制，以存王朝之大體，故增益職方氏之文，以傅合大司徒之文。且定其食數爲半，爲三之一，爲四之一，以傅合百里、七十里、五十里之初制，所以掩王靈不振之恥也。不然，公侯雖甚有功，斷不能如太公；公侯雖甚有德，斷不能如康叔、伯禽，烏得援成王加封之例哉？孟子未見周籍，仍据武成爲言，故與周官不合。儒者篤信周官，爲周公所手定，勉强調停，説愈多而愈歧。其不信周官者，直以爲戰國之書，王莽之書，則更鹵莽矣，故均不置辨。

附　録

先生嘗謂刑名之學，古人所以輔禮，鄭康成注周禮多引漢律，是讀律亦儒者事也。因取大清律與唐律、明律互校，括以三經二緯，以推原周公制禮之等殺，著輔禮論二千餘言，俾讀書人一望而皆能治獄焉。七經樓文鈔閻彤恩序。

清儒學案卷一百五十九

拙修學案

拙修恪守程、朱，信道彌篤，於儒、釋之辨，剖析毫芒。同治中興，與艮峯、强齋同心獻替，憂盛危明，音諧笙磬，洵爲不負所學矣。述拙修學案。

吴先生廷棟

吴廷棟字彦甫，號竹如，霍山人。道光乙酉拔貢，刑部七品小京官，洊升郎中。少好宋儒之學，入官益植節勵行，蹇蹇自靖。讀律精熟，獄經手判，如山岳不可動。崇文門監督奏獲長興店私酒三十六家，株連數十人，下部鞫治。侍郎書元，兼充副監督，欲重比，同官多不直之。先生覆審，得税局員丁詐贓狀，奏請歸案質訊。文宗疑書元孤立，仍右之。會先生京察，召對，被詰問，面陳收税當以城門爲限，長興店距城四十里，不得謂之漏税，上乃悟，遂受知。未幾，簡授直隸河間知府。粤匪犯畿輔，屬邑被擾，修城練民團，督之防守，民心以固。郡當要衝，屹然賴爲保障。連擢永定河道、直隸按察使。以軍務未竣，仍留河間府任事。平擢山東布政使，入覲。時行鈔票大錢，部章屢更，信用既失，强以督責官吏，商民交困。面奏其不能流通之故，言甚切至。上意動，疆吏疏申其説，得允停止。尋署山東巡撫，以奏銷遲滯，部議降級，左遷直隸按察使，調山東按察使。同治初，召授大理寺卿，擢刑部侍郎。兩宫垂簾聽政，嘗面諭曰：「汝受先帝知最深，皇帝沖齡踐阼，汝老臣於國家大事宜直言毋隱。」先生感泣。江寧克復，朝野以中興爲慶，上疏請加敬懼。兩宫嘉納，命存其疏於弘德殿，備省覽。尋以老病乞休，僑寓江寧。同治十二年卒，年八十有一。著有拙修集十卷。先生湛深宋五子書，尤服膺朱子。所守在義利之關，尤不假借者，在儒、釋之辨。每退食私室，端坐如塑，不輕出一語。及遇政治之得失，人心風俗之邪正，上下古今，不厭不倦。退休江寧，貧甚，不受餽遺，世尤稱其清節。參史傳、墓誌、文集。

文集

金陵告捷請加敬懼疏

恭讀本月初三日上諭：自古君臣安不忘危，治不忘亂，即令今日已治已安，猶當戒慎恐懼，不自滿假等因，欽此。方今江寧克復，元兇授首，四方指日蕩平，普天臣民同深慶幸，乃聖心猶戒慎恐懼，不自滿假，諄戒統兵大臣督撫等，及内外大小臣工，慎始圖終，無荒無怠，此誠四海臣民萬世無疆之福也。而臣竊有慮焉。萬方之治亂在朝政，百工之敬肆視君心，事不貴文，貴其實，下不從令，從所好，敢爲皇太后、皇上敬陳之。夫治亂決於敬肆，根於喜懼。從古功成志遂，人主喜心一生，而驕心已伏，宦寺即有乘此喜而貢其諂媚者矣；左右即有因此喜而肆其蒙蔽者矣；容悦之臣，即有迎此喜而工其諛佞者矣；屏逐之姦，即有窺此喜而巧其夤緣者矣。諂媚貢則柄暗竊，蒙蔽肆則權下移，諛佞工則主志惑，夤緣巧則宵小升。於是受蠱惑，塞聰明，惡忠讜，遠老成，從前戒懼之念，一喜敗之，此後侈肆之行，一喜開之。方且矜予智，樂莫違，逞獨斷，快從欲，一人肆之於上，羣小煽之於下，流毒蒼生，遺禍社稷。稽諸史册，後先一轍，推原其端，只因一念之由喜入驕而已。軍興以來，十數省，億萬生靈，慘遭鋒鏑。即倡亂之民，莫非朝廷赤子，大兵所加，盡被誅夷。皇太后、皇上體上天好生之心，必有哀矜而不忍喜者。況旗兵乏食，根本空虚，新疆缺餉，邊陲摇動，兼之外夷偪處，窺伺要求，邪教肆行，人心煽惑，豈惟不可喜，而實屬可懼！假使萬幾之餘，或有一念之肆，雖綸音告戒，而羣臣第奉爲故事，多方且視爲具文，積習相沿，徒爲粉飾，將仍安於怠惰廢弛矣。是非堅定刻苦，持之以恒，積數十年之恭儉教養，有未易培國脈、復元氣者。夫上行必下效，内治則外安，而其道莫大於敬，其幾必始於懼。懼天命無常，則不敢恃天；懼民情可畏，則不敢玩民；懼柄暗竊，則諂媚必斥；懼權下移，則蒙蔽必照；懼志易蕩，則諛佞必遠；懼邪易升，則夤緣必絶，凡皆本於一心之敬而已。蓋懼者敬之始，敬者懼之實，敬則大智愈明，神武愈彰，天之明命常顧於目，民之怨咨如聞於耳。一人篤恭於上，盈廷交儆於下，羣帥知懼，必協力以靖餘氛，殘寇無難盡掃；大吏知懼，必竭心以圖善後，災黎將慶再生。而宵旰勤勞，仍復其難其慎，日與二三大臣，開誠布公，集思廣益，無欲速，無見小，一切撫綏培養，安内懷遠之要，無不次第籌其萬全，庶幾至誠無息，久道化成，紹祖宗富有之大業，開子孫無疆之丕基，是皆由皇心之敬成，而實由皇心之懼始也。要之，存亡決於敬肆，敬肆根於喜懼。唐太宗身平羣雄，貞觀之治，軼於漢文，而以驕矜致悔；明皇親定大亂，開元之治，等於太宗，而以泰侈召禍。若夫帝舜之治，至於地平天成，大禹猶戒以無傲無慢，而虞書首曰欽此，所以成中天之運也。武王之治，通於九夷八蠻，召公猶訓以玩人玩物，而丹書首曰敬此，所以永八百之祚也。喜而肆者如彼，懼而敬者如此。易傳曰：「危者使平，易者使傾。懼以終始，其要无咎。」詩曰：「敬之敬之，天維顯思，命不易哉。」可弗以爲永鑒與？

與方存之論讀論孟記疑

卷中各條，俱與鄙見不甚相合。繼而思之，聖言包藴無窮，原有後人探索，未能盡處。雖與朱註偶異，不妨姑存，以備一説。且經此發揮，有愈見朱註之精者，亦有可另見其義者，固無容深辨也。惟程子「性中曷嘗有孝弟來」一語，每足啟後人疑議。其實是學者不能虚心涵泳，未能知其用意而輕議之耳。昔毛西河得此一語，遂以爲悖於聖人之旨，居爲奇貨，因此以攻朱子，而有四書改錯之作。此固用心偏私之妄，不足論也。今記疑之作，雖與西河用心不同，而以此語爲意圓語滯，似亦未虚心涵泳，而輕於致疑耳。蓋既謂「爲仁以孝弟爲本」，論性則以仁爲孝弟之本」，又曰「仁是性，孝弟是用」，其説至矣。當亦恍然於程子此語，只是剖析性情之辨，不肯稍涉含混耳。聖門首重求仁，而夫子獨罕言之，亦懼人馳心高遠，而專示學者以求仁之功。自孔、孟以後，遂無一人能知仁之全體大用者。偶有言之近似，只是即其用求之，而以情爲性耳。自程子言「博愛非仁」也，而程門遂以覺言仁，而失之愈遠。至朱子不得已而著仁説，而仁之義始著。吾謂程子此言，語雖近險，而義實甚精。孟子之言亦往往如此，特不及聖人之言甚平，而其義自精也。朱子語類中論此至詳，非有疑於程子，正慮後人不能不致疑於此言，而反復證明之。如實有可疑，則集註必不取此語矣。即如記疑所申明之説，正是程子指未發之性而言，不可以情爲性之旨，謂學者宜善會之，其言是也。惟不必直駁其語，只如朱子之證明其旨，斯可矣。觀於上蔡亦係未識程子此語之旨，又泥看其言，而曰「孝弟非仁」也。朱子辨之曰：「孝弟滿體是仁，内自一念之微，以至萬物各得其所，皆仁也。若説孝弟非仁，不知從何得來？」又曰：「仁是理之在心者，孝弟是此心之發見者，孝弟即仁之屬。但方其未發，則此心之存，只是有愛之理而已，未有所謂孝弟各件，故程子曰：『何曾有孝弟來？』又曰：『見於愛親，便唤做孝；見於事兄，便唤做弟。如親親而仁民，仁民而愛物，都是仁。性中何嘗有許多般？只是有箇仁』等語，發明至盡。」當知程子是對針當時就博愛言仁者下語，且推原仁爲孝弟之本，實以見爲仁，當解作行仁而已。此知言之所以難也。

與方存之論大學條貫

朱子「心體之明」四字，原包得良知之説。陽明之誤解，在不格物窮理，不在致良知也。又云：「格物之説，斷從朱子致知之説，可兼取陽明，以陽明教人致良知，原即朱子『致心體之明』之説也。若必以致良知之説爲不然，然則朱子豈教人致不良之知乎？」斯言似矣。愚則謂陽明之説非，竟無可取。其言之足警發人者，若以賦詩斷章之義，偶取其言，借以啟發愚蒙，亦若有益。至論學之旨，則斷不可稍爲假借，以貽誤後人。若不極其明辨，所謂彌近理而大亂真，實可懼也。蓋學問必先辨宗旨，不得宗旨，則陽儒陰釋，改頭换面之徒，得以售其欺。況陽明以機變之才，肆其雄辨，高明之士，無不入其彀中。一二有識者，幸發其覆，斥之爲禪，固無所復遁其情矣。而後人猶震於其事功，而欲訟其冤，且謂論者爲苛、爲刻、爲爭門户，諉爲傳其學者致滋流弊，不知陽明實係立教之有弊，不得僅咎傳其學者之弊也。即以致良知而論，其「良知」二字，似與朱子「心體之明」四字相符，且實本於孟子矣。然孟子之言良知，實指愛敬而言，即性善之旨。陽明以心之體爲無善無惡，其所謂良知，乃指靈明而言。且自謂佛氏之本來面目，即吾儒之良知，而以求之事物爲事障；存一天理於心爲理障，其究歸於空寂，只是發明無善無惡之旨。一切師心自用，其知之良不良，正未可知也。以此示後學，謂與朱子之致知無異，其遺害可勝言耶？

書中州文徵獨知説證獨説後

朱註慎獨之解，蓋因君子知道不可須臾離，必合動静以致其功，故戒慎不睹，恐懼不聞，惟由不睹聞而睹聞，自静而動，爲理欲初分之界，特揭「慎獨」二字以示人。故註曰：「獨者人所不知，而己所獨知之地。」又曰：「迹雖未形，而幾則已動；人雖不知，而己獨知之。是以君子既常戒懼，而於此尤加謹焉。是以遏人欲於將萌，而不使其潛滋暗長於隱微之中，以至離道之遠也。」此其疏明平易精確，其工夫吃緊爲人，誠可以俟後聖而不惑矣。後人何庸於此别爲創解哉？乃文徵載胡具慶獨知説三篇，獨闢去朱註之説，而標獨知之旨，謂獨即明德之體，天命之性之藴於吾心者。其理至一而無二，則謂之獨；其炯炯惺惺，非物所能蔽，光明洞照，則爲獨知。在生初則爲赤子之心，爲異於禽獸之幾希；至睡寐之中一呼即覺，即恒性之所流露。養未發之中，所以存其體。並推本於允執之傳，一貫之統，而歸於求放心，擴四端。一收一擴，從其中而攝其收之柄，擴之權以葆其人心之神。棲於獨中者，不使一念稍離其獨之全量。一則取其放於外者，收而入之以復其心之本體；一則取其藴於内者，擴而出之以滿其性體，謂獨即性體，慎獨即盡性，即窮理。故欲窮天下之理，第求之於吾性，欲窮吾性之理，第求之於獨中。而格物致知之功，即一慎獨而兼得之，而大學不釋格物致知之非闕也。此其爲説，亦誠新奇而可喜矣。然以吾平心測之，其所祕爲獨得之奇者，特朱註虚靈不昧而已。其言獨之有知，猶日之有光，則所謂獨知者，是即釋氏之本覺也。其言知之炯然在中，一日無是知則心死，且證以睡寐一呼即覺，則所謂獨知者，是即釋氏之聞性不壞也。其歷溯堯、舜以來孔、曾、思、孟相傳心法，以證其獨知之旨，是又釋氏之直取無上菩提也，豈果聖賢慎獨之旨哉？是誠彌近理而大亂真也。吾甚慮後學炫於其言，而馳心高妙，反放鬆當前切要工夫，大可懼也，不得不辨。

與方魯生上舍論學第二書

七月杪接來書並詩文一册，伏讀再三，仰見恐自誤誤人，且欲共破意見，以求一是，抑何謙也！盛意不可孤負，敢直獻所疑。某雖平日初無心地工夫，然夙讀程、朱之書，窺尋文義，粗辨下學門徑。竊謂意見固不可偏徇，而是非實不容並立。顧是非易辨，而似是之非難辨。然則究將何以辨之？亦惟辨之於心性而已。足下學問大旨，謂佛氏言明心與吾儒同，所以有「溺於佛、老即害，參之佛、老益明」之說，而明列二氏不以爲諱，因自謂以儒而參之佛、老也。吾則謂足下實以佛、老而託於儒耳。何以證之？即證之於足下之言而已。文集原教云：漢尚黃、老，晉、魏以降，佛法大行，其明心見性與聖人之說相似，而棄倫常，外人事，有大謬不然者。程、朱乃不得已而標理曰「天即理也」，曰「性即理也」，曰「釋氏之所謂性，乃吾儒之所謂心」，又曰「聖人主天，釋氏主心」，如伏波銅柱定中外之界，使人一望而知，功亦偉矣。足下所見如此，誠不易之論也，亦可謂明於心性之辨矣。其謂佛法與吾聖人之說相似，似之云者，正不同之謂也，所謂彌近理而大亂真也。然足下心述三編，廣稱博引，每以聖賢之言證明佛氏之旨，則竟謂佛氏與聖人同矣。此蓋毫釐之差，無他，正由認心爲性而已。乃來書反病儒者言理而諱言心，夫儒者何嘗不言心？特儒者即性言心，由知性以盡心；而釋氏離性言心，直指心以爲性。斯其即離之間，正宜辨耳。足下非不言仁、言誠，曰「仁者心之覺體」，以覺爲仁，是認心爲性矣。仁既誤認，即所謂誠者，亦非謂誠爲心之實體，亦實其覺體而已。且心述總序專以虛靈爲極則，是即明覺之妙也。雖亦以有條不紊爲理，而意之所指，則仍認虛靈爲理，是所謂性即理者，仍心之覺體之謂。由是而推，故訓學爲覺，訓明德爲自覺，親民爲覺民，至善爲覺性，格物格此也，致知致此也，誠意正心誠正此也。舉凡易象、洪範、大學、中庸無極、太極，無不可以一覺字貫之矣。極之窮幽入微，不可測度，只是此心虛靈之妙，終日言性，而實不知性也。此實本原之所在，不容稍有假借。陰以佛氏爲主，而緣飾聖賢之訓，以爲殊途同歸，是誣聖賢也，實自欺也。況心述中中庸傳分章、大學古本等篇，實有駕越程、朱之意。此非足下敢於忽視程、朱，實因所見既殊，自難強合。其於程、朱如此，而何論於後儒乎？夫仁、義、禮、智，性也，形而上者也；虚靈明覺，心之神也，形而下者也。昧於理氣之辨，故認心爲性也。若謂古人曾言先覺，何病於以覺爲性乎？然以斯道覺斯民，是所覺者道，非覺即道也，明矣。至若足下迫於救世，因人之貪生怕死，求福懼禍，不得已假徑佛、老以誘之，反自諂於空寂，雖若遠勝世之沈迷欲利者，恐亦未免於從井救人耳。足下固謂學不講不明，道不直不見，迂拘之論，諒多齟齬，尚祈原宥爲幸。

與方魯生上舍論學第三書

八月二十六日接奉手書，頓慰調飢。日昨略獻所疑，言多拙直，方惴惴焉，慮見擯於左右。孰意不以拘迂爲病，而樂與往復，誘使盡言。且進以陸、王之書，若將引而偕之大道者，其厚意何可負也！足下固謂「此道，公道也；此心，公心也。」又謂「道貴和，不貴同」。信如此言，又何憂門户之爭耶？雖然門户固不宜分，而是非實不容混，誠以儒與釋，實冰炭之不可同器。儒以理爲形而上者，釋以神爲形而上者，乃彼此本原之所在，此處若合，雖他處不合，不難講求以歸於合；此處不合，即他處盡合，終難彌縫以强其合也。陸、王之書，昔嘗平心細讀一過，王本不自諱爲禪，雖以孟子之學自任，而致良知之説，實出入離合於佛、老之間，其弊固自易見。至謂「無善無惡心之體」，正所謂「不思善，不思惡，認取本來面目」也。陸則以先立乎其大爲本，言心、言性、言仁義、言致知力行，似無一不與孟子合，且深闢禪學，宜不得目爲禪矣。而不知「心即理也」一語，則認明覺爲性，不能諱也。掩蔽雖深，實陰享事實之樂，正所謂「得此欛柄入手，不妨改頭換目」。用儒家話頭，隨宜向人説法，其闢禪者，正所謂呵佛駡祖之故智也。從前懼蹈譏評古人之愆，不敢一言及於陸、王，今因足下之所宗法而偶論及之，則是非之辨，正不敢誣也。如第以人論，豈惟陸之八字立脚，王之建立事功，爲吾所尊仰，即如足下之自拔流俗，亦吾所敬畏也。足下謂拒楊、墨者孟子，使墨之仁不兼愛，楊之義不爲我，孟子豈拒之乎？夫孟子非拒楊、墨，乃拒無父無君者。仁不兼愛，義不爲我，是能歸於儒也。復何求焉？足下謂「世道交喪，使有真爲佛、老者，亦當節取」。似也而非。所論於佛、老，而託於儒者，孔子不曰「惡似而非」乎？足下雖謂「五味相調，五色相雜，五音相和」，而不知莠不可亂苗，紫不可奪朱，鄭不可亂雅也，故是非不容並立，即儒、釋不能兩存。非徒儒者於託於儒之人，絶之必嚴，即託於儒者之於儒，惡之亦甚。昔陸嘗斥朱子爲支離矣。王嘗斥朱子爲洪水猛獸矣。即足下自謂心悦誠服於朱子，而亦不免於其「天即理」之言，而斥爲無天無王矣。此不並立、不兩存之證也。夫以足下幼讀朱子之書，豈敢顯叛朱子？此即朱子所謂「由始於慕釋、老之高妙，不免以聖賢之言爲卑近，而不滿於意」。顧本心之明，有不容盡泯者，則又不能盡叛吾説以歸於彼。兩者交戰於中，而不知所定，於是因其近似，附會而説合之，以便出入於兩是之私，雖知不盡合於聖賢之本意而不顧。迨久之陷溺日深，而所見既殊，遂傲然自建綱宗，直駕於聖賢之上，而且自以爲發前人所未發，陰以補其所不足，而以爲大有功於聖賢矣。足下方歉然，自以爲言虚静何能如老？慕寂滅何能如佛？愚則以爲幸也，足下未能如佛、老也。果真如佛、老則誠殆矣。何也？老之虚靜，其毁棄仁義，猶未能盡；佛則既殄滅本心之實理，以全其空之體，復絶滅人生之大倫，以妙其空之用，然後爲能真寂滅也。足下不見象山高弟顔子堅，今日悟道，而明日髡首乎？故釋氏最怕一理字，以爲障而掃除之，卻空空守一神識，以爲不生不滅。吁！亦可憫也已。愚竊願足下暫屏意見，將此高禪置在一隅，姑且俯首下心，從事朱子格物致知之訓，將此「心、性、神、理」四字，詳細辨明。若真識得是非所在，當信愚言不謬；如必不能合，則足下之禪固在也。此朱子早年已試之成效，定不我欺也。一、所疑各條，另紙縷晰請教，言雖傷直，然以來書諄諄以孔子之大、天地之量相曉，知必有以容之矣。一、疑不得分理先氣後。竊謂有氣便有理，理氣原不相離，固不可劃分理氣爲二，以爲先後。然以理爲氣主言之，則理如將帥，氣如徒卒，而太極生兩儀，浩然之氣，是集義所生，非所謂理先於氣乎？一、疑聖賢言性，不曾訓作「理」字。如「窮理盡性，以至於命」，不得曰「窮理盡理以至於命」；「天命之謂性」，不得謂「天命之謂理」云云。竊謂程、朱「性即理也」，「天即理也」之云，非以「理」字代「性」字、代「天」字也，乃示人以性爲心所具之理，天爲理之所自出，故在天曰命，在人曰性，在物曰理。惟所從言之地不同，故名稱各異，其實一也。蓋窮理者，窮在物之理；盡性者，盡吾心之理。惟理無不善，故性無不善，何病於謂性爲理乎？如疑謂性即理，謂天即理，反使人昧性褻天，則今之昧性褻天者，果由處處守一「理」字而致然耶？至於無王無天之辨，未免逞快筆舌，徒紛紜轇轕於字句之間，殊可怪也。且程、朱不嘗指仁、義、禮、智爲理乎？豈可皆以「理」字代之乎？即以足下解經，多以覺爲言，使盡以「覺」字代之，是果可通乎？其亦不思矣。一、疑以明覺言性，非特釋家云云。竊謂明道先生定性書之言「明覺自然」，必合之上文「物來順應而不用智」，方能以明覺爲自然，正見義之用所由行，非以明覺自然言性也。至反鑑索照，正是譏絶外誘，而求定之意，豈得籠統含混，借以自伸其説乎？一、疑覺是性體，即是仁體云云。竊謂以覺體爲仁體，不是釋氏之旨。程子取醫家麻木不仁之説，乃借譬於血氣不能流通。朱子「仁則無不覺，而覺究不可謂仁」一語，已極分明。程門多以覺訓仁，正是末路之流於禪者，朱子辨之詳矣。一、疑「心之體，只是一箇覺」云云。竊謂此告子義外之見也，即空寂之旨也。須知萬物皆備於我，仁，義、禮、智非由外鑠我也，我固有之也。故合性與知覺而有心之名，心所具之理則爲性，而氣之靈則發爲知覺，此所以窮在物之理，即能證明吾心之理，而推致吾心之知也。非是吾性本是空無一物，必待在外面求得仁、義、禮、智，預積於內也。且學者窮理之功，正在平日，足下亦何得以預積些理於心爲病？大易不曰「多識前言往行，以蓄其德」？孟子不曰「集義」乎？蓋有物必有則，耳、目，物也；聰明，則也。能視聽而不能辨聲色之邪正，失其明聰矣。故視思明，聽思聰，是平日在視聽之理上講求，是即明目達聰之旨也，初不是預積些色於目，預積些聲於耳之謂也。古人亦曰「姦聲亂色，不留聰明」「非禮勿視，非禮勿聽」而已，豈得以後儒役聰明以逐聲色，而遂以釋氏閉目掩耳爲能葆其聰明乎？而不知彼固以黜聰屏明爲清淨也。一、疑「人是天地之具體」云云。竊謂此條本無可疑，愚於前條已備論之。惟認太極全體爲一箇覺性，未免認氣爲理，其毫釐之差，實由於此。蓋性體雖屬渾淪，而其中自有條理，所謂沖漠無眹之中，而萬象森然已具也。是非可於渾淪之中剖而求之，亦惟驗之於四端之發，知其中之必有是條理耳。足下謂「此疑與前疑語似相背，意實相通」。竊足下難言之祕，前疑不過以理爲障，欲掃除淨盡，以完空寂之體；此疑不過謂萬法從一心流出，而一切惟心造也。一、疑「心之精神謂之聖，心之神不得謂之形而下者」云云。竊謂此條所疑，實受病之根。足下謂此處一徹，通身無疑；愚亦謂此處未徹，將終身無可解之惑。足下以虛靈明覺爲智之全體，且貞下起元，智之所覺，便是仁。自註云「如覺痛覺癢」，並謂愚「以神爲形而下，何得又以智爲形而上」？殊不知覺之與智，安可混而一之也！夫覺者，氣之靈也；智者，理之貞也。汪雙池云：「貞者事之幹。」以貞屬智，則正理完固，不可動之謂也。文理密察，足以有別。以文理密察言智，則萬理備現，有條不紊之謂也。是非之心，智之端也，於智而言，是非則是知其是而是之，知其非而非之。爲智之端，非徒以知痛、知癢、知聲、知色、知飲、知食，與凡一切有覺，而遂謂之曰智也。然則智之爲性，而覺之爲心，可識矣，尚何疑於形上形下之辨乎？顧性具於心，惟心虛靈則性昭著，在性固非得此明覺者，無以妙其用，然必此心循乎理而不違，而後所得於天以生者不失，乃可謂之明德。若徒恃其明覺，而不循乎所得以生之理，則形氣之流失，反有大拂乎生理之本然者。而惟指此知痛、知癢之類，以爲良知，將塊然之知覺運動與犬牛何別？此釋氏所云「作用是性」，而衆生皆有佛性也。一、疑「以仁義爲心體，以明物察倫爲求心體，大繆」云云。竊謂學者於倫物之理，求所以知之，即求所以行之也，非由明察以求心體也。足下謂「孟子曰『由仁義行，非行仁義也』。仁義是心體，何得曰非行仁義乎」？竊謂舜本生知，仁義根於心，而所行皆從此出，非以仁義爲美，而後勉强行之。集註所言，固甚分明。又謂「以仁爲心體，猶可以義爲心體，則直以用爲體，其自昧心體也甚矣」！竊謂此告子義外之見也。蓋仁義皆性也，以性情對言，則仁義爲體，而惻隱、羞惡爲用；以仁義對言，則仁爲體，而義爲用。夫言豈一端而已哉！儻肯降心讀朱子之書，於是疑也何有？一、疑「盡心章及空空章兩條」云云。皆前人曾作是解，而朱子辨之已詳，取而參觀之自明。一、疑「闢老氏，當闢其薄禮義，不當並其虛靜之説而闢之」云云。竊謂老惟虛靜，故薄禮義，佛惟寂滅，故棄倫常。有是心，斯有是事，正不得闢其事，而反取其心。老之虛靜，以無爲宗。孔子言以虛受人，謂無私也，則虛而實也。周子之主靜，惟定之以中正仁義，無欲故靜也，則靜統動也。佛氏之寂滅，以空爲本。孔子言無思無爲，寂然不動，感而遂通天下之故，謂無私心，無造作，故寂而不妄動，而後感而能無不通也。此其言虛、言靜、言寂雖同，而其義自異，豈容稍爲假借哉？至佛、老之言，非竟不可節取，而要不可以混吾儒之真。若莊、列之寓言，每妄託於孔子，此正其所以得罪於名教。足下欲尊釋氏爲聖人，而因援列子所引孔子之言以爲據，遂謂孔子爲能前知，未免近誣矣。一、疑「朱、陸之學，從入各異，又疑朱子、陽明各有是非，兩條」云云。此不過調停之説，竊謂篤守程朱者，必不假借於陸王，而尊信陸、王者，每欲附託於程、朱。祇此出入離合之間，似即是釋氏之機權作用耳。

答倭艮峰先生書

昨接覆函，備承教益，敬惟德政日新，誠心所孚，自必有妙於潛移默化者，曷勝翹企。來諭剖析仁義之相爲體用，足徵近日精進之功，自勘之嚴，實有所得，非僅託空言者比。竊謂孟子首以仁義並言，雖本孔子「立人之道曰仁與義」之語，惟處處提出「義」字，以破除「利」字，尤爲大有功於人心。蓋後世人心陷溺之深，皆由「利」之一字中之耳。其受病之淺深，即爲人品之高下所由判。苟不能將此根株拔除淨盡，恐立脚終不堅牢。雖平日砥礪名節，講求經濟，或時見色簞豆，失聲破釜，識者固早卜其智淺力薄，難期負荷艱鉅，不待猝臨事變，而後知其不足恃也。此非必有意作僞也，抑正由夙昔立心制行，於「義」字界限決擇不精，持守不力，其心髓中隱爲「利」字所奪，遂不覺浸淫以至此耳，可懼之甚也。況名與利，雖有清濁之分，而其爲利心則一。今之陷於「利」者，人或知戒；而以名罔利者，人鮮知戒。至談明體達用之學，而存急功近名之心，則人並不知其爲可戒。學者不先打破此關，恐此生實無可駐足之地矣。敢質之先生，以爲何如？滌生侍郎近有信來，訊出處所宜，亦據鄙見告之，想此次當聞召而不俟駕矣。

寄倭艮峰中堂書

近日朝政清明，首登進先生及李文園先生於左右，以爲培植根本，大計具見，一旦得行其所學，以爲啟沃之資，知必有以大慰天下。仰望之至願，而不僅收效於旦夕間矣。尚冀益懋純修積誠感格，以副夙昔相期許之私忱，曷勝翹企。前承示復，言及所批菊村臆説各條，俱極精確，大抵心性之辨既明，此等似是而非處，自可不煩言而解。竊謂似是之非未易決，正由心性之辨未易明。甚矣！毫釐之差，亦微乎其微矣。陸、王之學，儒者直斥之爲禪，世或疑爲太過，不知此正由不明於心性之辨也。禪宗認心爲性，乃其本原差處，而陸、王謂心即理，其誤亦實根於此。朱子謂其從初即錯，蓋自「天命之謂性」

一句，已不識得此探本之論也。陸、王皆聰明過人，豈必有心與朱子牴牾？惟從初認心爲性，窺測得一箇陰陽不測之神，遂以爲獨得之祕，直趨捷徑，而厭朱子爲支離，正由所見之誤使然耳。大學所以必先格致也，但觀兩家解盡心章，可得其源委矣。朱子謂「必知性方能盡心以知天」，陸、王謂「但盡心則自能知性知天」，此明證也。學問不外知行兩字，而知必以知性爲至，行必以復性爲歸。不由格致，何能知性？不能知性而言復性，雖躬行實踐，其本原必不能無毫釐之差，而終致千里之謬。歷觀朱子以後之大儒，其篤信好學，深造自得者，固大有人，而真知心性之辨，而不惑於似是之非者，惟陸稼書先生一人而已。其他任道雖勇，體道雖實，而説至大本大原處，終不免於似是實非。間有一二未透處，其所著之書俱存，可覆按也。聖人之言性與天道，不外繫辭傳，其曰「一陰一陽之謂道」，「生生之謂易」，「陰陽不測之謂神」三語，乃原流畢貫，精一不二之語。陸、王直窺見不測之神以爲至妙，故終認心爲性，而反將「一陰一陽之謂道」句忽略過去。至後之知「一陰一陽之謂道」者，又專求之於此理發用處，而未能真見及體用一源處，只體貼到「生生謂易」句，仍不免偏重不測之神，故雖謂知性，而於心性之辨，仍有未盡也。則此三語是一是二，必如朱子所言析之，有以極其精而不亂，而後合之，有以盡其大而無餘，非可徒供誦説，遂爲知言也。某迂拙之見，謹守字句之間，私謂確宗朱子者，必當先於此，極其明辨焉。敢質之先生，以決此疑。敝友方魯生，讀先生日記，有記疑一條，似不爲無見。敢録以附呈，務祈指摘其謬，以求教益。或便中兼以質之文園先生，一決是非。何如？

示應熉姪書

來書謂「讀近思録，勉强收其放心，以敬爲主，欲進以致知，以期明理，庶可應事」。按此即讀書之法也。朱子之學，只「居敬窮理」四字，但不可將此學另作一事，視爲至難。實即在日用、動靜、言行上下工夫，必先須立志，知行並進，而又有恒，斯亦不得以爲易耳。古人先有小學一段工夫，故入大學，以致知爲先。朱子因今人缺少小學工夫，故提出一「敬」字，以補小學工夫，即以爲終身爲學根本。而又輯小學一書，以示入學者，必當從小學入手，自然由淺而深，由粗而精，可循序漸進矣。聖人言孝弟、謹信、汎愛、親仁，即小學之教也。言學文，即致知之事也。言志學，言志道、志仁，即立志之謂也。言博文約禮，即知行並進之旨也。言時習，即有恒之實也。學者能動靜語默無不整齊嚴肅，斯心自不放，而久則敬自篤矣。讀一字即辨其是非，遇一事即審其義利，斯理日漸明，而久則知自至矣。知一字即行一字，知一事即行一事，斯知行並進，而久則深造自得矣，又何難易之有哉？若謂期於心常在腔子裏，但勉强存心，空空無著，遇事不免又放，始思進以致知救之，是視理在心外，而事又在理外矣。夫操存舍亡亦謂此心自作主宰耳，豈可於操存之際，復起一期之之念以撓之也？此即不敬之尤也。故曰「主一之謂敬」，又曰「居敬以持其志」，可見志不定，實由敬不足以持之也。至謂「專心涵泳，真積力久，何能及此？祈擇其淺近跡可循者，指示一二。」此尤畏難欲速之心，爲學者之大戒。聖賢之言，固有遠近淺深，實無不切人身心，而爲所當用力。朱子既名之曰近思録，又言學者可從二三卷讀起，已是示人以從入之途。今未嘗用一日之功，而先爲苟且塞責之計，只是不能耐煩耳。果能專心致志，竟至積久難通，豈無或有見於一二淺近可循者？是亦必由自己探索，而得非人所能代謀也。

附録

先生簡授知府，謝恩召見。文宗垂詢讀何書。對曰：「臣嘗讀程、朱之書。」上曰：「何以學程、朱者多迂拘？」對曰：「此正不善學程、朱之故。程、朱以明德爲體，以新民爲用，乃由體達用之學。天下斷無有體而無用者，其用不足，必其體尚多缺陷。凡臨事迂拘不通，正由平日不能如程、朱之格物窮理，而徒資記誦，非學程、朱之過也。」上曰：「明之楊大洪，此等人，豈可謂非程、朱之學？」對曰：「明朝開國即崇尚程、朱之學，人人奉爲法守，故能培養一代人心廉恥，而節義最著。楊大洪，節義之士也。程、朱非無節義，只是盡其性分之常，而不僅以節義名。若節義之士，深以涵養，亦即程、朱之學。但其至性勃發，迫於忠愛，每近激烈，非容納直言之君，不能諒其心。皇上深取於楊大洪，是崇獎節義之士也，而人心將自此振矣。」上曰：「汝識曾國藩否？」對曰：「其人勵志不苟，亦是楊大洪一流人材，雖進言近激，而心實無他。」上又問：「識倭仁乎？」對曰：「是篤守程、朱之學，平日專在身心檢察，日自記載，以爲考驗，其守道似近迂，而能知大體。」上曰：「其記載所著是何書？」對曰：「是非著書，而每日自省課程。蓋學問不從身心上講求，則根本不立，其用處即不能無弊。昔宋臣程頤進説於君有三：曰立志，曰責任，曰求賢。志不立則規模不定。皇上高居九重，天下之所瞻仰，意有所嚮，莫不如響斯應。

若此志一定，何爲不成？志在堯、舜，斯爲堯、舜，初無難也。任不專，則大臣得以諉其責，羣奉皇上以乾綱獨運之隆稱，自處於奉令承教，而得失兩無所預，天下事誰與皇上分其憂？古所謂君逸臣勞，正惟各受其任，即各專其責也。天下事無大小，首在得人，不急於求賢，則無與共治。然欲得人，必在知人，知人之道，尤歸於人君之一心。皇上讀書窮理，以裕知人之識，而又清心寡欲，以養坐照之明，深宮寤寐旁求，則輔相得人；輔相進賢待用，則内而部院、外而督撫得人；部院、督撫各擇其屬，則内外司官、州縣無不得人，斯賢才出矣。」文宗告樞臣曰：「吴某學問結實。」文集召見恭紀。

先生生平不妄交一人，有先施者，以禮答之，亦必擇而後交；不妄受人一錢，至於干求請託，尤所深恥。常守朱子「志士不忘在溝壑」之訓，不以利害爲欣戚。嘗謂「人生在世，縱不能爲轉移風俗之人，亦不當爲敗壞風俗之人。然人能不爲風俗轉移，即必能轉移風俗矣。其根本則自存心立身、不欺幽獨始。」文集呈四叔父書。

先生嘗曰：「某之資稟，原非能建立事功之人，特可成一介節之士。惟幼讀程、朱之書，知君臣朋友之倫，皆關吾性分，故不敢寄情物外。且深知性分至實，故信性之爲體，不容參以虚無，而辨之極嚴。亦深知必體立而後用行，故於日月酬應之際，凡稍涉干求，稍近名利，不敢開枉尺直尋之漸。寧失於隘而不敢寬，寧失於迂而不敢巧，非不知推行不去，然既無明道先生本領，不爲應文逃責之事。而於世俗條例，初無窒礙，只得謹守規矩，還吾本色。蓋欲以明德爲體，而不矜靈明；以新民爲用，而不能馳騖。管、商志非不大矣，而未至充實，則無光輝，未能體信，故難達順。此才所以疏而鮮實用，非守之太謹之過也。生平愧負知己，自反無以酬知。亦幸未擢用，得以藏拙。若竟作藩司，今日首以籌餉生財爲務，某拙於催科，若多設科條，求效於催科之外，此事必先束手，何能他有濟耶？亦惟窮理修身，或求進於旦暮耳。」與方存之書。

先生於程、朱、陸、王之異，斷斷論辨，即先儒專宗程、朱者，如薛文清、陸桴亭、李文貞諸公之書，苟有所疑，毫釐必析。讀書記疑自跋。

拙修交游

唐先生鑑 別爲鏡海學案。

曾先生國藩 別爲湘鄉學案。

倭先生仁 別爲艮峯學案。

何先生桂珍 別見鏡海學案。

竇先生垿 别見艮峯學案。

邵先生懿辰 别見諸儒學案。

何先生慎修

何慎修字子永，□□人。道光乙酉拔貢，官内閣中書。所居與拙修鄰近，同官京師。究心理學，拙修稱其勇猛精進，實爲畏友。又共倭文端講學，評其日記，闡發甚多。參拙修集、倭文端遺書。

方先生潛

方潛原名士超，字魯生，桐城人。通貫釋、老，勇於著述。晚遇拙修，見其所著心述，與極言儒、釋之不可混，陸、王之不可惑。往復貽書十餘次，乃舍其舊學，著性述一篇。拙修欣然爲書告倭文端曰：「學子中挽回此一人，亦大幸也。」所著毋不敬齋全書，凡三十卷。參拙修集、桐城耆舊集。

楊先生德亨

楊德亨字仲乾，石埭人。貢生。篤志好學，遭寇亂，讀書不輟。同治初，上書曾文正公，以振興正學爲根本，曾公許爲豪傑之士。著有讀傳習録拙語，拙修稱其推勘精細，由讀陽明、二曲之書入門，故能知其弊而明辨之。及拙修晚寓江寧，過從講學，爲拙修重訂文集。參拙修集自序、與方存之論讀傳習録拙語書。

黄先生彭年

別爲陶樓學案。

方先生宗誠

別見惜抱學案。